I0596420

LAROUSSE

# MINI DICTIONNAIRE

## FRANÇAIS-ANGLAIS

## ANGLAIS-FRANÇAIS

ISBN 2-03-402063-4
Larousse, Paris
*Distributeur au Canada* : Les Éditions Françaises Inc., Boucherville, Québec

ISBN 2-03-420903-6
*Diffusion/Sales* : Larousse Kingfisher Chambers Inc., New York
Library of Congress Catalog Card Number
94-72844

ISBN 2-03-430903-0
*Diffusion/Sales* : Larousse plc, London

Printed in Great Britain

# LAROUSSE

# MINI

## FRENCH-ENGLISH

## ENGLISH-FRENCH

# DICTIONARY

Réalisé par / Produced by

LAROUSSE

Rédaction/Editors

PATRICK WHITE LAURENCE LARROCHE
CÉCILE VANWALLEGHEM CALLUM BRINES
SARA MONTGOMERY JANE ROGOYSKA

La gamme MINI Larousse a été conçue pour répondre aux besoins du débutant et du voyageur.

Avec plus de 30.000 mots et expressions et plus de 40.000 traductions, ce nouveau dictionnaire présente non seulement le vocabulaire général, mais aussi de nombreuses expressions permettant de déchiffrer panneaux de signalisation ou cartes de restaurant.

Le vocabulaire essentiel est éclairé par de nombreux exemples et des indicateurs de sens précis, une présentation étudiée facilitant la consultation.

À la fois pratique et complet, cet ouvrage est une mine d'informations à emporter partout. "Good luck", et n'hésitez pas à nous faire part de vos suggestions.

L'ÉDITEUR

The Larousse MINI dictionary has been designed with beginners and travellers in mind.

With over 30,000 references and 40,000 translations, this new dictionary gives thorough coverage of general vocabulary plus extensive treatment of the language found on street signs and menus.

Clear sense markers are provided throughout, while special emphasis has been placed on basic words, with many examples of usage and a particularly user-friendly layout.

Easy to use and comprehensive, this handy book packs a lot of wordpower for users at school, at home and on the move. "Bonne chance", and don't hesitate to send us your comments.

THE PUBLISHER

| ABBREVIATIONS | | ABRÉVIATIONS |
|---|---|---|
| abbreviation | *abbr/abr* | abréviation |
| adjective | *adj* | adjectif |
| adverb | *adv* | adverbe |
| American English | *Am* | anglais américain |
| anatomy | *ANAT* | anatomie |
| article | *art* | article |
| automobile, cars | *AUT* | automobile |
| auxiliary | *aux* | auxiliaire |
| before noun | *avant n* | avant le nom |
| Belgian French | *Belg* | belgicisme |
| British English | *Br* | anglais britannique |
| Canadian French | *Can* | canadianisme |
| commerce, business | *COMM* | commerce |
| comparative | *compar* | comparatif |
| computers | *COMPUT* | informatique |
| conjunction | *conj* | conjonction |
| continuous | *cont* | progressif |
| culinary, cooking | *CULIN* | cuisine, art culinaire |
| exclamation | *excl* | interjection |
| feminine | *f* | féminin |
| informal | *fam* | familier |
| figurative | *fig* | figuré |
| finance, financial | *FIN* | finances |
| formal | *fml* | soutenu |
| inseparable | *fus* | non séparable |
| generally | *gen/gén* | généralement |
| grammar | *GRAM(M)* | grammaire |
| Swiss French | *Helv* | helvétisme |
| informal | *inf* | familier |
| computers | *INFORM* | informatique |
| interrogative | *interr* | interrogatif |
| invariable | *inv* | invariable |
| juridical, legal | *JUR* | juridique |

| | | |
|---|---|---|
| masculine | *m* | masculin |
| mathematics | *MATH* | mathématiques |
| medicine | *MED/MÉD* | médecine |
| military | *MIL* | domaine militaire |
| music | *MUS* | musique |
| noun | *n* | nom |
| nautical, maritime | *NAVIG* | navigation |
| numeral | *num* | numéral |
| oneself | *o.s.* | |
| pejorative | *pej/péj* | péjoratif |
| plural | *pl* | pluriel |
| politics | *POL* | politique |
| past participle | *pp* | participe passé |
| present participle | *ppr* | participe présent |
| preposition | *prep/prép* | préposition |
| pronoun | *pron* | pronom |
| past tense | *pt* | passé |
| | *qqch* | quelque chose |
| | *qqn* | quelqu'un |
| registered trademark | ® | nom déposé |
| religion | *RELIG* | religion |
| someone, somebody | *sb* | |
| school | *SCH/SCOL* | scolarité |
| Scottish English | *Scot* | anglais écossais |
| separable | *sep* | séparable |
| singular | *sg* | singulier |
| formal | *sout* | soutenu |
| something | *sthg* | |
| subject | *subj/suj* | sujet |
| superlative | *superl* | superlatif |
| technology | *TECH* | domaine technique |
| transport | *TRANSP* | transport |
| television | *TV* | télévision |
| verb | *v, vb* | verbe |
| intransitive verb | *vi* | verbe intransitif |

| | | |
|---|---|---|
| impersonal verb | *v impers* | verbe impersonnel |
| pronominal verb | *vp* | verbe pronominal |
| transitive verb | *vt* | verbe transitif |
| vulgar | *vulg* | vulgaire |
| cultural equivalent | ≃ | équivalence culturelle |

### Trademarks

Words considered to be trademarks have been designated in this dictionary by the symbol ®. However, neither the presence nor the absence of such designation should be regarded as affecting the legal status of any trademark.

### Noms de marque

Les noms de marque sont désignés dans ce dictionnaire par le symbole ®. Néanmoins, ni ce symbole ni son absence éventuelle ne peuvent être considérés comme susceptibles d'avoir une incidence quelconque sur le statut légal d'une marque.

### English compounds

A compound is a word or expression which has a single meaning but is made up of more than one word, e.g. **point of view, kiss of life, virtual reality** and **West Indies.** It is a feature of this dictionary that English compounds appear in the A–Z list in strict alphabetical order. The compound **blood test** will therefore come after **bloodshot** which itself follows **blood pressure**.

### Mots composés anglais

On désigne par composés des entités lexicales ayant un sens autonome mais qui sont composées de plus d'un mot, par exemple **point of view, kiss of life, virtual reality** et **West Indies**. Nous avons pris le parti de faire figurer les composés anglais dans l'ordre alphabétique général. Le composé **blood test** est ainsi présenté après **bloodshot** qui suit **blood pressure**.

## Phonetic Transcription

### English vowels

[ɪ] p**i**t, b**i**g, r**i**d
[e] p**e**t, t**e**nd
[æ] p**a**t, b**a**g, m**a**d
[ʌ] r**u**n, c**u**t
[ɒ] p**o**t, l**o**g
[ʊ] p**u**t, f**u**ll
[ə] moth**er**, **s**uppose
[iː] b**ea**n, w**ee**d
[ɑː] b**a**rn, c**a**r, l**au**gh
[ɔː] b**o**rn, l**aw**n
[uː] l**oo**p, l**oo**se
[ɜː] b**u**rn, l**ea**rn, b**i**rd

### English diphthongs

[eɪ] b**ay**, l**a**te, gr**ea**t
[aɪ] b**uy**, l**igh**t, **ai**sle
[ɔɪ] b**oy**, f**oi**l
[əʊ] n**o**, r**oa**d, bl**ow**
[aʊ] n**ow**, sh**ou**t, t**ow**n
[ɪə] p**ee**r, f**ie**rce, id**ea**
[eə] p**ai**r, b**ea**r, sh**a**re
[ʊə] p**oo**r, s**u**re, t**ou**r

## Transcription Phonétique

### Voyelles françaises

[i] f**i**lle, **î**le
[e] p**a**ys, ann**ée**
[ɛ] b**e**c, **ai**me
[a] l**a**c, p**a**pillon
[ɑ] t**a**s, **â**me
[o] dr**ô**le, **au**be
[u] **ou**til, g**oû**t
[y] **u**sage, l**u**ne
[ø] av**eu**, j**eu**
[œ] p**eu**ple, b**œu**f
[ə] l**e**, j**e**

### Nasales françaises

[ɛ̃] t**im**bre, m**ain**
[ɑ̃] ch**am**p, **en**nui
[ɔ̃] **on**gle, m**on**
[œ̃] parf**um**, br**un**

### Semi-vowels / Semi-voyelles

| Semi-vowels | | Semi-voyelles |
|---|---|---|
| **y**ou, spani**el** | [j] | **y**eux, li**eu** |
| **w**et, **wh**y, t**w**in | [w] | **ou**est, **ou**i |
| | [ɥ] | l**u**i, n**u**it |

### Consonants / Consonnes

| Consonants | | Consonnes |
|---|---|---|
| **p**o**p**, **p**eo**p**le | [p] | **p**rendre, gri**pp**e |
| **b**ottle, **b**i**b** | [b] | **b**ateau, ros**b**if |
| **t**rain, **t**ip | [t] | **th**éâtre, **t**emps |
| **d**og, **d**i**d** | [d] | **d**alle, ron**d**e |
| **c**ome, **k**itchen | [k] | **c**o**q**, **qu**atre |
| **g**a**g**, **g**reat | [g] | **g**arder, épilo**gue** |
| **ch**ain, wret**ch**ed | [tʃ] | |

| | | |
|---|---|---|
| jet, fri**dge** | [dʒ] | |
| fib, **ph**ysical | [f] | **ph**ysique, **f**ort |
| **v**ine, li**v**id | [v] | **v**oir, ri**v**e |
| **th**ink, fif**th** | [θ] | |
| **th**is, wi**th** | [ð] | |
| **s**eal, pea**ce** | [s] | **c**ela, **s**avant |
| **z**ip, hi**s** | [z] | frai**se**, **z**éro |
| **sh**eep, ma**ch**ine | [ʃ] | **ch**arrue, **sch**éma |
| u**s**ual, mea**s**ure | [ʒ] | rou**ge**, **j**eune |
| **h**ow, per**h**aps | [h] | |
| **m**etal, com**b** | [m] | **m**ât, dra**me** |
| **n**ight, di**nn**er | [n] | **n**ager, trô**ne** |
| su**ng**, parki**ng** | [ŋ] | |
| | [ɲ] | a**gn**eau, pei**gn**er |
| **l**itt**le**, he**l**p | [l] | ha**ll**e, **l**it |
| **r**ight, ca**rr**y | [r] | a**rr**acher, sab**re** |

The symbol [ʼ] has been used to represent the French "h aspiré", e.g. **hachis** [ʼaʃi].

Le symbole [ʼ] représente le «h aspiré» français, par exemple **hachis** [ʼaʃi].

The symbol [ˈ] indicates that the following syllable carries primary stress and the symbol [ˌ] that the following syllable carries secondary stress.

Les symboles [ˈ] et [ˌ] indiquent respectivement un accent primaire et un accent secondaire sur la syllabe suivante.

The symbol [ʳ] in English phonetics indicates that the final "r" is pronounced only when followed by a word beginning with a vowel. Note that it is nearly always pronounced in American English.

Le symbole [ʳ] indique que le «r» final d'un mot anglais ne se prononce que lorsqu'il forme une liaison avec la voyelle du mot suivant; le «r» final est presque toujours prononcé en anglais américain.

# French Verbs

**Key:** *ppr* = participe présent, *pp* = participe passé, *pr ind* = présent de l'indicatif, *imp* = imparfait, *fut* = futur, *cond* = conditionnel, *pr subj* = présent du subjonctif

**acquérir:** *pp* acquis, *pr ind* acquiers, acquérons, acquièrent, *imp* acquérais, *fut* acquerrai, *pr subj* acquière

**aller:** *pp* allé, *pr ind* vais, vas, va, allons, allez, vont, *imp* allais, *fut* irai, *cond* irais, *pr subj* aille

**asseoir:** *ppr* asseyant, *pp* assis, *pr ind* assieds, asseyons, *imp* asseyais, *fut* assiérai, *pr subj* asseye

**atteindre:** *ppr* atteignant, *pp* atteint, *pr ind* atteins, atteignons, *imp* atteignais, *pr subj* atteigne

**avoir:** *ppr* ayant, *pp* eu, *pr ind* ai, as, a, avons, avez, ont, *imp* avais, *fut* aurai, *cond* aurais, *pr subj* aie, aies, ait, ayons, ayez, aient

**boire:** *ppr* buvant, *pp* bu, *pr ind* bois, buvons, boivent, *imp* buvais, *pr subj* boive

**conduire:** *ppr* conduisant, *pp* conduit, *pr ind* conduis, conduisons, *imp* conduisais, *pr subj* conduise

**connaître:** *ppr* connaissant, *pp* connu, *pr ind* connais, connaît, connaissons, *imp* connaissais, *pr subj* connaisse

**coudre:** *ppr* cousant, *pp* cousu, *pr ind* couds, cousons, *imp* cousais, *pr subj* couse

**courir:** *pp* couru, *pr ind* cours, courons, *imp* courais, *fut* courrai, *pr subj* coure

**couvrir:** *pp* couvert, *pr ind* couvre, couvrons, *imp* couvrais, *pr subj* couvre

**craindre:** *ppr* craignant, *pp* craint, *pr ind* crains, craignons, *imp* craignais, *pr subj* craigne

**croire:** *ppr* croyant, *pp* cru, *pr ind* crois, croyons, croient, *imp* croyais, *pr subj* croie

**cueillir:** *pp* cueilli, *pr ind* cueille, cueillons, *imp* cueillais, *fut* cueillerai, *pr subj* cueille

**devoir:** *pp* dû, due, *pr ind* dois, devons, doivent, *imp* devais, *fut* devrai, *pr subj* doive

**dire:** *ppr* disant, *pp* dit, *pr ind* dis, disons, dites, disent, *imp* disais, *pr subj* dise

**dormir:** *pp* dormi, *pr ind* dors, dormons, *imp* dormais, *pr subj* dorme

**écrire:** *ppr* écrivant, *pp* écrit, *pr ind* écris, écrivons, *imp* écrivais, *pr subj* écrive

**essuyer:** *pp* essuyé, *pr ind* essuie, essuyons, essuient, *imp* essuyais, *fut* essuierai, *pr subj* essuie

**être:** *ppr* étant, *pp* été, *pr ind* suis, es, est, sommes, êtes, sont, *imp* étais, *fut* serai, *cond* serais, *pr subj* sois, sois, soit, soyons, soyez, soient

**faire:** *ppr* faisant, *pp* fait, *pr ind* fais, fais, fait, faisons, faites, font, *imp* faisais, *fut* ferai, *cond* ferais, *pr subj* fasse

**falloir:** *pp* fallu, *pr ind* faut, *imp* fallait, *fut* faudra, *pr subj* faille

**FINIR:** *ppr* finissant, *pp* fini, *pr ind* finis, finis, finit, finissons, finissez, finissent, *imp* finissais, finissais, finissait, finissions, finissiez, finissaient, *fut* finirai, finiras, finira, finirons, finirez, finiront, *cond* finirais, finirais, finirait, finirions, finiriez, finiraient, *pr subj* finisse, finisses, finisse, finissions, finissiez, finissent

**fuir:** *ppr* fuyant, *pp* fui, *pr ind* fuis, fuyons, fuient, *imp* fuyais, *pr subj* fuie

**haïr:** *ppr* haïssant, *pp* haï, *pr ind* hais, haïssons, *imp* haïssais, *pr subj* haïsse

**joindre:** *like* **atteindre**

**lire:** *ppr* lisant, *pp* lu, *pr ind* lis, lisons, *imp* lisais, *pr subj* lise

**mentir:** *pp* menti, *pr ind* mens, mentons, *imp* mentais, *pr subj* mente

**mettre:** *ppr* mettant, *pp* mis, *pr ind* mets, mettons, *imp* mettais, *pr subj* mette

**mourir:** *pp* mort, *pr ind* meurs, mourons, meurent, *imp* mourais, *fut* mourrai, *pr subj* meure

**naître:** *ppr* naissant, *pp* né, *pr ind* nais, naît, naissons, *imp* naissais, *pr subj* naisse

**offrir:** *pp* offert, *pr ind* offre, offrons, *imp* offrais, *pr subj* offre

**paraître:** *like* **connaître**

**PARLER:** *ppr* parlant, *pp* parlé, *pr ind* parle, parles, parle, parlons, parlez, parlent, *imp* parlais, parlais, parlait, parlions, parliez, parlaient, *fut* parlerai, parleras, parlera, parlerons, parlerez, parleront, *cond* parlerais, parlerais, parlerait, parlerions, parleriez, parleraient, *pr subj* parle, parles, parle, parlions, parliez, parlent

**partir:** *pp* parti, *pr ind* pars, partons, *imp* partais, *pr subj* parte

**plaire:** *ppr* plaisant, *pp* plu, *pr ind* plais, plaît, plaisons, *imp* plaisais, *pr subj* plaise

**pleuvoir:** *pp* plu, *pr ind* pleut, *imp* pleuvait, *fut* pleuvra, *pr subj* pleuve

**pouvoir:** *pp* pu, *pr ind* peux, peux, peut, pouvons, pouvez, peuvent, *imp* pouvais, *fut* pourrai, *pr subj* puisse

**prendre:** *ppr* prenant, *pp* pris, *pr ind* prends, prenons, prennent, *imp* prenais, *pr subj* prenne

**prévoir:** *ppr* prévoyant, *pp* prévu, *pr ind* prévois, prévoyons, prévoient, *imp* prévoyais, *fut* prévoirai, *pr subj* prévoie

**recevoir:** *pp* reçu, *pr ind* reçois, recevons, reçoivent, *imp* recevais, *fut* recevrai, *pr subj* reçoive

**RENDRE:** *ppr* rendant, *pp* rendu, *pr ind* rends, rends, rend, rendons, rendez, rendent, *imp* rendais, rendais, rendait, rendions, rendiez, rendaient, *fut* rendrai, rendras, rendra, rendrons, rendrez, rendront, *cond* rendrais, rendrais, rendrait, rendrions, rendriez, rendraient, *pr subj* rende, rendes, rende, rendions, rendiez, rendent

**résoudre:** *ppr* résolvant, *pp* résolu, *pr ind* résous, résolvons, *imp* résolvais, *pr subj* résolve

**rire:** *ppr* riant, *pp* ri, *pr ind* ris, rions, *imp* riais, *pr subj* rie

**savoir:** *ppr* sachant, *pp* su, *pr ind* sais, savons, *imp* savais, *fut* saurai, *pr subj* sache

**servir:** *pp* servi, *pr ind* sers, servons, *imp* servais, *pr subj* serve

**sortir:** *like* **partir**

**suffire:** *ppr* suffisant, *pp* suffi, *pr ind* suffis, suffisons, *imp* suffisais, *pr subj* suffise

**suivre:** *ppr* suivant, *pp* suivi, *pr ind* suis, suivons, *imp* suivais, *pr subj* suive

**taire:** *ppr* taisant, *pp* tu, *pr ind* tais, taisons, *imp* taisais, *pr subj* taise

**tenir:** *pp* tenu, *pr ind* tiens, tenons, tiennent, *imp* tenais, *fut* tiendrai, *pr subj* tienne

**vaincre:** *ppr* vainquant, *pp* vaincu, *pr ind* vaincs, vainc, vainquons, *imp* vainquais, *pr subj* vainque

**valoir:** *pp* valu, *pr ind* vaux, valons, *imp* valais, *fut* vaudrai, *pr subj* vaille

**venir:** *like* **tenir**

**vivre:** *ppr* vivant, *pp* vécu, *pr ind* vis, vivons, *imp* vivais, *pr subj* vive

**voir:** *ppr* voyant, *pp* vu, *pr ind* vois, voyons, voient, *imp* voyais, *fut* verrai, *pr subj* voie

**vouloir:** *pp* voulu, *pr ind* veux, veux, veut, voulons, voulez, veulent, *imp* voulais, *fut* voudrai, *pr subj* veuille

# Verbes Irréguliers Anglais

| Infinitive | Past Tense | Past Participle |
|---|---|---|
| arise | arose | arisen |
| awake | awoke | awoken |
| be | was/ were | been |
| bear | bore | born(e) |
| beat | beat | beaten |
| begin | began | begun |
| bend | bent | bent |
| bet | bet /betted | bet /betted |
| bid | bid | bid |
| bind | bound | bound |
| bite | bit | bitten |
| bleed | bled | bled |
| blow | blew | blown |
| break | broke | broken |
| breed | bred | bred |
| bring | brought | brought |
| build | built | built |
| burn | burnt /burned | burnt /burned |
| burst | burst | burst |
| buy | bought | bought |
| can | could | – |
| cast | cast | cast |
| catch | caught | caught |
| choose | chose | chosen |
| come | came | come |
| cost | cost | cost |
| creep | crept | crept |
| cut | cut | cut |
| deal | dealt | dealt |
| dig | dug | dug |
| do | did | done |
| draw | drew | drawn |
| dream | dreamed /dreamt | dreamed /dreamt |
| drink | drank | drunk |
| drive | drove | driven |
| eat | ate | eaten |
| fall | fell | fallen |
| feed | fed | fed |
| feel | felt | felt |
| fight | fought | fought |
| find | found | found |
| fling | flung | flung |
| fly | flew | flown |
| forget | forgot | forgotten |
| freeze | froze | frozen |
| get | got | got (*Am* gotten) |
| give | gave | given |
| go | went | gone |
| grind | ground | ground |
| grow | grew | grown |
| hang | hung /hanged | hung /hanged |
| have | had | had |

| Infinitive | Past Tense | Past Participle | Infinitive | Past Tense | Past Participle |
|---|---|---|---|---|---|
| hear | heard | heard | pay | paid | paid |
| hide | hid | hidden | put | put | put |
| hit | hit | hit | quit | quit /quitted | quit /quitted |
| hold | held | held | read | read | read |
| hurt | hurt | hurt | rid | rid | rid |
| keep | kept | kept | ride | rode | ridden |
| kneel | knelt /kneeled | knelt /kneeled | ring | rang | rung |
| know | knew | known | rise | rose | risen |
| lay | laid | laid | run | ran | run |
| lead | led | led | saw | sawed | sawn |
| lean | leant /leaned | leant /leaned | say | said | said |
| leap | leapt /leaped | leapt /leaped | see | saw | seen |
| learn | learnt /learned | learnt /learned | seek | sought | sought |
| leave | left | left | sell | sold | sold |
| lend | lent | lent | send | sent | sent |
| let | let | let | set | set | set |
| lie | lay | lain | shake | shook | shaken |
| light | lit /lighted | lit /lighted | shall | should | – |
| lose | lost | lost | shed | shed | shed |
| make | made | made | shine | shone | shone |
| may | might | – | shoot | shot | shot |
| mean | meant | meant | show | showed | shown |
| meet | met | met | shrink | shrank | shrunk |
| mow | mowed | mown /mowed | shut | shut | shut |
| | | | sing | sang | sung |
| | | | sink | sank | sunk |
| | | | sit | sat | sat |
| | | | sleep | slept | slept |
| | | | slide | slid | slid |

| Infinitive | Past Tense | Past Participle | Infinitive | Past Tense | Past Participle |
|---|---|---|---|---|---|
| sling | slung | slung | strike | struck | struck /stricken |
| smell | smelt /smelled | smelt /smelled | swear | swore | sworn |
| sow | sowed | sown /sowed | sweep | swept | swept |
| speak | spoke | spoken | swell | swelled | swollen /swelled |
| speed | sped /speeded | sped /speeded | swim | swam | swum |
| spell | spelt /spelled | spelt /spelled | swing | swung | swung |
| spend | spent | spent | take | took | taken |
| spill | spilt /spilled | spilt /spilled | teach | taught | taught |
| spin | spun | spun | tear | tore | torn |
| spit | spat | spat | tell | told | told |
| split | split | split | think | thought | thought |
| spoil | spoiled /spoilt | spoiled /spoilt | throw | threw | thrown |
| spread | spread | spread | tread | trod | trodden |
| spring | sprang | sprung | wake | woke /waked | woken /waked |
| stand | stood | stood | wear | wore | worn |
| steal | stole | stolen | weave | wove /weaved | woven /weaved |
| stick | stuck | stuck | weep | wept | wept |
| sting | stung | stung | win | won | won |
| stink | stank | stunk | wind | wound | wound |
| | | | wring | wrung | wrung |
| | | | write | wrote | written |

# FRANÇAIS-ANGLAIS
# FRENCH-ENGLISH

**a** → **avoir**.

**à** [a] *prép* **1.** *(introduit un complément d'objet indirect)* to; **penser à** to think about; **donner qqch à qqn** to give sb sthg.
**2.** *(indique le lieu où l'on est)* at; **à la campagne** in the country; **j'habite à Paris** I live in Paris; **rester à la maison** to stay home; **il y a une piscine à deux kilomètres du village** there is a swimming pool two kilometres from the village.
**3.** *(indique le lieu où l'on va)* to; **allons au théâtre** let's go to the theatre; **il est parti à la pêche** he went fishing.
**4.** *(introduit un complément de temps)* at; **embarquement à 21 h 30** boarding is at nine thirty p.m.; **au mois d'août** in August; **le musée est à cinq minutes d'ici** the museum is five minutes from here; **à jeudi!** see you Thursday!
**5.** *(indique la manière, le moyen)*: **à deux** together; **à pied** on foot; **écrire au crayon** to write in pencil; **à la française** in the French style; **fait à la main** handmade, made by hand.
**6.** *(indique l'appartenance)*: **cet argent est à moi/à lui/à Isabelle** this money is mine/his/Isabelle's; **à qui sont ces lunettes?** whose are these glasses?; **une amie à moi** a friend of mine.
**7.** *(indique un prix)*: **une place à 40 F** a 40-franc seat.
**8.** *(indique une caractéristique)* with; **le garçon aux yeux bleus** the boy with the blue eyes; **du tissu à rayures** a striped fabric; **un bateau à vapeur** a steamboat.
**9.** *(indique un rapport)* by; **100 km à l'heure** 100 km an hour.
**10.** *(indique le but)*: **maison à vendre** house for sale; **le courrier à poster** the letters to be posted.

**A** *abr* = **autoroute**.

**AB** *(abr de assez bien) fair (assessment of schoolwork)*.

**abaisser** [abese] *vt (manette)* to lower.

**abandon** [abɑ̃dɔ̃] *nm*: **à l'~** neglected; **laisser qqch à l'~** to neglect sthg.

**abandonné, -e** [abɑ̃dɔne] *adj* abandoned; *(village)* deserted.

**abandonner** [abɑ̃dɔne] *vt* to abandon ◆ *vi* to give up.

**abat-jour** [abaʒur] *nm inv* lampshade.

**abats** [aba] *nmpl (de bœuf, de porc)* offal *(sg)*; *(de volaille)* giblets.

**abattoir** [abatwar] *nm* abattoir.

**abattre** [abatr] *vt (arbre)* to chop down; *(mur)* to knock down; *(tuer)* to kill; *(décourager)* to demoralize.

**abattu, -e** [abaty] *adj (découragé)* dejected.

**abbaye** [abei] *nf* abbey.

**abcès** [apsɛ] *nm* abscess.

**abeille** [abɛj] *nf* bee.

**aberrant, -e** [abɛrɑ̃, ɑ̃t] *adj* absurd.

**abîmer** [abime] *vt* to damage ❑ **s'abîmer** *vp (fruit)* to spoil; *(livre)* to get damaged; **s'~ les yeux** to ruin one's eyesight.

**aboiements** [abwamɑ̃] *nmpl* barking *(sg)*.

**abolir** [abɔlir] *vt* to abolish.

**abominable** [abɔminabl] *adj* awful.

**abondant, -e** [abɔ̃dɑ̃, ɑ̃t] *adj* plentiful; *(pluie)* heavy.

**abonné, -e** [abɔne] *nm, f (à un magazine)* subscriber; *(au théâtre)* season ticket holder ◆ *adj*: **être ~ à un journal** to subscribe to a newspaper.

**abonnement** [abɔnmɑ̃] *nm (à un magazine)* subscription; *(de théâtre, de métro)* season ticket.

**abonner** [abɔne] **: s'abonner à** *vp + prép (journal)* to subscribe to.

**abord** [abɔr] **: d'abord** *adv* first ❑ **abords** *nmpl* surrounding area *(sg)*; *(d'une ville)* outskirts.

**abordable** [abɔrdabl] *adj* affordable.

**aborder** [abɔrde] *vt (personne)* to approach; *(sujet)* to touch on ◆ *vi* (NAVIG) to reach land.

**aboutir** [abutir] *vi (réussir)* to be successful; **~ à** *(rue)* to lead to; *(avoir pour résultat)* to result in.

**aboyer** [abwaje] *vi* to bark.

**abrégé** [abreʒe] *nm*: **en ~** in short.

**abréger** [abreʒe] *vt* to cut short.

**abreuvoir** [abrœvwar] *nm* trough.

**abréviation** [abrevjasjɔ̃] *nf* abbreviation.

**abri** [abri] *nm* shelter; **être à l'~ (de)** to be sheltered (from); **se mettre à l'~ (de)** to take shelter (from).

**abricot** [abriko] *nm* apricot.

**abriter** [abrite] **: s'abriter (de)** *vp (+ prép)* to shelter (from).

**abrupt, -e** [abrypt] *adj (escarpé)* steep.

**abruti, -e** [abryti] *adj (fam: bête)* thick; *(assommé)* dazed ◆ *nm, f (fam)* idiot.

**abrutissant, -e** [abrytisɑ̃, ɑ̃t] *adj* mind-numbing.

**absence** [apsɑ̃s] *nf* absence; *(manque)* lack.

**absent, -e** [apsɑ̃, ɑ̃t] *adj (personne)* absent ◆ *nm, f* absentee.

**absenter** [apsɑ̃te] **: s'absenter** *vp* to leave.

**absolu, -e** [apsɔly] *adj* absolute.

**absolument** [apsɔlymɑ̃] *adv* absolutely.

**absorbant, -e** [apsɔrbɑ̃, ɑ̃t] *adj (papier, tissu)* absorbent.

**absorber** [apsɔrbe] *vt* to absorb; *(nourriture)* to take.

**abstenir** [apstənir] **: s'abstenir** *vp (de voter)* to abstain; **s'~ de faire qqch** to refrain from doing sthg.

**abstention** [apstɑ̃sjɔ̃] *nf* abstention.

**abstenu, -e** [apstəny] *pp* → **abstenir**.

**abstrait, -e** [apstrɛ, ɛt] *adj* abstract.
**absurde** [apsyrd] *adj* absurd.
**abus** [aby] *nm*: **évitez les ~** don't drink or eat too much.
**abuser** [abyze] *vi (exagérer)* to go too far; **~ de** *(force, autorité)* to abuse.
**académie** [akademi] *nf (zone administrative)* local education authority; **l'Académie française** the French Academy *(learned society of leading men and women of letters)*.
**acajou** [akaʒu] *nm (bois)* mahogany.
**accabler** [akable] *vt*: **~ qqn (de)** to overwhelm sb (with).
**accaparer** [akapare] *vt (personne, conversation)* to monopolize.
**accéder** [aksede] **: accéder à** *v + prép (lieu)* to reach.
**accélérateur** [akseleratœr] *nm* accelerator.
**accélération** [akselerasjɔ̃] *nf* acceleration.
**accélérer** [akselere] *vi (AUT)* to accelerate; *(se dépêcher)* to hurry.
**accent** [aksɑ̃] *nm* accent; **mettre l'~ sur** to stress; **~ aigu** acute (accent); **~ circonflexe** circumflex (accent); **~ grave** grave (accent).
**accentuer** [aksɑ̃tɥe] *vt (mot)* to stress ❑ **s'accentuer** *vp (augmenter)* to become more pronounced.
**acceptable** [aksɛptabl] *adj* acceptable.
**accepter** [aksɛpte] *vt* to accept; *(supporter)* to put up with; **~ de faire qqch** to agree to do sthg.
**accès** [aksɛ] *nm (entrée)* access; *(crise)* attack; **donner ~ à** *(suj: ticket)* to admit to; **«~ interdit»** "no entry"; **«~ aux trains»** "to the trains".
**accessible** [aksesibl] *adj* accessible.
**accessoire** [akseswar] *nm* accessory.
**accident** [aksidɑ̃] *nm* accident; **~ de la route** road accident; **~ du travail** industrial accident; **~ de voiture** car crash.
**accidenté, -e** [aksidɑ̃te] *adj (voiture)* damaged; *(terrain)* bumpy.
**accidentel, -elle** [aksidɑ̃tɛl] *adj (mort)* accidental; *(rencontre, découverte)* chance.
**accolade** [akɔlad] *nf (signe graphique)* curly bracket.
**accompagnateur, -trice** [akɔ̃paɲatœr, tris] *nm, f (de voyages)* guide; *(MUS)* accompanist.
**accompagnement** [akɔ̃paɲmɑ̃] *nm (MUS)* accompaniment.
**accompagner** [akɔ̃paɲe] *vt* to accompany.
**accomplir** [akɔ̃plir] *vt* to carry out.
**accord** [akɔr] *nm* agreement; *(MUS)* chord; **d'~!** OK!, all right!; **se mettre d'~** to reach an agreement; **être d'~ avec** to agree with; **être d'~ pour faire qqch** to agree to doing sthg.
**accordéon** [akɔrdeɔ̃] *nm* accordion.
**accorder** [akɔrde] *vt (MUS)* to tune; **~ qqch à qqn** to grant sb sthg ❑ **s'accorder** *vp* to agree; **s'~ bien** *(couleurs, vêtements)* to go together well.
**accoster** [akɔste] *vt (personne)* to go up to ◆ *vi (NAVIG)* to moor.
**accotement** [akɔtmɑ̃] *nm*

shoulder; **«~s non stabilisés»** "soft verges".
**accouchement** [akuʃmɑ̃] *nm* childbirth.
**accoucher** [akuʃe] *vi*: **~ (de)** to give birth (to).
**accouder** [akude] **: s'accouder** *vp* to lean.
**accoudoir** [akudwar] *nm* armrest.
**accourir** [akurir] *vi* to rush.
**accouru, -e** [akury] *pp* → **accourir**.
**accoutumer** [akutyme] **: s'accoutumer à** *vp + prép* to get used to.
**accroc** [akro] *nm* rip, tear.
**accrochage** [akrɔʃaʒ] *nm (accident)* collision; *(fam: dispute)* quarrel.
**accrocher** [akrɔʃe] *vt (tableau)* to hang (up); *(caravane)* to hook up; *(déchirer)* to snag; *(heurter)* to hit ❑ **s'accrocher** *vp (fam: persévérer)* to stick to it; **s'~ à** *(se tenir à)* to cling to.
**accroupir** [akrupir] **: s'accroupir** *vp* to squat (down).
**accu** [aky] *nm (fam)* battery.
**accueil** [akœj] *nm (bienvenue)* welcome; *(bureau)* reception.
**accueillant, -e** [akœjɑ̃, ɑ̃t] *adj* welcoming.
**accueillir** [akœjir] *vt (personne)* to welcome; *(nouvelle)* to receive.
**accumuler** [akymyle] *vt* to accumulate ❑ **s'accumuler** *vp* to build up.
**accusation** [akyzasjɔ̃] *nf (reproche)* accusation; *(JUR)* charge.
**accusé, -e** [akyze] *nm, f* accused ♦ *nm*: **~ de réception** acknowledgment slip.
**accuser** [akyze] *vt* to accuse; **~ qqn de qqch** to accuse sb of sthg; **~ qqn de faire qqch** to accuse sb of doing sthg.
**acéré, -e** [asere] *adj* sharp.
**acharnement** [aʃarnəmɑ̃] *nm* relentlessness; **avec ~** relentlessly.
**acharner** [aʃarne] **: s'acharner** *vp*: **s'~ à faire qqch** to strive to do sthg; **s'~ sur qqn** to persecute sb.
**achat** [aʃa] *nm (acquisition)* buying; *(objet)* purchase; **faire des ~s** to go shopping.
**acheter** [aʃte] *vt* to buy; **~ qqch à qqn** *(pour soi)* to buy sthg from sb; *(en cadeau)* to buy sthg for sb.
**acheteur, -euse** [aʃtœr, øz] *nm, f* buyer.
**achever** [aʃve] *vt (terminer)* to finish; *(tuer)* to finish off ❑ **s'achever** *vp* to end.
**acide** [asid] *adj (aigre)* sour; *(corrosif)* acid ♦ *nm* acid.
**acidulé** [asidyle] *adj m* → **bonbon**.
**acier** [asje] *nm* steel; **~ inoxydable** stainless steel.
**acné** [akne] *nf* acne.
**acompte** [akɔ̃t] *nm* deposit.
**à-coup, -s** [aku] *nm* jerk; **par ~s** in fits and starts.
**acoustique** [akustik] *nf (d'une salle)* acoustics *(sg)*.
**acquérir** [akerir] *vt (acheter)* to buy; *(réputation, expérience)* to acquire.
**acquis, -e** [aki, iz] *pp* → **acquérir**.
**acquisition** [akizisjɔ̃] *nf (action)* acquisition; *(objet)* purchase; **faire l'~ de** to buy.

**acquitter** [akite] *vt (JUR)* to acquit ❑ **s'acquitter de** *vp + prép (dette)* to pay off; *(travail)* to carry out.

**âcre** [akr] *adj (odeur)* acrid.

**acrobate** [akrɔbat] *nmf* acrobat.

**acrobatie** [akrɔbasi] *nf* acrobatics *(sg)*.

**acrylique** [akrilik] *nm* acrylic.

**acte** [akt] *nm (action)* act, action; *(document)* certificate; *(d'une pièce de théâtre)* act.

**acteur, -trice** [aktœr, tris] *nm, f (comédien)* actor (*f* actress).

**actif, -ive** [aktif, iv] *adj* active.

**action** [aksjɔ̃] *nf (acte)* action; *(effet)* effect; *(FIN)* share.

**actionnaire** [aksjɔnɛr] *nmf* shareholder.

**actionner** [aksjɔne] *vt* to activate.

**active** → **actif**.

**activer** [aktive] *vt (feu)* to stoke ❑ **s'activer** *vp (se dépêcher)* to get a move on.

**activité** [aktivite] *nf* activity.

**actrice** → **acteur**.

**actualité** [aktɥalite] *nf*: **l'~** current events; **d'~** topical ❑ **actualités** *nfpl* news *(sg)*.

**actuel, -elle** [aktɥɛl] *adj* current, present.

**actuellement** [aktɥɛlmɑ̃] *adv* currently, at present.

**acupuncture** [akypɔ̃ktyr] *nf* acupuncture.

**adaptateur** [adaptatœr] *nm (pour prise de courant)* adaptor.

**adaptation** [adaptasjɔ̃] *nf* adaptation.

**adapter** [adapte] *vt (pour le cinéma, la télévision)* to adapt; **~ qqch à** *(ajuster)* to fit sthg to ❑ **s'adapter** *vp* to adapt; **s'~ à** to adapt to.

**additif** [aditif] *nm* additive; **«sans ~»** "additive-free".

**addition** [adisjɔ̃] *nf (calcul)* addition; *(note)* bill *(Br)*, check *(Am)*; **faire une ~** to do a sum; **payer l'~** to pay (the bill); **l'~, s'il vous plaît!** can I have the bill please!

**additionner** [adisjɔne] *vt* to add (up) ❑ **s'additionner** *vp (s'accumuler)* to build up.

**adepte** [adɛpt] *nmf (d'une théorie)* supporter; *(du ski, du jazz)* fan.

**adéquat, -e** [adekwa, at] *adj* suitable.

**adhérent, -e** [aderɑ̃, ɑ̃t] *nm, f* member.

**adhérer** [adere] *vi*: **~ à** *(coller)* to stick to; *(participer)* to join.

**adhésif, -ive** [adezif, iv] *adj (pansement, ruban)* adhesive.

**adieu, -x** [adjø] *nm* goodbye; **~!** goodbye!; **faire ses ~x à qqn** to say goodbye to sb.

**adjectif** [adʒɛktif] *nm* adjective.

**adjoint, -e** [adʒwɛ̃, ɛ̃t] *nm, f* assistant.

**admettre** [admɛtr] *vt (reconnaître)* to admit; *(tolérer)* to allow; *(laisser entrer)* to allow in; **être admis (à un examen)** to pass (an exam).

**administration** [administrasjɔ̃] *nf (gestion)* administration; **l'Administration** ≃ the Civil Service *(Br)*.

**admirable** [admirabl] *adj* admirable.

**admirateur, -trice** [admiratœr, tris] *nm, f* admirer.

**admiration** [admirasjɔ̃] *nf* admiration.

**admirer** [admire] *vt* to admire.
**admis, -e** [admi, iz] *pp* → admettre.
**admissible** [admisibl] *adj (SCOL) eligible to take the second part of an exam.*
**adolescence** [adɔlesɑ̃s] *nf* adolescence.
**adolescent, -e** [adɔlesɑ̃, ɑ̃t] *nm, f* teenager.
**adopter** [adɔpte] *vt* to adopt.
**adoptif, -ive** [adɔptif, iv] *adj (enfant, pays)* adopted; *(famille)* adoptive.
**adoption** [adɔpsjɔ̃] *nf (d'un enfant)* adoption.
**adorable** [adɔrabl] *adj* delightful.
**adorer** [adɔre] *vt* to adore.
**adosser** [adose] : **s'adosser à** OU **contre** *vp + prép* to lean against.
**adoucir** [adusir] *vt* to soften.
**adresse** [adrɛs] *nf (domicile)* address; *(habileté)* skill.
**adresser** [adrese] *vt* to address ❑ **s'adresser à** *vp + prép (parler à)* to speak to; *(concerner)* to be aimed at.
**adroit, -e** [adrwa, at] *adj* skilful.
**adulte** [adylt] *nmf* adult.
**adverbe** [advɛrb] *nm* adverb.
**adversaire** [advɛrsɛr] *nmf* opponent.
**adverse** [advɛrs] *adj* opposing.
**aération** [aerasjɔ̃] *nf* ventilation.
**aérer** [aere] *vt* to air.
**aérien, -ienne** [aerjɛ̃, jɛn] *adj (transport, base)* air.
**aérodrome** [aerɔdrom] *nm* aerodrome.
**aérodynamique** [aerɔdinamik] *adj* aerodynamic.
**aérogare** [aerɔgar] *nf* (air) terminal.
**aéroglisseur** [aerɔglisœr] *nm* hovercraft.
**aérogramme** [aerɔgram] *nm* aerogramme.
**aérophagie** [aerɔfaʒi] *nf* wind.
**aéroport** [aerɔpɔr] *nm* airport.
**aérosol** [aerɔsɔl] *nm* aerosol.
**affaiblir** [afeblir] *vt* to weaken ❑ **s'affaiblir** *vp (personne)* to weaken; *(lumière, son)* to fade.
**affaire** [afɛr] *nf (entreprise)* business; *(question)* matter; *(marché)* deal; *(scandale)* affair; **avoir ~ à qqn** to deal with sb; **faire l'~** to do (the trick) ❑ **affaires** *nfpl (objets)* belongings; **les ~s** *(FIN)* business *(sg)*; **occupe-toi de tes ~s!** mind your own business!
**affaisser** [afese] : **s'affaisser** *vp (personne)* to collapse; *(sol)* to sag.
**affamé, -e** [afame] *adj* starving.
**affecter** [afɛkte] *vt (toucher)* to affect; *(destiner)* to allocate.
**affection** [afɛksjɔ̃] *nf* affection.
**affectueusement** [afɛktɥøzmɑ̃] *adv* affectionately; *(dans une lettre)* best wishes.
**affectueux, -euse** [afɛktɥø, øz] *adj* affectionate.
**affichage** [afiʃaʒ] *nm (INFORM)* display; **«~ interdit»** "stick no bills".
**affiche** [afiʃ] *nf* poster.
**afficher** [afiʃe] *vt (placarder)* to post.
**affilée** [afile] : **d'affilée** *adv*: **il a mangé quatre hamburgers d'~** he ate four hamburgers one after the other; **j'ai travaillé huit heures d'~**

I worked eight hours without a break.

**affirmation** [afirmasjɔ̃] *nf* assertion.

**affirmer** [afirme] *vt* to assert ❑ **s'affirmer** *vp (personnalité)* to express itself.

**affligeant, -e** [afliʒɑ̃, ɑ̃t] *adj* appalling.

**affluence** [aflyɑ̃s] *nf* crowd.

**affluent** [aflyɑ̃] *nm* tributary.

**affolement** [afɔlmɑ̃] *nm* panic.

**affoler** [afɔle] *vt*: ~ **qqn** to throw sb into a panic ❑ **s'affoler** *vp* to panic.

**affranchir** [afrɑ̃ʃir] *vt (timbrer)* to put a stamp on.

**affranchissement** [afrɑ̃ʃismɑ̃] *nm (timbre)* stamp.

**affreusement** [afrøzmɑ̃] *adv* awfully.

**affreux, -euse** [afrø, øz] *adj (laid)* hideous; *(terrible)* awful.

**affronter** [afrɔ̃te] *vt* to confront; *(SPORT)* to meet ❑ **s'affronter** *vp* to clash; *(SPORT)* to meet.

**affût** [afy] *nm*: **être à l'~ (de)** to be on the lookout (for).

**affûter** [afyte] *vt* to sharpen.

**afin** [afɛ̃] : **afin de** *prép* in order to ❑ **afin que** *conj* so that.

**africain, -e** [afrikɛ̃, ɛn] *adj* African ❑ **Africain, -e** *nm, f* African.

**Afrique** [afrik] *nf*: **l'~** Africa; **l'~ du Sud** South Africa.

**agaçant, -e** [agasɑ̃, ɑ̃t] *adj* annoying.

**agacer** [agase] *vt* to annoy.

**âge** [aʒ] *nm* age; **quel ~ as-tu?** how old are you?; **une personne d'un certain ~** a middle-aged person.

**âgé, -e** [aʒe] *adj* old; **il est ~ de 12 ans** he's 12 years old.

**agence** [aʒɑ̃s] *nf (de publicité)* agency; *(de banque)* branch; **~ de voyages** travel agent's.

**agenda** [aʒɛ̃da] *nm* diary; **~ électronique** electronic pocket diary.

**agenouiller** [aʒnuje] : **s'agenouiller** *vp* to kneel (down).

**agent** [aʒɑ̃] *nm*: **~ (de police)** policeman (*f* policewoman); **~ de change** stockbroker.

**agglomération** [aglɔmerasjɔ̃] *nf* town; **l'~ parisienne** Paris and its suburbs.

**aggraver** [agrave] *vt* to aggravate ❑ **s'aggraver** *vp* to get worse.

**agile** [aʒil] *adj* agile.

**agilité** [aʒilite] *nf* agility.

**agir** [aʒir] *vi* to act ❑ **s'agir** *v impers*: **dans ce livre il s'agit de …** this book is about …; **il s'agit de faire des efforts** you/we must make an effort.

**agitation** [aʒitasjɔ̃] *nf* restlessness.

**agité, -e** [aʒite] *adj* restless; *(mer)* rough.

**agiter** [aʒite] *vt (bouteille)* to shake; *(main)* to wave ❑ **s'agiter** *vp* to fidget.

**agneau, -x** [aɲo] *nm* lamb.

**agonie** [agɔni] *nf* death throes *(pl)*.

**agrafe** [agraf] *nf (de bureau)* staple; *(de vêtement)* hook.

**agrafer** [agrafe] *vt* to staple (together).

**agrafeuse** [agraføz] *nf* stapler.

**agrandir** [agrɑ̃dir] *vt (trou, mai-*

*son)* to enlarge; *(photo)* to enlarge ❑ **s'agrandir** *vp* to grow.

**agrandissement** [agʀɑ̃dismɑ̃] *nm (photo)* enlargement.

**agréable** [agʀeabl] *adj* pleasant.

**agrès** [agʀɛ] *nmpl (SPORT)* apparatus *(sg)*.

**agresser** [agʀese] *vt* to attack.

**agresseur** [agʀɛsœʀ] *nm* attacker.

**agressif, -ive** [agʀɛsif, iv] *adj* aggressive.

**agression** [agʀɛsjɔ̃] *nf* attack.

**agricole** [agʀikɔl] *adj* agricultural.

**agriculteur, -trice** [agʀikyltœʀ, tʀis] *nm, f* farmer.

**agriculture** [agʀikyltyʀ] *nf* agriculture.

**agripper** [agʀipe] *vt* to grab ❑ **s'agripper à** *vp + prép* to cling to.

**agrumes** [agʀym] *nmpl* citrus fruit *(sg)*.

**ahuri, -e** [ayʀi] *adj* stunned.

**ahurissant, -e** [ayʀisɑ̃, ɑ̃t] *adj* stunning.

**ai** → **avoir**.

**aide** [ɛd] *nf* help; **appeler à l'~** to call for help; **à l'~!** help!; **à l'~ de** *(avec)* with the aid of.

**aider** [ede] *vt* to help; **~ qqn à faire qqch** to help sb (to) do sthg ❑ **s'aider de** *vp + prép* to use.

**aie** → **avoir**.

**aïe** [aj] *excl* ouch!

**aigle** [ɛgl] *nm* eagle.

**aigre** [ɛgʀ] *adj (goût)* sour; *(ton)* cutting.

**aigre-doux, -douce** [ɛgʀədu, dus] (*mpl* **aigres-doux**, *fpl* **aigres-douces**) *adj (sauce, porc)* sweet-and-sour.

**aigri, -e** [egʀi] *adj* bitter.

**aigu, -uë** [egy] *adj (perçant)* high-pitched; *(pointu)* sharp; *(douleur, maladie)* acute.

**aiguillage** [egɥijaʒ] *nm (manœuvre)* switching; *(appareil)* points *(pl)*.

**aiguille** [egɥij] *nf (de couture, de seringue)* needle; *(de montre)* hand; **~ de pin** pine needle; **~ à tricoter** knitting needle.

**aiguillette** [egɥijɛt] *nf*: **~s de canard** strips of duck breast.

**aiguiser** [egize] *vt* to sharpen.

**ail** [aj] *nm* garlic.

**aile** [ɛl] *nf* wing.

**ailier** [elje] *nm (au foot)* winger; *(au rugby)* wing.

**aille** → **aller**.

**ailleurs** [ajœʀ] *adv* somewhere else; **d'~** *(du reste)* moreover; *(à propos)* by the way.

**aimable** [ɛmabl] *adj* kind.

**aimant** [ɛmɑ̃] *nm* magnet.

**aimer** [eme] *vt (d'amour)* to love; *(apprécier)* to like; **~ faire qqch** to like doing sthg; **~ bien qqch/faire qqch** to like sthg/doing sthg; **j'aimerais** I would like; **~ mieux** to prefer.

**aine** [ɛn] *nf* groin.

**aîné, -e** [ene] *adj (frère, sœur)* older, elder; *(fils, fille)* oldest, eldest ◆ *nm, f (frère)* older brother; *(sœur)* older sister; *(fils, fille)* oldest (child), eldest (child).

**ainsi** [ɛ̃si] *adv (de cette manière)* in this way; *(par conséquent)* so; **~ que** and; **et ~ de suite** and so on.

**aïoli** [ajɔli] *nm* garlic mayonnaise.

**air** [ɛʀ] *nm* air; *(apparence)* look; *(mélodie)* tune; *(vent)*: **il fait de l'~**

**aujourd'hui** it's windy today; **avoir l'~ (d'être) malade** to look ill; **avoir l'~ d'un clown** to look like a clown; **il a l'~ de faire beau** it looks like being a nice day; **en l'~** *(en haut)* in the air; **fiche qqch en l'~** *(fam: gâcher)* to mess sthg up; **prendre l'~** to get a breath of fresh air; **~ conditionné** air conditioning.

**aire** [ɛr] *nf* area; **~ de jeu** playground; **~ de repos** rest area, = lay-by *(Br)*; **~ de stationnement** parking area.

**airelle** [ɛrɛl] *nf* cranberry.

**aisance** [ɛzɑ̃s] *nf* *(assurance)* ease; *(richesse)* wealth.

**aise** [ɛz] *nf*: **à l'~** comfortable; **mal à l'~** uncomfortable.

**aisé, -e** [eze] *adj* *(riche)* well-off.

**aisselle** [ɛsɛl] *nf* armpit.

**ajouter** [aʒute] *vt*: **~ qqch (à)** to add sthg (to); **~ que** to add that.

**ajuster** [aʒyste] *vt* to fit; *(vêtement)* to alter.

**alarmant, -e** [alarmɑ̃, ɑ̃t] *adj* alarming.

**alarme** [alarm] *nf* alarm; **donner l'~** to raise the alarm.

**album** [albɔm] *nm* album; **~ (de) photos** photograph album.

**alcool** [alkɔl] *nm* alcohol; **sans ~** alcohol-free; **~ à 90°** surgical spirit; **~ à brûler** methylated spirits *(pl)*.

**alcoolique** [alkɔlik] *nmf* alcoholic.

**alcoolisé, -e** [alkɔlize] *adj* alcoholic; **non ~** nonalcoholic.

**Alcootest®** [alkɔtɛst] *nm* = Breathalyser®.

**aléatoire** [aleatwar] *adj* risky.

**alentours** [alɑ̃tur] *nmpl* surroundings; **aux ~** nearby; **aux ~ de** *(environ)* around.

**alerte** [alɛrt] *adj & nf* alert; **donner l'~** to raise the alarm.

**alerter** [alɛrte] *vt* *(d'un danger)* to alert; *(informer)* to notify.

**algèbre** [alʒɛbr] *nf* algebra.

**Alger** [alʒe] *n* Algiers.

**Algérie** [alʒeri] *nf*: **l'~** Algeria.

**Algérien, -ienne** [alʒerjɛ̃, jɛn] *nm, f* Algerian.

**algues** [alg] *nfpl* seaweed *(sg)*.

**alibi** [alibi] *nm* alibi.

**alignement** [aliɲmɑ̃] *nm* line.

**aligner** [aliɲe] *vt* to line up ❑ **s'aligner** *vp* to line up.

**aliment** [alimɑ̃] *nm* food.

**alimentation** [alimɑ̃tasjɔ̃] *nf* *(nourriture)* diet; *(épicerie)* grocer's.

**alimenter** [alimɑ̃te] *vt* to feed; *(approvisionner)* to supply.

**Allah** [ala] *nm* Allah.

**allaiter** [alete] *vt* to breast-feed.

**alléchant, -e** [aleʃɑ̃, ɑ̃t] *adj* mouth-watering.

**allée** [ale] *nf* path; **~s et venues** comings and goings.

**allégé, -e** [aleʒe] *adj* *(aliment)* low-fat.

**Allemagne** [almaɲ] *nf*: **l'~** Germany.

**allemand, -e** [almɑ̃, ɑ̃d] *adj* German ◆ *nm* *(langue)* German ❑ **Allemand, -e** *nm, f* German.

**aller** [ale] *nm* 1. *(parcours)* outward journey; **à l'~** on the way. 2. *(billet)*: **~ (simple)** single *(Br)*, one-way ticket *(Am)*; **~ et retour** return (ticket).
◆ *vi* 1. *(se déplacer)* to go; **~ au Portugal** to go to Portugal; **pour ~ à la cathédrale, s'il vous plaît?**

could you tell me the way to the cathedral please?; ~ **en vacances** to go on holiday *(Br)*, to go on vacation *(Am)*.
2. *(suj: route)* to go.
3. *(exprime un état)*: **comment allez-vous?** how are you?; **(comment) ça va?** - **ça va** how are things? - fine; ~ **bien/mal** *(personne)* to be well/unwell; *(situation)* to go well/badly.
4. *(convenir)*: **ça ne va pas** *(outil)* it's not any good; ~ **à qqn** *(couleur)* to suit sb; *(en taille)* to fit sb; ~ **avec qqch** to go with sthg.
5. *(suivi d'un infinitif, exprime le but)*: **j'irai le chercher à la gare** I'll go and fetch him from the station; ~ **voir** to go and see.
6. *(suivi d'un infinitif, exprime le futur proche)*: ~ **faire qqch** to be going to do sthg.
7. *(dans des expressions)*: **allez!** come on!; **allons!** come on!; **y** ~ *(partir)* to be off; **vas-y!** go on!
❑ **s'en aller** *vp (partir)* to go away; *(suj: tache, couleur)* to disappear; **allez-vous en!** go away!

**allergie** [alɛrʒi] *nf* allergy.

**allergique** [alɛrʒik] *adj*: **être ~ à** to be allergic to.

**aller-retour** [alerətur] (*pl* **allers-retours**) *nm (billet)* return (ticket).

**alliage** [aljaʒ] *nm* alloy.

**alliance** [aljɑ̃s] *nf (bague)* wedding ring; *(union)* alliance.

**allié, -e** [alje] *nm, f* ally.

**allô** [alo] *excl* hello!

**allocation** [alɔkasjɔ̃] *nf* allocation; **~s familiales** family allowance *(sg)*.

**allonger** [alɔ̃ʒe] *vt (vêtement)* to lengthen; *(bras, jambe)* to stretch out ❑ **s'allonger** *vp (augmenter)* to get longer; *(s'étendre)* to lie down.

**allumage** [alymaʒ] *nm (AUT)* ignition.

**allumer** [alyme] *vt (feu)* to light; *(lumière, radio)* to turn on ❑ **s'allumer** *vp (s'éclairer)* to light up.

**allumette** [alymɛt] *nf* match.

**allure** [alyr] *nf (apparence)* appearance; *(vitesse)* speed; **à toute ~** at full speed.

**allusion** [alyzjɔ̃] *nf* allusion; **faire ~ à** to refer OU allude to.

**alors** [alɔr] *adv (par conséquent)* so, then; **~, tu viens?** are you coming, then?; **ça ~!** my goodness!; **et ~?** *(et ensuite)* and then what?; *(pour défier)* so what?; ~ **que** *(bien que)* even though; *(tandis que)* whereas, while.

**alourdir** [alurdir] *vt* to weigh down.

**aloyau, -x** [alwajo] *nm* sirloin.

**Alpes** [alp] *nfpl*: **les ~** the Alps.

**alphabet** [alfabɛ] *nm* alphabet.

**alphabétique** [alfabetik] *adj* alphabetical; **par ordre ~** in alphabetical order.

**alpin** [alpɛ̃] *adj m* → **ski**.

**alpinisme** [alpinism] *nm* mountaineering.

**alpiniste** [alpinist] *nmf* mountaineer.

**Alsace** [alzas] *nf*: **l'~** Alsace.

**alternatif** [altɛrnatif] *adj m* → **courant**.

**alternativement** [altɛrnativmɑ̃] *adv* alternately.

**alterner** [altɛrne] *vi* to alternate.

**altitude** [altityd] *nf* altitude; **à**

**2 000 m d'~** at an altitude of 2,000 m.

**aluminium** [alyminjɔm] *nm* aluminium.

**amabilité** [amabilite] *nf* kindness.

**amadouer** [amadwe] *vt (attirer)* to coax; *(calmer)* to mollify.

**amaigrissant, -e** [amegrisɑ̃, ɑ̃t] *adj* slimming *(Br)*, reducing *(Am)*.

**amande** [amɑ̃d] *nf* almond.

**amant** [amɑ̃] *nm* lover.

**amarrer** [amare] *vt (bateau)* to moor.

**amas** [ama] *nm* pile.

**amasser** [amase] *vt* to pile up; *(argent)* to amass.

**amateur** [amatœr] *adj & nm* amateur; **être ~ de** to be keen on.

**ambassade** [ɑ̃basad] *nf* embassy.

**ambassadeur, -drice** [ɑ̃basadœr, dris] *nm, f* ambassador.

**ambiance** [ɑ̃bjɑ̃s] *nf* atmosphere; **il y a de l'~!** it's pretty lively in here!; **d'~** *(musique, éclairage)* atmospheric.

**ambigu, -uë** [ɑ̃bigy] *adj (mot)* ambiguous; *(personnage)* dubious.

**ambitieux, -ieuse** [ɑ̃bisjø, jøz] *adj* ambitious.

**ambition** [ɑ̃bisjɔ̃] *nf* ambition.

**ambulance** [ɑ̃bylɑ̃s] *nf* ambulance.

**ambulant** [ɑ̃bylɑ̃] *adj m* → **marchand**.

**âme** [ɑm] *nf* soul.

**amélioration** [ameljɔrasjɔ̃] *nf* improvement.

**améliorer** [ameljɔre] *vt* to improve ❑ **s'améliorer** *vp* to improve.

**aménagé, -e** [amenaʒe] *adj (cuisine, camping)* fully-equipped.

**aménager** [amenaʒe] *vt (pièce, appartement)* to fit out.

**amende** [amɑ̃d] *nf* fine.

**amener** [amne] *vt* to bring; *(causer)* to cause; **~ qqn à faire qqch** to lead sb to do sthg.

**amer, -ère** [amɛr] *adj* bitter.

**américain, -e** [amerikɛ̃, ɛn] *adj* American ❑ **Américain, -e** *nm, f* American.

**Amérique** [amerik] *nf*: **l'~** America; **l'~ centrale** Central America; **l'~ latine** Latin America; **l'~ du Sud** South America.

**amertume** [amɛrtym] *nf* bitterness.

**ameublement** [amœbləmɑ̃] *nm* furniture.

**ami, -e** [ami] *nm, f* friend; *(amant)* boyfriend (*f* girlfriend); **être (très) ~s** to be (close) friends.

**amiable** [amjabl] *adj* amicable; **à l'~** out of court.

**amiante** [amjɑ̃t] *nm* asbestos.

**amical, -e, -aux** [amikal, o] *adj* friendly.

**amicalement** [amikalmɑ̃] *adv* in a friendly way; *(dans une lettre)* kind regards.

**amincir** [amɛ̃sir] *vt (suj: régime)* to make thinner; **cette veste t'amincit** that jacket makes you look slimmer.

**amitié** [amitje] *nf* friendship; **~s** *(dans une lettre)* best wishes.

**amnésique** [amnezik] *adj* amnesic.

**amonceler** [amɔ̃sle] **: s'amonceler** *vp* to accumulate.

**amont** [amɔ̃] *nm*: **aller vers l'~** to go upstream; **en ~ (de)** upstream (from).

**amorcer** [amɔrse] *vt (commencer)* to begin.

**amortir** [amɔrtir] *vt (choc)* to absorb; *(son)* to muffle; **mon abonnement est maintenant amorti** my season ticket is now paying for itself.

**amortisseur** [amɔrtisœr] *nm* shock absorber.

**amour** [amur] *nm* love; **faire l'~** to make love.

**amoureux, -euse** [amurø, øz] *adj* in love ◆ *nmpl* lovers; **être ~ de qqn** to be in love with sb.

**amour-propre** [amurprɔpr] *nm* pride.

**amovible** [amɔvibl] *adj* removable.

**amphithéâtre** [ɑ̃fiteatr] *nm* amphitheatre; *(salle de cours)* lecture hall.

**ample** [ɑ̃pl] *adj (jupe)* full; *(geste)* sweeping.

**amplement** [ɑ̃pləmɑ̃] *adv* fully; **c'est ~ suffisant** that's ample.

**ampli** [ɑ̃pli] *nm (fam)* amp.

**amplificateur** [ɑ̃plifikatœr] *nm (de chaîne hi-fi)* amplifier.

**amplifier** [ɑ̃plifje] *vt (son)* to amplify; *(phénomène)* to increase.

**ampoule** [ɑ̃pul] *nf (de lampe)* bulb; *(de médicament)* phial; *(cloque)* blister.

**amputer** [ɑ̃pyte] *vt* to amputate; *(texte)* to cut.

**amusant, -e** [amyzɑ̃, ɑ̃t] *adj (distrayant)* amusing; *(comique)* funny.

**amuse-gueule** [amyzgœl] *nm inv* appetizer.

**amuser** [amyze] *vt (faire rire)*: **~ qqn** to make sb laugh ❑ **s'amuser** *vp (se distraire)* to enjoy o.s.; *(jouer)* to play; **s'~ à faire qqch** to amuse o.s. doing sthg.

**amygdales** [amidal] *nfpl* tonsils.

**an** [ɑ̃] *nm* year; **il a neuf ~s** he's nine (years old); **en l'~ 2000** in the year 2000.

**anachronique** [anakrɔnik] *adj* anachronistic.

**analogue** [analɔg] *adj* similar.

**analphabète** [analfabɛt] *adj* illiterate.

**analyse** [analiz] *nf* analysis; **~ de sang** blood test.

**analyser** [analize] *vt (texte, données)* to analyse.

**ananas** [anana] *nm* pineapple.

**anarchie** [anarʃi] *nf* anarchy.

**anatomie** [anatɔmi] *nf* anatomy.

**ancêtre** [ɑ̃sɛtr] *nm* ancestor; *(version précédente)* forerunner.

**anchois** [ɑ̃ʃwa] *nm* anchovy.

**ancien, -ienne** [ɑ̃sjɛ̃, jɛn] *adj (du passé)* ancient; *(vieux)* old; *(ex-)* former.

**ancienneté** [ɑ̃sjɛnte] *nf (dans une entreprise)* seniority.

**ancre** [ɑ̃kr] *nf* anchor; **jeter l'~** to drop anchor; **lever l'~** to weigh anchor.

**Andorre** [ɑ̃dɔr] *nf*: **l'~** Andorra.

**andouille** [ɑ̃duj] *nf (CULIN) type of sausage made of chitterlings (pig's intestines), eaten cold*; *(fam: imbécile)* twit.

**andouillette** [ɑ̃dujɛt] *nf type of sausage made of chitterlings (pig's intestines), eaten grilled.*

**âne** [an] *nm* donkey; *(imbécile)* fool.

**anéantir** [aneɑ̃tir] *vt* to crush.

**anecdote** [anɛkdɔt] *nf* anecdote.

**anémie** [anemi] *nf* anaemia.

**ânerie** [anri] *nf (parole)* stupid remark; **faire des ~s** to do stupid things.

**anesthésie** [anɛstezi] *nf* anaesthetic; **être sous ~** to be under anaesthetic; **~ générale** general anaesthetic; **~ locale** local anaesthetic.

**ange** [ɑ̃ʒ] *nm* angel.

**angine** [ɑ̃ʒin] *nf (des amygdales)* tonsillitis; *(du pharynx)* pharyngitis; **~ de poitrine** angina.

**anglais, -e** [ɑ̃glɛ, ɛz] *adj* English ◆ *nm (langue)* English; **je ne parle pas ~** I don't speak English ❑ **Anglais, -e** *nm, f* Englishman (*f* Englishwoman); **les Anglais** the English.

**angle** [ɑ̃gl] *nm (coin)* corner; *(géométrique)* angle; **~ droit** right angle.

**Angleterre** [ɑ̃glətɛr] *nf*: **l'~** England.

**Anglo-Normandes** [ɑ̃glonɔrmɑ̃d] *adj fpl* → **île**.

**angoisse** [ɑ̃gwas] *nf* anguish.

**angoissé, -e** [ɑ̃gwase] *adj* anxious.

**angora** [ɑ̃gɔra] *nm* angora.

**anguille** [ɑ̃gij] *nf* eel; **~s au vert** *eels cooked with white wine, cream, cress and herbs, a Belgian speciality.*

**animal, -aux** [animal, o] *nm* animal; **~ domestique** pet.

**animateur, -trice** [animatœr, tris] *nm, f (de club, de groupe)* coordinator; *(à la radio, la télévision)* presenter.

**animation** [animasjɔ̃] *nf (vivacité)* liveliness; *(dans la rue)* activity ❑ **animations** *nfpl (culturelles)* activities.

**animé, -e** [anime] *adj* lively.

**animer** [anime] *vt (jeu, émission)* to present; *(conversation)* to liven up ❑ **s'animer** *vp (visage)* to light up; *(rue)* to come to life; *(conversation)* to become animated.

**anis** [ani] *nm* aniseed.

**ankyloser** [ɑ̃kiloze] **: s'ankyloser** *vp* to go numb.

**anneau, -x** [ano] *nm* ring.

**année** [ane] *nf* year; **~ bissextile** leap year; **~ scolaire** school year.

**annexe** [anɛks] *nf (document)* appendix; *(bâtiment)* annex.

**anniversaire** [anivɛrsɛr] *nm* birthday; **~ de mariage** wedding anniversary.

**annonce** [anɔ̃s] *nf* announcement; *(dans un journal)* advertisement; **(petites) ~s** classified advertisements.

**annoncer** [anɔ̃se] *vt* to announce; *(être signe de)* to be a sign of ❑ **s'annoncer** *vp*: **s'~ bien** to look promising.

**annuaire** [anɥɛr] *nm (recueil)* yearbook; **~ (téléphonique)** telephone directory; **~ électronique** *electronic telephone directory on Minitel®.*

**annuel, -elle** [anɥɛl] *adj* annual.

**annulaire** [anylɛr] *nm* ring finger.

**annulation** [anylasjɔ̃] *nf* cancellation.

**annuler** [anyle] *vt* to cancel.

**anomalie** [anɔmali] *nf* anomaly.
**anonyme** [anɔnim] *adj* anonymous.
**anorak** [anɔrak] *nm* anorak.
**anormal, -e, -aux** [anɔrmal, o] *adj* abnormal; *(péj: handicapé)* mentally retarded.
**ANPE** *nf (abr de Agence nationale pour l'emploi) French national employment agency.*
**anse** [ɑ̃s] *nf (poignée)* handle; *(crique)* cove.
**Antarctique** [ɑ̃tarktik] *nm*: **l'(océan)** ~ the Antarctic (Ocean).
**antenne** [ɑ̃tɛn] *nf (de radio, de télévision)* aerial; *(d'animal)* antenna; ~ **parabolique** dish aerial.
**antérieur, -e** [ɑ̃terjœr] *adj (précédent)* previous; *(de devant)* front.
**antibiotique** [ɑ̃tibjɔtik] *nm* antibiotic.
**antibrouillard** [ɑ̃tibrujar] *nm* fog lamp *(Br)*, foglight *(Am)*.
**anticiper** [ɑ̃tisipe] *vt* to anticipate.
**antidote** [ɑ̃tidɔt] *nm* antidote.
**antigel** [ɑ̃tiʒɛl] *nm* antifreeze.
**antillais, -e** [ɑ̃tijɛ, ɛz] *adj* West Indian ❑ **Antillais, -e** *nm, f* West Indian.
**Antilles** [ɑ̃tij] *nfpl*: **les** ~ the West Indies.
**antimite** [ɑ̃timit] *nm* moth repellent.
**Antiope** [ɑ̃tjɔp] *n information system available via the French television network.*
**antipathique** [ɑ̃tipatik] *adj* unpleasant.
**antiquaire** [ɑ̃tikɛr] *nmf* antiques dealer.
**antique** [ɑ̃tik] *adj* ancient.
**antiquité** [ɑ̃tikite] *nf (objet)* antique; **l'Antiquité** Antiquity.
**antiseptique** [ɑ̃tisɛptik] *adj* antiseptic.
**antivol** [ɑ̃tivɔl] *nm* anti-theft device.
**anxiété** [ɑ̃ksjete] *nf* anxiety.
**anxieux, -ieuse** [ɑ̃ksjø, jøz] *adj* anxious.
**AOC** *(abr de appellation d'origine contrôlée) label guaranteeing the quality of a French wine.*
**août** [ut] *nm* August, → **septembre**.
**apaiser** [apeze] *vt (personne, colère)* to calm; *(douleur)* to soothe.
**apathique** [apatik] *adj* apathetic.
**apercevoir** [apɛrsəvwar] *vt* to see ❑ **s'apercevoir** *vp*: **s'~ de** *(remarquer)* to notice; *(comprendre)* to realize; **s'~ que** *(remarquer)* to notice that; *(comprendre)* to realize that.
**aperçu, -e** [apɛrsy] *pp* → **apercevoir** ◆ *nm* general idea.
**apéritif** [aperitif] *nm* aperitif.
**aphone** [afɔn] *adj*: **être** ~ to have lost one's voice.
**aphte** [aft] *nm* mouth ulcer.
**apitoyer** [apitwaje] **: s'apitoyer sur** *vp + prép (personne)* to feel sorry for.
**ap. J-C** *(abr de après Jésus-Christ)* AD.
**aplanir** [aplanir] *vt* to level (off); *(difficultés)* to smooth over.
**aplatir** [aplatir] *vt* to flatten.
**aplomb** [aplɔ̃] *nm (culot)* nerve; **d'~** *(vertical)* straight.
**apostrophe** [apɔstrɔf] *nf* apos-

trophe; **s ~** "s" apostrophe.

**apôtre** [apotr] *nm* apostle.

**apparaître** [aparɛtr] *vi* to appear.

**appareil** [aparɛj] *nm* device; *(poste téléphonique)* telephone; **qui est à l'~?** who's speaking?; **~ ménager** household appliance; **~ photo** camera.

**apparemment** [aparamɑ̃] *adv* apparently.

**apparence** [aparɑ̃s] *nf* appearance.

**apparent, -e** [aparɑ̃, ɑ̃t] *adj (visible)* visible; *(superficiel)* apparent.

**apparition** [aparisjɔ̃] *nf (arrivée)* appearance; *(fantôme)* apparition.

**appartement** [apartəmɑ̃] *nm* flat *(Br)*, apartment *(Am)*.

**appartenir** [apartənir] *vi*: **~ à** to belong to.

**appartenu** [apartəny] *pp* → **appartenir**.

**apparu, -e** [apary] *pp* → **apparaître**.

**appât** [apa] *nm* bait.

**appel** [apɛl] *nm* call; **faire l'~** *(SCOL)* to call the register *(Br)*, to call (the) roll *(Am)*; **faire ~ à** to appeal to; **faire un ~ de phares** to flash one's headlights.

**appeler** [aple] *vt* to call; *(interpeller)* to call out to; **~ à l'aide** to call for help ❑ **s'appeler** *vp (se nommer)* to be called; *(se téléphoner)* to talk on the phone; **comment t'appelles-tu?** what's your name?; **je m'appelle ...** my name is ...

**appendicite** [apɛ̃disit] *nf* appendicitis.

**appesantir** [apəzɑ̃tir] **: s'appesantir sur** *vp + prép* to dwell on.

**appétissant, -e** [apetisɑ̃, ɑ̃t] *adj* appetizing.

**appétit** [apeti] *nm* appetite; **avoir de l'~** to have a good appetite; **bon ~!** enjoy your meal!

**applaudir** [aplodir] *vt & vi* to applaud.

**applaudissements** [aplodismɑ̃] *nmpl* applause *(sg)*.

**application** [aplikasjɔ̃] *nf* application.

**applique** [aplik] *nf* wall lamp.

**appliqué, -e** [aplike] *adj (élève)* hardworking; *(écriture)* careful.

**appliquer** [aplike] *vt* to apply; *(loi, tarif)* to enforce ❑ **s'appliquer** *vp (élève)* to apply o.s.

**appoint** [apwɛ̃] *nm*: **faire l'~** to give the exact money; **d'~** *(chauffage, lit)* extra.

**apporter** [apɔrte] *vt* to bring; *(fig: soin)* to exercise.

**appréciation** [apresjasjɔ̃] *nf (jugement)* judgment; *(évaluation)* estimate; *(SCOL)* assessment.

**apprécier** [apresje] *vt (aimer)* to appreciate, to like; *(évaluer)* to estimate.

**appréhension** [apreɑ̃sjɔ̃] *nf* apprehension.

**apprendre** [aprɑ̃dr] *vt (étudier)* to learn; *(nouvelle)* to learn of; **~ qqch à qqn** *(discipline)* to teach sb sthg; *(nouvelle)* to tell sb sthg; **~ à faire qqch** to learn (how) to do sthg.

**apprenti, -e** [aprɑ̃ti] *nm, f* apprentice.

**apprentissage** [aprɑ̃tisaʒ] *nm (d'un métier manuel)* apprenticeship; *(d'une langue, d'un art)* learning.

**apprêter** [aprete] **: s'apprêter**

*vp*: **s'~ à faire qqch** to be about to do sthg.
**appris, -e** [apri, iz] *pp* → **apprendre**.
**apprivoiser** [aprivwaze] *vt* to tame.
**approcher** [aprɔʃe] *vt* to move nearer ◆ *vi (dans l'espace)* to get nearer; *(dans le temps)* to approach; **~ qqch de** to move sthg nearer (to); **~ de** to approach ❑ **s'approcher** *vp* to approach; **s'~ de** to approach.
**approfondir** [aprɔfɔ̃dir] *vt* to go into more detail about.
**approprié, -e** [aprɔprije] *adj* appropriate.
**approuver** [apruve] *vt* to approve of.
**approvisionner** [aprɔvizjɔne] : **s'approvisionner** *vp (faire ses courses)* to shop; **s'~ en** to stock up on.
**approximatif, -ive** [aprɔksimatif, iv] *adj* approximate.
**appt** *abr* = **appartement**.
**appui-tête** [apɥitɛt] *(pl* **appuis-tête***)* *nm* headrest.
**appuyer** [apɥije] *vt* to lean ◆ *vi*: **~ sur** to press ❑ **s'appuyer** *vp*: **s'~ à** to lean against.
**après** [aprɛ] *prép* after ◆ *adv* afterwards; **~ avoir fait qqch** after having done sthg; **~ tout** after all; **l'année d'~** the following year; **d'~ moi** in my opinion.
**après-demain** [aprɛdmɛ̃] *adv* the day after tomorrow.
**après-midi** [aprɛmidi] *nm inv ou nf inv* afternoon; **l'~** *(tous les jours)* in the afternoon.
**après-rasage, -s** [aprɛrazaʒ] *nm* aftershave.
**après-shampooing** [aprɛʃɑ̃pwɛ̃] *nm inv* conditioner.
**a priori** [apriɔri] *adv* in principle ◆ *nm inv* preconception.
**apte** [apt] *adj*: **~ à qqch** fit for sthg; **~ à faire qqch** fit to do sthg.
**aptitudes** [aptityd] *nfpl* ability *(sg)*.
**aquarelle** [akwarɛl] *nf* watercolour.
**aquarium** [akwarjɔm] *nm* aquarium.
**aquatique** [akwatik] *adj* aquatic.
**aqueduc** [akdyk] *nm* aqueduct.
**Aquitaine** [akitɛn] *nf*: **l'~** Aquitaine *(region in southwest of France)*.
**AR** *abr* = **accusé de réception, aller-retour**.
**arabe** [arab] *adj* Arab ◆ *nm (langue)* Arabic ❑ **Arabe** *nmf* Arab.
**arachide** [araʃid] *nf* groundnut.
**araignée** [areɲe] *nf* spider.
**arbitraire** [arbitrɛr] *adj* arbitrary.
**arbitre** [arbitr] *nm* referee; *(au tennis, cricket)* umpire.
**arbitrer** [arbitre] *vt* to referee; *(au tennis, cricket)* to umpire.
**arbre** [arbr] *nm* tree; **~ fruitier** fruit tree; **~ généalogique** family tree.
**arbuste** [arbyst] *nm* shrub.
**arc** [ark] *nm (arme)* bow; *(géométrique)* arc; *(voûte)* arch.
**arcade** [arkad] *nf* arch.
**arc-bouter** [arkbute] : **s'arc-bouter** *vp* to brace o.s.
**arc-en-ciel** [arkɑ̃sjɛl] *(pl* **arcs-en-ciel***)* *nm* rainbow.
**archaïque** [arkaik] *adj* archaic.

**arche** [arʃ] *nf* arch.
**archéologie** [arkeɔlɔʒi] *nf* archaeology.
**archéologue** [arkeɔlɔg] *nmf* archaeologist.
**archet** [arʃɛ] *nm* bow.
**archipel** [arʃipɛl] *nm* archipelago.
**architecte** [arʃitɛkt] *nmf* architect.
**architecture** [arʃitɛktyr] *nf* architecture.
**archives** [arʃiv] *nfpl* records.
**Arctique** [arktik] *nm*: **l'(océan) ~** the Arctic (Ocean).
**ardent, -e** [ardɑ̃, ɑ̃t] *adj (soleil)* blazing; *(fig: défenseur, désir)* fervent.
**ardeur** [ardœr] *nf* fervour.
**ardoise** [ardwaz] *nf* slate.
**ardu, -e** [ardy] *adj* difficult.
**arènes** [arɛn] *nfpl (romaines)* amphitheatre *(sg)*; *(pour corridas)* bullring *(sg)*.
**arête** [arɛt] *nf (de poisson)* bone; *(angle)* corner.
**argent** [arʒɑ̃] *nm (métal)* silver; *(monnaie)* money; **~ liquide** cash; **~ de poche** pocket money.
**argenté, -e** [arʒɑ̃te] *adj* silver.
**argenterie** [arʒɑ̃tri] *nf* silverware.
**argile** [arʒil] *nf* clay.
**argot** [argo] *nm* slang.
**argument** [argymɑ̃] *nm* argument.
**aride** [arid] *adj* arid.
**aristocratie** [aristɔkrasi] *nf* aristocracy.
**arithmétique** [aritmetik] *nf* arithmetic.
**armature** [armatyr] *nf* framework; *(d'un soutien-gorge)* underwiring.
**arme** [arm] *nf* weapon; **~ à feu** firearm.
**armé, -e** [arme] *adj* armed; **être ~ de** to be armed with.
**armée** [arme] *nf* army.
**armement** [armәmɑ̃] *nm* arms *(pl)*.
**armer** [arme] *vt* to arm; *(appareil photo)* to wind on.
**armistice** [armistis] *nm* armistice.
**armoire** [armwar] *nf* cupboard *(Br)*, closet *(Am)*; **~ à pharmacie** medicine cabinet.
**armoiries** [armwari] *nfpl* coat of arms *(sg)*.
**armure** [armyr] *nf* armour.
**aromate** [arɔmat] *nm (épice)* spice; *(fine herbe)* herb.
**aromatique** [arɔmatik] *adj* aromatic.
**aromatisé, -e** [arɔmatize] *adj* flavoured; **~ à la vanille** vanilla-flavoured.
**arôme** [arom] *nm (odeur)* aroma; *(goût)* flavour.
**arqué, -e** [arke] *adj* arched.
**arracher** [araʃe] *vt (feuille)* to tear out; *(mauvaises herbes, dent)* to pull out; **~ qqch à qqn** to snatch sthg from sb.
**arrangement** [arɑ̃ʒmɑ̃] *nm* arrangement; *(accord)* agreement.
**arranger** [arɑ̃ʒe] *vt (organiser)* to arrange; *(résoudre)* to settle; *(réparer)* to fix; **cela m'arrange** that suits me ❑ **s'arranger** *vp (se mettre d'accord)* to come to an agreement; *(s'améliorer)* to get better; **s'~ pour faire qqch** to arrange to do sthg.

**arrestation** [arɛstasjɔ̃] *nf* arrest.

**arrêt** [arɛ] *nm (interruption)* interruption; *(station)* stop; **«ne pas descendre avant l'~ complet du train»** "do not alight until the train has come to a complete stop"; **«~ interdit»** "no stopping"; **~ d'autobus** bus stop; **~ de travail** stoppage; **sans ~** *(parler, travailler)* nonstop.

**arrêter** [arete] *vt* to stop; *(suspect)* to arrest ◆ *vi* to stop; **~ de faire qqch** to stop doing sthg ❑ **s'arrêter** *vp* to stop; **s'~ de faire qqch** to stop doing sthg.

**arrhes** [ar] *nfpl* deposit *(sg)*.

**arrière** [arjɛr] *adj inv & nm* back; **à l'~ de** at the back of, in back of *(Am)*; **en ~** *(rester, regarder)* behind; *(tomber)* backwards.

**arriéré, -e** [arjere] *adj* backward.

**arrière-boutique, -s** [arjɛrbutik] *nf* back of the shop.

**arrière-grands-parents** [arjɛrgrɑ̃parɑ̃] *nmpl* great-grandparents.

**arrière-pensée, -s** [arjɛrpɑ̃se] *nf* ulterior motive.

**arrière-plan, -s** [arjɛrplɑ̃] *nm*: **à l'~** in the background.

**arrière-saison, -s** [arjɛrsɛzɔ̃] *nf* late autumn.

**arrivée** [arive] *nf* arrival; *(d'une course)* finish; **«~s»** "arrivals".

**arriver** [arive] *vi* to arrive; *(se produire)* to happen ◆ *v impers*: **il arrive qu'il soit en retard** he is sometimes late; **il m'arrive d'oublier son anniversaire** sometimes I forget his birthday; **que t'est-il arrivé?** what happened to you?; **~ à qqch** to reach sthg; **~ à faire qqch** to succeed in doing sthg, to manage to do sthg.

**arriviste** [arivist] *nmf* social climber.

**arrogant, -e** [arɔgɑ̃, ɑ̃t] *adj* arrogant.

**arrondir** [arɔ̃dir] *vt (au chiffre supérieur)* to round up; *(au chiffre inférieur)* to round down.

**arrondissement** [arɔ̃dismɑ̃] *nm* district.

**arrosage** [arozaʒ] *nm* watering.

**arroser** [aroze] *vt* to water.

**arrosoir** [arozwar] *nm* watering can.

**Arrt** *abr* = **arrondissement**.

**art** [ar] *nm* art; **~s plastiques** *(SCOL)* art.

**artère** [artɛr] *nf* artery.

**artichaut** [artiʃo] *nm* artichoke.

**article** [artikl] *nm* article.

**articulation** [artikylasjɔ̃] *nf (ANAT)* joint.

**articulé, -e** [artikyle] *adj (pantin)* jointed; *(lampe)* hinged.

**articuler** [artikyle] *vt (prononcer)* to articulate ◆ *vi* to speak clearly.

**artifice** [artifis] *nm* → **feu**.

**artificiel, -ielle** [artifisjɛl] *adj* artificial.

**artisan** [artizɑ̃] *nm* craftsman *(f* craftswoman).

**artisanal, -e, -aux** [artizanal, o] *adj (méthode)* traditional; **objets artisanaux** crafts.

**artiste** [artist] *nmf* artist.

**artistique** [artistik] *adj* artistic.

**as**[1] [a] → **avoir**.

**as**[2] [as] *nm* ace.

**asc.** *abr* = **ascenseur**.

**ascenseur** [asɑ̃sœr] *nm* lift *(Br)*,

elevator *(Am)*.
**ascension** [asɑ̃sjɔ̃] *nf* ascent; *(fig: progression)* rise.
**asiatique** [azjatik] *adj* Asian ❑ **Asiatique** *nmf* Asian.
**Asie** [azi] *nf*: **l'~** Asia.
**asile** [azil] *nm (psychiatrique)* asylum; *(refuge)* refuge.
**aspect** [aspɛ] *nm* appearance; *(point de vue)* aspect.
**asperge** [aspɛrʒ] *nf* asparagus; **~s à la flamande** *asparagus served with chopped hard-boiled egg and butter, a Belgian speciality.*
**asperger** [aspɛrʒe] *vt* to spray.
**aspérités** [asperite] *nfpl* bumps.
**asphyxier** [asfiksje] : **s'asphyxier** *vp* to suffocate.
**aspirante** [aspirɑ̃t] *adj f* → **hotte**.
**aspirateur** [aspiratœr] *nm* vacuum cleaner.
**aspirer** [aspire] *vt (air)* to inhale; *(poussière)* to suck up.
**aspirine** [aspirin] *nf* aspirin.
**assaillant, -e** [asajɑ̃, ɑ̃t] *nm, f* attacker.
**assaillir** [asajir] *vt* to attack; **~ qqn de questions** to bombard sb with questions.
**assaisonnement** [asezɔnmɑ̃] *nm (sel et poivre)* seasoning; *(sauce)* dressing.
**assassin** [asasɛ̃] *nm* murderer.
**assassiner** [asasine] *vt* to murder.
**assaut** [aso] *nm* assault.
**assemblage** [asɑ̃blaʒ] *nm* assembly.
**assemblée** [asɑ̃ble] *nf* meeting; **l'Assemblée (nationale)** *lower house of the French parliament.*
**assembler** [asɑ̃ble] *vt* to assemble.
**asseoir** [aswar] : **s'asseoir** *vp* to sit down.
**assez** [ase] *adv (suffisamment)* enough; *(plutôt)* quite; **~ de** enough; **en avoir ~ (de)** to be fed up (with).
**assidu, -e** [asidy] *adj* diligent.
**assiéger** [asjeʒe] *vt* to besiege.
**assiette** [asjɛt] *nf* plate; **~ de crudités** *raw vegetables served as a starter*; **~ creuse** soup dish; **~ à dessert** dessert plate; **~ plate** dinner plate; **~ valaisanne** *cold meat, cheese and gherkins, a speciality of the Valais region of Switzerland.*
**assimiler** [asimile] *vt (comprendre)* to assimilate; *(comparer)*: **~ qqn/qqch à** to compare sb/sthg with.
**assis, -e** [asi, iz] *pp* → **asseoir** ◆ *adj*: **être ~** to be seated OU sitting.
**assises** [asiz] *nfpl*: **(cour d')~** = crown court *(Br)*, = circuit court *(Am)*.
**assistance** [asistɑ̃s] *nf (public)* audience; *(aide)* assistance.
**assistant, -e** [asistɑ̃, ɑ̃t] *nm, f* assistant; **~e sociale** social worker.
**assister** [asiste] *vt (aider)* to assist; **~ à** *(concert)* to attend; *(meurtre)* to witness.
**association** [asɔsjasjɔ̃] *nf* association.
**associer** [asɔsje] *vt* to associate ❑ **s'associer (à** OU **avec)** *vp (+ prép)* to join forces (with).
**assombrir** [asɔ̃brir] *vt* to darken ❑ **s'assombrir** *vp* to darken.
**assommer** [asɔme] *vt* to knock out.
**assorti, -e** [asɔrti] *adj (en har-*

*monie)* matching; *(varié)* assorted.

**assortiment** [asɔrtimɑ̃] *nm* assortment.

**assoupir** [asupir] : **s'assoupir** *vp* to doze off.

**assouplir** [asuplir] *vt (muscles)* to loosen up.

**assouplissant** [asuplisɑ̃] *nm* fabric softener.

**assouplissement** [asuplismɑ̃] *nm (exercices)* limbering up.

**assouplisseur** [asuplisœr] = **assouplissant**.

**assourdissant, -e** [asurdisɑ̃, ɑ̃t] *adj* deafening.

**assumer** [asyme] *vt (conséquences, responsabilité)* to accept; *(fonction, rôle)* to carry out.

**assurance** [asyrɑ̃s] *nf (contrat)* insurance; *(aisance)* self-confidence; ~ **automobile** car insurance; ~ **tous risques** comprehensive insurance.

**assuré, -e** [asyre] *adj (certain)* certain; *(résolu)* determined.

**assurer** [asyre] *vt (maison, voiture)* to insure; *(fonction, tâche)* to carry out; **je t'assure que** I assure you (that) ❑ **s'assurer** *vp (par un contrat)* to take out insurance; **s'~ contre le vol** to insure o.s. against theft; **s'~ de** to make sure of; **s'~ que** to make sure (that).

**astérisque** [asterisk] *nm* asterisk.

**asthmatique** [asmatik] *adj* asthmatic.

**asthme** [asm] *nm* asthma.

**asticot** [astiko] *nm* maggot.

**astiquer** [astike] *vt* to polish.

**astre** [astr] *nm* star.

**astreignant, -e** [astrɛɲɑ̃, ɑ̃t] *adj* demanding.

**astrologie** [astrɔlɔʒi] *nf* astrology.

**astronaute** [astrɔnot] *nm* astronaut.

**astronomie** [astrɔnɔmi] *nf* astronomy.

**astuce** [astys] *nf (ingéniosité)* shrewdness; *(truc)* trick.

**astucieux, -ieuse** [astysjø, jøz] *adj* clever.

**atelier** [atəlje] *nm* workshop; *(de peintre)* studio.

**athée** [ate] *adj* atheist.

**athénée** [atene] *nm (Belg)* secondary school *(Br)*, high school *(Am)*.

**athlète** [atlɛt] *nmf* athlete.

**athlétisme** [atletism] *nm* athletics *(sg)*.

**Atlantique** [atlɑ̃tik] *nm*: **l'(océan)** ~ the Atlantic (Ocean).

**atlas** [atlas] *nm* atlas.

**atmosphère** [atmɔsfɛr] *nf* atmosphere.

**atome** [atom] *nm* atom.

**atomique** [atɔmik] *adj* atomic.

**atomiseur** [atɔmizœr] *nm* spray.

**atout** [atu] *nm* trump; *(avantage)* asset; ~ **pique** clubs are trumps.

**atroce** [atrɔs] *adj* terrible.

**atrocité** [atrɔsite] *nf* atrocity.

**attachant, -e** [ataʃɑ̃, ɑ̃t] *adj* lovable.

**attaché-case** [ataʃekɛz] *(pl* **attachés-cases)** *nm* attaché case.

**attachement** [ataʃmɑ̃] *nm* attachment.

**attacher** [ataʃe] *vt* to tie (up) ◆ *vi* to stick; **attachez vos ceintures** fasten your seat belts ❑ **s'attacher** *vp (se nouer)* to fasten; **s'~ à**

qqn to become attached to sb.

**attaquant** [atakɑ̃] *nm* attacker.

**attaque** [atak] *nf* attack.

**attaquer** [atake] *vt* to attack ❑ **s'attaquer à** *vp + prép (personne)* to attack; *(problème, tâche)* to tackle.

**attarder** [atarde] : **s'attarder** *vp* to stay (late).

**atteindre** [atɛ̃dr] *vt* to reach; *(émouvoir)* to affect; *(suj: balle)* to hit; **être atteint de** to suffer from.

**atteint, -e** [atɛ̃, ɛ̃t] *pp* → atteindre.

**atteinte** [atɛ̃t] *nf* → **hors**.

**atteler** [atle] *vt (chevaux)* to harness; *(remorque)* to hitch (up).

**attelle** [atɛl] *nf* splint.

**attendre** [atɑ̃dr] *vt* to wait for; *(espérer)* to expect ◆ *vi* to wait; ~ **un enfant** to be expecting a baby; ~ **que qqn fasse qqch** to wait for sb to do sthg; ~ **qqch de** to expect sthg from ❑ **s'attendre à** *vp + prép* to expect.

**attendrir** [atɑ̃drir] *vt* to move.

**attentat** [atɑ̃ta] *nm* attack; ~ **à la bombe** bombing.

**attente** [atɑ̃t] *nf* wait; **en** ~ pending.

**attentif, -ive** [atɑ̃tif, iv] *adj* attentive.

**attention** [atɑ̃sjɔ̃] *nf* attention; ~! watch out!; **faire ~ (à)** *(se concentrer)* to pay attention (to); *(être prudent)* to be careful (of).

**atténuer** [atenɥe] *vt (son)* to reduce; *(douleur)* to ease.

**atterrir** [aterir] *vi* to land.

**atterrissage** [aterisaʒ] *nm* landing; **à l'~** on landing.

**attestation** [atɛstasjɔ̃] *nf* certificate.

**attirant, -e** [atirɑ̃, ɑ̃t] *adj* attractive.

**attirer** [atire] *vt* to attract; ~ **l'attention de qqn** to attract sb's attention ❑ **s'attirer** *vp*: **s'~ des ennuis** to get (o.s.) into trouble.

**attiser** [atize] *vt* to poke.

**attitude** [atityd] *nf (comportement)* attitude.

**attraction** [atraksjɔ̃] *nf* attraction.

**attrait** [atrɛ] *nm (charme)* appeal.

**attrape-nigaud, -s** [atrapnigo] *nm* con.

**attraper** [atrape] *vt* to catch; *(gronder)* to tell off; ~ **un coup de soleil** to get sunburned.

**attrayant, -e** [atrɛjɑ, ɑ̃t] *adj* attractive.

**attribuer** [atribɥe] *vt*: ~ **qqch à qqn** to award sthg to sb.

**attroupement** [atrupmɑ̃] *nm* crowd.

**au** [o] = **à + le**, → **à**.

**aube** [ob] *nf* dawn; **à l'~** at dawn.

**auberge** [obɛrʒ] *nf* inn; ~ **de jeunesse** youth hostel.

**aubergine** [obɛrʒin] *nf* aubergine *(Br)*, eggplant *(Am)*.

**aucun, -e** [okœ̃, yn] *adj* no ◆ *pron* none; ~ **train ne va à Bordeaux** none of the trains go to Bordeaux; **nous n'avons ~ dépliant** we haven't got any leaflets; **sans ~ doute** without doubt; **~e idée!** I've no idea!; ~ **des deux** neither (of them); ~ **d'entre nous** none of us.

**audace** [odas] *nf* boldness.

**audacieux, -ieuse** [odasjø,

jøz] *adj* bold.
**au-delà** [odla] *adv* beyond; **~ de** beyond.
**au-dessous** [odsu] *adv* below; *(à l'étage inférieur)* downstairs; **les enfants de 12 ans et ~** children aged 12 and under; **~ de** below; *(à l'étage inférieur)* downstairs from; **les enfants ~ de 16 ans** children under (the age of) 16.
**au-dessus** [odsy] *adv* above; *(à l'étage supérieur)* upstairs; **les gens de 50 ans et ~** people aged 50 and over; **~ de** over; *(à l'étage supérieur)* upstairs from; **~ de 1 000 F** over 1,000 francs.
**audience** [odjɑ̃s] *nf* audience.
**audiovisuel, -elle** [odjɔvizɥel] *adj* audio-visual.
**auditeur, -trice** [oditœr, tris] *nm, f* listener.
**audition** [odisjɔ̃] *nf (examen)* audition; *(sens)* hearing.
**auditoire** [oditwar] *nm* audience.
**auditorium** [oditɔrjɔm] *nm* auditorium.
**augmentation** [ogmɑ̃tasjɔ̃] *nf* increase; **~ (de salaire)** (pay) rise *(Br)*, raise *(Am)*; **en ~** on the increase.
**augmenter** [ogmɑ̃te] *vt* to raise, to increase ◆ *vi* to increase; *(devenir plus cher)* to go up.
**aujourd'hui** [oʒurdɥi] *adv* today.
**auparavant** [oparavɑ̃] *adv (d'abord)* first; *(avant)* before.
**auprès** [oprɛ] **: auprès de** *prép* near; *(en s'adressant à)* with.
**auquel** [okɛl] = **à + lequel, → lequel.**
**aura** *etc* **→ avoir.**
**auréole** [oreɔl] *nf (tache)* ring.
**aurore** [orɔr] *nf* dawn.
**ausculter** [oskylte] *vt*: **~ qqn** to listen to sb's chest.
**aussi** [osi] *adv* 1. *(également)* also, too; **j'ai faim - moi ~!** I'm hungry - so am I!
2. *(introduit une comparaison)*: **~ ... que** as ... as; **il n'est pas ~ intelligent que son frère** he's not as clever as his brother.
3. *(à ce point)* so; **je n'ai jamais rien vu d'~ beau** I've never seen anything so beautiful.
◆ *conj (par conséquent)* so.
**aussitôt** [osito] *adv* immediately; **~ que** as soon as.
**austère** [ostɛr] *adj* austere.
**Australie** [ostrali] *nf*: **l'~** Australia.
**australien, -ienne** [ostraljɛ̃, jɛn] *adj* Australian.
**autant** [otɑ̃] *adv* 1. *(exprime la comparaison)*: **~ que** as much as; **l'aller simple coûte presque ~ que l'aller et retour** a single costs almost as much as a return; **~ de ... que** *(argent, patience)* as much ... as; *(amis, valises)* as many ... as.
2. *(exprime l'intensité)* so much; **je ne savais pas qu'il pleuvait ~ ici** I didn't know it rained so much here; **~ de** *(argent, patience)* so much; *(amis, valises)* so many.
3. *(il vaut mieux)*: **~ partir demain** I/we may as well leave tomorrow.
4. *(dans des expressions)*: **j'aime ~ ...** I'd rather ...; **d'~ que** especially since; **d'~ plus que** all the more so because; **pour ~ que je sache** as far as I know.
**autel** [otɛl] *nm* altar.

**auteur** [otœr] *nm (d'une chanson)* composer; *(d'un livre)* author; *(d'un crime)* person responsible.

**authentique** [otɑ̃tik] *adj* genuine.

**auto** [oto] *nf* car; **~s tamponneuses** dodgems.

**autobiographie** [otɔbjɔgrafi] *nf* autobiography.

**autobus** [otɔbys] *nm* bus; **~ à impériale** double-decker (bus).

**autocar** [otɔkar] *nm* coach.

**autocollant** [otɔkɔlɑ̃] *nm* sticker.

**autocouchettes** [otɔkuʃɛt] *adj inv*: **train ~** ≃ Motorail® train.

**autocuiseur** [otɔkɥizœr] *nm* pressure cooker.

**auto-école, -s** [otɔekɔl] *nf* driving school.

**autographe** [otɔgraf] *nm* autograph.

**automate** [otɔmat] *nm (jouet)* mechanical toy.

**automatique** [otɔmatik] *adj (système)* automatic; *(geste, réaction)* instinctive.

**automne** [otɔn] *nm* autumn *(Br)*, fall *(Am)*; **en ~** in autumn *(Br)*, in the fall *(Am)*.

**automobile** [otɔmɔbil] *adj* car *(avant n)*.

**automobiliste** [otɔmɔbilist] *nmf* motorist.

**autonome** [otɔnɔm] *adj* autonomous.

**autonomie** [otɔnɔmi] *nf* autonomy.

**autopsie** [otɔpsi] *nf* post-mortem (examination).

**autoradio** [otɔradjo] *nm* car radio.

**autorisation** [otɔrizasjɔ̃] *nf* permission; *(document)* permit.

**autoriser** [otɔrize] *vt* to authorize; **~ qqn à faire qqch** to give sb permission to do sthg.

**autoritaire** [otɔritɛr] *adj* authoritarian.

**autorité** [otɔrite] *nf* authority; **les ~s** the authorities.

**autoroute** [otɔrut] *nf* motorway *(Br)*, freeway *(Am)*; **~ à péage** toll motorway *(Br)*, turnpike *(Am)*.

**auto-stop** [otɔstɔp] *nm* hitch-hiking; **faire de l'~** to hitch(hike).

**autour** [otur] *adv* around; **tout ~** all around; **~ de** around.

**autre** [otr] *adj* 1. *(différent)* other; **j'aimerais essayer une ~ couleur** I'd like to try another OU a different colour.

2. *(supplémentaire)*: **une ~ bouteille d'eau minérale, s'il vous plaît** another bottle of mineral water, please; **il n'y a rien d'~ à voir ici** there's nothing else to see here; **veux-tu quelque chose d'~?** do you want anything else?

3. *(restant)* other; **tous les ~s passagers sont maintenant priés d'embarquer** could all remaining passengers now come forward for boarding.

4. *(dans des expressions)*: **~ part** somewhere else; **d'~ part** besides.

◆ *pron*: **l'~** the other (one); **un ~** another (one); **il ne se soucie pas des ~s** he doesn't think of others; **d'une minute à l'~** any minute now; **entre ~s** among others, → **un**.

**autrefois** [otrəfwa] *adv* formerly.

**autrement** [otrəmɑ̃] *adv (différemment)* differently; *(sinon)* otherwise; **~ dit** in other words.

**Autriche** [otriʃ] *nf*: **l'~** Austria.

**autrichien, -ienne** [otriʃjɛ̃, jɛn] *adj* Austrian ❑ **Autrichien, -ienne** *nm, f* Austrian.

**autruche** [otryʃ] *nf* ostrich.

**auvent** [ovɑ̃] *nm* awning.

**Auvergne** [ovɛrɲ] *nf* → **bleu**.

**aux** [o] = **à + les**, → **à**.

**auxiliaire** [oksiljɛr] *nmf* assistant ◆ *nm (GRAMM)* auxiliary.

**auxquelles** [okɛl] = **à + lesquelles**, → **lequel**.

**auxquels** [okɛl] = **à + lesquels**, → **lequel**.

**av.** *(abr de avenue)* Ave.

**avachi, -e** [avaʃi] *adj (canapé, chaussures)* misshapen; *(personne)* lethargic.

**aval** [aval] *nm*: **aller vers l'~** to go downstream; **en ~ (de)** downstream (from).

**avalanche** [avalɑ̃ʃ] *nf* avalanche.

**avaler** [avale] *vt* to swallow.

**avance** [avɑ̃s] *nf* advance; **à l'~, d'~** in advance; **en ~** early.

**avancer** [avɑ̃se] *vt* to move forward; *(main, assiette)* to hold out; *(anticiper)* to bring forward; *(prêter)* to advance ◆ *vi* to move forward; *(progresser)* to make progress; *(montre)* to be fast; **~ de cinq minutes** to be five minutes fast ❑ **s'avancer** *vp* to move forward; *(partir devant)* to go ahead.

**avant** [avɑ̃] *prép* before ◆ *adv* earlier; *(autrefois)* formerly; *(d'abord)* first; *(dans un classement)* ahead ◆ *nm* front; *(SPORT)* forward ◆ *adj inv* front; **~ de faire qqch** before doing sthg; **~ que** before; **~ tout** *(surtout)* above all; *(d'abord)* first of all; **l'année d'~** the year before; **en ~** *(tomber)* forward, forwards; **partir en ~** to go on ahead.

**avantage** [avɑ̃taʒ] *nm* advantage.

**avantager** [avɑ̃taʒe] *vt* to favour.

**avantageux, -euse** [avɑ̃taʒø, øz] *adj (prix, offre)* good.

**avant-bras** [avɑ̃bra] *nm inv* forearm.

**avant-dernier, -ière, -s** [avɑ̃dɛrnje, jɛr] *adj* penultimate ◆ *nm, f* last but one.

**avant-hier** [avɑ̃tjɛr] *adv* the day before yesterday.

**avant-première, -s** [avɑ̃prəmjɛr] *nf* preview.

**avant-propos** [avɑ̃prɔpo] *nm inv* foreword.

**avare** [avar] *adj* mean ◆ *nmf* miser.

**avarice** [avaris] *nf* avarice.

**avarié, -e** [avarje] *adj* bad.

**avec** [avɛk] *prép* with; **~ élégance** elegantly; **et ~ ça?** anything else?

**avenir** [avnir] *nm* future; **à l'~** in future; **d'~** *(technique)* promising; *(métier)* with a future.

**aventure** [avɑ̃tyr] *nf* adventure; *(amoureuse)* affair.

**aventurer** [avɑ̃tyre] : **s'aventurer** *vp* to venture.

**aventurier, -ière** [avɑ̃tyrje, jɛr] *nm, f* adventurer.

**avenue** [avny] *nf* avenue.

**avérer** [avere] : **s'avérer** *vp (se révéler)* to turn out to be.

**averse** [avɛrs] *nf* downpour.

**avertir** [avɛrtir] *vt* to inform; **~ qqn de qqch** to warn sb of sthg.

**avertissement** [avɛrtismɑ̃] *nm* warning.

**aveu, -x** [avø] *nm* confession.

**aveugle** [avœgl] *adj* blind ◆ *nmf*

blind person.

**aveugler** [avœgle] *vt* to blind.

**aveuglette** [avœglɛt] : **à l'aveuglette** *adv*: **avancer à l'~** to grope one's way.

**aviateur** [avjatœr] *nm* aviator.

**aviation** [avjasjɔ̃] *nf (MIL)* airforce.

**avide** [avid] *adj* greedy; **~ de** greedy for.

**avion** [avjɔ̃] *nm* (aero)plane *(Br)*, (air)plane *(Am)*; **~ à réaction** jet (plane); **«par ~»** "airmail".

**aviron** [avirɔ̃] *nm (rame)* oar; *(sport)* rowing.

**avis** [avi] *nm (opinion)* opinion; *(information)* notice; **changer d'~** to change one's mind; **à mon ~** in my opinion; **~ de réception** acknowledgment of receipt.

**avisé, -e** [avize] *adj* sensible.

**av. J-C** *(abr de avant Jésus-Christ)* BC.

**avocat** [avɔka] *nm (homme de loi)* lawyer; *(fruit)* avocado (pear).

**avoine** [avwan] *nf* oats *(pl)*.

**avoir** [avwar] *vt* 1. *(posséder)* to have (got); **j'ai deux frères et une sœur** I've got two brothers and a sister.
2. *(comme caractéristique)* to have; **~ les cheveux bruns** to have brown hair; **~ de l'ambition** to be ambitious.
3. *(être âgé de)*: **quel âge as-tu?** how old are you?; **j'ai 13 ans** I'm 13 (years old).
4. *(obtenir)* to get.
5. *(éprouver)* to feel; **~ du chagrin** to be sad.
6. *(fam: duper)*: **je t'ai bien eu!** I really had you going!; **se faire ~** *(se faire escroquer)* to be conned; *(tomber dans le piège)* to be caught out.
7. *(exprime l'obligation)*: **~ à faire qqch** to have to do sthg; **vous n'avez qu'à remplir ce formulaire** you just need to fill in this form.
8. *(dans des expressions)*: **vous en avez encore pour longtemps?** will it take much longer?; **nous en avons eu pour 200 F** it cost us 200 francs.
◆ *v aux* to have; **j'ai terminé** I have finished; **hier nous avons visité le château** we visited the castle yesterday.
❑ **il y a** *v impers* 1. *(il existe)* there is/are; **il y a un problème** there's a problem; **y a-t-il des toilettes dans les environs?** are there any toilets nearby?; **qu'est-ce qu'il y a?** what is it?; **il n'y a qu'à revenir demain** we'll just have to come back tomorrow.
2. *(temporel)*: **il y a trois ans** three years ago; **il y a plusieurs années que nous venons ici** we've been coming here for several years now.

**avortement** [avɔrtəmɑ̃] *nm* abortion.

**avorter** [avɔrte] *vi (MÉD)* to have an abortion; *(fig: projet)* to fail.

**avouer** [avwe] *vt* to admit.

**avril** [avril] *nm* April; **le premier ~** April Fools' Day, → **septembre**.

## LE PREMIER AVRIL

In France it is traditional on April Fools' Day for children to stick cut-out paper fishes on the backs of their friends, or even passers-by in the street, without them knowing.

**axe** [aks] *nm* axis; *(routier)* major

road; *(ferroviaire)* main line; ~ **rouge** *section of Paris road system where parking is prohibited to avoid congestion.*

**ayant** [ɛjɑ̃] *ppr* → **avoir**.

**ayons** → **avoir**.

**azote** [azɔt] *nm* nitrogen.

**Azur** [azyr] *n* → **côte**.

# B

**B** *(abr de bien)* G.

**baba** [baba] *nm*: ~ **au rhum** rum baba.

**babines** [babin] *nfpl* chops.

**babiole** [babjɔl] *nf* trinket.

**bâbord** [babɔr] *nm* port; **à** ~ to port.

**baby-foot** [babifut] *nm inv* table football.

**baby-sitter, -s** [bebisitœr] *nmf* baby-sitter.

**bac** [bak] *nm (récipient)* container; *(bateau)* ferry; *(fam)* = **baccalauréat**.

**baccalauréat** [bakalɔrea] *nm* = A levels *(Br)*, = SATs *(Am)*.

---

**i BACCALAURÉAT**

In France the "baccalauréat" is the exam taken by students in their final year at "lycée" who want to go on to further education. It covers a wide range of subjects but students may select one major subject area relevant to their chosen career, eg arts, science, engineering or fine art.

---

**bâche** [baʃ] *nf* tarpaulin.

**bâcler** [bakle] *vt (fam)* to botch.

**bacon** [bekɔn] *nm* bacon.

**bactérie** [bakteri] *nf* bacterium.

**badge** [badʒ] *nm* badge.

**badigeonner** [badiʒɔne] *vt (mur)* to whitewash.

**badminton** [badmintɔn] *nm* badminton.

**baffe** [baf] *nf (fam)* clip on the ear.

**baffle** [bafl] *nm* speaker.

**bafouiller** [bafuje] *vi* to mumble.

**bagage** [bagaʒ] *nm* piece of luggage OU baggage; *(fig: connaissances)* knowledge; ~**s** luggage *(sg)*, baggage *(sg)*; ~**s à main** hand luggage.

**bagarre** [bagar] *nf* fight.

**bagarrer** [bagare] : **se bagarrer** *vp* to fight.

**bagarreur, -euse** [bagarœr, øz] *adj* violent.

**bagnes** [baɲ] *nm hard strong Swiss cheese made from cow's milk.*

**bagnole** [baɲɔl] *nf (fam)* car.

**bague** [bag] *nf* ring.

**baguette** [bagɛt] *nf (tige)* stick; *(de chef d'orchestre)* baton; *(chinoise)* chopstick; *(pain)* French stick; ~ **magique** magic wand.

**baie** [bɛ] *nf (fruit)* berry; *(golfe)* bay; *(fenêtre)* bay window; ~ **vitrée** picture window.

**baignade** [beɲad] *nf* swim; «~ **interdite**» "no swimming".

**baigner** [beɲe] *vt* to bath; *(suj:*

*sueur, larmes)* to bathe ◆ *vi*: ~ **dans** to be swimming in ❑ **se baigner** *vp (dans la mer)* to go for a swim; *(dans une baignoire)* to have a bath.

**baignoire** [beɲwar] *nf* bath.

**bail** [baj] (*pl* **baux**) *nm* lease.

**bâiller** [baje] *vi* to yawn; *(être ouvert)* to gape.

**bâillonner** [bajɔne] *vt* to gag.

**bain** [bɛ̃] *nm* bath; **prendre un ~** to have a bath; **prendre un ~ de soleil** to sunbathe; **grand ~** main pool; **petit ~** children's pool.

**bain-marie** [bɛ̃mari] *nm cooking method in which a pan is placed inside a larger pan containing boiling water.*

**baïonnette** [bajɔnɛt] *nf (arme)* bayonet; *(d'ampoule)* bayonet fitting.

**baiser** [beze] *nm* kiss.

**baisse** [bɛs] *nf* drop; **en ~** falling.

**baisser** [bese] *vt* to lower; *(son)* to turn down ◆ *vi (descendre)* to go down; *(diminuer)* to drop ❑ **se baisser** *vp* to bend down.

**bal** [bal] *nm* ball.

**balade** [balad] *nf (à pied)* walk; *(en voiture)* drive; *(en vélo)* ride.

**balader** [balade] : **se balader** *vp (à pied)* to go for a walk; *(en voiture)* to go for a drive; *(en vélo)* to go for a ride.

**baladeur** [baladœr] *nm* Walkman®.

**balafre** [balafr] *nf* gash.

**balai** [balɛ] *nm* broom, brush; *(d'essuie-glace)* blade.

**balance** [balɑ̃s] *nf* scales *(pl)* ❑ **Balance** *nf* Libra.

**balancer** [balɑ̃se] *vt* to swing; *(fam: jeter)* to throw away ❑ **se balancer** *vp (sur une chaise)* to rock; *(sur une balançoire)* to swing.

**balancier** [balɑ̃sje] *nm (de pendule)* pendulum.

**balançoire** [balɑ̃swar] *nf (bascule)* seesaw; *(suspendue)* swing.

**balayer** [baleje] *vt* to sweep.

**balayeur** [balɛjœr] *nm* roadsweeper.

**balbutier** [balbysje] *vi* to stammer.

**balcon** [balkɔ̃] *nm* balcony; *(au théâtre)* circle.

**baleine** [balɛn] *nf (animal)* whale; *(de parapluie)* rib.

**balise** [baliz] *nf* (NAVIG) marker (buoy); *(de randonnée)* marker.

**ballant, -e** [balɑ̃, ɑ̃t] *adj*: **les bras ~s** arms dangling.

**balle** [bal] *nf* (SPORT) ball; *(d'arme à feu)* bullet; *(fam: franc)* franc; **~ à blanc** blank.

**ballerine** [balrin] *nf (chaussure)* ballet shoe; *(danseuse)* ballerina.

**ballet** [balɛ] *nm* ballet.

**ballon** [balɔ̃] *nm* (SPORT) ball; *(pour fête, montgolfière)* balloon; *(verre)* round wineglass.

**ballonné, -e** [balɔne] *adj* swollen.

**ballotter** [balɔte] *vi* to roll around.

**balnéaire** [balneɛr] *adj* → **station**.

**balustrade** [balystrad] *nf* balustrade.

**bambin** [bɑ̃bɛ̃] *nm* toddler.

**bambou** [bɑ̃bu] *nm* bamboo.

**banal, -e** [banal] *adj* banal.

**banane** [banan] *nf* banana; *(porte-monnaie)* bum bag *(Br)*, fanny pack *(Am)*.

**banc** [bɑ̃] *nm* bench; *(de poissons)*

shoal; ~ **public** park bench; ~ **de sable** sandbank.

**bancaire** [bɑ̃kɛr] *adj* bank *(avant n)*, banking *(avant n)*.

**bancal, -e** [bɑ̃kal] *adj* wobbly.

**bandage** [bɑ̃daʒ] *nm* bandage.

**bande** [bɑ̃d] *nf (de tissu, de papier)* strip; *(pansement)* bandage; *(groupe)* band; ~ **d'arrêt d'urgence** hard shoulder *(Br)*, shoulder *(Am)*; ~ **blanche** *(sur route)* white line; ~ **dessinée** comic strip; ~ **magnétique** tape; ~ **originale** original soundtrack.

**bandeau, -x** [bɑ̃do] *nm (dans les cheveux)* headband; *(sur les yeux)* blindfold.

**bander** [bɑ̃de] *vt (yeux)* to blindfold; *(blessure)* to bandage.

**banderole** [bɑ̃drɔl] *nf* streamer.

**bandit** [bɑ̃di] *nm* bandit.

**bandoulière** [bɑ̃duljɛr] *nf* shoulder strap; **en** ~ across the shoulder.

**banjo** [bɑ̃dʒo] *nm* banjo.

**banlieue** [bɑ̃ljø] *nf* suburbs *(pl)*; **les** ~**s** the suburbs *(usually associated with social problems)*.

**banlieusard, -e** [bɑ̃ljøzar, ard] *nm, f person living in the suburbs.*

**banque** [bɑ̃k] *nf* bank.

**banquet** [bɑ̃kɛ] *nm* banquet.

**banquette** [bɑ̃kɛt] *nf* seat.

**banquier** [bɑ̃kje] *nm* banker.

**banquise** [bɑ̃kiz] *nf* ice field.

**baptême** [batɛm] *nm* baptism; ~ **de l'air** maiden flight.

**bar** [bar] *nm* bar; ~ **à café** *(Helv)* café.

**baraque** [barak] *nf (de jardin)* shed; *(de fête foraine)* stall; *(fam: maison)* house.

**baratin** [baratɛ̃] *nm (fam)* smooth talk.

**barbare** [barbar] *adj* barbaric.

**Barbarie** [barbari] *n* → **orgue**.

**barbe** [barb] *nf* beard; ~ **à papa** candyfloss *(Br)*, cotton candy *(Am)*.

**barbecue** [barbəkju] *nm* barbecue.

**barbelé** [barbəle] *nm*: **(fil de fer)** ~ barbed wire.

**barboter** [barbɔte] *vi* to splash about.

**barbouillé, -e** [barbuje] *adj*: **être** ~ to feel sick.

**barbouiller** [barbuje] *vt (feuille)* to daub.

**barbu** [barby] *adj m* bearded.

**barème** [barɛm] *nm (de prix)* list; *(de notes)* scale.

**baril** [baril] *nm* barrel.

**bariolé, -e** [barjɔle] *adj* multicoloured.

**barman** [barman] *nm* barman.

**baromètre** [barɔmɛtr] *nm* barometer.

**baron, -onne** [barɔ̃, ɔn] *nm, f* baron (*f* baroness).

**barque** [bark] *nf* small boat.

**barrage** [baraʒ] *nm (sur une rivière)* dam; ~ **de police** police roadblock.

**barre** [bar] *nf (de fer, de chocolat)* bar; *(trait)* stroke; (NAVIG) tiller.

**barreau, -x** [baro] *nm* bar.

**barrer** [bare] *vt (rue, route)* to block; *(mot, phrase)* to cross out; (NAVIG) to steer.

**barrette** [barɛt] *nf (à cheveux)* hair slide *(Br)*, barrette *(Am)*.

**barricade** [barikad] *nf* barricade.

**barricader** [barikade] *vt* to barricade ❑ **se barricader** *vp* to barricade o.s.

**barrière** [barjɛr] *nf* barrier.

**bar-tabac** [bartaba] (*pl* **bars-tabacs**) *nm bar also selling cigarettes and tobacco.*

**bas, basse** [ba, bas] *adj* low ◆ *nm* bottom; *(vêtement)* stocking ◆ *adv (dans l'espace)* low; *(parler)* softly; **en ~** at the bottom; *(à l'étage inférieur)* downstairs; **en ~ de** at the bottom of; *(à l'étage inférieur)* downstairs from.

**bas-côté, -s** [bakote] *nm (de la route)* verge.

**bascule** [baskyl] *nf (pour peser)* weighing machine; *(jeu)* seesaw.

**basculer** [baskyle] *vt* to tip up ◆ *vi* to overbalance.

**base** [baz] *nf (partie inférieure)* base; *(origine, principe)* basis; **à ~ de whisky** whisky-based; **de ~** basic; **~ de données** database.

**baser** [baze] *vt*: **~ qqch sur** to base sthg on ❑ **se baser sur** *vp + prép* to base one's argument on.

**basilic** [bazilik] *nm* basil.

**basilique** [bazilik] *nf* basilica.

**basket** [baskɛt] *nm ou nf (chaussure)* trainer *(Br)*, sneaker *(Am)*.

**basket(-ball)** [baskɛt(bol)] *nm* basketball.

**basquaise** [baskɛz] *adj* → **poulet**.

**basque** [bask] *adj* Basque ◆ *nm (langue)* Basque ❑ **Basque** *nmf* Basque.

**basse** → **bas**.

**basse-cour** [baskur] (*pl* **basses-cours**) *nf* farmyard.

**bassin** [basɛ̃] *nm (plan d'eau)* pond; *(ANAT)* pelvis; **le Bassin parisien** the Paris Basin; **grand ~** *(de piscine)* main pool; **petit ~** *(de piscine)* children's pool.

**bassine** [basin] *nf* bowl.

**Bastille** [bastij] *nf*: **l'opéra ~** *Paris opera house on the site of the former Bastille prison.*

**bataille** [bataj] *nf* battle.

**batailleur, -euse** [batajœr, øz] *adj* aggressive.

**bâtard, -e** [batar, ard] *nm, f (chien)* mongrel.

**bateau, -x** [bato] *nm* boat; *(grand)* ship; *(sur le trottoir)* driveway entrance; **~ de pêche** fishing boat; **~ à voiles** sailing boat.

**bateau-mouche** [batomuʃ] (*pl* **bateaux-mouches**) *nm pleasure boat on the Seine.*

**bâtiment** [batimɑ̃] *nm* building; **le ~** *(activité)* the building trade.

**bâtir** [batir] *vt* to build.

**bâton** [batɔ̃] *nm* stick; **~ de rouge à lèvres** lipstick.

**bâtonnet** [batɔnɛ] *nm* stick.

**battant** [batɑ̃] *nm* door *(of double doors)*.

**battement** [batmɑ̃] *nm (coup)* beat, beating; *(intervalle)* break.

**batterie** [batri] *nf (AUT)* battery; *(MUS)* drums *(pl)*; **~ de cuisine** kitchen utensils *(pl)*.

**batteur, -euse** [batœr, øz] *nm, f (MUS)* drummer ◆ *nm (mélangeur)* whisk.

**battre** [batr] *vt* to beat ◆ *vi (cœur)* to beat; *(porte, volet)* to bang; **~ des œufs en neige** to beat egg whites until stiff; **~ la mesure** to beat time; **~ des mains** to clap (one's hands) ❑ **se battre** *vp*: **se ~ (avec qqn)** to fight (with sb).

**baume** [bom] *nm* balm.
**baux** [bo] → **bail**.
**bavard, -e** [bavar, ard] *adj* talkative ◆ *nm, f* chatterbox.
**bavardage** [bavardaʒ] *nm* chattering.
**bavarder** [bavarde] *vi* to chat.
**bavarois** [bavarwa] *nm (CULIN) cold dessert consisting of a sponge base and layers of fruit mousse, cream and custard.*
**bave** [bav] *nf* dribble; *(d'un animal)* slaver.
**baver** [bave] *vi* to dribble; *(animal)* to slaver; **en ~** *(fam)* to have a rough time (of it).
**bavette** [bavɛt] *nf (CULIN) lower part of sirloin.*
**baveux, -euse** [bavø, øz] *adj (omelette)* runny.
**bavoir** [bavwar] *nm* bib.
**bavure** [bavyr] *nf (tache)* smudge; *(erreur)* mistake.
**bazar** [bazar] *nm (magasin)* general store; *(fam: désordre)* shambles *(sg)*.
**BCBG** *adj (abr de bon chic bon genre) term used to describe an upper-class lifestyle reflected especially in expensive, conservative clothes.*
**Bd** *abr* = **boulevard**.
**BD** *nf (fam)* = **bande dessinée**.
**beau, bel** [bo, bɛl] (*f* **belle** [bɛl], *mpl* **beaux** [bo]) *adj* beautiful; *(personne)* good-looking; *(agréable)* lovely ◆ *adv* : **il fait ~** the weather is good; **j'ai ~ essayer ...** try as I may ...; **~ travail!** *(iron)* well done!; **j'ai un ~ rhume** I've got a nasty cold; **un ~ jour** one fine day.
**beaucoup** [boku] *adv* a lot; **~ de** a lot of; **~ plus cher** much more expensive; **il a ~ plus d'argent que moi** he's got much more money than me; **il y a ~ plus de choses à voir ici** there are many more things to see here.
**beau-fils** [bofis] (*pl* **beaux-fils**) *nm (fils du conjoint)* stepson; *(gendre)* son-in-law.
**beau-frère** [bofrɛr] (*pl* **beaux-frères**) *nm* brother-in-law.
**beau-père** [bopɛr] (*pl* **beaux-pères**) *nm (père du conjoint)* father-in-law; *(conjoint de la mère)* stepfather.
**beauté** [bote] *nf* beauty.
**beaux-parents** [boparɑ̃] *nmpl* in-laws.
**bébé** [bebe] *nm* baby.
**bec** [bɛk] *nm* beak; **~ verseur** spout.
**béchamel** [beʃamɛl] *nf*: **(sauce) ~** béchamel sauce.
**bêche** [bɛʃ] *nf* spade.
**bêcher** [beʃe] *vt* to dig.
**bée** [be] *adj f*: **bouche ~** open-mouthed.
**bégayer** [begeje] *vi* to stammer.
**bégonia** [begɔnja] *nm* begonia.
**beige** [bɛʒ] *adj & nm* beige.
**beigne** [bɛɲ] *nm (Can)* ring doughnut.
**beignet** [bɛɲɛ] *nm* fritter.
**bel** → **beau**.
**bêler** [bele] *vi* to bleat.
**belge** [bɛlʒ] *adj* Belgian ❑ **Belge** *nmf* Belgian.
**Belgique** [bɛlʒik] *nf*: **la ~** Belgium.
**bélier** [belje] *nm* ram ❑ **Bélier** *nm* Aries.
**belle-fille** [bɛlfij] (*pl* **belles-filles**) *nf (fille du conjoint)* step-

daughter; *(conjointe du fils)* daughter-in-law.
**Belle-Hélène** [belelen] *adj* → poire.
**belle-mère** [belmer] (*pl* **belles-mères**) *nf (mère du conjoint)* mother-in-law; *(conjointe du père)* stepmother.
**belle-sœur** [belsœr] (*pl* **belles-sœurs**) *nf* sister-in-law.
**belote** [bəlɔt] *nf French card game.*
**bénéfice** [benefis] *nm* (FIN) profit; *(avantage)* benefit.
**bénéficier** [benefisje] : **bénéficier de** *v + prép* to benefit from.
**bénéfique** [benefik] *adj* beneficial.
**bénévole** [benevɔl] *adj* voluntary.
**bénin, -igne** [benɛ̃, iɲ] *adj* benign.
**bénir** [benir] *vt* to bless.
**bénite** [benit] *adj f* → **eau**.
**bénitier** [benitje] *nm* font.
**benne** [ben] *nf* skip.
**BEP** *nm vocational school-leaver's diploma (taken at age 18).*
**béquille** [bekij] *nf* crutch; *(de vélo, de moto)* stand.
**berceau, -x** [berso] *nm* cradle.
**bercer** [berse] *vt* to rock.
**berceuse** [bersøz] *nf* lullaby.
**Bercy** [bersi] *n*: **(le palais omnisports de Paris-)~** *large sports and concert hall in Paris.*
**béret** [bere] *nm* beret.
**berge** [berʒ] *nf (d'un cours d'eau)* bank.
**berger, -ère** [berʒe, er] *nm, f* shepherd (*f* shepherdess); **~ allemand** Alsatian.
**bergerie** [berʒəri] *nf* sheepfold.
**berlingot** [berlɛ̃go] *nm (bonbon)* boiled sweet; *(de lait, de Javel)* plastic bag.
**bermuda** [bermyda] *nm* Bermuda shorts *(pl)*.
**berner** [berne] *vt* to fool.
**besogne** [bəzɔɲ] *nf* job.
**besoin** [bəzwɛ̃] *nm* need; **avoir ~ de qqch** to need sthg; **avoir ~ de faire qqch** to need to do sthg; **faire ses ~s** to relieve o.s.
**bestiole** [bestjɔl] *nf* creepy-crawly.
**best-seller, -s** [bestselœr] *nm* best-seller.
**bétail** [betaj] *nm* cattle *(pl)*.
**bête** [bet] *adj* stupid ♦ *nf* animal.
**bêtement** [betmɑ̃] *adv* stupidly.
**bêtise** [betiz] *nf (acte, parole)* stupid thing; *(stupidité)* stupidity.
**béton** [betɔ̃] *nm* concrete.
**bette** [bet] *nf* (Swiss) chard.
**betterave** [betrav] *nf* beetroot.
**beurre** [bœr] *nm* butter.
**beurrer** [bœre] *vt* to butter.
**biais** [bje] *nm (moyen)* way; **en ~** *(couper)* diagonally.
**bibelot** [biblo] *nm* knick-knack.
**biberon** [bibrɔ̃] *nm* baby's bottle; **donner le ~ à** to bottle-feed.
**Bible** [bibl] *nf*: **la ~** the Bible.
**bibliothécaire** [biblijɔteker] *nmf* librarian.
**bibliothèque** [biblijɔtek] *nf* library; *(meuble)* bookcase.
**biceps** [biseps] *nm* biceps.
**biche** [biʃ] *nf* doe.
**bicyclette** [bisiklet] *nf* bicycle.
**bidet** [bide] *nm* bidet.
**bidon** [bidɔ̃] *nm* can ♦ *adj inv (fam)* fake.

**bidonville** [bidɔ̃vil] *nm* shantytown.

**bien** [bjɛ̃] (*compar & superl* **mieux**) *adv* 1. *(de façon satisfaisante)* well; **avez-vous ~ dormi?** did you sleep well?; **tu as ~ fait** you did the right thing.
2. *(très)* very; **une personne ~ sympathique** a very nice person; **~ mieux** much better; **j'espère ~ que** … I do hope that …
3. *(au moins)* at least; **cela fait ~ deux mois qu'il n'a pas plu** it hasn't rained for at least two months.
4. *(effectivement)*: **c'est ~ ce qu'il me semblait** that's (exactly) what I thought; **c'est ~ lui** it really is him.
5. *(dans des expressions)*: **~ des gens** a lot of people; **il a ~ de la chance** he's really lucky; **c'est ~ fait pour toi!** (it) serves you right!; **nous ferions ~ de réserver à l'avance** we would be wise to book in advance.
◆ *adj inv* 1. *(de bonne qualité)* good.
2. *(moralement)* decent, respectable; **c'est une fille ~** she's a decent person.
3. *(en bonne santé)* well; **être/se sentir ~** to be/feel well.
4. *(à l'aise)* comfortable.
5. *(joli)* nice; *(physiquement)* good-looking.
◆ *excl* right!
◆ *nm* 1. *(intérêt)* interest; **c'est pour ton ~** it's for your own good.
2. *(sens moral)* good.
3. *(dans des expressions)*: **dire du ~ de** to praise; **faire du ~ à qqn** to do sb good.
❑ **biens** *nmpl (richesse)* property *(sg)*.

**bien-être** [bjɛ̃nɛtr] *nm* well-being.

**bienfaisant, -e** [bjɛ̃fəzɑ̃, ɑ̃t] *adj* beneficial.

**bientôt** [bjɛ̃to] *adv* soon; **à ~!** see you soon!

**bienveillant, -e** [bjɛ̃vejɑ̃, ɑ̃t] *adj* kind.

**bienvenu, -e** [bjɛ̃vəny] *adj* welcome.

**bienvenue** [bjɛ̃vəny] *nf*: **~!** welcome!; **souhaiter la ~ à qqn** to welcome sb.

**bière** [bjɛr] *nf* beer.

**bifteck** [biftɛk] *nm* steak.

**bifurquer** [bifyrke] *vi (route)* to fork; *(voiture)* to turn off.

**Bige®** [biʒ] *adj inv*: **billet ~** *discount rail ticket for students and young people under the age of 26 for travel in Europe.*

**bigorneau, -x** [bigɔrno] *nm* winkle.

**bigoudi** [bigudi] *nm* roller.

**bijou, -x** [biʒu] *nm* jewel.

**bijouterie** [biʒutri] *nf* jeweller's (shop).

**Bikini®** [bikini] *nm* bikini.

**bilan** [bilɑ̃] *nm (en comptabilité)* balance sheet; *(résultat)* result; **faire le ~ (de)** to take stock (of).

**bilingue** [bilɛ̃g] *adj* bilingual.

**billard** [bijar] *nm (jeu)* billiards *(sg)*; *(table)* billiard table; **~ américain** pool.

**bille** [bij] *nf* ball; *(pour jouer)* marble.

**billet** [bijɛ] *nm (de transport, de spectacle)* ticket; **~ (de banque)** (bank) note; **~ aller et retour** return (ticket); **~ simple** single (ticket).

**billetterie** [bijɛtri] *nf* ticket office; **~ automatique** *(de billets de* *train)* ticket machine; *(de banque)* cash dispenser.

**bimensuel, -elle** [bimɑ̃sɥɛl] *adj* fortnightly.

**biographie** [bjɔgrafi] *nf* biography.

**biologie** [bjɔlɔʒi] *nf* biology.

**biologique** [bjɔlɔʒik] *adj* biological; *(culture, produit)* organic.

**bis** [bis] *excl* encore! ◆ *adv*: **6 ~** 6a.

**biscornu, -e** [biskɔrny] *adj* *(objet)* misshapen; *(idée)* weird.

**biscotte** [biskɔt] *nf toasted bread sold in packets.*

**biscuit** [biskɥi] *nm* biscuit *(Br)*, cookie *(Am)*; **~ salé** cracker.

**bise** [biz] *nf (baiser)* kiss; *(vent)* north wind; **faire une ~ à qqn** to kiss sb on the cheek; **grosses ~s** *(dans une lettre)* lots of love.

**bison** [bizɔ̃] *nm* bison; **Bison Futé** *French road traffic information organization.*

**BISON FUTÉ**

This organization was created in 1975 to provide information on traffic flow and road conditions at busy times of the year. It also suggests "itinéraires bis", less busy roads often through attractive countryside, which are indicated by green signposts.

**bisou** [bizu] *nm (fam)* kiss.

**bisque** [bisk] *nf thick soup made with shellfish and cream.*

**bissextile** [bisɛkstil] *adj* → **année**.

**bistro(t)** [bistro] *nm* bar.

**bitume** [bitym] *nm* asphalt.

**bizarre** [bizar] *adj* strange.

**blafard, -e** [blafar, ard] *adj* pale.

**blague** [blag] *nf (histoire drôle)* joke; *(farce)* trick; **sans ~!** no kidding!

**blaguer** [blage] *vi* to joke.

**blâmer** [blame] *vt* to blame.

**blanc, blanche** [blɑ̃, blɑ̃ʃ] *adj* white; *(vierge)* blank ◆ *nm (couleur)* white; *(vin)* white wine; *(espace)* blank; **à ~** *(chauffer)* until white-hot; **tirer à ~** to fire blanks; **~ cassé** off-white; **~ d'œuf** egg white; **~ de poulet** chicken breast *(Br)*, white meat *(Am)* ❑ **Blanc, Blanche** *nm, f* white (man) (*f* white (woman)).

**blancheur** [blɑ̃ʃœr] *nf* whiteness.

**blanchir** [blɑ̃ʃir] *vt (à l'eau de Javel)* to bleach; *(linge)* to launder ◆ *vi* to go white.

**blanchisserie** [blɑ̃ʃisri] *nf* laundry.

**blanquette** [blɑ̃kɛt] *nf (plat) stew made with white wine; (vin) sparkling white wine from the south of France*; **~ de veau** *veal stew made with white wine.*

**blasé, -e** [blaze] *adj* blasé.

**blazer** [blazɛr] *nm* blazer.

**blé** [ble] *nm* wheat; **~ d'Inde** *(Can)* corn.

**blême** [blɛm] *adj* pale.

**blessant, -e** [blɛsɑ̃, ɑ̃t] *adj* hurtful.

**blessé, -e** [blese] *nm, f* injured person.

**blesser** [blese] *vt* to injure; *(vexer)* to hurt ❑ **se blesser** *vp* to injure o.s.; **se ~ à la main** to injure

one's hand.
**blessure** [blesyr] *nf* injury.
**blette** [blɛt] = **bette**.
**bleu, -e** [blø] *adj* blue; *(steak)* rare ◆ *nm (couleur)* blue; *(hématome)* bruise; ~ **(d'Auvergne)** *blue cheese from the Auvergne*; ~ **ciel** sky blue; ~ **marine** navy blue; ~ **de travail** overalls *(pl) (Br)*, overall *(Am)*.
**bleuet** [bløɛ] *nm (fleur)* cornflower; *(Can: fruit)* blueberry.
**blindé, -e** [blɛ̃de] *adj (porte)* reinforced.
**blizzard** [blizar] *nm* blizzard.
**bloc** [blɔk] *nm* block; *(de papier)* pad; **à** ~ *(visser, serrer)* tight; **en** ~ as a whole.
**blocage** [blɔkaʒ] *nm (des prix, des salaires)* freeze; *(psychologique)* block.
**bloc-notes** [blɔknɔt] (*pl* **blocs-notes**) *nm* notepad.
**blocus** [blɔkys] *nm* blockade.
**blond, -e** [blɔ̃, blɔ̃d] *adj* blond.
**blonde** [blɔ̃d] *nf (cigarette)* Virginia cigarette; **(bière)** ~ lager.
**bloquer** [blɔke] *vt (route, passage)* to block; *(mécanisme)* to jam; *(prix, salaires)* to freeze.
**blottir** [blɔtir] **: se blottir** *vp* to snuggle up.
**blouse** [bluz] *nf (d'élève) coat worn by schoolchildren*; *(de médecin)* white coat; *(chemisier)* blouse.
**blouson** [bluzɔ̃] *nm* bomber jacket.
**blues** [bluz] *nm* blues.
**bob** [bɔb] *nm* sun hat.
**bobine** [bɔbin] *nf* reel.
**bobsleigh** [bɔbslɛg] *nm* bobsleigh.
**bocal, -aux** [bɔkal, o] *nm* jar; *(à poissons)* bowl.
**body** [bɔdi] *nm* body.
**body-building** [bɔdibildiŋ] *nm* body-building.
**bœuf** [bœf, *pl* bø] *nm* ox; *(CULIN)* beef; ~ **bourguignon** *beef cooked in red wine sauce with bacon and onions*.
**bof** [bɔf] *excl term expressing lack of interest or enthusiasm*; **comment tu as trouvé le film? - ~!** how did you like the film? - it was all right I suppose.
**bohémien, -ienne** [bɔemjɛ̃, jɛn] *nm, f* gipsy.
**boire** [bwar] *vt* to drink; *(absorber)* to soak up ◆ *vi* to drink; ~ **un coup** to have a drink.
**bois** [bwa] *nm* wood ◆ *nmpl (d'un cerf)* antlers.
**boisé, -e** [bwaze] *adj* wooded.
**boiseries** [bwazri] *nfpl* panelling *(sg)*.
**boisson** [bwasɔ̃] *nf* drink.
**boîte** [bwat] *nf* box; ~ **d'allumettes** box of matches; ~ **de conserve** tin *(Br)*, can; ~ **aux lettres** *(pour l'envoi)* postbox *(Br)*, mailbox *(Am)*; *(pour la réception)* letterbox *(Br)*, mailbox *(Am)*; ~ **(de nuit)** (night)club; ~ **à outils** toolbox; ~ **postale** post office box; ~ **de vitesses** gearbox.
**boiter** [bwate] *vi* to limp.
**boiteux, -euse** [bwatø, øz] *adj* lame.
**boîtier** [bwatje] *nm (de montre, de cassette)* case; *(d'appareil photo)* camera body.
**bol** [bɔl] *nm* bowl.
**bolide** [bɔlid] *nm* racing car.
**bombardement** [bɔ̃bardəmɑ̃] *nm* bombing.

**bombarder** [bɔ̃barde] *vt* to bomb; ~ **qqn de questions** to bombard sb with questions.

**bombe** [bɔ̃b] *nf (arme)* bomb; *(vaporisateur)* spraycan; ~ **atomique** nuclear bomb.

**bon, bonne** [bɔ̃, bɔn] *(compar & superl* **meilleur**) *adj* 1. *(gén)* good; **nous avons passé de très bonnes vacances** we had a very good holiday; **être ~ en qqch** to be good at sthg.
2. *(correct)* right; **est-ce le ~ numéro?** is this the right number?
3. *(utile)*: **c'est ~ pour la santé** it's good for you; **il n'est ~ à rien** he's useless; **c'est ~ à savoir** that's worth knowing.
4. *(passeport, carte)* valid.
5. *(en intensif)*: **ça fait une bonne heure que j'attends** I've been waiting for a good hour.
6. *(dans l'expression des souhaits)*: **bonne année!** Happy New Year!; **bonnes vacances!** have a nice holiday!
7. *(dans des expressions)*: **~!** right!; **ah ~?** really?; **c'est ~!** *(soit)* all right!; **pour de ~** for good.
◆ *adv*: **il fait ~** it's lovely; **sentir ~** to smell nice; **tenir ~** to hold out.
◆ *nm (formulaire)* form; *(en cadeau)* voucher.

**bonbon** [bɔ̃bɔ̃] *nm* sweet *(Br)*, candy *(Am)*.

**bond** [bɔ̃] *nm* leap.

**bondé, -e** [bɔ̃de] *adj* packed.

**bondir** [bɔ̃dir] *vi* to leap; **ça va le faire ~** he'll hit the roof.

**bonheur** [bɔnœr] *nm* happiness; *(chance, plaisir)* (good) luck.

**bonhomme** [bɔnɔm] *(pl* **bonshommes** [bɔ̃zɔm]) *nm (fam: homme)* fellow; *(silhouette)* man; **~ de neige** snowman.

**bonjour** [bɔ̃ʒur] *excl* hello!; **dire ~ à qqn** to say hello to sb.

**bonne** [bɔn] *nf* maid.

**bonnet** [bɔnɛ] *nm* hat; **~ de bain** swimming cap.

**bonsoir** [bɔ̃swar] *excl (en arrivant)* good evening!; *(en partant)* good night!; **dire ~ à qqn** *(en arrivant)* to say good evening to sb; *(en partant)* to say good night to sb.

**bonté** [bɔ̃te] *nf* kindness.

**bord** [bɔr] *nm* edge; **à ~ (de)** on board; **monter à ~ (de)** to board; **au ~ (de)** at the edge (of); **au ~ de la mer** at the seaside; **au ~ de la route** at the roadside.

**bordelaise** [bɔrdəlɛz] *adj* → **entrecôte**.

**border** [bɔrde] *vt (entourer)* to line; *(enfant)* to tuck in; **bordé de** lined with.

**bordure** [bɔrdyr] *nf* edge; *(liseré)* border; **en ~ de** on the edge of.

**borgne** [bɔrɲ] *adj* one-eyed.

**borne** [bɔrn] *nf (sur la route)* = milestone; **dépasser les ~s** *(fig)* to go too far.

**borné, -e** [bɔrne] *adj* narrow-minded.

**bosquet** [bɔskɛ] *nm* copse.

**bosse** [bɔs] *nf* bump.

**bossu, -e** [bɔsy] *adj* hunchbacked.

**botanique** [bɔtanik] *adj* botanical ◆ *nf* botany.

**botte** [bɔt] *nf* boot; *(de légumes)* bunch; *(de foin)* bundle.

**Bottin®** [bɔtɛ̃] *nm* phone book.

**bottine** [bɔtin] *nf* ankle boot.

**bouc** [buk] *nm (animal)* (billy) goat; *(barbe)* goatee (beard).

**bouche** [buʃ] *nf* mouth; **~ d'égout** manhole; **~ de métro** metro entrance.

**bouchée** [buʃe] *nf* mouthful; *(au chocolat) filled chocolate* ; **~ à la reine** chicken vol-au-vent.

**boucher**[1] [buʃe] *vt (remplir)* to fill up; *(bouteille)* to cork; *(oreilles, passage)* to block.

**boucher**[2], **-ère** [buʃe, ɛr] *nm, f* butcher.

**boucherie** [buʃri] *nf* butcher's (shop).

**bouchon** [buʃɔ̃] *nm (à vis)* top; *(en liège)* cork; *(embouteillage)* traffic jam; *(de pêche)* float.

**boucle** [bukl] *nf* loop; *(de cheveux)* curl; *(de ceinture)* buckle; **~ d'oreille** earring.

**bouclé, -e** [bukle] *adj* curly.

**boucler** [bukle] *vt (valise, ceinture)* to buckle; *(fam: enfermer)* to lock up ◆ *vi (cheveux)* to curl.

**bouclier** [buklije] *nm* shield.

**bouddhiste** [budist] *adj & nmf* Buddhist.

**bouder** [bude] *vi* to sulk.

**boudin** [budɛ̃] *nm (cylindre)* roll; **~ blanc** white pudding *(Br)*, white sausage *(Am)*; **~ noir** black pudding *(Br)*, blood sausage *(Am)*.

**boue** [bu] *nf* mud.

**bouée** [bwe] *nf (pour nager)* rubber ring; *(balise)* buoy; **~ de sauvetage** life belt.

**boueux, -euse** [buø, øz] *adj* muddy.

**bouffant, -e** [bufɑ̃, ɑ̃t] *adj (pantalon)* baggy; **manches ~es** puff sleeves.

**bouffée** [bufe] *nf* puff; *(de colère, d'angoisse)* fit; **une ~ d'air frais** a breath of fresh air.

**bouffi, -e** [bufi] *adj* puffy.

**bougeotte** [buʒɔt] *nf*: **avoir la ~** *(fam)* to have itchy feet.

**bouger** [buʒe] *vt* to move ◆ *vi* to move; *(changer)* to change; **j'ai une dent qui bouge** I've got a loose tooth.

**bougie** [buʒi] *nf* candle; *(TECH)* spark plug.

**bouillabaisse** [bujabɛs] *nf fish soup, a speciality of Provence.*

**bouillant, -e** [bujɑ̃, ɑ̃t] *adj* boiling (hot).

**bouillie** [buji] *nf* puree; *(pour bébé)* baby food.

**bouillir** [bujir] *vi* to boil.

**bouilloire** [bujwar] *nf* kettle.

**bouillon** [bujɔ̃] *nm* stock.

**bouillonner** [bujɔne] *vi* to bubble.

**bouillotte** [bujɔt] *nf* hot-water bottle.

**boulanger, -ère** [bulɑ̃ʒe, ɛr] *nm, f* baker.

**boulangerie** [bulɑ̃ʒri] *nf* baker's (shop), bakery.

**boule** [bul] *nf* ball; *(de pétanque)* bowl; **jouer aux ~s** to play boules; **~ de Bâle** *(Helv) large sausage served with a vinaigrette.*

**bouledogue** [buldɔg] *nm* bulldog.

**boulet** [bulɛ] *nm* cannonball.

**boulette** [bulɛt] *nf* pellet; **~ de viande** meatball.

**boulevard** [bulvar] *nm* boulevard; **les grands ~s** *(à Paris) the main boulevards between la Madeleine and République.*

**bouleversement** [bulvɛrsəmɑ̃] *nm* upheaval.

**bouleverser** [bulvɛrse] *vt* *(émouvoir)* to move deeply; *(modifier)* to disrupt.

**boulon** [bulɔ̃] *nm* bolt.

**boulot** [bulo] *nm (fam) (travail, lieu)* work; *(emploi)* job.

**boum** [bum] *nf (fam)* party.

**bouquet** [bukɛ] *nm* bunch; *(crevette)* prawn; *(d'un vin)* bouquet.

**bouquin** [bukɛ̃] *nm (fam)* book.

**bourbeux, -euse** [burbø, øz] *adj* muddy.

**bourdon** [burdɔ̃] *nm* bumblebee.

**bourdonner** [burdɔne] *vi* to buzz.

**bourgeois, -e** [burʒwa, waz] *adj (quartier, intérieur)* middle-class; *(péj)* bourgeois.

**bourgeoisie** [burʒwazi] *nf* bourgeoisie.

**bourgeon** [burʒɔ̃] *nm* bud.

**bourgeonner** [burʒɔne] *vi* to bud.

**Bourgogne** [burgɔɲ] *nf*: **la ~** Burgundy.

**bourguignon, -onne** [burgiɲɔ̃, ɔn] *adj* → **bœuf, fondue.**

**bourrasque** [burask] *nf* gust of wind.

**bourratif, -ive** [buratif, iv] *adj* stodgy.

**bourré, -e** [bure] *adj (plein)* packed; *(vulg: ivre)* pissed *(Br)*, bombed *(Am)*; **~ de** packed with.

**bourreau, -x** [buro] *nm* executioner.

**bourrelet** [burlɛ] *nm (isolant)* draught excluder; *(de graisse)* roll of fat.

**bourru, -e** [bury] *adj* surly.

**bourse** [burs] *nf (d'études)* grant; *(porte-monnaie)* purse; **la Bourse** the Stock Exchange.

**boursier, -ière** [bursje, jɛr] *adj (étudiant)* on a grant; *(transaction)* stock-market.

**boursouflé, -e** [bursufle] *adj* swollen.

**bousculade** [buskylad] *nf* scuffle.

**bousculer** [buskyle] *vt* to jostle; *(fig: presser)* to rush.

**boussole** [busɔl] *nf* compass.

**bout** [bu] *nm (extrémité)* end; *(morceau)* piece; **au ~ de** *(après)* after; **arriver au ~ de** to reach the end of; **être à ~** to be at the end of one's tether.

**boute-en-train** [butɑ̃trɛ̃] *nm inv*: **le ~ de la soirée** the life and soul of the party.

**bouteille** [butɛj] *nf* bottle; **~ de gaz** gas cylinder; **~ d'oxygène** oxygen cylinder.

**boutique** [butik] *nf* shop; **~ franche** OU **hors taxes** duty-free shop.

**bouton** [butɔ̃] *nm (de vêtement)* button; *(sur la peau)* spot; *(de réglage)* knob; *(de fleur)* bud.

**bouton-d'or** [butɔ̃dɔr] (*pl* **boutons-d'or**) *nm* buttercup.

**boutonner** [butɔne] *vt* to button (up).

**boutonnière** [butɔnjɛr] *nf* buttonhole.

**bowling** [buliŋ] *nm (jeu)* ten-pin bowling; *(salle)* bowling alley.

**box** [bɔks] *nm inv (garage)* lock-up garage; *(d'écurie)* stall.

**boxe** [bɔks] *nf* boxing.

**boxer** [bɔksɛr] *nm (chien)* boxer.
**boxeur** [bɔksœr] *nm* boxer.
**boyau, -x** [bwajo] *nm (de roue)* inner tube ❑ **boyaux** *nmpl* (ANAT) guts.
**boycotter** [bɔjkɔte] *vt* to boycott.
**BP** *(abr de boîte postale)* P.O. Box.
**bracelet** [braslɛ] *nm* bracelet; *(de montre)* strap.
**bracelet-montre** [braslɛmɔ̃tr] (*pl* **bracelets-montres**) *nm* wristwatch.
**braconnier** [brakɔnje] *nm* poacher.
**brader** [brade] *vt* to sell off; **«on brade»** "clearance sale".
**braderie** [bradri] *nf* clearance sale.
**braguette** [bragɛt] *nf* flies *(pl)*.
**braille** [braj] *nm* braille.
**brailler** [braje] *vi (fam)* to bawl.
**braise** [brɛz] *nf* embers *(pl)*.
**brancard** [brɑ̃kar] *nm* stretcher.
**branchages** [brɑ̃ʃaʒ] *nmpl* branches.
**branche** [brɑ̃ʃ] *nf* branch; *(de lunettes)* arm.
**branchement** [brɑ̃ʃmɑ̃] *nm* connection.
**brancher** [brɑ̃ʃe] *vt (appareil)* to plug in; *(prise)* to put in.
**brandade** [brɑ̃dad] *nf*: **~ (de morue)** salt cod puree.
**brandir** [brɑ̃dir] *vt* to brandish.
**branlant, -e** [brɑ̃lɑ̃, ɑ̃t] *adj* wobbly.
**braquer** [brake] *vi (automobiliste)* to turn (the wheel) ◆ *vt*: **~ qqch sur** to aim sthg at ❑ **se braquer** *vp (s'entêter)* to dig one's heels in.
**bras** [bra] *nm* arm.
**brassard** [brasar] *nm* armband.
**brasse** [bras] *nf (nage)* breaststroke.
**brasser** [brase] *vt (remuer)* to stir; *(bière)* to brew; *(fig: manipuler)* to handle.
**brasserie** [brasri] *nf (café) large café serving light meals*; *(usine)* brewery.
**brassière** [brasjɛr] *nf (pour bébé)* baby's vest *(Br)*, baby's undershirt *(Am)*; *(Can: soutien-gorge)* bra.
**brave** [brav] *adj (courageux)* brave; *(gentil)* decent.
**bravo** [bravo] *excl* bravo!
**bravoure** [bravur] *nf* bravery.
**break** [brɛk] *nm (voiture)* estate (car) *(Br)*, station wagon *(Am)*.
**brebis** [brəbi] *nf* ewe.
**brèche** [brɛʃ] *nf* gap.
**bredouiller** [brəduje] *vi* to mumble.
**bref, brève** [brɛf, brɛv] *adj* brief ◆ *adv* in short.
**Brésil** [brezil] *nm*: **le ~** Brazil.
**Bretagne** [brətaɲ] *nf*: **la ~** Brittany.
**bretelle** [brətɛl] *nf (de vêtement)* shoulder strap; *(d'autoroute)* slip road *(Br)*, access road ❑ **bretelles** *nfpl* braces *(Br)*, suspenders *(Am)*.
**breton, -onne** [brətɔ̃, ɔn] *adj* Breton ◆ *nm (langue)* Breton ❑ **Breton, -onne** *nm, f* Breton.
**brève** → **bref**.
**brevet** [brəvɛ] *nm* diploma; *(d'invention)* patent; **~ (des collèges)** *exam taken at the age of 15*.
**bribes** [brib] *nfpl* snatches.
**bricolage** [brikɔlaʒ] *nm* do-it-yourself, DIY *(Br)*; **aimer faire du ~** to enjoy DIY.

**bricole** [brikɔl] *nf* trinket.
**bricoler** [brikɔle] *vt* to fix up ◆ *vi* to do odd jobs.
**bricoleur, -euse** [brikɔlœr, øz] *nm, f* DIY enthusiast.
**bride** [brid] *nf* bridle.
**bridé, -e** [bride] *adj*: **avoir les yeux ~s** to have slanting eyes.
**bridge** [bridʒ] *nm* bridge.
**brie** [bri] *nm* Brie.
**brièvement** [brijɛvmɑ̃] *adv* briefly.
**brigade** [brigad] *nf* brigade.
**brigand** [brigɑ̃] *nm* bandit.
**brillamment** [brijamɑ̃] *adv* brilliantly.
**brillant, -e** [brijɑ̃, ɑ̃t] *adj* shiny; *(remarquable)* brilliant ◆ *nm* brilliant.
**briller** [brije] *vi* to shine; **faire ~** *(meuble)* to polish.
**brimer** [brime] *vt* to bully.
**brin** [brɛ̃] *nm (de laine)* strand; **~ d'herbe** blade of grass; **~ de muguet** sprig of lily of the valley.
**brindille** [brɛ̃dij] *nf* twig.
**brioche** [brijɔʃ] *nf round, sweet bread roll eaten for breakfast.*
**brique** [brik] *nf* brick; *(de lait, de jus de fruit)* carton.
**briquer** [brike] *vt* to scrub.
**briquet** [brikɛ] *nm* (cigarette) lighter.
**brise** [briz] *nf* breeze.
**briser** [brize] *vt* to break.
**britannique** [britanik] *adj* British ❑ **Britannique** *nmf* British person; **les Britanniques** the British.
**brocante** [brɔkɑ̃t] *nf (magasin)* second-hand shop.
**brocanteur, -euse** [brɔkɑ̃tœr, øz] *nm, f* dealer in second-hand goods.
**broche** [brɔʃ] *nf (bijou)* brooch; *(CULIN)* spit.
**brochet** [brɔʃɛ] *nm* pike.
**brochette** [brɔʃɛt] *nf (plat)* kebab.
**brochure** [brɔʃyr] *nf* brochure.
**brocoli** [brɔkɔli] *nm* broccoli.
**broder** [brɔde] *vt* to embroider.
**broderie** [brɔdri] *nf* embroidery.
**bronches** [brɔ̃ʃ] *nfpl* bronchial tubes.
**bronchite** [brɔ̃ʃit] *nf* bronchitis.
**bronzage** [brɔ̃zaʒ] *nm* suntan.
**bronze** [brɔ̃z] *nm* bronze.
**bronzer** [brɔ̃ze] *vi* to tan; **se faire ~** to get a tan.
**brosse** [brɔs] *nf* brush; **avoir les cheveux en ~** to have a crewcut; **~ à cheveux** hairbrush; **~ à dents** toothbrush.
**brosser** [brɔse] *vt* to brush ❑ **se brosser** *vp* to brush o.s. (down); **se ~ les dents** to brush one's teeth.
**brouette** [bruɛt] *nf* wheelbarrow.
**brouhaha** [bruaa] *nm* hubbub.
**brouillard** [brujar] *nm* fog.
**brouillé** [bruje] *adj m* → **œuf**.
**brouiller** [bruje] *vt (idées)* to muddle (up); *(liquide, vue)* to cloud ❑ **se brouiller** *vp (se fâcher)* to quarrel; *(idées)* to get confused; *(vue)* to become blurred.
**brouillon** [brujɔ̃] *nm* (rough) draft.
**broussailles** [brusaj] *nfpl* undergrowth *(sg)*.
**brousse** [brus] *nf (zone)*: **la ~** the bush.

**brouter** [brute] *vt* to graze on.
**broyer** [brwaje] *vt* to grind, to crush.
**brucelles** [brysɛl] *nfpl (Helv)* (pair of) tweezers.
**brugnon** [bryɲɔ̃] *nm* nectarine.
**bruine** [brɥin] *nf* drizzle.
**bruit** [brɥi] *nm (son)* noise, sound; *(vacarme)* noise; **faire du ~** to make a noise.
**brûlant, -e** [brylɑ̃, ɑ̃t] *adj* boiling (hot).
**brûlé** [bryle] *nm*: **ça sent le ~** there's a smell of burning.
**brûle-pourpoint** [brylpurpwɛ̃] : **à brûle-pourpoint** *adv* point-blank.
**brûler** [bryle] *vt* to burn ◆ *vi (flamber)* to burn; *(chauffer)* to be burning (hot); **la fumée me brûle les yeux** the smoke is making my eyes sting; **~ un feu rouge** to jump a red light ❑ **se brûler** *vp* to burn o.s.; **se ~ la main** to burn one's hand.
**brûlure** [brylyr] *nf* burn; *(sensation)* burning sensation; **~s d'estomac** heartburn.
**brume** [brym] *nf* mist.
**brumeux, -euse** [brymø, øz] *adj* misty.
**brun, -e** [brœ̃, bryn] *adj* dark.
**brune** [bryn] *nf (cigarette)* cigarette *made with dark tobacco*; **(bière) ~** brown ale.
**Brushing®** [brœʃiŋ] *nm* blow-dry.
**brusque** [brysk] *adj (personne, geste)* brusque; *(changement, arrêt)* sudden.
**brut, -e** [bryt] *adj (matière)* raw; *(pétrole)* crude; *(poids, salaire)* gross; *(cidre, champagne)* dry.
**brutal, -e, -aux** [brytal, o] *adj (personne, geste)* violent; *(changement, arrêt)* sudden.
**brutaliser** [brytalize] *vt* to mistreat.
**brute** [bryt] *nf* bully.
**Bruxelles** [bry(k)sɛl] *n* Brussels.
**bruyant, -e** [brɥijɑ̃, ɑ̃t] *adj* noisy.
**bruyère** [bryjɛr] *nf* heather.
**BTS** *nm (abr de brevet de technicien supérieur) advanced vocational training certificate.*
**bu, -e** [by] *pp* → **boire**.
**buanderie** [byɑ̃dri] *nf (Can: blanchisserie)* laundry.
**bûche** [byʃ] *nf* log; **~ de Noël** Yule log.
**bûcheron** [byʃrɔ̃] *nm* lumberjack.
**budget** [bydʒɛ] *nm* budget.
**buée** [bɥe] *nf* condensation.
**buffet** [byfɛ] *nm (meuble)* sideboard; *(repas, restaurant)* buffet; **~ froid** cold buffet.
**building** [bildiŋ] *nm* skyscraper.
**buisson** [bɥisɔ̃] *nm* bush.
**buissonnière** [bɥisɔnjɛr] *adj f* → **école**.
**Bulgarie** [bylgari] *nf*: **la ~** Bulgaria.
**bulldozer** [byldozɛr] *nm* bulldozer.
**bulle** [byl] *nf* bubble; **faire des ~s** *(avec un chewing-gum)* to blow bubbles; *(savon)* to lather.
**bulletin** [byltɛ̃] *nm (papier)* form; *(d'informations)* news bulletin; *(SCOL)* report; **~ météorologique** weather forecast; **~ de salaire** pay slip; **~ de vote** ballot paper.

**bungalow** [bœ̃galo] *nm* chalet.
**bureau** [byro] *nm* office; *(meuble)* desk; ~ **de change** bureau de change; ~ **de poste** post office; ~ **de tabac** tobacconist's *(Br)*, tobacco shop *(Am)*.
**burlesque** [byrlɛsk] *adj* funny.
**bus** [bys] *nm* bus.
**buste** [byst] *nm* chest; *(statue)* bust.
**but** [byt] *nm (intention)* aim; *(destination)* destination; *(SPORT: point)* goal; **les ~s** *(SPORT: zone)* the goal; **dans le ~ de** with the intention of.
**butane** [bytan] *nm* Calor® gas.
**buté, -e** [byte] *adj* stubborn.
**buter** [byte] *vi*: ~ **sur** OU **contre** *(objet)* to trip over; *(difficulté)* to come up against ❑ **se buter** *vp* to dig one's heels in.
**butin** [bytɛ̃] *nm* booty.
**butte** [byt] *nf* hillock.
**buvard** [byvar] *nm* blotting paper.
**buvette** [byvɛt] *nf* refreshment stall.

# C

**c'** → **ce**.
**ça** [sa] *pron* that; ~ **n'est pas facile** it's not easy; ~ **va? - ~ va!** how are you? - I'm fine!; **comment ~?** what?; **c'est ~** *(c'est exact)* that's right.
**cabane** [kaban] *nf* hut.
**cabaret** [kabarɛ] *nm* nightclub.
**cabillaud** [kabijo] *nm* cod.
**cabine** [kabin] *nf (de bateau)* cabin; *(de téléphérique)* cable car; *(sur la plage)* hut; ~ **de douche** shower cubicle; ~ **d'essayage** fitting room; ~ **(de pilotage)** cockpit; ~ **(téléphonique)** phone box.
**cabinet** [kabinɛ] *nm (de médecin)* surgery *(Br)*, office *(Am)*; *(d'avocat)* office; ~ **de toilette** bathroom ❑ **cabinets** *nmpl* toilet *(sg)*.
**câble** [kabl] *nm* cable; **(télévision par) ~** cable (television).
**cabosser** [kabɔse] *vt* to dent.
**cabriole** [kabrijɔl] *nf* somersault.
**caca** [kaka] *nm*: **faire ~** *(fam)* to do a poo.
**cacah(o)uète** [kakawɛt] *nf* peanut.
**cacao** [kakao] *nm* cocoa.
**cache-cache** [kaʃkaʃ] *nm inv*: **jouer à ~** to play hide-and-seek.
**cachemire** [kaʃmir] *nm* cashmere.
**cache-nez** [kaʃne] *nm inv* scarf.
**cacher** [kaʃe] *vt* to hide; *(vue, soleil)* to block ❑ **se cacher** *vp* to hide.
**cachet** [kaʃɛ] *nm (comprimé)* tablet; *(tampon)* stamp; *(allure)* style.
**cachette** [kaʃɛt] *nf* hiding place; **en ~** secretly.
**cachot** [kaʃo] *nm* dungeon.
**cacophonie** [kakɔfɔni] *nf* cacophony.
**cactus** [kaktys] *nm* cactus.
**cadavre** [kadavr] *nm* corpse.
**Caddie®** [kadi] *nm* (supermarket) trolley *(Br)*, (grocery) cart *(Am)*.

**cadeau, -x** [kado] *nm* present; **faire un ~ à qqn** to give sb a present; **faire ~ de qqch à qqn** to give sb sthg.
**cadenas** [kadna] *nm* padlock.
**cadence** [kadɑ̃s] *nf* rhythm; **en ~** in time.
**cadet, -ette** [kadɛ, ɛt] *adj & nm, f (de deux)* younger; *(de plusieurs)* youngest.
**cadran** [kadrɑ̃] *nm* dial; **~ solaire** sundial.
**cadre** [kadr] *nm* frame; *(tableau)* painting; *(décor)* surroundings *(pl)*; *(d'une entreprise)* executive; **dans le ~ de** as part of.
**cafard** [kafar] *nm (insecte)* cockroach; **avoir le ~** *(fam)* to feel down.
**café** [kafe] *nm (établissement)* café; *(boisson, grains)* coffee; **~ crème** OU **au lait** white coffee; **~ épicé** *(Helv) black coffee flavoured with cinnamon and cloves*; **~ liégeois** *coffee ice cream topped with whipped cream*; **~ noir** black coffee.

---

## *i* CAFÉ

French cafés serve a wide range of drinks and sometimes sandwiches or light meals. They often have pavement seating areas or large plate-glass windows looking directly onto the street. Paris cafés have also traditionally played an important role in French political, cultural and literary life.
Coffee served in French cafés comes in various forms such as "café crème" (served with frothy hot milk), "grand crème" (a large "café crème"), "café noisette" (with just a tiny amount of milk) and "express" or "expresso" (strong black coffee served in small cups). The expression "café au lait" is used at home to mean the same as a "grand crème".

---

**cafétéria** [kafeterja] *nf* cafeteria.
**café-théâtre** [kafeteatr] *(pl* **cafés-théâtres)** *nm café where theatre performances take place.*
**cafetière** [kaftjɛr] *nf (récipient)* coffeepot; *(électrique)* coffeemaker; *(à piston)* cafetière.
**cage** [kaʒ] *nf* cage; *(SPORT)* goal; **~ d'escalier** stairwell.
**cagoule** [kagul] *nf* balaclava.
**cahier** [kaje] *nm* exercise book; **~ de brouillon** rough book; **~ de textes** homework book.
**caille** [kaj] *nf* quail.
**cailler** [kaje] *vi (lait)* to curdle; *(sang)* to coagulate.
**caillot** [kajo] *nm* clot.
**caillou, x** [kaju] *nm* stone.
**caisse** [kɛs] *nf* box; *(de magasin, de cinéma)* cash desk; *(de supermarché)* checkout; *(de banque)* cashier's desk; **~ (enregistreuse)** cash register; **~ d'épargne** savings bank; **~ rapide** express checkout.
**caissier, -ière** [kesje, jɛr] *nm, f* cashier.
**cajou** [kaʒu] *nm* → **noix**.
**cake** [kɛk] *nm* fruit cake.
**calamars** [kalamar] *nmpl* squid.
**calcaire** [kalkɛr] *nm* limestone ◆ *adj (eau)* hard; *(terrain)* chalky.
**calciné, -e** [kalsine] *adj* charred.
**calcium** [kalsjɔm] *nm* calcium.
**calcul** [kalkyl] *nm* calculation; *(arithmétique)* arithmetic; *(MÉD)*

stone; ~ **mental** mental arithmetic.

**calculatrice** [kalkylatris] *nf* calculator.

**calculer** [kalkyle] *vt* to calculate; *(prévoir)* to plan.

**cale** [kal] *nf (pour stabiliser)* wedge.

**calé, -e** [kale] *adj (fam: doué)* clever.

**caleçon** [kalsɔ̃] *nm (sous-vêtement)* boxer shorts *(pl)*; *(pantalon)* leggings *(pl)*.

**calembour** [kalɑ̃bur] *nm* pun.

**calendrier** [kalɑ̃drije] *nm* calendar.

**cale-pied, -s** [kalpje] *nm* toe clip.

**caler** [kale] *vt* to wedge ◆ *vi (voiture, moteur)* to stall; *(fam: à table)* to be full up.

**califourchon** [kalifurʃɔ̃] **: à califourchon sur** *prép* astride.

**câlin** [kalɛ̃] *nm* cuddle; **faire un ~ à qqn** to give sb a cuddle.

**calmant** [kalmɑ̃] *nm* painkiller.

**calmars** [kalmar] = **calamars**.

**calme** [kalm] *adj & nm* calm; **du ~!** calm down!

**calmer** [kalme] *vt (douleur)* to soothe; *(personne)* to calm down ❑ **se calmer** *vp (personne)* to calm down; *(tempête, douleur)* to die down.

**calorie** [kalɔri] *nf* calorie.

**calque** [kalk] *nm*: **(papier-)~** tracing paper.

**calvados** [kalvados] *nm* calvados, apple brandy.

**camarade** [kamarad] *nmf* friend; **~ de classe** classmate.

**cambouis** [kɑ̃bwi] *nm* dirty grease.

**cambré, -e** [kɑ̃bre] *adj (dos)* arched; *(personne)* with an arched back.

**cambriolage** [kɑ̃brijɔlaʒ] *nm* burglary.

**cambrioler** [kɑ̃brijɔle] *vt* to burgle *(Br)*, to burglarize *(Am)*.

**cambrioleur** [kɑ̃brijɔlœr] *nm* burglar.

**camembert** [kamɑ̃bɛr] *nm* Camembert (cheese).

**caméra** [kamera] *nf* camera.

**Caméscope®** [kameskɔp] *nm* camcorder.

**camion** [kamjɔ̃] *nm* lorry *(Br)*, truck *(Am)*.

**camion-citerne** [kamjɔ̃sitɛrn] *(pl* **camions-citernes**) *nm* tanker *(Br)*, tank truck *(Am)*.

**camionnette** [kamjɔnɛt] *nf* van.

**camionneur** [kamjɔnœr] *nm (chauffeur)* lorry driver *(Br)*, truck driver *(Am)*.

**camp** [kɑ̃] *nm* camp; *(de joueurs, de sportifs)* side, team; **faire un ~** to go camping; **~ de vacances** holiday camp.

**campagne** [kɑ̃paɲ] *nf* country(side); *(électorale, publicitaire)* campaign.

**camper** [kɑ̃pe] *vi* to camp.

**campeur, -euse** [kɑ̃pœr, øz] *nm, f* camper.

**camping** [kɑ̃piŋ] *nm (terrain)* campsite; *(activité)* camping; **faire du ~** to go camping; **~ sauvage** *camping not on a campsite.*

**camping-car, -s** [kɑ̃piŋkar] *nm* camper-van *(Br)*, RV *(Am)*.

**Camping-Gaz®** [kɑ̃piŋgaz] *nm*

*inv* camping stove.

**Canada** [kanada] *nm*: **le ~** Canada.

**canadien, -ienne** [kanadjɛ̃, jɛn] *adj* Canadian ❑ **Canadien, -ienne** *nm, f* Canadian.

**canadienne** [kanadjɛn] *nf (veste)* fur-lined jacket; *(tente)* (ridge) tent.

**canal, -aux** [kanal, o] *nm* canal; **Canal +** *French TV pay channel.*

**canalisation** [kanalizasjɔ̃] *nf* pipe.

**canapé** [kanape] *nm (siège)* sofa; *(toast)* canapé; **~ convertible** sofa bed.

**canapé-lit** [kanapeli] (*pl* **canapés-lits**) *nm* sofa bed.

**canard** [kanar] *nm* duck; *(sucre)* sugar lump *(dipped in coffee or spirits)*; **~ laqué** Peking duck; **~ à l'orange** duck in orange sauce.

**canari** [kanari] *nm* canary.

**cancer** [kɑ̃sɛr] *nm* cancer.

**Cancer** [kɑ̃sɛr] *nm* Cancer.

**cancéreux, -euse** [kɑ̃serø, øz] *adj (tumeur)* malignant.

**candidat, -e** [kɑ̃dida, at] *nm, f* candidate.

**candidature** [kɑ̃didatyr] *nf* application; **poser sa ~ (à)** to apply (for).

**caneton** [kantɔ̃] *nm* duckling.

**canette** [kanɛt] *nf (bouteille)* bottle.

**caniche** [kaniʃ] *nm* poodle.

**canicule** [kanikyl] *nf* heatwave.

**canif** [kanif] *nm* penknife.

**canine** [kanin] *nf* canine (tooth).

**caniveau** [kanivo] *nm* gutter.

**canne** [kan] *nf* walking stick; **~ à pêche** fishing rod.

**canneberge** [kanbɛrʒ] *nf* cranberry.

**cannelle** [kanɛl] *nf* cinnamon.

**cannelloni(s)** [kanelɔni] *nmpl* cannelloni *(sg)*.

**cannette** [kanɛt] = **canette**.

**canoë** [kanɔe] *nm* canoe; **faire du ~** to go canoeing.

**canoë-kayak** [kanɔekajak] (*pl* **canoës-kayaks**) *nm* kayak; **faire du ~** to go canoeing.

**canon** [kanɔ̃] *nm (ancien)* cannon; *(d'une arme à feu)* barrel; **chanter en ~** to sing in canon.

**canot** [kano] *nm* dinghy; **~ pneumatique** inflatable dinghy; **~ de sauvetage** lifeboat.

**cantal** [kɑ̃tal] *nm mild cheese from the Auvergne, similar to cheddar.*

**cantatrice** [kɑ̃tatris] *nf* (opera) singer.

**cantine** [kɑ̃tin] *nf (restaurant)* canteen.

**cantique** [kɑ̃tik] *nm* hymn.

**canton** [kɑ̃tɔ̃] *nm (en France) division of an "arrondissement"; (en Suisse)* canton.

---

**i CANTON**

Switzerland is a confederation of 23 districts known as "cantons", three of which are themselves divided into "demi-cantons". Although they are to a large extent self-governing, the federal government reserves control over certain areas such as foreign policy, the treasury, customs and the postal service.

---

**cantonais** [kɑ̃tɔnɛ] *adj m* → **riz**.

**caoutchouc** [kautʃu] *nm* rubber.

**cap** [kap] *nm (pointe de terre)* cape; *(NAVIG)* course; **mettre le ~ sur** to head for.

**CAP** *nm vocational school-leaver's diploma (taken at age 16).*

**capable** [kapabl] *adj* capable; **être ~ de faire qqch** to be capable of doing sthg.

**capacités** [kapasite] *nfpl* ability *(sg).*

**cape** [kap] *nf* cloak.

**capitaine** [kapitɛn] *nm* captain.

**capital, -e, -aux** [kapital, o] *adj* essential ◆ *nm* capital.

**capitale** [kapital] *nf* capital.

**capot** [kapo] *nm (AUT)* bonnet *(Br)*, hood *(Am)*.

**capote** [kapɔt] *nf (AUT)* hood *(Br)*, top *(Am)*.

**capoter** [kapɔte] *vi (Can: fam: perdre la tête)* to lose one's head.

**câpre** [kapr] *nf* caper.

**caprice** [kapris] *nm (colère)* tantrum; *(envie)* whim; **faire un ~** to throw a tantrum.

**capricieux, -ieuse** [kaprisjø, jøz] *adj (personne)* temperamental.

**Capricorne** [kaprikɔrn] *nm* Capricorn.

**capsule** [kapsyl] *nf (de bouteille)* top, cap; **~ spatiale** space capsule.

**capter** [kapte] *vt (station de radio)* to pick up.

**captivité** [kaptivite] *nf* captivity; **en ~** *(animal)* in captivity.

**capturer** [kaptyre] *vt* to catch.

**capuche** [kapyʃ] *nf* hood.

**capuchon** [kapyʃɔ̃] *nm (d'une veste)* hood; *(d'un stylo)* top.

**caquelon** [kaklɔ̃] *nm (Helv)* fondue pot.

**car**[1] [kar] *conj* because.

**car**[2] [kar] *nm* coach *(Br)*, bus *(Am)*.

**carabine** [karabin] *nf* rifle.

**caractère** [karaktɛr] *nm* character; *(spécificité)* characteristic; **avoir du ~** *(personne)* to have personality; *(maison)* to have character; **avoir bon ~** to be good-natured; **avoir mauvais ~** to be bad-tempered; **~s d'imprimerie** block letters.

**caractéristique** [karakteristik] *nf* characteristic ◆ *adj*: **~ de** characteristic of.

**carafe** [karaf] *nf* carafe.

**Caraïbes** [karaib] *nfpl*: **les ~** the Caribbean, the West Indies.

**carambolage** [karɑ̃bɔlaʒ] *nm (fam)* pile-up.

**caramel** [karamɛl] *nm (sucre brûlé)* caramel; *(bonbon dur)* toffee; *(bonbon mou)* fudge.

**carapace** [karapas] *nf* shell.

**caravane** [karavan] *nf* caravan.

**carbonade** [karbɔnad] *nf*: **~s flamandes** *beef and onion stew, cooked with beer.*

**carbone** [karbɔn] *nm* carbon; **(papier) ~** carbon paper.

**carburant** [karbyrɑ̃] *nm* fuel.

**carburateur** [karbyratœr] *nm* carburettor.

**carcasse** [karkas] *nf (d'animal)* carcass; *(de voiture)* body.

**cardiaque** [kardjak] *adj (maladie)* heart; **être ~** to have a heart condition.

**cardigan** [kardigɑ̃] *nm* cardigan.

**cardinaux** [kardino] *adj mpl* → **point**.

**cardiologue** [kardjolɔg] *nmf* cardiologist.

**caresse** [karɛs] *nf* caress.
**caresser** [karese] *vt* to stroke.
**cargaison** [kargɛzɔ̃] *nf* cargo.
**cargo** [kargo] *nm* freighter.
**caricature** [karikatyr] *nf* caricature.
**carie** [kari] *nf* caries.
**carillon** [karijɔ̃] *nm* chime.
**carnage** [karnaʒ] *nm* slaughter.
**carnaval** [karnaval] *nm* carnival.

## i CARNAVAL

During February in some French towns there are large processions of carnival floats and people in fancy dress. The most famous carnival is held in Nice and is known for its colourful floats decked with flowers. In Belgium the most famous carnival is held in the town of Binche where people dress up as giant characters called "gilles".

**carnet** [karnɛ] *nm* notebook; *(de tickets, de timbres)* book; ~ **d'adresses** address book; ~ **de chèques** chequebook; ~ **de notes** report card.
**carotte** [karɔt] *nf* carrot.
**carpe** [karp] *nf* carp.
**carpette** [karpɛt] *nf* rug.
**carré, -e** [kare] *adj* square ◆ *nm* square; *(d'agneau)* rack; **deux mètres ~s** two metres squared; **deux au ~** two squared.
**carreau, -x** [karo] *nm* *(vitre)* window pane; *(sur le sol, les murs)* tile; *(carré)* square; *(aux cartes)* diamonds *(pl)*; **à ~x** checked.
**carrefour** [karfur] *nm* crossroads *(sg)*.
**carrelage** [karlaʒ] *nm* tiles *(pl)*.
**carrément** [karemɑ̃] *adv* *(franchement)* bluntly; *(très)* completely.
**carrière** [karjɛr] *nf* *(de pierre)* quarry; *(profession)* career; **faire ~ dans qqch** to make a career (for o.s.) in sthg.
**carrossable** [karɔsabl] *adj* suitable for motor vehicles.
**carrosse** [karɔs] *nm* coach.
**carrosserie** [karɔsri] *nf* body.
**carrure** [karyr] *nf* build.
**cartable** [kartabl] *nm* schoolbag.
**carte** [kart] *nf* card; *(plan)* map; *(de restaurant)* menu; **à la ~** à la carte; ~ **bancaire** *bank card for withdrawing cash and making purchases*; **Carte Bleue**® = Visa® card; ~ **de crédit** credit card; ~ **d'embarquement** boarding card; ~ **grise** vehicle registration document; ~ **(nationale) d'identité** identity card; **Carte Orange** *season ticket for use on public transport in Paris*; ~ **postale** postcard; ~ **téléphonique** OU **de téléphone** phonecard; ~ **des vins** wine list; ~ **de visite** visiting card *(Br)*, calling card *(Am)*.

## i CARTE (NATIONALE) D'IDENTITÉ

Official documents giving personal details (name, address, age, height etc) and a photograph of the holder, identity cards must be carried by all French citizens and presented to the police on request (at checks in the street or on public transport, for example). They can also be used instead of a passport for travel within the European Union and may be asked for as proof of identity when paying by cheque.

---

**cartilage** [kartilaʒ] *nm* cartilage.
**carton** [kartɔ̃] *nm (matière)* cardboard; *(boîte)* cardboard box; *(feuille)* card.
**cartouche** [kartuʃ] *nf* cartridge; *(de cigarettes)* carton.
**cas** [ka] *nm* case; **au ~ où** in case; **dans ce ~** in that case; **en ~ de** in case of; **en ~ d'accident** in the event of an accident; **en tout ~** in any case.
**cascade** [kaskad] *nf (chute d'eau)* waterfall; *(au cinéma)* stunt.
**cascadeur, -euse** [kaskadœr, øz] *nm, f* stuntman (*f* stuntwoman).
**case** [kaz] *nf (de damier, de mots croisés)* square; *(compartiment)* compartment; *(hutte)* hut.
**caserne** [kazɛrn] *nf* barracks *(sg ou pl)*; **~ des pompiers** fire station.
**casier** [kazje] *nm (compartiment)* pigeonhole; **~ à bouteilles** bottle rack; **~ judiciaire** criminal record.
**casino** [kazino] *nm* casino.
**casque** [kask] *nm* helmet; *(d'ouvrier)* hard hat; *(écouteurs)* headphones *(pl)*.
**casquette** [kaskɛt] *nf* cap.
**casse-cou** [kasku] *nmf inv* daredevil.
**casse-croûte** [kaskrut] *nm inv* snack.
**casse-noix** [kasnwa] *nm inv* nutcrackers *(pl)*.
**casser** [kase] *vt* to break; **~ les oreilles à qqn** to deafen sb; **~ les pieds à qqn** *(fam)* to get on sb's nerves ❑ **se casser** *vp* to break; **se ~ le bras** to break one's arm; **se ~ la figure** *(fam: tomber)* to take a tumble.
**casserole** [kasrɔl] *nf* saucepan.
**casse-tête** [kastɛt] *nm inv* puzzle; *(fig: problème)* headache.
**cassette** [kasɛt] *nf (de musique)* cassette, tape; **~ vidéo** video cassette.
**cassis** [kasis] *nm* blackcurrant.
**cassoulet** [kasulɛ] *nm haricot bean stew with pork, lamb or duck.*
**catalogue** [katalɔg] *nm* catalogue.
**catastrophe** [katastrɔf] *nf* disaster.
**catastrophique** [katastrɔfik] *adj* disastrous.
**catch** [katʃ] *nm* wrestling.
**catéchisme** [kateʃism] *nm* = Sunday school.
**catégorie** [kategɔri] *nf* category.
**catégorique** [kategɔrik] *adj* categorical.
**cathédrale** [katedral] *nf* cathedral.
**catholique** [katɔlik] *adj & nmf* Catholic.
**cauchemar** [koʃmar] *nm* nightmare.
**cause** [koz] *nf* cause, reason; **«fermé pour ~ de ...»** "closed due to ..."; **à ~ de** because of.
**causer** [koze] *vt* to cause ◆ *vi* to chat.
**caution** [kosjɔ̃] *nf (pour une location)* deposit; *(personne)* guarantor.
**cavalier, -ière** [kavalje, jɛr] *nm, f (à cheval)* rider; *(partenaire)* partner ◆ *nm (aux échecs)* knight.
**cave** [kav] *nf* cellar.
**caverne** [kavɛrn] *nf* cave.

**caviar** [kavjar] *nm* caviar.
**CB** *abr* = **Carte Bleue®**.
**CD** *nm (abr de Compact Disc®)* CD.
**CDI** *nm (abr de centre de documentation et d'information)* school library.
**CD-I** *nm (abr de Compact Disc® interactif)* CDI.
**CD-ROM** [sederɔm] *nm* CD-ROM.
**ce, cet** [sə, sɛt] *(f* **cette** [sɛt], *mpl* **ces** [se]) *adj* 1. *(proche dans l'espace ou dans le temps)* this, these *(pl)*; **cette plage** this beach; **cette nuit** *(passée)* last night; *(prochaine)* tonight.
2. *(éloigné dans l'espace ou dans le temps)* that, those *(pl)*; **je n'aime pas cette chambre, je préfère celle-ci** I don't like that room, I prefer this one.
◆ *pron* 1. *(pour mettre en valeur)*: **c'est** it is, this is; **~ sont** they are, these are; **c'est votre collègue qui m'a renseigné** it was your colleague who told me.
2. *(dans des interrogations)*: **est-~ bien là?** is it the right place?; **qui est-~?** who is it?
3. *(avec un relatif)*: **~ que tu voudras** whatever you want; **~ qui nous intéresse, ce sont les musées** the museums are what we're interested in; **~ dont vous aurez besoin en camping** what you'll need when you're camping.
4. *(en intensif)*: **~ qu'il fait chaud!** it's so hot!
**CE** *nm (abr de cours élémentaire)*: **~1** *second year of primary school*; **~2** *third year of primary school.*
**ceci** [səsi] *pron* this.
**céder** [sede] *vt (laisser)* to give up ◆ *vi (ne pas résister)* to give in; *(casser)* to give way; **«cédez le passage»** "give way" *(Br)*, "yield" *(Am)*; **~ à** to give in to.
**CEDEX** [sedɛks] *nm code written after large companies' addresses, ensuring rapid delivery.*
**cédille** [sedij] *nf* cedilla.
**CEE** *nf (abr de Communauté économique européenne)* EEC.
**CEI** *nf (abr de Communauté d'États indépendants)* CIS.
**ceinture** [sɛ̃tyr] *nf* belt; *(d'un vêtement)* waist; **~ de sécurité** seat belt.
**cela** [səla] *pron dém* that; **~ ne fait rien** it doesn't matter; **comment ~?** what?; **c'est ~** *(c'est exact)* that's right.
**célèbre** [selɛbr] *adj* famous.
**célébrer** [selebre] *vt* to celebrate.
**célébrité** [selebrite] *nf (gloire)* fame; *(star)* celebrity.
**céleri** [sɛlri] *nm* celery; **~ rémoulade** *grated celeriac, mixed with mustard mayonnaise, served cold.*
**célibataire** [selibatɛr] *adj* single ◆ *nmf* single man *(f* single woman).
**celle** → **celui**.
**celle-ci** → **celui-ci**.
**celle-là** → **celui-là**.
**cellule** [selyl] *nf* cell.
**cellulite** [selylit] *nf* cellulite.
**celui** [səlɥi] *(f* **celle** [sɛl], *mpl* **ceux** [sø]) *pron* the one; **~ de devant** the one in front; **~ de Pierre** Pierre's (one); **~ qui part à 13 h 30** the one which leaves at 1.30 pm; **ceux dont je t'ai parlé** the ones I told you about.
**celui-ci** [səlɥisi] *(f* **celle-ci** [sɛlsi],

*mpl* **ceux-ci** [søsi]) *pron* this one; *(dont on vient de parler)* the latter.
**celui-là** [səlɥila] (*f* **celle-là** [sɛlla], *mpl* **ceux--là** [søla]) *pron* that one; *(dont on a parlé)* the former.
**cendre** [sɑ̃dr] *nf* ash.
**cendrier** [sɑ̃drije] *nm* ashtray.
**censurer** [sɑ̃syre] *vt* to censor.
**cent** [sɑ̃] *num* a hundred, → **six**.
**centaine** [sɑ̃tɛn] *nf*: **une ~ (de)** about a hundred.
**centième** [sɑ̃tjɛm] *num* hundredth, → **sixième**.
**centime** [sɑ̃tim] *nm* centime.
**centimètre** [sɑ̃timɛtr] *nm* centimetre.
**central, -e, -aux** [sɑ̃tral, o] *adj* central.
**centrale** [sɑ̃tral] *nf (électrique)* power station; **~ nucléaire** nuclear power station.
**centre** [sɑ̃tr] *nm* centre; *(point essentiel)* heart; **~ aéré** *holiday activity centre for children*; **~ commercial** shopping centre.
**centre-ville** [sɑ̃trəvil] (*pl* **centres-villes**) *nm* town centre.
**cèpe** [sɛp] *nm type of dark mushroom with a rich flavour*.
**cependant** [səpɑ̃dɑ̃] *conj* however.
**céramique** [seramik] *nf (matière)* ceramic; *(objet)* piece of pottery.
**cercle** [sɛrkl] *nm* circle.
**cercueil** [sɛrkœj] *nm* coffin *(Br)*, casket *(Am)*.
**céréale** [sereal] *nf* cereal; **des ~s** *(de petit déjeuner)* (breakfast) cereal.
**cérémonie** [seremɔni] *nf* ceremony.
**cerf** [sɛr] *nm* stag.
**cerf-volant** [sɛrvɔlɑ̃] (*pl* **cerfs-volants**) *nm* kite.
**cerise** [səriz] *nf* cherry.
**cerisier** [sərizje] *nm* cherry tree.
**cerner** [sɛrne] *vt* to surround; *(fig: problème)* to define.
**cernes** [sɛrn] *nmpl* shadows.
**certain, -e** [sɛrtɛ̃, ɛn] *adj* certain; **être ~ de qqch** to be certain of sthg; **être ~ de faire qqch** to be certain to do sthg; **être ~ que** to be certain that; **un ~ temps** a while; **un ~ Jean** someone called Jean ❑ **certains, certaines** *adj* some ◆ *pron* some (people).
**certainement** [sɛrtɛnmɑ̃] *adv (probablement)* probably; *(bien sûr)* certainly.
**certes** [sɛrt] *adv* of course.
**certificat** [sɛrtifika] *nm* certificate; **~ médical** doctor's certificate; **~ de scolarité** school attendance certificate.
**certifier** [sɛrtifje] *vt* to certify; **certifié conforme** certified.
**certitude** [sɛrtityd] *nf* certainty.
**cerveau, -x** [sɛrvo] *nm* brain.
**cervelas** [sɛrvəla] *nm* = saveloy *(sausage)*.
**cervelle** [sɛrvɛl] *nf* brains *(sg)*.
**ces** → **ce**.
**CES** *nm (abr de collège d'enseignement secondaire)* secondary school.
**cesse** [ses] **: sans cesse** *adv* continually.
**cesser** [sese] *vi* to stop; **~ de faire qqch** to stop doing sthg.
**c'est-à-dire** [setadir] *adv* in other words.
**cet** → **ce**.
**cette** → **ce**.
**ceux** → **celui**.
**ceux-ci** → **celui-ci**.

**ceux-là** → **celui-là**.
**cf.** *(abr de confer)* cf.
**chacun, -e** [ʃakœ̃, yn] *pron (chaque personne)* each (one); *(tout le monde)* everyone; ~ **à son tour** each person in turn.
**chagrin** [ʃagrɛ̃] *nm* grief; **avoir du** ~ to be very upset.
**chahut** [ʃay] *nm* rumpus; **faire du** ~ to make a racket.
**chahuter** [ʃayte] *vt* to bait.
**chaîne** [ʃɛn] *nf* chain; *(suite)* series; *(de télévision)* channel; **à la** ~ *(travailler)* on a production line; ~ **(hi-fi)** hi-fi (system); ~ **laser** CD system; ~ **de montagnes** mountain range ❑ **chaînes** *nfpl (de voiture)* (snow) chains.
**chair** [ʃɛr] *nf & adj* flesh; ~ **à saucisse** sausage meat; **en** ~ **et en os** in the flesh; **avoir la** ~ **de poule** to have goose pimples.
**chaise** [ʃɛz] *nf* chair; ~ **longue** deckchair.
**châle** [ʃal] *nm* shawl.
**chalet** [ʃalɛ] *nm* chalet; *(Can: maison de campagne)* (holiday) cottage.
**chaleur** [ʃalœr] *nf* heat; *(fig: enthousiasme)* warmth.
**chaleureux, -euse** [ʃalœrø, øz] *adj* warm.
**chaloupe** [ʃalup] *nf (Can: barque)* rowing boat *(Br)*, rowboat *(Am)*.
**chalumeau, -x** [ʃalymo] *nm* blowlamp *(Br)*, blowtorch *(Am)*.
**chalutier** [ʃalytje] *nm* trawler.
**chamailler** [ʃamaje] **: se chamailler** *vp* to squabble.
**chambre** [ʃɑ̃br] *nf*: ~ **(à coucher)** bedroom; ~ **à air** inner tube; ~ **d'amis** spare room; **Chambre des députés** = House of Commons *(Br)*, = House of Representatives *(Am)*; ~ **double** double room; ~ **simple** single room.
**chameau, -x** [ʃamo] *nm* camel.
**chamois** [ʃamwa] *nm* → **peau**.
**champ** [ʃɑ̃] *nm* field; ~ **de bataille** battlefield; ~ **de courses** racecourse.
**champagne** [ʃɑ̃paɲ] *nm* champagne.

---

### *i* CHAMPAGNE

The famous sparkling wine can properly speaking only be called champagne if it is made from grapes grown in the Champagne region in northeast France. It can be combined with blackcurrant liqueur to make the cocktail "kir royal".

---

**champignon** [ʃɑ̃piɲɔ̃] *nm* mushroom; **~s à la grecque** *mushrooms served cold in a sauce of olive oil, lemon and herbs*; ~ **de Paris** button mushroom.
**champion, -ionne** [ʃɑ̃pjɔ̃, jɔn] *nm, f* champion.
**championnat** [ʃɑ̃pjɔna] *nm* championship.
**chance** [ʃɑ̃s] *nf (sort favorable)* luck; *(probabilité)* chance; **avoir de la** ~ to be lucky; **avoir des ~s de faire qqch** to have a chance of doing sthg; **bonne ~!** good luck!
**chanceler** [ʃɑ̃sle] *vi* to wobble.
**chandail** [ʃɑ̃daj] *nm* sweater.
**Chandeleur** [ʃɑ̃dlœr] *nf*: **la** ~ Candlemas.

## CHANDELEUR

The French celebrate Candlemas, 2 February, by making pancakes which they toss in a frying pan held in one hand whilst holding a coin in the other hand. Tradition has it that you will have good luck in the coming year if you successfully catch the pancake.

**chandelier** [ʃɑ̃dəlje] *nm* candlestick; *(à plusieurs branches)* candelabra.

**chandelle** [ʃɑ̃dɛl] *nf* candle.

**change** [ʃɑ̃ʒ] *nm (taux)* exchange rate.

**changement** [ʃɑ̃ʒmɑ̃] *nm* change; **~ de vitesse** gear lever *(Br)*, gear shift *(Am)*.

**changer** [ʃɑ̃ʒe] *vt & vi* to change; **~ des francs en dollars** to change francs into dollars; **~ de train/vitesse** to change trains/gear ❑ **se changer** *vp (s'habiller)* to get changed; **se ~ en** to change into.

**chanson** [ʃɑ̃sɔ̃] *nf* song.

**chant** [ʃɑ̃] *nm* song; *(art)* singing.

**chantage** [ʃɑ̃taʒ] *nm* blackmail.

**chanter** [ʃɑ̃te] *vt & vi* to sing.

**chanteur, -euse** [ʃɑ̃tœr, øz] *nm, f* singer.

**chantier** [ʃɑ̃tje] *nm* (building) site.

**chantilly** [ʃɑ̃tiji] *nf*: **(crème) ~** whipped cream.

**chantonner** [ʃɑ̃tɔne] *vi* to hum.

**chapeau, -x** [ʃapo] *nm* hat; **~ de paille** straw hat.

**chapelet** [ʃaplɛ] *nm* rosary beads; *(succession)* string.

**chapelle** [ʃapɛl] *nf* chapel.

**chapelure** [ʃaplyr] *nf* (dried) breadcrumbs *(pl)*.

**chapiteau, -x** [ʃapito] *nm (de cirque)* big top.

**chapitre** [ʃapitr] *nm* chapter.

**chapon** [ʃapɔ̃] *nm* capon.

**chaque** [ʃak] *adj (un)* each; *(tout)* every.

**char** [ʃar] *nm (de carnaval)* float; *(Can: voiture)* car; **~ (d'assaut)** tank; **~ à voile** sand yacht.

**charabia** [ʃarabja] *nm (fam)* gibberish.

**charade** [ʃarad] *nf* charade.

**charbon** [ʃarbɔ̃] *nm* coal.

**charcuterie** [ʃarkytri] *nf (aliments)* cooked meats *(pl)*; *(magasin)* delicatessen.

**chardon** [ʃardɔ̃] *nm* thistle.

**charge** [ʃarʒ] *nf (cargaison)* load; *(fig: gêne)* burden; *(responsabilité)* responsibility; **prendre qqch en ~** to take responsibility for sthg ❑ **charges** *nfpl (d'un appartement)* service charge *(sg)*.

**chargement** [ʃarʒəmɑ̃] *nm* load.

**charger** [ʃarʒe] *vt* to load; **~ qqn de faire qqch** to put sb in charge of doing sthg ❑ **se charger de** *vp + prép* to take care of.

**chariot** [ʃarjo] *nm (charrette)* wagon; *(au supermarché)* trolley *(Br)*, cart *(Am)*; *(de machine à écrire)* carriage.

**charité** [ʃarite] *nf* charity; **demander la ~** to beg.

**charlotte** [ʃarlɔt] *nf (cuite)* charlotte; *(froide) cold dessert of chocolate or fruit mousse encased in sponge fingers.*

**charmant, -e** [ʃarmɑ̃, ɑ̃t] *adj* charming.

**charme** [ʃarm] *nm* charm.

**charmer** [ʃarme] *vt* to charm.

**charnière** [ʃarnjɛr] *nf* hinge.

**charpente** [ʃarpɑ̃t] *nf* framework.

**charpentier** [ʃarpɑ̃tje] *nm* carpenter.

**charrette** [ʃarɛt] *nf* cart.

**charrue** [ʃary] *nf* plough.

**charter** [ʃartɛr] *nm*: **(vol)** ~ charter flight.

**chas** [ʃa] *nm* eye *(of a needle)*.

**chasse** [ʃas] *nf* hunting; **aller à la** ~ to go hunting; **tirer la** ~ **(d'eau)** to flush the toilet.

**chasselas** [ʃasla] *nm variety of Swiss white wine.*

**chasse-neige** [ʃasnɛʒ] *nm inv* snowplough.

**chasser** [ʃase] *vt (animal)* to hunt; *(personne)* to drive away ◆ *vi* to hunt; ~ **qqn de** to throw sb out of.

**chasseur** [ʃasœr] *nm* hunter.

**châssis** [ʃasi] *nm (de voiture)* chassis; *(de fenêtre)* frame.

**chat, chatte** [ʃa, ʃat] *nm, f* cat; **avoir un** ~ **dans la gorge** to have a frog in one's throat.

**châtaigne** [ʃatɛɲ] *nf* chestnut.

**châtaignier** [ʃateɲe] *nm* chestnut (tree).

**châtain** [ʃatɛ̃] *adj* brown; **être** ~ to have brown hair.

**château, -x** [ʃato] *nm* castle; ~ **d'eau** water tower; ~ **fort** (fortified) castle.

## CHÂTEAUX DE LA LOIRE

The Renaissance "châteaux" found in the Loire valley in the west of France are royal or stately residences built in the 15th and 16th centuries. The best-known "châteaux" include the one at Chambord, which was built for François I; Chenonceaux, where the "château" stands on arches over the river Cher; and Azay-le-Rideau, where the "château" stands on a tiny island in the river Indre.

**chaton** [ʃatɔ̃] *nm (chat)* kitten.

**chatouiller** [ʃatuje] *vt* to tickle.

**chatouilleux, -euse** [ʃatujø, øz] *adj* ticklish.

**chatte** → **chat**.

**chaud, -e** [ʃo, ʃod] *adj* hot; *(vêtement)* warm ◆ *nm*: **rester au** ~ to stay in the warm; **il fait** ~ it's hot; **avoir** ~ to be hot; **cette veste me tient** ~ this is a warm jacket.

**chaudière** [ʃodjɛr] *nf* boiler.

**chaudronnée** [ʃodrɔne] *nf (Can) various types of seafish cooked with onion in stock.*

**chauffage** [ʃofaʒ] *nm* heating; ~ **central** central heating.

**chauffante** [ʃofɑ̃t] *adj f* → **plaque**.

**chauffard** [ʃofar] *nm* reckless driver.

**chauffe-eau** [ʃofo] *nm inv* water heater.

**chauffer** [ʃofe] *vt* to heat (up) ◆ *vi (eau, aliment)* to heat up; *(radiateur)* to give out heat; *(soleil)* to be hot; *(surchauffer)* to overheat.

**chauffeur** [ʃofœr] *nm* driver; **~ de taxi** taxi driver.

**chaumière** [ʃomjɛr] *nf* thatched cottage.

**chaussée** [ʃose] *nf* road; **«~ déformée»** "uneven road surface".

**chausse-pied, -s** [ʃospje] *nm* shoehorn.

**chausser** [ʃose] *vi*: **~ du 38** to take a size 38 (shoe) ❑ **se chausser** *vp* to put one's shoes on.

**chaussette** [ʃosɛt] *nf* sock.

**chausson** [ʃosɔ̃] *nm* slipper; **~ aux pommes** apple turnover; **~s de danse** ballet shoes.

**chaussure** [ʃosyr] *nf* shoe; **~s de marche** walking boots.

**chauve** [ʃov] *adj* bald.

**chauve-souris** [ʃovsuri] (*pl* **chauves-souris**) *nf* bat.

**chauvin, -e** [ʃovɛ̃, in] *adj* chauvinistic.

**chavirer** [ʃavire] *vi* to capsize.

**chef** [ʃɛf] *nm* head; *(cuisinier)* chef; **~ d'entreprise** company manager; **~ d'État** head of state; **~ de gare** station master; **~ d'orchestre** conductor.

**chef-d'œuvre** [ʃɛdœvr] (*pl* **chefs-d'œuvre**) *nm* masterpiece.

**chef-lieu** [ʃɛfljø] (*pl* **chefs-lieux**) *nm administrative centre of a region or district.*

**chemin** [ʃəmɛ̃] *nm* path; *(parcours)* way; **en ~** on the way.

**chemin de fer** [ʃəmɛ̃dəfɛr] (*pl* **chemins de fer**) *nm* railway *(Br)*, railroad *(Am)*.

**cheminée** [ʃəmine] *nf* chimney; *(dans un salon)* mantelpiece.

**chemise** [ʃəmiz] *nf* shirt; *(en carton)* folder; **~ de nuit** nightdress.

**chemisier** [ʃəmizje] *nm* blouse.

**chêne** [ʃɛn] *nm (arbre)* oak (tree); *(bois)* oak.

**chenil** [ʃənil] *nm* kennels *(sg)*; *(Helv: objets sans valeur)* junk.

**chenille** [ʃənij] *nf* caterpillar.

**chèque** [ʃɛk] *nm* cheque *(Br)*, check *(Am)*; **~ barré** crossed cheque; **~ en blanc** blank cheque; **il a fait un ~ sans provision** his cheque bounced; **~ de voyage** traveller's cheque.

**Chèque-Restaurant®** [ʃɛkrɛstɔrɑ̃] (*pl* **Chèques-Restaurant**) *nm* = luncheon voucher.

**chéquier** [ʃekje] *nm* chequebook *(Br)*, checkbook *(Am)*.

**cher, chère** [ʃɛr] *adj* expensive ◆ *adv*: **coûter ~** to be expensive; **~ Monsieur/Laurent** Dear Sir/Laurent.

**chercher** [ʃɛrʃe] *vt* to look for; **aller ~** to fetch ❑ **chercher à** *v + prép*: **~ à faire qqch** to try to do sthg.

**chercheur, -euse** [ʃɛrʃœr, øz] *nm, f* researcher.

**chéri, -e** [ʃeri] *adj* darling ◆ *nm, f*: **mon ~** my darling.

**cheval, -aux** [ʃəval, o] *nm* horse; **monter à ~** to ride (a horse); **faire du ~** to go riding; **être à ~ sur** *(chaise, branche)* to be sitting astride; *(lieux, périodes)* to straddle.

**chevalier** [ʃəvalje] *nm* knight.

**chevelure** [ʃəvlyr] *nf* hair.

**chevet** [ʃəvɛ] *nm* → **lampe, table**.

**cheveu, -x** [ʃəvø] *nm* hair ❑ **cheveux** *nmpl* hair *(sg)*.

**cheville** [ʃəvij] *nf (ANAT)* ankle; *(en plastique)* Rawlplug®.

**chèvre** [ʃɛvr] *nf* goat.
**chevreuil** [ʃəvrœj] *nm (animal)* roe deer; *(CULIN)* venison.
**chewing-gum, -s** [ʃwiŋgɔm] *nm* chewing gum.
**chez** [ʃe] *prép (sur une adresse)* c/o; **allons ~ les Marceau** let's go to the Marceaus' (place); **je reste ~ moi** I'm staying (at) home; **je rentre ~ moi** I'm going home; **~ le dentiste** at/to the dentist's; **ce que j'aime ~ lui, c'est ...** what I like about him is ...
**chic** [ʃik] *adj* smart.
**chiche** [ʃiʃ] *adj m* → **pois**.
**chicon** [ʃikɔ̃] *nm (Belg)* chicory.
**chicorée** [ʃikɔre] *nf* chicory.
**chien, chienne** [ʃjɛ̃, ʃjɛn] *nm, f* dog (*f* bitch).
**chiffon** [ʃifɔ̃] *nm* cloth; **~ (à poussière)** duster.
**chiffonner** [ʃifɔne] *vt* to crumple.
**chiffre** [ʃifr] *nm (MATH)* figure; *(montant)* sum.
**chignon** [ʃiɲɔ̃] *nm* bun *(in hair)*.
**chimie** [ʃimi] *nf* chemistry.
**chimique** [ʃimik] *adj* chemical.
**Chine** [ʃin] *nf*: **la ~** China.
**chinois, -e** [ʃinwa, waz] *adj* Chinese ◆ *nm (langue)* Chinese ❑ **Chinois, -e** *nm, f* Chinese person.
**chiot** [ʃjo] *nm* puppy.
**chipolata** [ʃipɔlata] *nf* chipolata.
**chips** [ʃips] *nfpl* crisps *(Br)*, chips *(Am)*.
**chirurgie** [ʃiryrʒi] *nf* surgery; **~ esthétique** cosmetic surgery.
**chirurgien, -ienne** [ʃiryrʒjɛ̃, jɛn] *nm, f* surgeon.
**chlore** [klɔr] *nm* chlorine.
**choc** [ʃɔk] *nm (physique)* impact; *(émotion)* shock.
**chocolat** [ʃɔkɔla] *nm* chocolate; **~ blanc** white chocolate; **~ au lait** milk chocolate; **~ liégeois** *chocolate ice cream topped with whipped cream*; **~ noir** plain chocolate.
**chocolatier** [ʃɔkɔlatje] *nm* confectioner's *(selling chocolates)*.
**choesels** [tʃuzœl] *nmpl (Belg) meat, liver and heart stew, cooked with beer.*
**chœur** [kœr] *nm (chorale)* choir; **en ~** all together.
**choisir** [ʃwazir] *vt* to choose.
**choix** [ʃwa] *nm* choice; **avoir le ~** to be able to choose; **«fromage ou dessert au ~»** "a choice of cheese or dessert"; **de premier ~** top-quality; **articles de second ~** seconds.
**cholestérol** [kɔlɛsterɔl] *nm* cholesterol.
**chômage** [ʃomaʒ] *nm* unemployment; **être au ~** to be unemployed.
**chômeur, -euse** [ʃomœr, øz] *nm, f* unemployed person.
**choquant, -e** [ʃɔkɑ̃, ɑ̃t] *adj* shocking.
**choquer** [ʃɔke] *vt* to shock.
**chorale** [kɔral] *nf* choir.
**chose** [ʃoz] *nf* thing.
**chou, -x** [ʃu] *nm* cabbage; **~ de Bruxelles** Brussels sprout; **~ à la crème** cream puff; **~ rouge** red cabbage.
**chouchou, -oute** [ʃuʃu, ut] *nm, f (fam)* favourite ◆ *nm* scrunchy.
**choucroute** [ʃukrut] *nf*: **~ (garnie)** sauerkraut *(with pork and sausage)*.

**chouette** [ʃwɛt] *nf* owl ♦ *adj (fam)* great.

**chou-fleur** [ʃuflœr] (*pl* **choux-fleurs**) *nm* cauliflower.

**chrétien, -ienne** [kretjẽ, jɛn] *adj & nm, f* Christian.

**chromé, -e** [krome] *adj* chrome-plated.

**chromes** [krom] *nmpl (d'une voiture)* chrome *(sg)*.

**chronique** [krɔnik] *adj* chronic ♦ *nf (de journal)* column.

**chronologique** [krɔnɔlɔʒik] *adj* chronological.

**chronomètre** [krɔnɔmɛtr] *nm* stopwatch.

**chronométrer** [krɔnɔmetre] *vt* to time.

**CHU** *nm teaching hospital.*

**chuchotement** [ʃyʃɔtmɑ̃] *nm* whisper.

**chuchoter** [ʃyʃɔte] *vt & vi* to whisper.

**chut** [ʃyt] *excl* sh!

**chute** [ʃyt] *nf (fait de tomber)* fall; ~ **d'eau** waterfall; ~ **de neige** snowfall.

**ci** [si] *adv*: **ce livre-~** this book; **ces jours-~** these days.

**cible** [sibl] *nf* target.

**ciboulette** [sibulɛt] *nf* chives *(pl)*.

**cicatrice** [sikatris] *nf* scar.

**cicatriser** [sikatrize] *vi* to heal.

**cidre** [sidr] *nm* cider *(Br)*, hard cider *(Am)*.

**Cie** *(abr de compagnie)* Co.

**ciel** [sjɛl] *nm* sky; *(paradis: pl* **cieux***)* heaven.

**cierge** [sjɛrʒ] *nm* candle *(in church)*.

**cieux** [sjø] → **ciel**.

**cigale** [sigal] *nf* cicada.

**cigare** [sigar] *nm* cigar.

**cigarette** [sigarɛt] *nf* cigarette; ~ **filtre** filter-tipped cigarette; ~ **russe** *cylindrical wafer*.

**cigogne** [sigɔɲ] *nf* stork.

**ci-joint, -e** [siʒwẽ, ẽt] *adj & adv* enclosed.

**cil** [sil] *nm* eyelash.

**cime** [sim] *nf* top.

**ciment** [simɑ̃] *nm* cement.

**cimetière** [simtjɛr] *nm* cemetery.

**cinéaste** [sineast] *nmf* filmmaker.

**ciné-club, -s** [sineklœb] *nm* film club.

**cinéma** [sinema] *nm* cinema.

**cinémathèque** [sinematɛk] *nf* art cinema *(showing old films)*.

**cinéphile** [sinefil] *nmf* film lover.

**cinq** [sẽk] *num* five, → **six**.

**cinquantaine** [sẽkɑ̃tɛn] *nf*: **une ~ (de)** about fifty; **avoir la ~** to be middle-aged.

**cinquante** [sẽkɑ̃t] *num* fifty, → **six**.

**cinquantième** [sẽkɑ̃tjɛm] *num* fiftieth, → **sixième**.

**cinquième** [sẽkjɛm] *num* fifth ♦ *nf (SCOL)* second year *(Br)*, seventh grade *(Am)*; *(vitesse)* fifth (gear), → **sixième**.

**cintre** [sẽtr] *nm* coat hanger.

**cintré, -e** [sẽtre] *adj (vêtement)* waisted.

**cipâte** [sipat] *nm (Can) savoury tart consisting of many alternating layers of diced potato and meat (usually beef and pork).*

**cirage** [siraʒ] *nm* shoe polish.

**circonflexe** [sirkɔ̃flɛks] *adj* → accent.

**circonstances** [sirkɔ̃stɑ̃s] *nfpl* circumstances.

**circuit** [sirkɥi] *nm* circuit; *(trajet)* tour; ~ **touristique** organized tour.

**circulaire** [sirkylɛr] *adj & nf* circular.

**circulation** [sirkylasjɔ̃] *nf (routière)* traffic; *(du sang)* circulation.

**circuler** [sirkyle] *vi (piéton)* to move; *(voiture)* to drive; *(sang, électricité)* to circulate.

**cire** [sir] *nf (pour meubles)* (wax) polish.

**ciré** [sire] *nm* oilskin.

**cirer** [sire] *vt* to polish.

**cirque** [sirk] *nm* circus.

**ciseaux** [sizo] *nmpl*: **(une paire de)** ~ (a pair of) scissors.

**citadin, -e** [sitadɛ̃, in] *nm, f* city-dweller.

**citation** [sitasjɔ̃] *nf* quotation.

**cité** [site] *nf (ville)* city; *(groupe d'immeubles)* housing estate; ~ **universitaire** hall of residence.

**citer** [site] *vt (phrase, auteur)* to quote; *(nommer)* to mention.

**citerne** [sitɛrn] *nf* tank.

**citoyen, -enne** [sitwajɛ̃, jɛn] *nm, f* citizen.

**citron** [sitrɔ̃] *nm* lemon; ~ **vert** lime.

**citronnade** [sitrɔnad] *nf* lemon squash.

**citrouille** [sitruj] *nf* pumpkin.

**civet** [sivɛ] *nm rabbit or hare stew made with red wine, shallots and onion.*

**civière** [sivjɛr] *nf* stretcher.

**civil, -e** [sivil] *adj (non militaire)* civilian; *(non religieux)* civil ◆ *nm (personne)* civilian; **en** ~ in plain clothes.

**civilisation** [sivilizasjɔ̃] *nf* civilization.

**cl** *(abr de centilitre)* cl.

**clafoutis** [klafuti] *nm flan made with cherries or other fruit.*

**clair, -e** [klɛr] *adj (lumineux)* bright; *(couleur)* light; *(teint)* fair; *(pur)* clear; *(compréhensible)* clear ◆ *adv* clearly ◆ *nm*: ~ **de lune** moonlight; **il fait encore** ~ it's still light.

**clairement** [klɛrmɑ̃] *adv* clearly.

**clairière** [klɛrjɛr] *nf* clearing.

**clairon** [klɛrɔ̃] *nm* bugle.

**clairsemé, -e** [klɛrsəme] *adj* sparse.

**clandestin, -e** [klɑ̃dɛstɛ̃, in] *adj* clandestine.

**claque** [klak] *nf* slap.

**claquement** [klakmɑ̃] *nm* banging.

**claquer** [klake] *vt (porte)* to slam ◆ *vi (volet, porte)* to bang; **je claque des dents** my teeth are chattering; ~ **des doigts** to click one's fingers ❑ **se claquer** *vp*: **se** ~ **un muscle** to pull a muscle.

**claquettes** [klakɛt] *nfpl (chaussures)* flip-flops; *(danse)* tap dancing *(sg)*.

**clarifier** [klarifje] *vt* to clarify.

**clarinette** [klarinɛt] *nf* clarinet.

**clarté** [klarte] *nf* light; *(d'un raisonnement)* clarity.

**classe** [klas] *nf* class; *(salle)* classroom; **aller en** ~ to go to school; **première** ~ first class; ~ **affaires** business class; ~ **de mer** seaside trip *(with school)*; ~ **de neige** skiing trip *(with school)*; ~ **touriste** economy class; ~ **verte** field trip *(with school)*.

## CLASSE VERTE/DE MER/DE NEIGE

In France schools organize trips for one or two weeks to the countryside, to the seaside, or to go skiing. As well as offering sporting activities, they are intended to encourage children to explore their environment and mix with the local people.

**classement** [klasmɑ̃] *nm (rangement)* classification.

**classer** [klase] *vt (dossiers)* to file; *(grouper)* to classify ❑ **se classer** *vp*: **se ~ premier** *(élève, sportif)* to come first.

**classeur** [klasœr] *nm* folder.

**classique** [klasik] *adj (traditionnel)* classic; *(musique, auteur)* classical.

**clavicule** [klavikyl] *nf* collarbone.

**clavier** [klavje] *nm* keyboard.

**clé** [kle] *nf* key; *(outil)* spanner *(Br)*, wrench *(Am)*; **fermer qqch à ~** to lock sthg; **~ anglaise** monkey wrench; **~ à molette** adjustable spanner.

**clef** [kle] = **clé**.

**clémentine** [klemɑ̃tin] *nf* clementine.

**cliché** [kliʃe] *nm (photo)* photo; *(idée banale)* cliché.

**client, -e** [klijɑ̃, ɑ̃t] *nm, f (d'une boutique)* customer; *(d'un médecin)* patient.

**clientèle** [klijɑ̃tɛl] *nf (d'une boutique)* customers *(pl)*; *(de médecin)* patients *(pl)*.

**cligner** [kliɲe] *vi*: **~ des yeux** to blink.

**clignotant** [kliɲɔtɑ̃] *nm* indicator *(Br)*, turn signal *(Am)*.

**clignoter** [kliɲɔte] *vi* to blink.

**climat** [klima] *nm* climate.

**climatisation** [klimatizasjɔ̃] *nf* air-conditioning.

**climatisé, -e** [klimatize] *adj* air-conditioned.

**clin d'œil** [klɛ̃dœj] *nm*: **faire un ~ à qqn** to wink at sb; **en un ~** in a flash.

**clinique** [klinik] *nf* (private) clinic.

**clip** [klip] *nm (boucle d'oreille)* clip-on earring; *(film)* video.

**clochard, -e** [klɔʃar, ard] *nm, f* tramp *(Br)*, bum *(Am)*.

**cloche** [klɔʃ] *nf* bell; **~ à fromage** cheese dish *(with cover)*.

**cloche-pied** [klɔʃpje] **: à cloche-pied** *adv*: **sauter à ~** to hop.

**clocher** [klɔʃe] *nm* church tower.

**clochette** [klɔʃɛt] *nf* small bell.

**cloison** [klwazɔ̃] *nf* wall *(inside building)*.

**cloître** [klwatr] *nm* cloister.

**cloque** [klɔk] *nf* blister.

**clôture** [klotyr] *nf (barrière)* fence.

**clôturer** [klotyre] *vt (champ, jardin)* to enclose.

**clou** [klu] *nm* nail; **~ de girofle** clove ❑ **clous** *nmpl (passage piétons)* pedestrian crossing *(Br)*, crosswalk *(Am)*.

**clouer** [klue] *vt* to nail.

**clouté** [klute] *adj m* → **passage**.

**clown** [klun] *nm* clown.

**club** [klœb] *nm* club.
**cm** *(abr de centimètre)* cm.
**CM** *nm (abr de cours moyen)*: **~1** *fourth year of primary school*; **~2** *fifth year of primary school*.
**coaguler** [kɔagyle] *vi* to clot.
**cobaye** [kɔbaj] *nm* guinea pig.
**Coca(-Cola)®** [kɔka(kɔla)] *nm inv* Coke®, Coca-Cola®.
**coccinelle** [kɔksinɛl] *nf* ladybird *(Br)*, ladybug *(Am)*.
**cocher** [kɔʃe] *vt* to tick (off) *(Br)*, to check (off) *(Am)*.
**cochon, -onne** [kɔʃɔ̃, ɔn] *nm, f (fam: personne sale)* pig ♦ *nm* pig; **~ d'Inde** guinea pig.
**cocktail** [kɔktɛl] *nm (boisson)* cocktail; *(réception)* cocktail party.
**coco** [kɔko] *nm* → **noix**.
**cocotier** [kɔkɔtje] *nm* coconut tree.
**cocotte** [kɔkɔt] *nf (casserole)* casserole dish; **~ en papier** paper bird.
**Cocotte-Minute®** [kɔkɔtminyt] *(pl* **Cocottes-Minute***)* *nf* pressure cooker.
**code** [kɔd] *nm* code; **~ confidentiel** PIN number; **~ postal** postcode *(Br)*, zip code *(Am)*; **~ de la route** highway code ❑ **codes** *nmpl (AUT)* dipped headlights.
**codé, -e** [kɔde] *adj* coded.
**code-barres** [kɔdbar] *(pl* **codes-barres***)* *nm* bar code.
**cœur** [kœr] *nm* heart; **avoir bon ~** to be kind-hearted; **de bon ~** willingly; **par ~** by heart; **~ d'artichaut** artichoke heart; **~ de palmier** palm heart.
**coffre** [kɔfr] *nm (de voiture)* boot; *(malle)* chest.
**coffre-fort** [kɔfrəfɔr] *(pl* **coffres-forts***)* *nm* safe.
**coffret** [kɔfrɛ] *nm* casket; *(COMM: de parfums, de savons)* boxed set.
**cognac** [kɔɲak] *nm* cognac.
**cogner** [kɔɲe] *vi (frapper)* to hit; *(faire du bruit)* to bang ❑ **se cogner** *vp* to knock o.s.; **se ~ la tête** to bang one's head.
**cohabiter** [kɔabite] *vi* to live together; *(idées)* to coexist.
**cohérent, -e** [kɔerɑ̃, ɑ̃t] *adj* coherent.
**cohue** [kɔy] *nf* crowd.
**coiffer** [kwafe] *vt*: **~ qqn** to do sb's hair; **coiffé d'un chapeau** wearing a hat ❑ **se coiffer** *vp* to do one's hair.
**coiffeur, -euse** [kwafœr, øz] *nm, f* hairdresser.
**coiffure** [kwafyr] *nf* hairstyle.
**coin** [kwɛ̃] *nm* corner; *(fig: endroit)* spot; **au ~ de** on the corner of; **dans le ~** *(dans les environs)* in the area.
**coincer** [kwɛ̃se] *vt (mécanisme, porte)* to jam ❑ **se coincer** *vp* to jam; **se ~ le doigt** to catch one's finger.
**coïncidence** [kɔɛ̃sidɑ̃s] *nf* coincidence.
**coïncider** [kɔɛ̃side] *vi* to coincide.
**col** [kɔl] *nm (de vêtement)* collar; *(en montagne)* pass; **~ roulé** polo neck; **~ en pointe** OU **en V** V-neck.
**colère** [kɔlɛr] *nf* anger; **être en ~ (contre qqn)** to be angry (with sb); **se mettre en ~** to get angry.
**colin** [kɔlɛ̃] *nm* hake.
**colique** [kɔlik] *nf* diarrhoea.

**colis** [kɔli] *nm* : ~ **(postal)** parcel.
**collaborer** [kɔlabɔre] *vi* to collaborate; ~ **à qqch** to take part in sthg.
**collant, -e** [kɔlɑ̃, ɑ̃t] *adj (adhésif)* sticky; *(étroit)* skin-tight ◆ *nm* tights *(pl) (Br)*, panty hose *(Am)*.
**colle** [kɔl] *nf* glue; *(devinette)* tricky question; *(SCOL: retenue)* detention.
**collecte** [kɔlɛkt] *nf* collection.
**collectif, -ive** [kɔlɛktif, iv] *adj* collective.
**collection** [kɔlɛksjɔ̃] *nf* collection; **faire la ~ de** to collect.
**collectionner** [kɔlɛksjɔne] *vt* to collect.
**collège** [kɔlɛʒ] *nm* school.
**collégien, -ienne** [kɔleʒjɛ̃, jɛn] *nm, f* schoolboy (*f* schoolgirl).
**collègue** [kɔlɛg] *nmf* colleague.
**coller** [kɔle] *vt* to stick; *(fam: donner)* to give; *(SCOL: punir)* to keep in.
**collier** [kɔlje] *nm* necklace; *(de chien)* collar.
**colline** [kɔlin] *nf* hill.
**collision** [kɔlizjɔ̃] *nf* crash.
**Cologne** [kɔlɔɲ] *n* → **eau**.
**colombe** [kɔlɔ̃b] *nf* dove.
**colonie** [kɔlɔni] *nf (territoire)* colony; ~ **de vacances** holiday camp.
**colonne** [kɔlɔn] *nf* column; ~ **vertébrale** spine.
**colorant** [kɔlɔrɑ̃] *nm (alimentaire)* (food) colouring; **«sans ~s»** "no artificial colourings".
**colorier** [kɔlɔrje] *vt* to colour in.
**coloris** [kɔlɔri] *nm* shade.
**coma** [kɔma] *nm* coma; **être dans le ~** to be in a coma.
**combat** [kɔ̃ba] *nm* fight.
**combattant** [kɔ̃batɑ̃] *nm* fighter; **ancien ~** veteran.
**combattre** [kɔ̃batr] *vt* to fight (against) ◆ *vi* to fight.
**combien** [kɔ̃bjɛ̃] *adv (quantité)* how much; *(nombre)* how many; ~ **d'argent te reste-t-il?** how much money have you got left?; ~ **de bagages désirez-vous enregistrer?** how many bags would you like to check in?; ~ **de temps?** how long?; ~ **ça coûte?** how much is it?
**combinaison** [kɔ̃binɛzɔ̃] *nf (code)* combination; *(sous-vêtement)* slip; *(de skieur)* suit; *(de motard)* leathers *(pl)*; ~ **de plongée** wet suit.
**combiné** [kɔ̃bine] *nm*: ~ **(téléphonique)** receiver.
**combiner** [kɔ̃bine] *vt* to combine; *(fam: préparer)* to plan.
**comble** [kɔ̃bl] *nm*: **c'est un ~!** that's the limit!; **le ~ de** the height of.
**combler** [kɔ̃ble] *vt (boucher)* to fill in; *(satisfaire)* to fulfil.
**combustible** [kɔ̃bystibl] *nm* fuel.
**comédie** [kɔmedi] *nf* comedy; *(fam: caprice)* act; **jouer la ~** *(faire semblant)* to put on an act; ~ **musicale** musical.
**comédien, -ienne** [kɔmedjɛ̃, jɛn] *nm, f (acteur)* actor (*f* actress).
**comestible** [kɔmɛstibl] *adj* edible.
**comique** [kɔmik] *adj (genre, acteur)* comic; *(drôle)* comical.
**comité** [kɔmite] *nm* committee; ~ **d'entreprise** works council.
**commandant** [kɔmɑ̃dɑ̃] *nm (MIL: gradé)* = major; *(d'un bateau,*

*d'un avion)* captain.

**commande** [kɔmɑ̃d] *nf (COMM)* order; *(TECH)* control mechanism; *(INFORM)* command; **les ~s** *(d'un avion)* the controls.

**commander** [kɔmɑ̃de] *vt (diriger)* to command; *(dans un bar, par correspondance)* to order; *(TECH)* to control; **~ à qqn de faire qqch** to order sb to do sthg.

**comme** [kɔm] *conj* **1.** *(introduit une comparaison)* like; **elle est blonde, ~ sa mère** she's blonde, like her mother; **~ si rien ne s'était passé** as if nothing had happened.
**2.** *(de la manière que)* as; **~ vous voudrez** as you like; **~ il faut** *adv (correctement)* properly ◆ *adj (convenable)* respectable.
**3.** *(par exemple)* like, such as; **les villes fortifiées ~ Carcassonne** fortified towns like Carcassonne.
**4.** *(en tant que)* as; **qu'est-ce que vous avez ~ desserts?** what do you have in the way of dessert?
**5.** *(étant donné que)* as, since; **~ vous n'arriviez pas, nous sommes passés à table** as you didn't arrive, we sat down to eat.
**6.** *(dans des expressions)*: **~ ça** *(de cette façon)* like that; *(par conséquent)* that way; **fais ~ ça** do it this way; **~ ci ~ ça** *(fam)* so-so; **~ tout** *(fam: très)* really.
◆ *adv (marque l'intensité)*: **~ c'est grand!** it's so big!; **vous savez ~ il est difficile de se loger ici** you know how hard it is to find accommodation here.

**commencement** [kɔmɑ̃smɑ̃] *nm* beginning.

**commencer** [kɔmɑ̃se] *vt* to start ◆ *vi* to start, to begin; **~ à faire qqch** to start OU begin to do sthg; **~ par qqch** to start with sthg; **~ par faire qqch** to start by doing sthg.

**comment** [kɔmɑ̃] *adv* how; **~ tu t'appelles?** what's your name?; **~ allez-vous?** how are you?; **~?** *(pour faire répéter)* sorry?

**commentaire** [kɔmɑ̃tɛr] *nm (d'un documentaire, d'un match)* commentary; *(remarque)* comment; **~ de texte** commentary on a text.

**commerçant, -e** [kɔmɛrsɑ̃, ɑ̃t] *adj (quartier, rue)* shopping ◆ *nm, f* shopkeeper.

**commerce** [kɔmɛrs] *nm (activité)* trade; *(boutique)* business; **dans le ~** in the shops.

**commercial, -e, -iaux** [kɔmɛrsjal, jo] *adj* commercial.

**commettre** [kɔmɛtr] *vt* to commit.

**commis, -e** [kɔmi, iz] *pp* → **commettre**.

**commissaire** [kɔmisɛr] *nm*: **~ (de police)** (police) superintendent *(Br)*, (police) captain *(Am)*.

**commissariat** [kɔmisarja] *nm*: **~ (de police)** police station.

**commission** [kɔmisjɔ̃] *nf* commission; *(message)* message ❑ **commissions** *nfpl (courses)* shopping *(sg)*; **faire les ~s** to do the shopping.

**commode** [kɔmɔd] *adj (facile)* convenient; *(pratique)* handy ◆ *nf* chest of drawers.

**commun, -e** [kɔmœ̃, yn] *adj* common; *(salle de bains, cuisine)* shared; **mettre qqch en ~** to share sthg.

**communauté** [kɔmynote] *nf* community; **la Communauté économique européenne** the European

Economic Community.

**commune** [kɔmyn] *nf* town.

**communication** [kɔmynikasjɔ̃] *nf (message)* message; *(contact)* communication; ~ **(téléphonique)** (phone) call.

**communion** [kɔmynjɔ̃] *nf* Communion.

**communiqué** [kɔmynike] *nm* communiqué.

**communiquer** [kɔmynike] *vt* to communicate ◆ *vi (dialoguer)* to communicate; *(pièces)* to interconnect; ~ **avec** to communicate with.

**communisme** [kɔmynism] *nm* communism.

**communiste** [kɔmynist] *adj & nmf* communist.

**compact, -e** [kɔ̃pakt] *adj (dense)* dense; *(petit)* compact ◆ *nm*: **(disque)** ~ compact disc, CD.

**Compact Disc®, -s** [kɔ̃paktdisk] *nm* compact disc, CD.

**compagne** [kɔ̃paɲ] *nf (camarade)* companion; *(dans un couple)* partner.

**compagnie** [kɔ̃paɲi] *nf* company; **en ~ de** in the company of; **tenir ~ à qqn** to keep sb company; ~ **aérienne** airline.

**compagnon** [kɔ̃paɲɔ̃] *nm (camarade)* companion; *(dans un couple)* partner.

**comparable** [kɔ̃parabl] *adj* comparable; ~ **à** comparable with.

**comparaison** [kɔ̃parɛzɔ̃] *nf* comparison.

**comparer** [kɔ̃pare] *vt* to compare; ~ **qqch à** OU **avec** to compare sthg to OU with.

**compartiment** [kɔ̃partimɑ̃] *nm* compartment; ~ **fumeurs** smoking compartment; ~ **non-fumeurs** no smoking compartment.

**compas** [kɔ̃pa] *nm (MATH)* pair of compasses; *(boussole)* compass.

**compatible** [kɔ̃patibl] *adj* compatible.

**compatriote** [kɔ̃patrijɔt] *nmf* compatriot.

**compensation** [kɔ̃pɑ̃sasjɔ̃] *nf* compensation.

**compenser** [kɔ̃pɑ̃se] *vt* to compensate for.

**compétence** [kɔ̃petɑ̃s] *nf* skill.

**compétent, -e** [kɔ̃petɑ̃, ɑ̃t] *adj* competent.

**compétitif, -ive** [kɔ̃petitif, iv] *adj* competitive.

**compétition** [kɔ̃petisjɔ̃] *nf* competition.

**complément** [kɔ̃plemɑ̃] *nm (supplément)* supplement; *(différence)* rest; *(GRAMM)* complement; ~ **d'objet** object.

**complémentaire** [kɔ̃plemɑ̃tɛr] *adj (supplémentaire)* additional.

**complet, -ète** [kɔ̃plɛ, ɛt] *adj (entier)* complete; *(plein)* full; *(pain, farine)* wholemeal; **riz ~** brown rice; **«complet»** *(hôtel)* "no vacancies"; *(parking)* "full".

**complètement** [kɔ̃plɛtmɑ̃] *adv* completely.

**compléter** [kɔ̃plete] *vt* to complete ❑ **se compléter** *vp* to complement one another.

**complexe** [kɔ̃plɛks] *adj & nm* complex.

**complice** [kɔ̃plis] *adj* knowing ◆ *nmf* accomplice.

**compliment** [kɔ̃plimɑ̃] *nm* com-

pliment; **faire un ~ à qqn** to pay sb a compliment.
**compliqué, -e** [kɔ̃plike] *adj* complicated.
**compliquer** [kɔ̃plike] *vt* to complicate ❑ **se compliquer** *vp* to get complicated.
**complot** [kɔ̃plo] *nm* plot.
**comportement** [kɔ̃pɔrtəmɑ̃] *nm* behaviour.
**comporter** [kɔ̃pɔrte] *vt* to consist of ❑ **se comporter** *vp* to behave.
**composer** [kɔ̃poze] *vt (faire partie de)* to make up; *(assembler)* to put together; *(MUS)* to compose; *(code, numéro)* to dial; **composé de** composed of ❑ **se composer de** *vp + prép* to be made up of.
**compositeur, -trice** [kɔ̃pozitœr, tris] *nm, f* composer.
**composition** [kɔ̃pozisjɔ̃] *nf* composition; *(SCOL)* essay.
**composter** [kɔ̃pɔste] *vt* to date-stamp; **«compostez vos billets»** "stamp your ticket here".
**compote** [kɔ̃pɔt] *nf* compote; **~ de pommes** stewed apple.
**compréhensible** [kɔ̃preɑ̃sibl] *adj* comprehensible.
**compréhensif, -ive** [kɔ̃preɑ̃sif, iv] *adj* understanding.
**comprendre** [kɔ̃prɑ̃dr] *vt* to understand; *(comporter)* to consist of ❑ **se comprendre** *vp* to understand each other; **ça se comprend** it's understandable.
**compresse** [kɔ̃prɛs] *nf* compress.
**comprimé** [kɔ̃prime] *nm* tablet.
**comprimer** [kɔ̃prime] *vt* to compress.
**compris, -e** [kɔ̃pri, iz] *pp* → **comprendre** ◆ *adj (inclus)* included; **non ~** not included; **tout ~** all inclusive; **y ~** including.
**compromettre** [kɔ̃prɔmɛtr] *vt* to compromise.
**compromis, -e** [kɔ̃prɔmi, iz] *pp* → **compromettre** ◆ *nm* compromise.
**comptabilité** [kɔ̃tabilite] *nf (science)* accountancy; *(département, calculs)* accounts *(pl)*.
**comptable** [kɔ̃tabl] *nmf* accountant.
**comptant** [kɔ̃tɑ̃] *adv*: **payer ~** to pay cash.
**compte** [kɔ̃t] *nm (bancaire)* account; *(calcul)* calculation; **faire le ~ de** to count; **se rendre ~ de** to realize; **se rendre ~ que** to realize that; **~ postal** post office account; **en fin de ~, tout ~ fait** all things considered ❑ **comptes** *nmpl* accounts; **faire ses ~s** to do one's accounts.
**compte-gouttes** [kɔ̃tgut] *nm inv* dropper.
**compter** [kɔ̃te] *vt & vi* to count; **~ faire qqch** *(avoir l'intention de)* to intend to do sthg; *(s'attendre à)* to expect to do sthg ❑ **compter sur** *v + prép* to count on.
**compte-rendu** [kɔ̃trɑ̃dy] (*pl* **comptes-rendus**) *nm* report.
**compteur** [kɔ̃tœr] *nm* meter; **~ (kilométrique)** = mileometer; **~ (de vitesse)** speedometer.
**comptoir** [kɔ̃twar] *nm (de bar)* bar; *(de magasin)* counter.
**comte, -esse** [kɔ̃t, kɔ̃tɛs] *nm, f* count (*f* countess).
**con, conne** [kɔ̃, kɔn] *adj (vulg)* bloody stupid.

**concentration** [kɔ̃sɑ̃trasjɔ̃] *nf* concentration.

**concentré, -e** [kɔ̃sɑ̃tre] *adj (jus d'orange)* concentrated ◆ *nm*: **~ de tomate** tomato puree; **être ~** to concentrate (hard).

**concentrer** [kɔ̃sɑ̃tre] *vt (efforts, attention)* to concentrate ❑ **se concentrer (sur)** *vp (+ prép)* to concentrate (on).

**conception** [kɔ̃sɛpsjɔ̃] *nf* design; *(notion)* idea.

**concerner** [kɔ̃sɛrne] *vt* to concern.

**concert** [kɔ̃sɛr] *nm* concert.

**concessionnaire** [kɔ̃sesjɔnɛr] *nm (automobile)* dealer.

**concevoir** [kɔ̃səvwar] *vt (objet)* to design; *(projet, idée)* to conceive.

**concierge** [kɔ̃sjɛrʒ] *nmf* caretaker, janitor *(Am)*.

**concis, -e** [kɔ̃si, iz] *adj* concise.

**conclure** [kɔ̃klyr] *vt* to conclude.

**conclusion** [kɔ̃klyzjɔ̃] *nf* conclusion.

**concombre** [kɔ̃kɔ̃br] *nm* cucumber.

**concorder** [kɔ̃kɔrde] *vi* to agree.

**concours** [kɔ̃kur] *nm (examen)* competitive examination; *(jeu)* competition; **~ de circonstances** combination of circumstances.

**concret, -ète** [kɔ̃krɛ, ɛt] *adj* concrete.

**concrétiser** [kɔ̃kretize] : **se concrétiser** *vp* to materialize.

**concurrence** [kɔ̃kyrɑ̃s] *nf* competition.

**concurrent, -e** [kɔ̃kyrɑ̃, ɑ̃t] *nm, f* competitor.

**condamnation** [kɔ̃danasjɔ̃] *nf* sentence.

**condamner** [kɔ̃dane] *vt (accusé)* to convict; *(porte, fenêtre)* to board up; **~ qqn à** to sentence sb to.

**condensation** [kɔ̃dɑ̃sasjɔ̃] *nf* condensation.

**condensé, -e** [kɔ̃dɑ̃se] *adj (lait)* condensed.

**condiment** [kɔ̃dimɑ̃] *nm* condiment.

**condition** [kɔ̃disjɔ̃] *nf* condition; **à ~ de faire qqch** providing (that) I/we do sthg, provided (that) I/we do sthg; **à ~ qu'il fasse beau** providing (that) it's fine, provided (that) it's fine.

**conditionné** [kɔ̃disjɔne] *adj m* → **air**.

**conditionnel** [kɔ̃disjɔnɛl] *nm* conditional.

**condoléances** [kɔ̃dɔleɑ̃s] *nfpl*: **présenter ses ~ à qqn** to offer one's condolences to sb.

**conducteur, -trice** [kɔ̃dyktœr, tris] *nm, f* driver.

**conduire** [kɔ̃dɥir] *vt (véhicule)* to drive; *(accompagner)* to take; *(guider)* to lead ◆ *vi* to drive; **~ à** *(chemin, couloir)* to lead to ❑ **se conduire** *vp* to behave.

**conduit, -e** [kɔ̃dɥi, it] *pp* → **conduire**.

**conduite** [kɔ̃dɥit] *nf (attitude)* behaviour; *(tuyau)* pipe; **~ à gauche** left-hand drive.

**cône** [kon] *nm* cone.

**confection** [kɔ̃fɛksjɔ̃] *nf (couture)* clothing industry.

**confectionner** [kɔ̃fɛksjɔne] *vt* to make.

**conférence** [kɔ̃ferɑ̃s] *nf (réunion)* conference; *(discours)* lecture.

**confesser** [kɔ̃fese] **: se confesser** *vp* to go to confession.
**confession** [kɔ̃fesjɔ̃] *nf* confession.
**confettis** [kɔ̃feti] *nmpl* confetti *(sg)*.
**confiance** [kɔ̃fjɑ̃s] *nf* confidence; **avoir ~ en** to trust; **faire ~ à** to trust.
**confiant, -e** [kɔ̃fjɑ̃, jɑ̃t] *adj* trusting.
**confidence** [kɔ̃fidɑ̃s] *nf* confidence; **faire des ~s à qqn** to confide in sb.
**confidentiel, -ielle** [kɔ̃fidɑ̃sjɛl] *adj* confidential.
**confier** [kɔ̃fje] *vt*: **~ qqch à qqn** to entrust sb with sthg ❑ **se confier (à)** *vp (+ prép)* to confide (in).
**confirmation** [kɔ̃firmasjɔ̃] *nf* confirmation.
**confirmer** [kɔ̃firme] *vt* to confirm ❑ **se confirmer** *vp* to be confirmed.
**confiserie** [kɔ̃fizri] *nf (sucreries)* sweets *pl (Br)*, candy *(Am)*; *(magasin)* sweetshop *(Br)*, candy store *(Am)*.
**confisquer** [kɔ̃fiske] *vt* to confiscate.
**confit** [kɔ̃fi] *adj m* → **fruit** ◆ *nm*: **~ de canard/d'oie** *potted duck or goose*.
**confiture** [kɔ̃fityr] *nf* jam.
**conflit** [kɔ̃fli] *nm* conflict.
**confondre** [kɔ̃fɔ̃dr] *vt (mélanger)* to confuse.
**conforme** [kɔ̃fɔrm] *adj*: **~ à** in accordance with.
**conformément** [kɔ̃fɔrmemɑ̃] **: conformément à** *prép* in accordance with.
**confort** [kɔ̃fɔr] *nm* comfort; **«tout ~»** "all mod cons".
**confortable** [kɔ̃fɔrtabl] *adj* comfortable.
**confrère** [kɔ̃frɛr] *nm* colleague.
**confronter** [kɔ̃frɔ̃te] *vt* to compare.
**confus, -e** [kɔ̃fy, yz] *adj (compliqué)* confused; *(embarrassé)* embarrassed.
**confusion** [kɔ̃fyzjɔ̃] *nf* confusion; *(honte)* embarrassment.
**congé** [kɔ̃ʒe] *nm* holiday *(Br)*, vacation *(Am)*; **être en ~** to be on holiday *(Br)*, to be on vacation *(Am)*; **~ (de) maladie** sick leave; **~s payés** paid holidays *(Br)*, paid vacation *(Am)*.
**congélateur** [kɔ̃ʒelatœr] *nm* freezer.
**congeler** [kɔ̃ʒle] *vt* to freeze.
**congestion** [kɔ̃ʒɛstjɔ̃] *nf (MÉD)* congestion; **~ cérébrale** stroke.
**congolais** [kɔ̃gɔlɛ] *nm* coconut cake.
**congrès** [kɔ̃grɛ] *nm* congress.
**conjoint** [kɔ̃ʒwɛ̃] *nm* spouse.
**conjonction** [kɔ̃ʒɔ̃ksjɔ̃] *nf* conjunction.
**conjonctivite** [kɔ̃ʒɔ̃ktivit] *nf* conjunctivitis.
**conjoncture** [kɔ̃ʒɔ̃ktyr] *nf* situation.
**conjugaison** [kɔ̃ʒygɛzɔ̃] *nf* conjugation.
**conjuguer** [kɔ̃ʒyge] *vt (verbe)* to conjugate.
**connaissance** [kɔnɛsɑ̃s] *nf* knowledge; *(relation)* acquaintance; **avoir des ~s en** to know something about; **faire la ~ de qqn**

to meet sb; **perdre ~** to lose consciousness.
**connaisseur, -euse** [kɔnɛsœr, øz] *nm, f* connoisseur.
**connaître** [kɔnɛtr] *vt* to know; *(rencontrer)* to meet ❑ **s'y connaître en** *vp + prép* to know about.
**conne** → **con**.
**connecter** [kɔnɛkte] *vt* to connect.
**connu, -e** [kɔny] *pp* → **connaître** ◆ *adj* well-known.
**conquérir** [kɔ̃kerir] *vt* to conquer.
**conquête** [kɔ̃kɛt] *nf* conquest.
**conquis, -e** [kɔ̃ki, iz] *pp* → **conquérir**.
**consacrer** [kɔ̃sakre] *vt*: **~ qqch à** to devote sthg to ❑ **se consacrer à** *vp + prép* to devote o.s. to.
**consciemment** [kɔ̃sjamɑ̃] *adv* knowingly.
**conscience** [kɔ̃sjɑ̃s] *nf (connaissance)* consciousness; *(moralité)* conscience; **avoir ~ de qqch** to be aware of sthg; **prendre ~ de qqch** to become aware of sthg; **avoir mauvaise ~** to have a guilty conscience.
**consciencieux, -ieuse** [kɔ̃sjɑ̃sjø, jøz] *adj* conscientious.
**conscient, -e** [kɔ̃sjɑ̃, jɑ̃t] *adj (éveillé)* conscious; **être ~ de** to be aware of.
**consécutif, -ive** [kɔ̃sekytif, iv] *adj* consecutive; **~ à** resulting from.
**conseil** [kɔ̃sɛj] *nm (avis)* piece of advice; *(assemblée)* council; **demander ~ à qqn** to ask sb's advice; **des ~s** advice *(sg)*.
**conseiller**[1] [kɔ̃seje] *vt (personne)* to advise; **~ qqch à qqn** to recommend sthg to sb; **~ à qqn de faire qqch** to advise sb to do sthg.
**conseiller**[2], **-ère** [kɔ̃seje, ɛr] *nm, f* adviser; **~ d'orientation** careers adviser.
**conséquence** [kɔ̃sekɑ̃s] *nf* consequence.
**conséquent** [kɔ̃sekɑ̃] : **par conséquent** *adv* consequently.
**conservateur** [kɔ̃sɛrvatœr] *nm (alimentaire)* preservative.
**conservatoire** [kɔ̃sɛrvatwar] *nm (de musique)* academy.
**conserve** [kɔ̃sɛrv] *nf (boîte)* tin (of food); **des ~s** tinned food.
**conserver** [kɔ̃sɛrve] *vt* to keep; *(aliments)* to preserve.
**considérable** [kɔ̃siderabl] *adj* considerable.
**considération** [kɔ̃siderasjɔ̃] *nf*: **prendre qqn/qqch en ~** to take sb/sthg into consideration.
**considérer** [kɔ̃sidere] *vt*: **~ que** to consider that; **~ qqn/qqch comme** to look on sb/sthg as.
**consigne** [kɔ̃siɲ] *nf (de gare)* left-luggage office; *(instructions)* instructions *(pl)*; **~ automatique** left-luggage lockers *(pl)*.
**consistance** [kɔ̃sistɑ̃s] *nf* consistency.
**consistant, -e** [kɔ̃sistɑ̃, ɑ̃t] *adj (épais)* thick; *(nourrissant)* substantial.
**consister** [kɔ̃siste] *vi*: **~ à faire qqch** to consist in doing sthg; **~ en** to consist of.
**consœur** [kɔ̃sœr] *nf* (female) colleague.
**consolation** [kɔ̃sɔlasjɔ̃] *nf* consolation.
**console** [kɔ̃sɔl] *nf (INFORM)* con-

sole; **~ de jeux** video game console.

**consoler** [kɔ̃sɔle] *vt* to comfort.

**consommateur, -trice** [kɔ̃sɔmatœr, tris] *nm, f* consumer; *(dans un bar)* customer.

**consommation** [kɔ̃sɔmasjɔ̃] *nf* consumption; *(boisson)* drink.

**consommé** [kɔ̃sɔme] *nm* clear soup.

**consommer** [kɔ̃sɔme] *vt* to consume; **«à ~ avant le ...»** "use before ...".

**consonne** [kɔ̃sɔn] *nf* consonant.

**constamment** [kɔ̃stamɑ̃] *adv* constantly.

**constant, -e** [kɔ̃stɑ̃, ɑ̃t] *adj* constant.

**constat** [kɔ̃sta] *nm (d'accident)* report.

**constater** [kɔ̃state] *vt* to notice.

**consterné, -e** [kɔ̃stɛrne] *adj* dismayed.

**constipé, -e** [kɔ̃stipe] *adj* constipated.

**constituer** [kɔ̃stitɥe] *vt (former)* to make up; **être constitué de** to consist of.

**construction** [kɔ̃stryksjɔ̃] *nf* building.

**construire** [kɔ̃strɥir] *vt* to build.

**construit, -e** [kɔ̃strɥi, it] *pp* → construire.

**consulat** [kɔ̃syla] *nm* consulate.

**consultation** [kɔ̃syltasjɔ̃] *nf* consultation.

**consulter** [kɔ̃sylte] *vt* to consult.

**contact** [kɔ̃takt] *nm (toucher)* feel; *(d'un moteur)* ignition; *(relation)* contact; **couper le ~** to switch off the ignition; **mettre le ~** to switch on the ignition; **entrer en ~ avec** *(heurter)* to come into contact with; *(entrer en relation)* to contact.

**contacter** [kɔ̃takte] *vt* to contact.

**contagieux, -ieuse** [kɔ̃taʒjø, jøz] *adj* infectious.

**contaminer** [kɔ̃tamine] *vt (rivière, air)* to contaminate; *(personne)* to infect.

**conte** [kɔ̃t] *nm* story; **~ de fées** fairy tale.

**contempler** [kɔ̃tɑ̃ple] *vt* to contemplate.

**contemporain, -e** [kɔ̃tɑ̃pɔrɛ̃, ɛn] *adj* contemporary.

**contenir** [kɔ̃tnir] *vt* to contain; *(un litre, deux cassettes, etc)* to hold.

**content, -e** [kɔ̃tɑ̃, ɑ̃t] *adj* happy; **être ~ de faire qqch** to be happy to do sthg; **être ~ de qqch** to be happy with sthg.

**contenter** [kɔ̃tɑ̃te] *vt* to satisfy ❑ **se contenter de** *vp + prép* to be happy with; **se ~ de faire qqch** to content o.s. with doing sthg.

**contenu, -e** [kɔ̃tny] *pp* → **contenir** ◆ *nm* contents *(pl)*.

**contester** [kɔ̃tɛste] *vt* to dispute.

**contexte** [kɔ̃tɛkst] *nm* context.

**continent** [kɔ̃tinɑ̃] *nm* continent.

**continu, -e** [kɔ̃tiny] *adj* continuous.

**continuel, -elle** [kɔ̃tinɥɛl] *adj* constant.

**continuellement** [kɔ̃tinɥɛlmɑ̃] *adv* constantly.

**continuer** [kɔ̃tinɥe] *vt & vi* to continue; **~ à** OU **de faire qqch** to

*short macaroni.*

**cornichon** [kɔrniʃɔ̃] *nm* gherkin.

**corps** [kɔr] *nm* body; **le ~ enseignant** the teachers; **~ gras** fat.

**correct, -e** [kɔrɛkt] *adj (juste)* correct; *(poli)* proper.

**correction** [kɔrɛksjɔ̃] *nf (SCOL)* marking; *(rectification)* correction; *(punition)* beating.

**correspondance** [kɔrɛspɔ̃dɑ̃s] *nf (courrier)* correspondence; *(TRANSP)* connection; **cours par ~** correspondence course.

**correspondant, -e** [kɔrɛspɔ̃dɑ̃, ɑ̃t] *adj* corresponding ♦ *nm, f (à qui on écrit)* correspondent; *(au téléphone) person making or receiving a call.*

**correspondre** [kɔrɛspɔ̃dr] *vi* to correspond; **~ à** to correspond to.

**corrida** [kɔrida] *nf* bullfight.

**corridor** [kɔridɔr] *nm* corridor.

**corriger** [kɔriʒe] *vt* to correct; *(examen)* to mark ❑ **se corriger** *vp* to improve.

**corrosif, -ive** [kɔrozif, iv] *adj* corrosive.

**corsage** [kɔrsaʒ] *nm* blouse.

**corse** [kɔrs] *adj* Corsican ❑ **Corse** *nmf* Corsican ♦ *nf*: **la Corse** Corsica.

**cortège** [kɔrtɛʒ] *nm* procession.

**corvée** [kɔrve] *nf* chore.

**costaud** [kɔsto] *adj (fam) (musclé)* beefy; *(solide)* sturdy.

**costume** [kɔstym] *nm (d'homme)* suit; *(de théâtre, de déguisement)* costume.

**côte** [kot] *nf (pente)* hill, slope; *(ANAT)* rib; *(d'agneau, de porc, etc)* chop; *(bord de mer)* coast; **~ à ~** side by side; **la Côte d'Azur** the French Riviera.

**côté** [kote] *nm* side; **de quel ~ dois-je aller?** which way should I go?; **à ~** nearby; *(dans la maison voisine)* next door; **à ~ de** next to; *(comparé à)* compared with; **de l'autre ~ (de)** on the other side (of); **de ~** *(de travers)* sideways; **mettre qqch de ~** to put sthg aside.

**Côte d'Ivoire** [kotdivwar] *nf*: **la ~** the Ivory Coast.

**côtelé** [kotle] *adj m* → **velours**.

**côtelette** [kotlɛt] *nf (de veau)* cutlet; *(d'agneau, de porc)* chop.

**cotisation** [kɔtizasjɔ̃] *nf (à un club)* subscription ❑ **cotisations** *nfpl (sociales)* contributions.

**coton** [kɔtɔ̃] *nm* cotton; **~ (hydrophile)** cotton wool.

**Coton-Tige®** [kɔtɔ̃tiʒ] *(pl* **Cotons-Tiges**) *nm* cotton bud.

**cou** [ku] *nm* neck.

**couchage** [kuʃaʒ] *nm* → **sac**.

**couchant** [kuʃɑ̃] *adj m* → **soleil**.

**couche** [kuʃ] *nf (épaisseur)* layer; *(de peinture)* coat; *(de bébé)* nappy *(Br)*, diaper *(Am)*.

**couche-culotte** [kuʃkylɔt] *(pl* **couches-culottes**) *nf* disposable nappy *(Br)*, disposable diaper *(Am)*.

**coucher** [kuʃe] *vt (mettre au lit)* to put to bed; *(étendre)* to lay down ♦ *vi (dormir)* to sleep; **être couché** *(être étendu)* to be lying down; *(être au lit)* to be in bed; **~ avec qqn** *(fam)* to sleep with sb ❑ **se coucher** *vp (personne)* to go to bed; *(soleil)* to set.

**couchette** [kuʃɛt] *nf (de train)* couchette; *(de bateau)* berth.

**coucou** [kuku] *nm (oiseau)*

cuckoo; *(horloge)* cuckoo clock ◆ *excl* peekaboo!

**coude** [kud] *nm (ANAT)* elbow; *(courbe)* bend.

**coudre** [kudr] *vt (bouton)* to sew on; *(réparer)* to sew up ◆ *vi* to sew.

**couette** [kwɛt] *nf (édredon)* duvet ❑ **couettes** *nfpl* bunches.

**cougnou** [kuɲu] *nm (Belg) large flat "brioche" eaten on St Nicholas' Day, 6 December, and shaped like the infant Jesus.*

**couler** [kule] *vi* to flow; *(bateau)* to sink ◆ *vt (bateau)* to sink.

**couleur** [kulœr] *nf* colour; *(de cartes)* suit; **de quelle ~ est ...?** what colour is ...?

**couleuvre** [kulœvr] *nf* grass snake.

**coulis** [kuli] *nm liquid puree of fruit, vegetables or shellfish.*

**coulisser** [kulise] *vi* to slide.

**coulisses** [kulis] *nfpl* wings.

**couloir** [kulwar] *nm* corridor; *(de bus)* lane.

**coup** [ku] *nm* 1. *(choc physique)* blow; **donner un ~ à qqn** to hit sb; **donner un ~ de coude à qqn** to nudge sb; **~ de feu** (gun)shot; **donner un ~ de pied à qqn/dans qqch** to kick sb/sthg; **donner un ~ de poing à qqn** to punch sb.
2. *(avec un instrument)*: **passer un ~ de balai** to give the floor a sweep; **passe un ~ de fer sur ta chemise** give your shirt a quick iron.
3. *(choc moral)* blow; **il m'est arrivé un ~ dur** *(fam)* something bad happened to me.
4. *(bruit)*: **~ de sifflet** whistle.
5. *(à la porte)* knock.
6. *(aux échecs)* move; *(au tennis)* stroke; *(au foot)* kick; **~ franc** free kick.
7. *(action malhonnête)* trick; **faire un ~ à qqn** to play a trick on sb.
8. *(fam: fois)* time; **du premier ~** first time; **d'un (seul) ~** *(en une fois)* in one go; *(soudainement)* all of a sudden.
9. *(dans des expressions)*: **~ de chance** stroke of luck; **~ de fil** OU **de téléphone** telephone call; **donner un ~ de main à qqn** to give sb a hand; **jeter un ~ d'œil (à)** to have a look (at); **prendre un ~ de soleil** to get sunburned; **boire un ~** *(fam)* to have a drink; **du ~ ...** so ...; **tenir le ~** to hold out.

**coupable** [kupabl] *adj* guilty ◆ *nmf* culprit; **~ de** guilty of.

**coupe** [kup] *nf (récipient)* bowl; *(SPORT)* cup; *(de vêtements)* cut; **à la ~** *(fromage, etc) cut from a larger piece and sold by weight at a delicatessen counter*; **~ à champagne** champagne glass; **~ (de cheveux)** haircut.

**coupe-papier** [kuppapje] *nm inv* paper knife.

**couper** [kupe] *vt* to cut; *(gâteau, viande)* to cut (up); *(gaz, électricité)* to cut off ◆ *vi (être tranchant)* to cut; *(prendre un raccourci)* to take a short cut; **~ la route à qqn** to cut across in front of sb ❑ **se couper** *vp* to cut o.s.; **se ~ le doigt** to cut one's finger.

**couple** [kupl] *nm* couple; *(d'animaux)* pair.

**couplet** [kuplɛ] *nm* verse.

**coupure** [kupyr] *nf* cut; *(arrêt)* break; **~ de courant** power cut; **~ de journal** (newspaper) cutting.

**couque** [kuk] *nf (Belg) (biscuit)* biscuit *(Br)*, cookie *(Am)*; *(pain* *d'épices)* gingerbread; *(brioche)* *sweet bread roll.*

**cour** [kur] *nf (d'immeuble)* courtyard; *(de ferme)* farmyard; *(tribunal, d'un roi)* court; **~ (de récréation)** playground.

**courage** [kuraʒ] *nm* courage; **bon ~!** good luck!

**courageux, -euse** [kuraʒø, øz] *adj* brave.

**couramment** [kuramɑ̃] *adv (fréquemment)* commonly; *(parler)* fluently.

**courant, -e** [kurɑ̃, ɑ̃t] *adj (fréquent)* common ◆ *nm* current; **être au ~ (de)** to know (about); **tenir qqn au ~ (de)** to keep sb informed (of); **~ d'air** draught; **~ alternatif** alternating current; **~ continu** direct current.

**courbatures** [kurbatyr] *nfpl* aches and pains.

**courbe** [kurb] *adj* curved ◆ *nf* curve.

**courber** [kurbe] *vt* to bend.

**coureur, -euse** [kurœr, øz] *nm, f*: **~ automobile** racing driver; **~ cycliste** racing cyclist; **~ à pied** runner.

**courgette** [kurʒɛt] *nf* courgette *(Br)*, zucchini *(Am)*.

**courir** [kurir] *vi* to run; *(cycliste, coureur automobile)* to race ◆ *vt (épreuve sportive)* to run (in); *(risque, danger)* to run.

**couronne** [kurɔn] *nf* crown; *(de fleurs)* wreath.

**courrier** [kurje] *nm* letters *(pl)*, post *(Br)*, mail *(Am)*.

**courroie** [kurwa] *nf* strap.

**cours** [kur] *nm (leçon)* lesson; *(d'une marchandise)* price; *(d'une monnaie)* rate; **au ~ de** during; **en ~** in progress; **~ d'eau** waterway.

**course** [kurs] *nf (épreuve sportive)* race; *(démarche)* errand; *(en taxi)* journey ❑ **courses** *nfpl* shopping *(sg)*; **faire les ~s** to go shopping.

**court, -e** [kur, kurt] *adj* short ◆ *nm (de tennis)* court ◆ *adv* short; **être à ~ de** to be short of.

**court-bouillon** [kurbujɔ̃] *(pl* **courts-bouillons**) *nm highly flavoured stock used especially for cooking fish.*

**court-circuit** [kursirkɥi] *(pl* **courts-circuits**) *nm* short circuit.

**court-métrage** [kurmetraʒ] *(pl* **courts-métrages**) *nm* short (film).

**courtois, -e** [kurtwa, waz] *adj* courteous.

**couru, -e** [kury] *pp* → **courir**.

**couscous** [kuskus] *nm* couscous, *traditional North African dish of semolina served with a spicy stew of meat and vegetables.*

**cousin, -e** [kuzɛ̃, in] *nm, f* cousin; **~ germain** first cousin.

**coussin** [kusɛ̃] *nm* cushion.

**cousu, -e** [kuzy] *pp* → **coudre**.

**coût** [ku] *nm* cost.

**couteau, -x** [kuto] *nm* knife.

**coûter** [kute] *vi & vt* to cost; **combien ça coûte?** how much is it?

**coutume** [kutym] *nf* custom.

**couture** [kutyr] *nf (sur un vêtement)* seam; *(activité)* sewing.

**couturier, -ière** [kutyrje, jɛr] *nm, f* tailor; **grand ~** fashion designer.

**couvent** [kuvɑ̃] *nm* convent.

**couver** [kuve] *vt (œufs)* to sit on ◆ *vi (poule)* to brood.

**couvercle** [kuvɛrkl] *nm (de*

*casserole, de poubelle)* lid; *(d'un bocal)* top.
**couvert, -e** [kuvɛr, ɛrt] *pp* → **couvrir** ◆ *nm (couteau, fourchette)* place (setting) ◆ *adj (ciel)* overcast; *(marché, parking)* covered; *(vêtu)*: **bien ~** well wrapped up; **~ de** covered in OU with; **mettre le ~** to set OU lay the table.
**couverture** [kuvɛrtyr] *nf* blanket; *(de livre)* cover.
**couvrir** [kuvrir] *vt* to cover; **~ qqch de** to cover sthg with ❑ **se couvrir** *vp (ciel)* to cloud over; *(s'habiller)* to wrap up; **se ~ de** to become covered in OU with.
**cow-boy, -s** [kobɔj] *nm* cowboy.
**CP** *nm (abr de cours préparatoire) first year of primary school.*
**crabe** [krab] *nm* crab.
**cracher** [kraʃe] *vi* to spit ◆ *vt* to spit out.
**craie** [krɛ] *nf* chalk.
**craindre** [krɛ̃dr] *vt* to fear, to be afraid of; *(être sensible à)* to be sensitive to.
**craint, -e** [krɛ̃, ɛ̃t] *pp* → **craindre**.
**crainte** [krɛ̃t] *nf* fear; **de ~ que** for fear that.
**craintif, -ive** [krɛ̃tif, iv] *adj* timid.
**cramique** [kramik] *nm (Belg) "brioche" with raisins.*
**crampe** [krɑ̃p] *nf* cramp.
**cramponner** [krɑ̃pɔne] : **se cramponner (à)** *vp (+ prép)* to hang on (to).
**crampons** [krɑ̃pɔ̃] *nmpl (de foot, de rugby)* studs.
**cran** [krɑ̃] *nm (de ceinture)* hole; *(entaille)* notch; *(courage)* guts *(pl)*; **(couteau à) ~ d'arrêt** flick knife.
**crâne** [kran] *nm* skull.
**crapaud** [krapo] *nm* toad.
**craquement** [krakmɑ̃] *nm* crack.
**craquer** [krake] *vi (faire un bruit)* to crack; *(casser)* to split; *(nerveusement)* to crack up ◆ *vt (allumette)* to strike.
**crasse** [kras] *nf* filth.
**cravate** [kravat] *nf* tie.
**crawl** [krol] *nm* crawl.
**crayon** [krɛjɔ̃] *nm* pencil; **~ de couleur** crayon.
**création** [kreasjɔ̃] *nf* creation.
**crèche** [krɛʃ] *nf (garderie)* playgroup; *(RELIG)* crib.
**crédit** [kredi] *nm (argent emprunté)* loan; **acheter qqch à ~** to buy sthg on credit.
**créditer** [kredite] *vt (compte)* to credit.
**créer** [kree] *vt* to create; *(fonder)* to found.
**crémaillère** [kremajɛr] *nf*: **pendre la ~** to have a housewarming party.
**crème** [krɛm] *nf (dessert)* cream dessert; *(pour la peau)* cream; **~ anglaise** custard; **~ caramel** crème caramel; **~ fraîche** fresh cream; **~ glacée** ice cream; **~ pâtissière** confectioner's custard.
**crémerie** [krɛmri] *nf* dairy.
**crémeux, -euse** [kremø, øz] *adj* creamy.
**créneau, -x** [kreno] *nm*: **faire un ~** to reverse into a parking space ❑ **créneaux** *nmpl (de château)* battlements.
**crêpe** [krɛp] *nf* pancake; **~ bretonne** *sweet or savoury pancake, often*

*made with buckwheat, a speciality of Brittany.*

**crêperie** [krɛpri] *nf* pancake restaurant.

**crépi** [krepi] *nm* roughcast.

**crépu, -e** [krepy] *adj* frizzy.

**cresson** [kresɔ̃] *nm* watercress.

**crête** [krɛt] *nf (de montagne)* ridge; *(de coq)* crest.

**cretons** [krətɔ̃] *nmpl (Can)* potted pork.

**creuser** [krøze] *vt* to dig; **ça creuse!** it gives you an appetite! ❑ **se creuser** *vp*: **se ~ la tête** OU **la cervelle** to rack one's brains.

**creux, creuse** [krø, krøz] *adj* hollow ◆ *nm (de la main)* hollow; *(sur la route)* dip.

**crevaison** [krəvɛzɔ̃] *nf* puncture.

**crevant, -e** [krəvɑ̃, ɑ̃t] *adj (fam: fatigant)* knackering.

**crevasse** [krəvas] *nf (en montagne)* crevasse.

**crevé, -e** [krəve] *adj (fam: fatigué)* knackered.

**crever** [krəve] *vt (percer)* to burst; *(fam: fatiguer)* to wear out ◆ *vi (exploser)* to burst; *(avoir une crevaison)* to have a puncture; *(fam: mourir)* to kick the bucket.

**crevette** [krəvɛt] *nf* prawn; **~ grise** shrimp; **~ rose** prawn.

**cri** [kri] *nm* shout; *(de joie, de douleur)* cry; *(d'animal)* call; **pousser un ~** to cry (out).

**cric** [krik] *nm* jack.

**cricket** [krikɛt] *nm* cricket.

**crier** [krije] *vi* to shout; *(de douleur)* to cry (out) ◆ *vt* to shout (out).

**crime** [krim] *nm (meurtre)* murder; *(faute grave)* crime.

**criminel, -elle** [kriminɛl] *nm, f* criminal.

**crinière** [krinjɛr] *nf* mane.

**crise** [kriz] *nf (économique)* crisis; *(de rire, de larmes)* fit; **~ cardiaque** heart attack; **~ de foie** bilious attack; **~ de nerfs** attack of nerves.

**crispé, -e** [krispe] *adj (personne, sourire)* tense; *(poing)* clenched.

**cristal, -aux** [kristal, o] *nm* crystal.

**critère** [kritɛr] *nm* criterion.

**critique** [kritik] *adj* critical ◆ *nmf* critic ◆ *nf (reproche)* criticism; *(article de presse)* review.

**critiquer** [kritike] *vt* to criticize.

**croc** [kro] *nm (canine)* fang.

**croche-pied, -s** [krɔʃpje] *nm*: **faire un ~ à qqn** to trip sb (up).

**crochet** [krɔʃɛ] *nm* hook; *(tricot)* crochet; *(fig: détour)* detour.

**crocodile** [krɔkɔdil] *nm* crocodile.

**croire** [krwar] *vt* to believe; *(penser)* to think ◆ *vi*: **~ à** to believe in; **~ en** to believe in ❑ **se croire** *vp*: **il se croit intelligent** he thinks he's clever; **on se croirait au Moyen Âge** you'd think you were (back) in the Middle Ages.

**croisement** [krwazmɑ̃] *nm (carrefour)* junction; *(de races)* crossbreeding.

**croiser** [krwaze] *vt* to cross; *(personne)* to pass; *(regard)* to meet ❑ **se croiser** *vp (voitures, personnes)* to pass each other; *(lettres)* to cross (in the post).

**croisière** [krwazjɛr] *nf* cruise.

**croissance** [krwasɑ̃s] *nf* growth.

**croissant** [krwasɑ̃] *nm (pâtisserie)* croissant; *(de lune)* crescent.
**croix** [krwa] *nf* cross; **en ~** in the shape of a cross; **les bras en ~** arms out.
**Croix-Rouge** [krwaruʒ] *nf*: **la ~** the Red Cross.
**croque-madame** [krɔkmadam] *nm inv croque-monsieur with a fried egg.*
**croque-monsieur** [krɔkməsjø] *nm inv toasted cheese and ham sandwich.*
**croquer** [krɔke] *vt* to crunch ◆ *vi* to be crunchy.
**croquette** [krɔkɛt] *nf* croquette; **~s pour chiens** dog meal *(sg)*.
**cross** [krɔs] *nm inv (course)* cross-country race; *(sport)* cross-country racing.
**crotte** [krɔt] *nf* dropping.
**crottin** [krɔtɛ̃] *nm* dung; *(fromage) small round goat's cheese.*
**croustade** [krustad] *nf* vol au vent.
**croustillant, -e** [krustijɑ̃, jɑ̃t] *adj* crunchy.
**croûte** [krut] *nf (de pain)* crust; *(de fromage)* rind; *(MÉD)* scab; **~ au fromage** *(Helv) melted cheese with wine, served on toast.*
**croûton** [krutɔ̃] *nm (pain frit)* crouton; *(extrémité du pain)* crust.
**croyant, -e** [krwajɑ̃, ɑ̃t] *adj*: **être ~** to be a believer.
**CRS** *nmpl French riot police.*
**cru, -e** [kry] *pp* → **croire** ◆ *adj* raw; *(choquant)* crude ◆ *nm (vin)* vintage.
**crudités** [krydite] *nfpl raw vegetables.*
**crue** [kry] *nf* flood; **être en ~** to be in spate.
**cruel, -elle** [kryɛl] *adj* cruel.
**crustacés** [krystase] *nmpl* shellfish.
**cube** [kyb] *nm* cube; **mètre ~** cubic metre.
**cueillir** [kœjir] *vt* to pick.
**cuiller** [kɥijɛr] = **cuillère**.
**cuillère** [kɥijɛr] *nf* spoon; **~ à café, petite ~** teaspoon; **~ à soupe** soup spoon.
**cuillerée** [kɥijere] *nf* spoonful.
**cuir** [kɥir] *nm (matériau)* leather.
**cuire** [kɥir] *vt & vi* to cook; *(pain, gâteau)* to bake; **faire ~** to cook.
**cuisine** [kɥizin] *nf* kitchen; *(art)* cooking; **faire la ~** to cook.
**cuisiner** [kɥizine] *vt & vi* to cook.
**cuisinier, -ière** [kɥizinje, jɛr] *nm, f* cook.
**cuisinière** [kɥizinjɛr] *nf* cooker.
**cuisse** [kɥis] *nf* thigh; *(de volaille)* leg; **~s de grenouille** frog's legs.
**cuisson** [kɥisɔ̃] *nf* cooking.
**cuit, -e** [kɥi, kɥit] *adj* cooked; **bien ~** well-done.
**cuivre** [kɥivr] *nm* copper.
**cul** [ky] *nm (vulg: fesses)* arse *(Br)*, ass *(Am)*.
**culasse** [kylas] *nf* → **joint**.
**culotte** [kylɔt] *nf (slip)* knickers *(pl)*; **~ de cheval** *(vêtement)* jodhpurs *(pl)*.
**culte** [kylt] *nm (adoration)* worship; *(religion)* religion.
**cultivateur, -trice** [kyltivatœr, tris] *nm, f* farmer.
**cultiver** [kyltive] *vt (terre, champ)* to cultivate; *(blé, maïs, etc)* to grow ❑ **se cultiver** *vp* to improve one's mind.

**culture** [kyltyr] *nf (agricole)* farming; *(connaissances)* knowledge; *(civilisation)* culture ❑ **cultures** *nfpl* cultivated land.

**culturel, -elle** [kyltyrɛl] *adj* cultural.

**cumin** [kymɛ̃] *nm* cumin.

**curé** [kyre] *nm* parish priest.

**cure-dents** [kyrdɑ̃] *nm inv* toothpick.

**curieux, -ieuse** [kyrjø, jøz] *adj (indiscret)* inquisitive; *(étrange)* curious ◆ *nmpl* onlookers.

**curiosité** [kyrjozite] *nf* curiosity ❑ **curiosités** *nfpl (touristiques)* unusual things to see.

**curry** [kyri] *nm (épice)* curry powder; *(plat)* curry.

**cutanée** [kytane] *adj f* → **éruption**.

**cuvette** [kyvɛt] *nf* basin.

**CV** *nm (abr de curriculum vitae)* CV; *(AUT: abr de cheval)* hp.

**cyclable** [siklabl] *adj* → **piste**.

**cycle** [sikl] *nm* cycle; *(de films)* season.

**cyclisme** [siklism] *nm* cycling.

**cycliste** [siklist] *nmf* cyclist ◆ *nm (short)* cycling shorts *(pl)* ◆ *adj*: **course ~** *(épreuve)* cycle race; *(activité)* cycling.

**cyclone** [siklon] *nm* cyclone.

**cygne** [siɲ] *nm* swan.

**cylindre** [silɛ̃dr] *nm* cylinder.

**cynique** [sinik] *adj* cynical.

**cyprès** [siprɛ] *nm* cypress.

# D

**DAB** [dab] *nm (abr de distributeur automatique de billets)* ATM.

**dactylo** [daktilo] *nf (secrétaire)* typist.

**daim** [dɛ̃] *nm (animal)* (fallow) deer; *(peau)* suede.

**dalle** [dal] *nf* slab.

**dame** [dam] *nf* lady; *(aux cartes)* queen ❑ **dames** *nfpl (jeu)* draughts *(Br)*, checkers *(Am)*.

**damier** [damje] *nm (de dames)* draughtboard *(Br)*, checkerboard *(Am)*.

**Danemark** [danmark] *nm*: **le ~** Denmark.

**danger** [dɑ̃ʒe] *nm* danger; **être en ~** to be in danger.

**dangereux, -euse** [dɑ̃ʒrø, øz] *adj* dangerous.

**danois, -e** [danwa, waz] *adj* Danish ◆ *nm (langue)* Danish ❑ **Danois, -e** *nm, f* Dane.

**dans** [dɑ̃] *prép* **1.** *(indique la situation)* in; **je vis ~ le sud de la France** I live in the south of France.

**2.** *(indique la direction)* into; **vous allez ~ la mauvaise direction** you're going in the wrong direction.

**3.** *(indique la provenance)* from; **choisissez un dessert ~ le menu** choose a dessert from the menu.

**4.** *(indique le moment)* in; **~ combien de temps arrivons-nous?** how long before we get there?; **le spectacle commence ~ cinq minutes** the show begins in five minutes.

5. *(indique une approximation)*: **ça doit coûter ~ les 200 F** that must cost around 200 francs.

**danse** [dɑ̃s] *nf*: **la ~** dancing; **une ~** a dance; **~ classique** ballet dancing; **~ moderne** modern dancing.

**danser** [dɑ̃se] *vt & vi* to dance.

**danseur, -euse** [dɑ̃sœr, øz] *nm, f (de salon)* dancer; *(classique)* ballet dancer.

**darne** [darn] *nf* steak *(of fish)*.

**date** [dat] *nf* date; **~ limite** deadline; **«~ limite de consommation»** "use-by date"; **«~ limite de vente»** "sell-by date"; **~ de naissance** date of birth.

**dater** [date] *vt* to date ◆ *vi (être vieux)* to be dated; **~ de** *(remonter à)* to date from.

**datte** [dat] *nf* date.

**daube** [dob] *nf*: **(bœuf en) ~** *beef stew cooked with wine.*

**dauphin** [dofɛ̃] *nm (animal)* dolphin.

**dauphine** [dofin] *nf* → **pomme**.

**dauphinois** [dofinwa] *adj m* → **gratin**.

**daurade** [dɔrad] *nf* sea bream.

**davantage** [davɑ̃taʒ] *adv* more; **~ de temps** more time.

**de** [də] *prép* 1. *(indique l'appartenance)* of; **la porte du salon** the living room door; **le frère ~ Pierre** Pierre's brother.
2. *(indique la provenance)* from; **d'où êtes-vous? - ~ Bordeaux** where are you from? - Bordeaux.
3. *(avec «à»)*: **~ Paris à Tokyo** from Paris to Tokyo; **~ la mi-août à début septembre** from mid-August to the beginning of September.
4. *(indique une caractéristique)*: **une statue ~ pierre** a stone statue; **des billets ~ 100 F** 100-franc notes; **l'avion ~ 7 h 20** the seven twenty plane; **un jeune homme ~ 25 ans** a young man of 25.
5. *(introduit un complément)*: **parler ~ qqch** to talk about sthg; **arrêter ~ faire qqch** to stop doing sthg.
6. *(désigne le contenu)* of; **une bouteille d'eau minérale** a bottle of mineral water.
7. *(parmi)* of; **certaines ~ ces plages sont polluées** some of these beaches are polluted; **la moitié du temps/~ nos clients** half (of) the time/(of) our customers.
8. *(indique le moyen)* with; **saluer qqn d'un mouvement de tête** to greet sb with a nod.
9. *(indique la manière)*: **d'un air distrait** absent-mindedly.
10. *(indique la cause)*: **hurler ~ douleur** to scream with pain; **je meurs ~ faim!** I'm starving!
◆ *art* some; **je voudrais du vin/du lait** I'd like some wine/some milk; **ils n'ont pas d'enfants** they don't have any children; **avez-vous du pain?** do you have any bread?

**dé** [de] *nm (à jouer)* dice; **~ (à coudre)** thimble.

**déballer** [debale] *vt (affaires)* to unpack; *(cadeau)* to unwrap.

**débarbouiller** [debarbuje] **: se débarbouiller** *vp* to wash one's face.

**débardeur** [debardœr] *nm (T-shirt)* vest top.

**débarquer** [debarke] *vt* to unload ◆ *vi* to disembark.

**débarras** [debara] *nm* junk room; **bon ~!** good riddance!

**débarrasser** [debarase] *vt* to clear up; *(table)* to clear; **~ qqn de** *(vêtement, paquets)* to relieve sb of

❑ **se débarrasser de** *vp + prép* *(vêtement)* to take off; *(paquets)* to put down; *(personne)* to get rid of.

**débat** [deba] *nm* debate.

**débattre** [debatr] *vt* to discuss ♦ *vi* to debate; **~ (de) qqch** to debate sthg ❑ **se débattre** *vp* to struggle.

**débit** [debi] *nm* *(d'eau)* flow; *(bancaire)* debit.

**débiter** [debite] *vt* *(compte)* to debit; *(couper)* to cut up; *(péj: dire)* to spout.

**déblayer** [debleje] *vt* to clear.

**débloquer** [deblɔke] *vt* to unjam; *(crédits)* to unfreeze.

**déboîter** [debwate] *vt* *(objet)* to dislodge; *(os)* to dislocate ♦ *vi* *(voiture)* to pull out ❑ **se déboîter** *vp*: **se ~ l'épaule** to dislocate one's shoulder.

**débordé, -e** [debɔrde] *adj*: **être ~ (de travail)** to be snowed under (with work).

**déborder** [debɔrde] *vi* to overflow.

**débouché** [debuʃe] *nm* *(de vente)* outlet; *(de travail)* opening.

**déboucher** [debuʃe] *vt* *(bouteille)* to open; *(nez, tuyau)* to unblock ❑ **déboucher sur** *v + prép* to lead to.

**débourser** [deburse] *vt* to pay out.

**debout** [dəbu] *adv* *(sur ses pieds)* standing (up); *(verticalement)* upright; **être ~** *(réveillé)* to be up; **se mettre ~** to stand up; **tenir ~** to stand up.

**déboutonner** [debutɔne] *vt* to unbutton.

**débraillé, -e** [debraje] *adj* dishevelled.

**débrancher** [debrɑ̃ʃe] *vt* *(appareil)* to unplug; *(prise)* to remove.

**débrayer** [debreje] *vi* to declutch.

**débris** [debri] *nmpl* pieces.

**débrouiller** [debruje] **: se débrouiller** *vp* to get by; **se ~ pour faire qqch** to manage to do sthg.

**début** [deby] *nm* start; **au ~ (de)** at the start (of).

**débutant, -e** [debytɑ̃, ɑ̃t] *nm, f* beginner.

**débuter** [debyte] *vi* to start; *(dans une carrière)* to start out.

**décaféiné, -e** [dekafeine] *adj* decaffeinated.

**décalage** [dekalaʒ] *nm* gap; **~ horaire** time difference.

**décalcomanie** [dekalkɔmani] *nf* transfer.

**décaler** [dekale] *vt* *(déplacer)* to move; *(avancer dans le temps)* to bring forward; *(retarder)* to put back.

**décalquer** [dekalke] *vt* to trace.

**décapant** [dekapɑ̃] *nm* stripper.

**décaper** [dekape] *vt* to strip.

**décapiter** [dekapite] *vt* to behead.

**décapotable** [dekapɔtabl] *adj & nf* convertible.

**décapsuler** [dekapsyle] *vt* to open.

**décapsuleur** [dekapsylœr] *nm* bottle opener.

**décéder** [desede] *vi (sout)* to pass away.

**décembre** [desɑ̃br] *nm* December, → **septembre**.

**décent, -e** [desɑ̃, ɑ̃t] *adj* decent.

**déception** [desɛpsjɔ̃] *nf* disappointment.

**décerner** [deserne] *vt (prix)* to award.

**décès** [desɛ] *nm* death.

**décevant, -e** [desəvɑ̃, ɑ̃t] *adj* disappointing.

**décevoir** [desəvwar] *vt* to disappoint.

**déchaîner** [deʃene] *vt (colère, rires)* to spark off ❑ **se déchaîner** *vp (personne)* to fly into a rage; *(tempête)* to break.

**décharge** [deʃarʒ] *nf (d'ordures)* rubbish dump *(Br)*, garbage dump *(Am)*; *(électrique)* electric shock.

**décharger** [deʃarʒe] *vt* to unload; *(tirer avec)* to fire.

**déchausser** [deʃose] : **se déchausser** *vp* to take one's shoes off.

**déchets** [deʃɛ] *nmpl* waste *(sg)*.

**déchiffrer** [deʃifre] *vt (lire)* to decipher; *(décoder)* to decode.

**déchiqueter** [deʃikte] *vt* to shred.

**déchirer** [deʃire] *vt (lettre, page)* to tear up; *(vêtement, nappe)* to tear ❑ **se déchirer** *vp* to tear.

**déchirure** [deʃiryr] *nf* tear; ~ **musculaire** torn muscle.

**déci** [desi] *nm (Helv) small glass of wine.*

**décidé, -e** [deside] *adj* determined; **c'est** ~ it's settled.

**décidément** [desidemɑ̃] *adv* really.

**décider** [deside] *vt* to decide; ~ **qqn (à faire qqch)** to persuade sb (to do sthg); ~ **de faire qqch** to decide to do sthg ❑ **se décider** *vp*: **se ~ (à faire qqch)** to make up one's mind (to do sthg).

**décimal, -e, -aux** [desimal, o] *adj* decimal.

**décisif, -ive** [desizif, iv] *adj* decisive.

**décision** [desizjɔ̃] *nf* decision; *(fermeté)* decisiveness.

**déclaration** [deklarasjɔ̃] *nf* announcement; ~ **d'impôts** tax return; **faire une ~ de vol** to report a theft.

**déclarer** [deklare] *vt* to declare; *(vol)* to report; **rien à ~** nothing to declare ❑ **se déclarer** *vp (épidémie, incendie)* to break out.

**déclencher** [deklɑ̃ʃe] *vt (mécanisme)* to set off; *(guerre)* to trigger off.

**déclic** [deklik] *nm* click; **j'ai eu un ~** *(fig)* it suddenly clicked.

**décoiffer** [dekwafe] *vt*: ~ **qqn** to mess up sb's hair.

**décollage** [dekɔlaʒ] *nm* take-off.

**décoller** [dekɔle] *vt* to unstick; *(papier peint)* to strip ◆ *vi (avion)* to take off ❑ **se décoller** *vp* to come unstuck.

**décolleté, -e** [dekɔlte] *adj* low-cut ◆ *nm* neckline.

**décolorer** [dekɔlɔre] *vt* to bleach.

**décombres** [dekɔ̃br] *nmpl* debris *(sg)*.

**décommander** [dekɔmɑ̃de] *vt* to cancel ❑ **se décommander** *vp* to cancel.

**décomposer** [dekɔ̃poze] *vt*: ~ **qqch en** to break sthg down into ❑ **se décomposer** *vp (pourrir)* to decompose.

**déconcentrer** [dekɔ̃sɑ̃tre] : **se déconcentrer** *vp* to lose one's concentration.

**déconcerter** [dekɔ̃sɛrte] *vt* to disconcert.

**déconseiller** [dekɔ̃seje] *vt*: **~ qqch à qqn** to advise sb against sthg; **~ à qqn de faire qqch** to advise sb against doing sthg.
**décontracté, -e** [dekɔ̃trakte] *adj* relaxed.
**décor** [dekɔr] *nm* scenery; *(d'une pièce)* décor.
**décorateur, -trice** [dekɔratœr, tris] *nm, f (d'intérieurs)* (interior) decorator; *(de théâtre)* designer.
**décoration** [dekɔrasjɔ̃] *nf* decoration.
**décorer** [dekɔre] *vt* to decorate.
**décortiquer** [dekɔrtike] *vt* to shell; *(fig: texte)* to dissect.
**découdre** [dekudr] *vt* to unpick ❑ **se découdre** *vp* to come unstitched.
**découler** [dekule] **: découler de** *v + prép* to follow from.
**découper** [dekupe] *vt (gâteau)* to cut (up); *(viande)* to carve; *(images, photos)* to cut out.
**découragé, -e** [dekuraʒe] *adj* dismayed.
**décourager** [dekuraʒe] *vt* to discourage ❑ **se décourager** *vp* to lose heart.
**décousu, -e** [dekuzy] *adj* undone; *(raisonnement, conversation)* disjointed.
**découvert, -e** [dekuvɛr, ɛrt] *pp* → **découvrir** ◆ *nm (bancaire)* overdraft.
**découverte** [dekuvɛrt] *nf* discovery.
**découvrir** [dekuvrir] *vt* to discover; *(ôter ce qui couvre)* to uncover ❑ **se découvrir** *vp (ôter son chapeau)* to take off one's hat; *(au lit)* to throw back the bedclothes.
**décrire** [dekrir] *vt* to describe.
**décrocher** [dekrɔʃe] *vt (tableau)* to take down; **~ (le téléphone)** *(pour répondre)* to pick up the phone ❑ **se décrocher** *vp* to fall down.
**déçu, -e** [desy] *pp* → **décevoir** ◆ *adj* disappointed.
**dédaigner** [dedeɲe] *vt* to despise.
**dédaigneux, -euse** [dedɛɲø, øz] *adj* disdainful.
**dédain** [dedɛ̃] *nm* disdain.
**dedans** [dədɑ̃] *adv & nm* inside; **en ~** inside.
**dédicacer** [dedikase] *vt*: **~ qqch à qqn** to autograph sthg for sb.
**dédier** [dedje] *vt*: **~ qqch à qqn** to dedicate sthg to sb.
**dédommager** [dedɔmaʒe] *vt* to compensate.
**déduction** [dedyksjɔ̃] *nf* deduction.
**déduire** [dedɥir] *vt*: **~ qqch (de)** *(soustraire)* to deduct sthg (from); *(conclure)* to deduce sthg (from).
**déduit, -e** [dedɥi, ɥit] *pp* → **déduire**.
**déesse** [deɛs] *nf* goddess.
**défaillant, -e** [defajɑ̃, jɑ̃t] *adj (vue)* failing.
**défaire** [defɛr] *vt (nœud)* to undo; *(valise)* to unpack; *(lit)* to strip ❑ **se défaire** *vp (nœud, coiffure)* to come undone.
**défait, -e** [defɛ, ɛt] *pp* → **défaire**.
**défaite** [defɛt] *nf* defeat.
**défaut** [defo] *nm (de caractère)* fault; *(imperfection)* flaw; **à ~ de** for lack of.
**défavorable** [defavɔrabl] *adj* unfavourable.

**défavoriser** [defavɔrize] *vt* to penalize.

**défectueux, -euse** [defɛktɥø, øz] *adj* defective.

**défendre** [defɑ̃dr] *vt* to defend; **~ qqch à qqn** to forbid sb sthg; **~ à qqn de faire qqch** to forbid sb to do sthg ❑ **se défendre** *vp* to defend o.s.

**défense** [defɑ̃s] *nf* defence; *(d'éléphant)* tusk; **prendre la ~ de qqn** to stand up for sb; **«~ de déposer des ordures»** "no dumping"; **«~ d'entrer»** "no entry".

**LA DÉFENSE**

This business district to the west of Paris was started during the 1960s and 70s. It consists mainly of ultramodern glass skyscrapers and its most recognizable landmark is the "Grande Arche", a huge office building shaped like a square archway.

**défi** [defi] *nm* challenge; **lancer un ~ à qqn** to challenge sb.

**déficit** [defisit] *nm* deficit.

**déficitaire** [defisitɛr] *adj* in deficit.

**défier** [defje] *vt* to challenge; **~ qqn de faire qqch** to challenge sb to do sthg.

**défigurer** [defigyre] *vt* to disfigure.

**défilé** [defile] *nm (militaire)* parade; *(gorges)* defile; **~ de mode** fashion show.

**défiler** [defile] *vi (manifestants, soldats)* to march past.

**définir** [definir] *vt* to define.

**définitif, -ive** [definitif, iv] *adj* definitive; **en définitive** when all is said and done.

**définition** [definisjɔ̃] *nf* definition.

**définitivement** [definitivmɑ̃] *adv* permanently.

**défoncer** [defɔ̃se] *vt (porte, voiture)* to smash in; *(terrain, route)* to break up.

**déformé, -e** [defɔrme] *adj (vêtement)* shapeless; *(route)* uneven.

**déformer** [defɔrme] *vt* to deform; *(fig: réalité)* to distort.

**défouler** [defule] **: se défouler** *vp* to unwind.

**défricher** [defriʃe] *vt* to clear.

**dégager** [degaʒe] *vt (déblayer)* to clear; *(fumée, odeur)* to give off; **~ qqn/qqch de** to free sb/sthg from ❑ **se dégager** *vp* to free o.s.; *(ciel)* to clear; **se ~ de** *(se libérer de)* to free o.s. from; *(suj: fumée, odeur)* to be given off from.

**dégainer** [degene] *vt & vi* to draw.

**dégarni, -e** [degarni] *adj (crâne, personne)* balding.

**dégâts** [dega] *nmpl* damage; **faire des ~** to cause damage.

**dégel** [deʒɛl] *nm* thaw.

**dégeler** [deʒle] *vt* to de-ice; *(atmosphère)* to warm up ◆ *vi* to thaw.

**dégénérer** [deʒenere] *vi* to degenerate.

**dégivrage** [deʒivraʒ] *nm (AUT)* de-icing.

**dégivrer** [deʒivre] *vt (pare-brise)* to de-ice; *(réfrigérateur)* to defrost.

**dégonfler** [degɔ̃fle] *vt* to let down ❑ **se dégonfler** *vp* to go down; *(fam: renoncer)* to chicken out.

**dégouliner** [deguline] *vi* to trickle.

**dégourdi, -e** [degurdi] *adj* smart.

**dégourdir** [degurdir] : **se dégourdir** *vp*: **se ~ les jambes** to stretch one's legs.

**dégoût** [degu] *nm* disgust.

**dégoûtant, -e** [degutɑ̃, ɑ̃t] *adj* disgusting.

**dégoûter** [degute] *vt* to disgust; **~ qqn de qqch** to put sb off sthg.

**dégrafer** [degrafe] *vt (papiers)* to unstaple; *(vêtement)* to undo.

**degré** [dəgre] *nm* degree; **du vin à 12 ~s** 12% proof wine.

**dégressif, -ive** [degresif, iv] *adj* decreasing.

**dégringoler** [degrɛ̃gɔle] *vi* to tumble.

**dégueulasse** [degœlas] *adj (fam)* filthy.

**déguisement** [degizmɑ̃] *nm (pour bal masqué)* fancy dress.

**déguiser** [degize] *vt* to disguise ❑ **se déguiser** *vp*: **se ~ (en)** *(à un bal masqué)* to dress up (as).

**dégustation** [degystasjɔ̃] *nf* tasting.

**déguster** [degyste] *vt (goûter)* to taste.

**dehors** [dəɔr] *adv & nm* outside; **jeter** OU **mettre qqn ~** to throw sb out; **se pencher en ~** to lean out; **en ~ de** outside; *(sauf)* apart from.

**déjà** [deʒa] *adv* already; **es-tu ~ allé à Bordeaux?** have you ever been to Bordeaux?

**déjeuner** [deʒœne] *nm* lunch; *(petit déjeuner)* breakfast ◆ *vi* to have lunch; *(le matin)* to have breakfast.

**délabré, -e** [delabre] *adj* ruined.

**délacer** [delase] *vt* to undo.

**délai** [delɛ] *nm (durée)* deadline; *(temps supplémentaire)* extension; **dans un ~ de trois jours** within three days.

**délasser** [delase] *vt* to refresh.

**délavé, -e** [delave] *adj* faded.

**délayer** [deleje] *vt* to mix.

**Delco®** [dɛlko] *nm* distributor.

**délégué, -e** [delege] *nm, f* delegate.

**délibérément** [deliberemɑ̃] *adv* deliberately.

**délicat, -e** [delika, at] *adj* delicate; *(plein de tact)* sensitive; *(exigeant)* fussy.

**délicatement** [delikatmɑ̃] *adv* delicately.

**délicieux, -ieuse** [delisjø, jøz] *adj* delicious.

**délimiter** [delimite] *vt (terrain)* to demarcate.

**délinquant, -e** [delɛ̃kɑ̃, ɑ̃t] *nm, f* delinquent.

**délirer** [delire] *vi* to be delirious.

**délit** [deli] *nm* offence *(Br)*, misdemeanor *(Am)*.

**délivrer** [delivre] *vt (prisonnier)* to release; *(autorisation, reçu)* to issue.

**déloyal, -e, -aux** [delwajal, jo] *adj* unfair.

**delta** [dɛlta] *nm* delta.

**deltaplane** [dɛltaplan] *nm* hang-glider.

**déluge** [delyʒ] *nm (pluie)* downpour.

**demain** [dəmɛ̃] *adv* tomorrow; **à ~!** see you tomorrow!; **~ matin/**

**soir** tomorrow morning/evening.

**demande** [dəmɑ̃d] *nf (réclamation)* application; *(formulaire)* application form; **«~s d'emploi»** "situations wanted".

**demander** [dəmɑ̃de] *vt* to ask for; *(heure)* to ask; *(nécessiter)* to require; **~ qqch à qqn** *(interroger)* to ask sb sthg; *(exiger)* to ask sb for sthg; **~ à qqn de faire qqch** to ask sb to do sthg ❑ **se demander** *vp* to wonder.

**demandeur, -euse** [dəmɑ̃dœr, øz] *nm, f*: **~ d'emploi** job-seeker.

**démangeaison** [demɑ̃ʒɛzɔ̃] *nf* itch; **avoir des ~s** to itch.

**démanger** [demɑ̃ʒe] *vt*: **mon bras me démange** my arm is itchy.

**démaquillant** [demakijɑ̃] *nm* cleanser.

**démarche** [demarʃ] *nf (allure)* bearing; *(administrative)* step.

**démarrage** [demaraʒ] *nm* start.

**démarrer** [demare] *vi* to start.

**démarreur** [demarœr] *nm* starter.

**démasquer** [demaske] *vt (identifier)* to expose.

**démêler** [demele] *vt* to untangle.

**déménagement** [demenaʒmɑ̃] *nm* removal.

**déménager** [demenaʒe] *vi* to move (house) ◆ *vt* to move.

**démener** [demne] : **se démener** *vp (bouger)* to struggle; *(faire des efforts)* to exert o.s.

**dément, -e** [demɑ̃, ɑ̃t] *adj* demented; *(fam: incroyable)* crazy.

**démentir** [demɑ̃tir] *vt* to deny.

**démesuré, -e** [deməzyre] *adj* enormous.

**démettre** [demɛtr] : **se démettre** *vp*: **se ~ l'épaule** to dislocate one's shoulder.

**demeure** [dəmœr] *nf (manoir)* mansion.

**demeurer** [dəmœre] *vi (sout) (habiter)* to live; *(rester)* to remain.

**demi, -e** [dəmi] *adj* half ◆ *nm (bière)* = half-pint; **cinq heures et ~e** half past five; **un ~-kilo de** half a kilo of; **à ~ fermé** half-closed.

**demi-finale, -s** [dəmifinal] *nf* semifinal.

**demi-frère, -s** [dəmifrɛr] *nm* half-brother.

**demi-heure, -s** [dəmijœr] *nf*: **une ~** half an hour; **toutes les ~s** every half hour.

**demi-pension, -s** [dəmipɑ̃sjɔ̃] *nf (à l'hôtel)* half board; *(à l'école)*: **être en ~** to have school dinners.

**demi-pensionnaire, -s** [dəmipɑ̃sjɔnɛr] *nmf child who has school dinners.*

**démis, -e** [demi, iz] *pp* → **démettre**.

**demi-saison, -s** [dəmisɛzɔ̃] *nf*: **de ~** *(vêtement)* mid-season.

**demi-sœur, -s** [dəmisœr] *nf* half-sister.

**démission** [demisjɔ̃] *nf* resignation; **donner sa ~** to hand in one's notice.

**démissionner** [demisjɔne] *vi* to resign.

**demi-tarif, -s** [dəmitarif] *nm* half price.

**demi-tour, -s** [dəmitur] *nm (à pied)* about-turn; *(en voiture)* U-turn; **faire ~** to turn back.

**démocratie** [demɔkrasi] *nf* democracy.

**démocratique** [demɔkratik] *adj* democratic.
**démodé, -e** [demɔde] *adj* old-fashioned.
**demoiselle** [dəmwazɛl] *nf* young lady; **~ d'honneur** *(à un mariage)* bridesmaid.
**démolir** [demɔlir] *vt* to demolish.
**démon** [demɔ̃] *nm* devil.
**démonstratif, -ive** [demɔ̃stratif, iv] *adj* demonstrative.
**démonstration** [demɔ̃strasjɔ̃] *nf* demonstration.
**démonter** [demɔ̃te] *vt* to take apart.
**démontrer** [demɔ̃tre] *vt* to demonstrate.
**démoraliser** [demɔralize] *vt* to demoralize.
**démouler** [demule] *vt (gâteau)* to turn out of a mould.
**démuni, -e** [demyni] *adj (pauvre)* destitute.
**dénicher** [deniʃe] *vt (trouver)* to unearth.
**dénivellation** [denivɛlasjɔ̃] *nf* dip.
**dénoncer** [denɔ̃se] *vt* to denounce.
**dénouement** [denumɑ̃] *nm (d'intrigue)* outcome; *(d'une pièce de théâtre)* denouement.
**dénouer** [denwe] *vt* to untie.
**dénoyauter** [denwajote] *vt (olives)* to pit.
**denrée** [dɑ̃re] *nf* commodity.
**dense** [dɑ̃s] *adj* dense.
**dent** [dɑ̃] *nf* tooth; *(d'une fourchette)* prong; **~ de lait** milk tooth; **~ de sagesse** wisdom tooth.
**dentelle** [dɑ̃tɛl] *nf* lace.
**dentier** [dɑ̃tje] *nm* dentures *(pl)*.
**dentifrice** [dɑ̃tifris] *nm* toothpaste.
**dentiste** [dɑ̃tist] *nm* dentist.
**Denver** [dɑ̃vɛr] *n* → **sabot**.
**déodorant** [deɔdɔrɑ̃] *nm* deodorant.
**dépannage** [depanaʒ] *nm* repair; **service de ~** *(AUT)* breakdown service.
**dépanner** [depane] *vt* to repair; *(fig: aider)* to bail out.
**dépanneur** [depanœr] *nm* repairman; *(Can: épicerie)* corner shop *(Br)*, convenience store *(Am)*.
**dépanneuse** [depanøz] *nf* (breakdown) recovery vehicle.
**dépareillé, -e** [depareje] *adj (service)* incomplete; *(gant, chaussette)* odd.
**départ** [depar] *nm* departure; *(d'une course)* start; **au ~** *(au début)* at first; **«~s»** "departures".
**départager** [departaʒe] *vt* to decide between.
**département** [departəmɑ̃] *nm (division administrative) territorial and administrative division of France*; *(service)* department.
**départementale** [departəmɑ̃tal] *nf*: **(route) ~** = B road *(Br)*, secondary road.
**dépassement** [depasmɑ̃] *nm (sur la route)* overtaking *(Br)*, passing.
**dépasser** [depase] *vt (passer devant)* to pass; *(doubler)* to overtake *(Br)*, to pass; *(en taille)* to be taller than; *(somme, limite)* to exceed ◆ *vi (déborder)* to stick out.
**dépaysement** [depeizmɑ̃] *nm*

change of scenery.
**dépêcher** [depeʃe] **: se dépêcher** *vp* to hurry (up); **se ~ de faire qqch** to hurry to do sthg.
**dépendre** [depɑ̃dr] *vi*: **~ de** to depend on; **ça dépend** it depends.
**dépens** [depɑ̃] **: aux dépens de** *prép* at the expense of.
**dépense** [depɑ̃s] *nf* expense.
**dépenser** [depɑ̃se] *vt* to spend ❑ **se dépenser** *vp (physiquement)* to exert o.s.
**dépensier, -ière** [depɑ̃sje, jɛr] *adj* extravagant.
**dépêtrer** [depetre] **: se dépêtrer de** *vp + prép* to get out of.
**dépit** [depi] *nm* spite; **en ~ de** in spite of.
**déplacement** [deplasmɑ̃] *nm (voyage)* trip; **en ~** away on business.
**déplacer** [deplase] *vt* to move ❑ **se déplacer** *vp* to move; *(voyager)* to travel.
**déplaire** [deplɛr] **: déplaire à** *v + prép*: **ça me déplaît** I don't like it.
**déplaisant, -e** [deplɛzɑ̃, ɑ̃t] *adj* unpleasant.
**dépliant** [deplijɑ̃] *nm* leaflet.
**déplier** [deplije] *vt* to unfold ❑ **se déplier** *vp (chaise)* to unfold; *(canapé)* to fold down.
**déplorable** [deplɔrabl] *adj* deplorable.
**déployer** [deplwaje] *vt (ailes)* to spread; *(carte)* to open out.
**déporter** [depɔrte] *vt (prisonnier)* to deport; *(voiture)* to cause to swerve.
**déposer** [depoze] *vt (poser)* to put down; *(laisser)* to leave; *(argent)* to deposit; *(en voiture)* to drop (off) ❑ **se déposer** *vp* to settle.
**dépôt** [depo] *nm* deposit; *(de marchandises)* warehouse; *(de bus)* depot.
**dépotoir** [depɔtwar] *nm* rubbish dump *(Br)*, garbage dump *(Am)*.
**dépouiller** [depuje] *vt (voler)* to rob.
**dépourvu, -e** [depurvy] *adj*: **~ de** without; **prendre qqn au ~** to catch sb unawares.
**dépression** [depresjɔ̃] *nf (atmosphérique)* low; **~ (nerveuse)** (nervous) breakdown.
**déprimer** [deprime] *vt* to depress ◆ *vi* to be depressed.
**depuis** [dəpɥi] *prép & adv* since; **je travaille ici ~ trois ans** I've been working here for three years; **~ quand est-il marié?** how long has he been married?; **~ que nous sommes ici** since we've been here.
**député** [depyte] *nm* Member of Parliament *(Br)*, Representative *(Am)*.
**déraciner** [derasine] *vt* to uproot.
**dérailler** [deraje] *vi (train)* to be derailed.
**dérailleur** [derajœr] *nm* derailleur.
**dérangement** [derɑ̃ʒmɑ̃] *nm (gêne)* trouble; **en ~** out of order.
**déranger** [derɑ̃ʒe] *vt (gêner)* to bother; *(objets, affaires)* to disturb; **ça vous dérange si ...?** do you mind if ...? ❑ **se déranger** *vp (se déplacer)* to move.
**dérapage** [derapaʒ] *nm* skid.
**déraper** [derape] *vi (voiture, personne)* to skid; *(lame)* to slip.
**dérégler** [deregle] *vt* to put out

of order ❑ **se dérégler** *vp* to go wrong.
**dérive** [deriv] *nf (NAVIG)* centreboard; **aller à la ~** to drift.
**dériver** [derive] *vi (bateau)* to drift.
**dermatologue** [dɛrmatɔlɔg] *nmf* dermatologist.
**dernier, -ière** [dɛrnje, jɛr] *adj* last; *(récent)* latest ◆ *nm, f* last; **le ~ étage** the top floor; **la semaine dernière** last week; **en ~** *(enfin)* lastly; *(arriver)* last.
**dernièrement** [dɛrnjɛrmɑ̃] *adv* lately.
**dérouler** [derule] *vt (fil)* to unwind; *(papier)* to unroll ❑ **se dérouler** *vp (avoir lieu)* to take place.
**dérouter** [derute] *vt (surprendre)* to disconcert; *(dévier)* to divert.
**derrière** [dɛrjɛr] *prép* behind ◆ *adv* behind; *(dans une voiture)* in the back ◆ *nm (partie arrière)* back; *(fesses)* bottom.
**des** [de] = **de + les**, → **de, un**.
**dès** [dɛ] *prép*: **~ demain** from tomorrow; **~ notre arrivée** as soon as we arrive/arrived; **~ que** as soon as; **~ que tu seras prêt** as soon as you're ready.
**désaccord** [dezakɔr] *nm* disagreement; **être en ~ avec** to disagree with.
**désaffecté, -e** [dezafɛkte] *adj* disused.
**désagréable** [dezagreabl] *adj* unpleasant.
**désaltérer** [dezaltere] **: se désaltérer** *vp* to quench one's thirst.
**désappointé, -e** [dezapwɛ̃te] *adj* disappointed.
**désapprouver** [desapruve] *vt* to disapprove of.
**désarçonner** [dezarsɔne] *vt* to throw.
**désarmant, -e** [dezarmɑ̃, ɑ̃t] *adj* disarming.
**désarmer** [dezarme] *vt* to disarm.
**désastre** [dezastr] *nm* disaster.
**désastreux, -euse** [dezastrø, øz] *adj* disastrous.
**désavantage** [dezavɑ̃taʒ] *nm* disadvantage.
**désavantager** [dezavɑ̃taʒe] *vt* to put at a disadvantage.
**descendant, -e** [desɑ̃dɑ̃, ɑ̃t] *nm, f* descendant.
**descendre** [desɑ̃dr] *vt (aux avoir) (rue, escalier)* to go/come down; *(transporter)* to bring/take down ◆ *vi (aux être)* to go/come down; *(être en pente)* to slope down; *(baisser)* to fall; **~ les escaliers en courant** to run down the stairs; **~ de** *(voiture, train)* to get out of; *(vélo)* to get off; *(ancêtres)* to be descended from.
**descente** [desɑ̃t] *nf (en avion)* descent; *(pente)* slope; **~ de lit** bedside rug.
**description** [dɛskripsjɔ̃] *nf* description.
**désemparé, -e** [dezɑ̃pare] *adj* helpless.
**déséquilibre** [dezekilibr] *nm (différence)* imbalance; **en ~** *(instable)* unsteady.
**déséquilibré, -e** [dezekilibre] *nm, f* unbalanced person.
**déséquilibrer** [dezekilibre] *vt* to throw off balance.
**désert, -e** [dezɛr, ɛrt] *adj* deserted ◆ *nm* desert.
**déserter** [dezɛrte] *vi* to desert.

**désertique** [dezɛrtik] *adj* desert.
**désespéré, -e** [dezɛspere] *adj* desperate.
**désespoir** [dezɛspwar] *nm* despair.
**déshabiller** [dezabije] *vt (personne)* to undress ❑ **se déshabiller** *vp* to get undressed.
**désherbant** [dezɛrbɑ̃] *nm* weedkiller.
**désherber** [dezɛrbe] *vt* to weed.
**déshonorer** [dezɔnɔre] *vt* to disgrace.
**déshydraté, -e** [dezidrate] *adj (aliment)* dried; *(fig: assoiffé)* dehydrated.
**déshydrater** [dezidrate] *vt* to dehydrate ❑ **se déshydrater** *vp* to become dehydrated.
**désigner** [deziɲe] *vt (montrer)* to point out; *(choisir)* to appoint.
**désillusion** [dezilyzjɔ̃] *nf* disillusion.
**désinfectant** [dezɛ̃fɛktɑ̃] *nm* disinfectant.
**désinfecter** [dezɛ̃fɛkte] *vt* to disinfect.
**désintéressé, -e** [dezɛ̃terese] *adj* disinterested.
**désintéresser** [dezɛ̃terese] **: se désintéresser de** *vp + prép* to lose interest in.
**désinvolte** [dezɛ̃vɔlt] *adj* carefree.
**désir** [dezir] *nm* desire.
**désirer** [dezire] *vt* to want; **vous désirez?** can I help you?; **laisser à ~** to leave something to be desired.
**désobéir** [dezɔbeir] *vi* to disobey; **~ à** to disobey.
**désobéissant, -e** [dezɔbeisɑ̃, ɑ̃t] *adj* disobedient.
**désodorisant** [dezɔdɔrizɑ̃] *nm* air freshener.
**désolant, -e** [dezɔlɑ̃, ɑ̃t] *adj* shocking.
**désolé, -e** [dezɔle] *adj (personne)* distressed; *(paysage)* desolate; **je suis ~ (de)** I'm sorry (to).
**désordonné, -e** [dezɔrdɔne] *adj* untidy; *(gestes)* wild.
**désordre** [dezɔrdr] *nm* mess; *(agitation)* disorder; **être en ~** to be untidy.
**désorienté, -e** [dezɔrjɑ̃te] *adj* disorientated.
**désormais** [dezɔrmɛ] *adv* from now on.
**desquelles** [dekɛl] = **de + lesquelles**, → **lequel**.
**desquels** [dekɛl] = **de + lesquels**, → **lequel**.
**dessécher** [deseʃe] *vt* to dry out ❑ **se dessécher** *vp (peau)* to dry out; *(plante)* to wither.
**desserrer** [desere] *vt (vis, ceinture)* to loosen; *(dents, poing)* to unclench; *(frein)* to release.
**dessert** [desɛr] *nm* dessert.
**desservir** [desɛrvir] *vt (ville, gare)* to serve; *(table)* to clear; *(nuire à)* to be harmful to.
**dessin** [desɛ̃] *nm* drawing; **~ animé** cartoon.
**dessinateur, -trice** [desinatœr, tris] *nm, f (artiste)* artist; *(technicien)* draughtsman (*f* draughtswoman).
**dessiner** [desine] *vt (portrait, paysage)* to draw; *(vêtement, voiture)* to design.
**dessous** [dəsu] *adv* underneath ◆ *nm (d'une table)* bottom; *(d'une*

*carte, d'une feuille)* other side; **les voisins du ~** the downstairs neighbours; **en ~** underneath; **en ~ de** *(valeur, prévisions)* below.

**dessous-de-plat** [dəsudpla] *nm inv* place mat.

**dessus** [dəsy] *adv* on top ◆ *nm* top; **il a écrit ~** he wrote on it; **les voisins du ~** the upstairs neighbours; **avoir le ~** to have the upper hand.

**dessus-de-lit** [dəsydli] *nm inv* bedspread.

**destin** [dɛstɛ̃] *nm* destiny; **le ~** fate.

**destinataire** [dɛstinatɛr] *nmf* addressee.

**destination** [dɛstinasjɔ̃] *nf* destination; **arriver à ~** to reach one's destination; **vol 392 à ~ de Londres** flight 392 to London.

**destiné, -e** [dɛstine] *adj*: **être ~ à qqn** *(adressé à)* to be addressed to sb; **être ~ à qqn/qqch** *(conçu pour)* to be meant for sb/sthg; **être ~ à faire qqch** to be meant to do sthg.

**destruction** [dɛstryksjɔ̃] *nf* destruction.

**détachant** [detaʃɑ̃] *nm* stain remover.

**détacher** [detaʃe] *vt* to untie; *(ceinture)* to undo; *(découper)* to detach; *(nettoyer)* to remove stains from ❑ **se détacher** *vp (se défaire)* to come undone; *(se séparer)* to come off.

**détail** [detaj] *nm (d'une histoire, d'un tableau)* detail; **au ~** retail; **en ~** in detail.

**détaillant** [detajɑ̃] *nm* retailer.

**détaillé, -e** [detaje] *adj* detailed; *(facture)* itemized.

**détartrant** [detartrɑ̃] *nm* descaler.

**détaxé, -e** [detakse] *adj* duty-free.

**détecter** [detɛkte] *vt* to detect.

**détective** [detɛktiv] *nm* detective.

**déteindre** [detɛ̃dr] *vi* to fade; **~ sur** *(vêtement)* to discolour.

**déteint, -e** [detɛ̃, ɛ̃t] *pp* → **déteindre**.

**détendre** [detɑ̃dr] *vt (corde, élastique)* to slacken; *(personne, atmosphère)* to relax ❑ **se détendre** *vp (corde, élastique)* to slacken; *(se décontracter)* to relax.

**détendu, -e** [detɑ̃dy] *adj (décontracté)* relaxed.

**détenir** [detnir] *vt (fortune, secret)* to have; *(record)* to hold.

**détenu, -e** [detny] *pp* → **détenir** ◆ *nm, f* prisoner.

**détergent** [detɛrʒɑ̃] *nm* detergent.

**détériorer** [deterjɔre] *vt* to damage ❑ **se détériorer** *vp* to deteriorate.

**déterminé, -e** [detɛrmine] *adj (précis)* specific; *(décidé)* determined.

**déterminer** [detɛrmine] *vt (préciser)* to specify; **~ qqn à faire qqch** to make sb decide to do sthg.

**déterrer** [detere] *vt* to dig up.

**détester** [detɛste] *vt* to detest.

**détonation** [detɔnasjɔ̃] *nf* detonation.

**détour** [detur] *nm*: **faire un ~** *(voyageur)* to make a detour.

**détourner** [deturne] *vt (circulation, attention)* to divert; *(argent)* to embezzle; **~ qqn de** to distract sb from ❑ **se détourner** *vp* to turn away; **se ~ de** to move away from.

**détraqué, -e** [detrake] *adj* broken; *(fam: fou)* cracked.

**détritus** [detrity(s)] *nmpl* rubbish *(Br)(sg)*, garbage *(Am)(sg)*.

**détroit** [detrwa] *nm* strait.

**détruire** [detrɥir] *vt* to destroy.

**détruit, -e** [detrɥi, ɥit] *pp* → **détruire**.

**dette** [dɛt] *nf* debt.

**DEUG** [dœg] *nm university diploma taken after two years.*

**deuil** [dœj] *nm (décès)* death; **être en ~** to be in mourning.

**deux** [dø] *num* two; **à ~** together; **~ points** *(signe de ponctuation)* colon, → **six**.

**deuxième** [døzjem] *num* second, → **sixième**.

**deux-pièces** [døpjɛs] *nm (maillot de bain)* two-piece (costume); *(appartement)* two-room flat *(Br)*, two-room apartment *(Am)*.

**deux-roues** [døru] *nm* two-wheeled vehicle.

**dévaliser** [devalize] *vt* to rob.

**devancer** [dəvɑ̃se] *vt (arriver avant)* to arrive before.

**devant** [dəvɑ̃] *prép* in front of; *(avant)* before ◆ *adv* in front; *(en avant)* ahead ◆ *nm* front; **de ~** *(pattes, roues)* front; **(sens) ~ derrière** back to front.

**devanture** [dəvɑ̃tyr] *nf* shop window.

**dévaster** [devaste] *vt* to devastate.

**développement** [devlɔpmɑ̃] *nm* development; *(de photos)* developing.

**développer** [devlɔpe] *vt* to develop; **faire ~ des photos** to have some photos developed ❑ **se développer** *vp (grandir)* to grow.

**devenir** [dəvnir] *vi* to become.

**devenu, -e** [dəvny] *pp* → **devenir**.

**déviation** [devjasjɔ̃] *nf* diversion.

**dévier** [devje] *vt (trafic)* to divert; *(balle)* to deflect.

**deviner** [dəvine] *vt* to guess; *(apercevoir)* to make out.

**devinette** [dəvinɛt] *nf* riddle; **jouer aux ~s** to play guessing games.

**devis** [dəvi] *nm* estimate.

**dévisager** [devizaʒe] *vt* to stare at.

**devise** [dəviz] *nf (slogan)* motto; *(argent)* currency.

**deviser** [dəvize] *vt (Helv)* to estimate.

**dévisser** [devise] *vt* to unscrew.

**dévoiler** [devwale] *vt (secret, intentions)* to reveal.

**devoir** [dəvwar] *vt* **1.** *(argent, explications)*: **~ qqch à qqn** to owe sb sthg.
2. *(exprime l'obligation)*: **~ faire qqch** to have to do sthg; **je dois y aller, maintenant** I have to OU must go now.
3. *(pour suggérer)*: **vous devriez essayer le rafting** you should try whitewater rafting.
4. *(exprime le regret)*: **j'aurais dû/je n'aurais pas dû l'écouter** I should have/shouldn't have listened to him.
5. *(exprime la probabilité)*: **ça doit coûter cher** that must cost a lot; **le temps devrait s'améliorer cette semaine** the weather should im-

prove this week.
6. *(exprime l'intention)*: **nous devions partir hier, mais ...** we were due to leave yesterday, but ...
♦ *nm* 1. *(obligation)* duty.
2. *(SCOL)*: **~ (à la maison)** homework exercise; **~ (sur table)** classroom test.
❑ **devoirs** *nmpl (SCOL)* homework *(sg)*; **~s de vacances** holiday homework *(Br)*, vacation homework *(Am)*.

**dévorer** [devɔre] *vt* to devour.

**dévoué, -e** [devwe] *adj* devoted.

**dévouer** [devwe] **: se dévouer** *vp* to make a sacrifice; **se ~ pour faire qqch** to sacrifice o.s. to do sthg.

**devra** *etc* → **devoir**.

**diabète** [djabɛt] *nm* diabetes.

**diabétique** [djabetik] *adj* diabetic.

**diable** [djabl] *nm* devil.

**diabolo** [djabɔlo] *nm (boisson) fruit cordial and lemonade*; **~ menthe** *mint (cordial) and lemonade*.

**diagnostic** [djagnɔstik] *nm* diagnosis.

**diagonale** [djagɔnal] *nf* diagonal; **en ~** *(traverser)* diagonally; **lire en ~** to skim.

**dialecte** [djalɛkt] *nm* dialect.

**dialogue** [djalɔg] *nm* dialogue.

**diamant** [djamɑ̃] *nm* diamond; *(d'un électrophone)* needle.

**diamètre** [djamɛtr] *nm* diameter.

**diapositive** [djapozitiv] *nf* slide.

**diarrhée** [djare] *nf* diarrhoea.

**dictateur** [diktatœr] *nm* dictator.

**dictature** [diktatyr] *nf* dictatorship.

**dictée** [dikte] *nf* dictation.

**dicter** [dikte] *vt* to dictate.

**dictionnaire** [diksjɔnɛr] *nm* dictionary.

**dicton** [diktɔ̃] *nm* saying.

**diesel** [djezɛl] *nm (moteur)* diesel engine; *(voiture)* diesel ♦ *adj* diesel.

**diététique** [djetetik] *adj*: **produits ~s** health foods.

**dieu, -x** [djø] *nm* god ❑ **Dieu** *nm* God; **mon Dieu!** my God!

**différence** [diferɑ̃s] *nf* difference; *(MATH)* result.

**différent, -e** [diferɑ̃, ɑ̃t] *adj* different; **~ de** different from ❑ **différents, -es** *adj (divers)* various.

**différer** [difere] *vt* to postpone ♦ *vi* to differ; **~ de** to differ from.

**difficile** [difisil] *adj* difficult; *(exigeant)* fussy.

**difficulté** [difikylte] *nf* difficulty; **avoir des ~s à faire qqch** to have difficulty in doing sthg; **en ~** in difficulties.

**diffuser** [difyze] *vt (RADIO)* to broadcast; *(chaleur, lumière, parfum)* to give off.

**digérer** [diʒere] *vt* to digest; **ne pas ~ qqch** *(ne pas supporter)* to object to sthg.

**digeste** [diʒɛst] *adj* (easily) digestible.

**digestif, -ive** [diʒɛstif, iv] *adj* digestive ♦ *nm* liqueur.

**digestion** [diʒɛstjɔ̃] *nf* digestion.

**Digicode®** [diʒikɔd] *nm* code number *(for entry system)*.

**digital, -e, -aux** [diʒital, o] *adj* digital.

**digne** [diɲ] *adj* dignified; **~ de** *(qui mérite)* worthy of; *(qui correspond à)* befitting.
**digue** [dig] *nf* dike.
**dilater** [dilate] *vt* to expand ❑ **se dilater** *vp* to dilate.
**diluer** [dilɥe] *vt* to dilute.
**dimanche** [dimɑ̃ʃ] *nm* Sunday, → **samedi**.
**dimension** [dimɑ̃sjɔ̃] *nf* dimension.
**diminuer** [diminɥe] *vt* to reduce; *(physiquement)* to weaken ◆ *vi* to fall.
**diminutif** [diminytif] *nm* diminutive.
**dinde** [dɛ̃d] *nf* turkey; **~ aux marrons** *roast turkey with chestnuts, traditionally eaten at Christmas.*
**dîner** [dine] *nm* dinner; *(repas du midi)* lunch ◆ *vi* to have dinner; *(le midi)* to have lunch.
**diplomate** [diplɔmat] *adj* diplomatic ◆ *nmf* diplomat ◆ *nm (CULIN)* = trifle.
**diplomatie** [diplɔmasi] *nf* diplomacy.
**diplôme** [diplom] *nm* diploma.
**dire** [dir] *vt* 1. *(prononcer)* to say.
2. *(exprimer)* to say; **~ la vérité** to tell the truth; **~ à qqn que/pourquoi** to tell sb that/why; **comment dit-on «de rien» en anglais?** how do you say "de rien" in English?
3. *(prétendre)* to say; **on dit que ...** people say that ...
4. *(ordonner)*: **~ à qqn de faire qqch** to tell sb to do sthg.
5. *(penser)* to think; **qu'est-ce que vous en dites?** what do you think?; **que dirais-tu de ...?** what would you say to ...?; **on dirait qu'il va pleuvoir** it looks like it's going to rain.
6. *(dans des expressions)*: **ça ne me dit rien** it doesn't do much for me; **cela dit ...** having said that ...; **disons ...** let's say ...
❑ **se dire** *vp (penser)* to say to o.s.
**direct, -e** [dirɛkt] *adj* direct ◆ *nm*: **en ~ (de)** live (from).
**directement** [dirɛktəmɑ̃] *adv* directly.
**directeur, -trice** [dirɛktœr, tris] *nm, f* director; *(d'une école)* headmaster (*f* headmistress).
**direction** [dirɛksjɔ̃] *nf (gestion, dirigeants)* management; *(sens)* direction; *(AUT)* steering; **un train en ~ de Paris** a train for Paris; **«toutes ~s»** "all routes".
**dirigeant, -e** [diriʒɑ̃, ɑ̃t] *nm, f (POL)* leader; *(d'une entreprise, d'un club)* manager.
**diriger** [diriʒe] *vt* to manage; *(véhicule)* to steer; *(orchestre)* to conduct; **~ qqch sur** to point sthg at ❑ **se diriger vers** *vp + prép* to go towards.
**dis** → **dire**.
**discipline** [disiplin] *nf* discipline.
**discipliné, -e** [disipline] *adj* disciplined.
**disc-jockey, -s** [diskʒɔkɛ] *nm* disc jockey.
**disco** [disko] *nf (fam: discothèque)* disco.
**discothèque** [diskɔtɛk] *nf (boîte de nuit)* discotheque; *(de prêt)* record library.
**discours** [diskur] *nm* speech.
**discret, -ète** [diskrɛ, ɛt] *adj* discreet.
**discrétion** [diskresjɔ̃] *nf* dis-

cretion.
**discrimination** [diskriminasjɔ̃] *nf* discrimination.
**discussion** [diskysjɔ̃] *nf* discussion.
**discuter** [diskyte] *vi* to talk; *(protester)* to argue; ~ **de qqch (avec qqn)** to discuss sthg (with sb).
**dise** → **dire**.
**disjoncteur** [disʒɔ̃ktœr] *nm* circuit breaker.
**disons** → **dire**.
**disparaître** [disparɛtr] *vi* to disappear; *(mourir)* to die.
**disparition** [disparisjɔ̃] *nf* disappearance.
**disparu, -e** [dispary] *pp* → **disparaître** ♦ *nm, f* missing person.
**dispensaire** [dispɑ̃sɛr] *nm* clinic.
**dispenser** [dispɑ̃se] *vt*: ~ **qqn de qqch** to excuse sb from sthg.
**disperser** [disperse] *vt* to scatter.
**disponible** [disponibl] *adj* available.
**disposé, -e** [dispoze] *adj*: **être ~ à faire qqch** to be willing to do sthg.
**disposer** [dispoze] *vt* to arrange ❑ **disposer de** *v + prép* to have (at one's disposal); **se disposer à** *vp + prép* to prepare to.
**dispositif** [dispozitif] *nm* device.
**disposition** [dispozisjɔ̃] *nf (ordre)* arrangement; **prendre ses ~s** to make arrangements; **à la ~ de qqn** at sb's disposal.
**disproportionné, -e** [disproporsjone] *adj (énorme)* unusually large.
**dispute** [dispyt] *nf* argument.
**disputer** [dispyte] *vt (match)* to contest; *(épreuve)* to compete in ❑ **se disputer** *vp* to fight.
**disquaire** [diskɛr] *nmf* record dealer.
**disqualifier** [diskalifje] *vt* to disqualify.
**disque** [disk] *nm (enregistrement)* record; *(objet rond)* disc; *(INFORM)* disk; *(SPORT)* discus; ~ **laser** compact disc; ~ **dur** hard disk.
**disquette** [diskɛt] *nf* floppy disk.
**dissertation** [disɛrtasjɔ̃] *nf* essay.
**dissimuler** [disimyle] *vt* to conceal.
**dissipé, -e** [disipe] *adj* badly behaved.
**dissiper** [disipe] : **se dissiper** *vp (brouillard)* to clear; *(élève)* to misbehave.
**dissolvant** [disɔlvɑ̃] *nm* solvent; *(à ongles)* nail varnish remover.
**dissoudre** [disudr] *vt* to dissolve.
**dissous, -oute** [disu, ut] *pp* → **dissoudre**.
**dissuader** [disɥade] *vt*: ~ **qqn de faire qqch** to persuade sb not to do sthg.
**distance** [distɑ̃s] *nf* distance; **à une ~ de 20 km, à 20 km de ~** 20 km away; **à ~** *(commander)* by remote control.
**distancer** [distɑ̃se] *vt* to outstrip.
**distinct, -e** [distɛ̃, ɛ̃kt] *adj* distinct.
**distinction** [distɛ̃ksjɔ̃] *nf*: **faire une ~ entre** to make a distinction between.

**distingué, -e** [distɛ̃ge] *adj* distinguished.
**distinguer** [distɛ̃ge] *vt* to distinguish; *(voir)* to make out ❑ **se distinguer de** *vp + prép* to stand out from.
**distraction** [distraksjɔ̃] *nf (étourderie)* absent-mindedness; *(loisir)* source of entertainment.
**distraire** [distrɛr] *vt (amuser)* to amuse; *(déconcentrer)* to distract ❑ **se distraire** *vp* to amuse o.s.
**distrait, -e** [distrɛ, ɛt] *pp* → **distraire** ◆ *adj* absent-minded.
**distribuer** [distribɥe] *vt* to distribute; *(cartes)* to deal; *(courrier)* to deliver.
**distributeur** [distribytœr] *nm (de billets de train)* ticket machine; *(de boissons)* drinks machine; ~ **(automatique) de billets** *(FIN)* cash dispenser.
**distribution** [distribysjɔ̃] *nf* distribution; *(du courrier)* delivery; *(dans un film)* cast; ~ **des prix** prize-giving.
**dit, -e** [di, dit] *pp* → **dire**.
**dites** → **dire**.
**divan** [divɑ̃] *nm* couch.
**divers, -es** [divɛr, ɛrs] *adj* various.
**divertir** [divɛrtir] *vt* to entertain ❑ **se divertir** *vp* to entertain o.s.
**divertissement** [divɛrtismɑ̃] *nm (distraction)* pastime.
**divin, -e** [divɛ̃, in] *adj* divine.
**diviser** [divize] *vt* to divide.
**division** [divizjɔ̃] *nf* division.
**divorce** [divɔrs] *nm* divorce.
**divorcé, -e** [divɔrse] *adj* divorced ◆ *nm, f* divorced person.
**divorcer** [divɔrse] *vi* to divorce.
**dix** [dis] *num* ten, → **six**.
**dix-huit** [dizɥit] *num* eighteen, → **six**.
**dix-huitième** [dizɥitjɛm] *num* eighteenth, → **sixième**.
**dixième** [dizjɛm] *num* tenth, → **sixième**.
**dix-neuf** [diznœf] *num* nineteen, → **six**.
**dix-neuvième** [diznœvjɛm] *num* nineteenth, → **sixième**.
**dix-sept** [disɛt] *num* seventeen, → **six**.
**dix-septième** [disɛtjɛm] *num* seventeenth, → **sixième**.
**dizaine** [dizɛn] *nf*: **une ~ (de)** about ten.
**DJ** [didʒe] *nm (abr de disc-jockey)* DJ.
**docile** [dɔsil] *adj* docile.
**docks** [dɔk] *nmpl* docks.
**docteur** [dɔktœr] *nm* doctor.
**document** [dɔkymɑ̃] *nm* document.
**documentaire** [dɔkymɑ̃tɛr] *nm* documentary.
**documentaliste** [dɔkymɑ̃talist] *nmf (SCOL)* librarian.
**documentation** [dɔkymɑ̃tasjɔ̃] *nf (documents)* literature.
**documenter** [dɔkymɑ̃te] : **se documenter** *vp* to do some research.
**doigt** [dwa] *nm* finger; *(petite quantité)* drop; **~ de pied** toe; **à deux ~s de** within inches of.
**dois** → **devoir**.
**doive** → **devoir**.
**dollar** [dɔlar] *nm* dollar.
**domaine** [dɔmɛn] *nm (propriété)* estate; *(secteur)* field.
**dôme** [dom] *nm* dome.

**domestique** [dɔmɛstik] *adj (tâche)* domestic ◆ *nmf* servant.

**domicile** [dɔmisil] *nm* residence; **à ~** at OU from home; **livrer à ~** to do deliveries.

**dominer** [dɔmine] *vt (être plus fort que)* to dominate; *(être plus haut que)* to overlook; *(colère, émotion)* to control ◆ *vi (face à un adversaire)* to dominate; *(être important)* to predominate.

**dominos** [dɔmino] *nmpl* dominoes.

**dommage** [dɔmaʒ] *nm*: **(quel) ~!** what a shame!; **c'est ~ de ...** it's a shame to ...; **c'est ~ que ...** it's a shame that ... ❑ **dommages** *nmpl* damage *(sg)*.

**dompter** [dɔ̃(p)te] *vt* to tame.

**dompteur, -euse** [dɔ̃(p)tœr, øz] *nm, f* tamer.

**DOM-TOM** [dɔmtɔm] *nmpl* *French overseas départements and territories.*

---

 **DOM-TOM**

The "DOM" (French overseas "départements" with the same status as mainland "départements") include the islands of Martinique, Guadeloupe, Réunion, and St Pierre and Miquelon. The "TOM" (French overseas territories having more independence than the "DOM") include the islands of New Caledonia, Wallis and Futuna, French Polynesia and Mayotte. Their inhabitants are all French citizens.

---

**don** [dɔ̃] *nm (aptitude)* gift.

**donc** [dɔ̃k] *conj* so; **viens ~!** come on!

**donjon** [dɔ̃ʒɔ̃] *nm* keep.

**données** [dɔne] *nfpl* data.

**donner** [dɔne] *vt* to give; **~ qqch à qqn** to give sb sthg; **~ un coup à qqn** to hit sb; **~ à manger à qqn** to feed sb; **ce pull me donne chaud** this jumper is making me hot; **ça donne soif** it makes you feel thirsty ❑ **donner sur** *v + prép (suj: fenêtre)* to look out onto; *(suj: porte)* to lead to.

**dont** [dɔ̃] *pron relatif* 1. *(complément du verbe, de l'adjectif)*: **la façon ~ ça s'est passé** the way (in which) it happened; **la région ~ je viens** the region I come from; **c'est le camping ~ on nous a parlé** this is the campsite we were told about; **l'établissement ~ ils sont responsables** the establishment for which they are responsible.
2. *(complément d'un nom d'objet)* of which; *(complément d'un nom de personne)* whose; **le parti ~ il est le chef** the party of which he is the leader; **celui ~ les parents sont divorcés** the one whose parents are divorced; **une région ~ le vin est très réputé** a region famous for its wine.
3. *(parmi lesquels)*: **certaines personnes, ~ moi, pensent que ...** some people, including me, think that ...; **deux piscines, ~ l'une couverte** two swimming pools, one of which is indoors.

**dopage** [dɔpaʒ] *nm* doping.

**doré, -e** [dɔre] *adj (métal, bouton)* gilt; *(lumière, peau)* golden; *(aliment)* golden brown ◆ *nm* walleyed pike.

**dorénavant** [dɔrenavɑ̃] *adv*

from now on.

**dorin** [dɔrɛ̃] *nm (Helv) collective name for white wines from the Vaud region of Switzerland.*

**dormir** [dɔrmir] *vi* to sleep.

**dorin** [dɔrɛ̃] *nm (Helv) collective name for white wines from the vaud region.*

**dortoir** [dɔrtwar] *nm* dormitory.

**dos** [do] *nm* back; **au ~ (de)** on the back (of); **de ~** from behind; **de ~ à** with one's back to.

**dose** [doz] *nf* dose.

**dossier** [dosje] *nm (d'un siège)* back; *(documents)* file.

**douane** [dwan] *nf* customs *(pl)*.

**douanier** [dwanje] *nm* customs officer.

**doublage** [dublaʒ] *nm (d'un film)* dubbing.

**double** [dubl] *adj & adv* double ◆ *nm (copie)* copy; *(partie de tennis)* doubles *(pl)*; **le ~ du prix normal** twice the normal price; **avoir qqch en ~** to have two of sthg; **mettre qqch en ~** to fold sthg in half.

**doubler** [duble] *vt* to double; *(vêtement)* to line; *(AUT)* to overtake *(Br)*, to pass; *(film)* to dub ◆ *vi* to double; *(AUT)* to overtake *(Br)*, to pass.

**doublure** [dublyr] *nf (d'un vêtement)* lining.

**douce** → **doux**.

**doucement** [dusmɑ̃] *adv (bas)* softly; *(lentement)* slowly.

**douceur** [dusœr] *nf (gentillesse)* gentleness; *(au toucher)* softness; *(du climat)* mildness; **en ~** smoothly.

**douche** [duʃ] *nf* shower; **prendre une ~** to take OU have a shower; *(fig: sous la pluie)* to get soaked.

**doucher** [duʃe] **: se doucher** *vp* to take OU have a shower.

**doué, -e** [dwe] *adj* gifted; **être ~ pour** OU **en qqch** to have a gift for sthg.

**douillet, -ette** [dujɛ, ɛt] *adj (délicat)* soft; *(confortable)* cosy.

**douleur** [dulœr] *nf (physique)* pain; *(morale)* sorrow.

**douloureux, -euse** [dulurø, øz] *adj* painful.

**doute** [dut] *nm* doubt; **avoir un ~ sur** to have doubts about; **sans ~** no doubt.

**douter** [dute] *vt*: **~ que** to doubt that ❑ **douter de** *v + prép* to doubt; **se douter** *vp*: **se ~ de** to suspect; **se ~ que** to suspect that.

**Douvres** [duvr] *n* Dover.

**doux, douce** [du, dus] *adj (aliment, temps)* mild; *(au toucher)* soft; *(personne)* gentle.

**douzaine** [duzɛn] *nf*: **une ~ (de)** *(douze)* a dozen; *(environ douze)* about twelve.

**douze** [duz] *num* twelve, → **six**.

**douzième** [duzjɛm] *num* twelfth, → **sixième**.

**dragée** [draʒe] *nf* sugared almond.

**dragon** [dragɔ̃] *nm* dragon.

**draguer** [drage] *vt (fam: personne)* to chat up *(Br)*, to hit on *(Am)*.

**dramatique** [dramatik] *adj (de théâtre)* dramatic; *(grave)* tragic ◆ *nf* TV drama.

**drame** [dram] *nm (pièce de théâtre)* drama; *(catastrophe)* tragedy.

**drap** [dra] *nm* sheet.

**drapeau, -x** [drapo] *nm* flag.

**drap-housse** [draus] (*pl* **draps-housses**) *nm* fitted sheet.

**dresser** [drese] *vt (mettre debout)* to put up; *(animal)* to train; *(plan)* to draw up; *(procès-verbal)* to make out ❑ **se dresser** *vp (se mettre debout)* to stand up; *(arbre, obstacle)* to stand.

**drogue** [drɔg] *nf*: **la ~** drugs *(pl)*.

**drogué, -e** [drɔge] *nm, f* drug addict.

**droguer** [drɔge] **: se droguer** *vp* to take drugs.

**droguerie** [drɔgri] *nf* hardware shop.

**droit, -e** [drwa, drwat] *adj & adv* straight; *(côté, main)* right ◆ *nm (autorisation)* right; *(taxe)* duty; **tout ~** straight ahead; **le ~** *(JUR)* law; **avoir le ~ de faire qqch** to have the right to do sthg; **avoir ~ à qqch** to be entitled to sthg; **~s d'inscription** registration fee.

**droite** [drwat] *nf*: **la ~** the right; *(POL)* the right (wing); **à ~ (de)** on the right (of); **de ~** *(du côté droit)* right-hand.

**droitier, -ière** [drwatje, jɛr] *adj* right-handed.

**drôle** [drol] *adj* funny; **un ~ de bonhomme** an odd fellow.

**drôlement** [drolmɑ̃] *adv (fam: très)* tremendously.

**drugstore** [drœgstɔr] *nm* drugstore.

**du** [dy] = **de + le**, → **de**.

**dû, due** [dy] *pp* → **devoir**.

**duc, duchesse** [dyk, dyʃɛs] *nm, f* duke (*f* duchess).

**duel** [dɥɛl] *nm* duel.

**duffle-coat, -s** [dœfœlkot] *nm* duffel coat.

**dune** [dyn] *nf* dune.

**duo** [dyo] *nm (MUS)* duet; *(d'artistes)* duo.

**duplex** [dyplɛks] *nm (appartement)* maisonette *(Br)*, duplex *(Am)*.

**duplicata** [dyplikata] *nm* duplicate.

**duquel** [dykɛl] = **de + lequel**, → **lequel**.

**dur, -e** [dyr] *adj & adv* hard; *(viande)* tough.

**durant** [dyrɑ̃] *prép* during.

**durcir** [dyrsir] *vi* to harden ❑ **se durcir** *vp* to harden.

**durée** [dyre] *nf (longueur)* length; *(période)* period.

**durer** [dyre] *vi* to last.

**dureté** [dyrte] *nf (résistance)* hardness; *(manque de pitié)* harshness.

**duvet** [dyvɛ] *nm (plumes)* down; *(sac de couchage)* sleeping bag.

**dynamique** [dinamik] *adj* dynamic.

**dynamite** [dinamit] *nf* dynamite.

**dynamo** [dinamo] *nf* dynamo.

**dyslexique** [dislɛksik] *adj* dyslexic.

**E** *(abr de est)* E.

**eau, -x** [o] *nf* water; **~ bénite** holy water; **~ de Cologne** eau de Cologne; **~ douce** fresh water; **~ gazeuse** fizzy water; **~ minérale**

mineral water; ~ **oxygénée** hydrogen peroxide; ~ **potable** drinking water; ~ **non potable** water not fit for drinking; ~ **plate** still water; ~ **du robinet** tap water; ~ **salée** salt water; ~ **de toilette** toilet water.

**eau-de-vie** [odvi] (*pl* **eaux-de-vie**) *nf* brandy.

**ébéniste** [ebenist] *nm* cabinet-maker.

**éblouir** [ebluir] *vt* to dazzle.

**éblouissant, -e** [ebluisɑ̃, ɑ̃t] *adj* dazzling.

**éboueur** [ebwœr] *nm* dustman *(Br)*, garbage collector *(Am)*.

**ébouillanter** [ebujɑ̃te] *vt* to scald.

**éboulement** [ebulmɑ̃] *nm* rock slide.

**ébouriffé, -e** [eburife] *adj* dishevelled.

**ébrécher** [ebreʃe] *vt* to chip.

**ébrouer** [ebrue] **: s'ébrouer** *vp* to shake o.s.

**ébruiter** [ebrɥite] *vt* to spread.

**ébullition** [ebylisjɔ̃] *nf*: **porter qqch à ~** to bring sthg to the boil.

**écaille** [ekaj] *nf (de poisson)* scale; *(d'huître)* shell; *(matière)* tortoiseshell.

**écailler** [ekaje] *vt (poisson)* to scale ❑ **s'écailler** *vp* to peel off.

**écarlate** [ekarlat] *adj* scarlet.

**écarquiller** [ekarkije] *vt*: **~ les yeux** to stare (wide-eyed).

**écart** [ekar] *nm (distance)* gap; *(différence)* difference; **faire un ~** *(véhicule)* to swerve; **à l'~ (de)** out of the way (of); **faire le grand ~** to do the splits.

**écarter** [ekarte] *vt (ouvrir)* to spread; *(éloigner)* to move away; *(fig: exclure)* to exclude.

**échafaudage** [eʃafodaʒ] *nm* scaffolding.

**échalote** [eʃalɔt] *nf* shallot.

**échancré, -e** [eʃɑ̃kre] *adj (robe)* low-necked; *(maillot de bain)* high-cut.

**échange** [eʃɑ̃ʒ] *nm* exchange; *(au tennis)* rally; **en ~ (de)** in exchange (for).

**échanger** [eʃɑ̃ʒe] *vt* to exchange; **~ qqch contre** to exchange sthg for.

**échangeur** [eʃɑ̃ʒœr] *nm (d'autoroute)* interchange.

**échantillon** [eʃɑ̃tijɔ̃] *nm* sample.

**échappement** [eʃapmɑ̃] *nm* → **pot, tuyau**.

**échapper** [eʃape] **: échapper à** *v + prép (mort)* to escape; *(corvée)* to avoid; *(personne)* to escape from; **son nom m'échappe** his name escapes me; **ça m'a échappé** *(paroles)* it just slipped out; **ça m'a échappé des mains** it slipped out of my hands ❑ **s'échapper** *vp* to escape; **s'~ de** to escape from; *(sortir)* to come out from.

**écharde** [eʃard] *nf* splinter.

**écharpe** [eʃarp] *nf (cache-nez)* scarf; **en ~** in a sling.

**échauffement** [eʃofmɑ̃] *nm (sportif)* warm-up.

**échauffer** [eʃofe] **: s'échauffer** *vp (sportif)* to warm up.

**échec** [eʃɛk] *nm* failure; **~!** check!; **~ et mat!** checkmate! ❑ **échecs** *nmpl* chess *(sg)*; **jouer aux ~s** to play chess.

**échelle** [eʃɛl] *nf* ladder; *(sur une carte)* scale; **faire la courte ~ à qqn**

to give sb a leg-up.

**échelon** [eʃlɔ̃] *nm* *(d'échelle)* rung; *(grade)* grade.

**échevelé, -e** [eʃəvle] *adj* dishevelled.

**échine** [eʃin] *nf (CULIN) cut of meat taken from pig's back.*

**échiquier** [eʃikje] *nm* chessboard.

**écho** [eko] *nm* echo.

**échographie** [ekografi] *nf* (ultrasound) scan.

**échouer** [eʃwe] *vi* to fail ❑ **s'échouer** *vp* to run aground.

**éclabousser** [eklabuse] *vt* to splash.

**éclaboussure** [eklabusyr] *nf* splash.

**éclair** [eklɛr] *nm* flash of lightning; *(gâteau)* éclair.

**éclairage** [eklɛraʒ] *nm* lighting.

**éclaircie** [eklɛrsi] *nf* sunny spell.

**éclaircir** [eklɛrsir] *vt* to make lighter ❑ **s'éclaircir** *vp* *(ciel)* to brighten (up); *(fig: mystère)* to be solved.

**éclaircissement** [eklɛrsismɑ̃] *nm (explication)* explanation.

**éclairer** [eklere] *vt* *(pièce)* to light; *(fig: personne)* to enlighten ❑ **s'éclairer** *vp* *(visage)* to light up; *(fig: mystère)* to become clear.

**éclaireur, -euse** [eklɛrœr, øz] *nm, f (scout)* Scout (*f* Guide); **partir en ~** to scout around.

**éclat** [ekla] *nm* *(de verre)* splinter; *(d'une lumière)* brightness; **~s de rire** bursts of laughter; **~s de voix** loud voices.

**éclatant, -e** [eklatɑ̃, ɑ̃t] *adj* brilliant.

**éclater** [eklate] *vi* *(bombe)* to explode; *(pneu, ballon)* to burst; *(guerre, scandale)* to break out; **~ de rire** to burst out laughing; **~ en sanglots** to burst into tears.

**éclipse** [eklips] *nf* eclipse.

**éclosion** [eklozjɔ̃] *nf* *(d'œufs)* hatching.

**écluse** [eklyz] *nf* lock.

**écœurant, -e** [ekœrɑ̃, ɑ̃t] *adj* disgusting.

**écœurer** [ekœre] *vt* to disgust.

**école** [ekɔl] *nf* school; **aller à l'~** to go to school; **faire l'~ buissonnière** to play truant *(Br)*, to play hooky *(Am)*.

**écolier, -ière** [ekɔlje, jɛr] *nm, f* schoolboy (*f* schoolgirl).

**écologie** [ekɔlɔʒi] *nf* ecology.

**écologique** [ekɔlɔʒik] *adj* ecological.

**écologiste** [ekɔlɔʒist] *nmf*: **les ~s** the Greens.

**économie** [ekɔnɔmi] *nf* *(d'un pays)* economy; *(science)* economics *(sg)* ❑ **économies** *nfpl* savings; **faire des ~s** to save money.

**économique** [ekɔnɔmik] *adj* *(peu coûteux)* economical; *(crise, développement)* economic.

**économiser** [ekɔnɔmize] *vt* to save.

**écorce** [ekɔrs] *nf* *(d'arbre)* bark; *(d'orange)* peel.

**écorcher** [ekɔrʃe] **: s'écorcher** *vp* to scratch o.s.; **s'~ le genou** to scrape one's knee.

**écorchure** [ekɔrʃyr] *nf* graze.

**écossais, -e** [ekɔsɛ, ɛz] *adj* Scottish; *(tissu)* tartan ❑ **Écossais, -e** *nm, f* Scotsman (*f* Scotswoman); **les Écossais** the Scots.

**Écosse** [ekɔs] *nf*: **l'~** Scotland.
**écouler** [ekule] **: s'écouler** *vp (temps)* to pass; *(liquide)* to flow (out).
**écouter** [ekute] *vt* to listen to.
**écouteur** [ekutœr] *nm (de téléphone)* earpiece; **~s** *(casque)* headphones.
**écran** [ekrɑ̃] *nm* screen; **(crème) ~ total** sun block; **le grand ~** *(le cinéma)* the big screen; **le petit ~** *(la télévision)* television.
**écrasant, -e** [ekrazɑ̃, ɑ̃t] *adj* overwhelming.
**écraser** [ekraze] *vt* to crush; *(cigarette)* to stub out; *(en voiture)* to run over; **se faire ~** *(par une voiture)* to be run over ❑ **s'écraser** *vp (avion)* to crash.
**écrémé, -e** [ekreme] *adj* skimmed; **demi-~** semi-skimmed.
**écrevisse** [ekrəvis] *nf* crayfish.
**écrier** [ekrije] **: s'écrier** *vp* to cry out.
**écrin** [ekrɛ̃] *nm* box.
**écrire** [ekrir] *vt & vi* to write; **~ à qqn** to write to sb *(Br)*, to write sb *(Am)* ❑ **s'écrire** *vp (correspondre)* to write (to each other); *(s'épeler)* to be spelled.
**écrit, -e** [ekri, it] *pp* → **écrire** ◆ *nm*: **par ~** in writing.
**écriteau, -x** [ekrito] *nm* notice.
**écriture** [ekrityr] *nf* writing.
**écrivain** [ekrivɛ̃] *nm* writer.
**écrou** [ekru] *nm* nut.
**écrouler** [ekrule] **: s'écrouler** *vp* to collapse.
**écru, -e** [ekry] *adj (couleur)* ecru.
**ÉCU** [eky] *nm (monnaie européenne)* ECU.
**écume** [ekym] *nf* foam.
**écumoire** [ekymwar] *nf* strainer.
**écureuil** [ekyrœj] *nm* squirrel.
**écurie** [ekyri] *nf* stable.
**écusson** [ekysɔ̃] *nm (sur un vêtement)* badge.
**eczéma** [ɛgzema] *nm* eczema.
**édenté, -e** [edɑ̃te] *adj* toothless.
**édifice** [edifis] *nm* building.
**Édimbourg** [edɛ̃bur] *n* Edinburgh.
**éditer** [edite] *vt* to publish.
**édition** [edisjɔ̃] *nf (exemplaires)* edition; *(industrie)* publishing.
**édredon** [edrədɔ̃] *nm* eiderdown.
**éducatif, -ive** [edykatif, iv] *adj* educational.
**éducation** [edykasjɔ̃] *nf* education; *(politesse)* good manners *(pl)*; **~ physique** PE.
**éduquer** [edyke] *vt* to bring up.
**effacer** [efase] *vt (mot)* to rub out; *(tableau)* to wipe; *(bande magnétique, chanson)* to erase; *(INFORM)* to delete ❑ **s'effacer** *vp (disparaître)* to fade (away).
**effaceur** [efasœr] *nm* rubber *(Br)*, eraser *(Am)*.
**effectif** [efɛktif] *nm (d'une classe)* size; *(d'une armée)* strength.
**effectivement** [efɛktivmɑ̃] *adv (réellement)* really; *(en effet)* indeed.
**effectuer** [efɛktɥe] *vt (travail)* to carry out; *(trajet)* to make.
**efféminé, -e** [efemine] *adj* effeminate.
**effervescent, -e** [efɛrvesɑ̃, ɑ̃t] *adj* effervescent.
**effet** [efɛ] *nm (résultat)* effect; *(impression)* impression; **faire de l'~** *(être efficace)* to be effective; **en ~**

indeed.

**efficace** [efikas] *adj (médicament, mesure)* effective; *(personne, travail)* efficient.

**efficacité** [efikasite] *nf* effectiveness.

**effilé, -e** [efile] *adj (frange)* thinned; *(lame)* sharp.

**effilocher** [efilɔʃe] : **s'effilocher** *vp* to fray.

**effleurer** [eflœre] *vt* to brush (against).

**effondrer** [efɔ̃dre] : **s'effondrer** *vp* to collapse.

**efforcer** [efɔrse] : **s'efforcer de** *vp + prép*: **s'~ de faire qqch** to try to do sthg.

**effort** [efɔr] *nm* effort; **faire des ~s (pour faire qqch)** to make an effort (to do sthg).

**effrayant, -e** [efrɛjɑ̃, ɑ̃t] *adj* frightening.

**effrayer** [efreje] *vt* to frighten.

**effriter** [efrite] : **s'effriter** *vp* to crumble.

**effroyable** [efrwajabl] *adj* terrible.

**égal, -e, -aux** [egal, o] *adj (identique)* equal; *(régulier)* even; **ça m'est ~** I don't care; **~ à** equal to.

**également** [egalmɑ̃] *adv (aussi)* also, as well.

**égaliser** [egalize] *vt (cheveux)* to trim; *(sol)* to level (out) ◆ *vi (SPORT)* to equalize.

**égalité** [egalite] *nf* equality; *(au tennis)* deuce; **être à ~** *(SPORT)* to be drawing.

**égard** [egar] *nm*: **à l'~ de** towards.

**égarer** [egare] *vt* to lose ❑ **s'égarer** *vp* to get lost; *(sortir du sujet)* to stray from the point.

**égayer** [egeje] *vt* to brighten up.

**église** [egliz] *nf* church; **l'Église** the Church.

**égoïste** [egɔist] *adj* selfish ◆ *nmf* selfish person.

**égorger** [egɔrʒe] *vt*: **~ qqn** to cut sb's throat.

**égouts** [egu] *nmpl* sewers.

**égoutter** [egute] *vt* to drain.

**égouttoir** [egutwar] *nm (à légumes)* colander; *(pour la vaisselle)* draining board.

**égratigner** [egratiɲe] *vt* to graze ❑ **s'égratigner** *vp*: **s'~ le genou** to graze one's knee.

**égratignure** [egratiɲyr] *nf* graze.

**égrener** [egrəne] *vt (maïs, pois)* to shell.

**Égypte** [eʒipt] *nf*: **l'~** Egypt.

**égyptien, -ienne** [eʒipsjɛ̃, jɛn] *adj* Egyptian.

**eh** [e] *excl* hey!; **~ bien!** well!

**Eiffel** [efɛl] *n* → **tour**.

**élan** [elɑ̃] *nm (pour sauter)* run-up; *(de tendresse)* rush; **prendre de l'~** to take a run-up.

**élancer** [elɑ̃se] : **s'élancer** *vp (pour sauter)* to take a run-up.

**élargir** [elarʒir] *vt (route)* to widen; *(vêtement)* to let out; *(débat, connaissances)* to broaden ❑ **s'élargir** *vp (route)* to widen; *(vêtement)* to stretch.

**élastique** [elastik] *adj* elastic ◆ *nm* rubber band.

**électeur, -trice** [elɛktœr, tris] *nm, f* voter.

**élections** [elɛksjɔ̃] *nfpl* elections.

**électricien** [elɛktrisjɛ̃] *nm* electrician.

**électricité** [elɛktrisite] *nf* electricity; ~ **statique** static electricity.

**électrique** [elɛktrik] *adj* electric.

**électrocuter** [elɛktrɔkyte] : **s'électrocuter** *vp* to electrocute o.s.

**électroménager** [elɛktrɔmenaʒe] *nm* household electrical appliances.

**électronique** [elɛktrɔnik] *adj* electronic ◆ *nf* electronics *(sg)*.

**électrophone** [elɛktrɔfɔn] *nm* record player.

**électuaire** [elɛktɥɛr] *nm (Helv)* jam.

**élégance** [elegɑ̃s] *nf* elegance.

**élégant, -e** [elegɑ̃, ɑ̃t] *adj* smart.

**élément** [elemɑ̃] *nm* element; *(de meuble, de cuisine)* unit.

**élémentaire** [elemɑ̃tɛr] *adj* basic.

**éléphant** [elefɑ̃] *nm* elephant.

**élevage** [elvaʒ] *nm* breeding; *(troupeau de moutons)* flock; *(troupeau de vaches)* herd.

**élève** [elɛv] *nmf* pupil.

**élevé, -e** [elve] *adj* high; **bien** ~ well brought-up; **mal** ~ ill-mannered.

**élever** [elve] *vt (enfant)* to bring up; *(animaux)* to breed; *(niveau, voix)* to raise ❑ **s'élever** *vp* to rise; **s'~ à** to add up to.

**éleveur, -euse** [elvœr, øz] *nm, f* stock breeder.

**éliminatoire** [eliminatwar] *adj* qualifying ◆ *nf* qualifying round.

**éliminer** [elimine] *vt* to eliminate ◆ *vi (en transpirant)* to detoxify one's system.

**élire** [elir] *vt* to elect.

**elle** [ɛl] *pron (personne, animal)* she; *(chose)* it; *(après prép ou comparaison)* her; **~-même** herself ❑ **elles** *pron (sujet)* they; *(après prép ou comparaison)* them; **~s-mêmes** themselves.

**éloigné, -e** [elwaɲe] *adj* distant; ~ **de** far from.

**éloigner** [elwaɲe] *vt* to move away ❑ **s'éloigner (de)** *vp (+ prép)* to move away (from).

**élongation** [elɔ̃gasjɔ̃] *nf* pulled muscle.

**élu, -e** [ely] *pp* → **élire** ◆ *nm, f* elected representative.

**Élysée** [elize] *nm*: **(le palais de) l'~** *the official residence of the French President and, by extension, the President himself.*

**émail, -aux** [emaj, o] *nm* enamel ❑ **émaux** *nmpl (objet)* enamel ornament.

**emballage** [ɑ̃balaʒ] *nm* packaging.

**emballer** [ɑ̃bale] *vt* to wrap (up); *(fam: enthousiasmer)* to thrill.

**embarcadère** [ɑ̃barkadɛr] *nm* landing stage.

**embarcation** [ɑ̃barkasjɔ̃] *nf* small boat.

**embarquement** [ɑ̃barkəmɑ̃] *nm* boarding; **«~ immédiat»** "now boarding".

**embarquer** [ɑ̃barke] *vt (marchandises)* to load; *(passagers)* to board; *(fam: prendre)* to cart off ◆ *vi* to board ❑ **s'embarquer** *vp* to board; **s'~ dans** *(affaire, aventure)* to embark on.

**embarras** [ɑ̃bara] *nm* embarrassment; **mettre qqn dans l'~** to put sb in an awkward position.

**embarrassant, -e** [ɑ̃barasɑ̃,

ɑ̃t] *adj* embarrassing.

**embarrasser** [ɑ̃barase] *vt (gêner)* to embarrass; *(encombrer)*: ~ **qqn** to be in sb's way ❑ **s'embarrasser de** *vp + prép* to burden o.s. with.

**embaucher** [ɑ̃boʃe] *vt* to recruit.

**embellir** [ɑ̃belir] *vt* to make prettier; *(histoire, vérité)* to embellish ◆ *vi* to grow more attractive.

**embêtant, -e** [ɑ̃bɛtɑ̃, ɑ̃t] *adj* annoying.

**embêter** [ɑ̃bete] *vt* to annoy ❑ **s'embêter** *vp (s'ennuyer)* to be bored.

**emblème** [ɑ̃blɛm] *nm* emblem.

**emboîter** [ɑ̃bwate] *vt* to fit together ❑ **s'emboîter** *vp* to fit together.

**embouchure** [ɑ̃buʃyr] *nf (d'un fleuve)* mouth.

**embourber** [ɑ̃burbe] **: s'embourber** *vp* to get stuck in the mud.

**embout** [ɑ̃bu] *nm* tip.

**embouteillage** [ɑ̃butɛjaʒ] *nm* traffic jam.

**embranchement** [ɑ̃brɑ̃ʃmɑ̃] *nm (carrefour)* junction.

**embrasser** [ɑ̃brase] *vt* to kiss ❑ **s'embrasser** *vp* to kiss (each other).

**embrayage** [ɑ̃brɛjaʒ] *nm* clutch.

**embrayer** [ɑ̃breje] *vi* to engage the clutch.

**embrouiller** [ɑ̃bruje] *vt (fil, cheveux)* to tangle (up); *(histoire, personne)* to muddle (up) ❑ **s'embrouiller** *vp* to get muddled (up).

**embruns** [ɑ̃brœ̃] *nmpl* (sea) spray *(sg)*.

**embuscade** [ɑ̃byskad] *nf* ambush.

**éméché, -e** [emeʃe] *adj* tipsy.

**émeraude** [emrod] *nf* emerald ◆ *adj* emerald green.

**émerger** [emɛrʒe] *vi* to emerge.

**émerveillé, -e** [emɛrveje] *adj* filled with wonder.

**émetteur** [emetœr] *nm* transmitter.

**émettre** [emɛtr] *vt (sons, lumière)* to emit; *(billets, chèque)* to issue ◆ *vi* to broadcast.

**émeute** [emøt] *nf* riot.

**émietter** [emjete] *vt* to crumble.

**émigrer** [emigre] *vi* to emigrate.

**émincé** [emɛ̃se] *nm thin slices of meat in a sauce*; ~ **de veau à la zurichoise** *veal and kidneys cooked in a cream, mushroom and white wine sauce.*

**émis, -e** [emi, iz] *pp* → **émettre**.

**émission** [emisjɔ̃] *nf* programme.

**emmagasiner** [ɑ̃magazine] *vt* to store up.

**emmanchure** [ɑ̃mɑ̃ʃyr] *nf* armhole.

**emmêler** [ɑ̃mele] *vt (fil, cheveux)* to tangle (up) ❑ **s'emmêler** *vp (fil, cheveux)* to get tangled (up); *(souvenirs, dates)* to get mixed up.

**emménager** [ɑ̃menaʒe] *vi* to move in.

**emmener** [ɑ̃mne] *vt* to take along.

**emmental** [emɛ̃tal] *nm* Emmental (cheese).

**emmitoufler** [ɑ̃mitufle] **: s'emmitoufler** *vp* to wrap up (well).

**émotif, -ive** [emɔtif, iv] *adj*

emotional.

**émotion** [emosjɔ̃] *nf* emotion.

**émouvant, -e** [emuvɑ̃, ɑ̃t] *adj* moving.

**émouvoir** [emuvwar] *vt* to move.

**empaillé, -e** [ɑ̃paje] *adj* stuffed.

**empaqueter** [ɑ̃pakte] *vt* to package.

**emparer** [ɑ̃pare] : **s'emparer de** *vp + prép (prendre vivement)* to grab (hold of).

**empêchement** [ɑ̃pɛʃmɑ̃] *nm* obstacle; **j'ai un ~** something has come up.

**empêcher** [ɑ̃peʃe] *vt* to prevent; **~ qqn/qqch de faire qqch** to prevent sb/sthg from doing sthg; **(il) n'empêche que** nevertheless ❑ **s'empêcher de** *vp + prép*: **je n'ai pas pu m'~ de rire** I couldn't stop myself from laughing.

**empereur** [ɑ̃prœr] *nm* emperor.

**empester** [ɑ̃pɛste] *vt (sentir)* to stink of ◆ *vi* to stink.

**empêtrer** [ɑ̃petre] : **s'empêtrer dans** *vp + prép (fils)* to get tangled up in; *(mensonges)* to get caught up in.

**empiffrer** [ɑ̃pifre] : **s'empiffrer (de)** *vp (+ prép) (fam)* to stuff o.s. (with).

**empiler** [ɑ̃pile] *vt* to pile up ❑ **s'empiler** *vp* to pile up.

**empire** [ɑ̃pir] *nm* empire.

**empirer** [ɑ̃pire] *vi* to get worse.

**emplacement** [ɑ̃plasmɑ̃] *nm* site; *(de parking)* parking space; **«~ réservé»** "reserved parking space".

**emploi** [ɑ̃plwa] *nm (poste)* job; *(d'un objet, d'un mot)* use; **l'~** *(en économie)* employment; **~ du temps** timetable.

**employé, -e** [ɑ̃plwaje] *nm, f* employee; **~ de bureau** office worker.

**employer** [ɑ̃plwaje] *vt (salarié)* to employ; *(objet, mot)* to use.

**employeur, -euse** [ɑ̃plwajœr, øz] *nm, f* employer.

**empoigner** [ɑ̃pwaɲe] *vt* to grasp.

**empoisonnement** [ɑ̃pwazɔnmɑ̃] *nm* poisoning.

**empoisonner** [ɑ̃pwazɔne] *vt* to poison.

**emporter** [ɑ̃pɔrte] *vt* to take; *(suj: vent, rivière)* to carry away; **à ~** *(plats)* to take away *(Br)*, to go *(Am)*; **l'~ sur** to get the better of ❑ **s'emporter** *vp* to lose one's temper.

**empreinte** [ɑ̃prɛ̃t] *nf (d'un corps)* imprint; **~s digitales** fingerprints; **~ de pas** footprint.

**empresser** [ɑ̃prese] : **s'empresser** *vp*: **s'~ de faire qqch** to hurry to do sthg.

**emprisonner** [ɑ̃prizɔne] *vt* to imprison.

**emprunt** [ɑ̃prœ̃] *nm* loan.

**emprunter** [ɑ̃prœ̃te] *vt* to borrow; *(itinéraire)* to take; **~ qqch à qqn** to borrow sthg from sb.

**ému, -e** [emy] *pp* → **émouvoir** ◆ *adj* moved.

**en** [ɑ̃] 1. *(indique le moment)* in; **~ été/1995** in summer/1995.
2. *(indique le lieu où l'on est)* in; **être ~ classe** to be in class; **habiter ~ Angleterre** to live in England.
3. *(indique le lieu où l'on va)* to; **aller ~ ville/~ Dordogne** to go into town/to the Dordogne.
4. *(désigne la matière)* made of; **un**

**pull ~ laine** a woollen jumper.
5. *(indique la durée)* in; **~ dix minutes** in ten minutes.
6. *(indique l'état)*: **être ~ vacances** to be on holiday; **s'habiller ~ noir** to dress in black; **combien ça fait ~ francs?** how much is that in francs?; **ça se dit «custard» ~ anglais** it's called "custard" in English.
7. *(indique le moyen)* by; **voyager ~ avion/voiture** to travel by plane/car.
8. *(pour désigner la taille)* in; **auriez-vous celles-ci ~ 38/~ plus petit?** do you have these in a 38/a smaller size?
9. *(devant un participe présent)*: **~ arrivant à Paris** on arriving in Paris; **~ faisant un effort** by making an effort; **partir ~ courant** to run off.
◆ *pron* 1. *(objet indirect)*: **n'~ parlons plus** let's not say any more about it; **il s'~ est souvenu** he remembered it.
2. *(avec un indéfini)*: **~ reprendrez-vous?** will you have some more?; **je n'~ ai plus** I haven't got any left; **il y ~ a plusieurs** there are several (of them).
3. *(indique la provenance)* from there; **j'~ viens** I've just been there.
4. *(complément du nom)* of it, of them *(pl)*; **j'~ garde un excellent souvenir** I have excellent memories of it.
5. *(complément de l'adjectif)*: **il ~ est fou** he's mad about it.

**encadrer** [ɑ̃kadre] *vt (tableau)* to frame.

**encaisser** [ɑ̃kese] *vt (argent)* to cash.

**encastré, -e** [ɑ̃kastre] *adj* built-in.

**enceinte** [ɑ̃sɛ̃t] *adj f* pregnant ◆ *nf (haut-parleur)* speaker; *(d'une ville)* walls *(pl)*.

**encens** [ɑ̃sɑ̃] *nm* incense.

**encercler** [ɑ̃sɛrkle] *vt (personne, ville)* to surround; *(mot)* to circle.

**enchaîner** [ɑ̃ʃene] *vt (attacher)* to chain together; *(idées, phrases)* to string together ❑ **s'enchaîner** *vp (se suivre)* to follow one another.

**enchanté, -e** [ɑ̃ʃɑ̃te] *adj* delighted; **~ (de faire votre connaissance)!** pleased to meet you!

**enchères** [ɑ̃ʃɛr] *nfpl* auction *(sg)*; **vendre qqch aux ~** to sell sthg at auction.

**enclencher** [ɑ̃klɑ̃ʃe] *vt (mécanisme)* to engage; *(guerre, processus)* to begin.

**enclos** [ɑ̃klo] *nm* enclosure.

**encoche** [ɑ̃kɔʃ] *nf* notch.

**encolure** [ɑ̃kɔlyr] *nf (de vêtement)* neck.

**encombrant, -e** [ɑ̃kɔ̃brɑ̃, ɑ̃t] *adj (paquet)* bulky.

**encombrements** [ɑ̃kɔ̃brəmɑ̃] *nmpl (embouteillage)* hold-up.

**encombrer** [ɑ̃kɔ̃bre] *vt*: **~ qqn** to be in sb's way; **encombré de** *(pièce, table)* cluttered with.

**encore** [ɑ̃kɔr] *adv* 1. *(toujours)* still; **il reste ~ une centaine de kilomètres** there are still about a hundred kilometres to go; **pas ~** not yet.
2. *(de nouveau)* again; **j'ai ~ oublié mes clefs!** I've forgotten my keys again!; **~ une fois** once more.
3. *(en plus)*: **~ un peu de légumes?** a few more vegetables?; **reste ~ un**

**peu** stay a bit longer; **~ un jour** another day.
4. *(en intensif)* even; **c'est ~ plus cher ici** it's even more expensive here.
**encourager** [ɑ̃kuraʒe] *vt* to encourage; **~ qqn à faire qqch** to encourage sb to do sthg.
**encrasser** [ɑ̃krase] *vt* to clog up.
**encre** [ɑ̃kr] *nf* ink; **~ de Chine** Indian ink.
**encyclopédie** [ɑ̃siklɔpedi] *nf* encyclopedia.
**endetter** [ɑ̃dete] **: s'endetter** *vp* to get into debt.
**endive** [ɑ̃div] *nf* chicory.
**endommager** [ɑ̃dɔmaʒe] *vt* to damage.
**endormi, -e** [ɑ̃dɔrmi] *adj* sleeping.
**endormir** [ɑ̃dɔrmir] *vt* *(enfant)* to send to sleep; *(anesthésier)* to put to sleep ❑ **s'endormir** *vp* to fall asleep.
**endroit** [ɑ̃drwa] *nm* place; *(côté)* right side; **à l'~** the right way round.
**endurant, -e** [ɑ̃dyrɑ̃, ɑ̃t] *adj* resistant.
**endurcir** [ɑ̃dyrsir] **: s'endurcir** *vp* to become hardened.
**énergie** [enɛrʒi] *nf* energy.
**énergique** [enɛrʒik] *adj* energetic.
**énerver** [enɛrve] *vt* to annoy ❑ **s'énerver** *vp* to get annoyed.
**enfance** [ɑ̃fɑ̃s] *nf* childhood.
**enfant** [ɑ̃fɑ̃] *nmf* child; **~ de chœur** altar boy.
**enfantin, -e** [ɑ̃fɑ̃tɛ̃, in] *adj* *(sourire)* childlike; *(péj: attitude)* childish.
**enfer** [ɑ̃fɛr] *nm* hell.
**enfermer** [ɑ̃fɛrme] *vt* to lock away.
**enfiler** [ɑ̃file] *vt* *(aiguille, perles)* to thread; *(vêtement)* to slip on.
**enfin** [ɑ̃fɛ̃] *adv* *(finalement)* finally, at last; *(en dernier)* finally, lastly.
**enflammer** [ɑ̃flame] **: s'enflammer** *vp* *(prendre feu)* to catch fire; *(MÉD)* to get inflamed.
**enfler** [ɑ̃fle] *vi* to swell.
**enfoncer** [ɑ̃fɔ̃se] *vt* *(clou)* to drive in; *(porte)* to break down; *(aile de voiture)* to dent; **~ qqch dans** to drive something into ❑ **s'enfoncer** *vp* *(s'enliser)* to sink (in); *(s'effondrer)* to give way.
**enfouir** [ɑ̃fwir] *vt* to hide.
**enfreindre** [ɑ̃frɛ̃dr] *vt* to infringe.
**enfreint, -e** [ɑ̃frɛ̃, ɛ̃t] *pp* → **enfreindre**.
**enfuir** [ɑ̃fɥir] **: s'enfuir** *vp* to run away.
**enfumé, -e** [ɑ̃fyme] *adj* smoky.
**engagement** [ɑ̃gaʒmɑ̃] *nm* *(promesse)* commitment; *(SPORT)* kick-off.
**engager** [ɑ̃gaʒe] *vt* *(salarié)* to take on; *(conversation, négociations)* to start ❑ **s'engager** *vp* *(dans l'armée)* to enlist; **s'~ à faire qqch** to undertake to do sthg; **s'~ dans** *(lieu)* to enter.
**engelure** [ɑ̃ʒlyr] *nf* chilblain.
**engin** [ɑ̃ʒɛ̃] *nm* machine.
**engloutir** [ɑ̃glutir] *vt* *(nourriture)* to gobble up; *(submerger)* to swallow up.
**engouffrer** [ɑ̃gufre] **: s'engouffrer dans** *vp + prép* to rush into.
**engourdi, -e** [ɑ̃gurdi] *adj*

numb.

**engrais** [ɑ̃grɛ] *nm* fertilizer.

**engraisser** [ɑ̃grese] *vt* to fatten ◆ *vi* to put on weight.

**engrenage** [ɑ̃grənaʒ] *nm (mécanique)* gears *(pl)*.

**énigmatique** [enigmatik] *adj* enigmatic.

**énigme** [enigm] *nf (devinette)* riddle; *(mystère)* enigma.

**enjamber** [ɑ̃ʒɑ̃be] *vt (flaque, fossé)* to step over; *(suj: pont)* to cross.

**enjoliveur** [ɑ̃ʒɔlivœr] *nm* hubcap.

**enlaidir** [ɑ̃ledir] *vt* to make ugly.

**enlèvement** [ɑ̃lɛvmɑ̃] *nm (kidnapping)* abduction.

**enlever** [ɑ̃lve] *vt* to remove, to take off; *(kidnapper)* to abduct ❑ **s'enlever** *vp (tache)* to come off.

**enliser** [ɑ̃lize] **: s'enliser** *vp* to get stuck.

**enneigé, -e** [ɑ̃neʒe] *adj* snow-covered.

**ennemi, -e** [ɛnmi] *nm, f* enemy.

**ennui** [ɑ̃nɥi] *nm (lassitude)* boredom; *(problème)* problem; **avoir des ~s** to have problems.

**ennuyé, -e** [ɑ̃nɥije] *adj (contrarié)* annoyed.

**ennuyer** [ɑ̃nɥije] *vt (lasser)* to bore; *(contrarier)* to annoy ❑ **s'ennuyer** *vp* to be bored.

**ennuyeux, -euse** [ɑ̃nɥijø, øz] *adj (lassant)* boring; *(contrariant)* annoying.

**énorme** [enɔrm] *adj* enormous.

**énormément** [enɔrmemɑ̃] *adv* enormously; **~ de** an awful lot of.

**enquête** [ɑ̃kɛt] *nf (policière)* investigation; *(sondage)* survey.

**enquêter** [ɑ̃kete] *vi*: **~ (sur)** to inquire (into).

**enragé, -e** [ɑ̃raʒe] *adj (chien)* rabid; *(fanatique)* fanatical.

**enrayer** [ɑ̃reje] *vt (maladie, crise)* to check ❑ **s'enrayer** *vp (arme)* to jam.

**enregistrement** [ɑ̃rəʒistrəmɑ̃] *nm (musical)* recording; **~ des bagages** baggage check-in.

**enregistrer** [ɑ̃rəʒistre] *vt* to record; *(INFORM)* to store; *(bagages)* to check in.

**enregistreuse** [ɑ̃rəʒistrøz] *adj f* → **caisse**.

**enrhumé, -e** [ɑ̃ryme] *adj*: **être ~** to have a cold.

**enrhumer** [ɑ̃ryme] **: s'enrhumer** *vp* to catch a cold.

**enrichir** [ɑ̃riʃir] *vt* to make rich; *(collection)* to enrich ❑ **s'enrichir** *vp* to become rich.

**enrobé, -e** [ɑ̃rɔbe] *adj*: **~ de** coated with.

**enroué, -e** [ɑ̃rwe] *adj* hoarse.

**enrouler** [ɑ̃rule] *vt* to roll up ❑ **s'enrouler** *vp*: **s'~ autour de qqch** to wind around sthg.

**enseignant, -e** [ɑ̃sɛɲɑ̃, ɑ̃t] *nm, f* teacher.

**enseigne** [ɑ̃sɛɲ] *nf* sign; **~ lumineuse** neon sign.

**enseignement** [ɑ̃sɛɲmɑ̃] *nm (éducation)* education; *(métier)* teaching.

**enseigner** [ɑ̃seɲe] *vt & vi* to teach; **~ qqch à qqn** to teach sb sthg.

**ensemble** [ɑ̃sɑ̃bl] *adv* together ◆ *nm* set; *(vêtement)* suit; **l'~ du groupe** the whole group; **l'~ des touristes** all the tourists; **dans l'~** on the whole.

**ensevelir** [ɑ̃səvlir] *vt* to bury.
**ensoleillé, -e** [ɑ̃sɔleje] *adj* sunny.
**ensuite** [ɑ̃sɥit] *adv* then.
**entaille** [ɑ̃taj] *nf* notch; *(blessure)* cut.
**entamer** [ɑ̃tame] *vt* to start; *(bouteille)* to open.
**entasser** [ɑ̃tase] *vt (mettre en tas)* to pile up; *(serrer)* to squeeze in ❑ **s'entasser** *vp (voyageurs)* to pile in.
**entendre** [ɑ̃tɑ̃dr] *vt* to hear; **~ dire que** to hear that; **~ parler de** to hear about ❑ **s'entendre** *vp (sympathiser)* to get on; **s'~ bien avec qqn** to get on well with sb.
**entendu, -e** [ɑ̃tɑ̃dy] *adj (convenu)* agreed; **(c'est) ~!** OK then!; **bien ~** of course.
**enterrement** [ɑ̃tɛrmɑ̃] *nm* funeral.
**enterrer** [ɑ̃tere] *vt* to bury.
**en-tête, -s** [ɑ̃tɛt] *nm* heading.
**entêter** [ɑ̃tete] **: s'entêter** *vp* to persist; **s'~ à faire qqch** to persist in doing sthg.
**enthousiasme** [ɑ̃tuzjasm] *nm* enthusiasm.
**enthousiasmer** [ɑ̃tuzjasme] *vt* to fill with enthusiasm ❑ **s'enthousiasmer pour** *vp + prép* to be enthusiastic about.
**enthousiaste** [ɑ̃tuzjast] *adj* enthusiastic.
**entier, -ière** [ɑ̃tje, jɛr] *adj (intact)* whole, entire; *(total)* complete; *(lait)* full-fat; **dans le monde ~** in the whole world; **pendant des journées entières** for days on end; **en ~** in its entirety.
**entièrement** [ɑ̃tjɛrmɑ̃] *adv* completely.
**entonnoir** [ɑ̃tɔnwar] *nm* funnel.
**entorse** [ɑ̃tɔrs] *nf (MÉD)* sprain; **se faire une ~ à la cheville** to sprain one's ankle.
**entortiller** [ɑ̃tɔrtije] *vt* to twist.
**entourage** [ɑ̃turaʒ] *nm (famille)* family; *(amis)* circle of friends.
**entourer** [ɑ̃ture] *vt (cerner)* to surround; *(mot, phrase)* to circle; **entouré de** surrounded by.
**entracte** [ɑ̃trakt] *nm* interval.
**entraider** [ɑ̃trede] **: s'entraider** *vp* to help one another.
**entrain** [ɑ̃trɛ̃] *nm*: **avec ~** with gusto; **plein d'~** full of energy.
**entraînant, -e** [ɑ̃trɛnɑ̃, ɑ̃t] *adj* catchy.
**entraînement** [ɑ̃trɛnmɑ̃] *nm (sportif)* training; *(pratique)* practice.
**entraîner** [ɑ̃trene] *vt (emporter)* to carry away; *(emmener)* to drag along; *(provoquer)* to lead to, to cause; *(SPORT)* to coach ❑ **s'entraîner** *vp (sportif)* to train; **s'~ à faire qqch** to practise doing sthg.
**entraîneur, -euse** [ɑ̃trɛnœr, øz] *nm, f (SPORT)* coach.
**entraver** [ɑ̃trave] *vt (mouvements)* to hinder; *(circulation)* to hold up.
**entre** [ɑ̃tr] *prép* between; **~ amis** between friends; **l'un d'~ nous** one of us.
**entrebâiller** [ɑ̃trəbaje] *vt* to open slightly.
**entrechoquer** [ɑ̃trəʃɔke] **: s'entrechoquer** *vp (verres)* to chink.
**entrecôte** [ɑ̃trəkot] *nf* entrecote (steak); **~ à la bordelaise** *grilled entrecote steak served with a red wine and shallot sauce.*

**entrée** [ɑ̃tre] *nf (accès)* entry, entrance; *(pièce)* (entrance) hall; *(CULIN)* starter; **«~ gratuite»** "admission free"; **«~ interdite»** "no entry"; **«~ libre»** *(dans un musée)* "admission free"; *(dans une boutique)* "browsers welcome".

**entremets** [ɑ̃trəmɛ] *nm* dessert.

**entreposer** [ɑ̃trəpoze] *vt* to store.

**entrepôt** [ɑ̃trəpo] *nm* warehouse.

**entreprendre** [ɑ̃trəprɑ̃dr] *vt* to undertake.

**entrepreneur** [ɑ̃trəprənœr] *nm (en bâtiment)* contractor.

**entrepris, -e** [ɑ̃trəpri, iz] *pp* → **entreprendre**.

**entreprise** [ɑ̃trəpriz] *nf (société)* company.

**entrer** [ɑ̃tre] *vi* (*aux être*) to enter, to go/come in ◆ *vt* (*aux avoir*) *(INFORM)* to enter; **entrez!** come in!; **~ dans** to enter, to go/come into; *(foncer dans)* to bang into.

**entre-temps** [ɑ̃trətɑ̃] *adv* meanwhile.

**entretenir** [ɑ̃trətənir] *vt (maison, plante)* to look after ❑ **s'entretenir** *vp*: **s'~ (de qqch) avec qqn** to talk (about sthg) with sb.

**entretenu, -e** [ɑ̃trətəny] *pp* → **entretenir**.

**entretien** [ɑ̃trətjɛ̃] *nm (d'un jardin, d'une machine)* upkeep; *(d'un vêtement)* care; *(conversation)* discussion; *(interview)* interview.

**entrevue** [ɑ̃trəvy] *nf* meeting.

**entrouvert, -e** [ɑ̃truvɛr, ɛrt] *adj* half-open.

**énumération** [enymerasjɔ̃] *nf* list.

**énumérer** [enymere] *vt* to list.

**envahir** [ɑ̃vair] *vt* to invade; *(suj: herbes)* to overrun; *(fig: suj: sentiment)* to seize.

**envahissant, -e** [ɑ̃vaisɑ̃, ɑ̃t] *adj (personne)* intrusive.

**enveloppe** [ɑ̃vlɔp] *nf* envelope.

**envelopper** [ɑ̃vlɔpe] *vt* to wrap (up).

**envers** [ɑ̃vɛr] *prép* towards ◆ *nm*: **l'~** the back; **à l'~** *(devant derrière)* back to front; *(en sens inverse)* backwards.

**envie** [ɑ̃vi] *nf (désir)* desire; *(jalousie)* envy; **avoir ~ de qqch** to feel like sthg; **avoir ~ de faire qqch** to feel like doing sthg.

**envier** [ɑ̃vje] *vt* to envy.

**environ** [ɑ̃virɔ̃] *adv* about ❑ **environs** *nmpl* surrounding area *(sg)*; **aux ~s de** *(heure, nombre)* round about; *(lieu)* near; **dans les ~s** in the surrounding area.

**environnant, -e** [ɑ̃virɔnɑ̃, ɑ̃t] *adj* surrounding.

**environnement** [ɑ̃virɔnmɑ̃] *nm (milieu)* background; *(nature)* environment.

**envisager** [ɑ̃vizaʒe] *vt* to consider; **~ de faire qqch** to consider doing sthg.

**envoi** [ɑ̃vwa] *nm (colis)* parcel.

**envoler** [ɑ̃vɔle] **: s'envoler** *vp (avion)* to take off; *(oiseau)* to fly away; *(feuilles)* to blow away.

**envoyé, -e** [ɑ̃vwaje] *nm, f* envoy; **~ spécial** special correspondent.

**envoyer** [ɑ̃vwaje] *vt* to send; *(balle, objet)* to throw; **~ qqch à qqn** to send sb sthg.

**épagneul** [epaɲœl] *nm* spaniel.

**épais, -aisse** [epɛ, ɛs] *adj* thick.
**épaisseur** [epɛsœr] *nf* thickness.
**épaissir** [epesir] *vi (CULIN)* to thicken ❑ **s'épaissir** *vp* to thicken.
**épanouir** [epanwir] : **s'épanouir** *vp (fleur)* to bloom; *(visage)* to light up.
**épargner** [eparɲe] *vt (argent)* to save; *(ennemi, amour-propre)* to spare; ~ **qqch à qqn** to spare sb sthg.
**éparpiller** [eparpije] *vt* to scatter ❑ **s'éparpiller** *vp* to scatter.
**épatant, -e** [epatɑ̃, ɑ̃t] *adj* splendid.
**épater** [epate] *vt* to amaze.
**épaule** [epol] *nf* shoulder; ~ **d'agneau** shoulder of lamb.
**épaulette** [epolɛt] *nf (décoration)* epaulet; *(rembourrage)* shoulder pad.
**épave** [epav] *nf* wreck.
**épée** [epe] *nf* sword.
**épeler** [eple] *vt* to spell.
**éperon** [eprɔ̃] *nm* spur.
**épi** [epi] *nm (de blé)* ear; *(de maïs)* cob; *(de cheveux)* tuft.
**épice** [epis] *nf* spice.
**épicé, -e** [epise] *adj* spicy.
**épicerie** [episri] *nf (denrées)* groceries *(pl)*; *(magasin)* grocer's (shop); ~ **fine** delicatessen.
**épicier, -ière** [episje, jɛr] *nm, f* grocer.
**épidémie** [epidemi] *nf* epidemic.
**épier** [epje] *vt* to spy on.
**épilepsie** [epilɛpsi] *nf* epilepsy.
**épiler** [epile] *vt (jambes)* to remove unwanted hair from; *(sourcils)* to pluck.
**épinards** [epinar] *nmpl* spinach *(sg)*.
**épine** [epin] *nf* thorn.
**épingle** [epɛ̃gl] *nf* pin; ~ **à cheveux** hairpin; ~ **de nourrice** safety pin.
**épingler** [epɛ̃gle] *vt* to pin.
**épinière** [epinjɛr] *adj f* → **moelle**.
**épisode** [epizɔd] *nm* episode.
**éplucher** [eplyʃe] *vt* to peel.
**épluchures** [eplyʃyr] *nfpl* peelings.
**éponge** [epɔ̃ʒ] *nf* sponge; *(tissu)* towelling.
**éponger** [epɔ̃ʒe] *vt (liquide)* to mop (up); *(visage)* to wipe.
**époque** [epɔk] *nf* period.
**épouse** → **époux**.
**épouser** [epuze] *vt* to marry.
**épousseter** [epuste] *vt* to dust.
**épouvantable** [epuvɑ̃tabl] *adj* awful.
**épouvantail** [epuvɑ̃taj] *nm* scarecrow.
**épouvante** [epuvɑ̃t] *nf* → **film**.
**épouvanter** [epuvɑ̃te] *vt* to terrify.
**époux, épouse** [epu, epuz] *nm, f* spouse.
**épreuve** [eprœv] *nf (difficulté, malheur)* ordeal; *(sportive)* event; *(examen)* paper.
**éprouvant, -e** [epruvɑ̃, ɑ̃t] *adj* trying.
**éprouver** [epruve] *vt (ressentir)* to feel; *(faire souffrir)* to distress.
**éprouvette** [epruvɛt] *nf* test tube.
**EPS** *nf (abr de éducation physique et sportive)* PE.

**épuisant, -e** [epɥizɑ̃, ɑ̃t] *adj* exhausting.

**épuisé, -e** [epɥize] *adj* exhausted; *(article)* sold out; *(livre)* out of print.

**épuiser** [epɥize] *vt* to exhaust.

**épuisette** [epɥizɛt] *nf* landing net.

**équateur** [ekwatœr] *nm* equator.

**équation** [ekwasjɔ̃] *nf* equation.

**équerre** [ekɛr] *nf* set square; *(en T)* T-square.

**équilibre** [ekilibr] *nm* balance; **en ~** stable; **perdre l'~** to lose one's balance.

**équilibré, -e** [ekilibre] *adj (mentalement)* well-balanced; *(nourriture, repas)* balanced.

**équilibriste** [ekilibrist] *nmf* tightrope walker.

**équipage** [ekipaʒ] *nm* crew.

**équipe** [ekip] *nf* team.

**équipement** [ekipmɑ̃] *nm* equipment.

**équiper** [ekipe] *vt* to equip ❑ **s'équiper (de)** *vp (+ prép)* to equip o.s. (with).

**équipier, -ière** [ekipje, jɛr] *nm, f* (SPORT) team member; (NAVIG) crew member.

**équitable** [ekitabl] *adj* fair.

**équitation** [ekitasjɔ̃] *nf* (horse-) riding; **faire de l'~** to go (horse-) riding.

**équivalent, -e** [ekivalɑ̃, ɑ̃t] *adj & nm* equivalent.

**équivaloir** [ekivalwar] *vi*: **ça équivaut à (faire)** ... that is equivalent to (doing) ...

**équivalu** [ekivaly] *pp* → **équivaloir**.

**érable** [erabl] *nm* maple.

**érafler** [erafle] *vt* to scratch.

**éraflure** [eraflyr] *nf* scratch.

**érotique** [erɔtik] *adj* erotic.

**erreur** [ɛrœr] *nf* mistake; **faire une ~** to make a mistake.

**éruption** [erypsjɔ̃] *nf (de volcan)* eruption; **~ cutanée** rash.

**es** → **être**.

**escabeau, -x** [ɛskabo] *nm* stepladder.

**escalade** [ɛskalad] *nf* climbing.

**escalader** [ɛskalade] *vt* to climb.

**Escalator®** [ɛskalatɔr] *nm* escalator.

**escale** [ɛskal] *nf* stop; **faire ~ (à)** *(bateau)* to put in (at); *(avion)* to make a stopover (at); **vol sans ~** direct flight.

**escalier** [ɛskalje] *nm* (flight of) stairs; **les ~s** the stairs; **~ roulant** escalator.

**escalope** [ɛskalɔp] *nf* escalope.

**escargot** [ɛskargo] *nm* snail.

**escarpé, -e** [ɛskarpe] *adj* steep.

**escarpin** [ɛskarpɛ̃] *nm* court shoe.

**escavèches** [ɛskavɛʃ] *nfpl (Belg) jellied eels, eaten with French fries.*

**esclaffer** [ɛsklafe] **: s'esclaffer** *vp* to burst out laughing.

**esclavage** [ɛsklavaʒ] *nm* slavery.

**esclave** [ɛsklav] *nmf* slave.

**escorte** [ɛskɔrt] *nf* escort.

**escrime** [ɛskrim] *nf* fencing.

**escroc** [ɛskro] *nm* swindler.

**escroquerie** [ɛskrɔkri] *nf* swindle.

**espace** [ɛspas] *nm* space; **en l'~ de** in the space of; **~ fumeurs** smoking area; **~ non-fumeurs** nonsmoking area; **~s verts** open spaces.

**espacer** [ɛspase] *vt* to space out.

**espadrille** [ɛspadrij] *nf* espadrille.

**Espagne** [ɛspaɲ] *nf*: **l'~** Spain.

**espagnol, -e** [ɛspaɲɔl] *adj* Spanish ◆ *nm (langue)* Spanish ❑ **Espagnol, -e** *nm, f* Spaniard; **les Espagnols** the Spanish.

**espèce** [ɛspɛs] *nf (race)* species; **une ~ de** a kind of; **~ d'imbécile!** you stupid idiot! ❑ **espèces** *nfpl* cash *(sg)*; **en ~s** in cash.

**espérer** [ɛspere] *vt* to hope for; **~ faire qqch** to hope to do sthg; **~ que** to hope (that); **j'espère (bien)!** I hope so!

**espion, -ionne** [ɛspjɔ̃, jɔn] *nm, f* spy.

**espionnage** [ɛspjɔnaʒ] *nm* spying; **film/roman d'~** spy film/novel.

**espionner** [ɛspjɔne] *vt* to spy on.

**esplanade** [ɛsplanad] *nf* esplanade.

**espoir** [ɛspwar] *nm* hope.

**esprit** [ɛspri] *nm (pensée)* mind; *(humour)* wit; *(caractère, fantôme)* spirit.

**Esquimau, -aude, -x** [ɛskimo, od] *nm, f* Eskimo; **Esquimau®** *(glace)* choc-ice on a stick *(Br)*, Eskimo *(Am)*.

**esquisser** [ɛskise] *vt (dessin)* to sketch; **~ un sourire** to half-smile.

**esquiver** [ɛskive] *vt* to dodge ❑ **s'esquiver** *vp* to slip away.

**essai** [esɛ] *nm (test)* test; *(tentative)* attempt; *(littéraire)* essay; *(SPORT)* try.

**essaim** [esɛ̃] *nm* swarm.

**essayage** [esɛjaʒ] *nm* → **cabine**.

**essayer** [eseje] *vt (vêtement, chaussures)* to try on; *(tester)* to try out; *(tenter)* to try; **~ de faire qqch** to try to do sthg.

**essence** [esɑ̃s] *nf* petrol *(Br)*, gas *(Am)*; **~ sans plomb** unleaded (petrol).

**essentiel, -ielle** [esɑ̃sjɛl] *adj* essential ◆ *nm*: **l'~** *(le plus important)* the main thing; *(le minimum)* the essentials *(pl)*.

**essieu, -x** [esjø] *nm* axle.

**essorage** [esɔraʒ] *nm (sur un lave-linge)* spin cycle.

**essorer** [esɔre] *vt* to spin-dry.

**essoufflé, -e** [esufle] *adj* out of breath.

**essuie-glace, -s** [esɥiglas] *nm* windscreen wiper *(Br)*, windshield wiper *(Am)*.

**essuie-mains** [esɥimɛ̃] *nm inv* hand towel.

**essuyer** [esɥije] *vt (sécher)* to dry; *(enlever)* to wipe up ❑ **s'essuyer** *vp* to dry o.s.; **s'~ les mains** to dry one's hands.

**est**[1] [ɛ] → **être**.

**est**[2] [ɛst] *adj inv* east, eastern ◆ *nm* east; **à l'~** in the east; **à l'~ de** east of; **l'Est** *(l'est de la France)* the East (of France); *(l'Alsace et la Lorraine)* north-eastern part of France.

**est-ce que** [ɛskə] *adv*: **est-ce qu'il est là?** is he there?; **~ tu as mangé?** have you eaten?; **comment ~ ça s'est passé?** how did it go?

**esthéticienne** [ɛstetisjɛn] *nf* beautician.

**esthétique** [ɛstetik] *adj (beau)* attractive.

**estimation** [ɛstimasjɔ̃] *nf (de dégâts)* estimate; *(d'un objet d'art)* valuation.

**estimer** [ɛstime] *vt (dégâts)* to estimate; *(objet d'art)* to value; *(respecter)* to respect; ~ **que** to think that.

**estivant, -e** [ɛstivɑ̃, ɑ̃t] *nm, f* holidaymaker *(Br)*, vacationer *(Am)*.

**estomac** [ɛstɔma] *nm* stomach.

**estrade** [ɛstrad] *nf* platform.

**estragon** [ɛstragɔ̃] *nm* tarragon.

**estuaire** [ɛstɥɛr] *nm* estuary.

**et** [e] *conj* and; ~ **après?** *(pour défier)* so what?; **je l'aime bien, ~ toi?** I like him, what about you?; **vingt ~ un** twenty-one.

**étable** [etabl] *nf* cowshed.

**établi** [etabli] *nm* workbench.

**établir** [etablir] *vt (commerce, entreprise)* to set up; *(liste, devis)* to draw up; *(contacts)* to establish ❑ **s'établir** *vp (emménager)* to settle; *(professionnellement)* to set o.s. up (in business); *(se créer)* to build up.

**établissement** [etablismɑ̃] *nm* establishment; ~ **scolaire** school.

**étage** [etaʒ] *nm* floor; *(couche)* tier; **au premier ~** on the first floor *(Br)*, on the second floor *(Am)*; **à l'~** upstairs.

**étagère** [etaʒɛr] *nf* shelf; *(meuble)* (set of) shelves.

**étain** [etɛ̃] *nm* tin.

**étais** → **être**.

**étal** [etal] *nm (sur les marchés)* stall.

**étalage** [etalaʒ] *nm (vitrine)* display.

**étaler** [etale] *vt* to spread (out); *(beurre, confiture)* to spread; *(connaissances, richesse)* to show off ❑ **s'étaler** *vp (se répartir)* to be spread.

**étanche** [etɑ̃ʃ] *adj (montre)* waterproof; *(joint)* watertight.

**étang** [etɑ̃] *nm* pond.

**étant** [etɑ̃] *ppr* → **être**.

**étape** [etap] *nf (période)* stage; *(lieu)* stop; **faire ~ à** to stop off at.

**état** [eta] *nm* state, condition; **en ~ (de marche)** in working order; **en bon ~** in good condition; **en mauvais ~** in poor condition; ~ **civil** *(d'une personne)* personal details; ~ **d'esprit** state of mind ❑ **État** *nm (POL)* state.

**États-Unis** [etazyni] *nmpl*: **les ~** the United States.

**etc** *(abr de et cetera)* etc.

**et cetera** [ɛtsetera] *adv* et cetera.

**été**[1] [ete] *pp* → **être**.

**été**[2] [ete] *nm* summer; **en ~** in (the) summer.

**éteindre** [etɛ̃dr] *vt (lumière, appareil)* to turn off; *(cigarette, incendie)* to put out ❑ **s'éteindre** *vp* to go out.

**éteint, -e** [etɛ̃, ɛ̃t] *pp* → **éteindre**.

**étendre** [etɑ̃dr] *vt (nappe, carte)* to spread (out); *(linge)* to hang out; *(jambe, personne)* to stretch (out) ❑ **s'étendre** *vp (se coucher)* to lie down; *(être situé)* to stretch; *(se propager)* to spread.

**étendu, -e** [etɑ̃dy] *adj (grand)* extensive.

**étendue** [etɑ̃dy] *nf* area; *(fig: importance)* extent.

**éternel, -elle** [etɛrnɛl] *adj* eternal.

**éternité** [etɛrnite] *nf* eternity; **cela fait une ~ que** ... it's been ages since ...

**éternuement** [etɛrnymɑ̃] *nm* sneeze.

**éternuer** [etɛrnɥe] *vi* to sneeze.

**êtes** → **être**.

**étinceler** [etɛ̃sle] *vi* to sparkle.

**étincelle** [etɛ̃sɛl] *nf* spark.

**étiquette** [etikɛt] *nf* label.

**étirer** [etire] *vt* to stretch (out) ❑ **s'étirer** *vp* to stretch.

**étoffe** [etɔf] *nf* material.

**étoile** [etwal] *nf* star; **hôtel deux/trois ~s** two-/three-star hotel; **dormir à la belle ~** to sleep out in the open; **~ de mer** starfish.

**étonnant, -e** [etɔnɑ̃, ɑ̃t] *adj* amazing.

**étonné, -e** [etɔne] *adj* surprised.

**étonner** [etɔne] *vt* to surprise; **ça m'étonnerait (que)** I would be surprised (if); **tu m'étonnes!** *(fam)* I'm not surprised! ❑ **s'étonner** *vp*: **s'~ que** to be surprised that.

**étouffant, -e** [etufɑ̃, ɑ̃t] *adj* stifling.

**étouffer** [etufe] *vt* to suffocate; *(bruit)* to muffle ◆ *vi (manquer d'air)* to choke; *(avoir chaud)* to suffocate ❑ **s'étouffer** *vp* to choke; *(mourir)* to choke to death.

**étourderie** [eturdəri] *nf (caractère)* thoughtlessness; **faire une ~** to make a careless mistake.

**étourdi, -e** [eturdi] *adj (distrait)* scatterbrained.

**étourdir** [eturdir] *vt (assommer)* to daze; *(donner le vertige à)* to make dizzy.

**étourdissement** [eturdismɑ̃] *nm* dizzy spell.

**étrange** [etrɑ̃ʒ] *adj* strange.

**étranger, -ère** [etrɑ̃ʒe, ɛr] *adj (ville, coutume)* foreign; *(inconnu)* unfamiliar ◆ *nm, f (d'un autre pays)* foreigner; *(inconnu)* stranger ◆ *nm*: **à l'~** abroad.

**étrangler** [etrɑ̃gle] *vt* to strangle ❑ **s'étrangler** *vp* to choke.

**être** [ɛtr] *vi* 1. *(pour décrire)* to be; **~ content** to be happy; **je suis architecte** I'm an architect.

2. *(pour désigner le lieu, l'origine)* to be; **nous serons à Naples/à la maison à partir de demain** we will be in Naples/at home from tomorrow onwards; **d'où êtes-vous?** where are you from?

3. *(pour donner la date)*: **quel jour sommes-nous?** what day is it?; **c'est jeudi** it's Thursday.

4. *(aller)*: **j'ai été trois fois en Écosse** I've been to Scotland three times.

5. *(pour exprimer l'appartenance)*: **~ à qqn** to belong to sb; **cette voiture est à vous?** is this your car?; **c'est à Daniel** it's Daniel's.

◆ *v impers* 1. *(pour désigner le moment)*: **il est huit heures/tard** it's eight o'clock/late.

2. *(avec un adjectif ou un participe passé)*: **il est difficile de savoir si ...** it is difficult to know whether ...; **il est recommandé de réserver à l'avance** advance booking is recommended.

◆ *v aux* 1. *(pour former le passé composé)* to have/to be; **nous sommes partis hier** we left yesterday; **je suis née en 1976** I was born in 1976; **tu t'es coiffé?** have you brushed your hair?

2. *(pour former le passif)* to be; **le train a été retardé** the train was delayed.

◆ *nm (créature)* being; **~ humain**

human being.
**étrenner** [etrene] *vt* to use for the first time.
**étrennes** [etrɛn] *nfpl* = Christmas bonus.
**étrier** [etrije] *nm* stirrup.
**étroit, -e** [etrwa, at] *adj (rue, siège)* narrow; *(vêtement)* tight; **~ d'esprit** narrow-minded; **on est à l'~ ici** it's cramped in here.
**étude** [etyd] *nf* study; *(salle d'école)* study room; *(de notaire)* office ❑ **études** *nfpl* studies; **faire des ~s (de)** to study.
**étudiant, -e** [etydjɑ̃, ɑ̃t] *adj & nm, f* student.
**étudier** [etydje] *vt & vi* to study.
**étui** [etɥi] *nm* case.
**eu, -e** [y] *pp* → **avoir**.
**euh** [ø] *excl* er.
**eurochèque** [ørɔʃɛk] *nm* Eurocheque.
**Europe** [ørɔp] *nf*: **l'~** Europe; **l'~ de l'Est** Eastern Europe.
**européen, -enne** [ørɔpeɛ̃, ɛn] *adj* European ❑ **Européen, -enne** *nm, f* European.
**eux** [ø] *pron (après prép ou comparaison)* them; *(pour insister)* they; **~-mêmes** themselves.
**évacuer** [evakɥe] *vt* to evacuate; *(liquide)* to drain.
**évader** [evade] **: s'évader** *vp* to escape.
**évaluer** [evalɥe] *vt (dégâts)* to estimate; *(tableau)* to value.
**Évangile** [evɑ̃ʒil] *nm (livre)* Gospel.
**évanouir** [evanwir] **: s'évanouir** *vp* to faint; *(disparaître)* to vanish.
**évaporer** [evapɔre] **: s'évaporer** *vp* to evaporate.
**évasé, -e** [evaze] *adj* flared.
**évasion** [evazjɔ̃] *nf* escape.
**éveillé, -e** [eveje] *adj (vif)* alert.
**éveiller** [eveje] *vt (soupçons, attention)* to arouse; *(intelligence, imagination)* to awaken ❑ **s'éveiller** *vp (sensibilité, curiosité)* to be aroused.
**événement** [evɛnmɑ̃] *nm* event.
**éventail** [evɑ̃taj] *nm* fan; *(variété)* range.
**éventrer** [evɑ̃tre] *vt* to disembowel; *(ouvrir)* to rip open.
**éventuel, -elle** [evɑ̃tɥɛl] *adj* possible.
**éventuellement** [evɑ̃tɥɛlmɑ̃] *adv* possibly.
**évêque** [evɛk] *nm* bishop.
**évidemment** [evidamɑ̃] *adv* obviously.
**évident, -e** [evidɑ̃, ɑ̃t] *adj* obvious; **c'est pas ~!** *(pas facile)* it's not (that) easy!
**évier** [evje] *nm* sink.
**évitement** [evitmɑ̃] *nm (Belg: déviation)* diversion.
**éviter** [evite] *vt* to avoid; **~ qqch à qqn** to spare sb sthg; **~ de faire qqch** to avoid doing sthg.
**évolué, -e** [evɔlɥe] *adj (pays)* advanced; *(personne)* broad-minded.
**évoluer** [evɔlɥe] *vi* to change; *(maladie)* to develop.
**évolution** [evɔlysjɔ̃] *nf* development.
**évoquer** [evɔke] *vt (faire penser à)* to evoke; *(mentionner)* to mention; **~ qqch à qqn** to remind sb of sthg.
**ex-** [ɛks] *préf (ancien)* ex-.

**exact, -e** [ɛgzakt] *adj (correct)* correct; *(précis)* exact; *(ponctuel)* punctual; **c'est ~** *(c'est vrai)* that's right.
**exactement** [ɛgzaktəmɑ̃] *adv* exactly.
**exactitude** [ɛgzaktityd] *nf* accuracy; *(ponctualité)* punctuality.
**ex aequo** [ɛgzeko] *adj inv* level.
**exagérer** [ɛgzaʒere] *vt & vi* to exaggerate.
**examen** [ɛgzamɛ̃] *nm (médical)* examination; *(SCOL)* exam; **~ blanc** mock exam *(Br)*, practise test *(Am)*.
**examinateur, -trice** [ɛgzaminatœr, tris] *nm, f* examiner.
**examiner** [ɛgzamine] *vt* to examine.
**exaspérer** [ɛgzaspere] *vt* to exasperate.
**excédent** [ɛksedɑ̃] *nm* surplus; **~ de bagages** excess baggage.
**excéder** [ɛksede] *vt (dépasser)* to exceed; *(énerver)* to exasperate.
**excellent, -e** [ɛkselɑ̃, ɑ̃t] *adj* excellent.
**excentrique** [ɛksɑ̃trik] *adj (extravagant)* eccentric.
**excepté** [ɛksɛpte] *prép* except.
**exception** [ɛksɛpsjɔ̃] *nf* exception; **faire une ~** to make an exception; **à l'~ de** with the exception of; **sans ~** without exception.
**exceptionnel, -elle** [ɛksɛpsjɔnɛl] *adj* exceptional.
**excès** [ɛksɛ] *nm* excess ◆ *nmpl*: **faire des ~** to eat and drink too much; **~ de vitesse** speeding *(sg)*.
**excessif, -ive** [ɛksesif, iv] *adj* excessive; *(personne, caractère)* extreme.
**excitant, -e** [ɛksitɑ̃, ɑ̃t] *adj* exciting ◆ *nm* stimulant.
**excitation** [ɛksitasjɔ̃] *nf* excitement.
**exciter** [ɛksite] *vt* to excite.
**exclamation** [ɛksklamasjɔ̃] *nf* exclamation.
**exclamer** [ɛksklame] **: s'exclamer** *vp* to exclaim.
**exclure** [ɛksklyr] *vt (ne pas compter)* to exclude; *(renvoyer)* to expel.
**exclusif, -ive** [ɛksklyzif, iv] *adj (droit, interview)* exclusive; *(personne)* possessive.
**exclusivité** [ɛksklyzivite] *nf (d'un film, d'une interview)* exclusive rights *(pl)*; **en ~** *(film)* on general release.
**excursion** [ɛkskyrsjɔ̃] *nf* excursion.
**excuse** [ɛkskyz] *nf* excuse ❑ **excuses** *nfpl*: **faire des ~s à qqn** to apologize to sb.
**excuser** [ɛkskyze] *vt* to excuse; **excusez-moi** *(pour exprimer ses regrets)* I'm sorry; *(pour interrompre)* excuse me ❑ **s'excuser** *vp* to apologize; **s'~ de faire qqch** to apologize for doing sthg.
**exécuter** [ɛgzekyte] *vt (travail, ordre)* to carry out; *(œuvre musicale)* to perform; *(personne)* to execute.
**exécution** [ɛgzekysjɔ̃] *nf* execution.
**exemplaire** [ɛgzɑ̃plɛr] *nm* copy.
**exemple** [ɛgzɑ̃pl] *nm* example; **par ~** for example.
**exercer** [ɛgzɛrse] *vt* to exercise; *(voix, mémoire)* to train; **~ le métier d'infirmière** to work as a nurse ❑ **s'exercer** *vp (s'entraîner)* to practise; **s'~ à faire qqch** to practise

doing sthg.
**exercice** [ɛgzɛrsis] *nm* exercise; **faire de l'~** to exercise.
**exhiber** [ɛgzibe] *vt (péj)* to show off ❑ **s'exhiber** *vp (péj)* to make an exhibition of o.s.
**exigeant, -e** [ɛgziʒɑ̃, ɑ̃t] *adj* demanding.
**exigence** [ɛgziʒɑ̃s] *nf (demande)* demand.
**exiger** [ɛgziʒe] *vt* to demand; *(avoir besoin de)* to require.
**exiler** [ɛgzile] : **s'exiler** *vp* to go into exile.
**existence** [ɛgzistɑ̃s] *nf* existence.
**exister** [ɛgziste] *vi* to exist; **il existe** *(il y a)* there is/are.
**exorbitant, -e** [ɛgzɔrbitɑ̃, ɑ̃t] *adj* exorbitant.
**exotique** [ɛgzɔtik] *adj* exotic.
**expatrier** [ɛkspatrije] : **s'expatrier** *vp* to leave one's country.
**expédier** [ɛkspedje] *vt* to send; *(péj: bâcler)* to dash off.
**expéditeur, -trice** [ɛkspeditœr, tris] *nm, f* sender.
**expédition** [ɛkspedisjɔ̃] *nf (voyage)* expedition; *(envoi)* dispatch.
**expérience** [ɛksperjɑ̃s] *nf* experience; *(scientifique)* experiment; **~ (professionnelle)** experience.
**expérimenté, -e** [ɛksperimɑ̃te] *adj* experienced.
**expert** [ɛkspɛr] *nm* expert; **~ en vins** wine expert.
**expertiser** [ɛkspɛrtize] *vt* to value.
**expirer** [ɛkspire] *vi (souffler)* to breathe out; *(finir)* to expire.
**explication** [ɛksplikasjɔ̃] *nf* explanation; *(discussion)* discussion; **~ de texte** commentary on a text.
**expliquer** [ɛksplike] *vt* to explain; **~ qqch à qqn** to explain sthg to sb ❑ **s'expliquer** *vp* to explain o.s.; *(se disputer)* to have it out.
**exploit** [ɛksplwa] *nm* exploit.
**exploitation** [ɛksplwatasjɔ̃] *nf (d'une terre, d'une mine)* working; *(de personnes)* exploitation; **~ (agricole)** farm.
**exploiter** [ɛksplwate] *vt (terre, mine)* to work; *(personnes, naïveté)* to exploit.
**exploration** [ɛksplɔrasjɔ̃] *nf* exploration.
**explorer** [ɛksplɔre] *vt* to explore.
**exploser** [ɛksploze] *vi* to explode.
**explosif, -ive** [ɛksplozif, iv] *adj & nm* explosive.
**explosion** [ɛksplozjɔ̃] *nf* explosion; *(fig: de colère, de joie)* outburst.
**exportation** [ɛkspɔrtasjɔ̃] *nf* export.
**exporter** [ɛkspɔrte] *vt* to export.
**exposé, -e** [ɛkspoze] *adj (en danger)* exposed ◆ *nm* account; *(SCOL)* presentation; **~ au sud** south-facing; **une maison bien ~e** a house which gets a lot of sun.
**exposer** [ɛkspoze] *vt (tableaux)* to exhibit; *(théorie, motifs)* to explain; **~ qqn/qqch à qqch** to expose sb/sthg to sthg ❑ **s'exposer à** *vp + prép (danger, critiques)* to lay o.s. open to.
**exposition** [ɛkspozisjɔ̃] *nf* exhibition; *(d'une maison)* aspect.
**exprès**[1] [ɛksprɛs] *adj inv (lettre)* special delivery ◆ *nm*: **par ~** (by)

special delivery.

**exprès**[2] [ɛksprɛ] *adv (volontairement)* on purpose, deliberately; *(spécialement)* specially; **faire ~ de faire qqch** to do sthg deliberately OU on purpose.

**express** [ɛksprɛs] *nm (café)* = **expresso**; **(train)** ~ express (train).

**expression** [ɛkspresjɔ̃] *nf* expression; **~ écrite** written language; **~ orale** oral language.

**expresso** [ɛkspreso] *nm* expresso.

**exprimer** [ɛksprime] *vt (idée, sentiment)* to express ❑ **s'exprimer** *vp (parler)* to express o.s.

**expulser** [ɛkspylse] *vt* to expel.

**exquis, -e** [ɛkski, iz] *adj* exquisite.

**extensible** [ɛkstɑ̃sibl] *adj (vêtement)* stretchy.

**exténué, -e** [ɛkstenɥe] *adj* exhausted.

**extérieur, -e** [ɛksterjœr] *adj (escalier, poche)* outside; *(surface)* outer; *(commerce, politique)* foreign; *(gentillesse, calme)* outward ◆ *nm* outside; *(apparence)* exterior; **à l'~** outside; **jouer à l'~** *(SPORT)* to play away; **à l'~ de** outside.

**exterminer** [ɛkstɛrmine] *vt* to exterminate.

**externe** [ɛkstɛrn] *adj* external ◆ *nmf (élève)* day pupil.

**extincteur** [ɛkstɛ̃ktœr] *nm* (fire) extinguisher.

**extinction** [ɛkstɛ̃ksjɔ̃] *nf*: **~ de voix** loss of voice.

**extra** [ɛkstra] *adj inv (qualité)* first-class; *(fam: formidable)* great ◆ *préf (très)* extra.

**extraire** [ɛkstrɛr] *vt* to extract; **~ qqn/qqch de** to extract sb/sthg from.

**extrait** [ɛkstrɛ] *nm* extract.

**extraordinaire** [ɛkstraɔrdinɛr] *adj (incroyable)* incredible; *(excellent)* wonderful.

**extravagant, -e** [ɛkstravagɑ̃, ɑ̃t] *adj* extravagant.

**extrême** [ɛkstrɛm] *adj & nm* extreme; **l'Extrême-Orient** the Far East.

**extrêmement** [ɛkstrɛmmɑ̃] *adv* extremely.

**extrémité** [ɛkstremite] *nf* end.

# F

**F** *(abr de franc, Fahrenheit)* F.

**fable** [fabl] *nf* fable.

**fabricant** [fabrikɑ̃] *nm* manufacturer.

**fabrication** [fabrikasjɔ̃] *nf* manufacture.

**fabriquer** [fabrike] *vt* to make; *(produit)* to manufacture; **mais qu'est-ce que tu fabriques?** *(fam)* what are you up to?

**fabuleux, -euse** [fabylø, øz] *adj (énorme)* enormous; *(excellent)* tremendous.

**fac** [fak] *nf (fam)* college.

**façade** [fasad] *nf* facade.

**face** [fas] *nf (côté)* side; *(d'une pièce)* heads *(sg)*; *(visage)* face; **faire ~ à** *(être devant)* to face; *(affronter)* to face up to; **de ~** from the front; **en ~ (de)** opposite; **~ à ~** face to face.

**fâché, -e** [faʃe] *adj* angry; *(brouillé)* on bad terms.

**fâcher** [faʃe] **: se fâcher** *vp* to get angry; *(se brouiller)* to quarrel.

**facile** [fasil] *adj* easy; *(aimable)* easygoing.

**facilement** [fasilmɑ̃] *adv* easily.

**facilité** [fasilite] *nf (aisance)* ease.

**faciliter** [fasilite] *vt* to make easier.

**façon** [fasɔ̃] *nf* way; **de ~ (à ce) que** so that; **de toute ~** anyway; **non merci, sans ~** no thank you ❑ **façons** *nfpl (comportement)* manners; **faire des ~s** *(être maniéré)* to put on airs.

**facteur, -trice** [faktœr, tris] *nm, f* postman (*f* postwoman) *(Br)*, mailman (*f* mailwoman) *(Am)* ◆ *nm* factor.

**facture** [faktyr] *nf* bill.

**facturer** [faktyre] *vt* to invoice.

**facturette** [faktyrɛt] *nf* (credit card sales) receipt.

**facultatif, -ive** [fakyltatif, iv] *adj* optional.

**faculté** [fakylte] *nf (université)* faculty; *(possibilité)* right.

**fade** [fad] *adj (aliment)* bland; *(couleur)* dull.

**fagot** [fago] *nm* bundle of sticks.

**faible** [fɛbl] *adj* weak; *(son, lumière)* faint; *(revenus, teneur)* low; *(quantité, volume)* small ◆ *nm*: **avoir un ~ pour qqch** to have a weakness for sthg; **avoir un ~ pour qqn** to have a soft spot for sb.

**faiblement** [fɛbləmɑ̃] *adv* weakly; *(augmenter)* slightly.

**faiblesse** [fɛblɛs] *nf* weakness.

**faiblir** [feblir] *vi (physiquement)* to get weaker; *(son)* to get fainter; *(lumière)* to fade.

**faïence** [fajɑ̃s] *nf* earthenware.

**faille** [faj] *nf (du terrain)* fault; *(défaut)* flaw.

**faillir** [fajir] *vi*: **il a failli tomber** he nearly fell over.

**faillite** [fajit] *nf* bankruptcy; **faire ~** to go bankrupt.

**faim** [fɛ̃] *nf* hunger; **avoir ~** to be hungry.

**fainéant, -e** [feneɑ̃, ɑ̃t] *adj* lazy ◆ *nm, f* layabout.

**faire** [fɛr] *vt* 1. *(fabriquer, préparer)* to make.

2. *(effectuer)* to do; **~ une promenade** to go for a walk.

3. *(arranger, nettoyer)*: **~ son lit** to make one's bed; **~ la vaisselle** to wash up; **~ ses valises** to pack (one's bags).

4. *(s'occuper à)* to do; **que faites-vous comme métier?** what do you do for a living?

5. *(sport, musique, discipline)* to do; **~ des études** to study; **~ du piano** to play the piano.

6. *(provoquer)*: **~ du bruit** to make a noise; **~ mal à qqn** to hurt sb; **~ de la peine à qqn** to upset sb.

7. *(imiter)*: **~ l'imbécile** to act the fool.

8. *(parcourir)* to do; **nous avons fait 150 km en deux heures** we did 100 miles in two hours; **~ du 80 (à l'heure)** to do 50 (miles an hour).

9. *(avec des mesures)* to be; **je fais 1,68 m** I'm 1.68 m tall; **je fais du 40** I take a size 40.

10. *(MATH)*: **10 et 3 font 13** 10 and 3 are OU make 13.

11. *(dire)* to say.

12. *(dans des expressions)*: **ça ne fait rien** never mind; **il ne fait que**

**pleuvoir** it's always raining; **qu'est-ce que ça peut te ~?** what's it to do with you?; **qu'est-ce que j'ai fait de mes clefs?** what have I done with my keys?

◆ *vi* 1. *(agir)*: **vas-y, mais fais vite** go on, but be quick; **vous feriez mieux de ...** you'd better ...; **faites comme chez vous** make yourself at home.

2. *(avoir l'air)*: **~ jeune/vieux** to look young/old.

◆ *v impers* 1. *(climat, température)*: **il fait chaud/-2° C** it's hot/-2° C.

2. *(exprime la durée)*: **ça fait trois jours que nous avons quitté Rouen** it's three days since we left Rouen; **ça fait dix ans que j'habite ici** I've lived here for ten years.

◆ *v aux* 1. *(indique que l'on provoque une action)* to make; **~ cuire qqch** to cook sthg; **~ tomber qqch** to make sthg fall.

2. *(indique que l'on commande une action)*: **~ faire qqch (par qqn)** to have OU get sthg done (by sb); **~ nettoyer un vêtement** to have a garment cleaned.

◆ *v substitut* to do; **on lui a conseillé de réserver mais il ne l'a pas fait** he was advised to book, but he didn't.

❑ **se faire** *vp* 1. *(être convenable, à la mode)*: **ça se fait** *(c'est convenable)* it's polite; *(c'est à la mode)* it's fashionable; **ça ne se fait pas** *(ce n'est pas convenable)* it's not done; *(ce n'est pas à la mode)* it's not fashionable.

2. *(avoir, provoquer)*: **se ~ des amis** to make friends; **se ~ mal** to hurt o.s.

3. *(avec un infinitif)*: **se ~ couper les cheveux** to have one's hair cut; **se ~ opérer** to have an operation; **je me suis fait arrêter par la police** I was stopped by the police.

4. *(devenir)*: **se ~ vieux** to get old; **il se fait tard** it's getting late.

5. *(dans des expressions)*: **comment se fait-il que ...?** how come ...?; **ne t'en fais pas** don't worry; **se faire à** *vp + prép (s'habituer à)* to get used to.

**faire-part** [fɛrpar] *nm inv* announcement.

**fais** → **faire**.

**faisable** [fəzabl] *adj* feasible.

**faisan** [fəzɑ̃] *nm* pheasant.

**faisant** [fəzɑ̃] *ppr* → **faire**.

**faisons** → **faire**.

**fait, -e** [fɛ, fɛt] *pp* → **faire** ◆ *adj (tâche)* done; *(objet, lit)* made; *(fromage)* ripe ◆ *nm* fact; **(c'est) bien ~!** it serves you/him right!; **~s divers** minor news stories; **au ~** *(à propos)* by the way; **du ~ de** because of; **en ~** in fact; **prendre qqn sur le ~** to catch sb in the act.

**faites** → **faire**.

**fait-tout** [fɛtu] *nm inv* cooking pot.

**falaise** [falɛz] *nf* cliff.

**falloir** [falwar] *v impers*: **il faut du courage pour faire ça** you need courage to do that; **il faut y aller** OU **que nous y allions** we must go; **il me faut 2 kilos d'oranges** I want 2 kilos of oranges; **il me faut y retourner** I have to go back there.

**fallu** [faly] *pp* → **falloir**.

**falsifier** [falsifje] *vt (document, écriture)* to forge.

**fameux, -euse** [famø, øz] *adj (célèbre)* famous; *(très bon)* great.

**familial, -e, -iaux** [familjal, jo] *adj (voiture, ennuis)* family.

**familiarité** [familjarite] *nf* familiarity.

**familier, -ière** [familje, jɛr] *adj* familiar; *(langage, mot)* colloquial.

**famille** [famij] *nf* family; **en ~** with one's family; **j'ai de la ~ à Paris** I have relatives in Paris.

**fan** [fan] *nmf (fam)* fan.

**fanatique** [fanatik] *adj* fanatical ♦ *nmf* fanatic.

**fané, -e** [fane] *adj (fleur)* withered; *(couleur, tissu)* faded.

**faner** [fane] **: se faner** *vp (fleur)* to wither.

**fanfare** [fɑ̃far] *nf* brass band.

**fanfaron, -onne** [fɑ̃farɔ̃, ɔn] *adj* boastful.

**fantaisie** [fɑ̃tezi] *nf (imagination)* imagination; *(caprice)* whim; **bijoux ~** costume jewellery.

**fantastique** [fɑ̃tastik] *adj* fantastic; *(littérature, film)* fantasy.

**fantôme** [fɑ̃tom] *nm* ghost.

**far** [far] *nm*: **~ breton** *Breton custard tart with prunes*.

**farce** [fars] *nf (plaisanterie)* practical joke; *(CULIN)* stuffing; **faire une ~ à qqn** to play a trick on sb.

**farceur, -euse** [farsœr, øz] *nm, f* practical joker.

**farci, -e** [farsi] *adj* stuffed.

**fard** [far] *nm*: **~ à joues** blusher; **~ à paupières** eyeshadow.

**farfelu, -e** [farfəly] *adj* weird.

**farine** [farin] *nf* flour.

**farouche** [faruʃ] *adj (animal)* wild; *(enfant)* shy; *(haine, lutte)* fierce.

**fascinant, -e** [fasinɑ̃, ɑ̃t] *adj* fascinating.

**fasciner** [fasine] *vt* to fascinate.

**fasse** *etc* → **faire**.

**fatal, -e** [fatal] *adj (mortel)* fatal; *(inévitable)* inevitable.

**fatalement** [fatalmɑ̃] *adv* inevitably.

**fataliste** [fatalist] *adj* fatalistic.

**fatigant, -e** [fatigɑ̃, ɑ̃t] *adj* tiring; *(agaçant)* tiresome.

**fatigue** [fatig] *nf* tiredness.

**fatigué, -e** [fatige] *adj* tired; **être ~ de faire qqch** to be tired of doing sthg.

**fatiguer** [fatige] *vt* to tire (out); *(agacer)* to annoy ❑ **se fatiguer** *vp* to get tired; **se ~ à faire qqch** to wear o.s. out doing sthg.

**faubourg** [fobur] *nm* suburb.

**faucher** [foʃe] *vt (blé)* to cut; *(piéton, cycliste)* to run down; *(fam: voler)* to pinch.

**faudra** → **falloir**.

**faufiler** [fofile] **: se faufiler** *vp* to slip in.

**faune** [fon] *nf* fauna.

**fausse** → **faux**.

**fausser** [fose] *vt (résultat)* to distort; *(clef)* to bend; *(mécanisme)* to damage.

**faut** → **falloir**.

**faute** [fot] *nf* mistake; *(responsabilité)* fault; **c'est (de) ma ~** it's my fault; **~ de** for lack of.

**fauteuil** [fotœj] *nm* armchair; *(de cinéma, de théâtre)* seat; **~ à bascule** rocking chair; **~ roulant** wheelchair.

**fauve** [fov] *nm* big cat.

**faux, fausse** [fo, fos] *adj (incorrect)* wrong; *(artificiel)* false; *(billet)* fake ♦ *adv (chanter, jouer)* out of tune; **fausse note** wrong note; **~ numéro** wrong number.

**faux-filet, -s** [fofilɛ] *nm* sirloin.

**faveur** [favœr] *nf (service)* favour;

**en ~ de** in favour of.
**favorable** [favɔrabl] *adj* favourable; **être ~ à** to be favourable to.
**favori, -ite** [favɔri, it] *adj* favourite.
**favoriser** [favɔrize] *vt (personne)* to favour; *(situation)* to help.
**fax** [faks] *nm* fax.
**faxer** [fakse] *vt* to fax.
**féculent** [fekylɑ̃] *nm* starchy food.
**fédéral, -e, -aux** [federal, o] *adj* federal.
**fédération** [federasjɔ̃] *nf* federation.
**fée** [fe] *nf* fairy.
**feignant, -e** [fɛɲɑ̃, ɑ̃t] *adj (fam)* lazy.
**feinte** [fɛ̃t] *nf (ruse)* ruse; *(SPORT)* dummy.
**fêler** [fele] **: se fêler** *vp* to crack.
**félicitations** [felisitasjɔ̃] *nfpl* congratulations.
**féliciter** [felisite] *vt* to congratulate.
**félin** [felɛ̃] *nm* cat.
**femelle** [fəmɛl] *nf* female.
**féminin, -e** [feminɛ̃, in] *adj* feminine; *(mode, travail)* women's.
**femme** [fam] *nf* woman; *(épouse)* wife; **~ de chambre** chambermaid; **~ de ménage** cleaning woman; **bonne ~** *(inf)* woman.
**fendant** [fɑ̃dɑ̃] *nm white wine from the Valais region of Switzerland.*
**fendre** [fɑ̃dr] *vt (vase, plat)* to crack; *(bois)* to split.
**fenêtre** [fənɛtr] *nf* window.
**fenouil** [fənuj] *nm* fennel.
**fente** [fɑ̃t] *nf (fissure)* crack; *(de tirelire, de distributeur)* slot.
**fer** [fɛr] *nm* iron; **~ à cheval** horseshoe; **~ forgé** wrought iron; **~ à repasser** iron.
**fera** *etc* → **faire**.
**féra** [fera] *nf fish from Lake Geneva.*
**fer-blanc** [fɛrblɑ̃] *nm* tin.
**férié** [ferje] *adj m* → **jour**.
**ferme** [fɛrm] *adj* firm ◆ *nf* farm; **~ auberge** *farm providing holiday accommodation.*
**fermé, -e** [fɛrme] *adj* closed; *(caractère)* introverted.
**fermement** [fɛrməmɑ̃] *adv* firmly.
**fermenter** [fɛrmɑ̃te] *vi* to ferment.
**fermer** [fɛrme] *vt* to shut, to close; *(magasin, société)* to close down; *(électricité, radio)* to turn off, to switch off ◆ *vi* to close, to shut; **~ qqch à clef** to lock sthg; **ça ne ferme pas** *(porte, boîte)* it won't shut ❑ **se fermer** *vp* to shut, to close; *(vêtement)* to do up.
**fermeté** [fɛrməte] *nf* firmness.
**fermeture** [fɛrmətyr] *nf* closing; *(mécanisme)* fastener; **«~ annuelle»** "annual closing"; **~ Éclair**® zip *(Br)*, zipper *(Am)*.
**fermier, -ière** [fɛrmje, jɛr] *nm, f* farmer.
**fermoir** [fɛrmwar] *nm* clasp.
**féroce** [ferɔs] *adj* ferocious.
**ferraille** [fɛraj] *nf* scrap iron.
**ferrée** [fɛre] *adj f* → **voie**.
**ferroviaire** [fɛrɔvjɛr] *adj* rail.
**ferry** [fɛri] (*pl* **ferries**) *nm* ferry.
**fertile** [fɛrtil] *adj* fertile.
**fesse** [fɛs] *nf* buttock ❑ **fesses** *nfpl* bottom *(sg)*.
**fessée** [fese] *nf* spanking.
**festin** [fɛstɛ̃] *nm* feast.
**festival** [fɛstival] *nm* festival.

## FESTIVAL D'AVIGNON

Founded in 1947 by Jean Vilar, a leading French theatre director, this festival takes place each year in and around the town of Avignon in southeast France. As well as important new plays and dance pieces performed here for the first time before touring France, more informal street performances take place throughout the town.

## FESTIVAL DE CANNES

During this international film festival held each year in May in this fashionable seaside resort in the south of France, prizes are awarded for acting, directing etc. The most sought-after prize is the Palme d'Or, given to the best film in the festival.

**fête** [fɛt] *nf (congé)* holiday; *(réception)* party; *(kermesse)* fair; *(jour du saint)* saint's day; **faire la ~** to party; **bonne ~!** Happy Saint's Day!; **~ foraine** funfair; **~ des Mères** Mother's day; **~ des Pères** Father's day; **la ~ de la Musique** *annual music festival which takes place in the streets*; **~ nationale** national holiday ❑ **fêtes** *nfpl*: **les ~s (de fin d'année)** the Christmas holidays.

## BONNE FÊTE!

In France each day is associated with a certain saint. It is traditional to wish "bonne fête" (Happy Saint's Day) to people whose Christian name is the same as the saint for that day.

## FÊTE DE LA MUSIQUE

This public event was started at the beginning of the 1980s to promote music in France. It takes place every year on 21 June when both professional and amateur musicians play for free in the streets in the evening.

**fêter** [fete] *vt* to celebrate.

**feu, -x** [fø] *nm* fire; *(lumière)* light; **avez-vous du ~?** have you got a light?; **faire du ~** to make a fire; **mettre le ~ à** to set fire to; **à ~ doux** on a low flame; **~ d'artifice** firework; **~ de camp** campfire; **~ rouge** red light; **~x de signalisation** OU **tricolores** traffic lights; **~x arrière** rear lights; **~x de croisement** dipped headlights; **~x de recul** reversing lights; **au ~!** fire!; **en ~** *(forêt, maison)* on fire.

**feuillage** [fœjaʒ] *nm* foliage.

**feuille** [fœj] *nf (d'arbre)* leaf; *(de papier)* sheet; **~ morte** dead leaf.

**feuilleté, -e** [fœjte] *adj* → **pâte** ◆ *nm dessert or savoury dish made from puff pastry.*

**feuilleter** [fœjte] *vt* to flick through.

**feuilleton** [fœjtɔ̃] *nm* serial.

**feutre** [føtr] *nm (stylo)* felt-tip pen; *(chapeau)* felt hat.

**fève** [fɛv] *nf* broad bean; *(de galette) charm put in a "galette des Rois".*

**février** [fevrije] *nm* February, →

septembre.

**FF** *(abr de franc français)* FF.

**fiable** [fjabl] *adj* reliable.

**fiançailles** [fjɑ̃saj] *nfpl* engagement *(sg)*.

**fiancé, -e** [fjɑ̃se] *nm, f* fiancé (*f* fiancée).

**fiancer** [fjɑ̃se] **: se fiancer** *vp* to get engaged.

**fibre** [fibr] *nf* fibre.

**ficeler** [fisle] *vt* to tie up.

**ficelle** [fisɛl] *nf* string; *(pain) thin French stick.*

**fiche** [fiʃ] *nf (de carton, de papier)* card; *(TECH)* pin; **~ de paie** payslip.

**ficher** [fiʃe] *vt (planter)* to drive in; *(fam: faire)* to do; *(fam: mettre)* to stick; **mais qu'est-ce qu'il fiche?** *(fam)* what on earth is he doing?; **fiche-moi la paix!** *(fam)* leave me alone!; **fiche le camp!** *(fam)* get lost! ❑ **se ficher de** *vp + prép (fam: ridiculiser)* to make fun of; **je m'en fiche** *(fam: ça m'est égal)* I don't give a damn.

**fichier** [fiʃje] *nm (boîte)* card-index box; *(INFORM)* file.

**fichu, -e** [fiʃy] *adj (fam)*: **c'est ~** *(raté)* that's blown it; *(cassé, abîmé)* it's had it; **être bien ~** *(beau)* to have a good body; **être mal ~** *(malade)* to feel rotten.

**fidèle** [fidɛl] *adj* loyal.

**fidélité** [fidelite] *nf* loyalty.

**fier**[1] [fje] **: se fier à** *vp + prép (personne, instinct)* to rely on.

**fier**[2]**, fière** [fjɛr] *adj* proud; **être ~ de** to be proud of.

**fierté** [fjɛrte] *nf* pride.

**fièvre** [fjɛvr] *nf* fever; **avoir de la ~** to have a (high) temperature.

**fiévreux, -euse** [fjevrø, øz] *adj* feverish.

**fig.** *(abr de figure)* fig.

**figé, -e** [fiʒe] *adj (sauce)* congealed; *(personne)* motionless.

**figer** [fiʒe] **: se figer** *vp (sauce)* to congeal.

**figue** [fig] *nf* fig.

**figure** [figyr] *nf (visage)* face; *(schéma)* figure.

**figurer** [figyre] *vi* to appear ❑ **se figurer** *vp*: **se ~ que** to think that.

**fil** [fil] *nm (à coudre)* thread; *(du téléphone)* wire; **~ de fer** wire.

**file** [fil] *nf* line; *(sur la route)* lane; **~ (d'attente)** queue *(Br)*, line *(Am)*; **à la ~** in a row; **en ~ (indienne)** in single file.

**filer** [file] *vt (collant)* to ladder *(Br)*, to put a run in *(Am)* ◆ *vi (aller vite)* to fly; *(fam: partir)* to dash off; **~ qqch à qqn** *(fam)* to slip sb sthg.

**filet** [filɛ] *nm* net; *(de poisson, de bœuf)* fillet; *(d'eau)* trickle; **~ américain** *(Belg)* steak tartare; **~ à bagages** luggage rack; **~ mignon** filet mignon, *small good-quality cut of beef.*

**filiale** [filjal] *nf* subsidiary.

**filière** [filjɛr] *nf (SCOL)*: **~ scientifique** science subjects.

**fille** [fij] *nf* girl; *(descendante)* daughter.

**fillette** [fijɛt] *nf* little girl.

**filleul, -e** [fijœl] *nm, f* godchild.

**film** [film] *nm* film; **~ d'horreur** OU **d'épouvante** horror film; **~ vidéo** video.

**filmer** [filme] *vt* to film.

**fils** [fis] *nm* son.

**filtre** [filtr] *nm* filter.

**filtrer** [filtre] *vt* to filter.

**fin, -e** [fɛ̃, fin] *adj (couche, tranche)*

thin; *(sable, cheveux)* fine; *(délicat)* delicate; *(subtil)* shrewd ◆ *nf* end; **~ juillet** at the end of July; **à la ~ (de)** at the end (of).

**final, -e, -als** OU **-aux** [final, o] *adj* final.

**finale** [final] *nf* final.

**finalement** [finalmɑ̃] *adv* finally.

**finaliste** [finalist] *nmf* finalist.

**finance** [finɑ̃s] *nf*: **la ~** *(profession)* finance; **les ~s** *(publiques)* public funds; *(fam: d'un particulier)* finances.

**financement** [finɑ̃smɑ̃] *nm* funding.

**financer** [finɑ̃se] *vt* to finance.

**financier, -ière** [finɑ̃sje, jɛr] *adj* financial ◆ *nm (gâteau) small cake made with almonds and candied fruit*; **sauce financière** *sauce flavoured with Madeira and truffles.*

**finesse** [finɛs] *nf* subtlety.

**finir** [finir] *vt* to finish ◆ *vi* to end; **~ bien** to have a happy ending; **~ de faire qqch** to finish doing sthg; **~ par faire qqch** to end up doing sthg.

**finlandais, -e** [fɛ̃lɑ̃dɛ, ɛz] *adj* Finnish ◆ *nm* = **finnois** ❑ **Finlandais, -e** *nm, f* Finn.

**Finlande** [fɛ̃lɑ̃d] *nf*: **la ~** Finland.

**finnois** [finwa] *nm* Finnish.

**fioul** [fjul] *nm* fuel.

**fisc** [fisk] *nm* = Inland Revenue *(Br)*, = Internal Revenue *(Am)*.

**fiscal, -e, -aux** [fiskal, o] *adj* tax.

**fissure** [fisyr] *nf* crack.

**fissurer** [fisyre] **: se fissurer** *vp* to crack.

**fixation** [fiksasjɔ̃] *nf (de ski)* binding; **faire une ~ sur qqch** to have a fixation about sthg.

**fixe** [fiks] *adj* fixed.

**fixer** [fikse] *vt (attacher)* to fix; *(regarder)* to stare at.

**flacon** [flakɔ̃] *nm* small bottle.

**flageolet** [flaʒɔlɛ] *nm* flageolet bean.

**flagrant, -e** [flagrɑ̃, ɑ̃t] *adj* blatant; **en ~ délit** in the act.

**flair** [flɛr] *nm* sense of smell; **avoir du ~** *(fig)* to have flair.

**flairer** [flɛre] *vt* to smell; *(fig: deviner)* to scent.

**flamand, -e** [flamɑ̃, ɑ̃d] *adj* Flemish ◆ *nm (langue)* Flemish.

**flambé, -e** [flɑ̃be] *adj served in alcohol which has been set on fire.*

**flamber** [flɑ̃be] *vi* to burn.

**flamiche** [flamiʃ] *nf savoury tart.*

**flamme** [flam] *nf* flame; **en ~s** in flames.

**flan** [flɑ̃] *nm* flan.

**flanc** [flɑ̃] *nm* flank.

**flâner** [flane] *vi* to stroll.

**flanquer** [flɑ̃ke] *vt (entourer)* to flank; *(fam: mettre)* to stick.

**flaque** [flak] *nf* puddle.

**flash, -s** OU **-es** [flaʃ] *nm (d'appareil photo)* flash; *(d'information)* newsflash.

**flatter** [flate] *vt* to flatter.

**fléau, -x** [fleo] *nm (catastrophe)* natural disaster.

**flèche** [flɛʃ] *nf* arrow.

**fléchette** [fleʃɛt] *nf* dart.

**fléchir** [fleʃir] *vt & vi* to bend.

**flemme** [flɛm] *nf (fam)*: **j'ai la ~ (de faire qqch)** I can't be bothered (to do sthg).

**flétri, -e** [fletri] *adj* withered.

**fleur** [flœr] *nf* flower; *(d'arbre)* blossom; **~ d'oranger** *(CULIN)* orange blossom essence; **à ~s** flowered; **en ~(s)** *(plante)* in flower; *(arbre)* in blossom.
**fleuri, -e** [flœri] *adj (tissu, motif)* flowered; *(jardin)* in flower.
**fleurir** [flœrir] *vi* to flower.
**fleuriste** [flœrist] *nmf* florist.
**fleuve** [flœv] *nm* river.
**flexible** [flɛksibl] *adj* flexible.
**flic** [flik] *nm (fam)* cop.
**flipper** [flipœr] *nm* pin-ball machine.
**flirter** [flœrte] *vi* to flirt.
**flocon** [flɔkɔ̃] *nm*: **~ de neige** snowflake; **~s d'avoine** oatmeal.
**flore** [flɔr] *nf* flora; *(livre)* guide to flowers.
**flot** [flo] *nm* stream.
**flottante** [flɔtɑ̃t] *adj f* → **île**.
**flotte** [flɔt] *nf (de navires)* fleet; *(fam: pluie)* rain; *(fam: eau)* water.
**flotter** [flɔte] *vi* to float.
**flotteur** [flɔtœr] *nm* float.
**flou, -e** [flu] *adj (photo)* blurred; *(idée, souvenir)* vague.
**fluide** [flɥid] *adj* fluid; *(circulation)* flowing freely ♦ *nm* fluid.
**fluo** [flyɔ] *adj inv* fluorescent.
**fluor** [flyɔr] *nm* fluorine.
**fluorescent, -e** [flyɔresɑ̃, ɑ̃t] *adj* fluorescent.
**flûte** [flyt] *nf (pain)* French stick; *(verre)* flute ♦ *excl* bother!; **~ (à bec)** recorder.
**FM** *nf* FM.
**FNAC** [fnak] *nf chain of large stores selling books, records, audio and video equipment etc.*
**foi** [fwa] *nf* faith; **être de bonne ~** to be sincere; **être de mauvaise ~** to be insincere.
**foie** [fwa] *nm* liver; **~ gras** foie gras, *duck or goose liver*; **~ de veau** calf's liver.
**foin** [fwɛ̃] *nm* hay.
**foire** [fwar] *nf (marché)* fair; *(exposition)* trade fair.
**fois** [fwa] *nf* time; **une ~** once; **deux ~** twice; **trois ~** three times; **3 ~ 2** 3 times 2; **à la ~** at the same time; **des ~** *(parfois)* sometimes; **une ~ que tu auras mangé** once you have eaten; **une ~ pour toutes** once and for all.
**folie** [fɔli] *nf* madness; **faire une ~** *(dépenser)* to be extravagant.
**folklore** [fɔlklɔr] *nm* folklore.
**folklorique** [fɔlklɔrik] *adj* folk.
**folle** → **fou**.
**foncé, -e** [fɔ̃se] *adj* dark.
**foncer** [fɔ̃se] *vi (s'assombrir)* to darken; *(fam: aller vite)* to get a move on; **~ dans** to crash into; **~ sur** to rush towards.
**fonction** [fɔ̃ksjɔ̃] *nf* function; *(métier)* post; **la ~ publique** the civil service; **en ~ de** according to.
**fonctionnaire** [fɔ̃ksjɔnɛr] *nmf* civil servant.
**fonctionnel, -elle** [fɔ̃ksjɔnɛl] *adj* functional.
**fonctionnement** [fɔ̃ksjɔnmɑ̃] *nm* working.
**fonctionner** [fɔ̃ksjɔne] *vi* to work; **faire ~ qqch** to make sthg work.
**fond** [fɔ̃] *nm (d'un puits, d'une boîte)* bottom; *(d'une salle)* far end; *(d'une photo, d'un tableau)* background; **au ~, dans le ~** *(en réalité)* in fact; **au ~ de** *(salle)* at the back of; *(valise)* at the bottom of; **à ~** *(respirer)* deeply; *(pousser)* all the

way; *(rouler)* at top speed; ~ **d'artichaut** artichoke heart; ~ **de teint** foundation.

**fondamental, -e, -aux** [fɔ̃damɑ̃tal, o] *adj* basic.

**fondant, -e** [fɔ̃dɑ̃, ɑ̃t] *adj* which melts in the mouth ◆ *nm*: ~ **au chocolat** *chocolate cake that melts in the mouth.*

**fondation** [fɔ̃dasjɔ̃] *nf* foundation ❑ **fondations** *nfpl (d'une maison)* foundations.

**fonder** [fɔ̃de] *vt (société)* to found; *(famille)* to start ❑ **se fonder sur** *vp + prép (suj: personne)* to base one's opinion on; *(suj: raisonnement)* to be based on.

**fondre** [fɔ̃dr] *vi* to melt; ~ **en larmes** to burst into tears.

**fonds** [fɔ̃] *nmpl (argent)* funds.

**fondue** [fɔ̃dy] *nf*: ~ **bourguignonne** meat fondue; ~ **parmesan** *(Can) soft cheese containing Parmesan, coated in breadcrumbs, eaten hot;* ~ **savoyarde** cheese fondue.

**font** → **faire**.

**fontaine** [fɔ̃tɛn] *nf* fountain.

**fonte** [fɔ̃t] *nf (métal)* cast iron; *(des neiges)* thaw.

**foot(ball)** [fut(bol)] *nm* football.

**footballeur** [futbolœr] *nm* footballer.

**footing** [futiŋ] *nm* jogging; **faire un** ~ to go jogging.

**forain, -e** [fɔrɛ̃, ɛn] *adj* → **fête** ◆ *nm* fairground worker.

**force** [fɔrs] *nf* strength; *(violence)* force; ~**s** *(physiques)* strength; **de** ~ by force; **à** ~ **de faire qqch** through doing sthg.

**forcément** [fɔrsemɑ̃] *adv* inevitably; **pas** ~ not necessarily.

**forcer** [fɔrse] *vt (porte)* to force ◆ *vi (faire un effort physique)* to strain o.s.; ~ **qqn à faire qqch** to force sb to do sthg ❑ **se forcer** *vp*: **se** ~ **(à faire qqch)** to force o.s. (to do sthg).

**forêt** [fɔrɛ] *nf* forest.

**forêt-noire** [fɔrɛnwar] *(pl* **forêts-noires**) *nf* Black Forest gâteau.

**forfait** [fɔrfɛ] *nm (abonnement)* season ticket; *(de ski)* ski pass; *(de location de voiture)* basic rate; **déclarer** ~ to withdraw.

**forfaitaire** [fɔrfɛtɛr] *adj* inclusive.

**forgé** [fɔrʒe] *adj m* → **fer**.

**forger** [fɔrʒe] *vt (fer)* to forge.

**formalités** [fɔrmalite] *nfpl* formalities.

**format** [fɔrma] *nm* size.

**formater** [fɔrmate] *vt* to format.

**formation** [fɔrmasjɔ̃] *nf (apprentissage)* training; *(de roches, de mots)* formation.

**forme** [fɔrm] *nf* shape, form; **en** ~ **de T** T-shaped; **être en (pleine)** ~ to be on (top) form.

**former** [fɔrme] *vt (créer)* to form; *(éduquer)* to train ❑ **se former** *vp (naître)* to form; *(s'éduquer)* to train o.s.

**formidable** [fɔrmidabl] *adj* great.

**formulaire** [fɔrmylɛr] *nm* form.

**formule** [fɔrmyl] *nf* formula; *(de restaurant)* menu.

**fort, -e** [fɔr, fɔrt] *adj* strong; *(gros)* large; *(doué)* bright ◆ *adv (parler)* loudly; *(sentir)* strongly; *(pousser)* hard; ~ **en maths** good at maths.

**forteresse** [fɔrtərɛs] *nf* fortress.

**fortifications** [fɔrtifikasjɔ̃] *nfpl* fortifications.

**fortifier** [fɔrtifje] *vt* to fortify.

**fortune** [fɔrtyn] *nf* fortune; **faire ~** to make one's fortune.

**fosse** [fos] *nf* pit.

**fossé** [fose] *nm* ditch.

**fossette** [fosɛt] *nf* dimple.

**fossile** [fosil] *nm* fossil.

**fou, folle** [fu, fɔl] *adj* mad; *(extraordinaire)* amazing ◆ *nm, f* madman (*f* madwoman) ◆ *nm (aux échecs)* bishop; **(avoir le) ~ rire** (to be in fits of) uncontrollable laughter.

**foudre** [fudr] *nf* lightning.

**foudroyant, -e** [fudrwajɑ̃, ɑ̃t] *adj (poison, maladie)* lethal.

**foudroyer** [fudrwaje] *vt* to strike.

**fouet** [fwɛ] *nm* whip; *(CULIN)* whisk; **de plein ~** head-on.

**fouetter** [fwete] *vt* to whip; *(CULIN)* to whisk.

**fougère** [fuʒɛr] *nf* fern.

**fouiller** [fuje] *vt* to search.

**fouillis** [fuji] *nm* muddle.

**foulard** [fular] *nm* scarf.

**foule** [ful] *nf* crowd.

**fouler** [fule] **: se fouler** *vp*: **se ~ la cheville** to sprain one's ankle.

**foulure** [fulyr] *nf* sprain.

**four** [fur] *nm (de cuisinière, de boulanger)* oven.

**fourche** [furʃ] *nf* pitchfork; *(carrefour)* fork; *(Belg: heure libre)* free period.

**fourchette** [furʃɛt] *nf* fork; *(de prix)* range.

**fourchu, -e** [furʃy] *adj*: **avoir les cheveux ~s** to have split ends.

**fourgon** [furgɔ̃] *nm* van.

**fourgonnette** [furgɔnɛt] *nf* small van.

**fourmi** [furmi] *nf* ant; **avoir des ~s dans les jambes** to have pins and needles in one's legs.

**fourmilière** [furmiljɛr] *nf* anthill.

**fourneau, -x** [furno] *nm* stove.

**fournir** [furnir] *vt (effort)* to make; **~ qqch à qqn** *(marchandises)* to supply sb with sthg; *(preuve, argument)* to provide sb with sthg; **~ qqn en qqch** to supply sb with sthg.

**fournisseur, -euse** [furnisœr, øz] *nm, f* supplier.

**fournitures** [furnityr] *nfpl* supplies.

**fourré, -e** [fure] *adj (vêtement)* lined; *(crêpe)* filled; **bonbon ~ à la fraise** sweet with a strawberry-flavoured centre.

**fourrer** [fure] *vt (crêpe)* to fill; *(fam: mettre)* to stick ❑ **se fourrer** *vp (fam: se mettre)* to put o.s.

**fourre-tout** [furtu] *nm inv (sac)* holdall.

**fourrière** [furjɛr] *nf* pound.

**fourrure** [furyr] *nf* fur.

**foyer** [fwaje] *nm (d'une cheminée)* hearth; *(domicile)* home; *(pour délinquants)* hostel; **femme/mère au ~** housewife.

**fracasser** [frakase] **: se fracasser** *vp* to smash.

**fraction** [fraksjɔ̃] *nf* fraction.

**fracture** [fraktyr] *nf* fracture.

**fracturer** [fraktyre] *vt (porte, coffre)* to break open ❑ **se fracturer**

*vp*: **se ~ le crâne** to fracture one's skull.

**fragile** [fraʒil] *adj* fragile; *(santé)* délicate.

**fragment** [fragmɑ̃] *nm* fragment.

**fraîche** → **frais**.

**fraîcheur** [frɛʃœr] *nf* coolness; *(d'un aliment)* freshness.

**frais, fraîche** [frɛ, frɛʃ] *adj (froid)* cool; *(aliment)* fresh ◆ *nmpl (dépenses)* expenses, costs ◆ *nm*: **mettre qqch au ~** to put sthg in a cool place; **prendre le ~** to take a breath of fresh air; **il fait ~** it's cool; **«servir ~»** "serve chilled".

**fraise** [frɛz] *nf* strawberry.

**fraisier** [frezje] *nm* strawberry plant; *(gâteau)* strawberry sponge.

**framboise** [frɑ̃bwaz] *nf* raspberry.

**franc, franche** [frɑ̃, frɑ̃ʃ] *adj* frank ◆ *nm* franc; **~ belge** Belgian franc; **~ suisse** Swiss franc.

**français, -e** [frɑ̃sɛ, ɛz] *adj* French ◆ *nm (langue)* French ❑ **Français, -e** *nm, f* Frenchman (*f* Frenchwoman); **les Français** the French.

**France** [frɑ̃s] *nf*: **la ~** France; **~ 2** *state-owned television channel*; **~ 3** *state-owned television channel*; **~ Télécom** *French state-owned telecommunications organization*.

**franche** → **franc**.

**franchement** [frɑ̃ʃmɑ̃] *adv* frankly; *(très)* completely.

**franchir** [frɑ̃ʃir] *vt (frontière)* to cross; *(limite)* to exceed.

**franchise** [frɑ̃ʃiz] *nf* frankness; *(d'assurance)* excess; *(de location automobile)* collision damage waiver.

**francophone** [frɑ̃kɔfɔn] *adj* French-speaking.

**frange** [frɑ̃ʒ] *nf* fringe; **à ~s** fringed.

**frangipane** [frɑ̃ʒipan] *nf (crème)* almond paste; *(gâteau) cake consisting of layers of puff pastry and almond paste*.

**frappant, -e** [frapɑ̃, ɑ̃t] *adj* striking.

**frappé, -e** [frape] *adj (frais)* chilled.

**frapper** [frape] *vt* to hit; *(impressionner, affecter)* to strike ◆ *vi* to strike; **~ un coup** to knock; **~ (à la porte)** to knock (at the door); **~ dans ses mains** to clap one's hands.

**fraude** [frod] *nf* fraud; **passer qqch en ~** to smuggle sthg through customs.

**frayer** [frɛje] **: se frayer** *vp*: **se ~ un chemin** to force one's way.

**frayeur** [frɛjœr] *nf* fright.

**fredonner** [frədɔne] *vt* to hum.

**freezer** [frizœr] *nm* freezer compartment.

**frein** [frɛ̃] *nm* brake; **~ à main** handbrake *(Br)*, parking brake *(Am)*.

**freiner** [frene] *vt (élan, personne)* to restrain ◆ *vi* to brake.

**frémir** [fremir] *vi* to tremble.

**fréquence** [frekɑ̃s] *nf* frequency.

**fréquent, -e** [frekɑ̃, ɑ̃t] *adj* frequent.

**fréquenter** [frekɑ̃te] *vt (personnes)* to mix with; *(endroit)* to visit.

**frère** [frɛr] *nm* brother.

**fresque** [frɛsk] *nf* fresco.

**friand** [frijɑ̃] *nm* savoury tartlet.

**friandise** [frijɑ̃diz] *nf* delicacy.
**fric** [frik] *nm (fam)* cash.
**fricassée** [frikase] *nf* fricassee.
**frictionner** [friksjɔne] *vt* to rub.
**Frigidaire®** [friʒidɛr] *nm* fridge.
**frigo** [frigo] *nm (fam)* fridge.
**frileux, -euse** [frilø, øz] *adj* sensitive to the cold.
**frimer** [frime] *vi (fam)* to show off.
**fripé, -e** [fripe] *adj* wrinkled.
**frire** [frir] *vt & vi* to fry; **faire ~** to fry.
**frisé, -e** [frize] *adj (personne)* curly-haired; *(cheveux)* curly.
**frisée** [frize] *nf* curly endive.
**friser** [frize] *vi* to curl.
**frisson** [frisɔ̃] *nm* shiver; **avoir des ~s** to have the shivers.
**frissonner** [frisɔne] *vi* to shiver.
**frit, -e** [fri, frit] *pp* → **frire** ◆ *adj* fried.
**frites** [frit] *nfpl*: **(pommes) ~** chips *(Br)*, French fries *(Am)*.
**friteuse** [fritøz] *nf* deep fat fryer.
**friture** [frityr] *nf* oil; *(poissons)* fried fish; *(parasites)* interference.
**froid, -e** [frwa, frwad] *adj & nm* cold ◆ *adv*: **avoir ~** to be cold; **il fait ~** it's cold; **prendre ~** to catch cold.
**froidement** [frwadmɑ̃] *adv* coldly.
**froisser** [frwase] *vt* to crumple; *(fig: vexer)* to offend ❑ **se froisser** *vp* to crease; *(fig: se vexer)* to take offence.
**frôler** [frole] *vt* to brush against.
**fromage** [frɔmaʒ] *nm* cheese; **~ blanc** fromage frais; **~ de tête** brawn *(Br)*, headcheese *(Am)*.

## *i* FROMAGE

There are about 350 types of French cheese, which can be divided into soft cheeses (such as Camembert, Brie and Pont-l'Évêque), hard cheeses (such as Tomme and Comté) and blue cheeses (such as Bleu d'Auvergne), all made from cow's milk. There are also many cheeses made from goat's milk and sheep's milk. In France cheese is eaten with bread before dessert.

**fronce** [frɔ̃s] *nf* gather.
**froncer** [frɔ̃se] *vt (vêtement)* to gather; **~ les sourcils** to frown.
**fronde** [frɔ̃d] *nf* sling.
**front** [frɔ̃] *nm* forehead; *(des combats)* front; **de ~** *(de face)* head-on; *(côte à côte)* abreast; *(en même temps)* at the same time.
**frontière** [frɔ̃tjɛr] *nf* border.
**frottement** [frɔtmɑ̃] *nm* friction.
**frotter** [frɔte] *vt (tache)* to rub; *(meuble)* to polish; *(allumette)* to strike ◆ *vi* to rub.
**fruit** [frɥi] *nm* fruit; **~ de la passion** passion fruit; **~s confits** candied fruit *(sg)*; **~s de mer** seafood *(sg)*; **~s secs** dried fruit *(sg)*.
**fruitier** [frɥitje] *adj m* → **arbre**.
**fugue** [fyg] *nf*: **faire une ~** to run away.
**fuir** [fɥir] *vi* to flee; *(robinet, eau)* to leak.
**fuite** [fɥit] *nf* flight; *(d'eau, de gaz)* leak; **être en ~** to be on the run; **prendre la ~** to take flight.
**fumé, -e** [fyme] *adj* smoked.

**fumée** [fyme] *nf* smoke; *(vapeur)* steam.
**fumer** [fyme] *vt* to smoke ◆ *vi (personne)* to smoke; *(liquide)* to steam.
**fumeur, -euse** [fymœr, øz] *nm, f* smoker.
**fumier** [fymje] *nm* manure.
**funambule** [fynɑ̃byl] *nmf* tightrope walker.
**funèbre** [fynɛbr] *adj* → **pompe**.
**funérailles** [fyneraj] *nfpl (sout)* funeral *(sg)*.
**funiculaire** [fynikylɛr] *nm* funicular railway.
**fur** [fyr] **: au fur et à mesure** *adv* as I/you etc go along; **au ~ et à mesure que** as.
**fureur** [fyrœr] *nf* fury; **faire ~** to be all the rage.
**furieux, -ieuse** [fyrjø, jøz] *adj* furious.
**furoncle** [fyrɔ̃kl] *nm* boil.
**fuseau, -x** [fyzo] *nm (pantalon)* ski-pants *(pl)*; **~ horaire** time zone.
**fusée** [fyze] *nf* rocket.
**fusible** [fyzibl] *nm* fuse.
**fusil** [fyzi] *nm* gun.
**fusillade** [fyzijad] *nf* gunfire.
**fusiller** [fyzije] *vt* to shoot; **~ qqn du regard** to look daggers at sb.
**futé, -e** [fyte] *adj* smart.
**futile** [fytil] *adj* frivolous.
**futur, -e** [fytyr] *adj* future ◆ *nm (avenir)* future; *(GRAMM)* future (tense).

# G

**gâcher** [gaʃe] *vt (détruire)* to spoil; *(gaspiller)* to waste.
**gâchette** [gaʃɛt] *nf* trigger.
**gâchis** [gaʃi] *nm* waste.
**gadget** [gadʒɛt] *nm* gadget.
**gaffe** [gaf] *nf*: **faire une ~** to put one's foot in it; **faire ~ (à qqch)** *(fam)* to be careful (of sthg).
**gag** [gag] *nm* gag.
**gage** [gaʒ] *nm (dans un jeu)* forfeit; *(assurance, preuve)* proof.
**gagnant, -e** [gaɲɑ̃, ɑ̃t] *adj* winning ◆ *nm, f* winner.
**gagner** [gaɲe] *vt (concours, course, prix)* to win; *(argent)* to earn; *(temps, place)* to save; *(atteindre)* to reach ◆ *vi* to win; **~ sa place** to take one's seat; **(bien) ~ sa vie** to earn a (good) living.
**gai, -e** [gɛ] *adj* cheerful; *(couleur, pièce)* bright.
**gaiement** [gemɑ̃] *adv* cheerfully.
**gaieté** [gete] *nf* cheerfulness.
**gain** [gɛ̃] *nm (de temps, d'espace)* saving ❑ **gains** *nmpl (salaire)* earnings; *(au jeu)* winnings.
**gaine** [gɛn] *nf (étui)* sheath; *(sous-vêtement)* girdle.
**gala** [gala] *nm* gala.
**galant** [galɑ̃] *adj m* gallant.
**galerie** [galri] *nf (passage couvert)* gallery; *(à bagages)* roof rack; **~ (d'art)** art gallery; **~ marchande** shopping centre *(Br)*, shopping mall *(Am)*.

**galet** [galɛ] *nm* pebble.

**galette** [galɛt] *nf (gâteau) flat cake; (crêpe)* pancake; **~ bretonne** *(biscuit) all-butter shortcake biscuit, speciality of Brittany;* **~ des Rois** *cake traditionally eaten on Twelfth Night.*

---

### i GALETTE DES ROIS

This large round pastry, often filled with almond paste, is traditionally eaten on Twelfth Night, 6 January. It contains a small porcelain figurine (the "fève"). The cake is shared out and the person who finds the "fève" becomes the king or queen and is given a cardboard crown to wear.

---

**Galles** [gal] *n* → **pays**.

**gallois, -e** [galwa, waz] *adj* Welsh ❑ **Gallois, -e** *nm, f* Welshman (*f* Welshwoman); **les Gallois** the Welsh.

**galon** [galɔ̃] *nm (ruban)* braid; *(MIL)* stripe.

**galop** [galo] *nm*: **aller/partir au ~** *(cheval)* to gallop along/off.

**galoper** [galɔpe] *vi (cheval)* to gallop; *(personne)* to run about.

**gambader** [gɑ̃bade] *vi* to leap about.

**gambas** [gɑ̃bas] *nfpl large prawns.*

**gamelle** [gamɛl] *nf* mess tin *(Br)*, kit *(Am)*.

**gamin, -e** [gamɛ̃, in] *nm, f (fam)* kid.

**gamme** [gam] *nf (MUS)* scale; *(choix)* range.

**ganglion** [gɑ̃glijɔ̃] *nm*: **avoir des ~s** to have swollen glands.

**gangster** [gɑ̃gstɛr] *nm* gangster.

**gant** [gɑ̃] *nm (de laine, de boxe, de cuisine)* glove; **~ de toilette** = flannel *(Br)*, facecloth *(Am)*.

**garage** [garaʒ] *nm* garage.

**garagiste** [garaʒist] *nm (propriétaire)* garage owner; *(mécanicien)* mechanic.

**garantie** [garɑ̃ti] *nf* guarantee; **(bon de) ~** guarantee; **appareil sous ~** appliance under guarantee.

**garantir** [garɑ̃tir] *vt* to guarantee; **~ qqch à qqn** to guarantee sb sthg; **~ à qqn que** to guarantee sb that.

**garçon** [garsɔ̃] *nm* boy; *(homme)* young man; **~ (de café)** waiter.

**garde**[1] [gard] *nm* guard; **~ du corps** bodyguard.

**garde**[2] [gard] *nf (d'un endroit)* guarding; *(d'enfants)* care; *(soldats)* guard; **monter la ~** to stand guard; **mettre qqn en ~ (contre)** to put sb on their guard (against); **prendre ~ (à qqch)** to be careful (of sthg); **prendre ~ de ne pas faire qqch** to take care not to do sthg; **de ~** *(médecin)* on duty; **pharmacie de ~** duty chemist's.

**garde-barrière** [gardəbarjɛr] (*pl* **gardes-barrière(s)**) *nmf* level crossing keeper *(Br)*, grade crossing keeper *(Am)*.

**garde-boue** [gardəbu] *nm inv* mudguard.

**garde-chasse** [gardəʃas] (*pl* **gardes-chasse(s)**) *nm* gamekeeper.

**garde-fou, -s** [gardəfu] *nm* railing.

**garder** [garde] *vt* to keep; *(vêtement)* to keep on; *(enfant, malade)* to look after; *(lieu, prisonnier)* to guard; *(souvenir, impression)* to have ❑ **se garder** *vp (aliment)* to keep.

**garderie** [gardəri] *nf* (day) nursery *(Br)*, day-care center *(Am)*; *(d'entreprise)* crèche.

**garde-robe, -s** [gardərɔb] *nf* wardrobe.

**gardien, -ienne** [gardjɛ̃, jɛn] *nm, f (de musée)* attendant; *(de prison)* warder *(Br)*, guard *(Am)*; *(d'immeuble)* caretaker *(Br)*, janitor *(Am)*; **~ de but** goalkeeper; **~ de nuit** nightwatchman.

**gare** [gar] *nf* station ◆ *excl*: **~ à toi!** *(menace)* watch it!; **entrer en ~** to pull into the station; **~ routière** bus station.

**garer** [gare] *vt* to park ❑ **se garer** *vp (dans un parking)* to park.

**gargouille** [garguj] *nf* gargoyle.

**gargouiller** [garguje] *vi (tuyau)* to gurgle; *(estomac)* to rumble.

**garnement** [garnəmɑ̃] *nm* rascal.

**garni, -e** [garni] *adj (plat)* served with vegetables.

**garnir** [garnir] *vt*: **~ qqch de qqch** *(équiper)* to fit sthg out with sthg; *(décorer)* to decorate sthg with sthg.

**garniture** [garnityr] *nf (légumes)* vegetables *(accompanying main dish)*; *(décoration)* trimming.

**gars** [ga] *nm (fam)* guy.

**gas-oil** [gazɔjl, gazwal] *nm* = **gazole**.

**gaspillage** [gaspijaʒ] *nm* waste.

**gaspiller** [gaspije] *vt* to waste.

**gastronomique** [gastrɔnɔmik] *adj (guide)* gastronomic; *(restaurant)* gourmet.

**gâté, -e** [gate] *adj (fruit, dent)* rotten.

**gâteau, -x** [gato] *nm* cake; **~ marbré** marble cake; **~ sec** biscuit *(Br)*, cookie *(Am)*.

**gâter** [gate] *vt (enfant)* to spoil ❑ **se gâter** *vp (fruit)* to go bad; *(dent)* to decay; *(temps, situation)* to get worse.

**gâteux, -euse** [gatø, øz] *adj* senile.

**gauche** [goʃ] *adj* left; *(maladroit)* awkward ◆ *nf*: **la ~** the left; (POL) the left (wing); **à ~ (de)** on the left (of); **de ~** *(du côté gauche)* left-hand.

**gaucher, -ère** [goʃe, ɛr] *adj* left-handed.

**gaufre** [gofr] *nf* waffle.

**gaufrette** [gofrɛt] *nf* wafer.

**gaver** [gave] *vt*: **~ qqn de qqch** *(aliments)* to fill sb full of sthg ❑ **se gaver de** *vp + prép (aliments)* to fill o.s. up with.

**gaz** [gaz] *nm inv* gas.

**gaze** [gaz] *nf* gauze.

**gazeux, -euse** [gazø, øz] *adj (boisson, eau)* fizzy.

**gazinière** [gazinjɛr] *nf* gas stove.

**gazole** [gazɔl] *nm* diesel (oil).

**gazon** [gazɔ̃] *nm (herbe)* grass; *(terrain)* lawn.

**GB** *(abr de Grande-Bretagne)* GB.

**géant, -e** [ʒeɑ̃, ɑ̃t] *adj (grand)* gigantic; *(COMM: paquet)* giant ◆ *nm, f* giant.

**gel** [ʒɛl] *nm (glace)* frost; *(à cheveux, dentifrice)* gel.

**gélatine** [ʒelatin] *nf (CULIN)* gelatine.

**gelée** [ʒele] *nf (glace)* frost; *(de fruits)* jelly *(Br)*, Jello® *(Am)*; **en ~** in jelly *(Br)*.

**geler** [ʒəle] *vt* to freeze ◆ *vi* to freeze; *(avoir froid)* to be freezing;

**il gèle** it's freezing.
**gélule** [ʒelyl] *nf* capsule.
**Gémeaux** [ʒemo] *nmpl* Gemini *(sg)*.
**gémir** [ʒemir] *vi* to moan.
**gênant, -e** [ʒenɑ̃, ɑ̃t] *adj (encombrant)* in the way; *(embarrassant)* embarrassing.
**gencive** [ʒɑ̃siv] *nf* gum.
**gendarme** [ʒɑ̃darm] *nm* policeman.
**gendarmerie** [ʒɑ̃darməri] *nf* *(gendarmes)* = police force; *(bureau)* = police station.
**gendre** [ʒɑ̃dr] *nm* son-in-law.
**gêne** [ʒɛn] *nf (physique)* discomfort; *(embarras)* embarrassment.
**généalogique** [ʒenealɔʒik] *adj* → **arbre**.
**gêner** [ʒene] *vt (déranger)* to bother; *(embarrasser)* to embarrass; *(encombrer)*: ~ **qqn** to be in sb's way; **ça vous gêne si ...?** do you mind if ...? ❑ **se gêner** *vp*: **ne te gêne pas** don't mind me.
**général, -e, -aux** [ʒeneral, o] *adj & nm* general; **en ~** *(dans l'ensemble)* in general; *(d'habitude)* generally.
**généralement** [ʒeneralmɑ̃] *adv* generally.
**généraliste** [ʒeneralist] *nm*: **(médecin) ~** GP.
**génération** [ʒenerasjɔ̃] *nf* generation.
**généreux, -euse** [ʒenerø, øz] *adj* generous.
**générique** [ʒenerik] *nm* credits *(pl)*.
**générosité** [ʒenerɔzite] *nf* generosity.
**genêt** [ʒənɛ] *nm* broom *(plant)*.
**génétique** [ʒenetik] *adj* genetic.
**Genève** [ʒənɛv] *n* Geneva.
**génial, -e, -iaux** [ʒenjal, jo] *adj* brilliant.
**génie** [ʒeni] *nm* genius.
**génoise** [ʒenwaz] *nf* sponge.
**genou, -x** [ʒənu] *nm* knee; **être/se mettre à ~x** to be on/to get down on one's knees.
**genre** [ʒɑ̃r] *nm* kind, type; *(GRAMM)* gender; **un ~ de** a kind of.
**gens** [ʒɑ̃] *nmpl* people.
**gentil, -ille** [ʒɑ̃ti, ij] *adj* nice; *(serviable)* kind; *(sage)* good.
**gentillesse** [ʒɑ̃tijɛs] *nf* kindness.
**gentiment** [ʒɑ̃timɑ̃] *adv* kindly; *(sagement)* nicely; *(Helv: tranquillement)* quietly.
**géographie** [ʒeɔgrafi] *nf* geography.
**géométrie** [ʒeɔmetri] *nf* geometry.
**géranium** [ʒeranjɔm] *nm* geranium.
**gérant, -e** [ʒerɑ̃, ɑ̃t] *nm, f* manager (*f* manageress).
**gerbe** [ʒɛrb] *nf (de blé)* sheaf; *(de fleurs)* wreath; *(d'étincelles)* shower.
**gercé, -e** [ʒɛrse] *adj* chapped.
**gérer** [ʒere] *vt* to manage.
**germain, -e** [ʒɛrmɛ̃, ɛn] *adj* → **cousin**.
**germe** [ʒɛrm] *nm (de plante)* sprout; *(de maladie)* germ.
**germer** [ʒɛrme] *vi* to sprout.
**gésier** [ʒezje] *nm* gizzard.
**geste** [ʒɛst] *nm* movement; *(acte)* gesture.
**gesticuler** [ʒɛstikyle] *vi* to gesticulate.
**gestion** [ʒɛstjɔ̃] *nf* management.

**gibelotte** [ʒiblɔt] *nf rabbit stew with white wine, bacon, shallots and mushrooms.*
**gibier** [ʒibje] *nm* game.
**giboulée** [ʒibule] *nf* sudden shower.
**gicler** [ʒikle] *vi* to spurt.
**gifle** [ʒifl] *nf* slap.
**gifler** [ʒifle] *vt* to slap.
**gigantesque** [ʒigɑ̃tɛsk] *adj* gigantic; *(extraordinaire)* enormous.
**gigot** [ʒigo] *nm*: ~ **d'agneau/de mouton** leg of lamb/of mutton.
**gigoter** [ʒigɔte] *vi* to wriggle about.
**gilet** [ʒilɛ] *nm (pull)* cardigan; *(sans manches)* waistcoat *(Br)*, vest *(Am)*; ~ **de sauvetage** life jacket.
**gin** [dʒin] *nm* gin.
**gingembre** [ʒɛ̃ʒɑ̃br] *nm* ginger.
**girafe** [ʒiraf] *nf* giraffe.
**giratoire** [ʒiratwar] *adj* → **sens**.
**girofle** [ʒirɔfl] *nm* → **clou**.
**girouette** [ʒirwɛt] *nf* weathercock.
**gisement** [ʒizmɑ̃] *nm* deposit.
**gitan, -e** [ʒitɑ̃, an] *nm, f* gipsy.
**gîte** [ʒit] *nm (de bœuf)* shin *(Br)*, shank *(Am)*; ~ **d'étape** halt; ~ **(rural)** gîte *(self-catering accommodation in the country)*.

## i GÎTE RURAL

Often quite large converted farmhouses or outbuildings, "gîtes" can be rented out as self-catering accommodation by holidaymakers. They are classified according to the level of comfort and amenities provided.

**givre** [ʒivr] *nm* frost.
**givré, -e** [ʒivre] *adj* covered with frost; **orange ~e** *orange sorbet served in a scooped-out orange.*
**glace** [glas] *nf* ice; *(crème glacée)* ice cream; *(miroir)* mirror; *(vitre)* pane; *(de voiture)* window.
**glacé, -e** [glase] *adj (couvert de glace)* frozen; *(froid)* freezing cold.
**glacer** [glase] *vt* to chill.
**glacial, -e, -s** OU **-iaux** [glasjal, jo] *adj* icy.
**glacier** [glasje] *nm (de montagne)* glacier; *(marchand)* ice-cream seller.
**glacière** [glasjɛr] *nf* cool box.
**glaçon** [glasɔ̃] *nm* ice cube.
**gland** [glɑ̃] *nm* acorn.
**glande** [glɑ̃d] *nf* gland.
**glissade** [glisad] *nf* slip.
**glissant, -e** [glisɑ̃, ɑ̃t] *adj* slippery.
**glisser** [glise] *vt* to slip ◆ *vi (en patinant)* to slide; *(déraper)* to slip; *(être glissant)* to be slippery ❑ **se glisser** *vp* to slip.
**global, -e, -aux** [glɔbal, o] *adj* global.
**globalement** [glɔbalmɑ̃] *adv* on the whole.
**globe** [glɔb] *nm* globe; **le ~ (terrestre)** the Earth.
**gloire** [glwar] *nf* fame.
**glorieux, -ieuse** [glɔrjø, jøz] *adj* glorious.
**glossaire** [glɔsɛr] *nm* glossary.
**gloussement** [glusmɑ̃] *nm (de poule)* clucking; *(rire)* chuckle.
**glouton, -onne** [glutɔ̃, ɔn] *adj* greedy.
**gluant, -e** [glyɑ̃, ɑ̃t] *adj* sticky.
**GO** *(abr de grandes ondes)* LW.

**gobelet** [gɔblɛ] *nm (à boire)* tumbler; *(à dés)* shaker.
**gober** [gɔbe] *vt* to swallow.
**goéland** [gɔelɑ̃] *nm* seagull.
**goinfre** [gwɛ̃fr] *nmf* pig.
**golf** [gɔlf] *nm* golf; *(terrain)* golf course; ~ **miniature** crazy golf.
**golfe** [gɔlf] *nm* gulf.
**gomme** [gɔm] *nf (à effacer)* rubber *(Br)*, eraser *(Am)*.
**gommer** [gɔme] *vt (effacer)* to rub out *(Br)*, to erase *(Am)*.
**gond** [gɔ̃] *nm* hinge.
**gondoler** [gɔ̃dɔle] : **se gondoler** *vp (bois)* to warp; *(papier)* to wrinkle.
**gonflé, -e** [gɔ̃fle] *adj* swollen; *(fam: audacieux)* cheeky.
**gonfler** [gɔ̃fle] *vt* to blow up ◆ *vi (partie du corps)* to swell (up); *(pâte)* to rise.
**gorge** [gɔrʒ] *nf* throat; *(gouffre)* gorge.
**gorgée** [gɔrʒe] *nf* mouthful.
**gorille** [gɔrij] *nm* gorilla.
**gosette** [gɔsɛt] *nf (Belg) apricot or apple turnover*.
**gosse** [gɔs] *nmf (fam)* kid.
**gothique** [gɔtik] *adj* Gothic.
**gouache** [gwaʃ] *nf* gouache.
**goudron** [gudrɔ̃] *nm* tar.
**goudronner** [gudrɔne] *vt* to tar.
**gouffre** [gufr] *nm* abyss.
**goulot** [gulo] *nm* neck; **boire au** ~ to drink straight from the bottle.
**gourde** [gurd] *nf* flask.
**gourmand, -e** [gurmɑ̃, ɑ̃d] *adj* greedy.
**gourmandise** [gurmɑ̃diz] *nf* greed; **des ~s** sweets.
**gourmet** [gurmɛ] *nm* gourmet.
**gourmette** [gurmɛt] *nf* chain bracelet.
**gousse** [gus] *nf*: ~ **d'ail** clove of garlic; ~ **de vanille** vanilla pod.
**goût** [gu] *nm* taste; **avoir bon** ~ *(aliment)* to taste good; *(personne)* to have good taste.
**goûter** [gute] *nm* afternoon snack ◆ *vt* to taste ◆ *vi* to have an afternoon snack; ~ **à qqch** to taste sthg.
**goutte** [gut] *nf* drop; **tomber ~ à ~** to drip ❑ **gouttes** *nfpl (médicament)* drops.
**gouttelette** [gutlɛt] *nf* droplet.
**gouttière** [gutjɛr] *nf* gutter.
**gouvernail** [guvɛrnaj] *nm* rudder.
**gouvernement** [guvɛrnəmɑ̃] *nm* government.
**gouverner** [guvɛrne] *vt* to govern.
**grâce** [gras] *nf* grace ❑ **grâce à** *prép* thanks to.
**gracieux, -ieuse** [grasjø, jøz] *adj* graceful.
**grade** [grad] *nm* rank.
**gradins** [gradɛ̃] *nmpl* terraces.
**gradué, -e** [gradɥe] *adj (règle)* graduated; *(Belg: diplômé) holding a technical diploma just below university level*; **verre** ~ measuring glass.
**graduel, -elle** [gradɥɛl] *adj* gradual.
**graffiti(s)** [grafiti] *nmpl* graffiti *(sg)*.
**grain** [grɛ̃] *nm* grain; *(de poussière)* speck; *(de café)* bean; ~ **de beauté** beauty spot; ~ **de raisin** grape.
**graine** [grɛn] *nf* seed.

**graisse** [grɛs] *nf* fat; *(lubrifiant)* grease.

**graisser** [grɛse] *vt* to grease.

**graisseux, -euse** [grɛsø, øz] *adj* greasy.

**grammaire** [gramɛr] *nf* grammar.

**grammatical, -e, -aux** [gramatikal, o] *adj* grammatical.

**gramme** [gram] *nm* gram.

**grand, -e** [grɑ̃, grɑ̃d] *adj (ville, différence)* big; *(personne, immeuble)* tall; *(en durée)* long; *(important, glorieux)* great ◆ *adv*: **~ ouvert** wide open; **il est ~ temps de partir** it's high time we left; **~ frère** older brother; **~ magasin** department store; **~e surface** hypermarket; **les ~es vacances** the summer holidays *(Br)*, the summer vacation *(sg) (Am)*.

**grand-chose** [grɑ̃ʃoz] *pron*: **pas ~** not much.

**Grande-Bretagne** [grɑ̃dbrətaɲ] *nf*: **la ~** Great Britain.

**grandeur** [grɑ̃dœr] *nf* size; *(importance)* greatness; **~ nature** life-size.

**grandir** [grɑ̃dir] *vi* to grow.

**grand-mère** [grɑ̃mɛr] (*pl* **grands-mères**) *nf* grandmother.

**grand-père** [grɑ̃pɛr] (*pl* **grands-pères**) *nm* grandfather.

**grand-rue, -s** [grɑ̃ry] *nf* high street *(Br)*, main street *(Am)*.

**grands-parents** [grɑ̃parɑ̃] *nmpl* grandparents.

**grange** [grɑ̃ʒ] *nf* barn.

**granit(e)** [granit] *nm* granite.

**granulé** [granyle] *nm (médicament)* tablet.

**graphique** [grafik] *nm* diagram.

**grappe** [grap] *nf (de raisin)* bunch; *(de lilas)* flower.

**gras, grasse** [gra, gras] *adj* greasy; *(aliment)* fatty; *(gros)* fat ◆ *nm* fat; *(caractères d'imprimerie)* bold (type); **faire la grasse matinée** to have a lie-in.

**gras-double, -s** [gradubl] *nm* (ox) tripe.

**gratin** [gratɛ̃] *nm* gratin *(dish with a topping of toasted breadcrumbs or cheese)*; **~ dauphinois** *sliced potatoes baked with cream and browned on top.*

**gratinée** [gratine] *nf French onion soup.*

**gratiner** [gratine] *vi*: **faire ~ qqch** to brown sthg.

**gratis** [gratis] *adv* free (of charge).

**gratitude** [gratityd] *nf* gratitude.

**gratte-ciel** [gratsjɛl] *nm inv* skyscraper.

**gratter** [grate] *vt (peau)* to scratch; *(peinture, tache)* to scrape off ❑ **se gratter** *vp* to scratch o.s.

**gratuit, -e** [gratɥi, ɥit] *adj* free.

**gravats** [grava] *nmpl* rubble *(sg)*.

**grave** [grav] *adj (maladie, accident, visage)* serious; *(voix, note)* deep.

**gravement** [gravmɑ̃] *adv* seriously.

**graver** [grave] *vt* to carve.

**gravier** [gravje] *nm* gravel.

**gravillon** [gravijɔ̃] *nm* fine gravel.

**gravir** [gravir] *vt* to climb.

**gravité** [gravite] *nf (attraction terrestre)* gravity; *(d'une maladie, d'une remarque)* seriousness.

**gravure** [gravyr] *nf* engraving.

**gré** [gre] *nm*: **de mon plein ~** of

my own free will; **de ~ ou de force** whether you/they *etc* like it or not; **bon ~ mal ~** willy-nilly.

**grec, grecque** [grɛk] *adj* Greek ◆ *nm (langue)* Greek ❑ **Grec, Grecque** *nm, f* Greek.

**Grèce** [grɛs] *nf*: **la ~** Greece.

**greffe** [grɛf] *nf (d'organe)* transplant; *(de peau)* graft.

**greffer** [grefe] *vt (organe)* to transplant; *(peau)* to graft.

**grêle** [grɛl] *nf* hail.

**grêler** [grele] *v impers*: **il grêle** it's hailing.

**grêlon** [grɛlɔ̃] *nm* hailstone.

**grelot** [grəlo] *nm* bell.

**grelotter** [grəlɔte] *vi* to shiver.

**grenade** [grənad] *nf (fruit)* pomegranate; *(arme)* grenade.

**grenadine** [grənadin] *nf* grenadine.

**grenat** [grəna] *adj inv* dark red.

**grenier** [grənje] *nm* attic.

**grenouille** [grənuj] *nf* frog.

**grésiller** [grezije] *vi (huile)* to sizzle; *(radio)* to crackle.

**grève** [grɛv] *nf (arrêt de travail)* strike; **être/se mettre en ~** to be/to go on strike; **~ de la faim** hunger strike.

**gréviste** [grevist] *nmf* striker.

**gribouillage** [gribujaʒ] *nm* doodle.

**gribouiller** [gribuje] *vt* to scribble.

**grièvement** [grijɛvmɑ̃] *adv* seriously.

**griffe** [grif] *nf* claw; *(Belg: éraflure)* scratch.

**griffer** [grife] *vt* to scratch.

**griffonner** [grifɔne] *vt* to scribble.

**grignoter** [griɲɔte] *vt* to nibble (at OU on).

**gril** [gril] *nm* grill.

**grillade** [grijad] *nf* grilled meat.

**grillage** [grijaʒ] *nm (clôture)* wire fence.

**grille** [grij] *nf (de four)* shelf; *(de radiateur)* grill; *(d'un jardin)* gate; *(de mots croisés, de loto)* grid; *(tableau)* table.

**grillé, -e** [grije] *adj (ampoule)* blown.

**grille-pain** [grijpɛ̃] *nm inv* toaster.

**griller** [grije] *vt (aliment)* to grill *(Br)*, to broil *(Am)*; *(fam)*: **~ un feu rouge** to go through a red light.

**grillon** [grijɔ̃] *nm* cricket.

**grimace** [grimas] *nf* grimace; **faire des ~s** to pull faces.

**grimpant, -e** [grɛ̃pɑ̃, ɑ̃t] *adj* climbing.

**grimper** [grɛ̃pe] *vt* to climb ◆ *vi (chemin, alpiniste)* to climb; *(prix)* to soar; **~ aux arbres** to climb trees.

**grincement** [grɛ̃smɑ̃] *nm* creaking.

**grincer** [grɛ̃se] *vi* to creak.

**grincheux, -euse** [grɛ̃ʃø, øz] *adj* grumpy.

**griotte** [grijɔt] *nf* morello (cherry).

**grippe** [grip] *nf* flu; **avoir la ~** to have (the) flu.

**grippé, -e** [gripe] *adj (malade)*: **être ~** to have (the) flu.

**gris, -e** [gri, griz] *adj & nm* grey.

**grivois, -e** [grivwa, waz] *adj* saucy.

**grognement** [grɔɲmɑ̃] *nm* growl.

**grogner** [grɔɲe] *vi* to growl;

*(protester)* to grumble.
**grognon, -onne** [grɔɲɔ̃, ɔn] *adj* grumpy.
**grondement** [grɔ̃dmɑ̃] *nm (de tonnerre)* rumble.
**gronder** [grɔ̃de] *vt* to scold ◆ *vi (tonnerre)* to rumble; **se faire ~** to get a telling-off.
**groom** [grum] *nm* bellboy.
**gros, grosse** [gro, gros] *adj* big ◆ *adv (écrire)* in big letters; *(gagner)* a lot ◆ *nm*: **en ~** *(environ)* roughly; *(COMM)* wholesale; **~ lot** big prize; **~ mot** swearword; **~ titres** headlines.
**groseille** [grozɛj] *nf* redcurrant; **~ à maquereau** gooseberry.
**grosse** → **gros**.
**grossesse** [grosɛs] *nf* pregnancy.
**grosseur** [grosœr] *nf* size; *(MÉD)* lump.
**grossier, -ière** [grosje, jɛr] *adj* rude; *(approximatif)* rough; *(erreur)* crass.
**grossièreté** [grosjɛrte] *nf* rudeness; *(parole)* rude remark.
**grossir** [grɔsir] *vt (suj: jumelles)* to magnify; *(exagérer)* to exaggerate ◆ *vi (prendre du poids)* to put on weight.
**grosso modo** [grosomɔdo] *adv* roughly.
**grotesque** [grɔtɛsk] *adj* ridiculous.
**grotte** [grɔt] *nf* cave.
**grouiller** [gruje] **: grouiller de** *v + prép* to be swarming with.
**groupe** [grup] *nm* group; **en ~** in a group; **~ sanguin** blood group.
**grouper** [grupe] *vt* to group together ❑ **se grouper** *vp* to gather.
**gruau** [gryo] *nm (Can)* porridge.
**grue** [gry] *nf* crane.
**grumeau, -x** [grymo] *nm* lump.
**gruyère** [gryjɛr] *nm* Gruyère (cheese) *(hard strong cheese made from cow's milk)*.
**Guadeloupe** [gwadlup] *nf*: **la ~** Guadeloupe.
**guadeloupéen, -enne** [gwadlupeɛ̃, ɛn] *adj* of Guadeloupe.
**guédille** [gedij] *nf (Can) bread roll filled with egg or chicken.*
**guêpe** [gɛp] *nf* wasp.
**guère** [gɛr] *adv*: **elle ne mange ~** she hardly eats anything.
**guérir** [gerir] *vt* to cure ◆ *vi (personne)* to recover; *(blessure)* to heal.
**guérison** [gerizɔ̃] *nf* recovery.
**guerre** [gɛr] *nf* war; **être en ~** to be at war; **~ mondiale** world war.
**guerrier** [gɛrje] *nm* warrior.
**guet** [gɛ] *nm*: **faire le ~** to be on the lookout.
**guetter** [gete] *vt (attendre)* to be on the lookout for; *(menacer)* to threaten.
**gueule** [gœl] *nf (d'animal)* mouth; *(vulg: visage)* mug; **avoir la ~ de bois** *(fam)* to have a hangover.
**gueuler** [gœle] *vi (vulg: crier)* to yell (one's head off).
**gueuze** [gøz] *nf (Belg) strong beer which has been fermented twice.*
**gui** [gi] *nm* mistletoe.
**guichet** [giʃɛ] *nm (de gare, de poste)* window; **~ automatique (de banque)** cash dispenser.
**guichetier, -ière** [giʃtje, jɛr] *nm, f* counter clerk.
**guide** [gid] *nmf* guide ◆ *nm (routier, gastronomique)* guide book; **~**

**touristique** tourist guide.

**guider** [gide] *vt* to guide.

**guidon** [gidɔ̃] *nm* handlebars *(pl)*.

**guignol** [giɲɔl] *nm (spectacle)* = Punch and Judy show.

**guillemets** [gijmɛ] *nmpl* inverted commas; **entre ~** *(mot)* in inverted commas; *(fig: soi-disant)* so-called.

**guimauve** [gimov] *nf* marshmallow.

**guirlande** [girlɑ̃d] *nf* garland.

**guise** [giz] *nf*: **en ~ de** by way of.

**guitare** [gitar] *nf* guitar; **~ électrique** electric guitar.

**guitariste** [gitarist] *nmf* guitarist.

**Guyane** [gɥjan] *nf*: **la ~ (française)** French Guiana.

**gymnase** [ʒimnaz] *nm* gymnasium.

**gymnastique** [ʒimnastik] *nf* gymnastics *(sg)*.

**gynécologue** [ʒinekɔlɔg] *nmf* gynaecologist.

# H

**habile** [abil] *adj (manuellement)* skilful; *(intellectuellement)* clever.

**habileté** [abilte] *nf (manuelle)* skill; *(intellectuelle)* cleverness.

**habillé, -e** [abije] *adj* dressed; *(tenue)* smart.

**habillement** [abijmɑ̃] *nm (couture)* clothing trade *(Br)*, garment industry *(Am)*.

**habiller** [abije] *vt* to dress; *(meuble)* to cover ❑ **s'habiller** *vp* to get dressed; *(élégamment)* to dress up; **s'~ bien/mal** to dress well/badly.

**habitant, -e** [abitɑ̃, ɑ̃t] *nm, f* inhabitant; *(Can: paysan)* farmer; **loger chez l'~** to stay with a family.

**habitation** [abitasjɔ̃] *nf* residence.

**habiter** [abite] *vt* to live in ◆ *vi* to live.

**habits** [abi] *nmpl* clothes.

**habitude** [abityd] *nf* habit; **avoir l'~ de faire qqch** to be in the habit of doing sthg; **d'~** usually; **comme d'~** as usual.

**habituel, -elle** [abitɥɛl] *adj* usual.

**habituellement** [abitɥɛlmɑ̃] *adv* usually.

**habituer** [abitɥe] *vt*: **~ qqn à faire qqch** to get sb used to doing sthg; **être habitué à faire qqch** to be used to doing sthg ❑ **s'habituer à** *vp + prép*: **s'~ à faire qqch** to get used to doing sthg.

**hache** ['aʃ] *nf* axe.

**hacher** ['aʃe] *vt (viande)* to mince *(Br)*, to grind *(Am)*; *(oignon)* to chop finely.

**hachis** ['aʃi] *nm* mince *(Br)*, ground meat *(Am)*; **~ Parmentier** = shepherd's pie.

**hachoir** ['aʃwar] *nm (lame)* chopping knife.

**hachures** ['aʃyr] *nfpl* hatching *(sg)*.

**haddock** ['adɔk] *nm* smoked haddock.

**haie** ['ɛ] *nf* hedge; *(SPORT)* hurdle.

**haine** ['ɛn] *nf* hatred.
**haïr** ['air] *vt* to hate.
**Haïti** [aiti] *n* Haiti.
**hâle** ['al] *nm* (sun)tan.
**haleine** [alɛn] *nf* breath.
**haleter** ['alte] *vi* to pant.
**hall** ['ol] *nm (d'un hôtel)* lobby; *(d'une gare)* concourse.
**halle** ['al] *nf* (covered) market.
**hallucination** [alysinasjɔ̃] *nf* hallucination.
**halogène** [alɔʒɛn] *nm*: **(lampe) ~** halogen lamp.
**halte** ['alt] *nf (arrêt)* stop; *(lieu)* stopping place; **faire ~** to stop.
**haltère** [altɛr] *nm* dumbbell.
**hamac** ['amak] *nm* hammock.
**hamburger** ['ɑ̃burgœr] *nm* burger.
**hameçon** [amsɔ̃] *nm* fish-hook.
**hamster** ['amstɛr] *nm* hamster.
**hanche** ['ɑ̃ʃ] *nf* hip.
**handball** ['ɑ̃dbal] *nm* handball.
**handicap** ['ɑ̃dikap] *nm* handicap.
**handicapé, -e** ['ɑ̃dikape] *adj* handicapped ◆ *nm, f* handicapped person.
**hangar** ['ɑ̃gar] *nm* shed.
**hanté, -e** ['ɑ̃te] *adj* haunted.
**happer** ['ape] *vt (saisir)* to grab; *(suj: animal)* to snap up; *(suj: voiture)* to knock down.
**harceler** ['arsəle] *vt* to pester.
**hardi, -e** ['ardi] *adj* bold.
**hareng** ['arɑ̃] *nm* herring; **~ saur** kipper.
**hargneux, -euse** ['arɲø, øz] *adj* aggressive; *(chien)* vicious.
**haricot** ['ariko] *nm* bean; **~ blanc** white (haricot) bean; **~ vert** green bean.
**harmonica** [armɔnika] *nm* harmonica.
**harmonie** [armɔni] *nf* harmony.
**harmonieux, -ieuse** [armɔnjø, jøz] *adj* harmonious.
**harmoniser** [armɔnize] *vt* to harmonize.
**harnais** ['arnɛ] *nm* harness.
**harpe** ['arp] *nf* harp.
**hasard** ['azar] *nm*: **le ~** chance, fate; **un ~** a coincidence; **au ~** at random; **à tout ~** just in case; **par ~** by chance.
**hasarder** ['azarde] *vt* to venture ❑ **se hasarder** *vp* to venture; **se ~ à faire qqch** to risk doing sthg.
**hasardeux, -euse** ['azardø, øz] *adj* dangerous.
**hâte** ['at] *nf* haste; **à la ~, en ~** hurriedly; **sans ~** at a leisurely pace; **avoir ~ de faire qqch** to be looking forward to doing sthg.
**hâter** ['ate] : **se hâter** *vp* to hurry.
**hausse** ['os] *nf* rise; **être en ~** to be on the increase.
**hausser** ['ose] *vt (prix, ton)* to raise; **~ les épaules** to shrug (one's shoulders).
**haut, -e** ['o, 'ot] *adj & adv* high ◆ *nm* top; **tout ~** aloud; **~ la main** hands down; **de ~ en bas** from top to bottom; **en ~** at the top; *(à l'étage)* upstairs; **en ~ de** at the top of; **la pièce fait 3 m de ~** the room is 3 m high; **avoir des ~s et des bas** to have one's ups and downs.
**hautain, -e** ['otɛ̃, ɛn] *adj* haughty.
**haute-fidélité** ['otfidelite] *nf* hi-fi.

**hauteur** ['otœr] *nf* height; *(colline)* hill; **être à la ~** to be up to it.
**haut-le-cœur** ['olkœr] *nm inv*: **avoir un ~** to retch.
**haut-parleur, -s** ['oparlœr] *nm* loudspeaker.
**hebdomadaire** [ɛbdɔmadɛr] *adj & nm* weekly.
**hébergement** [ebɛrʒəmɑ̃] *nm* lodging.
**héberger** [ebɛrʒe] *vt* to put up.
**hectare** [ɛktar] *nm* hectare.
**hein** ['ɛ̃] *excl (fam)*: **tu ne lui diras pas, ~?** you won't tell him/her, will you?; **~?** what?
**hélas** [elas] *excl* unfortunately.
**hélice** [elis] *nf* propeller.
**hélicoptère** [elikɔptɛr] *nm* helicopter.
**hématome** [ematom] *nm* bruise.
**hémorragie** [emɔraʒi] *nf* hemorrhage.
**hennissement** ['enismɑ̃] *nm* neigh.
**hépatite** [epatit] *nf* hepatitis.
**herbe** [ɛrb] *nf* grass; **fines ~s** herbs; **mauvaises ~s** weeds.
**héréditaire** [ereditɛr] *adj* hereditary.
**hérisser** ['erise] **: se hérisser** *vp* to stand on end.
**hérisson** ['erisɔ̃] *nm* hedgehog.
**héritage** [eritaʒ] *nm* inheritance.
**hériter** [erite] *vt* to inherit ❑ **hériter de** *v + prép* to inherit.
**héritier, -ière** [eritje, jɛr] *nm, f* heir (*f* heiress).
**hermétique** [ɛrmetik] *adj* airtight; *(fig: incompréhensible)* abstruse.
**hernie** ['ɛrni] *nf* hernia.
**héroïne** [erɔin] *nf (drogue)* heroin, → **héros**.
**héroïsme** [erɔism] *nm* heroism.
**héros, héroïne** ['ero, erɔin] *nm, f* hero (*f* heroine).
**herve** [ɛrv] *nm soft cheese from the Liège region of Belgium, made from cow's milk.*
**hésitation** [ezitasjɔ̃] *nf* hesitation.
**hésiter** [ezite] *vi* to hesitate; **~ à faire qqch** to hesitate to do sthg.
**hêtre** ['ɛtr] *nm* beech.
**heure** [œr] *nf* hour; *(moment)* time; **quelle ~ est-il? - il est quatre ~s** what time is it? - it's four o'clock; **il est trois ~s vingt** it's twenty past three *(Br)*, it's twenty after three *(Am)*; **à quelle ~ part le train? - à deux ~s** what time does the train leave? - at two o'clock; **c'est l'~ de ...** it's time to ...; **à l'~** on time; **de bonne ~** early; **~s de bureau** office hours; **~s d'ouverture** opening hours; **~s de pointe** rush hour *(sg)*.
**heureusement** [ørøzmɑ̃] *adv* luckily, fortunately.
**heureux, -euse** [ørø, øz] *adj* happy; *(favorable)* fortunate.
**heurter** ['œrte] *vt* to bump into; *(en voiture)* to hit; *(vexer)* to offend ❑ **se heurter à** *vp + prép (obstacle, refus)* to come up against.
**hexagone** [ɛgzagɔn] *nm* hexagon; **l'Hexagone** (mainland) France.
**hibou, -x** ['ibu] *nm* owl.
**hier** [ijɛr] *adv* yesterday; **~ après-midi** yesterday afternoon.
**hiérarchie** ['jerarʃi] *nf* hierarchy.

**hiéroglyphes** [jerɔglif] *nmpl* hieroglyphics.

**hi-fi** ['ifi] *nf inv* hi-fi.

**hilarant, -e** [ilarɑ̃, ɑ̃t] *adj* hilarious.

**hindou, -e** [ɛ̃du] *adj & nm, f* Hindu.

**hippodrome** [ipɔdrom] *nm* racecourse.

**hippopotame** [ipɔpɔtam] *nm* hippopotamus.

**hirondelle** [irɔ̃dɛl] *nf* swallow.

**hisser** ['ise] *vt* to lift; *(drapeau, voile)* to hoist.

**histoire** [istwar] *nf* story; *(passé)* history; **faire des ~s** to make a fuss; **~ drôle** joke.

**historique** [istɔrik] *adj* historical; *(important)* historic.

**hit-parade, -s** ['itparad] *nm* charts *(pl)*.

**hiver** [ivɛr] *nm* winter; **en ~** in winter.

**HLM** *nm inv ou nf inv* ≃ council house/flat *(Br)*, ≃ public housing unit *(Am)*.

**hobby** ['ɔbi] (*pl* **-s** OU **hobbies**) *nm* hobby.

**hochepot** ['ɔʃpo] *nm Flemish stew of beef, mutton and vegetables.*

**hocher** ['ɔʃe] *vt*: **~ la tête** *(pour accepter)* to nod; *(pour refuser)* to shake one's head.

**hochet** ['ɔʃɛ] *nm* rattle.

**hockey** ['ɔkɛ] *nm* hockey; **~ sur glace** ice hockey.

**hold-up** ['ɔldœp] *nm inv* hold-up.

**hollandais, -e** ['ɔlɑ̃dɛ, ɛz] *adj* Dutch ◆ *nm (langue)* Dutch ❑ **Hollandais, -e** *nm, f* Dutchman (*f* Dutchwoman).

**hollande** ['ɔlɑ̃d] *nm (fromage)* Dutch cheese.

**Hollande** ['ɔlɑ̃d] *nf*: **la ~** Holland.

**homard** ['ɔmar] *nm* lobster; **~ à l'américaine** *lobster cooked in a sauce of white wine, brandy, herbs and tomatoes;* **~ Thermidor** lobster Thermidor *(grilled and served in its shell with a mustard sauce and grated cheese)*.

**homéopathie** [ɔmeɔpati] *nf* homeopathy.

**hommage** [ɔmaʒ] *nm*: **en ~ à** in tribute to; **rendre ~ à** to pay tribute to.

**homme** [ɔm] *nm* man; *(mâle)* man; **~ d'affaires** businessman; **~ politique** politician.

**homogène** [ɔmɔʒɛn] *adj (classe)* of the same level.

**homosexuel, -elle** [ɔmɔsɛksɥɛl] *adj & nm, f* homosexual.

**Hongrie** ['ɔ̃gri] *nf*: **la ~** Hungary.

**honnête** [ɔnɛt] *adj* honest; *(salaire, résultats)* decent.

**honnêteté** [ɔnɛtte] *nf* honesty.

**honneur** [ɔnœr] *nm* honour; **en l'~ de** in honour of; **faire ~ à** *(famille)* to do credit to; *(repas)* to do justice to.

**honorable** [ɔnɔrabl] *adj* honourable; *(résultat)* respectable.

**honoraires** [ɔnɔrɛr] *nmpl* fee(s).

**honte** ['ɔ̃t] *nf* shame; **avoir ~ (de)** to be ashamed (of); **faire ~ à qqn** *(embarrasser)* to put sb to shame; *(gronder)* to make sb feel ashamed.

**honteux, -euse** ['ɔ̃tø, øz] *adj* ashamed; *(scandaleux)* shameful.

**hôpital, -aux** [ɔpital, o] *nm* hospital.

**hoquet** [ˈɔkɛ] *nm*: **avoir le ~** to have hiccups.
**horaire** [ɔrɛr] *nm* timetable; **«~s d'ouverture»** "opening hours".
**horizon** [ɔrizɔ̃] *nm* horizon; **à l'~** on the horizon.
**horizontal, -e, -aux** [ɔrizɔ̃tal, o] *adj* horizontal.
**horloge** [ɔrlɔʒ] *nf* clock; **l'~ parlante** the speaking clock.
**horloger, -ère** [ɔrlɔʒe, ɛr] *nm, f* watchmaker.
**horlogerie** [ɔrlɔʒri] *nf* watchmaker's (shop).
**horoscope** [ɔrɔskɔp] *nm* horoscope.
**horreur** [ɔrœr] *nf* horror; **quelle ~!** how awful!; **avoir ~ de qqch** to hate sthg.
**horrible** [ɔribl] *adj (effrayant)* horrible; *(laid)* hideous.
**horriblement** [ɔribləmɑ̃] *adv* terribly.
**horrifié, -e** [ɔrifje] *adj* horrified.
**hors** [ˈɔr] *prép*: **~ de** outside, out of; **~ jeu** offside; **~ saison** out of season; **«~ service»** "out of order"; **~ sujet** irrelevant; **~ taxes** *(prix)* excluding tax; *(boutique)* duty-free; **~ d'atteinte, ~ de portée** out of reach; **~ d'haleine** out of breath; **~ de prix** ridiculously expensive; **~ de question** out of the question; **être ~ de soi** to be beside o.s.; **~ d'usage** out of service.
**hors-bord** [ɔrbɔr] *nm inv* speedboat.
**hors-d'œuvre** [ɔrdœvr] *nm inv* starter.
**hortensia** [ɔrtɑ̃sja] *nm* hydrangea.
**horticulture** [ɔrtikyltyr] *nf* horticulture.
**hospice** [ɔspis] *nm (de vieillards)* home.
**hospitaliser** [ɔspitalize] *vt* to hospitalize.
**hospitalité** [ɔspitalite] *nf* hospitality.
**hostie** [ɔsti] *nf* host.
**hostile** [ɔstil] *adj* hostile.
**hostilité** [ɔstilite] *nf* hostility.
**hot dog, -s** [ˈɔtdɔg] *nm* hot dog.
**hôte, hôtesse** [ot, otɛs] *nm, f (qui reçoit)* host (*f* hostess) ◆ *nm (invité)* guest.
**hôtel** [otɛl] *nm* hotel; *(château)* mansion; **~ de ville** town hall.
**hôtellerie** [otɛlri] *nf (hôtel)* hotel; *(activité)* hotel trade.
**hôtesse** [otɛs] *nf (d'accueil)* receptionist; **~ de l'air** air hostess, → **hôte**.
**hotte** [ˈɔt] *nf (panier)* basket; **~ (aspirante)** extractor hood.
**houle** [ˈul] *nf* swell.
**hourra** [ˈura] *excl* hurrah.
**housse** [ˈus] *nf* cover; **~ de couette** duvet cover.
**houx** [ˈu] *nm* holly.
**hovercraft** [ɔvœrkraft] *nm* hovercraft.
**HT** *abr* = **hors taxes**.
**hublot** [ˈyblo] *nm* porthole.
**huer** [ˈɥe] *vt* to boo.
**huile** [ɥil] *nf* oil; **~ d'arachide** groundnut oil; **~ d'olive** olive oil; **~ solaire** suntan oil.
**huiler** [ɥile] *vt (mécanisme)* to oil; *(moule)* to grease.
**huileux, -euse** [ɥilø, øz] *adj* oily.
**huissier** [ɥisje] *nm* (JUR) bailiff.

**huit** ['ɥit] *num* eight, → **six**.
**huitaine** ['ɥitɛn] *nf*: **une ~ (de jours)** about a week.
**huitième** ['ɥitjɛm] *num* eighth, → **sixième**.
**huître** [ɥitr] *nf* oyster.
**humain, -e** [ymɛ̃, ɛn] *adj* human; *(compréhensif)* humane ◆ *nm* human (being).
**humanitaire** [ymanitɛr] *adj* humanitarian.
**humanité** [ymanite] *nf* humanity.
**humble** [œ̃bl] *adj* humble.
**humecter** [ymɛkte] *vt* to moisten.
**humeur** [ymœr] *nf (momentanée)* mood; *(caractère)* temper; **être de bonne/mauvaise ~** to be in a good/bad mood.
**humide** [ymid] *adj* damp; *(pluvieux)* humid.
**humidité** [ymidite] *nf (du climat)* humidity; *(d'une pièce)* dampness.
**humiliant, -e** [ymiljɑ̃, ɑ̃t] *adj* humiliating.
**humilier** [ymilje] *vt* to humiliate.
**humoristique** [ymɔristik] *adj* humorous.
**humour** [ymur] *nm* humour; **avoir de l'~** to have a sense of humour.
**hurlement** ['yrləmɑ̃] *nm* howl.
**hurler** ['yrle] *vi* to howl.
**hutte** ['yt] *nf* hut.
**hydratant, -e** [idratɑ̃, ɑ̃t] *adj* moisturizing.
**hydrophile** [idrɔfil] *adj* → **coton**.
**hygiène** [iʒjɛn] *nf* hygiene.
**hygiénique** [iʒjenik] *adj* hygienic.
**hymne** [imn] *nm (religieux)* hymn; **~ national** national anthem.
**hyper-** [ipɛr] *préf (fam: très)*: **~chouette** dead brilliant.
**hypermarché** [ipɛrmarʃe] *nm* hypermarket.
**hypertension** [ipɛrtɑ̃sjɔ̃] *nf* high blood pressure.
**hypnotiser** [ipnɔtize] *vt* to hypnotize; *(fasciner)* to fascinate.
**hypocrisie** [ipɔkrizi] *nf* hypocrisy.
**hypocrite** [ipɔkrit] *adj* hypocritical ◆ *nmf* hypocrite.
**hypothèse** [ipɔtɛz] *nf* hypothesis.
**hystérique** [isterik] *adj* hysterical.

# I

**iceberg** [ajsbɛrg] *nm* iceberg.
**ici** [isi] *adv* here; **d'~ là** by then; **d'~ peu** before long; **par ~** *(de ce côté)* this way; *(dans les environs)* around here.
**icône** [ikon] *nf* icon.
**idéal, -e, -aux** [ideal, o] *adj & nm* ideal; **l'~, ce serait ...** the ideal thing would be ...
**idéaliste** [idealist] *adj* idealistic ◆ *nmf* idealist.
**idée** [ide] *nf* idea; **as-tu une ~ du temps qu'il faut?** do you have any

idea how long it takes?
**identifier** [idɑ̃tifje] *vt* to identify ❑ **s'identifier à** *vp + prép* to identify with.
**identique** [idɑ̃tik] *adj*: **~ (à)** identical (to).
**identité** [idɑ̃tite] *nf* identity.
**idiot, -e** [idjo, jɔt] *adj* stupid ◆ *nm, f* idiot.
**idiotie** [idjɔsi] *nf (acte, parole)* stupid thing.
**idole** [idɔl] *nf* idol.
**igloo** [iglu] *nm* igloo.
**ignoble** [iɲɔbl] *adj (choquant)* disgraceful; *(laid, mauvais)* vile.
**ignorant, -e** [iɲɔrɑ̃, ɑ̃t] *adj* ignorant ◆ *nm, f* ignoramus.
**ignorer** [iɲɔre] *vt (personne, avertissement)* to ignore; **j'ignore son adresse/où il est** I don't know his address/where he is.
**il** [il] *pron (personne, animal)* he; *(chose)* it; *(sujet de v impers)* it; **~ pleut** it's raining ❑ **ils** *pron* they.
**île** [il] *nf* island; **~ flottante** *cold dessert of beaten egg whites served on custard*; **l'~ Maurice** Mauritius; **les ~s Anglo-Normandes** the Channel Islands.
**Île-de-France** [ildəfrɑ̃s] *nf administrative region centred on Paris.*
**illégal, -e, -aux** [ilegal, o] *adj* illegal.
**illettré, -e** [iletre] *adj & nm, f* illiterate.
**illimité, -e** [ilimite] *adj* unlimited.
**illisible** [ilizibl] *adj* illegible.
**illuminer** [ilymine] *vt* to light up ❑ **s'illuminer** *vp (monument, ville)* to be lit up; *(visage)* to light up.
**illusion** [ilyzjɔ̃] *nf* illusion; **se faire des ~s** to delude o.s.
**illusionniste** [ilyzjɔnist] *nmf* conjurer.
**illustration** [ilystrasjɔ̃] *nf* illustration.
**illustré, -e** [ilystre] *adj* illustrated ◆ *nm* illustrated magazine.
**illustrer** [ilystre] *vt* to illustrate.
**îlot** [ilo] *nm* small island.
**ils** → **il**.
**image** [imaʒ] *nf* picture; *(comparaison)* image.
**imaginaire** [imaʒinɛr] *adj* imaginary.
**imagination** [imaʒinasjɔ̃] *nf* imagination; **avoir de l'~** to be imaginative.
**imaginer** [imaʒine] *vt (penser)* to imagine; *(inventer)* to think up ❑ **s'imaginer** *vp (soi-même)* to picture o.s.; *(scène, personne)* to picture; **s'~ que** to imagine that.
**imbattable** [ɛ̃batabl] *adj* unbeatable.
**imbécile** [ɛ̃besil] *nmf* idiot.
**imbiber** [ɛ̃bibe] *vt*: **~ qqch de** to soak sthg in.
**imbuvable** [ɛ̃byvabl] *adj* undrinkable.
**imitateur, -trice** [imitatœr, tris] *nm, f* impersonator.
**imitation** [imitasjɔ̃] *nf* imitation; *(d'une personnalité)* impersonation; **~ cuir** imitation leather.
**imiter** [imite] *vt* to imitate; *(personnalité)* to impersonate.
**immangeable** [ɛ̃mɑ̃ʒabl] *adj* inedible.
**immatriculation** [imatrikylasjɔ̃] *nf (inscription)* registration; *(numéro)* registration (number).
**immédiat, -e** [imedja, jat] *adj*

immediate.

**immédiatement** [imedjatmɑ̃] *adv* immediately.

**immense** [imɑ̃s] *adj* huge.

**immergé, -e** [imɛrʒe] *adj* submerged.

**immeuble** [imœbl] *nm* block of flats.

**immigration** [imigrasjɔ̃] *nf* immigration.

**immigré, -e** [imigre] *adj & nm, f* immigrant.

**immobile** [imɔbil] *adj* still.

**immobilier, -ière** [imɔbilje, jɛr] *adj* property *(Br)*, real estate *(Am)* ♦ *nm*: **l'~** the property business *(Br)*, the real-estate business *(Am)*.

**immobiliser** [imɔbilize] *vt* to immobilize.

**immonde** [imɔ̃d] *adj* vile.

**immoral, -e, -aux** [imɔral, o] *adj* immoral.

**immortel, -elle** [imɔrtɛl] *adj* immortal.

**immuniser** [imynize] *vt* to immunize.

**impact** [ɛ̃pakt] *nm* impact.

**impair, -e** [ɛ̃pɛr] *adj* uneven.

**impardonnable** [ɛ̃pardɔnabl] *adj* unforgivable.

**imparfait, -e** [ɛ̃parfɛ, ɛt] *adj* imperfect ♦ *nm (GRAMM)* imperfect (tense).

**impartial, -e, -iaux** [ɛ̃parsjal, jo] *adj* impartial.

**impasse** [ɛ̃pas] *nf* dead end; **faire une ~ sur qqch** *(SCOL)* to skip (over) sthg in one's revision.

**impassible** [ɛ̃pasibl] *adj* impassive.

**impatience** [ɛ̃pasjɑ̃s] *nf* impatience.

**impatient, -e** [ɛ̃pasjɑ̃, jɑ̃t] *adj* impatient; **être ~ de faire qqch** to be impatient to do sthg.

**impatienter** [ɛ̃pasjɑ̃te] **: s'impatienter** *vp* to get impatient.

**impeccable** [ɛ̃pekabl] *adj* impeccable.

**imper** [ɛ̃pɛr] *nm* raincoat.

**impératif, -ive** [ɛ̃peratif, iv] *adj* imperative ♦ *nm (GRAMM)* imperative (mood).

**impératrice** [ɛ̃peratris] *nf* empress.

**imperceptible** [ɛ̃pɛrsɛptibl] *adj* imperceptible.

**imperfection** [ɛ̃pɛrfɛksjɔ̃] *nf* imperfection.

**impérial, -e, -iaux** [ɛ̃perjal, jo] *adj* imperial.

**impériale** [ɛ̃perjal] *nf* → **autobus**.

**imperméable** [ɛ̃pɛrmeabl] *adj* waterproof ♦ *nm* raincoat.

**impersonnel, -elle** [ɛ̃pɛrsɔnɛl] *adj* impersonal.

**impertinent, -e** [ɛ̃pɛrtinɑ̃, ɑ̃t] *adj* impertinent.

**impitoyable** [ɛ̃pitwajabl] *adj* pitiless.

**implanter** [ɛ̃plɑ̃te] *vt (mode)* to introduce; *(entreprise)* to set up ❑ **s'implanter** *vp (entreprise)* to be set up; *(peuple)* to settle.

**impliquer** [ɛ̃plike] *vt (entraîner)* to imply; **~ qqn dans** to implicate sb in ❑ **s'impliquer dans** *vp + prép* to get involved in.

**impoli, -e** [ɛ̃pɔli] *adj* rude.

**import** [ɛ̃pɔr] *nm (Belg: montant)* amount.

**importance** [ɛ̃pɔrtɑ̃s] *nf* impor-

tance; *(taille)* size.
**important, -e** [ɛ̃pɔrtɑ̃, ɑ̃t] *adj* important; *(gros)* large.
**importation** [ɛ̃pɔrtasjɔ̃] *nf* import.
**importer** [ɛ̃pɔrte] *vt* to import ◆ *vi (être important)* to matter, to be important; **peu importe** it doesn't matter; **n'importe comment** *(mal)* any (old) how; **n'importe quel** any; **n'importe qui** anyone.
**importuner** [ɛ̃pɔrtyne] *vt* to bother.
**imposable** [ɛ̃pozabl] *adj* taxable.
**imposant, -e** [ɛ̃pozɑ̃, ɑ̃t] *adj* imposing.
**imposer** [ɛ̃poze] *vt (taxer)* to tax; **~ qqch à qqn** to impose sthg on sb ❑ **s'imposer** *vp (être nécessaire)* to be essential.
**impossible** [ɛ̃pɔsibl] *adj* impossible; **il est ~ de/que** it's impossible to/that.
**impôt** [ɛ̃po] *nm* tax.
**impraticable** [ɛ̃pratikabl] *adj (chemin)* impassable.
**imprégner** [ɛ̃preɲe] *vt* to soak; **~ qqch de** to soak sthg in ❑ **s'imprégner de** *vp* to soak up.
**impression** [ɛ̃presjɔ̃] *nf (sentiment)* impression; *(d'un livre)* printing; **avoir l'~ que** to have the feeling that; **avoir l'~ de faire qqch** to feel as if one is doing sthg.
**impressionnant, -e** [ɛ̃presjɔnɑ̃, ɑ̃t] *adj* impressive.
**impressionner** [ɛ̃presjɔne] *vt* to impress.
**imprévisible** [ɛ̃previzibl] *adj* unpredictable.
**imprévu, -e** [ɛ̃prevy] *adj* unexpected ◆ *nm*: **aimer l'~** to like surprises.
**imprimante** [ɛ̃primɑ̃t] *nf* printer.
**imprimé, -e** [ɛ̃prime] *adj (tissu)* printed ◆ *nm (publicitaire)* booklet.
**imprimer** [ɛ̃prime] *vt* to print.
**imprimerie** [ɛ̃primri] *nf (métier)* printing; *(lieu)* printing works.
**imprononçable** [ɛ̃prɔnɔ̃sabl] *adj* unpronounceable.
**improviser** [ɛ̃prɔvize] *vt & vi* to improvise.
**improviste** [ɛ̃prɔvist] **: à l'improviste** *adv* unexpectedly.
**imprudence** [ɛ̃prydɑ̃s] *nf* recklessness.
**imprudent, -e** [ɛ̃prydɑ̃, ɑ̃t] *adj* reckless.
**impuissant, -e** [ɛ̃pɥisɑ̃, ɑ̃t] *adj (sans recours)* powerless.
**impulsif, -ive** [ɛ̃pylsif, iv] *adj* impulsive.
**impureté** [ɛ̃pyrte] *nf (saleté)* impurity.
**inabordable** [inabɔrdabl] *adj (prix)* prohibitive.
**inacceptable** [inaksɛptabl] *adj* unacceptable.
**inaccessible** [inaksesibl] *adj* inaccessible.
**inachevé, -e** [inaʃve] *adj* unfinished.
**inactif, -ive** [inaktif, iv] *adj* idle.
**inadapté, -e** [inadapte] *adj* unsuitable.
**inadmissible** [inadmisibl] *adj* unacceptable.
**inanimé, -e** [inanime] *adj (sans connaissance)* unconscious; *(mort)* lifeless.
**inaperçu, -e** [inapersy] *adj*: **passer ~** to go unnoticed.

**inapte** [inapt] *adj*: **être ~ à qqch** to be unfit for sthg.

**inattendu, -e** [inatɑ̃dy] *adj* unexpected.

**inattention** [inatɑ̃sjɔ̃] *nf* lack of concentration; **faute d'~** careless mistake.

**inaudible** [inodibl] *adj* inaudible.

**inauguration** [inogyrasjɔ̃] *nf* *(d'un monument)* inauguration; *(d'une exposition)* opening.

**inaugurer** [inogyre] *vt* *(monument)* to inaugurate; *(exposition)* to open.

**incalculable** [ɛ̃kalkylabl] *adj* incalculable.

**incandescent, -e** [ɛ̃kɑ̃desɑ̃, ɑ̃t] *adj* red-hot.

**incapable** [ɛ̃kapabl] *nmf* incompetent person ◆ *adj*: **être ~ de faire qqch** to be unable to do sthg.

**incapacité** [ɛ̃kapasite] *nf* inability; **être dans l'~ de faire qqch** to be unable to do sthg.

**incarner** [ɛ̃karne] *vt (personnage)* to play.

**incassable** [ɛ̃kasabl] *adj* unbreakable.

**incendie** [ɛ̃sɑ̃di] *nm* fire.

**incendier** [ɛ̃sɑ̃dje] *vt* to set alight.

**incertain, -e** [ɛ̃sɛrtɛ̃, ɛn] *adj* *(couleur, nombre)* indefinite; *(temps)* unsettled; *(avenir)* uncertain.

**incertitude** [ɛ̃sɛrtityd] *nf* uncertainty.

**incessamment** [ɛ̃sesamɑ̃] *adv* at any moment.

**incessant, -e** [ɛ̃sesɑ̃, ɑ̃t] *adj* constant.

**incident** [ɛ̃sidɑ̃] *nm* incident.

**incisive** [ɛ̃siziv] *nf* incisor.

**inciter** [ɛ̃site] *vt*: **~ qqn à faire qqch** to incite sb to do sthg.

**incliné, -e** [ɛ̃kline] *adj (siège, surface)* at an angle.

**incliner** [ɛ̃kline] *vt* to lean ❑ **s'incliner** *vp* to lean; **s'~ devant** *(adversaire)* to give in to.

**inclure** [ɛ̃klyr] *vt* to include.

**inclus, -e** [ɛ̃kly, yz] *pp* → **inclure** ◆ *adj* included; **jusqu'au 15 ~** up to and including the 15th.

**incohérent, -e** [ɛ̃kɔerɑ̃, ɑ̃t] *adj* incoherent.

**incollable** [ɛ̃kɔlabl] *adj (riz)* nonstick; *(fam: qui sait tout)* unbeatable.

**incolore** [ɛ̃kɔlɔr] *adj* colourless.

**incommoder** [ɛ̃kɔmɔde] *vt* to trouble.

**incomparable** [ɛ̃kɔ̃parabl] *adj* incomparable.

**incompatible** [ɛ̃kɔ̃patibl] *adj* incompatible.

**incompétent, -e** [ɛ̃kɔ̃petɑ̃, ɑ̃t] *adj* incompetent.

**incomplet, -ète** [ɛ̃kɔ̃plɛ, ɛt] *adj* incomplete.

**incompréhensible** [ɛ̃kɔ̃preɑ̃sibl] *adj* incomprehensible.

**inconditionnel, -elle** [ɛ̃kɔ̃disjɔnɛl] *nm, f*: **un ~ de** a great fan of.

**incongru, -e** [ɛ̃kɔ̃gry] *adj* incongruous.

**inconnu, -e** [ɛ̃kɔny] *adj* unknown ◆ *nm, f (étranger)* stranger; *(non célèbre)* unknown (person) ◆ *nm*: **l'~** the unknown.

**inconsciemment** [ɛ̃kɔ̃sjamɑ̃] *adv* unconsciously.

**inconscient, -e** [ɛ̃kɔ̃sjɑ̃, ɑ̃t] *adj*

*(évanoui)* unconscious; *(imprudent)* thoughtless ◆ *nm*: **l'~** the unconscious.

**inconsolable** [ɛ̃kɔ̃sɔlabl] *adj* inconsolable.

**incontestable** [ɛ̃kɔ̃tɛstabl] *adj* indisputable.

**inconvénient** [ɛ̃kɔ̃venjɑ̃] *nm* disadvantage.

**incorporer** [ɛ̃kɔrpɔre] *vt (ingrédients)* to mix in; **~ qqch à** *(mélanger)* to mix sthg into.

**incorrect, -e** [ɛ̃kɔrɛkt] *adj* incorrect; *(impoli)* rude.

**incorrigible** [ɛ̃kɔriʒibl] *adj* incorrigible.

**incrédule** [ɛ̃kredyl] *adj* sceptical.

**incroyable** [ɛ̃krwajabl] *adj* incredible.

**incrusté, -e** [ɛ̃kryste] *adj*: **~ de** *(décoré de)* inlaid with.

**incruster** [ɛ̃kryste] : **s'incruster** *vp (tache, saleté)* to become ground in.

**inculpé, -e** [ɛ̃kylpe] *nm, f*: **l'~** the accused.

**inculper** [ɛ̃kylpe] *vt* to charge; **~ qqn de qqch** to charge sb with sthg.

**inculte** [ɛ̃kylt] *adj (terre)* uncultivated; *(personne)* uneducated.

**incurable** [ɛ̃kyrabl] *adj* incurable.

**Inde** [ɛ̃d] *nf*: **l'~** India.

**indécent, -e** [ɛ̃desɑ̃, ɑ̃t] *adj* indecent.

**indécis, -e** [ɛ̃desi, iz] *adj* undecided; *(vague)* vague.

**indéfini, -e** [ɛ̃defini] *adj* indeterminate.

**indéfiniment** [ɛ̃definimɑ̃] *adv* indefinitely.

**indélébile** [ɛ̃delebil] *adj* indelible.

**indemne** [ɛ̃dɛmn] *adj* unharmed; **sortir ~ de** to emerge unscathed from.

**indemniser** [ɛ̃dɛmnize] *vt* to compensate.

**indemnité** [ɛ̃dɛmnite] *nf* compensation.

**indépendamment** [ɛ̃depɑ̃damɑ̃] : **indépendamment de** *prép (à part)* apart from.

**indépendance** [ɛ̃depɑ̃dɑ̃s] *nf* independence.

**indépendant, -e** [ɛ̃depɑ̃dɑ̃, ɑ̃t] *adj* independent; *(travailleur)* self-employed; *(logement)* self-contained; **être ~ de** *(sans relation avec)* to be independent of.

**indescriptible** [ɛ̃dɛskriptibl] *adj* indescribable.

**index** [ɛ̃dɛks] *nm (doigt)* index finger; *(d'un livre)* index.

**indicateur** [ɛ̃dikatœr] *adj m* → **poteau**.

**indicatif** [ɛ̃dikatif] *nm (téléphonique)* dialling code *(Br)*, dial code *(Am)*; *(d'une émission)* signature tune; *(GRAMM)* indicative ◆ *adj m*: **à titre ~** for information.

**indication** [ɛ̃dikasjɔ̃] *nf (renseignement)* (piece of) information; **«~s: ...»** *(sur un médicament)* "suitable for ...".

**indice** [ɛ̃dis] *nm (signe)* sign; *(dans une enquête)* clue.

**indien, -ienne** [ɛ̃djɛ̃, jɛn] *adj* Indian ❑ **Indien, -ienne** *nm, f* Indian.

**indifféremment** [ɛ̃diferamɑ̃] *adv* indifferently.

**indifférence** [ɛ̃diferɑ̃s] *nf* indifference.

**indifférent, -e** [ɛ̃diferɑ̃, ɑ̃t] *adj (froid)* indifferent; **ça m'est ~** it's all the same to me.

**indigène** [ɛ̃diʒɛn] *nmf* native.

**indigeste** [ɛ̃diʒɛst] *adj* indigestible.

**indigestion** [ɛ̃diʒɛstjɔ̃] *nf* stomach upset.

**indignation** [ɛ̃diɲasjɔ̃] *nf* indignation.

**indigner** [ɛ̃diɲe] **: s'indigner** *vp*: **s'~ de qqch** to take exception to sthg.

**indiquer** [ɛ̃dike] *vt (révéler)* to show; **~ qqn/qqch à qqn** *(montrer)* to point sb/sthg out to sb; *(médecin, boulangerie)* to recommend sb/sthg to sb; **pouvez-vous m'~ le chemin d'Oxford?** can you tell me the way to Oxford?

**indirect, -e** [ɛ̃dirɛkt] *adj* indirect.

**indirectement** [ɛ̃dirɛktəmɑ̃] *adv* indirectly.

**indiscipliné, -e** [ɛ̃disipline] *adj* undisciplined.

**indiscret, -ète** [ɛ̃diskrɛ, ɛt] *adj (personne)* inquisitive; *(question)* personal.

**indiscrétion** [ɛ̃diskresjɔ̃] *nf (caractère)* inquisitiveness; *(gaffe)* indiscretion.

**indispensable** [ɛ̃dispɑ̃sabl] *adj* essential.

**indistinct, -e** [ɛ̃distɛ̃(kt), ɛ̃kt] *adj* indistinct.

**individu** [ɛ̃dividy] *nm* individual.

**individualiste** [ɛ̃dividɥalist] *adj* individualistic.

**individuel, -elle** [ɛ̃dividɥɛl] *adj* individual; *(maison)* detached.

**indolore** [ɛ̃dɔlɔr] *adj* painless.

**indulgent, -e** [ɛ̃dylʒɑ̃, ɑ̃t] *adj* indulgent.

**industrialisé, -e** [ɛ̃dystrijalize] *adj* industrialized.

**industrie** [ɛ̃dystri] *nf* industry.

**industriel, -ielle** [ɛ̃dystrijɛl] *adj* industrial.

**inédit, -e** [inedi, it] *adj (livre)* unpublished; *(film)* not released.

**inefficace** [inefikas] *adj* ineffective.

**inégal, -e, -aux** [inegal, o] *adj (longueur, chances)* unequal; *(terrain)* uneven; *(travail, résultats)* inconsistent.

**inégalité** [inegalite] *nf (des salaires, sociale)* inequality.

**inépuisable** [inepɥizabl] *adj* inexhaustible.

**inerte** [inɛrt] *adj (évanoui)* lifeless.

**inestimable** [inɛstimabl] *adj (très cher)* priceless; *(fig: précieux)* invaluable.

**inévitable** [inevitabl] *adj* inevitable.

**inexact, -e** [inegza(kt), akt] *adj* incorrect.

**inexcusable** [inɛkskyzabl] *adj* unforgivable.

**inexistant, -e** [inɛgzistɑ̃, ɑ̃t] *adj* nonexistent.

**inexplicable** [inɛksplikabl] *adj* inexplicable.

**inexpliqué, -e** [inɛksplike] *adj* unexplained.

**in extremis** [inɛkstremis] *adv* at the last minute.

**infaillible** [ɛ̃fajibl] *adj* infallible.

**infarctus** [ɛ̃farktys] *nm* coronary (thrombosis).

**infatigable** [ɛ̃fatigabl] *adj* tireless.

**infect, -e** [ɛ̃fɛkt] *adj* revolting.

**infecter** [ɛ̃fɛkte] : **s'infecter** *vp* to become infected.

**infection** [ɛ̃fɛksjɔ̃] *nf* infection; *(odeur)* stench.

**inférieur, -e** [ɛ̃ferjœr] *adj (du dessous)* lower; *(qualité)* inferior; **à l'étage ~** downstairs; **~ à** *(quantité)* less than; *(qualité)* inferior to.

**infériorité** [ɛ̃ferjɔrite] *nf* inferiority.

**infernal, -e, -aux** [ɛ̃fɛrnal, o] *adj (bruit, enfant)* diabolical.

**infesté, -e** [ɛ̃fɛste] *adj*: **~ de** infested with.

**infidèle** [ɛ̃fidɛl] *adj* unfaithful.

**infiltrer** [ɛ̃filtre] : **s'infiltrer** *vp (eau, pluie)* to seep in.

**infime** [ɛ̃fim] *adj* minute.

**infini, -e** [ɛ̃fini] *adj* infinite ◆ *nm* infinity; **à l'~** *(se prolonger, discuter)* endlessly.

**infiniment** [ɛ̃finimɑ̃] *adv* extremely; **je vous remercie ~** thank you so much.

**infinitif** [ɛ̃finitif] *nm* infinitive.

**infirme** [ɛ̃firm] *adj* disabled ◆ *nmf* disabled person.

**infirmerie** [ɛ̃firməri] *nf* sick bay.

**infirmier, -ière** [ɛ̃firmje, jɛr] *nm, f* nurse.

**inflammable** [ɛ̃flamabl] *adj* inflammable.

**inflammation** [ɛ̃flamasjɔ̃] *nf* inflammation.

**inflation** [ɛ̃flasjɔ̃] *nf* inflation.

**inflexible** [ɛ̃flɛksibl] *adj* inflexible.

**infliger** [ɛ̃fliʒe] *vt*: **~ qqch à qqn** *(punition)* to inflict sthg on sb; *(amende)* to impose sthg on sb.

**influence** [ɛ̃flyɑ̃s] *nf* influence; **avoir de l'~ sur qqn** to have an influence on sb.

**influencer** [ɛ̃flyɑ̃se] *vt* to influence.

**informaticien, -ienne** [ɛ̃fɔrmatisjɛ̃, jɛn] *nm, f* computer scientist.

**information** [ɛ̃fɔrmasjɔ̃] *nf*: **une ~** *(renseignement)* information; *(nouvelle)* a piece of news ❑ **informations** *nfpl (à la radio, à la télé)* news *(sg)*.

**informatique** [ɛ̃fɔrmatik] *adj* computer ◆ *nf (matériel)* computers *(pl)*; *(discipline)* computing.

**informatisé, -e** [ɛ̃fɔrmatize] *adj* computerized.

**informe** [ɛ̃fɔrm] *adj* shapeless.

**informer** [ɛ̃fɔrme] *vt*: **~ qqn de/que** to inform sb of/that ❑ **s'informer (de)** *vp (+ prép)* to ask (about).

**infos** [ɛ̃fo] *nfpl (fam: à la radio, à la télé)* news *(sg)*.

**infraction** [ɛ̃fraksjɔ̃] *nf* offence; **être en ~** to be in breach of the law.

**infranchissable** [ɛ̃frɑ̃ʃisabl] *adj (rivière)* uncrossable.

**infusion** [ɛ̃fyzjɔ̃] *nf* herbal tea.

**ingénieur** [ɛ̃ʒenjœr] *nm* engineer.

**ingénieux, -ieuse** [ɛ̃ʒenjø, jøz] *adj* ingenious.

**ingrat, -e** [ɛ̃gra, at] *adj* ungrateful; *(visage, physique)* unattractive.

**ingratitude** [ɛ̃gratityd] *nf* ingratitude.

**ingrédient** [ɛ̃gredjɑ̃] *nm* ingredient.
**inhabituel, -elle** [inabitɥɛl] *adj* unusual.
**inhumain, -e** [inymɛ̃, ɛn] *adj* inhuman.
**inimaginable** [inimaʒinabl] *adj* incredible.
**ininflammable** [inɛ̃flamabl] *adj* non-flammable.
**ininterrompu, -e** [inɛ̃tɛrɔ̃py] *adj* unbroken.
**initial, -e, -iaux** [inisjal, jo] *adj* initial.
**initiale** [inisjal] *nf* initial.
**initiation** [inisjasjɔ̃] *nf (SCOL: apprentissage)* introduction.
**initiative** [inisjativ] *nf* initiative; **prendre l'~ de faire qqch** to take the initiative in doing sthg.
**injecter** [ɛ̃ʒɛkte] *vt* to inject.
**injection** [ɛ̃ʒɛksjɔ̃] *nf* injection.
**injure** [ɛ̃ʒyr] *nf* insult.
**injurier** [ɛ̃ʒyrje] *vt* to insult.
**injuste** [ɛ̃ʒyst] *adj* unfair.
**injustice** [ɛ̃ʒystis] *nf* injustice.
**injustifié, -e** [ɛ̃ʒystifje] *adj* unjustified.
**inné, -e** [ine] *adj* innate.
**innocence** [inɔsɑ̃s] *nf* innocence.
**innocent, -e** [inɔsɑ̃, ɑ̃t] *adj* innocent ◆ *nm, f* innocent person.
**innombrable** [inɔ̃brabl] *adj* countless.
**innover** [inɔve] *vi* to innovate.
**inoccupé, -e** [inɔkype] *adj* empty.
**inodore** [inɔdɔr] *adj* odourless.
**inoffensif, -ive** [inɔfɑ̃sif, iv] *adj* harmless.
**inondation** [inɔ̃dasjɔ̃] *nf* flood.
**inonder** [inɔ̃de] *vt* to flood.
**inoubliable** [inublijabl] *adj* unforgettable.
**Inox®** [inɔks] *nm* stainless steel.
**inoxydable** [inɔksidabl] *adj* → **acier**.
**inquiet, -iète** [ɛ̃kjɛ, jɛt] *adj* worried.
**inquiétant, -e** [ɛ̃kjetɑ̃, ɑ̃t] *adj* worrying.
**inquiéter** [ɛ̃kjete] *vt* to worry ❑ **s'inquiéter** *vp* to worry.
**inquiétude** [ɛ̃kjetyd] *nf* worry.
**inscription** [ɛ̃skripsjɔ̃] *nf (sur une liste, à l'université)* registration; *(gravée)* inscription; *(graffiti)* graffiti.
**inscrire** [ɛ̃skrir] *vt (sur une liste, dans un club)* to register; *(écrire)* to write ❑ **s'inscrire** *vp (sur une liste)* to put one's name down; **s'~ à** *(club)* to join.
**inscrit, -e** [ɛ̃skri, it] *pp* → **inscrire**.
**insecte** [ɛ̃sɛkt] *nm* insect.
**insecticide** [ɛ̃sɛktisid] *nm* insecticide.
**insensé, -e** [ɛ̃sɑ̃se] *adj (aberrant)* insane; *(extraordinaire)* extraordinary.
**insensible** [ɛ̃sɑ̃sibl] *adj* insensitive; *(léger)* imperceptible; **être ~ à** *(douleur, froid)* to be insensitive to; *(art, charme)* to be unreceptive to.
**insensiblement** [ɛ̃sɑ̃sibləmɑ̃] *adv* imperceptibly.
**inséparable** [ɛ̃separabl] *adj* inseparable.
**insérer** [ɛ̃sere] *vt* to insert.
**insigne** [ɛ̃siɲ] *nm* badge.
**insignifiant, -e** [ɛ̃siɲifjɑ̃, jɑ̃t]

*adj* insignificant.

**insinuer** [ɛ̃sinɥe] *vt* to insinuate.

**insistance** [ɛ̃sistɑ̃s] *nf* insistence; **avec ~** insistently.

**insister** [ɛ̃siste] *vi* to insist; **~ sur** *(détail)* to emphasize.

**insolation** [ɛ̃sɔlasjɔ̃] *nf*: **attraper une ~** to get sunstroke.

**insolence** [ɛ̃sɔlɑ̃s] *nf* insolence.

**insolent, -e** [ɛ̃sɔlɑ̃, ɑ̃t] *adj* insolent.

**insolite** [ɛ̃sɔlit] *adj* unusual.

**insoluble** [ɛ̃sɔlybl] *adj* insoluble.

**insomnie** [ɛ̃sɔmni] *nf* insomnia; **avoir des ~s** to sleep badly.

**insonorisé, -e** [ɛ̃sɔnɔrize] *adj* soundproofed.

**insouciant, -e** [ɛ̃susjɑ̃, jɑ̃t] *adj* carefree.

**inspecter** [ɛ̃spɛkte] *vt* to inspect.

**inspecteur, -trice** [ɛ̃spɛktœr, tris] *nm, f* inspector.

**inspiration** [ɛ̃spirasjɔ̃] *nf* inspiration.

**inspirer** [ɛ̃spire] *vt* to inspire ♦ *vi (respirer)* to breathe in; **~ qqch à qqn** to inspire sb with sthg; **ça ne m'inspire pas** *(fig)* it doesn't do much for me ❑ **s'inspirer de** *vp + prép* to be inspired by.

**instable** [ɛ̃stabl] *adj* unstable.

**installation** [ɛ̃stalasjɔ̃] *nf (emménagement)* moving in; *(structure)* installation.

**installer** [ɛ̃stale] *vt (poser)* to put; *(eau, électricité)* to install; *(aménager)* to fit out; *(loger)* to put up ❑ **s'installer** *vp (dans un appartement)* to settle in; *(dans un fauteuil)* to settle down; *(commerçant, docteur)* to set (o.s.) up.

**instant** [ɛ̃stɑ̃] *nm* instant; **il sort à l'~** he's just gone out; **pour l'~** for the moment.

**instantané, -e** [ɛ̃stɑ̃tane] *adj* instantaneous; *(café, potage)* instant.

**instinct** [ɛ̃stɛ̃] *nm* instinct.

**instinctif, -ive** [ɛ̃stɛ̃ktif, iv] *adj* instinctive.

**institut** [ɛ̃stity] *nm* institute; **~ de beauté** beauty salon.

**instituteur, -trice** [ɛ̃stitytœr, tris] *nm, f* primary school teacher *(Br)*, grade school teacher *(Am)*.

**institution** [ɛ̃stitysjɔ̃] *nf* institution.

**instructif, -ive** [ɛ̃stryktif, iv] *adj* informative.

**instruction** [ɛ̃stryksjɔ̃] *nf (enseignement, culture)* education ❑ **instructions** *nfpl* instructions.

**instruire** [ɛ̃strɥir] : **s'instruire** *vp* to educate o.s.

**instruit, -e** [ɛ̃strɥi, ɥit] *pp* → **instruire** ♦ *adj (cultivé)* educated.

**instrument** [ɛ̃strymɑ̃] *nm* instrument; **~ (de musique)** (musical) instrument.

**insuffisant, -e** [ɛ̃syfizɑ̃, ɑ̃t] *adj* insufficient; *(travail)* unsatisfactory.

**insuline** [ɛ̃sylin] *nf* insulin.

**insulte** [ɛ̃sylt] *nf* insult.

**insulter** [ɛ̃sylte] *vt* to insult.

**insupportable** [ɛ̃sypɔrtabl] *adj* unbearable.

**insurmontable** [ɛ̃syrmɔ̃tabl] *adj (difficulté)* insurmountable.

**intact, -e** [ɛ̃takt] *adj* intact.

**intégral, -e, -aux** [ɛ̃tegral, o] *adj* complete.

**intégrer** [ɛ̃tegre] *vt* to include ❑ **s'intégrer** *vp*: **(bien) s'~** *(socialement)* to fit in.

**intellectuel, -elle** [ɛ̃telɛktɥɛl] *adj & nm, f* intellectual.

**intelligence** [ɛ̃teliʒɑ̃s] *nf* intelligence.

**intelligent, -e** [ɛ̃teliʒɑ̃, ɑ̃t] *adj* intelligent.

**intempéries** [ɛ̃tɑ̃peri] *nfpl* bad weather *(sg)*.

**intempestif, -ive** [ɛ̃tɑ̃pɛstif, iv] *adj* untimely.

**intense** [ɛ̃tɑ̃s] *adj* intense.

**intensif, -ive** [ɛ̃tɑ̃sif, iv] *adj* intensive.

**intensité** [ɛ̃tɑ̃site] *nf* intensity.

**intention** [ɛ̃tɑ̃sjɔ̃] *nf* intention; **avoir l'~ de faire qqch** to intend to do sthg.

**intentionné, -e** [ɛ̃tɑ̃sjɔne] *adj*: **bien ~** well-meaning; **mal ~** ill-intentioned.

**intentionnel, -elle** [ɛ̃tɑ̃sjɔnɛl] *adj* intentional.

**intercalaire** [ɛ̃tɛrkalɛr] *nm* insert.

**intercaler** [ɛ̃tɛrkale] *vt* to insert.

**intercepter** [ɛ̃tɛrsɛpte] *vt* to intercept.

**interchangeable** [ɛ̃tɛrʃɑ̃ʒabl] *adj* interchangeable.

**interclasse** [ɛ̃tɛrklas] *nm* break.

**interdiction** [ɛ̃tɛrdiksjɔ̃] *nf* ban; **«~ de fumer»** "(strictly) no smoking".

**interdire** [ɛ̃tɛrdir] *vt* to forbid; **~ à qqn de faire qqch** to forbid sb to do sthg.

**interdit, -e** [ɛ̃tɛrdi, it] *pp* → **interdire** ◆ *adj* forbidden; **il est ~ de** ... you are not allowed to ...

**intéressant, -e** [ɛ̃terɛsɑ̃, ɑ̃t] *adj* interesting.

**intéresser** [ɛ̃terese] *vt* to interest; *(concerner)* to concern ❑ **s'intéresser à** *vp + prép* to be interested in.

**intérêt** [ɛ̃terɛ] *nm* interest; *(avantage)* point; **avoir ~ à faire qqch** to be well-advised to do sthg; **dans l'~ de** in the interest of ❑ **intérêts** *nmpl* *(FIN)* interest *(sg)*.

**intérieur, -e** [ɛ̃terjœr] *adj* inner; *(national)* domestic ◆ *nm* inside; *(maison)* home; **à l'~ (de)** inside.

**interligne** [ɛ̃tɛrliɲ] *nm* (line) spacing.

**interlocuteur, -trice** [ɛ̃tɛrlɔkytœr, tris] *nm, f*: **mon ~** the man to whom I was speaking.

**intermédiaire** [ɛ̃tɛrmedjɛr] *adj* intermediate ◆ *nmf* intermediary ◆ *nm*: **par l'~ de** through.

**interminable** [ɛ̃tɛrminabl] *adj* never-ending.

**internat** [ɛ̃tɛrna] *nm* *(école)* boarding school.

**international, -e, -aux** [ɛ̃tɛrnasjɔnal, o] *adj* international.

**interne** [ɛ̃tɛrn] *adj* internal ◆ *nmf (SCOL)* boarder.

**interner** [ɛ̃tɛrne] *vt* *(malade)* to commit.

**interpeller** [ɛ̃tɛrpəle] *vt* *(appeler)* to call out to.

**Interphone®** [ɛ̃tɛrfɔn] *nm* *(d'un immeuble)* entry phone; *(dans un bureau)* intercom.

**interposer** [ɛ̃tɛrpoze] **: s'interposer** *vp*: **s'~ entre** to stand between.

**interprète** [ɛ̃tɛrprɛt] *nmf* *(tra-*

*ducteur)* interpreter; *(acteur, musicien)* performer.
**interpréter** [ɛ̃tɛrprete] *vt (résultat, paroles)* to interpret; *(personnage, morceau)* to play.
**interrogation** [ɛ̃terɔgasjɔ̃] *nf (question)* question; **~ (écrite)** (written) test.
**interrogatoire** [ɛ̃terɔgatwar] *nm* interrogation.
**interroger** [ɛ̃terɔʒe] *vt* to question; *(SCOL)* to test; **~ qqn sur** to question sb about.
**interrompre** [ɛ̃terɔ̃pr] *vt* to interrupt.
**interrupteur** [ɛ̃teryptœr] *nm* switch.
**interruption** [ɛ̃terypsjɔ̃] *nf (coupure, arrêt)* break; *(dans un discours)* interruption.
**intersection** [ɛ̃tɛrsɛksjɔ̃] *nf* intersection.
**intervalle** [ɛ̃tɛrval] *nm (distance)* space; *(dans le temps)* interval; **à deux jours d'~** after two days.
**intervenir** [ɛ̃tɛrvənir] *vi* to intervene; *(avoir lieu)* to take place.
**intervention** [ɛ̃tɛrvɑ̃sjɔ̃] *nf* intervention; *(MÉD)* operation.
**intervenu, -e** [ɛ̃tɛrvəny] *pp* → **intervenir**.
**interview** [ɛ̃tɛrvju] *nf* interview.
**interviewer** [ɛ̃tɛrvjuve] *vt* to interview.
**intestin** [ɛ̃tɛstɛ̃] *nm* intestine.
**intestinal, -e, -aux** [ɛ̃tɛstinal, o] *adj* intestinal.
**intime** [ɛ̃tim] *adj (personnel)* private; *(très proche)* intimate.
**intimider** [ɛ̃timide] *vt* to intimidate.
**intimité** [ɛ̃timite] *nf* intimacy.
**intituler** [ɛ̃tityle] **: s'intituler** *vp* to be called.
**intolérable** [ɛ̃tɔlerabl] *adj (douleur)* unbearable; *(comportement)* unacceptable.
**intoxication** [ɛ̃tɔksikasjɔ̃] *nf*: **~ alimentaire** food poisoning.
**intraduisible** [ɛ̃tradɥizibl] *adj* untranslatable.
**intransigeant, -e** [ɛ̃trɑ̃ziʒɑ̃, ɑ̃t] *adj* intransigent.
**intrépide** [ɛ̃trepid] *adj* intrepid.
**intrigue** [ɛ̃trig] *nf (d'une histoire)* plot.
**intriguer** [ɛ̃trige] *vt* to intrigue.
**introduction** [ɛ̃trɔdyksjɔ̃] *nf* introduction.
**introduire** [ɛ̃trɔdɥir] *vt* to introduce ❑ **s'introduire dans** *vp + prép (pénétrer dans)* to enter.
**introduit, -e** [ɛ̃trɔdɥi, it] *pp* → **introduire**.
**introuvable** [ɛ̃truvabl] *adj (objet perdu)* nowhere to be found.
**intrus, -e** [ɛ̃try, yz] *nm, f* intruder.
**intuition** [ɛ̃tɥisjɔ̃] *nf (pressentiment)* feeling.
**inusable** [inyzabl] *adj* hardwearing.
**inutile** [inytil] *adj (objet, recherches)* useless; *(efforts)* pointless.
**inutilisable** [inytilizabl] *adj* unusable.
**invalide** [ɛ̃valid] *nmf* disabled person.
**invariable** [ɛ̃varjabl] *adj* invariable.
**invasion** [ɛ̃vazjɔ̃] *nf* invasion.
**inventaire** [ɛ̃vɑ̃tɛr] *nm* inven-

tory; **faire l'~ de qqch** to make a list of sthg.
**inventer** [ɛ̃vɑ̃te] *vt* to invent; *(moyen)* to think up.
**inventeur, -trice** [ɛ̃vɑ̃tœr, tris] *nm, f* inventor.
**invention** [ɛ̃vɑ̃sjɔ̃] *nf* invention.
**inverse** [ɛ̃vɛrs] *nm* opposite; **à l'~** conversely; **à l'~ de** contrary to.
**investir** [ɛ̃vɛstir] *vt (argent)* to invest.
**investissement** [ɛ̃vɛstismɑ̃] *nm* investment.
**invisible** [ɛ̃vizibl] *adj* invisible.
**invitation** [ɛ̃vitasjɔ̃] *nf* invitation.
**invité, -e** [ɛ̃vite] *nm, f* guest.
**inviter** [ɛ̃vite] *vt* to invite; **~ qqn à faire qqch** to invite sb to do sthg.
**involontaire** [ɛ̃vɔlɔ̃tɛr] *adj* involuntary.
**invraisemblable** [ɛ̃vrɛsɑ̃blabl] *adj* unlikely.
**iode** [jɔd] *nm* → **teinture**.
**ira** *etc* → **aller**.
**irlandais, -e** [irlɑ̃dɛ, ɛz] *adj* Irish ❑ **Irlandais, -e** *nm, f* Irishman (*f* Irishwoman); **les Irlandais** the Irish.
**Irlande** [irlɑ̃d] *nf*: **l'~ du Nord** Northern Ireland; **la République d'~** the Republic of Ireland, Eire.
**ironie** [irɔni] *nf* irony.
**ironique** [irɔnik] *adj* ironic.
**irrationnel, -elle** [irasjɔnɛl] *adj* irrational.
**irrécupérable** [irekyperabl] *adj (objet, vêtement)* beyond repair.
**irréel, -elle** [ireɛl] *adj* unreal.
**irrégulier, -ière** [iregylje, jɛr] *adj* irregular; *(résultats, terrain)* uneven.
**irremplaçable** [irɑ̃plasabl] *adj* irreplaceable.
**irréparable** [ireparabl] *adj* beyond repair; *(erreur)* irreparable.
**irrésistible** [irezistibl] *adj* irresistible.
**irrespirable** [irɛspirabl] *adj* unbreathable.
**irrigation** [irigasjɔ̃] *nf* irrigation.
**irritable** [iritabl] *adj* irritable.
**irritation** [iritasjɔ̃] *nf* irritation.
**irriter** [irite] *vt* to irritate.
**islam** [islam] *nm*: **l'~** Islam.
**isolant, -e** [izɔlɑ̃, ɑ̃t] *adj (acoustique)* soundproofing; *(thermique)* insulating ◆ *nm* insulator.
**isolation** [izɔlasjɔ̃] *nf (acoustique)* soundproofing; *(thermique)* insulation.
**isolé, -e** [izɔle] *adj (à l'écart)* isolated; *(contre le bruit)* soundproofed; *(thermiquement)* insulated.
**isoler** [izɔle] *vt (séparer)* to isolate; *(contre le bruit)* to soundproof; *(thermiquement)* to insulate ❑ **s'isoler** *vp* to isolate o.s.
**Israël** [israɛl] *n* Israel.
**issu, -e** [isy] *adj*: **être ~ de** *(famille)* to be descended from; *(processus, théorie)* to stem from.
**issue** [isy] *nf (sortie)* exit; **«voie sans ~»** "no through road"; **~ de secours** emergency exit.
**Italie** [itali] *nf*: **l'~** Italy.
**italien, -ienne** [italjɛ̃, jɛn] *adj* Italian ◆ *nm (langue)* Italian ❑ **Italien, -ienne** *nm, f* Italian.
**italique** [italik] *nm* italics *(pl)*.
**itinéraire** [itinerɛr] *nm* route; ~

**bis** alternative route *(to avoid heavy traffic)*.
**ivoire** [ivwar] *nm* ivory.
**ivre** [ivr] *adj* drunk.
**ivrogne** [ivrɔɲ] *nmf* drunkard.

# J

**j'** → **je**.
**jacinthe** [ʒasɛ̃t] *nf* hyacinth.
**jaillir** [ʒajir] *vi (eau)* to gush.
**jalousie** [ʒaluzi] *nf* jealousy.
**jaloux, -ouse** [ʒalu, uz] *adj* jealous; **être ~ de** to be jealous of.
**jamais** [ʒamɛ] *adv* never; **ne ... ~** never; **je ne reviendrai ~ plus** I'm never coming back; **c'est le plus long voyage que j'aie ~ fait** it's the longest journey I've ever made; **plus que ~** more than ever; **si ~ tu le vois ...** if you happen to see him ...
**jambe** [ʒɑ̃b] *nf* leg.
**jambon** [ʒɑ̃bɔ̃] *nm* ham; **~ blanc** boiled ham; **~ cru** raw ham.
**jambonneau, -x** [ʒɑ̃bɔno] *nm* knuckle of ham.
**jante** [ʒɑ̃t] *nf* (wheel) rim.
**janvier** [ʒɑ̃vje] *nm* January, → **septembre**.
**Japon** [ʒapɔ̃] *nm*: **le ~** Japan.
**japonais, -e** [ʒapɔnɛ, ɛz] *adj* Japanese ◆ *nm (langue)* Japanese ❑ **Japonais, -e** *nm, f* Japanese (person).
**jardin** [ʒardɛ̃] *nm* garden; **~ d'enfants** kindergarten, playgroup; **~ public** park.
**jardinage** [ʒardinaʒ] *nm* gardening.
**jardinier, -ière** [ʒardinje, jɛr] *nm, f* gardener.
**jardinière** [ʒardinjɛr] *nf (bac)* window box; **~ de légumes** *dish of diced mixed vegetables*, → **jardinier**.
**jarret** [ʒarɛ] *nm*: **~ de veau** knuckle of veal.
**jauge** [ʒoʒ] *nf* gauge; **~ d'essence** petrol gauge; **~ d'huile** dipstick.
**jaune** [ʒon] *adj & nm* yellow; **~ d'œuf** egg yolk.
**jaunir** [ʒonir] *vi* to turn yellow.
**jaunisse** [ʒonis] *nf* jaundice.
**Javel** [ʒavɛl] *nf*: **(eau de) ~** bleach.
**jazz** [dʒaz] *nm* jazz.
**je** [ʒə] *pron* I.
**jean** [dʒin] *nm* jeans *(pl)*, pair of jeans.
**Jeep®** [dʒip] *nf* Jeep®.
**jerrican** [ʒerikan] *nm* jerry can.
**Jésus-Christ** [ʒezykri] *nm* Jesus Christ; **après ~** AD; **avant ~** BC.
**jet**[1] [ʒɛ] *nm (de liquide)* jet; **~ d'eau** fountain.
**jet**[2] [dʒɛt] *nm (avion)* jet (plane).
**jetable** [ʒətabl] *adj* disposable.
**jetée** [ʒəte] *nf* jetty.
**jeter** [ʒəte] *vt* to throw; *(mettre à la poubelle)* to throw away ❑ **se jeter** *vp*: **se ~ dans** *(suj: rivière)* to flow into; **se ~ sur** to pounce on.
**jeton** [ʒətɔ̃] *nm (pour jeu de société)* counter; *(au casino)* chip; **~ de téléphone** telephone token.
**jeu, -x** [ʒø] *nm* game; *(d'un mécanisme)* play; *(assortiment)* set; **le ~**

*(au casino)* gambling; ~ **de cartes** *(distraction)* card game; *(paquet)* pack of cards; ~ **d'échecs** chess set; ~ **de mots** pun; ~ **de société** board game; ~ **vidéo** video game; **les ~x Olympiques** the Olympic Games.

**jeudi** [ʒødi] *nm* Thursday, → **samedi**.

**jeun** [ʒœ̃] **: à jeun** *adv* on an empty stomach.

**jeune** [ʒœn] *adj* young ◆ *nmf* young person; ~ **fille** girl; ~ **homme** young man; **les ~s** young people.

**jeûner** [ʒøne] *vi* to fast.

**jeunesse** [ʒœnɛs] *nf (période)* youth; *(jeunes)* young people *(pl)*.

**job** [dʒɔb] *nm (fam)* job.

**jockey** [ʒɔkɛ] *nm* jockey.

**jogging** [dʒɔgiŋ] *nm (vêtement)* tracksuit; *(activité)* jogging; **faire du ~** to go jogging.

**joie** [ʒwa] *nf* joy.

**joindre** [ʒwɛ̃dr] *vt (relier)* to join; *(contacter)* to contact; ~ **qqch à** to attach sthg to; **je joins un chèque à ma lettre** I enclose a cheque with my letter ❑ **se joindre à** *vp + prép* to join.

**joint, -e** [ʒwɛ̃, ɛ̃t] *pp* → **joindre** ◆ *nm (TECH)* seal; *(de robinet)* washer; *(fam: drogue)* joint; ~ **de culasse** cylinder head gasket.

**joker** [ʒɔkɛr] *nm* joker.

**joli, -e** [ʒɔli] *adj (beau)* pretty; *(iron: désagréable)* nice; **on est dans une ~e situation!** this is a nice mess!

**jongleur** [ʒɔ̃glœr] *nm* juggler.

**jonquille** [ʒɔ̃kij] *nf* daffodil.

**joual** [ʒwal] *nm (Can) French-Canadian dialect.*

**joue** [ʒu] *nf* cheek.

**jouer** [ʒwe] *vi* to play; *(acteur)* to act ◆ *vt* to play; *(somme)* to bet; *(pièce de théâtre)* to perform; ~ **à** *(tennis, foot, cartes)* to play; ~ **de** *(instrument)* to play; ~ **un rôle dans qqch** *(fig)* to play a part in sthg.

**jouet** [ʒwɛ] *nm* toy.

**joueur, -euse** [ʒwœr, øz] *nm, f (au casino)* gambler; *(SPORT)* player; **être mauvais ~** to be a bad loser; ~ **de cartes** card player; ~ **de flûte** flautist; ~ **de foot** footballer.

**jour** [ʒur] *nm* day; *(clarté)* daylight; **il fait ~** it's light; ~ **de l'an** New Year's Day; ~ **férié** public holiday; ~ **ouvrable** working day; **huit ~s** a week; **quinze ~s** two weeks, a fortnight *(Br)*; **de ~** *(voyager)* by day; **du ~ au lendemain** overnight; **de nos ~s** nowadays; **être à ~** to be up-to-date; **mettre qqch à ~** to update sthg.

**journal, -aux** [ʒurnal, o] *nm* newspaper; ~ **(intime)** diary; ~ **télévisé** news (on the television).

**journaliste** [ʒurnalist] *nmf* journalist.

**journée** [ʒurne] *nf* day; **dans la ~** during the day; **toute la ~** all day (long).

**joyeux, -euse** [ʒwajø, jøz] *adj* happy; ~ **anniversaire!** Happy Birthday!; ~ **Noël!** Merry Christmas!

**judo** [ʒydo] *nm* judo.

**juge** [ʒyʒ] *nm* judge.

**juger** [ʒyʒe] *vt* to judge; *(accusé)* to try.

**juif, -ive** [ʒɥif, iv] *adj* Jewish ❑ **Juif, -ive** *nm, f* Jew.

**juillet** [ʒɥijɛ] *nm* July; **le 14-**

**Juillet** *French national holiday,* → **septembre**.

## *i* LE 14-JUILLET

The fourteenth of July is a national holiday in France, in commemoration of the storming of the Bastille on the same day in 1789. Celebrations take place throughout France and often last several days, with outdoor public dances, firework displays etc. A grand military parade is held in Paris on the morning of the fourteenth, in the presence of the President of France.

**juin** [ʒɥɛ̃] *nm* June, → **septembre**.
**juke-box** [dʒukbɔks] *nm inv* jukebox.
**jumeau, -elle, -eaux** [ʒymo, ɛl, o] *adj (maisons)* semidetached ◆ *nm, f*: **des ~x** twins; **frère ~** twin brother.
**jumelé, -e** [ʒymle] *adj*: **«ville ~e avec …»** "twinned with …".
**jumelles** [ʒymɛl] *nfpl* binoculars.
**jument** [ʒymɑ̃] *nf* mare.
**jungle** [ʒœ̃gl] *nf* jungle.
**jupe** [ʒyp] *nf* skirt; **~ droite** straight skirt; **~ plissée** pleated skirt.
**jupon** [ʒypɔ̃] *nm* underskirt, slip.
**jurer** [ʒyre] *vi* to swear ◆ *vt*: **~ (à qqn) que** to swear (to sb) that; **~ de faire qqch** to swear to do sthg.
**jury** [ʒyri] *nm* jury.
**jus** [ʒy] *nm* juice; *(de viande)* gravy; **~ d'orange** orange juice.
**jusque** [ʒysk(ə)] **: jusqu'à** *prép*: **allez jusqu'à l'église** go as far as the church; **jusqu'à midi** until noon; **jusqu'à ce que je parte** until I leave; **jusqu'à présent** up until now, so far ❑ **jusqu'ici** *adv (dans l'espace)* up to here; *(dans le temps)* up until now, so far; **jusque-là** *adv (dans l'espace)* up to there; *(dans le temps)* up to then, up until then.
**justaucorps** [ʒystokɔr] *nm* leotard.
**juste** [ʒyst] *adj (équitable)* fair; *(addition, raisonnement)* right, correct; *(note)* in tune; *(vêtement)* tight ◆ *adv* just; *(chanter, jouer)* in tune; **ce gâteau est un peu ~ pour six** this cake isn't big enough for six people; **il est huit heures ~** it's exactly eight o'clock; **au ~** exactly.
**justement** [ʒystəmɑ̃] *adv (précisément)* just; *(à plus forte raison)* exactly.
**justesse** [ʒystɛs] **: de justesse** *adv* only just.
**justice** [ʒystis] *nf* justice.
**justifier** [ʒystifje] *vt* to justify ❑ **se justifier** *vp* to justify o.s.
**jute** [ʒyt] *nm*: **(toile de) ~** jute.
**juteux, -euse** [ʒytø, øz] *adj* juicy.

# K

**K7** [kasɛt] *nf (abr de cassette)* cassette.
**kaki** [kaki] *adj inv* khaki.

**kangourou** [kɑ̃guru] *nm* kangaroo.
**karaté** [karate] *nm* karate.
**kart** [kart] *nm* go-kart.
**karting** [kartiŋ] *nm* go-karting.
**kayak** [kajak] *nm (bateau)* kayak; *(SPORT)* canoeing.
**képi** [kepi] *nm* kepi.
**kermesse** [kɛrmɛs] *nf* fête.

## KERMESSE

These outdoor events, organized to raise money and with stalls selling homemade produce, are similar to British fêtes. In the north of France a "kermesse" is specifically a church fête held on the feast of the patron saint of the village or town (*see box at* **fête**).

**kérosène** [kerɔzɛn] *nm* kerosene.
**ketchup** [kɛtʃœp] *nm* ketchup.
**kg** *(abr de kilogramme)* kg.
**kidnapper** [kidnape] *vt* to kidnap.
**kilo(gramme)** [kilo, kilɔgram] *nm* kilo(gram).
**kilométrage** [kilɔmetraʒ] *nm* *(distance)* = mileage; **~ illimité** = unlimited mileage.
**kilomètre** [kilɔmɛtr] *nm* kilometre; **100 ~s (à l')heure** 100 kilometres per hour.
**kilt** [kilt] *nm* kilt.
**kinésithérapeute** [kineziterapøt] *nmf* physiotherapist.
**kiosque** [kjɔsk] *nm* pavilion; **~ à journaux** newspaper kiosk.
**kir** [kir] *nm aperitif made with white wine and blackcurrant liqueur;* **~ royal** *aperitif made with champagne and blackcurrant liqueur.*
**kirsch** [kirʃ] *nm* kirsch.
**kit** [kit] *nm* kit; **en ~** in kit form.
**kiwi** [kiwi] *nm* kiwi (fruit).
**Klaxon®** [klaksɔn] *nm* horn.
**klaxonner** [klaksɔne] *vi* to hoot (one's horn).
**Kleenex®** [klinɛks] *nm* Kleenex®.
**km** *(abr de kilomètre)* km.
**km/h** *(abr de kilomètre par heure)* kph.
**K-O** [kao] *adj inv* KO'd; *(fam: épuisé)* dead beat.
**kouglof** [kuglɔf] *nm light dome-shaped cake with currants and almonds, a speciality of Alsace.*
**K-way®** [kawɛ] *nm inv* cagoule.
**kyste** [kist] *nm* cyst.

**l** *(abr de litre)* l.
**l'** → **le**.
**la** → **le**.
**là** [la] *adv (lieu)* there; *(temps)* then; **elle n'est pas ~** she's not in; **par ~** *(de ce côté)* that way; *(dans les environs)* over there; **cette fille-~** that girl; **ce jour-~** that day.
**là-bas** [laba] *adv* there.
**laboratoire** [labɔratwar] *nm* laboratory.
**labourer** [labure] *vt* to plough.

**labyrinthe** [labirɛ̃t] *nm* maze.
**lac** [lak] *nm* lake.
**lacer** [lase] *vt* to tie.
**lacet** [lasɛ] *nm (de chaussures)* lace; *(virage)* bend.
**lâche** [laʃ] *adj (peureux)* cowardly; *(nœud, corde)* loose ◆ *nmf* coward.
**lâcher** [laʃe] *vt* to let go of; *(desserrer)* to loosen; *(parole)* to let slip ◆ *vi (corde)* to give way; *(freins)* to fail.
**lâcheté** [laʃte] *nf* cowardice.
**là-dedans** [ladədɑ̃] *adv (lieu)* in there; *(dans cela)* in that.
**là-dessous** [ladsu] *adv (lieu)* under there; *(dans cette affaire)* behind that.
**là-dessus** [ladsy] *adv (lieu)* on there; *(à ce sujet)* about that.
**là-haut** [lao] *adv* up there.
**laid, -e** [lɛ, lɛd] *adj* ugly.
**laideur** [lɛdœr] *nf* ugliness.
**lainage** [lɛnaʒ] *nm (vêtement)* woollen garment.
**laine** [lɛn] *nf* wool; **en ~** woollen.
**laïque** [laik] *adj* secular.
**laisse** [lɛs] *nf* lead; **tenir un chien en ~** to keep a dog on a lead.
**laisser** [lɛse] *vt* to leave ◆ *aux*: **~ qqn faire qqch** to let sb do sthg; **~ tomber** to drop; **~ qqch à qqn** *(donner)* to leave sb sthg; *(vendre)* to let sb have sthg ❑ **se laisser** *vp*: **se ~ aller** to relax; **se ~ faire** *(par lâcheté)* to let o.s. be taken advantage of; *(se laisser tenter)* to let o.s. be persuaded; **se ~ influencer** to allow o.s. to be influenced.
**lait** [lɛ] *nm* milk; **~ démaquillant** cleanser; **~ solaire** suntan lotion; **~ de toilette** cleanser.
**laitage** [lɛtaʒ] *nm* dairy product.
**laitier** [lɛtje] *adj m* → **produit**.
**laiton** [lɛtɔ̃] *nm* brass.
**laitue** [lety] *nf* lettuce.
**lambeau, -x** [lɑ̃bo] *nm* strip.
**lambic** [lɑ̃bik] *nm (Belg) strong malt- and wheat-based beer.*
**lambris** [lɑ̃bri] *nm* panelling.
**lame** [lam] *nf* blade; *(de verre, de métal)* strip; *(vague)* wave; **~ de rasoir** razor blade.
**lamelle** [lamɛl] *nf* thin slice.
**lamentable** [lamɑ̃tabl] *adj (pitoyable)* pitiful; *(très mauvais)* appalling.
**lamenter** [lamɑ̃te] **: se lamenter** *vp* to moan.
**lampadaire** [lɑ̃padɛr] *nm (dans un appartement)* standard lamp *(Br)*, floor lamp *(Am)*; *(dans la rue)* street lamp.
**lampe** [lɑ̃p] *nf* lamp; **~ de chevet** bedside lamp; **~ de poche** torch *(Br)*, flashlight *(Am)*.
**lance** [lɑ̃s] *nf (arme)* spear; **~ d'incendie** fire hose.
**lancée** [lɑ̃se] *nf*: **sur sa/ma ~** *(en suivant)* while he/I was at it.
**lancement** [lɑ̃smɑ̃] *nm (d'un produit)* launch.
**lance-pierres** [lɑ̃spjɛr] *nm inv* catapult.
**lancer** [lɑ̃se] *vt* to throw; *(produit, mode)* to launch ❑ **se lancer** *vp (se jeter)* to throw o.s.; *(oser)* to take the plunge; **se ~ dans qqch** to embark on sthg.
**landau** [lɑ̃do] *nm* pram.
**lande** [lɑ̃d] *nf* moor.
**langage** [lɑ̃gaʒ] *nm* language.
**langer** [lɑ̃ʒe] *vt* to change.

**langouste** [lɑ̃gust] *nf* spiny lobster.
**langoustine** [lɑ̃gustin] *nf* langoustine.
**langue** [lɑ̃g] *nf (ANAT & CULIN)* tongue; *(langage)* language; ~ **étrangère** foreign language; ~ **maternelle** mother tongue; ~ **vivante** modern language.
**langue-de-chat** [lɑ̃gdəʃa] (*pl* **langues-de-chat**) *nf thin sweet finger-shaped biscuit.*
**languette** [lɑ̃gɛt] *nf (de chaussures)* tongue; *(d'une canette)* ring-pull.
**lanière** [lanjɛr] *nf (de cuir)* strap.
**lanterne** [lɑ̃tɛrn] *nf* lantern; *(AUT: feu de position)* sidelight *(Br)*, parking light *(Am)*.
**lapin** [lapɛ̃] *nm* rabbit.
**laque** [lak] *nf (pour coiffer)* hair spray, lacquer; *(peinture)* lacquer.
**laqué** [lake] *adj m* → **canard**.
**laquelle** → **lequel**.
**larcin** [larsɛ̃] *nm (sout)* theft.
**lard** [lar] *nm* bacon.
**lardon** [lardɔ̃] *nm strip or cube of bacon.*
**large** [larʒ] *adj (rivière, route)* wide; *(vêtement)* big; *(généreux)* generous; *(tolérant)* open ◆ *nm*: **le** ~ the open sea ◆ *adv*: **prévoir** ~ *(temps)* to allow plenty of time; **2 mètres de** ~ 2 metres wide; **au** ~ **de** off (the coast of).
**largement** [larʒəmɑ̃] *adv (au minimum)* easily; **avoir** ~ **le temps** to have ample time; **il y en a** ~ **assez** there's more than enough.
**largeur** [larʒœr] *nf* width.
**larme** [larm] *nf* tear; **être en ~s** to be in tears.
**lasagne(s)** [lazaɲ] *nfpl* lasagne.
**laser** [lazɛr] *nm* laser.
**lassant, -e** [lasɑ̃, ɑ̃t] *adj* tedious.
**lasser** [lase] *vt* to bore ❑ **se lasser de** *vp + prép* to grow tired of.
**latéral, -e, -aux** [lateral, o] *adj (porte, rue)* side.
**latin** [latɛ̃] *nm* Latin.
**latitude** [latityd] *nf* latitude.
**latte** [lat] *nf* slat.
**lauréat, -e** [lɔrea, at] *nm, f* prizewinner.
**laurier** [lɔrje] *nm (arbuste)* laurel; **feuille de** ~ bay leaf.
**lavable** [lavabl] *adj* washable.
**lavabo** [lavabo] *nm* washbasin ❑ **lavabos** *nmpl (toilettes)* toilets.
**lavage** [lavaʒ] *nm* washing.
**lavande** [lavɑ̃d] *nf* lavender.
**lave-linge** [lavlɛ̃ʒ] *nm inv* washing machine.
**laver** [lave] *vt* to wash; *(plaie)* to bathe; *(tache)* to wash out OU off ❑ **se laver** *vp* to wash o.s.; **se** ~ **les dents** to brush one's teeth; **se** ~ **les mains** to wash one's hands.
**laverie** [lavri] *nf*: ~ **(automatique)** launderette.
**lavette** [lavɛt] *nf (tissu)* dishcloth.
**lave-vaisselle** [lavvesɛl] *nm inv* dishwasher.
**lavoir** [lavwar] *nm communal sink for washing clothes.*
**laxatif** [laksatif] *nm* laxative.
**layette** [lɛjɛt] *nf* layette.
**le** [lə] (*f* **la** [la], *pl* **les** [le]) *article défini* 1. *(gén)* the; ~ **lac** the lake; **la fenêtre** the window; **l'homme** the man; **les enfants** the children; **j'adore** ~ **thé** I love tea; **l'amour** love.

2. *(désigne le moment)*: **nous sommes ~ 3 août** it's the 3rd of August; **Bruxelles, ~ 9 juillet 1994** Brussels, 9 July 1994; **~ samedi** *(habituellement)* on Saturdays; *(moment précis)* on Saturday.
3. *(marque l'appartenance)*: **se laver les mains** to wash one's hands; **elle a les yeux bleus** she has (got) blue eyes.
4. *(chaque)*: **c'est 250 F la nuit** it's 250 francs a night; **25 F l'un** 25 francs each.
◆ *pron* 1. *(personne)* him (*f* her), them *(pl)*; *(chose, animal)* it, them *(pl)*; **je ~/la/les connais bien** I know him/her/them well; **laissez-les nous** leave them to us.
2. *(reprend un mot, une phrase)*: **je l'ai entendu dire** I've heard about it.

**lécher** [leʃe] *vt* to lick.

**lèche-vitrines** [lɛʃvitrin] *nm inv*: **faire du ~** to go window-shopping.

**leçon** [ləsɔ̃] *nf* lesson; *(devoirs)* homework; **faire la ~ à qqn** to lecture sb.

**lecteur, -trice** [lɛktœr, tris] *nm, f* reader ◆ *nm* (INFORM) reader; **~ de cassettes** cassette player; **~ laser** OU **de CD** CD player.

**lecture** [lɛktyr] *nf* reading.

**légal, -e, -aux** [legal, o] *adj* legal.

**légende** [leʒɑ̃d] *nf (conte)* legend; *(d'une photo)* caption; *(d'un schéma)* key.

**léger, -ère** [leʒe, ɛr] *adj* light; *(café)* weak; *(cigarette)* mild; *(peu important)* slight; **à la légère** lightly.

**légèrement** [leʒɛrmɑ̃] *adv (un peu)* slightly; **s'habiller ~** to wear light clothes.

**légèreté** [leʒɛrte] *nf* lightness; *(insouciance)* casualness.

**législation** [leʒislasjɔ̃] *nf* legislation.

**légitime** [leʒitim] *adj* legitimate; **~ défense** self-defence.

**léguer** [lege] *vt* to bequeath; *(fig: tradition, passion)* to pass on.

**légume** [legym] *nm* vegetable.

**lendemain** [lɑ̃dmɛ̃] *nm*: **le ~** the next day; **le ~ matin** the next morning; **le ~ de notre départ** the day after we left.

**lent, -e** [lɑ̃, lɑ̃t] *adj* slow.

**lentement** [lɑ̃tmɑ̃] *adv* slowly.

**lenteur** [lɑ̃tœr] *nf* slowness.

**lentille** [lɑ̃tij] *nf (légume)* lentil; *(verre de contact)* (contact) lens.

**léopard** [leɔpar] *nm* leopard.

**lequel** [ləkɛl] (*f* **laquelle** [lakɛl], *mpl* **lesquels** [lekɛl], *fpl* **lesquelles** [lekɛl]) *pron (sujet de personne)* who; *(sujet de chose)* which; *(complément de personne)* whom; *(complément de chose)* which; *(interrogatif)* which (one); **par/pour ~** *(personne)* by/for whom; *(chose)* by/for which.

**les** → **le**.

**léser** [leze] *vt* to wrong.

**lésion** [lezjɔ̃] *nf* injury.

**lesquelles** → **lequel**.

**lesquels** → **lequel**.

**lessive** [lɛsiv] *nf (poudre, liquide)* detergent; *(linge)* washing; **faire la ~** to do the washing.

**lessiver** [lesive] *vt* to wash; *(fam: fatiguer)* to wear out.

**leste** [lɛst] *adj (agile)* nimble.

**lettre** [lɛtr] *nf* letter; **en toutes ~s** in full.

**leucémie** [løsemi] *nf* leukemia.

**leur** [lœr] *adj* their ◆ *pron* (to) them ❑ **le leur** (*f* **la leur**, *pl* **les leurs**) *pron* theirs.

**levant** [ləvɑ̃] *adj m* → **soleil**.

**levé, -e** [ləve] *adj (hors du lit)* up.

**levée** [ləve] *nf (du courrier)* collection.

**lever** [ləve] *vt (bras, yeux, doigt)* to raise; *(relever)* to lift ◆ *nm*: **au ~** when one gets up; **le ~ du jour** dawn; **le ~ du soleil** sunrise ❑ **se lever** *vp (personne)* to get up; *(jour)* to break; *(soleil)* to rise; *(temps)* to clear.

**levier** [ləvje] *nm* lever; **~ de vitesse** gear lever *(Br)*, gear shift *(Am)*.

**lèvre** [lɛvr] *nf* lip.

**levure** [ləvyr] *nf* (CULIN) baking powder.

**lexique** [lɛksik] *nm (dictionnaire)* glossary.

**lézard** [lezar] *nm* lizard.

**lézarder** [lezarde] **: se lézarder** *vp* to crack.

**liaison** [ljɛzɔ̃] *nf (aérienne, routière)* link; *(amoureuse)* affair; *(phonétique)* liaison; **être en ~ avec** to be in contact with.

**liane** [ljan] *nf* creeper.

**liasse** [ljas] *nf* wad.

**Liban** [libɑ̃] *nm*: **le ~** Lebanon.

**libéral, -e, -aux** [liberal, o] *adj* liberal.

**libération** [liberasjɔ̃] *nf (d'une ville)* liberation; *(d'un prisonnier)* release.

**libérer** [libere] *vt (prisonnier)* to release ❑ **se libérer** *vp* to free o.s.; *(de ses occupations)* to get away.

**liberté** [libɛrte] *nf* freedom; **en ~** *(animaux)* in the wild.

**libraire** [librɛr] *nmf* bookseller.

**librairie** [librɛri] *nf* bookshop.

**libre** [libr] *adj* free; *(ouvert, dégagé)* clear; **~ de faire qqch** free to do sthg.

**librement** [librəmɑ̃] *adv* freely.

**libre-service** [librəsɛrvis] (*pl* **libres-services**) *nm (magasin)* self-service store; *(restaurant)* self-service restaurant.

**licence** [lisɑ̃s] *nf* licence; *(diplôme)* degree; *(sportive)* membership card.

**licenciement** [lisɑ̃simɑ̃] *nm (pour faute)* dismissal; *(économique)* redundancy.

**licencier** [lisɑ̃sje] *vt (pour faute)* to dismiss; **être licencié** *(économique)* to be made redundant.

**liège** [ljɛʒ] *nm* cork.

**liégeois** [ljeʒwa] *adj m* → **café, chocolat**.

**lien** [ljɛ̃] *nm (ruban, sangle)* tie; *(relation)* link.

**lier** [lje] *vt (attacher)* to tie up; *(par contrat)* to bind; *(phénomènes, idées)* to connect; **~ conversation avec qqn** to strike up a conversation with sb ❑ **se lier** *vp*: **se ~ (d'amitié) avec qqn** to make friends with sb.

**lierre** [ljɛr] *nm* ivy.

**lieu, -x** [ljø] *nm* place; **avoir ~** to take place; **au ~ de** instead of.

**lièvre** [ljɛvr] *nm* hare.

**ligne** [liɲ] *nf* line; **avoir la ~** to be slim; **aller à la ~** to start a new paragraph; **se mettre en ~** to line up; **~ blanche** *(sur la route)* white line; **(en) ~ droite** (in a) straight line; **«grandes ~s»** *sign directing rail passengers to platforms for intercity trains*.

**ligoter** [ligɔte] *vt* to tie up.

**lilas** [lila] *nm* lilac.
**limace** [limas] *nf* slug.
**limande** [limɑ̃d] *nf* dab.
**lime** [lim] *nf* file; ~ **à ongles** nail file.
**limer** [lime] *vt* to file.
**limitation** [limitasjɔ̃] *nf* restriction; ~ **de vitesse** speed limit.
**limite** [limit] *nf (bord)* edge; *(frontière)* border; *(maximum ou minimum)* limit ◆ *adj (prix, vitesse)* maximum; **à la** ~ if necessary.
**limiter** [limite] *vt* to limit ❑ **se limiter à** *vp + prép (se contenter de)* to limit o.s. to; *(être restreint à)* to be limited to.
**limonade** [limɔnad] *nf* lemonade.
**limpide** [lɛ̃pid] *adj* (crystal) clear.
**lin** [lɛ̃] *nm* linen.
**linge** [lɛ̃ʒ] *nm (de maison)* linen; *(lessive)* washing.
**lingerie** [lɛ̃ʒri] *nf (sous-vêtements)* lingerie; *(local)* linen room.
**lingot** [lɛ̃go] *nm*: ~ **(d'or)** (gold) ingot.
**lino(léum)** [lino, linɔleɔm] *nm* lino(leum).
**lion** [ljɔ̃] *nm* lion ❑ **Lion** *nm* Leo.
**liqueur** [likœr] *nf* liqueur.
**liquidation** [likidasjɔ̃] *nf*: **«~ totale»** "stock clearance".
**liquide** [likid] *adj & nm* liquid; **(argent)** ~ cash; **payer en (argent)** ~ to pay cash; ~ **de frein** brake fluid.
**liquider** [likide] *vt (vendre)* to sell off; *(fam: terminer)* to polish off.
**lire** [lir] *vt & vi* to read.
**lisible** [lizibl] *adj* legible.
**lisière** [lizjɛr] *nf* edge.
**lisse** [lis] *adj* smooth.
**liste** [list] *nf* list; ~ **d'attente** waiting list; **être sur** ~ **rouge** to be ex-directory *(Br)*, to have an unlisted number *(Am)*.
**lit** [li] *nm* bed; **aller au** ~ to go to bed; ~ **de camp** camp bed; ~ **double, grand** ~ double bed; ~ **simple,** ~ **à une place, petit** ~ single bed; ~**s jumeaux** twin beds; ~**s superposés** bunk beds.
**litchi** [litʃi] *nm* lychee.
**literie** [litri] *nf* mattress and base.
**litière** [litjɛr] *nf* litter.
**litige** [litiʒ] *nm* dispute.
**litre** [litr] *nm* litre.
**littéraire** [literɛr] *adj* literary.
**littérature** [literatyr] *nf* literature.
**littoral, -aux** [litɔral, o] *nm* coast.
**livide** [livid] *adj* pallid.
**living(-room), -s** [liviŋ(rum)] *nm* living room.
**livraison** [livrɛzɔ̃] *nf* delivery; **«~ à domicile»** "we deliver"; **«~ des bagages»** "baggage reclaim".
**livre**[1] [livr] *nm* book; ~ **de français** French book.
**livre**[2] [livr] *nf (demi-kilo, monnaie)* pound; ~ **(sterling)** pound (sterling).
**livrer** [livre] *vt (marchandise)* to deliver; *(trahir)* to hand over.
**livret** [livrɛ] *nm* booklet; ~ **(de caisse) d'épargne** savings book; ~ **de famille** family record book; ~ **scolaire** school report (book).
**livreur, -euse** [livrœr, øz] *nm, f* delivery man (*f* delivery woman).
**local, -e, -aux** [lɔkal, o] *adj* local ◆ *nm (d'un club, commercial)* premises; *(pour fête)* place; **dans les locaux** on the premises.
**locataire** [lɔkatɛr] *nmf* tenant.

**location** [lɔkasjɔ̃] *nf (d'une maison)* renting; *(d'un billet)* booking; *(logement)* rented accommodation; «~ **de voitures**» "car hire" *(Br)*, "car rental" *(Am)*.

**locomotive** [lɔkɔmɔtiv] *nf* locomotive.

**loge** [lɔʒ] *nf (de concierge)* lodge; *(d'acteur)* dressing room.

**logement** [lɔʒmɑ̃] *nm* accommodation; *(appartement)* flat *(Br)*, apartment *(Am)*; **le ~** *(secteur)* housing.

**loger** [lɔʒe] *vt (héberger)* to put up ◆ *vi* to live ❑ **se loger** *vp (pénétrer)* to get stuck.

**logiciel** [lɔʒisjel] *nm* software.

**logique** [lɔʒik] *adj* logical ◆ *nf* logic.

**logiquement** [lɔʒikmɑ̃] *adv* logically.

**logo** [logo] *nm* logo.

**loi** [lwa] *nf* law; **la ~** the law.

**loin** [lwɛ̃] *adv* far away; *(dans le temps)* far off; **au ~** in the distance; **de ~** from a distance; *(fig: nettement)* by far; **~ de** far (away) from; **~ de là** *(fig: au contraire)* far from it.

**lointain, -e** [lwɛ̃tɛ̃, ɛn] *adj* distant ◆ *nm*: **dans le ~** in the distance.

**Loire** [lwar] *nf*: **la ~** *(fleuve)* the (River) Loire.

**loisirs** [lwazir] *nmpl (temps libre)* leisure *(sg)*; *(activités)* leisure activities.

**Londonien, -ienne** [lɔ̃dɔnjɛ̃, jɛn] *nm, f* Londoner.

**Londres** [lɔ̃dr] *n* London.

**long, longue** [lɔ̃, lɔ̃g] *adj* long; **ça fait 10 mètres de ~** it's 10 metres long; **le ~ de** along; **de ~ en large** up and down; **à la longue** in the long run.

**longeole** [lɔ̃ʒɔl] *nf smoked sausage from the Geneva region of Switzerland.*

**longer** [lɔ̃ʒe] *vt* to follow.

**longitude** [lɔ̃ʒityd] *nf* longitude.

**longtemps** [lɔ̃tɑ̃] *adv* (for) a long time; **ça fait trop ~** it's been too long; **il y a ~** a long time ago.

**longue** → **long**.

**longuement** [lɔ̃gmɑ̃] *adv* for a long time.

**longueur** [lɔ̃gœr] *nf* length; **à ~ de semaine/d'année** all week/year long; **~ d'onde** wavelength.

**longue-vue** [lɔ̃gvy] (*pl* **longues-vues**) *nf* telescope.

**loquet** [lɔkɛ] *nm* latch.

**lorraine** [lɔrɛn] *adj f* → **quiche**.

**lors** [lɔr] **: lors de** *prép (pendant)* during.

**lorsque** [lɔrskə] *conj* when.

**losange** [lɔzɑ̃ʒ] *nm* lozenge.

**lot** [lo] *nm (de loterie)* prize; *(COMM: en offre spéciale)* (special offer) pack.

**loterie** [lɔtri] *nf* lottery.

**lotion** [losjɔ̃] *nf* lotion.

**lotissement** [lɔtismɑ̃] *nm* housing development.

**loto** [lɔto] *nm (national) the French national lottery*; **le ~ sportif** = the football pools *(Br)*, = the soccer sweepstakes *(Am)*.

---

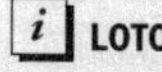

## LOTO

The French national lottery, "loto", has been running since 1976 on a similar basis to the lotteries in Britain and the US with a twice-weekly televized prize draw. French people can also bet on the results of football matches in the "loto sportif".

---

**lotte** [lɔt] *nf* monkfish; ~ **à l'américaine** *monkfish tails cooked in a sauce of white wine, brandy, herbs and tomatoes.*
**louche** [luʃ] *adj* shady ◆ *nf* ladle.
**loucher** [luʃe] *vi* to squint.
**louer** [lwe] *vt* to rent; **«à ~»** "to let".
**loup** [lu] *nm* wolf.
**loupe** [lup] *nf* magnifying glass.
**louper** [lupe] *vt (fam) (examen)* to flunk; *(train)* to miss.
**lourd, -e** [lur, lurd] *adj* heavy; *(sans finesse)* unsubtle; *(erreur)* serious; *(orageux)* sultry ◆ *adv*: **peser ~** to be heavy.
**lourdement** [lurdəmɑ̃] *adv* heavily; *(se tromper)* greatly.
**lourdeur** [lurdœr] *nf*: **avoir des ~s d'estomac** to feel bloated.
**Louvre** [luvr] *nm*: **le ~** the Louvre.

---

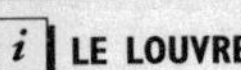



## LE LOUVRE

One of the largest museums in the world, the Louvre contains a huge collection of antiques, sculptures and paintings. Following the addition of rooms which formerly housed the French Treasury department and renovation of the exterior, the museum is now referred to as the "Grand Louvre". There is a new entrance via a glass pyramid built in the front courtyard, and an underground shopping centre and car park have been built.

---

**loyal, -e, -aux** [lwajal, o] *adj* loyal.
**loyauté** [lwajote] *nf* loyalty.
**loyer** [lwaje] *nm (d'un appartement)* rent.
**lu, -e** [ly] *pp* → **lire**.
**lubrifiant** [lybrifjɑ̃] *nm* lubricant.
**lucarne** [lykarn] *nf* skylight.
**lucide** [lysid] *adj (conscient)* conscious; *(sur soi-même)* lucid.
**lueur** [lɥœr] *nf* light; *(d'intelligence, de joie)* glimmer.
**luge** [lyʒ] *nf* toboggan; **faire de la ~** to toboggan.
**lugubre** [lygybr] *adj (ambiance)* gloomy; *(bruit)* mournful.
**lui**[1] [lɥi] *pron* **1.** *(complément d'objet indirect)* (to) him/her/it; **je ~ ai parlé** I spoke to him/her; **dites-le-~ tout de suite** tell him/her straightaway; **je ~ ai serré la main** I shook his/her hand.
**2.** *(après une préposition, un comparatif)* him/it; **j'en ai eu moins que ~** I had less than him.
**3.** *(pour renforcer le sujet)* he; **et ~, qu'est-ce qu'il en pense?** what does HE think about it?; **c'est ~ qui nous a renseignés** he was the one who informed us.
**4.** *(dans des expressions)*: **c'est ~-même qui l'a dit** he said it himself; **il se contredit ~-même** he contradicts himself.
**lui**[2] [lɥi] *pp* → **luire**.
**luire** [lɥir] *vi* to shine.
**luisant, -e** [lɥizɑ̃, ɑ̃t] *adj* shining.

**lumière** [lymjɛr] *nf* light.
**luminaires** [lyminɛr] *nmpl* lighting *(sg)*.
**lumineux, -euse** [lyminø, øz] *adj* bright; *(teint, sourire)* radiant; *(explication)* crystal clear.
**lunch, -s** OU **-es** [lœ̃ʃ] *nm (buffet)* buffet lunch.
**lundi** [lœ̃di] *nm* Monday, → **samedi**.
**lune** [lyn] *nf* moon; ~ **de miel** honeymoon; **pleine** ~ full moon.
**lunette** [lynɛt] *nf (astronomique)* telescope; ~ **arrière** rear window ❑ **lunettes** *nfpl* glasses; **~s de soleil** sunglasses.
**lustre** [lystr] *nm* ceiling light.
**lutte** [lyt] *nf* struggle, fight; *(SPORT)* wrestling.
**lutter** [lyte] *vi* to fight; ~ **contre** to fight (against).
**luxation** [lyksasjɔ̃] *nf* dislocation.
**luxe** [lyks] *nm* luxury; **de (grand)** ~ luxury.
**Luxembourg** [lyksɑ̃bur] *nm*: **le** ~ Luxembourg.
**Luxembourgeois, -e** [lyksɑ̃burʒwa, waz] *nm, f* person from Luxembourg.
**luxueux, -euse** [lyksɥø, øz] *adj* luxurious.
**lycée** [lise] *nm* = secondary school *(Br)*, = high school *(Am)*; ~ **professionnel** = technical college.
**lycéen, -enne** [liseɛ̃, ɛn] *nm, f* = secondary school student *(Br)*, = high school student *(Am)*.
**Lycra**® [likra] *nm* Lycra®.
**Lyon** [ljɔ̃] *n* Lyons.

# M

**m** *(abr de mètre)* m.
**m'** → **me**.
**M.** *(abr de Monsieur)* Mr.
**ma** → **mon**.
**macadam** [makadam] *nm* Tarmac®.
**macaron** [makarɔ̃] *nm (gâteau)* macaroon.
**macaronis** [makarɔni] *nmpl* macaroni *(sg)*.
**macédoine** [masedwan] *nf*: ~ **(de légumes)** (diced) mixed vegetables *(pl)*; ~ **de fruits** fruit salad.
**macérer** [masere] *vi (CULIN)* to steep.
**mâcher** [maʃe] *vt* to chew.
**machin** [maʃɛ̃] *nm (fam)* thingamajig.
**machinal, -e, -aux** [maʃinal, o] *adj* mechanical.
**machine** [maʃin] *nf* machine; ~ **à coudre** sewing machine; ~ **à écrire** typewriter; ~ **à laver** washing machine; ~ **à sous** one-armed bandit.
**machiniste** [maʃinist] *nm (d'autobus)* driver; **«faire signe au ~»** *sign telling bus passengers to let the driver know when they want to get off.*
**mâchoire** [maʃwar] *nf* jaw.
**maçon** [masɔ̃] *nm* bricklayer.
**madame** [madam] (*pl* **mesdames** [medam]) *nf*: ~ **X** Mrs X; **bonjour ~/mesdames!** good morning (Madam/ladies)!; **Madame,** *(dans une lettre)* Dear Madam,; **Madame!**

*(pour appeler le professeur)* Miss!

**madeleine** [madlɛn] *nf small sponge cake flavoured with lemon or orange.*

**mademoiselle** [madmwazɛl] (*pl* **mesdemoiselles** [medmwazɛl]) *nf*: ~ **X** Miss X; **bonjour ~/mesdemoiselles!** good morning (Miss/ladies)!; **Mademoiselle,** *(dans une lettre)* Dear Madam,; **Mademoiselle!** *(pour appeler le professeur)* Miss!

**madère** [madɛr] *nm* → **sauce**.

**maf(f)ia** [mafja] *nf* mafia; **la Maf(f)ia** *(sicilienne)* the Mafia.

**magasin** [magazɛ̃] *nm* shop *(Br)*, store *(Am)*; **en** ~ in stock.

**magazine** [magazin] *nm* magazine.

**Maghreb** [magrɛb] *nm*: **le** ~ North Africa, the Maghreb.

**Maghrébin, -e** [magrebɛ̃, in] *nm, f* North African.

**magicien, -ienne** [maʒisjɛ̃, jɛn] *nm, f* magician.

**magie** [maʒi] *nf* magic.

**magique** [maʒik] *adj* magic.

**magistrat** [maʒistra] *nm* magistrate.

**magnésium** [maɲezjɔm] *nm* magnesium.

**magnétique** [maɲetik] *adj* magnetic.

**magnétophone** [maɲetɔfɔn] *nm* tape recorder.

**magnétoscope** [maɲetɔskɔp] *nm* videorecorder.

**magnifique** [maɲifik] *adj* magnificent.

**magret** [magrɛ] *nm*: ~ **(de canard)** fillet of duck breast.

**mai** [mɛ] *nm* May; **le premier** ~ May Day, → **septembre**.

## i PREMIER MAI

The first day of May is a national holiday in France celebrating Labour Day, and traditionally there are large processions lead by trade unions in the larger cities. Also on this day, bunches of lily of the valley are sold in the streets and given as presents. The flowers are supposed to bring good luck.

**maigre** [mɛgr] *adj* thin; *(viande)* lean; *(yaourt)* low-fat.

**maigrir** [megrir] *vi* to lose weight.

**maille** [maj] *nf (d'un tricot)* stitch; *(d'un filet)* mesh.

**maillon** [majɔ̃] *nm* link.

**maillot** [majo] *nm (de foot)* jersey; *(de danse)* leotard; ~ **de bain** bathing costume; ~ **de corps** vest *(Br)*, undershirt *(Am)*; ~ **jaune** *(du Tour de France)* yellow jersey *(worn by the leading cyclist in the Tour de France)*.

**main** [mɛ̃] *nf* hand; **à ~ gauche** on the left-hand side; **se donner la** ~ to hold hands; **fait (à la) ~** handmade; **prendre qqch en ~** to take sthg in hand.

**main-d'œuvre** [mɛ̃dœvr] (*pl* **mains-d'œuvre**) *nf* labour.

**maintenant** [mɛ̃tnɑ̃] *adv* now; *(de nos jours)* nowadays.

**maintenir** [mɛ̃tnir] *vt* to maintain; *(soutenir)* to support ❑ **se maintenir** *vp (temps, tendance)* to remain.

**maintenu, -e** [mɛ̃tny] *pp* → **maintenir**.

**maire** [mɛr] *nm* mayor.

**mairie** [meri] *nf (bâtiment)* town hall *(Br)*, city hall *(Am)*.

**mais** [mɛ] *conj* but; **~ non!** of course not!

**maïs** [mais] *nm* maize *(Br)*, corn *(Am)*.

**maison** [mɛzɔ̃] *nf (domicile)* house, home; *(bâtiment)* house ◆ *adj inv* homemade; **rester à la ~** to stay at home; **rentrer à la ~** to go home; **~ de campagne** house in the country; **~ des jeunes et de la culture** ≃ youth and community centre.

**maître, -esse** [mɛtr, mɛtrɛs] *nm, f (d'un animal)* master (*f* mistress); **~ (d'école)** schoolteacher; **~ d'hôtel** *(au restaurant)* head waiter; **~ nageur** swimming instructor.

**maîtresse** [mɛtrɛs] *nf (amie)* mistress, → **maître**.

**maîtrise** [metriz] *nf (diplôme)* ≃ master's degree.

**maîtriser** [metrize] *vt* to master; *(personne)* to overpower; *(incendie)* to bring under control.

**majestueux, -euse** [maʒɛstɥø, øz] *adj* majestic.

**majeur, -e** [maʒœr] *adj (principal)* major ◆ *nm (doigt)* middle finger; **être ~** *(adulte)* to be of age; **la ~e partie (de)** the majority (of).

**majoration** [maʒɔrasjɔ̃] *nf* increase.

**majorette** [maʒɔrɛt] *nf* majorette.

**majorité** [maʒɔrite] *nf* majority; **en ~** in the majority; **la ~ de** the majority of.

**majuscule** [maʒyskyl] *nf* capital letter.

**mal** [mal] (*pl* **maux** [mo]) *nm (contraire du bien)* evil ◆ *adv* badly; **j'ai ~** it hurts; **avoir ~ au cœur** to feel sick; **avoir ~ aux dents** to have toothache; **avoir ~ au dos** to have backache; **avoir ~ à la gorge** to have a sore throat; **avoir ~ à la tête** to have a headache; **avoir ~ au ventre** to have (a) stomachache; **ça fait ~** it hurts; **faire ~ à qqn** to hurt sb; **se faire ~** to hurt o.s.; **se donner du ~ (pour faire qqch)** to make an effort (to do sthg); **~ de gorge** sore throat; **~ de mer** seasickness; **avoir le ~ du pays** to feel homesick; **maux de tête** headaches; **pas ~** *(fam: assez bon, assez beau)* not bad; **pas ~ de** *(fam: beaucoup)* quite a lot of.

**malade** [malad] *adj* ill, sick; *(sur un bateau, en avion)* sick ◆ *nmf* sick person; **~ mental** mentally ill person.

**maladie** [maladi] *nf* illness.

**maladresse** [maladrɛs] *nf* clumsiness; *(acte)* blunder.

**maladroit, -e** [maladrwa, wat] *adj* clumsy.

**malaise** [malɛz] *nm (MÉD)* faintness; *(angoisse)* unease; **avoir un ~** to faint.

**malaxer** [malakse] *vt* to knead.

**malchance** [malʃɑ̃s] *nf* bad luck.

**mâle** [mal] *adj & nm* male.

**malentendu** [malɑ̃tɑ̃dy] *nm* misunderstanding.

**malfaiteur** [malfɛtœr] *nm* criminal.

**malfamé, -e** [malfame] *adj* disreputable.

**malformation** [malfɔrmasjɔ̃] *nf* malformation.

**malgré** [malgre] *prép* in spite of; **~ tout** despite everything.

**malheur** [malœr] *nm* misfortune.
**malheureusement** [maløʀøzmɑ̃] *adv* unfortunately.
**malheureux, -euse** [malørø, øz] *adj* unhappy.
**malhonnête** [malɔnɛt] *adj* dishonest.
**Mali** [mali] *nm*: **le ~** Mali.
**malicieux, -ieuse** [malisjø, jøz] *adj* mischievous.
**malin, -igne** [malɛ̃, iɲ] *adj (habile, intelligent)* crafty.
**malle** [mal] *nf* trunk.
**mallette** [malɛt] *nf* small suitcase.
**malmener** [malməne] *vt* to manhandle.
**malnutrition** [malnytrisjɔ̃] *nf* malnutrition.
**malpoli, -e** [malpɔli] *adj* rude.
**malsain, -e** [malsɛ̃, ɛn] *adj* unhealthy.
**maltraiter** [maltrete] *vt* to mistreat.
**malveillant, -e** [malvejɑ̃, jɑ̃t] *adj* spiteful.
**maman** [mamɑ̃] *nf* mum *(Br)*, mom *(Am)*.
**mamie** [mami] *nf (fam)* granny.
**mammifère** [mamifɛr] *nm* mammal.
**manager** [manadʒɛr] *nm* manager.
**manche** [mɑ̃ʃ] *nf (de vêtement)* sleeve; *(de jeu)* round; *(au tennis)* set ◆ *nm* handle; **à ~s courtes/longues** short-/long-sleeved.
**Manche** [mɑ̃ʃ] *nf*: **la ~** the (English) Channel.
**manchette** [mɑ̃ʃɛt] *nf (d'une manche)* cuff.
**mandarine** [mɑ̃darin] *nf* mandarin.
**mandat** [mɑ̃da] *nm (postal)* money order.
**manège** [manɛʒ] *nm (attraction)* merry-go-round *(Br)*, carousel *(Am)*; *(d'équitation)* riding school.
**manette** [manɛt] *nf* lever; **~ de jeux** joystick.
**mangeoire** [mɑ̃ʒwar] *nf* trough.
**manger** [mɑ̃ʒe] *vt & vi* to eat; **donner à ~ à qqn** to give sb something to eat; *(bébé)* to feed sb.
**mangue** [mɑ̃g] *nf* mango.
**maniable** [manjabl] *adj* easy to use.
**maniaque** [manjak] *adj* fussy.
**manie** [mani] *nf* funny habit.
**manier** [manje] *vt* to handle.
**manière** [manjɛr] *nf* way; **de ~ à faire qqch** in order to do sthg; **de ~ à ce que** so (that); **de toute ~** at any rate ❑ **manières** *nfpl (attitude)* manners; **faire des ~s** to be difficult.
**maniéré, -e** [manjere] *adj* affected.
**manif** [manif] *nf (fam)* demo.
**manifestant, -e** [manifɛstɑ̃, ɑ̃t] *nm, f* demonstrator.
**manifestation** [manifɛstasjɔ̃] *nf (défilé)* demonstration; *(culturelle)* event.
**manifester** [manifɛste] *vt (exprimer)* to express ◆ *vi* to demonstrate ❑ **se manifester** *vp (apparaître)* to appear.
**manigancer** [manigɑ̃se] *vt* to dream up.
**manipulation** [manipylasjɔ̃] *nf* handling; *(tromperie)* manipulation.

**manipuler** [manipyle] *vt* to handle; *(fig: personne)* to manipulate.

**manivelle** [manivɛl] *nf* crank.

**mannequin** [mankɛ̃] *nm (de défilé)* model; *(dans une vitrine)* dummy.

**manœuvre** [manœvr] *nf* manoeuvre.

**manœuvrer** [manœvre] *vt & vi* to manoeuvre.

**manoir** [manwar] *nm* manor house.

**manquant, -e** [mɑ̃kɑ̃, ɑ̃t] *adj* missing.

**manque** [mɑ̃k] *nm*: **le ~ de** the lack of.

**manquer** [mɑ̃ke] *vt* to miss ◆ *vi (échouer)* to fail; *(élève, employé)* to be absent; **elle nous manque** we miss her; **il manque deux pages** there are two pages missing; **il me manque dix francs** I'm ten francs short; **~ de** *(argent, temps, café)* to be short of; *(humour, confiance en soi)* to lack; **il a manqué (de) se faire écraser** he nearly got run over.

**mansardé, -e** [mɑ̃sarde] *adj* in the attic.

**manteau, -x** [mɑ̃to] *nm* coat.

**manucure** [manykyr] *nmf* manicurist.

**manuel, -elle** [manɥɛl] *adj & nm* manual.

**manuscrit** [manyskri] *nm* manuscript.

**mappemonde** [mapmɔ̃d] *nf (carte)* map of the world; *(globe)* globe.

**maquereau, -x** [makro] *nm* mackerel.

**maquette** [makɛt] *nf* scale model.

**maquillage** [makijaʒ] *nm (fard, etc)* make-up.

**maquiller** [makije] : **se maquiller** *vp* to make o.s. up.

**marais** [marɛ] *nm* marsh.

---

### *i* LE MARAIS

This district in the fourth "arrondissement" of Paris stretches between the Bastille and the Hôtel de Ville. It is famous for its many fashionable town houses built on and around the Place des Vosges, and is historically associated with the Jewish community.

---

**marathon** [maratɔ̃] *nm* marathon.

**marbre** [marbr] *nm* marble.

**marbré, -e** [marbre] *adj* marbled.

**marchand, -e** [marʃɑ̃, ɑ̃d] *nm, f* shopkeeper *(Br)*, storekeeper *(Am)*; **~ ambulant** street pedlar; **~ de fruits et légumes** OU **de primeurs** greengrocer; **~ de journaux** newsagent.

**marchander** [marʃɑ̃de] *vi* to haggle.

**marchandises** [marʃɑ̃diz] *nfpl* merchandise *(sg)*.

**marche** [marʃ] *nf (à pied)* walk; *(d'escalier)* step; *(fonctionnement)* operation; **~ arrière** reverse; **en ~** *(en fonctionnement)* running; **mettre qqch en ~** to start sthg up; **descendre d'un train en ~** to get off a train while it's still moving.

**marché** [marʃe] *nm* market;

*(contrat)* deal; **faire son ~** to do one's shopping; **le Marché commun** the Common Market; **~ couvert** covered market; **~ aux puces** flea market; **bon ~** cheap; **par-dessus le ~** what's more.

## MARCHÉ

Almost every French town, however small, has its own open-air or covered market which takes place once or twice a week. It usually consists of stalls selling fresh produce, flowers, clothes or household goods; but there are also specialized markets selling, for example, just flowers, cheese or livestock.

**marchepied** [marʃəpje] *nm* step.
**marcher** [marʃe] *vi* to walk; *(fonctionner)* to work; *(bien fonctionner)* to go well; **faire ~ qqch** to operate sthg; **faire ~ qqn** *(fam)* to pull sb's leg.
**mardi** [mardi] *nm* Tuesday; **~ gras** Shrove Tuesday, → **samedi**.
**mare** [mar] *nf* pool.
**marécage** [marekaʒ] *nm* marsh.
**marée** [mare] *nf* tide; **(à) ~ basse/haute** (at) low/high tide.
**margarine** [margarin] *nf* margarine.
**marge** [marʒ] *nf* margin.
**marginal, -e, -aux** [marʒinal, o] *nm, f* dropout.
**marguerite** [margərit] *nf* daisy.
**mari** [mari] *nm* husband.
**mariage** [marjaʒ] *nm (noce)* wedding; *(institution)* marriage.
**marié, -e** [marje] *adj* married ◆ *nm, f* bridegroom *(f* bride); **jeunes ~s** newlyweds.
**marier** [marje] **: se marier** *vp* to get married; **se ~ avec qqn** to marry sb.
**marin, -e** [marɛ̃, in] *adj (courant, carte)* sea ◆ *nm* sailor.
**marine** [marin] *adj inv & nm* navy (blue) ◆ *nf* navy.
**mariner** [marine] *vi* to marinate.
**marinière** [marinjɛr] *nf* → **moule**².
**marionnette** [marjɔnɛt] *nf* puppet.
**maritime** [maritim] *adj (ville)* seaside.
**marketing** [markɛtiŋ] *nm* marketing.
**marmelade** [marməlad] *nf* stewed fruit.
**marmite** [marmit] *nf* (cooking) pot.
**marmonner** [marmɔne] *vt* to mumble.
**Maroc** [marɔk] *nm*: **le ~** Morocco.
**marocain, -e** [marɔkɛ̃, ɛn] *adj* Moroccan ❑ **Marocain, -e** *nm, f* Moroccan.
**maroquinerie** [marɔkinri] *nf (objets)* leather goods *(pl)*; *(boutique)* leather shop *(Br)*, leather store *(Am)*.
**marque** [mark] *nf (trace)* mark; *(commerciale)* make; *(nombre de points)* score.
**marqué, -e** [marke] *adj (différence, tendance)* marked; *(ridé)* lined.
**marquer** [marke] *vt (écrire)* to note (down); *(impressionner)* to mark; *(point, but)* to score ◆ *vi*

*(stylo)* to write.
**marqueur** [markœr] *nm* marker (pen).
**marquis, -e** [marki, iz] *nm, f* marquis (*f* marchioness).
**marraine** [marɛn] *nf* godmother.
**marrant, -e** [marɑ̃, ɑ̃t] *adj (fam)* funny.
**marre** [mar] *adv*: **en avoir ~ (de)** *(fam)* to be fed up (with).
**marrer** [mare] : **se marrer** *vp (fam) (rire)* to laugh; *(s'amuser)* to have a (good) laugh.
**marron** [marɔ̃] *adj inv* brown ◆ *nm (fruit)* chestnut; *(couleur)* brown; **~ glacé** marron glacé, crystallized chestnut.
**marronnier** [marɔnje] *nm* chestnut tree.
**mars** [mars] *nm* March, → **septembre**.
**Marseille** [marsɛj] *n* Marseilles.
**marteau, -x** [marto] *nm* hammer; **~ piqueur** pneumatic drill.
**martiniquais, -e** [martinikɛ, ɛz] *adj* of Martinique.
**Martinique** [martinik] *nf*: **la ~** Martinique.
**martyr, -e** [martir] *adj (enfant)* battered ◆ *nm, f* martyr.
**martyre** [martir] *nm (douleur, peine)* agony.
**martyriser** [martirize] *vt* to ill-treat.
**mascara** [maskara] *nm* mascara.
**mascotte** [maskɔt] *nf* mascot.
**masculin, -e** [maskylɛ̃, in] *adj & nm* masculine.
**masque** [mask] *nm* mask.
**masquer** [maske] *vt (cacher à la vue)* to conceal.
**massacre** [masakr] *nm* massacre.
**massacrer** [masakre] *vt* to massacre.
**massage** [masaʒ] *nm* massage.
**masse** [mas] *nf (bloc)* mass; *(outil)* sledgehammer; **une ~** OU **des ~s de** loads of; **en ~** en masse.
**masser** [mase] *vt (dos, personne)* to massage; *(grouper)* to assemble ❑ **se masser** *vp (se grouper)* to assemble.
**masseur, -euse** [masœr, øz] *nm, f* masseur (*f* masseuse).
**massif, -ive** [masif, iv] *adj (bois, or)* solid; *(lourd)* massive ◆ *nm (d'arbustes, de fleurs)* clump; *(montagneux)* massif; **le Massif central** the Massif Central *(upland region in southern central France)*.
**massivement** [masivmɑ̃] *adv* en masse.
**massue** [masy] *nf* club.
**mastic** [mastik] *nm* putty.
**mastiquer** [mastike] *vt (mâcher)* to chew.
**mat, -e** [mat] *adj (métal, photo)* matt; *(peau)* olive ◆ *adj inv (aux échecs)* mate.
**mât** [ma] *nm* mast.
**match** [matʃ] (*pl* **-s** OU **-es**) *nm* match; **faire ~ nul** to draw.
**matelas** [matla] *nm* mattress; **~ pneumatique** airbed.
**matelassé, -e** [matlase] *adj (vêtement)* lined; *(tissu)* quilted.
**mater** [mate] *vt* to put down.
**matérialiser** [materjalize] : **se matérialiser** *vp* to materialize.
**matériaux** [materjo] *nmpl* materials.
**matériel, -ielle** [materjɛl] *adj*

material ◆ *nm* equipment; *(INFORM)* hardware; ~ **de camping** camping equipment.
**maternel, -elle** [matɛrnɛl] *adj* maternal.
**maternelle** [matɛrnɛl] *nf*: **(école)** ~ nursery school.
**maternité** [matɛrnite] *nf (hôpital)* maternity hospital.
**mathématiques** [matematik] *nfpl* mathematics.
**maths** [mat] *nfpl (fam)* maths *(Br)*, math *(Am)*.
**matière** [matjɛr] *nf (matériau)* material; *(SCOL)* subject; ~ **première** raw material; ~**s grasses** fats.
**Matignon** [matiɲɔ̃] *n*: **(l'hôtel)** ~ *building in Paris where the offices of the Prime Minister are based and, by extension, the Prime Minister himself.*
**matin** [matɛ̃] *nm* morning; **le** ~ *(tous les jours)* in the morning; **deux heures du** ~ two in the morning.
**matinal, -e, -aux** [matinal, o] *adj*: **être** ~ to be an early riser.
**matinée** [matine] *nf* morning; *(spectacle)* matinée.
**matraque** [matrak] *nf* truncheon *(Br)*, nightstick *(Am)*.
**maudire** [modir] *vt* to curse.
**maudit, -e** [modi, it] *pp* → maudire ◆ *adj* damned.
**Maurice** [mɔris] *n* → **île**.
**maussade** [mosad] *adj (humeur)* glum; *(temps)* dismal.
**mauvais, -e** [movɛ, ɛz] *adj* bad; *(faux)* wrong; *(méchant)* nasty; **il fait** ~ the weather's bad; ~ **en** bad at.
**mauve** [mov] *adj* mauve.
**maux** → **mal**.
**max.** *(abr de maximum)* max.
**maximum** [maksimɔm] *nm* maximum; **au** ~ *(à la limite)* at the most.
**mayonnaise** [majɔnɛz] *nf* mayonnaise.
**mazout** [mazut] *nm* fuel oil.
**me** [mə] *pron (objet direct)* me; *(objet indirect)* (to) me; *(réfléchi)*: **je** ~ **lève tôt** I get up early.
**mécanicien, -ienne** [mekanisjɛ̃, jɛn] *nm, f (de garage)* mechanic.
**mécanique** [mekanik] *adj* mechanical ◆ *nf (mécanisme)* mechanism; *(automobile)* car mechanics *(sg)*.
**mécanisme** [mekanism] *nm* mechanism.
**méchamment** [meʃamɑ̃] *adv* nastily.
**méchanceté** [meʃɑ̃ste] *nf* nastiness.
**méchant, -e** [meʃɑ̃, ɑ̃t] *adj* nasty.
**mèche** [mɛʃ] *nf (de cheveux)* lock; *(de lampe)* wick; *(de perceuse)* bit; *(d'explosif)* fuse.
**méchoui** [meʃwi] *nm barbecue of a whole sheep roasted on a spit.*
**méconnaissable** [mekɔnɛsabl] *adj* unrecognizable.
**mécontent, -e** [mekɔ̃tɑ̃, ɑ̃t] *adj* unhappy.
**médaille** [medaj] *nf (récompense)* medal; *(bijou)* medallion.
**médaillon** [medajɔ̃] *nm (bijou)* locket; *(CULIN)* medallion.
**médecin** [medsɛ̃] *nm* doctor; **mon** ~ **traitant** my (usual) doctor.
**médecine** [medsin] *nf* medicine.
**médias** [medja] *nmpl* (mass) media.
**médiatique** [medjatik] *adj*: **être**

~ to look good on TV.

**médical, -e, -aux** [medikal, o] *adj* medical.

**médicament** [medikamɑ̃] *nm* medicine.

**médiéval, -e, -aux** [medjeval, o] *adj* medieval.

**médiocre** [medjɔkr] *adj* mediocre.

**médisant, -e** [medizɑ̃, ɑ̃t] *adj* spiteful.

**méditation** [meditasjɔ̃] *nf* meditation.

**méditer** [medite] *vt* to think about ◆ *vi* to meditate.

**Méditerranée** [mediterane] *nf*: **la (mer) ~** the Mediterranean (Sea).

**méditerranéen, -enne** [mediteraneɛ̃, ɛn] *adj* Mediterranean.

**méduse** [medyz] *nf* jellyfish.

**meeting** [mitiŋ] *nm* (POL) (public) meeting; (SPORT) meet.

**méfiance** [mefjɑ̃s] *nf* suspicion.

**méfiant, -e** [mefjɑ̃, ɑ̃t] *adj* mistrustful.

**méfier** [mefje] **: se méfier** *vp* to be careful; **se ~ de** to distrust.

**mégot** [mego] *nm* cigarette butt.

**meilleur, -e** [mɛjœr] *adj (comparatif)* better; *(superlatif)* best ◆ *nm, f* best.

**mélancolie** [melɑ̃kɔli] *nf* melancholy.

**mélange** [melɑ̃ʒ] *nm* mixture.

**mélanger** [melɑ̃ʒe] *vt* to mix; *(salade)* to toss; *(cartes)* to shuffle; *(confondre)* to mix up.

**Melba** [mɛlba] *adj inv* → **pêche**.

**mêlée** [mele] *nf (au rugby)* scrum.

**mêler** [mele] *vt (mélanger)* to mix; **~ qqn à qqch** to involve sb in sthg

❑ **se mêler** *vp*: **se ~ à** *(foule, manifestation)* to join; **se ~ de qqch** to interfere in sthg.

**mélodie** [melɔdi] *nf* melody.

**melon** [məlɔ̃] *nm* melon.

**membre** [mɑ̃br] *nm (bras, jambe)* limb; *(d'un club)* member.

**même** [mɛm] *adj* 1. *(identique)* same; **nous avons les ~s places qu'à l'aller** we've got the same seats as on the way out.

2. *(sert à renforcer)*: **ce sont ses paroles ~s** those are his very words.

◆ *pron*: **le/la ~ (que)** the same one (as).

◆ *adv* 1. *(sert à renforcer)* even; **~ les sandwichs sont chers ici** even the sandwiches are expensive here; **il n'y a ~ pas de cinéma** there isn't even a cinema.

2. *(exactement)*: **c'est aujourd'hui ~** it's this very day; **ici ~** right here.

3. *(dans des expressions)*: **coucher à ~ le sol** to sleep on the floor; **être à ~ de faire qqch** to be able to do sthg; **bon appétit! - vous de ~** enjoy your meal! - you too; **faire de ~** to do the same; **de ~ que** *(et)* and.

**mémé** [meme] *nf (fam)* granny.

**mémoire** [memwar] *nf* memory; **de ~** *(réciter, jouer)* from memory; **~ morte** read-only memory; **~ vive** random-access memory.

**menace** [mənas] *nf* threat.

**menacer** [mənase] *vt* to threaten ◆ *vi*: **la pluie menace** it looks like rain; **~ de faire qqch** to threaten to do sthg.

**ménage** [menaʒ] *nm (rangement)* housework; *(famille)* couple; **faire le ~** to do the housework.

**ménager**[1] [menaʒe] *vt (forces)* to conserve.
**ménager**[2], **-ère** [menaʒe, ɛr] *adj (produit, équipement)* household; **travaux ~s** housework *(sg)*.
**ménagère** [menaʒɛr] *nf (couverts)* canteen.
**ménagerie** [menaʒri] *nf* menagerie.
**mendiant, -e** [mɑ̃djɑ̃, jɑ̃t] *nm, f* beggar ◆ *nm (gâteau) biscuit containing dried fruit and nuts.*
**mendier** [mɑ̃dje] *vi* to beg.
**mener** [məne] *vt* to lead; *(emmener)* to take ◆ *vi* (SPORT) to lead.
**menottes** [mənɔt] *nfpl* handcuffs.
**mensonge** [mɑ̃sɔ̃ʒ] *nm* lie.
**mensualité** [mɑ̃sɥalite] *nf (versement)* monthly instalment.
**mensuel, -elle** [mɑ̃sɥɛl] *adj & nm* monthly.
**mensurations** [mɑ̃syrasjɔ̃] *nfpl* measurements.
**mental, -e, -aux** [mɑ̃tal, o] *adj* mental.
**mentalité** [mɑ̃talite] *nf* mentality.
**menteur, -euse** [mɑ̃tœr, øz] *nm, f* liar.
**menthe** [mɑ̃t] *nf* mint; **~ à l'eau** mint cordial.
**mention** [mɑ̃sjɔ̃] *nf (à un examen)* distinction; **«rayer les ~s inutiles»** "delete as appropriate".
**mentionner** [mɑ̃sjɔne] *vt* to mention.
**mentir** [mɑ̃tir] *vi* to lie.
**menton** [mɑ̃tɔ̃] *nm* chin.
**menu, -e** [məny] *adj (très mince)* slender ◆ *adv (hacher)* finely ◆ *nm* menu; *(à prix fixe)* set menu; **~ gastronomique** gourmet menu; **~ touristique** set menu.
**menuisier** [mənɥizje] *nm* carpenter.
**mépris** [mepri] *nm* contempt.
**méprisant, -e** [meprizɑ̃, ɑ̃t] *adj* contemptuous.
**mépriser** [meprize] *vt* to despise.
**mer** [mɛr] *nf* sea; **en ~** at sea; **la ~ du Nord** the North Sea.
**mercerie** [mɛrsəri] *nf (boutique)* haberdasher's shop *(Br)*, notions store *(Am)*.
**merci** [mɛrsi] *excl* thank you!; **~ beaucoup!** thank you very much!; **~ de ...** thank you for ...
**mercredi** [mɛrkrədi] *nm* Wednesday, → **samedi**.
**merde** [mɛrd] *excl (vulg)* shit! ◆ *nf (vulg)* shit.
**mère** [mɛr] *nf* mother.
**merguez** [mɛrgɛz] *nf spicy North African sausage.*
**méridional, -e, -aux** [meridjɔnal, o] *adj (du Midi)* Southern (French).
**meringue** [mərɛ̃g] *nf* meringue.
**mérite** [merit] *nm (qualité)* merit; **avoir du ~** to deserve praise.
**mériter** [merite] *vt* to deserve.
**merlan** [mɛrlɑ̃] *nm* whiting.
**merle** [mɛrl] *nm* blackbird.
**merlu** [mɛrly] *nm* hake.
**merveille** [mɛrvɛj] *nf* marvel; *(beignet)* = doughnut.
**merveilleux, -euse** [mɛrvɛjø, øz] *adj* marvellous.
**mes** → **mon**.
**mésaventure** [mezavɑ̃tyr] *nf* misfortune.
**mesdames** → **madame**.

**mesdemoiselles** → **mademoiselle**.

**mesquin, -e** [meskɛ̃, in] *adj* mean.

**message** [mesaʒ] *nm* message.

**messager, -ère** [mesaʒe, ɛr] *nm, f* messenger.

**messagerie** [mesaʒri] *nf*: ~ **électronique** electronic mail.

**messe** [mɛs] *nf* mass.

**messieurs** → **monsieur**.

**mesure** [məzyr] *nf* measurement; *(rythme)* time; *(décision)* measure; **sur** ~ *(vêtement)* made-to-measure; **dans la ~ du possible** as far as possible; **(ne pas) être en ~ de faire qqch** (not) to be in a position to do sthg.

**mesuré, -e** [məzyre] *adj (modéré)* measured.

**mesurer** [məzyre] *vt* to measure; **il mesure 1,80 mètres** he's 6 foot tall.

**met** *etc* → **mettre**.

**métal, -aux** [metal, o] *nm* metal.

**métallique** [metalik] *adj (pièce)* metal; *(son)* metallic.

**météo** [meteo] *nf*: **(bulletin)** ~ weather forecast; ~ **marine** shipping forecast.

**météorologique** [meteɔrɔlɔʒik] *adj* meteorological.

**méthode** [metɔd] *nf* method; *(manuel)* handbook.

**méthodique** [metɔdik] *adj* methodical.

**méticuleux, -euse** [metikylø, øz] *adj* meticulous.

**métier** [metje] *nm* occupation, job.

**métis, -isse** [metis] *nm, f* person of mixed race.

**mètre** [mɛtr] *nm* metre; *(ruban)* tape measure.

**métro** [metro] *nm (réseau)* underground *(Br)*, subway *(Am)*; *(train)* train; ~ **aérien** elevated railway.

---

**i MÉTRO**

The Paris "métro" was built in 1900 and consists of fifteen lines serving the whole of the city with trains running between 5.30 am and 1.00 am. The entrances to "métro" stations are known as "bouches de métro" and some of the older ones feature ornate art nouveau wrought-iron railings and the sign "Métropolitain".

---

**métropole** [metrɔpɔl] *nf (ville)* metropolis; *(pays)* home country.

**metteur** [metœr] *nm*: ~ **en scène** director.

**mettre** [mɛtr] *vt* 1. *(placer, poser)* to put; ~ **qqch debout** to stand sthg up.

2. *(vêtement)* to put on; **je ne mets plus ma robe noire** I don't wear my black dress any more.

3. *(temps)* to take; **nous avons mis deux heures par l'autoroute** it took us two hours on the motorway.

4. *(argent)* to spend; **combien voulez-vous y ~?** how much do you want to spend?

5. *(déclencher)* to switch on, to turn on; ~ **le chauffage** to put the heating on; ~ **le contact** to switch on the ignition.

6. *(dans un état différent)*: ~ **qqn en colère** to make sb angry; ~ **qqch en marche** to start sthg (up).

7. *(écrire)* to write.
❑ **se mettre** *vp* 1. *(se placer)*: **mets-toi sur cette chaise** sit on this chair; **se ~ debout** to stand up; **se ~ au lit** to get into bed; **où est-ce que ça se met?** where does it go? 2. *(dans un état différent)*: **se ~ en colère** to get angry; **se ~ d'accord** to agree.
3. *(vêtement, maquillage)* to put on.
4. *(commencer)*: **se ~ à faire qqch** to start doing sthg; **se ~ au travail** to set to work; **s'y ~** to get down to it.

**meuble** [mœbl] *nm* piece of furniture; **~s** furniture *(sg)*.

**meublé** [mœble] *nm* furnished accommodation.

**meubler** [mœble] *vt* to furnish.

**meugler** [møgle] *vi* to moo.

**meule** [møl] *nf (de foin)* haystack.

**meunière** [mønjɛr] *nf* → **sole**.

**meurt** → **mourir**.

**meurtre** [mœrtr] *nm* murder.

**meurtrier, -ière** [mœrtrije, jɛr] *nm, f* murderer.

**meurtrière** [mœrtrijɛr] *nf* arrow slit.

**meurtrir** [mœrtrir] *vt* to bruise.

**meurtrissure** [mœrtrisyr] *nf* bruise.

**meute** [møt] *nf* pack.

**Mexique** [mɛksik] *nm*: **le ~** Mexico.

**mezzanine** [mɛdzanin] *nf (dans une pièce)* mezzanine.

**mi-** [mi] *préf* half; **à la ~mars** in mid-March; **à ~chemin** halfway.

**miauler** [mjole] *vi* to miaow.

**miche** [miʃ] *nf* round loaf.

**micro** [mikro] *nm (amplificateur)* mike; *(micro-ordinateur)* micro.

**microbe** [mikrɔb] *nm (maladie)* bug.

**micro-ondes** [mikrɔɔ̃d] *nm inv*: **(four à) ~** microwave (oven).

**micro-ordinateur, -s** [mikrɔɔrdinatœr] *nm* microcomputer.

**microprocesseur** [mikrɔprɔsesœr] *nm* microprocessor.

**microscope** [mikrɔskɔp] *nm* microscope.

**microscopique** [mikrɔskɔpik] *adj* microscopic.

**midi** [midi] *nm* midday, noon; **à ~** at midday, at noon; *(à l'heure du déjeuner)* at lunchtime; **le Midi** the South of France.

**mie** [mi] *nf* soft part (of loaf).

**miel** [mjɛl] *nm* honey.

**mien** [mjɛ̃] : **le mien** (*f* **la mienne** [lamjɛn], *mpl* **les miens** [lemjɛ̃], *fpl* **les miennes** [lemjɛn]) *pron* mine.

**miette** [mjɛt] *nf* crumb; **en ~s** *(en morceaux)* in tiny pieces.

**mieux** [mjø] *adv* better ◆ *adj* better; *(plus joli)* nicer; *(plus séduisant)* better-looking; **c'est ce qu'il fait le ~** it's what he does best; **le ~ situé des deux hôtels** the better situated of the two hotels; **aller ~** to be better; **ça vaut ~** it's better; **de ~ en ~** better and better; **c'est le ~ de tous** *(le plus beau)* it's the nicest of all; **c'est le ~** *(la meilleure chose à faire)* it's the best idea.

**mignon, -onne** [miɲɔ̃, ɔn] *adj* sweet.

**migraine** [migrɛn] *nf* migraine.

**mijoter** [miʒɔte] *vi* to simmer.

**milieu, -x** [miljø] *nm* middle; *(naturel)* environment; *(familial, social)* background; **au ~ (de)** in the middle (of).

**militaire** [militɛr] *adj* military ◆ *nm* soldier.

**militant, -e** [militɑ̃, ɑ̃t] *nm, f* militant.

**milk-shake, -s** [milkʃɛk] *nm* milkshake.

**mille** [mil] *num* a thousand; **trois ~** three thousand; **~ neuf cent quatre-vingt-seize** nineteen ninety-six, → **six**.

**mille-feuille, -s** [milfœj] *nm* millefeuille *(Br)*, napoleon *(Am)*, *dessert consisting of layers of thin sheets of puff pastry and confectioner's custard.*

**mille-pattes** [milpat] *nm inv* millipede.

**milliard** [miljar] *nm* thousand million *(Br)*, billion *(Am)*.

**milliardaire** [miljardɛr] *nmf* multimillionaire.

**millier** [milje] *nm* thousand; **des ~s de** thousands of.

**millilitre** [mililitr] *nm* millilitre.

**millimètre** [milimɛtr] *nm* millimetre.

**million** [miljɔ̃] *nm* million.

**millionnaire** [miljɔnɛr] *nmf* millionaire.

**mime** [mim] *nm (acteur)* mime artist.

**mimer** [mime] *vt* to mimic.

**mimosa** [mimɔza] *nm* mimosa.

**min** *(abr de minute)* min.

**min.** *(abr de minimum)* min.

**minable** [minabl] *adj (fam: logement, bar)* shabby.

**mince** [mɛ̃s] *adj (personne)* slim; *(tissu, tranche)* thin ◆ *excl* sugar! *(Br)*, shoot! *(Am)*.

**mine** [min] *nf (de charbon)* mine; *(de crayon)* lead; *(visage)* look; **avoir bonne/mauvaise ~** to look well/ill; **faire ~ de faire qqch** to pretend to do sthg.

**miner** [mine] *vt (terrain)* to mine; *(fig: moral)* to undermine.

**minerai** [minrɛ] *nm* ore.

**minéral, -e, -aux** [mineral, o] *adj & nm* mineral.

**minéralogique** [mineralɔʒik] *adj* → **plaque**.

**mineur, -e** [minœr] *adj (enfant)* underage; *(peu important)* minor ◆ *nm (ouvrier)* miner; *(enfant)* minor.

**miniature** [minjatyr] *adj & nf* miniature; **en ~** in miniature.

**minibar** [minibar] *nm* minibar.

**minijupe** [miniʒyp] *nf* miniskirt.

**minimiser** [minimize] *vt* to minimize.

**minimum** [minimɔm] *adj & nm* minimum; **au ~** at the least.

**ministère** [ministɛr] *nm* department.

**ministre** [ministr] *nm (POL)* minister *(Br)*, secretary *(Am)*.

**Minitel®** [minitɛl] *nm French teletext network.*

---

### *i* MINITEL®

A French national information network, Minitel® is also the name of the computer hardware used to access this network. The services available are both informative (information on weather and road conditions, an electronic telephone directory etc) and interactive (allowing users to correspond by e-mail or, for example, to buy train or concert tickets). To access these services, the user dials a four-figure code (3614, 3615 etc) and then keys in the relevant codeword for the service they require.

---

**minorité** [minɔrite] *nf* minority.
**minuit** [minɥi] *nm* midnight.
**minuscule** [minyskyl] *adj* tiny.
**minute** [minyt] *nf* minute.
**minuterie** [minytri] *nf* time switch.
**minuteur** [minytœr] *nm* timer.
**minutieux, -ieuse** [minysjø, jøz] *adj* meticulous.
**mirabelle** [mirabɛl] *nf* mirabelle plum.
**miracle** [mirakl] *nm* miracle.
**mirage** [miraʒ] *nm* mirage.
**miroir** [mirwar] *nm* mirror.
**mis, -e** [mi, miz] *pp* → **mettre**.
**mise** [miz] *nf (enjeu)* stake; ~ **en plis** set *(of hair)*; ~ **en scène** production.
**miser** [mize] : **miser sur** *v + prép (au jeu)* to bet on; *(compter sur)* to count on.
**misérable** [mizerabl] *adj (pauvre)* poor; *(lamentable)* miserable.
**misère** [mizɛr] *nf (pauvreté)* poverty.
**missile** [misil] *nm* missile.
**mission** [misjɔ̃] *nf* mission.
**mistral** [mistral] *nm cold wind in southeast of France, blowing towards the Mediterranean.*
**mitaine** [mitɛn] *nf* fingerless glove.
**mite** [mit] *nf* (clothes) moth.
**mi-temps** [mitɑ̃] *nf inv (moitié d'un match)* half; *(pause)* half time; **travailler à** ~ to work part-time.
**mitigé, -e** [mitiʒe] *adj* mixed.
**mitoyen, -enne** [mitwajɛ̃, jɛn] *adj (maisons)* adjoining; **mur** ~ party wall.
**mitrailler** [mitraje] *vt* to machinegun; *(fam: photographier)* to snap away at.
**mitraillette** [mitrajɛt] *nf* submachinegun.
**mitrailleuse** [mitrajøz] *nf* machinegun.
**mixer** [mikse] *vt* to mix.
**mixe(u)r** [miksœr] *nm* (food) mixer.
**mixte** [mikst] *adj* mixed.
**MJC** *abr* = **maison des jeunes et de la culture**.
**ml** *(abr de millilitre)* ml.
**Mlle** *(abr de mademoiselle)* Miss.
**mm** *(abr de millimètre)* mm.
**Mme** *(abr de madame)* Mrs.
**mobile** [mɔbil] *adj (pièce)* moving; *(cloison)* movable; *(visage, regard)* animated ◆ *nm (d'un crime)* motive; *(objet suspendu)* mobile.
**mobilier** [mɔbilje] *nm* furniture.
**mobiliser** [mɔbilize] *vt* to mobilize.
**Mobylette®** [mɔbilɛt] *nf* moped.
**mocassin** [mɔkasɛ̃] *nm* moccasin.
**moche** [mɔʃ] *adj (fam) (laid)* ugly; *(méchant)* rotten.
**mode** [mɔd] *nf* fashion ◆ *nm (manière)* method; *(GRAMM)* mood; **à la** ~ fashionable; ~ **d'emploi** instructions *(pl)*; ~ **de vie** lifestyle.
**modèle** [mɔdɛl] *nm* model; *(de pull, de chaussures)* style; ~ **réduit** scale model.
**modeler** [mɔdle] *vt* to shape.
**modélisme** [mɔdelism] *nm* model-making.

**modem** [mɔdɛm] *nm* modem.

**modération** [mɔderasjɔ̃] *nf* moderation; **«à consommer avec ~»** *health warning on adverts for strong drink*.

**modéré, -e** [mɔdere] *adj* moderate.

**moderne** [mɔdɛrn] *adj* modern.

**moderniser** [mɔdɛrnize] *vt* to modernize.

**modeste** [mɔdɛst] *adj* modest.

**modestie** [mɔdɛsti] *nf* modesty.

**modification** [mɔdifikasjɔ̃] *nf* modification.

**modifier** [mɔdifje] *vt* to modify.

**modulation** [mɔdylasjɔ̃] *nf*: **~ de fréquence** frequency modulation.

**moduler** [mɔdyle] *vt* to adjust.

**moelle** [mwal] *nf* bone marrow; **~ épinière** spinal cord.

**moelleux, -euse** [mwalø, øz] *adj* soft; *(gâteau)* moist.

**mœurs** [mœr(s)] *nfpl (habitudes)* customs.

**mohair** [mɔɛr] *nm* mohair.

**moi** [mwa] *pron (objet direct, après prép ou comparaison)* me; *(objet indirect)* (to) me; *(pour insister)*: **~ je crois que ...** I think that ...; **~-même** myself.

**moindre** [mwɛ̃dr] *adj* smaller; **le ~ ...** *(le moins important)* the slightest ...; *(le moins grand)* the smallest ...

**moine** [mwan] *nm* monk.

**moineau, -x** [mwano] *nm* sparrow.

**moins** [mwɛ̃] *adv* 1. *(pour comparer)* less; **~ vieux (que)** younger (than); **~ vite (que)** not as fast (as).
2. *(superlatif)*: **c'est la nourriture qui coûte le ~** the food costs the least; **la ville la ~ intéressante que nous ayons visitée** the least interesting town we visited; **le ~ possible** as little as possible.
3. *(en quantité)* less; **ils ont accepté de gagner ~** they have agreed to earn less; **~ de viande** less meat; **~ de gens** fewer people; **~ de dix** fewer than ten.
4. *(dans des expressions)*: **à ~ de, à ~ que**: **à ~ d'un imprévu ...** unless anything unforeseen happens ...; **à ~ de rouler** OU **que nous roulions toute la nuit ...** unless we drive all night ...; **au ~** at least; **de** OU **en ~** less; **j'ai deux ans de ~ qu'elle** I'm two years younger than her; **de ~ en ~** less and less; **~ tu y penseras, mieux ça ira** the less you think about it the better.
◆ *prép* 1. *(pour indiquer l'heure)*: **trois heures ~ le quart** quarter to three *(Br)*, quarter of three *(Am)*.
2. *(pour soustraire, indiquer la température)* minus.

**mois** [mwa] *nm* month; **au ~ de juillet** in July.

**moisi, -e** [mwazi] *adj* mouldy ◆ *nm* mould; **sentir le ~** to smell musty.

**moisir** [mwazir] *vi* to go mouldy.

**moisissure** [mwazisyr] *nf (moisi)* mould.

**moisson** [mwasɔ̃] *nf* harvest.

**moissonner** [mwasɔne] *vt* to harvest.

**moissonneuse** [mwasɔnøz] *nf* harvester.

**moite** [mwat] *adj* clammy.

**moitié** [mwatje] *nf* half; **la ~ de** half (of); **à ~ plein** half-full; **à ~ prix** half-price.

**moka** [mɔka] *nm (gâteau)* coffee cake.
**molaire** [mɔlɛr] *nf* molar.
**molle** → **mou**.
**mollet** [mɔlɛ] *nm* calf.
**molletonné, -e** [mɔltɔne] *adj* lined.
**mollusque** [mɔlysk] *nm* mollusc.
**môme** [mom] *nmf (fam)* kid.
**moment** [mɔmɑ̃] *nm* moment; **c'est le ~ de ...** it's time to ...; **au ~ où** just as; **du ~ que** since; **en ce ~** at the moment; **par ~s** at times; **pour le ~** for the moment.
**momentané, -e** [mɔmɑ̃tane] *adj* temporary.
**momie** [mɔmi] *nf* mummy.
**mon** [mɔ̃] (*f* **ma** [ma], *pl* **mes** [me]) *adj* my.
**Monaco** [mɔnako] *n* Monaco.
**monarchie** [mɔnarʃi] *nf* monarchy.
**monastère** [mɔnastɛr] *nm* monastery.
**monde** [mɔ̃d] *nm* world; **il y a du ~** OU **beaucoup de ~** there are a lot of people; **tout le ~** everyone, everybody.
**mondial, -e, -iaux** [mɔ̃djal, jo] *adj* world *(avant n)*.
**moniteur, -trice** [mɔnitœr, tris] *nm, f (de colonie)* leader; *(d'auto-école)* instructor ◆ *nm (écran)* monitor.
**monnaie** [mɔnɛ] *nf (argent)* money; *(devise)* currency; *(pièces)* change; **la ~ de 100 francs** change for 100 francs; **faire de la ~** to get some change; **rendre la ~ à qqn** to give sb change.
**monologue** [mɔnɔlɔg] *nm* monologue.
**monopoliser** [mɔnɔpɔlize] *vt* to monopolize.
**monotone** [mɔnɔtɔn] *adj* monotonous.
**monotonie** [mɔnɔtɔni] *nf* monotony.
**monsieur** [məsjø] (*pl* **messieurs** [mesjø]) *nm* gentleman; **~ X** Mr X; **bonjour ~/messieurs!** good morning (sir/gentlemen)!; **Monsieur,** *(dans une lettre)* Dear Sir,; **Monsieur!** Sir!
**monstre** [mɔ̃str] *nm* monster; *(personne très laide)* hideous person ◆ *adj (fam: énorme)* enormous.
**monstrueux, -euse** [mɔ̃stryø, øz] *adj (très laid)* hideous; *(moralement)* monstrous; *(très grand, très gros)* huge.
**mont** [mɔ̃] *nm* mountain; **le ~ Blanc** Mont Blanc; **le Mont-Saint-Michel** Mont-Saint-Michel.

---

### *i* MONT-SAINT-MICHEL

A rocky island standing off the northwest coast of France, Mont-Saint-Michel is joined to the mainland by a causeway. It is a popular tourist attraction famous for its Gothic Benedictine abbey which dominates the island, and has been designated by UNESCO as one of the most important heritage sites in the world. It has also entered into French folklore as the home of the "omelette de la mère Poulard" ("Mother Poulard's omelette") named after a 19th-century cook who lived on the island.

---

**montage** [mɔ̃taʒ] *nm* assembly.

**montagne** [mɔ̃taɲ] *nf* mountain; **à la ~** in the mountains; **~s russes** roller coaster.
**montagneux, -euse** [mɔ̃taɲø, øz] *adj* mountainous.
**montant, -e** [mɔ̃tɑ̃, ɑ̃t] *adj (marée)* rising; *(col)* high ◆ *nm (somme)* total; *(d'une fenêtre, d'une échelle)* upright.
**montée** [mɔ̃te] *nf (pente)* slope; *(ascension)* climb; *(des prix)* rise.
**monter** [mɔ̃te] *vi (aux être) (personne)* to go/come up; *(route, avion, grimpeur)* to climb; *(dans un train)* to get on; *(dans une voiture)* to get in; *(niveau, prix, température)* to rise ◆ *vt (aux avoir) (escalier, côte)* to climb, to go/come up; *(porter en haut)* to take/bring up; *(son, chauffage)* to turn up; *(meuble)* to assemble; *(tente)* to put up; *(société)* to set up; *(cheval)* to ride; *(CULIN)* to beat; **ça monte** *(route)* it's steep; **~ à bord (d'un avion)** to board (a plane); **~ à cheval** to ride (horses) ❑ **se monter à** *vp + prép (s'élever à)* to come to.
**montre** [mɔ̃tr] *nf* watch.
**montrer** [mɔ̃tre] *vt* to show; **~ qqch à qqn** to show sb sthg; **~ qqn/qqch du doigt** to point at sb/sthg ❑ **se montrer** *vp (apparaître)* to appear; **se ~ courageux** to be brave.
**monture** [mɔ̃tyr] *nf (de lunettes)* frame; *(cheval)* mount.
**monument** [mɔnymɑ̃] *nm* monument; **~ aux morts** war memorial.
**moquer** [mɔke] **: se moquer de** *vp + prép (plaisanter)* to make fun of; *(ignorer)* not to care about; **je m'en moque** I don't care.
**moques** [mɔk] *nfpl (Belg) sweet cake spiced with cloves, a speciality of Ghent.*
**moquette** [mɔkɛt] *nf* carpet.
**moqueur, -euse** [mɔkœr, øz] *adj* mocking.
**moral, -e, -aux** [mɔral, o] *adj (conduite, principes)* moral; *(psychologique)* mental ◆ *nm* morale; **avoir le ~** to be in good spirits.
**morale** [mɔral] *nf (valeurs)* morals *(pl)*; *(d'une histoire)* moral; **faire la ~ à qqn** to preach at sb.
**moralement** [mɔralmɑ̃] *adv (psychologiquement)* mentally; *(du point de vue de la morale)* morally.
**morceau, -x** [mɔrso] *nm* piece; **~ de sucre** lump of sugar; **en mille ~x** in a thousand pieces.
**mordiller** [mɔrdije] *vt* to nibble.
**mordre** [mɔrdr] *vt* to bite; **~ (sur)** *(dépasser)* to cross over.
**morille** [mɔrij] *nf type of mushroom, considered a delicacy.*
**mors** [mɔr] *nm* bit.
**morse** [mɔrs] *nm (animal)* walrus; *(code)* Morse code.
**morsure** [mɔrsyr] *nf* bite.
**mort, -e** [mɔr, mɔrt] *pp* → **mourir** ◆ *adj* dead ◆ *nm, f* dead person ◆ *nf* death; **être ~ de peur** to be scared to death.
**mortel, -elle** [mɔrtɛl] *adj (qui peut mourir)* mortal; *(qui tue)* fatal.
**morue** [mɔry] *nf* cod.
**mosaïque** [mɔzaik] *nf* mosaic.
**Moscou** [mɔsku] *n* Moscow.
**mosquée** [mɔske] *nf* mosque.
**mot** [mo] *nm* word; *(message)* note; **~ à ~** word for word; **~ de passe** password; **~s croisés** crossword *(sg)*; **avoir le dernier ~** to

have the last word.
**motard** [mɔtar] *nm* motorcyclist; *(gendarme, policier)* motorcycle policeman.
**motel** [mɔtɛl] *nm* motel.
**moteur** [mɔtœr] *nm* engine, motor.
**motif** [mɔtif] *nm (dessin)* pattern; *(raison)* motive.
**motivation** [mɔtivasjɔ̃] *nf* motivation.
**motivé, -e** [mɔtive] *adj* motivated.
**moto** [mɔto] *nf* motorbike.
**motocross** [mɔtɔkrɔs] *nm* motocross.
**motocycliste** [mɔtɔsiklist] *nmf* motorcyclist.
**motte** [mɔt] *nf (de terre)* clod; *(de beurre)* pat; *(de gazon)* sod.
**mou, molle** [mu, mɔl] *adj* soft; *(sans énergie)* lethargic.
**mouche** [muʃ] *nf* fly.
**moucher** [muʃe] **: se moucher** *vp* to blow one's nose.
**moucheron** [muʃrɔ̃] *nm* gnat.
**mouchoir** [muʃwar] *nm* handkerchief; ~ **en papier** (paper) tissue.
**moudre** [mudr] *vt* to grind.
**moue** [mu] *nf* pout; **faire la** ~ to pout.
**mouette** [mwɛt] *nf* seagull.
**moufle** [mufl] *nf* mitten.
**mouillé, -e** [muje] *adj* wet.
**mouiller** [muje] *vt* to wet ❑ **se mouiller** *vp* to get wet; *(fig: s'avancer)* to commit o.s.
**mouillette** [mujɛt] *nf* strip of bread *(for dunking)*.
**moulant, -e** [mulɑ̃, ɑ̃t] *adj* tight-fitting.
**moule**[1] [mul] *nm* mould; ~ **à gâteau** cake tin.
**moule**[2] [mul] *nf* mussel; **~s marinière** *mussels in white wine*.
**mouler** [mule] *vt (statue)* to cast; *(suj: vêtement)* to fit tightly.
**moulin** [mulɛ̃] *nm (à farine)* mill; ~ **à café** coffee grinder; ~ **à poivre** pepper mill; ~ **à vent** windmill.
**moulinet** [mulinɛ] *nm (de canne à pêche)* reel.
**Moulinette®** [mulinɛt] *nf* liquidizer.
**moulu, -e** [muly] *adj* ground.
**moulure** [mulyr] *nf* moulding.
**mourant, -e** [murɑ̃, ɑ̃t] *adj* dying.
**mourir** [murir] *vi* to die; *(civilisation)* to die out; *(son)* to die away; ~ **de faim** to starve to death; *(fig)* to be starving (hungry); ~ **d'envie de faire qqch** to be dying to do sthg.
**moussaka** [musaka] *nf* moussaka.
**mousse** [mus] *nf (bulles)* foam; *(plante)* moss; (CULIN) mousse; ~ **à raser** shaving foam; ~ **au chocolat** chocolate mousse.
**mousseline** [muslin] *nf (tissu)* muslin ◆ *adj inv*: **purée** OU **pommes** ~ pureed potatoes; **sauce** ~ *light hollandaise sauce made with whipped cream*.
**mousser** [muse] *vi (savon)* to lather; *(boisson)* to foam.
**mousseux, -euse** [musø, øz] *adj (chocolat)* frothy ◆ *nm*: **du (vin)** ~ sparkling wine.
**moustache** [mustaʃ] *nf* moustache; **des ~s** *(d'animal)* whiskers.
**moustachu, -e** [mustaʃy] *adj*

with a moustache.

**moustiquaire** [mustikɛr] *nf* mosquito net.

**moustique** [mustik] *nm* mosquito.

**moutarde** [mutard] *nf* mustard.

**mouton** [mutɔ̃] *nm* sheep; *(CULIN)* mutton.

**mouvants** [muvɑ̃] *adj mpl* → sable.

**mouvement** [muvmɑ̃] *nm* movement.

**mouvementé, -e** [muvmɑ̃te] *adj* eventful.

**moyen, -enne** [mwajɛ̃, jɛn] *adj* average; *(intermédiaire)* medium ◆ *nm* way; **il n'y a pas ~ de faire qqch** there's no way of doing sthg; **~ de transport** means of transport; **au ~ de qqch** by means of sthg ❑ **moyens** *nmpl (ressources)* means; *(capacités)* ability *(sg)*; **avoir les ~s de faire qqch** *(financièrement)* to be able to afford to do sthg; **perdre ses ~s** to go to pieces.

**moyenne** [mwajɛn] *nf* average; *(SCOL)* pass mark *(Br)*, passing grade *(Am)*; **en ~** on average.

**muer** [mɥe] *vi (animal)* to moult; *(voix)* to break.

**muet, muette** [mɥɛ, mɥɛt] *adj* dumb; *(cinéma)* silent.

**muguet** [mygɛ] *nm* lily of the valley.

**mule** [myl] *nf* mule.

**mulet** [mylɛ] *nm* mule.

**multicolore** [myltikɔlɔr] *adj* multicoloured.

**multiple** [myltipl] *adj & nm* multiple.

**multiplication** [myltiplikasjɔ̃] *nf* multiplication.

**multiplier** [myltiplije] *vt* to multiply; **2 multiplié par 9** 2 multiplied by 9 ❑ **se multiplier** *vp* to multiply.

**multipropriété** [myltiprɔprijete] *nf*: **appartement en ~** timeshare.

**multitude** [myltityd] *nf*: **une ~ de** a multitude of.

**municipal, -e, -aux** [mynisipal, o] *adj* municipal.

**municipalité** [mynisipalite] *nf (mairie)* (town) council.

**munir** [mynir] *vt*: **~ qqn/qqch de** to equip sb/sthg with ❑ **se munir de** *vp + prép* to equip o.s. with.

**munitions** [mynisjɔ̃] *nfpl* ammunition *(sg)*.

**mur** [myr] *nm* wall; **~ du son** sound barrier.

**mûr, -e** [myr] *adj (fruit)* ripe.

**muraille** [myraj] *nf* wall.

**mural, -e, -aux** [myral, o] *adj (carte, peinture)* wall.

**mûre** [myr] *nf* blackberry.

**murer** [myre] *vt (fenêtre)* to wall up.

**mûrir** [myrir] *vi (fruit)* to ripen.

**murmure** [myrmyr] *nm* murmur.

**murmurer** [myrmyre] *vi* to murmur.

**muscade** [myskad] *nf*: **(noix) ~** nutmeg.

**muscat** [myska] *nm (raisin)* muscat grape; *(vin) sweet white liqueur wine.*

**muscle** [myskl] *nm* muscle.

**musclé, -e** [myskle] *adj* muscular.

**musculaire** [myskylɛr] *adj* muscular.

**musculation** [myskylasjɔ̃] *nf* body-building (exercises).
**museau, -x** [myzo] *nm* muzzle; *(CULIN)* brawn *(Br)*, headcheese *(Am)*.
**musée** [myze] *nm* museum; *(d'art)* gallery.
**muselière** [myzəljɛr] *nf* muzzle.
**musical, -e, -aux** [myzikal, o] *adj* musical.
**music-hall, -s** [myzikol] *nm* music hall.
**musicien, -ienne** [myzisjɛ̃, jɛn] *nm, f* musician.
**musique** [myzik] *nf* music; **~ de chambre** chamber music; **~ classique** classical music; **~ de film** film music.
**musulman, -e** [myzylmɑ̃, an] *adj & nm, f* Muslim.
**mutation** [mytasjɔ̃] *nf (d'un employé)* transfer.
**mutiler** [mytile] *vt* to mutilate.
**mutuel, -elle** [mytɥɛl] *adj* mutual.
**mutuelle** [mytɥɛl] *nf* mutual insurance company.
**mutuellement** [mytɥɛlmɑ̃] *adv* mutually.
**myope** [mjɔp] *adj* shortsighted.
**myosotis** [mjozɔtis] *nm* forget-me-not.
**myrtille** [mirtij] *nf* blueberry.
**mystère** [mistɛr] *nm* mystery; **Mystère®** *(glace) ice cream filled with meringue and coated with almonds.*
**mystérieusement** [misterjøzmɑ̃] *adv* mysteriously.
**mystérieux, -ieuse** [misterjø, jøz] *adj* mysterious.
**mythe** [mit] *nm* myth.
**mythologie** [mitɔlɔʒi] *nf* mythology.

# N

**n'** → **ne**.
**n°** *(abr de numéro)* no.
**N** *(abr de nord)* N.
**nacre** [nakr] *nf* mother-of-pearl.
**nage** [naʒ] *nf (natation)* swimming; *(façon de nager)* stroke; **en ~** dripping with sweat.
**nageoire** [naʒwar] *nf* fin.
**nager** [naʒe] *vt & vi* to swim.
**nageur, -euse** [naʒœr, øz] *nm, f* swimmer.
**naïf, naïve** [naif, naiv] *adj* naive.
**nain, -e** [nɛ̃, nɛn] *adj & nm, f* dwarf.
**naissance** [nɛsɑ̃s] *nf* birth.
**naître** [nɛtr] *vi* to be born; *(sentiment)* to arise; **je suis né le ... à ...** I was born on ... in ...
**naïve** → **naïf**.
**naïveté** [naivte] *nf* naivety.
**nappe** [nap] *nf (linge)* tablecloth; *(de pétrole)* layer; *(de brouillard)* patch.
**nappé, -e** [nape] *adj*: **~ de** coated with.
**napperon** [naprɔ̃] *nm* tablemat.
**narguer** [narge] *vt* to scoff at.
**narine** [narin] *nf* nostril.
**narrateur, -trice** [naratœr, tris] *nm, f* narrator.
**naseaux** [nazo] *nmpl* nostrils.
**natal, -e** [natal] *adj* native.
**natalité** [natalite] *nf* birth rate.
**natation** [natasjɔ̃] *nf* swimming; **faire de la ~** to swim.

**natif, -ive** [natif, iv] *adj*: **je suis ~ de ...** I was born in ...

**nation** [nasjɔ̃] *nf* nation.

**national, -e, -aux** [nasjɔnal, o] *adj* national.

**nationale** [nasjɔnal] *nf*: **(route) ~** = A road *(Br)*, = state highway *(Am)*.

**nationaliser** [nasjɔnalize] *vt* to nationalize.

**nationalité** [nasjɔnalite] *nf* nationality.

**native** → **natif.**

**natte** [nat] *nf (tresse)* plait; *(tapis)* mat.

**naturaliser** [natyralize] *vt* to naturalize.

**nature** [natyr] *nf* nature ◆ *adj inv (yaourt, omelette)* plain; *(thé)* black; **~ morte** still life.

**naturel, -elle** [natyrɛl] *adj* natural ◆ *nm (caractère)* nature; *(simplicité)* naturalness.

**naturellement** [natyrɛlmɑ̃] *adv* naturally; *(bien sûr)* of course.

**naturiste** [natyrist] *nmf* naturist.

**naufrage** [nofraʒ] *nm* shipwreck; **faire ~** to be shipwrecked.

**nausée** [noze] *nf* nausea; **avoir la ~** to feel sick.

**nautique** [notik] *adj (carte)* nautical; **sports ~s** water sports.

**naval, -e** [naval] *adj* naval.

**navarin** [navarɛ̃] *nm mutton and vegetable stew.*

**navet** [navɛ] *nm* turnip; *(fam: mauvais film)* turkey.

**navette** [navɛt] *nf (véhicule)* shuttle; **faire la ~ (entre)** to go back and forth (between).

**navigateur, -trice** [navigatœr, tris] *nm, f* navigator.

**navigation** [navigasjɔ̃] *nf* navigation; **~ de plaisance** yachting.

**naviguer** [navige] *vi (suj: bateau)* to sail; *(suj: marin)* to navigate.

**navire** [navir] *nm* ship.

**navré, -e** [navre] *adj* sorry.

**NB** *(abr de nota bene)* NB.

**ne** [nə] *adv* → **jamais, pas, personne, plus, que, rien.**

**né, -e** [ne] *pp* → **naître.**

**néanmoins** [neɑ̃mwɛ̃] *adv* nevertheless.

**néant** [neɑ̃] *nm*: **réduire qqch à ~** to reduce sthg to nothing; **«néant»** *(sur un formulaire)* "none".

**nécessaire** [nesesɛr] *adj* necessary ◆ *nm (ce qui est indispensable)* bare necessities *(pl)*; *(outils)* bag; **il est ~ de faire qqch** it is necessary to do sthg; **~ de toilette** toilet bag.

**nécessité** [nesesite] *nf* necessity.

**nécessiter** [nesesite] *vt* to necessitate.

**nécessiteux, -euse** [nesesitø, øz] *nm, f* needy person.

**nectarine** [nɛktarin] *nf* nectarine.

**néerlandais, -e** [neɛrlɑ̃dɛ, ɛz] *adj* Dutch ◆ *nm (langue)* Dutch ❑ **Néerlandais, -e** *nm, f* Dutchman *(f* Dutchwoman).

**nef** [nɛf] *nf* nave.

**néfaste** [nefast] *adj* harmful.

**négatif, -ive** [negatif, iv] *adj & nm* negative.

**négation** [negasjɔ̃] *nf (GRAMM)* negative.

**négligeable** [negliʒabl] *adj (quantité)* negligible; *(détail)* trivial.

**négligent, -e** [negliʒɑ̃, ɑ̃t] *adj* negligent.

**négliger** [neglize] *vt* to neglect.
**négociant** [negɔsjɑ̃] *nm*: **~ en vins** wine merchant.
**négociations** [negɔsjasjɔ̃] *nfpl* negotiations.
**négocier** [negɔsje] *vt & vi* to negotiate.
**neige** [nɛʒ] *nf* snow.
**neiger** [neʒe] *v impers*: **il neige** it's snowing.
**neigeux, -euse** [nɛʒø, øz] *adj* snowy.
**nénuphar** [nenyfar] *nm* water lily.
**néon** [neɔ̃] *nm (tube)* neon light.
**nerf** [nɛr] *nm* nerve; **du ~!** put a bit of effort into it!; **être à bout de ~s** to be at the end of one's tether.
**nerveusement** [nɛrvøzmɑ̃] *adv* nervously.
**nerveux, -euse** [nɛrvø, øz] *adj* nervous.
**nervosité** [nɛrvozite] *nf* nervousness.
**n'est-ce pas** [nɛspa] *adv*: **tu viens, ~?** you're coming, aren't you?; **il aime le foot, ~?** he likes football, doesn't he?
**net, nette** [nɛt] *adj (précis)* clear; *(propre)* clean; *(tendance, différence)* marked; *(prix, salaire)* net ◆ *adv*: **s'arrêter ~** to stop dead; **se casser ~** to break clean off.
**nettement** [nɛtmɑ̃] *adv (clairement)* clearly; *(beaucoup, très)* definitely.
**netteté** [nɛtte] *nf* clearness.
**nettoyage** [netwajaʒ] *nm* cleaning; **~ à sec** dry cleaning.
**nettoyer** [nɛtwaje] *vt* to clean; *(tache)* to remove; **faire ~ un vêtement** *(à la teinturerie)* to have a garment dry-cleaned.
**neuf, neuve** [nœf, nœv] *adj* new ◆ *num* nine; **remettre qqch à ~** to do sthg up (like new); **quoi de ~?** what's new?, → **six**.
**neutre** [nøtr] *adj* neutral; *(GRAMM)* neuter.
**neuvième** [nœvjɛm] *num* ninth, → **sixième**.
**neveu, -x** [nəvø] *nm* nephew.
**nez** [ne] *nm* nose; **se trouver ~ à ~ avec qqn** to find o.s. face to face with sb.
**NF** *(abr de norme française)* = BS *(Br)*, = US standard *(Am)*.
**ni** [ni] *conj*: **je n'aime ~ la guitare ~ le piano** I don't like either the guitar or the piano; **~ l'un ~ l'autre ne sont français** neither of them is French; **elle n'est ~ mince ~ grosse** she's neither thin nor fat.
**niais, -e** [njɛ, njɛz] *adj* silly.
**niche** [niʃ] *nf (à chien)* kennel; *(dans un mur)* niche.
**niçoise** [niswaz] *adj f* → **salade**.
**nicotine** [nikɔtin] *nf* nicotine.
**nid** [ni] *nm* nest.
**nid-de-poule** [nidəpul] (*pl* **nids-de-poule**) *nm* pothole.
**nièce** [njɛs] *nf* niece.
**nier** [nje] *vt* to deny; **~ avoir fait qqch** to deny having done sthg; **~ que** to deny that.
**Nil** [nil] *nm*: **le ~** the Nile.
**n'importe** [nɛ̃pɔrt] → **importer**.
**niveau, -x** [nivo] *nm* level; **au ~ de** *(de la même qualité que)* at the level of; **arriver au ~ de** *(dans l'espace)* to come up to; **~ d'huile** *(AUT)* oil level; **~ de vie** standard of living.

**noble** [nɔbl] *adj* noble ◆ *nmf* nobleman (*f* noblewoman).

**noblesse** [nɔblɛs] *nf (nobles)* nobility.

**noce** [nɔs] *nf* wedding; **~s d'or** golden wedding (anniversary).

**nocif, -ive** [nɔsif, iv] *adj* noxious.

**nocturne** [nɔktyrn] *adj* nocturnal ◆ *nf (d'un magasin)* late-night opening.

**Noël** [nɔɛl] *nm* Christmas ◆ *nf*: **la ~** *(jour)* Christmas Day; *(période)* Christmastime.

---

**i NOËL**

Christmas in France begins on Christmas Eve with a family supper, traditionally turkey with chestnuts followed by a Yule log. Children used to leave their shoes by the fireplace for Father Christmas to fill with presents but today presents are usually placed around the Christmas tree and given and received on Christmas Eve.

---

**nœud** [nø] *nm* knot; *(ruban)* bow; **~ papillon** bow tie.

**noir, -e** [nwar] *adj* black; *(sombre)* dark ◆ *nm* black; *(obscurité)* darkness; **il fait ~** it's dark; **dans le ~** in the dark ❑ **Noir, -e** *nm, f* black.

**noircir** [nwarsir] *vt* to blacken ◆ *vi* to darken.

**noisetier** [nwaztje] *nm* hazel.

**noisette** [nwazɛt] *nf* hazelnut; *(morceau)* little bit ◆ *adj inv (yeux)* hazel.

**noix** [nwa] *nf* walnut; *(morceau)* little bit; **~ de cajou** cashew (nut); **~ de coco** coconut.

**nom** [nɔ̃] *nm* name; *(GRAMM)* noun; **~ commun** common noun; **~ de famille** surname; **~ de jeune fille** maiden name; **~ propre** proper noun.

**nomade** [nɔmad] *nmf* nomad.

**nombre** [nɔ̃br] *nm* number; **un grand ~ de** a great number of.

**nombreux, -euse** [nɔ̃brø, øz] *adj (famille, groupe)* large; *(personnes, objets)* many; **peu ~** *(groupe)* small; *(personnes, objets)* few.

**nombril** [nɔ̃bril] *nm* navel.

**nommer** [nɔme] *vt (appeler)* to name; *(à un poste)* to appoint ❑ **se nommer** *vp* to be called.

**non** [nɔ̃] *adv* no; **~?** *(exprime la surprise)* no (really)?; **je crois que ~** I don't think so; **je ne suis pas content - moi ~ plus** I'm not happy - neither am I; **je n'ai plus d'argent - moi ~ plus** I haven't got any more money - neither have I; **~ seulement ..., mais ...** not only ..., but ...

**nonante** [nɔnɑ̃t] *num (Belg & Helv)* ninety, → **six**.

**nonchalant, -e** [nɔ̃ʃalɑ̃, ɑ̃t] *adj* nonchalant.

**non-fumeur, -euse** [nɔ̃fymœr, øz] *nm, f* nonsmoker.

**nord** [nɔr] *adj inv & nm* north; **au ~** in the north; **au ~ de** north of.

**nord-est** [nɔrɛst] *adj inv & nm* northeast; **au ~** in the northeast; **au ~ de** northeast of.

**nordique** [nɔrdik] *adj* Nordic; *(Can: du nord canadien)* North Canadian.

**nord-ouest** [nɔrwɛst] *adj inv & nm* northwest; **au ~** in the northwest; **au ~ de** northwest of.

**normal, -e, -aux** [nɔrmal, o] *adj* normal; **ce n'est pas ~** *(pas juste)* it's not on.

**normale** [nɔrmal] *nf*: **la ~** *(la moyenne)* the norm.

**normalement** [nɔrmalmɑ̃] *adv* normally.

**normand, -e** [nɔrmɑ̃, ɑ̃d] *adj* Norman.

**Normandie** [nɔrmɑ̃di] *nf*: **la ~** Normandy.

**norme** [nɔrm] *nf* standard.

**Norvège** [nɔrvɛʒ] *nf*: **la ~** Norway.

**norvégien, -ienne** [nɔrveʒjɛ̃, jɛn] *adj* Norwegian ◆ *nm (langue)* Norwegian ❑ **Norvégien, -ienne** *nm, f* Norwegian.

**nos** → **notre**.

**nostalgie** [nɔstalʒi] *nf* nostalgia; **avoir la ~ de** to feel nostalgic about.

**notable** [nɔtabl] *adj & nm* notable.

**notaire** [nɔtɛr] *nm* lawyer.

**notamment** [nɔtamɑ̃] *adv* in particular.

**note** [nɔt] *nf* note; *(SCOL)* mark; *(facture)* bill *(Br)*, check *(Am)*; **prendre des ~s** to take notes.

**noter** [nɔte] *vt (écrire)* to note (down); *(élève, devoir)* to mark *(Br)*, to grade *(Am)*; *(remarquer)* to note.

**notice** [nɔtis] *nf (mode d'emploi)* instructions *(pl)*.

**notion** [nɔsjɔ̃] *nf* notion; **avoir des ~s de** to have a basic knowledge of.

**notoriété** [nɔtɔrjete] *nf* fame.

**notre** [nɔtr] (*pl* **nos** [no]) *adj* our.

**nôtre** [notr] : **le nôtre** (*f* **la nôtre**, *pl* **les nôtres**) *pron* ours.

**nouer** [nwe] *vt (lacet, cravate)* to tie; *(cheveux)* to tie back.

**nougat** [nuga] *nm* nougat.

**nougatine** [nugatin] *nf hard sweet mixture of caramel and chopped almonds.*

**nouilles** [nuj] *nfpl* pasta *(sg)*.

**nourrice** [nuris] *nf* childminder.

**nourrir** [nurir] *vt* to feed ❑ **se nourrir** *vp* to eat; **se ~ de** to eat.

**nourrissant, -e** [nurisɑ̃, ɑ̃t] *adj* nutritious.

**nourrisson** [nurisɔ̃] *nm* baby.

**nourriture** [nurityr] *nf* food.

**nous** [nu] *pron (sujet)* we; *(complément d'objet direct)* us; *(complément d'objet indirect)* (to) us; *(réciproque)* each other; *(réfléchi)*: **nous ~ sommes habillés** we got dressed; **~-mêmes** ourselves.

**nouveau, nouvel** [nuvo, nuvɛl] (*f* **nouvelle** [nuvɛl], *mpl* **nouveaux** [nuvo]) *adj* new ◆ *nm, f (dans une classe, un club)* new boy (*f* new girl); **rien de ~** nothing new; **le nouvel an** New Year; **à** OU **de ~** again.

**nouveau-né, -e, -s** [nuvone] *nm, f* newborn baby.

**nouveauté** [nuvote] *nf (COMM)* new product.

**nouvel** → **nouveau**.

**nouvelle** [nuvɛl] *nf (information)* (piece of) news; *(roman)* short story; **les ~s** *(à la radio, à la télé)* the news *(sg)*; **avoir des ~s de qqn** to hear from sb.

**Nouvelle-Calédonie** [nuvɛlkaledɔni] *nf*: **la ~** New Caledonia.

**novembre** [nɔvɑ̃br] *nm* November, → **septembre**.

**noyade** [nwajad] *nf* drowning.

**noyau, -x** [nwajo] *nm* stone; *(petit groupe)* small group.

**noyé, -e** [nwaje] *nm, f* drowned person.

**noyer** [nwaje] *nm* walnut tree ◆ *vt* to drown ❑ **se noyer** *vp* to drown.

**nu, -e** [ny] *adj (personne)* naked; *(jambes, pièce, arbre)* bare; **pieds ~s** barefoot; **tout ~** stark naked; **visible à l'œil ~** visible to the naked eye; **~-tête** bare-headed.

**nuage** [nɥaʒ] *nm* cloud.

**nuageux, -euse** [nɥaʒø, øz] *adj* cloudy.

**nuance** [nɥɑ̃s] *nf (teinte)* shade; *(différence)* nuance.

**nucléaire** [nykleɛr] *adj* nuclear.

**nudiste** [nydist] *nmf* nudist.

**nui** [nɥi] *pp* → **nuire**.

**nuire** [nɥir] **: nuire à** *v + prép* to harm.

**nuisible** [nɥizibl] *adj* harmful; **~ à** harmful to.

**nuit** [nɥi] *nf* night; **cette ~** *(dernière)* last night; *(prochaine)* tonight; **la ~** *(tous les jours)* at night; **bonne ~!** good night!; **il fait ~** it's dark; **une ~ blanche** a sleepless night; **de ~** *adj (travail, poste)* night ◆ *adv* at night.

**nul, nulle** [nyl] *adj (mauvais, idiot)* hopeless; **être ~ en qqch** to be hopeless at sthg; **nulle part** nowhere.

**numérique** [nymerik] *adj* digital.

**numéro** [nymero] *nm* number; *(d'une revue)* issue; *(spectacle)* act; **~ de compte** account number; **~ d'immatriculation** registration number; **~ de téléphone** telephone number; **~ vert** = freefone number *(Br)*, = 800 number *(Am)*.

**numéroter** [nymerɔte] *vt* to number; **place numérotée** *(au spectacle)* numbered seat.

**nu-pieds** [nypje] *nm inv* sandal.

**nuque** [nyk] *nf* nape.

**Nylon**® [nilɔ̃] *nm* nylon.

# O

**O** *(abr de ouest)* W.

**oasis** [ɔazis] *nf* oasis.

**obéir** [ɔbeir] *vi* to obey; **~ à** to obey.

**obéissant, -e** [ɔbeisɑ̃, ɑ̃t] *adj* obedient.

**obèse** [ɔbɛz] *adj* obese.

**objectif, -ive** [ɔbʒɛktif, iv] *adj* objective ◆ *nm (but)* objective; *(d'appareil photo)* lens.

**objection** [ɔbʒɛksjɔ̃] *nf* objection.

**objet** [ɔbʒɛ] *nm* object; *(sujet)* subject; **(bureau des) ~s trouvés** lost property (office) *(Br)*, lost-and-found office *(Am)*; **~s de valeur** valuables.

**obligation** [ɔbligasjɔ̃] *nf* obligation.

**obligatoire** [ɔbligatwar] *adj* compulsory.

**obligé, -e** [ɔbliʒe] *adj (fam: inévitable)*: **c'est ~** that's for sure;

**être ~ de faire qqch** to be obliged to do sthg.
**obliger** [ɔbliʒe] *vt*: **~ qqn à faire qqch** to force sb to do sthg.
**oblique** [ɔblik] *adj* oblique.
**oblitérer** [ɔblitere] *vt (ticket)* to punch.
**obscène** [ɔpsɛn] *adj* obscene.
**obscur, -e** [ɔpskyr] *adj* dark; *(incompréhensible, peu connu)* obscure.
**obscurcir** [ɔpskyrsir] **: s'obscurcir** *vp* to grow dark.
**obscurité** [ɔpskyrite] *nf* darkness.
**obséder** [ɔpsede] *vt* to obsess.
**obsèques** [ɔpsɛk] *nfpl (sout)* funeral *(sg)*.
**observateur, -trice** [ɔpsɛrvatœr, tris] *adj* observant.
**observation** [ɔpsɛrvasjɔ̃] *nf* remark; *(d'un phénomène)* observation.
**observatoire** [ɔpsɛrvatwar] *nm* observatory.
**observer** [ɔpsɛrve] *vt* to observe.
**obsession** [ɔpsesjɔ̃] *nf* obsession.
**obstacle** [ɔpstakl] *nm* obstacle; *(en équitation)* fence.
**obstiné, -e** [ɔpstine] *adj* obstinate.
**obstiner** [ɔpstine] **: s'obstiner** *vp* to insist; **s'~ à faire qqch** to persist (stubbornly) in doing sthg.
**obstruer** [ɔpstrye] *vt* to block.
**obtenir** [ɔptənir] *vt (récompense, faveur)* to get, to obtain; *(résultat)* to reach.
**obtenu, -e** [ɔptəny] *pp* → **obtenir**.
**obturateur** [ɔptyratœr] *nm (d'appareil photo)* shutter.
**obus** [ɔby] *nm* shell.
**OC** *(abr de ondes courtes)* SW.
**occasion** [ɔkazjɔ̃] *nf (chance)* chance; *(bonne affaire)* bargain; **avoir l'~ de faire qqch** to have the chance to do sthg; **à l'~ de** on the occasion of; **d'~** second-hand.
**occasionnel, -elle** [ɔkazjɔnɛl] *adj* occasional.
**occasionner** [ɔkazjɔne] *vt (sout)* to cause.
**Occident** [ɔksidɑ̃] *nm*: **l'~** *(POL)* the West.
**occidental, -e, -aux** [ɔksidɑ̃tal, o] *adj (partie, région)* western; *(POL)* Western.
**occupation** [ɔkypasjɔ̃] *nf* occupation.
**occupé, -e** [ɔkype] *adj* busy; *(place)* taken; *(toilettes)* engaged; *(ligne de téléphone)* engaged *(Br)*, busy *(Am)*; **ça sonne ~** the line's engaged *(Br)*, the line's busy *(Am)*.
**occuper** [ɔkype] *vt* to occupy; *(poste, fonctions)* to hold; **ça l'occupe** it keeps him busy ❑ **s'occuper** *vp (se distraire)* to occupy o.s.; **s'~ de** to take care of.
**occurrence** [ɔkyrɑ̃s] **: en l'occurrence** *adv* in this case.
**océan** [ɔseɑ̃] *nm* ocean.
**Océanie** [ɔseani] *nf*: **l'~** Oceania.
**ocre** [ɔkr] *adj inv* ochre.
**octane** [ɔktan] *nm*: **indice d'~** octane rating.
**octante** [ɔktɑ̃t] *num (Belg & Helv)* eighty, → **six**.
**octet** [ɔktɛ] *nm* byte.
**octobre** [ɔktɔbr] *nm* October, → **septembre**.

**oculiste** [ɔkylist] *nmf* ophthalmologist.

**odeur** [ɔdœr] *nf* smell.

**odieux, -ieuse** [ɔdjø, jøz] *adj* hateful.

**odorat** [ɔdɔra] *nm* (sense of) smell.

**œil** [œj] (*pl* **yeux** [jø]) *nm* eye; **à l'~** *(fam)* for nothing; **avoir qqn à l'~** *(fam)* to have one's eye on sb; **mon ~!** *(fam)* my foot!

**œillet** [œjɛ] *nm* carnation; *(de chaussure)* eyelet.

**œsophage** [ezɔfaʒ] *nm* oesophagus.

**œuf** [œf, *pl* ø] *nm* egg; **~ à la coque** boiled egg; **~ dur** hard-boiled egg; **~ de Pâques** Easter egg; **~ poché** poached egg; **~ sur le plat** fried egg; **~s brouillés** scrambled eggs; **~s à la neige** *cold dessert of beaten egg whites served on custard.*

**œuvre** [œvr] *nf* work; **mettre qqch en ~** to make use of sthg; **~ d'art** work of art.

**offense** [ɔfɑ̃s] *nf* insult.

**offenser** [ɔfɑ̃se] *vt* to offend.

**offert, -e** [ɔfɛr, ɛrt] *pp* → **offrir**.

**office** [ɔfis] *nm (organisme)* office; *(messe)* service; **faire ~ de** to act as; **~ de tourisme** tourist office; **d'~** automatically.

**officiel, -ielle** [ɔfisjɛl] *adj* official.

**officiellement** [ɔfisjɛlmɑ̃] *adv* officially.

**officier** [ɔfisje] *nm* officer.

**offre** [ɔfr] *nf* offer; **«~ spéciale»** "special offer"; **~s d'emploi** situations vacant.

**offrir** [ɔfrir] *vt*: **~ qqch à qqn** *(mettre à sa disposition)* to offer sthg to sb; *(en cadeau)* to give sthg to sb; **~ (à qqn) de faire qqch** to offer to do sthg (for sb) ❑ **s'offrir** *vp (cadeau, vacances)* to treat o.s. to.

**oie** [wa] *nf* goose.

**oignon** [ɔɲɔ̃] *nm* onion; *(de fleur)* bulb; **petits ~s** pickling onions.

**oiseau, -x** [wazo] *nm* bird.

**OK** [oke] *excl* OK!

**olive** [ɔliv] *nf* olive; **~ noire** black olive; **~ verte** green olive.

**olivier** [ɔlivje] *nm* olive tree.

**olympique** [ɔlɛ̃pik] *adj* Olympic.

**omble-chevalier** [ɔ̃blʃəvalje] *nm fish found especially in Lake Geneva, with a light texture and flavour.*

**ombragé, -e** [ɔ̃braʒe] *adj* shady.

**ombre** [ɔ̃br] *nf (forme)* shadow; *(obscurité)* shade; **à l'~ (de)** in the shade (of); **~s chinoises** shadow theatre; **~ à paupières** eye shadow.

**ombrelle** [ɔ̃brɛl] *nf* parasol.

**omelette** [ɔmlɛt] *nf* omelette; **~ norvégienne** baked Alaska.

**omettre** [ɔmɛtr] *vt (sout)* to omit; **~ de faire qqch** to omit to do sthg.

**omis, -e** [ɔmi, iz] *pp* → **omettre**.

**omission** [ɔmisjɔ̃] *nf* omission.

**omnibus** [ɔmnibys] *nm*: **(train) ~** slow train *(Br)*, local train *(Am)*.

**omoplate** [ɔmɔplat] *nf* shoulder blade.

**on** [ɔ̃] *pron (quelqu'un)* somebody; *(les gens)* people; *(fam: nous)* we; **~ n'a pas le droit de fumer ici** you're not allowed to smoke here.

**oncle** [ɔ̃kl] *nm* uncle.

**onctueux, -euse** [ɔ̃ktɥø, øz] *adj* creamy.

**onde** [ɔ̃d] *nf* (TECH) wave; **grandes ~s** long wave *(sg)*; **~s courtes/moyennes** short/medium wave *(sg)*.

**ondulé, -e** [ɔ̃dyle] *adj (cheveux)* wavy.

**onéreux, -euse** [ɔnerø, øz] *adj (sout)* costly.

**ongle** [ɔ̃gl] *nm* nail.

**ont** → **avoir**.

**ONU** [ɔny] *nf (abr de Organisation des Nations unies)* UN.

**onze** [ɔ̃z] *num* eleven, → **six**.

**onzième** [ɔ̃zjɛm] *num* eleventh, → **sixième**.

**opaque** [ɔpak] *adj* opaque.

**opéra** [ɔpera] *nm* opera.

**opérateur, -trice** [ɔperatœr, tris] *nm, f (au téléphone)* operator.

**opération** [ɔperasjɔ̃] *nf* (MATH) calculation; *(chirurgicale)* operation; *(financière, commerciale)* deal.

**opérer** [ɔpere] *vt (malade)* to operate on ◆ *vi (médicament)* to take effect; **se faire ~** to have an operation; **se faire ~ du cœur** to have heart surgery.

**opérette** [ɔperɛt] *nf* operetta.

**ophtalmologiste** [ɔftalmɔlɔʒist] *nmf* ophthalmologist.

**opinion** [ɔpinjɔ̃] *nf* opinion; **l'~ (publique)** public opinion.

**opportun, -e** [ɔpɔrtœ̃, yn] *adj* opportune.

**opportuniste** [ɔpɔrtynist] *adj* opportunist.

**opposé, -e** [ɔpoze] *adj & nm* opposite; **~ à** *(inverse)* opposite; *(hostile à)* opposed to; **à l'~ de** *(du côté opposé à)* opposite; *(contrairement à)* unlike.

**opposer** [ɔpoze] *vt (argument)* to put forward; *(résistance)* to put up; *(personnes, équipes)* to pit against each other ❑ **s'opposer** *vp (s'affronter)* to clash; **s'~ à** to oppose.

**opposition** [ɔpozisjɔ̃] *nf (différence)* contrast; *(désapprobation)* opposition; (POL) Opposition; **faire ~ (à un chèque)** to stop a cheque.

**oppresser** [ɔprese] *vt* to oppress.

**oppression** [ɔpresjɔ̃] *nf* oppression.

**opprimer** [ɔprime] *vt* to oppress.

**opticien, -ienne** [ɔptisjɛ̃, jɛn] *nm, f* optician.

**optimisme** [ɔptimism] *nm* optimism.

**optimiste** [ɔptimist] *adj* optimistic ◆ *nmf* optimist.

**option** [ɔpsjɔ̃] *nf* (SCOL) option; *(accessoire)* optional extra.

**optionnel, -elle** [ɔpsjɔnɛl] *adj* optional.

**optique** [ɔptik] *adj (nerf)* optic ◆ *nf (point de vue)* point of view.

**or** [ɔr] *conj* but, now ◆ *nm* gold; **en ~** gold.

**orage** [ɔraʒ] *nm* storm.

**orageux, -euse** [ɔraʒø, øz] *adj* stormy.

**oral, -e, -aux** [ɔral, o] *adj & nm* oral; **«voie ~e»** "to be taken orally".

**orange** [ɔrɑ̃ʒ] *adj inv, nm & nf* orange.

**orangeade** [ɔrɑ̃ʒad] *nf* orange squash.

**oranger** [ɔrɑ̃ʒe] *nm* → **fleur**.

**Orangina®** [ɔrɑ̃ʒina] *nm* Orangina®.
**orbite** [ɔrbit] *nf (de planète)* orbit; *(de l'œil)* (eye) socket.
**orchestre** [ɔrkɛstr] *nm* orchestra; *(au théâtre)* stalls *(pl) (Br)*, orchestra *(Am)*.
**orchidée** [ɔrkide] *nf* orchid.
**ordinaire** [ɔrdinɛr] *adj (normal)* normal; *(banal)* ordinary ◆ *nm (essence)* = two-star petrol *(Br)*, = regular *(Am)*; **sortir de l'~** to be out of the ordinary; **d'~** usually.
**ordinateur** [ɔrdinatœr] *nm* computer.
**ordonnance** [ɔrdɔnɑ̃s] *nf (médicale)* prescription.
**ordonné, -e** [ɔrdɔne] *adj* tidy.
**ordonner** [ɔrdɔne] *vt (commander)* to order; *(ranger)* to put in order; **~ à qqn de faire qqch** to order sb to do sthg.
**ordre** [ɔrdr] *nm* order; *(organisation)* tidiness; **donner l'~ de faire qqch** to give the order to do sthg; **jusqu'à nouvel ~** until further notice; **en ~** in order; **mettre de l'~ dans qqch** to tidy up sthg; **dans l'~** in order; **à l'~ de** *(chèque)* payable to.
**ordures** [ɔrdyr] *nfpl* rubbish *(sg) (Br)*, garbage *(sg) (Am)*.
**oreille** [ɔrɛj] *nf* ear.
**oreiller** [ɔrɛje] *nm* pillow.
**oreillons** [ɔrɛjɔ̃] *nmpl* mumps *(sg)*.
**organe** [ɔrgan] *nm (du corps)* organ.
**organisateur, -trice** [ɔrganizatœr, tris] *nm, f* organizer.
**organisation** [ɔrganizasjɔ̃] *nf* organization.
**organisé, -e** [ɔrganize] *adj* organized.
**organiser** [ɔrganize] *vt* to organize ❑ **s'organiser** *vp* to get (o.s.) organized.
**organisme** [ɔrganism] *nm (corps)* organism; *(organisation)* body.
**orge** [ɔrʒ] *nf* → **sucre**.
**orgue** [ɔrg] *nm* organ; **~ de Barbarie** barrel organ.
**orgueil** [ɔrgœj] *nm* pride.
**orgueilleux, -euse** [ɔrgœjø, jøz] *adj* proud.
**Orient** [ɔrjɑ̃] *nm*: **l'~** the Orient.
**oriental, -e, -aux** [ɔrjɑ̃tal, o] *adj (de l'Orient)* oriental; *(partie, région)* eastern.
**orientation** [ɔrjɑ̃tasjɔ̃] *nf (direction)* direction; *(d'une maison)* aspect; *(SCOL: conseil)* careers guidance.
**orienter** [ɔrjɑ̃te] *vt* to direct; *(SCOL)* to guide ❑ **s'orienter** *vp (se repérer)* to get one's bearings; **s'~ vers** *(se tourner vers)* to move towards; *(SCOL)* to take.
**orifice** [ɔrifis] *nm* orifice.
**originaire** [ɔriʒinɛr] *adj*: **être ~ de** to come from.
**original, -e, -aux** [ɔriʒinal, o] *adj* original; *(excentrique)* eccentric ◆ *nm, f* eccentric ◆ *nm (peinture, écrit)* original.
**originalité** [ɔriʒinalite] *nf* originality; *(excentricité)* eccentricity.
**origine** [ɔriʒin] *nf* origin; **être à l'~ de qqch** to be behind sthg; **à l'~** originally; **d'~** *(ancien)* original; **pays d'~** native country.
**ORL** *nmf (abr de oto-rhino-laryngologiste)* ENT specialist.
**ornement** [ɔrnəmɑ̃] *nm* ornament.

**orner** [ɔrne] *vt* to decorate; **~ qqch de** to decorate sthg with.
**ornière** [ɔrnjɛr] *nf* rut.
**orphelin, -e** [ɔrfəlɛ̃, in] *nm, f* orphan.
**orphelinat** [ɔrfəlina] *nm* orphanage.
**Orsay** [ɔrsɛ] *n*: **le musée d'~** *museum in Paris specializing in 19th-century art.*
**orteil** [ɔrtɛj] *nm* toe; **gros ~** big toe.
**orthographe** [ɔrtɔgraf] *nf* spelling.
**orthophoniste** [ɔrtɔfɔnist] *nmf* speech therapist.
**ortie** [ɔrti] *nf* nettle.
**os** [ɔs, *pl* o] *nm* bone.
**oscillation** [ɔsilasjɔ̃] *nf* oscillation.
**osciller** [ɔsile] *vi (se balancer)* to sway; *(varier)* to vary.
**osé, -e** [oze] *adj* daring.
**oseille** [ozɛj] *nf* sorrel.
**oser** [oze] *vt*: **~ faire qqch** to dare (to) do sthg.
**osier** [ozje] *nm* wicker.
**osselets** [ɔslɛ] *nmpl (jeu)* jacks.
**ostensible** [ɔstɑ̃sibl] *adj* conspicuous.
**otage** [ɔtaʒ] *nm* hostage; **prendre qqn en ~** to take sb hostage.
**otarie** [ɔtari] *nf* sea lion.
**ôter** [ote] *vt* to take off; **~ qqch à qqn** to take sthg away from sb; **~ qqch de qqch** to take sthg off sthg; **3 ôté de 10 égale 7** 3 from 10 is 7.
**otite** [ɔtit] *nf* ear infection.
**oto-rhino-laryngologiste, -s** [ɔtɔrinɔlarɛ̃gɔlɔʒist] *nmf* ear, nose and throat specialist.
**ou** [u] *conj* or; **~ bien** or else; **~** … **~** either … or.
**où** [u] *adv* **1.** *(pour interroger)* where; **~ habitez-vous?** where do you live?; **d'~ êtes-vous?** where are you from?; **par ~ faut-il passer?** how do you get there?
**2.** *(dans une interrogation indirecte)* where; **nous ne savons pas ~ dormir** we don't know where to sleep.
◆ *pron* **1.** *(spatial)* where; **le village ~ j'habite** the village where I live, the village I live in; **le pays d'~ je viens** the country I come from; **la région ~ nous sommes allés** the region we went to; **la ville par ~ nous venons de passer** the town we've just gone through.
**2.** *(temporel)*: **le jour ~ …** the day (that) …; **juste au moment ~ …** at the very moment (that) …
**ouate** [wat] *nf* cotton wool.
**oubli** [ubli] *nm* oversight.
**oublier** [ublije] *vt* to forget; *(laisser quelque part)* to leave (behind); **~ de faire qqch** to forget to do sthg.
**oubliettes** [ublijɛt] *nfpl* dungeon *(sg)*.
**ouest** [wɛst] *adj inv & nm* west; **à l'~** in the west; **à l'~ de** west of.
**ouf** [uf] *excl* phew!
**oui** [wi] *adv* yes; **je pense que ~** I think so.
**ouïe** [wi] *nf* hearing ❑ **ouïes** *nfpl (de poisson)* gills.
**ouragan** [uragɑ̃] *nm* hurricane.
**ourlet** [urlɛ] *nm* hem.
**ours** [urs] *nm* bear; **~ en peluche** teddy bear.
**oursin** [ursɛ̃] *nm* sea urchin.
**outil** [uti] *nm* tool.

**outillage** [utijaʒ] *nm* tools *(pl)*.

**outre** [utr] *prép* as well as; **en ~** moreover; **~ mesure** unduly.

**outré, -e** [utre] *adj* indignant.

**outre-mer** [utrəmɛr] *adv* overseas.

**ouvert, -e** [uvɛr, ɛrt] *pp* → **ouvrir** ◆ *adj* open; «**~ le lundi**» "open on Mondays".

**ouvertement** [uvɛrtəmɑ̃] *adv* openly.

**ouverture** [uvɛrtyr] *nf* opening; **~ d'esprit** open-mindedness.

**ouvrable** [uvrabl] *adj* → **jour**.

**ouvrage** [uvraʒ] *nm* work.

**ouvre-boîtes** [uvrəbwat] *nm inv* tin opener.

**ouvre-bouteilles** [uvrəbutɛj] *nm inv* bottle opener.

**ouvreur, -euse** [uvrœr, øz] *nm, f* usher (*f* usherette).

**ouvrier, -ière** [uvrije, jɛr] *adj* working-class ◆ *nm, f* worker.

**ouvrir** [uvrir] *vt* to open; *(robinet)* to turn on ◆ *vi* to open ❑ **s'ouvrir** *vp* to open.

**ovale** [ɔval] *adj* oval.

**oxyder** [ɔkside] : **s'oxyder** *vp* to rust.

**oxygène** [ɔksiʒɛn] *nm* oxygen.

**oxygénée** [ɔksiʒene] *adj f* → **eau**.

**ozone** [ɔzon] *nm* ozone.

# P

**pacifique** [pasifik] *adj* peaceful; **l'océan Pacifique, le Pacifique** the Pacific (Ocean).

**pack** [pak] *nm (de bouteilles)* pack.

**pacte** [pakt] *nm* pact.

**paella** [paela] *nf* paella.

**pagayer** [pageje] *vi* to paddle.

**page** [paʒ] *nf* page; **~ de garde** flyleaf; **les ~s jaunes** the Yellow Pages.

**paie** [pɛ] = **paye**.

**paiement** [pɛmɑ̃] *nm* payment.

**paillasson** [pajasɔ̃] *nm* doormat.

**paille** [paj] *nf* straw.

**paillette** [pajɛt] *nf* sequin.

**pain** [pɛ̃] *nm* bread; **un ~** a loaf (of bread); **~ au chocolat** *sweet flaky pastry with chocolate filling*; **~ complet** wholemeal bread *(Br)*, wholewheat bread *(Am)*; **~ doré** *(Can)* French toast; **~ d'épice** = gingerbread; **~ de mie** sandwich bread; **~ perdu** French toast; **~ aux raisins** *sweet pastry containing raisins, rolled into a spiral shape*.

**PAIN**

Bread is an essential element of every French meal. The basic French loaf is a long stick known as a "baguette" but there are also other types: a "ficelle" (long and thin), a "bâtard" (short), and a "pain de 400 g" (long and fat). The traditional British sliced loaf is rarely found.

**pair, -e** [pɛr] *adj (MATH)* even ◆ *nm*: **jeune fille au ~** au pair.
**paire** [pɛr] *nf* pair.
**paisible** [pezibl] *adj (endroit)* peaceful; *(animal)* tame.
**paître** [pɛtr] *vi* to graze.
**paix** [pɛ] *nf* peace; **avoir la ~** to have peace and quiet; **laisser qqn en ~** to leave sb in peace.
**Pakistan** [pakistɑ̃] *nm*: **le ~** Pakistan.
**pakistanais, -e** [pakistanɛ, ɛz] *adj* Pakistani.
**palace** [palas] *nm* luxury hotel.
**palais** [palɛ] *nm (résidence)* palace; *(ANAT)* palate; **Palais de justice** law courts.
**pâle** [pal] *adj* pale.
**palette** [palɛt] *nf (de peintre)* palette; *(viande)* shoulder.
**palier** [palje] *nm* landing.
**pâlir** [palir] *vi* to turn pale.
**palissade** [palisad] *nf* fence.
**palmarès** [palmarɛs] *nm (de victoires)* record; *(de chansons)* pop charts *(pl)*.
**palme** [palm] *nf (de plongée)* flipper.
**palmé, -e** [palme] *adj (pattes)* webbed.
**palmier** [palmje] *nm (arbre)* palm tree; *(gâteau) large, heart-shaped, hard dry biscuit.*
**palourde** [palurd] *nf* clam.
**palper** [palpe] *vt* to feel.
**palpitant, -e** [palpitɑ̃, ɑ̃t] *adj* thrilling.
**palpiter** [palpite] *vi* to pound.
**pamplemousse** [pɑ̃pləmus] *nm* grapefruit.
**pan** [pɑ̃] *nm (de chemise)* shirt tail; **~ de mur** wall.
**panaché** [panaʃe] *nm*: **(demi) ~** shandy.
**panaris** [panari] *nm* finger infection.
**pan-bagnat** [pɑ̃baɲa] *(pl* **pans-bagnats)** *nm roll filled with lettuce, tomatoes, anchovies and olives.*
**pancarte** [pɑ̃kart] *nf (de manifestation)* placard; *(de signalisation)* sign.
**pané, -e** [pane] *adj* in breadcrumbs, breaded.
**panier** [panje] *nm* basket; **~ à provisions** shopping basket.
**panier-repas** [panjerəpa] *(pl* **paniers-repas)** *nm* packed lunch.
**panique** [panik] *nf* panic.
**paniquer** [panike] *vt & vi* to panic.
**panne** [pan] *nf* breakdown; **être en ~** to have broken down; **tomber en ~** to break down; **~ d'électricité** OU **de courant** power failure; **tomber en ~ d'essence** OU **sèche** to run out of petrol; **«en ~»** "out of order".
**panneau, -x** [pano] *nm (d'indication)* sign; *(de bois, de verre)* panel; **~ d'affichage** notice board *(Br)*, bulletin board *(Am)*; **~ de signalisation** road sign.
**panoplie** [panɔpli] *nf (déguisement)* outfit.
**panorama** [panɔrama] *nm* panorama.
**pansement** [pɑ̃smɑ̃] *nm* bandage; **~ adhésif** (sticking) plaster *(Br)*, Band-Aid® *(Am)*.
**pantalon** [pɑ̃talɔ̃] *nm* trousers *(pl) (Br)*, pants *(pl) (Am)*, pair of trousers *(Br)*, pair of pants *(Am)*.
**panthère** [pɑ̃tɛr] *nf* panther.
**pantin** [pɑ̃tɛ̃] *nm* puppet.

**pantoufle** [pɑ̃tufl] *nf* slipper.
**PAO** *nf* DTP.
**paon** [pɑ̃] *nm* peacock.
**papa** [papa] *nm* dad.
**pape** [pap] *nm* pope.
**papet** [papɛ] *nm*: ~ **vaudois** *stew of leeks and potatoes plus sausage made from cabbage and pig's liver, a speciality of the canton of Vaud in Switzerland.*
**papeterie** [papɛtri] *nf (magasin)* stationer's; *(usine)* paper mill.
**papi** [papi] *nm (fam)* grandad.
**papier** [papje] *nm* paper; *(feuille)* piece of paper; ~ **aluminium** aluminium foil; ~ **cadeau** gift wrap; ~ **d'emballage** wrapping paper; ~ **à en-tête** headed paper; ~ **hygiénique** OU **toilette** toilet paper; ~ **à lettres** writing paper; ~ **peint** wallpaper; ~ **de verre** sandpaper; ~**s (d'identité)** (identity) papers.
**papillon** [papijɔ̃] *nm* butterfly; **(brasse)** ~ butterfly (stroke).
**papillote** [papijɔt] *nf*: **en** ~ *(CULIN) baked in foil or greaseproof paper.*
**papoter** [papɔte] *vi* to chatter.
**paquebot** [pakbo] *nm* liner.
**pâquerette** [pakrɛt] *nf* daisy.
**Pâques** [pak] *nm* Easter.
**paquet** [pakɛ] *nm (colis)* parcel, package; *(de cigarettes, de chewing-gum)* packet; *(de cartes)* pack; **je vous fais un ~-cadeau?** shall I gift-wrap it for you?
**par** [par] *prép* **1.** *(à travers)* through; **passer** ~ to go through; **regarder ~ la fenêtre** to look out of the window.
**2.** *(indique le moyen)* by; **voyager ~ (le) train** to travel by train.
**3.** *(introduit l'agent)* by.
**4.** *(indique la cause)* by; ~ **accident** by accident; **faire qqch ~ amitié** to do sthg out of friendship.
**5.** *(distributif)* per, a; **deux comprimés ~ jour** two tablets a day; **150 F ~ personne** 150 francs per person; **un ~ un** one by one.
**6.** *(dans des expressions)*: ~ **endroits** in places; ~ **moments** sometimes; **~-ci ~-là** here and there.
**parabolique** [parabɔlik] *adj* → **antenne**.
**paracétamol** [parasetamɔl] *nm* paracetamol.
**parachute** [paraʃyt] *nm* parachute.
**parade** [parad] *nf (défilé)* parade.
**paradis** [paradi] *nm* paradise.
**paradoxal, -e, -aux** [paradɔksal, o] *adj* paradoxical.
**paradoxe** [paradɔks] *nm* paradox.
**parages** [paraʒ] *nmpl*: **dans les ~** in the area.
**paragraphe** [paragraf] *nm* paragraph.
**paraître** [parɛtr] *vi (sembler)* to seem; *(apparaître)* to appear; *(livre)* to be published; **il paraît que** it would appear that.
**parallèle** [paralɛl] *adj & nm* parallel; ~ **à** parallel to.
**paralyser** [paralize] *vt* to paralyse.
**paralysie** [paralizi] *nf* paralysis.
**parapente** [parapɑ̃t] *nm* paragliding.
**parapet** [parapɛ] *nm* parapet.
**parapluie** [paraplɥi] *nm* umbrella.
**parasite** [parazit] *nm* parasite ❑ **parasites** *nmpl (perturbation)* inter-

ference *(sg)*.

**parasol** [parasɔl] *nm* parasol.

**paratonnerre** [paratɔnɛr] *nm* lightning conductor.

**paravent** [paravɑ̃] *nm* screen.

**parc** [park] *nm* park; *(de bébé)* playpen; ~ **d'attractions** amusement park; ~ **de stationnement** car park *(Br)*, parking lot *(Am)*; ~ **zoologique** zoological gardens *(pl)*.

## PARCS NATIONAUX

There are six national parks in France, the best-known being la Vanoise (in the Alps), Cévennes (in the southeast) and Mercantour (in the southern Alps). There are stricter regulations on the protection of wildlife than in regional parks.

## PARCS NATURELS RÉGIONAUX

There are 20 regional parks in France, including Brière (in southern Brittany), Camargue and Lubéron (in the southeast), and Morvan (to the southeast of Paris). Within these designated areas wildlife is protected and tourism is encouraged.

**parce que** [parsk(ə)] *conj* because.

**parchemin** [parʃəmɛ̃] *nm* parchment.

**parcmètre** [parkmɛtr] *nm* parking meter.

**parcourir** [parkurir] *vt (distance)* to cover; *(lieu)* to go all over; *(livre, article)* to glance through.

**parcours** [parkur] *nm (itinéraire)* route; ~ **santé** *trail in the countryside where signs encourage people to do exercises for their health.*

**parcouru, -e** [parkury] *pp* → **parcourir**.

**par-derrière** [pardɛrjɛr] *adv (passer)* round the back; *(attaquer)* from behind ◆ *prép* round the back of.

**par-dessous** [pardəsu] *adv & prép* underneath.

**pardessus** [pardəsy] *nm* overcoat.

**par-dessus** [pardəsy] *adv* over (the top) ◆ *prép* over (the top of).

**par-devant** [pardəvɑ̃] *adv* round the front ◆ *prép* round the front of.

**pardon** [pardɔ̃] *nm*: **demander ~ à qqn** to apologize to sb; **~!** *(pour s'excuser)* (I'm) sorry!; *(pour appeler)* excuse me!

## PARDON

In Brittany, the word "pardon" ("pilgrimage") has come to mean a celebration held in spring and summer in honour of the patron saint of a village or town. People come from far around, often dressed in traditional costumes, to take part in processions and in the general festivities.

**pardonner** [pardɔne] *vt* to forgive; ~ **(qqch) à qqn** to forgive sb (for sthg); ~ **à qqn d'avoir fait qqch** to forgive sb for doing sthg.

**pare-brise** [parbriz] *nm inv* windscreen *(Br)*, windshield *(Am)*.

**pare-chocs** [parʃɔk] *nm inv* bumper.

**pareil, -eille** [parɛj] *adj* the same ◆ *adv (fam)* the same (way); **un culot ~** such cheek; **~ que** the same as.

**parent, -e** [parɑ̃, ɑ̃t] *nm, f (de la famille)* relative, relation; **mes ~s** *(le père et la mère)* my parents.

**parenthèse** [parɑ̃tɛz] *nf* bracket; *(commentaire)* digression; **entre ~s** *adj (mot)* in brackets ◆ *adv (d'ailleurs)* by the way.

**parer** [pare] *vt (éviter)* to ward off.

**paresse** [parɛs] *nf* laziness.

**paresseux, -euse** [parɛsø, øz] *adj* lazy ◆ *nm, f* lazy person.

**parfait, -e** [parfɛ, ɛt] *adj* perfect ◆ *nm* (CULIN) *frozen dessert made from cream with fruit.*

**parfaitement** [parfɛtmɑ̃] *adv* perfectly; *(en réponse)* absolutely.

**parfois** [parfwa] *adv* sometimes.

**parfum** [parfœ̃] *nm (odeur)* scent; *(pour femme)* perfume, scent; *(pour homme)* aftershave; *(goût)* flavour.

**parfumé, -e** [parfyme] *adj* sweet-smelling; **être ~** *(personne)* to be wearing perfume.

**parfumer** [parfyme] *vt* to perfume; *(aliment)* to flavour; **parfumé au citron** *(aliment)* lemon-flavoured ❑ **se parfumer** *vp* to put perfume on.

**parfumerie** [parfymri] *nf* perfumery.

**pari** [pari] *nm* bet; **faire un ~** to have a bet.

**parier** [parje] *vt* to bet; **je (te) parie que ...** I bet (you) that ...; **~ sur** to bet on.

**Paris** [pari] *n* Paris.

**paris-brest** [paribrɛst] *nm inv choux pastry ring filled with hazelnut-flavoured cream and sprinkled with almonds.*

**parisien, -ienne** [parizjɛ̃, jɛn] *adj (vie, société)* Parisian; *(métro, banlieue, région)* Paris ❑ **Parisien, -ienne** *nm, f* Parisian.

**parka** [parka] *nm ou nf* parka.

**parking** [parkiŋ] *nm* car park *(Br)*, parking lot *(Am)*.

**parlante** [parlɑ̃t] *adj f* → **horloge**.

**parlement** [parləmɑ̃] *nm* parliament.

**parler** [parle] *vi* to talk, to speak ◆ *vt (langue)* to speak; **~ à qqn de** to talk OU speak to sb about.

**Parmentier** [parmɑ̃tje] *n* → **hachis**.

**parmesan** [parməzɑ̃] *nm* Parmesan (cheese).

**parmi** [parmi] *prép* among.

**parodie** [parɔdi] *nf* parody.

**paroi** [parwa] *nf (mur)* wall; *(montagne)* cliff face; *(d'un objet)* inside.

**paroisse** [parwas] *nf* parish.

**parole** [parɔl] *nf* word; **adresser la ~ à qqn** to speak to sb; **couper la ~ à qqn** to interrupt sb; **prendre la ~** to speak; **tenir (sa) ~** to keep one's word ❑ **paroles** *nfpl (d'une chanson)* lyrics.

**parquet** [parkɛ] *nm (plancher)* wooden floor.

**parrain** [parɛ̃] *nm* godfather.

**parrainer** [parɛne] *vt* to sponsor.

**parsemer** [parsəme] *vt*: **~ qqch de qqch** to scatter sthg with sthg.

**part** [par] *nf (de gâteau)* portion; *(d'un héritage)* share; **prendre ~ à** to take part in; **à ~** *(sauf)* apart from; **de la ~ de** from; *(remercier)* on behalf of; **c'est de la ~ de qui?** *(au téléphone)* who's calling?; **d'une ~ ..., d'autre ~** on the one hand ..., on the other hand; **autre ~** somewhere else; **nulle ~** nowhere; **quelque ~** somewhere.

**partage** [partaʒ] *nm* sharing (out).

**partager** [partaʒe] *vt* to divide (up) ❑ **se partager** *vp*: **se ~ qqch** to share sthg out.

**partenaire** [partənɛr] *nmf* partner.

**parterre** [partɛr] *nm (fam: sol)* floor; *(de fleurs)* (flower)bed; *(au théâtre)* stalls *(pl) (Br)*, orchestra *(Am)*.

**parti** [parti] *nm (politique)* party; **prendre ~ pour** to decide in favour of; **tirer ~ de qqch** to make (good) use of sthg; **~ pris** bias.

**partial, -e, -iaux** [parsjal, jo] *adj* biased.

**participant, -e** [partisipɑ̃, ɑ̃t] *nm, f (à un jeu, un concours)* competitor.

**participation** [partisipasjɔ̃] *nf* participation; *(financière)* contribution.

**participer** [partisipe] **: participer à** *v + prép* to take part in; *(payer pour)* to contribute to.

**particularité** [partikylarite] *nf* distinctive feature.

**particulier, -ière** [partikylje, jɛr] *adj (personnel)* private; *(spécial)* special, particular; *(peu ordinaire)* unusual; **en ~** *(surtout)* in particular.

**particulièrement** [partikyljɛrmɑ̃] *adv* particularly.

**partie** [parti] *nf* part; *(au jeu, en sport)* game; **en ~** partly; **faire ~ de** to be part of.

**partiel, -ielle** [parsjɛl] *adj* partial.

**partiellement** [parsjɛlmɑ̃] *adv* partially.

**partir** [partir] *vi* to go, to leave; *(moteur)* to start; *(coup de feu)* to go off; *(tache)* to come out; **être bien/mal parti** to get off to a good/bad start; **~ de** *(chemin)* to start from; **à ~ de** from.

**partisan** [partizɑ̃] *nm* supporter ◆ *adj*: **être ~ de qqch** to be in favour of sthg.

**partition** [partisjɔ̃] *nf (MUS)* score.

**partout** [partu] *adv* everywhere.

**paru, -e** [pary] *pp* → **paraître**.

**parution** [parysjɔ̃] *nf* publication.

**parvenir** [parvənir] **: parvenir à** *v + prép (but)* to achieve; *(personne, destination)* to reach; **~ à faire qqch** to manage to do sthg.

**parvenu, -e** [parvəny] *pp* → **parvenir**.

**parvis** [parvi] *nm* square *(in front of a large building)*.

**pas**[1] [pa] *adv* 1. *(avec «ne»)* not; **je n'aime ~ les épinards** I don't like spinach; **elle ne dort ~ encore** she's not asleep yet; **je n'ai ~ terminé** I haven't finished; **il n'y a ~ de train pour Oxford aujourd'hui** there are no trains to Oxford today; **les passagers sont priés de ne ~ fumer** passengers are requested not to smoke.

2. *(sans «ne»)* not; **tu viens ou ~?** are you coming or not?; **elle a aimé**

**l'exposition, moi** ~ OU ~ **moi** she liked the exhibition, but I didn't; **c'est un endroit ~ très agréable** it's not a very nice place; ~ **du tout** not at all.

**pas**[2] [pa] *nm* step; *(allure)* pace; **à deux ~ de** very near; **~ à ~** step by step; **sur le ~ de la porte** on the doorstep.

**Pas-de-Calais** [padkalε] *nm "département" in the north of France, containing the port of Calais.*

**passable** [pasabl] *adj* passable.

**passage** [pasaʒ] *nm (de livre, de film)* passage; *(chemin)* way; **être de ~** to be passing through; **~ clouté** OU **(pour) piétons** pedestrian crossing; **~ à niveau** level crossing *(Br)*, grade crossing *(Am)*; **~ protégé** *crossroads where priority is given to traffic on the main road*; **~ souterrain** subway; **«premier ~»** *(d'un bus)* "first bus".

**passager, -ère** [pasaʒe, εr] *adj* passing ◆ *nm, f* passenger; **~ clandestin** stowaway.

**passant, -e** [pasɑ̃, ɑ̃t] *nm, f* passer-by ◆ *nm* (belt) loop.

**passe** [pas] *nf (SPORT)* pass.

**passé, -e** [pase] *adj (terminé)* past; *(précédent)* last; *(décoloré)* faded ◆ *nm* past.

**passe-partout** [paspartu] *nm inv (clé)* skeleton key.

**passe-passe** [paspas] *nm inv*: **tour de ~** conjuring trick.

**passeport** [paspɔr] *nm* passport.

**passer** [pase] *vi (aux être)* 1. *(aller, défiler)* to go by OU past; **~ par** *(lieu)* to pass through.
2. *(faire une visite rapide)* to drop in; **~ voir qqn** to drop in on sb.
3. *(facteur, autobus)* to come.
4. *(se frayer un chemin)* to get past; **laisser ~ qqn** to let sb past.
5. *(à la télé, à la radio, au cinéma)* to be on.
6. *(s'écouler)* to pass.
7. *(douleur)* to go away; *(couleur)* to fade.
8. *(à un niveau différent)* to move up; **je passe en 3^e^** *(SCOL)* I'm moving up into the fifth year; **~ en seconde** *(vitesse)* to change into second.
9. *(dans des expressions)*: **passons!** *(pour changer de sujet)* let's move on!; **en passant** in passing.
◆ *vt (aux avoir)* 1. *(temps, vacances)* to spend; **nous avons passé l'après-midi à chercher un hôtel** we spent the afternoon looking for a hotel.
2. *(obstacle, frontière)* to cross; *(douane)* to go through.
3. *(examen)* to take; *(visite médicale, entretien)* to have.
4. *(vidéo, disque)* to play; *(au cinéma, à la télé)* to show.
5. *(vitesse)* to change into.
6. *(mettre, faire passer)* to put; **~ le bras par la portière** to put one's arm out of the door; **~ l'aspirateur** to do the vacuuming.
7. *(filtrer)* to strain.
8. *(sauter)*: **~ son tour** to pass.
9. *(donner, transmettre)* to pass on; **~ qqch à qqn** *(objet)* to pass sb sthg; *(maladie)* to give sb sthg; **je vous le passe** *(au téléphone)* I'll put him on.
❑ **passer pour** *v + prép* to be thought of as; **se faire ~ pour** to pass o.s. off as; **se passer** *vp* 1. *(arriver)* to happen; **qu'est-ce qui se passe?** what's going on?; **se ~ bien/mal** to go well/badly. 2. *(crème, eau)*: **je vais me ~ de l'huile**

**solaire sur les jambes** I'm going to put suntan oil on my legs; **se passer de** *vp + prép* to do without.

**passerelle** [pasʀɛl] *nf (pont)* footbridge; *(d'embarquement)* gangway; *(sur un bateau)* bridge.

**passe-temps** [pastɑ̃] *nm inv* pastime.

**passible** [pasibl] *adj*: ~ **de** liable to.

**passif, -ive** [pasif, iv] *adj & nm* passive.

**passion** [pasjɔ̃] *nf* passion.

**passionnant, -e** [pasjɔnɑ̃, ɑ̃t] *adj* fascinating.

**passionné, -e** [pasjɔne] *adj* passionate; ~ **de musique** mad on music.

**passionner** [pasjɔne] *vt* to grip ❑ **se passionner pour** *vp + prép* to have a passion for.

**passoire** [paswaʀ] *nf (à thé)* strainer; *(à légumes)* colander.

**pastel** [pastɛl] *adj inv* pastel.

**pastèque** [pastɛk] *nf* watermelon.

**pasteurisé, -e** [pastœʀize] *adj* pasteurized.

**pastille** [pastij] *nf* pastille.

**pastis** [pastis] *nm aniseed-flavoured aperitif.*

**patate** [patat] *nf (fam: pomme de terre)* spud; **~s pilées** *(Can)* mashed potato.

**patauger** [patoʒe] *vi* to splash about.

**pâte** [pɑt] *nf (à pain)* dough; *(à tarte)* pastry; *(à gâteau)* mixture; ~ **d'amandes** almond paste; ~ **brisée** shortcrust pastry; ~ **feuilletée** puff pastry; ~ **de fruits** *jelly made from fruit paste*; ~ **à modeler** Plasticine®; ~ **sablée** shortcrust pastry ❑ **pâtes** *nfpl (nouilles)* pasta *(sg)*.

**pâté** [pate] *nm (charcuterie)* pâté; *(de sable)* sandpie; *(tache)* blot; ~ **chinois** *(Can) shepherd's pie with a layer of sweetcorn*; ~ **de maisons** block (of houses).

**pâtée** [pate] *nf (pour chien)* food.

**paternel, -elle** [patɛʀnɛl] *adj* paternal.

**pâteux, -euse** [patø, øz] *adj* chewy.

**patiemment** [pasjamɑ̃] *adv* patiently.

**patience** [pasjɑ̃s] *nf* patience.

**patient, -e** [pasjɑ̃, ɑ̃t] *adj & nm, f* patient.

**patienter** [pasjɑ̃te] *vi* to wait.

**patin** [patɛ̃] *nm*: **~s à glace** ice skates; **~s à roulettes** roller skates.

**patinage** [patinaʒ] *nm* skating; ~ **artistique** figure skating.

**patiner** [patine] *vi (patineur)* to skate; *(voiture)* to skid; *(roue)* to spin.

**patineur, -euse** [patinœʀ, øz] *nm, f* skater.

**patinoire** [patinwaʀ] *nf* ice rink.

**pâtisserie** [patisʀi] *nf (gâteau)* pastry; *(magasin)* ≃ cake shop.

**pâtissier, -ière** [patisje, jɛʀ] *nm, f* pastrycook.

**patois** [patwa] *nm* dialect.

**patrie** [patʀi] *nf* native country.

**patrimoine** [patʀimwan] *nm (d'une famille)* inheritance; *(d'un pays)* heritage.

**patriote** [patʀijɔt] *nmf* patriot.

**patriotique** [patʀijɔtik] *adj* patriotic.

**patron, -onne** [patʀɔ̃, ɔn] *nm, f*

boss ◆ *nm (modèle de vêtement)* pattern.

**patrouille** [patruj] *nf* patrol.

**patrouiller** [patruje] *vi* to patrol.

**patte** [pat] *nf (jambe)* leg; *(pied de chien, de chat)* paw; *(pied d'oiseau)* foot; *(de boutonnage)* loop; *(de cheveux)* sideburn.

**pâturage** [patyraʒ] *nm* pasture land.

**paume** [pom] *nf* palm.

**paupière** [popjɛr] *nf* eyelid.

**paupiette** [popjɛt] *nf thin slice of meat rolled around a filling.*

**pause** [poz] *nf* break; **«pause»** *(sur un lecteur CD, un magnétoscope)* "pause".

**pause-café** [pozkafe] (*pl* **pauses-café**) *nf* coffee break.

**pauvre** [povr] *adj* poor.

**pauvreté** [povrəte] *nf* poverty.

**pavé, -e** [pave] *adj* cobbled ◆ *nm (pierre)* paving stone; **~ numérique** numeric keypad.

**pavillon** [pavijɔ̃] *nm (maison individuelle)* detached house.

**payant, -e** [pɛjɑ̃, ɑ̃t] *adj (spectacle)* with an admission charge; *(hôte)* paying.

**paye** [pɛ] *nf* pay.

**payer** [peje] *vt* to pay; *(achat)* to pay for; **bien/mal payé** well/badly paid; **~ qqch à qqn** *(fam: offrir)* to buy sthg for sb, to treat sb to sthg; **«payez ici»** "pay here".

**pays** [pei] *nm* country; **les gens du ~** *(de la région)* the local people; **de ~** *(jambon, fromage)* local; **le ~ de Galles** Wales.

**paysage** [peizaʒ] *nm* landscape.

**paysan, -anne** [peizɑ̃, an] *nm, f* (small) farmer.

**Pays-Bas** [peiba] *nmpl*: **les ~** the Netherlands.

**PC** *nm (abr de Parti communiste)* CP; *(ordinateur)* PC.

**PCV** *nm*: **appeler en ~** to make a reverse-charge call *(Br)*, to call collect *(Am)*.

**P-DG** *nm (abr de président-directeur général)* = MD *(Br)*, = CEO *(Am)*.

**péage** [peaʒ] *nm (taxe)* toll; *(lieu)* tollbooth.

**peau, -x** [po] *nf* skin; **~ de chamois** chamois leather.

**pêche** [pɛʃ] *nf (fruit)* peach; *(activité)* fishing; **~ à la ligne** angling; **~ en mer** sea fishing; **~ Melba** peach Melba.

**péché** [peʃe] *nm* sin.

**pêcher** [peʃe] *vt (poisson)* to catch ◆ *vi* to go fishing ◆ *nm* peach tree.

**pêcheur, -euse** [peʃœr, øz] *nm, f* fisherman (*f* fisherwoman).

**pédagogie** [pedagɔʒi] *nf (qualité)* teaching ability.

**pédale** [pedal] *nf* pedal.

**pédaler** [pedale] *vi* to pedal.

**pédalier** [pedalje] *nm* pedals and chain wheel assembly.

**Pédalo®** [pedalo] *nm* pedal boat.

**pédant, -e** [pedɑ̃, ɑ̃t] *adj* pedantic.

**pédestre** [pedɛstr] *adj* → **randonnée**.

**pédiatre** [pedjatr] *nmf* pediatrician.

**pédicure** [pedikyr] *nmf* chiropodist *(Br)*, podiatrist *(Am)*.

**pedigree** [pedigre] *nm* pedigree.

**peigne** [pɛɲ] *nm* comb.

**peigner** [peɲe] *vt* to comb ❑ **se**

**peigner** *vp* to comb one's hair.
**peignoir** [peɲwar] *nm* dressing gown *(Br)*, robe *(Am)*; **~ de bain** bathrobe.
**peindre** [pɛ̃dr] *vt* to paint; **~ qqch en blanc** to paint sthg white.
**peine** [pɛn] *nf (tristesse)* sorrow; *(effort)* difficulty; *(de prison)* sentence; **avoir de la ~** to be sad; **avoir de la ~ à faire qqch** to have difficulty doing sthg; **faire de la ~ à qqn** to upset sb; **ce n'est pas la ~** it's not worth it; **ce n'est pas la ~ d'y aller** it's not worth going; **valoir la ~** to be worth it; **sous ~ de** on pain of; **~ de mort** death penalty; **à ~** hardly.
**peiner** [pene] *vt* to sadden ◆ *vi* to struggle.
**peint, -e** [pɛ̃, pɛ̃t] *pp* → **peindre**.
**peintre** [pɛ̃tr] *nm* painter.
**peinture** [pɛ̃tyr] *nf (matière)* paint; *(œuvre d'art)* painting; *(art)* painting.
**pelage** [pəlaʒ] *nm* coat.
**pêle-mêle** [pɛlmɛl] *adv* higgledy-piggledy.
**peler** [pəle] *vt & vi* to peel.
**pèlerinage** [pɛlrinaʒ] *nm* pilgrimage.
**pelle** [pɛl] *nf* shovel; *(jouet d'enfant)* spade.
**pellicule** [pelikyl] *nf* film ❑ **pellicules** *nfpl* dandruff *(sg)*.
**pelote** [pəlɔt] *nf (de fil, de laine)* ball.
**peloton** [pəlɔtɔ̃] *nm (de cyclistes)* pack.
**pelotonner** [pəlɔtɔne] **: se pelotonner** *vp* to curl up.
**pelouse** [pəluz] *nf* lawn; **«~ interdite»** "keep off the grass".
**peluche** [pəlyʃ] *nf (jouet)* soft toy; **animal en ~** cuddly animal.
**pelure** [pəlyr] *nf* peel.
**pénaliser** [penalize] *vt* to penalize.
**penalty** [penalti] *(pl* **-s** OU **-ies)** *nm* penalty.
**penchant** [pɑ̃ʃɑ̃] *nm*: **avoir un ~ pour** to have a liking for.
**pencher** [pɑ̃ʃe] *vt (tête)* to bend; *(objet)* to tilt ◆ *vi* to lean; **~ pour** to incline towards ❑ **se pencher** *vp (s'incliner)* to lean over; *(se baisser)* to bend down; **se ~ par la fenêtre** to lean out of the window.
**pendant** [pɑ̃dɑ̃] *prép* during; **~ deux semaines** for two weeks; **~ que** while.
**pendentif** [pɑ̃dɑ̃tif] *nm* pendant.
**penderie** [pɑ̃dri] *nf* wardrobe *(Br)*, closet *(Am)*.
**pendre** [pɑ̃dr] *vt & vi* to hang ❑ **se pendre** *vp (se tuer)* to hang o.s.
**pendule** [pɑ̃dyl] *nf* clock.
**pénétrer** [penetre] *vi*: **~ dans** *(entrer dans)* to enter; *(s'incruster dans)* to penetrate.
**pénible** [penibl] *adj (travail)* tough; *(souvenir, sensation)* painful; *(fam: agaçant)* tiresome.
**péniche** [peniʃ] *nf* barge.
**pénicilline** [penisilin] *nf* penicillin.
**péninsule** [penɛ̃syl] *nf* peninsula.
**pénis** [penis] *nm* penis.
**pense-bête, -s** [pɑ̃sbɛt] *nm* reminder.
**pensée** [pɑ̃se] *nf* thought; *(esprit)* mind; *(fleur)* pansy.

**penser** [pɑ̃se] *vt & vi* to think; **qu'est-ce que tu en penses?** what do you think (of it)?; **~ faire qqch** to plan to do sthg; **~ à** *(réfléchir à)* to think about; *(se souvenir de)* to remember; **~ à faire qqch** to think of doing sthg.

**pensif, -ive** [pɑ̃sif, iv] *adj* thoughtful.

**pension** [pɑ̃sjɔ̃] *nf (hôtel)* guest house; *(allocation)* pension; **être en ~** *(élève)* to be at boarding school; **~ complète** full board; **~ de famille** family-run guest house.

**pensionnaire** [pɑ̃sjɔnɛr] *nmf (élève)* boarder; *(d'un hôtel)* resident.

**pensionnat** [pɑ̃sjɔna] *nm* boarding school.

**pente** [pɑ̃t] *nf* slope; **en ~** sloping.

**Pentecôte** [pɑ̃tkot] *nf* Whitsun.

**pénurie** [penyri] *nf* shortage.

**pépé** [pepe] *nm (fam)* grandad.

**pépin** [pepɛ̃] *nm* pip; *(fam: ennui)* hitch.

**perçant, -e** [pɛrsɑ̃, ɑ̃t] *adj (cri)* piercing; *(vue)* sharp.

**percepteur** [pɛrsɛptœr] *nm* tax collector.

**perceptible** [pɛrsɛptibl] *adj* perceptible.

**percer** [pɛrse] *vt* to pierce; *(avec une perceuse)* to drill a hole in; *(trou, ouverture)* to make ◆ *vi (dent)* to come through.

**perceuse** [pɛrsøz] *nf* drill.

**percevoir** [pɛrsəvwar] *vt* to perceive; *(argent)* to receive.

**perche** [pɛrʃ] *nf (tige)* pole.

**percher** [pɛrʃe] **: se percher** *vp* to perch.

**perchoir** [pɛrʃwar] *nm* perch.

**perçu, -e** [pɛrsy] *pp* → **percevoir**.

**percussions** [pɛrkysjɔ̃] *nfpl* percussion *(sg)*.

**percuter** [pɛrkyte] *vt* to crash into.

**perdant, -e** [pɛrdɑ̃, ɑ̃t] *nm, f* loser.

**perdre** [pɛrdr] *vt* to lose; *(temps)* to waste ◆ *vi* to lose; **~ qqn de vue** *(ne plus voir)* to lose sight of sb; *(ne plus avoir de nouvelles)* to lose touch with sb ❑ **se perdre** *vp* to get lost.

**perdreau, -x** [pɛrdro] *nm* young partridge.

**perdrix** [pɛrdri] *nf* partridge.

**perdu, -e** [pɛrdy] *adj (village, coin)* out-of-the-way.

**père** [pɛr] *nm* father; **le ~ Noël** Father Christmas, Santa Claus.

**perfection** [pɛrfɛksjɔ̃] *nf* perfection.

**perfectionné, -e** [pɛrfɛksjɔne] *adj* sophisticated.

**perfectionnement** [pɛrfɛksjɔnmɑ̃] *nm* improvement.

**perfectionner** [pɛrfɛksjɔne] *vt* to improve ❑ **se perfectionner** *vp* to improve.

**perforer** [pɛrfɔre] *vt* to perforate.

**performance** [pɛrfɔrmɑ̃s] *nf* performance; **~s** *(d'un ordinateur, d'une voiture)* performance *(sg)*.

**perfusion** [pɛrfyzjɔ̃] *nf*: **être sous ~** to be on a drip.

**péril** [peril] *nm* peril; **en ~** in danger.

**périlleux, -euse** [perijø, jøz] *adj* perilous.

**périmé, -e** [perime] *adj* out-of-date.

**périmètre** [perimɛtr] *nm* perimeter.

**période** [perjɔd] *nf* period; ~ **blanche/bleue** *periods during which train fares are at a reduced price.*

**périodique** [perjɔdik] *adj* periodic ◆ *nm* periodical.

**péripéties** [peripesi] *nfpl* events.

**périphérique** [periferik] *adj* *(quartier)* outlying ◆ *nm (INFORM)* peripheral; **le (boulevard)** ~ the Paris ring road *(Br)*, the Paris beltway *(Am)*.

**périr** [perir] *vi (sout)* to perish.

**périssable** [perisabl] *adj* perishable.

**perle** [pɛrl] *nf* pearl.

**permanence** [pɛrmanɑ̃s] *nf* *(bureau)* office; *(SCOL)* free period; **de** ~ on duty; **en** ~ permanently.

**permanent, -e** [pɛrmanɑ̃, ɑ̃t] *adj* permanent.

**permanente** [pɛrmanɑ̃t] *nf* perm.

**perméable** [pɛrmeabl] *adj* permeable.

**permettre** [pɛrmɛtr] *vt* to allow; ~ **à qqn de faire qqch** to allow sb to do sthg ❑ **se permettre** *vp*: **se** ~ **de faire qqch** to take the liberty of doing sthg; **pouvoir se** ~ **qqch** *(financièrement)* to be able to afford sthg.

**permis, -e** [pɛrmi, iz] *pp* → **permettre** ◆ *nm* licence; **il n'est pas** ~ **de fumer** smoking is not permitted; ~ **de conduire** driving licence *(Br)*, driver's license *(Am)*; ~ **de pêche** fishing permit.

**permission** [pɛrmisjɔ̃] *nf* permission; *(MIL)* leave; **demander la** ~ **de faire qqch** to ask permission to do sthg.

**perpendiculaire** [pɛrpɑ̃dikylɛr] *adj* perpendicular.

**perpétuel, -elle** [pɛrpetɥɛl] *adj* perpetual.

**perplexe** [pɛrplɛks] *adj* perplexed.

**perron** [perɔ̃] *nm* steps *(pl) (leading to building)*.

**perroquet** [perɔkɛ] *nm* parrot.

**perruche** [peryʃ] *nf* budgerigar.

**perruque** [peryk] *nf* wig.

**persécuter** [pɛrsekyte] *vt* to persecute.

**persécution** [pɛrsekysjɔ̃] *nf* persecution.

**persévérant, -e** [pɛrseverɑ̃, ɑ̃t] *adj* persistent.

**persévérer** [pɛrsevere] *vi* to persevere.

**persienne** [pɛrsjɛn] *nf* shutter.

**persil** [pɛrsi] *nm* parsley.

**persillé, -e** [pɛrsije] *adj* sprinkled with chopped parsley.

**persistant, -e** [pɛrsistɑ̃, ɑ̃t] *adj* persistent.

**persister** [pɛrsiste] *vi* to persist; ~ **à faire qqch** to persist in doing sthg.

**personnage** [pɛrsɔnaʒ] *nm* character; *(personnalité)* person.

**personnaliser** [pɛrsɔnalize] *vt* to personalize; *(voiture)* to customize.

**personnalité** [pɛrsɔnalite] *nf* personality.

**personne** [pɛrsɔn] *nf* person ◆ *pron* no one, nobody; **il n'y a** ~ there is no one there; **je n'ai vu** ~ I didn't see anyone; **en** ~ in person;

**par ~** per head; **~ âgée** elderly person.

**personnel, -elle** [pɛrsɔnɛl] *adj* personal ◆ *nm* staff.

**personnellement** [pɛrsɔnɛlmɑ̃] *adv* personally.

**personnifier** [pɛrsɔnifje] *vt* to personify.

**perspective** [pɛrspɛktiv] *nf* perspective; *(panorama)* view; *(possibilité)* prospect.

**persuader** [pɛrsɥade] *vt* to persuade; **~ qqn de faire qqch** to persuade sb to do sthg.

**persuasif, -ive** [pɛrsɥazif, iv] *adj* persuasive.

**perte** [pɛrt] *nf* loss; *(gaspillage)* waste; **~ de temps** waste of time.

**pertinent, -e** [pɛrtinɑ̃, ɑ̃t] *adj* relevant.

**perturbation** [pɛrtyrbasjɔ̃] *nf* disturbance.

**perturber** [pɛrtyrbe] *vt (plans, fête)* to disrupt; *(troubler)* to disturb.

**pesant, -e** [pəsɑ̃, ɑ̃t] *adj (gros)* heavy.

**pesanteur** [pəzɑ̃tœr] *nf* gravity.

**pèse-personne** [pɛzpɛrsɔn] *nm inv* scales *(pl)*.

**peser** [pəze] *vt & vi* to weigh; **~ lourd** to be heavy.

**pessimisme** [pesimism] *nm* pessimism.

**pessimiste** [pesimist] *adj* pessimistic ◆ *nmf* pessimist.

**peste** [pɛst] *nf* plague.

**pétale** [petal] *nm* petal.

**pétanque** [petɑ̃k] *nf* = bowls *(sg)*.

**pétard** [petar] *nm (explosif)* firecracker.

**péter** [pete] *vi (fam) (se casser)* to bust; *(personne)* to fart.

**pétillant, -e** [petijɑ̃, ɑ̃t] *adj* sparkling.

**pétiller** [petije] *vi (champagne)* to fizz; *(yeux)* to sparkle.

**petit, -e** [p(ə)ti, it] *adj* small, little; *(en durée)* short; *(peu important)* small ◆ *nm, f (à l'école)* junior; **~s** *(d'un animal)* young; **~ ami** boyfriend; **~e amie** girlfriend; **~ déjeuner** breakfast; **~ pain** (bread) roll; **~ pois** (garden) pea; **~ pot** jar (of baby food); **~ à ~** little by little.

**petit-beurre** [p(ə)tibœr] (*pl* **petits-beurre**) *nm square dry biscuit made with butter*.

**petite-fille** [p(ə)titfij] (*pl* **petites-filles**) *nf* granddaughter.

**petit-fils** [p(ə)tifis] (*pl* **petits-fils**) *nm* grandson.

**petit-four** [p(ə)tifur] (*pl* **petits-fours**) *nm* petit four, *small sweet cake or savoury*.

**pétition** [petisjɔ̃] *nf* petition.

**petits-enfants** [p(ə)tizɑ̃fɑ̃] *nmpl* grandchildren.

**petit-suisse** [p(ə)tisɥis] (*pl* **petits-suisses**) *nm thick fromage frais sold in small individual portions and eaten as a dessert*.

**pétrole** [petrɔl] *nm* oil.

**pétrolier** [petrɔlje] *nm* oil tanker.

**peu** [pø] *adv* **1.** *(avec un verbe)* not much; *(avec un adjectif, un adverbe)* not very; **j'ai ~ voyagé** I haven't travelled much; **~ aimable** not very nice; **ils sont ~ nombreux** there aren't many of them; **~ après** soon afterwards.
**2.** *(avec un nom)*: **~ de** *(sel, temps)* not much, a little; *(gens, vêtements)*

not many, few.
3. *(dans le temps)*: **avant ~** soon; **il y a ~** a short time ago.
4. *(dans des expressions)*: **à ~ près** about; **~ à ~** little by little.
◆ *nm*: **un ~** a bit, a little; **un petit ~** a little bit; **un ~ de** a little.

**peuple** [pœpl] *nm* people.

**peupler** [pœple] *vt (pays)* to populate; *(rivière)* to stock; *(habiter)* to inhabit.

**peuplier** [pøplije] *nm* poplar.

**peur** [pœr] *nf* fear; **avoir ~** to be afraid; **avoir ~ de qqch** to be afraid of sthg; **avoir ~ de faire qqch** to be afraid of doing sthg; **faire ~ à qqn** to frighten sb.

**peureux, -euse** [pœrø, øz] *adj* timid.

**peut** → **pouvoir**.

**peut-être** [pøtɛtr] *adv* perhaps, maybe; **~ qu'il est parti** perhaps he's left.

**peux** → **pouvoir**.

**phalange** [falɑ̃ʒ] *nf* finger bone.

**pharaon** [faraɔ̃] *nm* pharaoh.

**phare** [far] *nm (de voiture)* headlight; *(sur la côte)* lighthouse.

**pharmacie** [farmasi] *nf (magasin)* chemist's *(Br)*, drugstore *(Am)*; *(armoire)* medicine cabinet.

**pharmacien, -ienne** [farmasjɛ̃, jɛn] *nm, f* chemist *(Br)*, druggist *(Am)*.

**phase** [faz] *nf* phase.

**phénoménal, -e, -aux** [fenɔmenal, o] *adj* phenomenal.

**phénomène** [fenɔmɛn] *nm* phenomenon.

**philatélie** [filateli] *nf* stamp-collecting.

**philosophe** [filɔzɔf] *adj* philosophical ◆ *nmf* philosopher.

**philosophie** [filɔzɔfi] *nf* philosophy.

**phonétique** [fɔnetik] *adj* phonetic.

**phoque** [fɔk] *nm* seal.

**photo** [fɔto] *nf* photo; *(art)* photography; **prendre qqn/qqch en ~** to take a photo of sb/sthg; **prendre une ~ (de)** to take a photo (of).

**photocopie** [fɔtɔkɔpi] *nf* photocopy.

**photocopier** [fɔtɔkɔpje] *vt* to photocopy.

**photocopieuse** [fɔtɔkɔpjøz] *nf* photocopier.

**photographe** [fɔtɔgraf] *nmf (artiste)* photographer; *(commerçant) camera dealer and film developer.*

**photographie** [fɔtɔgrafi] *nf (procédé, art)* photography; *(image)* photograph.

**photographier** [fɔtɔgrafje] *vt* to photograph.

**Photomaton®** [fɔtɔmatɔ̃] *nm* photo booth.

**phrase** [fraz] *nf* sentence.

**physionomie** [fizjɔnɔmi] *nf (d'un visage)* physiognomy.

**physique** [fizik] *adj* physical ◆ *nf* physics *(sg)* ◆ *nm (apparence)* physique.

**pianiste** [pjanist] *nmf* pianist.

**piano** [pjano] *nm* piano.

**pic** [pik] *nm (montagne)* peak; **à ~** *(descendre)* vertically; *(fig: tomber, arriver)* at just the right moment; **couler à ~** to sink like a stone.

**pichet** [piʃɛ] *nm* jug.

**pickpocket** [pikpɔkɛt] *nm* pickpocket.

**picorer** [pikɔre] *vt* to peck.

**picotement** [pikɔtmɑ̃] *nm* prickling.
**picoter** [pikɔte] *vt* to sting.
**pie** [pi] *nf* magpie.
**pièce** [pjɛs] *nf (argent)* coin; *(salle)* room; *(sur un vêtement)* patch; *(morceau)* piece; **20 F ~** 20 francs each; **(maillot de bain) une ~** one-piece (swimming costume); **~ d'identité** identity card; **~ de monnaie** coin; **~ montée** wedding cake; **~ de rechange** spare part; **~ (de théâtre)** play.
**pied** [pje] *nm* foot; **à ~** on foot; **au ~ de** at the foot of; **avoir ~** to be able to touch the bottom; **mettre sur ~** to get off the ground.
**piège** [pjɛʒ] *nm* trap.
**piéger** [pjeʒe] *vt* to trap; *(voiture, valise)* to booby-trap.
**pierre** [pjɛr] *nf* stone; **~ précieuse** precious stone.
**piétiner** [pjetine] *vt* to trample ◆ *vi (foule)* to mill around; *(fig: enquête)* to make no headway.
**piéton, -onne** [pjetɔ̃, ɔn] *nm, f* pedestrian ◆ *adj* = **piétonnier**.
**piétonnier, -ière** [pjetɔnje, jɛr] *adj* pedestrianized.
**pieu, -x** [pjø] *nm* post.
**pieuvre** [pjœvr] *nf* octopus.
**pigeon** [piʒɔ̃] *nm* pigeon.
**pilaf** [pilaf] *nm* → **riz**.
**pile** [pil] *nf (tas)* pile; *(électrique)* battery ◆ *adv (arriver)* at just the right moment; **jouer qqch à ~ ou face** to toss (up) for sthg; **~ ou face?** heads or tails?; **s'arrêter ~** to stop dead; **trois heures ~** three o'clock on the dot.
**piler** [pile] *vt* to crush ◆ *vi (fam: freiner)* to brake hard.
**pilier** [pilje] *nm* pillar.
**piller** [pije] *vt* to loot.
**pilote** [pilɔt] *nm (d'avion)* pilot; *(de voiture)* driver.
**piloter** [pilɔte] *vt (avion)* to fly; *(voiture)* to drive; *(diriger)* to show around.
**pilotis** [pilɔti] *nm* stilts *(pl)*.
**pilule** [pilyl] *nf* pill; **prendre la ~** to be on the pill.
**piment** [pimɑ̃] *nm (condiment)* chilli; **~ doux** sweet pepper; **~ rouge** chilli (pepper).
**pimenté, -e** [pimɑ̃te] *adj* spicy.
**pin** [pɛ̃] *nm* pine.
**pince** [pɛ̃s] *nf (outil)* pliers *(pl)*; *(de crabe)* pincer; *(de pantalon)* pleat; **~ à cheveux** hair clip; **~ à épiler** tweezers *(pl)*; **~ à linge** clothes peg.
**pinceau, -x** [pɛ̃so] *nm* brush.
**pincée** [pɛ̃se] *nf* pinch.
**pincer** [pɛ̃se] *vt (serrer)* to pinch; *(coincer)* to catch.
**pingouin** [pɛ̃gwɛ̃] *nm* penguin.
**ping-pong** [piŋpɔ̃g] *nm* table tennis.
**pin's** [pinz] *nm inv* badge.
**pintade** [pɛ̃tad] *nf* guinea fowl.
**pinte** [pɛ̃t] *nf (Helv: café)* café.
**pioche** [pjɔʃ] *nf* pick.
**piocher** [pjɔʃe] *vi (aux cartes, aux dominos)* to pick up.
**pion** [pjɔ̃] *nm (aux échecs)* pawn; *(aux dames)* piece.
**pionnier, -ière** [pjɔnje, jɛr] *nm, f* pioneer.
**pipe** [pip] *nf* pipe.
**pipi** [pipi] *nm (fam)*: **faire ~** to have a wee.
**piquant, -e** [pikɑ̃, ɑ̃t] *adj (épicé)* spicy ◆ *nm (épine)* thorn.

**pique** [pik] *nf (remarque)* spiteful remark ◆ *nm (aux cartes)* spades *(pl)*.
**pique-nique, -s** [piknik] *nm* picnic.
**pique-niquer** [piknike] *vi* to have a picnic.
**piquer** [pike] *vt (suj: aiguille, pointe)* to prick; *(suj: guêpe, ortie, fumée)* to sting; *(suj: moustique)* to bite; *(planter)* to stick ◆ *vi (insecte)* to sting; *(épice)* to be hot.
**piquet** [pikɛ] *nm* stake.
**piqueur** [pikœr] *adj m* → **marteau**.
**piqûre** [pikyr] *nf (d'insecte)* sting; *(de moustique)* bite; *(MÉD)* injection.
**piratage** [pirataʒ] *nm (INFORM)* hacking; *(de vidéos, de cassettes)* pirating.
**pirate** [pirat] *nm* pirate ◆ *adj (radio, cassette)* pirate; **~ de l'air** hijacker.
**pirater** [pirate] *vt* to pirate.
**pire** [pir] *adj (comparatif)* worse; *(superlatif)* worst ◆ *nm*: **le ~** the worst.
**pirouette** [pirwɛt] *nf* pirouette.
**pis** [pi] *nm (de vache)* udder.
**piscine** [pisin] *nf* swimming pool.
**pissenlit** [pisɑ̃li] *nm* dandelion.
**pistache** [pistaʃ] *nf* pistachio (nut).
**piste** [pist] *nf* track, trail; *(indice)* lead; *(de cirque)* (circus) ring; *(de ski)* run; *(d'athlétisme)* track; **~ (d'atterrissage)** runway; **~ cyclable** cycle track; *(sur la route)* cycle lane; **~ de danse** dance floor; **~ verte/bleue/rouge/noire** green/blue/red/black run *(in order of difficulty)*.
**pistolet** [pistɔlɛ] *nm* gun.
**piston** [pistɔ̃] *nm (de moteur)* piston.
**pithiviers** [pitivje] *nm puff pastry cake filled with almond cream.*
**pitié** [pitje] *nf* pity; **avoir ~ de qqn** to feel pity for sb; **elle me fait ~** I feel sorry for her.
**pitoyable** [pitwajabl] *adj* pitiful.
**pitre** [pitr] *nm* clown; **faire le ~** to play the fool.
**pittoresque** [pitɔrɛsk] *adj* picturesque.
**pivoter** [pivɔte] *vi (personne)* to turn round; *(fauteuil)* to swivel.
**pizza** [pidza] *nf* pizza.
**pizzeria** [pidzerja] *nf* pizzeria.
**placard** [plakar] *nm* cupboard.
**placarder** [plakarde] *vt (affiche)* to stick up.
**place** [plas] *nf (endroit, dans un classement)* place; *(de parking)* space; *(siège)* seat; *(d'une ville)* square; *(espace)* room, space; *(emploi)* job; **changer qqch de ~** to move sthg; **à la ~ de** instead of; **sur ~** on the spot; **~ assise** seat; **~ debout** *(au concert)* standing ticket; **«30 ~s debout»** *(dans un bus)* "standing room for 30".
**placement** [plasmɑ̃] *nm (financier)* investment.
**placer** [plase] *vt* to place; *(argent)* to invest ❑ **se placer** *vp (se mettre debout)* to stand; *(s'asseoir)* to sit (down); *(se classer)* to come.
**plafond** [plafɔ̃] *nm* ceiling.
**plafonnier** [plafɔnje] *nm* ceiling light.
**plage** [plaʒ] *nf* beach; *(de disque)* track; **~ arrière** back shelf.
**plaie** [plɛ] *nf* wound.

**plaindre** [plɛ̃dr] *vt* to feel sorry for ❑ **se plaindre** *vp* to complain; **se ~ de** to complain about.

**plaine** [plɛn] *nf* plain.

**plaint, -e** [plɛ̃, plɛ̃t] *pp* → **plaindre**.

**plainte** [plɛ̃t] *nf (gémissement)* moan; *(en justice)* complaint; **porter ~** to lodge a complaint.

**plaintif, -ive** [plɛ̃tif, iv] *adj* plaintive.

**plaire** [plɛr] *vi*: **elle me plaît** I like her; **le film m'a beaucoup plu** I enjoyed the film a lot; **s'il vous/te plaît** please ❑ **se plaire** *vp*: **tu te plais ici?** do you like it here?

**plaisance** [plɛzɑ̃s] *nf* → **navigation, port**.

**plaisanter** [plɛzɑ̃te] *vi* to joke.

**plaisanterie** [plɛzɑ̃tri] *nf* joke.

**plaisir** [plezir] *nm* pleasure; **votre lettre m'a fait très ~** I was delighted to receive your letter; **avec ~!** with pleasure!

**plan** [plɑ̃] *nm* plan; *(carte)* map; *(niveau)* level; **au premier/second ~** in the foreground/background; **~ d'eau** lake.

**planche** [plɑ̃ʃ] *nf* plank; **faire la ~** to float; **~ à roulettes** skateboard; **~ à voile** sailboard; **faire de la ~ à voile** to windsurf.

**plancher** [plɑ̃ʃe] *nm* floor.

**planer** [plane] *vi* to glide.

**planète** [planɛt] *nf* planet.

**planeur** [planœr] *nm* glider.

**planifier** [planifje] *vt* to plan.

**planning** [planiŋ] *nm* schedule.

**plantation** [plɑ̃tasjɔ̃] *nf (exploitation agricole)* plantation; **~s** *(plantes)* plants.

**plante** [plɑ̃t] *nf* plant; **~ du pied** sole (of the foot); **~ grasse** succulent (plant); **~ verte** houseplant.

**planter** [plɑ̃te] *vt (graines)* to plant; *(enfoncer)* to drive in.

**plaque** [plak] *nf* sheet; *(de chocolat)* bar; *(de beurre)* pack; *(sur un mur)* plaque; *(tache)* patch; **~ chauffante** hotplate; **~ d'immatriculation** OU **minéralogique** numberplate *(Br)*, license plate *(Am)*.

**plaqué, -e** [plake] *adj*: **~ or/argent** gold/silver-plated.

**plaquer** [plake] *vt (aplatir)* to flatten; *(au rugby)* to tackle.

**plaquette** [plakɛt] *nf (de beurre)* pack; *(de chocolat)* bar; **~ de frein** brake pad.

**plastifié, -e** [plastifje] *adj* plastic-coated.

**plastique** [plastik] *nm* plastic; **sac en ~** plastic bag.

**plat, -e** [pla, plat] *adj* flat; *(eau)* still ◆ *nm* dish; *(de menu)* course; **à ~** *(pneu, batterie)* flat; *(fam: fatigué)* exhausted; **se mettre à ~ ventre** to lie face down; **~ cuisiné** ready-cooked dish; **~ du jour** dish of the day; **~ de résistance** main course.

**platane** [platan] *nm* plane tree.

**plateau, -x** [plato] *nm (de cuisine)* tray; *(plaine)* plateau; *(de télévision, de cinéma)* set; **~ à fromages** cheese board; **~ de fromages** cheese board.

**plate-bande** [platbɑ̃d] (*pl* **plates-bandes**) *nf* flowerbed.

**plate-forme** [platfɔrm] (*pl* **plates-formes**) *nf* platform.

**platine** [platin] *nf*: **~ cassette** cassette deck; **~ laser** compact disc player.

**plâtre** [platr] *nm* plaster; *(MÉD)* plaster cast.

**plâtrer** [platre] *vt (MÉD)* to put in plaster.

**plausible** [plozibl] *adj* plausible.

**plébiscite** [plebisit] *nm (Helv: référendum)* referendum.

**plein, -e** [plɛ̃, plɛn] *adj* full ◆ *nm*: **faire le ~ (d'essence)** to fill up; **~ de** full of; *(fam: beaucoup de)* lots of; **en ~ air** in the open air; **en ~ devant moi** right in front of me; **en ~e forme** in good form; **en ~e nuit** in the middle of the night; **en ~ milieu** bang in the middle; **~s phares** with full beam on *(Br)*, with high beams on *(Am)*.

**pleurer** [plœre] *vi* to cry.

**pleureur** [plœrœr] *adj m* → **saule**.

**pleurnicher** [plœrniʃe] *vi* to whine.

**pleut** → **pleuvoir**.

**pleuvoir** [pløvwar] *vi (insultes, coups, bombes)* to rain down ◆ *v impers*: **il pleut** it's raining; **il pleut à verse** it's pouring (down).

**Plexiglas®** [plɛksiglas] *nm* Plexiglass®.

**pli** [pli] *nm (d'un papier, d'une carte)* fold; *(d'une jupe)* pleat; *(d'un pantalon)* crease; *(aux cartes)* trick; **(faux) ~** crease.

**pliant, -e** [plijɑ̃, ɑ̃t] *adj* folding ◆ *nm* folding chair.

**plier** [plije] *vt* to fold; *(lit, tente)* to fold up; *(courber)* to bend ◆ *vi (se courber)* to bend.

**plinthe** [plɛ̃t] *nf (en bois)* skirting board.

**plissé, -e** [plise] *adj (jupe)* pleated.

**plisser** [plise] *vt (papier)* to fold; *(tissu)* to pleat; *(yeux)* to screw up.

**plomb** [plɔ̃] *nm (matière)* lead; *(fusible)* fuse; *(de pêche)* sinker; *(de chasse)* shot.

**plombage** [plɔ̃baʒ] *nm (d'une dent)* filling.

**plomberie** [plɔ̃bri] *nf* plumbing.

**plombier** [plɔ̃bje] *nm* plumber.

**plombières** [plɔ̃bjɛr] *nf* tutti-frutti ice cream.

**plongeant, -e** [plɔ̃ʒɑ̃, ɑ̃t] *adj (décolleté)* plunging; *(vue)* from above.

**plongée** [plɔ̃ʒe] *nf* diving; **~ sous-marine** scuba diving.

**plongeoir** [plɔ̃ʒwar] *nm* diving board.

**plongeon** [plɔ̃ʒɔ̃] *nm* dive.

**plonger** [plɔ̃ʒe] *vi* to dive ◆ *vt* to plunge ❑ **se plonger dans** *vp + prép (activité)* to immerse o.s. in.

**plongeur, -euse** [plɔ̃ʒœr, øz] *nm, f (sous-marin)* diver.

**plu** [ply] *pp* → **plaire, pleuvoir**.

**pluie** [plɥi] *nf* rain.

**plumage** [plymaʒ] *nm* plumage.

**plume** [plym] *nf* feather; *(pour écrire)* nib.

**plupart** [plypar] *nf*: **la ~ (de)** most (of); **la ~ du temps** most of the time.

**pluriel** [plyrjɛl] *nm* plural.

**plus** [ply(s)] *adv* **1.** *(pour comparer)* more; **~ intéressant (que)** more interesting (than); **~ souvent (que)** more often (than); **~ court (que)** shorter (than).
**2.** *(superlatif)* : **c'est ce qui me plaît le ~ ici** it's what I like best about this place; **l'hôtel le ~ confortable où nous ayons logé** the most comfortable hotel we've stayed in; **le ~ souvent** *(d'habitude)* usually; **le ~**

**vite possible** as quickly as possible.
3. *(davantage)* more; **je ne veux pas dépenser ~** I don't want to spend any more; **~ de** *(encore de)* more; *(au-delà de)* more than.
4. *(avec «ne»)*: **il ne vient ~ me voir** he doesn't come to see me any more, he no longer comes to see me; **je n'en veux ~, merci** I don't want any more, thank you.
5. *(dans des expressions)*: **de** OU **en ~** *(d'autre part)* what's more; **trois de** OU **en ~** three more; **il a deux ans de ~ que moi** he's two years older than me; **de ~ en ~ (de)** more and more; **en ~ de** in addition to; **~ ou moins** more or less; **~ tu y penseras, pire ce sera** the more you think about it, the worse it will be.
◆ *prép* plus.

**plusieurs** [plyzjœr] *adj & pron* several.

**plus-que-parfait** [plyskəparfɛ] *nm* pluperfect.

**plutôt** [plyto] *adv* rather; **allons ~ à la plage** let's go to the beach instead; **~ que (de) faire qqch** rather than do OU doing sthg.

**pluvieux, -ieuse** [plyvjø, jøz] *adj* rainy.

**PMU** *nm system for betting on horses*; *(bar)* = betting shop.

**pneu** [pnø] *nm* tyre.

**pneumatique** [pnømatik] *adj* → **canot, matelas**.

**pneumonie** [pnømɔni] *nf* pneumonia.

**PO** *(abr de petites ondes)* MW.

**poche** [pɔʃ] *nf* pocket; **de ~** *(livre, lampe)* pocket.

**poché, -e** [pɔʃe] *adj*: **avoir un œil ~** to have a black eye.

**pocher** [pɔʃe] *vt (CULIN)* to poach.

**pochette** [pɔʃɛt] *nf (de rangement)* wallet; *(de disque)* sleeve; *(sac à main)* clutch bag; *(mouchoir)* (pocket) handkerchief.

**podium** [pɔdjɔm] *nm* podium.

**poêle**[1] [pwal] *nm* stove; **~ à mazout** oil-fired stove.

**poêle**[2] [pwal] *nf*: **~ (à frire)** frying pan.

**poème** [pɔɛm] *nm* poem.

**poésie** [pɔezi] *nf (art)* poetry; *(poème)* poem.

**poète** [pɔɛt] *nm* poet.

**poétique** [pɔetik] *adj* poetic.

**poids** [pwa] *nm* weight; **lancer le ~** *(SPORT)* to put the shot; **perdre/prendre du ~** to lose/put on weight; **~ lourd** *(camion)* heavy goods vehicle.

**poignard** [pwaɲar] *nm* dagger.

**poignarder** [pwaɲarde] *vt* to stab.

**poignée** [pwaɲe] *nf (de porte, de valise)* handle; *(de sable, de bonbons)* handful; **une ~ de** *(très peu de)* a handful of; **~ de main** handshake.

**poignet** [pwaɲɛ] *nm* wrist; *(de vêtement)* cuff.

**poil** [pwal] *nm* hair; *(de pinceau, de brosse à dents)* bristle; **à ~** *(fam)* stark naked; **au ~** *(fam: excellent)* great.

**poilu, -e** [pwaly] *adj* hairy.

**poinçonner** [pwɛ̃sɔne] *vt (ticket)* to punch.

**poing** [pwɛ̃] *nm* fist.

**point** [pwɛ̃] *nm (petite tache)* dot, spot; *(de ponctuation)* full stop *(Br)*, period *(Am)*; *(problème, dans une note, un score)* point; *(de couture, de* *tricot)* stitch; ~ **de côté** stitch; ~ **de départ** starting point; ~ **d'exclamation** exclamation mark; ~ **faible** weak point; ~ **final** full stop *(Br)*, period *(Am)*; ~ **d'interrogation** question mark; **(au)** ~ **mort** (in) neutral; ~ **de repère** *(concret)* landmark; ~**s cardinaux** points of the compass; ~**s de suspension** suspension points; ~**s (de suture)** stitches; **à** ~ *(steak)* medium; **au** ~ *(méthode)* perfected; **au** ~ OU **à tel** ~ **que** to such an extent that; **mal en** ~ in a bad way; **être sur le** ~ **de faire qqch** to be on the point of doing sthg.

**point de vue** [pwɛ̃d(ə)vy] (*pl* **points de vue**) *nm (endroit)* viewpoint; *(opinion)* point of view.

**pointe** [pwɛ̃t] *nf (extrémité)* point, tip; *(clou)* panel pin; **sur la** ~ **des pieds** on tiptoe; **de** ~ *(technique)* state-of-the-art; **en** ~ *(tailler)* to a point ❑ **pointes** *nfpl (chaussons)* points.

**pointer** [pwɛ̃te] *vt (diriger)* to point ◆ *vi (à l'entrée)* to clock in; *(à la sortie)* to clock out.

**pointillé** [pwɛ̃tije] *nm (ligne)* dotted line; *(perforations)* perforated line.

**pointu, -e** [pwɛ̃ty] *adj* pointed.

**pointure** [pwɛ̃tyr] *nf* (shoe) size.

**point-virgule** [pwɛ̃virgyl] (*pl* **points-virgules**) *nm* semicolon.

**poire** [pwar] *nf* pear; ~ **Belle-Hélène** *pear served on vanilla ice cream and covered with chocolate sauce.*

**poireau, -x** [pwaro] *nm* leek.

**poirier** [pwarje] *nm* pear tree.

**pois** [pwa] *nm (rond)* spot; **à** ~ spotted; ~ **chiche** chickpea.

**poison** [pwazɔ̃] *nm* poison.

**poisseux, -euse** [pwasø, øz] *adj* sticky.

**poisson** [pwasɔ̃] *nm* fish; ~ **d'avril!** April Fool!; **faire un** ~ **d'avril à qqn** to play an April Fool's trick on sb; ~**s du lac** *(Helv) fish caught in Lake Geneva*; ~ **rouge** goldfish ❑ **Poissons** *nmpl* Pisces *(sg)*.

**poissonnerie** [pwasɔnri] *nf* fishmonger's (shop).

**poissonnier, -ière** [pwasɔnje, jɛr] *nm, f* fishmonger.

**poitrine** [pwatrin] *nf (buste)* chest; *(seins)* bust; *(de porc)* belly.

**poivre** [pwavr] *nm* pepper.

**poivré, -e** [pwavre] *adj* peppery.

**poivrier** [pwavrije] *nm (sur la table)* pepper pot.

**poivrière** [pwavrijɛr] *nf* = **poivrier**.

**poivron** [pwavrɔ̃] *nm* pepper.

**poker** [pɔkɛr] *nm* poker.

**polaire** [pɔlɛr] *adj* polar.

**Polaroid**® [pɔlarɔid] *nm* Polaroid®.

**pôle** [pol] *nm (géographique)* pole; ~ **Nord/Sud** North/South Pole.

**poli, -e** [pɔli] *adj* polite; *(verre, bois)* polished.

**police** [pɔlis] *nf* police *(pl)*; ~ **d'assurance** insurance policy; ~ **secours** *emergency call-out service provided by the police.*

**policier, -ière** [pɔlisje, jɛr] *adj (roman, film)* detective; *(enquête)* police ◆ *nm* police officer.

**poliment** [pɔlimɑ̃] *adv* politely.

**politesse** [pɔlitɛs] *nf* politeness.

**politicien, -ienne** [pɔlitisjɛ̃, jɛn] *nm, f* politician.

**politique** [pɔlitik] *adj* political ♦ *nf (activité)* politics *(sg)*; *(extérieure, commerciale, etc)* policy.

**pollen** [pɔlɛn] *nm* pollen.

**pollué, -e** [pɔlɥe] *adj* polluted.

**pollution** [pɔlysjɔ̃] *nf* pollution.

**polo** [pɔlo] *nm (vêtement)* polo shirt.

**polochon** [pɔlɔʃɔ̃] *nm* bolster.

**Pologne** [pɔlɔɲ] *nf*: **la ~** Poland.

**polycopié** [pɔlikɔpje] *nm* photocopied notes *(pl)*.

**polyester** [pɔliɛstɛr] *nm* polyester.

**Polynésie** [pɔlinezi] *nf*: **la ~** Polynesia; **la ~ française** French Polynesia.

**polystyrène** [pɔlistirɛn] *nm* polystyrene.

**polyvalent, -e** [pɔlivalɑ̃, ɑ̃t] *adj (salle)* multi-purpose; *(employé)* versatile.

**pommade** [pɔmad] *nf* ointment.

**pomme** [pɔm] *nf* apple; *(de douche)* head; *(d'arrosoir)* rose; **tomber dans les ~s** *(fam)* to pass out; **~ de pin** pine cone; **~s dauphine** *mashed potato coated in batter and deep-fried*; **~s noisettes** *fried potato balls.*

**pomme de terre** [pɔmdətɛr] *(pl* **pommes de terre**) *nf* potato.

**pommette** [pɔmɛt] *nf* cheekbone.

**pommier** [pɔmje] *nm* apple tree.

**pompe** [pɔ̃p] *nf* pump; **~ à essence** petrol pump *(Br)*, gas pump *(Am)*; **~ à vélo** bicycle pump; **~s funèbres** funeral director's *(sg) (Br)*, mortician's *(sg) (Am)*.

**pomper** [pɔ̃pe] *vt* to pump.

**pompier** [pɔ̃pje] *nm* fireman *(Br)*, firefighter *(Am)*.

**pompiste** [pɔ̃pist] *nmf* forecourt attendant.

**pompon** [pɔ̃pɔ̃] *nm* pompom.

**poncer** [pɔ̃se] *vt* to sand down.

**ponctuation** [pɔ̃ktɥasjɔ̃] *nf* punctuation.

**ponctuel, -elle** [pɔ̃ktɥɛl] *adj (à l'heure)* punctual; *(limité)* specific.

**pondre** [pɔ̃dr] *vt* to lay.

**poney** [pɔnɛ] *nm* pony.

**pont** [pɔ̃] *nm* bridge; *(de bateau)* deck; **faire le ~** *to have the day off between a national holiday and a weekend.*

**pont-levis** [pɔ̃lәvi] *(pl* **pontslevis**) *nm* drawbridge.

**ponton** [pɔ̃tɔ̃] *nm* pontoon.

**pop** [pɔp] *adj inv & nf* pop.

**pop-corn** [pɔpkɔrn] *nm inv* popcorn.

**populaire** [pɔpylɛr] *adj (quartier, milieu)* working-class; *(apprécié)* popular.

**population** [pɔpylasjɔ̃] *nf* population.

**porc** [pɔr] *nm* pig; *(CULIN)* pork.

**porcelaine** [pɔrsәlɛn] *nf (matériau)* porcelain.

**porche** [pɔrʃ] *nm* porch.

**pore** [pɔr] *nm* pore.

**poreux, -euse** [pɔrø, øz] *adj* porous.

**pornographique** [pɔrnɔgrafik] *adj* pornographic.

**port** [pɔr] *nm* port; «**~ payé**» "postage paid"; **~ de pêche** fishing port; ~ **de plaisance** sailing harbour.

**portable** [pɔrtabl] *adj* portable.

**portail** [pɔrtaj] *nm* gate.

**portant, -e** [pɔrtɑ̃, ɑ̃t] *adj*: **être bien/mal** ~ to be in good/poor health; **à bout** ~ point-blank.

**portatif, -ive** [pɔrtatif, iv] *adj* portable.

**porte** [pɔrt] *nf* door; *(d'un jardin, d'une ville)* gate; **mettre qqn à la** ~ to throw sb out; ~ **(d'embarquement)** gate; ~ **d'entrée** front door.

**porte-avions** [pɔrtavjɔ̃] *nm inv* aircraft carrier.

**porte-bagages** [pɔrtbagaʒ] *nm inv (de vélo)* bike rack.

**porte-bébé, -s** [pɔrtbebe] *nm (harnais)* baby sling.

**porte-bonheur** [pɔrtbɔnœr] *nm inv* lucky charm.

**porte-clefs** [pɔrtəkle] = **porte-clés**.

**porte-clés** [pɔrtəkle] *nm inv* key ring.

**portée** [pɔrte] *nf (d'un son, d'une arme)* range; *(d'une femelle)* litter; *(MUS)* stave; **à la** ~ **de qqn** *(intellectuelle)* within sb's understanding; **à** ~ **de (la) main** within reach; **à** ~ **de voix** within earshot.

**porte-fenêtre** [pɔrtfənɛtr] (*pl* **portes-fenêtres**) *nf* French window *(Br)*, French door *(Am)*.

**portefeuille** [pɔrtəfœj] *nm* wallet.

**porte-jarretelles** [pɔrtʒartɛl] *nm inv* suspender belt *(Br)*, garter belt *(Am)*.

**portemanteau, -x** [pɔrtmɑ̃to] *nm (au mur)* coat rack; *(sur pied)* coat stand.

**porte-monnaie** [pɔrtmɔnɛ] *nm inv* purse.

**porte-parole** [pɔrtparɔl] *nm inv* spokesman (*f* spokeswoman).

**porter** [pɔrte] *vt (tenir)* to carry; *(vêtement, lunettes)* to wear; *(nom, date, responsabilité)* to bear; *(apporter)* to take ◆ *vi (son)* to carry; *(remarque, menace)* to hit home; ~ **bonheur/malheur à qqn** to bring sb good luck/bad luck; ~ **sur** *(suj: discussion)* to be about ❑ **se porter** *vp*: **se** ~ **bien/mal** to be well/unwell.

**porte-savon, -s** [pɔrtsavɔ̃] *nm* soap dish.

**porte-serviette, -s** [pɔrtsɛrvjɛt] *nm* towel rail.

**porteur, -euse** [pɔrtœr, øz] *nm, f (de bagages)* porter; *(d'une maladie)* carrier.

**portier** [pɔrtje] *nm* doorman.

**portière** [pɔrtjɛr] *nf* door.

**portillon** [pɔrtijɔ̃] *nm* barrier; ~ **automatique** *(TRANSP)* automatic barrier.

**portion** [pɔrsjɔ̃] *nf* portion; *(que l'on se sert soi-même)* helping.

**portique** [pɔrtik] *nm (de balançoire)* frame.

**porto** [pɔrto] *nm* port.

**portrait** [pɔrtrɛ] *nm* portrait.

**portuaire** [pɔrtɥɛr] *adj*: **ville** ~ port.

**portugais, -e** [pɔrtygɛ, ɛz] *adj* Portuguese ◆ *nm (langue)* Portuguese ❑ **Portugais, -e** *nm, f* Portuguese (person).

**Portugal** [pɔrtygal] *nm*: **le** ~ Portugal.

**pose** [poz] *nf (de moquette)* laying; *(de vitre)* fitting; *(attitude)* pose; **prendre la** ~ to assume a pose.

**posé, -e** [poze] *adj (calme)* composed.

**poser** [poze] *vt* to put; *(rideaux, tapisserie)* to hang; *(vitre)* to fit; *(moquette)* to lay; *(question)* to ask; *(problème)* to pose ◆ *vi (pour une photo)* to pose ❑ **se poser** *vp (oiseau, avion)* to land.

**positif, -ive** [pozitif, iv] *adj* positive.

**position** [pozisjɔ̃] *nf* position.

**posologie** [pozɔlɔʒi] *nf* dosage.

**posséder** [pɔsede] *vt* to possess; *(maison, voiture)* to own.

**possessif, -ive** [pɔsesif, iv] *adj* possessive.

**possibilité** [pɔsibilite] *nf* possibility; **avoir la ~ de faire qqch** to have the chance to do sthg ❑ **possibilités** *nfpl (financières)* means; *(intellectuelles)* potential *(sg)*.

**possible** [pɔsibl] *adj* possible ◆ *nm*: **faire son ~ (pour faire qqch)** to do one's utmost (to do sthg); **le plus de vêtements ~** as many clothes as possible; **le plus d'argent ~** as much money as possible; **dès que ~, le plus tôt ~** as soon as possible; **si ~** if possible.

**postal, -e, -aux** [pɔstal, o] *adj (service)* postal *(Br)*, mail *(Am)*; *(wagon)* mail.

**poste**[1] [pɔst] *nm (emploi)* post; *(de ligne téléphonique)* extension; **~ (de police)** police station; **~ de radio** radio; **~ de télévision** television (set).

**poste**[2] [pɔst] *nf (administration)* post *(Br)*, mail *(Am)*; *(bureau)* post office; **~ restante** poste restante *(Br)*, general delivery *(Am)*.

**poster**[1] [pɔste] *vt (lettre)* to post *(Br)*, to mail *(Am)*.

**poster**[2] [pɔstɛr] *nm* poster.

**postérieur, -e** [pɔsterjœr] *adj (dans le temps)* later; *(partie, membres)* rear ◆ *nm* posterior.

**postier, -ière** [pɔstje, jɛr] *nm, f* post-office worker.

**postillonner** [pɔstijɔne] *vi* to splutter.

**post-scriptum** [pɔstskriptɔm] *nm inv* postscript.

**posture** [pɔstyr] *nf* posture.

**pot** [po] *nm (de yaourt, de peinture)* pot; *(de confiture)* jar; **~ d'échappement** exhaust (pipe); **~ de fleurs** flowerpot; **~ à lait** milk jug.

**potable** [pɔtabl] *adj* → **eau**.

**potage** [pɔtaʒ] *nm* soup.

**potager** [pɔtaʒe] *nm*: **(jardin) ~** vegetable garden.

**pot-au-feu** [pɔtofø] *nm inv* *boiled beef and vegetables.*

**pot-de-vin** [podvɛ̃] *(pl* **pots-de-vin**) *nm* bribe.

**poteau, -x** [pɔto] *nm* post; **~ indicateur** signpost.

**potée** [pɔte] *nf stew of meat, usually pork, and vegetables.*

**potentiel, -ielle** [pɔtɑ̃sjɛl] *adj & nm* potential.

**poterie** [pɔtri] *nf (art)* pottery; *(objet)* piece of pottery.

**potiron** [pɔtirɔ̃] *nm* pumpkin.

**pot-pourri** [popuri] *(pl* **pots-pourris**) *nm* potpourri.

**pou, -x** [pu] *nm* louse.

**poubelle** [pubɛl] *nf* dustbin *(Br)*, trashcan *(Am)*; **mettre qqch à la ~** to put sthg in the dustbin *(Br)*, to put sthg in the trash *(Am)*.

**pouce** [pus] *nm* thumb.

**pouding** [pudiŋ] *nm sweet cake made from bread and candied fruit;* **~**

**de cochon** *French-Canadian dish of meatloaf made from chopped pork and pigs' livers.*

**poudre** [pudr] *nf* powder; **en ~** *(lait, amandes)* powdered; **chocolat en ~** chocolate powder.

**poudreux, -euse** [pudrø, øz] *adj* powdery.

**pouf** [puf] *nm* pouffe.

**pouffer** [pufe] *vi*: **~ (de rire)** to titter.

**poulailler** [pulaje] *nm* hen-house.

**poulain** [pulɛ̃] *nm* foal.

**poule** [pul] *nf* hen; *(CULIN)* fowl; **~ au pot** *chicken and vegetable stew.*

**poulet** [pulɛ] *nm* chicken; **~ basquaise** *sauteed chicken in a rich tomato, pepper and garlic sauce.*

**poulie** [puli] *nf* pulley.

**pouls** [pu] *nm* pulse; **prendre le ~ à qqn** to take sb's pulse.

**poumon** [pumɔ̃] *nm* lung.

**poupée** [pupe] *nf* doll.

**pour** *prép* 1. *(exprime le but, la destination)* for; **c'est ~ vous** it's for you; **faire qqch ~ l'argent** to do sthg for money; **~ rien** for nothing; **le vol ~ Londres** the flight for London; **partir ~** to leave for.
2. *(afin de)*: **~ faire qqch** in order to do sthg; **~ que** so that.
3. *(en raison de)* for; **~ avoir fait qqch** for doing sthg.
4. *(exprime la durée)* for.
5. *(somme)*: **je voudrais ~ 20 F de bonbons** I'd like 20 francs' worth of sweets.
6. *(pour donner son avis)*: **~ moi** as far as I'm concerned.
7. *(à la place de)* for; **signe ~ moi** sign for me.
8. *(en faveur de)* for; **être ~ qqch** to be in favour of sthg; **je suis ~!** I'm all for it!

**pourboire** [purbwar] *nm* tip.

**pourcentage** [pursɑ̃taʒ] *nm* percentage.

**pourquoi** [purkwa] *adv* why; **c'est ~ ...** that's why ...; **~ pas?** why not?

**pourra** *etc* → **pouvoir**.

**pourrir** [purir] *vi* to rot.

**pourriture** [purityr] *nf (partie moisie)* rotten part.

**poursuite** [pursɥit] *nf* chase; **se lancer à la ~ de qqn** to set off after sb ❑ **poursuites** *nfpl (JUR)* proceedings.

**poursuivi, -e** [pursɥivi] *pp* → **poursuivre**.

**poursuivre** [pursɥivr] *vt (voleur)* to chase; *(criminel)* to prosecute; *(voisin)* to sue; *(continuer)* to continue ❑ **se poursuivre** *vp* to continue.

**pourtant** [purtɑ̃] *adv* yet.

**pourvu** [purvy] **: pourvu que** *conj (condition)* provided (that); *(souhait)* let's hope (that).

**pousse-pousse** [puspus] *nm inv (Helv: poussette)* pushchair.

**pousser** [puse] *vt* to push; *(déplacer)* to move; *(cri)* to give ◆ *vi* to push; *(plante)* to grow; **~ qqn à faire qqch** to urge sb to do sthg; **faire ~** *(plante, légumes)* to grow; **«poussez»** "push" ❑ **se pousser** *vp* to move up.

**poussette** [pusɛt] *nf* pushchair.

**poussière** [pusjɛr] *nf* dust.

**poussiéreux, -euse** [pusjerø, øz] *adj* dusty.

**poussin** [pusɛ̃] *nm* chick.

**poutine** [putin] *nf (Can) fried*

*potato topped with grated cheese and brown sauce.*

**poutre** [putr] *nf* beam.

**pouvoir** [puvwar] *nm (influence)* power; **le ~** *(politique)* power; **les ~s publics** the authorities.
◆ *vt* 1. *(être capable de)* can, to be able; **pourriez-vous …?** could you …?; **tu aurais pu faire ça avant!** you could have done that before!; **je n'en peux plus** *(je suis fatigué)* I'm exhausted; *(j'ai trop mangé)* I'm full up; **je n'y peux rien** there's nothing I can do about it.
2. *(être autorisé à)*: **vous ne pouvez pas stationner ici** you can't park here.
3. *(exprime la possibilité)*: **il peut faire très froid ici** it can get very cold here; **attention, tu pourrais te blesser** careful, you might hurt yourself.
❑ **se pouvoir** *vp*: **il se peut que le vol soit annulé** the flight may OU might be cancelled; **ça se pourrait (bien)** it's (quite) possible.

**prairie** [preri] *nf* meadow.

**praline** [pralin] *nf* praline, sugared almond; *(Belg: chocolat)* chocolate.

**praliné, -e** [praline] *adj hazelnut- or almond-flavoured.*

**pratiquant, -e** [pratikɑ̃, ɑ̃t] *adj (RELIG)* practising.

**pratique** [pratik] *adj (commode)* handy; *(concret)* practical.

**pratiquement** [pratikmɑ̃] *adv* practically.

**pratiquer** [pratike] *vt*: **~ un sport** to do some sport; **~ le golf** to play golf.

**pré** [pre] *nm* meadow.

**préau, -x** [preo] *nm (de récréation)* (covered) play area.

**précaire** [preker] *adj* precarious.

**précaution** [prekosjɔ̃] *nf* precaution; **prendre des ~s** to take precautions; **avec ~** carefully.

**précédent, -e** [presedɑ̃, ɑ̃t] *adj* previous.

**précéder** [presede] *vt* to precede.

**précieux, -ieuse** [presjø, jøz] *adj* precious.

**précipice** [presipis] *nm* precipice.

**précipitation** [presipitasjɔ̃] *nf* haste ❑ **précipitations** *nfpl (pluie)* precipitation *(sg)*.

**précipiter** [presipite] *vt (pousser)* to push; *(allure)* to quicken; *(départ)* to bring forward ❑ **se précipiter** *vp (tomber)* to throw o.s.; *(se dépêcher)* to rush; **se ~ dans/vers** to rush into/towards; **se ~ sur qqn** to jump on sb.

**précis, -e** [presi, iz] *adj (clair, rigoureux)* precise; *(exact)* accurate; **à cinq heures ~es** at five o'clock sharp.

**préciser** [presize] *vt (déterminer)* to specify; *(clarifier)* to clarify ❑ **se préciser** *vp* to become clear.

**précision** [presizjɔ̃] *nf* accuracy; *(explication)* detail.

**précoce** [prekɔs] *adj (enfant)* precocious; *(printemps)* early.

**prédécesseur** [predesesœr] *nm* predecessor.

**prédiction** [prediksjɔ̃] *nf* prediction.

**prédire** [predir] *vt* to predict.

**prédit, -e** [predi, it] *pp* → **prédire**.

**préfabriqué, -e** [prefabrike]

*adj* prefabricated.
**préface** [prefas] *nf* preface.
**préfecture** [prefɛktyr] *nf town where a préfet's office is situated, and the office itself.*
**préféré, -e** [prefere] *adj & nm, f* favourite.
**préférence** [preferɑ̃s] *nf* preference; **de ~** preferably.
**préférer** [prefere] *vt* to prefer; **~ faire qqch** to prefer to do sthg; **je préférerais qu'elle s'en aille** I'd rather she left.
**préfet** [prefɛ] *nm senior local government official.*
**préhistoire** [preistwar] *nf* prehistory.
**préhistorique** [preistɔrik] *adj* prehistoric.
**préjugé** [preʒyʒe] *nm* prejudice.
**prélèvement** [prelɛvmɑ̃] *nm (d'argent)* deduction; *(de sang)* sample.
**prélever** [prelәve] *vt (somme, part)* to deduct; *(sang)* to take.
**prématuré, -e** [prematyre] *adj* premature ◆ *nm, f* premature baby.
**prémédité, -e** [premedite] *adj* premeditated.
**premier, -ière** [prәmje, jɛr] *adj & nm, f* first; **en ~** first; **le ~ de l'an** New Year's Day; **Premier ministre** Prime Minister, → **sixième**.
**première** [prәmjɛr] *nf (SCOL)* = lower sixth *(Br)*, = eleventh grade *(Am)*; *(vitesse)* first (gear); *(TRANSP)* first class; **voyager en ~ (classe)** to travel first class.
**premièrement** [prәmjɛrmɑ̃] *adv* firstly.
**prenais** *etc* → **prendre**.
**prendre** [prɑ̃dr] *vt* 1. *(saisir, emporter, enlever)* to take; **~ qqch à qqn** to take sthg from sb.
2. *(passager, auto-stoppeur)* to pick up; **passer ~ qqn** to pick sb up.
3. *(repas, boisson)* to have; **qu'est-ce que vous prendrez?** *(à boire)* what would you like to drink?; **~ un verre** to have a drink.
4. *(utiliser)* to take; **quelle route dois-je ~?** which route should I take?; **~ l'avion** to fly; **~ le train** to take the train.
5. *(attraper, surprendre)* to catch; **se faire ~** to be caught.
6. *(air, ton)* to put on.
7. *(considérer)*: **~ qqn pour** *(par erreur)* to mistake sb for; *(sciemment)* to take sb for.
8. *(notes, photo, mesures)* to take.
9. *(poids)* to put on.
10. *(dans des expressions)*: **qu'est-ce qui te prend?** what's the matter with you?
◆ *vi* 1. *(sauce, ciment)* to set.
2. *(feu)* to catch.
3. *(se diriger)*: **prenez à droite** turn right.
❑ **se prendre** *vp*: **pour qui tu te prends?** who do you think you are?; **s'en ~ à qqn** *(en paroles)* to take it out on sb; **s'y ~ mal** to go about things the wrong way.
**prenne** *etc* → **prendre**.
**prénom** [prenɔ̃] *nm* first name.
**préoccupé, -e** [preɔkype] *adj* preoccupied.
**préoccuper** [preɔkype] *vt* to preoccupy ❑ **se préoccuper de** *vp + prép* to think about.
**préparatifs** [preparatif] *nmpl* preparations.
**préparation** [preparasjɔ̃] *nf* preparation.

**préparer** [prepare] *vt* to prepare; *(affaires)* to get ready; *(départ, examen)* to prepare for ❑ **se préparer** *vp* to get ready; *(s'annoncer)* to be imminent; **se ~ à faire qqch** to be about to do sthg.

**préposition** [prepozisjɔ̃] *nf* preposition.

**près** [prɛ] *adv*: **de ~** closely; **tout ~** very close, very near; **~ de** near (to); *(presque)* nearly.

**prescrire** [prɛskrir] *vt* to prescribe.

**prescrit, -e** [prɛskri, it] *pp* → prescrire.

**présence** [prezɑ̃s] *nf* presence; **en ~ de** in the presence of.

**présent, -e** [prezɑ̃, ɑ̃t] *adj & nm* present; **à ~ (que)** now (that).

**présentateur, -trice** [prezɑ̃tatœr, tris] *nm, f* presenter.

**présentation** [prezɑ̃tasjɔ̃] *nf* presentation ❑ **présentations** *nfpl*: **faire les ~s** to make the introductions.

**présenter** [prezɑ̃te] *vt* to present; *(montrer)* to show; **~ qqn à qqn** to introduce sb to sb ❑ **se présenter** *vp (occasion, difficulté)* to arise; *(à un rendez-vous)* to present o.s.; *(dire son nom)* to introduce o.s.; **se ~ bien/mal** to look good/bad.

**préservatif** [prezɛrvatif] *nm* condom.

**préserver** [prezɛrve] *vt* to protect; **~ qqn/qqch de** to protect sb/sthg from.

**président, -e** [prezidɑ̃, ɑ̃t] *nm, f (d'une assemblée, d'une société)* chairman (*f* chairwoman); **le ~ de la République** the French President.

**présider** [prezide] *vt (assemblée)* to chair.

**presque** [prɛsk] *adv* almost; **~ pas de** hardly any.

**presqu'île** [prɛskil] *nf* peninsula.

**pressant, -e** [prɛsɑ̃, ɑ̃t] *adj* pressing.

**presse** [prɛs] *nf (journaux)* press; **la ~ à sensation** the tabloids *(pl)*.

**pressé, -e** [prese] *adj* in a hurry; *(urgent)* urgent; *(citron, orange)* freshly squeezed; **être ~ de faire qqch** to be in a hurry to do sthg.

**presse-citron** [prɛssitrɔ̃] *nm inv* lemon squeezer.

**pressentiment** [presɑ̃timɑ̃] *nm* premonition.

**presser** [prese] *vt (fruit)* to squeeze; *(bouton)* to press; *(faire se dépêcher)* to rush ◆ *vi*: **le temps presse** there isn't much time; **rien ne presse** there's no rush ❑ **se presser** *vp* to hurry.

**pressing** [presiŋ] *nm* dry cleaner's.

**pression** [prɛsjɔ̃] *nf* pressure; *(bouton)* press stud *(Br)*, snap fastener *(Am)*; **(bière) ~** draught beer.

**prestidigitateur, -trice** [prɛstidiʒitatœr, tris] *nm, f* conjurer.

**prestige** [prɛstiʒ] *nm* prestige.

**prêt, -e** [prɛ, prɛt] *adj* ready ◆ *nm (FIN)* loan; **être ~ à faire qqch** to be ready to do sthg.

**prêt-à-porter** [prɛtapɔrte] *nm* ready-to-wear clothing.

**prétendre** [pretɑ̃dr] *vt*: **~ que** to claim (that).

**prétentieux, -ieuse** [pretɑ̃sjø, jøz] *adj* pretentious.

**prétention** [pretɑ̃sjɔ̃] *nf* pretentiousness.

**prêter** [prete] *vt* to lend; **~ qqch à qqn** to lend sb sthg; **~ attention à** to pay attention to.

**prétexte** [pretɛkst] *nm* pretext; **sous ~ que** under the pretext that.

**prêtre** [prɛtr] *nm* priest.

**preuve** [prœv] *nf* proof, evidence; **faire ~ de** to show; **faire ses ~s** *(méthode)* to prove successful; *(employé)* to prove one's worth.

**prévaloir** [prevalwar] *vi (sout)* to prevail.

**prévenir** [prevnir] *vt (avertir)* to warn; *(empêcher)* to prevent.

**préventif, -ive** [prevɑ̃tif, iv] *adj* preventive.

**prévention** [prevɑ̃sjɔ̃] *nf* prevention; **~ routière** road safety body.

**prévenu, -e** [prevny] *pp* → **prévenir**.

**prévisible** [previzibl] *adj* foreseeable.

**prévision** [previzjɔ̃] *nf* forecast; **en ~ de** in anticipation of; **~s météo(rologiques)** weather forecast *(sg)*.

**prévoir** [prevwar] *vt (anticiper)* to anticipate, to expect; *(organiser, envisager)* to plan; **comme prévu** as planned.

**prévoyant, -e** [prevwajɑ̃, ɑ̃t] *adj*: **être ~** to think ahead.

**prévu, -e** [prevy] *pp* → **prévoir**.

**prier** [prije] *vi* to pray ◆ *vt (RELIG)* to pray to; **~ qqn de faire qqch** to ask sb to do sthg; **je te/vous prie** please; **je vous/t'en prie** *(ne vous gênez/te gêne pas)* please do; *(de rien)* don't mention it; **les passagers sont priés de ne pas fumer** passengers are kindly requested not to smoke.

**prière** [prijɛr] *nf (RELIG)* prayer; **«~ de ne pas fumer»** "you are requested not to smoke".

**primaire** [primɛr] *adj (SCOL)* primary; *(péj: raisonnement, personne)* limited.

**prime** [prim] *nf (d'assurance)* premium; *(de salaire)* bonus; **en ~** *(avec un achat)* as a free gift.

**primeurs** [primœr] *nfpl* early produce *(sg)*.

**primevère** [primvɛr] *nf* primrose.

**primitif, -ive** [primitif, iv] *adj* primitive.

**prince** [prɛ̃s] *nm* prince.

**princesse** [prɛ̃sɛs] *nf* princess.

**principal, -e, -aux** [prɛ̃sipal, o] *adj* main ◆ *nm (d'un collège)* headmaster (*f* headmistress); **le ~** *(l'essentiel)* the main thing.

**principalement** [prɛ̃sipalmɑ̃] *adv* mainly.

**principe** [prɛ̃sip] *nm* principle; **en ~** in principle.

**printemps** [prɛ̃tɑ̃] *nm* spring.

**priori** → **a priori**.

**prioritaire** [prijɔritɛr] *adj*: **être ~** *(urgent)* to be a priority; *(sur la route)* to have right of way.

**priorité** [prijɔrite] *nf* priority; *(sur la route)* right of way; **~ à droite** right of way to traffic coming from the right; **laisser la ~** to give way *(Br)*, to yield *(Am)*; **«vous n'avez pas la ~»** "give way" *(Br)*, "yield" *(Am)*.

**pris, -e** [pri, iz] *pp* → **prendre**.

**prise** [priz] *nf (à la pêche)* catch; *(point d'appui)* hold; **~ (de courant)** *(dans le mur)* socket; *(fiche)* plug; **~ multiple** adapter; **~ de sang** blood test.

**prison** [prizɔ̃] *nf* prison; **en ~** in prison.
**prisonnier, -ière** [prizɔnje, jɛr] *nm, f* prisoner.
**privé, -e** [prive] *adj* private; **en ~** in private.
**priver** [prive] *vt*: **~ qqn de qqch** to deprive sb of sthg ❑ **se priver** *vp* to deprive o.s.; **se ~ de qqch** to go without sthg.
**privilège** [privilɛʒ] *nm* privilege.
**privilégié, -e** [privileʒje] *adj* privileged.
**prix** [pri] *nm* price; *(récompense)* prize; **à tout ~** at all costs.
**probable** [prɔbabl] *adj* probable.
**probablement** [prɔbabləmɑ̃] *adv* probably.
**problème** [prɔblɛm] *nm* problem.
**procédé** [prɔsede] *nm* process.
**procès** [prɔsɛ] *nm* trial.
**processus** [prɔsesys] *nm* process.
**procès-verbal, -aux** [prɔsɛvɛrbal, o] *nm (contravention)* ticket.
**prochain, -e** [prɔʃɛ̃, ɛn] *adj* next; **la semaine ~e** next week.
**proche** [prɔʃ] *adj* near; **être ~ de** *(lieu, but)* to be near (to); *(personne, ami)* to be close to; **le Proche-Orient** the Near East.
**procuration** [prɔkyrasjɔ̃] *nf* mandate; **voter par ~** to vote by proxy.
**procurer** [prɔkyre] **: se procurer** *vp (marchandise)* to obtain.
**prodigieux, -ieuse** [prɔdiʒjø, jøz] *adj* incredible.
**producteur, -trice** [prɔdyktœr, tris] *nm, f* producer.
**production** [prɔdyksjɔ̃] *nf* production.
**produire** [prɔdɥir] *vt* to produce ❑ **se produire** *vp (avoir lieu)* to happen.
**produit, -e** [prɔdɥi, ɥit] *pp* → **produire** ◆ *nm* product; **~s de beauté** beauty products; **~s laitiers** dairy products.
**prof** [prɔf] *nmf (fam)* teacher.
**professeur** [prɔfɛsœr] *nm* teacher; **~ d'anglais/de piano** English/piano teacher.
**profession** [prɔfɛsjɔ̃] *nf* occupation.
**professionnel, -elle** [prɔfɛsjɔnɛl] *adj & nm, f* professional.
**profil** [prɔfil] *nm* profile; **de ~** in profile.
**profit** [prɔfi] *nm (avantage)* benefit; *(d'une entreprise)* profit; **tirer ~ de qqch** to benefit from sthg.
**profiter** [prɔfite] **: profiter de** *v + prép* to take advantage of.
**profiterole** [prɔfitrɔl] *nf* profiterole.
**profond, -e** [prɔfɔ̃, ɔ̃d] *adj* deep.
**profondeur** [prɔfɔ̃dœr] *nf* depth; **à 10 mètres de ~** 10 metres deep.
**programmateur** [prɔgramatœr] *nm (d'un lave-linge)* programme selector.
**programme** [prɔgram] *nm* programme; *(SCOL)* syllabus; *(INFORM)* program.
**programmer** [prɔgrame] *vt (projet, activité)* to plan; *(magnétoscope, four)* to set; *(INFORM)* to program.
**programmeur, -euse** [prɔgramœr, øz] *nm, f* computer programmer.

**progrès** [prɔgrɛ] *nm* progress; **être en ~** to be making (good) progress; **faire des ~** to make progress.

**progresser** [prɔgrese] *vi* to make progress.

**progressif, -ive** [prɔgresif, iv] *adj* progressive.

**progressivement** [prɔgresivmɑ̃] *adv* progressively.

**prohiber** [prɔibe] *vt (sout)* to prohibit.

**proie** [prwa] *nf* prey.

**projecteur** [prɔʒɛktœr] *nm (lumière)* floodlight; *(de films, de diapositives)* projector.

**projection** [prɔʒɛksjɔ̃] *nf (de films, de diapositives)* projection.

**projectionniste** [prɔʒɛksjɔnist] *nmf* projectionist.

**projet** [prɔʒɛ] *nm* plan.

**projeter** [prɔʒte] *vt (film, diapositives)* to project; *(lancer)* to throw; *(envisager)* to plan; **~ de faire qqch** to plan to do sthg.

**prolongation** [prɔlɔ̃gasjɔ̃] *nf* extension ❑ **prolongations** *nfpl (SPORT)* extra time *(sg)*.

**prolongement** [prɔlɔ̃ʒmɑ̃] *nm* extension; **être dans le ~ de** *(dans l'espace)* to be a continuation of.

**prolonger** [prɔlɔ̃ʒe] *vt (séjour)* to prolong; *(route)* to extend ❑ **se prolonger** *vp* to go on.

**promenade** [prɔmnad] *nf (à pied)* walk; *(en vélo)* ride; *(en voiture)* drive; *(lieu)* promenade; **faire une ~** *(à pied)* to go for a walk; *(en vélo)* to go for a (bike) ride; *(en voiture)* to go for a drive.

**promener** [prɔmne] *vt (à pied)* to take out for a walk; *(en voiture)* to take out for a drive ❑ **se promener** *vp (à pied)* to go for a walk; *(en vélo)* to go for a (bike) ride; *(en voiture)* to go for a drive.

**promesse** [prɔmɛs] *nf* promise.

**promettre** [prɔmɛtr] *vt*: **~ qqch à qqn** to promise sb sthg; **~ à qqn de faire qqch** to promise sb to do sthg; **c'est promis** it's a promise; **ça promet!** *(fam)* that looks promising!

**promis, -e** [prɔmi, iz] *pp* → promettre.

**promotion** [prɔmɔsjɔ̃] *nf* promotion; **en ~** *(article)* on special offer.

**pronom** [prɔnɔ̃] *nm* pronoun.

**prononcer** [prɔnɔ̃se] *vt (mot)* to pronounce; *(discours)* to deliver ❑ **se prononcer** *vp (mot)* to be pronounced.

**prononciation** [prɔnɔ̃sjasjɔ̃] *nf* pronunciation.

**pronostic** [prɔnɔstik] *nm* forecast.

**propagande** [prɔpagɑ̃d] *nf* propaganda.

**propager** [prɔpaʒe] *vt* to spread ❑ **se propager** *vp* to spread.

**prophétie** [prɔfesi] *nf* prophecy.

**propice** [prɔpis] *adj* favourable.

**proportion** [prɔpɔrsjɔ̃] *nf* proportion.

**proportionnel, -elle** [prɔpɔrsjɔnɛl] *adj*: **~ à** proportional to.

**propos** [prɔpo] *nmpl* words ◆ *nm*: **à ~, ...** by the way, ...; **à ~ de** about.

**proposer** [prɔpoze] *vt (offrir)* to offer; *(suggérer)* to propose; **~ à qqn de faire qqch** to suggest doing sthg to sb.

**proposition** [prɔpozisjɔ̃] *nf* proposal.
**propre** [prɔpr] *adj* clean; *(sens)* proper; *(à soi)* own; **avec ma ~ voiture** in my own car.
**proprement** [prɔprəmɑ̃] *adv* *(découper, travailler)* neatly; **à ~ parler** strictly speaking.
**propreté** [prɔprəte] *nf* cleanness.
**propriétaire** [prɔprijetɛr] *nmf* owner.
**propriété** [prɔprijete] *nf* property; **«~ privée»** "private property".
**prose** [proz] *nf* prose.
**prospectus** [prɔspɛktys] *nm* (advertising) leaflet.
**prospère** [prɔspɛr] *adj* prosperous.
**prostituée** [prɔstitɥe] *nf* prostitute.
**protection** [prɔtɛksjɔ̃] *nf* protection.
**protège-cahier, -s** [prɔtɛʒkaje] *nm* exercise book cover.
**protéger** [prɔteʒe] *vt* to protect; **~ qqn de** OU **contre qqch** to protect sb from OU against sthg ❑ **se protéger de** *vp + prép* to protect o.s. from; *(pluie)* to shelter from.
**protestant, -e** [prɔtɛstɑ̃, ɑ̃t] *adj & nm, f* Protestant.
**protester** [prɔtɛste] *vi* to protest.
**prothèse** [prɔtɛz] *nf* prosthesis.
**prototype** [prɔtɔtip] *nm* prototype.
**prouesse** [pruɛs] *nf* feat.
**prouver** [pruve] *vt* to prove.
**provenance** [prɔvnɑ̃s] *nf* origin; **en ~ de** *(vol, train)* from.
**provençal, -e, -aux** [prɔvɑ̃sal, o] *adj* of Provence.
**Provence** [prɔvɑ̃s] *nf*: **la ~** Provence *(region in the southeast of France)*.
**provenir** [prɔvnir] **: provenir de** *v + prép* to come from.
**proverbe** [prɔvɛrb] *nm* proverb.
**province** [prɔvɛ̃s] *nf* *(région)* province; **la ~** *(hors Paris)* the provinces *(pl)*.
**provincial, -e, -iaux** [prɔvɛ̃sjal, jo] *adj (hors Paris)* provincial ◆ *nm*: **le ~** *(Can) provincial government*.
**proviseur** [prɔvizœr] *nm* = headteacher *(Br)*, = principal *(Am)*.
**provisions** [prɔvizjɔ̃] *nfpl* provisions; **faire ses ~** to buy some food.
**provisoire** [prɔvizwar] *adj* temporary.
**provocant, -e** [prɔvɔkɑ̃, ɑ̃t] *adj* provocative.
**provoquer** [prɔvɔke] *vt (occasionner)* to cause; *(défier)* to provoke.
**proximité** [prɔksimite] *nf*: **à ~ (de)** near.
**prudemment** [prydamɑ̃] *adv* carefully.
**prudence** [prydɑ̃s] *nf* care; **avec ~** carefully.
**prudent, -e** [prydɑ̃, ɑ̃t] *adj* careful.
**prune** [pryn] *nf* plum.
**pruneau, -x** [pryno] *nm* prune.
**PS** *nm (abr de post-scriptum)* PS; *(abr de parti socialiste) French party to the left of the political spectrum*.
**psychanalyste** [psikanalist] *nmf* psychoanalyst.
**psychiatre** [psikjatr] *nmf* psychiatrist.

**psychologie** [psikɔlɔʒi] *nf* psychology; *(tact)* tactfulness.
**psychologique** [psikɔlɔʒik] *adj* psychological.
**psychologue** [psikɔlɔg] *nmf* psychologist.
**PTT** *nfpl French Post Office.*
**pu** [py] *pp* → **pouvoir**.
**pub**[1] [pœb] *nm* pub.
**pub**[2] [pyb] *nf (fam)* advert.
**public, -ique** [pyblik] *adj & nm* public; **en ~** in public.
**publication** [pyblikasjɔ̃] *nf* publication.
**publicitaire** [pyblisitɛr] *adj (campagne, affiche)* advertising.
**publicité** [pyblisite] *nf (activité, technique)* advertising; *(annonce)* advert.
**publier** [pyblije] *vt* to publish.
**puce** [pys] *nf* flea; *(INFORM)* (silicon) chip.
**pudding** [pudiŋ] = **pouding**.
**pudique** [pydik] *adj (décent)* modest; *(discret)* discreet.
**puer** [pɥe] *vi* to stink ◆ *vt* to stink of.
**puéricultrice** [pɥerikyltris] *nf* nursery nurse.
**puéril, -e** [pɥeril] *adj* childish.
**puis** [pɥi] *adv* then.
**puisque** [pɥiskə] *conj* since.
**puissance** [pɥisɑ̃s] *nf* power.
**puissant, -e** [pɥisɑ̃, ɑ̃t] *adj* powerful.
**puisse** *etc* → **pouvoir**.
**puits** [pɥi] *nm* well.
**pull(-over), -s** [pyl(ɔvɛr)] *nm* sweater, jumper.
**pulpe** [pylp] *nf* pulp.
**pulsation** [pylsasjɔ̃] *nf* beat.
**pulvérisateur** [pylverizatœr] *nm* spray.
**pulvériser** [pylverize] *vt (projeter)* to spray; *(détruire)* to smash.
**punaise** [pynɛz] *nf (insecte)* bug; *(clou)* drawing pin *(Br)*, thumbtack *(Am)*.
**punch**[1] [pɔ̃ʃ] *nm (boisson)* punch.
**punch**[2] [pœnʃ] *nm (fam: énergie)* oomph.
**punir** [pynir] *vt* to punish.
**punition** [pynisjɔ̃] *nf* punishment.
**pupille** [pypij] *nf (de l'œil)* pupil.
**pupitre** [pypitr] *nm (bureau)* desk; *(à musique)* stand.
**pur, -e** [pyr] *adj* pure; *(alcool)* neat.
**purée** [pyre] *nf* puree; **~ (de pommes de terre)** mashed potatoes *(pl)*.
**pureté** [pyrte] *nf* purity.
**purger** [pyrʒe] *vt (MÉD)* to purge; *(radiateur)* to bleed; *(tuyau)* to drain; *(peine de prison)* to serve.
**purifier** [pyrifje] *vt* to purify.
**pur-sang** [pyrsɑ̃] *nm inv* thoroughbred.
**pus** [py] *nm* pus.
**puzzle** [pœzl] *nm* jigsaw (puzzle).
**PV** *abr* = **procès-verbal**.
**PVC** *nm* PVC.
**pyjama** [piʒama] *nm* pyjamas *(pl)*.
**pylône** [pilon] *nm* pylon.
**pyramide** [piramid] *nf* pyramid.
**Pyrénées** [pirene] *nfpl*: **les ~** the Pyrenees.
**Pyrex®** [pirɛks] *nm* Pyrex®.

# Q

**QI** *nm (abr de quotient intellectuel)* IQ.

**quadrillé, -e** [kadrije] *adj (papier)* squared.

**quadruple** [k(w)adrypl] *nm*: **le ~ du prix normal** four times the normal price.

**quai** [kɛ] *nm (de port)* quay; *(de gare)* platform.

**qualification** [kalifikasjɔ̃] *nf* qualification.

**qualifié, -e** [kalifje] *adj (personnel, ouvrier)* skilled.

**qualifier** [kalifje] *vt*: **~ qqn/qqch de** to describe sb/sthg as ❑ **se qualifier** *vp (équipe, sportif)* to qualify.

**qualité** [kalite] *nf* quality; **de ~** quality.

**quand** [kɑ̃] *adv & conj* when; **~ tu le verras** when you see him; **jusqu'à ~ restez-vous?** how long are you staying for?; **~ même** *(malgré tout)* all the same; **~ même!** *(exprime l'indignation)* really!; *(enfin)* at last!

**quant** [kɑ̃] **: quant à** *prép* as for.

**quantité** [kɑ̃tite] *nf* quantity; **une ~** OU **des ~s de** *(beaucoup de)* a lot OU lots of.

**quarantaine** [karɑ̃tɛn] *nf (isolement)* quarantine; **une ~ (de)** about forty; **avoir la ~** to be in one's forties.

**quarante** [karɑ̃t] *num* forty, → **six**.

**quarantième** [karɑ̃tjɛm] *num* fortieth, → **sixième**.

**quart** [kar] *nm* quarter; **cinq heures et ~** quarter past five *(Br)*, quarter after five *(Am)*; **cinq heures moins le ~** quarter to five *(Br)*, quarter of five *(Am)*; **un ~ d'heure** a quarter of an hour.

**quartier** [kartje] *nm (de pomme)* piece; *(d'orange)* segment; *(d'une ville)* area, district.

---

**i QUARTIER LATIN**

This district on the south bank of the Seine in Paris has long been associated with students and artists. It straddles the 5th and 6th "arrondissements", with the Sorbonne university at its centre. It is also famous for its numerous bookshops, libraries, cafés and cinemas.

---

**quartz** [kwarts] *nm* quartz; **montre à ~** quartz watch.

**quasiment** [kazimɑ̃] *adv* almost.

**quatorze** [katɔrz] *num* fourteen, → **six**.

**quatorzième** [katɔrzjɛm] *num* fourteenth, → **sixième**.

**quatre** [katr] *num* four; **monter les escaliers ~ à ~** to run up the stairs; **à ~ pattes** on all fours, → **six**.

**quatre-quarts** [kat(rə)kar] *nm inv cake made with equal weights of flour, butter, sugar and eggs.*

**quatre-quatre** [kat(rə)katr] *nm inv* four-wheel drive.

**quatre-vingt** [katrəvɛ̃] = **quatre-vingts**.

**quatre-vingt-dix** [katravɛ̃dis] *num* ninety, → **six**.

**quatre-vingt-dixième** [katravɛ̃dizjɛm] *num* ninetieth, → **sixième**.

**quatre-vingtième** [katravɛ̃tjɛm] *num* eightieth, → **sixième**.

**quatre-vingts** [katravɛ̃] *num* eighty, → **six**.

**quatrième** [katrijɛm] *num* fourth ◆ *nf (SCOL)* = third year *(Br)*, = ninth grade *(Am)*; *(vitesse)* fourth (gear), → **sixième**.

**que** [kə] *conj* 1. *(introduit une subordonnée)* that; **voulez-vous ~ je ferme la fenêtre?** would you like me to close the window?; **je sais ~ tu es là** I know (that) you're there.
2. *(dans une comparaison)* → **aussi, autant, même, moins, plus**.
3. *(exprime l'hypothèse)*: **~ nous partions aujourd'hui ou demain ...** whether we leave today or tomorrow ...
4. *(remplace une autre conjonction)*: **comme il pleut et ~ je n'ai pas de parapluie ...** since it's raining and I haven't got an umbrella ...
5. *(exprime une restriction)*: **ne ... ~** only; **je n'ai qu'une sœur** I've only got one sister.
◆ *pron relatif* 1. *(désigne une personne)* that; **la personne ~ vous voyez là-bas** the person (that) you can see over there.
2. *(désigne une chose)* that, which; **le train ~ nous prenons part dans 10 minutes** the train (that) we're catching leaves in 10 minutes; **les livres qu'il m'a prêtés** the books (that) he lent me.
◆ *pron interr* what; **qu'a-t-il dit?, qu'est-ce qu'il a dit?** what did he say?; **qu'est-ce qui ne va pas?** what's wrong?; **je ne sais plus ~ faire** I don't know what to do any more.
◆ *adv (dans une exclamation)*: **~ c'est beau!, qu'est-ce ~ c'est beau!** it's really beautiful!

**Québec** [kebɛk] *nm*: **le ~** Quebec.

**québécois, -e** [kebekwa, waz] *adj* of Quebec ❑ **Québécois, -e** *nm, f* Quebecker.

**quel, quelle** [kɛl] *adj* 1. *(interrogatif: personne)* which; **~s amis comptez-vous aller voir?** which friends are you planning to go and see?; **quelle est la vendeuse qui vous a servi?** which shop assistant served you?
2. *(interrogatif: chose)* which, what; **quelle heure est-il?** what time is it?; **~ est ton vin préféré?** what's your favourite wine?
3. *(exclamatif)*: **~ beau temps!** what beautiful weather!; **~ dommage!** what a shame!
4. *(avec «que»)*: **tous les Français ~s qu'ils soient** all French people, whoever they may be; **~ que soit le temps** whatever the weather.
◆ *pron (interrogatif)* which; **~ est le plus intéressant des deux musées?** which of the two museums is the most interesting?

**quelconque** [kɛlkɔ̃k] *adj (banal)* mediocre; *(n'importe quel)*: **un chiffre ~** any number.

**quelque** [kɛlk(ə)] *adj* 1. *(un peu de)* some; **dans ~ temps** in a while.
2. *(avec «que»)* whatever; **~ route que je prenne** whatever route I take.
❑ **quelques** *adj* 1. *(plusieurs)* some, a few; **j'ai ~s lettres à écrire** I have some letters to write;

**aurais-tu ~s pièces pour le téléphone?** have you got any change for the phone?
2. *(dans des expressions)*: **200 F et ~s** just over 200 francs; **il est midi et ~s** it's just gone midday.

**quelque chose** [kɛlkəʃoz] *pron* something; *(dans les questions, les négations)* anything; **il y a ~ de bizarre** there's something funny.

**quelquefois** [kɛlkəfwa] *adv* sometimes.

**quelque part** [kɛlkəpar] *adv* somewhere; *(dans les questions, les négations)* anywhere.

**quelques-uns, quelques-unes** [kɛlkəzœ̃, yn] *pron* some.

**quelqu'un** [kɛlkœ̃] *pron* someone, somebody; *(dans les questions, les négations)* anyone, anybody.

**qu'en-dira-t-on** [kɑ̃diratɔ̃] *nm inv*: **le ~** tittle-tattle.

**quenelle** [kənɛl] *nf minced fish or chicken mixed with egg and shaped into rolls.*

**quereller** [kərele] **: se quereller** *vp (sout)* to quarrel.

**qu'est-ce que** [kɛskə] → **que**.

**qu'est-ce qui** [kɛski] → **que**.

**question** [kɛstjɔ̃] *nf* question; **l'affaire en ~** the matter in question; **dans ce chapitre, il est ~ de ...** this chapter deals with ...; **il est ~ de faire qqch** there's some talk of doing sthg; **(il n'en est) pas ~!** (it's) out of the question!; **remettre qqch en ~** to question sthg.

**questionnaire** [kɛstjɔnɛr] *nm* questionnaire.

**questionner** [kɛstjɔne] *vt* to question.

**quête** [kɛt] *nf (d'argent)* collection; **faire la ~** to collect money.

**quêter** [kete] *vi* to collect money.

**quetsche** [kwɛtʃ] *nf dark red plum.*

**queue** [kø] *nf* tail; *(d'un train, d'un peloton)* rear; *(file d'attente)* queue *(Br)*, line *(Am)*; **faire la ~** to queue *(Br)*, to stand in line *(Am)*; **à la ~ leu leu** in single file; **faire une ~ de poisson à qqn** to cut sb up.

**queue-de-cheval** [kødʃəval] (*pl* **queues-de-cheval**) *nf* ponytail.

**qui** [ki] *pron relatif* **1.** *(sujet: désigne une personne)* who; **les passagers ~ doivent changer d'avion** passengers who have to change planes.
**2.** *(sujet: désigne une chose)* which, that; **la route ~ mène à Calais** the road which OU that goes to Calais.
**3.** *(complément d'objet direct)* who; **tu vois ~ je veux dire?** do you see who I mean?; **invite ~ tu veux** invite whoever you like.
**4.** *(complément d'objet indirect)* who, whom; **la personne à ~ j'ai parlé** the person to who OU whom I spoke.
**5.** *(quiconque)*: **~ que ce soit** whoever it may be.
**6.** *(dans des expressions)*: **~ plus est, ...** what's more, ...
◆ *pron interr* **1.** *(sujet)* who; **~ êtes-vous?** who are you?; **je voudrais savoir ~ sera là** I would like to know who's going to be there.
**2.** *(complément d'objet direct)* who; **~ cherchez-vous?, ~ est-ce que vous cherchez?** who are you looking for?; **dites-moi ~ vous cherchez** tell me who you are looking for.
**3.** *(complément d'objet indirect)* who, whom; **à ~ dois-je m'adresser?**

who should I speak to?

**quiche** [kiʃ] *nf*: **~ (lorraine)** quiche (lorraine).

**quiconque** [kikɔ̃k] *pron (dans une phrase négative)* anyone, anybody; *(celui qui)* anyone who.

**quille** [kij] *nf (de jeu)* skittle; *(d'un bateau)* keel.

**quincaillerie** [kɛ̃kajri] *nf (boutique)* hardware shop.

**quinte** [kɛ̃t] *nf*: **~ de toux** coughing fit.

**quintuple** [kɛ̃typl] *nm*: **le ~ du prix normal** five times the normal price.

**quinzaine** [kɛ̃zɛn] *nf (deux semaines)* fortnight; **une ~ (de)** *(environ quinze)* about fifteen.

**quinze** [kɛ̃z] *num* fifteen, → **six**.

**quinzième** [kɛ̃zjɛm] *num* fifteenth, → **sixième**.

**quiproquo** [kiprɔko] *nm* misunderstanding.

**quittance** [kitɑ̃s] *nf* receipt.

**quitte** [kit] *adj*: **être ~ (envers qqn)** to be quits (with sb); **restons un peu, ~ à rentrer en taxi** let's stay a bit longer, even if it means getting a taxi home.

**quitter** [kite] *vt* to leave; **ne quittez pas** *(au téléphone)* hold the line ❑ **se quitter** *vp* to part.

**quoi** [kwa] *pron interr* 1. *(employé seul)*: **c'est ~?** *(fam)* what is it?; **~ de neuf?** what's new?; **~?** *(pour faire répéter)* what?

2. *(complément d'objet direct)* what; **je ne sais pas ~ dire** I don't know what to say.

3. *(après une préposition)* what; **à ~ penses-tu?** what are you thinking about?; **à ~ bon?** what's the point?

4. *(dans des expressions)*: **tu viens ou ~?** *(fam)* are you coming or what?; **~ que** whatever; **~ qu'il en soit, ...** be that as it may, ...

◆ *pron relatif (après une préposition)*: **ce à ~ je pense** what I'm thinking about; **avoir de ~ manger/vivre** to have enough to eat/live on; **avez-vous de ~ écrire?** have you got something to write with?; **merci - il n'y a pas de ~** thank you - don't mention it.

**quoique** [kwakə] *conj* although.

**quotidien, -ienne** [kɔtidjɛ̃, jɛn] *adj & nm* daily.

**quotient** [kɔsjɑ̃] *nm* quotient; **~ intellectuel** intelligence quotient.

# R

**rabâcher** [rabaʃe] *vt (fam)* to go over (and over).

**rabais** [rabɛ] *nm* discount.

**rabaisser** [rabese] *vt* to belittle.

**rabat** [raba] *nm* flap.

**rabat-joie** [rabaʒwa] *nm inv* killjoy.

**rabattre** [rabatr] *vt (replier)* to turn down; *(gibier)* to drive ❑ **se rabattre** *vp (automobiliste)* to cut in; **se ~ sur** *(choisir)* to fall back on.

**rabbin** [rabɛ̃] *nm* rabbi.

**rabot** [rabo] *nm* plane.

**raboter** [rabɔte] *vt* to plane.

**rabougri, -e** [rabugri] *adj (personne)* shrivelled; *(végétation)* stunted.

**raccommoder** [rakɔmɔde] *vt*

to mend.
**raccompagner** [rakɔ̃paɲe] *vt* to take home.
**raccord** [rakɔr] *nm (de tuyau, de papier peint)* join.
**raccourci** [rakursi] *nm* short cut.
**raccourcir** [rakursir] *vt* to shorten ◆ *vi (jours)* to grow shorter.
**raccrocher** [rakrɔʃe] *vt (remorque)* to hitch up again; *(tableau)* to hang back up ◆ *vi (au téléphone)* to hang up.
**race** [ras] *nf (humaine)* race; *(animale)* breed; **de ~** *(chien)* pedigree; *(cheval)* thoroughbred.
**racheter** [raʃte] *vt (acheter plus de)* to buy more; **~ qqch à qqn** *(d'occasion)* to buy sthg from sb.
**racial, -e, -iaux** [rasjal, jo] *adj* racial.
**racine** [rasin] *nf* root; **~ carrée** square root.
**racisme** [rasism] *nm* racism.
**raciste** [rasist] *adj* racist.
**racket** [rakɛt] *nm* racketeering.
**racler** [rakle] *vt* to scrape ❑ **se racler** *vp*: **se ~ la gorge** to clear one's throat.
**raclette** [raklɛt] *nf (plat) melted Swiss cheese served with jacket potatoes.*
**racontars** [rakɔ̃tar] *nmpl (fam)* gossip *(sg)*.
**raconter** [rakɔ̃te] *vt* to tell; **~ qqch à qqn** to tell sb sthg; **~ à qqn que** to tell sb that.
**radar** [radar] *nm* radar.
**radeau, -x** [rado] *nm* raft.
**radiateur** [radjatœr] *nm* radiator.
**radiations** [radjasjɔ̃] *nfpl* radiation *(sg)*.
**radical, -e, -aux** [radikal, o] *adj* radical ◆ *nm (d'un mot)* stem.
**radieux, -ieuse** [radjø, jøz] *adj (soleil)* bright; *(sourire)* radiant.
**radin, -e** [radɛ̃, in] *adj (fam)* stingy.
**radio** [radjo] *nf (appareil)* radio; *(station)* radio station; *(MÉD)* X-ray; **à la ~** on the radio.
**radioactif, -ive** [radjɔaktif, iv] *adj* radioactive.
**radiocassette** [radjɔkasɛt] *nf* radio cassette player.
**radiographie** [radjɔgrafi] *nf* X-ray.
**radiologue** [radjɔlɔg] *nmf* radiologist.
**radio-réveil** [radjɔrevɛj] (*pl* **radios-réveils**) *nm* radio alarm.
**radis** [radi] *nm* radish.
**radoter** [radɔte] *vi* to ramble.
**radoucir** [radusir] **: se radoucir** *vp (temps)* to get milder.
**rafale** [rafal] *nf (de vent)* gust.
**raffermir** [rafɛrmir] *vt (muscle, peau)* to tone.
**raffiné, -e** [rafine] *adj* refined.
**raffinement** [rafinmɑ̃] *nm* refinement.
**raffinerie** [rafinri] *nf* refinery.
**raffoler** [rafɔle] **: raffoler de** *v + prép* to be mad about.
**rafler** [rafle] *vt (fam: emporter)* to swipe.
**rafraîchir** [rafrɛʃir] *vt (atmosphère, pièce)* to cool; *(boisson)* to chill; *(coiffure)* to trim ❑ **se rafraîchir** *vp (boire)* to have a drink; *(temps)* to get cooler.
**rafraîchissant, -e** [rafrɛʃisɑ̃,

ɑ̃t] *adj* refreshing.
**rafraîchissement** [rafrɛʃismɑ̃] *nm (boisson)* cold drink.
**rage** [raʒ] *nf (maladie)* rabies; *(colère)* rage; ~ **de dents** toothache.
**ragots** [rago] *nmpl (fam)* gossip *(sg)*.
**ragoût** [ragu] *nm* stew.
**raide** [rɛd] *adj (cheveux)* straight; *(corde)* taut; *(personne, démarche)* stiff; *(pente)* steep ◆ *adv*: **tomber ~ mort** to drop dead.
**raidir** [rɛdir] *vt (muscles)* to tense ❑ **se raidir** *vp* to stiffen.
**raie** [rɛ] *nf* stripe; *(dans les cheveux)* parting *(Br)*, part *(Am)*; *(poisson)* skate.
**rails** [raj] *nmpl* tracks.
**rainure** [rɛnyr] *nf* groove.
**raisin** [rɛzɛ̃] *nm* grapes *(pl)*; **~s secs** raisins.
**raison** [rɛzɔ̃] *nf* reason; **à ~ de** at the rate of; **avoir ~ (de faire qqch)** to be right (to do sthg); **en ~ de** owing to.
**raisonnable** [rɛzɔnabl] *adj* reasonable.
**raisonnement** [rɛzɔnmɑ̃] *nm* reasoning.
**raisonner** [rɛzɔne] *vi* to think ◆ *vt (calmer)* to reason with.
**rajeunir** [raʒœnir] *vi (paraître plus jeune)* to look younger; *(se sentir plus jeune)* to feel younger ◆ *vt*: **~ qqn** *(suj: vêtement)* to make sb look younger; *(suj: événement)* to make sb feel younger.
**rajouter** [raʒute] *vt* to add.
**ralenti** [ralɑ̃ti] *nm (d'un moteur)* idling speed; *(au cinéma)* slow motion; **tourner au ~** *(fonctionner)* to tick over; **au ~** *(au cinéma)* in slow motion.
**ralentir** [ralɑ̃tir] *vt & vi* to slow down.
**râler** [rale] *vi (fam)* to moan.
**rallonge** [ralɔ̃ʒ] *nf (de table)* leaf; *(électrique)* extension (lead).
**rallonger** [ralɔ̃ʒe] *vt* to lengthen ◆ *vi (jours)* to get longer.
**rallumer** [ralyme] *vt (lampe)* to switch on again; *(feu, cigarette)* to relight.
**rallye** [rali] *nm (course automobile)* rally.
**RAM** [ram] *nf inv* RAM.
**ramadan** [ramadɑ̃] *nm* Ramadan.
**ramassage** [ramasaʒ] *nm*: **~ scolaire** school bus service.
**ramasser** [ramase] *vt (objet tombé)* to pick up; *(fleurs, champignons)* to pick.
**rambarde** [rɑ̃bard] *nf* guardrail.
**rame** [ram] *nf (aviron)* oar; *(de métro)* train.
**ramener** [ramne] *vt (raccompagner)* to take home; *(amener de nouveau)* to take back.
**ramequin** [ramkɛ̃] *nm* cheese tartlet.
**ramer** [rame] *vi* to row.
**ramollir** [ramɔlir] *vt* to soften ❑ **se ramollir** *vp* to soften.
**ramoner** [ramɔne] *vt* to sweep.
**rampe** [rɑ̃p] *nf (d'escalier)* banister; *(d'accès)* ramp.
**ramper** [rɑ̃pe] *vi* to crawl.
**rampon** [rɑ̃pɔ̃] *nm (Helv)* lamb's lettuce.
**rance** [rɑ̃s] *adj* rancid.
**ranch** [rɑ̃tʃ] *(pl* **-s** OU **-es)** *nm* ranch.
**rançon** [rɑ̃sɔ̃] *nf* ransom.

**rancune** [rɑ̃kyn] *nf* spite; **sans ~!** no hard feelings!

**rancunier, -ière** [rɑ̃kynje, jɛr] *adj* spiteful.

**randonnée** [rɑ̃dɔne] *nf (à pied)* hike; *(à vélo)* ride; **faire de la ~ (pédestre)** to go hiking.

**rang** [rɑ̃] *nm (rangée)* row; *(place)* place; **se mettre en ~s** to line up.

**rangé, -e** [rɑ̃ʒe] *adj (chambre)* tidy.

**rangée** [rɑ̃ʒe] *nf* row.

**rangement** [rɑ̃ʒmɑ̃] *nm (placard)* storage unit; **faire du ~** to tidy up.

**ranger** [rɑ̃ʒe] *vt (chambre)* to tidy (up); *(objets)* to put away ❑ **se ranger** *vp (en voiture)* to park.

**ranimer** [ranime] *vt (blessé)* to revive; *(feu)* to rekindle.

**rap** [rap] *nm* rap.

**rapace** [rapas] *nm* bird of prey.

**rapatrier** [rapatrije] *vt* to send home.

**râpe** [rap] *nf* grater; *(Helv: fam: avare)* skinflint.

**râper** [rape] *vt (aliment)* to grate.

**rapetisser** [raptise] *vi* to shrink.

**râpeux, -euse** [rapø, øz] *adj* rough.

**raphia** [rafja] *nm* raffia.

**rapide** [rapid] *adj (cheval, pas, voiture)* fast; *(décision, guérison)* quick.

**rapidement** [rapidmɑ̃] *adv* quickly.

**rapidité** [rapidite] *nf* speed.

**rapiécer** [rapjese] *vt* to patch up.

**rappel** [rapɛl] *nm (de paiement)* reminder; **«rappel»** *sign reminding drivers of speed limit or other traffic restriction.*

**rappeler** [raple] *vt* to call back; **~ qqch à qqn** to remind sb of sthg ❑ **se rappeler** *vp* to remember.

**rapport** [rapɔr] *nm (compte-rendu)* report; *(point commun)* connection; **par ~ à** in comparison to ❑ **rapports** *nmpl (relation)* relationship *(sg)*.

**rapporter** [rapɔrte] *vt (rendre)* to take back; *(ramener)* to bring back; *(suj: investissement)* to yield; *(suj: travail)* to bring in ◆ *vi (être avantageux)* to be lucrative; *(répéter)* to tell tales ❑ **se rapporter à** *vp + prép* to relate to.

**rapporteur, -euse** [rapɔrtœr, øz] *nm, f* telltale ◆ *nm (MATH)* protractor.

**rapprocher** [raprɔʃe] *vt* to bring closer ❑ **se rapprocher** *vp* to approach; **se ~ de** to approach; *(affectivement)* to get closer to.

**raquette** [rakɛt] *nf (de tennis)* racket; *(de ping-pong)* bat; *(pour la neige)* snowshoe.

**rare** [rar] *adj* rare.

**rarement** [rarmɑ̃] *adv* rarely.

**ras, -e** [ra, raz] *adj (très court)* short; *(verre, cuillère)* full ◆ *adv*: **(à) ~** *(couper)* short; **au ~ de** just above; **à ~ bord** to the brim; **en avoir ~ le bol** *(fam)* to be fed up.

**raser** [raze] *vt (barbe)* to shave off; *(personne)* to shave; *(frôler)* to hug ❑ **se raser** *vp* to shave.

**rasoir** [razwar] *nm* razor; **~ électrique** (electric) shaver.

**rassasié, -e** [rasazje] *adj* full (up).

**rassembler** [rasɑ̃ble] *vt* to gather ❑ **se rassembler** *vp (manifestants)* to gather; *(famille)* to get

together.
**rasseoir** [raswar] : **se rasseoir** *vp* to sit down again.
**rassis, -e** [rasi, iz] *pp* → **rasseoir** ◆ *adj (pain)* stale.
**rassurant, -e** [rasyrɑ̃, ɑ̃t] *adj* reassuring.
**rassurer** [rasyre] *vt* to reassure.
**rat** [ra] *nm* rat.
**ratatiné, -e** [ratatine] *adj* shrivelled.
**ratatouille** [ratatuj] *nf* ratatouille.
**râteau, -x** [rato] *nm* rake.
**rater** [rate] *vt (cible, train)* to miss; *(examen)* to fail ◆ *vi (échouer)* to fail.
**ration** [rasjɔ̃] *nf* ration.
**rationnel, -elle** [rasjɔnɛl] *adj* rational.
**ratisser** [ratise] *vt (allée)* to rake.
**RATP** *nf Paris public transport authority.*
**rattacher** [rataʃe] *vt:* **~ qqch à** *(relier)* to link sthg to.
**rattrapage** [ratrapaʒ] *nm (SCOL)* remedial teaching.
**rattraper** [ratrape] *vt (évadé)* to recapture; *(objet)* to catch; *(retard)* to make up ❑ **se rattraper** *vp (se retenir)* to catch o.s.; *(d'une erreur)* to make up for it; *(sur le temps perdu)* to catch up.
**rature** [ratyr] *nf* crossing out.
**rauque** [rok] *adj* hoarse.
**ravages** [ravaʒ] *nmpl*: **faire des ~** *(dégâts)* to wreak havoc.
**ravaler** [ravale] *vt (façade)* to restore.
**ravi, -e** [ravi] *adj* delighted.
**ravin** [ravɛ̃] *nm* ravine.
**ravioli(s)** [ravjɔli] *nmpl* ravioli *(sg)*.
**raviser** [ravize] : **se raviser** *vp* to change one's mind.
**ravissant, -e** [ravisɑ̃, ɑ̃t] *adj* gorgeous.
**ravisseur, -euse** [ravisœr, øz] *nm, f* kidnapper.
**ravitaillement** [ravitajmɑ̃] *nm* supplying; *(provisions)* food supplies.
**ravitailler** [ravitaje] *vt* to supply ❑ **se ravitailler** *vp (avion)* to refuel.
**rayé, -e** [rɛje] *adj (tissu)* striped; *(disque, verre)* scratched.
**rayer** [rɛje] *vt (abîmer)* to scratch; *(barrer)* to cross out.
**rayon** [rɛjɔ̃] *nm (de soleil, de lumière)* ray; *(de roue)* spoke; *(MATH)* radius; **~s X** X-rays.
**rayonnage** [rɛjɔnaʒ] *nm* shelves *(pl)*.
**rayonner** [rɛjɔne] *vi (visage, personne)* to be radiant; *(touriste, randonneur)* to tour around.
**rayure** [rɛjyr] *nf (sur un tissu)* stripe; *(sur un disque, sur du verre)* scratch; **à ~s** striped.
**raz(-)de(-)marée** [radmare] *nm inv* tidal wave.
**réacteur** [reaktœr] *nm (d'avion)* jet engine.
**réaction** [reaksjɔ̃] *nf* reaction.
**réagir** [reaʒir] *vi* to react.
**réalisateur, -trice** [realizatœr, tris] *nm, f (de cinéma, de télévision)* director.
**réaliser** [realize] *vt (projet, exploit)* to carry out; *(rêve)* to fulfil; *(film)* to direct; *(comprendre)* to realize ❑ **se réaliser** *vp (rêve, souhait)* to come true.
**réaliste** [realist] *adj* realistic.

**réalité** [realite] *nf* reality; **~ virtuelle** virtual reality; **en ~** in reality.

**réanimation** [reanimasjɔ̃] *nf (service)* intensive care.

**rebeller** [rəbɛle] : **se rebeller** *vp* to rebel.

**rebondir** [rəbɔ̃dir] *vi* to bounce.

**rebondissement** [rəbɔ̃dismɑ̃] *nm* new development.

**rebord** [rəbɔr] *nm (d'une fenêtre)* sill.

**reboucher** [rəbuʃe] *vt (bouteille)* to recork; *(trou)* to fill in.

**rebrousse-poil** [rəbruspwal] : **à rebrousse-poil** *adv* the wrong way.

**rebrousser** [rəbruse] *vt*: **~ chemin** to retrace one's steps.

**rébus** [rebys] *nm game where pictures represent the syllables of words.*

**récapituler** [rekapityle] *vt* to summarize.

**récemment** [resamɑ̃] *adv* recently.

**recensement** [rəsɑ̃smɑ̃] *nm (de la population)* census.

**récent, -e** [resɑ̃, ɑ̃t] *adj* recent.

**récépissé** [resepise] *nm* receipt.

**récepteur** [resɛptœr] *nm* receiver.

**réception** [resɛpsjɔ̃] *nf* reception.

**réceptionniste** [resɛpsjɔnist] *nmf* receptionist.

**recette** [rəsɛt] *nf (de cuisine)* recipe; *(argent gagné)* takings *(pl)*.

**receveur** [rəsəvœr] *nm (des postes)* postmaster.

**recevoir** [rəsəvwar] *vt (colis, lettre)* to receive; *(balle, coup)* to get; *(à dîner)* to entertain; *(accueillir)* to welcome; **être reçu à un examen** to pass an exam.

**rechange** [rəʃɑ̃ʒ] : **de rechange** *adj (vêtement)* spare; *(solution)* alternative.

**recharge** [rəʃarʒ] *nf* refill.

**rechargeable** [rəʃarʒabl] *adj* refillable.

**recharger** [rəʃarʒe] *vt (briquet, stylo)* to refill; *(arme)* to reload.

**réchaud** [reʃo] *nm* (portable) stove; **~ à gaz** (portable) gas stove.

**réchauffer** [reʃofe] *vt* to warm up ❑ **se réchauffer** *vp (temps)* to get warmer; **se ~ les mains** to warm one's hands.

**recherche** [rəʃɛrʃ] *nf (scientifique)* research; **faire des ~s** *(pour un devoir)* to do some research; **être à la ~ de** to be looking for.

**rechercher** [rəʃɛrʃe] *vt* to look for.

**rechute** [rəʃyt] *nf* relapse.

**rechuter** [rəʃyte] *vi* to relapse.

**récif** [resif] *nm* reef.

**récipient** [resipjɑ̃] *nm* container.

**réciproque** [resiprɔk] *adj* mutual.

**récit** [resi] *nm* story.

**récital** [resital] *nm* recital.

**récitation** [resitasjɔ̃] *nf (SCOL)* recitation piece.

**réciter** [resite] *vt* to recite.

**réclamation** [reklamasjɔ̃] *nf* complaint.

**réclame** [reklam] *nf (annonce)* advertisement.

**réclamer** [reklame] *vt* to ask for.

**recoiffer** [rəkwafe] : **se recoiffer** *vp* to do one's hair again.

**recoin** [rəkwɛ̃] *nm* corner.

**récolte** [rekɔlt] *nf* harvest.
**récolter** [rekɔlte] *vt* to harvest.
**recommandation** [rəkɔmɑ̃dasjɔ̃] *nf* recommendation.
**recommandé, -e** [rəkɔmɑ̃de] *adj (lettre, paquet)* registered ◆ *nm*: **envoyer qqch en ~** to send sthg by registered post *(Br)*, to send sthg by registered mail *(Am)*.
**recommander** [rəkɔmɑ̃de] *vt* to recommend ❑ **se recommander** *vp (Helv: insister)* to insist.
**recommencer** [rəkɔmɑ̃se] *vt & vi* to start again; **~ à faire qqch** to start to do sthg again.
**récompense** [rekɔ̃pɑ̃s] *nf* reward.
**récompenser** [rekɔ̃pɑ̃se] *vt* to reward.
**réconcilier** [rekɔ̃silje] *vt* to reconcile ❑ **se réconcilier** *vp* to make up.
**reconduire** [rəkɔ̃dɥir] *vt (raccompagner)* to take back.
**reconduit, -e** [rəkɔ̃dɥi, ɥit] *pp* → **reconduire**.
**réconforter** [rekɔ̃fɔrte] *vt* to comfort.
**reconnaissance** [rəkɔnɛsɑ̃s] *nf (gratitude)* gratitude.
**reconnaissant, -e** [rəkɔnɛsɑ̃, ɑ̃t] *adj* grateful.
**reconnaître** [rəkɔnɛtr] *vt (se rappeler)* to recognize; *(admettre)* to admit.
**reconnu, -e** [rəkɔny] *pp* → **reconnaître**.
**reconstituer** [rəkɔ̃stitɥe] *vt (puzzle, objet cassé)* to piece together.
**reconstruire** [rəkɔ̃strɥir] *vt* to rebuild.
**reconstruit, -e** [rəkɔ̃strɥi, ɥit] *pp* → **reconstruire**.
**reconvertir** [rəkɔ̃vɛrtir] : **se reconvertir dans** *vp + prép (profession)* to go into.
**recopier** [rəkɔpje] *vt* to copy out.
**record** [rəkɔr] *nm* record.
**recoucher** [rəkuʃe] : **se recoucher** *vp* to go back to bed.
**recoudre** [rəkudr] *vt (bouton)* to sew back on; *(vêtement)* to sew up again.
**recourbé, -e** [rəkurbe] *adj* curved.
**recours** [rəkur] *nm*: **avoir ~ à** to have recourse to.
**recouvert, -e** [rəkuvɛr, ɛrt] *pp* → **recouvrir**.
**recouvrir** [rəkuvrir] *vt* to cover; **~ qqch de** to cover sthg with.
**récréation** [rekreasjɔ̃] *nf (SCOL)* break *(Br)*, recess *(Am)*.
**recroqueviller** [rəkrɔkvije] : **se recroqueviller** *vp* to curl up.
**recruter** [rəkryte] *vt* to recruit.
**rectangle** [rɛktɑ̃gl] *nm* rectangle.
**rectangulaire** [rɛktɑ̃gylɛr] *adj* rectangular.
**rectifier** [rɛktifje] *vt* to correct.
**rectiligne** [rɛktiliɲ] *adj* straight.
**recto** [rɛkto] *nm* right side; **~ verso** on both sides.
**reçu, -e** [rəsy] *pp* → **recevoir** ◆ *nm* receipt.
**recueil** [rəkœj] *nm* collection.
**recueillir** [rəkœjir] *vt (rassembler)* to collect; *(accueillir)* to take in ❑ **se recueillir** *vp* to meditate.
**recul** [rəkyl] *nm (d'une arme)* recoil; **prendre du ~** *(pour sauter)* to

step back.
**reculer** [rəkyle] *vt* to move back; *(date)* to postpone ◆ *vi* to move back.
**reculons** [rəkylɔ̃] **: à reculons** *adv* backwards.
**récupérer** [rekypere] *vt (reprendre)* to get back; *(pour réutiliser)* to salvage; *(heures, journées de travail)* to make up ◆ *vi* to recover.
**récurer** [rekyre] *vt* to scour.
**recyclage** [rəsiklaʒ] *nm (de déchets)* recycling; *(professionnel)* retraining.
**recycler** [rəsikle] *vt (déchets)* to recycle.
**rédaction** [redaksjɔ̃] *nf (SCOL)* essay.
**redescendre** [rədesɑ̃dr] *vi* to go/come down again; *(avion)* to descend.
**redevance** [rədəvɑ̃s] *nf* fee.
**rediffusion** [rədifyzjɔ̃] *nf (émission)* repeat.
**rédiger** [rediʒe] *vt* to write.
**redire** [rədir] *vt* to repeat.
**redonner** [rədɔne] *vt*: **~ qqch à qqn** *(rendre)* to give sb back sthg; *(donner plus)* to give sb more sthg.
**redoubler** [rəduble] *vt (SCOL)* to repeat ◆ *vi (SCOL)* to repeat a year; *(pluie)* to intensify.
**redoutable** [rədutabl] *adj* formidable.
**redouter** [rədute] *vt* to fear.
**redresser** [rədrɛse] *vt (tête, buste)* to lift; *(parasol, étagère, barre)* to straighten ◆ *vi (conducteur)* to straighten up ❑ **se redresser** *vp (personne)* to sit/stand up straight.
**réduction** [redyksjɔ̃] *nf* reduction; *(copie)* (scale) model.
**réduire** [redɥir] *vt* to reduce; **~ qqch en miettes** to smash sthg to pieces; **~ qqch en poudre** *(écraser)* to grind sthg.
**réduit, -e** [redɥi, ɥit] *pp* → **réduire** ◆ *adj (chiffre, vitesse)* low.
**rééducation** [reedykasjɔ̃] *nf (MÉD)* rehabilitation.
**réel, -elle** [reɛl] *adj* real.
**réellement** [reɛlmɑ̃] *adv* really.
**réexpédier** [reɛkspedje] *vt (rendre)* to send back; *(faire suivre)* to forward.
**refaire** [rəfɛr] *vt (faire à nouveau)* to do again; *(remettre en état)* to repair.
**refait, -e** [rəfɛ, ɛt] *pp* → **refaire**.
**réfectoire** [refɛktwar] *nm* refectory.
**référence** [referɑ̃s] *nf* reference; *(numéro)* reference number; **faire ~ à** to refer to.
**référendum** [referɛ̃dɔm] *nm* referendum.
**refermer** [rəfɛrme] *vt* to close ❑ **se refermer** *vp* to close.
**réfléchi, -e** [refleʃi] *adj (GRAMM)* reflexive.
**réfléchir** [refleʃir] *vt (lumière)* to reflect ◆ *vi* to think ❑ **se réfléchir** *vp* to be reflected.
**reflet** [rəflɛ] *nm (dans un miroir)* reflection; *(de cheveux)* tint.
**refléter** [rəflete] *vt* to reflect ❑ **se refléter** *vp* to be reflected.
**réflexe** [reflɛks] *nm* reflex.
**réflexion** [reflɛksjɔ̃] *nf (pensée)* thought; *(remarque, critique)* remark.
**réforme** [refɔrm] *nf* reform.
**réformer** [rəfɔrme] *vt* to reform; *(MIL)* to discharge.

**refouler** [rəfule] *vt (foule)* to drive back; *(sentiment, larmes)* to hold back.
**refrain** [rəfrɛ̃] *nm* chorus.
**réfrigérateur** [refriʒeratœr] *nm* refrigerator.
**refroidir** [rəfrwadir] *vt (aliment)* to cool; *(décourager)* to discourage ◆ *vi* to cool ❑ **se refroidir** *vp (temps)* to get colder.
**refroidissement** [rəfrwadismɑ̃] *nm (de la température)* drop in temperature; *(rhume)* chill.
**refuge** [rəfyʒ] *nm (en montagne)* mountain lodge; *(pour sans-abri)* refuge.
**réfugié, -e** [refyʒje] *nm, f* refugee.
**réfugier** [refyʒje] **: se réfugier** *vp* to take refuge.
**refus** [rəfy] *nm* refusal.
**refuser** [rəfyze] *vt* to refuse; *(candidat)* to fail; **~ qqch à qqn** to refuse sb sthg; **~ de faire qqch** to refuse to do sthg.
**regagner** [rəgaɲe] *vt (reprendre)* to regain; *(rejoindre)* to return to.
**régaler** [regale] **: se régaler** *vp (en mangeant)* to have a great meal; *(s'amuser)* to have a great time.
**regard** [rəgar] *nm* look.
**regarder** [rəgarde] *vt* to look at; *(télévision, spectacle)* to watch; *(concerner)* to concern; **ça ne te regarde pas** it's none of your business.
**reggae** [rege] *nm* reggae.
**régime** [reʒim] *nm* diet; *(d'un moteur)* speed; *(de bananes)* bunch; *(POL)* regime; **être/se mettre au ~** to be/go on a diet.
**régiment** [reʒimɑ̃] *nm* regiment.
**région** [reʒjɔ̃] *nf* region.
**régional, -e, -aux** [reʒjɔnal, o] *adj* regional.
**registre** [rəʒistr] *nm* register.
**réglable** [reglabl] *adj* adjustable.
**réglage** [reglaʒ] *nm* adjustment.
**règle** [rɛgl] *nf (instrument)* ruler; *(loi)* rule; **être en ~** *(papiers)* to be in order; **en ~ générale** as a rule; **~s du jeu** rules of the game ❑ **règles** *nfpl* period *(sg)*.
**règlement** [rɛgləmɑ̃] *nm (lois)* regulations *(pl)*; *(paiement)* payment.
**réglementer** [rɛgləmɑ̃te] *vt* to regulate.
**régler** [regle] *vt (appareil, moteur)* to adjust; *(payer)* to pay; *(problème)* to sort out.
**réglisse** [reglis] *nf* liquorice.
**règne** [rɛɲ] *nm* reign.
**régner** [reɲe] *vi* to reign.
**regret** [rəgrɛ] *nm* regret.
**regrettable** [rəgrɛtabl] *adj* regrettable.
**regretter** [rəgrete] *vt (erreur, décision)* to regret; *(personne)* to miss; **~ de faire qqch** to be sorry to do sthg; **je regrette de lui avoir dit ça** I wish I hadn't told him; **~ que** to be sorry that.
**regrouper** [rəgrupe] *vt* to regroup ❑ **se regrouper** *vp* to gather.
**régulier, -ière** [regylje, jɛr] *adj (constant)* steady; *(fréquent, habituel)* regular; *(légal)* legal.
**régulièrement** [regyljɛrmɑ̃] *adv (de façon constante)* steadily; *(souvent)* regularly.
**rein** [rɛ̃] *nm* kidney ❑ **reins** *nmpl*

*(dos)* back *(sg)*.
**reine** [rɛn] *nf* queen.
**rejeter** [rəʒte] *vt (renvoyer)* to throw back; *(refuser)* to reject.
**rejoindre** [rəʒwɛ̃dr] *vt (personne, route)* to join; *(lieu)* to return to.
**rejoint, -e** [rəʒwɛ̃, ɛ̃t] *pp* → **rejoindre**.
**réjouir** [reʒwir] **: se réjouir** *vp* to be delighted; **se ~ de qqch** to be delighted about sthg.
**réjouissant, -e** [reʒwisɑ̃, ɑ̃t] *adj* joyful.
**relâcher** [rəlaʃe] *vt (prisonnier)* to release ❑ **se relâcher** *vp (corde)* to go slack; *(discipline)* to become lax.
**relais** [rəlɛ] *nm (auberge)* inn; *(SPORT)* relay; **prendre le ~ (de qqn)** to take over (from sb); **~ routier** roadside café *(Br)*, truck stop *(Am)*.
**relancer** [rəlɑ̃se] *vt (balle)* to throw back; *(solliciter)* to pester.
**relatif, -ive** [rəlatif, iv] *adj* relative; **~ à** relating to.
**relation** [rəlasjɔ̃] *nf* relationship; *(personne)* acquaintance; **être/entrer en ~(s) avec qqn** to be in/make contact with sb.
**relativement** [rəlativmɑ̃] *adv* relatively.
**relaxation** [rəlaksasjɔ̃] *nf* relaxation.
**relaxer** [rəlakse] **: se relaxer** *vp* to relax.
**relayer** [rəleje] *vt* to take over from ❑ **se relayer** *vp*: **se ~ (pour faire qqch)** to take turns (in doing sthg).
**relevé, -e** [rəlve] *adj (épicé)* spicy ◆ *nm*: **~ de compte** bank statement.
**relever** [rəlve] *vt (tête)* to lift; *(col)* to turn up; *(remettre debout)* to pick up; *(remarquer)* to notice; *(épicer)* to season ❑ **se relever** *vp (du lit)* to get up again; *(après une chute)* to get up.
**relief** [rəljɛf] *nm* relief; **en ~** *(carte)* relief; *(film)* three-D.
**relier** [rəlje] *vt* to connect.
**religieuse** [rəliʒjøz] *nf (gâteau) choux pastry with a chocolate or coffee filling*, → **religieux**.
**religieux, -ieuse** [rəliʒjø, jøz] *adj* religious ◆ *nm, f* monk (*f* nun).
**religion** [rəliʒjɔ̃] *nf* religion.
**relire** [rəlir] *vt (lire à nouveau)* to reread; *(pour corriger)* to read over.
**reliure** [rəljyr] *nf* binding.
**relu, -e** [rəly] *pp* → **relire**.
**remanier** [rəmanje] *vt (texte)* to revise; *(équipe)* to reshuffle.
**remarquable** [rəmarkabl] *adj* remarkable.
**remarque** [rəmark] *nf* remark.
**remarquer** [rəmarke] *vt (s'apercevoir de)* to notice; **faire ~ qqch à qqn** to point sthg out to sb; **remarque, ...** mind you, ...; **se faire ~** to draw attention to o.s.
**rembobiner** [rɑ̃bɔbine] *vt* to rewind.
**rembourré, -e** [rɑ̃bure] *adj (fauteuil, veste)* padded.
**remboursement** [rɑ̃bursəmɑ̃] *nm* refund.
**rembourser** [rɑ̃burse] *vt* to pay back.
**remède** [rəmɛd] *nm* cure.
**remédier** [rəmedje] **: remédier à** *v + prép (problème)* to solve; *(situation)* to put right.
**remerciements** [rəmɛrsimɑ̃] *nmpl* thanks.
**remercier** [rəmɛrsje] *vt* to

thank; ~ **qqn de** OU **pour qqch** to thank sb for sthg; ~ **qqn d'avoir fait qqch** to thank sb for having done sthg.

**remettre** [rəmɛtr] *vt (reposer)* to put back; *(vêtement)* to put back on; *(retarder)* to put off; ~ **qqch à qqn** to hand sthg over to sb; ~ **qqch en état** to repair sthg ❑ **se remettre** *vp* to recover; **se ~ à qqch** to take sthg up again; **se ~ à faire qqch** to go back to doing sthg; **se ~ de qqch** to get over sthg.

**remis, -e** [rəmi, iz] *pp* → **remettre**.

**remise** [rəmiz] *nf (abri)* shed; *(rabais)* discount; **faire une ~ à qqn** to give sb a discount.

**remontant** [rəmɔ̃tɑ̃] *nm* tonic.

**remontée** [rəmɔ̃te] *nf*: **~s mécaniques** ski lifts.

**remonte-pente, -s** [rəmɔ̃tpɑ̃t] *nm* ski tow.

**remonter** [rəmɔ̃te] *vt (aux avoir) (mettre plus haut)* to raise; *(manches, chaussettes)* to pull up; *(côte, escalier)* to come/go back up; *(moteur, pièces)* to put together again; *(montre)* to wind up ◆ *vi (aux être)* to come/go back up; *(dans une voiture)* to get back in; *(augmenter)* to rise; ~ **à** *(dater de)* to go back to.

**remords** [rəmɔr] *nm* remorse.

**remorque** [rəmɔrk] *nf* trailer.

**remorquer** [rəmɔrke] *vt* to tow.

**rémoulade** [remulad] *nf* → **céleri**.

**remous** [rəmu] *nm* eddy; *(derrière un bateau)* wash.

**remparts** [rɑ̃par] *nmpl* ramparts.

**remplaçant, -e** [rɑ̃plasɑ̃, ɑ̃t] *nm, f (de sportif)* substitute; *(d'enseignant)* supply teacher; *(de médecin)* locum.

**remplacer** [rɑ̃plase] *vt (changer)* to replace; *(prendre la place de)* to take over from; ~ **qqn/qqch par** to replace sb/sthg with.

**remplir** [rɑ̃plir] *vt* to fill; *(questionnaire)* to fill in; ~ **qqch de** to fill sthg with ❑ **se remplir (de)** *vp (+ prép)* to fill (with).

**remporter** [rɑ̃pɔrte] *vt (reprendre)* to take back; *(gagner)* to win.

**remuant, -e** [rəmɥɑ̃, ɑ̃t] *adj* restless.

**remue-ménage** [rəmymenaʒ] *nm inv* confusion.

**remuer** [rəmɥe] *vt* to move; *(mélanger)* to stir; *(salade)* to toss.

**rémunération** [remynerasjɔ̃] *nf* remuneration.

**rémunérer** [remynere] *vt* to pay.

**renard** [rənar] *nm* fox.

**rencontre** [rɑ̃kɔ̃tr] *nf* meeting; *(sportive)* match; **aller à la ~ de qqn** to go to meet sb.

**rencontrer** [rɑ̃kɔ̃tre] *vt* to meet ❑ **se rencontrer** *vp* to meet.

**rendez-vous** [rɑ̃devu] *nm (d'affaires)* appointment; *(amoureux)* date; *(lieu)* meeting place; ~ **chez moi à 14 h** let's meet at my house at two o'clock; **avoir ~ avec qqn** to have a meeting with sb; **donner ~ à qqn** to arrange to meet sb; **prendre ~** to make an appointment.

**rendormir** [rɑ̃dɔrmir] **: se rendormir** *vp* to go back to sleep.

**rendre** [rɑ̃dr] *vt* to give back; *(sourire, coup)* to return; *(faire devenir)* to make ◆ *vi (vomir)* to be sick; ~ **visite à qqn** to visit sb ❑ **se**

**rendre** *vp (armée, soldat)* to surrender; **se ~ à** *(sout)* to go to; **se ~ utile/malade** to make o.s. useful/ill.

**rênes** [rɛn] *nfpl* reins.

**renfermé, -e** [rɑ̃fɛrme] *adj* withdrawn ◆ *nm*: **sentir le ~** to smell musty.

**renfermer** [rɑ̃fɛrme] *vt* to contain.

**renfoncement** [rɑ̃fɔ̃smɑ̃] *nm* recess.

**renforcer** [rɑ̃fɔrse] *vt* to reinforce.

**renforts** [rɑ̃fɔr] *nmpl* reinforcements.

**renfrogné, -e** [rɑ̃frɔɲe] *adj* sullen.

**renier** [rənje] *vt (idées)* to repudiate.

**renifler** [rənifle] *vi* to sniff.

**renommé, -e** [rənɔme] *adj* famous.

**renommée** [rənɔme] *nf* fame.

**renoncer** [rənɔ̃se] **: renoncer à** *v + prép* to give up; **~ à faire qqch** to give up doing sthg.

**renouer** [rənwe] *vt (relation, conversation)* to resume ◆ *vi*: **~ avec qqn** to get back together with sb.

**renouvelable** [rənuvlabl] *adj* renewable.

**renouveler** [rənuvle] *vt (changer)* to change; *(recommencer, prolonger)* to renew ❑ **se renouveler** *vp (se reproduire)* to recur.

**rénovation** [renɔvasjɔ̃] *nf* renovation.

**rénover** [renɔve] *vt* to renovate.

**renseignement** [rɑ̃sɛɲmɑ̃] *nm*: **un ~** information; **des ~s** information *(sg)*; **les ~s** *(bureau)* enquiries; *(téléphoniques)* directory enquiries *(Br)*, information *(Am)*.

**renseigner** [rɑ̃seɲe] *vt*: **~ qqn (sur)** to give sb information (about) ❑ **se renseigner (sur)** *vp (+ prép)* to find out (about).

**rentable** [rɑ̃tabl] *adj* profitable.

**rente** [rɑ̃t] *nf (revenu)* income.

**rentrée** [rɑ̃tre] *nf*: **~ (d'argent)** income; **~ (des classes)** start of the school year.

**rentrer** [rɑ̃tre] *vi (aux être) (entrer)* to go/come in; *(chez soi)* to go/come home; *(être contenu)* to fit ◆ *vt (aux avoir) (faire pénétrer)* to fit; *(dans la maison)* to bring/take in; *(chemise)* to tuck in; **~ dans** *(entrer dans)* to go/come into; *(heurter)* to crash into; **~ le ventre** to pull in one's stomach ❑ **se rentrer dedans** *vp (fam: voitures)* to smash into one another.

**renverse** [rɑ̃vɛrs] **: à la renverse** *adv* backwards.

**renverser** [rɑ̃vɛrse] *vt (liquide)* to spill; *(piéton)* to knock over; *(gouvernement)* to overthrow ❑ **se renverser** *vp (bouteille)* to fall over; *(liquide)* to spill.

**renvoi** [rɑ̃vwa] *nm (d'un salarié)* dismissal; *(d'un élève)* expulsion; *(rot)* belch.

**renvoyer** [rɑ̃vwaje] *vt (balle, lettre)* to return; *(image, rayon)* to reflect; *(salarié)* to dismiss; *(élève)* to expel.

**réorganiser** [reɔrganize] *vt* to reorganize.

**répandre** [repɑ̃dr] *vt (renverser)* to spill; *(nouvelle)* to spread ❑ **se répandre** *vp (liquide)* to spill; *(nouvelle, maladie)* to spread.

**répandu, -e** [repɑ̃dy] *adj (fréquent)* widespread.

**réparateur, -trice** [reparatœr, tris] *nm, f* repairer.

**réparation** [reparasjɔ̃] *nf* repair; **en ~** under repair.

**réparer** [repare] *vt* to repair; **faire ~ qqch** to get sthg repaired.

**repartir** [rəpartir] *vi (partir)* to set off again; *(rentrer)* to return.

**répartir** [repartir] *vt* to share out.

**répartition** [repartisjɔ̃] *nf* distribution.

**repas** [rəpa] *nm* meal.

**repassage** [rəpasaʒ] *nm (de linge)* ironing.

**repasser** [rəpase] *vt (linge)* to iron ♦ *vi (rendre visite)* to drop by again later.

**repêchage** [rəpeʃaʒ] *nm (examen)* resit.

**repêcher** [rəpeʃe] *vt (retirer de l'eau)* to fish out; *(à un examen)*: **être repêché** to pass a resit.

**repeindre** [rəpɛ̃dr] *vt* to repaint.

**repeint, -e** [rəpɛ̃, ɛ̃t] *pp* → **repeindre**.

**répercussions** [reperkysjɔ̃] *nfpl (conséquences)* repercussions.

**repère** [rəpɛr] *nm (marque)* mark.

**repérer** [rəpere] *vt (remarquer)* to spot ❑ **se repérer** *vp* to get one's bearings.

**répertoire** [repɛrtwar] *nm (carnet)* notebook; *(d'un acteur, d'un musicien)* repertoire; *(INFORM)* directory.

**répéter** [repete] *vt* to repeat; *(rôle, œuvre)* to rehearse ❑ **se répéter** *vp (se reproduire)* to be repeated.

**répétition** [repetisjɔ̃] *nf (dans un texte)* repetition; *(au théâtre)* rehearsal; **~ générale** dress rehearsal.

**replacer** [rəplase] *vt* to replace.

**replier** [rəplije] *vt* to fold up.

**réplique** [replik] *nf (réponse)* reply; *(copie)* replica.

**répliquer** [replike] *vt* to reply ♦ *vi (avec insolence)* to answer back.

**répondeur** [repɔ̃dœr] *nm*: **~ (téléphonique** OU **automatique)** answering machine.

**répondre** [repɔ̃dr] *vi* to answer; *(freins)* to respond ♦ *vt* to answer; **~ à qqn** to answer sb; *(avec insolence)* to answer sb back.

**réponse** [repɔ̃s] *nf* answer.

**reportage** [rəpɔrtaʒ] *nm* report.

**reporter**[1] [rəpɔrtɛr] *nm* reporter.

**reporter**[2] [rəpɔrte] *vt (rapporter)* to take back; *(date, réunion)* to postpone.

**repos** [rəpo] *nm (détente)* rest; **jour de ~** day off.

**reposant, -e** [rəpozɑ̃, ɑ̃t] *adj* relaxing.

**reposer** [rəpoze] *vt (remettre)* to put back ❑ **se reposer** *vp* to rest.

**repousser** [rəpuse] *vt (faire reculer)* to push back; *(retarder)* to put back ♦ *vi* to grow back.

**reprendre** [rəprɑ̃dr] *vt (objet)* to take back; *(lecture, conversation)* to continue; *(études, sport)* to take up again; *(prisonnier)* to recapture; *(corriger)* to correct; **reprenez du dessert** have some more dessert; **~ son souffle** to get one's breath back ❑ **se reprendre** *vp (se ressaisir)* to pull o.s. together; *(se cor-*

*riger)* to correct o.s.
**représailles** [rəprezaj] *nfpl* reprisals.
**représentant, -e** [rəprezɑ̃tɑ̃, ɑ̃t] *nm, f (porte-parole)* representative; ~ **(de commerce)** sales rep.
**représentatif, -ive** [rəprezɑ̃tatif, iv] *adj* representative.
**représentation** [rəprezɑ̃tasjɔ̃] *nf (spectacle)* performance; *(image)* representation.
**représenter** [rəprezɑ̃te] *vt* to represent.
**répression** [represjɔ̃] *nf* repression.
**réprimer** [reprime] *vt (révolte)* to put down.
**repris, -e** [rəpri, iz] *pp* → **reprendre**.
**reprise** [rəpriz] *nf (couture)* mending; *(économique)* recovery; *(d'un appareil, d'une voiture)* part exchange; **à plusieurs ~s** several times.
**repriser** [rəprize] *vt* to mend.
**reproche** [rəprɔʃ] *nm* reproach.
**reprocher** [rəprɔʃe] *vt*: ~ **qqch à qqn** to reproach sb for sthg.
**reproduction** [rəprɔdyksjɔ̃] *nf* reproduction.
**reproduire** [rəprɔdɥir] *vt* to reproduce ❑ **se reproduire** *vp (avoir de nouveau lieu)* to recur; *(animaux)* to reproduce.
**reproduit, -e** [rəprɔdɥi, ɥit] *pp* → **reproduire**.
**reptile** [rɛptil] *nm* reptile.
**repu, -e** [rəpy] *adj* full (up).
**république** [repyblik] *nf* republic.
**répugnant, -e** [repyɲɑ̃, ɑ̃t] *adj* repulsive.
**réputation** [repytasjɔ̃] *nf* reputation.
**réputé, -e** [repyte] *adj* well-known.
**requin** [rəkɛ̃] *nm* shark.
**RER** *nm Paris rail network.*

---

**i RER**

The RER is a rail network extending throughout the Paris region linking the centre with the suburbs and Orly and Charles de Gaulle airports. There are three main lines (A, B and C) which connect with Paris metro stations as well as train stations.

---

**rescapé, -e** [rɛskape] *nm, f* survivor.
**rescousse** [rɛskus] *nf*: **appeler qqn à la ~** to call on sb for help; **aller à la ~ de qqn** to go to sb's rescue.
**réseau, -x** [rezo] *nm* network.
**réservation** [rezɛrvasjɔ̃] *nf* reservation, booking; *(TRANSP: ticket)* reservation.
**réserve** [rezɛrv] *nf* reserve; **en ~** in reserve.
**réservé, -e** [rezɛrve] *adj* reserved.
**réserver** [rezɛrve] *vt (billet, chambre)* to reserve, to book; ~ **qqch à qqn** to reserve sthg for sb ❑ **se réserver** *vp (pour un repas, le dessert)* to save o.s.
**réservoir** [rezɛrvwar] *nm (à essence)* tank.
**résidence** [rezidɑ̃s] *nf (sout: domicile)* residence; *(immeuble)* apartment building; ~ **secondaire**

second home.
**résider** [rezide] *vi (sout: habiter)* to reside.
**résigner** [reziɲe] **: se résigner à** *vp + prép* to resign o.s. to; **se ~ à faire qqch** to resign o.s. to doing sthg.
**résilier** [rezilje] *vt* to cancel.
**résine** [rezin] *nf* resin.
**résistance** [rezistɑ̃s] *nf* resistance; *(électrique)* element.
**résistant, -e** [rezistɑ̃, ɑ̃t] *adj* tough ◆ *nm, f* resistance fighter.
**résister** [reziste] **: résister à** *v + prép (lutter contre)* to resist; *(supporter)* to withstand.
**résolu, -e** [rezɔly] *pp* → **résoudre** ◆ *adj (décidé)* resolute.
**résolution** [rezɔlysjɔ̃] *nf (décision)* resolution.
**résonner** [rezɔne] *vi (faire du bruit)* to echo.
**résoudre** [rezudr] *vt* to solve.
**respect** [rɛspɛ] *nm* respect.
**respecter** [rɛspɛkte] *vt* to respect.
**respectif, -ive** [rɛspɛktif, iv] *adj* respective.
**respiration** [rɛspirasjɔ̃] *nf* breathing.
**respirer** [rɛspire] *vi & vt* to breathe.
**responsabilité** [rɛspɔ̃sabilite] *nf* responsibility.
**responsable** [rɛspɔ̃sabl] *adj* responsible ◆ *nmf (coupable)* person responsible; *(d'une administration, d'un magasin)* person in charge; **être ~ de qqch** *(coupable de)* to be responsible for sthg; *(chargé de)* to be in charge of sthg.
**resquiller** [rɛskije] *vi (fam) (dans le bus)* to dodge the fare; *(au spectacle)* to sneak in without paying.
**ressaisir** [rəsezir] **: se ressaisir** *vp* to pull o.s. together.
**ressemblant, -e** [rəsɑ̃blɑ̃, ɑ̃t] *adj* lifelike.
**ressembler** [rəsɑ̃ble] **: ressembler à** *v + prép (en apparence)* to look like; *(par le caractère)* to be like ❑ **se ressembler** *vp (en apparence)* to look alike; *(par le caractère)* to be alike.
**ressemeler** [rəsəmle] *vt* to resole.
**ressentir** [rəsɑ̃tir] *vt* to feel.
**resserrer** [rəsere] *vt (ceinture, nœud)* to tighten ❑ **se resserrer** *vp (route)* to narrow.
**resservir** [rəsɛrvir] *vt* to give another helping to ◆ *vi* to be used again ❑ **se resservir** *vp*: **se ~ (de)** *(plat)* to take another helping (of).
**ressort** [rəsɔr] *nm* spring.
**ressortir** [rəsɔrtir] *vi (sortir à nouveau)* to go out again; *(se détacher)* to stand out.
**ressortissant, -e** [rəsɔrtisɑ̃, ɑ̃t] *nm, f* national.
**ressources** [rəsurs] *nfpl* resources.
**ressusciter** [resysite] *vi* to come back to life.
**restant, -e** [rɛstɑ̃, ɑ̃t] *adj* → **poste** ◆ *nm* rest.
**restaurant** [rɛstɔrɑ̃] *nm* restaurant.
**restauration** [rɛstɔrasjɔ̃] *nf (rénovation)* restoration; *(gastronomie)* restaurant trade.
**restaurer** [rɛstɔre] *vt (monument)* to restore.
**reste** [rɛst] *nm* rest; **un ~ de**

**viande/de tissu** some left-over meat/material; **les ~s** *(d'un repas)* the leftovers.

**rester** [rɛste] *vi (dans un lieu)* to stay; *(subsister)* to be left; *(continuer à être)* to keep, to remain; **il n'en reste que deux** there are only two left.

**restituer** [rɛstitɥe] *vt (rendre)* to return.

**resto** [rɛsto] *nm (fam)* restaurant; **les ~s du cœur** *charity food distribution centres.*

**restreindre** [rɛstrɛ̃dr] *vt* to restrict.

**restreint, -e** [rɛstrɛ̃, ɛ̃t] *pp* → **restreindre** ◆ *adj* limited.

**résultat** [rezylta] *nm* result; **~s** *(scolaires, d'une élection)* results.

**résumé** [rezyme] *nm* summary; **en ~** in short.

**résumer** [rezyme] *vt* to summarize.

**rétablir** [retablir] *vt (l'ordre, l'électricité)* to restore ❑ **se rétablir** *vp (guérir)* to recover.

**retard** [rətar] *nm* delay; *(d'un élève, d'un pays)* backwardness; **avoir du ~, être en ~** to be late; **avoir une heure de ~** to be an hour late; **être en ~ sur qqch** to be behind sthg.

**retarder** [rətarde] *vi*: **ma montre retarde (de cinq minutes)** my watch is (five minutes) slow.

**retenir** [rətnir] *vt (empêcher de partir, de tomber)* to hold back; *(empêcher d'agir)* to stop; *(réserver)* to reserve, to book; *(se souvenir de)* to remember; **~ son souffle** to hold one's breath; **je retiens 1** *(dans une opération)* carry 1 ❑ **se retenir** *vp*: **se ~ (à qqch)** to hold on (to sthg); **se ~ (de faire qqch)** to stop o.s. (from doing sthg).

**retenu, -e** [rətny] *pp* → **retenir**.

**retenue** [rətəny] *nf (SCOL)* detention; *(dans une opération)* amount carried.

**réticent, -e** [retisɑ̃, ɑ̃t] *adj* reluctant.

**retirer** [rətire] *vt (extraire)* to remove; *(vêtement)* to take off; *(argent)* to withdraw; *(billet, colis, bagages)* to collect; **~ qqch à qqn** to take sthg away from sb.

**retomber** [rətɔ̃be] *vi (tomber à nouveau)* to fall over again; *(après un saut)* to land; *(pendre)* to hang down; **~ malade** to fall ill again.

**retour** [rətur] *nm* return; *(TRANSP)* return journey; **être de ~** to be back; **au ~** *(sur le chemin)* on the way back.

**retourner** [rəturne] *vt (mettre à l'envers)* to turn over; *(vêtement, sac)* to turn inside out; *(renvoyer)* to send back ◆ *vi* to go back, to return ❑ **se retourner** *vp (voiture, bateau)* to turn over; *(tourner la tête)* to turn round.

**retrait** [rətrɛ] *nm (d'argent)* withdrawal.

**retraite** [rətrɛt] *nf* retirement; **être à la ~** to be retired; **prendre sa ~** to retire.

**retraité, -e** [rətrɛte] *nm, f* pensioner.

**retransmission** [rətrɑ̃smisjɔ̃] *nf (à la radio)* broadcast.

**rétrécir** [retresir] *vi (vêtement)* to shrink ❑ **se rétrécir** *vp (route)* to narrow.

**rétro** [retro] *adj inv* old-fashioned ◆ *nm (fam: rétroviseur)*

(rearview) mirror.
**rétrograder** [retrɔgrade] *vi (automobiliste)* to change down.
**rétrospective** [retrɔspɛktiv] *nf* retrospective.
**retrousser** [rətruse] *vt (manches)* to roll up.
**retrouvailles** [rətruvaj] *nfpl* reunion *(sg)*.
**retrouver** [rətruve] *vt (objet perdu)* to find; *(personne perdue de vue)* to see again; *(rejoindre)* to meet ❑ **se retrouver** *vp (se réunir)* to meet; *(après une séparation)* to meet up again; *(dans une situation, un lieu)* to find o.s.
**rétroviseur** [retrɔvizœr] *nm* rearview mirror.
**réunion** [reynjɔ̃] *nf* meeting; **la Réunion** Réunion.
**réunionnais, -e** [reynjɔnɛ, ɛz] *adj* from Réunion.
**réunir** [reynir] *vt (personnes)* to gather together; *(informations, fonds)* to collect ❑ **se réunir** *vp* to meet.
**réussi, -e** [reysi] *adj (photo)* good; *(soirée)* successful.
**réussir** [reysir] *vt (plat, carrière)* to make a success of ◆ *vi* to succeed; ~ **(à) un examen** to pass an exam; ~ **à faire qqch** to succeed in doing sthg; ~ **à qqn** *(aliment, climat)* to agree with sb.
**réussite** [reysit] *nf* success; *(jeu)* patience *(Br)*, solitaire *(Am)*.
**revanche** [rəvɑ̃ʃ] *nf* revenge; *(au jeu)* return game; **en** ~ on the other hand.
**rêve** [rɛv] *nm* dream; **faire un** ~ to have a dream.
**réveil** [revɛj] *nm (pendule)* alarm clock; **à mon** ~ when I woke up.
**réveiller** [reveje] *vt* to wake up ❑ **se réveiller** *vp* to wake up; *(douleur, souvenir)* to come back.
**réveillon** [revɛjɔ̃] *nm (du 24 décembre) Christmas Eve supper and party; (du 31 décembre) New Year's Eve supper and party.*

---

 **RÉVEILLON**

The "réveillon" in France refers to celebrations on both Christmas Eve and New Year's Eve. To celebrate New Year's Eve, also known as "la Saint-Sylvestre", French people often have a large meal with friends. At midnight everyone kisses, drinks champagne and wishes one another "bonne année" ("Happy New Year"). In the streets car drivers welcome in the New Year by hooting their horns.

---

**réveillonner** [revɛjɔne] *vi (le 24 décembre) to celebrate Christmas Eve with a supper or party; (le 31 décembre) to celebrate New Year's Eve with a supper or party.*
**révélation** [revelasjɔ̃] *nf* revelation.
**révéler** [revele] *vt* to reveal ❑ **se révéler** *vp (s'avérer)* to prove to be.
**revenant** [rəvnɑ̃] *nm* ghost.
**revendication** [rəvɑ̃dikasjɔ̃] *nf* claim.
**revendre** [rəvɑ̃dr] *vt* to resell.
**revenir** [rəvnir] *vi* to come back; **faire ~ qqch** *(CULIN)* to brown sthg; ~ **cher** to be expensive; **ça nous est revenu à 2 000 F** it cost us 2,000 francs; **ça me revient maintenant** *(je me souviens)* I remember now;

**ça revient au même** it comes to the same thing; **je n'en reviens pas** I can't get over it; ~ **sur sa décision** to go back on one's decision; ~ **sur ses pas** to retrace one's steps.

**revenu, -e** [rəvny] *pp* → **revenir** ♦ *nm* income.

**rêver** [ʀeve] *vi* to dream; *(être distrait)* to daydream ♦ *vt*: ~ **que** to dream (that); ~ **de** to dream about; *(souhaiter)* to long for; ~ **de faire qqch** to be longing to do sthg.

**réverbère** [ʀevɛʀbɛʀ] *nm* street light.

**revers** [ʀəvɛʀ] *nm (d'une pièce)* reverse side; *(de la main, d'un billet)* back; *(d'une veste)* lapel; *(d'un pantalon)* turn-up *(Br)*, cuff *(Am)*; *(SPORT)* backhand.

**réversible** [ʀevɛʀsibl] *adj* reversible.

**revêtement** [ʀəvɛtmɑ̃] *nm (d'un mur, d'un sol)* covering; *(d'une route)* surface.

**rêveur, -euse** [ʀɛvœʀ, øz] *adj* dreamy.

**réviser** [ʀevize] *vt (leçons)* to revise; **faire** ~ **sa voiture** to have one's car serviced.

**révision** [ʀevizjɔ̃] *nf (d'une voiture)* service ❑ **révisions** *nfpl (SCOL)* revision *(sg)*.

**revoir** [ʀəvwaʀ] *vt (retrouver)* to see again; *(leçons)* to revise *(Br)*, to review *(Am)* ❑ **au revoir** *excl* goodbye!

**révoltant, -e** [ʀevɔltɑ̃, ɑ̃t] *adj* revolting.

**révolte** [ʀevɔlt] *nf* revolt.

**révolter** [ʀevɔlte] *vt (suj: spectacle, attitude)* to disgust ❑ **se révolter** *vp* to rebel.

**révolution** [ʀevɔlysjɔ̃] *nf* revolution; **la Révolution (française)** the French Revolution.

**révolutionnaire** [ʀevɔlysjɔnɛʀ] *adj & nmf* revolutionary.

**revolver** [ʀevɔlvɛʀ] *nm* revolver.

**revue** [ʀəvy] *nf (magazine)* magazine; *(spectacle)* revue; **passer qqch en** ~ to review sthg.

**rez-de-chaussée** [ʀedʃose] *nm inv* ground floor *(Br)*, first floor *(Am)*.

**Rhin** [ʀɛ̃] *nm*: **le** ~ the Rhine.

**rhinocéros** [ʀinɔseʀɔs] *nm* rhinoceros.

**Rhône** [ʀon] *nm*: **le** ~ *(fleuve)* the (River) Rhone.

**rhubarbe** [ʀybaʀb] *nf* rhubarb.

**rhum** [ʀɔm] *nm* rum.

**rhumatismes** [ʀymatism] *nmpl* rheumatism *(sg)*; **avoir des** ~ to have rheumatism.

**rhume** [ʀym] *nm* cold; **avoir un** ~ to have a cold; ~ **des foins** hay fever.

**ri** [ʀi] *pp* → **rire**.

**ricaner** [ʀikane] *vi* to snigger.

**riche** [ʀiʃ] *adj* rich ♦ *nmf*: **les** ~**s** the rich; ~ **en** rich in.

**richesse** [ʀiʃɛs] *nf* wealth ❑ **richesses** *nfpl (minières)* resources; *(archéologiques)* treasures.

**ricocher** [ʀikɔʃe] *vi* to ricochet.

**ricochet** [ʀikɔʃɛ] *nm*: **faire des** ~**s** to skim pebbles.

**ride** [ʀid] *nf* wrinkle.

**ridé, -e** [ʀide] *adj* wrinkled.

**rideau, -x** [ʀido] *nm* curtain.

**ridicule** [ʀidikyl] *adj* ridiculous.

**rien** [ʀjɛ̃] *pron* nothing; **ne ...** ~ nothing; **je ne fais** ~ **le dimanche** I do nothing on Sundays, I don't do anything on Sundays; **ça ne fait ~** it doesn't matter; **de ~** don't mention it; **pour ~** for nothing; **~ d'intéressant** nothing interesting; **~ du tout** nothing at all; **~ que** nothing but.

**rigide** [riʒid] *adj* stiff.

**rigole** [rigɔl] *nf (caniveau)* channel; *(eau)* rivulet.

**rigoler** [rigɔle] *vi (fam) (rire)* to laugh; *(s'amuser)* to have a laugh; *(plaisanter)* to joke.

**rigolo, -ote** [rigɔlo, ɔt] *adj (fam)* funny.

**rigoureux, -euse** [rigurø, øz] *adj (hiver)* harsh; *(analyse, esprit)* rigorous.

**rigueur** [rigœr] **: à la rigueur** *adv (si nécessaire)* if necessary; *(si on veut)* at a push.

**rillettes** [rijɛt] *nfpl potted pork, duck or goose.*

**rime** [rim] *nf* rhyme.

**rinçage** [rɛ̃saʒ] *nm* rinse.

**rincer** [rɛ̃se] *vt* to rinse.

**ring** [riŋ] *nm (de boxe)* ring; *(Belg: route)* ring road.

**riposter** [ripɔste] *vi (en paroles)* to answer back; *(militairement)* to retaliate.

**rire** [rir] *nm* laugh ◆ *vi* to laugh; *(s'amuser)* to have fun; **~ aux éclats** to howl with laughter; **tu veux ~!** you're joking!; **pour ~** *(en plaisantant)* as a joke.

**ris** [ri] *nmpl*: **~ de veau** calves' sweetbreads.

**risotto** [rizɔto] *nm* risotto.

**risque** [risk] *nm* risk.

**risqué, -e** [riske] *adj* risky.

**risquer** [riske] *vt* to risk; *(proposition, question)* to venture ◆ *vi*: **~ de faire qqch** *(être en danger de)* to be in danger of doing sthg; *(exprime la probabilité)* to be likely to do sthg.

**rissolé, -e** [risɔle] *adj* browned.

**rivage** [rivaʒ] *nm* shore.

**rival, -e, -aux** [rival, o] *adj & nm, f* rival.

**rivalité** [rivalite] *nf* rivalry.

**rive** [riv] *nf* bank; **la ~ gauche** *(à Paris)* the south bank of the Seine *(traditionally associated with students and artists)*; **la ~ droite** *(à Paris)* the north bank of the Seine *(generally considered more affluent)*.

**riverain, -e** [rivrɛ̃, ɛn] *nm, f (d'une rue)* resident; **«interdit sauf aux ~s»** "residents only".

**rivière** [rivjɛr] *nf* river.

**riz** [ri] *nm* rice; **~ cantonais** fried rice; **~ au lait** rice pudding; **~ pilaf** pilaff; **~ sauvage** wild rice.

**RMI** *nm (abr de revenu minimum d'insertion) minimum guaranteed benefit.*

**RN** *abr* = **route nationale**.

**robe** [rɔb] *nf* dress; *(d'un cheval)* coat; **~ de chambre** dressing gown; **~ du soir** evening dress.

**robinet** [rɔbinɛ] *nm* tap *(Br)*, faucet *(Am)*.

**robot** [rɔbo] *nm (industriel)* robot; *(ménager)* food processor.

**robuste** [rɔbyst] *adj* sturdy.

**roc** [rɔk] *nm* rock.

**rocade** [rɔkad] *nf* ring road *(Br)*, beltway *(Am)*.

**roche** [rɔʃ] *nf* rock.

**rocher** [rɔʃe] *nm* rock; *(au chocolat) chocolate covered with chopped hazelnuts.*

**rock** [rɔk] *nm* rock.

**rodage** [rɔdaʒ] *nm* running in.
**rôder** [rɔde] *vi (par ennui)* to hang about; *(pour attaquer)* to loiter.
**rœsti** [røʃti] *nmpl (Helv) grated potato fried to form a sort of cake.*
**rognons** [rɔɲɔ̃] *nmpl* kidneys.
**roi** [rwa] *nm* king; **les Rois, la fête des Rois** Twelfth Night.
**Roland-Garros** [rɔlɑ̃garos] *n*: **(le tournoi de)** ~ the French Open.
**rôle** [rol] *nm* role.
**ROM** [rɔm] *nf (abr de read only memory)* ROM.
**romain, -e** [rɔmɛ̃, ɛn] *adj* Roman.
**roman, -e** [rɔmɑ̃, an] *adj (architecture, église)* Romanesque ◆ *nm* novel.
**romancier, -ière** [rɔmɑ̃sje, jɛr] *nm, f* novelist.
**romantique** [rɔmɑ̃tik] *adj* romantic.
**romarin** [rɔmarɛ̃] *nm* rosemary.
**rompre** [rɔ̃pr] *vi (se séparer)* to break up.
**romsteck** [rɔmstɛk] *nm* rump steak.
**ronces** [rɔ̃s] *nfpl* brambles.
**rond, -e** [rɔ̃, rɔ̃d] *adj* round; *(gros)* chubby ◆ *nm* circle; **en** ~ in a circle.
**ronde** [rɔ̃d] *nf (de policiers)* patrol.
**rondelle** [rɔ̃dɛl] *nf (tranche)* slice; *(TECH)* washer.
**rond-point** [rɔ̃pwɛ̃] *(pl* **ronds-points**) *nm* roundabout *(Br)*, traffic circle *(Am)*.
**ronfler** [rɔ̃fle] *vi* to snore.
**ronger** [rɔ̃ʒe] *vt (os)* to gnaw at; *(suj: rouille)* to eat away at ❑ **se ronger** *vp*: **se ~ les ongles** to bite one's nails.
**ronronner** [rɔ̃rɔne] *vi* to purr.
**roquefort** [rɔkfɔr] *nm* Roquefort *(strong blue cheese)*.
**rosace** [rozas] *nf (vitrail)* rose window.
**rosbif** [rɔzbif] *nm* roast beef.
**rose** [roz] *adj & nm* pink ◆ *nf* rose.
**rosé, -e** [roze] *adj (teinte)* rosy; *(vin)* rosé ◆ *nm (vin)* rosé.
**roseau, -x** [rozo] *nm* reed.
**rosée** [roze] *nf* dew.
**rosier** [rozje] *nm* rose bush.
**rossignol** [rɔsiɲɔl] *nm* nightingale.
**Rossini** [rɔsini] *n* → **tournedos**.
**rot** [ro] *nm* burp.
**roter** [rote] *vi* to burp.
**rôti** [roti] *nm* joint.
**rôtie** [roti] *nf (Can)* piece of toast.
**rotin** [rɔtɛ̃] *nm* rattan.
**rôtir** [rotir] *vt & vi* to roast.
**rôtissoire** [rotiswar] *nf (électrique)* rotisserie.
**rotule** [rɔtyl] *nf* kneecap.
**roucouler** [rukule] *vi* to coo.
**roue** [ru] *nf* wheel; **~ de secours** spare wheel; **grande ~** ferris wheel.
**rouge** [ruʒ] *adj* red; *(fer)* red-hot ◆ *nm* red; *(vin)* red (wine); **le feu est passé au ~** the light has turned red; **~ à lèvres** lipstick.
**rouge-gorge** [ruʒgɔrʒ] *(pl* **rouges-gorges**) *nm* robin.
**rougeole** [ruʒɔl] *nf* measles *(sg)*.
**rougeurs** [ruʒœr] *nfpl* red blotches.

**rougir** [ruʒir] *vi (de honte, d'émotion)* to blush; *(de colère)* to turn red.

**rouille** [ruj] *nf* rust; *(sauce) garlic and red pepper sauce for fish or soup.*

**rouillé, -e** [ruje] *adj* rusty.

**rouiller** [ruje] *vi* to rust.

**roulant** [rulɑ̃] *adj m* → **fauteuil, tapis**.

**rouleau, -x** [rulo] *nm (de papier, de tissu)* roll; *(pinceau, vague)* roller; ~ **à pâtisserie** rolling pin; ~ **de printemps** spring roll.

**roulement** [rulmɑ̃] *nm (tour de rôle)* rota; ~ **à billes** ball bearings *(pl)*; ~ **de tambour** drum roll.

**rouler** [rule] *vt (nappe, tapis)* to roll up; *(voler)* to swindle ◆ *vi (balle, caillou)* to roll; *(véhicule)* to go; *(automobiliste, cycliste)* to drive; ~ **les r** to roll one's r's; **«roulez au pas»** "dead slow" ❑ **se rouler** *vp (par terre, dans l'herbe)* to roll about.

**roulette** [rulɛt] *nf (roue)* wheel; **la** ~ *(jeu)* roulette.

**roulotte** [rulɔt] *nf* caravan.

**Roumanie** [rumani] *nf*: **la** ~ Romania.

**rousse** → **roux**.

**rousseur** [rusœr] *nf* → **tache**.

**roussi** [rusi] *nm*: **ça sent le** ~ there's a smell of burning.

**route** [rut] *nf* road; *(itinéraire)* route; **mettre qqch en** ~ *(machine)* to start sthg up; *(processus)* to get sthg under way; **se mettre en** ~ *(voyageur)* to set off; **«~ barrée»** "road closed".

**routier, -ière** [rutje, jɛr] *adj (carte, transports)* road ◆ *nm (camionneur)* lorry driver *(Br)*, truck driver *(Am)*; *(restaurant)* transport café *(Br)*, truck stop *(Am)*.

**routine** [rutin] *nf* routine.

**roux, rousse** [ru, rus] *adj (cheveux)* red; *(personne)* red-haired; *(chat)* ginger ◆ *nm, f* redhead.

**royal, -e, -aux** [rwajal, o] *adj* royal; *(cadeau, pourboire)* generous.

**royaume** [rwajom] *nm* kingdom.

**Royaume-Uni** [rwajomyni] *nm*: **le** ~ the United Kingdom.

**RPR** *nm French party to the right of the political spectrum.*

**ruade** [rɥad] *nf* kick.

**ruban** [rybɑ̃] *nm* ribbon; ~ **adhésif** adhesive tape.

**rubéole** [rybeɔl] *nf* German measles *(sg)*.

**rubis** [rybi] *nm* ruby.

**rubrique** [rybrik] *nf (catégorie)* heading; *(de journal)* column.

**ruche** [ryʃ] *nf* beehive.

**rude** [ryd] *adj (climat, voix)* harsh; *(travail)* tough.

**rudimentaire** [rydimɑ̃tɛr] *adj* rudimentary.

**rue** [ry] *nf* street.

**ruelle** [rɥɛl] *nf* alley.

**ruer** [rɥe] *vi* to kick ❑ **se ruer** *vp*: **se** ~ **dans/sur** to rush into/at.

**rugby** [rygbi] *nm* rugby.

**rugir** [ryʒir] *vi* to roar.

**rugueux, -euse** [rygø, øz] *adj* rough.

**ruine** [rɥin] *nf (financière)* ruin; **en** ~ *(château)* ruined; **tomber en** ~ to crumble ❑ **ruines** *nfpl* ruins.

**ruiné, -e** [rɥine] *adj* ruined.

**ruisseau, -x** [rɥiso] *nm* stream.

**ruisseler** [rɥisle] *vi* to stream; ~ **de** *(sueur, larmes)* to stream with.

**rumeur** [rymœr] *nf (nouvelle)* rumour; *(bruit)* rumble.
**ruminer** [rymine] *vi (vache)* to chew the cud.
**rupture** [ryptyr] *nf (de relations diplomatiques)* breaking off; *(d'une relation amoureuse)* break-up.
**rural, -e, -aux** [ryral, o] *adj* rural.
**ruse** [ryz] *nf (habileté)* cunning; *(procédé)* trick.
**rusé, -e** [ryze] *adj* cunning.
**russe** [rys] *adj* Russian ◆ *nm (langue)* Russian ❑ **Russe** *nmf* Russian.
**Russie** [rysi] *nf*: **la ~** Russia.
**Rustine®** [rystin] *nf rubber repair patch for bicycle tyres.*
**rustique** [rystik] *adj* rustic.
**rythme** [ritm] *nm* rhythm; *(cardiaque)* rate; *(de la marche)* pace.

# S

**s'** → **se.**
**S** *(abr de sud)* S.
**sa** → **son.**
**SA** *nf (abr de société anonyme)* = plc *(Br)*, = Inc. *(Am)*.
**sable** [sabl] *nm* sand; **~s mouvants** quicksand *(sg)*.
**sablé, -e** [sable] *adj (biscuit)* shortbread ◆ *nm* shortbread biscuit *(Br)*, shortbread cookie *(Am)*.
**sablier** [sablije] *nm* hourglass.
**sablonneux, -euse** [sablɔnø, øz] *adj* sandy.
**sabot** [sabo] *nm (de cheval, de vache)* hoof; *(chaussure)* clog; **~ de Denver** wheel clamp *(Br)*, Denver boot *(Am)*.
**sabre** [sabr] *nm* sabre.
**sac** [sak] *nm* bag; *(de pommes de terre)* sack; **~ de couchage** sleeping bag; **~ à dos** rucksack; **~ à main** handbag *(Br)*, purse *(Am)*.
**saccadé, -e** [sakade] *adj (gestes)* jerky; *(respiration)* uneven.
**saccager** [sakaʒe] *vt (ville, cultures)* to destroy; *(appartement)* to wreck.
**sachant** [saʃɑ̃] *ppr* → **savoir.**
**sache** *etc* → **savoir.**
**sachet** [saʃɛ] *nm* sachet; **~ de thé** teabag.
**sacoche** [sakɔʃ] *nf (sac)* bag; *(de vélo)* pannier.
**sac-poubelle** [sakpubɛl] (*pl* **sacs-poubelle**) *nm* dustbin bag *(Br)*, garbage bag *(Am)*.
**sacré, -e** [sakre] *adj* sacred; *(fam: maudit)* damn; **on a passé de ~es vacances!** *(fam)* we had a hell of a holiday!
**sacrifice** [sakrifis] *nm* sacrifice.
**sacrifier** [sakrifje] *vt* to sacrifice ❑ **se sacrifier** *vp* to sacrifice o.s.
**sadique** [sadik] *adj* sadistic.
**safari** [safari] *nm* safari.
**safran** [safrɑ̃] *nm* saffron.
**sage** [saʒ] *adj (avisé)* wise; *(obéissant)* good, well-behaved.
**sage-femme** [saʒfam] (*pl* **sages-femmes**) *nf* midwife.
**sagesse** [saʒɛs] *nf (prudence, raison)* wisdom.
**Sagittaire** [saʒitɛr] *nm* Sagittarius.

**saignant, -e** [sɛɲɑ̃, ɑ̃t] *adj (viande)* rare.

**saigner** [seɲe] *vi* to bleed; **~ du nez** to have a nosebleed.

**saillant, -e** [sajɑ̃, ɑ̃t] *adj (par rapport à un mur)* projecting; *(pommettes, veines)* prominent.

**sain, -e** [sɛ̃, sɛn] *adj* healthy; *(mentalement)* sane; **~ et sauf** safe and sound.

**saint, -e** [sɛ̃, sɛ̃t] *adj* holy ◆ *nm, f* saint; **la Saint-François** Saint Francis' day.

**saint-honoré** [sɛ̃tɔnɔre] *nm inv shortcrust or puff pastry cake topped with choux pastry balls and whipped cream.*

**Saint-Jacques** [sɛ̃ʒak] *n* → coquille.

**Saint-Michel** [sɛ̃miʃɛl] *n* → mont.

**Saint-Sylvestre** [sɛ̃silvɛstr] *nf*: **la ~** New Year's Eve.

**sais** *etc* → **savoir**.

**saisir** [sezir] *vt (objet, occasion)* to grab; *(comprendre)* to understand; *(JUR: biens)* to seize; *(INFORM)* to capture.

**saison** [sɛzɔ̃] *nf* season; **basse ~** low season; **haute ~** high season.

**salade** [salad] *nf (verte)* lettuce; *(plat en vinaigrette)* salad; **champignons en ~** mushroom salad; **~ de fruits** fruit salad; **~ mêlée** *(Helv)* mixed salad; **~ mixte** mixed salad; **~ niçoise** niçoise salad.

**saladier** [saladje] *nm* salad bowl.

**salaire** [salɛr] *nm* salary, wage.

**salami** [salami] *nm* salami.

**salarié, -e** [salarje] *nm, f* (salaried) employee.

**sale** [sal] *adj* dirty; *(fam: temps)* filthy; *(fam: journée, mentalité)* nasty.

**salé, -e** [sale] *adj (plat)* salted; *(eau)* salty ◆ *nm*: **petit ~ aux lentilles** *salt pork served with lentils.*

**saler** [sale] *vt* to salt.

**saleté** [salte] *nf (état)* dirtiness; *(crasse)* dirt; *(chose sale)* disgusting thing.

**salière** [saljɛr] *nf* saltcellar.

**salir** [salir] *vt* to (make) dirty ❑ **se salir** *vp* to get dirty.

**salissant, -e** [salisɑ̃, ɑ̃t] *adj* that shows the dirt.

**salive** [saliv] *nf* saliva.

**salle** [sal] *nf* room; *(d'hôpital)* ward; *(de cinéma)* screen; *(des fêtes, municipale)* hall; **~ d'attente** waiting room; **~ de bains** bathroom; **~ de classe** classroom; **~ d'embarquement** departure lounge; **~ à manger** dining room; **~ d'opération** operating theatre.

**salon** [salɔ̃] *nm (séjour)* living room; *(exposition)* show; **~ de coiffure** hairdressing salon; **~ de thé** tearoom.

**salopette** [salɔpɛt] *nf (d'ouvrier)* overalls *(pl)*; *(en jean, etc)* dungarees *(pl)*.

**salsifis** [salsifi] *nmpl* salsify *(root vegetable)*.

**saluer** [salɥe] *vt (dire bonjour à)* to greet; *(de la tête)* to nod to; *(dire au revoir à)* to say goodbye to; *(MIL)* to salute.

**salut** [saly] *nm (pour dire bonjour)* greeting; *(de la tête)* nod; *(pour dire au revoir)* farewell; *(MIL)* salute ◆ *excl (fam) (bonjour)* hi!; *(au revoir)* bye!

**salutations** [salytɑsjɔ̃] *nfpl*

greetings.

**samaritain** [samaritɛ̃] *nm (Helv) person qualified to give first aid.*

**samedi** [samdi] *nm* Saturday; **nous sommes** OU **c'est ~** it's Saturday today; **~ 13 septembre** Saturday 13 September; **nous sommes partis ~** we left on Saturday; **~ dernier** last Saturday; **~ prochain** next Saturday; **~ matin** on Saturday morning; **le ~** on Saturdays; **à ~!** see you Saturday!

**SAMU** [samy] *nm French ambulance and emergency service.*

**sanction** [sɑ̃ksjɔ̃] *nf* sanction.

**sanctionner** [sɑ̃ksjɔne] *vt* to punish.

**sandale** [sɑ̃dal] *nf* sandal.

**sandwich** [sɑ̃dwitʃ] *nm* sandwich.

**sang** [sɑ̃] *nm* blood; **en ~** bloody; **se faire du mauvais ~** to be worried.

**sang-froid** [sɑ̃frwa] *nm inv* calm.

**sanglant, -e** [sɑ̃glɑ̃, ɑ̃t] *adj* bloody.

**sangle** [sɑ̃gl] *nf* strap.

**sanglier** [sɑ̃glije] *nm* boar.

**sanglot** [sɑ̃glo] *nm* sob.

**sangloter** [sɑ̃glɔte] *vi* to sob.

**sangria** [sɑ̃grija] *nf* sangria.

**sanguin** [sɑ̃gɛ̃] *adj m* → **groupe**.

**sanguine** [sɑ̃gin] *nf (orange)* blood orange.

**Sanisette®** [sanizɛt] *nf* superloo.

**sanitaire** [sanitɛr] *adj (d'hygiène)* sanitary ❑ **sanitaires** *nmpl (d'un camping)* toilets and showers.

**sans** [sɑ̃] *prép* without; **~ faire qqch** without doing sthg; **~ que personne s'en rende compte** without anyone realizing.

**sans-abri** [sɑ̃zabri] *nmf inv* homeless person.

**sans-gêne** [sɑ̃ʒɛn] *adj inv* rude ◆ *nm inv* rudeness.

**santé** [sɑ̃te] *nf* health; **en bonne/mauvaise ~** in good/poor health; **(à ta) ~!** cheers!

**saoul, -e** [su, sul] = **soûl**.

**saouler** [sule] = **soûler**.

**saphir** [safir] *nm* sapphire; *(d'un électrophone)* needle.

**sapin** [sapɛ̃] *nm* fir; **~ de Noël** Christmas tree.

**sardine** [sardin] *nf* sardine.

**SARL** *nf (abr de société à responsabilité limitée)* = Ltd *(Br)*, = Inc. *(Am)*.

**sarrasin** [sarazɛ̃] *nm (graine)* buckwheat.

**satellite** [satelit] *nm* satellite.

**satin** [satɛ̃] *nm* satin.

**satiné, -e** [satine] *adj (tissu, peinture)* satin.

**satirique** [satirik] *adj* satirical.

**satisfaction** [satisfaksjɔ̃] *nf* satisfaction.

**satisfaire** [satisfɛr] *vt* to satisfy ❑ **se satisfaire de** *vp + prép* to be satisfied with.

**satisfaisant, -e** [satisfəzɑ̃, ɑ̃t] *adj* satisfactory.

**satisfait, -e** [satisfɛ, ɛt] *pp* → **satisfaire** ◆ *adj* satisfied; **être ~ de** to be satisfied with.

**saturé, -e** [satyre] *adj* saturated.

**sauce** [sos] *nf* sauce; **en ~** in a sauce; **~ blanche** *white sauce made with chicken stock*; **~ chasseur** *mushroom, shallot, white wine and tomato* *sauce*; ~ **madère** *vegetable, mushroom and Madeira sauce*; ~ **tartare** tartar sauce; ~ **tomate** tomato sauce.

**saucer** [sose] *vt (assiette)* to wipe clean.

**saucisse** [sosis] *nf* sausage; ~ **sèche** thin dry sausage.

**saucisson** [sosisɔ̃] *nm* dry sausage.

**sauf, sauve** [sof, sov] *adj* → **sain** ◆ *prép (excepté)* except; ~ **erreur** unless there is some mistake.

**sauge** [soʒ] *nf* sage.

**saule** [sol] *nm* willow; ~ **pleureur** weeping willow.

**saumon** [somɔ̃] *nm* salmon ◆ *adj inv*: **(rose)** ~ salmon(-pink); ~ **fumé** smoked salmon.

**sauna** [sona] *nm* sauna.

**saupoudrer** [sopudre] *vt*: ~ **qqch de** to sprinkle sthg with.

**saur** [sɔr] *adj m* → **hareng**.

**saura** *etc* → **savoir**.

**saut** [so] *nm* jump; **faire un ~ chez qqn** to pop round to see sb; ~ **en hauteur** high jump; ~ **en longueur** long jump; ~ **périlleux** somersault.

**saute** [sot] *nf*: ~ **d'humeur** mood change.

**sauté, -e** [sote] *adj (CULIN)* sautéed ◆ *nm*: ~ **de veau** sautéed veal.

**saute-mouton** [sotmutɔ̃] *nm inv*: **jouer à** ~ to play leapfrog.

**sauter** [sote] *vi* to jump; *(exploser)* to blow up; *(se défaire)* to come off; *(plombs)* to blow ◆ *vt (obstacle)* to jump over; *(passage, classe)* to skip; ~ **son tour** *(dans un jeu)* to pass; **faire ~ qqch** *(faire exploser)* to blow sthg up; *(CULIN)* to sauté sthg.

**sauterelle** [sotrɛl] *nf* grasshopper.

**sautiller** [sotije] *vi* to hop.

**sauvage** [sovaʒ] *adj (animal, plante)* wild; *(tribu)* primitive; *(enfant, caractère)* shy; *(cri, haine)* savage ◆ *nmf (barbare)* brute; *(personne farouche)* recluse.

**sauvegarde** [sovgard] *nf (INFORM)* saving; ~ **automatique** automatic backup.

**sauvegarder** [sovgarde] *vt (protéger)* to safeguard; *(INFORM)* to save.

**sauver** [sove] *vt* to save; ~ **qqn/qqch de qqch** to save sb/sthg from sthg ❑ **se sauver** *vp (s'échapper)* to run away.

**sauvetage** [sovtaʒ] *nm* rescue.

**sauveteur** [sovtœr] *nm* rescuer.

**SAV** *abr* = **service après-vente**.

**savant, -e** [savɑ̃, ɑ̃t] *adj (cultivé)* scholarly ◆ *nm* scientist.

**savarin** [savarɛ̃] *nm* = rum baba.

**saveur** [savœr] *nf* flavour.

**savoir** [savwar] *vt* to know; ~ **faire qqch** to know how to do sthg; **savez-vous parler français?** can you speak French?; **je n'en sais rien** I have no idea.

**savoir-faire** [savwarfɛr] *nm inv* know-how.

**savoir-vivre** [savwarvivr] *nm inv* good manners *(pl)*.

**savon** [savɔ̃] *nm* soap; *(bloc)* bar of soap.

**savonner** [savɔne] *vt* to soap.

**savonnette** [savɔnɛt] *nf* bar of soap.

**savourer** [savure] *vt* to savour.

**savoureux, -euse** [savurø, øz] *adj (aliment)* tasty.

**savoyarde** [savwajard] *adj f* → fondue.

**saxophone** [saksɔfɔn] *nm* saxophone.

**sbrinz** [ʃbrints] *nm hard crumbly Swiss cheese made from cow's milk.*

**scandale** [skɑ̃dal] *nm (affaire)* scandal; *(fait choquant)* outrage; **faire du** OU **un ~** to make a fuss; **faire ~** to cause a stir.

**scandaleux, -euse** [skɑ̃dalø, øz] *adj* outrageous.

**scandinave** [skɑ̃dinav] *adj* Scandinavian.

**Scandinavie** [skɑ̃dinavi] *nf*: **la ~** Scandinavia.

**scanner** [skanɛr] *nm (appareil)* scanner; *(test)* scan.

**scaphandre** [skafɑ̃dr] *nm* diving suit.

**scarole** [skarɔl] *nf* endive.

**sceller** [sele] *vt (cimenter)* to cement.

**scénario** [senarjo] *nm (de film)* screenplay.

**scène** [sɛn] *nf (estrade)* stage; *(événement, partie d'une pièce)* scene; **mettre qqch en ~** *(film, pièce de théâtre)* to direct sthg.

**sceptique** [sɛptik] *adj* sceptical.

**schéma** [ʃema] *nm* diagram; *(résumé)* outline.

**schématique** [ʃematik] *adj (sous forme de schéma)* diagrammatical; *(trop simple)* simplistic.

**schublig** [ʃublig] *nm (Helv) type of sausage.*

**sciatique** [sjatik] *nf* sciatica.

**scie** [si] *nf* saw.

**science** [sjɑ̃s] *nf* science; **~s naturelles** natural sciences.

**science-fiction** [sjɑ̃sfiksjɔ̃] *nf* science fiction.

**scientifique** [sjɑ̃tifik] *adj* scientific ♦ *nmf* scientist.

**scier** [sje] *vt* to saw.

**scintiller** [sɛ̃tije] *vi* to sparkle.

**sciure** [sjyr] *nf* sawdust.

**scolaire** [skɔlɛr] *adj (vacances, manuel)* school.

**scoop** [skup] *nm* scoop.

**scooter** [skutœr] *nm* scooter; **~ des mers** jet ski.

**score** [skɔr] *nm* score.

**Scorpion** [skɔrpjɔ̃] *nm* Scorpio.

**scotch** [skɔtʃ] *nm (whisky)* Scotch.

**Scotch®** [skɔtʃ] *nm (adhésif)* = Sellotape® *(Br)*, Scotch® tape *(Am)*.

**scout, -e** [skut] *nm, f* scout.

**scrupule** [skrypyl] *nm* scruple.

**scrutin** [skrytɛ̃] *nm* ballot.

**sculpter** [skylte] *vt* to sculpt; *(bois)* to carve.

**sculpteur** [skyltœr] *nm* sculptor.

**sculpture** [skyltyr] *nf* sculpture.

**SDF** *nmf (abr de sans domicile fixe)* homeless person.

**se** [sə] *pron pers* **1.** *(réfléchi: personne indéfinie)* oneself; *(personne)* himself *(f* herself*)*, themselves *(pl)*; *(chose, animal)* itself, themselves *(pl)*; **elle ~ regarde dans le miroir** she's looking at herself in the mirror; **~ faire mal** to hurt oneself.

**2.** *(réciproque)* each other, one another; **~ battre** to fight; **ils s'écrivent toutes les semaines** they write to each other every week.

3. *(avec certains verbes, vide de sens)*: ~ **décider** to decide; ~ **mettre à faire qqch** to start doing sthg.
4. *(passif)*: **ce produit ~ vend bien/partout** this product is selling well/is sold everywhere.
5. *(à valeur de possessif)*: ~ **laver les mains** to wash one's hands; ~ **couper le doigt** to cut one's finger.

**séance** [seɑ̃s] *nf (de rééducation, de gymnastique)* session; *(de cinéma)* performance; ~ **tenante** right away.

**seau, -x** [so] *nm* bucket; ~ **à champagne** champagne bucket.

**sec, sèche** [sɛk, sɛʃ] *adj* dry; *(fruit, légume)* dried; **à** ~ *(cours d'eau)* dried-up; **au** ~ *(à l'abri de la pluie)* out of the rain; **fermer qqch d'un coup** ~ to slam sthg shut.

**sécateur** [sekatœr] *nm* secateurs *(pl)*.

**séchage** [seʃaʒ] *nm* drying.

**sèche** → **sec**.

**sèche-cheveux** [sɛʃʃəvø] *nm inv* hairdryer.

**sèche-linge** [sɛʃlɛ̃ʒ] *nm inv* tumbledryer.

**sèchement** [sɛʃmɑ̃] *adv* drily.

**sécher** [seʃe] *vt* to dry ◆ *vi* to dry; *(fam: à un examen)* to have a mental block; ~ **les cours** *(fam)* to play truant *(Br)*, to play hooky *(Am)*.

**sécheresse** [sɛʃrɛs] *nf (manque de pluie)* drought.

**séchoir** [seʃwar] *nm*: ~ **(à cheveux)** hairdryer; ~ **(à linge)** *(sur pied)* clothes dryer; *(électrique)* tumbledryer.

**second, -e** [səgɔ̃, ɔ̃d] *adj* second, → **sixième**.

**secondaire** [səgɔ̃dɛr] *adj* secondary.

**seconde** [səgɔ̃d] *nf (unité de temps)* second; *(SCOL)* = fifth form *(Br)*, = tenth grade *(Am)*; *(vitesse)* second (gear); **voyager en ~ (classe)** to travel second class.

**secouer** [səkwe] *vt* to shake; *(bouleverser, inciter à agir)* to shake up.

**secourir** [səkurir] *vt (d'un danger)* to rescue; *(moralement)* to help.

**secouriste** [səkurist] *nmf* first-aid worker.

**secours** [səkur] *nm* help; **appeler au** ~ to call for help; **au ~!** help!; ~ **d'urgence** emergency aid; **premiers** ~ first aid.

**secouru, -e** [səkury] *pp* → **secourir**.

**secousse** [səkus] *nf* jolt.

**secret, -ète** [səkrɛ, ɛt] *adj & nm* secret; **en** ~ in secret.

**secrétaire** [səkretɛr] *nmf* secretary ◆ *nm (meuble)* secretaire.

**secrétariat** [səkretarja] *nm (bureau)* secretary's office; *(métier)* secretarial work.

**secte** [sɛkt] *nf* sect.

**secteur** [sɛktœr] *nm (zone)* area; *(électrique)* mains; *(économique, industriel)* sector; **fonctionner sur** ~ to run off the mains.

**section** [sɛksjɔ̃] *nf* section; *(de ligne d'autobus)* fare stage.

**sectionner** [sɛksjɔne] *vt* to cut.

**Sécu** [seky] *nf (fam)*: **la** ~ *French social security system.*

**sécurité** [sekyrite] *nf (tranquillité)* safety; *(ordre)* security; **en** ~ safe; **mettre qqch en** ~ to put sthg in a safe place; **la ~ routière** *French organization providing traffic bulletins and safety information*; **la Sécurité**

sociale *French social security system.*

**séduire** [sedɥir] *vt* to attract.

**séduisant, -e** [sedɥizɑ̃, ɑ̃t] *adj* attractive.

**séduit, -e** [sedɥi, ɥit] *pp* → **séduire.**

**segment** [sɛgmɑ̃] *nm* segment.

**ségrégation** [segregasjɔ̃] *nf* segregation.

**seigle** [sɛgl] *nm* rye.

**seigneur** [sɛɲœr] *nm (d'un château)* lord; **le Seigneur** the Lord.

**sein** [sɛ̃] *nm* breast; **au ~ de** within.

**Seine** [sɛn] *nf*: **la ~** *(fleuve)* the Seine.

**séisme** [seism] *nm* earthquake.

**seize** [sɛz] *num* sixteen, → **six.**

**seizième** [sɛzjɛm] *num* sixteenth, → **sixième.**

**séjour** [seʒur] *nm* stay; **(salle de) ~** living room.

**séjourner** [seʒurne] *vi* to stay.

**sel** [sɛl] *nm* salt; **~s de bain** bath salts.

**sélection** [selɛksjɔ̃] *nf* selection.

**sélectionner** [selɛksjɔne] *vt* to select.

**self-service, -s** [sɛlfsɛrvis] *nm (restaurant)* self-service restaurant; *(station-service)* self-service petrol station *(Br)*, self-service gas station *(Am)*.

**selle** [sɛl] *nf* saddle.

**seller** [sele] *vt* to saddle.

**selon** [səlɔ̃] *prép (de l'avis de, en accord avec)* according to; *(en fonction de)* depending on; **~ que** depending on whether.

**semaine** [səmɛn] *nf* week; **en ~** during the week.

**semblable** [sɑ̃blabl] *adj* similar; **~ à** similar to.

**semblant** [sɑ̃blɑ̃] *nm*: **faire ~ (de faire qqch)** to pretend (to do sthg).

**sembler** [sɑ̃ble] *vi* to seem; **il semble que …** it seems that …; **il me semble que …** I think that …

**semelle** [səmɛl] *nf* sole.

**semer** [səme] *vt* to sow; *(se débarrasser de)* to shake off.

**semestre** [səmɛstr] *nm* half-year; *(SCOL)* semester.

**semi-remorque, -s** [səmirəmɔrk] *nm* articulated lorry *(Br)*, semitrailer *(Am)*.

**semoule** [səmul] *nf* semolina.

**sénat** [sena] *nm* senate.

**Sénégal** [senegal] *nm*: **le ~** Senegal.

**sens** [sɑ̃s] *nm (direction)* direction; *(signification)* meaning; **dans le ~ inverse des aiguilles d'une montre** anticlockwise *(Br)*, counterclockwise *(Am)*; **en ~ inverse** in the opposite direction; **avoir du bon ~** to have common sense; **~ giratoire** roundabout *(Br)*, traffic circle *(Am)*; **~ interdit** *(panneau)* no-entry sign; *(rue)* one-way street; **~ unique** one-way street; **~ dessus dessous** upside-down.

**sensation** [sɑ̃sasjɔ̃] *nf* feeling, sensation; **faire ~** to cause a stir.

**sensationnel, -elle** [sɑ̃sasjɔnɛl] *adj (formidable)* fantastic.

**sensible** [sɑ̃sibl] *adj* sensitive; *(perceptible)* noticeable; **~ à** sensitive to.

**sensiblement** [sɑ̃sibləmɑ̃] *adv (à peu près)* more or less; *(de façon perceptible)* noticeably.

**sensuel, -elle** [sɑ̃sɥɛl] *adj* sensual.

**sentence** [sɑ̃tɑ̃s] *nf (JUR)* sentence.
**sentier** [sɑ̃tje] *nm* path.
**sentiment** [sɑ̃timɑ̃] *nm* feeling; **~s dévoués** *(dans une lettre)* yours sincerely.
**sentimental, -e, -aux** [sɑ̃timɑ̃tal, o] *adj* sentimental.
**sentir** [sɑ̃tir] *vt (odeur)* to smell; *(goût)* to taste; *(au toucher)* to feel; *(avoir une odeur de)* to smell of; **~ bon** to smell good; **~ mauvais** to smell bad; **je ne peux pas le ~** *(fam)* I can't bear him ❑ **se sentir** *vp*: **se ~ mal** to feel ill; **se ~ bizarre** to feel strange.
**séparation** [separasjɔ̃] *nf* separation.
**séparément** [separemɑ̃] *adv* separately.
**séparer** [separe] *vt* to separate; *(diviser)* to divide; **~ qqn/qqch de** to separate sb/sthg from ❑ **se séparer** *vp (couple)* to split up; *(se diviser)* to divide; **se ~ de qqn** *(conjoint)* to separate from sb; *(employé)* to let sb go.
**sept** [sɛt] *num* seven, → **six**.
**septante** [sɛptɑ̃t] *num (Belg & Helv)* seventy, → **six**.
**septembre** [sɛptɑ̃br] *nm* September; **en ~, au mois de ~** in September; **début ~** at the beginning of September; **fin ~** at the end of September; **le deux ~** the second of September.
**septième** [sɛtjɛm] *num* seventh, → **sixième**.
**séquelles** [sekɛl] *nfpl (MÉD)* aftereffects.
**séquence** [sekɑ̃s] *nf* sequence.
**sera** *etc* → **être**.
**séré** [sere] *nm (Helv)* fromage frais.
**serein, -e** [sərɛ̃, ɛn] *adj* serene.
**sérénité** [serenite] *nf* serenity.
**sergent** [sɛrʒɑ̃] *nm* sergeant.
**série** [seri] *nf (succession)* series; *(ensemble)* set; **~ (télévisée)** (television) series.
**sérieusement** [serjøzmɑ̃] *adv* seriously.
**sérieux, -ieuse** [serjø, jøz] *adj* serious ◆ *nm*: **travailler avec ~** to take one's work seriously; **garder son ~** to keep a straight face; **prendre qqch au ~** to take sthg seriously.
**seringue** [sərɛ̃g] *nf* syringe.
**sermon** [sɛrmɔ̃] *nm (RELIG)* sermon; *(péj: leçon)* lecture.
**séropositif, -ive** [serɔpozitif, iv] *adj* HIV-positive.
**serpent** [sɛrpɑ̃] *nm* snake.
**serpenter** [sɛrpɑ̃te] *vi* to wind.
**serpentin** [sɛrpɑ̃tɛ̃] *nm (de fête)* streamer.
**serpillière** [sɛrpijɛr] *nf* floor cloth.
**serre** [sɛr] *nf (à plantes)* greenhouse.
**serré, -e** [sere] *adj (vêtement)* tight; *(spectateurs, passagers)*: **on est ~ ici** it's packed in here.
**serrer** [sere] *vt (comprimer)* to squeeze; *(dans ses bras)* to hug; *(dans une boîte, une valise)* to pack tightly; *(poings, dents)* to clench; *(nœud, vis)* to tighten; **ça me serre à la taille** it's tight around the waist; **~ la main à qqn** to shake sb's hand; **«serrez à droite»** "keep right" ❑ **se serrer** *vp* to squeeze up; **se ~ contre qqn** to huddle up against sb.

**serre-tête** [sɛrtɛt] *nm inv* Alice band.

**serrure** [seryr] *nf* lock.

**serrurier** [seryrje] *nm* locksmith.

**sers** *etc* → **servir**.

**serveur, -euse** [sɛrvœr, øz] *nm, f (de café, de restaurant)* waiter (*f* waitress).

**serviable** [sɛrvjabl] *adj* helpful.

**service** [sɛrvis] *nm (manière de servir)* service; *(faveur)* favour; *(de vaisselle)* set; *(département)* department; *(SPORT)* service; **faire le ~** to serve the food out; **rendre ~ à qqn** to be helpful to sb; **être de ~** to be on duty; **«~ compris/non compris»** "service included/not included"; **premier/deuxième ~** *(au restaurant)* first/second sitting; **~ après-vente** after-sales service department; **~ militaire** military service.

**serviette** [sɛrvjɛt] *nf (cartable)* briefcase; **~ hygiénique** sanitary towel *(Br)*, sanitary napkin *(Am)*; **~ (de table)** table napkin; **~ (de toilette)** towel.

**servir** [sɛrvir] *vt* 1. *(invité, client)* to serve.

2. *(plat, boisson)*: **~ qqch à qqn** to serve sb sthg; **qu'est-ce que je vous sers?** what would you like (to drink)?; **«~ frais»** "serve chilled".

◆ *vi* 1. *(être utile)* to be of use; **~ à qqch** to be used for sthg; **~ à faire qqch** to be used for doing sthg; **ça ne sert à rien d'insister** there's no point in insisting.

2. *(avec «de»)*: **~ de qqch** *(objet)* to serve as sthg.

3. *(au tennis)* to serve.

4. *(aux cartes)* to deal.

❑ **se servir** *vp (de la nourriture, de la boisson)* to help o.s.; **se servir de** *vp + prép (objet)* to use.

**ses** → **son**.

**sésame** [sezam] *nm (graines)* sesame seeds *(pl)*.

**set** [sɛt] *nm (SPORT)* set; **~ (de table)** table mat.

**seuil** [sœj] *nm* threshold.

**seul, -e** [sœl] *adj (sans personne)* alone; *(solitaire)* lonely; *(unique)* only ◆ *nm, f*: **le ~** the only one; **un ~** only one; **pas un ~** not a single one; **(tout) ~** *(sans aide)* by oneself; *(parler)* to oneself.

**seulement** [sœlmɑ̃] *adv* only; **non ~ ... mais encore** OU **en plus** not only ... but also; **si ~ ...** if only ...

**sève** [sɛv] *nf* sap.

**sévère** [sevɛr] *adj (professeur, parent)* strict; *(regard, aspect, échec)* severe; *(punition)* harsh.

**sévérité** [severite] *nf* severity.

**sévir** [sevir] *vi (punir)* to punish; *(épidémie, crise)* to rage.

**sexe** [sɛks] *nm (mâle, femelle)* sex; *(ANAT)* genitals *(pl)*.

**sexiste** [sɛksist] *adj* sexist.

**sexuel, -elle** [sɛksɥɛl] *adj* sexual.

**seyant, -e** [sɛjɑ̃, ɑ̃t] *adj* becoming.

**Seychelles** [seʃɛl] *nfpl*: **les ~** the Seychelles.

**shampo(o)ing** [ʃɑ̃pwɛ̃] *nm* shampoo.

**short** [ʃɔrt] *nm* (pair of) shorts.

**show** [ʃo] *nm (de variétés)* show.

**si** [si] *conj* 1. *(exprime l'hypothèse)* if; **~ tu veux, on y va** we'll go if you want; **ce serait bien ~ vous pouviez** it would be good if you could; ~

**c'est toi qui le dis, c'est que c'est vrai** since you told me, it must be true.

2. *(dans une question)*: **(et) ~ on allait à la piscine?** how about going to the swimming pool?

3. *(exprime un souhait)* if; **~ seulement tu m'en avais parlé avant!** if only you had told me earlier!

4. *(dans une question indirecte)* if, whether; **dites-moi ~ vous venez** tell me if you are coming.

◆ *adv* 1. *(tellement)* so; **une ~ jolie ville** such a pretty town; **~ ... que** so ... that; **ce n'est pas ~ facile que ça** it's not as easy as that; **~ bien que** with the result that.

2. *(oui)* yes; **tu n'aimes pas le café? - ~** don't you like coffee? - yes, I do.

**SICAV** [sikav] *nf inv (titre)* share in a unit trust.

**SIDA** [sida] *nm* AIDS.

**siècle** [sjɛkl] *nm* century; **au vingtième ~** in the twentieth century.

**siège** [sjɛʒ] *nm* seat; *(d'une banque, d'une association)* head office.

**sien** [sjɛ̃] **: le sien** (*f* **la sienne** [lasjɛn], *mpl* **les siens** [lesjɛ̃], *fpl* **les siennes** [lesjɛn]) *pron (d'homme)* his; *(de femme)* hers; *(de chose, d'animal)* its.

**sieste** [sjɛst] *nf* nap; **faire la ~** to have a nap.

**sifflement** [sifləmɑ̃] *nm* whistling.

**siffler** [sifle] *vi* to whistle ◆ *vt (air)* to whistle; *(acteur)* to boo; *(chien)* to whistle for; *(femme)* to whistle at.

**sifflet** [siflɛ] *nm (instrument)* whistle; *(au spectacle)* boo.

**sigle** [sigl] *nm* acronym.

**signal, -aux** [siɲal, o] *nm (geste, son)* signal; *(feu, pancarte)* sign; **~ d'alarme** alarm signal.

**signalement** [siɲalmɑ̃] *nm* description.

**signaler** [siɲale] *vt (par un geste)* to signal; *(par une pancarte)* to signpost; *(faire remarquer)* to point out.

**signalisation** [siɲalizasjɔ̃] *nf (feux, panneaux)* signs *(pl)*; *(au sol)* road markings *(pl)*.

**signature** [siɲatyr] *nf* signature.

**signe** [siɲ] *nm* sign; *(dessin)* symbol; **faire ~ à qqn (de faire qqch)** to signal to sb (to do sthg); **c'est bon/mauvais ~** it's a good/bad sign; **faire le ~ de croix** to cross o.s.; **~ du zodiaque** sign of the zodiac.

**signer** [siɲe] *vt & vi* to sign ❑ **se signer** *vp* to cross o.s.

**significatif, -ive** [siɲifikatif, iv] *adj* significant.

**signification** [siɲifikasjɔ̃] *nf* meaning.

**signifier** [siɲifje] *vt* to mean.

**silence** [silɑ̃s] *nm* silence; **en ~** in silence.

**silencieux, -ieuse** [silɑ̃sjø, jøz] *adj* quiet.

**silhouette** [silwɛt] *nf (forme)* silhouette; *(corps)* figure.

**sillonner** [sijɔne] *vt (parcourir)*: **~ une région** to travel all round a region.

**similaire** [similɛr] *adj* similar.

**simple** [sɛ̃pl] *adj* simple; *(feuille, chambre)* single.

**simplement** [sɛ̃pləmɑ̃] *adv* simply.

**simplicité** [sɛ̃plisite] *nf* simplicity.

**simplifier** [sɛ̃plifje] *vt* to simplify.

**simuler** [simyle] *vt* to feign.

**simultané, -e** [simyltane] *adj* simultaneous.

**simultanément** [simyltanemɑ̃] *adv* simultaneously.

**sincère** [sɛ̃sɛr] *adj* sincere.

**sincérité** [sɛ̃serite] *nf* sincerity.

**singe** [sɛ̃ʒ] *nm* monkey.

**singulier** [sɛ̃gylje] *nm* singular.

**sinistre** [sinistr] *adj* sinister ◆ *nm* *(incendie)* fire; *(inondation)* flood.

**sinistré, -e** [sinistre] *adj* disaster-stricken ◆ *nm, f* disaster victim.

**sinon** [sinɔ̃] *conj* *(autrement)* otherwise; *(peut-être même)* if not.

**sinueux, -euse** [sinɥø, øz] *adj* winding.

**sinusite** [sinyzit] *nf* sinusitis.

**sirène** [sirɛn] *nf* *(d'alarme, de police)* siren.

**sirop** [siro] *nm* *(CULIN)* syrup; **~ d'érable** maple syrup; **~ de fruits** fruit cordial; **~ (pour la toux)** cough mixture.

**siroter** [sirɔte] *vt* to sip.

**site** [sit] *nm* *(paysage)* beauty spot; *(emplacement)* site; **~ touristique** tourist site.

**situation** [sitɥasjɔ̃] *nf* *(circonstances)* situation; *(emplacement)* location; *(emploi)* job.

**situé, -e** [sitɥe] *adj* situated; **bien/mal ~** well/badly situated.

**situer** [sitɥe] **: se situer** *vp* to be situated.

**six** [sis] *adj num, pron num & nm* six; **il a ~ ans** he's six (years old); **il est ~ heures** it's six o'clock; **le ~ janvier** the sixth of January; **page ~** page six; **ils étaient ~** there were six of them; **le ~ de pique** the six of spades; **(au) ~ rue Lepic** at/to six, rue Lepic.

**sixième** [sizjɛm] *adj num & pron num* sixth ◆ *nf (SCOL)* = first form *(Br)*, = seventh grade *(Am)* ◆ *nm (fraction)* sixth; *(étage)* sixth floor *(Br)*, seventh floor *(Am)*; *(arrondissement)* sixth arrondissement.

**Skaï®** [skaj] *nm* Leatherette®.

**skateboard** [skɛtbɔrd] *nm* *(planche)* skateboard; *(SPORT)* skateboarding.

**sketch** [skɛtʃ] *nm* sketch.

**ski** [ski] *nm* *(planche)* ski; *(SPORT)* skiing; **faire du ~** to go skiing; **~ alpin** Alpine skiing; **~ de fond** cross-country skiing; **~ nautique** water skiing.

**skier** [skje] *vi* to ski.

**skieur, -ieuse** [skjœr, jøz] *nm, f* skier.

**slalom** [slalɔm] *nm* slalom.

**slip** [slip] *nm* *(sous-vêtement masculin)* pants *(Br)(pl)*, shorts *(Am)(pl)*; *(sous-vêtement féminin)* knickers *(pl)*; **~ de bain** *(d'homme)* swimming trunks *(pl)*.

**slogan** [slɔgɑ̃] *nm* slogan.

**SMIC** [smik] *nm* *guaranteed minimum wage.*

**smoking** [smɔkiŋ] *nm* *(costume)* dinner suit.

**snack(-bar), -s** [snak(bar)] *nm* snack bar.

**SNCF** *nf* *French national railway company,* = BR *(Br)*, = Amtrak *(Am)*.

**snob** [snɔb] *adj* snobbish ◆ *nmf* snob.

**sobre** [sɔbr] *adj* sober.

**sociable** [sɔsjabl] *adj* sociable.
**social, -e, -iaux** [sɔsjal, jo] *adj* social.
**socialisme** [sɔsjalism] *nm* socialism.
**socialiste** [sɔsjalist] *adj & nmf* socialist.
**société** [sɔsjete] *nf* society; *(entreprise)* company.
**socle** [sɔkl] *nm (d'une statue)* pedestal.
**socquette** [sɔkɛt] *nf* ankle sock.
**soda** [sɔda] *nm* fizzy drink, soda *(Am)*.
**sœur** [sœr] *nf* sister.
**sofa** [sɔfa] *nm* sofa.
**soi** [swa] *pron* oneself; **en ~** *(par lui-même)* in itself; **cela va de ~** that goes without saying.
**soi-disant** [swadizɑ̃] *adj inv* so-called ◆ *adv* supposedly.
**soie** [swa] *nf* silk.
**soif** [swaf] *nf* thirst; **avoir ~** to be thirsty; **ça donne ~** it makes you thirsty.
**soigner** [swaɲe] *vt (malade, maladie)* to treat; *(travail, présentation)* to take care over; *(s'occuper de)* to look after, to take care of.
**soigneusement** [swaɲøzmɑ̃] *adv* carefully.
**soigneux, -euse** [swaɲø, øz] *adj* careful.
**soin** [swɛ̃] *nm* care; **prendre ~ de qqch** to take care of sthg; **prendre ~ de faire qqch** to take care to do sthg ❑ **soins** *nmpl (médicaux, de beauté)* care *(sg)*; **premiers ~s** first aid *(sg)*.
**soir** [swar] *nm* evening; **ce ~** tonight; **le ~** *(tous les jours)* in the evening.
**soirée** [sware] *nf* evening; *(réception)* party.
**sois, soit** → **être**.
**soit** [swat] *conj*: **~ ... ~** either ... or.
**soixante** [swasɑ̃t] *num* sixty, → **six**.
**soixante-dix** [swasɑ̃tdis] *num* seventy, → **six**.
**soixante-dixième** [swasɑ̃tdizjɛm] *num* seventieth, → **sixième**.
**soixantième** [swasɑ̃tjɛm] *num* sixtieth, → **sixième**.
**soja** [sɔʒa] *nm* soya.
**sol** [sɔl] *nm (d'une maison)* floor; *(dehors)* ground; *(terrain)* soil.
**solaire** [sɔlɛr] *adj* solar.
**soldat** [sɔlda] *nm* soldier.
**solde** [sɔld] *nm (d'un compte bancaire)* balance; **en ~** in a sale ❑ **soldes** *nmpl (vente)* sales; *(articles)* sale goods.
**soldé, -e** [sɔlde] *adj (article)* reduced.
**sole** [sɔl] *nf* sole; **~ meunière** *sole fried in butter and served with lemon juice and parsley*.
**soleil** [sɔlɛj] *nm* sun; **il fait (du) ~** it's sunny; **au ~** in the sun; **~ couchant** sunset; **~ levant** sunrise.
**solennel, -elle** [sɔlanɛl] *adj (officiel)* solemn; *(péj: ton, air)* pompous.
**solfège** [sɔlfɛʒ] *nm*: **faire du ~** to learn how to read music.
**solidaire** [sɔlidɛr] *adj*: **être ~ de qqn** to stand by sb.
**solidarité** [sɔlidarite] *nf* solidarity.
**solide** [sɔlid] *adj (matériau,*

*construction)* solid; *(personne)* sturdy.
**solidité** [sɔlidite] *nf* solidity.
**soliste** [sɔlist] *nmf* soloist.
**solitaire** [sɔlitɛr] *adj* lonely ◆ *nmf* loner.
**solitude** [sɔlityd] *nf (calme)* solitude; *(abandon)* loneliness.
**solliciter** [sɔlisite] *vt (suj: mendiant)* to beg; *(entrevue, faveur)* to request.
**soluble** [sɔlybl] *adj (café)* instant; *(médicament)* soluble.
**solution** [sɔlysjɔ̃] *nf* solution.
**sombre** [sɔ̃br] *adj* dark; *(visage, humeur, avenir)* gloomy.
**sommaire** [sɔmɛr] *adj (explication, résumé)* brief; *(repas, logement)* basic ◆ *nm* summary.
**somme** [sɔm] *nf* sum ◆ *nm*: **faire un ~** to have a nap; **faire la ~ de** to add up; **en ~** in short; **~ toute** all things considered.
**sommeil** [sɔmɛj] *nm* sleep; **avoir ~** to be sleepy.
**sommelier, -ière** [sɔməlje, jɛr] *nm, f* wine waiter (*f* wine waitress).
**sommes** → **être**.
**sommet** [sɔmɛ] *nm* top; *(d'une montagne)* peak.
**sommier** [sɔmje] *nm* base.
**somnambule** [sɔmnɑ̃byl] *nmf* sleepwalker ◆ *adj*: **être ~** to sleepwalk.
**somnifère** [sɔmnifɛr] *nm* sleeping pill.
**somnoler** [sɔmnɔle] *vi* to doze.
**somptueux, -euse** [sɔ̃ptɥø, øz] *adj* sumptuous.
**son**[1] [sɔ̃] (*f* **sa** [sa], *pl* **ses** [se]) *adj (d'homme)* his; *(de femme)* her; *(de chose, d'animal)* its.
**son**[2] [sɔ̃] *nm (bruit)* sound; *(de blé)* bran; **~ et lumière** *historical play performed at night.*
**sondage** [sɔ̃daʒ] *nm* survey.
**sonde** [sɔ̃d] *nf (MÉD)* probe.
**songer** [sɔ̃ʒe] *vi*: **~ à faire qqch** *(envisager de)* to think of doing sthg.
**songeur, -euse** [sɔ̃ʒœr, øz] *adj* thoughtful.
**sonner** [sɔne] *vi* to ring ◆ *vt (cloche)* to ring; *(suj: horloge)* to strike.
**sonnerie** [sɔnri] *nf (son)* ringing; *(mécanisme de réveil)* alarm; *(de porte)* bell.
**sonnette** [sɔnɛt] *nf (de porte)* bell; **~ d'alarme** *(dans un train)* communication cord.
**sono** [sɔno] *nf (fam)* sound system.
**sonore** [sɔnɔr] *adj (voix, rire)* loud; **signal ~** *(sur un répondeur)* beep.
**sonorité** [sɔnɔrite] *nf* tone.
**sont** → **être**.
**sophistiqué, -e** [sɔfistike] *adj* sophisticated.
**sorbet** [sɔrbɛ] *nm* sorbet.
**sorcier, -ière** [sɔrsje, jɛr] *nm, f* wizard (*f* witch).
**sordide** [sɔrdid] *adj* sordid.
**sort** [sɔr] *nm* fate; **tirer au ~** to draw lots.
**sorte** [sɔrt] *nf* sort, kind; **une ~ de** a sort of, a kind of; **de (telle) ~ que** *(afin que)* so that; **en quelque ~** as it were.
**sortie** [sɔrti] *nf (porte)* exit, way out; *(excursion)* outing; *(au cinéma, au restaurant)* evening out; *(d'un*

*livre)* publication; *(d'un film)* release; ~ **de secours** emergency exit; «~ **de véhicules**» "garage entrance".

**sortir** [sɔrtir] *vi (aux être) (aller dehors, au cinéma, au restaurant)* to go out; *(venir dehors)* to come out; *(livre, film)* to come out ◆ *vt (aux avoir) (chien)* to take out; *(livre, film)* to bring out; ~ **de** *(aller)* to leave; *(venir)* to come out of; *(école, université)* to have studied at ❑ **s'en sortir** *vp* to pull through.

**SOS** *nm* SOS; ~ **Médecins** *emergency medical service.*

**sosie** [sɔzi] *nm* double.

**sou** [su] *nm*: **ne plus avoir un** ~ to be broke ❑ **sous** *nmpl (fam: argent)* money *(sg)*.

**souche** [suʃ] *nf (d'arbre)* stump; *(de carnet)* stub.

**souci** [susi] *nm* worry; **se faire du ~ (pour)** to worry (about).

**soucier** [susje] **: se soucier de** *vp + prép* to care about.

**soucieux, -ieuse** [susjø, jøz] *adj* concerned.

**soucoupe** [sukup] *nf* saucer; ~ **volante** flying saucer.

**soudain, -e** [sudɛ̃, ɛn] *adj* sudden ◆ *adv* suddenly.

**souder** [sude] *vt (TECH)* to weld.

**soudure** [sudyr] *nf (opération)* welding; *(partie soudée)* weld.

**souffert** [sufɛr] *pp* → **souffrir**.

**souffle** [sufle] *nm (respiration)* breathing; *(d'une explosion)* blast; **un ~ d'air** OU **de vent** a gust of wind; **être à bout de ~** to be out of breath.

**soufflé** [sufle] *nm* soufflé.

**souffler** [sufle] *vt (fumée)* to blow; *(bougie)* to blow out ◆ *vi (expirer)* to breathe out; *(haleter)* to puff; *(vent)* to blow; ~ **qqch à qqn** *(à un examen)* to whisper sthg to sb.

**soufflet** [suflɛ] *nm (pour le feu)* bellows *(pl)*; *(de train)* concertina vestibule.

**souffrance** [sufrɑ̃s] *nf* suffering.

**souffrant, -e** [sufrɑ̃, ɑ̃t] *adj (sout)* unwell.

**souffrir** [sufrir] *vi* to suffer; ~ **de** to suffer from.

**soufre** [sufr] *nm* sulphur.

**souhait** [swɛ] *nm* wish; **à tes ~s!** bless you!

**souhaitable** [swɛtabl] *adj* desirable.

**souhaiter** [swete] *vt*: ~ **que** to hope that; ~ **faire qqch** to hope to do sthg; ~ **bonne chance/bon anniversaire à qqn** to wish sb good luck/happy birthday.

**soûl, -e** [su, sul] *adj* drunk.

**soulagement** [sulaʒmɑ̃] *nm* relief.

**soulager** [sulaʒe] *vt* to relieve.

**soûler** [sule] **: se soûler** *vp* to get drunk.

**soulever** [sulve] *vt (couvercle, jupe)* to lift; *(enthousiasme, protestations)* to arouse; *(problème)* to bring up ❑ **se soulever** *vp (se redresser)* to raise o.s. up; *(se rebeller)* to rise up.

**soulier** [sulje] *nm* shoe.

**souligner** [suliɲe] *vt* to underline; *(insister sur)* to emphasize.

**soumettre** [sumɛtr] *vt*: ~ **qqn/qqch à** to subject sb/sthg to; ~ **qqch à qqn** *(idée, projet)* to submit sthg to sb ❑ **se soumettre à** *vp + prép (loi, obligation)* to abide by.

**soumis, -e** [sumi, iz] *pp* → soumettre ♦ *adj* submissive.

**soupape** [supap] *nf* valve.

**soupçon** [supsɔ̃] *nm* suspicion.

**soupçonner** [supsɔne] *vt* to suspect.

**soupçonneux, -euse** [supsɔnø, øz] *adj* suspicious.

**soupe** [sup] *nf* soup; ~ **à l'oignon** onion soup; ~ **de légumes** vegetable soup.

**souper** [supe] *nm (dernier repas)* late supper; *(dîner)* dinner ♦ *vi (très tard)* to have a late supper; *(dîner)* to have dinner.

**soupeser** [supəze] *vt* to feel the weight of.

**soupière** [supjɛr] *nf* tureen.

**soupir** [supir] *nm* sigh; **pousser un** ~ to give a sigh.

**soupirer** [supire] *vi* to sigh.

**souple** [supl] *adj (matière)* flexible; *(sportif)* supple.

**souplesse** [suplɛs] *nf (d'un sportif)* suppleness.

**source** [surs] *nf (d'eau)* spring; *(de chaleur, de lumière)* source.

**sourcil** [sursi] *nm* eyebrow.

**sourd, -e** [sur, surd] *adj* deaf.

**sourd-muet, sourde-muette** [surmɥɛ, surdmɥɛt] *(mpl* **sourds-muets**, *fpl* **sourdes-muettes**) *nm, f* deaf and dumb person.

**souriant, -e** [surjɑ̃, jɑ̃t] *adj* smiling.

**sourire** [surir] *nm* smile ♦ *vi* to smile.

**souris** [suri] *nf* mouse.

**sournois, -e** [surnwa, waz] *adj* sly.

**sous** [su] *prép* under, underneath; ~ **enveloppe** in an envelope; ~ **la pluie** in the rain; ~ **peu** shortly.

**sous-bois** [subwa] *nm* undergrowth.

**sous-développé, -e, -s** [sudevlɔpe] *adj* underdeveloped.

**sous-entendre** [suzɑ̃tɑ̃dr] *vt* to imply.

**sous-entendu, -s** [suzɑ̃tɑ̃dy] *nm* innuendo.

**sous-estimer** [suzɛstime] *vt* to underestimate.

**sous-louer** [sulwe] *vt* to sublet.

**sous-marin, -e, -s** [sumarɛ̃, in] *adj (flore)* underwater ♦ *nm* submarine; *(Can: sandwich) long filled roll*, sub *(Am)*.

**sous-préfecture, -s** [suprefɛktyr] *nf administrative area smaller than a "préfecture".*

**sous-pull, -s** [supyl] *nm lightweight polo-neck sweater.*

**sous-sol, -s** [susɔl] *nm (d'une maison)* basement.

**sous-titre, -s** [sutitr] *nm* subtitle.

**sous-titré, -e, -s** [sutitre] *adj* subtitled.

**soustraction** [sustraksjɔ̃] *nf* subtraction.

**soustraire** [sustrɛr] *vt (MATH)* to subtract.

**sous-verre** [suvɛr] *nm inv picture in a clip-frame.*

**sous-vêtements** [suvɛtmɑ̃] *nmpl* underwear *(sg)*.

**soute** [sut] *nf (d'un bateau)* hold; ~ **à bagages** *(d'un car)* luggage compartment; *(d'un avion)* luggage hold.

**soutenir** [sutnir] *vt (porter, défendre)* to support; ~ **que** to maintain (that).

**souterrain, -e** [sutɛrɛ̃, ɛn] *adj* underground ◆ *nm* underground passage; *(sous une rue)* subway *(Br)*, underpass *(Am)*.

**soutien** [sutjɛ̃] *nm* support; *(SCOL)* extra classes *(pl)*.

**soutien-gorge** [sutjɛ̃gɔrʒ] *(pl* **soutiens-gorge**) *nm* bra.

**souvenir** [suvnir] *nm* memory; *(objet touristique)* souvenir ❑ **se souvenir de** *vp + prép* to remember.

**souvent** [suvɑ̃] *adv* often.

**souvenu, -e** [suvny] *pp* → **souvenir**.

**souverain, -e** [suvrɛ̃, ɛn] *nm, f* monarch.

**soviétique** [sɔvjetik] *adj* Soviet.

**soyeux, -euse** [swajø, jøz] *adj* silky.

**soyons** → **être**.

**SPA** *nf* = RSPCA *(Br)*, = SPCA *(Am)*.

**spacieux, -ieuse** [spasjø, jøz] *adj* spacious.

**spaghetti(s)** [spageti] *nmpl* spaghetti *(sg)*.

**sparadrap** [sparadra] *nm* (sticking) plaster *(Br)*, Band-Aid® *(Am)*.

**spatial, -e, -iaux** [spasjal, jo] *adj (recherche, vaisseau)* space.

**spatule** [spatyl] *nf (de cuisine)* spatula.

**spätzli** [ʃpetsli] *nmpl (Helv)* small dumplings.

**spécial, -e, -iaux** [spesjal, jo] *adj* special; *(bizarre)* odd.

**spécialisé, -e** [spesjalize] *adj* specialized.

**spécialiste** [spesjalist] *nmf* specialist.

**spécialité** [spesjalite] *nf* speciality.

**spécifique** [spesifik] *adj* specific.

**spécimen** [spesimɛn] *nm* specimen.

**spectacle** [spɛktakl] *nm (au théâtre, au cinéma)* show; *(vue)* sight.

**spectaculaire** [spɛktakylɛr] *adj* spectacular.

**spectateur, -trice** [spɛktatœr, tris] *nm, f* spectator.

**speculo(o)s** [spekylos] *nm (Belg) crunchy sweet biscuit flavoured with cinnamon.*

**spéléologie** [speleɔlɔʒi] *nf* potholing.

**sphère** [sfɛr] *nf* sphere.

**spirale** [spiral] *nf* spiral; **en ~** spiral.

**spirituel, -elle** [spiritɥɛl] *adj* spiritual; *(personne, remarque)* witty.

**spiritueux** [spiritɥø] *nm* spirit.

**splendide** [splɑ̃did] *adj* magnificent.

**sponsor** [spɔ̃sɔr] *nm* sponsor.

**sponsoriser** [spɔ̃sɔrize] *vt* to sponsor.

**spontané, -e** [spɔ̃tane] *adj* spontaneous.

**spontanéité** [spɔ̃taneite] *nf* spontaneity.

**sport** [spɔr] *nm* sport; **~s d'hiver** winter sports.

**sportif, -ive** [spɔrtif, iv] *adj (athlétique)* sporty; *(épreuve, journal)* sports ◆ *nm, f* sportsman (*f* sportswoman).

**spot** [spɔt] *nm (projecteur, lampe)* spotlight; **~ publicitaire** com-

mercial.
**sprint** [sprint] *nm* sprint.
**square** [skwar] *nm* small public garden.
**squelette** [skəlɛt] *nm* skeleton.
**St** *(abr de saint)* St.
**stable** [stabl] *adj* stable.
**stade** [stad] *nm (de sport)* stadium; *(période)* stage.
**stage** [staʒ] *nm (en entreprise)* work placement; *(d'informatique, de yoga)* intensive course; **faire un ~** to go on an intensive course.
**stagiaire** [staʒjɛr] *nmf* trainee.
**stagner** [stagne] *vi* to stagnate.
**stalactite** [stalaktit] *nf* stalactite.
**stalagmite** [stalagmit] *nf* stalagmite.
**stand** [stɑ̃d] *nm* stand.
**standard** [stɑ̃dar] *adj inv* standard ◆ *nm (téléphonique)* switchboard.
**standardiste** [stɑ̃dardist] *nmf* switchboard operator.
**star** [star] *nf* star.
**starter** [startɛr] *nm (d'une voiture)* choke.
**station** [stasjɔ̃] *nf (de métro, de radio)* station; *(de ski)* resort; **~ balnéaire** seaside resort; **~ de taxis** taxi rank; **~ thermale** spa.
**stationnement** [stasjɔnmɑ̃] *nm* parking; **«~ payant»** *sign indicating that drivers must pay to park in designated area.*
**stationner** [stasjɔne] *vi* to park.
**station-service** [stasjɔ̃sɛrvis] (*pl* **stations-service**) *nf* petrol station *(Br)*, gas station *(Am)*.
**statique** [statik] *adj* → **électricité**.
**statistiques** [statistik] *nfpl* statistics.
**statue** [staty] *nf* statue.
**statuette** [statɥɛt] *nf* statuette.
**statut** [staty] *nm (situation)* status.
**Ste** *(abr de sainte)* St.
**Sté** *(abr de société)* Co.
**steak** [stɛk] *nm* steak; **~ frites** steak and chips; **~ haché** beefburger; **~ tartare** steak tartare.
**sténo** [steno] *nf (écriture)* shorthand.
**sténodactylo** [stenɔdaktilo] *nf* shorthand typist.
**stéréo** [stereo] *adj inv & nf* stereo.
**stérile** [steril] *adj* sterile.
**stériliser** [sterilize] *vt* to sterilize.
**sterling** [stɛrliŋ] *adj* → **livre**[2].
**steward** [stiwart] *nm (sur un avion)* (air) steward.
**stimuler** [stimyle] *vt (encourager)* to encourage.
**stock** [stɔk] *nm* stock; **en ~** in stock.
**stocker** [stɔke] *vt* to stock.
**stop** [stɔp] *nm (panneau)* stop sign; *(phare)* brake light ◆ *excl* stop!; **faire du ~** to hitchhike.
**stopper** [stɔpe] *vt & vi* to stop.
**store** [stɔr] *nm* blind; *(de magasin)* awning.
**strapontin** [strapɔ̃tɛ̃] *nm* folding seat.
**stratégie** [strateʒi] *nf* strategy.
**stress** [strɛs] *nm* stress.
**stressé, -e** [strɛse] *adj* stressed.
**strict, -e** [strikt] *adj* strict.
**strictement** [striktəmɑ̃] *adv*

strictly.

**strident, -e** [stridɑ̃, ɑ̃t] *adj* shrill.

**strié, -e** [strije] *adj* with ridges.

**strophe** [strɔf] *nf* verse.

**structure** [stryktyr] *nf* structure.

**studieux, -ieuse** [stydjø, jøz] *adj* studious.

**studio** [stydjo] *nm (logement)* studio flat *(Br)*, studio apartment *(Am)*; *(de cinéma, de photo)* studio.

**stupéfait, -e** [stypefɛ, ɛt] *adj* astounded.

**stupéfiant, -e** [stypefjɑ̃, jɑ̃t] *adj* astounding ◆ *nm* drug.

**stupide** [stypid] *adj* stupid.

**stupidité** [stypidite] *nf* stupidity; *(parole)* stupid remark.

**style** [stil] *nm* style; **meubles de ~** period furniture *(sg)*.

**stylo** [stilo] *nm* pen; **~ (à) bille** ballpoint pen; **~ (à) plume** fountain pen.

**stylo-feutre** [stiloføtr] *(pl* **stylos-feutres**) *nm* felt-tip (pen).

**su, -e** [sy] *pp* → **savoir**.

**subir** [sybir] *vt (attaque, opération, changement)* to undergo.

**subit, -e** [sybi, it] *adj* sudden.

**subjectif, -ive** [sybʒɛktif, iv] *adj* subjective.

**subjonctif** [sybʒɔ̃ktif] *nm* subjunctive.

**sublime** [syblim] *adj* sublime.

**submerger** [sybmɛrʒe] *vt (suj: eau)* to flood; *(suj: travail, responsabilités)* to overwhelm.

**subsister** [sybziste] *vi (rester)* to remain.

**substance** [sypstɑ̃s] *nf* substance.

**substantiel, -ielle** [sypstɑ̃sjɛl] *adj* substantial.

**substituer** [sypstitɥe] *vt*: **~ qqch à qqch** to substitute sthg for sthg.

**subtil, -e** [syptil] *adj* subtle.

**subtilité** [syptilite] *nf* subtlety.

**subvention** [sybvɑ̃sjɔ̃] *nf* subsidy.

**succéder** [syksede] **: succéder à** *v + prép (suivre)* to follow; *(dans un emploi)* to succeed ❑ **se succéder** *vp (événements, jours)* to follow one another.

**succès** [syksɛ] *nm* success; **avoir du ~** to be successful.

**successeur** [syksesœr] *nm* successor.

**successif, -ive** [syksesif, iv] *adj* successive.

**succession** [syksesjɔ̃] *nf* succession.

**succulent, -e** [sykylɑ̃, ɑ̃t] *adj* delicious.

**succursale** [sykyrsal] *nf* branch.

**sucer** [syse] *vt* to suck.

**sucette** [sysɛt] *nf (bonbon)* lollipop; *(de bébé)* dummy *(Br)*, pacifier *(Am)*.

**sucre** [sykr] *nm* sugar; **~ en morceaux** cube sugar; **~ d'orge** barley sugar; **~ en poudre** caster sugar.

**sucré, -e** [sykre] *adj (yaourt, lait concentré)* sweetened; *(fruit, café)* sweet.

**sucrer** [sykre] *vt* to sweeten.

**sucreries** [sykrəri] *nfpl* sweets *(Br)*, candies *(Am)*.

**sucrier** [sykrije] *nm* sugar bowl.

**sud** [syd] *adj inv & nm* south; **au ~** in the south; **au ~ de** south of.

**sud-africain, -e, -s** [sydafrikɛ̃, ɛn] *adj* South African.
**sud-est** [sydɛst] *adj inv & nm* southeast; **au ~** in the southeast; **au ~ de** southeast of.
**sud-ouest** [sydwɛst] *adj inv & nm* southwest; **au ~** in the southwest; **au ~ de** southwest of.
**Suède** [sɥɛd] *nf*: **la ~** Sweden.
**suédois, -e** [sɥedwa, waz] *adj* Swedish ◆ *nm (langue)* Swedish ❑ **Suédois, -e** *nm, f* Swede.
**suer** [sɥe] *vi* to sweat.
**sueur** [sɥœr] *nf* sweat; **être en ~** to be sweating; **avoir des ~s froides** to be in a cold sweat.
**suffire** [syfir] *vi* to be enough; **ça suffit!** that's enough!; **~ à qqn** *(être assez)* to be enough for sb; **il (te) suffit de faire** all you have to do is.
**suffisamment** [syfizamɑ̃] *adv* enough; **~ de** enough.
**suffisant, -e** [syfizɑ̃, ɑ̃t] *adj* sufficient.
**suffocant, -e** [syfɔkɑ̃, ɑ̃t] *adj* oppressive.
**suffoquer** [syfɔke] *vi* to suffocate.
**suggérer** [sygʒere] *vt* to suggest; **~ à qqn de faire qqch** to suggest that sb should do sthg.
**suggestion** [sygʒɛstjɔ̃] *nf* suggestion.
**suicide** [sɥisid] *nm* suicide.
**suicider** [sɥiside] **: se suicider** *vp* to commit suicide.
**suie** [sɥi] *nf* soot.
**suinter** [sɥɛ̃te] *vi (murs)* to sweat; *(liquide)* to ooze.
**suis** → **être, suivre**.
**suisse** [sɥis] *adj* Swiss ❑ **Suisse** *nmf* Swiss (person) ◆ *nf*: **la Suisse** Switzerland; **les Suisses** the Swiss.
**suite** [sɥit] *nf (série, succession)* series; *(d'une histoire)* rest; *(deuxième film)* sequel; **à la ~** *(en suivant)* one after the other; **à la ~ de** *(à cause de)* following; **de ~** *(d'affilée)* in a row; **par ~ de** because of ❑ **suites** *nfpl (conséquences)* consequences; *(d'une maladie)* after-effects.
**suivant, -e** [sɥivɑ̃, ɑ̃t] *adj* next ◆ *nm, f* next (one) ◆ *prép (selon)* according to; **au ~!** next!
**suivi, -e** [sɥivi] *pp* → **suivre**.
**suivre** [sɥivr] *vt* to follow; **suivi de** followed by; **faire ~** *(courrier)* to forward; **«à ~»** "to be continued".
**sujet** [syʒɛ] *nm* subject; **au ~ de** about.
**super** [sypɛr] *adj inv (fam: formidable)* great ◆ *nm (carburant)* four-star (petrol).
**super-** [sypɛr] *préf (fam: très)* really.
**superbe** [sypɛrb] *adj* superb.
**supérette** [syperɛt] *nf* minimarket.
**superficie** [sypɛrfisi] *nf* area.
**superficiel, -ielle** [sypɛrfisjɛl] *adj* superficial.
**superflu, -e** [sypɛrfly] *adj* superfluous.
**supérieur, -e** [syperjœr] *adj (du dessus)* upper; *(qualité)* superior ◆ *nm, f (hiérarchique)* superior; **~ à** *(plus élevé que)* higher than; *(meilleur que)* better than.
**supériorité** [syperjɔrite] *nf* superiority.
**supermarché** [sypɛrmarʃe] *nm* supermarket.
**superposer** [sypɛrpoze] *vt (objets)* to put on top of each

other; *(images)* to superimpose.

**superstitieux, -ieuse** [sypɛrstisjø, jøz] *adj* superstitious.

**superviser** [sypɛrvize] *vt* to supervise.

**supplément** [syplemɑ̃] *nm* *(argent)* supplement, extra charge; **un ~ d'information** additional information; **en ~** extra.

**supplémentaire** [syplemɑ̃tɛr] *adj* additional.

**supplice** [syplis] *nm* torture.

**supplier** [syplije] *vt*: **~ qqn de faire qqch** to beg sb to do sthg.

**support** [sypɔr] *nm* support.

**supportable** [sypɔrtabl] *adj* *(douleur)* bearable; *(situation)* tolerable.

**supporter**[1] [sypɔrte] *vt* *(endurer)* to bear, to stand; *(tolérer)* to bear; *(soutenir)* to support.

**supporter**[2] [sypɔrtɛr] *nm* *(d'une équipe)* supporter.

**supposer** [sypoze] *vt* to suppose; *(exiger)* to require; **à ~ que ...** supposing (that) ...

**supposition** [sypozisjɔ̃] *nf* supposition.

**suppositoire** [sypozitwar] *nm* suppository.

**suppression** [sypresjɔ̃] *nf* removal; *(d'un mot)* deletion.

**supprimer** [syprime] *vt* to remove; *(train)* to cancel; *(mot)* to delete; *(tuer)* to do away with.

**suprême** [syprɛm] *nm*: **~ de volaille** chicken supreme.

**sur** [syr] *prép* 1. *(dessus)* on; **~ la table** on (top of) the table.
2. *(au-dessus de)* above, over.
3. *(indique la direction)* towards; **tournez ~ la droite** turn (to the) right.
4. *(indique la distance)* for; **«travaux ~ 10 kilomètres»** "roadworks for 10 kilometres".
5. *(au sujet de)* on, about; **un dépliant ~ l'Auvergne** a leaflet on OU about Auvergne.
6. *(dans une mesure)* by; **un mètre ~ deux** one metre by two.
7. *(dans une proportion)* out of; **9 ~ 10** 9 out of 10; **un jour ~ deux** every other day.

**sûr, -e** [syr] *adj* *(certain)* certain, sure; *(sans danger)* safe; *(digne de confiance)* reliable; **être ~ de/que** to be sure of/that; **être ~ de soi** to be self-confident.

**surbooking** [syrbukiŋ] *nm* overbooking.

**surcharger** [syrʃarʒe] *vt* to overload.

**surchauffé, -e** [syrʃofe] *adj* overheated.

**surélever** [syrelve] *vt* to raise.

**sûrement** [syrmɑ̃] *adv* *(probablement)* probably; **~ pas!** certainly not!

**surestimer** [syrɛstime] *vt* to overestimate.

**sûreté** [syrte] *nf*: **mettre qqch en ~** to put sthg in a safe place.

**surexcité, -e** [syrɛksite] *adj* overexcited.

**surf** [sœrf] *nm* surfing.

**surface** [syrfas] *nf* *(étendue)* surface area; *(MATH)* surface.

**surgelé, -e** [syrʒəle] *adj* frozen ◆ *nm* frozen meal; **des ~s** frozen food *(sg)*.

**surgir** [syrʒir] *vi* to appear suddenly; *(difficultés)* to arise.

**sur-le-champ** [syrləʃɑ̃] *adv* immediately.

**surlendemain** [syrlɑ̃dmɛ̃] *nm*: **le ~** two days later; **le ~ de son départ** two days after he left.
**surligneur** [syrliɲœr] *nm* highlighter (pen).
**surmené, -e** [syrməne] *adj* overworked.
**surmonter** [syrmɔ̃te] *vt (difficulté, obstacle)* to overcome.
**surnaturel, -elle** [syrnatyrɛl] *adj* supernatural.
**surnom** [syrnɔ̃] *nm* nickname.
**surnommer** [syrnɔme] *vt* to nickname.
**surpasser** [syrpase] *vt* to surpass ❑ **se surpasser** *vp* to excel o.s.
**surplace** [syrplas] *nm*: **faire du ~** *(fig)* to mark time.
**surplomber** [syrplɔ̃be] *vt* to overhang.
**surplus** [syrply] *nm* surplus.
**surprenant, -e** [syrprənɑ̃, ɑ̃t] *adj* surprising.
**surprendre** [syrprɑ̃dr] *vt* to surprise.
**surpris, -e** [syrpri, iz] *pp* → **surprendre** ◆ *adj* surprised; **être ~ de/que** to be surprised about/that.
**surprise** [syrpriz] *nf* surprise; **faire une ~ à qqn** to give sb a surprise; **par ~** by surprise.
**surréservation** [syrrezɛrvasjɔ̃] *nf* = **surbooking**.
**sursaut** [syrso] *nm*: **se réveiller en ~** to wake with a start.
**sursauter** [syrsote] *vi* to start.
**surtaxe** [syrtaks] *nf* surcharge.
**surtout** [syrtu] *adv (avant tout)* above all; *(plus particulièrement)* especially; **~, fais bien attention!** whatever you do, be careful!; **~ que** especially as.
**survécu** [syrveky] *pp* → **survivre**.
**surveillance** [syrvɛjɑ̃s] *nf* supervision; **être sous ~** to be under surveillance.
**surveillant, -e** [syrvɛjɑ̃, ɑ̃t] *nm, f (SCOL)* supervisor.
**surveiller** [syrvɛje] *vt* to watch ❑ **se surveiller** *vp (faire du régime)* to watch one's weight.
**survêtement** [syrvɛtmɑ̃] *nm* tracksuit.
**survivant, -e** [syrvivɑ̃, ɑ̃t] *nm, f* survivor.
**survivre** [syrvivr] *vi* to survive; **~ à** to survive.
**survoler** [syrvɔle] *vt (lieu)* to fly over.
**sus** [sy(s)] **: en sus** *adv* on top.
**susceptible** [sysɛptibl] *adj (sensible)* touchy; **le temps est ~ de s'améliorer** the weather might improve.
**susciter** [sysite] *vt (intérêt, colère)* to arouse; *(difficulté, débat)* to create.
**suspect, -e** [syspɛ, ɛkt] *adj (comportement, individu)* suspicious; *(aliment)* suspect ◆ *nm, f* suspect.
**suspecter** [syspɛkte] *vt* to suspect.
**suspendre** [syspɑ̃dr] *vt (accrocher)* to hang; *(arrêter)* to suspend.
**suspense** [syspɛns] *nm* suspense.
**suspension** [syspɑ̃sjɔ̃] *nf (d'une voiture)* suspension; *(lampe)* (ceiling) light *(hanging type)*.
**suture** [sytyr] *nf* → **point**.
**SVP** *(abr de s'il vous plaît)* pls.

**sweat-shirt, -s** [switʃœrt] *nm* sweatshirt.
**syllabe** [silab] *nf* syllable.
**symbole** [sɛ̃bɔl] *nm* symbol.
**symbolique** [sɛ̃bɔlik] *adj* symbolic.
**symboliser** [sɛ̃bɔlize] *vt* to symbolize.
**symétrie** [simetri] *nf* symmetry.
**symétrique** [simetrik] *adj* symmetrical.
**sympa** [sɛ̃pa] *adj (fam)* nice.
**sympathie** [sɛ̃pati] *nf*: **éprouver** OU **avoir de la ~ pour qqn** to have a liking for sb.
**sympathique** [sɛ̃patik] *adj* nice.
**sympathiser** [sɛ̃patize] *vi* to get on well.
**symphonie** [sɛ̃fɔni] *nf* symphony.
**symptôme** [sɛ̃ptom] *nm* symptom.
**synagogue** [sinagɔg] *nf* synagogue.
**synchronisé, -e** [sɛ̃krɔnize] *adj* synchronized.
**syncope** [sɛ̃kɔp] *nf (MÉD)* blackout.
**syndical, -e, -aux** [sɛ̃dikal, o] *adj (mouvement, revendications)* (trade) union.
**syndicaliste** [sɛ̃dikalist] *nmf* (trade) unionist.
**syndicat** [sɛ̃dika] *nm* (trade) union; **~ d'initiative** tourist office.
**syndiqué, -e** [sɛ̃dike] *adj*: **être ~** to belong to a (trade) union.
**synonyme** [sinɔnim] *nm* synonym.
**synthèse** [sɛ̃tɛz] *nf (d'un texte)* summary.
**synthétique** [sɛ̃tetik] *adj (produit, fibre)* synthetic, man-made ◆ *nm (tissu)* synthetic OU man-made fabric.
**synthétiseur** [sɛ̃tetizœr] *nm* synthesizer.
**systématique** [sistematik] *adj* systematic.
**système** [sistɛm] *nm* system; **~ d'exploitation** operating system.

# T

**t'** → **te**.
**ta** → **ton**[1].
**tabac** [taba] *nm* tobacco; *(magasin)* tobacconist's.

---

## *i* TABAC

As well as selling cigarettes, cigars and tobacco, "tabacs" in France also sell stamps, road tax stickers and lottery tickets. In the countryside they may also stock newspapers.

---

**tabagie** [tabaʒi] *nf (Can: bureau de tabac)* tobacconist's.
**table** [tabl] *nf* table; **mettre la ~** to set OU lay the table; **être à ~** to be having a meal; **se mettre à ~** to sit down to eat; **à ~!** lunch/dinner *etc* is ready!; **~ de chevet** OU **de nuit** bedside table; **~ à langer** baby changing table; **~ des matières**

contents (page); ~ **d'opération** operating table; ~ **d'orientation** viewpoint indicator; ~ **à repasser** ironing board.

**tableau, -x** [tablo] *nm (peinture)* painting; *(panneau)* board; *(grille)* table; ~ **de bord** *(d'une voiture)* dashboard; *(d'un avion)* instrument panel; ~ **(noir)** blackboard.

**tablette** [tablɛt] *nf (étagère)* shelf; ~ **de chocolat** bar of chocolate.

**tablier** [tablije] *nm* apron.

**taboulé** [tabule] *nm* tabbouleh, *Lebanese dish of couscous, tomatoes, onion, mint and lemon.*

**tabouret** [taburɛ] *nm* stool.

**tache** [taʃ] *nf (de couleur)* patch; *(de graisse)* stain; **~s de rousseur** freckles.

**tâche** [taʃ] *nf* task.

**tacher** [taʃe] *vt* to stain.

**tâcher** [taʃe] **: tâcher de** *v + prép* to try to.

**tacheté, -e** [taʃte] *adj* spotted.

**tact** [takt] *nm* tact.

**tactique** [taktik] *nf* tactics *(pl)*.

**tag** [tag] *nm name written with a spray can on walls, trains etc.*

**tagine** [taʒin] *nm North African stew, cooked in a special earthenware vessel.*

**taie** [tɛ] *nf*: ~ **d'oreiller** pillowcase.

**taille** [taj] *nf* size; *(hauteur)* height; *(partie du corps)* waist.

**taille-crayon, -s** [tajkrɛjɔ̃] *nm* pencil sharpener.

**tailler** [taje] *vt (arbre)* to prune; *(tissu)* to cut out; *(crayon)* to sharpen.

**tailleur** [tajœr] *nm (couturier)* tailor; *(vêtement)* (woman's) suit; **s'asseoir en** ~ to sit cross-legged.

**taire** [tɛr] **: se taire** *vp (arrêter de parler)* to stop speaking; *(rester silencieux)* to be silent; **tais-toi!** be quiet!

**talc** [talk] *nm* talc.

**talent** [talɑ̃] *nm* talent.

**talkie-walkie** [tɔkiwɔki] *(pl* **talkies-walkies**) *nm* walkie-talkie.

**talon** [talɔ̃] *nm* heel; *(d'un chèque)* stub; **chaussures à ~s hauts/plats** high-heeled/flat shoes.

**talus** [taly] *nm* embankment.

**tambour** [tɑ̃bur] *nm* drum.

**tambourin** [tɑ̃burɛ̃] *nm* tambourine.

**tamis** [tami] *nm* sieve.

**Tamise** [tamiz] *nf*: **la** ~ the Thames.

**tamisé, -e** [tamize] *adj (lumière)* soft.

**tamiser** [tamize] *vt (farine, sable)* to sieve.

**tampon** [tɑ̃pɔ̃] *nm (cachet)* stamp; *(de tissu, de coton)* wad; ~ **(hygiénique)** tampon.

**tamponneuse** [tɑ̃pɔnøz] *adj f* → **auto**.

**tandem** [tɑ̃dɛm] *nm* tandem.

**tandis** [tɑ̃di] **: tandis que** *conj (pendant que)* while; *(alors que)* whereas.

**tango** [tɑ̃go] *nm* tango.

**tanguer** [tɑ̃ge] *vi* to pitch.

**tank** [tɑ̃k] *nm* tank.

**tant** [tɑ̃] *adv* 1. *(tellement)* so much; **il l'aime ~ (que)** he loves her so much (that); **~ de … (que)** *(travail, patience)* so much … (that); *(livres, gens)* so many … that. 2. *(autant)*: ~ **que** as much as.

3. *(temporel)*: ~ **que nous resterons ici** for as long as we're staying here.
4. *(dans des expressions)*: **en ~ que** as; **~ bien que mal** somehow or other; **~ mieux** so much the better; **~ mieux pour lui** good for him; **~ pis** too bad.

**tante** [tɑ̃t] *nf* aunt.

**tantôt** [tɑ̃to] *adv*: **~ ..., ~** sometimes ..., sometimes.

**taon** [tɑ̃] *nm* horsefly.

**tapage** [tapaʒ] *nm* din.

**tape** [tap] *nf* tap.

**tapenade** [tapənad] *nf spread made from black olives, capers and crushed anchovies, moistened with olive oil.*

**taper** [tape] *vt* to hit; *(code)* to dial; **~ (qqch) à la machine** to type (sthg); **~ des pieds** to stamp one's feet; **~ sur** *(porte)* to hammer at; *(dos)* to slap; *(personne)* to hit.

**tapioca** [tapjɔka] *nm* tapioca.

**tapis** [tapi] *nm* carpet; **~ roulant** moving pavement *(Br)*, moving sidewalk *(Am)*; **~ de sol** groundsheet.

**tapisser** [tapise] *vt (mur, pièce)* to paper; *(recouvrir)* to cover.

**tapisserie** [tapisri] *nf (de laine)* tapestry; *(papier peint)* wallpaper.

**tapoter** [tapɔte] *vt* to tap.

**taquiner** [takine] *vt* to tease.

**tarama** [tarama] *nm* taramasalata.

**tard** [tar] *adv* late; **plus ~** later; **à plus ~!** see you later!; **au plus ~** at the latest.

**tarder** [tarde] *vi*: **elle ne va pas ~ (à arriver)** she won't be long; **~ à faire qqch** *(personne)* to take a long time doing sthg; **il me tarde de partir** I'm longing to go.

**tarif** [tarif] *nm (prix)* price; **~ plein** full price; **~ réduit** concession.

**tarir** [tarir] *vi* to dry up.

**tarot** [taro] *nm (jeu)* tarot.

**tartare** [tartar] *adj* → **sauce, steak**.

**tarte** [tart] *nf* tart; **~ aux fraises** strawberry tart; **~ aux matons** *(Belg) tart made with curdled milk and almonds*; **~ au sucre** *tart with whipped cream topped with a glazing of sugar*; **~ Tatin** *apple tart cooked upside down with the pastry on top, then turned over before serving.*

**tartelette** [tartəlɛt] *nf* tartlet.

**tartine** [tartin] *nf* slice of bread; **~ de beurre** slice of bread and butter.

**tartiner** [tartine] *vt* to spread; **fromage à ~** cheese spread; **pâte à ~** spread.

**tartre** [tartr] *nm (sur les dents)* tartar; *(calcaire)* scale.

**tas** [ta] *nm* heap, pile; **mettre qqch en ~** to pile sthg up; **un** OU **des ~ de** *(fam: beaucoup de)* loads of.

**tasse** [tas] *nf* cup; **boire la ~** to swallow a mouthful; **~ à café** coffee cup; **~ à thé** teacup.

**tasser** [tase] *vt (serrer)* to cram ❑ **se tasser** *vp (s'affaisser)* to subside; *(dans une voiture)* to cram.

**tâter** [tate] *vt* to feel ❑ **se tâter** *vp (hésiter)* to be in two minds.

**tâtonner** [tatɔne] *vi* to grope around.

**tâtons** [tatɔ̃] **: à tâtons** *adv*: **avancer à ~** to feel one's way.

**tatouage** [tatwaʒ] *nm (dessin)* tattoo.

**taupe** [top] *nf* mole.
**taureau, -x** [tɔro] *nm* bull ❑ **Taureau** *nm* Taurus.
**taux** [to] *nm* rate; ~ **de change** exchange rate.
**taverne** [tavɛrn] *nf (Can: café)* tavern.
**taxe** [taks] *nf* tax; **toutes ~s comprises** inclusive of tax.
**taxer** [takse] *vt (produit)* to tax.
**taxi** [taksi] *nm* taxi.
**Tchécoslovaquie** [tʃekɔslɔvaki] *nf*: **la** ~ Czechoslovakia.
**te** [tə] *pron (objet direct)* you; *(objet indirect)* (to) you; *(réfléchi)*: **tu t'es bien amusé?** did you have a good time?
**technicien, -ienne** [tɛknisjɛ̃, jɛn] *nm, f* technician.
**technique** [tɛknik] *adj* technical ◆ *nf* technique.
**technologie** [tɛknɔlɔʒi] *nf* technology.
**tee-shirt, -s** [tiʃœrt] *nm* tee shirt.
**teindre** [tɛ̃dr] *vt* to dye; **se faire ~ (les cheveux)** to have one's hair dyed.
**teint, -e** [tɛ̃, tɛ̃t] *pp* → **teindre** ◆ *nm* complexion.
**teinte** [tɛ̃t] *nf* colour.
**teinter** [tɛ̃te] *vt (bois, verre)* to stain.
**teinture** [tɛ̃tyr] *nf (produit)* dye; ~ **d'iode** tincture of iodine.
**teinturerie** [tɛ̃tyrri] *nf* dry cleaner's.
**teinturier, -ière** [tɛ̃tyrje, jɛr] *nm, f* dry cleaner.
**tel, telle** [tɛl] *adj* such; ~ **que** *(comparable à)* like; *(pour donner un exemple)* such as; **il l'a mangé ~ quel** he ate it as it was; ~ **ou** ~ any particular.
**tél.** *(abr de téléphone)* tel.
**télé** [tele] *nf (fam)* telly; **à la** ~ on the telly.
**télécabine** [telekabin] *nf* cable car.
**Télécarte®** [telekart] *nf* phonecard.
**télécommande** [telekɔmɑ̃d] *nf* remote control.
**télécommunications** [telekɔmynikasjɔ̃] *nfpl* telecommunications.
**télécopie** [telekɔpi] *nf* fax.
**télécopieur** [telekɔpjœr] *nm* fax (machine).
**téléfilm** [telefilm] *nm* TV film.
**télégramme** [telegram] *nm* telegram; ~ **téléphoné** *telegram phoned through to the addressee and then delivered as a written message.*
**téléguidé, -e** [telegide] *adj (missile)* guided; *(jouet)* radio-controlled.
**téléobjectif** [teleɔbʒɛktif] *nm* telephoto lens.
**téléphérique** [teleferik] *nm* cable car.
**téléphone** [telefɔn] *nm* (tele)phone; **au** ~ on the (tele)phone; ~ **mobile** mobile phone; ~ **sans fil** cordless phone; ~ **de voiture** car phone.
**téléphoner** [telefɔne] *vi* to (tele)phone; ~ **à qqn** to (tele)phone sb.
**téléphonique** [telefɔnik] *adj* → **cabine, carte**.
**télescope** [teleskɔp] *nm* telescope.
**télescoper** [teleskɔpe] : **se**

**télescoper** *vp* to crash into one another.
**télescopique** [teleskɔpik] *adj* telescopic.
**télésiège** [telesjɛʒ] *nm* chair lift.
**téléski** [teleski] *nm* ski tow.
**téléspectateur, -trice** [telespɛktatœr, tris] *nm, f* (television) viewer.
**télévisé, -e** [televize] *adj* televised.
**téléviseur** [televizœr] *nm* television (set).
**télévision** [televizjɔ̃] *nf* television; **à la ~** on television.
**télex** [telɛks] *nm inv* telex.
**telle** → **tel**.
**tellement** [tɛlmɑ̃] *adv (tant)* so much; *(si)* so; **~ de** *(nourriture, patience)* so much; *(objets, personnes)* so many; **pas ~** not particularly.
**témoignage** [temwaɲaʒ] *nm* testimony.
**témoigner** [temwaɲe] *vi (en justice)* to testify.
**témoin** [temwɛ̃] *nm* witness; *(SPORT)* baton; **être ~ de** to be witness to.
**tempe** [tɑ̃p] *nf* temple.
**tempérament** [tɑ̃peramɑ̃] *nm* temperament.
**température** [tɑ̃peratyr] *nf* temperature.
**tempête** [tɑ̃pɛt] *nf (vent)* gale; *(avec orage)* storm.
**temple** [tɑ̃pl] *nm (grec, égyptien, etc)* temple; *(protestant)* church.
**temporaire** [tɑ̃pɔrɛr] *adj* temporary.
**temporairement** [tɑ̃pɔrɛrmɑ̃] *adv* temporarily.
**temps** [tɑ̃] *nm (durée, en musique)* time; *(météo)* weather; *(GRAMM)* tense; **avoir le ~ de faire qqch** to have time to do sthg; **il est ~ de/que** it is time to/that; **à ~** on time; **de ~ en ~** from time to time; **en même ~** at the same time; **à ~ complet/partiel** full-/part-time.
**tenailles** [tənaj] *nfpl* pincers.
**tendance** [tɑ̃dɑ̃s] *nf* trend; **avoir ~ à faire qqch** to have a tendency to do sthg, to tend to do sthg.
**tendeur** [tɑ̃dœr] *nm (courroie)* luggage strap.
**tendinite** [tɑ̃dinit] *nf* tendinitis.
**tendon** [tɑ̃dɔ̃] *nm* tendon.
**tendre** [tɑ̃dr] *adj* tender ◆ *vt (corde)* to pull taut; *(bras)* to stretch out; **~ qqch à qqn** to hold sthg out to sb; **~ la main à qqn** to hold out one's hand to sb; **~ l'oreille** to prick up one's ears; **~ un piège à qqn** to set a trap for sb ❑ **se tendre** *vp* to tighten.
**tendresse** [tɑ̃drɛs] *nf* tenderness.
**tendu, -e** [tɑ̃dy] *adj (personne)* tense; *(rapports)* strained.
**tenir** [tənir] *vt* 1. *(à la main, dans ses bras)* to hold.
2. *(garder)* to keep; **~ un plat au chaud** to keep a dish warm.
3. *(promesse, engagement)* to keep.
4. *(magasin, bar)* to run.
5. *(dans des expressions)*: **tiens!, tenez!** *(en donnant)* here!; **tiens!** *(exprime la surprise)* hey!
◆ *vi* 1. *(construction)* to stay up; *(beau temps, relation)* to last.
2. *(rester)*: **~ debout** to stand (up).
3. *(être contenu)* to fit; **on tient à six dans cette voiture** you can fit six people in this car.

❑ **tenir à** *v + prép (être attaché à)* to care about; **~ à faire qqch** to insist on doing sthg; **tenir de** *v + prép (ressembler à)* to take after; **se tenir** *vp* 1. *(avoir lieu)* to be held. 2. *(s'accrocher)* to hold on; **se ~ à** to hold on to. 3. *(debout)* to stand; *(assis)* to sit; **se ~ droit** *(debout)* to stand up straight; *(assis)* to sit up straight; **se ~ tranquille** to keep still. 4. *(se comporter)*: **bien/mal se ~** to behave well/badly.

**tennis** [tenis] *nm* tennis ◆ *nmpl (chaussures)* trainers; **~ de table** table tennis.

**tension** [tɑ̃sjɔ̃] *nf (dans une relation)* tension; *(MÉD)* blood pressure; *(électrique)* voltage; **avoir de la ~** to have high blood pressure.

**tentacule** [tɑ̃takyl] *nm* tentacle.

**tentant, -e** [tɑ̃tɑ̃, ɑ̃t] *adj* tempting.

**tentation** [tɑ̃tasjɔ̃] *nf* temptation.

**tentative** [tɑ̃tativ] *nf* attempt.

**tente** [tɑ̃t] *nf* tent.

**tenter** [tɑ̃te] *vt (essayer)* to attempt, to try; *(attirer)* to tempt; **~ de faire qqch** to attempt to do sthg.

**tenu, -e** [təny] *pp* → **tenir**.

**tenue** [təny] *nf (vêtements)* clothes *(pl)*; **~ de soirée** evening dress.

**ter** [tɛr] *adv (dans une adresse)* b; 11 ~ 11b.

**Tergal®** [tɛrgal] *nm* = Terylene®.

**terme** [tɛrm] *nm (mot)* term; *(fin)* end; **à court ~, ...** in the short term, ...; **à long ~, ...** in the long term, ...

**terminaison** [tɛrminɛzɔ̃] *nf (GRAMM)* ending.

**terminal, -aux** [tɛrminal, o] *nm* terminal.

**terminale** [tɛrminal] *nf (SCOL)* ≃ upper sixth *(Br)*.

**terminer** [tɛrmine] *vt* to finish, to end; *(repas, travail)* to finish ❑ **se terminer** *vp* to end.

**terminus** [tɛrminys] *nm* terminus.

**terne** [tɛrn] *adj* dull.

**terrain** [tɛrɛ̃] *nm (emplacement)* piece of land; *(sol)* ground; **~ de camping** campsite; **~ de foot** football pitch; **~ de jeux** playground; **~ vague** piece of wasteland.

**terrasse** [tɛras] *nf* terrace; *(de café)* tables outside a café.

**terre** [tɛr] *nf (sol)* ground; *(matière)* soil; *(argile)* clay; *(propriété)* piece of land; **la Terre** (the) Earth; **par ~** on the ground.

**terre-plein, -s** [tɛrplɛ̃] *nm* raised area; **~ central** central reservation.

**terrestre** [tɛrɛstr] *adj (flore, animal)* land.

**terreur** [tɛrœr] *nf* terror.

**terrible** [tɛribl] *adj* terrible; *(fam: excellent)* brilliant; **pas ~** *(fam)* not brilliant.

**terrier** [tɛrje] *nm (de lapin)* burrow; *(de renard)* earth.

**terrifier** [tɛrifje] *vt* to terrify.

**terrine** [tɛrin] *nf* terrine.

**territoire** [tɛritwar] *nm* territory.

**terroriser** [tɛrɔrize] *vt* to terrorize.

**terroriste** [tɛrɔrist] *nmf* terrorist.

**tes** → **ton**[1].

**test** [tɛst] *nm* test.
**testament** [tɛstamɑ̃] *nm* will.
**tester** [tɛste] *vt* to test.
**tétanos** [tetanos] *nm* tetanus.
**tête** [tɛt] *nf* head; *(visage)* face; *(partie avant)* front; **de ~** *(wagon)* front; **être en ~** to be in the lead; **faire la ~** to sulk; **en ~ à ~** *(parler)* in private; *(dîner)* alone together; **~ de veau** *(plat) dish made from the soft part of a calf's head.*
**tête-à-queue** [tɛtakø] *nm inv* spin.
**téter** [tete] *vi* to suckle.
**tétine** [tetin] *nf (de biberon)* teat; *(sucette)* dummy *(Br)*, pacifier *(Am)*.
**têtu, -e** [tety] *adj* stubborn.
**texte** [tɛkst] *nm* text.
**textile** [tɛkstil] *nm (tissu)* textile.
**TF1** *n French independent television company.*
**TGV** *nm French high-speed train.*

**TGV**

This high-speed train, the fastest in the world, first ran on the Paris–Lyons line. Today it connects Paris with many large French cities such as Nice, Marseilles, Rennes, Nantes, Bordeaux and Lille.

**Thaïlande** [tajlɑ̃d] *nf*: **la ~** Thailand.
**thé** [te] *nm* tea; **~ au citron** lemon tea; **~ au lait** tea with milk; **~ nature** tea without milk.
**théâtral, -e, -aux** [teatral, o] *adj* theatrical.
**théâtre** [teatr] *nm* theatre.
**théière** [tejɛr] *nf* teapot.
**thème** [tɛm] *nm* theme; *(traduction)* prose.
**théorie** [teɔri] *nf* theory; **en ~** in theory.
**théoriquement** [teɔrikmɑ̃] *adv* theoretically.
**thermal, -e, -aux** [tɛrmal, o] *adj (source)* thermal.
**thermomètre** [tɛrmɔmɛtr] *nm* thermometer.
**Thermos**® [tɛrmos] *nf*: **(bouteille) ~** Thermos® flask.
**thermostat** [tɛrmɔsta] *nm* thermostat.
**thèse** [tɛz] *nf (universitaire)* thesis; *(idée)* theory.
**thon** [tɔ̃] *nm* tuna.
**thym** [tɛ̃] *nm* thyme.
**tibia** [tibja] *nm* tibia.
**tic** [tik] *nm (mouvement)* tic; *(habitude)* mannerism.
**ticket** [tikɛ] *nm* ticket; **~ de caisse** (till) receipt; **~ de métro** underground ticket.
**tiède** [tjɛd] *adj* lukewarm.
**tien** [tjɛ̃] **: le tien** (*f* **la tienne** [latjɛn], *mpl* **les tiens** [letjɛ̃], *fpl* **les tiennes** [letjɛn]) *pron* yours; **à la tienne!** cheers!
**tiendra** *etc* → **tenir**.
**tienne** *etc* → **tenir, tien**.
**tiens** *etc* → **tenir**.
**tiercé** [tjɛrse] *nm system of betting involving the first three horses in a race.*
**tiers** [tjɛr] *nm* third.
**tige** [tiʒ] *nf (de plante)* stem; *(de métal)* rod; *(de bois)* shaft.
**tigre** [tigr] *nm* tiger.
**tilleul** [tijœl] *nm (arbre)* lime (tree); *(tisane)* lime tea.
**tilsit** [tilsit] *nm strong firm Swiss*

*cheese with holes in it.*

**timbale** [tɛ̃bal] *nf (gobelet)* (metal) cup; *(CULIN) meat, fish etc in a sauce, cooked in a mould lined with pastry.*

**timbre(-poste)** (*pl* **timbres (-poste)**) *nm* (postage) stamp.

**timbrer** [tɛ̃bre] *vt* to put a stamp on.

**timide** [timid] *adj* shy.

**timidité** [timidite] *nf* shyness.

**tir** [tir] *nm (sport)* shooting; **~ à l'arc** archery.

**tirage** [tiraʒ] *nm (d'une loterie)* draw; **~ au sort** drawing lots.

**tire-bouchon, -s** [tirbuʃɔ̃] *nm* corkscrew.

**tirelire** [tirlir] *nf* moneybox.

**tirer** [tire] *vt* 1. *(gén)* to pull; *(tiroir)* to pull open; *(rideau)* to draw; *(caravane)* to tow.
2. *(trait)* to draw.
3. *(avec une arme)* to fire.
4. *(sortir)*: **~ qqch de** to take sthg out of; **~ qqn de** *(situation)* to get sb out of; **~ une conclusion de qqch** to draw a conclusion from sthg; **~ la langue à qqn** to stick one's tongue out at sb.
5. *(numéro, carte)* to draw.
◆ *vi* 1. *(avec une arme)* to shoot; **~ sur** to shoot at.
2. *(vers soi, vers le bas, etc)*: **~ sur qqch** to pull on sthg.
3. *(SPORT)* to shoot.
❑ **se tirer** *vp (fam: s'en aller)* to push off; **s'en tirer** *vp (se débrouiller)* to get by; *(survivre)* to pull through.

**tiret** [tirɛ] *nm* dash.

**tirette** [tirɛt] *nf (Belg: fermeture)* zip *(Br)*, zipper *(Am)*.

**tiroir** [tirwar] *nm* drawer.

**tisane** [tizan] *nf* herb tea.

**tisonnier** [tizɔnje] *nm* poker.

**tisser** [tise] *vt* to weave.

**tissu** [tisy] *nm (toile)* cloth.

**titre** [titr] *nm* title; *(de journal)* headline; **~ de transport** ticket.

**toast** [tost] *nm (pain)* piece of toast; **porter un ~ à qqn** to drink (a toast) to sb.

**toboggan** [tɔbɔgɑ̃] *nm* slide.

**toc** [tɔk] *nm (imitation)* fake ◆ *excl*: **~ ~!** knock knock!; **en ~** fake.

**toi** [twa] *pron* you; **lève-~** get up; **~-même** yourself.

**toile** [twal] *nf (tissu)* cloth; *(tableau)* canvas; **~ d'araignée** spider's web; **en ~** *(vêtement)* linen.

**toilette** [twalɛt] *nf (vêtements)* clothes *(pl)*; **faire sa ~** to (have a) wash ❑ **toilettes** *nfpl* toilets.

**toit** [twa] *nm* roof.

**tôle** [tol] *nf* sheet metal; **~ ondulée** corrugated iron.

**tolérant, -e** [tɔlerɑ̃, ɑ̃t] *adj* tolerant.

**tolérer** [tɔlere] *vt* to tolerate.

**tomate** [tɔmat] *nf* tomato; **~s farcies** stuffed tomatoes.

**tombe** [tɔ̃b] *nf* grave.

**tombée** [tɔ̃be] *nf*: **à la ~ de la nuit** at nightfall.

**tomber** [tɔ̃be] *vi* to fall; *(date, fête)* to fall on; **ça tombe bien!** that's lucky!; **laisser ~** to drop; **~ amoureux** to fall in love; **~ malade** to fall ill; **~ en panne** to break down.

**tombola** [tɔ̃bɔla] *nf* raffle.

**tome** [tɔm] *nm* volume.

**tomme** [tɔm] *nf*: **~ vaudoise** *soft white cheese made from cow's milk.*

**ton**[1] [tɔ̃] (*f* **ta** [ta], *pl* **tes** [te]) *adj*

your.

**ton**[2] [tɔ̃] *nm* tone.

**tonalité** [tɔnalite] *nf (au téléphone)* dialling tone.

**tondeuse** [tɔ̃døz] *nf*: **~ (à gazon)** lawnmower.

**tondre** [tɔ̃dr] *vt (cheveux)* to clip; *(gazon)* to mow.

**tongs** [tɔ̃g] *nfpl* flip-flops *(Br)*, thongs *(Am)*.

**tonne** [tɔn] *nf* tonne.

**tonneau, -x** [tɔno] *nm (de vin)* cask; **faire des ~x** *(voiture)* to roll over.

**tonnerre** [tɔnɛr] *nm* thunder; **coup de ~** thunderclap.

**tonus** [tɔnys] *nm* energy.

**torche** [tɔrʃ] *nf (flamme)* torch; **~ électrique** (electric) torch.

**torchon** [tɔrʃɔ̃] *nm* tea towel.

**tordre** [tɔrdr] *vt (linge, cou)* to wring; *(bras)* to twist; *(plier)* to bend ❑ **se tordre** *vp*: **se ~ la cheville** to twist one's ankle; **se ~ de douleur** to be racked with pain; **se ~ de rire** to be doubled up with laughter.

**tornade** [tɔrnad] *nf* tornado.

**torrent** [tɔrɑ̃] *nm* torrent; **il pleut à ~s** it's pouring (down).

**torsade** [tɔrsad] *nf*: **pull à ~s** cable sweater.

**torse** [tɔrs] *nm* trunk; **~ nu** bare-chested.

**tort** [tɔr] *nm*: **avoir ~ (de faire qqch)** to be wrong (to do sthg); **causer** OU **faire du ~ à qqn** to wrong sb; **donner ~ à qqn** *(suj: personne)* to disagree with sb; *(suj: événement)* to prove sb wrong; **être dans son ~, être en ~** *(automobiliste)* to be in the wrong; **à ~** *(accuser)* wrongly; **parler à ~ et à travers** to talk nonsense.

**torticolis** [tɔrtikɔli] *nm* stiff neck.

**tortiller** [tɔrtije] *vt* to twist ❑ **se tortiller** *vp* to squirm.

**tortue** [tɔrty] *nf* tortoise.

**torture** [tɔrtyr] *nf* torture.

**torturer** [tɔrtyre] *vt* to torture.

**tôt** [to] *adv* early; **~ ou tard** sooner or later; **au plus ~** at the earliest.

**total, -e, -aux** [tɔtal, o] *adj & nm* total.

**totalement** [tɔtalmɑ̃] *adv* totally.

**totalité** [tɔtalite] *nf*: **la ~ de** all (of) ; **en ~** *(rembourser)* in full.

**touchant, -e** [tuʃɑ̃, ɑ̃t] *adj* touching.

**touche** [tuʃ] *nf (de piano, d'ordinateur)* key; *(de téléphone)* button; *(SPORT: ligne)* touchline.

**toucher** [tuʃe] *vt* to touch; *(argent)* to get; *(cheque)* to cash; *(cible)* to hit; **~ à** to touch ❑ **se toucher** *vp (être en contact)* to be touching.

**touffe** [tuf] *nf* tuft.

**toujours** [tuʒur] *adv* always; *(dans l'avenir)* forever; *(encore)* still; **pour ~** for good.

**toupie** [tupi] *nf* (spinning) top.

**tour**[1] [tur] *nm (mouvement sur soi-même)* turn; **faire un ~** *(à pied)* to go for a walk; *(en voiture)* to go for a drive; **faire le ~ de qqch** to go round sthg; **jouer un ~ à qqn** to play a trick on sb; **c'est ton ~ (de faire qqch)** it's your turn (to do sthg); **à ~ de rôle** in turn; **le Tour de France** the Tour de France; **~ de magie** (magic) trick.

**tour**[2] [tur] *nf (d'un château)* tower; *(immeuble)* tower block *(Br)*, high rise *(Am)*; ~ **de contrôle** control tower; **la** ~ **Eiffel** the Eiffel Tower.

## TOUR EIFFEL

Built by Gustave Eiffel for the World Fair in 1889, the Eiffel Tower has come to symbolize Paris and is one of the most popular tourist attractions in the world. From the top, which can be reached by lift, there is a panoramic view over the whole city and beyond.

**tourbillon** [turbijɔ̃] *nm (de vent)* whirlwind; *(de sable)* swirl.
**tourisme** [turism] *nm* tourism; **faire du** ~ to go sightseeing.
**touriste** [turist] *nmf* tourist.
**touristique** [turistik] *adj (dépliant, ville)* tourist.
**tourmenter** [turmɑ̃te] *vt* to torment ❑ **se tourmenter** *vp* to worry o.s.
**tournage** [turnaʒ] *nm (d'un film)* shooting.
**tournant** [turnɑ̃, ɑ̃t] *nm* bend.
**tourne-disque, -s** [turnədisk] *nm* record player.
**tournedos** [turnədo] *nm tender fillet steak*; ~ **Rossini** *tender fillet steak served on fried bread and topped with foie gras.*
**tournée** [turne] *nf (d'un chanteur)* tour; *(du facteur, au bar)* round.
**tourner** [turne] *vt (clé, page, tête)* to turn; *(sauce, soupe)* to stir; *(salade)* to toss; *(regard)* to direct; *(film)* to shoot ◆ *vi (roue, route)* to turn; *(moteur, machine)* to run; *(lait)* to go off; *(acteur)* to act; **tournez à gauche/droite** turn left/right; ~ **autour de qqch** to go around sthg; **avoir la tête qui tourne** to feel dizzy; **mal** ~ *(affaire)* to turn out badly ❑ **se tourner** *vp* to turn round; **se** ~ **vers** to turn to.
**tournesol** [turnəsɔl] *nm* sunflower.
**tournevis** [turnəvis] *nm* screwdriver.
**tourniquet** [turnikɛ] *nm (du métro)* turnstile.
**tournoi** [turnwa] *nm* tournament.
**tournure** [turnyr] *nf (expression)* turn of phrase.
**tourte** [turt] *nf* pie.
**tourtière** [turtjɛr] *nf (Can) pie made from minced beef and onions.*
**tous** → **tout**.
**Toussaint** [tusɛ̃] *nf*: **la** ~ All Saints' Day.

## TOUSSAINT

In France on 1 November people celebrate All Saints' Day by laying flowers (typically chrysanthemums) on the graves of their relatives. Ironically, this is also the time of the year at which most deaths occur from road traffic accidents.

**tousser** [tuse] *vi* to cough.
**tout, -e** [tu, tut] (*mpl* **tous** [tu(s)], *fpl* **toutes** [tut]) *adj* **1.** *(avec un substantif singulier)* all; ~ **le vin** all the wine; ~ **un gâteau** a whole cake; ~**e la journée** the whole day, all day; ~ **le monde** everyone,

everybody; ~ **le temps** all the time.
2. *(avec un pronom démonstratif)* all; ~ **ça** OU **cela** all that.
3. *(avec un substantif pluriel)* all; **tous les gâteaux** all the cakes; **tous les Anglais** all English people; **tous les jours** every day; **~es les deux** both; **~es les trois** all three of us/them; **tous les deux ans** every two years.
4. *(n'importe quel)* any; **à ~e heure** at any time.
◆ *pron* 1. *(la totalité)* everything; **je t'ai ~ dit** I've told you everything; **c'est ~** that's all; **ce sera ~?** *(dans un magasin)* is that everything?; **en ~** in all.
2. *(au pluriel: tout le monde)*: **ils voulaient tous la voir** they all wanted to see her.
◆ *adv* 1. *(très, complètement)* very; **~ près** very near; **ils étaient ~ seuls** they were all alone; **~ en haut** right at the top.
2. *(avec un gérondif)*: **~ en marchant** while walking.
3. *(dans des expressions)*: **~ à coup** suddenly; **~ à fait** absolutely; **~ à l'heure** *(avant)* a little while ago; *(après)* in a minute; **à ~ à l'heure!** see you soon!; **~ de même** *(malgré tout)* anyway; *(exprime l'indignation)* really!; *(exprime l'impatience)* at last!; **~ de suite** immediately, at once.
◆ *nm*: **le ~** *(la totalité)* the lot; **le ~ est de ...** the main thing is to ...; **pas du ~** not at all.

**toutefois** [tutfwa] *adv* however.

**tout(-)terrain, -s** [tutɛrɛ̃] *adj* off-road.

**toux** [tu] *nf* cough.

**toxique** [tɔksik] *adj* toxic.

**TP** *nmpl* = **travaux pratiques**.

**trac** [trak] *nm*: **avoir le ~** *(acteur)* to get stage fright; *(candidat)* to be nervous.

**tracasser** [trakase] *vt* to worry ❑ **se tracasser** *vp* to worry.

**trace** [tras] *nf* trace; **~ de pas** footprint.

**tracer** [trase] *vt (dessiner)* to draw.

**tract** [trakt] *nm* leaflet.

**tracteur** [traktœr] *nm* tractor.

**tradition** [tradisjɔ̃] *nf* tradition.

**traditionnel, -elle** [tradisjɔnɛl] *adj* traditional.

**traducteur, -trice** [tradyktœr, tris] *nm, f* translator.

**traduction** [tradyksjɔ̃] *nf* translation.

**traduire** [tradɥir] *vt* to translate.

**trafic** [trafik] *nm* traffic.

**tragédie** [traʒedi] *nf* tragedy.

**tragique** [traʒik] *adj* tragic.

**trahir** [trair] *vt* to betray; *(secret)* to give away ❑ **se trahir** *vp* to give o.s. away.

**train** [trɛ̃] *nm* train; **être en ~ de faire qqch** to be doing sthg; **~ d'atterrissage** landing gear; **~ de banlieue** commuter train; **~-couchettes** sleeper; **~ rapide** express train.

**traîne** [trɛn] *nf (d'une robe)* train; **être à la ~** *(en retard)* to lag behind.

**traîneau, -x** [trɛno] *nm* sledge.

**traînée** [trene] *nf (trace)* trail.

**traîner** [trene] *vt* to drag ◆ *vi (par terre)* to trail; *(prendre du temps)* to drag on; *(s'attarder)* to dawdle; *(être en désordre)* to lie around; *(péj: dans la rue, dans les bars)* to hang around ❑ **se traîner** *vp (par terre)* to crawl; *(avancer lentement)* to be slow.

**train-train** [trɛ̃trɛ̃] *nm inv* routine.

**traire** [trɛr] *vt* to milk.

**trait** [trɛ] *nm* line; *(caractéristique)* trait; **d'un ~** *(boire)* in one go; **~ d'union** hyphen ❑ **traits** *nmpl (du visage)* features.

**traite** [trɛt] *nf*: **d'une (seule) ~** in one go.

**traitement** [trɛtmɑ̃] *nm (MÉD)* treatment; **~ de texte** *(programme)* word-processing package.

**traiter** [trete] *vt* to treat; *(affaire, sujet)* to deal with; **~ qqn d'imbécile** to call sb an idiot ❑ **traiter de** *v + prép (suj: livre, exposé)* to deal with.

**traiteur** [trɛtœr] *nm* caterer.

**traître** [trɛtr] *nm* traitor.

**trajectoire** [traʒɛktwar] *nf (d'une balle)* trajectory.

**trajet** [traʒɛ] *nm (voyage)* journey.

**trampoline** [trɑ̃pɔlin] *nm* trampoline.

**tramway** [tramwɛ] *nm* tram *(Br)*, streetcar *(Am)*.

**tranchant, -e** [trɑ̃ʃɑ̃, ɑ̃t] *adj (couteau)* sharp; *(ton)* curt ◆ *nm* cutting edge.

**tranche** [trɑ̃ʃ] *nf (morceau)* slice; *(d'un livre)* edge.

**tranchée** [trɑ̃ʃe] *nf* trench.

**trancher** [trɑ̃ʃe] *vt* to cut ◆ *vi (décider)* to decide; *(ressortir)* to stand out.

**tranquille** [trɑ̃kil] *adj* quiet; **laisser qqn/qqch ~** to leave sb/sthg alone; **restez ~s!** don't fidget!; **soyez ~** *(ne vous inquiétez pas)* don't worry.

**tranquillisant** [trɑ̃kilizɑ̃] *nm* tranquillizer.

**tranquillité** [trɑ̃kilite] *nf* peace; **en toute ~** with complete peace of mind.

**transaction** [trɑ̃zaksjɔ̃] *nf* transaction.

**transférer** [trɑ̃sfere] *vt* to transfer.

**transformateur** [trɑ̃sfɔrmatœr] *nm* transformer.

**transformation** [trɑ̃sfɔrmasjɔ̃] *nf* transformation; *(aménagement)* alteration.

**transformer** [trɑ̃sfɔrme] *vt* to transform; *(vêtement)* to alter; **~ qqch en qqch** to turn sthg into sthg; *(bâtiment)* to convert sthg into sthg ❑ **se transformer** *vp* to change completely; **se ~ en qqch** to turn into sthg.

**transfusion** [trɑ̃sfyzjɔ̃] *nf*: **~ (sanguine)** (blood) transfusion.

**transistor** [trɑ̃zistɔr] *nm* transistor.

**transit** [trɑ̃zit] *nm*: **passagers en ~** transit passengers.

**transmettre** [trɑ̃smɛtr] *vt*: **~ qqch à qqn** to pass sthg on to sb ❑ **se transmettre** *vp (maladie)* to be transmitted.

**transmis, -e** [trɑ̃smi, iz] *pp* → **transmettre**.

**transmission** [trɑ̃smisjɔ̃] *nf* transmission.

**transparent, -e** [trɑ̃sparɑ̃, ɑ̃t] *adj (eau)* transparent; *(blouse)* see-through.

**transpercer** [trɑ̃spɛrse] *vt* to pierce.

**transpiration** [trɑ̃spirasjɔ̃] *nf* perspiration.

**transpirer** [trɑ̃spire] *vi* to perspire.

**transplanter** [trɑ̃splɑ̃te] *vt* to transplant.

**transport** [trɑ̃spɔr] *nm* transport; **les ~s (en commun)** public transport *(sg)*.

**transporter** [trɑ̃spɔrte] *vt (à la main)* to carry; *(en véhicule)* to transport.

**transversal, -e, -aux** [trɑ̃svɛrsal, o] *adj (poutre)* cross; *(ligne)* diagonal.

**trapèze** [trapɛz] *nm (de cirque)* trapeze.

**trapéziste** [trapezist] *nmf* trapeze artist.

**trappe** [trap] *nf* trap door.

**travail, -aux** [travaj, o] *nm (activité, lieu)* work; *(tâche, emploi)* job; **être sans ~** *(au chômage)* to be out of work ❑ **travaux** *nmpl (ménagers, agricoles)* work *(sg)*; *(de construction)* building (work) *(sg)*; **«travaux»** *(sur la route)* "roadworks"; **travaux pratiques** practical work *(sg)*.

**travailler** [travaje] *vi* to work ◆ *vt (matière scolaire, passage musical)* to work on; *(bois, pierre)* to work.

**traveller's check, -s** [travlœrʃɛk] *nm* traveller's cheque.

**traveller's cheque, -s** [travlœrʃɛk] = **traveller's check**.

**travers** [travɛr] *nm*: **à ~** through; **de ~** *adj* crooked ◆ *adv (marcher)* sideways; *(fig: mal)* wrong; **j'ai avalé de ~** it went down the wrong way; **regarder qqn de ~** to give sb a funny look; **en ~ (de)** across; **~ de porc** sparerib of pork.

**traversée** [traverse] *nf* crossing.

**traverser** [travɛrse] *vt (rue, rivière)* to cross; *(transpercer)* to go through ◆ *vi (piéton)* to cross.

**traversin** [travɛrsɛ̃] *nm* bolster.

**trébucher** [trebyʃe] *vi* to stumble.

**trèfle** [trɛfl] *nm (plante)* clover; *(aux cartes)* clubs *(pl)*.

**treize** [trɛz] *num* thirteen, → **six**.

**treizième** [trɛzjɛm] *num* thirteenth, → **sixième**.

**tremblement** [trɑ̃bləmɑ̃] *nm*: **~ de terre** earthquake; **avoir des ~s** to shiver.

**trembler** [trɑ̃ble] *vi* to tremble; **~ de peur/froid** to shiver with fear/cold.

**trémousser** [tremuse] **: se trémousser** *vp* to jig up and down.

**trempé, -e** [trɑ̃pe] *adj (mouillé)* soaked.

**tremper** [trɑ̃pe] *vt (plonger)* to dip ◆ *vi* to soak; **faire ~ qqch** to soak sthg.

**tremplin** [trɑ̃plɛ̃] *nm (de gymnastique)* springboard; *(de piscine)* divingboard.

**trente** [trɑ̃t] *num* thirty, → **six**.

**trente-trois-tours** [trɑ̃ttrwatur] *nm inv* LP.

**trentième** [trɑ̃tjɛm] *num* thirtieth, → **sixième**.

**très** [trɛ] *adv* very.

**trésor** [trezɔr] *nm* treasure.

**tresse** [trɛs] *nf* plait *(Br)*, braid *(Am)*; *(Helv: pain) plait-shaped loaf.*

**tresser** [trese] *vt* to plait *(Br)*, to braid *(Am)*.

**tréteau, -x** [treto] *nm* trestle.

**treuil** [trœj] *nm* winch.

**trêve** [trɛv] *nf*: **~ de ...** that's enough (of) ...

**tri** [tri] *nm*: **faire un ~ parmi** to

choose from.
**triangle** [trijɑ̃gl] *nm* triangle.
**triangulaire** [trijɑ̃gylɛr] *adj* triangular.
**tribord** [tribɔr] *nm* starboard; **à ~** to starboard.
**tribu** [triby] *nf* tribe.
**tribunal, -aux** [tribynal, o] *nm* court.
**tricher** [triʃe] *vi* to cheat.
**tricheur, -euse** [triʃœr, øz] *nm, f* cheat.
**tricot** [triko] *nm (ouvrage)* knitting; *(pull)* jumper; **~ de corps** vest *(Br)*, undershirt *(Am)*.
**tricoter** [trikɔte] *vt & vi* to knit.
**tricycle** [trisikl] *nm* tricycle.
**trier** [trije] *vt (sélectionner)* to select; *(classer)* to sort out.
**trimestre** [trimɛstr] *nm (trois mois)* quarter; *(SCOL)* term.
**trimestriel, -ielle** [trimɛstrijɛl] *adj* quarterly.
**trinquer** [trɛ̃ke] *vi (boire)* to clink glasses.
**triomphe** [trijɔ̃f] *nm* triumph.
**triompher** [trijɔ̃fe] *vi* to triumph; **~ de** to overcome.
**tripes** [trip] *nfpl (CULIN)* tripe *(sg)*.
**triple** [tripl] *adj* triple ◆ *nm*: **le ~ du prix normal** three times the normal price.
**tripler** [triple] *vt & vi* to triple.
**tripoter** [tripɔte] *vt (objet)* to fiddle with.
**triste** [trist] *adj* sad; *(couleur)* dull; *(endroit)* gloomy.
**tristesse** [tristɛs] *nf* sadness.
**troc** [trɔk] *nm (échange)* swap.
**trognon** [trɔɲɔ̃] *nm (de pomme, de poire)* core.
**trois** [trwa] *num* three, → **six**.
**troisième** [trwazjɛm] *num* third ◆ *nf (SCOL)* = fourth year; *(vitesse)* third (gear), → **sixième**.
**trois-quarts** [trwakar] *nm (manteau)* three-quarter length coat.
**trombe** [trɔ̃b] *nf*: **des ~s d'eau** a downpour; **partir en ~** to shoot off.
**trombone** [trɔ̃bɔn] *nm (agrafe)* paper clip; *(MUS)* trombone.
**trompe** [trɔ̃p] *nf (d'éléphant)* trunk.
**tromper** [trɔ̃pe] *vt (conjoint)* to be unfaithful to; *(client)* to cheat ❑ **se tromper** *vp* to make a mistake; **se ~ de jour** to get the wrong day.
**trompette** [trɔ̃pɛt] *nf* trumpet.
**trompeur, -euse** [trɔ̃pœr, øz] *adj* deceptive.
**tronc** [trɔ̃] *nm*: **~ (d'arbre)** (tree) trunk.
**tronçonneuse** [trɔ̃sɔnøz] *nf* chain saw.
**trône** [tron] *nm* throne.
**trop** [tro] *adv* too; **~ fatigué/lentement** too tired/slowly; **~ manger** to eat too much; **~ de** *(nourriture)* too much; *(gens)* too many; **100 F de** OU **en ~** 100 francs too much; **deux personnes de** OU **en ~** two people too many.
**tropical, -e, -aux** [trɔpikal, o] *adj* tropical.
**trot** [tro] *nm* trot; **au ~** at a trot.
**trotter** [trɔte] *vi* to trot.
**trotteuse** [trɔtøz] *nf* second hand.
**trottinette** [trɔtinɛt] *nf* child's scooter.

**trottoir** [trɔtwar] *nm* pavement *(Br)*, sidewalk *(Am)*.
**trou** [tru] *nm* hole; **j'ai un ~ de mémoire** my mind has gone blank.
**trouble** [trubl] *adj (eau)* cloudy; *(image)* blurred ◆ *adv*: **voir ~** to have blurred vision.
**trouer** [true] *vt* to make a hole in.
**trouille** [truj] *nf (fam)*: **avoir la ~** to be scared stiff.
**troupe** [trup] *nf (de théâtre)* company.
**troupeau, -x** [trupo] *nm (de vaches)* herd; *(de moutons)* flock.
**trousse** [trus] *nf (d'écolier)* pencil case; **~ de secours** first-aid kit; **~ de toilette** sponge bag.
**trousseau, -x** [truso] *nm (de clefs)* bunch.
**trouver** [truve] *vt* to find; **je trouve que** I think (that) ❑ **se trouver** *vp (se situer)* to be; **se ~ mal** to faint.
**truc** [tryk] *nm (fam) (objet)* thing; *(astuce)* trick.
**trucage** [trykaʒ] *nm (au cinéma)* special effect.
**truffe** [tryf] *nf (d'un animal)* muzzle; *(champignon)* truffle; **~ (en chocolat)** (chocolate) truffle.
**truite** [trɥit] *nf* trout; **~ aux amandes** trout with almonds.
**truquage** [trykaʒ] = **trucage**.
**T-shirt** [tiʃœrt] = **tee-shirt**.
**TSVP** *(abr de tournez s'il vous plaît)* PTO.
**TTC** *adj (abr de toutes taxes comprises)* inclusive of tax.
**tu**[1] [ty] *pron* you.
**tu**[2], **-e** [ty] *pp* → **taire**.
**tuba** [tyba] *nm (de plongeur)* snorkel.
**tube** [tyb] *nm* tube; *(fam: musique)* hit.
**tuberculose** [tybɛrkyloz] *nf* tuberculosis.
**tuer** [tɥe] *vt* to kill ❑ **se tuer** *vp (se suicider)* to kill o.s.; *(accidentellement)* to die.
**tue-tête** [tytɛt] : **à tue-tête** *adv* at the top of one's voice.
**tuile** [tɥil] *nf* tile; **~ aux amandes** *thin curved almond biscuit.*
**tulipe** [tylip] *nf* tulip.
**tumeur** [tymœr] *nf* tumour.
**tuner** [tynɛr] *nm* tuner.
**tunique** [tynik] *nf* tunic.
**Tunisie** [tynizi] *nf*: **la ~** Tunisia.
**tunisien, -ienne** [tynizjɛ̃, jɛn] *adj* Tunisian ❑ **Tunisien, -ienne** *nm, f* Tunisian.
**tunnel** [tynɛl] *nm* tunnel; **le ~ sous la Manche** the Channel Tunnel.

### *i* LE TUNNEL SOUS LA MANCHE

The Channel Tunnel beneath the English Channel connects Coquelles near Calais and Cheriton near Folkestone. Vehicles are transported on a train known as "Le Shuttle" and there is also a regular passenger service linking London with Paris, Lille and Brussels, on the "Eurostar" train.

**turbo** [tyrbo] *adj inv & nf* turbo.
**turbot** [tyrbo] *nm* turbot.
**turbulences** [tyrbylɑ̃s] *nfpl (dans un avion)* turbulence *(sg)*.
**turbulent, -e** [tyrbylɑ̃, ɑ̃t] *adj*

boisterous.

**turc, turque** [tyrk] *adj* Turkish.

**Turquie** [tyrki] *nf*: **la ~** Turkey.

**turquoise** [tyrkwaz] *adj inv & nf* turquoise.

**tutoyer** [tytwaje] *vt*: **~ qqn** to use the "tu" form to sb.

**tutu** [tyty] *nm* tutu.

**tuyau, -x** [tɥijo] *nm* pipe; **~ d'arrosage** hosepipe; **~ d'échappement** exhaust (pipe).

**TV** *(abr de télévision)* TV.

**TVA** *nf (abr de taxe sur la valeur ajoutée)* VAT.

**tweed** [twid] *nm* tweed.

**tympan** [tɛ̃pɑ̃] *nm (ANAT)* eardrum.

**type** [tip] *nm (sorte)* type; *(fam: individu)* bloke.

**typique** [tipik] *adj* typical.

# U

**UDF** *nf French party to the right of the political spectrum.*

**ulcère** [ylsɛr] *nm* ulcer.

**ULM** *nm* microlight.

**ultérieur, -e** [ylterjœr] *adj* later.

**ultra-** [yltra] *préf* ultra-.

**un, une** [œ̃, yn] (*pl* **des** [de]) *article indéfini* a, an *(devant voyelle)*; **~ homme** a man; **une femme** a woman; **une pomme** an apple; **des valises** suitcases.
◆ *pron* one; **(l') ~ de mes amis/des plus intéressants** one of my friends/the most interesting; **l'~ l'autre** each other, one another; **l'~ et l'autre** both (of them/us); **l'~ ou l'autre** either (of them/us); **ni l'~ ni l'autre** neither (of them/us).
◆ *num* one, → **six**.

**unanime** [ynanim] *adj* unanimous.

**unanimité** [ynanimite] *nf* unanimity; **à l'~** unanimously.

**Unetelle** → **Untel**.

**uni, -e** [yni] *adj (tissu, couleur)* plain; *(famille, couple)* close.

**uniforme** [ynifɔrm] *adj* uniform; *(surface)* even ◆ *nm* uniform.

**union** [ynjɔ̃] *nf (d'États)* union; *(de syndicats)* confederation; **l'Union européenne** the European Union; **l'Union soviétique** the Soviet Union.

**unique** [ynik] *adj (seul)* only; *(exceptionnel)* unique.

**uniquement** [ynikmɑ̃] *adv* only.

**unir** [ynir] *vt (mots, idées)* to combine ❑ **s'unir** *vp (s'associer)* to join together; *(pays)* to unite.

**unisson** [ynisɔ̃] *nm*: **à l'~** in unison.

**unitaire** [ynitɛr] *adj (prix, poids)* unit.

**unité** [ynite] *nf* unit; *(harmonie, ensemble)* unity; **vendu à l'~** sold individually; **~ centrale** central processing unit.

**univers** [ynivɛr] *nm* universe.

**universel, -elle** [ynivɛrsɛl] *adj* universal.

**universitaire** [ynivɛrsitɛr] *adj (diplôme, bibliothèque)* university.

**université** [ynivɛrsite] *nf* university.

**Untel, Unetelle** [œ̃tɛl, yntɛl] *nm, f* Mr so-and-so (*f* Mrs so-and-so).
**urbain, -e** [yrbɛ̃, ɛn] *adj* urban.
**urbanisme** [yrbanism] *nm* town planning.
**urgence** [yrʒɑ̃s] *nf* urgency; *(MÉD)* emergency; **d'~** *(vite)* immediately; **(service des) ~s** casualty (department).
**urgent, -e** [yrʒɑ̃, ɑ̃t] *adj* urgent.
**urine** [yrin] *nf* urine.
**uriner** [yrine] *vi* to urinate.
**urinoir** [yrinwar] *nm* urinal.
**URSS** *nf*: **l'~** the USSR.
**urticaire** [yrtikɛr] *nf* nettle rash.
**USA** *nmpl*: **les ~** the USA.
**usage** [yzaʒ] *nm (utilisation)* use; **«~ externe»** "for external use only"; **«~ interne»** "for internal use only".
**usagé, -e** [yzaʒe] *adj (ticket)* used.
**usager** [yzaʒe] *nm* user.
**usé, -e** [yze] *adj* worn.
**user** [yze] *vt (abîmer)* to wear out; *(consommer)* to use ❑ **s'user** *vp* to wear out.
**usine** [yzin] *nf* factory.
**ustensile** [ystɑ̃sil] *nm* tool.
**utile** [ytil] *adj* useful.
**utilisateur, -trice** [ytilizatœr, tris] *nm, f* user.
**utilisation** [ytilizasjɔ̃] *nf* use.
**utiliser** [ytilize] *vt* to use.
**utilité** [ytilite] *nf*: **être d'une grande ~** to be of great use.
**UV** *nmpl (abr de ultraviolets)* UV rays.

**va** → **aller**.
**vacances** [vakɑ̃s] *nfpl* holiday *(sg) (Br)*, vacation *(sg) (Am)*; **être/partir en ~** to be/go on holiday *(Br)*, to be/go on vacation *(Am)*; **prendre des ~** to take a holiday *(Br)*, to take a vacation *(Am)*; **~ scolaires** school holidays *(Br)*, school break *(Am)*.
**vacancier, -ière** [vakɑ̃sje, jɛr] *nm, f* holidaymaker *(Br)*, vacationer *(Am)*.
**vacarme** [vakarm] *nm* racket.
**vaccin** [vaksɛ̃] *nm* vaccine.
**vacciner** [vaksine] *vt*: **~ qqn contre qqch** to vaccinate sb against sthg.
**vache** [vaʃ] *nf* cow ◆ *adj (fam: méchant)* mean.
**vachement** [vaʃmɑ̃] *adv (fam)* dead *(Br)*, real *(Am)*.
**vacherin** [vaʃrɛ̃] *nm (gâteau) meringue filled with ice cream and whipped cream; (fromage) soft cheese made from cow's milk.*
**va-et-vient** [vaevjɛ̃] *nm inv*: **faire le ~ entre** to go back and forth between.
**vague** [vag] *adj (peu précis)* vague ◆ *nf* wave; **~ de chaleur** heat wave.
**vaguement** [vagmɑ̃] *adv* vaguely.
**vaille** *etc* → **valoir**.
**vain** [vɛ̃] : **en vain** *adv* in vain.
**vaincre** [vɛ̃kr] *vt (ennemi)* to

defeat; *(peur, obstacle)* to overcome.
**vaincu, -e** [vɛ̃ky] *nm, f (équipe)* losing team; *(sportif)* loser.
**vainqueur** [vɛ̃kœr] *nm (d'un match)* winner; *(d'une bataille)* victor.
**vais** → **aller**.
**vaisseau, -x** [vɛso] *nm (veine)* vessel; ~ **spatial** spaceship.
**vaisselle** [vɛsɛl] *nf (assiettes)* crockery; **faire la** ~ to wash up.
**valable** [valabl] *adj* valid.
**valait** → **valoir**.
**valent** → **valoir**.
**valet** [valɛ] *nm (aux cartes)* jack.
**valeur** [valœr] *nf* value; **sans** ~ worthless.
**valider** [valide] *vt (ticket)* to validate.
**validité** [validite] *nf*: **date limite de** ~ expiry date.
**valise** [valiz] *nf* case, suitcase; **faire ses ~s** to pack.
**vallée** [vale] *nf* valley.
**vallonné, -e** [valɔne] *adj* undulating.
**valoir** [valwar] *vi (coûter, avoir comme qualité)* to be worth; *(dans un magasin)* to cost ◆ *v impers*: **il vaut mieux faire qqch** it's best to do sthg; **il vaut mieux que tu restes** you had better stay; **ça vaut combien?** how much is it?; **ça ne vaut pas la peine** OU **le coup** it's not worth it; **ça vaut la peine** OU **le coup d'y aller** it's worth going.
**valse** [vals] *nf* waltz.
**valu** [valy] *pp* → **valoir**.
**vandale** [vɑ̃dal] *nm* vandal.
**vandalisme** [vɑ̃dalism] *nm* vandalism.
**vanille** [vanij] *nf* vanilla.
**vaniteux, -euse** [vanitø, øz] *adj* vain.
**vanter** [vɑ̃te] : **se vanter** *vp* to boast.
**vapeur** [vapœr] *nf* steam; **fer à** ~ steam iron; **(à la)** ~ *(CULIN)* steamed.
**vaporisateur** [vapɔrizatœr] *nm* atomizer.
**varappe** [varap] *nf* rock climbing.
**variable** [varjabl] *adj (chiffre)* varying; *(temps)* changeable.
**varicelle** [varisɛl] *nf* chickenpox.
**varices** [varis] *nfpl* varicose veins.
**varié, -e** [varje] *adj (travail)* varied; *(paysage)* diverse; **«hors-d'œuvre ~s»** "a selection of starters".
**variété** [varjete] *nf* variety ❑ **variétés** *nfpl (musique)* easy listening *(sg)*.
**variole** [varjɔl] *nf* smallpox.
**vas** → **aller**.
**vase** [vaz] *nf* mud ◆ *nm* vase.
**vaste** [vast] *adj* vast.
**vaudra** *etc* → **valoir**.
**vaut** → **valoir**.
**vautour** [votur] *nm* vulture.
**veau, -x** [vo] *nm* calf; *(CULIN)* veal.
**vécu, -e** [veky] *pp* → **vivre** ◆ *adj (histoire)* true.
**vedette** [vədɛt] *nf (acteur, sportif)* star; *(bateau)* launch.
**végétal, -e, -aux** [veʒetal, o] *adj (huile, teinture)* vegetable ◆ *nm* plant.
**végétarien, -ienne** [veʒetarjɛ̃, jɛn] *adj & nm, f* vegetarian.
**végétation** [veʒetasjɔ̃] *nf* vegetation ❑ **végétations** *nfpl (MÉD)*

adenoids.

**véhicule** [veikyl] *nm* vehicle.

**veille** [vɛj] *nf (jour précédent)* day before, eve; **la ~ au soir** the evening before.

**veillée** [veje] *nf (en colonie de vacances) evening entertainment where children stay up late.*

**veiller** [veje] *vi (rester éveillé)* to stay up; **veillez à ne rien oublier** make sure you don't forget anything; **~ à ce que** to see (to it) that; **~ sur qqn** to look after sb.

**veilleur** [vejœr] *nm*: **~ de nuit** night watchman.

**veilleuse** [vejøz] *nf (lampe)* night light; *(AUT)* sidelight; *(flamme)* pilot light.

**veine** [vɛn] *nf (ANAT)* vein; **avoir de la ~** *(fam)* to be lucky.

**Velcro®** [vɛlkro] *nm* Velcro®.

**vélo** [velo] *nm* bicycle, bike; **faire du ~** to cycle; **~ de course** racing bike; **~ tout terrain** mountain bike.

**vélomoteur** [velɔmɔtœr] *nm* moped.

**velours** [vəlur] *nm* velvet; **~ côtelé** corduroy.

**velouté** [vəlute] *nm*: **~ d'asperge** cream of asparagus soup.

**vendanges** [vɑ̃dɑ̃ʒ] *nfpl* harvest *(sg)*.

**vendeur, -euse** [vɑ̃dœr, øz] *nm, f (de grand magasin)* sales assistant *(Br)*, sales clerk *(Am)*; *(sur un marché, ambulant)* salesman *(f* saleswoman).

**vendre** [vɑ̃dr] *vt* to sell; **~ qqch à qqn** to sell sb sthg; **«à ~»** "for sale".

**vendredi** [vɑ̃drədi] *nm* Friday; **~ saint** Good Friday, → **samedi**.

**vénéneux, -euse** [venenø, øz] *adj* poisonous.

**vengeance** [vɑ̃ʒɑ̃s] *nf* revenge.

**venger** [vɑ̃ʒe] **: se venger** *vp* to get one's revenge.

**venimeux, -euse** [vənimø, øz] *adj* poisonous.

**venin** [vənɛ̃] *nm* venom.

**venir** [vənir] *vi* to come; **~ de** to come from; **~ de faire qqch** to have just done sthg; **nous venons d'arriver** we've just arrived; **faire ~ qqn** *(docteur, réparateur)* to send for sb.

**vent** [vɑ̃] *nm* wind; **il y a** OU **il fait du ~** it's windy; **~ d'ouest** west wind.

**vente** [vɑ̃t] *nf* sale; **mettre qqch/être en ~** to put sthg/to be up for sale; **~ par correspondance** mail order; **~ aux enchères** auction.

**ventilateur** [vɑ̃tilatœr] *nm* fan.

**ventouse** [vɑ̃tuz] *nf (en caoutchouc)* suction pad.

**ventre** [vɑ̃tr] *nm* stomach; **avoir du ~** to have a bit of a paunch.

**venu, -e** [vəny] *pp* → **venir**.

**ver** [vɛr] *nm (de fruit)* maggot; **~ luisant** glow worm; **~ (de terre)** (earth)worm.

**véranda** [verɑ̃da] *nf (vitrée)* conservatory.

**verbe** [vɛrb] *nm* verb.

**verdict** [vɛrdikt] *nm* verdict.

**verdure** [vɛrdyr] *nf* greenery.

**véreux, -euse** [verø, øz] *adj (fruit)* worm-eaten.

**verger** [vɛrʒe] *nm* orchard.

**verglacé, -e** [vɛrglase] *adj* icy.

**verglas** [vɛrgla] *nm* (black) ice.

**vérification** [verifikasjɔ̃] *nf*

checking.

**vérifier** [verifje] *vt* to check.

**véritable** [veritabl] *adj* real.

**vérité** [verite] *nf* truth; **dire la ~** to tell the truth.

**vermicelle** [vɛrmisɛl] *nm* vermicelli.

**verni, -e** [vɛrni] *adj (chaussure)* patent-leather; *(meuble)* varnished.

**vernis** [vɛrni] *nm* varnish; **~ à ongles** nail varnish.

**verra** *etc* → **voir**.

**verre** [vɛr] *nm* glass; **boire** OU **prendre un ~** to have a drink; **~ à pied** wine glass; **~ à vin** wine glass; **~s de contact** contact lenses.

**verrière** [vɛrjɛr] *nf (toit)* glass roof.

**verrou** [vɛru] *nm* bolt.

**verrouiller** [vɛruje] *vt (porte)* to bolt.

**verrue** [vɛry] *nf* wart.

**vers** [vɛr] *nm* line ◆ *prép (direction)* towards; *(époque)* around.

**Versailles** [vɛrsaj] *n* Versailles.

---

## i VERSAILLES

Originally a hunting lodge used by Louis XIII, Versailles was transformed in the middle of the 17th century by Louis XIV into an imposing royal palace with architecture along classical lines. It is famous for the "galerie des Glaces", a 75-metre long room with mirrors on the walls, and its elaborate gardens with ornamental fountains and pools.

---

**versant** [vɛrsɑ̃] *nm* side.

**verse** [vɛrs] : **à verse** *adv*: **il pleut à ~** it's pouring down.

**Verseau** [vɛrso] *nm* Aquarius.

**versement** [vɛrsəmɑ̃] *nm* payment.

**verser** [vɛrse] *vt (liquide)* to pour; *(argent)* to pay.

**verseur** [vɛrsœr] *adj m* → **bec**.

**version** [vɛrsjɔ̃] *nf* version; *(traduction)* translation; **~ française** version dubbed into French; **~ originale** version in original language.

**verso** [vɛrso] *nm* back.

**vert, -e** [vɛr, vɛrt] *adj* green; *(fruit)* unripe; *(vin)* young ◆ *nm* green.

**vertébrale** [vɛrtebral] *adj f* → **colonne**.

**vertèbre** [vɛrtɛbr] *nf* vertebra.

**vertical, -e, -aux** [vɛrtikal, o] *adj* vertical.

**vertige** [vɛrtiʒ] *nm*: **avoir le ~** to be dizzy.

**vessie** [vesi] *nf* bladder.

**veste** [vɛst] *nf* jacket.

**vestiaire** [vɛstjɛr] *nm (d'un musée, d'un théâtre)* cloakroom.

**vestibule** [vɛstibyl] *nm* hall.

**vestiges** [vɛstiʒ] *nmpl* remains.

**veston** [vɛstɔ̃] *nm* jacket.

**vêtements** [vɛtmɑ̃] *nmpl* clothes.

**vétérinaire** [veterinɛr] *nmf* vet.

**veuf, veuve** [vœf, vœv] *adj* widowed ◆ *nm, f* widower (*f* widow).

**veuille** *etc* → **vouloir**.

**veuve** → **veuf**.

**veux** → **vouloir**.

**vexant, -e** [vɛksɑ̃, ɑ̃t] *adj* hurtful.

**vexer** [vɛkse] *vt* to offend ❑ **se vexer** *vp* to take offence.

**VF** *abr* = **version française**.
**viaduc** [vjadyk] *nm* viaduct.
**viande** [vjɑ̃d] *nf* meat; **~ séchée des Grisons** *dried salt beef*.
**vibration** [vibrasjɔ̃] *nf* vibration.
**vibrer** [vibre] *vi* to vibrate.
**vice** [vis] *nm* vice.
**vice versa** [visvɛrsa] *adv* vice versa.
**vicieux, -ieuse** [visjø, jøz] *adj (pervers)* perverted.
**victime** [viktim] *nf* victim; *(d'un accident)* casualty; **être ~ de** to be the victim of.
**victoire** [viktwar] *nf* victory.
**vidange** [vidɑ̃ʒ] *nf (d'une auto)* oil change.
**vide** [vid] *adj* empty ◆ *nm (espace)* gap; *(absence d'air)* vacuum; **sous ~** *(aliment)* vacuum-packed.
**vidéo** [video] *adj inv & nf* video.
**vide-ordures** [vidɔrdyr] *nm inv* rubbish chute *(Br)*, garbage chute *(Am)*.
**vide-poches** [vidpɔʃ] *nm inv (dans une voiture)* pocket.
**vider** [vide] *vt* to empty; *(poulet, poisson)* to gut ❑ **se vider** *vp (salle, baignoire)* to empty.
**videur** [vidœr] *nm (de boîte de nuit)* bouncer.
**vie** [vi] *nf* life; **en ~** alive.
**vieil** → **vieux**.
**vieillard** [vjɛjar] *nm* old man.
**vieille** → **vieux**.
**vieillesse** [vjejɛs] *nf* old age.
**vieillir** [vjejir] *vi* to get old; *(vin)* to age ◆ *vt*: **ça le vieillit** *(en apparence)* it makes him look old(er).
**viendra** *etc* → **venir**.
**viens** *etc* → **venir**.
**vierge** [vjɛrʒ] *adj (cassette)* blank ❑ **Vierge** *nf (signe du zodiaque)* Virgo.
**Vietnam** [vjɛtnam] *nm*: **le ~** Vietnam.
**vieux, vieil** [vjø, vjɛj] (*f* **vieille** [vjɛj], *mpl* **vieux** [vjø]) *adj* old; **~ jeu** old-fashioned ◆ *nm, f*: **salut, mon ~!** *(fam)* hello, mate! *(Br)*, hello, buddy! *(Am)*.
**vif, vive** [vif, viv] *adj (geste)* sharp; *(pas)* brisk; *(regard, couleur)* bright; *(esprit)* lively.
**vigile** [viʒil] *nm* watchman.
**vigne** [viɲ] *nf (plante)* vine; *(terrain)* vineyard.
**vignette** [viɲɛt] *nf (automobile)* tax disc; *(de médicament)* price sticker *(for reimbursement of cost of medicine by the social security services)*.
**vignoble** [viɲɔbl] *nm* vineyard.
**vigoureux, -euse** [vigurø, øz] *adj* sturdy.
**vigueur** [vigœr] *nf*: **les prix en ~** current prices; **entrer en ~** to come into force.
**vilain, -e** [vilɛ̃, ɛn] *adj (méchant)* naughty; *(laid)* ugly.
**villa** [vila] *nf* villa.
**village** [vilaʒ] *nm* village.
**ville** [vil] *nf (petite, moyenne)* town; *(importante)* city; **aller en ~** to go into town.
**Villette** [vilɛt] *nf*: **(le parc de) la ~** *cultural centre in the north of Paris, including a science museum*.
**vin** [vɛ̃] *nm* wine; **~ blanc** white wine; **~ doux** sweet wine; **~ rosé** rosé wine; **~ rouge** red wine; **~ sec** dry wine; **~ de table** table wine.

 VIN

France is one of the biggest producers of wine in the world. In the main wine-growing areas of Burgundy, Bordeaux, the Loire and Beaujolais, both red and white wines are produced. In Alsace white wine is more common and Provence is known for its rosé wines. French wine is classified according to four categories, the names of which appear on the label: "AOC" (the highest-quality wines with the vineyard of origin identified), "VDQS" (good-quality wine from a certain area), "vins de pays" (table wines with the region of origin identified), and "vins de table" (basic table wines which may be blended and have no mention of where they are produced).

**vinaigre** [vinɛgr] *nm* vinegar.
**vinaigrette** [vinɛgrɛt] *nf* French dressing *(Br)*, vinaigrette.
**vingt** [vɛ̃] *num* twenty, → **six**.
**vingtaine** [vɛ̃tɛn] *nf*: **une ~ (de)** about twenty.
**vingtième** [vɛ̃tjɛm] *num* twentieth, → **sixième**.
**viol** [vjɔl] *nm* rape.
**violemment** [vjɔlamɑ̃] *adv* violently.
**violence** [vjɔlɑ̃s] *nf* violence.
**violent, -e** [vjɔlɑ̃, ɑ̃t] *adj* violent.
**violer** [vjɔle] *vt (personne)* to rape.
**violet, -ette** [vjɔlɛ, ɛt] *adj & nm* purple.
**violette** [vjɔlɛt] *nf* violet.
**violon** [vjɔlɔ̃] *nm* violin.
**violoncelle** [vjɔlɔ̃sɛl] *nm* cello.
**violoniste** [vjɔlɔnist] *nmf* violinist.
**vipère** [vipɛr] *nf* viper.
**virage** [viraʒ] *nm (sur la route)* bend; *(en voiture, à ski)* turn.
**virement** [virmɑ̃] *nm (sur un compte)* transfer.
**virer** [vire] *vt (argent)* to transfer.
**virgule** [virgyl] *nf (entre mots)* comma; *(entre chiffres)* (decimal) point.
**viril, -e** [viril] *adj* virile.
**virtuelle** [virtɥɛl] *adj f* → **réalité**.
**virtuose** [virtɥoz] *nmf* virtuoso.
**virus** [virys] *nm* virus.
**vis** [vis] *nf* screw.
**visa** [viza] *nm (de séjour)* visa.
**visage** [vizaʒ] *nm* face.
**vis-à-vis** [vizavi] **: vis-à-vis de** *prép (envers)* towards.
**viser** [vize] *vt (cible)* to aim at; *(suj: loi)* to apply to; *(suj: remarque)* to be aimed at.
**viseur** [vizœr] *nm (de carabine)* sights *(pl)*; *(d'appareil photo)* viewfinder.
**visibilité** [vizibilite] *nf* visibility.
**visible** [vizibl] *adj* visible.
**visière** [vizjɛr] *nf (de casquette)* peak.
**vision** [vizjɔ̃] *nf (vue)* vision.
**visionneuse** [vizjɔnøz] *nf* projector.
**visite** [vizit] *nf* visit; **rendre ~ à qqn** to visit sb; **~ guidée** guided tour; **~ médicale** medical.
**visiter** [vizite] *vt* to visit; **faire ~ qqch à qqn** to show sb round sthg.

**visiteur, -euse** [vizitœr, øz] *nm, f* visitor.
**visqueux, -euse** [viskø, øz] *adj* sticky.
**visser** [vise] *vt (vis)* to screw in; *(couvercle)* to screw on.
**visuel, -elle** [vizɥɛl] *adj* visual.
**vital, -e, -aux** [vital, o] *adj* vital.
**vitalité** [vitalite] *nf* vitality.
**vitamine** [vitamin] *nf* vitamin.
**vite** [vit] *adv* fast, quickly.
**vitesse** [vitɛs] *nf* speed; *(TECH: d'une voiture, d'un vélo)* gear; **à toute ~** at top speed.
**vitrail, -aux** [vitraj, o] *nm* stained-glass window.
**vitre** [vitr] *nf (de fenêtre)* window pane; *(de voiture)* window.
**vitré, -e** [vitre] *adj (porte)* glass.
**vitrine** [vitrin] *nf (de magasin)* (shop) window; *(meuble)* display cabinet; **en ~** in the window; **faire les ~s** to window-shop.
**vivacité** [vivasite] *nf* vivacity.
**vivant, -e** [vivɑ̃, ɑ̃t] *adj (en vie)* alive; *(animé)* lively.
**vive** [viv] → **vif** ◆ *excl*: **~ les vacances!** hurray for the holidays!
**vivement** [vivmɑ̃] *adv* quickly ◆ *excl*: **~ demain!** roll on tomorrow!
**vivre** [vivr] *vi* to live ◆ *vt (passer)* to experience.
**VO** *abr* = **version originale**.
**vocabulaire** [vɔkabylɛr] *nm* vocabulary.
**vocales** [vɔkal] *adj fpl* → **corde**.
**vodka** [vɔdka] *nf* vodka.
**vœu, -x** [vø] *nm (souhait)* wish; **meilleurs ~x** best wishes.
**voici** [vwasi] *prép* here is/are.
**voie** [vwa] *nf (chemin)* road; *(sur une route)* lane; *(de gare)* platform; **être en ~ d'amélioration** to be improving; **«par ~ orale»** "to be taken orally"; **~ ferrée** railway track *(Br)*, railroad track *(Am)*; **~ sans issue** dead end.
**voilà** [vwala] *prép* there is/are.
**voile** [vwal] *nm* veil ◆ *nf (de bateau)* sail; **faire de la ~** to go sailing.
**voilé, -e** [vwale] *adj (roue)* buckled.
**voilier** [vwalje] *nm* sailing boat *(Br)*, sailboat *(Am)*.
**voir** [vwar] *vt* to see; **ça n'a rien à ~** that's got nothing to do with it; **voyons!** *(pour reprocher)* come on now!; **faire ~ qqch à qqn** to show sb sthg ❑ **se voir** *vp (être visible)* to show; *(se rencontrer)* to see one another.
**voisin, -e** [vwazɛ̃, in] *adj (ville)* neighbouring; *(maison)* next-door ◆ *nm, f* neighbour.
**voiture** [vwatyr] *nf* car; *(wagon)* carriage; **~ de sport** sports car.
**voix** [vwa] *nf* voice; *(vote)* vote; **à ~ basse** in a low voice; **à ~ haute** in a loud voice.
**vol** [vɔl] *nm (groupe d'oiseaux)* flock; *(trajet en avion)* flight; *(délit)* theft; **attraper qqch au ~** to grab sthg; **à ~ d'oiseau** as the crow flies; **au ~!** stop thief!; **en ~** *(dans un avion)* during the flight; **~ régulier** scheduled flight.
**volaille** [vɔlaj] *nf (oiseau)* fowl; **de la ~** poultry.
**volant** [vɔlɑ̃] *nm (de voiture)* steering wheel; *(de nappe, de jupe)* flounce; *(de badminton)* shuttlecock.
**volante** [vɔlɑ̃t] *adj f* → **sou-**

coupe.

**vol-au-vent** [vɔlovɑ̃] *nm inv* vol-au-vent.

**volcan** [vɔlkɑ̃] *nm* volcano.

**voler** [vɔle] *vt (argent, objet)* to steal; *(personne)* to rob ◆ *vi (oiseau, avion)* to fly.

**volet** [vɔlɛ] *nm (de fenêtre)* shutter; *(d'imprimé)* tear-off section.

**voleur, -euse** [vɔlœr, øz] *nm, f* thief.

**volière** [vɔljɛr] *nf* aviary.

**volley(-ball)** [vɔlɛ(bol)] *nm* volleyball.

**volontaire** [vɔlɔ̃tɛr] *adj (geste, engagement)* deliberate ◆ *nmf* volunteer.

**volontairement** [vɔlɔ̃tɛrmɑ̃] *adv (exprès)* deliberately.

**volonté** [vɔlɔ̃te] *nf (énergie)* will; *(désir)* wish; **bonne ~** goodwill; **mauvaise ~** unwillingness.

**volontiers** [vɔlɔ̃tje] *adv* willingly; **~!** *(à table)* yes, please!

**volt** [vɔlt] *nm* volt.

**volume** [vɔlym] *nm* volume.

**volumineux, -euse** [vɔlyminø, øz] *adj* bulky.

**vomir** [vɔmir] *vi* to be sick ◆ *vt* to bring up.

**vont** → **aller**.

**vos** → **votre**.

**vote** [vɔt] *nm* vote.

**voter** [vɔte] *vi* to vote.

**votre** [vɔtr] (*pl* **vos**) *adj* your.

**vôtre** [votr] **: le vôtre** (*f* **la vôtre**, *pl* **les vôtres**) *pron* yours; **à la ~!** your good health!

**voudra** *etc* → **vouloir**.

**vouloir** [vulwar] *vt* **1.** *(désirer)* to want; **voulez-vous boire quelque chose?** would you like something to drink?; **je veux qu'il parte** I want him to go; **si tu veux** if you like; **sans le ~** unintentionally; **je voudrais ...** I would like ...
**2.** *(accepter)*: **tu prends un verre? - oui, je veux bien** would you like a drink? - yes, I'd love one; **veuillez vous asseoir** please sit down.
**3.** *(dans des expressions)*: **ne pas ~ de qqn/qqch** not to want sb/sthg; **en ~ à qqn** to have a grudge against sb; **~ dire** to mean. ❑ **s'en vouloir** *vp*: **s'en ~ (de faire qqch)** to be cross with o.s. (for doing sthg).

**voulu, -e** [vuly] *pp* → **vouloir**.

**vous** [vu] *pron* you; *(objet indirect)* (to) you; *(réciproque)* each other; *(réfléchi)*: **vous ~ êtes lavés?** have you washed?; **~-même** yourself; **~-mêmes** yourselves.

**voûte** [vut] *nf* vault.

**voûté, -e** [vute] *adj (personne, dos)* hunched.

**vouvoyer** [vuvwaje] *vt*: **~ qqn** to address sb as "vous".

**voyage** [vwajaʒ] *nm (déplacement)* journey; *(trajet)* trip; **bon ~!** have a good trip!; **partir en ~** to go away; **~ de noces** honeymoon; **~ organisé** package tour.

**voyager** [vwajaʒe] *vi* to travel.

**voyageur, -euse** [vwajaʒœr, øz] *nm, f* traveller.

**voyant, -e** [vwajɑ̃, ɑ̃t] *adj (couleur, vêtement)* gaudy ◆ *nm*: **~ lumineux** light.

**voyelle** [vwajɛl] *nf* vowel.

**voyons** → **voir**.

**voyou** [vwaju] *nm* yob.

**vrac** [vrak] *nm*: **en ~** *adv (en désordre)* higgledy-piggledy ◆ *adj (thé)* loose.

**vrai, -e** [vrɛ] *adj (exact)* true; *(véritable)* real; **à ~ dire** to tell the truth.

**vraiment** [vrɛmɑ̃] *adv* really.

**vraisemblable** [vrɛsɑ̃blabl] *adj* likely.

**VTT** *abr* = **vélo tout terrain**.

**vu, -e** [vy] *pp* → **voir** ◆ *prép* in view of ◆ *adj*: **être bien/mal ~ (de qqn)** *(personne)* to be popular/unpopular (with sb); *(attitude)* to be acceptable/unacceptable (to sb); **~ que** seeing as.

**vue** *nf (sens)* eyesight; *(panorama)* view; *(vision, spectacle)* sight; **avec ~ sur ...** overlooking ...; **connaître qqn de ~** to know sb by sight; **en ~ de faire qqch** with a view to doing sthg; **à ~ d'œil** visibly.

**vulgaire** [vylgɛr] *adj (grossier)* vulgar; *(quelconque)* plain.

**wagon** [vagɔ̃] *nm (de passagers)* carriage *(Br)*, car *(Am)*; *(de marchandises)* wagon.

**wagon-lit** [vagɔ̃li] *(pl* **wagons-lits)** *nm* sleeping car.

**wagon-restaurant** [vagɔ̃rɛstɔrɑ̃] *(pl* **wagons-restaurants)** *nm* restaurant car.

**Walkman®** [wɔkman] *nm* personal stereo; Walkman®.

**wallon, -onne** [walɔ̃, ɔn] *adj* Walloon ❑ **Wallon, -onne** *nm, f* Walloon.

**Washington** [waʃiŋtɔn] *n* Washington D.C.

**waters** [watɛr] *nmpl* toilet *(sg)*.

**waterz(o)oi** [watɛrzɔj] *nm (Belg) chicken or fish with vegetables, cooked in a cream sauce, a Flemish speciality*.

**watt** [wat] *nm* watt.

**W-C** [vese] *nmpl* toilets.

**week-end, -s** [wikɛnd] *nm* weekend; **bon ~!** have a nice weekend!

**western** [wɛstɛrn] *nm* western.

**whisky** [wiski] *nm* whisky.

**xérès** [kserɛs] *nm* sherry.

**xylophone** [ksilɔfɔn] *nm* xylophone.

**y** [i] *adv* 1. *(indique le lieu)* there; **j'y vais demain** I'm going there tomorrow; **maintenant que j'y suis** now (that) I'm here.
2. *(dedans)* in (it/them); **mets-y du sel** put some salt in it.
3. *(dessus)* on it/them; **va voir sur la table si les clefs y sont** go and see if the keys are on the table.
◆ *pron*: **pensez-y** think about it; **n'y comptez pas** don't count on it, → **aller, avoir**.

**yacht** [jɔt] *nm* yacht.

**yaourt** [jaurt] *nm* yoghurt.

**yeux** → **œil**.

**yoga** [jɔga] *nm* yoga.

**yoghourt** [jɔgurt] = **yaourt**.
**Yougoslavie** [jugɔslavi] *nf*: **la ~** Yugoslavia.
**Yo-Yo**® [jojo] *nm inv* yo-yo.

**zapper** [zape] *vi* to channel-hop.
**zèbre** [zɛbr] *nm* zebra.
**zéro** [zero] *nm* zero; *(SPORT)* nil; *(SCOL)* nought.
**zeste** [zɛst] *nm* peel.
**zigzag** [zigzag] *nm* zigzag; **en ~** *(route)* winding.
**zigzaguer** [zigzage] *vi* *(route, voiture)* to zigzag.
**zodiaque** [zɔdjak] *nm* → **signe**.
**zone** [zon] *nf* area; **~ bleue** restricted parking zone; **~ industrielle** industrial estate *(Br)*, industrial park *(Am)*; **~ piétonne** OU **piétonnière** pedestrian precinct *(Br)*, pedestrian zone *(Am)*.
**zoo** [z(o)o] *nm* zoo.
**zoologique** [zɔɔlɔʒik] *adj* → **parc**.
**zut** [zyt] *excl* damn!

# ENGLISH-FRENCH
# ANGLAIS-FRANÇAIS

**a** [*stressed* eɪ, *unstressed* ə] (**an** *before vowel or silent "h"*) *indefinite article* **1.** *(gen)* un (une); **a restaurant** un restaurant; **a chair** une chaise; **a friend** un ami (une amie); **an apple** une pomme.
2. *(instead of the number one)*: **a month ago** il y a un mois; **a thousand** mille; **four and a half** quatre et demi.
3. *(in prices, ratios)*: **three times a year** trois fois par an; **£2 a kilo** 2 livres le kilo.
**AA** *n (Br: abbr of Automobile Association)* = ACF *m*.
**aback** [ə'bæk] *adj*: **to be taken ~** être décontenancé(-e).
**abandon** [ə'bændən] *vt* abandonner.
**abattoir** ['æbətwɑːʳ] *n* abattoir *m*.
**abbey** ['æbɪ] *n* abbaye *f*.
**abbreviation** [əˌbriːvɪ'eɪʃn] *n* abréviation *f*.
**abdomen** ['æbdəmən] *n* abdomen *m*.
**abide** [ə'baɪd] *vt*: **I can't ~ him** je ne peux pas le supporter ❑ **abide by** *vt fus* respecter.
**ability** [ə'bɪlətɪ] *n* capacité *f*.
**able** ['eɪbl] *adj* compétent(-e); **to be ~ to do sthg** pouvoir faire qqch.
**abnormal** [æb'nɔːml] *adj* anormal(-e).
**aboard** [ə'bɔːd] *adv* à bord ◆ *prep (ship, plane)* à bord de; *(train, bus)* dans.
**abolish** [ə'bɒlɪʃ] *vt* abolir.
**aborigine** [ˌæbə'rɪdʒənɪ] *n* aborigène *mf* (d'Australie).
**abort** [ə'bɔːt] *vt (call off)* abandonner.
**abortion** [ə'bɔːʃn] *n* avortement *m*; **to have an ~** se faire avorter.
**about** [ə'baʊt] *adv* **1.** *(approximately)* environ; **~ 50** environ 50; **at ~ six o'clock** vers six heures.
2. *(referring to place)* çà et là; **to walk ~** se promener.
3. *(on the point of)*: **to be ~ to do sthg** être sur le point de faire qqch; **it's ~ to rain** il va pleuvoir
◆ *prep* 1. *(concerning)* au sujet de; **a book ~ Scotland** un livre sur l'Écosse; **what's it ~?** de quoi s'agit-il?; **what ~ a drink?** et si on prenait un verre?
2. *(referring to place)*: **~ the town** dans la ville.
**above** [ə'bʌv] *prep* au-dessus de ◆ *adv (higher)* au-dessus; *(more)* plus; **~ all** avant tout.

**abroad** [ə'brɔ:d] *adv* à l'étranger.
**abrupt** [ə'brʌpt] *adj* brusque.
**abscess** ['æbses] *n* abcès *m*.
**absence** ['æbsəns] *n* absence *f*.
**absent** ['æbsənt] *adj* absent(-e).
**absent-minded** [-'maɪndɪd] *adj* distrait(-e).
**absolute** ['æbsəlu:t] *adj* absolu(-e).
**absolutely** [*adv* 'æbsəlu:tlɪ, *excl* ˌæbsə'lu:tlɪ] *adv* vraiment ◆ *excl* absolument!
**absorb** [əb'sɔ:b] *vt* absorber.
**absorbed** [əb'sɔ:bd] *adj*: **to be ~ in sthg** être absorbé(-e) par qqch.
**absorbent** [əb'sɔ:bənt] *adj* absorbant(-e).
**abstain** [əb'steɪn] *vi* s'abstenir; **to ~ from doing sthg** s'abstenir de faire qqch.
**absurd** [əb'sɜ:d] *adj* absurde.
**ABTA** ['æbtə] *n association des agences de voyage britanniques*.
**abuse** [*n* ə'bju:s, *vb* ə'bju:z] *n (insults)* injures *fpl*, insultes *fpl*; *(wrong use)* abus *m*; *(maltreatment)* mauvais traitements *mpl* ◆ *vt (insult)* injurier, insulter; *(use wrongly)* abuser de; *(maltreat)* maltraiter.
**abusive** [ə'bju:sɪv] *adj* injurieux(-ieuse).
**AC** *abbr* = **alternating current**.
**academic** [ˌækə'demɪk] *adj (of school)* scolaire; *(of college, university)* universitaire ◆ *n* universitaire *mf*.
**academy** [ə'kædəmɪ] *n* école *f*; *(of music)* conservatoire *m*; *(military)* académie *f*.
**accelerate** [ək'seləreɪt] *vi* accélérer.
**accelerator** [ək'seləreɪtə[r]] *n* accélérateur *m*.
**accent** ['æksent] *n* accent *m*.
**accept** [ək'sept] *vt* accepter.
**acceptable** [ək'septəbl] *adj* acceptable.
**access** ['ækses] *n* accès *m*.
**accessible** [ək'sesəbl] *adj* accessible.
**accessories** [ək'sesərɪz] *npl* accessoires *mpl*.
**access road** *n* voie *f* d'accès.
**accident** ['æksɪdənt] *n* accident *m*; **by ~** par accident.
**accidental** [ˌæksɪ'dentl] *adj* accidentel(-elle).
**accident insurance** *n* assurance *f* accidents.
**accident-prone** *adj* prédisposé(-e) aux accidents.
**acclimatize** [ə'klaɪmətaɪz] *vi* s'acclimater.
**accommodate** [ə'kɒmədeɪt] *vt* loger.
**accommodation** [əˌkɒmə'deɪʃn] *n* logement *m*.
**accommodations** [əˌkɒmə'deɪʃnz] *npl (Am)* = **accommodation**.
**accompany** [ə'kʌmpənɪ] *vt* accompagner.
**accomplish** [ə'kʌmplɪʃ] *vt* accomplir.
**accord** [ə'kɔ:d] *n*: **of one's own ~** de soi-même.
**accordance** [ə'kɔ:dəns] *n*: **in ~ with** conformément à.
**according to** [ə'kɔ:dɪŋ-] *prep* selon.
**accordion** [ə'kɔ:dɪən] *n* accordéon *m*.
**account** [ə'kaʊnt] *n (at bank, shop)* compte *m*; *(report)* compte-

rendu *m*; **to take sthg into ~** prendre qqch en compte; **on no ~** en aucun cas; **on ~ of** à cause de ❑ **account for** *vt fus (explain)* expliquer; *(constitute)* représenter.

**accountant** [ə'kaʊntənt] *n* comptable *mf*.

**account number** *n* numéro *m* de compte.

**accumulate** [ə'kju:mjʊleɪt] *vt* accumuler.

**accurate** ['ækjʊrət] *adj* exact(-e).

**accuse** [ə'kju:z] *vt*: **to ~ sb of sthg** accuser qqn de qqch.

**accused** [ə'kju:zd] *n*: **the ~** l'accusé *m* (-e *f*).

**ace** [eɪs] *n* as *m*.

**ache** [eɪk] *vi (person)* avoir mal ◆ *n* douleur *f*; **my head ~s** j'ai mal à la tête.

**achieve** [ə'tʃi:v] *vt (victory, success)* remporter; *(aim)* atteindre; *(result)* obtenir.

**acid** ['æsɪd] *adj* acide ◆ *n* acide *m*.

**acid rain** *n* pluies *fpl* acides.

**acknowledge** [ək'nɒlɪdʒ] *vt (accept)* reconnaître; *(letter)* accuser réception de.

**acne** ['æknɪ] *n* acné *f*.

**acorn** ['eɪkɔ:n] *n* gland *m*.

**acoustic** [ə'ku:stɪk] *adj* acoustique.

**acquaintance** [ə'kweɪntəns] *n (person)* connaissance *f*.

**acquire** [ə'kwaɪə[r]] *vt* acquérir.

**acre** ['eɪkə[r]] *n* = 4 046,9 $m^2$, = *demi-hectare m*.

**acrobat** ['ækrəbæt] *n* acrobate *mf*.

**across** [ə'krɒs] *prep (from one side to the other of)* en travers de; *(on other side of)* de l'autre côté de ◆ *adv*: **to walk/drive ~ sthg** traverser qqch; **10 miles ~** 16 km de large; **~ from** en face de.

**acrylic** [ə'krɪlɪk] *n* acrylique *m*.

**act** [ækt] *vi* agir; *(in play, film)* jouer ◆ *n (action, of play)* acte *m*; *(POL)* loi *f*; *(performance)* numéro *m*; **to ~ as** *(serve as)* servir de.

**action** ['ækʃn] *n* action *f*; *(MIL)* combat *m*; **to take ~** agir; **to put sthg into ~** mettre qqch à exécution; **out of ~** *(machine, person)* hors service.

**active** ['æktɪv] *adj* actif(-ive).

**activity** [æk'tɪvətɪ] *n* activité *f*.

**activity holiday** *n vacances organisées pour enfants, avec activités sportives.*

**act of God** *n* cas *m* de force majeure.

**actor** ['æktə[r]] *n* acteur *m*.

**actress** ['æktrɪs] *n* actrice *f*.

**actual** ['æktʃʊəl] *adj (real)* réel(-elle); *(for emphasis)* même.

**actually** ['æktʃʊəlɪ] *adv (really)* vraiment; *(in fact)* en fait.

**acupuncture** ['ækjʊpʌŋktʃə[r]] *n* acupuncture *f*.

**acute** [ə'kju:t] *adj* aigu(-ë); *(feeling)* vif (vive).

**ad** [æd] *n (inf) (on TV)* pub *f*; *(in newspaper)* petite annonce *f*.

**AD** *(abbr of Anno Domini)* ap. J-C.

**adapt** [ə'dæpt] *vt* adapter ◆ *vi* s'adapter.

**adapter** [ə'dæptə[r]] *n (for foreign plug)* adaptateur *m*; *(for several plugs)* prise *f* multiple.

**add** [æd] *vt* ajouter; *(numbers, prices)* additionner ❑ **add up** *vt sep* additionner; **add up to** *vt fus (total)* se monter à.

**adder** ['ædəʳ] *n* vipère *f*.
**addict** ['ædɪkt] *n* drogué *m* (-e *f*).
**addicted** [ə'dɪktɪd] *adj*: **to be ~ to sthg** être drogué(-e) à qqch.
**addiction** [ə'dɪkʃn] *n* dépendance *f*.
**addition** [ə'dɪʃn] *n (added thing)* ajout *m*; *(in maths)* addition *f*; **in ~ (to)** en plus (de).
**additional** [ə'dɪʃənl] *adj* supplémentaire.
**additive** ['ædɪtɪv] *n* additif *m*.
**address** [ə'dres] *n (on letter)* adresse *f* ◆ *vt (speak to)* s'adresser à; *(letter)* adresser.
**address book** *n* carnet *m* d'adresses.
**addressee** [,ædre'si:] *n* destinataire *mf*.
**adequate** ['ædɪkwət] *adj (sufficient)* suffisant(-e); *(satisfactory)* adéquat(-e).
**adhere** [əd'hɪəʳ] *vi*: **to ~ to** *(stick to)* adhérer à; *(obey)* respecter.
**adhesive** [əd'hi:sɪv] *adj* adhésif(-ive) ◆ *n* adhésif *m*.
**adjacent** [ə'dʒeɪsənt] *adj (room)* contigu(-ë); *(street)* adjacent(-e).
**adjective** ['ædʒɪktɪv] *n* adjectif *m*.
**adjoining** [ə'dʒɔɪnɪŋ] *adj (rooms)* contigu(-ë).
**adjust** [ə'dʒʌst] *vt* régler; *(price)* ajuster ◆ *vi*: **to ~ to** s'adapter à.
**adjustable** [ə'dʒʌstəbl] *adj* réglable.
**adjustment** [ə'dʒʌstmənt] *n* réglage *m*; *(to price)* ajustement *m*.
**administration** [əd,mɪnɪ'streɪʃn] *n* administration *f*; *(Am: government)* gouvernement *m*.
**administrator** [əd'mɪnɪstreɪtəʳ] *n* administrateur *m* (-trice *f*).
**admiral** ['ædmərəl] *n* amiral *m*.
**admire** [əd'maɪəʳ] *vt* admirer.
**admission** [əd'mɪʃn] *n (permission to enter)* admission *f*; *(entrance cost)* entrée *f*.
**admission charge** *n* entrée *f*.
**admit** [əd'mɪt] *vt* admettre; **to ~ to sthg** admettre OR reconnaître qqch; **"~s one"** *(on ticket)* «valable pour une personne».
**adolescent** [,ædə'lesnt] *n* adolescent *m* (-e *f*).
**adopt** [ə'dɒpt] *vt* adopter.
**adopted** [ə'dɒptɪd] *adj* adopté(-e).
**adorable** [ə'dɔ:rəbl] *adj* adorable.
**adore** [ə'dɔ:ʳ] *vt* adorer.
**adult** ['ædʌlt] *n* adulte *mf* ◆ *adj (entertainment, films)* pour adultes; *(animal)* adulte.
**adult education** *n* enseignement *m* pour adultes.
**adultery** [ə'dʌltərɪ] *n* adultère *m*.
**advance** [əd'vɑ:ns] *n* avance *f* ◆ *adj (payment)* anticipé(-e) ◆ *vt & vi* avancer; **to give sb ~ warning** prévenir qqn.
**advance booking** *n* réservation *f* à l'avance.
**advanced** [əd'vɑ:nst] *adj (student)* avancé(-e); *(level)* supérieur(-e).
**advantage** [əd'vɑ:ntɪdʒ] *n* avantage *m*; **to take ~ of** profiter de.
**adventure** [əd'ventʃəʳ] *n* aventure *f*.
**adventurous** [əd'ventʃərəs] *adj* aventureux(-euse).
**adverb** ['ædvɜ:b] *n* adverbe *m*.
**adverse** ['ædvɜ:s] *adj* défavo-

rable.

**advert** ['ædvɜːt] = **advertisement**.

**advertise** ['ædvətaɪz] *vt (product, event)* faire de la publicité pour.

**advertisement** [əd'vɜːtɪsmənt] *n (on TV, radio)* publicité *f*; *(in newspaper)* annonce *f*.

**advice** [əd'vaɪs] *n* conseils *mpl*; **a piece of ~** un conseil.

**advisable** [əd'vaɪzəbl] *adj* conseillé(-e).

**advise** [əd'vaɪz] *vt* conseiller; **to ~ sb to do sthg** conseiller à qqn de faire qqch; **to ~ sb against doing sthg** déconseiller à qqn de faire qqch.

**advocate** [*n* 'ædvəkət, *vb* 'ædvəkeɪt] *n (JUR)* avocat *m* (-e *f*) ◆ *vt* préconiser.

**aerial** ['eərɪəl] *n* antenne *f*.

**aerobics** [eə'rəʊbɪks] *n* aérobic *m*.

**aerodynamic** [ˌeərəʊdaɪ'næmɪk] *adj* aérodynamique.

**aeroplane** ['eərəpleɪn] *n* avion *m*.

**aerosol** ['eərəsɒl] *n* aérosol *m*.

**affair** [ə'feəʳ] *n* affaire *f*; *(love affair)* liaison *f*.

**affect** [ə'fekt] *vt (influence)* affecter.

**affection** [ə'fekʃn] *n* affection *f*.

**affectionate** [ə'fekʃnət] *adj* affectueux(-euse).

**affluent** ['æflʊənt] *adj* riche.

**afford** [ə'fɔːd] *vt*: **can you ~ to go on holiday?** peux-tu te permettre de partir en vacances?; **I can't ~ it** je n'en ai pas les moyens; **I can't ~ the time** je n'ai pas le temps.

**affordable** [ə'fɔːdəbl] *adj* abordable.

**afloat** [ə'fləʊt] *adj* à flot.

**afraid** [ə'freɪd] *adj*: **to be ~ of** avoir peur de; **I'm ~ so** j'en ai bien peur; **I'm ~ not** j'ai bien peur que non.

**Africa** ['æfrɪkə] *n* l'Afrique *f*.

**African** ['æfrɪkən] *adj* africain(-e) ◆ *n* Africain *m* (-e *f*).

**after** ['ɑːftəʳ] *prep & adv* après ◆ *conj* après que; **a quarter ~ ten** *(Am)* dix heures et quart; **to be ~** *(in search of)* chercher; **~ all** après tout ❑ **afters** *npl* dessert *m*.

**aftercare** ['ɑːftəkeəʳ] *n* postcure *f*.

**aftereffects** ['ɑːftərɪˌfekts] *npl* suites *fpl*.

**afternoon** [ˌɑːftə'nuːn] *n* après-midi *m inv or f inv*; **good ~!** bonjour!

**afternoon tea** *n le thé de cinq heures.*

**aftershave** ['ɑːftəʃeɪv] *n* après-rasage *m*.

**aftersun** ['ɑːftəsʌn] *n* après-soleil *m*.

**afterwards** ['ɑːftəwədz] *adv* après.

**again** [ə'gen] *adv* encore, à nouveau; **~ and ~** à plusieurs reprises; **never ... ~** ne ... plus jamais.

**against** [ə'genst] *prep* contre; **~ the law** contraire à la loi.

**age** [eɪdʒ] *n* âge *m*; **under ~** mineur; **I haven't seen him for ~s** *(inf)* ça fait une éternité que je ne l'ai pas vu.

**aged** [eɪdʒd] *adj*: **~ eight** âgé de huit ans.

**age group** *n* tranche *f* d'âge.

**age limit** *n* limite *f* d'âge.

**agency** ['eɪdʒənsɪ] *n* agence *f*.
**agenda** [ə'dʒendə] *n* ordre *m* du jour.
**agent** ['eɪdʒənt] *n* agent *m*.
**aggression** [ə'greʃn] *n* violence *f*.
**aggressive** [ə'gresɪv] *adj* agressif(-ive).
**agile** [*Br* 'ædʒaɪl, *Am* 'ædʒəl] *adj* agile.
**agility** [ə'dʒɪlətɪ] *n* agilité *f*.
**agitated** ['ædʒɪteɪtɪd] *adj* agité(-e).
**ago** [ə'gəʊ] *adv*: **a month ~** il y a un mois; **how long ~?** il y a combien de temps?
**agonizing** ['ægənaɪzɪŋ] *adj* déchirant(-e).
**agony** ['ægənɪ] *n* *(physical)* douleur *f* atroce; *(mental)* angoisse *f*.
**agree** [ə'griː] *vi* être d'accord; *(correspond)* concorder; **it doesn't ~ with me** *(food)* ça ne me réussit pas; **to ~ to sthg** accepter qqch; **to ~ to do sthg** accepter de faire qqch; **we ~d to meet at six o'clock** nous avons décidé de nous retrouver à six heures ❑ **agree on** *vt fus (time, price)* se mettre d'accord sur.
**agreed** [ə'griːd] *adj (price)* convenu(-e); **to be ~** *(person)* être d'accord.
**agreement** [ə'griːmənt] *n* accord *m*.
**agriculture** ['ægrɪkʌltʃə^r] *n* agriculture *f*.
**ahead** [ə'hed] *adv* devant; **go straight ~** allez tout droit; **the months ~** les mois à venir; **to be ~** *(winning)* être en tête; **~ of** devant; *(in time)* avant; **~ of schedule** en avance.
**aid** [eɪd] *n* aide *f* ◆ *vt* aider; **in ~ of** au profit de; **with the ~ of** à l'aide de.
**AIDS** [eɪdz] *n* SIDA *m*.
**ailment** ['eɪlmənt] *n (fml)* mal *m*.
**aim** [eɪm] *n (purpose)* but *m* ◆ *vt (gun, camera, hose)* braquer ◆ *vi*: **to ~ (at)** viser; **to ~ to do sthg** avoir pour but de faire qqch.
**air** [eə^r] *n* air *m* ◆ *vt (room)* aérer ◆ *adj (terminal, travel)* aérien(-ienne); **by ~** par avion.
**airbed** ['eəbed] *n* matelas *m* pneumatique.
**airborne** ['eəbɔːn] *adj (plane)* en vol.
**air-conditioned** [-kən'dɪʃnd] *adj* climatisé(-e).
**air-conditioning** [-kən'dɪʃnɪŋ] *n* climatisation *f*.
**aircraft** ['eəkrɑːft] *(pl inv) n* avion *m*.
**aircraft carrier** [-ˌkærɪə^r] *n* porte-avions *m inv*.
**airfield** ['eəfiːld] *n* aérodrome *m*.
**airforce** ['eəfɔːs] *n* armée *f* de l'air.
**air freshener** [-ˌfreʃnə^r] *n* désodorisant *m*.
**airhostess** ['eəˌhəʊstɪs] *n* hôtesse *f* de l'air.
**airing cupboard** ['eərɪŋ-] *n* armoire *f* sèche-linge.
**airletter** ['eəˌletə^r] *n* aérogramme *m*.
**airline** ['eəlaɪn] *n* compagnie *f* aérienne.
**airliner** ['eəˌlaɪnə^r] *n* avion *m* de ligne.
**airmail** ['eəmeɪl] *n* poste *f* aérienne; **by ~** par avion.
**airplane** ['eərpleɪn] *n (Am)* avion *m*.
**airport** ['eəpɔːt] *n* aéroport *m*.

**air raid** *n* raid *m* aérien.
**airsick** ['eəsɪk] *adj*: **to be ~** avoir le mal de l'air.
**air steward** *n* steward *m*.
**air stewardess** *n* hôtesse *f* de l'air.
**air traffic control** *n* contrôle *m* aérien.
**airy** ['eərɪ] *adj* aéré(-e).
**aisle** [aɪl] *n (in plane)* couloir *m*; *(in cinema, supermarket)* allée *f*; *(in church)* bas-côté *m*.
**aisle seat** *n* fauteuil *m* côté couloir.
**ajar** [ə'dʒɑːʳ] *adj* entrebâillé(-e).
**alarm** [ə'lɑːm] *n* alarme *f* ◆ *vt* alarmer.
**alarm clock** *n* réveil *m*.
**alarmed** [ə'lɑːmd] *adj (door, car)* protégé(-e) par une alarme.
**alarming** [ə'lɑːmɪŋ] *adj* alarmant(-e).
**Albert Hall** ['ælbət-] *n*: **the ~** l'Albert Hall *m*.

---

**i THE ALBERT HALL**

Grande salle londonienne accueillant concerts et manifestations diverses, y compris sportives; elle a été baptisée ainsi en l'honneur du prince Albert, époux de la reine Victoria.

---

**album** ['ælbəm] *n* album *m*.
**alcohol** ['ælkəhɒl] *n* alcool *m*.
**alcohol-free** *adj* sans alcool.
**alcoholic** [ˌælkə'hɒlɪk] *adj (drink)* alcoolisé(-e) ◆ *n* alcoolique *mf*.
**alcoholism** ['ælkəhɒlɪzm] *n* alcoolisme *m*.
**alcove** ['ælkəʊv] *n* renfoncement *m*.
**ale** [eɪl] *n* bière *f*.
**alert** [ə'lɜːt] *adj* vigilant(-e) ◆ *vt* alerter.
**A level** *n* = baccalauréat *m*.

---

**i A LEVEL**

Examen de fin d'études secondaires en Grande-Bretagne; il faut passer deux ou trois A levels, chacun sanctionnant une matière, afin de pouvoir accéder à l'université.

---

**algebra** ['ældʒɪbrə] *n* algèbre *f*.
**Algeria** [æl'dʒɪərɪə] *n* l'Algérie *f*.
**alias** ['eɪlɪəs] *adv* alias.
**alibi** ['ælɪbaɪ] *n* alibi *m*.
**alien** ['eɪlɪən] *n (foreigner)* étranger *m* (-ère *f*); *(from outer space)* extraterrestre *mf*.
**alight** [ə'laɪt] *adj (on fire)* en feu ◆ *vi (fml: from train, bus)*: **to ~ (from)** descendre (de).
**align** [ə'laɪn] *vt* aligner.
**alike** [ə'laɪk] *adj* semblable ◆ *adv* de la même façon; **to look ~** se ressembler.
**alive** [ə'laɪv] *adj (living)* vivant(-e).
**all** [ɔːl] *adj* 1. *(with singular noun)* tout (toute); **~ the money** tout l'argent; **~ the time** tout le temps; **~ day** toute la journée.
2. *(with plural noun)* tous (toutes); **~ the houses** toutes les maisons; **~ trains stop at Tonbridge** tous les trains s'arrêtent à Tonbridge.
◆ *adv* 1. *(completely)* complètement; **~ alone** tout seul (toute seule).
2. *(in scores)*: **it's two ~** ça fait deux

partout.
3. *(in phrases)*: ~ **but empty** presque vide; ~ **over** *(finished)* terminé(-e).
◆ *pron* 1. *(everything)* tout; **is that ~?** *(in shop)* ce sera tout?; ~ **of the work** tout le travail; **the best of ~** le meilleur de tous.
2. *(everybody)*: ~ **of the guests** tous les invités; ~ **of us went** nous y sommes tous allés.
3. *(in phrases)*: **can I help you at ~?** puis-je vous aider en quoi que ce soit?; **in ~** en tout.

**Allah** ['ælə] *n* Allah *m*.

**allege** [ə'ledʒ] *vt* prétendre.

**allergic** [ə'lɜ:dʒɪk] *adj*: **to be ~ to** être allergique à.

**allergy** ['ælədʒɪ] *n* allergie *f*.

**alleviate** [ə'li:vɪeɪt] *vt (pain)* alléger.

**alley** ['ælɪ] *n (narrow street)* ruelle *f*.

**alligator** ['ælɪgeɪtə^r] *n* alligator *m*.

**all-in** *adj (Br: inclusive)* tout compris.

**all-night** *adj (bar, petrol station)* ouvert(-e) la nuit.

**allocate** ['æləkeɪt] *vt* attribuer.

**allotment** [ə'lɒtmənt] *n (Br: for vegetables)* potager *m (loué par la commune à un particulier)*.

**allow** [ə'laʊ] *vt (permit)* autoriser; *(time, money)* prévoir; **to ~ sb to do sthg** autoriser qqn à faire qqch; **to be ~ed to do sthg** avoir le droit de faire qqch ❑ **allow for** *vt fus* tenir compte de.

**allowance** [ə'laʊəns] *n (state benefit)* allocation *f*; *(for expenses)* indemnité *f*; *(pocket money)* argent *m* de poche.

**all right** *adj* pas mal *(inv)* ◆ *adv (satisfactorily)* bien; *(yes, okay)* d'accord; **is everything ~?** est-ce que tout va bien?; **is it ~ if I smoke?** cela ne vous dérange pas si je fume?; **are you ~?** ça va?; **how are you? - I'm ~** comment vas-tu? -bien.

**ally** ['ælaɪ] *n* allié *m* (-e *f*).

**almond** ['ɑ:mənd] *n* amande *f*.

**almost** ['ɔ:lməʊst] *adv* presque; **we ~ missed the train** nous avons failli rater le train.

**alone** [ə'ləʊn] *adj & adv* seul(-e); **to leave sb ~** *(in peace)* laisser qqn tranquille; **to leave sthg ~** laisser qqch tranquille.

**along** [ə'lɒŋ] *prep* le long de ◆ *adv*: **to walk ~** se promener; **to bring sthg ~** apporter qqch; **all ~** *(knew, thought)* depuis le début; **~ with** avec.

**alongside** [ə,lɒŋ'saɪd] *prep* à côté de.

**aloof** [ə'lu:f] *adj* distant(-e).

**aloud** [ə'laʊd] *adv* à haute voix, à voix haute.

**alphabet** ['ælfəbet] *n* alphabet *m*.

**Alps** [ælps] *npl*: **the ~** les Alpes *fpl*.

**already** [ɔ:l'redɪ] *adv* déjà.

**also** ['ɔ:lsəʊ] *adv* aussi.

**altar** ['ɔ:ltə^r] *n* autel *m*.

**alter** ['ɔ:ltə^r] *vt* modifier.

**alteration** [,ɔ:ltə'reɪʃn] *n (to plan, timetable)* modification *f*; *(to house)* aménagement *m*.

**alternate** [*Br* ɔ:l'tɜ:nət, *Am* 'ɔ:ltərnət] *adj*: **on ~ days** tous les deux jours, un jour sur deux.

**alternating current** ['ɔ:ltəneɪtɪŋ-] *n* courant *m* alternatif.

**alternative** [ɔ:l'tɜ:nətɪv] *adj (accommodation, route)* autre; *(medicine, music, comedy)* alternatif(-ive) ◆ *n* choix *m*.

**alternatively** [ɔ:l'tɜ:nətɪvlɪ] *adv* ou bien.

**alternator** ['ɔ:ltəneɪtə^r] *n* alternateur *m*.

**although** [ɔ:l'ðəʊ] *conj* bien que (+ *subjunctive*).

**altitude** ['æltɪtju:d] *n* altitude *f*.

**altogether** [,ɔ:ltə'geðə^r] *adv (completely)* tout à fait; *(in total)* en tout.

**aluminium** [,ælju'mɪnɪəm] *n (Br)* aluminium *m*.

**aluminum** [ə'lu:mɪnəm] *(Am)* = **aluminium**.

**always** ['ɔ:lweɪz] *adv* toujours.

**am** [æm] → **be**.

**a.m.** *(abbr of ante meridiem)*: **at 2 ~** à 2 h du matin.

**amateur** ['æmətə^r] *n* amateur *m*.

**amazed** [ə'meɪzd] *adj* stupéfait(-e).

**amazing** [ə'meɪzɪŋ] *adj* extraordinaire.

**Amazon** ['æməzn] *n (river)*: **the ~** l'Amazone *f*.

**ambassador** [æm'bæsədə^r] *n* ambassadeur *m* (-drice *f*).

**amber** ['æmbə^r] *adj (traffic lights)* orange *(inv)*; *(jewellery)* d'ambre.

**ambiguous** [æm'bɪgjʊəs] *adj* ambigu(-ë).

**ambition** [æm'bɪʃn] *n* ambition *f*.

**ambitious** [æm'bɪʃəs] *adj (person)* ambitieux(-ieuse).

**ambulance** ['æmbjʊləns] *n* ambulance *f*.

**ambush** ['æmbʊʃ] *n* embuscade *f*.

**amenities** [ə'mi:nətɪz] *npl* équipements *mpl*.

**America** [ə'merɪkə] *n* l'Amérique *f*.

**American** [ə'merɪkən] *adj* américain(-e) ◆ *n (person)* Américain (-e *f*).

**amiable** ['eɪmɪəbl] *adj* aimable.

**ammunition** [,æmjʊ'nɪʃn] *n* munitions *fpl*.

**amnesia** [æm'ni:zɪə] *n* amnésie *f*.

**among(st)** [ə'mʌŋ(st)] *prep* parmi; *(when sharing)* entre.

**amount** [ə'maʊnt] *n (quantity)* quantité *f*; *(sum)* montant *m*
❑ **amount to** *vt fus (total)* se monter à.

**amp** [æmp] *n* ampère *m*; **a 13-~ plug** une prise 13 ampères.

**ample** ['æmpl] *adj (time)* largement assez de.

**amplifier** ['æmplɪfaɪə^r] *n* amplificateur *m*.

**amputate** ['æmpjʊteɪt] *vt* amputer.

**Amtrak** ['æmtræk] *n société nationale de chemins de fer aux États-Unis.*

**amuse** [ə'mju:z] *vt (make laugh)* amuser; *(entertain)* occuper.

**amusement arcade** [ə'mju:zmənt-] *n* galerie *f* de jeux.

**amusement park** [ə'mju:zmənt-] *n* parc *m* d'attractions.

**amusements** [ə'mju:zmənts] *npl* distractions *fpl*.

**amusing** [ə'mju:zɪŋ] *adj* amusant(-e).

**an** [*stressed* æn, *unstressed* ən] → **a**.

**anaemic** [ə'ni:mɪk] *adj (Br: person)* anémique.

**anaesthetic** [ˌænɪsˈθetɪk] *n (Br)* anesthésie *f*.
**analgesic** [ˌænælˈdʒiːsɪk] *n* analgésique *m*.
**analyse** [ˈænəlaɪz] *vt* analyser.
**analyst** [ˈænəlɪst] *n (psychoanalyst)* psychanalyste *mf*.
**analyze** [ˈænəlaɪz] *(Am)* = **analyse**.
**anarchy** [ˈænəkɪ] *n* anarchie *f*.
**anatomy** [əˈnætəmɪ] *n* anatomie *f*.
**ancestor** [ˈænsestəʳ] *n* ancêtre *mf*.
**anchor** [ˈæŋkəʳ] *n* ancre *f*.
**anchovy** [ˈæntʃəvɪ] *n* anchois *m*.
**ancient** [ˈeɪnʃənt] *adj* ancien(-ienne).
**and** [*strong form* ænd, *weak form* ənd, ən] *conj* et; **more ~ more** de plus en plus; **~ you?** et toi?; **a hundred ~ one** cent un; **to try ~ do sthg** essayer de faire qqch; **to go ~ see** aller voir.
**Andes** [ˈændiːz] *npl*: **the ~** les Andes *fpl*.
**anecdote** [ˈænɪkdəʊt] *n* anecdote *f*.
**anemic** [əˈniːmɪk] *(Am)* = **anaemic**.
**anesthetic** [ˌænɪsˈθetɪk] *(Am)* = **anaesthetic**.
**angel** [ˈeɪndʒl] *n* ange *m*.
**anger** [ˈæŋgəʳ] *n* colère *f*.
**angina** [ænˈdʒaɪnə] *n* angine *f* de poitrine.
**angle** [ˈæŋgl] *n* angle *m*; **at an ~** en biais.
**angler** [ˈæŋgləʳ] *n* pêcheur *m* (-euse *f*) (à la ligne).
**angling** [ˈæŋglɪŋ] *n* pêche *f* (à la ligne).
**angry** [ˈæŋgrɪ] *adj* en colère; *(words)* violent(-e); **to get ~ (with sb)** se mettre en colère (contre qqn).
**animal** [ˈænɪml] *n* animal *m*.
**aniseed** [ˈænɪsiːd] *n* anis *m*.
**ankle** [ˈæŋkl] *n* cheville *f*.
**annex** [ˈæneks] *n (building)* annexe *f*.
**annihilate** [əˈnaɪəleɪt] *vt* anéantir.
**anniversary** [ˌænɪˈvɜːsərɪ] *n* anniversaire *m (d'un événement)*.
**announce** [əˈnaʊns] *vt* annoncer.
**announcement** [əˈnaʊnsmənt] *n* annonce *f*.
**announcer** [əˈnaʊnsəʳ] *n (on TV, radio)* présentateur *m* (-trice *f*).
**annoy** [əˈnɔɪ] *vt* agacer.
**annoyed** [əˈnɔɪd] *adj* agacé(-e); **to get ~ (with)** s'énerver (contre).
**annoying** [əˈnɔɪɪŋ] *adj* agaçant(-e).
**annual** [ˈænjʊəl] *adj* annuel(-elle).
**anonymous** [əˈnɒnɪməs] *adj* anonyme.
**anorak** [ˈænəræk] *n* anorak *m*.
**another** [əˈnʌðəʳ] *adj* un autre (une autre) ◆ *pron* un autre (une autre); **can I have ~ (one)?** puis-je en avoir un autre?; **in ~ two weeks** dans deux semaines; **to help one ~** s'entraider; **to talk to one ~** se parler; **one after ~** l'un après l'autre (l'une après l'autre).
**answer** [ˈɑːnsəʳ] *n* réponse *f*; *(solution)* solution *f* ◆ *vt* répondre à ◆ *vi* répondre; **to ~ the door** aller ouvrir la porte; **to ~ the phone** répondre au téléphone ❑ **answer**

**back** *vi* répondre.

**answering machine** ['ɑːnsərɪŋ-] = **answerphone**.

**answerphone** ['ɑːnsəfəʊn] *n* répondeur *m*.

**ant** [ænt] *n* fourmi *f*.

**Antarctic** [æn'tɑːktɪk] *n*: **the ~** l'Antarctique *m*.

**antenna** [æn'tenə] *n (Am: aerial)* antenne *f*.

**anthem** ['ænθəm] *n* hymne *m*.

**antibiotics** [ˌæntɪbaɪ'ɒtɪks] *npl* antibiotiques *mpl*.

**anticipate** [æn'tɪsɪpeɪt] *vt (expect)* s'attendre à; *(guess correctly)* anticiper.

**anticlimax** [æntɪ'klaɪmæks] *n* déception *f*.

**anticlockwise** [ˌæntɪ'klɒkwaɪz] *adv (Br)* dans le sens inverse des aiguilles d'une montre.

**antidote** ['æntɪdəʊt] *n* antidote *m*.

**antifreeze** ['æntɪfriːz] *n* antigel *m*.

**antihistamine** [ˌæntɪ'hɪstəmɪn] *n* antihistaminique *m*.

**antiperspirant** [ˌæntɪ'pɜːspərənt] *n* déodorant *m*.

**antiquarian bookshop** [ˌæntɪ'kweərɪən-] *n librairie spécialisée dans les livres anciens*.

**antique** [æn'tiːk] *n* antiquité *f*.

**antique shop** *n* magasin *m* d'antiquités.

**antiseptic** [ˌæntɪ'septɪk] *n* antiseptique *m*.

**antisocial** [ˌæntɪ'səʊʃl] *adj (person)* sauvage; *(behaviour)* antisocial(-e).

**antlers** ['æntləz] *npl* bois *mpl*.

**anxiety** [æŋ'zaɪətɪ] *n (worry)* anxiété *f*.

**anxious** ['æŋkʃəs] *adj (worried)* anxieux(-ieuse); *(eager)* impatient(-e).

**any** ['enɪ] *adj* 1. *(in questions)* du, de l', de la, des *(pl)*; **is there ~ milk left?** est-ce qu'il reste du lait?; **have you got ~ money?** as-tu de l'argent?; **have you got ~ postcards?** avez-vous des cartes postales?
2. *(in negatives)* de, d'; **I haven't got ~ money** je n'ai pas d'argent; **we don't have ~ rooms** nous n'avons plus de chambres libres.
3. *(no matter which)* n'importe quel (n'importe quelle); **take ~ one you like** prends celui qui te plaît.
◆ *pron* 1. *(in questions)* en; **I'm looking for a hotel - are there ~ nearby?** je cherche un hôtel - est-ce qu'il y en a par ici?
2. *(in negatives)* en; **I don't want ~ (of them)** je n'en veux aucun; **I don't want ~ (of it)** je n'en veux pas.
3. *(no matter which one)* n'importe lequel (n'importe laquelle); **you can sit at ~ of the tables** vous pouvez vous asseoir à n'importe quelle table.
◆ *adv* 1. *(in questions)*: **is that ~ better?** est-ce que c'est mieux comme ça?; **~ other questions?** d'autres questions?
2. *(in negatives)*: **he's not ~ better** il ne va pas mieux; **we can't wait ~ longer** nous ne pouvons plus attendre.

**anybody** ['enɪˌbɒdɪ] = **anyone** ['enɪwʌn].

**anyhow** ['enɪhaʊ] *adv (carelessly)* n'importe comment; *(in any case)* de toute façon; *(in spite of that)* quand même.

**anyone** ['enɪwʌn] *pron (in questions)* quelqu'un; *(any person)* n'importe qui; *(in negatives)*: **there wasn't ~ in** il n'y avait personne.
**anything** ['enɪθɪŋ] *pron (in questions)* quelque chose; *(no matter what)* n'importe quoi; *(in negatives)*: **I don't want ~ to eat** je ne veux rien manger; **have you ~ bigger?** vous n'avez rien de plus grand?
**anyway** ['enɪweɪ] *adv* de toute façon; *(in spite of that)* quand même.
**anywhere** ['enɪweəʳ] *adv (in questions)* quelque part; *(any place)* n'importe où; *(in negatives)*: **I can't find it ~** je ne le trouve nulle part; **~ else** ailleurs.
**apart** [ə'pɑ:t] *adv (separated)*: **the towns are 5 miles ~** les deux villes sont à 8 km l'une de l'autre; **to come ~** *(break)* se casser; **~ from** à part.
**apartheid** [ə'pɑ:theɪt] *n* apartheid *m*.
**apartment** [ə'pɑ:tmənt] *n (Am)* appartement *m*.
**apathetic** [,æpə'θetɪk] *adj* apathique.
**ape** [eɪp] *n* singe *m*.
**aperitif** [ə,perə'ti:f] *n* apéritif *m*.
**aperture** ['æpətʃəʳ] *n (of camera)* ouverture *f*.
**APEX** ['eɪpeks] *n (plane ticket)* billet *m* APEX; *(Br: train ticket) billet à tarif réduit sur longues distances et sur certains trains seulement, la réservation devant être effectuée à l'avance.*
**apiece** [ə'pi:s] *adv* chacun(-e).
**apologetic** [ə,pɒlə'dʒetɪk] *adj*: **to be ~** s'excuser.
**apologize** [ə'pɒlədʒaɪz] *vi*: **to ~ (to sb for sthg)** s'excuser (auprès de qqn de qqch).
**apology** [ə'pɒlədʒɪ] *n* excuses *fpl*.
**apostrophe** [ə'pɒstrəfɪ] *n* apostrophe *f*.
**appal** [ə'pɔ:l] *vt (Br)* horrifier.
**appall** [ə'pɔ:l] *(Am)* = **appal**.
**appalling** [ə'pɔ:lɪŋ] *adj* épouvantable.
**apparatus** [,æpə'reɪtəs] *n* appareil *m*.
**apparently** [ə'pærəntlɪ] *adv* apparemment.
**appeal** [ə'pi:l] *n* (JUR) appel *m*; *(fundraising campaign)* collecte *f* ◆ *vi* (JUR) faire appel; **to ~ to sb for help** demander de l'aide à qqn; **it doesn't ~ to me** ça ne me dit rien.
**appear** [ə'pɪəʳ] *vi (come into view)* apparaître; *(seem)* sembler; *(in play)* jouer; *(before court)* comparaître; **to ~ on TV** passer à la télé; **it ~s that** il semble que.
**appearance** [ə'pɪərəns] *n (arrival)* apparition *f*; *(look)* apparence *f*.
**appendices** [ə'pendɪsi:z] *pl* → **appendix**.
**appendicitis** [ə,pendɪ'saɪtɪs] *n* appendicite *f*.
**appendix** [ə'pendɪks] *(pl* **-dices***) n* appendice *m*.
**appetite** ['æpɪtaɪt] *n* appétit *m*.
**appetizer** ['æpɪtaɪzəʳ] *n* amuse-gueule *m inv*.
**appetizing** ['æpɪtaɪzɪŋ] *adj* appétissant(-e).
**applaud** [ə'plɔ:d] *vt & vi* applaudir.
**applause** [ə'plɔ:z] *n* applaudissements *mpl*.
**apple** ['æpl] *n* pomme *f*.

**apple charlotte** [-ˈʃɑːlət] *n* charlotte *f* aux pommes.
**apple crumble** *n dessert consistant en une compote de pommes recouverte de pâte sablée.*
**apple juice** *n* jus *m* de pomme.
**apple pie** *n tarte aux pommes recouverte d'une couche de pâte.*
**apple sauce** *n compote de pommes, accompagnement traditionnel du rôti de porc.*
**apple tart** *n* tarte *f* aux pommes.
**apple turnover** [-ˈtɜːn,əʊvəʳ] *n* chausson *m* aux pommes.
**appliance** [əˈplaɪəns] *n* appareil *m*; **electrical/domestic ~** appareil électrique/ménager.
**applicable** [əˈplɪkəbl] *adj*: **to be ~ (to)** s'appliquer (à); **if ~** s'il y a lieu.
**applicant** [ˈæplɪkənt] *n* candidat *m* (-e *f*).
**application** [,æplɪˈkeɪʃn] *n (for job, membership)* demande *f*.
**application form** *n* formulaire *m*.
**apply** [əˈplaɪ] *vt* appliquer ◆ *vi*: **to ~ to sb (for sthg)** *(make request)* s'adresser à qqn (pour obtenir qqch); **to ~ (to sb)** *(be applicable)* s'appliquer (à qqn); **to ~ the brakes** freiner.
**appointment** [əˈpɔɪntmənt] *n* rendez-vous *m*; **to have/make an ~ (with)** avoir/prendre rendez-vous (avec); **by ~** sur rendez-vous.
**appreciable** [əˈpriːʃəbl] *adj* appréciable.
**appreciate** [əˈpriːʃɪeɪt] *vt (be grateful for)* être reconnaissant(-e) de; *(understand)* comprendre; *(like, admire)* apprécier.
**apprehensive** [,æprɪˈhensɪv] *adj* inquiet(-iète).
**apprentice** [əˈprentɪs] *n* apprenti *m* (-e *f*).
**apprenticeship** [əˈprentɪsʃɪp] *n* apprentissage *m*.
**approach** [əˈprəʊtʃ] *n (road)* voie *f* d'accès; *(of plane)* descente *f*; *(to problem, situation)* approche *f* ◆ *vt* s'approcher de; *(problem, situation)* aborder ◆ *vi (person, vehicle)* s'approcher; *(event)* approcher.
**appropriate** [əˈprəʊprɪət] *adj* approprié(-e).
**approval** [əˈpruːvl] *n* approbation *f*.
**approve** [əˈpruːv] *vi*: **to ~ (of sb/sthg)** approuver (qqn/qqch).
**approximate** [əˈprɒksɪmət] *adj* approximatif(-ive).
**approximately** [əˈprɒksɪmətlɪ] *adv* environ, à peu près.
**apricot** [ˈeɪprɪkɒt] *n* abricot *m*.
**April** [ˈeɪprəl] *n* avril *m*, → **September**.
**April Fools' Day** *n* le premier avril.

---

### *i* APRIL FOOLS' DAY

En Grande-Bretagne, le premier avril est l'occasion de calembours en tous genres; en revanche, la tradition du poisson en papier n'existe pas.

---

**apron** [ˈeɪprən] *n (for cooking)* tablier *m*.
**apt** [æpt] *adj (appropriate)* approprié(-e); **to be ~ to do sthg** avoir tendance à faire qqch.
**aquarium** [əˈkweərɪəm] (*pl* **-ria**

[-rɪə]) *n* aquarium *m*.

**aqueduct** ['ækwɪdʌkt] *n* aqueduc *m*.

**Arab** ['ærəb] *adj* arabe ◆ *n (person)* Arabe *mf*.

**Arabic** ['ærəbɪk] *adj* arabe ◆ *n (language)* arabe *m*.

**arbitrary** ['ɑ:bɪtrərɪ] *adj* arbitraire.

**arc** [ɑ:k] *n* arc *m*.

**arcade** [ɑ:'keɪd] *n (for shopping)* galerie *f* marchande; *(of video games)* galerie *f* de jeux.

**arch** [ɑ:tʃ] *n* arc *m*.

**archaeology** [,ɑ:kɪ'ɒlədʒɪ] *n* archéologie *f*.

**archbishop** [,ɑ:tʃ'bɪʃəp] *n* archevêque *m*.

**archery** ['ɑ:tʃərɪ] *n* tir *m* à l'arc.

**archipelago** [,ɑ:kɪ'peləgəʊ] *n* archipel *m*.

**architect** ['ɑ:kɪtekt] *n* architecte *mf*.

**architecture** ['ɑ:kɪtektʃə^r] *n* architecture *f*.

**archive** ['ɑ:kaɪv] *n* archives *fpl*.

**Arctic** ['ɑ:ktɪk] *n*: **the ~** l'Arctique *m*.

**are** [*weak form* ə^r, *strong form* ɑ:^r] → **be**.

**area** ['eərɪə] *n (region)* région *f*; *(space, zone)* aire *f*; *(surface size)* superficie *f*; **dining ~** coin *m* repas.

**area code** *n (Am)* indicatif *m* de zone.

**arena** [ə'ri:nə] *n (at circus)* chapiteau *m*; *(sportsground)* stade *m*.

**aren't** = **are not**.

**Argentina** [,ɑ:dʒən'ti:nə] *n* l'Argentine *f*.

**argue** ['ɑ:gju:] *vi (quarrel)*: **to ~ (with sb about sthg)** se disputer (avec qqn à propos de qqch) ◆ *vt*: **to ~ (that)** ... soutenir que ...

**argument** ['ɑ:gjʊmənt] *n (quarrel)* dispute *f*; *(reason)* argument *m*.

**arid** ['ærɪd] *adj* aride.

**arise** [ə'raɪz] *(pt* **arose**, *pp* **arisen** [ə'rɪzn]*) vi* surgir; **to ~ from** résulter de.

**aristocracy** [,ærɪ'stɒkrəsɪ] *n* aristocratie *f*.

**arithmetic** [ə'rɪθmətɪk] *n* arithmétique *f*.

**arm** [ɑ:m] *n* bras *m*; *(of garment)* manche *f*.

**arm bands** *npl (for swimming)* bouées *fpl (autour des bras)*.

**armchair** ['ɑ:mtʃeə^r] *n* fauteuil *m*.

**armed** [ɑ:md] *adj (person)* armé(-e).

**armed forces** *npl*: **the ~** les forces *fpl* armées.

**armor** *(Am)* = **armour**.

**armour** ['ɑ:mə^r] *n (Br)* armure *f*.

**armpit** ['ɑ:mpɪt] *n* aisselle *f*.

**arms** [ɑ:mz] *npl (weapons)* armes *fpl*.

**army** ['ɑ:mɪ] *n* armée *f*.

**A road** *n (Br)* = nationale *f*.

**aroma** [ə'rəʊmə] *n* arôme *m*.

**aromatic** [,ærə'mætɪk] *adj* aromatique.

**arose** [ə'rəʊz] *pt* → **arise**.

**around** [ə'raʊnd] *adv (present)* dans le coin ◆ *prep* autour de; *(approximately)* environ; **to get ~ sthg** *(obstacle)* contourner qqch; **at ~ two o'clock** vers deux heures du matin; **~ here** *(in the area)* par ici; **to look ~** *(turn head)* regarder autour de soi; *(in shop)* jeter un coup d'œil; *(in city)* faire un tour;

**to turn ~** se retourner; **to walk ~** se promener.

**arouse** [ə'raʊz] *vt* provoquer.

**arrange** [ə'reɪndʒ] *vt* arranger; *(meeting, event)* organiser; **to ~ to do sthg (with sb)** convenir (avec qqn) de faire qqch.

**arrangement** [ə'reɪndʒmənt] *n (agreement)* arrangement *m*; *(layout)* disposition *f*; **by ~** *(tour, service)* sur réservation; **to make ~s (to do sthg)** faire le nécessaire (pour faire qqch).

**arrest** [ə'rest] *n* arrestation *f* ◆ *vt* arrêter; **under ~** en état d'arrestation.

**arrival** [ə'raɪvl] *n* arrivée *f*; **on ~** à l'arrivée; **new ~** *(person)* nouveau venu *m* (nouvelle venue *f*).

**arrive** [ə'raɪv] *vi* arriver.

**arrogant** ['ærəgənt] *adj* arrogant(-e).

**arrow** ['ærəʊ] *n* flèche *f*.

**arson** ['ɑːsn] *n* incendie *m* criminel.

**art** [ɑːt] *n* art *m* ❑ **arts** *npl (humanities)* = lettres *fpl*; **the ~s** *(fine arts)* l'art *m*.

**artefact** ['ɑːtɪfækt] *n* objet *m*.

**artery** ['ɑːtərɪ] *n* artère *f*.

**art gallery** *n (shop)* galerie *f* d'art; *(museum)* musée *m* d'art.

**arthritis** [ɑː'θraɪtɪs] *n* arthrite *f*.

**artichoke** ['ɑːtɪtʃəʊk] *n* artichaut *m*.

**article** ['ɑːtɪkl] *n* article *m*.

**articulate** [ɑː'tɪkjʊlət] *adj (person)* qui s'exprime bien; *(speech)* clair(-e).

**artificial** [,ɑːtɪ'fɪʃl] *adj* artificiel(-ielle).

**artist** ['ɑːtɪst] *n* artiste *mf*.

**artistic** [ɑː'tɪstɪk] *adj (design)* artistique; *(person)* artiste.

**arts centre** *n* centre *m* culturel.

**arty** ['ɑːtɪ] *adj (pej)* qui se veut artiste.

**as** [*unstressed* əz, *stressed* æz] *adv (in comparisons)*: **~ ... ~** aussi ... que; **he's ~ tall ~ I am** il est aussi grand que moi; **~ many ~** autant que; **~ much ~** autant que.

◆ *conj* 1. *(referring to time)* comme; **~ the plane was coming in to land** comme l'avion s'apprêtait à atterrir.

2. *(referring to manner)* comme; **do ~ you like** faites comme tu veux; **~ expected ...** comme prévu ...

3. *(introducing a statement)* comme; **~ you know ...** comme tu sais ...

4. *(because)* comme.

5. *(in phrases)*: **~ for** quant à; **~ from** à partir de; **~ if** comme si.

◆ *prep (referring to function, job)* comme; **I work ~ a teacher** je suis professeur.

**asap** *(abbr of as soon as possible)* dès que possible.

**ascent** [ə'sent] *n (climb)* ascension *f*.

**ascribe** [ə'skraɪb] *vt*: **to ~ sthg to sthg** *(situation, success)* imputer qqch à qqch; **to ~ sthg to sb** *(quality)* attribuer qqch à qqn.

**ash** [æʃ] *n (from cigarette, fire)* cendre *f*; *(tree)* frêne *m*.

**ashore** [ə'ʃɔː[r]] *adv* à terre.

**ashtray** ['æʃtreɪ] *n* cendrier *m*.

**Asia** [*Br* 'eɪʃə, *Am* 'eɪʒə] *n* l'Asie *f*.

**Asian** [*Br* 'eɪʃn, *Am* 'eɪʒn] *adj* asiatique ◆ *n* Asiatique *mf*.

**aside** [ə'saɪd] *adv* de côté; **to move ~** s'écarter.

**ask** [ɑ:sk] *vt (person)* demander à; *(question)* poser; *(request)* demander; *(invite)* inviter ◆ *vi*: **to ~ about sthg** *(enquire)* se renseigner sur qqch; **to ~ sb sthg** demander qqch à qqn; **to ~ sb about sthg** poser des questions à qqn à propos de qqch; **to ~ sb to do sthg** demander à qqn de faire qqch; **to ~ sb for sthg** demander qqch à qqn ❑ **ask for** *vt fus* demander.

**asleep** [ə'sli:p] *adj* endormi(-e); **to fall ~** s'endormir.

**asparagus** [ə'spærəgəs] *n* asperge *f*.

**asparagus tips** *npl* pointes *fpl* d'asperge.

**aspect** ['æspekt] *n* aspect *m*.

**aspirin** ['æsprɪn] *n* aspirine *f*.

**ass** [æs] *n (animal)* âne *m*.

**assassinate** [ə'sæsɪneɪt] *vt* assassiner.

**assault** [ə'sɔ:lt] *n (on person)* agression *f* ◆ *vt* agresser.

**assemble** [ə'sembl] *vt (bookcase, model)* monter ◆ *vi* se rassembler.

**assembly** [ə'semblɪ] *n (at school) réunion quotidienne, avant le début des cours, des élèves d'un établissement.*

**assembly hall** *n salle de réunion des élèves dans une école.*

**assembly point** *n (at airport, in shopping centre)* point *m* de rassemblement.

**assert** [ə'sɜ:t] *vt* affirmer; **to ~ o.s.** s'imposer.

**assess** [ə'ses] *vt* évaluer.

**assessment** [ə'sesmənt] *n* évaluation *f*.

**asset** ['æset] *n (valuable person, thing)* atout *m*.

**assign** [ə'saɪn] *vt*: **to ~ sthg to sb** *(give)* assigner qqch à qqn; **to ~ sb to do sthg** *(designate)* désigner qqn pour faire qqch.

**assignment** [ə'saɪnmənt] *n (task)* mission *f*; *(SCH)* devoir *m*.

**assist** [ə'sɪst] *vt* assister, aider.

**assistance** [ə'sɪstəns] *n* aide *f*; **to be of ~ (to sb)** être utile (à qqn).

**assistant** [ə'sɪstənt] *n* assistant *m* (-e *f*).

**associate** [*n* ə'səʊʃɪət, *vb* ə'səʊʃɪeɪt] *n* associé *m* (-e *f*) ◆ *vt*: **to ~ sb/sthg with** associer qqn/qqch à; **to be ~d with** *(attitude, person)* être associé à.

**association** [ə,səʊsɪ'eɪʃn] *n* association *f*.

**assorted** [ə'sɔ:tɪd] *adj (sweets, chocolates)* assortis(-ties).

**assortment** [ə'sɔ:tmənt] *n* assortiment *m*.

**assume** [ə'sju:m] *vt (suppose)* supposer; *(control, responsibility)* assumer.

**assurance** [ə'ʃʊərəns] *n* assurance *f*.

**assure** [ə'ʃʊə[r]] *vt* assurer; **to ~ sb (that) ...** assurer qqn que ...

**asterisk** ['æstərɪsk] *n* astérisque *m*.

**asthma** ['æsmə] *n* asthme *m*.

**asthmatic** [æs'mætɪk] *adj* asthmatique.

**astonished** [ə'stɒnɪʃt] *adj* stupéfait(-e).

**astonishing** [ə'stɒnɪʃɪŋ] *adj* stupéfiant(-e).

**astound** [ə'staʊnd] *vt* stupéfier.

**astray** [ə'streɪ] *adv*: **to go ~** s'égarer.

**astrology** [ə'strɒlədʒɪ] *n* astrologie *f*.

**astronomy** [ə'strɒnəmɪ] *n* astronomie *f*.

**asylum** [ə'saɪləm] *n* asile *m*.

**at** [*unstressed* ət, *stressed* æt] *prep* 1. *(indicating place, position)* à; **~ the supermarket** au supermarché; **~ school** à l'école; **~ the hotel** à l'hôtel; **~ home** à la maison, chez moi/toi; **~ my mother's** chez ma mère.
2. *(indicating direction)*: **to throw sthg ~** jeter qqch sur; **to look ~ sb/sthg** regarder qqn/qqch; **to smile ~ sb** sourire à qqn.
3. *(indicating time)* à; **~ nine o'clock** à 9 h; **~ night** la nuit.
4. *(indicating rate, level, speed)* à; **it works out ~ £5 each** ça revient à 5 livres chacun; **~ 60 km/h** à 60 km/h.
5. *(indicating activity)*: **to be ~ lunch** être en train de déjeuner; **to be good/bad ~ sthg** être bon/mauvais en qqch.
6. *(indicating cause)* de, par; **shocked ~ sthg** choqué par qqch; **angry ~ sb** fâché contre qqn; **delighted ~ sthg** ravi de qqch.

**ate** [*Br* et, *Am* eɪt] *pt* → **eat**.

**atheist** ['eɪθɪɪst] *n* athée *mf*.

**athlete** ['æθli:t] *n* athlète *mf*.

**athletics** [æθ'letɪks] *n* athlétisme *m*.

**Atlantic** [ət'læntɪk] *n*: **the ~ (Ocean)** l'Atlantique *m*, l'océan *m* Atlantique.

**atlas** ['ætləs] *n* atlas *m*.

**atmosphere** ['ætməsfɪə^r] *n* atmosphère *f*.

**atom** ['ætəm] *n* atome *m*.

**A to Z** *n (map)* plan *m* de ville.

**atrocious** [ə'trəʊʃəs] *adj (very bad)* atroce.

**attach** [ə'tætʃ] *vt* attacher; **to ~ sthg to sthg** attacher qqch à qqch.

**attachment** [ə'tætʃmənt] *n (device)* accessoire *m*.

**attack** [ə'tæk] *n* attaque *f*; *(fit, bout)* crise *f* ◆ *vt* attaquer.

**attacker** [ə'tækə^r] *n* agresseur *m*.

**attain** [ə'teɪn] *vt (fml)* atteindre.

**attempt** [ə'tempt] *n* tentative *f* ◆ *vt* tenter; **to ~ to do sthg** tenter de faire qqch.

**attend** [ə'tend] *vt (meeting, mass)* assister à; *(school)* aller à ❑ **attend to** *vt fus (deal with)* s'occuper de.

**attendance** [ə'tendəns] *n (people at concert, match)* spectateurs *mpl*; *(at school)* présence *f*.

**attendant** [ə'tendənt] *n (at museum)* gardien *m* (-ienne *f* ); *(at petrol station)* pompiste *mf*; *(at public toilets, cloakroom)* préposé *m* (-e *f*).

**attention** [ə'tenʃn] *n* attention *f*; **to pay ~ (to)** prêter attention (à).

**attic** ['ætɪk] *n* grenier *m*.

**attitude** ['ætɪtju:d] *n* attitude *f*.

**attorney** [ə'tɜ:nɪ] *n (Am)* avocat *m* (-e *f*).

**attract** [ə'trækt] *vt* attirer.

**attraction** [ə'trækʃn] *n (liking)* attirance *f*; *(attractive feature)* attrait *m*; *(of town, resort)* attraction *f*.

**attractive** [ə'træktɪv] *adj* séduisant(-e).

**attribute** [ə'trɪbju:t] *vt*: **to ~ sthg to** attribuer qqch à.

**aubergine** ['əʊbəʒi:n] *n (Br)* aubergine *f*.

**auburn** ['ɔ:bən] *adj* auburn *(inv)*.

**auction** ['ɔ:kʃn] *n* vente *f* aux

enchères.

**audience** ['ɔ:dɪəns] *n (of play, concert, film)* public *m*; *(of TV)* téléspectateurs *mpl*; *(of radio)* auditeurs *mpl*.

**audio** ['ɔ:dɪəʊ] *adj* audio *(inv)*.

**audio-visual** [-'vɪʒʊəl] *adj* audiovisuel(-elle).

**auditorium** [,ɔ:dɪ'tɔ:rɪəm] *n* salle *f*.

**August** ['ɔ:gəst] *n* août *m*, → **September**.

**aunt** [ɑ:nt] *n* tante *f*.

**au pair** [,əʊ'peəʳ] *n* jeune fille *f* au pair.

**aural** ['ɔ:rəl] *adj* auditif(-ive).

**Australia** [ɒ'streɪlɪə] *n* l'Australie *f*.

**Australian** [ɒ'streɪlɪən] *adj* australien(-ienne) ◆ *n* Australien *m* (-ienne *f*).

**Austria** ['ɒstrɪə] *n* l'Autriche *f*.

**Austrian** ['ɒstrɪən] *adj* autrichien(-ienne) ◆ *n* Autrichien *m* (-ienne *f*).

**authentic** [ɔ:'θentɪk] *adj* authentique.

**author** ['ɔ:θəʳ] *n* auteur *m*.

**authority** [ɔ:'θɒrətɪ] *n* autorité *f*; **the authorities** les autorités.

**authorization** [,ɔ:θəraɪ'zeɪʃn] *n* autorisation *f*.

**authorize** ['ɔ:θəraɪz] *vt* autoriser; **to ~ sb to do sthg** autoriser qqn à faire qqch.

**autobiography** [,ɔ:təbaɪ'ɒgrəfɪ] *n* autobiographie *f*.

**autograph** ['ɔ:təgrɑ:f] *n* autographe *m*.

**automatic** [,ɔ:tə'mætɪk] *adj (machine)* automatique; *(fine)* systématique ◆ *n (car)* voiture *f* à boîte automatique.

**automatically** [,ɔ:tə'mætɪklɪ] *adv* automatiquement.

**automobile** ['ɔ:təməbi:l] *n (Am)* voiture *f*.

**autumn** ['ɔ:təm] *n* automne *m*; **in (the) ~** en automne.

**auxiliary (verb)** [ɔ:g'zɪljərɪ-] *n* auxiliaire *m*.

**available** [ə'veɪləbl] *adj* disponible.

**avalanche** ['ævəlɑ:nʃ] *n* avalanche *f*.

**Ave.** *(abbr of avenue)* av.

**avenue** ['ævənju:] *n* avenue *f*.

**average** ['ævərɪdʒ] *adj* moyen(-enne) ◆ *n* moyenne *f*; **on ~** en moyenne.

**aversion** [ə'vɜ:ʃn] *n* aversion *f*.

**aviation** [,eɪvɪ'eɪʃn] *n* aviation *f*.

**avid** ['ævɪd] *adj* avide.

**avocado (pear)** [,ævə'kɑ:dəʊ-] *n* avocat *m*.

**avoid** [ə'vɔɪd] *vt* éviter; **to ~ doing sthg** éviter de faire qqch.

**await** [ə'weɪt] *vt* attendre.

**awake** [ə'weɪk] *(pt* **awoke**, *pp* **awoken***)* *adj* réveillé(-e) ◆ *vi* se réveiller.

**award** [ə'wɔ:d] *n (prize)* prix *m* ◆ *vt*: **to ~ sb sthg** *(prize)* décerner qqch à qqn; *(damages, compensation)* accorder qqch à qqn.

**aware** [ə'weəʳ] *adj* conscient(-e); **to be ~ of** être conscient de.

**away** [ə'weɪ] *adv (not at home, in office)* absent(-e); **to put sthg ~** ranger qqch; **to look ~** détourner les yeux; **to turn ~** se détourner; **to walk/drive ~** s'éloigner; **to take sthg ~ (from sb)** enlever qqch (à qqn); **far ~** loin; **it's 10 miles ~**

**(from here)** c'est à une quinzaine de kilomètres (d'ici); **it's two weeks ~** c'est dans deux semaines.

**awesome** ['ɔːsəm] *adj (impressive)* impressionnant(-e); *(inf: excellent)* génial(-e).

**awful** ['ɔːfəl] *adj* affreux(-euse); **I feel ~** je ne me sens vraiment pas bien; **an ~ lot of** énormément de.

**awfully** ['ɔːflɪ] *adv (very)* terriblement.

**awkward** ['ɔːkwəd] *adj (position)* inconfortable; *(movement)* maladroit(-e); *(shape, size)* peu pratique; *(situation)* embarrassant(-e); *(question, task)* difficile.

**awning** ['ɔːnɪŋ] *n* auvent *n*.

**awoke** [ə'wəʊk] *pt* → **awake**.

**awoken** [ə'wəʊkən] *pp* → **awake**.

**axe** [æks] *n* hache *f*.

**axle** ['æksl] *n* essieu *m*.

# B

**BA** *(abbr of Bachelor of Arts) (titulaire d'une) licence de lettres.*

**babble** ['bæbl] *vi* marmonner.

**baby** ['beɪbɪ] *n* bébé *m*; **to have a ~** avoir un enfant; **~ sweetcorn** jeunes épis *mpl* de maïs.

**baby carriage** *n (Am)* landau *m*.

**baby food** *n* aliments *mpl* pour bébé.

**baby-sit** *vi* faire du baby-sitting.

**baby wipe** *n* lingette *f*.

**back** [bæk] *adv* en arrière ◆ *n* dos *m*; *(of chair)* dossier *m*; *(of room)* fond *m*; *(of car)* arrière *m* ◆ *adj (seat, wheels)* arrière *(inv)* ◆ *vi (car, driver)* faire marche arrière ◆ *vt (support)* soutenir; **to arrive ~** rentrer; **to give sthg ~** rendre qqch; **to put sthg ~** remettre qqch; **to stand ~** reculer; **at the ~ of** derrière; **in ~ of** *(Am)* derrière; **~ to front** devant derrière ❑ **back up** *vt sep (support)* appuyer ◆ *vi (car, driver)* faire marche arrière.

**backache** ['bækeɪk] *n* mal *m* au dos.

**backbone** ['bækbəʊn] *n* colonne *f* vertébrale.

**back door** *n* porte *f* de derrière.

**backfire** [ˌbæk'faɪə^r] *vi (car)* pétarader.

**background** ['bækgraʊnd] *n (in picture, on stage)* arrière-plan *m*; *(to situation)* contexte *m*; *(of person)* milieu *m*.

**backlog** ['bæklɒg] *n* accumulation *f*.

**backpack** ['bækpæk] *n* sac *m* à dos.

**backpacker** ['bækpækə^r] *n* routard *m* (-e *f*).

**back seat** *n* siège *m* arrière.

**backside** [ˌbæk'saɪd] *n (inf)* fesses *fpl*.

**back street** *n* ruelle *f*.

**backstroke** ['bækstrəʊk] *n* dos *m* crawlé.

**backwards** ['bækwədz] *adv (move, look)* en arrière; *(the wrong way round)* à l'envers.

**bacon** ['beɪkən] *n* bacon *m*; **~ and eggs** œufs *mpl* frits au bacon.

**bacteria** [bæk'tɪərɪə] *npl* bactéries *fpl*.

**bad** [bæd] (*compar* **worse**, *superl* **worst**) *adj* mauvais(-e); *(serious)* grave; *(naughty)* méchant(-e); *(rotten, off)* pourri(-e); **to have a ~ back** avoir mal au dos; **to have a ~ cold** avoir un gros rhume; **to go ~** *(milk, yoghurt)* tourner; **not ~** pas mauvais, pas mal.

**badge** [bædʒ] *n* badge *m*.

**badger** ['bædʒər] *n* blaireau *m*.

**badly** ['bædlɪ] (*compar* **worse**, *superl* **worst**) *adv* mal; *(injured)* gravement; **to ~ need sthg** avoir sérieusement besoin de qqch.

**badly paid** [-peɪd] *adj* mal payé(-e).

**badminton** ['bædmɪntən] *n* badminton *m*.

**bad-tempered** [-'tempəd] *adj* *(by nature)* qui a mauvais caractère; *(in a bad mood)* de mauvaise humeur.

**bag** [bæg] *n* sac *m*; *(piece of luggage)* bagage *m*; **a ~ of crisps** un paquet de chips.

**bagel** ['beɪgəl] *n* *petit pain en couronne*.

**baggage** ['bægɪdʒ] *n* bagages *mpl*.

**baggage allowance** *n* franchise *f* de bagages.

**baggage reclaim** *n* livraison *f* des bagages.

**baggy** ['bægɪ] *adj* ample.

**bagpipes** ['bægpaɪps] *npl* cornemuse *f*.

**bail** [beɪl] *n* caution *f*.

**bait** [beɪt] *n* appât *m*.

**bake** [beɪk] *vt* faire cuire (au four) ◆ *n (CULIN)* gratin *m*.

**baked** [beɪkt] *adj* cuit(-e) au four.

**baked Alaska** [-ə'læskə] *n* omelette *f* norvégienne.

**baked beans** *npl* haricots *mpl* blancs à la tomate.

**baked potato** *n* pomme de terre *f* en robe de chambre.

**baker** ['beɪkər] *n* boulanger *m* (-ère *f*); **~'s** *(shop)* boulangerie *f*.

**Bakewell tart** ['beɪkwel-] *n* *gâteau constitué d'une couche de confiture prise entre deux couches de génoise à l'amande, avec un glaçage décoré de vagues*.

**balance** ['bæləns] *n* *(of person)* équilibre *m*; *(of bank account)* solde *m*; *(remainder)* reste *m* ◆ *vt (object)* maintenir en équilibre.

**balcony** ['bælkənɪ] *n* balcon *m*.

**bald** [bɔːld] *adj* chauve.

**bale** [beɪl] *n* balle *f*.

**ball** [bɔːl] *n (SPORT)* balle *f*; *(in football, rugby)* ballon *m*; *(in snooker, pool)* boule *f*; *(of wool, string)* pelote *f*; *(of paper)* boule *f*; *(dance)* bal *m*; **on the ~** *(fig)* vif (vive).

**ballad** ['bæləd] *n* ballade *f*.

**ballerina** [ˌbælə'riːnə] *n* ballerine *f*.

**ballet** ['bæleɪ] *n (dancing)* danse *f* (classique); *(work)* ballet *m*.

**ballet dancer** *n* danseur *m* (-euse *f*) classique.

**balloon** [bə'luːn] *n* ballon *m*.

**ballot** ['bælət] *n* scrutin *m*.

**ballpoint pen** ['bɔːlpɔɪnt-] *n* stylo *m* (à) bille.

**ballroom** ['bɔːlrum] *n* salle *f* de bal.

**ballroom dancing** *n* danse *f* de salon.

**bamboo** [bæm'buː] *n* bambou *m*.

**bamboo shoots** *npl* pousses *fpl* de bambou.
**ban** [bæn] *n* interdiction *f* ◆ *vt* interdire; **to ~ sb from doing sthg** interdire à qqn de faire qqch.
**banana** [bə'nɑ:nə] *n* banane *f*.
**banana split** *n* banana split *m*.
**band** [bænd] *n* *(musical group)* groupe *m*; *(strip of paper, rubber)* bande *f*.
**bandage** ['bændɪdʒ] *n* bandage *m*, bande *f* ◆ *vt* mettre un bandage sur.
**B and B** *abbr* = **bed and breakfast**.
**bandstand** ['bændstænd] *n* kiosque *m* à musique.
**bang** [bæŋ] *n* *(of gun)* détonation *f*; *(of door)* claquement *m* ◆ *vt* cogner; *(door)* claquer; **to ~ one's head** se cogner la tête.
**banger** ['bæŋə^r] *n* *(Br: inf: sausage)* saucisse *f*; **~s and mash** saucisses-purée.
**bangle** ['bæŋgl] *n* bracelet *m*.
**bangs** [bæŋz] *npl* *(Am)* frange *f*.
**banister** ['bænɪstə^r] *n* rampe *f*.
**banjo** ['bændʒəʊ] *n* banjo *m*.
**bank** [bæŋk] *n* *(for money)* banque *f*; *(of river, lake)* berge *f*; *(slope)* talus *m*.
**bank account** *n* compte *m* bancaire.
**bank book** *n* livret *m* d'épargne.
**bank charges** *npl* frais *mpl* bancaires.
**bank clerk** *n* employé *m* (-e *f*) de banque.
**bank draft** *n* traite *f* bancaire.
**banker** ['bæŋkə^r] *n* banquier *m*.
**banker's card** *n* *carte à présenter, en guise de garantie, par le titulaire d'un compte lorsqu'il paye par chèque.*
**bank holiday** *n* *(Br)* jour *m* férié.
**bank manager** *n* directeur *m* (-trice *f*) d'agence bancaire.
**bank note** *n* billet *m* de banque.
**bankrupt** ['bæŋkrʌpt] *adj* en faillite.
**bank statement** *n* relevé *m* de compte.
**banner** ['bænə^r] *n* banderole *f*.
**bannister** ['bænɪstə^r] = **banister**.
**banquet** ['bæŋkwɪt] *n* *(formal dinner)* banquet *m*; *(at Indian restaurant etc)* *menu pour plusieurs personnes.*
**bap** [bæp] *n* *(Br)* petit pain *m*.
**baptize** [*Br* bæp'taɪz, *Am* 'bæptaɪz] *vt* baptiser.
**bar** [bɑ:^r] *n* *(pub, in hotel)* bar *m*; *(counter in pub)* comptoir *m*; *(of metal, wood)* barre *f*; *(of chocolate)* tablette *f* ◆ *vt* *(obstruct)* barrer; **a ~ of soap** une savonnette.
**barbecue** ['bɑ:bɪkju:] *n* barbecue *m* ◆ *vt* faire griller au barbecue.
**barbecue sauce** *n* *sauce épicée servant à relever viandes et poissons.*
**barbed wire** [bɑ:bd-] *n* fil *m* de fer barbelé.
**barber** ['bɑ:bə^r] *n* coiffeur *m* (pour hommes); **~'s** *(shop)* salon *m* de coiffure (pour hommes).
**bar code** *n* code-barres *m*.
**bare** [beə^r] *adj* *(feet, head, arms)* nu(-e); *(room, cupboard)* vide; **the ~ minimum** le strict minimum.

**barefoot** [ˌbeəˈfʊt] *adv* pieds nus.

**barely** [ˈbeəlɪ] *adv* à peine.

**bargain** [ˈbɑ:gɪn] *n* affaire *f* ◆ *vi (haggle)* marchander ❑ **bargain for** *vt fus* s'attendre à.

**bargain basement** *n sous-sol d'un magasin où sont regroupés les soldes.*

**barge** [bɑ:dʒ] *n* péniche *f* ❑ **barge in** *vi* faire irruption; **to ~ in on sb** interrompre qqn.

**bark** [bɑ:k] *n (of tree)* écorce *f* ◆ *vi* aboyer.

**barley** [ˈbɑ:lɪ] *n* orge *f*.

**barmaid** [ˈbɑ:meɪd] *n* serveuse *f*.

**barman** [ˈbɑ:mən] (*pl* **-men** [-mən]) *n* barman *m*, serveur *m*.

**bar meal** *n repas léger servi dans un bar ou un pub.*

**barn** [bɑ:n] *n* grange *f*.

**barometer** [bəˈrɒmɪtəʳ] *n* baromètre *m*.

**baron** [ˈbærən] *n* baron *m*.

**baroque** [bəˈrɒk] *adj* baroque.

**barracks** [ˈbærəks] *npl* caserne *f*.

**barrage** [ˈbærɑ:ʒ] *n (of questions, criticism)* avalanche *f*.

**barrel** [ˈbærəl] *n (of beer, wine)* tonneau *m*; *(of oil)* baril *m*; *(of gun)* canon *m*.

**barren** [ˈbærən] *adj (land, soil)* stérile.

**barricade** [ˌbærɪˈkeɪd] *n* barricade *f*.

**barrier** [ˈbærɪəʳ] *n* barrière *f*.

**barrister** [ˈbærɪstəʳ] *n (Br)* avocat *m* (-e *f*).

**bartender** [ˈbɑ:tendəʳ] *n (Am)* barman *m*, serveur *m*.

**barter** [ˈbɑ:təʳ] *vi* faire du troc.

**base** [beɪs] *n (of lamp, pillar, mountain)* pied *m*; *(MIL)* base *f* ◆ *vt*: **to ~ sthg on** fonder qqch sur; **to be ~d** *(located)* être installé(-e).

**baseball** [ˈbeɪsbɔ:l] *n* base-ball *m*.

**baseball cap** *n* casquette *f*.

**basement** [ˈbeɪsmənt] *n* sous-sol *m*.

**bases** [ˈbeɪsi:z] *pl* → **basis**.

**bash** [bæʃ] *vt (inf)*: **to ~ one's head** se cogner la tête.

**basic** [ˈbeɪsɪk] *adj (fundamental)* de base; *(accommodation, meal)* rudimentaire ❑ **basics** *npl*: **the ~s** les bases *fpl*.

**basically** [ˈbeɪsɪklɪ] *adv* en fait; *(fundamentally)* au fond.

**basil** [ˈbæzl] *n* basilic *m*.

**basin** [ˈbeɪsn] *n (washbasin)* lavabo *m*; *(bowl)* cuvette *f*.

**basis** [ˈbeɪsɪs] (*pl* **-ses**) *n* base *f*; **on a weekly ~** une fois par semaine; **on the ~ of** *(according to)* d'après.

**basket** [ˈbɑ:skɪt] *n* corbeille *f*; *(with handle)* panier *m*.

**basketball** [ˈbɑ:skɪtbɔ:l] *n (game)* basket(-ball) *m*.

**basmati rice** [bəzˈmætɪ-] *n* riz *m* basmati.

**bass**[1] [beɪs] *n (singer)* basse *f* ◆ *adj*: **a ~ guitar** une basse.

**bass**[2] [bæs] *n (freshwater fish)* perche *f*; *(sea fish)* bar *m*.

**bassoon** [bəˈsu:n] *n* basson *m*.

**bastard** [ˈbɑ:stəd] *n (vulg)* salaud *m*.

**bat** [bæt] *n (in cricket, baseball)* batte *f*; *(in table tennis)* raquette *f*; *(animal)* chauve-souris *f*.

**batch** [bætʃ] *n (of papers, letters)* liasse *f*; *(of people)* groupe *m*.

**bath** [bɑ:θ] *n* bain *m*; *(tub)* baignoire *f* ◆ *vt* donner un bain à; **to have a ~** prendre un bain ❑ **baths** *npl (Br: public swimming pool)* piscine *f*.

**bathe** [beɪð] *vi (Br: swim)* se baigner; *(Am: have bath)* prendre un bain.

**bathing** ['beɪðɪŋ] *n (Br)* baignade *f*.

**bathrobe** ['bɑ:θrəʊb] *n* peignoir *m*.

**bathroom** ['bɑ:θrʊm] *n* salle *f* de bains; *(Am: toilet)* toilettes *fpl*.

**bathroom cabinet** *n* armoire *f* à pharmacie.

**bathtub** ['bɑ:θtʌb] *n* baignoire *f*.

**baton** ['bætən] *n (of conductor)* baguette *f*; *(truncheon)* matraque *f*.

**batter** ['bætə^r] *n* pâte *f* ◆ *vt (wife, child)* battre.

**battered** ['bætəd] *adj (CULIN) cuit dans un enrobage de pâte à frire*.

**battery** ['bætərɪ] *n (for radio, torch etc)* pile *f*; *(for car)* batterie *f*.

**battery charger** [-,tʃɑ:dʒə^r] *n* chargeur *m*.

**battle** ['bætl] *n* bataille *f*; *(struggle)* lutte *f*.

**battlefield** ['bætlfi:ld] *n* champ *m* de bataille.

**battlements** ['bætlmənts] *npl* remparts *mpl*.

**battleship** ['bætlʃɪp] *n* cuirassé *m*.

**bay** [beɪ] *n (on coast)* baie *f*; *(for parking)* place *f* (de stationnement).

**bay leaf** *n* feuille *f* de laurier.

**bay window** *n* fenêtre *f* en saillie.

**B & B** *abbr* = **bed and breakfast**.

**BC** *(abbr of before Christ)* av. J-C.

**be** [bi:] (*pt* **was**, **were**, *pp* **been**) *vi* 1. *(exist)* être; **there is/are** il y a; **are there any shops near here?** y a-t-il des magasins près d'ici?

2. *(referring to location)* être; **the hotel is near the airport** l'hôtel est OR se trouve près de l'aéroport.

3. *(go)* aller; **has the postman been?** est-ce que le facteur est passé?; **have you ever been to Ireland?** êtes-vous déjà allé en Irlande?; **I'll ~ there in ten minutes** j'y serai dans dix minutes.

4. *(occur)* être; **my birthday is in November** mon anniversaire est en novembre.

5. *(identifying, describing)* être; **he's a doctor** il est médecin; **I'm British** je suis britannique; **I'm hot/cold** j'ai chaud/froid.

6. *(referring to health)* aller; **how are you?** comment allez-vous?; **I'm fine** je vais bien, ça va; **she's ill** elle est malade.

7. *(referring to age)*: **how old are you?** quel âge as-tu?; **I'm 14 (years old)** j'ai 14 ans.

8. *(referring to cost)* coûter, faire; **how much is it?** *(item)* combien ça coûte?; *(meal, shopping)* ça fait combien?; **it's £10** *(item)* ça coûte 10 livres; *(meal, shopping)* ça fait 10 livres.

9. *(referring to time, dates)* être; **what time is it?** quelle heure est-il?; **it's ten o'clock** il est dix heures.

10. *(referring to measurement)* faire; **it's 2 m wide** ça fait 2 m de large; **I'm 6 feet tall** je mesure 1 mètre 80; **I'm 8 stone** je pèse 50 kilos.

11. *(referring to weather)* faire; **it's hot/cold** il fait chaud/froid; **it's sunny/windy** il y a du soleil/du

vent; **it's going to be nice today** il va faire beau aujourd'hui.
◆ *aux vb* 1. *(forming continuous tense)*: **I'm learning French** j'apprends le français; **we've been visiting the museum** nous avons visité le musée; **I was eating when ...** j'étais en train de manger quand ...
2. *(forming passive)* être; **the flight was delayed by an hour** le vol a été retardé d'une heure.
3. *(with infinitive to express order)*: **all rooms are to ~ vacated by ten a.m.** toutes les chambres doivent être libérées avant 10 h.
4. *(with infinitive to express future tense)*: **the race is to start at noon** le départ de la course est prévu pour midi.
5. *(in tag questions)*: **it's Monday today, isn't it?** c'est lundi aujourd'hui, n'est-ce pas?
**beach** [bi:tʃ] *n* plage *f*.
**bead** [bi:d] *n (of glass, wood etc)* perle *f*.
**beak** [bi:k] *n* bec *m*.
**beaker** ['bi:kəʳ] *n* gobelet *m*.
**beam** [bi:m] *n (of light)* rayon *m*; *(of wood, concrete)* poutre *f* ◆ *vi (smile)* faire un sourire radieux.
**bean** [bi:n] *n* haricot *m*; *(of coffee)* grain *m*.
**beanbag** ['bi:nbæg] *n (chair)* sacco *m*.
**bean curd** [-kɜ:d] *n* pâte *f* de soja.
**beansprouts** ['bi:nsprauts] *npl* germes *mpl* de soja.
**bear** [beəʳ] (*pt* **bore**, *pp* **borne**) *n (animal)* ours *m* ◆ *vt* supporter; **to ~ left/right** se diriger vers la gauche/la droite.
**bearable** ['beərəbl] *adj* supportable.
**beard** [bɪəd] *n* barbe *f*.
**bearer** ['beərəʳ] *n (of cheque)* porteur *m*; *(of passport)* titulaire *mf*.
**bearing** ['beərɪŋ] *n (relevance)* rapport *m*; **to get one's ~s** se repérer.
**beast** [bi:st] *n* bête *f*.
**beat** [bi:t] (*pt* **beat**, *pp* **beaten** ['bi:tn]) *n (of heart, pulse)* battement *m*; *(MUS)* rythme *m* ◆ *vt* battre
❑ **beat down** *vi (sun)* taper; *(rain)* tomber à verse ◆ *vt sep*: **I ~ him down to £20** je lui ai fait baisser son prix à 20 livres; **beat up** *vt sep* tabasser.
**beautiful** ['bju:tɪful] *adj* beau (belle).
**beauty** ['bju:tɪ] *n* beauté *f*.
**beauty parlour** *n* salon *m* de beauté.
**beauty spot** *n (place)* site *m* touristique.
**beaver** ['bi:vəʳ] *n* castor *m*.
**became** [bɪ'keɪm] *pt* → **become**.
**because** [bɪ'kɒz] *conj* parce que; **~ of** à cause de.
**beckon** ['bekən] *vi*: **to ~ (to)** faire signe (à).
**become** [bɪ'kʌm] (*pt* **became**, *pp* **become**) *vi* devenir; **what became of him?** qu'est-il devenu?
**bed** [bed] *n* lit *m*; *(of sea)* fond *m*; **in ~** au lit; **to get out of ~** se lever; **to go to ~** aller au lit, se coucher; **to go to ~ with sb** coucher avec qqn; **to make the ~** faire le lit.
**bed and breakfast** *n (Br)* ≃ chambre *f* d'hôte *(avec petit déjeuner)*.

## BED AND BREAKFAST

On trouve des «B & Bs», également appelés «guest houses», dans toutes les villes et les régions touristiques. Ce sont des résidences privées dont une ou plusieurs chambres sont réservées aux hôtes payants. Le prix de la chambre inclut le petit déjeuner, c'est-à-dire souvent un «English breakfast» composé de saucisses, d'œufs, de bacon et de toasts accompagnés de thé ou de café.

**bedclothes** ['bedkləʊðz] *npl* draps *mpl* et couvertures.
**bedding** ['bedɪŋ] *n* draps *mpl* et couvertures.
**bed linen** *n* draps *mpl* (et taies d'oreiller).
**bedroom** ['bedrʊm] *n* chambre *f*.
**bedside table** ['bedsaɪd-] *n* table *f* de nuit OR de chevet.
**bedsit** ['bed,sɪt] *n (Br)* chambre *f* meublée.
**bedspread** ['bedspred] *n* dessus-de-lit *m inv*, couvre-lit *m*.
**bedtime** ['bedtaɪm] *n* heure *f* du coucher.
**bee** [bi:] *n* abeille *f*.
**beech** [bi:tʃ] *n* hêtre *m*.
**beef** [bi:f] *n* bœuf *m*; ~ **Wellington** *morceau de bœuf enveloppé de pâte feuilletée et servi en tranches.*
**beefburger** ['bi:f,bɜ:gəʳ] *n* hamburger *m*.
**beehive** ['bi:haɪv] *n* ruche *f*.
**been** [bi:n] *pp* → **be**.
**beer** [bɪəʳ] *n* bière *f*.

## BEER

Les bières britanniques peuvent être classées en deux grandes catégories: «bitter» et «lager». La «bitter», ou «heavy» en Écosse, est de couleur foncée et de saveur légèrement amère, alors que la «lager» s'apparente aux bières blondes consommées ailleurs en Europe. La «real ale» est un type particulier de «bitter», souvent produit par de petites brasseries selon des méthodes traditionnelles.
Aux États-Unis, en revanche, la majorité des bières vendues dans les bars sont blondes.

**beer garden** *n jardin d'un pub, où l'on peut prendre des consommations.*
**beer mat** *n* dessous-de-verre *m*.
**beetle** ['bi:tl] *n* scarabée *m*.
**beetroot** ['bi:tru:t] *n* betterave *f*.
**before** [bɪ'fɔ:ʳ] *adv* avant ◆ *prep* avant; *(fml: in front of)* devant ◆ *conj*: ~ **it gets too late** avant qu'il ne soit trop tard; ~ **doing sthg** avant de faire qqch; **the day** ~ la veille; **the week** ~ **last** il y a deux semaines.
**beforehand** [bɪ'fɔ:hænd] *adv* à l'avance.
**beg** [beg] *vi* mendier ◆ *vt*: **to** ~ **sb to do sthg** supplier qqn de faire qqch; **to** ~ **for sthg** *(for money, food)* mendier qqch.
**began** [bɪ'gæn] *pt* → **begin**.
**beggar** ['begəʳ] *n* mendiant *m* (-e *f*).
**begin** [bɪ'gɪn] (*pt* **began**, *pp* **begun**) *vt*

*&* *vi* commencer; **to ~ doing** OR **to do sthg** commencer à faire qqch; **to ~ by doing sthg** commencer par faire qqch; **to ~ with** pour commencer.

**beginner** [bɪ'gɪnəʳ] *n* débutant *m* (-e *f*).

**beginning** [bɪ'gɪnɪŋ] *n* début *m*.

**begun** [bɪ'gʌn] *pp* → **begin**.

**behalf** [bɪ'hɑːf] *n*: **on ~ of** au nom de.

**behave** [bɪ'heɪv] *vi* se comporter, se conduire; **to ~ (o.s.)** *(be good)* se tenir bien.

**behavior** [bɪ'heɪvjəʳ] *(Am)* = **behaviour**.

**behaviour** [bɪ'heɪvjəʳ] *n* comportement *m*.

**behind** [bɪ'haɪnd] *adv* derrière; *(late)* en retard ◆ *prep* derrière ◆ *n (inf)* derrière *m*; **to leave sthg ~** oublier qqch; **to stay ~** rester.

**beige** [beɪʒ] *adj* beige.

**being** ['biːɪŋ] *n* être *m*; **to come into ~** naître.

**belated** [bɪ'leɪtɪd] *adj* tardif(-ive).

**belch** [beltʃ] *vi* roter.

**Belgian** ['beldʒən] *adj* belge ◆ *n* Belge *mf*.

**Belgium** ['beldʒəm] *n* la Belgique.

**belief** [bɪ'liːf] *n (faith)* croyance *f*; *(opinion)* opinion *f*.

**believe** [bɪ'liːv] *vt* croire ◆ *vi*: **to ~ in** *(God)* croire en; **to ~ in doing sthg** être convaincu qu'il faut faire qqch.

**bell** [bel] *n (of church)* cloche *f*; *(of phone)* sonnerie *f*; *(of door)* sonnette *f*.

**bellboy** ['belbɔɪ] *n* chasseur *m*.

**bellow** ['beləʊ] *vi* meugler.

**belly** ['belɪ] *n (inf)* ventre *m*.

**belly button** *n (inf)* nombril *m*.

**belong** [bɪ'lɒŋ] *vi (be in right place)* être à sa place; **to ~ to** *(property)* appartenir à; *(to club, party)* faire partie de.

**belongings** [bɪ'lɒŋɪŋz] *npl* affaires *fpl*.

**below** [bɪ'ləʊ] *adv* en bas, en dessous; *(downstairs)* au-dessous; *(in text)* ci-dessous ◆ *prep* au-dessous de.

**belt** [belt] *n (for clothes)* ceinture *f*; *(TECH)* courroie *f*.

**bench** [bentʃ] *n* banc *m*.

**bend** [bend] (*pt & pp* **bent**) *n (in road)* tournant *m*; *(in river, pipe)* coude *m* ◆ *vt* plier ◆ *vi (road, river, pipe)* faire un coude ❑ **bend down** *vi* s'incliner; **bend over** *vi* se pencher.

**beneath** [bɪ'niːθ] *adv* en dessous, en bas ◆ *prep* sous.

**beneficial** [,benɪ'fɪʃl] *adj* bénéfique.

**benefit** ['benɪfɪt] *n (advantage)* avantage *m*; *(money)* allocation *f* ◆ *vt* profiter à ◆ *vi*: **to ~ from** profiter de; **for the ~ of** dans l'intérêt de.

**benign** [bɪ'naɪn] *adj (MED)* bénin(-igne).

**bent** [bent] *pt & pp* → **bend**.

**bereaved** [bɪ'riːvd] *adj* en deuil.

**beret** ['bereɪ] *n* béret *m*.

**Bermuda shorts** [bə'mjuːdə-] *npl* bermuda *m*.

**berry** ['berɪ] *n* baie *f*.

**berserk** [bə'zɜːk] *adj*: **to go ~** devenir fou (folle).

**berth** [bɜːθ] *n (for ship)* mouillage *m*; *(in ship, train)* couchette *f*.

**beside** [bɪ'saɪd] *prep (next to)* à

côté de; **that's ~ the point** ça n'a rien à voir.

**besides** [bɪ'saɪdz] *adv* en plus ◆ *prep* en plus de.

**best** [best] *adj* meilleur(-e) ◆ *adv* le mieux ◆ *n*: **the ~** le meilleur (la meilleure); **a pint of ~** *(beer)* = un demi-litre de bière brune; **the ~ thing to do is ...** la meilleure chose à faire est ...; **to make the ~ of sthg** s'accommoder de qqch; **to do one's ~** faire de son mieux; **"~ before ..."** «à consommer avant ...»; **at ~** au mieux; **all the ~** *(at end of letter)* amicalement; *(spoken)* bonne continuation!

**best man** *n* garçon *m* d'honneur.

**best-seller** [-'seləʳ] *n* *(book)* best-seller *m*.

**bet** [bet] (*pt & pp* **bet**) *n* pari *m* ◆ *vt* parier ◆ *vi*: **to ~ (on)** parier (sur), miser (sur); **I ~ (that) you can't do it** je parie que tu ne peux pas le faire.

**betray** [bɪ'treɪ] *vt* trahir.

**better** ['betəʳ] *adj* meilleur(-e) ◆ *adv* mieux; **you had ~ ...** tu ferais mieux de ...; **to get ~** *(in health)* aller mieux; *(improve)* s'améliorer.

**betting** ['betɪŋ] *n* paris *mpl*.

**betting shop** *n* *(Br)* = PMU *m*.

**between** [bɪ'twi:n] *prep* entre ◆ *adv (in time)* entre-temps; **in ~** *adv (in space)* entre; *(in time)* entre-temps.

**beverage** ['bevərɪdʒ] *n* *(fml)* boisson *f*.

**beware** [bɪ'weəʳ] *vi*: **to ~ of** se méfier de; **"~ of the dog"** «attention, chien méchant».

**bewildered** [bɪ'wɪldəd] *adj* perplexe.

**beyond** [bɪ'jɒnd] *adv* au-delà ◆ *prep* au-delà de; **~ reach** hors de portée.

**biased** ['baɪəst] *adj* partial(-e).

**bib** [bɪb] *n (for baby)* bavoir *m*.

**bible** ['baɪbl] *n* bible *f*.

**biceps** ['baɪseps] *n* biceps *m*.

**bicycle** ['baɪsɪkl] *n* vélo *m*.

**bicycle path** *n* piste *f* cyclable.

**bicycle pump** *n* pompe *f* à vélo.

**bid** [bɪd] (*pt & pp* **bid**) *n (at auction)* enchère *f*; *(attempt)* tentative *f* ◆ *vt (money)* faire une offre de ◆ *vi*: **to ~ (for)** faire une offre (pour).

**bidet** ['bi:deɪ] *n* bidet *m*.

**big** [bɪg] *adj* grand(-e); *(problem, book)* gros (grosse); **my ~ brother** mon grand frère; **how ~ is it?** quelle taille cela fait-il?

**bike** [baɪk] *n (inf) (bicycle)* vélo *m*; *(motorcycle)* moto *f*; *(moped)* Mobylette® *f*.

**biking** ['baɪkɪŋ] *n*: **to go ~** faire du vélo.

**bikini** [bɪ'ki:nɪ] *n* bikini *m*.

**bikini bottom** *n* bas *m* de maillot de bain.

**bikini top** *n* haut *m* de maillot de bain.

**bilingual** [baɪ'lɪŋgwəl] *adj* bilingue.

**bill** [bɪl] *n (for meal, hotel room)* note *f*; *(for electricity etc)* facture *f*; *(Am: bank note)* billet *m* (de banque); *(at cinema, theatre)* programme *m*; *(POL)* projet *m* de loi; **can I have the ~ please?** l'addition, s'il vous plaît!

**billboard** ['bɪlbɔ:d] *n* panneau *m* d'affichage.

**billfold** ['bɪlfəʊld] *n (Am)* porte-feuille *m*.
**billiards** ['bɪljədz] *n* billard *m*.
**billion** ['bɪljən] *n (thousand million)* milliard *m*; *(Br: million million)* billion *m*.
**bin** [bɪn] *n (rubbish bin)* poubelle *f*; *(wastepaper bin)* corbeille *f* à papier; *(for bread)* huche *f*; *(on plane)* compartiment *m* à bagages.
**bind** [baɪnd] (*pt & pp* **bound**) *vt (tie up)* attacher.
**binding** ['baɪndɪŋ] *n (on book)* reliure *f*; *(for ski)* fixation *f*.
**bingo** ['bɪŋgəʊ] *n* ≃ loto *m*.

---

### i BINGO

Jeu proche du loto, le bingo est souvent pratiqué dans des cinémas désaffectés ou de grandes salles municipales. On joue aussi au bingo dans les villes balnéaires et ce sont alors de petits lots (jouets en peluche, etc) que l'on peut remporter.

---

**binoculars** [bɪ'nɒkjʊləz] *npl* jumelles *fpl*.
**biodegradable** [,baɪəʊdɪ'greɪdəbl] *adj* biodégradable.
**biography** [baɪ'ɒgrəfɪ] *n* biographie *f*.
**biological** [,baɪə'lɒdʒɪkl] *adj* biologique.
**biology** [baɪ'ɒlədʒɪ] *n* biologie *f*.
**birch** [bɜːtʃ] *n* bouleau *m*.
**bird** [bɜːd] *n* oiseau *m*; *(Br: inf: woman)* nana *f*.
**bird-watching** [-,wɒtʃɪŋ] *n* ornithologie *f*.
**Biro®** ['baɪərəʊ] *n* stylo *m* (à) bille.
**birth** [bɜːθ] *n* naissance *f*; **by ~** de naissance; **to give ~ to** donner naissance à.
**birth certificate** *n* extrait *m* de naissance.
**birth control** *n* contraception *f*.
**birthday** ['bɜːθdeɪ] *n* anniversaire *m*; **happy ~!** joyeux anniversaire!
**birthday card** *n* carte *f* d'anniversaire.
**birthday party** *n* fête *f* d'anniversaire.
**birthplace** ['bɜːθpleɪs] *n* lieu *m* de naissance.
**biscuit** ['bɪskɪt] *n (Br)* biscuit *m*; *(Am: scone) petit gâteau de pâte non levée que l'on mange avec de la confiture ou un plat salé.*
**bishop** ['bɪʃəp] *n (RELIG)* évêque *m*; *(in chess)* fou *m*.
**bistro** ['biːstrəʊ] *n* bistrot *m*.
**bit** [bɪt] *pt* → **bite** ◆ *n (piece)* morceau *m*, bout *m*; *(of drill)* mèche *f*; *(of bridle)* mors *m*; **a ~ of money** un peu d'argent; **to do a ~ of walking** marcher un peu; **a ~** un peu; **not a ~** pas du tout; **~ by ~** petit à petit.
**bitch** [bɪtʃ] *n (vulg: woman)* salope *f*; *(dog)* chienne *f*.
**bite** [baɪt] (*pt* **bit**, *pp* **bitten** ['bɪtn]) *n (when eating)* bouchée *f*; *(from insect)* piqûre *f*; *(from snake)* morsure *f* ◆ *vt* mordre; *(subj: insect)* piquer; **to have a ~ to eat** manger un morceau.
**bitter** ['bɪtə'] *adj* amer(-ère); *(weather, wind)* glacial(-e); *(argument, conflict)* violent(-e) ◆ *n (Br: beer)* ≃ bière *f* brune.
**bitter lemon** *n* Schweppes® *m* au citron.
**bizarre** [bɪ'zɑː'] *adj* bizarre.

**black** [blæk] *adj* noir(-e); *(tea)* nature *(inv)* ◆ *n* noir *m*; *(person)* Noir *m* (-e *f*) ❑ **black out** *vi* perdre connaissance.

**black and white** *adj* noir et blanc *(inv)*.

**blackberry** ['blækbrɪ] *n* mûre *f*.

**blackbird** ['blækbɜːd] *n* merle *m*.

**blackboard** ['blækbɔːd] *n* tableau *m* (noir).

**black cherry** *n* cerise *f* noire.

**blackcurrant** [,blæk'kʌrənt] *n* cassis *m*.

**black eye** *n* œil *m* au beurre noir.

**Black Forest gâteau** *n* forêt-noire *f*.

**black ice** *n* verglas *m*.

**blackmail** ['blækmeɪl] *n* chantage *m* ◆ *vt* faire chanter.

**blackout** ['blækaʊt] *n (power cut)* coupure *f* de courant.

**black pepper** *n* poivre *m* noir.

**black pudding** *n (Br)* boudin *m* noir.

**blacksmith** ['blæksmɪθ] *n (for horses)* maréchal-ferrant *m*; *(for tools)* forgeron *m*.

**bladder** ['blædəʳ] *n* vessie *f*.

**blade** [bleɪd] *n (of knife, saw)* lame *f*; *(of propeller, oar)* pale *f*; *(of grass)* brin *m*.

**blame** [bleɪm] *n* responsabilité *f*, faute *f* ◆ *vt* rejeter la responsabilité sur; **to ~ sb for sthg** reprocher qqch à qqn; **to ~ sthg on sb** rejeter la responsabilité de qqch sur qqn.

**bland** [blænd] *adj (food)* fade.

**blank** [blæŋk] *adj (space, page)* blanc (blanche); *(cassette)* vierge; *(expression)* vide ◆ *n (empty space)* blanc *m*.

**blank cheque** *n* chèque *m* en blanc.

**blanket** ['blæŋkɪt] *n* couverture *f*.

**blast** [blɑːst] *n (explosion)* explosion *f*; *(of air, wind)* souffle *m* ◆ *excl (inf)* zut!; **at full ~** à fond.

**blaze** [bleɪz] *n (fire)* incendie *m* ◆ *vi (fire)* flamber; *(sun, light)* resplendir.

**blazer** ['bleɪzəʳ] *n* blazer *m*.

**bleach** [bliːtʃ] *n* eau *f* de Javel ◆ *vt (hair)* décolorer; *(clothes)* blanchir à l'eau de Javel.

**bleak** [bliːk] *adj* triste.

**bleed** [bliːd] (*pt & pp* **bled** [bled]) *vi* saigner.

**blend** [blend] *n (of coffee, whisky)* mélange *m* ◆ *vt* mélanger.

**blender** ['blendəʳ] *n* mixer *m*.

**bless** [bles] *vt* bénir; **~ you!** *(said after sneeze)* à tes/vos souhaits!

**blessing** ['blesɪŋ] *n* bénédiction *f*.

**blew** [bluː] *pt* → **blow**.

**blind** [blaɪnd] *adj* aveugle ◆ *n (for window)* store *m* ◆ *npl*: **the ~** les aveugles *mpl*.

**blind corner** *n* virage *m* sans visibilité.

**blindfold** ['blaɪndfəʊld] *n* bandeau *m* ◆ *vt* bander les yeux à.

**blind spot** *n (AUT)* angle *m* mort.

**blink** [blɪŋk] *vi* cligner des yeux.

**blinkers** ['blɪŋkəz] *npl (Br)* œillères *fpl*.

**bliss** [blɪs] *n* bonheur *m* absolu.

**blister** ['blɪstəʳ] *n* ampoule *f*.

**blizzard** ['blɪzəd] *n* tempête *f* de neige.

**bloated** ['bləʊtɪd] *adj* ballonné(-e).

**blob** [blɒb] *n (of cream, paint)* goutte *f*.

**block** [blɒk] *n (of stone, wood, ice)* bloc *m*; *(building)* immeuble *m*; *(Am: in town, city)* pâté *m* de maisons ◆ *vt* bloquer; **to have a ~ed(-up) nose** avoir le nez bouché ❑ **block up** *vt sep* boucher.

**blockage** ['blɒkɪdʒ] *n* obstruction *f*.

**block capitals** *npl* capitales *fpl*.

**block of flats** *n* immeuble *m*.

**bloke** [bləʊk] *n (Br: inf)* type *m*.

**blond** [blɒnd] *adj* blond(-e) ◆ *n* blond *m*.

**blonde** [blɒnd] *adj* blond(-e) ◆ *n* blonde *f*.

**blood** [blʌd] *n* sang *m*.

**blood donor** *n* donneur *m* (-euse *f*) de sang.

**blood group** *n* groupe *m* sanguin.

**blood poisoning** *n* septicémie *f*.

**blood pressure** *n* tension *f* (artérielle); **to have high ~** avoir de la tension; **to have low ~** faire de l'hypotension.

**bloodshot** ['blʌdʃɒt] *adj* injecté(-e) de sang.

**blood test** *n* analyse *f* de sang.

**blood transfusion** *n* transfusion *f* (sanguine).

**bloody** ['blʌdɪ] *adj* ensanglanté(-e); *(Br: vulg: damn)* foutu(-e) ◆ *adv (Br: vulg)* vachement.

**Bloody Mary** [-'meərɪ] *n* bloody mary *m inv*.

**bloom** [blu:m] *n* fleur *f* ◆ *vi* fleurir; **in ~** en fleur.

**blossom** ['blɒsəm] *n* fleurs *fpl*.

**blot** [blɒt] *n* tache *f*.

**blotch** [blɒtʃ] *n* tache *f*.

**blotting paper** ['blɒtɪŋ-] *n* papier *m* buvard.

**blouse** [blaʊz] *n* chemisier *m*.

**blow** [bləʊ] (*pt* **blew**, *pp* **blown**) *vt (subj: wind)* faire s'envoler; *(whistle, trumpet)* souffler dans; *(bubbles)* faire ◆ *vi* souffler; *(fuse)* sauter ◆ *n (hit)* coup *m*; **to ~ one's nose** se moucher ❑ **blow up** *vt sep (building)* faire sauter; *(tyre, balloon)* gonfler ◆ *vi (explode)* exploser.

**blow-dry** *n* brushing *m* ◆ *vt* faire un brushing à.

**blown** [bləʊn] *pp* → **blow**.

**BLT** *n sandwich au bacon, à la laitue et à la tomate*.

**blue** [blu:] *adj* bleu(-e); *(film)* porno *(inv)* ◆ *n* bleu *m* ❑ **blues** *n (MUS)* blues *m*.

**bluebell** ['blu:bel] *n* jacinthe *f* des bois.

**blueberry** ['blu:bərɪ] *n* myrtille *f*.

**bluebottle** ['blu:,bɒtl] *n* mouche *f* bleue.

**blue cheese** *n* bleu *m*.

**bluff** [blʌf] *n (cliff)* falaise *f* ◆ *vi* bluffer.

**blunder** ['blʌndə[r]] *n* gaffe *f*.

**blunt** [blʌnt] *adj (knife)* émoussé(-e); *(pencil)* mal taillé(-e); *(fig: person)* brusque.

**blurred** [blɜ:d] *adj (vision)* trouble; *(photo)* flou(-e).

**blush** [blʌʃ] *vi* rougir.

**blusher** ['blʌʃə[r]] *n* blush *m*.

**blustery** ['blʌstərɪ] *adj* venteux(-euse).

**board** [bɔ:d] *n (plank)* planche *f*; *(notice board)* panneau *m*; *(for* *games)* plateau *m*; *(blackboard)* tableau *m*; *(of company)* conseil *m*; *(hardboard)* contreplaqué *m* ◆ *vt* *(plane, ship, bus)* monter dans; ~ **and lodging** pension *f*; **full ~** pension complète; **half ~** demi-pension; **on ~** *adv* à bord ◆ *prep* *(plane, ship)* à bord de; *(bus)* dans.

**board game** *n* jeu *m* de société.

**boarding** ['bɔ:dɪŋ] *n* embarquement *m*.

**boarding card** *n* carte *f* d'embarquement.

**boardinghouse** ['bɔ:dɪŋhaʊs, *pl* -haʊzɪz] *n* pension *f* de famille.

**boarding school** *n* pensionnat *m*, internat *m*.

**board of directors** *n* conseil *m* d'administration.

**boast** [bəʊst] *vi*: **to ~ (about sthg)** se vanter (de qqch).

**boat** [bəʊt] *n* *(small)* canot *m*; *(large)* bateau *m*; **by ~** en bateau.

**boat train** *n* *(Br)* *train assurant la correspondance avec un bateau.*

**bob** [bɒb] *n* *(hairstyle)* coupe *f* au carré.

**bobby pin** ['bɒbɪ-] *n* *(Am)* épingle *f* à cheveux.

**bodice** ['bɒdɪs] *n* corsage *m*.

**body** ['bɒdɪ] *n* corps *m*; *(of car)* carrosserie *f*; *(organization)* organisme *m*.

**bodyguard** ['bɒdɪgɑ:d] *n* garde *m* du corps.

**bodywork** ['bɒdɪwɜ:k] *n* carrosserie *f*.

**bog** [bɒg] *n* marécage *m*.

**bogus** ['bəʊgəs] *adj* faux (fausse).

**boil** [bɔɪl] *vt* *(water)* faire bouillir; *(kettle)* mettre à chauffer; *(food)* faire cuire à l'eau ◆ *vi* bouillir ◆ *n* *(on skin)* furoncle *m*.

**boiled egg** [bɔɪld-] *n* œuf *m* à la coque.

**boiled potatoes** [bɔɪld-] *npl* pommes de terre *fpl* à l'eau.

**boiler** ['bɔɪlə$^r$] *n* chaudière *f*.

**boiling (hot)** ['bɔɪlɪŋ-] *adj* *(inf)* *(water)* bouillant(-e); *(weather)* très chaud(-e); **I'm ~** je crève de chaud.

**bold** [bəʊld] *adj* *(brave)* audacieux(-ieuse).

**bollard** ['bɒlɑ:d] *n* *(Br: on road)* borne *f*.

**bolt** [bəʊlt] *n* *(on door, window)* verrou *m*; *(screw)* boulon *m* ◆ *vt* *(door, window)* fermer au verrou.

**bomb** [bɒm] *n* bombe *f* ◆ *vt* bombarder.

**bombard** [bɒm'bɑ:d] *vt* bombarder.

**bomb scare** *n* alerte *f* à la bombe.

**bomb shelter** *n* abri *m* *(antiaérien)*.

**bond** [bɒnd] *n* *(tie, connection)* lien *m*.

**bone** [bəʊn] *n* *(of person, animal)* os *m*; *(of fish)* arête *f*.

**boned** [bəʊnd] *adj* *(chicken)* désossé(-e); *(fish)* sans arêtes.

**boneless** ['bəʊnləs] *adj* *(chicken, pork)* désossé(-e).

**bonfire** ['bɒn,faɪə$^r$] *n* feu *m*.

**bonnet** ['bɒnɪt] *n* *(Br: of car)* capot *m*.

**bonus** ['bəʊnəs] (*pl* **-es**) *n* *(extra money)* prime *f*; *(additional advantage)* plus *m*.

**bony** ['bəʊnɪ] *adj* *(fish)* plein(-e) d'arêtes; *(chicken)* plein(-e) d'os.

**boo** [bu:] *vi* siffler.

**boogie** ['bu:gɪ] *vi (inf)* guincher.
**book** [bʊk] *n* livre *m*; *(of stamps, tickets)* carnet *m*; *(of matches)* pochette *f* ◆ *vt (reserve)* réserver ❑ **book in** *vi (at hotel)* se faire enregistrer.
**bookable** ['bʊkəbl] *adj (seats, flight)* qu'on peut réserver.
**bookcase** ['bʊkkeɪs] *n* bibliothèque *f*.
**booking** ['bʊkɪŋ] *n (reservation)* réservation *f*.
**booking office** *n* bureau *m* de location.
**bookkeeping** ['bʊk,ki:pɪŋ] *n* comptabilité *f*.
**booklet** ['bʊklɪt] *n* brochure *f*.
**bookmaker's** ['bʊk,meɪkəz] *n (shop)* ≃ PMU *m*.
**bookmark** ['bʊkma:k] *n* marque-page *m*.
**bookshelf** ['bʊkʃelf] (*pl* **-shelves** [-ʃelvz]) *n (shelf)* étagère *f*, rayon *m*; *(bookcase)* bibliothèque *f*.
**bookshop** ['bʊkʃɒp] *n* librairie *f*.
**bookstall** ['bʊkstɔ:l] *n* kiosque *m* à journaux.
**bookstore** ['bʊkstɔ:ʳ] = **bookshop**.
**book token** *n* bon *m* d'achat de livres.
**boom** [bu:m] *n (sudden growth)* boom *m* ◆ *vi (voice, guns)* tonner.
**boost** [bu:st] *vt (profits, production)* augmenter; *(confidence)* renforcer; **to ~ sb's spirits** remonter le moral à qqn.
**booster** ['bu:stəʳ] *n (injection)* rappel *m*.
**boot** [bu:t] *n (shoe)* botte *f*; *(for walking, sport)* chaussure *f*; *(Br: of car)* coffre *m*.
**booth** [bu:ð] *n (for telephone)* cabine *f*; *(at fairground)* stand *m*.
**booze** [bu:z] *n (inf)* alcool *m* ◆ *vi (inf)* picoler.
**bop** [bɒp] *n (inf: dance)*: **to have a ~** guincher.
**border** ['bɔ:dəʳ] *n (of country)* frontière *f*; *(edge)* bord *m*; **the Borders** *région du sud-est de l'Écosse*.
**bore** [bɔ:ʳ] *pt* → **bear** ◆ *n (inf) (boring person)* raseur *m* (-euse *f*); *(boring thing)* corvée *f* ◆ *vt (person)* ennuyer; *(hole)* creuser.
**bored** [bɔ:d] *adj*: **to be ~** s'ennuyer.
**boredom** ['bɔ:dəm] *n* ennui *m*.
**boring** ['bɔ:rɪŋ] *adj* ennuyeux (-euse).
**born** [bɔ:n] *adj*: **to be ~** naître.
**borne** [bɔ:n] *pp* → **bear**.
**borough** ['bʌrə] *n* municipalité *f*.
**borrow** ['bɒrəʊ] *vt*: **to ~ sthg (from sb)** emprunter qqch (à qqn).
**bosom** ['bʊzəm] *n* poitrine *f*.
**boss** [bɒs] *n* chef *mf* ❑ **boss around** *vt sep* donner des ordres à.
**bossy** ['bɒsɪ] *adj* autoritaire.
**botanical garden** [bə'tænɪkl-] *n* jardin *m* botanique.
**both** [bəʊθ] *adj & pron* les deux ◆ *adv*: **~ ... and ...** à la fois ... et ...; **~ of them** tous les deux; **~ of us** nous deux, tous les deux.
**bother** ['bɒðəʳ] *vt (worry)* inquiéter; *(annoy)* déranger; *(pester)* embêter ◆ *n (trouble)* ennui *m* ◆ *vi*: **don't ~!** ne te dérange pas!; **I can't be ~ed** je n'ai pas envie; **it's no ~!** ça ne me dérange pas!

**bottle** ['bɒtl] *n* bouteille *f*; *(for baby)* biberon *m*.

**bottle bank** *n conteneur pour le verre usagé.*

**bottled** ['bɒtld] *adj* en bouteille; **~ beer** bière *f* en bouteille; **~ water** eau *f* en bouteille.

**bottle opener** [-ˌəʊpnəʳ] *n* ouvre-bouteilles *m inv*, décapsuleur *m*.

**bottom** ['bɒtəm] *adj (lowest)* du bas; *(last)* dernier(-ière); *(worst)* plus mauvais(-e) ◆ *n (of sea, bag, glass)* fond *m*; *(of page, hill, stairs)* bas *m*; *(of street, garden)* bout *m*; *(buttocks)* derrière *m*; **~ floor** rez-de-chaussée *m inv*; **~ gear** première *f*.

**bought** [bɔːt] *pt & pp* → **buy**.

**boulder** ['bəʊldəʳ] *n* rocher *m*.

**bounce** [baʊns] *vi (rebound)* rebondir; *(jump)* bondir; **his cheque ~d** il a fait un chèque sans provision.

**bouncer** ['baʊnsəʳ] *n (inf)* videur *m*.

**bouncy** ['baʊnsɪ] *adj (person)* dynamique; *(ball)* qui rebondit.

**bound** [baʊnd] *pt & pp* → **bind** ◆ *vi* bondir ◆ *adj*: **we're ~ to be late** nous allons être en retard, c'est sûr; **it's ~ to rain** il va certainement pleuvoir; **to be ~ for** être en route pour; *(plane)* être à destination de; **out of ~s** interdit(-e).

**boundary** ['baʊndrɪ] *n* frontière *f*.

**bouquet** [bʊ'keɪ] *n* bouquet *m*.

**bourbon** ['bɜːbən] *n* bourbon *m*.

**bout** [baʊt] *n (of illness)* accès *m*; *(of activity)* période *f*.

**boutique** [buː'tiːk] *n* boutique *f*.

**bow**[1] [baʊ] *n (of head)* salut *m*; *(of ship)* proue *f* ◆ *vi* incliner la tête.

**bow**[2] [bəʊ] *n (knot)* nœud *m*; *(weapon)* arc *m*; *(MUS)* archet *m*.

**bowels** ['baʊəlz] *npl (ANAT)* intestins *mpl*.

**bowl** [bəʊl] *n (container)* bol *m*; *(for fruit, salad)* saladier *m*; *(for washing up, of toilet)* cuvette *f* ❑ **bowls** *npl* boules *fpl (sur gazon)*.

**bowling alley** ['bəʊlɪŋ-] *n* bowling *m*.

**bowling green** ['bəʊlɪŋ-] *n* terrain *m* de boules *(sur gazon)*.

**bow tie** [ˌbəʊ-] *n* nœud *m* papillon.

**box** [bɒks] *n* boîte *f*; *(on form)* case *f*; *(in theatre)* loge *f* ◆ *vi* boxer; **a ~ of chocolates** une boîte de chocolats.

**boxer** ['bɒksəʳ] *n* boxeur *m*.

**boxer shorts** *npl* caleçon *m*.

**boxing** ['bɒksɪŋ] *n* boxe *f*.

**Boxing Day** *n le 26 décembre.*

---

**i BOXING DAY**

Boxing Day, jour férié en Grande-Bretagne, tient son nom des «Christmas boxes», ou boîtes à étrennes, que les apprentis et les domestiques recevaient autrefois ce jour-là. Actuellement, c'est aux éboueurs, aux laitiers ou aux jeunes livreurs de journaux que l'on offre des étrennes.

---

**boxing gloves** *npl* gants *mpl* de boxe.

**boxing ring** *n* ring *m*.

**box office** *n* bureau *m* de location.

**boy** [bɔɪ] *n* garçon *m* ◆ *excl (inf)*: **(oh) ~!** la vache!
**boycott** ['bɔɪkɒt] *vt* boycotter.
**boyfriend** ['bɔɪfrend] *n* copain *m*.
**boy scout** *n* scout *m*.
**BR** *abbr* = **British Rail**.
**bra** [brɑː] *n* soutien-gorge *m*.
**brace** [breɪs] *n (for teeth)* appareil *m* (dentaire) ❑ **braces** *npl (Br)* bretelles *fpl*.
**bracelet** ['breɪslɪt] *n* bracelet *m*.
**bracken** ['brækn] *n* fougère *f*.
**bracket** ['brækɪt] *n (written symbol)* parenthèse *f*; *(support)* équerre *f*.
**brag** [bræg] *vi* se vanter.
**braid** [breɪd] *n (hairstyle)* natte *f*, tresse *f*; *(on clothes)* galon *m*.
**brain** [breɪn] *n* cerveau *m*.
**brainy** ['breɪnɪ] *adj (inf)* futé(-e).
**braised** [breɪzd] *adj* braisé(-e).
**brake** [breɪk] *n* frein *m* ◆ *vi* freiner.
**brake block** *n* patin *m* de frein.
**brake fluid** *n* liquide *m* de freins.
**brake light** *n* stop *m*.
**brake pad** *n* plaquette *f* de frein.
**brake pedal** *n* pédale *f* de frein.
**bran** [bræn] *n* son *m*.
**branch** [brɑːntʃ] *n* branche *f*; *(of company)* filiale *f*; *(of bank)* agence *f* ❑ **branch off** *vi* bifurquer.
**branch line** *n* ligne *f* secondaire.
**brand** [brænd] *n* marque *f* ◆ *vt*: **to ~ sb (as)** étiqueter qqn (comme).
**brand-new** *adj* tout neuf (toute neuve).
**brandy** ['brændɪ] *n* cognac *m*.
**brash** [bræʃ] *adj (pej)* effronté(-e).
**brass** [brɑːs] *n* laiton *m*.
**brass band** *n* fanfare *f*.
**brasserie** ['bræsərɪ] *n* brasserie *f*.
**brassiere** [*Br* 'bræsɪə$^r$, *Am* brə'zɪr] *n* soutien-gorge *m*.
**brat** [bræt] *n (inf)* sale gosse *mf*.
**brave** [breɪv] *adj* courageux(-euse).
**bravery** ['breɪvərɪ] *n* courage *m*.
**bravo** [ˌbrɑː'vəʊ] *excl* bravo!
**brawl** [brɔːl] *n* bagarre *f*.
**Brazil** [brə'zɪl] *n* le Brésil.
**Brazil nut** *n* noix *f* du Brésil.
**breach** [briːtʃ] *vt (contract)* rompre.
**bread** [bred] *n* pain *m*; **~ and butter** pain beurré.
**bread bin** *n (Br)* huche *f* à pain.
**breadboard** ['bredbɔːd] *n* planche *f* à pain.
**bread box** *(Am)* = **bread bin**.
**breadcrumbs** ['bredkrʌmz] *npl* chapelure *f*.
**breaded** ['bredɪd] *adj* pané(-e).
**bread knife** *n* couteau *m* à pain.
**bread roll** *n* petit pain *m*.
**breadth** [bretθ] *n* largeur *f*.
**break** [breɪk] (*pt* **broke**, *pp* **broken**) *n (interruption)* interruption *f*; *(rest, pause)* pause *f*; *(SCH)* récréation *f* ◆ *vt* casser; *(rule, law)* ne pas respecter; *(promise)* manquer à; *(a record)* battre; *(news)* annoncer ◆ *vi* se casser; *(voice)* se briser; **without a ~** sans interruption; **a lucky ~** un coup de bol; **to ~ one's journey**

faire étape; **to ~ one's leg** se casser une jambe ❑ **break down** *vi (car, machine)* tomber en panne ◆ *vt sep (door, barrier)* enfoncer; **break in** *vi* entrer par effraction; **break off** *vt (detach)* détacher; *(holiday)* interrompre ◆ *vi (stop suddenly)* s'interrompre; **break out** *vi (fire, war, panic)* éclater; **to ~ out in a rash** se couvrir de boutons; **break up** *vi (with spouse, partner)* rompre; *(meeting, marriage)* prendre fin; *(school)* finir.

**breakage** ['breɪkɪdʒ] *n* casse *f*.

**breakdown** ['breɪkdaʊn] *n (of car)* panne *f*; *(in communications, negotiations)* rupture *f*; *(mental)* dépression *f*.

**breakdown truck** *n* dépanneuse *f*.

**breakfast** ['brekfəst] *n* petit déjeuner *m*; **to have ~** prendre le petit déjeuner; **to have sthg for ~** prendre qqch au petit déjeuner.

**breakfast cereal** *n* céréales *fpl*.

**break-in** *n* cambriolage *m*.

**breakwater** ['breɪk,wɔːtəʳ] *n* digue *f*.

**breast** [brest] *n* sein *m*; *(of chicken, duck)* blanc *m*.

**breastbone** ['brestbəʊn] *n* sternum *m*.

**breast-feed** *vt* allaiter.

**breaststroke** ['breststrəʊk] *n* brasse *f*.

**breath** [breθ] *n* haleine *f*; *(air inhaled)* inspiration *f*; **out of ~** hors d'haleine; **to go for a ~ of fresh air** aller prendre l'air.

**Breathalyser®** ['breθəlaɪzəʳ] *n (Br)* = Alcootest® *m*.

**Breathalyzer®** ['breθəlaɪzəʳ] *(Am)* = **Breathalyser®**.

**breathe** [briːð] *vi* respirer ❑ **breathe in** *vi* inspirer; **breathe out** *vi* expirer.

**breathtaking** ['breθ,teɪkɪŋ] *adj* à couper le souffle.

**breed** [briːd] (*pt & pp* **bred** [bred]) *n* espèce *f* ◆ *vt (animals)* élever ◆ *vi* se reproduire.

**breeze** [briːz] *n* brise *f*.

**breezy** ['briːzɪ] *adj (weather, day)* venteux(-euse).

**brew** [bruː] *vt (beer)* brasser; *(tea, coffee)* faire ◆ *vi (tea)* infuser; *(coffee)* se faire.

**brewery** ['brʊərɪ] *n* brasserie *f (usine)*.

**bribe** [braɪb] *n* pot-de-vin *m* ◆ *vt* acheter.

**bric-a-brac** ['brɪkəbræk] *n* bric-à-brac *m*.

**brick** [brɪk] *n* brique *f*.

**bricklayer** ['brɪk,leɪəʳ] *n* maçon *m*.

**brickwork** ['brɪkwɜːk] *n* maçonnerie *f (en briques)*.

**bride** [braɪd] *n* mariée *f*.

**bridegroom** ['braɪdgrʊm] *n* marié *m*.

**bridesmaid** ['braɪdzmeɪd] *n* demoiselle *f* d'honneur.

**bridge** [brɪdʒ] *n* pont *m*; *(of ship)* passerelle *f*; *(card game)* bridge *m*.

**bridle** ['braɪdl] *n* bride *f*.

**bridle path** *n* piste *f* cavalière.

**brief** [briːf] *adj* bref(-ève) ◆ *vt* mettre au courant; **in ~** en bref ❑ **briefs** *npl (for men)* slip *m*; *(for women)* culotte *f*.

**briefcase** ['briːfkeɪs] *n* serviette *f*.

**briefly** ['briːflɪ] *adv* brièvement.

**brigade** [brɪ'geɪd] *n* brigade *f*.
**bright** [braɪt] *adj (light, sun, colour)* vif (vive); *(weather, room)* clair(-e); *(clever)* intelligent(-e); *(lively, cheerful)* gai(-e).
**brilliant** ['brɪljənt] *adj (colour, light, sunshine)* éclatant(-e); *(idea, person)* brillant(-e); *(inf: wonderful)* génial(-e).
**brim** [brɪm] *n* bord *m*; **it's full to the ~** c'est plein à ras bord.
**brine** [braɪn] *n* saumure *f*.
**bring** [brɪŋ] (*pt & pp* **brought**) *vt* apporter; *(person)* amener ❑ **bring along** *vt sep (object)* apporter; *(person)* amener; **bring back** *vt sep* rapporter; **bring in** *vt sep (introduce)* introduire; *(earn)* rapporter; **bring out** *vt sep (new product)* sortir; **bring up** *vt sep (child)* élever; *(subject)* mentionner; *(food)* rendre, vomir.
**brink** [brɪŋk] *n*: **on the ~ of** au bord de.
**brisk** [brɪsk] *adj* vif (vive), énergique.
**bristle** ['brɪsl] *n* poil *m*.
**Britain** ['brɪtn] *n* la Grande-Bretagne.
**British** ['brɪtɪʃ] *adj* britannique ◆ *npl*: **the ~** les Britanniques *mpl*.
**British Rail** *n* ≃ la SNCF.
**British Telecom** [-'telɪkɒm] *n* ≃ France Télécom.
**Briton** ['brɪtn] *n* Britannique *mf*.
**Brittany** ['brɪtənɪ] *n* la Bretagne.
**brittle** ['brɪtl] *adj* cassant(-e).
**broad** [brɔ:d] *adj* large; *(description, outline)* général(-e); *(accent)* fort(-e).
**B road** *n (Br)* ≃ route *f* départementale.
**broad bean** *n* fève *f*.
**broadcast** ['brɔ:dkɑ:st] (*pt & pp* **broadcast**) *n* émission *f* ◆ *vt* diffuser.
**broadly** ['brɔ:dlɪ] *adv (in general)* en gros.
**broccoli** ['brɒkəlɪ] *n* brocoli *m*.
**brochure** ['brəʊʃə^r] *n* brochure *f*.
**broiled** [brɔɪld] *adj (Am)* grillé(-e).
**broke** [brəʊk] *pt* → **break** ◆ *adj (inf)* fauché(-e).
**broken** ['brəʊkn] *pp* → **break** ◆ *adj* cassé(-e); *(English, French)* hésitant(-e).
**bronchitis** [brɒŋ'kaɪtɪs] *n* bronchite *f*.
**bronze** [brɒnz] *n* bronze *m*.
**brooch** [brəʊtʃ] *n* broche *f*.
**brook** [brʊk] *n* ruisseau *m*.
**broom** [bru:m] *n* balai *m*.
**broomstick** ['bru:mstɪk] *n* manche *m* à balai.
**broth** [brɒθ] *n* bouillon *m* épais.
**brother** ['brʌðə^r] *n* frère *m*.
**brother-in-law** *n* beau-frère *m*.
**brought** [brɔ:t] *pt & pp* → **bring**.
**brow** [braʊ] *n (forehead)* front *m*; *(eyebrow)* sourcil *m*.
**brown** [braʊn] *adj* brun(-e); *(paint, eyes)* marron *(inv)*; *(tanned)* bronzé(-e) ◆ *n* brun *m*; *(of paint, eyes)* marron *m*.
**brown bread** *n* pain *m* complet.
**brownie** ['braʊnɪ] *n (CULIN) petit gâteau au chocolat et aux noix*.
**Brownie** ['braʊnɪ] *n* ≃ jeannette *f*.
**brown rice** *n* riz *m* complet.

**brown sauce** *n (Br) sauce épicée servant de condiment.*
**brown sugar** *n* sucre *m* roux.
**browse** [brauz] *vi (in shop)* regarder; **to ~ through** *(book, paper)* feuilleter.
**browser** ['brauzəʳ] *n*: **"~s welcome"** «entrée libre».
**bruise** [bru:z] *n* bleu *m*.
**brunch** [brʌntʃ] *n* brunch *m*.
**brunette** [bru:'net] *n* brune *f*.
**brush** [brʌʃ] *n* brosse *f*; *(for painting)* pinceau *m* ◆ *vt (clothes)* brosser; *(floor)* balayer; **to ~ one's hair** se brosser les cheveux; **to ~ one's teeth** se brosser les dents.
**Brussels** ['brʌslz] *n* Bruxelles.
**Brussels sprouts** *npl* choux *mpl* de Bruxelles.
**brutal** ['bru:tl] *adj* brutal(-e).
**BSc** *n (abbr of Bachelor of Science) (titulaire d'une) licence de sciences.*
**BT** *abbr* = **British Telecom**.
**bubble** ['bʌbl] *n* bulle *f*.
**bubble bath** *n* bain *m* moussant.
**bubble gum** *n chewing-gum avec lequel on peut faire des bulles.*
**bubbly** ['bʌblɪ] *n (inf)* champ *m*.
**buck** [bʌk] *n (Am: inf: dollar)* dollar *m*; *(male animal)* mâle *m*.
**bucket** ['bʌkɪt] *n* seau *m*.
**Buckingham Palace** ['bʌkɪŋəm-] *n* le palais de Buckingham.

### *i* BUCKINGHAM PALACE

Résidence officielle du monarque britannique à Londres, Buckingham Palace a été construit en 1703 pour le duc de Buckingham. Il se trouve à l'extrémité du Mall, entre Green Park et St James's Park. La cérémonie de la relève de la garde a lieu chaque jour dans la cour du palais.

**buckle** ['bʌkl] *n* boucle *f* ◆ *vt (fasten)* boucler ◆ *vi (metal)* plier; *(wheel)* se voiler.
**Buck's Fizz** *n cocktail à base de champagne et de jus d'orange.*
**bud** [bʌd] *n* bourgeon *m* ◆ *vi* bourgeonner.
**Buddhist** ['bʊdɪst] *n* bouddhiste *mf*.
**buddy** ['bʌdɪ] *n (inf)* pote *m*.
**budge** [bʌdʒ] *vi* bouger.
**budgerigar** ['bʌdʒərɪgɑ:ʳ] *n* perruche *f*.
**budget** ['bʌdʒɪt] *adj (holiday, travel)* économique ◆ *n* budget *m* ❑ **budget for** *vt fus*: **to ~ for doing sthg** prévoir de faire qqch.
**budgie** ['bʌdʒɪ] *n (inf)* perruche *f*.
**buff** [bʌf] *n (inf)* fana *mf*.
**buffalo** ['bʌfələʊ] *n* buffle *m*.
**buffalo wings** *npl (Am) ailes de poulet frites et épicées.*
**buffer** ['bʌfəʳ] *n (on train)* tampon *m*.
**buffet** [*Br* 'bʊfeɪ, *Am* bə'feɪ] *n* buffet *m*.
**buffet car** ['bʊfeɪ-] *n* wagon-restaurant *m*.
**bug** [bʌg] *n (insect)* insecte *m*; *(inf: mild illness)* microbe *m* ◆ *vt (inf: annoy)* embêter.
**buggy** ['bʌgɪ] *n (pushchair)* poussette *f*; *(Am: pram)* landau *m*.
**bugle** ['bju:gl] *n* clairon *m*.
**build** [bɪld] (*pt & pp* **built**) *n* carrure *f* ◆ *vt* construire ❑ **build up** *vi*

augmenter ◆ *vt sep*: **to ~ up speed** accélérer.

**builder** ['bɪldə^r] *n* entrepreneur *m (en bâtiment)*.

**building** ['bɪldɪŋ] *n* bâtiment *m*.

**building site** *n* chantier *m*.

**building society** *n (Br) société d'investissements et de prêts immobiliers*.

**built** [bɪlt] *pt & pp* → **build**.

**built-in** *adj* encastré(-e).

**built-up area** *n* agglomération *f*.

**bulb** [bʌlb] *n (for lamp)* ampoule *f*; *(of plant)* bulbe *m*.

**Bulgaria** [bʌl'geərɪə] *n* la Bulgarie.

**bulge** [bʌldʒ] *vi* être gonflé.

**bulk** [bʌlk] *n*: **the ~ of** la majeure partie de; **in ~** en gros.

**bulky** ['bʌlkɪ] *adj* volumineux(-euse).

**bull** [bʊl] *n* taureau *m*.

**bulldog** ['bʊldɒg] *n* bouledogue *m*.

**bulldozer** ['bʊldəʊzə^r] *n* bulldozer *m*.

**bullet** ['bʊlɪt] *n* balle *f*.

**bulletin** ['bʊlətɪn] *n* bulletin *m*.

**bullfight** ['bʊlfaɪt] *n* corrida *f*.

**bull's-eye** *n* centre *m* (de la cible).

**bully** ['bʊlɪ] *n enfant qui maltraite ses camarades* ◆ *vt* tyranniser.

**bum** [bʌm] *n (inf: bottom)* derrière *m*; *(Am: inf: tramp)* clodo *m*.

**bum bag** *n (Br)* banane *f (sac)*.

**bumblebee** ['bʌmblbi:] *n* bourdon *m*.

**bump** [bʌmp] *n (lump)* bosse *f*; *(sound)* bruit *m* sourd; *(minor accident)* choc *m* ◆ *vt (head, leg)* cogner

❑ **bump into** *vt fus (hit)* rentrer dans; *(meet)* tomber sur.

**bumper** ['bʌmpə^r] *n (on car)* pare-chocs *m inv*; *(Am: on train)* tampon *m*.

**bumpy** ['bʌmpɪ] *adj (road)* cahoteux(-euse); **the flight was ~** il y a eu des turbulences pendant le vol.

**bun** [bʌn] *n (cake)* petit gâteau *m*; *(bread roll)* petit pain *m* rond; *(hairstyle)* chignon *m*.

**bunch** [bʌntʃ] *n (of people)* bande *f*; *(of flowers)* bouquet *m*; *(of grapes)* grappe *f*; *(of bananas)* régime *m*; *(of keys)* trousseau *m*.

**bundle** ['bʌndl] *n* paquet *m*.

**bung** [bʌŋ] *n* bonde *f*.

**bungalow** ['bʌŋgələʊ] *n* bungalow *m*.

**bunion** ['bʌnjən] *n* oignon *m (au pied)*.

**bunk** [bʌŋk] *n (berth)* couchette *f*.

**bunk beds** *npl* lits *mpl* superposés.

**bunker** ['bʌŋkə^r] *n* bunker *m*; *(for coal)* coffre *m*.

**bunny** ['bʌnɪ] *n* lapin *m*.

**buoy** [*Br* bɔɪ, *Am* 'bu:ɪ] *n* bouée *f*.

**buoyant** ['bɔɪənt] *adj* qui flotte bien.

**BUPA** ['bu:pə] *n organisme britannique d'assurance maladie privée*.

**burden** ['bɜ:dn] *n* charge *f*.

**bureaucracy** [bjʊə'rɒkrəsɪ] *n* bureaucratie *f*.

**bureau de change** [,bjʊərəʊdə'ʃɒndʒ] *n* bureau *m* de change.

**burger** ['bɜ:gə^r] *n* steak *m* haché; *(made with nuts, vegetables etc)* croquette *f*.

**burglar** ['bɜ:glə^r] *n* cambrioleur *m* (-euse *f*).

**burglar alarm** *n* système *m* d'alarme.
**burglarize** ['bɜːgləraɪz] *(Am)* = **burgle.**
**burglary** ['bɜːglərɪ] *n* cambriolage *m.*
**burgle** ['bɜːgl] *vt* cambrioler.
**Burgundy** ['bɜːgəndɪ] *n* la Bourgogne.
**burial** ['berɪəl] *n* enterrement *m.*
**burn** [bɜːn] (*pt & pp* **burnt** OR **burned**) *n* brûlure *f* ◆ *vt & vi* brûler ❑ **burn down** *vt sep* incendier ◆ *vi* brûler complètement.
**burning (hot)** ['bɜːnɪŋ-] *adj* brûlant(-e).
**Burns' Night** [bɜːnz-] *n le 25 janvier.*

## i BURNS' NIGHT

Les célébrations du 25 janvier marquent l'anniversaire du poète Robert Burns (1759–96). La tradition veut que l'on se réunisse pour dîner et que l'on récite à tour de rôle des vers de Burns. Lors de ces repas, les «Burns' suppers», on mange des spécialités écossaises telles que le haggis, arrosées de whisky.

**burnt** [bɜːnt] *pt & pp* → **burn.**
**burp** [bɜːp] *vi* roter.
**burrow** ['bʌrəʊ] *n* terrier *m.*
**burst** [bɜːst] (*pt & pp* **burst**) *n* salve *f* ◆ *vt* faire éclater ◆ *vi* éclater; **he ~ into the room** il a fait irruption dans la pièce; **to ~ into tears** éclater en sanglots; **to ~ open** s'ouvrir brusquement.
**bury** ['berɪ] *vt* enterrer.
**bus** [bʌs] *n* bus *m,* autobus *m;* **by ~** en bus.
**bus conductor** [-ˌkən'dʌktəʳ] *n* receveur *m.*
**bus driver** *n* conducteur *m* (-trice *f*) d'autobus.
**bush** [bʊʃ] *n* buisson *m.*
**business** ['bɪznɪs] *n* affaires *fpl; (shop, firm, affair)* affaire *f;* **mind your own ~!** occupe-toi de tes affaires!; **"~ as usual"** «le magasin reste ouvert».
**business card** *n* carte *f* de visite.
**business class** *n* classe *f* affaires.
**business hours** *npl (of office)* heures *fpl* de bureau; *(of shop)* heures *fpl* d'ouverture.
**businessman** ['bɪznɪsmæn] (*pl* **-men** [-men]) *n* homme *m* d'affaires.
**business studies** *npl* études *fpl* de commerce.
**businesswoman** ['bɪznɪsˌwʊmən] (*pl* **-women** [-ˌwɪmɪn]) *n* femme *f* d'affaires.
**busker** ['bʌskəʳ] *n (Br)* musicien *m* (-ienne *f*) qui fait la manche.
**bus lane** *n* couloir *m* de bus.
**bus pass** *n* carte *f* d'abonnement (de bus).
**bus shelter** *n* Abribus® *m.*
**bus station** *n* gare *f* routière.
**bus stop** *n* arrêt *m* de bus.
**bust** [bʌst] *n (of woman)* poitrine *f* ◆ *adj*: **to go ~** *(inf)* faire faillite.
**bustle** ['bʌsl] *n (activity)* agitation *f.*
**bus tour** *n* voyage *m* en autocar.
**busy** ['bɪzɪ] *adj* occupé(-e); *(day, schedule)* chargé(-e); *(street, office)* animé(-e); **to be ~ doing sthg** être

occupé à faire qqch.

**busy signal** *n (Am)* tonalité *f* «occupé».

**but** [bʌt] *conj* mais ◆ *prep* sauf; **the last ~ one** l'avant-dernier *m* (-ière *f*); **~ for** sans.

**butcher** ['bʊtʃəʳ] *n* boucher *m* (-ère *f*); **~'s** *(shop)* boucherie *f*.

**butt** [bʌt] *n (of rifle)* crosse *f*; *(of cigarette, cigar)* mégot *m*.

**butter** ['bʌtəʳ] *n* beurre *m* ◆ *vt* beurrer.

**butter bean** *n* haricot *m* beurre.

**buttercup** ['bʌtəkʌp] *n* bouton-d'or *m*.

**butterfly** ['bʌtəflaɪ] *n* papillon *m*.

**butterscotch** ['bʌtəskɒtʃ] *n caramel dur au beurre*.

**buttocks** ['bʌtəks] *npl* fesses *fpl*.

**button** ['bʌtn] *n* bouton *m*; *(Am: badge)* badge *m*.

**buttonhole** ['bʌtnhəʊl] *n (hole)* boutonnière *f*.

**button mushroom** *n* champignon *m* de Paris.

**buttress** ['bʌtrɪs] *n* contrefort *m*.

**buy** [baɪ] *(pt & pp* **bought***) vt* acheter ◆ *n*: **a good ~** une bonne affaire; **to ~ sthg for sb, to ~ sb sthg** acheter qqch à qqn.

**buzz** [bʌz] *vi* bourdonner ◆ *n (inf: phone call)*: **to give sb a ~** passer un coup de fil à qqn.

**buzzer** ['bʌzəʳ] *n* sonnerie *f*.

**by** [baɪ] *prep* 1. *(expressing cause, agent)* par; **he was hit ~ a car** il s'est fait renverser par une voiture; **a book ~ A.R. Scott** un livre de A.R. Scott.

2. *(expressing method, means)* par; **~ car/bus** en voiture/bus; **to pay ~ credit card** payer par carte de crédit; **to win ~ cheating** gagner en trichant.

3. *(near to, beside)* près de; **~ the sea** au bord de la mer.

4. *(past)*: **a car went ~ the house** une voiture est passée devant la maison.

5. *(via)* par; **exit ~ the door on the left** sortez par la porte de gauche.

6. *(with time)*: **be there ~ nine** soyez-y pour neuf heures; **~ day** le jour; **~ now** déjà.

7. *(expressing quantity)*: **sold ~ the dozen** vendus à la douzaine; **prices fell ~ 20%** les prix ont baissé de 20 %; **paid ~ the hour** payé à l'heure.

8. *(expressing meaning)*: **what do you mean ~ that?** qu'entendez-vous par là?

9. *(in sums, measurements)* par; **two metres ~ five** deux mètres sur cinq.

10. *(according to)* selon; **~ law** selon la loi; **it's fine ~ me** ça me va.

11. *(expressing gradual process)*: **one ~ one** un par un; **day ~ day** de jour en jour.

12. *(in phrases)*: **~ mistake** par erreur; **~ oneself** *(alone)* seul; *(unaided)* tout seul; **~ profession** de métier.

◆ *adv (past)*: **to go ~** passer.

**bye(-bye)** [baɪ(baɪ)] *excl (inf)* salut!

**bypass** ['baɪpɑːs] *n* rocade *f*.

# C

**C** *(abbr of Celsius, centigrade)* C.

**cab** [kæb] *n (taxi)* taxi *m*; *(of lorry)* cabine *f*.

**cabaret** ['kæbəreɪ] *n* spectacle *m* de cabaret.

**cabbage** ['kæbɪdʒ] *n* chou *m*.

**cabin** ['kæbɪn] *n* cabine *f*; *(wooden house)* cabane *f*.

**cabin crew** *n* équipage *m*.

**cabinet** ['kæbɪnɪt] *n* *(cupboard)* meuble *m* (de rangement); *(POL)* cabinet *m*.

**cable** ['keɪbl] *n* câble *m*.

**cable car** *n* téléphérique *m*.

**cable television** *n* télévision *f* par câble.

**cactus** ['kæktəs] (*pl* **-tuses** OR **-ti** [-taɪ]) *n* cactus *m*.

**Caesar salad** [ˌsiːzə-] *n salade de laitue, anchois, olives, croûtons et parmesan.*

**cafe** ['kæfeɪ] *n* café *m*.

**cafeteria** [ˌkæfɪ'tɪərɪə] *n* cafétéria *f*.

**caffeine** ['kæfiːn] *n* caféine *f*.

**cage** [keɪdʒ] *n* cage *f*.

**cagoule** [kə'guːl] *n* *(Br)* K-way® *m inv*.

**Cajun** ['keɪdʒən] *adj* cajun.

---

**i CAJUN**

Colons français installés à l'origine en Nouvelle-Écosse, les Cajuns furent déportés en Louisiane au XVIIIe siècle. Ils y ont développé un parler et une culture propres : la cuisine cajun, caractérisée par l'utilisation d'épices et de piment, et la musique folk où dominent le violon et l'accordéon, sont particulièrement réputées.

---

**cake** [keɪk] *n* gâteau *m*; *(of soap)* pain *m*.

**calculate** ['kælkjʊleɪt] *vt* calculer; *(risks, effect)* évaluer.

**calculator** ['kælkjʊleɪtəʳ] *n* calculatrice *f*.

**calendar** ['kælɪndəʳ] *n* calendrier *m*.

**calf** [kɑːf] (*pl* **calves**) *n* *(of cow)* veau *m*; *(part of leg)* mollet *m*.

**call** [kɔːl] *n* *(visit)* visite *f*; *(phone call)* coup *m* de fil; *(of bird)* cri *m*; *(at airport)* appel *m* ◆ *vt* appeler; *(meeting)* convoquer ◆ *vi* *(visit)* passer; *(phone)* appeler; **to ~ sb sthg** traiter qqn de qqch; **to be ~ed** s'appeler; **what is he ~ed?** comment s'appelle-t-il?; **on ~** *(nurse, doctor)* de garde; **to pay sb a ~** rendre visite à qqn; **this train ~s at ...** ce train desservira les gares de ...; **who's ~ing?** qui est à l'appareil? ❑ **call back** *vt sep* rappeler ◆ *vi* *(phone again)* rappeler; *(visit again)* repasser; **call for** *vt fus* *(come to fetch)* passer prendre; *(demand)* demander; *(require)* exiger; **call on** *vt fus* *(visit)* passer voir; **to ~ on sb to do sthg** demander à qqn de faire qqch; **call out** *vt sep* *(name, winner)* annoncer; *(doctor, fire brigade)* appeler ◆ *vi* crier; **call up** *vt sep* appeler.

**call box** *n* cabine *f* téléphonique.

**caller** ['kɔːləʳ] *n* *(visitor)* visiteur *m* (-euse *f*); *(on phone) personne qui passe un appel téléphonique.*

**calm** [kɑːm] *adj* calme ◆ *vt* calmer ❑ **calm down** *vt sep* calmer ◆ *vi* se calmer.

**Calor gas®** ['kælə-] *n* butane *m*.

**calorie** ['kælərɪ] *n* calorie *f*.

**calves** [kɑːvz] *pl* → **calf**.

**camcorder** [ˈkæm,kɔːdəʳ] *n* Caméscope® *m*.

**came** [keɪm] *pt* → **come**.

**camel** [ˈkæml] *n* chameau *m*.

**camembert** [ˈkæməmbeəʳ] *n* camembert *m*.

**camera** [ˈkæmərə] *n* appareil *m* photo; *(for filming)* caméra *f*.

**cameraman** [ˈkæmərəmæn] (*pl* **-men** [-men]) *n* cameraman *m*.

**camera shop** *n* photographe *m*.

**camisole** [ˈkæmɪsəʊl] *n* caraco *m*.

**camp** [kæmp] *n* camp *m* ◆ *vi* camper.

**campaign** [kæmˈpeɪn] *n* campagne *f* ◆ *vi*: **to ~ (for/against)** faire campagne (pour/contre).

**camp bed** *n* lit *m* de camp.

**camper** [ˈkæmpəʳ] *n (person)* campeur *m* (-euse *f*); *(van)* camping-car *m*.

**camping** [ˈkæmpɪŋ] *n*: **to go ~** faire du camping.

**camping stove** *n* Camping-Gaz® *m inv*.

**campsite** [ˈkæmpsaɪt] *n* camping *m*.

**campus** [ˈkæmpəs] (*pl* **-es**) *n* campus *m*.

**can**[1] [kæn] *n (of food)* boîte *f*; *(of drink)* can(n)ette *f*; *(of oil, paint)* bidon *m*.

**can**[2] [*weak form* kən, *strong form* kæn] (*pt & conditional* **could**) *aux vb*

1. *(be able to)* pouvoir; **~ you help me?** tu peux m'aider?; **I ~ see you** je te vois.

2. *(know how to)* savoir; **~ you drive?** tu sais conduire?; **I ~ speak French** je parle (le) français.

3. *(be allowed to)* pouvoir; **you can't smoke here** il est interdit de fumer ici.

4. *(in polite requests)* pouvoir; **~ you tell me the time?** pourriez-vous me donner l'heure?; **~ I speak to the manager?** puis-je parler au directeur?

5. *(expressing occasional occurrence)* pouvoir; **it ~ get cold at night** il arrive qu'il fasse froid la nuit.

6. *(expressing possibility)* pouvoir; **they could be lost** il se peut qu'ils se soient perdus.

**Canada** [ˈkænədə] *n* le Canada.

**Canadian** [kəˈneɪdɪən] *adj* canadien(-ienne) ◆ *n* Canadien *m* (-ienne *f*).

**canal** [kəˈnæl] *n* canal *m*.

**canapé** [ˈkænəpeɪ] *n* canapé *m (pour l'apéritif)*.

**cancel** [ˈkænsl] *vt* annuler; *(cheque)* faire opposition à.

**cancellation** [,kænsəˈleɪʃn] *n* annulation *f*.

**cancer** [ˈkænsəʳ] *n* cancer *m*.

**Cancer** [ˈkænsəʳ] *n* Cancer *m*.

**candidate** [ˈkændɪdət] *n* candidat *m* (-e *f*).

**candle** [ˈkændl] *n* bougie *f*.

**candlelit dinner** [ˈkændllɪt-] *n* dîner *m* aux chandelles.

**candy** [ˈkændɪ] *n (Am) (confectionery)* confiserie *f*; *(sweet)* bonbon *m*.

**candyfloss** [ˈkændɪflɒs] *n (Br)* barbe *f* à papa.

**cane** [keɪn] *n (for walking)* canne *f*; *(for punishment)* verge *f*; *(for furniture, baskets)* rotin *m*.

**canister** [ˈkænɪstəʳ] *n (for tea)* boîte *f*; *(for gas)* bombe *f*.

**cannabis** [ˈkænəbɪs] *n* cannabis *m*.

**canned** [kænd] *adj (food)* en boîte; *(drink)* en can(n)ette.
**cannon** ['kænən] *n* canon *m*.
**cannot** ['kænɒt] = **can not**.
**canoe** [kə'nu:] *n* canoë *m*.
**canoeing** [kə'nu:ɪŋ] *n*: **to go ~** faire du canoë.
**canopy** ['kænəpɪ] *n (over bed etc)* baldaquin *m*.
**can't** [kɑ:nt] = **cannot**.
**cantaloup(e)** ['kæntəlu:p] *n* cantaloup *m*.
**canteen** [kæn'ti:n] *n* cantine *f*.
**canvas** ['kænvəs] *n (for tent, bag)* toile *f*.
**cap** [kæp] *n (hat)* casquette *f*; *(of pen)* capuchon *m*; *(of bottle)* capsule *f*; *(for camera)* cache *m*; *(contraceptive)* diaphragme *m*.
**capable** ['keɪpəbl] *adj (competent)* capable; **to be ~ of doing sthg** être capable de faire qqch.
**capacity** [kə'pæsɪtɪ] *n* capacité *f*.
**cape** [keɪp] *n (of land)* cap *m*; *(cloak)* cape *f*.
**capers** ['keɪpəz] *npl* câpres *fpl*.
**capital** ['kæpɪtl] *n (of country)* capitale *f*; *(money)* capital *m*; *(letter)* majuscule *f*.
**capital punishment** *n* peine *f* capitale.
**cappuccino** [,kæpʊ'tʃi:nəʊ] *n* cappuccino *m*.
**capsicum** ['kæpsɪkəm] *n (sweet)* poivron *m*; *(hot)* piment *m*.
**capsize** [kæp'saɪz] *vi* chavirer.
**capsule** ['kæpsju:l] *n (for medicine)* gélule *f*.
**captain** ['kæptɪn] *n* capitaine *m*; *(of plane)* commandant *m*.
**caption** ['kæpʃn] *n* légende *f*.
**capture** ['kæptʃə^r] *vt* capturer; *(town, castle)* s'emparer de.
**car** [kɑ:^r] *n* voiture *f*.
**carafe** [kə'ræf] *n* carafe *f*.
**caramel** ['kærəmel] *n* caramel *m*.
**carat** ['kærət] *n* carat *m*; **24-~ gold** de l'or 24 carats.
**caravan** ['kærəvæn] *n (Br)* caravane *f*.
**caravanning** ['kærəvænɪŋ] *n (Br)*: **to go ~** faire du caravaning.
**caravan site** *n (Br)* camping *m* pour caravanes.
**carbohydrate** [,kɑ:bəʊ'haɪdreɪt] *n (in foods)* glucides *mpl*.
**carbon** ['kɑ:bən] *n* carbone *m*.
**carbon copy** *n* carbone *m*.
**carbon dioxide** [-daɪ'ɒksaɪd] *n* gaz *m* carbonique.
**carbon monoxide** [-mɒ'nɒksaɪd] *n* oxyde *m* de carbone.
**car boot sale** *n (Br) brocante en plein air où les coffres des voitures servent d'étal.*
**carburetor** [,kɑ:bə'retə^r] *(Am)* = **carburettor**.
**carburettor** [,kɑ:bə'retə^r] *n (Br)* carburateur *m*.
**car crash** *n* accident *m* de voiture OR de la route.
**card** [kɑ:d] *n* carte *f*; *(for filing, notes)* fiche *f*; *(cardboard)* carton *m*.
**cardboard** ['kɑ:dbɔ:d] *n* carton *m*.
**car deck** *n* pont *m* des voitures.
**cardiac arrest** [,kɑ:dɪæk-] *n* arrêt *m* cardiaque.
**cardigan** ['kɑ:dɪgən] *n* cardigan *m*.
**care** [keə^r] *n (attention)* soin *m*; *(treatment)* soins *mpl* ◆ *vi*: **I don't ~** ça m'est égal; **to take ~ of** s'occu-

per de; **would you ~ to ...?** *(fml)* voudriez-vous ...?; **to take ~ to do sthg** prendre soin de faire qqch; **to take ~ not to do sthg** prendre garde de ne pas faire qqch; **take ~!** *expression affectueuse que l'on utilise lorsqu'on quitte quelqu'un*; **with ~** avec soin; **to ~ about** *(think important)* se soucier de; *(person)* aimer.

**career** [kə'rɪəʳ] *n* carrière *f*.

**carefree** ['keəfriː] *adj* insouciant(-e).

**careful** ['keəfʊl] *adj (cautious)* prudent(-e); *(thorough)* soigneux(-euse); **be ~!** (fais) attention!

**carefully** ['keəflɪ] *adv (cautiously)* prudemment; *(thoroughly)* soigneusement.

**careless** ['keələs] *adj (inattentive)* négligent(-e); *(unconcerned)* insouciant(-e).

**caretaker** ['keə,teɪkəʳ] *n (Br)* gardien *m* (-ienne *f*).

**car ferry** *n* ferry *m*.

**cargo** ['kɑːgəʊ] (*pl* **-es** OR **-s**) *n* cargaison *f*.

**car hire** *n (Br)* location *f* de voitures.

**Caribbean** [*Br* ,kærɪ'biːən, *Am* kə'rɪbɪən] *n*: **the ~** *(area)* les Caraïbes *fpl*.

**caring** ['keərɪŋ] *adj* attentionné(-e).

**carnation** [kɑː'neɪʃn] *n* œillet *m*.

**carnival** ['kɑːnɪvl] *n* carnaval *m*.

**carousel** [,kærə'sel] *n (for luggage)* tapis *m* roulant; *(Am: merry-go-round)* manège *m*.

**carp** [kɑːp] *n* carpe *f*.

**car park** *n (Br)* parking *m*.

**carpenter** ['kɑːpəntəʳ] *n (on building site)* charpentier *m*; *(for furniture)* menuisier *m*.

**carpentry** ['kɑːpəntrɪ] *n (on building site)* charpenterie *f*; *(for furniture)* menuiserie *f*.

**carpet** ['kɑːpɪt] *n (fitted)* moquette *f*; *(rug)* tapis *m*.

**car rental** *n (Am)* location *f* de voitures.

**carriage** ['kærɪdʒ] *n (Br: of train)* wagon *m*; *(horse-drawn)* calèche *f*.

**carriageway** ['kærɪdʒweɪ] *n (Br)* chaussée *f*.

**carrier (bag)** ['kærɪəʳ-] *n* sac *m* (en plastique).

**carrot** ['kærət] *n* carotte *f*.

**carrot cake** *n cake à la carotte*.

**carry** ['kærɪ] *vt* porter; *(transport)* transporter; *(disease)* être porteur de; *(cash, passport, map)* avoir sur soi ◆ *vi* porter ❑ **carry on** *vi* continuer ◆ *vt fus (continue)* continuer; *(conduct)* réaliser; **to ~ on doing sthg** continuer à faire qqch; **carry out** *vt sep (work, repairs)* effectuer; *(plan)* réaliser; *(promise)* tenir; *(order)* exécuter.

**carrycot** ['kærɪkɒt] *n (Br)* couffin *m*.

**carryout** ['kærɪaʊt] *n (Am & Scot)* repas *m* à emporter.

**carsick** ['kɑː,sɪk] *adj* malade (en voiture).

**cart** [kɑːt] *n (for transport)* charrette *f*; *(Am: in supermarket)* caddie *m*; *(inf: video game cartridge)* cartouche *f*.

**carton** ['kɑːtn] *n (of milk, juice)* carton *m*; *(of yoghurt)* pot *m*.

**cartoon** [kɑː'tuːn] *n (drawing)* dessin *m* humoristique; *(film)* dessin *m* animé.

**cartridge** ['kɑːtrɪdʒ] *n* cartouche *f*.

**carve** [kɑːv] *vt (wood, stone)* sculpter; *(meat)* découper.

**carvery** ['kɑːvərɪ] *n restaurant où l'on mange, en aussi grande quantité que l'on veut, de la viande découpée.*

**car wash** *n* station *f* de lavage de voitures.

**case** [keɪs] *n (Br: suitcase)* valise *f*; *(for glasses, camera)* étui *m*; *(for jewellery)* écrin *m*; *(instance, patient)* cas *m*; *(JUR: trial)* affaire *f*; **in any ~** de toute façon; **in ~** au cas où; **in ~ of** en cas de; **in that ~** dans ce cas.

**cash** [kæʃ] *n (coins, notes)* argent *m* liquide; *(money in general)* argent *m* ◆ *vt*: **to ~ a cheque** encaisser un chèque; **to pay ~** payer comptant OR en espèces.

**cash desk** *n* caisse *f*.

**cash dispenser** [-ˌdɪ'spensəʳ] *n* distributeur *m* (automatique) de billets.

**cashew (nut)** ['kæʃuː-] *n* noix *f* de cajou.

**cashier** [kæ'ʃɪəʳ] *n* caissier *m* (-ière *f*).

**cashmere** [kæʃ'mɪəʳ] *n* cachemire *m*.

**cashpoint** ['kæʃpɔɪnt] *n (Br)* distributeur *m* (automatique) de billets.

**cash register** *n* caisse *f* enregistreuse.

**casino** [kə'siːnəʊ] (*pl* **-s**) *n* casino *m*.

**cask** [kɑːsk] *n* tonneau *m*.

**cask-conditioned** [-ˌkən'dɪʃnd] *adj se dit de la «real ale», dont la fermentation se fait en fûts.*

**casserole** ['kæsərəʊl] *n (stew)* ragoût *m*; **~ (dish)** cocotte *f*.

**cassette** [kæ'set] *n* cassette *f*.

**cassette recorder** *n* magnétophone *m*.

**cast** [kɑːst] (*pt & pp* **cast**) *n (actors)* distribution *f*; *(for broken bone)* plâtre *m* ◆ *vt (shadow, look)* jeter; **to ~ one's vote** voter; **to ~ doubt on** jeter le doute sur ❑ **cast off** *vi* larguer les amarres.

**caster** ['kɑːstəʳ] *n (wheel)* roulette *f*.

**caster sugar** *n (Br)* sucre *m* en poudre.

**castle** ['kɑːsl] *n* château *m*; *(in chess)* tour *f*.

**casual** ['kæʒʊəl] *adj (relaxed)* désinvolte; *(offhand)* sans-gêne *(inv)*; *(clothes)* décontracté(-e); **~ work** travail temporaire.

**casualty** ['kæʒjʊəltɪ] *n (injured)* blessé *m* (-e *f*); *(dead)* mort *m* (-e *f*); **~ (ward)** urgences *fpl*.

**cat** [kæt] *n* chat *m*.

**catalog** ['kætəlɒg] *(Am)* = **catalogue**.

**catalogue** ['kætəlɒg] *n* catalogue *m*.

**catapult** ['kætəpʌlt] *n* lance-pierres *m inv*.

**cataract** ['kætərækt] *n (in eye)* cataracte *f*.

**catarrh** [kə'tɑːʳ] *n* catarrhe *m*.

**catastrophe** [kə'tæstrəfɪ] *n* catastrophe *f*.

**catch** [kætʃ] (*pt & pp* **caught**) *vt* attraper; *(falling object)* rattraper; *(surprise)* surprendre; *(hear)* saisir; *(attention)* attirer ◆ *vi (become hooked)* s'accrocher ◆ *n (of window, door)* loquet *m*; *(snag)* hic *m* ❑ **catch up** *vt sep* rattraper ◆ *vi* rattraper son retard; **to ~ up with sb** rattraper qqn.

**catching** ['kætʃɪŋ] *adj (inf)* contagieux(-ieuse).

**category** [ˈkætəgərɪ] *n* catégorie *f*.
**cater** [ˈkeɪtəʳ]: **cater for** *vt fus (Br) (needs, tastes)* satisfaire; *(anticipate)* prévoir.
**caterpillar** [ˈkætəpɪləʳ] *n* chenille *f*.
**cathedral** [kəˈθiːdrəl] *n* cathédrale *f*.
**Catholic** [ˈkæθlɪk] *adj* catholique ◆ *n* catholique *mf*.
**Catseyes®** [ˈkætsaɪz] *npl (Br)* catadioptres *mpl*.
**cattle** [ˈkætl] *npl* bétail *m*.
**caught** [kɔːt] *pt & pp* → **catch**.
**cauliflower** [ˈkɒlɪˌflaʊəʳ] *n* chou-fleur *m*.
**cauliflower cheese** *n* chou-fleur *m* au gratin.
**cause** [kɔːz] *n* cause *f*; *(justification)* motif *m* ◆ *vt* causer; **to ~ sb to make a mistake** faire faire une erreur à qqn.
**causeway** [ˈkɔːzweɪ] *n* chaussée *f (aménagée sur l'eau)*.
**caustic soda** [ˌkɔːstɪk-] *n* soude *f* caustique.
**caution** [ˈkɔːʃn] *n (care)* précaution *f*; *(warning)* avertissement *m*.
**cautious** [ˈkɔːʃəs] *adj* prudent(-e).
**cave** [keɪv] *n* caverne *f* ❑ **cave in** *vi* s'effondrer.
**caviar(e)** [ˈkævɪɑːʳ] *n* caviar *m*.
**cavity** [ˈkævətɪ] *n (in tooth)* cavité *f*.
**CD** *n (abbr of compact disc)* CD *m*.
**CDI** *n (abbr of compact disc interactive)* CD-I *m inv*.
**CD player** *n* lecteur *m* laser OR de CD.
**CDW** *n (abbr of collision damage waiver)* franchise *f*.
**cease** [siːs] *vt & vi (fml)* cesser.
**ceasefire** [ˈsiːsˌfaɪəʳ] *n* cessez-le-feu *m inv*.
**ceilidh** [ˈkeɪlɪ] *n bal folklorique écossais ou irlandais*.

---

## i CEILIDH

Un «ceilidh» est une soirée écossaise ou irlandaise traditionnelle mariant la musique folk, la danse et le chant. Les ceilidhs ne regroupaient à l'origine qu'un petit nombre de parents et d'amis mais, de nos jours, il s'agit plutôt de grands bals publics.

---

**ceiling** [ˈsiːlɪŋ] *n* plafond *m*.
**celebrate** [ˈselɪbreɪt] *vt* fêter; *(Mass)* célébrer ◆ *vi* faire la fête.
**celebration** [ˌselɪˈbreɪʃn] *n (event)* fête *f* ❑ **celebrations** *npl (festivities)* cérémonies *fpl*.
**celebrity** [sɪˈlebrətɪ] *n (person)* célébrité *f*.
**celeriac** [sɪˈlerɪæk] *n* céleri-rave *m*.
**celery** [ˈselərɪ] *n* céleri *m*.
**cell** [sel] *n* cellule *f*.
**cellar** [ˈseləʳ] *n* cave *f*.
**cello** [ˈtʃeləʊ] *n* violoncelle *m*.
**Cellophane®** [ˈseləfeɪn] *n* Cellophane® *f*.
**Celsius** [ˈselsɪəs] *adj* Celsius.
**cement** [sɪˈment] *n* ciment *m*.
**cement mixer** *n* bétonnière *f*.
**cemetery** [ˈsemɪtrɪ] *n* cimetière *m*.
**cent** [sent] *n (Am)* cent *m*.
**center** [ˈsentəʳ] *(Am)* = **centre**.

**centigrade** ['sentɪgreɪd] *adj* centigrade.

**centimetre** ['sentɪ,mi:tə^r] *n* centimètre *m.*

**centipede** ['sentɪpi:d] *n* mille-pattes *m inv.*

**central** ['sentrəl] *adj* central(-e).

**central heating** *n* chauffage *m* central.

**central locking** [-'lɒkɪŋ] *n* verrouillage *m* centralisé.

**central reservation** *n (Br)* terre-plein *m* central.

**centre** ['sentə^r] *n (Br)* centre *m* ◆ *adj (Br)* central(-e).

**century** ['sentʃʊrɪ] *n* siècle *m.*

**ceramic** [sɪ'ræmɪk] *adj* en céramique ❑ **ceramics** *npl (objects)* céramiques *fpl.*

**cereal** ['sɪərɪəl] *n* céréales *fpl.*

**ceremony** ['serɪmənɪ] *n* cérémonie *f.*

**certain** ['sɜ:tn] *adj* certain(-e); **to be ~ of sthg** être certain de qqch; **to make ~ (that)** s'assurer que.

**certainly** ['sɜ:tnlɪ] *adv (without doubt)* vraiment; *(of course)* bien sûr, certainement.

**certificate** [sə'tɪfɪkət] *n* certificat *m.*

**certify** ['sɜ:tɪfaɪ] *vt (declare true)* certifier.

**chain** [tʃeɪn] *n* chaîne *f*; *(of islands)* chapelet *m* ◆ *vt*: **to ~ sthg to sthg** attacher qqch à qqch (avec une chaîne).

**chain store** *n* grand magasin *m (à succursales multiples).*

**chair** [tʃeə^r] *n* chaise *f*; *(armchair)* fauteuil *m.*

**chair lift** *n* télésiège *m.*

**chairman** ['tʃeəmən] *(pl* **-men** [-mən]) *n* président *m.*

**chairperson** ['tʃeə,pɜ:sn] *n* président *m* (-e *f*).

**chairwoman** ['tʃeə,wʊmən] *(pl* **-women** [-,wɪmɪn]) *n* présidente *f.*

**chalet** ['ʃæleɪ] *n* chalet *m*; *(at holiday camp)* bungalow *m.*

**chalk** [tʃɔ:k] *n* craie *f*; **a piece of ~** une craie.

**chalkboard** ['tʃɔ:kbɔ:d] *n (Am)* tableau *m* (noir).

**challenge** ['tʃælɪndʒ] *n* défi *m* ◆ *vt (question)* remettre en question; **to ~ sb (to sthg)** *(to fight, competition)* défier qqn (à qqch).

**chamber** ['tʃeɪmbə^r] *n* chambre *f.*

**chambermaid** ['tʃeɪmbəmeɪd] *n* femme *f* de chambre.

**champagne** [,ʃæm'peɪn] *n* champagne *m.*

**champion** ['tʃæmpjən] *n* champion *m* (-ionne *f*).

**championship** ['tʃæmpjənʃɪp] *n* championnat *m.*

**chance** [tʃɑ:ns] *n (luck)* hasard *m*; *(possibility)* chance *f*; *(opportunity)* occasion *f* ◆ *vt*: **to ~ it** *(inf)* tenter le coup; **to take a ~** prendre un risque; **by ~** par hasard; **on the off ~** à tout hasard.

**Chancellor of the Exchequer** [,tʃɑ:nsələrəvðəɪks'tʃekə^r] *n (Br)* = ministre *m* des Finances.

**chandelier** [,ʃændə'lɪə^r] *n* lustre *m.*

**change** [tʃeɪndʒ] *n* changement *m*; *(money)* monnaie *f* ◆ *vt* changer; *(switch)* changer de; *(exchange)* échanger ◆ *vi* changer; *(change clothes)* se changer; **a ~ of clothes** des vêtements de rechange; **do you have ~ for a pound?** avez-vous la monnaie d'une livre?; **for a ~** pour changer; **to get ~d** se changer; **to ~ money** changer de l'argent; **to ~ a nappy** changer une couche; **to ~ trains/planes** changer de train/d'avion; **to ~ a wheel** changer une roue; **all ~!** *(on train)* tout le monde descend!

**changeable** ['tʃeɪndʒəbl] *adj (weather)* variable.

**change machine** *n* monnayeur *m*.

**changing room** ['tʃeɪndʒɪŋ-] *n (for sport)* vestiaire *m*; *(in shop)* cabine *f* d'essayage.

**channel** ['tʃænl] *n (on TV)* chaîne *f*; *(on radio)* station *f*; *(in sea)* chenal *m*; *(for irrigation)* canal *m*; **the (English) Channel** la Manche.

**Channel Islands** *npl*: **the ~** les îles *fpl* Anglo-Normandes.

**Channel Tunnel** *n*: **the ~** le tunnel sous la Manche.

---

**i CHANNEL TUNNEL**

Le tunnel sous la Manche relie, depuis 1994, les villes de Cheriton, près de Folkestone, et de Coquelles, près de Calais. Les véhicules sont transportés sur un train appelé «Le Shuttle». Par ailleurs, de nombreux trains de passagers relient directement Londres à diverses grandes villes européennes.

---

**chant** [tʃɑːnt] *vt (RELIG)* chanter; *(words, slogan)* scander.

**chaos** ['keɪɒs] *n* chaos *m*.

**chaotic** [keɪ'ɒtɪk] *adj* chaotique.

**chap** [tʃæp] *n (Br: inf)* type *m*.

**chapel** ['tʃæpl] *n* chapelle *f*.

**chapped** [tʃæpt] *adj* gercé(-e).

**chapter** ['tʃæptəʳ] *n* chapitre *m*.

**character** ['kærəktəʳ] *n* caractère *m*; *(in film, book, play)* personnage *m*; *(inf: person, individual)* individu *m*.

**characteristic** [ˌkærəktə'rɪstɪk] *adj* caractéristique ◆ *n* caractéristique *f*.

**charcoal** ['tʃɑːkəʊl] *n (for barbecue)* charbon *m* de bois.

**charge** [tʃɑːdʒ] *n (cost)* frais *mpl*; *(JUR)* chef *m* d'accusation ◆ *vt (money, customer)* faire payer; *(JUR)* inculper; *(battery)* recharger ◆ *vi (ask money)* faire payer; *(rush)* se précipiter; **to be in ~ (of)** être responsable (de); **to take ~** prendre les choses en main; **to take ~ of** prendre en charge; **free of ~** gratuitement; **extra ~** supplément *m*; **there is no ~ for service** le service est gratuit.

**char-grilled** ['tʃɑːgrɪld] *adj* grillé(-e).

**charity** ['tʃærətɪ] *n* association *f* caritative; **to give to ~** donner aux œuvres.

**charity shop** *n magasin aux employés bénévoles, dont les bénéfices sont versés à une œuvre.*

**charm** [tʃɑːm] *n (attractiveness)* charme *m* ◆ *vt* charmer.

**charming** ['tʃɑːmɪŋ] *adj* charmant(-e).

**chart** [tʃɑːt] *n (diagram)* graphique *m*; *(map)* carte *f*; **the ~s** le hit-parade.

**chartered accountant** [ˌtʃɑːtəd-] *n* expert-comptable *m*.

**charter flight** ['tʃɑːtə-] *n* vol *m* charter.

**chase** [tʃeɪs] *n* poursuite *f* ◆ *vt*

poursuivre.

**chat** [tʃæt] *n* conversation *f* ◆ *vi* causer, bavarder; **to have a ~ (with)** bavarder (avec) ❑ **chat up** *vt sep (Br: inf)* baratiner.

**château** [ˈʃætəʊ] *n* château *m*.

**chat show** *n (Br)* talk-show *m*.

**chatty** [ˈtʃætɪ] *adj* bavard(-e).

**chauffeur** [ˈʃəʊfəʳ] *n* chauffeur *m*.

**cheap** [tʃiːp] *adj* bon marché *(inv)*.

**cheap day return** *n (Br) billet aller-retour dans la journée, sur certains trains seulement.*

**cheaply** [ˈtʃiːplɪ] *adv* à bon marché.

**cheat** [tʃiːt] *n* tricheur *m* (-euse *f*) ◆ *vi* tricher ◆ *vt*: **to ~ sb (out of sthg)** escroquer (qqch à) qqn.

**check** [tʃek] *n (inspection)* contrôle *m*; *(Am: bill)* addition *f*; *(Am: tick)* = croix *f*; *(Am)* = **cheque** ◆ *vt (inspect)* contrôler; *(verify)* vérifier ◆ *vi* vérifier; **to ~ for sthg** vérifier qqch ❑ **check in** *vt sep (luggage)* enregistrer ◆ *vi (at hotel)* se présenter à la réception; *(at airport)* se présenter à l'enregistrement; **check off** *vt sep* cocher; **check out** *vi (pay hotel bill)* régler sa note; *(leave hotel)* quitter l'hôtel; **check up** *vi*: **to ~ up (on sthg)** vérifier (qqch); **to ~ up on sb** se renseigner sur qqn.

**checked** [tʃekt] *adj* à carreaux.

**checkers** [ˈtʃekəz] *n (Am)* jeu *m* de dames.

**check-in desk** *n* comptoir *m* d'enregistrement.

**checkout** [ˈtʃekaʊt] *n* caisse *f*.

**checkpoint** [ˈtʃekpɔɪnt] *n* poste *m* de contrôle.

**checkroom** [ˈtʃekrʊm] *n (Am)* consigne *f*.

**checkup** [ˈtʃekʌp] *n* bilan *m* de santé.

**cheddar (cheese)** [ˈtʃedəʳ-] *n variété très commune de fromage de vache.*

**cheek** [tʃiːk] *n* joue *f*; **what a ~!** quel culot!

**cheeky** [ˈtʃiːkɪ] *adj* culotté(-e).

**cheer** [tʃɪəʳ] *n* acclamation *f* ◆ *vi* applaudir et crier.

**cheerful** [ˈtʃɪəfʊl] *adj* gai(-e).

**cheerio** [ˌtʃɪərɪˈəʊ] *excl (Br: inf)* salut!

**cheers** [tʃɪəz] *excl (when drinking)* à la tienne/vôtre!; *(Br: inf: thank you)* merci!

**cheese** [tʃiːz] *n* fromage *m*.

**cheeseboard** [ˈtʃiːzbɔːd] *n* plateau *m* de fromages.

**cheeseburger** [ˈtʃiːzˌbɜːgəʳ] *n* cheeseburger *m*.

**cheesecake** [ˈtʃiːzkeɪk] *n gâteau au fromage blanc.*

**chef** [ʃef] *n* chef *m* (cuisinier).

**chef's special** *n* spécialité *f* du chef.

**chemical** [ˈkemɪkl] *adj* chimique ◆ *n* produit *m* chimique.

**chemist** [ˈkemɪst] *n (Br: pharmacist)* pharmacien *m* (-ienne *f*); *(scientist)* chimiste *mf*; **~'s** *(Br: shop)* pharmacie *f*.

**chemistry** [ˈkemɪstrɪ] *n* chimie *f*.

**cheque** [tʃek] *n (Br)* chèque *m*; **to pay by ~** payer par chèque.

**chequebook** [ˈtʃekbʊk] *n* chéquier *m*, carnet *m* de chèques.

**cheque card** *n carte à présenter, en guise de garantie, par le titulaire d'un compte lorsqu'il paye par chèque.*

**cherry** [ˈtʃerɪ] *n* cerise *f*.

**chess** [tʃes] *n* échecs *mpl*.
**chest** [tʃest] *n* poitrine *f*; *(box)* coffre *m*.
**chestnut** ['tʃesnʌt] *n* châtaigne *f* ◆ *adj (colour)* châtain *(inv)*.
**chest of drawers** *n* commode *f*.
**chew** [tʃu:] *vt* mâcher ◆ *n (sweet)* bonbon *m* mou.
**chewing gum** ['tʃu:ɪŋ-] *n* chewing-gum *m*.
**chic** [ʃi:k] *adj* chic.
**chicken** ['tʃɪkɪn] *n* poulet *m*.
**chicken breast** *n* blanc *m* de poulet.
**chicken Kiev** [-'ki:ev] *n blancs de poulet farcis de beurre à l'ail et enrobés de chapelure.*
**chickenpox** ['tʃɪkɪnpɒks] *n* varicelle *f*.
**chickpea** ['tʃɪkpi:] *n* pois *m* chiche.
**chicory** ['tʃɪkərɪ] *n* endive *f*.
**chief** [tʃi:f] *adj (highest-ranking)* en chef; *(main)* principal(-e) ◆ *n* chef *m*.
**chiefly** ['tʃi:flɪ] *adv (mainly)* principalement; *(especially)* surtout.
**child** [tʃaɪld] (*pl* **children**) *n* enfant *mf*.
**child abuse** *n* mauvais traitements *mpl* à enfant.
**child benefit** *n (Br)* allocations *fpl* familiales.
**childhood** ['tʃaɪldhʊd] *n* enfance *f*.
**childish** ['tʃaɪldɪʃ] *adj (pej)* puéril(-e).
**childminder** ['tʃaɪld,maɪndə^r] *n (Br)* nourrice *f*.
**children** ['tʃɪldrən] *pl* → **child**.
**childrenswear** ['tʃɪldrənzweə^r] *n* vêtements *mpl* pour enfant.
**child seat** *n (in car)* siège *m* auto.
**Chile** ['tʃɪlɪ] *n* le Chili.
**chill** [tʃɪl] *n (illness)* coup *m* de froid ◆ *vt* mettre au frais; **there's a ~ in the air** il fait un peu frais.
**chilled** [tʃɪld] *adj* frais (fraîche); **"serve ~"** «servir frais».
**chilli** ['tʃɪlɪ] (*pl* **-ies**) *n (vegetable)* piment *m*; *(dish)* chili *m* con carne.
**chilli con carne** ['tʃɪlɪkɒn'kɑ:nɪ] *n* chili *m* con carne.
**chilly** ['tʃɪlɪ] *adj* froid(-e).
**chimney** ['tʃɪmnɪ] *n* cheminée *f*.
**chimneypot** ['tʃɪmnɪpɒt] *n* tuyau *m* de cheminée.
**chimpanzee** [,tʃɪmpən'zi:] *n* chimpanzé *m*.
**chin** [tʃɪn] *n* menton *m*.
**china** ['tʃaɪnə] *n (material)* porcelaine *f*.
**China** ['tʃaɪnə] *n* la Chine.
**Chinese** [,tʃaɪ'ni:z] *adj* chinois(-e) ◆ *n (language)* chinois *m* ◆ *npl*: **the ~** les Chinois *mpl*; **a ~ restaurant** un restaurant chinois.
**chip** [tʃɪp] *n (small piece)* éclat *m*; *(mark)* ébréchure *f*; *(counter)* jeton *m*; *(COMPUT)* puce *f* ◆ *vt* ébrécher ❑ **chips** *npl (Br: French fries)* frites *fpl*; *(Am: crisps)* chips *fpl*.
**chiropodist** [kɪ'rɒpədɪst] *n* pédicure *mf*.
**chisel** ['tʃɪzl] *n* ciseau *m*.
**chives** [tʃaɪvz] *npl* ciboulette *f*.
**chlorine** ['klɔ:ri:n] *n* chlore *m*.
**choc-ice** ['tʃɒkaɪs] *n (Br)* Esquimau® *m*.
**chocolate** ['tʃɒkələt] *n* chocolat *m* ◆ *adj* au chocolat.
**chocolate biscuit** *n* biscuit *m*

au chocolat.

**choice** [tʃɔɪs] *n* choix *m* ◆ *adj (meat, ingredients)* de choix; **the topping of your ~** la garniture de votre choix.

**choir** ['kwaɪəʳ] *n* chœur *m*.

**choke** [tʃəʊk] *n (AUT)* starter *m* ◆ *vt (strangle)* étrangler; *(block)* boucher ◆ *vi* s'étrangler.

**cholera** ['kɒlərə] *n* choléra *m*.

**choose** [tʃu:z] (*pt* **chose**, *pp* **chosen**) *vt & vi* choisir; **to ~ to do sthg** choisir de faire qqch.

**chop** [tʃɒp] *n (of meat)* côtelette *f* ◆ *vt* couper ❑ **chop down** *vt sep* abattre; **chop up** *vt sep* couper en morceaux.

**chopper** ['tʃɒpəʳ] *n (inf: helicopter)* hélico *m*.

**chopping board** ['tʃɒpɪŋ-] *n* planche *f* à découper.

**choppy** ['tʃɒpɪ] *adj* agité(-e).

**chopsticks** ['tʃɒpstɪks] *npl* baguettes *fpl*.

**chop suey** [,tʃɒp'su:ɪ] *n* chop suey *m (émincé de porc ou de poulet avec riz, légumes et germes de soja)*.

**chord** [kɔ:d] *n* accord *m*.

**chore** [tʃɔ:ʳ] *n* corvée *f*.

**chorus** ['kɔ:rəs] *n (part of song)* refrain *m*; *(singers)* troupe *f*.

**chose** [tʃəʊz] *pt* → **choose**.

**chosen** ['tʃəʊzn] *pp* → **choose**.

**choux pastry** [ʃu:-] *n* pâte *f* à choux.

**chowder** ['tʃaʊdəʳ] *n soupe de poisson ou de fruits de mer*.

**chow mein** [,tʃaʊ'meɪn] *n* chow mein *m (nouilles frites avec légumes, viande ou fruits de mer)*.

**Christ** [kraɪst] *n* le Christ.

**christen** ['krɪsn] *vt (baby)* baptiser.

**Christian** ['krɪstʃən] *adj* chrétien(-ienne) ◆ *n* chrétien *m* (-ienne *f*).

**Christian name** *n* prénom *m*.

**Christmas** ['krɪsməs] *n* Noël *m*; **Happy ~!** joyeux Noël!

**Christmas card** *n* carte *f* de vœux.

**Christmas carol** [-'kærəl] *n* chant *m* de Noël.

**Christmas Day** *n* le jour de Noël.

**Christmas Eve** *n* la veille de Noël.

**Christmas pudding** *n pudding traditionnel de Noël*.

**Christmas tree** *n* sapin *m* de Noël.

**chrome** [krəʊm] *n* chrome *m*.

**chuck** [tʃʌk] *vt (inf) (throw)* balancer; *(boyfriend, girlfriend)* plaquer ❑ **chuck away** *vt sep (inf)* balancer.

**chunk** [tʃʌŋk] *n* gros morceau *m*.

**church** [tʃɜ:tʃ] *n* église *f*; **to go to ~** aller à l'église.

**churchyard** ['tʃɜ:tʃjɑ:d] *n* cimetière *m*.

**chute** [ʃu:t] *n* toboggan *m*.

**chutney** ['tʃʌtnɪ] *n* chutney *m*.

**cider** ['saɪdəʳ] *n* cidre *m*.

**cigar** [sɪ'gɑ:ʳ] *n* cigare *m*.

**cigarette** [,sɪgə'ret] *n* cigarette *f*.

**cigarette lighter** *n* briquet *m*.

**cinema** ['sɪnəmə] *n* cinéma *m*.

**cinnamon** ['sɪnəmən] *n* cannelle *f*.

**circle** ['sɜ:kl] *n* cercle *m*; *(in theatre)* balcon *m* ◆ *vt (draw circle around)* encercler; *(move round)* tourner autour de ◆ *vi (plane)* tourner en rond.

**circuit** ['sɜ:kɪt] *n (track)* circuit *m*; *(lap)* tour *m*.

**circular** ['sɜ:kjʊlə^r] *adj* circulaire ◆ *n* circulaire *f*.

**circulation** [,sɜ:kjʊ'leɪʃn] *n (of blood)* circulation *f*; *(of newspaper, magazine)* tirage *m*.

**circumstances** ['sɜ:kəmstənsɪz] *npl* circonstances *fpl*; **in** OR **under the ~** étant donné les circonstances.

**circus** ['sɜ:kəs] *n* cirque *m*.

**cistern** ['sɪstən] *n (of toilet)* réservoir *m*.

**citizen** ['sɪtɪzn] *n (of country)* citoyen *m* (-enne *f*); *(of town)* habitant *m* (-e *f*).

**city** ['sɪtɪ] *n* ville *f*; **the City** la City.

**city centre** *n* centre-ville *m*.

**city hall** *n (Am)* mairie *f*.

**civilian** [sɪ'vɪljən] *n* civil *m*.

**civilized** ['sɪvɪlaɪzd] *adj* civilisé(-e).

**civil rights** [,sɪvl-] *npl* droits *mpl* civiques.

**civil servant** [,sɪvl-] *n* fonctionnaire *mf*.

**civil service** [,sɪvl-] *n* fonction *f* publique.

**civil war** [,sɪvl-] *n* guerre *f* civile.

**cl** *(abbr of centilitre)* cl.

**claim** [kleɪm] *n (assertion)* affirmation *f*; *(demand)* revendication *f*; *(for insurance)* demande *f* d'indemnité ◆ *vt (allege)* prétendre; *(benefit, responsibility)* revendiquer ◆ *vi (on insurance)* faire une demande d'indemnité.

**claimant** ['kleɪmənt] *n (of benefit)* demandeur *m* (-euse *f*).

**claim form** *n* formulaire *m* de déclaration de sinistre.

**clam** [klæm] *n* palourde *f*.

**clamp** [klæmp] *n (for car)* sabot *m* de Denver ◆ *vt (car)* poser un sabot (de Denver) à.

**clap** [klæp] *vi* applaudir.

**claret** ['klærət] *n* bordeaux *m* rouge.

**clarinet** [,klærə'net] *n* clarinette *f*.

**clash** [klæʃ] *n (noise)* fracas *m*; *(confrontation)* affrontement *m* ◆ *vi (colours)* jurer; *(events, dates)* tomber en même temps.

**clasp** [klɑ:sp] *n (fastener)* fermoir *m* ◆ *vt* serrer.

**class** [klɑ:s] *n* classe *f*; *(teaching period)* cours *m* ◆ *vt*: **to ~ sb/sthg (as)** classer qqn/qqch (comme).

**classic** ['klæsɪk] *adj* classique ◆ *n* classique *m*.

**classical** ['klæsɪkl] *adj* classique.

**classical music** *n* musique *f* classique.

**classification** [,klæsɪfɪ'keɪʃn-] *n* classification *f*; *(category)* catégorie *f*.

**classified ads** [,klæsɪfaɪd-] *npl* petites annonces *fpl*.

**classroom** ['klɑ:srʊm] *n* salle *f* de classe.

**claustrophobic** [,klɔ:strə'fəʊbɪk] *adj (person)* claustrophobe; *(place)* étouffant(-e).

**claw** [klɔ:] *n (of bird, cat, dog)* griffe *f*; *(of crab, lobster)* pince *f*.

**clay** [kleɪ] *n* argile *f*.

**clean** [kli:n] *vt* nettoyer ◆ *adj* propre; *(unused)* vierge; **I have a ~ driving licence** je n'ai jamais eu de contraventions graves; **to ~ one's teeth** se laver les dents.

**cleaner** ['kliːnəʳ] *n (woman)* femme *f* de ménage; *(man)* agent *m* d'entretien; *(substance)* produit *m* d'entretien.

**cleanse** [klenz] *vt* nettoyer.

**cleanser** ['klenzəʳ] *n (for skin)* démaquillant *m*; *(detergent)* détergent *m*.

**clear** [klɪəʳ] *adj* clair(-e); *(glass)* transparent(-e); *(easy to see)* net (nette); *(easy to hear)* distinct(-e); *(road, path)* dégagé(-e) ◆ *vt (road, path)* dégager; *(jump over)* franchir; *(declare not guilty)* innocenter; *(authorize)* autoriser; *(cheque)* compenser ◆ *vi (weather, fog)* se lever; **to be ~ (about sthg)** être sûr (de qqch); **to ~ one's throat** s'éclaircir la voix; **to ~ the table** débarrasser la table; **~ soup** bouillon *m* ❑ **clear up** *vt sep (room, toys)* ranger; *(problem, confusion)* éclaircir ◆ *vi (weather)* s'éclaircir; *(tidy up)* ranger.

**clearance** ['klɪərəns] *n (authorization)* autorisation *f*; *(free distance)* espace *m*; *(for takeoff)* autorisation de décollage.

**clearing** ['klɪərɪŋ] *n* clairière *f*.

**clearly** ['klɪəlɪ] *adv* clairement; *(obviously)* manifestement.

**clearway** ['klɪəweɪ] *n (Br)* route *f* à stationnement interdit.

**clementine** ['kleməntaɪn] *n* clémentine *f*.

**clerk** [*Br* klɑːk, *Am* klɜːrk] *n (in office)* employé *m* (-e *f*) (de bureau); *(Am: in shop)* vendeur *m* (-euse *f*).

**clever** ['klevəʳ] *adj (intelligent)* intelligent(-e); *(skilful)* adroit(-e); *(idea, device)* ingénieux(-ieuse).

**click** [klɪk] *n* déclic *m* ◆ *vi* faire un déclic.

**client** ['klaɪənt] *n* client *m* (-e *f*).

**cliff** [klɪf] *n* falaise *f*.

**climate** ['klaɪmɪt] *n* climat *m*.

**climax** ['klaɪmæks] *n* apogée *m*.

**climb** [klaɪm] *vt (steps)* monter; *(hill)* grimper; *(tree, ladder)* grimper à ◆ *vi* grimper; *(plane)* prendre de l'altitude ❑ **climb down** *vt fus* descendre de ◆ *vi* descendre; **climb up** *vt fus (steps)* monter; *(hill)* grimper; *(tree, ladder)* grimper à.

**climber** ['klaɪməʳ] *n (mountaineer)* alpiniste *mf*; *(rock climber)* varappeur *m* (-euse *f*).

**climbing** ['klaɪmɪŋ] *n (mountaineering)* alpinisme *m*; *(rock climbing)* varappe *f*; **to go ~** faire de l'alpinisme; faire de la varappe.

**climbing frame** *n (Br)* cage *f* à poules.

**clingfilm** ['klɪŋfɪlm] *n (Br)* film *m* alimentaire.

**clinic** ['klɪnɪk] *n* clinique *f*.

**clip** [klɪp] *n (fastener)* pince *f*; *(for paper)* trombone *m*; *(of film, programme)* extrait *m* ◆ *vt (fasten)* attacher; *(cut)* couper.

**cloak** [kləʊk] *n* cape *f*.

**cloakroom** ['kləʊkrʊm] *n (for coats)* vestiaire *m*; *(Br: toilet)* toilettes *fpl*.

**clock** [klɒk] *n (small)* pendule *f*; *(large)* horloge *f*; *(mileometer)* compteur *m*; **round the ~** 24 heures sur 24.

**clockwise** ['klɒkwaɪz] *adv* dans le sens des aiguilles d'une montre.

**clog** [klɒg] *n* sabot *m* ◆ *vt*

boucher.

**close**[1] [kləʊs] *adj* proche; *(contact, link)* étroit(-e); *(examination)* approfondi(-e); *(race, contest)* serré(-e) ◆ *adv* près; **~ by** tout près; **~ to** *(near)* près de; *(on the verge of)* au bord de.

**close**[2] [kləʊz] *vt* fermer ◆ *vi (door, eyes)* se fermer; *(shop, office)* fermer; *(deadline, meeting)* prendre fin ❑ **close down** *vt sep & vi* fermer.

**closed** [kləʊzd] *adj* fermé(-e).

**closely** ['kləʊslɪ] *adv (related)* étroitement; *(follow, examine)* de près.

**closet** ['klɒzɪt] *n (Am)* placard *m*.

**close-up** ['kləʊs-] *n* gros plan *m*.

**closing time** ['kləʊzɪŋ-] *n* heure *f* de fermeture.

**clot** [klɒt] *n (of blood)* caillot *m*.

**cloth** [klɒθ] *n (fabric)* tissu *m*; *(piece of cloth)* chiffon *m*.

**clothes** [kləʊðz] *npl* vêtements *mpl*.

**clothesline** ['kləʊðzlaɪn] *n* corde *f* à linge.

**clothes peg** *n (Br)* pince *f* à linge.

**clothespin** ['kləʊðzpɪn] *(Am)* = clothes peg.

**clothes shop** *n* magasin *m* de vêtements.

**clothing** ['kləʊðɪŋ] *n* vêtements *mpl*.

**clotted cream** [,klɒtɪd-] *n crème fraîche très épaisse, typique du sud-ouest de l'Angleterre.*

**cloud** [klaʊd] *n* nuage *m*.

**cloudy** ['klaʊdɪ] *adj* nuageux(-euse); *(liquid)* trouble.

**clove** [kləʊv] *n (of garlic)* gousse *f* ❑ **cloves** *npl (spice)* clous *mpl* de girofle.

**clown** [klaʊn] *n* clown *m*.

**club** [klʌb] *n (organization)* club *m*; *(nightclub)* boîte *f* (de nuit); *(stick)* massue *f* ❑ **clubs** *npl (in cards)* trèfle *m*.

**clubbing** ['klʌbɪŋ] *n*: **to go ~** *(inf)* aller en boîte.

**club class** *n* classe *f* club.

**club sandwich** *n (Am) sandwich à deux ou plusieurs étages.*

**club soda** *n (Am)* eau *f* de Seltz.

**clue** [klu:] *n (information)* indice *m*; *(in crossword)* définition *f*; **I haven't got a ~!** aucune idée!

**clumsy** ['klʌmzɪ] *adj (person)* maladroit(-e).

**clutch** [klʌtʃ] *n* embrayage *m* ◆ *vt* agripper.

**cm** *(abbr of centimetre)* cm.

**c/o** *(abbr of care of)* a/s.

**Co.** *(abbr of company)* Cie.

**coach** [kəʊtʃ] *n (bus)* car *m*, autocar *m*; *(of train)* voiture *f*; *(SPORT)* entraîneur *m* (-euse *f*).

**coach party** *n (Br)* groupe *m* d'excursionnistes en car.

**coach station** *n* gare *f* routière.

**coach trip** *n (Br)* excursion *f* en car.

**coal** [kəʊl] *n* charbon *m*.

**coal mine** *n* mine *f* de charbon.

**coarse** [kɔ:s] *adj* grossier(-ière).

**coast** [kəʊst] *n* côte *f*.

**coaster** ['kəʊstə^r] *n (for glass)* dessous *m* de verre.

**coastguard** ['kəʊstgɑ:d] *n (person)* garde-côte *m*; *(organization)* gendarmerie *f* maritime.

**coastline** ['kəʊstlaɪn] *n* littoral *m*.

**coat** [kəʊt] *n* manteau *m*; *(of animal)* pelage *m* ◆ *vt*: **to ~ sthg (with)** recouvrir qqch (de).
**coat hanger** *n* cintre *m*.
**coating** ['kəʊtɪŋ] *n* *(on surface)* couche *f*; *(on food)* enrobage *m*.
**cobbled street** ['kɒbld-] *n* rue *f* pavée.
**cobbles** ['kɒblz] *npl* pavés *mpl*.
**cobweb** ['kɒbweb] *n* toile *f* d'araignée.
**Coca-Cola®** [,kəʊkə'kəʊlə] *n* Coca-Cola® *m inv*.
**cocaine** [kəʊ'keɪn] *n* cocaïne *f*.
**cock** [kɒk] *n* *(male chicken)* coq *m*.
**cock-a-leekie** [,kɒkə'li:kɪ] *n* *potage typiquement écossais aux poireaux et au poulet*.
**cockerel** ['kɒkrəl] *n* jeune coq *m*.
**cockles** ['kɒklz] *npl* coques *fpl*.
**cockpit** ['kɒkpɪt] *n* cockpit *m*.
**cockroach** ['kɒkrəʊtʃ] *n* cafard *m*.
**cocktail** ['kɒkteɪl] *n* cocktail *m*.
**cocktail party** *n* cocktail *m*.
**cock-up** *n* *(Br: vulg)*: **to make a ~ of sthg** faire foirer qqch.
**cocoa** ['kəʊkəʊ] *n* cacao *m*.
**coconut** ['kəʊkənʌt] *n* noix *f* de coco.
**cod** [kɒd] *(pl inv)* *n* morue *f*.
**code** [kəʊd] *n* code *m*; *(dialling code)* indicatif *m*.
**cod-liver oil** *n* huile *f* de foie de morue.
**coeducational** [,kəʊedju:'keɪʃənl] *adj* mixte.
**coffee** ['kɒfɪ] *n* café *m*; **black/white ~** café noir/au lait; **ground/instant ~** café moulu/soluble.
**coffee bar** *n* *(Br)* cafétéria *f*.
**coffee break** *n* pause-café *f*.
**coffeepot** ['kɒfɪpɒt] *n* cafetière *f*.
**coffee shop** *n* *(cafe)* café *m*; *(in store etc)* cafétéria *f*.
**coffee table** *n* table *f* basse.
**coffin** ['kɒfɪn] *n* cercueil *m*.
**cog(wheel)** ['kɒg(wi:l)] *n* roue *f* dentée.
**coil** [kɔɪl] *n* *(of rope)* rouleau *m*; *(Br: contraceptive)* stérilet *m* ◆ *vt* enrouler.
**coin** [kɔɪn] *n* pièce *f* (de monnaie).
**coinbox** ['kɔɪnbɒks] *n* *(Br)* cabine *f* (téléphonique) à pièces.
**coincide** [,kəʊɪn'saɪd] *vi*: **to ~ (with)** coïncider (avec).
**coincidence** [kəʊ'ɪnsɪdəns] *n* coïncidence *f*.
**Coke®** [kəʊk] *n* Coca® *m inv*.
**colander** ['kʌləndəʳ] *n* passoire *f*.
**cold** [kəʊld] *adj* froid(-e) ◆ *n* *(illness)* rhume *m*; *(low temperature)* froid *m*; **to get ~** *(food, water, weather)* se refroidir; *(person)* avoir froid; **to catch (a) ~** attraper un rhume.
**cold cuts** *(Am)* = **cold meats**.
**cold meats** *npl* viandes *fpl* froides.
**coleslaw** ['kəʊlslɔ:] *n* *salade de chou et de carottes râpés à la mayonnaise*.
**colic** ['kɒlɪk] *n* colique *f*.
**collaborate** [kə'læbəreɪt] *vi* collaborer.
**collapse** [kə'læps] *vi* s'effondrer.
**collar** ['kɒləʳ] *n* *(of shirt, coat)* col *m*; *(of dog, cat)* collier *m*.
**collarbone** ['kɒləbəʊn] *n* cla-

vicule *f*.

**colleague** ['kɒli:g] *n* collègue *mf*.

**collect** [kə'lekt] *vt (gather)* ramasser; *(information)* recueillir; *(as a hobby)* collectionner; *(go and get)* aller chercher; *(money)* collecter ◆ *vi (dust, leaves, crowd)* s'amasser ◆ *adv (Am)*: **to call (sb) ~** appeler (qqn) en PCV.

**collection** [kə'lekʃn] *n (of stamps, coins etc)* collection *f*; *(of stories, poems)* recueil *m*; *(of money)* collecte *f*; *(of mail)* levée *f*.

**collector** [kə'lektəʳ] *n (as a hobby)* collectionneur *m* (-euse *f*).

**college** ['kɒlɪdʒ] *n (school)* école *f* d'enseignement supérieur; *(Br: of university) organisation indépendante d'étudiants et de professeurs au sein d'une université*; *(Am: university)* université *f*.

**collide** [kə'laɪd] *vi*: **to ~ (with)** entrer en collision (avec).

**collision** [kə'lɪʒn] *n* collision *f*.

**cologne** [kə'ləʊn] *n* eau *f* de Cologne.

**colon** ['kəʊlən] *n (GRAMM)* deux-points *m*.

**colonel** ['kɜ:nl] *n* colonel *m*.

**colony** ['kɒlənɪ] *n* colonie *f*.

**color** ['kʌləʳ] *(Am)* = **colour**.

**colour** ['kʌləʳ] *n* couleur *f* ◆ *adj (photograph, film)* en couleur ◆ *vt (hair, food)* colorer ❑ **colour in** *vt sep* colorier.

**colour-blind** *adj* daltonien(-ienne).

**colourful** ['kʌləfʊl] *adj* coloré(-e).

**colouring** ['kʌlərɪŋ] *n (of food)* colorant *m*; *(complexion)* teint *m*.

**colouring book** *n* album *m* de coloriages.

**colour supplement** *n* supplément *m* en couleur.

**colour television** *n* télévision *f* couleur.

**column** ['kɒləm] *n* colonne *f*; *(newspaper article)* rubrique *f*.

**coma** ['kəʊmə] *n* coma *m*.

**comb** [kəʊm] *n* peigne *m* ◆ *vt*: **to ~ one's hair** se peigner.

**combination** [,kɒmbɪ'neɪʃn] *n* combinaison *f*.

**combine** [kəm'baɪn] *vt*: **to ~ sthg (with)** combiner qqch (avec).

**combine harvester** ['kɒmbaɪn-'hɑ:vɪstəʳ] *n* moissonneuse-batteuse *f*.

**come** [kʌm] (*pt* **came**, *pp* **come**) *vi* 1. *(move)* venir; **we came by taxi** nous sommes venus en taxi; **~ and see!** venez voir!; **~ here!** viens ici!

2. *(arrive)* arriver; **they still haven't ~** ils ne sont toujours pas arrivés; **to ~ home** rentrer chez soi; **"coming soon"** «prochainement».

3. *(in order)*: **to ~ first** *(in sequence)* venir en premier; *(in competition)* se classer premier; **to ~ last** *(in sequence)* venir en dernier; *(in competition)* se classer dernier.

4. *(reach)*: **to ~ down to** arriver à; **to ~ up to** arriver à.

5. *(become)*: **to ~ undone** se défaire; **to ~ true** se réaliser.

6. *(be sold)* être vendu; **they ~ in packs of six** ils sont vendus par paquets de six.

❑ **come across** *vt fus* tomber sur; **come along** *vi (progress)* avancer; *(arrive)* arriver; **~ along!** allez!; **come apart** *vi* tomber en morceaux; **come back** *vi* revenir;

**come down** *vi (price)* baisser; **come down with** *vt fus (illness)* attraper; **come from** *vt fus* venir de; **come in** *vi (enter)* entrer; *(arrive)* arriver; *(tide)* monter; **~ in!** entrez!; **come off** *vi (button, top)* tomber; *(succeed)* réussir; **come on** *vi (progress)* progresser; **~ on!** allez!; **come out** *vi* sortir; *(stain)* partir; *(sun, moon)* paraître; **come over** *vi (visit)* venir (en visite); **come round** *vi (visit)* passer; *(regain consciousness)* reprendre connaissance; **come to** *vt fus (subj: bill)* s'élever à; **come up** *vi (go upstairs)* monter; *(be mentioned)* être soulevé; *(happen, arise)* se présenter; *(sun, moon)* se lever; **come up with** *vt fus (idea)* avoir.

**comedian** [kə'miːdjən] *n* comique *mf*.

**comedy** ['kɒmədɪ] *n (TV programme, film, play)* comédie *f*; *(humour)* humour *m*.

**comfort** ['kʌmfət] *n* confort *m*; *(consolation)* réconfort *m* ◆ *vt* réconforter.

**comfortable** ['kʌmftəbl] *adj (chair, shoes, hotel)* confortable; *(person)* à l'aise; **to be ~** *(after operation, illness)* aller bien.

**comic** ['kɒmɪk] *adj* comique ◆ *n (person)* comique *mf*; *(magazine)* bande *f* dessinée.

**comical** ['kɒmɪkl] *adj* comique.

**comic strip** *n* bande *f* dessinée.

**comma** ['kɒmə] *n* virgule *f*.

**command** [kə'mɑːnd] *n (order)* ordre *m*; *(mastery)* maîtrise *f* ◆ *vt (order)* commander à; *(be in charge of)* commander.

**commander** [kə'mɑːndə[r]] *n (army officer)* commandant *m*; *(Br: in navy)* capitaine *m* de frégate.

**commemorate** [kə'meməreɪt] *vt* commémorer.

**commence** [kə'mens] *vi (fml)* débuter.

**comment** ['kɒment] *n* commentaire *m* ◆ *vi* faire des commentaires.

**commentary** ['kɒməntrɪ] *n (on TV, radio)* commentaire *m*.

**commentator** ['kɒmənteɪtə[r]] *n (on TV, radio)* commentateur *m* (-trice *f*).

**commerce** ['kɒmɜːs] *n* commerce *m*.

**commercial** [kə'mɜːʃl] *adj* commercial(-e) ◆ *n* publicité *f*.

**commercial break** *n* page *f* de publicité.

**commission** [kə'mɪʃn] *n* commission *f*.

**commit** [kə'mɪt] *vt (crime, sin)* commettre; **to ~ o.s. (to doing sthg)** s'engager (à faire qqch); **to ~ suicide** se suicider.

**committee** [kə'mɪtɪ] *n* comité *m*.

**commodity** [kə'mɒdətɪ] *n* marchandise *f*.

**common** ['kɒmən] *adj* commun(-e) ◆ *n (Br: land)* terrain *m* communal; **in ~** *(shared)* en commun.

**commonly** ['kɒmənlɪ] *adv (generally)* communément.

**Common Market** *n* Marché *m* commun.

**common room** *n (for students)* salle *f* commune; *(for teachers)* salle *f* des professeurs.

**common sense** *n* bon sens *m*.

**Commonwealth** ['kɒmənwelθ] *n*: **the ~** le Commonwealth.
**communal** ['kɒmjʊnl] *adj (bathroom, kitchen)* commun(-e).
**communicate** [kə'mju:nɪkeɪt] *vi*: **to ~ (with)** communiquer (avec).
**communication** [kə,mju:nɪ'keɪʃn] *n* communication *f*.
**communication cord** *n (Br)* sonnette *f* d'alarme.
**communist** ['kɒmjʊnɪst] *n* communiste *mf*.
**community** [kə'mju:nətɪ] *n* communauté *f*.
**community centre** *n* = foyer *m* municipal.
**commute** [kə'mju:t] *vi faire chaque jour la navette entre son domicile et son travail.*
**compact** [*adj* kəm'pækt, *n* ,kɒmpækt] *adj* compact(-e) ◆ *n (for make-up)* poudrier *m*; *(Am: car)* petite voiture *f*.
**compact disc** [,kɒmpækt-] *n* Compact Disc® *m*, compact *m*.
**compact disc player** *n* lecteur *m* CD.
**company** ['kʌmpənɪ] *n (business)* société *f*; *(companionship)* compagnie *f*; *(guests)* visite *f*; **to keep sb ~** tenir compagnie à qqn.
**company car** *n* voiture *f* de fonction.
**comparatively** [kəm'pærətɪvlɪ] *adv (relatively)* relativement.
**compare** [kəm'peə^r] *vt*: **to ~ sthg (with)** comparer qqch (à OR avec); **~d with** par rapport à.
**comparison** [kəm'pærɪsn] *n* comparaison *f*; **in ~ with** par rapport à.
**compartment** [kəm'pɑ:tmənt] *n* compartiment *m*.
**compass** ['kʌmpəs] *n (magnetic)* boussole *f*; **(a pair of) ~es** un compas.
**compatible** [kəm'pætəbl] *adj* compatible.
**compensate** ['kɒmpenseɪt] *vt* compenser ◆ *vi*: **to ~ (for sthg)** compenser (qqch); **to ~ sb for sthg** dédommager qqn de qqch.
**compensation** [,kɒmpen'seɪʃn] *n (money)* dédommagement *m*.
**compete** [kəm'pi:t] *vi*: **to ~ in** participer à; **to ~ with sb for sthg** rivaliser avec qqn pour obtenir qqch.
**competent** ['kɒmpɪtənt] *adj* compétent(-e).
**competition** [,kɒmpɪ'tɪʃn] *n* compétition *f*; *(contest)* concours *m*; *(between firms)* concurrence *f*; **the ~** *(rivals)* la concurrence.
**competitive** [kəm'petətɪv] *adj (price)* compétitif(-ive); *(person)* qui a l'esprit de compétition.
**competitor** [kəm'petɪtə^r] *n* concurrent *m* (-e *f*).
**complain** [kəm'pleɪn] *vi*: **to ~ (about)** se plaindre (de).
**complaint** [kəm'pleɪnt] *n (statement)* plainte *f*; *(in shop)* réclamation *f*; *(illness)* maladie *f*.
**complement** ['kɒmplɪ,ment] *vt* compléter.
**complete** [kəm'pli:t] *adj* complet(-ète); *(finished)* achevé(-e) ◆ *vt (finish)* achever; *(a form)* remplir; *(make whole)* compléter; **~ with** équipé(-e) de.
**completely** [kəm'pli:tlɪ] *adv* complètement.
**complex** ['kɒmpleks] *adj* com-

plexe ♦ *n (buildings, mental)* complexe *m*.

**complexion** [kəm'plekʃn] *n (of skin)* teint *m*.

**complicated** ['kɒmplɪkeɪtɪd] *adj* compliqué(-e).

**compliment** [*n* 'kɒmplɪmənt, *vb* 'kɒmplɪment] *n* compliment *m* ♦ *vt (on dress)* faire des compliments à; *(on attitude)* féliciter.

**complimentary** [,kɒmplɪ'mentərɪ] *adj (seat, ticket)* gratuit(-e); *(words, person)* élogieux(-ieuse).

**compose** [kəm'pəʊz] *vt* composer; *(letter)* écrire; **to be ~d of** se composer de.

**composed** [kəm'pəʊzd] *adj* calme.

**composer** [kəm'pəʊzə$^r$] *n* compositeur *m* (-trice *f*).

**composition** [,kɒmpə'zɪʃn] *n (essay)* composition *f*.

**compound** ['kɒmpaʊnd] *n* composé *m*.

**comprehensive** [,kɒmprɪ'hensɪv] *adj* complet(-ète); *(insurance)* tous risques.

**comprehensive (school)** *n (Br)* ≃ CES *m*.

**compressed air** [kəm'prest-] *n* air *m* comprimé.

**comprise** [kəm'praɪz] *vt* comprendre.

**compromise** ['kɒmprəmaɪz] *n* compromis *m*.

**compulsory** [kəm'pʌlsərɪ] *adj* obligatoire.

**computer** [kəm'pju:tə$^r$] *n* ordinateur *m*.

**computer game** *n* jeu *m* électronique.

**computerized** [kəm'pju:təraɪzd] *adj* informatisé(-e).

**computer operator** *n* opérateur *m* (-trice *f*) de saisie.

**computer programmer** [-'prəʊgræmə$^r$] *n* programmeur *m* (-euse *f*).

**computing** [kəm'pju:tɪŋ] *n* informatique *f*.

**con** [kɒn] *n (inf: trick)* arnaque *f*; **all mod ~s** tout confort.

**conceal** [kən'si:l] *vt* dissimuler.

**conceited** [kən'si:tɪd] *adj (pej)* suffisant(-e).

**concentrate** ['kɒnsəntreɪt] *vi* se concentrer ♦ *vt*: **to be ~d** *(in one place)* être concentré; **to ~ on sthg** se concentrer sur qqch.

**concentrated** ['kɒnsəntreɪtɪd] *adj (juice, soup, baby food)* concentré(-e).

**concentration** [,kɒnsən'treɪʃn] *n* concentration *f*.

**concern** [kən'sɜ:n] *vt (be about)* traiter de; *(worry)* inquiéter; *(involve)* concerner ♦ *n (worry)* inquiétude *f*; *(interest)* intérêt *m*; *(COMM)* affaire *f*; **it's no ~ of yours** ça ne te regarde pas; **to be ~ed about** s'inquiéter pour; **to be ~ed with** *(be about)* traiter de; **to ~ o.s. with sthg** se préoccuper de qqch; **as far as I'm ~ed** en ce qui me concerne.

**concerned** [kən'sɜ:nd] *adj (worried)* inquiet(-iète).

**concerning** [kən'sɜ:nɪŋ] *prep* concernant.

**concert** ['kɒnsət] *n* concert *m*.

**concession** [kən'seʃn] *n (reduced price)* tarif *m* réduit.

**concise** [kən'saɪs] *adj* concis(-e).

**conclude** [kən'klu:d] *vt* conclure ♦ *vi (fml: end)* se conclure.

**conclusion** [kən'klu:ʒn] *n* conclusion *f*.
**concrete** ['kɒŋkri:t] *adj (building)* en béton; *(path)* cimenté(-e); *(idea, plan)* concret(-ète) ◆ *n* béton *m*.
**concussion** [kən'kʌʃn] *n* commotion *f* cérébrale.
**condensation** [,kɒnden'seɪʃn] *n* condensation *f*.
**condensed milk** [kən'denst-] *n* lait *m* condensé.
**condition** [kən'dɪʃn] *n (state)* état *m*; *(proviso)* condition *f*; *(illness)* maladie *f*; **to be out of ~** ne pas être en forme; **on ~ that** à condition que *(+ subjunctive)* ❑ **conditions** *npl (circumstances)* conditions *fpl*; **driving ~s** conditions atmosphériques.
**conditioner** [kən'dɪʃnəʳ] *n (for hair)* après-shampo(o)ing *m inv*; *(for clothes)* assouplissant *m*.
**condo** ['kɒndəʊ] *(Am: inf)* = **condominium**.
**condom** ['kɒndəm] *n* préservatif *m*.
**condominium** [,kɒndə'mɪnɪəm] *n (Am) (flat)* appartement *m* dans un immeuble en copropriété; *(block of flats)* immeuble *m* en copropriété.
**conduct** [*vb* kən'dʌkt, *n* 'kɒndʌkt] *vt (investigation, business)* mener; *(MUS)* diriger ◆ *n (fml: behaviour)* conduite *f*; **to ~ o.s.** *(fml)* se conduire.
**conductor** [kən'dʌktəʳ] *n (MUS)* chef *m* d'orchestre; *(on bus)* receveur *m*; *(Am: on train)* chef *m* de train.
**cone** [kəʊn] *n (shape)* cône *m*; *(for ice cream)* cornet *m (biscuit)*; *(on roads)* cône de signalisation.
**confectioner's** [kən'fekʃnəz] *n (shop)* confiserie *f*.
**confectionery** [kən'fekʃnərɪ] *n* confiserie *f*.
**conference** ['kɒnfərəns] *n* conférence *f*.
**confess** [kən'fes] *vi*: **to ~ (to)** avouer.
**confession** [kən'feʃn] *n (admission)* aveu *m*; *(RELIG)* confession *f*.
**confidence** ['kɒnfɪdəns] *n (self-assurance)* confiance *f* en soi, assurance *f*; *(trust)* confiance; **to have ~ in** avoir confiance en.
**confident** ['kɒnfɪdənt] *adj (self-assured)* sûr(-e) de soi; *(certain)* certain(-e).
**confined** [kən'faɪnd] *adj (space)* réduit(-e).
**confirm** [kən'fɜ:m] *vt* confirmer.
**confirmation** [,kɒnfə'meɪʃn] *n* confirmation *f*.
**conflict** [*n* 'kɒnflɪkt, *vb* kən'flɪkt] *n* conflit *m* ◆ *vi*: **to ~ (with)** être en contradiction (avec).
**conform** [kən'fɔ:m] *vi* se plier à la règle; **to ~ to** se conformer à.
**confuse** [kən'fju:z] *vt (person)* dérouter; **to ~ sthg with sthg** confondre qqch avec qqch.
**confused** [kən'fju:zd] *adj (person)* dérouté(-e); *(situation)* confus(-e).
**confusing** [kən'fju:zɪŋ] *adj* déroutant(-e).
**confusion** [kən'fju:ʒn] *n* confusion *f*.
**congested** [kən'dʒestɪd] *adj (street)* encombré(-e).
**congestion** [kən'dʒestʃn] *n (traffic)* encombrements *mpl*.
**congratulate** [kən'grætʃʊleɪt] *vt*: **to ~ sb (on sthg)** féliciter qqn

(de qqch).

**congratulations** [kən,grætʃʊ'leɪʃənz] *excl* félicitations!

**congregate** ['kɒŋgrɪgeɪt] *vi* se rassembler.

**Congress** ['kɒŋgres] *n (Am)* le Congrès.

**conifer** ['kɒnɪfəʳ] *n* conifère *m*.

**conjunction** [kən'dʒʌŋkʃn] *n (GRAMM)* conjonction *f*.

**conjurer** ['kʌndʒərəʳ] *n* prestidigitateur *m* (-trice *f*).

**connect** [kə'nekt] *vt* relier; *(telephone, machine)* brancher; *(caller on phone)* mettre en communication ◆ *vi*: **to ~ with** *(train, plane)* assurer la correspondance avec; **to ~ sthg with sthg** *(associate)* associer qqch à qqch.

**connecting flight** [kə'nektɪŋ-] *n* correspondance *f*.

**connection** [kə'nekʃn] *n (link)* rapport *m*; *(train, plane)* correspondance *f*; **it's a bad ~** *(on phone)* la communication est mauvaise; **a loose ~** *(in machine)* un faux contact; **in ~ with** au sujet de.

**conquer** ['kɒŋkəʳ] *vt (country)* conquérir.

**conscience** ['kɒnʃəns] *n* conscience *f*.

**conscientious** [,kɒnʃɪ'enʃəs] *adj* consciencieux(-ieuse).

**conscious** ['kɒnʃəs] *adj (awake)* conscient(-e); *(deliberate)* délibéré(-e); **to be ~ of** *(aware)* être conscient de.

**consent** [kən'sent] *n* accord *m*.

**consequence** ['kɒnsɪkwəns] *n (result)* conséquence *f*.

**consequently** ['kɒnsɪkwəntlɪ] *adv* par conséquent.

**conservation** [,kɒnsə'veɪʃn] *n* protection *f* de l'environnement.

**conservative** [kən'sɜːvətɪv] *adj* conservateur(-trice) ❑ **Conservative** *adj* conservateur(-trice) ◆ *n* conservateur *m* (-trice *f*).

**conservatory** [kən'sɜːvətrɪ] *n* véranda *f*.

**consider** [kən'sɪdəʳ] *vt (think about)* étudier; *(take into account)* tenir compte de; *(judge)* considérer; **to ~ doing sthg** envisager de faire qqch.

**considerable** [kən'sɪdrəbl] *adj* considérable.

**consideration** [kən,sɪdə'reɪʃn] *n (careful thought)* attention *f*; *(factor)* considération *f*; **to take sthg into ~** tenir compte de qqch.

**considering** [kən'sɪdərɪŋ] *prep* étant donné.

**consist** [kən'sɪst]: **consist in** *vt fus* consister en; **to ~ in doing sthg** consister à faire qqch; **consist of** *vt fus* se composer de.

**consistent** [kən'sɪstənt] *adj (coherent)* cohérent(-e); *(worker, performance)* régulier(-ière).

**consolation** [,kɒnsə'leɪʃn] *n* consolation *f*.

**console** ['kɒnsəʊl] *n* console *f*.

**consonant** ['kɒnsənənt] *n* consonne *f*.

**conspicuous** [kən'spɪkjʊəs] *adj* qui attire l'attention.

**constable** ['kʌnstəbl] *n (Br)* agent *m* de police.

**constant** ['kɒnstənt] *adj* constant(-e).

**constantly** ['kɒnstəntlɪ] *adv* constamment.

**constipated** ['kɒnstɪpeɪtɪd] *adj* constipé(-e).

**constitution** [ˌkɒnstɪ'tjuːʃn] *n* constitution *f*.
**construct** [kən'strʌkt] *vt* construire.
**construction** [kən'strʌkʃn] *n* construction *f*; **under ~** en construction.
**consul** ['kɒnsəl] *n* consul *m*.
**consulate** ['kɒnsjʊlət] *n* consulat *m*.
**consult** [kən'sʌlt] *vt* consulter.
**consultant** [kən'sʌltənt] *n (Br: doctor)* spécialiste *mf*.
**consume** [kən'sjuːm] *vt* consommer.
**consumer** [kən'sjuːmə^r] *n* consommateur *m* (-trice *f*).
**contact** ['kɒntækt] *n* contact *m* ◆ *vt* contacter; **in ~ with** en contact avec.
**contact lens** *n* verre *m* de contact, lentille *f*.
**contagious** [kən'teɪdʒəs] *adj* contagieux(-ieuse).
**contain** [kən'teɪn] *vt* contenir.
**container** [kən'teɪnə^r] *n (box etc)* récipient *m*.
**contaminate** [kən'tæmɪneɪt] *vt* contaminer.
**contemporary** [kən'tempərərɪ] *adj* contemporain(-e) ◆ *n* contemporain *m* (-e *f*).
**contend** [kən'tend]: **contend with** *vt fus* faire face à.
**content** [*adj* kən'tent, *n* 'kɒntent] *adj* satisfait(-e) ◆ *n (of vitamins, fibre etc)* teneur *f* ❑ **contents** *npl (things inside)* contenu *m*; *(at beginning of book)* table *f* des matières.
**contest** [*n* 'kɒntest, *vb* kən'test] *n (competition)* concours *m*; *(struggle)* lutte *f* ◆ *vt (election, match)* disputer; *(decision, will)* contester.
**context** ['kɒntekst] *n* contexte *m*.
**continent** ['kɒntɪnənt] *n* continent *m*; **the Continent** *(Br)* l'Europe *f* continentale.
**continental** [ˌkɒntɪ'nentl] *adj (Br: European)* d'Europe continentale.
**continental breakfast** *n* petit déjeuner *m* à la française.
**continental quilt** *n (Br)* couette *f*.
**continual** [kən'tɪnjʊəl] *adj* continuel(-elle).
**continually** [kən'tɪnjʊəlɪ] *adv* continuellement.
**continue** [kən'tɪnjuː] *vt* continuer; *(start again)* poursuivre, reprendre ◆ *vi* continuer; *(start again)* poursuivre, reprendre; **to ~ doing sthg** continuer à faire qqch; **to ~ with sthg** poursuivre qqch.
**continuous** [kən'tɪnjʊəs] *adj (uninterrupted)* continuel(-elle); *(unbroken)* continu(-e).
**continuously** [kən'tɪnjʊəslɪ] *adv* continuellement.
**contraception** [ˌkɒntrə'sepʃn] *n* contraception *f*.
**contraceptive** [ˌkɒntrə'septɪv] *n* contraceptif *m*.
**contract** [*n* 'kɒntrækt, *vb* kən'trækt] *n* contrat *m* ◆ *vt (fml: illness)* contracter.
**contradict** [ˌkɒntrə'dɪkt] *vt* contredire.
**contraflow** ['kɒntrəfləʊ] *n (Br)* *système temporaire de circulation à contre-sens sur une autoroute.*
**contrary** ['kɒntrərɪ] *n*: **on the ~** au contraire.

**contrast** [*n* 'kɒntrɑːst, *vb* kən'trɑːst] *n* contraste *m* ◆ *vt* mettre en contraste; **in ~ to** par contraste avec.

**contribute** [kən'trɪbjuːt] *vt* *(help, money)* apporter ◆ *vi*: **to ~ to** contribuer à.

**contribution** [ˌkɒntrɪ'bjuːʃn] *n* contribution *f*.

**control** [kən'trəʊl] *n* *(power)* contrôle *m*; *(over emotions)* maîtrise *f* de soi; *(operating device)* bouton *m* de réglage ◆ *vt* contrôler; **to be in ~** contrôler la situation; **out of ~** impossible à maîtriser; **everything's under ~** tout va bien; **to keep under ~** *(dog, child)* tenir ❑ **controls** *npl* *(of TV, video)* télécommande *f*; *(of plane)* commandes *fpl*.

**control tower** *n* tour *f* de contrôle.

**controversial** [ˌkɒntrə'vɜːʃl] *adj* controversé(-e).

**convenience** [kən'viːnjəns] *n* commodité *f*; **at your ~** quand cela vous conviendra.

**convenient** [kən'viːnjənt] *adj* *(suitable)* commode; *(well-situated)* bien situé(-e); **would two thirty be ~?** est-ce que 14 h 30 vous conviendrait?

**convent** ['kɒnvənt] *n* couvent *m*.

**conventional** [kən'venʃənl] *adj* conventionnel(-elle).

**conversation** [ˌkɒnvə'seɪʃn] *n* conversation *f*.

**conversion** [kən'vɜːʃn] *n* *(change)* transformation *f*; *(of currency)* conversion *f*; *(to building)* aménagement *m*.

**convert** [kən'vɜːt] *vt* *(change)* transformer; *(currency, person)* convertir; **to ~ sthg into** transformer qqch en.

**converted** [kən'vɜːtɪd] *adj* *(barn, loft)* aménagé(-e).

**convertible** [kən'vɜːtəbl] *n* (voiture) décapotable *f*.

**convey** [kən'veɪ] *vt* *(fml: transport)* transporter; *(idea, impression)* transmettre.

**convict** [*n* 'kɒnvɪkt, *vb* kən'vɪkt] *n* détenu *m* (-e *f*) ◆ *vt*: **to ~ sb (of)** déclarer qqn coupable (de).

**convince** [kən'vɪns] *vt*: **to ~ sb (of sthg)** convaincre OR persuader qqn (de qqch); **to ~ sb to do sthg** convaincre OR persuader qqn de faire qqch.

**convoy** ['kɒnvɔɪ] *n* convoi *m*.

**cook** [kʊk] *n* cuisinier *m* (-ière *f*) ◆ *vt* *(meal)* préparer; *(food)* cuire ◆ *vi* *(person)* faire la cuisine, cuisiner; *(food)* cuire.

**cookbook** ['kʊkˌbʊk] = **cookery book**.

**cooker** ['kʊkə[r]] *n* cuisinière *f*.

**cookery** ['kʊkərɪ] *n* cuisine *f*.

**cookery book** *n* livre *m* de cuisine.

**cookie** ['kʊkɪ] *n* *(Am)* biscuit *m*.

**cooking** ['kʊkɪŋ] *n* cuisine *f*.

**cooking apple** *n* pomme *f* à cuire.

**cooking oil** *n* huile *f* (alimentaire).

**cool** [kuːl] *adj* *(temperature)* frais (fraîche); *(calm)* calme; *(unfriendly)* froid(-e); *(inf: great)* génial(-e) ◆ *vt* refroidir ❑ **cool down** *vi* *(food, liquid)* refroidir; *(after exercise)* se rafraîchir; *(become calmer)* se calmer.

**cooperate** [kəʊ'ɒpəreɪt] *vi* coopérer.

**cooperation** [kəʊˌɒpə'reɪʃn] *n* coopération *f*.

**cooperative** [kəʊ'ɒpərətɪv] *adj* coopératif(-ive).

**coordinates** [kəʊ'ɔːdɪnəts] *npl (clothes)* coordonnés *mpl*.

**cope** [kəʊp] *vi* se débrouiller; **to ~ with** *(problem)* faire face à; *(situation)* se sortir de.

**copilot** ['kəʊˌpaɪlət] *n* copilote *m*.

**copper** ['kɒpəʳ] *n (metal)* cuivre *m*; *(Br: inf: coins)* petite monnaie *f*.

**copy** ['kɒpɪ] *n* copie *f*; *(of newspaper, book)* exemplaire *m* ◆ *vt* copier; *(photocopy)* photocopier.

**cord(uroy)** ['kɔːd(ərɔɪ)] *n* velours *m* côtelé.

**core** [kɔːʳ] *n (of fruit)* trognon *m*.

**coriander** [ˌkɒrɪ'ændəʳ] *n* coriandre *f*.

**cork** [kɔːk] *n (in bottle)* bouchon *m*.

**corkscrew** ['kɔːkskruː] *n* tire-bouchon *m*.

**corn** [kɔːn] *n (Br: crop)* céréales *fpl*; *(Am: maize)* maïs *m*; *(on foot)* cor *m*.

**corned beef** [ˌkɔːnd-] *n* corned-beef *m inv*.

**corner** ['kɔːnəʳ] *n* coin *m*; *(bend in road)* virage *m*; *(in football)* corner *m*; **it's just around the ~** c'est tout près.

**corner shop** *n (Br)* magasin *m* de quartier.

**cornet** ['kɔːnɪt] *n (Br: ice-cream cone)* cornet *m (biscuit)*.

**cornflakes** ['kɔːnfleɪks] *npl* corn flakes *mpl*.

**corn-on-the-cob** *n* épi *m* de maïs.

**Cornwall** ['kɔːnwɔːl] *n* Cornouailles *f*.

**corporal** ['kɔːpərəl] *n* caporal *m*.

**corpse** [kɔːps] *n* cadavre *m*, corps *m*.

**correct** [kə'rekt] *adj (accurate)* correct(-e), exact(-e); *(most suitable)* bon (bonne) ◆ *vt* corriger.

**correction** [kə'rekʃn] *n* correction *f*.

**correspond** [ˌkɒrɪ'spɒnd] *vi*: **to ~ (to)** *(match)* correspondre (à); **to ~ (with)** *(exchange letters)* correspondre (avec).

**corresponding** [ˌkɒrɪ'spɒndɪŋ] *adj* correspondant(-e).

**corridor** ['kɒrɪdɔːʳ] *n* couloir *m*.

**corrugated iron** ['kɒrəgeɪtɪd-] *n* tôle *f* ondulée.

**corrupt** [kə'rʌpt] *adj (dishonest)* corrompu(-e); *(morally wicked)* dépravé(-e).

**cosmetics** [kɒz'metɪks] *npl* produits *mpl* de beauté.

**cost** [kɒst] (*pt & pp* **cost**) *n* coût *m* ◆ *vt* coûter; **how much does it ~?** combien est-ce que ça coûte?

**costly** ['kɒstlɪ] *adj (expensive)* coûteux(-euse).

**costume** ['kɒstjuːm] *n* costume *m*.

**cosy** ['kəʊzɪ] *adj (Br: room, house)* douillet(-ette).

**cot** [kɒt] *n (Br: for baby)* lit *m* d'enfant; *(Am: camp bed)* lit *m* de camp.

**cottage** ['kɒtɪdʒ] *n* petite maison *f* (à la campagne).

**cottage cheese** *n fromage frais granuleux*.

**cottage pie** *n (Br)* hachis *m* Parmentier.

**cotton** ['kɒtn] *adj* en coton ◆ *n*

*(cloth)* coton *m*; *(thread)* fil *m* de coton.

**cotton candy** *n (Am)* barbe *f* à papa.

**cotton wool** *n* coton *m* (hydrophile).

**couch** [kaʊtʃ] *n* canapé *m*; *(at doctor's)* lit *m*.

**couchette** [kuːˈʃet] *n* couchette *f*.

**cough** [kɒf] *n* toux *f* ◆ *vi* tousser; **to have a ~** tousser.

**cough mixture** *n* sirop *m* pour la toux.

**could** [kʊd] *pt* → **can**.

**couldn't** [ˈkʊdnt] = **could not**.

**could've** [ˈkʊdəv] = **could have**.

**council** [ˈkaʊnsl] *n* conseil *m*; *(Br: of town)* = conseil municipal; *(Br: of county)* = conseil régional.

**council house** *n (Br)* = HLM *m inv or f inv*.

**councillor** [ˈkaʊnsələʳ] *n (Br: of town)* = conseiller *m* municipal (conseillère municipale *f*); *(Br: of county)* = conseiller *m* régional (conseillère régionale *f*).

**council tax** *n (Br)* = impôts *mpl* locaux.

**count** [kaʊnt] *vt & vi* compter ◆ *n (nobleman)* comte *m* ❑ **count on** *vt fus (rely on)* compter sur; *(expect)* s'attendre à.

**counter** [ˈkaʊntəʳ] *n (in shop)* comptoir *m*; *(in bank)* guichet *m*; *(in board game)* pion *m*.

**counterclockwise** [ˌkaʊntəˈklɒkwaɪz] *adv (Am)* dans le sens inverse des aiguilles d'une montre.

**counterfoil** [ˈkaʊntəfɔɪl] *n* talon *m*.

**countess** [ˈkaʊntɪs] *n* comtesse *f*.

**country** [ˈkʌntrɪ] *n* pays *m*; *(countryside)* campagne *f* ◆ *adj (pub)* de campagne; *(people)* de la campagne.

**country and western** *n* musique *f* country.

**country house** *n* manoir *m*.

**country road** *n* route *f* de campagne.

**countryside** [ˈkʌntrɪsaɪd] *n* campagne *f*.

**county** [ˈkaʊntɪ] *n* comté *m*.

**couple** [ˈkʌpl] *n* couple *m*; **a ~ (of)** *(two)* deux; *(a few)* deux ou trois.

**coupon** [ˈkuːpɒn] *n* coupon *m*.

**courage** [ˈkʌrɪdʒ] *n* courage *m*.

**courgette** [kɔːˈʒet] *n (Br)* courgette *f*.

**courier** [ˈkʊrɪəʳ] *n (for holidaymakers)* accompagnateur *m* (-trice *f*); *(for delivering letters)* coursier *m* (-ière *f*).

**course** [kɔːs] *n (of meal)* plat *m*; *(at college, of classes)* cours *mpl*; *(of injections)* série *f*; *(of river)* cours *m*; *(of ship, plane)* route *f*; *(for golf)* terrain *m*; **a ~ of treatment** un traitement; **of ~** bien sûr; **of ~ not** bien sûr que non; **in the ~ of** au cours de.

**court** [kɔːt] *n* (JUR: *building, room)* tribunal *m*; *(for tennis)* court *m*; *(for basketball, badminton)* terrain *m*; *(for squash)* salle *f*; *(of king, queen)* cour *f*.

**courtesy coach** [ˈkɜːtɪsɪ-] *n* navette *f* gratuite.

**court shoes** *npl* escarpins *mpl*.

**courtyard** ['kɔ:tjɑ:d] *n* cour *f*.
**cousin** ['kʌzn] *n* cousin *m* (-e *f*).
**cover** ['kʌvəʳ] *n (for furniture, car)* housse *f*; *(lid)* couvercle *m*; *(of magazine, blanket, insurance)* couverture *f* ◆ *vt* couvrir; **to be ~ed in** être couvert de; **to ~ sthg with sthg** recouvrir qqch de qqch; **to take ~** s'abriter ❑ **cover up** *vt sep (put cover on)* couvrir; *(facts, truth)* cacher.
**cover charge** *n* couvert *m*.
**cover note** *n (Br)* attestation *f* provisoire d'assurance.
**cow** [kaʊ] *n (animal)* vache *f*.
**coward** ['kaʊəd] *n* lâche *mf*.
**cowboy** ['kaʊbɔɪ] *n* cow-boy *m*.
**crab** [kræb] *n* crabe *m*.
**crack** [kræk] *n (in cup, glass)* fêlure *f*; *(in wood, wall)* fissure *f*; *(gap)* fente *f* ◆ *vt (cup, glass)* fêler; *(wood, wall)* fissurer; *(nut, egg)* casser; *(inf: joke)* faire; *(whip)* faire claquer ◆ *vi (cup, glass)* se fêler; *(wood, wall)* se fissurer.
**cracker** ['krækəʳ] *n (biscuit)* biscuit *m* salé; *(for Christmas) papillote contenant un pétard et une surprise, traditionnelle au moment des fêtes.*
**cradle** ['kreɪdl] *n* berceau *m*.
**craft** [krɑ:ft] *n (skill)* art *m*; *(trade)* artisanat *m*; *(boat: pl inv)* embarcation *f*.
**craftsman** ['krɑ:ftsmən] (*pl* **-men** [-mən]) *n* artisan *m*.
**cram** [kræm] *vt*: **to ~ sthg into** entasser qqch dans; **to be crammed with** être bourré de.
**cramp** [kræmp] *n* crampe *f*; **stomach ~s** crampes d'estomac.
**cranberry** ['krænbərɪ] *n* airelle *f*.
**cranberry sauce** *n* sauce *f* aux airelles.
**crane** [kreɪn] *n (machine)* grue *f*.
**crap** [kræp] *adj (vulg)* de merde, merdique ◆ *n (vulg)* merde *f*; **to have a ~** chier.
**crash** [kræʃ] *n (accident)* accident *m*; *(noise)* fracas *m* ◆ *vi (plane)* s'écraser; *(car)* avoir un accident ◆ *vt*: **to ~ one's car** avoir un accident de voiture ❑ **crash into** *vt fus* rentrer dans.
**crash helmet** *n* casque *m*.
**crash landing** *n* atterrissage *m* forcé.
**crate** [kreɪt] *n* cageot *m*.
**crawl** [krɔ:l] *vi (baby, person)* marcher à quatre pattes; *(insect)* ramper; *(traffic)* avancer au pas ◆ *n (swimming stroke)* crawl *m*.
**crawler lane** ['krɔ:ləʳ-] *n (Br)* file *f* pour véhicules lents.
**crayfish** ['kreɪfɪʃ] *(pl inv) n* écrevisse *f*.
**crayon** ['kreɪɒn] *n* crayon *m* de couleur.
**craze** [kreɪz] *n* mode *f*.
**crazy** ['kreɪzɪ] *adj* fou (folle); **to be ~ about** être fou de.
**crazy golf** *n* golf *m* miniature.
**cream** [kri:m] *n* crème *f* ◆ *adj (in colour)* blanc cassé *(inv)*.
**cream cake** *n (Br)* gâteau *m* à la crème.
**cream cheese** *n* fromage *m* frais.
**cream sherry** *n* xérès *m* doux.
**cream tea** *n (Br) goûter se composant de thé et de scones servis avec de la crème et de la confiture.*
**creamy** ['kri:mɪ] *adj (food)* à la crème; *(texture)* crémeux(-euse).
**crease** [kri:s] *n* pli *m*.

**creased** [kri:st] *adj* froissé(-e).
**create** [kri:'eɪt] *vt* créer; *(interest)* susciter.
**creative** [kri:'eɪtɪv] *adj* créatif(-ive).
**creature** ['kri:tʃəʳ] *n* être *m*.
**crèche** [kreʃ] *n (Br)* crèche *f*, garderie *f*.
**credit** ['kredɪt] *n (praise)* mérite *m*; *(money)* crédit *m*; *(at school, university)* unité *f* de valeur; **to be in ~** *(account)* être approvisionné ❑ **credits** *npl (of film)* générique *m*.
**credit card** *n* carte *f* de crédit; **to pay by ~** payer par carte de crédit; **"all major ~s accepted"** «on accepte les cartes de crédit».
**creek** [kri:k] *n (inlet)* crique *f*; *(Am: river)* ruisseau *m*.
**creep** [kri:p] (*pt & pp* **crept**) *vi (person)* se glisser ◆ *n (inf: groveller)* lèche-bottes *mf inv*.
**cremate** [krɪ'meɪt] *vt* incinérer.
**crematorium** [,kremə'tɔ:rɪəm] *n* crématorium *m*.
**crept** [krept] *pt & pp* → **creep**.
**cress** [kres] *n* cresson *m*.
**crest** [krest] *n (of hill, wave)* crête *f*; *(emblem)* blason *m*.
**crew** [kru:] *n* équipage *m*.
**crew neck** *n* encolure *f* ras du cou.
**crib** [krɪb] *n (Am)* lit *m* d'enfant.
**cricket** ['krɪkɪt] *n (game)* cricket *m*; *(insect)* grillon *m*.
**crime** [kraɪm] *n (offence)* délit *m*; *(illegal activity)* criminalité *f*.
**criminal** ['krɪmɪnl] *adj* criminel(-elle) ◆ *n* criminel *m* (-elle *f*).
**cripple** ['krɪpl] *n* infirme *mf* ◆ *vt (subj: disease, accident)* estropier.
**crisis** ['kraɪsɪs] (*pl* **crises** ['kraɪsi:z]) *n* crise *f*.
**crisp** [krɪsp] *adj (bacon, pastry)* croustillant(-e); *(fruit, vegetable)* croquant(-e) ❑ **crisps** *npl (Br)* chips *fpl*.
**crispy** ['krɪspɪ] *adj (bacon, pastry)* croustillant(-e); *(fruit, vegetable)* croquant(-e).
**critic** ['krɪtɪk] *n* critique *mf*.
**critical** ['krɪtɪkl] *adj* critique.
**criticize** ['krɪtɪsaɪz] *vt* critiquer.
**crockery** ['krɒkərɪ] *n* vaisselle *f*.
**crocodile** ['krɒkədaɪl] *n* crocodile *m*.
**crocus** ['krəʊkəs] (*pl* **-es**) *n* crocus *m*.
**crooked** ['krʊkɪd] *adj (bent, twisted)* tordu(-e).
**crop** [krɒp] *n (kind of plant)* culture *f*; *(harvest)* récolte *f* ❑ **crop up** *vi* se présenter.
**cross** [krɒs] *adj* fâché(-e) ◆ *vt (road, river, ocean)* traverser; *(arms, legs)* croiser; *(Br: cheque)* barrer ◆ *vi (intersect)* se croiser ◆ *n* croix *f*; **a ~ between** *(animals)* un croisement entre; *(things)* un mélange de ❑ **cross out** *vt sep* barrer; **cross over** *vt fus (road)* traverser.
**crossbar** ['krɒsbɑ:ʳ] *n (of bicycle)* barre *f*; *(of goal)* barre transversale.
**cross-Channel ferry** *n* ferry *m* transmanche.
**cross-country (running)** *n* cross *m*.
**crossing** ['krɒsɪŋ] *n (on road)* passage *m* clouté; *(sea journey)* traversée *f*.
**crossroads** ['krɒsrəʊdz] (*pl inv*) *n* croisement *m*, carrefour *m*.
**crosswalk** ['krɒswɔ:k] *n (Am)*

passage *m* clouté.
**crossword (puzzle)** ['krɒswɜ:d-] *n* mots croisés *mpl.*
**crotch** [krɒtʃ] *n* entrejambe *m.*
**crouton** ['kru:tɒn] *n* croûton *m.*
**crow** [krəʊ] *n* corbeau *m.*
**crowbar** ['krəʊbɑ:ʳ] *n* pied-de-biche *m.*
**crowd** [kraʊd] *n* foule *f*; *(at match)* public *m.*
**crowded** ['kraʊdɪd] *adj (bus)* bondé(-e); *(street)* plein(-e) de monde.
**crown** [kraʊn] *n* couronne *f*; *(of head)* sommet *m.*
**Crown Jewels** *npl* joyaux *mpl* de la couronne.

---

**i CROWN JEWELS**

Les joyaux de la couronne britannique, portés par le souverain lors des grandes occasions, sont exposés dans la Tour de Londres. Les joyaux de l'ancienne couronne écossaise sont, eux, visibles au château d'Édimbourg.

---

**crucial** ['kru:ʃl] *adj* crucial(-e).
**crude** [kru:d] *adj* grossier(-ière).
**cruel** [krʊəl] *adj* cruel(-elle).
**cruelty** ['krʊəltɪ] *n* cruauté *f.*
**cruet (set)** ['kru:ɪt-] *n* service *m* à condiments.
**cruise** [kru:z] *n* croisière *f* ◆ *vi (car)* rouler; *(plane)* voler; *(ship)* croiser.
**cruiser** ['kru:zəʳ] *n* bateau *m* de croisière.
**crumb** [krʌm] *n* miette *f.*
**crumble** ['krʌmbl] *n dessert composé d'une couche de fruits cuits recouverts de pâte sablée* ◆ *vi (building)* s'écrouler; *(cliff)* s'effriter.
**crumpet** ['krʌmpɪt] *n petite crêpe épaisse qui se mange généralement chaude et beurrée.*
**crunchy** ['krʌntʃɪ] *adj* croquant(-e).
**crush** [krʌʃ] *n (drink)* jus *m* de fruit ◆ *vt* écraser; *(ice)* piler.
**crust** [krʌst] *n* croûte *f.*
**crusty** ['krʌstɪ] *adj* croustillant(-e).
**crutch** [krʌtʃ] *n (stick)* béquille *f*; *(between legs)* = **crotch**.
**cry** [kraɪ] *n* cri *m* ◆ *vi* pleurer; *(shout)* crier ❑ **cry out** *vi (in pain, horror)* pousser un cri.
**crystal** ['krɪstl] *n* cristal *m.*
**cub** [kʌb] *n (animal)* petit *m.*
**Cub** [kʌb] *n* ≃ louveteau *m.*
**cube** [kju:b] *n (shape)* cube *m*; *(of sugar)* morceau *m.*
**cubicle** ['kju:bɪkl] *n* cabine *f.*
**Cub Scout** = **Cub**.
**cuckoo** ['kʊku:] *n* coucou *m.*
**cucumber** ['kju:kʌmbəʳ] *n* concombre *m.*
**cuddle** ['kʌdl] *n* câlin *m.*
**cuddly toy** ['kʌdlɪ-] *n* jouet *m* en peluche.
**cue** [kju:] *n (in snooker, pool)* queue *f* (de billard).
**cuff** [kʌf] *n (of sleeve)* poignet *m*; *(Am: of trousers)* revers *m.*
**cuff links** *npl* boutons *mpl* de manchette.
**cuisine** [kwɪ'zi:n] *n* cuisine *f.*
**cul-de-sac** ['kʌldəsæk] *n* impasse *f.*
**cult** [kʌlt] *n (RELIG)* culte *m* ◆ *adj* culte.

**cultivate** ['kʌltɪveɪt] *vt* cultiver.
**cultivated** ['kʌltɪveɪtɪd] *adj* cultivé(-e).
**cultural** ['kʌltʃərəl] *adj* culturel(-elle).
**culture** ['kʌltʃə^r] *n* culture *f*.
**cumbersome** ['kʌmbəsəm] *adj* encombrant(-e).
**cumin** ['kju:mɪn] *n* cumin *m*.
**cunning** ['kʌnɪŋ] *adj* malin(-igne).
**cup** [kʌp] *n* tasse *f*; *(trophy, competition)* coupe *f*; *(of bra)* bonnet *m*.
**cupboard** ['kʌbəd] *n* placard *m*.
**curator** [,kjʊə'reɪtə^r] *n* conservateur *m* (-trice *f*).
**curb** [kɜ:b] *(Am)* = **kerb**.
**curd cheese** [,kɜ:d-] *n* fromage *m* blanc battu.
**cure** [kjʊə^r] *n* remède *m* ◆ *vt (illness, person)* guérir; *(with salt)* saler; *(with smoke)* fumer; *(by drying)* sécher.
**curious** ['kjʊərɪəs] *adj* curieux(-ieuse).
**curl** [kɜ:l] *n (of hair)* boucle *f* ◆ *vt (hair)* friser.
**curler** ['kɜ:lə^r] *n* bigoudi *m*.
**curly** ['kɜ:lɪ] *adj* frisé(-e).
**currant** ['kʌrənt] *n* raisin *m* sec.
**currency** ['kʌrənsɪ] *n (cash)* monnaie *f*; *(foreign)* devise *f*.
**current** ['kʌrənt] *adj* actuel(-elle) ◆ *n* courant *m*.
**current account** *n (Br)* compte *m* courant.
**current affairs** *npl* l'actualité *f*.
**currently** ['kʌrəntlɪ] *adv* actuellement.
**curriculum** [kə'rɪkjələm] *n* programme *m* (d'enseignement).
**curriculum vitae** [-'vi:taɪ] *n (Br)* curriculum vitae *m inv*.
**curried** ['kʌrɪd] *adj* au curry.
**curry** ['kʌrɪ] *n* curry *m*.
**curse** [kɜ:s] *vi* jurer.
**cursor** ['kɜ:sə^r] *n* curseur *m*.
**curtain** ['kɜ:tn] *n* rideau *m*.
**curve** [kɜ:v] *n* courbe *f* ◆ *vi* faire une courbe.
**curved** [kɜ:vd] *adj* courbe.
**cushion** ['kʊʃn] *n* coussin *m*.
**custard** ['kʌstəd] *n* crème *f* anglaise *(épaisse)*.
**custom** ['kʌstəm] *n (tradition)* coutume *f*; **"thank you for your ~"** «merci de votre visite».
**customary** ['kʌstəmrɪ] *adj* habituel(-elle).
**customer** ['kʌstəmə^r] *n (of shop)* client *m* (-e *f*).
**customer services** *n (department)* service *m* clients.
**customs** ['kʌstəmz] *n* douane *f*; **to go through ~** passer à la douane.
**customs duty** *n* droit *m* de douane.
**customs officer** *n* douanier *m* (-ière *f*).
**cut** [kʌt] (*pt & pp* **cut**) *n (in skin)* coupure *f*; *(in cloth)* accroc *m*; *(reduction)* réduction *f*; *(piece of meat)* morceau *m*; *(hairstyle, of clothes)* coupe *f* ◆ *vi* couper ◆ *vt* couper; *(reduce)* réduire; **to ~ one's hand** se couper à la main; **~ and blow-dry** coupe-brushing *f*; **to ~ o.s.** se couper; **to have one's hair ~** se faire couper les cheveux; **to ~ the grass** tondre la pelouse; **to ~ sthg open** ouvrir qqch ❑ **cut back** *vi*: **to ~ back (on)** faire des économies (sur); **cut down** *vt sep (tree)*

abattre; **cut down on** *vt fus* réduire; **cut off** *vt sep* couper; **I've been ~ off** *(on phone)* j'ai été coupé; **to be ~ off** *(isolated)* être isolé; **cut out** *vt sep (newspaper article, photo)* découper ◆ *vi (engine)* caler; **to ~ out smoking** arrêter de fumer; **~ it out!** *(inf)* ça suffit!; **cut up** *vt sep* couper.

**cute** [kju:t] *adj* mignon(-onne).

**cut-glass** *adj* en cristal taillé.

**cutlery** ['kʌtlərɪ] *n* couverts *mpl*.

**cutlet** ['kʌtlɪt] *n (of meat)* côtelette *f*; *(of nuts, vegetables)* croquette *f*.

**cut-price** *adj* à prix réduit.

**cutting** ['kʌtɪŋ] *n (from newspaper)* coupure *f* de presse.

**CV** *n (Br: abbr of curriculum vitae)* CV *m*.

**cwt** *abbr* = **hundredweight**.

**cycle** ['saɪkl] *n (bicycle)* vélo *m*; *(series)* cycle *m* ◆ *vi* aller en vélo.

**cycle hire** *n* location *f* de vélos.

**cycle lane** *n* piste *f* cyclable *(sur la route)*.

**cycle path** *n* piste *f* cyclable.

**cycling** ['saɪklɪŋ] *n* cyclisme *m*; **to go ~** faire du vélo.

**cycling shorts** *npl* cycliste *m*.

**cyclist** ['saɪklɪst] *n* cycliste *mf*.

**cylinder** ['sɪlɪndə^r] *n (container)* bouteille *f*; *(in engine)* cylindre *m*.

**cynical** ['sɪnɪkl] *adj* cynique.

**Czech** [tʃek] *adj* tchèque ◆ *n (person)* Tchèque *mf*; *(language)* tchèque *m*.

**Czechoslovakia** [,tʃekəslə'vækɪə] *n* la Tchécoslovaquie.

**Czech Republic** *n*: **the ~** la République tchèque.

# D

**dab** [dæb] *vt (wound)* tamponner.

**dad** [dæd] *n (inf)* papa *m*.

**daddy** ['dædɪ] *n (inf)* papa *m*.

**daddy longlegs** [-'lɒŋlegz] *(pl inv) n* faucheux *m*.

**daffodil** ['dæfədɪl] *n* jonquille *f*.

**daft** [dɑ:ft] *adj (Br: inf)* idiot(-e).

**daily** ['deɪlɪ] *adj* quotidien(-ienne) ◆ *adv* quotidiennement ◆ *n*: **a ~ (newspaper)** un quotidien.

**dairy** ['deərɪ] *n (on farm)* laiterie *f*; *(shop)* crémerie *f*.

**dairy product** *n* produit *m* laitier.

**daisy** ['deɪzɪ] *n* pâquerette *f*.

**dam** [dæm] *n* barrage *m*.

**damage** ['dæmɪdʒ] *n* dégâts *mpl*; *(fig: to reputation)* tort *m* ◆ *vt* abîmer; *(fig: reputation)* nuire à; *(fig: chances)* compromettre.

**damn** [dæm] *excl (inf)* zut! ◆ *adj (inf)* sacré(-e); **I don't give a ~** je m'en fiche pas mal.

**damp** [dæmp] *adj* humide ◆ *n* humidité *f*.

**damson** ['dæmzn] *n petite prune acide*.

**dance** [dɑ:ns] *n* danse *f*; *(social event)* bal *m* ◆ *vi* danser; **to have a ~** danser.

**dance floor** *n (in club)* piste *f* de danse.

**dancer** ['dɑ:nsə^r] *n* danseur *m* (-euse *f*).

**dancing** ['dɑ:nsɪŋ] *n* danse *f*; **to go ~** aller danser.

**dandelion** ['dændɪlaɪən] *n* pissenlit *m*.
**dandruff** ['dændrʌf] *n* pellicules *fpl*.
**Dane** [deɪn] *n* Danois *m* (-e *f*).
**danger** ['deɪndʒəʳ] *n* danger *m*; **in ~** en danger.
**dangerous** ['deɪndʒərəs] *adj* dangereux(-euse).
**Danish** ['deɪnɪʃ] *adj* danois(-e) ◆ *n (language)* danois *m*.
**Danish pastry** *n feuilleté glacé sur le dessus, fourré généralement à la confiture de pommes ou de cerises.*
**dare** [deəʳ] *vt*: **to ~ to do sthg** oser faire qqch; **to ~ sb to do sthg** défier qqn de faire qqch; **how ~ you!** comment oses-tu!
**daring** ['deərɪŋ] *adj* audacieux(-ieuse).
**dark** [dɑ:k] *adj (room, night)* sombre; *(colour)* foncé(-e); *(person)* brun(-e); *(skin)* foncé(-e) ◆ *n*: **after ~** après la tombée de la nuit; **the ~** le noir.
**dark chocolate** *n* chocolat *m* noir.
**dark glasses** *npl* lunettes *fpl* noires.
**darkness** ['dɑ:knɪs] *n* obscurité *f*.
**darling** ['dɑ:lɪŋ] *n* chéri *m* (-e *f*).
**dart** [dɑ:t] *n* fléchette *f* ❑ **darts** *n (game)* fléchettes *fpl*.
**dartboard** ['dɑ:tbɔ:d] *n* cible *f* (de jeu de fléchettes).
**dash** [dæʃ] *n (of liquid)* goutte *f*; *(in writing)* tiret *m* ◆ *vi* se précipiter.
**dashboard** ['dæʃbɔ:d] *n* tableau *m* de bord.
**data** ['deɪtə] *n* données *fpl*.
**database** ['deɪtəbeɪs] *n* base *f* de données.
**date** [deɪt] *n (day)* date *f*; *(meeting)* rendez-vous *m*; *(Am: person)* petit ami *m* (petite amie *f*); *(fruit)* datte *f* ◆ *vt (cheque, letter)* dater; *(person)* sortir avec ◆ *vi (become unfashionable)* dater; **what's the ~?** quel jour sommes-nous?; **to have a ~ with sb** avoir rendez-vous avec qqn.
**date of birth** *n* date *f* de naissance.
**daughter** ['dɔ:təʳ] *n* fille *f*.
**daughter-in-law** *n* belle-fille *f*.
**dawn** [dɔ:n] *n* aube *f*.
**day** [deɪ] *n (of week)* jour *m*; *(period, working day)* journée *f*; **what ~ is it today?** quel jour sommes-nous?; **what a lovely ~!** quelle belle journée!; **to have a ~ off** avoir un jour de congé; **to have a ~ out** aller passer une journée quelque part; **by ~** *(travel)* de jour; **the ~ after tomorrow** après-demain; **the ~ before** la veille; **the ~ before yesterday** avant-hier; **the following ~** le jour suivant; **have a nice ~!** bonne journée!
**daylight** ['deɪlaɪt] *n* jour *m*.
**day return** *n (Br: railway ticket) aller-retour valable pour une journée.*
**dayshift** ['deɪʃɪft] *n*: **to be on ~** travailler de jour.
**daytime** ['deɪtaɪm] *n* journée *f*.
**day-to-day** *adj (everyday)* quotidien(-ienne).
**day trip** *n* excursion *f (d'une journée)*.
**dazzle** ['dæzl] *vt* éblouir.
**DC** *abbr* = **direct current**.
**dead** [ded] *adj* mort(-e); *(tele-*

*phone line)* coupé(-e) ◆ *adv (inf: very)* super; ~ **in the middle** en plein milieu; ~ **on time** pile à l'heure; **it's ~ ahead** c'est droit devant; **"~ slow"** «roulez au pas».

**dead end** *n (street)* impasse *f*, cul-de-sac *m*.

**deadline** ['dedlaɪn] *n* date *f* limite.

**deaf** [def] *adj* sourd(-e) ◆ *npl*: **the ~** les sourds *mpl*.

**deal** [di:l] (*pt & pp* **dealt**) *n (agreement)* marché *m*, affaire *f* ◆ *vt (cards)* donner; **a good/bad ~** une bonne/mauvaise affaire; **a great ~ of** beaucoup de; **it's a ~!** marché conclu! ❑ **deal in** *vt fus* faire le commerce de; **deal with** *vt fus (handle)* s'occuper de; *(be about)* traiter de.

**dealer** ['di:ləʳ] *n* (COMM) marchand *m* (-e *f*); *(in drugs)* dealer *m*.

**dealt** [delt] *pt & pp* → **deal**.

**dear** [dɪəʳ] *adj* cher (chère) ◆ *n*: **my ~** *(to friend)* mon cher; *(to lover)* mon chéri; **Dear Sir** cher Monsieur; **Dear Madam** chère Madame; **Dear John** cher John; **oh ~!** mon Dieu!

**death** [deθ] *n* mort *f*.

**debate** [dɪ'beɪt] *n* débat *m* ◆ *vt (wonder)* se demander.

**debit** ['debɪt] *n* débit *m* ◆ *vt (account)* débiter.

**debt** [det] *n* dette *f*; **to be in ~** être endetté.

**decaff** ['di:kæf] *n (inf)* déca *m*.

**decaffeinated** [dɪ'kæfɪneɪtɪd] *adj* décaféiné(-e).

**decanter** [dɪ'kæntəʳ] *n* carafe *f*.

**decay** [dɪ'keɪ] *n (of building)* délabrement *m*; *(of wood)* pourrissement *m*; *(of tooth)* carie *f* ◆ *vi (rot)* pourrir.

**deceive** [dɪ'si:v] *vt* tromper.

**decelerate** [ˌdi:'seləreɪt] *vi* ralentir.

**December** [dɪ'sembəʳ] *n* décembre *m*, → **September**.

**decent** ['di:snt] *adj (meal, holiday)* vrai(-e); *(price, salary)* correct(-e); *(respectable)* décent(-e); *(kind)* gentil(-ille).

**decide** [dɪ'saɪd] *vt* décider ◆ *vi* (se) décider; **to ~ to do sthg** décider de faire qqch ❑ **decide on** *vt fus* se décider pour.

**decimal** ['desɪml] *adj* décimal(-e).

**decimal point** *n* virgule *f*.

**decision** [dɪ'sɪʒn] *n* décision *f*; **to make a ~** prendre une décision.

**decisive** [dɪ'saɪsɪv] *adj (person)* décidé(-e); *(event, factor)* décisif(-ive).

**deck** [dek] *n (of ship)* pont *m*; *(of bus)* étage *m*; *(of cards)* jeu *m* (de cartes).

**deckchair** ['dektʃeəʳ] *n* chaise *f* longue.

**declare** [dɪ'kleəʳ] *vt* déclarer; **to ~ that** déclarer que; **"nothing to ~"** «rien à déclarer».

**decline** [dɪ'klaɪn] *n* déclin *m* ◆ *vi (get worse)* décliner; *(refuse)* refuser.

**decorate** ['dekəreɪt] *vt* décorer.

**decoration** [ˌdekə'reɪʃn] *n* décoration *f*.

**decorator** ['dekəreɪtəʳ] *n* décorateur *m* (-trice *f*).

**decrease** [*n* 'di:kri:s, *vb* di:'kri:s] *n* diminution *f* ◆ *vi* diminuer.

**dedicated** ['dedɪkeɪtɪd] *adj (committed)* dévoué(-e).

**deduce** [dɪ'dju:s] *vt* déduire, con-

clure.
**deduct** [dɪ'dʌkt] *vt* déduire.
**deduction** [dɪ'dʌkʃn] *n* déduction *f*.
**deep** [di:p] *adj* profond(-e) ◆ *adv* profond; **the swimming pool is 2 m ~** la piscine fait 2 m de profondeur.
**deep end** *n (of swimming pool) côté le plus profond.*
**deep freeze** *n* congélateur *m*.
**deep-fried** [-'fraɪd] *adj* frit(-e).
**deep-pan** *adj (pizza)* à pâte épaisse.
**deer** [dɪəʳ] *(pl inv) n* cerf *m*.
**defeat** [dɪ'fi:t] *n* défaite *f* ◆ *vt* battre.
**defect** ['di:fekt] *n* défaut *m*.
**defective** [dɪ'fektɪv] *adj* défectueux(-euse).
**defence** [dɪ'fens] *n (Br)* défense *f*.
**defend** [dɪ'fend] *vt* défendre.
**defense** [dɪ'fens] *(Am)* = **defence**.
**deficiency** [dɪ'fɪʃnsɪ] *n (lack)* manque *m*.
**deficit** ['defɪsɪt] *n* déficit *m*.
**define** [dɪ'faɪn] *vt* définir.
**definite** ['defɪnɪt] *adj (clear)* net (nette); *(certain)* certain(-e).
**definite article** *n* article *m* défini.
**definitely** ['defɪnɪtlɪ] *adv (certainly)* sans aucun doute; **I'll ~ come** je viens, c'est sûr.
**definition** [defɪ'nɪʃn] *n* définition *f*.
**deflate** [dɪ'fleɪt] *vt (tyre)* dégonfler.
**deflect** [dɪ'flekt] *vt (ball)* dévier.
**defogger** [ˌdi:'fɒgər] *n (Am)* dispositif *m* antibuée.
**deformed** [dɪ'fɔ:md] *adj* difforme.
**defrost** [ˌdi:'frɒst] *vt (food)* décongeler; *(fridge)* dégivrer; *(Am: demist)* désembuer.
**degree** [dɪ'gri:] *n (unit of measurement)* degré *m*; *(qualification)* ≃ licence *f*; *(amount)*: **a ~ of difficulty** une certaine difficulté; **to have a ~ in sthg** ≃ avoir une licence de qqch.
**dehydrated** [ˌdi:haɪ'dreɪtɪd] *adj* déshydraté(-e).
**de-ice** [di:'aɪs] *vt* dégivrer.
**de-icer** [di:'aɪsəʳ] *n* dégivreur *m*.
**dejected** [dɪ'dʒektɪd] *adj* découragé(-e).
**delay** [dɪ'leɪ] *n* retard *m* ◆ *vt* retarder ◆ *vi* tarder; **without ~** sans délai.
**delayed** [dɪ'leɪd] *adj* retardé(-e).
**delegate** [*n* 'delɪgət, *vb* 'delɪgeɪt] *n* délégué *m* (-e *f*) ◆ *vt (person)* déléguer.
**delete** [dɪ'li:t] *vt* effacer.
**deli** ['delɪ] *n (inf)* = **delicatessen**.
**deliberate** [dɪ'lɪbərət] *adj (intentional)* délibéré(-e).
**deliberately** [dɪ'lɪbərətlɪ] *adv (intentionally)* délibérément.
**delicacy** ['delɪkəsɪ] *n (food)* mets *m* fin.
**delicate** ['delɪkət] *adj* délicat(-e).
**delicatessen** [ˌdelɪkə'tesn] *n* épicerie *f* fine.
**delicious** [dɪ'lɪʃəs] *adj* délicieux(-ieuse).
**delight** [dɪ'laɪt] *n (feeling)* plaisir *m* ◆ *vt* enchanter; **to take (a) ~ in doing sthg** prendre plaisir à faire qqch.

**delighted** [dɪ'laɪtɪd] *adj* ravi(-e).
**delightful** [dɪ'laɪtful] *adj* charmant(-e).
**deliver** [dɪ'lɪvə^r] *vt (goods)* livrer; *(letters, newspaper)* distribuer; *(speech, lecture)* faire; *(baby)* mettre au monde.
**delivery** [dɪ'lɪvərɪ] *n (of goods)* livraison *f*; *(of letters)* distribution *f*; *(birth)* accouchement *m*.
**delude** [dɪ'lu:d] *vt* tromper.
**de luxe** [də'lʌks] *adj* de luxe.
**demand** [dɪ'mɑ:nd] *n (request)* revendication *f*; *(COMM)* demande *f*; *(requirement)* exigence *f* ◆ *vt* exiger; **to ~ to do sthg** exiger de faire qqch; **in ~** demandé.
**demanding** [dɪ'mɑ:ndɪŋ] *adj* astreignant(-e).
**demerara sugar** [demə'reərə-] *n* cassonade *f*.
**demist** [,di:'mɪst] *vt (Br)* désembuer.
**demister** [,di:'mɪstə^r] *n (Br)* dispositif *m* antibuée.
**democracy** [dɪ'mɒkrəsɪ] *n* démocratie *f*.
**Democrat** ['deməkræt] *n (Am)* démocrate *mf*.
**democratic** [demə'krætɪk] *adj* démocratique.
**demolish** [dɪ'mɒlɪʃ] *vt* démolir.
**demonstrate** ['demənstreɪt] *vt (prove)* démontrer; *(machine, appliance)* faire une démonstration de ◆ *vi* manifester.
**demonstration** [demən'streɪʃn] *n (protest)* manifestation *f*; *(proof, of machine)* démonstration *f*.
**denial** [dɪ'naɪəl] *n* démenti *m*.
**denim** ['denɪm] *n* denim *m* ❑ **denims** *npl* jean *m*.
**denim jacket** *n* veste *f* en jean.
**Denmark** ['denmɑ:k] *n* le Danemark.
**dense** [dens] *adj* dense.
**dent** [dent] *n* bosse *f*.
**dental** ['dentl] *adj* dentaire.
**dental floss** [-flɒs] *n* fil *m* dentaire.
**dental surgeon** *n* chirurgien-dentiste *m*.
**dental surgery** *n (place)* cabinet *m* dentaire.
**dentist** ['dentɪst] *n* dentiste *m*; **to go to the ~'s** aller chez le dentiste.
**dentures** ['dentʃəz] *npl* dentier *m*.
**deny** [dɪ'naɪ] *vt* nier; *(refuse)* refuser.
**deodorant** [di:'əudərənt] *n* déodorant *m*.
**depart** [dɪ'pɑ:t] *vi* partir.
**department** [dɪ'pɑ:tmənt] *n (of business)* service *m*; *(of government)* ministère *m*; *(of shop)* rayon *m*; *(of school, university)* département *m*.
**department store** *n* grand magasin *m*.
**departure** [dɪ'pɑ:tʃə^r] *n* départ *m*; **"~s"** *(at airport)* «départs».
**departure lounge** *n* salle *f* d'embarquement.
**depend** [dɪ'pend] *vi*: **it ~s** ça dépend ❑ **depend on** *vt fus* dépendre de; **~ing on** selon.
**dependable** [dɪ'pendəbl] *adj* fiable.
**deplorable** [dɪ'plɔ:rəbl] *adj* déplorable.
**deport** [dɪ'pɔ:t] *vt* expulser.
**deposit** [dɪ'pɒzɪt] *n (in bank, sub-

*stance)* dépôt *m*; *(part-payment)* acompte *m*; *(against damage)* caution *f*; *(on bottle)* consigne *f* ◆ *vt* déposer.
**deposit account** *n (Br)* compte *m* sur livret.
**depot** ['di:pəʊ] *n (Am: for buses, trains)* gare *f*.
**depressed** [dɪ'prest] *adj* déprimé(-e).
**depressing** [dɪ'presɪŋ] *adj* déprimant(-e).
**depression** [dɪ'preʃn] *n* dépression *f*.
**deprive** [dɪ'praɪv] *vt*: **to ~ sb of sthg** priver qqn de qqch.
**depth** [depθ] *n* profondeur *f*; **to be out of one's ~** *(when swimming)* ne pas avoir pied; *(fig)* perdre pied; **~ of field** *(in photography)* profondeur de champ.
**deputy** ['depjʊtɪ] *adj* adjoint(-e).
**derailleur** [də'reɪljə^r] *n* dérailleur *m*.
**derailment** [dɪ'reɪlmənt] *n* déraillement *m*.
**derelict** ['derəlɪkt] *adj* abandonné(-e).
**derv** [dɜ:v] *n (Br)* gas-oil *m*.
**descend** [dɪ'send] *vt & vi* descendre.
**descendant** [dɪ'sendənt] *n* descendant *m* (-e *f*).
**descent** [dɪ'sent] *n* descente *f*.
**describe** [dɪ'skraɪb] *vt* décrire.
**description** [dɪ'skrɪpʃn] *n* description *f*.
**desert** [*n* 'dezət, *vb* dɪ'zɜ:t] *n* désert *m* ◆ *vt* abandonner.
**deserted** [dɪ'zɜ:tɪd] *adj* désert(-e).
**deserve** [dɪ'zɜ:v] *vt* mériter.
**design** [dɪ'zaɪn] *n (pattern, art)* dessin *m*; *(of machine, building)* conception *f* ◆ *vt (building, dress)* dessiner; *(machine)* concevoir; **to be ~ed for** être conçu pour.
**designer** [dɪ'zaɪnə^r] *n (of clothes)* couturier *m* (-ière *f*); *(of building)* architecte *mf*; *(of product)* designer *m* ◆ *adj (clothes, sunglasses)* de marque.
**desirable** [dɪ'zaɪərəbl] *adj* souhaitable.
**desire** [dɪ'zaɪə^r] *n* désir *m* ◆ *vt* désirer; **it leaves a lot to be ~d** ça laisse à désirer.
**desk** [desk] *n (in home, office)* bureau *m*; *(in school)* table *f*; *(at airport)* comptoir *m*; *(at hotel)* réception *f*.
**desktop publishing** ['desk,tɒp-] *n* publication *f* assistée par ordinateur.
**despair** [dɪ'speə^r] *n* désespoir *m*.
**despatch** [dɪ'spætʃ] = **dispatch**.
**desperate** ['desprət] *adj* désespéré(-e); **to be ~ for sthg** avoir absolument besoin de qqch.
**despicable** [dɪ'spɪkəbl] *adj* méprisable.
**despise** [dɪ'spaɪz] *vt* mépriser.
**despite** [dɪ'spaɪt] *prep* malgré.
**dessert** [dɪ'zɜ:t] *n* dessert *m*.
**dessertspoon** [dɪ'zɜ:tspu:n] *n* cuillère *f* à dessert; *(spoonful)* cuillerée *f* à dessert.
**destination** [,destɪ'neɪʃn] *n* destination *f*.
**destroy** [dɪ'strɔɪ] *vt* détruire.
**destruction** [dɪ'strʌkʃn] *n* destruction *f*.
**detach** [dɪ'tætʃ] *vt* détacher.
**detached house** [dɪ'tætʃt-] *n*

maison *f* individuelle.

**detail** ['di:teɪl] *n* détail *m*; **in ~** en détail ❑ **details** *npl (facts)* renseignements *mpl*.

**detailed** ['di:teɪld] *adj* détaillé(-e).

**detect** [dɪ'tekt] *vt* détecter.

**detective** [dɪ'tektɪv] *n* détective *m*; **a ~ story** une histoire policière.

**detention** [dɪ'tenʃn] *n (SCH)* retenue *f*.

**detergent** [dɪ'tɜ:dʒənt] *n* détergent *m*.

**deteriorate** [dɪ'tɪərɪəreɪt] *vi* se détériorer.

**determination** [dɪ,tɜ:mɪ'neɪʃn] *n* détermination *f*.

**determine** [dɪ'tɜ:mɪn] *vt* déterminer.

**determined** [dɪ'tɜ:mɪnd] *adj* déterminé(-e); **to be ~ to do sthg** être déterminé à faire qqch.

**deterrent** [dɪ'terənt] *n* moyen *m* de dissuasion.

**detest** [dɪ'test] *vt* détester.

**detour** ['di:,tʊəʳ] *n* détour *m*.

**detrain** [,di:'treɪn] *vi (fml)* descendre (du train).

**deuce** [dju:s] *n (in tennis)* égalité *f*.

**devastate** ['devəsteɪt] *vt* dévaster.

**develop** [dɪ'veləp] *vt* développer; *(land)* exploiter; *(machine, method)* mettre au point; *(illness, habit)* contracter ◆ *vi* se développer.

**developing country** [dɪ'veləpɪŋ-] *n* pays *m* en voie de développement.

**development** [dɪ'veləpmənt] *n* développement *m*; **a housing ~** une cité.

**device** [dɪ'vaɪs] *n* appareil *m*.

**devil** ['devl] *n* diable *m*; **what the ~ ...?** *(inf)* que diable ...?

**devise** [dɪ'vaɪz] *vt* concevoir.

**devoted** [dɪ'vəʊtɪd] *adj* dévoué(-e).

**dew** [dju:] *n* rosée *f*.

**diabetes** [,daɪə'bi:ti:z] *n* diabète *m*.

**diabetic** [,daɪə'betɪk] *adj (person)* diabétique; *(chocolate)* pour diabétiques ◆ *n* diabétique *mf*.

**diagnosis** [,daɪəg'nəʊsɪs] (*pl* **-oses** [-əʊsi:z]) *n* diagnostic *m*.

**diagonal** [daɪ'ægənl] *adj* diagonal(-e).

**diagram** ['daɪəgræm] *n* diagramme *m*.

**dial** ['daɪəl] *n* cadran *m* ◆ *vt* composer.

**dialling code** ['daɪəlɪŋ-] *n (Br)* indicatif *m*.

**dialling tone** ['daɪəlɪŋ-] *n (Br)* tonalité *f*.

**dial tone** *(Am)* = **dialling tone**.

**diameter** [daɪ'æmɪtəʳ] *n* diamètre *m*.

**diamond** ['daɪəmənd] *n (gem)* diamant *m* ❑ **diamonds** *npl (in cards)* carreau *m*.

**diaper** ['daɪpəʳ] *n (Am)* couche *f*.

**diarrhoea** [,daɪə'rɪə] *n* diarrhée *f*.

**diary** ['daɪərɪ] *n (for appointments)* agenda *m*; *(journal)* journal *m*.

**dice** [daɪs] *(pl inv) n* dé *m*.

**diced** [daɪst] *adj (food)* coupé(-e) en dés.

**dictate** [dɪk'teɪt] *vt* dicter.

**dictation** [dɪk'teɪʃn] *n* dictée *f*.

**dictator** [dɪk'teɪtəʳ] *n* dictateur *m*.

**dictionary** ['dɪkʃənrɪ] *n* dictionnaire *m*.

**did** [dɪd] *pt* → **do**.

**die** [daɪ] (*pt & pp* **died**, *cont* **dying** ['daɪɪŋ]) *vi* mourir; **to be dying for sthg** *(inf)* avoir une envie folle de qqch; **to be dying to do sthg** *(inf)* mourir d'envie de faire qqch ❑ **die away** *vi (sound)* s'éteindre; *(wind)* tomber; **die out** *vi* disparaître.

**diesel** ['di:zl] *n* diesel *m*.

**diet** ['daɪət] *n (for slimming, health)* régime *m*; *(food eaten)* alimentation *f* ◆ *vi* faire (un) régime ◆ *adj* de régime.

**diet Coke®** *n* Coca® *m inv* light.

**differ** ['dɪfə^r] *vi (disagree)* être en désaccord; **to ~ (from)** *(be dissimilar)* différer (de).

**difference** ['dɪfrəns] *n* différence *f*; **it makes no ~** ça ne change rien; **a ~ of opinion** une divergence d'opinion.

**different** ['dɪfrənt] *adj* différent(-e); **to be ~ (from)** être différent (de); **a ~ route** un autre itinéraire.

**differently** ['dɪfrəntlɪ] *adv* différemment.

**difficult** ['dɪfɪkəlt] *adj* difficile.

**difficulty** ['dɪfɪkəltɪ] *n* difficulté *f*.

**dig** [dɪg] (*pt & pp* **dug**) *vt (hole, tunnel)* creuser; *(garden, land)* retourner ◆ *vi* creuser ❑ **dig out** *vt sep (rescue)* dégager; *(find)* dénicher; **dig up** *vt sep (from ground)* déterrer.

**digest** [dɪ'dʒest] *vt* digérer.

**digestion** [dɪ'dʒestʃn] *n* digestion *f*.

**digestive (biscuit)** [dɪ'dʒestɪv-] *n (Br) biscuit à la farine complète.*

**digit** ['dɪdʒɪt] *n (figure)* chiffre *m*; *(finger, toe)* doigt *m*.

**digital** ['dɪdʒɪtl] *adj* numérique.

**dill** [dɪl] *n* aneth *m*.

**dilute** [daɪ'lu:t] *vt* diluer.

**dim** [dɪm] *adj (light)* faible; *(room)* sombre; *(inf: stupid)* borné(-e) ◆ *vt (light)* baisser.

**dime** [daɪm] *n (Am)* pièce *f* de dix cents.

**dimensions** [dɪ'menʃnz] *npl* dimensions *fpl*.

**din** [dɪn] *n* vacarme *m*.

**dine** [daɪn] *vi* dîner ❑ **dine out** *vi* dîner dehors.

**diner** ['daɪnə^r] *n (Am: restaurant)* ≃ restaurant *m* routier; *(person)* dîneur *m* (-euse *f*).

---

### i DINER

Ces petits restaurants, que l'on trouve principalement au bord des autoroutes mais aussi dans les villes, servent des repas légers à bas prix. Leur clientèle se compose donc essentiellement d'automobilistes et de chauffeurs de camion ; ils incarnent un certain esprit du voyage et figurent souvent dans les «road movies».

---

**dinghy** ['dɪŋgɪ] *n (with sail)* dériveur *m*; *(with oars)* canot *m*.

**dingy** ['dɪndʒɪ] *adj* miteux(-euse).

**dining car** ['daɪnɪŋ-] *n* wagon-restaurant *m*.

**dining hall** ['daɪnɪŋ-] *n* réfectoire *m*.

**dining room** ['daɪnɪŋ-] *n* salle *f* à manger.

**dinner** ['dɪnəʳ] *n (at lunchtime)* déjeuner *m*; *(in evening)* dîner *m*; **to have ~** *(at lunchtime)* déjeuner; *(in evening)* dîner.

**dinner jacket** *n* veste *f* de smoking.

**dinner party** *n* dîner *m*.

**dinner set** *n* service *m* de table.

**dinner suit** *n* smoking *m*.

**dinnertime** ['dɪnətaɪm] *n (at lunchtime)* heure *f* du déjeuner; *(in evening)* heure *f* du dîner.

**dinosaur** ['daɪnəsɔːʳ] *n* dinosaure *m*.

**dip** [dɪp] *n (in road, land)* déclivité *f*; *(food) mélange crémeux, souvent à base de mayonnaise, dans lequel on trempe des chips ou des légumes crus* ◆ *vt (into liquid)* tremper ◆ *vi (road, land)* descendre; **to have a ~** *(swim)* se baigner; **to ~ one's headlights** *(Br)* se mettre en codes.

**diploma** [dɪ'pləʊmə] *n* diplôme *m*.

**dipstick** ['dɪpstɪk] *n* jauge *f* (de niveau d'huile).

**direct** [dɪ'rekt] *adj* direct(-e) ◆ *adv* directement ◆ *vt (aim, control)* diriger; *(a question)* adresser; *(film, play, TV programme)* mettre en scène; **can you ~ me to the railway station?** pourriez-vous m'indiquer le chemin de la gare?

**direct current** *n* courant *m* continu.

**direction** [dɪ'rekʃn] *n (of movement)* direction *f*; **to ask for ~s** demander son chemin ❑ **directions** *npl (instructions)* instructions *fpl*.

**directly** [dɪ'rektlɪ] *adv (exactly)* exactement; *(soon)* immédiatement.

**director** [dɪ'rektəʳ] *n (of company)* directeur *m* (-trice *f*); *(of film, play, TV programme)* metteur *m* en scène; *(organizer)* organisateur *m* (-trice *f*).

**directory** [dɪ'rektərɪ] *n (of telephone numbers)* annuaire *m*; *(COMPUT)* répertoire *m*.

**directory enquiries** *n (Br)* renseignements *mpl* (téléphoniques).

**dirt** [dɜːt] *n* crasse *f*; *(earth)* terre *f*.

**dirty** ['dɜːtɪ] *adj* sale; *(joke)* cochon(-onne).

**disability** [ˌdɪsə'bɪlətɪ] *n* handicap *m*.

**disabled** [dɪs'eɪbld] *adj* handicapé(-e) ◆ *npl*: **the ~** les handicapés *mpl*; **"~ toilet"** «toilettes handicapés».

**disadvantage** [ˌdɪsəd'vɑːntɪdʒ] *n* inconvénient *m*.

**disagree** [ˌdɪsə'griː] *vi* ne pas être d'accord; **to ~ with sb (about)** ne pas être d'accord avec qqn (sur); **those mussels ~d with me** ces moules ne m'ont pas réussi.

**disagreement** [ˌdɪsə'griːmənt] *n (argument)* désaccord *m*; *(dissimilarity)* différence *f*.

**disappear** [ˌdɪsə'pɪəʳ] *vi* disparaître.

**disappearance** [ˌdɪsə'pɪərəns] *n* disparition *f*.

**disappoint** [ˌdɪsə'pɔɪnt] *vt* décevoir.

**disappointed** [ˌdɪsə'pɔɪntɪd] *adj* déçu(-e).

**disappointing** [ˌdɪsə'pɔɪntɪŋ] *adj* décevant(-e).

**disappointment** [ˌdɪsə'pɔɪntmənt] *n* déception *f*.

**disapprove** [ˌdɪsəˈpruːv] *vi*: **to ~ of** désapprouver.
**disarmament** [dɪsˈɑːməmənt] *n* désarmement *m*.
**disaster** [dɪˈzɑːstəʳ] *n* désastre *m*.
**disastrous** [dɪˈzɑːstrəs] *adj* désastreux(-euse).
**disc** [dɪsk] *n (Br)* disque *m*; *(Br: CD)* CD *m*; **to slip a ~** se déplacer une vertèbre.
**discard** [dɪˈskɑːd] *vt* jeter.
**discharge** [dɪsˈtʃɑːdʒ] *vt (prisoner)* libérer; *(patient)* laisser sortir; *(smoke, gas)* émettre; *(liquid)* laisser s'écouler.
**discipline** [ˈdɪsɪplɪn] *n* discipline *f*.
**disc jockey** *n* disc-jockey *m*.
**disco** [ˈdɪskəʊ] *n (place)* boîte *f* (de nuit); *(event)* soirée *f* dansante *(où l'on passe des disques)*.
**discoloured** [dɪsˈkʌləd] *adj* décoloré(-e).
**discomfort** [dɪsˈkʌmfət] *n* gêne *f*.
**disconnect** [ˌdɪskəˈnekt] *vt (device, pipe)* débrancher; *(telephone, gas supply)* couper.
**discontinued** [ˌdɪskənˈtɪnjuːd] *adj (product)* qui ne se fait plus.
**discotheque** [ˈdɪskəʊtek] *n (place)* discothèque *f*; *(event)* soirée *f* dansante *(où l'on passe des disques)*.
**discount** [ˈdɪskaʊnt] *n* remise *f* ◆ *vt (product)* faire une remise sur.
**discover** [dɪˈskʌvəʳ] *vt* découvrir.
**discovery** [dɪˈskʌvərɪ] *n* découverte *f*.
**discreet** [dɪˈskriːt] *adj* discret(-ete).
**discrepancy** [dɪˈskrepənsɪ] *n* divergence *f*.
**discriminate** [dɪˈskrɪmɪneɪt] *vi*: **to ~ against sb** faire de la discrimination envers qqn.
**discrimination** [dɪˌskrɪmɪˈneɪʃn] *n* discrimination *f*.
**discuss** [dɪˈskʌs] *vt* discuter de.
**discussion** [dɪˈskʌʃn] *n* discussion *f*.
**disease** [dɪˈziːz] *n* maladie *f*.
**disembark** [ˌdɪsɪmˈbɑːk] *vi* débarquer.
**disgrace** [dɪsˈgreɪs] *n (shame)* honte *f*; **it's a ~!** c'est une honte!
**disgraceful** [dɪsˈgreɪsfʊl] *adj* honteux(-euse).
**disguise** [dɪsˈgaɪz] *n* déguisement *m* ◆ *vt* déguiser; **in ~** déguisé.
**disgust** [dɪsˈgʌst] *n* dégoût *m* ◆ *vt* dégoûter.
**disgusting** [dɪsˈgʌstɪŋ] *adj* dégoûtant(-e).
**dish** [dɪʃ] *n* plat *m*; *(Am: plate)* assiette *f*; **to do the ~es** faire la vaisselle; **"~ of the day"** «plat du jour» ❑ **dish up** *vt sep* servir.
**dishcloth** [ˈdɪʃklɒθ] *n* lavette *f*.
**disheveled** [dɪˈʃevəld] *(Am)* = **dishevelled**.
**dishevelled** [dɪˈʃevəld] *adj (Br) (hair)* ébouriffé(-e); *(person)* débraillé(-e).
**dishonest** [dɪsˈɒnɪst] *adj* malhonnête.
**dish towel** *n (Am)* torchon *m*.
**dishwasher** [ˈdɪʃˌwɒʃəʳ] *n (machine)* lave-vaisselle *m inv*.
**disinfectant** [ˌdɪsɪnˈfektənt] *n* désinfectant *m*.
**disintegrate** [dɪsˈɪntɪgreɪt] *vi* se désintégrer.

**disk** [dɪsk] *n (Am)* = **disc**; *(COMPUT)* disque *m*; *(floppy)* disquette *f*.
**disk drive** *n* lecteur *m* (de disquettes).
**dislike** [dɪs'laɪk] *n* aversion *f* ◆ *vt* ne pas aimer; **to take a ~ to sb/sthg** prendre qqn/qqch en grippe.
**dislocate** ['dɪsləkeɪt] *vt*: **to ~ one's shoulder** se déboîter l'épaule.
**dismal** ['dɪzml] *adj (weather, place)* lugubre; *(terrible)* très mauvais(-e).
**dismantle** [dɪs'mæntl] *vt* démonter.
**dismay** [dɪs'meɪ] *n* consternation *f*.
**dismiss** [dɪs'mɪs] *vt (not consider)* écarter; *(from job)* congédier; *(from classroom)* laisser sortir.
**disobedient** [,dɪsə'bi:djənt] *adj* désobéissant(-e).
**disobey** [,dɪsə'beɪ] *vt* désobéir à.
**disorder** [dɪs'ɔ:də^r] *n (confusion)* désordre *m*; *(violence)* troubles *mpl*; *(illness)* trouble *m*.
**disorganized** [dɪs'ɔ:gənaɪzd] *adj* désorganisé(-e).
**dispatch** [dɪ'spætʃ] *vt* envoyer.
**dispense** [dɪ'spens]: **dispense with** *vt fus* se passer de.
**dispenser** [dɪ'spensə^r] *n* distributeur *m*.
**dispensing chemist** [dɪ'spensɪŋ-] *n (Br)* pharmacie *f*.
**disperse** [dɪ'spɜ:s] *vt* disperser ◆ *vi* se disperser.
**display** [dɪ'spleɪ] *n (of goods)* étalage *m*; *(public event)* spectacle *m*; *(readout)* affichage *m* ◆ *vt (goods)* exposer; *(feeling, quality)* faire preuve de; *(information)* afficher; **on ~** exposé.
**displeased** [dɪs'pli:zd] *adj* mécontent(-e).
**disposable** [dɪ'spəʊzəbl] *adj* jetable.
**dispute** [dɪ'spju:t] *n (argument)* dispute *f*; *(industrial)* conflit *m* ◆ *vt (debate)* débattre (de); *(question)* contester.
**disqualify** [,dɪs'kwɒlɪfaɪ] *vt* disqualifier; **he is disqualified from driving** *(Br)* on lui a retiré son permis de conduire.
**disregard** [,dɪsrɪ'gɑ:d] *vt* ne pas tenir compte de, ignorer.
**disrupt** [dɪs'rʌpt] *vt* perturber.
**disruption** [dɪs'rʌpʃn] *n* perturbation *f*.
**dissatisfied** [,dɪs'sætɪsfaɪd] *adj* mécontent(-e).
**dissolve** [dɪ'zɒlv] *vt* dissoudre ◆ *vi* se dissoudre.
**dissuade** [dɪ'sweɪd] *vt*: **to ~ sb from doing sthg** dissuader qqn de faire qqch.
**distance** ['dɪstəns] *n* distance *f*; **from a ~** de loin; **in the ~** au loin.
**distant** ['dɪstənt] *adj* lointain(-e); *(reserved)* distant(-e).
**distilled water** [dɪ'stɪld-] *n* eau *f* distillée.
**distillery** [dɪ'stɪlərɪ] *n* distillerie *f*.
**distinct** [dɪ'stɪŋkt] *adj (separate)* distinct(-e); *(noticeable)* net (nette).
**distinction** [dɪ'stɪŋkʃn] *n (difference)* distinction *f*; *(mark for work)* mention *f* très bien.
**distinctive** [dɪ'stɪŋktɪv] *adj* distinctif(-ive).
**distinguish** [dɪ'stɪŋgwɪʃ] *vt* dis-

tinguer; **to ~ sthg from sthg** distinguer qqch de qqch.
**distorted** [dɪ'stɔ:tɪd] *adj* déformé(-e).
**distract** [dɪ'strækt] *vt* distraire.
**distraction** [dɪ'strækʃn] *n* distraction *f*.
**distress** [dɪ'stres] *n (pain)* souffrance *f*; *(anxiety)* angoisse *f*.
**distressing** [dɪ'stresɪŋ] *adj* pénible.
**distribute** [dɪ'strɪbju:t] *vt (hand out)* distribuer; *(spread evenly)* répartir.
**distributor** [dɪ'strɪbjʊtə$^{r}$] *n* distributeur *m*.
**district** ['dɪstrɪkt] *n* région *f*; *(of town)* quartier *m*.
**district attorney** *n (Am)* = procureur *m* de la République.
**disturb** [dɪ'stɜ:b] *vt (interrupt, move)* déranger; *(worry)* inquiéter; **"do not ~"** «ne pas déranger».
**disturbance** [dɪ'stɜ:bəns] *n (violence)* troubles *mpl*.
**ditch** [dɪtʃ] *n* fossé *m*.
**ditto** ['dɪtəʊ] *adv* idem.
**divan** [dɪ'væn] *n* divan *m*.
**dive** [daɪv] (*pt Am* **-d** OR **dove**, *pt Br* **-d**) *n* plongeon *m* ◆ *vi* plonger.
**diver** ['daɪvə$^{r}$] *n* plongeur *m* (-euse *f*).
**diversion** [daɪ'vɜ:ʃn] *n (of traffic)* déviation *f*; *(amusement)* distraction *f*.
**divert** [daɪ'vɜ:t] *vt* détourner.
**divide** [dɪ'vaɪd] *vt* diviser; *(share out)* partager ❑ **divide up** *vt sep* diviser; *(share out)* partager.
**diving** ['daɪvɪŋ] *n (from divingboard, rock)* plongeon *m*; *(under sea)* plongée *f* (sous-marine); **to go ~** faire de la plongée.
**divingboard** ['daɪvɪŋbɔ:d] *n* plongeoir *m*.
**division** [dɪ'vɪʒn] *n* division *f*; *(COMM)* service *m*.
**divorce** [dɪ'vɔ:s] *n* divorce *m* ◆ *vt* divorcer de OR d'avec.
**divorced** [dɪ'vɔ:st] *adj* divorcé(-e).
**DIY** *abbr* = **do-it-yourself**.
**dizzy** ['dɪzɪ] *adj*: **to feel ~** avoir la tête qui tourne.
**DJ** *n (abbr of disc jockey)* DJ *m*.
**do** [du:] (*pt* **did**, *pp* **done**, *pl* **dos**) *aux vb* 1. *(in negatives)*: **don't ~ that!** ne fais pas ça!; **she didn't listen** elle n'a pas écouté.
2. *(in questions)*: **did he like it?** est-ce qu'il a aimé?; **how ~ you do it?** comment fais-tu ça?
3. *(referring to previous verb)*: **I eat more than you ~** je mange plus que toi; **you made a mistake - no I didn't!** tu t'es trompé - non, ce n'est pas vrai!; **so ~ I** moi aussi.
4. *(in question tags)*: **so, you like Scotland, ~ you?** alors, tu aimes bien l'Écosse?; **the train leaves at five o'clock, doesn't it?** le train part à cinq heures, n'est-ce pas?
5. *(for emphasis)*: **I ~ like this bedroom** j'aime vraiment cette chambre; **~ come in!** entrez donc!
◆ *vt* 1. *(perform)* faire; **to ~ one's homework** faire ses devoirs; **what is she doing?** qu'est-ce qu'elle fait?; **what can I ~ for you?** je peux vous aider?
2. *(clean, brush etc)*: **to ~ one's hair** se coiffer; **to ~ one's make-up** se maquiller; **to ~ one's teeth** se laver les dents.
3. *(cause)* faire; **to ~ damage** faire des dégâts; **to ~ sb good** faire du

bien à qqn.
4. *(have as job)*: **what do you ~?** qu'est-ce que vous faites dans la vie?
5. *(provide, offer)* faire; **we ~ pizzas for under £4** nos pizzas sont à moins de 4 livres.
6. *(study)* faire.
7. *(subj: vehicle)*: **the car was doing 50 mph** la voiture faisait du 80 à l'heure.
8. *(inf: visit)* faire; **we're doing Scotland next week** on fait l'Écosse la semaine prochaine.
◆ *vi* 1. *(behave, act)* faire; **~ as I say** fais ce que je te dis.
2. *(progress, get on)*: **to ~ well** *(business)* marcher bien; **I'm not doing very well** ça ne marche pas très bien.
3. *(be sufficient)* aller, être suffisant; **will £5 ~?** 5 livres, ça ira?
4. *(in phrases)*: **how do you ~?** *(greeting)* enchanté!; *(answer)* de même!; **how are you doing?** comment ça va? **what has that got to ~ with it?** qu'est-ce que ça a à voir?
◆ *n (party)* fête *f*, soirée *f*; **the ~s and don'ts** les choses à faire et à ne pas faire
❑ **do out of** *vt sep (inf)*: **to ~ sb out of £10** entuber qqn de 10 livres; **do up** *vt sep (coat, shirt)* boutonner; *(shoes, laces)* attacher; *(zip)* remonter; *(decorate)* refaire; **do with** *vt fus (need)*: **I could ~ with a drink** un verre ne serait pas de refus; **do without** *vt fus* se passer de.

**dock** [dɒk] *n (for ships)* dock *m*; *(JUR)* banc *m* des accusés ◆ *vi* arriver à quai.

**doctor** ['dɒktəʳ] *n (of medicine)* docteur *m*, médecin *m*; *(academic)* docteur *m*; **to go to the ~'s** aller chez le docteur OR le médecin.

**document** ['dɒkjʊmənt] *n* document *m*.

**documentary** [,dɒkjʊ'mentərɪ] *n* documentaire *m*.

**Dodgems®** ['dɒdʒəmz] *npl (Br)* autos *fpl* tamponneuses.

**dodgy** ['dɒdʒɪ] *adj (Br) (inf) (plan)* douteux(-euse); *(machine)* pas très fiable.

**does** [*weak form* dəz, *strong form* dʌz] → **do**.

**doesn't** ['dʌznt]= **does not**.

**dog** [dɒg] *n* chien *m*.

**dog food** *n* nourriture *f* pour chien.

**doggy bag** ['dɒgɪ-] *n sachet servant aux clients d'un restaurant à emporter les restes de leur repas.*

**do-it-yourself** *n* bricolage *m*.

**dole** [dəʊl] *n*: **to be on the ~** *(Br)* être au chômage.

**doll** [dɒl] *n* poupée *f*.

**dollar** ['dɒləʳ] *n* dollar *m*.

**dolphin** ['dɒlfɪn] *n* dauphin *m*.

**dome** [dəʊm] *n* dôme *m*.

**domestic** [də'mestɪk] *adj (of house)* ménager(-ère); *(of family)* familial(-e); *(of country)* intérieur(-e).

**domestic appliance** *n* appareil *m* ménager.

**domestic flight** *n* vol *m* intérieur.

**domestic science** *n* enseignement *m* ménager.

**dominate** ['dɒmɪneɪt] *vt* dominer.

**dominoes** ['dɒmɪnəʊz] *n* dominos *mpl*.

**donate** [də'neɪt] *vt* donner.
**donation** [də'neɪʃn] *n* don *m*.
**done** [dʌn] *pp* → **do** ♦ *adj (finished)* fini(-e); *(cooked)* cuit(-e).
**donkey** ['dɒŋkɪ] *n* âne *m*.
**don't** [dəʊnt] = **do not**.
**door** [dɔːʳ] *n* porte *f*; *(of vehicle)* portière *f*.
**doorbell** ['dɔːbel] *n* sonnette *f*.
**doorknob** ['dɔːnɒb] *n* bouton *m* de porte.
**doorman** ['dɔːmən] (*pl* **-men**) *n* portier *m*.
**doormat** ['dɔːmæt] *n* paillasson *m*.
**doormen** ['dɔːmən] *pl* → **doorman**.
**doorstep** ['dɔːstep] *n* pas *m* de la porte; *(Br: piece of bread)* tranche *f* de pain épaisse.
**doorway** ['dɔːweɪ] *n* embrasure *f* de la porte.
**dope** [dəʊp] *n (inf) (any drug)* dope *f*; *(marijuana)* herbe *f*.
**dormitory** ['dɔːmətrɪ] *n* dortoir *m*.
**Dormobile®** ['dɔːməˌbiːl] *n* camping-car *m*.
**dosage** ['dəʊsɪdʒ] *n* dosage *m*.
**dose** [dəʊs] *n* dose *f*.
**dot** [dɒt] *n* point *m*; **on the ~** *(fig)* (à l'heure) pile.
**dotted line** ['dɒtɪd-] *n* ligne *f* pointillée.
**double** ['dʌbl] *adv* deux fois ♦ *n* double *m*; *(alcohol)* double dose *f* ♦ *vt & vi* doubler ♦ *adj* double; **~ three, two, eight** trente-trois, vingt-huit; **~ "l"** deux «l»; **to bend sthg ~** plier qqch en deux; **a ~ whisky** un double whisky ❑ **doubles** *n* double *m*.
**double bed** *n* grand lit *m*.
**double-breasted** [-'brestɪd] *adj* croisé(-e).
**double cream** *n (Br)* crème *f* fraîche épaisse.
**double-decker (bus)** [-'dekəʳ-] *n* autobus *m* à impériale.
**double doors** *npl* porte *f* à deux battants.
**double-glazing** [-'gleɪzɪŋ] *n* double vitrage *m*.
**double room** *n* chambre *f* double.
**doubt** [daʊt] *n* doute *m* ♦ *vt* douter de; **I ~ it** j'en doute; **I ~ she'll be there** je doute qu'elle soit là; **in ~** incertain; **no ~** sans aucun doute.
**doubtful** ['daʊtfʊl] *adj (uncertain)* incertain(-e); **it's ~ that ...** il est peu probable que ... *(+ subjunctive)*.
**dough** [dəʊ] *n* pâte *f*.
**doughnut** ['dəʊnʌt] *n* beignet *m*.
**dove**[1] [dʌv] *n (bird)* colombe *f*.
**dove**[2] [dəʊv] *pt (Am)* → **dive**.
**Dover** ['dəʊvəʳ] *n* Douvres.
**Dover sole** *n* sole *f*.
**down** [daʊn] *adv* 1. *(towards the bottom)* vers le bas; **~ here** ici en bas; **~ there** là en bas; **to fall ~** tomber; **to go ~** descendre.
2. *(along)*: **I'm going ~ to the shops** je vais jusqu'aux magasins.
3. *(downstairs)*: **I'll come ~ later** je descendrai plus tard.
4. *(southwards)*: **we're going ~ to London** nous descendons à Londres.
5. *(in writing)*: **to write sthg ~** écrire OR noter qqch.
♦ *prep* 1. *(towards the bottom of)*:

**they ran ~ the hill** ils ont descendu la colline en courant.
2. *(along)* le long de; **I was walking ~ the street** je descendais la rue.
◆ *adj (inf: depressed)* cafardeux(-euse).
◆ *n (feathers)* duvet *m*.
❑ **downs** *npl (Br)* collines *fpl*.
**downhill** [ˌdaʊnˈhɪl] *adv*: **to go ~** descendre.
**Downing Street** [ˈdaʊnɪŋ-] *n* Downing Street.

---

**DOWNING STREET**

Cette célèbre rue londonienne abrite à la fois la résidence du Premier ministre britannique (au numéro 10) et celle du ministre des Finances (au numéro 11). L'expression «Downing Street» désigne également, par extension, le Premier ministre et ses collaborateurs.

---

**downpour** [ˈdaʊnpɔːʳ] *n* grosse averse *f*.
**downstairs** [ˌdaʊnˈsteəz] *adj (room)* du bas ◆ *adv* en bas; **to go ~** descendre.
**downtown** [ˌdaʊnˈtaʊn] *adj (hotel)* du centre-ville; *(train)* en direction du centre-ville ◆ *adv* en ville; **~ New York** le centre de New York.
**down under** *adv (Br: inf: in Australia)* en Australie.
**downwards** [ˈdaʊnwədz] *adv* vers le bas.
**doz.** *abbr* = **dozen**.
**doze** [dəʊz] *vi* sommeiller.
**dozen** [ˈdʌzn] *n* douzaine *f*; **a ~ eggs** une douzaine d'œufs.
**Dr** *(abbr of Doctor)* Dr.
**drab** [dræb] *adj* terne.
**draft** [drɑːft] *n (early version)* brouillon *m*; *(money order)* traite *f*; *(Am)* = **draught**.
**drag** [dræg] *vt (pull along)* tirer ◆ *vi (along ground)* traîner (par terre); **what a ~!** *(inf)* quelle barbe! ❑ **drag on** *vi* s'éterniser.
**dragonfly** [ˈdrægnflaɪ] *n* libellule *f*.
**drain** [dreɪn] *n (sewer)* égout *m*; *(in street)* bouche *f* d'égout ◆ *vt (field)* drainer; *(tank)* vidanger ◆ *vi (vegetables, washing-up)* s'égoutter.
**draining board** [ˈdreɪnɪŋ-] *n* égouttoir *m*.
**drainpipe** [ˈdreɪnpaɪp] *n* tuyau *m* d'écoulement.
**drama** [ˈdrɑːmə] *n (play)* pièce *f* de théâtre; *(art)* théâtre *m*; *(excitement)* drame *m*.
**dramatic** [drəˈmætɪk] *adj (impressive)* spectaculaire.
**drank** [dræŋk] *pt* → **drink**.
**drapes** [dreɪps] *npl (Am)* rideaux *mpl*.
**drastic** [ˈdræstɪk] *adj* radical(-e); *(improvement)* spectaculaire.
**drastically** [ˈdræstɪklɪ] *adv* radicalement.
**draught** [drɑːft] *n (Br: of air)* courant *m* d'air.
**draught beer** *n* bière *f* (à la) pression.
**draughts** [drɑːfts] *n (Br)* dames *fpl*.
**draughty** [ˈdrɑːftɪ] *adj* plein(-e) de courants d'air.
**draw** [drɔː] (*pt* **drew**, *pp* **drawn**) *vt (with pen, pencil)* dessiner; *(line)* tracer; *(pull)* tirer; *(attract)* attirer;

*(conclusion)* tirer; *(comparison)* établir ◆ *vi* dessiner; *(SPORT)* faire match nul ◆ *n (SPORT: result)* match *m* nul; *(lottery)* tirage *m*; **to ~ the curtains** *(open)* ouvrir les rideaux; *(close)* tirer les rideaux ❑ **draw out** *vt sep (money)* retirer; **draw up** *vt sep (list, plan)* établir ◆ *vi (car, bus)* s'arrêter.

**drawback** ['drɔ:bæk] *n* inconvénient *m*.

**drawer** [drɔ:ʳ] *n* tiroir *m*.

**drawing** ['drɔ:ɪŋ] *n* dessin *m*.

**drawing pin** *n (Br)* punaise *f*.

**drawing room** *n* salon *m*.

**drawn** [drɔ:n] *pp* → **draw**.

**dreadful** ['dredfʊl] *adj* épouvantable.

**dream** [dri:m] *n* rêve *m* ◆ *vt (when asleep)* rêver; *(imagine)* imaginer ◆ *vi*: **to ~ (of)** rêver (de); **a ~ house** une maison de rêve.

**dress** [dres] *n* robe *f*; *(clothes)* tenue *f* ◆ *vt* habiller; *(wound)* panser; *(salad)* assaisonner ◆ *vi* s'habiller; **to be ~ed in** être vêtu de; **to get ~ed** s'habiller ❑ **dress up** *vi* s'habiller (élégamment).

**dress circle** *n* premier balcon *m*.

**dresser** ['dresəʳ] *n (Br: for crockery)* buffet *m*; *(Am: chest of drawers)* commode *f*.

**dressing** ['dresɪŋ] *n (for salad)* assaisonnement *m*; *(for wound)* pansement *m*.

**dressing gown** *n* robe *f* de chambre.

**dressing room** *n (SPORT)* vestiaire *m*; *(in theatre)* loge *f*.

**dressing table** *n* coiffeuse *f*.

**dressmaker** ['dres,meɪkəʳ] *n* couturier *m* (-ière *f*).

**dress rehearsal** *n* répétition *f* générale.

**drew** [dru:] *pt* → **draw**.

**dribble** ['drɪbl] *vi (liquid)* tomber goutte à goutte; *(baby)* baver.

**drier** ['draɪəʳ] = **dryer**.

**drift** [drɪft] *n (of snow)* congère *f* ◆ *vi (in wind)* s'amonceler; *(in water)* dériver.

**drill** [drɪl] *n (electric tool)* perceuse *f*; *(manual tool)* chignole *f*; *(of dentist)* roulette *f* ◆ *vt (hole)* percer.

**drink** [drɪŋk] (*pt* **drank**, *pp* **drunk**) *n* boisson *f*; *(alcoholic)* verre *m* ◆ *vt & vi* boire; **would you like a ~?** voulez-vous quelque chose à boire?; **to have a ~** *(alcoholic)* prendre un verre.

**drinkable** ['drɪŋkəbl] *adj (safe to drink)* potable; *(wine)* buvable.

**drinking water** ['drɪŋkɪŋ-] *n* eau *f* potable.

**drip** [drɪp] *n (drop)* goutte *f*; *(MED)* goutte-à-goutte *m inv* ◆ *vi* goutter; *(tap)* fuir.

**drip-dry** *adj* qui ne se repasse pas.

**dripping (wet)** ['drɪpɪŋ-] *adj* trempé(-e).

**drive** [draɪv] (*pt* **drove**, *pp* **driven** ['drɪvn]) *n (journey)* trajet *m* (en voiture); *(in front of house)* allée *f* ◆ *vt (car, bus, train, passenger)* conduire; *(operate, power)* faire marcher ◆ *vi (drive car)* conduire; *(travel in car)* aller en voiture; **to go for a ~** faire un tour en voiture; **to ~ sb to do sthg** pousser qqn à faire qqch; **to ~ sb mad** rendre qqn fou.

**driver** ['draɪvəʳ] *n* conducteur *m* (-trice *f*).

**driver's license** *(Am)* = **driving licence**.

**driveshaft** ['draɪvʃɑ:ft] *n* arbre

*m* de transmission.

**driveway** ['draɪvweɪ] *n* allée *f*.

**driving lesson** ['draɪvɪŋ-] *n* leçon *f* de conduite.

**driving licence** ['draɪvɪŋ-] *n* *(Br)* permis *m* de conduire.

**driving test** ['draɪvɪŋ-] *n* examen *m* du permis de conduire.

**drizzle** ['drɪzl] *n* bruine *f*.

**drop** [drɒp] *n (of liquid)* goutte *f*; *(distance down)* dénivellation *f*; *(decrease)* chute *f* ◆ *vt* laisser tomber; *(reduce)* baisser; *(from vehicle)* déposer ◆ *vi (fall)* tomber; *(decrease)* chuter; **to ~ a hint that** laisser entendre que; **to ~ sb a line** écrire un mot à qqn ❑ **drop in** *vi (inf)* passer; **drop off** *vt sep (from vehicle)* déposer ◆ *vi (fall asleep)* s'endormir; *(fall off)* tomber; **drop out** *vi (of college, race)* abandonner.

**drought** [draʊt] *n* sécheresse *f*.

**drove** [drəʊv] *pt* → **drive**.

**drown** [draʊn] *vi* se noyer.

**drug** [drʌg] *n (MED)* médicament *m*; *(stimulant)* drogue *f* ◆ *vt* droguer.

**drug addict** *n* drogué *m* (-e *f*).

**druggist** ['drʌgɪst] *n (Am)* pharmacien *m* (-ienne *f*).

**drum** [drʌm] *n (MUS)* tambour *m*; *(container)* bidon *m*.

**drummer** ['drʌmə^r] *n* joueur *m* (-euse *f*) de tambour; *(in band)* batteur *m* (-euse *f*).

**drumstick** ['drʌmstɪk] *n (of chicken)* pilon *m*.

**drunk** [drʌŋk] *pp* → **drink** ◆ *adj* saoul(-e), soûl(-e) ◆ *n* ivrogne *mf*; **to get ~** se saouler, se soûler.

**dry** [draɪ] *adj* sec (sèche); *(day)* sans pluie ◆ *vt (hands, clothes)* sécher; *(washing-up)* essuyer ◆ *vi* sécher; **to ~ o.s.** se sécher; **to ~ one's hair** se sécher les cheveux ❑ **dry up** *vi (become dry)* s'assécher; *(dry the dishes)* essuyer la vaisselle.

**dry-clean** *vt* nettoyer à sec.

**dry cleaner's** *n* pressing *m*.

**dryer** ['draɪə^r] *n (for clothes)* séchoir *m*; *(for hair)* séchoir *m* à cheveux, sèche-cheveux *m inv*.

**dry-roasted peanuts** [-'rəʊstɪd-] *npl* cacahuètes *fpl* grillées à sec.

**DSS** *n ministère britannique de la Sécurité sociale*.

**DTP** *n (abbr of desktop publishing)* PAO *f*.

**dual carriageway** ['dju:əl-] *n* *(Br)* route *f* à quatre voies.

**dubbed** [dʌbd] *adj (film)* doublé(-e).

**dubious** ['dju:bjəs] *adj (suspect)* douteux(-euse).

**duchess** ['dʌtʃɪs] *n* duchesse *f*.

**duck** [dʌk] *n* canard *m* ◆ *vi* se baisser.

**due** [dju:] *adj (expected)* attendu(-e); *(money, bill)* dû (due); **the train is ~ to leave at eight o'clock** le départ du train est prévu pour huit heures; **in ~ course** en temps voulu; **~ to** en raison de.

**duet** [dju:'et] *n* duo *m*.

**duffel bag** ['dʌfl-] *n* sac *m* marin.

**duffel coat** ['dʌfl-] *n* duffel-coat *m*.

**dug** [dʌg] *pt & pp* → **dig**.

**duke** [dju:k] *n* duc *m*.

**dull** [dʌl] *adj (boring)* ennuyeux(-euse); *(not bright)* terne;

*(weather)* maussade; *(pain)* sourd(-e).
**dumb** [dʌm] *adj (inf: stupid)* idiot(-e); *(unable to speak)* muet(-ette).
**dummy** ['dʌmɪ] *n (Br: of baby)* tétine *f*; *(for clothes)* mannequin *m*.
**dump** [dʌmp] *n (for rubbish)* dépotoir *m*; *(inf: town)* trou *m*; *(inf: room, flat)* taudis *m* ◆ *vt (drop carelessly)* laisser tomber; *(get rid of)* se débarrasser de.
**dumpling** ['dʌmplɪŋ] *n boulette de pâte cuite à la vapeur et servie avec les ragoûts.*
**dune** [dju:n] *n* dune *f*.
**dungarees** [,dʌŋgə'ri:z] *npl (Br: for work)* bleu *m* (de travail); *(fashion item)* salopette *f*; *(Am: jeans)* jean *m*.
**dungeon** ['dʌndʒən] *n* cachot *m*.
**duplicate** ['dju:plɪkət] *n* double *m*.
**during** ['djʊərɪŋ] *prep* pendant, durant.
**dusk** [dʌsk] *n* crépuscule *m*.
**dust** [dʌst] *n* poussière *f* ◆ *vt* épousseter.
**dustbin** ['dʌstbɪn] *n (Br)* poubelle *f*.
**dustcart** ['dʌstkɑ:t] *n (Br)* camion *m* des éboueurs.
**duster** ['dʌstə^r] *n* chiffon *m* (à poussière).
**dustman** ['dʌstmən] (*pl* **-men** [-mən]) *n (Br)* éboueur *m*.
**dustpan** ['dʌstpæn] *n* pelle *f*.
**dusty** ['dʌstɪ] *adj* poussiéreux(-euse).
**Dutch** [dʌtʃ] *adj* hollandais(-e), néerlandais(-e) ◆ *n (language)* néerlandais *m* ◆ *npl*: **the ~** les Hollandais *mpl*.
**Dutchman** ['dʌtʃmən] (*pl* **-men** [-mən]) *n* Hollandais *m*.
**Dutchwoman** ['dʌtʃ,wʊmən] (*pl* **-women** [-,wɪmɪn]) *n* Hollandaise *f*.
**duty** ['dju:tɪ] *n (moral obligation)* devoir *m*; *(tax)* droit *m*; **to be on ~** être de service; **to be off ~** ne pas être de service ❑ **duties** *npl (job)* fonctions *fpl*.
**duty chemist's** *n* pharmacie *f* de garde.
**duty-free** *adj* détaxé(-e) ◆ *n* articles *mpl* détaxés.
**duty-free shop** *n* boutique *f* hors taxe.
**duvet** ['du:veɪ] *n* couette *f*.
**dwarf** [dwɔ:f] (*pl* **dwarves** [dwɔ:vz]) *n* nain *m* (naine *f*).
**dwelling** ['dwelɪŋ] *n (fml)* logement *m*.
**dye** [daɪ] *n* teinture *f* ◆ *vt* teindre.
**dynamite** ['daɪnəmaɪt] *n* dynamite *f*.
**dynamo** ['daɪnəməʊ] (*pl* **-s**) *n (on bike)* dynamo *f*.
**dyslexic** [dɪs'leksɪk] *adj* dyslexique.

# E

**E** *(abbr of east)* E.
**E111** *n* formulaire *m* E111.
**each** [i:tʃ] *adj* chaque ◆ *pron* chacun *m* (-e *f*); **~ one** chacun; **~ of them** chacun d'entre eux; **to know ~ other** se connaître; **one ~** un

chacun; **one of ~** un de chaque.

**eager** ['i:gəʳ] *adj* enthousiaste; **to be ~ to do sthg** vouloir à tout prix faire qqch.

**eagle** ['i:gl] *n* aigle *m*.

**ear** [ɪəʳ] *n* oreille *f*; *(of corn)* épi *m*.

**earache** ['ɪəreɪk] *n*: **to have ~** avoir mal aux oreilles.

**earl** [ɜ:l] *n* comte *m*.

**early** ['ɜ:lɪ] *adv* de bonne heure, tôt; *(before usual or arranged time)* tôt ◆ *adj* en avance; **in ~ June** au début du mois de juin; **at the earliest** au plus tôt; **~ on** tôt; **to have an ~ night** se coucher tôt.

**earn** [ɜ:n] *vt* *(money)* gagner; *(praise)* s'attirer; *(success)* remporter; **to ~ a living** gagner sa vie.

**earnings** ['ɜ:nɪŋz] *npl* revenus *mpl*.

**earphones** ['ɪəfəunz] *npl* écouteurs *mpl*.

**earplugs** ['ɪəplʌgz] *npl* *(wax)* boules *fpl* Quiès®.

**earrings** ['ɪərɪŋz] *npl* boucles *fpl* d'oreille.

**earth** [ɜ:θ] *n* terre *f* ◆ *vt* *(Br: appliance)* relier à la terre; **how on ~ ...?** comment diable ...?

**earthenware** ['ɜ:θnweəʳ] *adj* en terre cuite.

**earthquake** ['ɜ:θkweɪk] *n* tremblement *m* de terre.

**ease** [i:z] *n* facilité *f* ◆ *vt* *(pain)* soulager; *(problem)* arranger; **at ~** à l'aise; **with ~** facilement ❑ **ease off** *vi* *(pain, rain)* diminuer.

**easily** ['i:zɪlɪ] *adv* facilement; *(by far)* de loin.

**east** [i:st] *n* est *m* ◆ *adv* *(fly, walk)* vers l'est; *(be situated)* à l'est; **in the ~ of England** à OR dans l'est de l'Angleterre; **the East** *(Asia)* l'Orient *m*.

**eastbound** ['i:stbaund] *adj* en direction de l'est.

**Easter** ['i:stəʳ] *n* Pâques *m*.

**eastern** ['i:stən] *adj* oriental(-e), est *(inv)* ❑ **Eastern** *adj* *(Asian)* oriental(-e).

**Eastern Europe** *n* l'Europe *f* de l'Est.

**eastwards** ['i:stwədz] *adv* vers l'est.

**easy** ['i:zɪ] *adj* facile; **to take it ~** ne pas s'en faire.

**easygoing** [,i:zɪ'gəuɪŋ] *adj* facile à vivre.

**eat** [i:t] (*pt* **ate**, *pp* **eaten** ['i:tn]) *vt & vi* manger ❑ **eat out** *vi* manger dehors.

**eating apple** ['i:tɪŋ-] *n* pomme *f* à couteau.

**ebony** ['ebənɪ] *n* ébène *f*.

**EC** *n (abbr of European Community)* CE *f*.

**eccentric** [ɪk'sentrɪk] *adj* excentrique.

**echo** ['ekəu] (*pl* **-es**) *n* écho *m* ◆ *vi* résonner.

**ecology** [ɪ'kɒlədʒɪ] *n* écologie *f*.

**economic** [,i:kə'nɒmɪk] *adj* économique ❑ **economics** *n* économie *f*.

**economical** [,i:kə'nɒmɪkl] *adj* *(car, system)* économique; *(person)* économe.

**economize** [ɪ'kɒnəmaɪz] *vi* faire des économies.

**economy** [ɪ'kɒnəmɪ] *n* économie *f*.

**economy class** *n* classe *f* touriste.

**economy size** *adj* taille éco-

nomique *(inv)*.
**ecstasy** ['ekstəsɪ] *n (great joy)* extase *f*; *(drug)* ecstasy *f*.
**ECU** ['ekju:] *n* ÉCU *m*.
**eczema** ['eksɪmə] *n* eczéma *m*.
**edge** [edʒ] *n* bord *m*; *(of knife)* tranchant *m*.
**edible** ['edɪbl] *adj* comestible.
**Edinburgh** ['edɪnbrə] *n* Édimbourg.
**Edinburgh Festival** *n*: **the ~** le festival d'Édimbourg.

## EDINBURGH FESTIVAL

La capitale écossaise accueille chaque année en août un festival international de musique, de théâtre et de danse. Parallèlement aux représentations officielles, plus classiques, se déroule un festival «Fringe» composé de centaines de productions indépendantes se tenant dans de petites salles un peu partout dans la ville.

**edition** [ɪ'dɪʃn] *n (of book, newspaper)* édition *f*; *(of TV programme)* diffusion *f*.
**editor** ['edɪtə^r] *n (of newspaper, magazine)* rédacteur *m* (-trice *f*) en chef; *(of film)* monteur *m* (-euse *f*).
**editorial** [,edɪ'tɔ:rɪəl] *n* éditorial *m*.
**educate** ['edʒʊkeɪt] *vt* instruire.
**education** [,edʒʊ'keɪʃn] *n* éducation *f*.
**EEC** *n* CEE *f*.
**eel** [i:l] *n* anguille *f*.
**effect** [ɪ'fekt] *n* effet *m*; **to put sthg into ~** mettre qqch en application; **to take ~** prendre effet.
**effective** [ɪ'fektɪv] *adj* efficace; *(law, system)* en vigueur.
**effectively** [ɪ'fektɪvlɪ] *adv (successfully)* efficacement; *(in fact)* effectivement.
**efficient** [ɪ'fɪʃənt] *adj* efficace.
**effort** ['efət] *n* effort *m*; **to make an ~ to do sthg** faire un effort pour faire qqch; **it's not worth the ~** ça ne vaut pas la peine.
**e.g.** *adv* p. ex.
**egg** [eg] *n* œuf *m*.
**egg cup** *n* coquetier *m*.
**egg mayonnaise** *n* œuf *m* mayonnaise.
**eggplant** ['egplɑ:nt] *n (Am)* aubergine *f*.
**egg white** *n* blanc *m* d'œuf.
**egg yolk** *n* jaune *m* d'œuf.
**Egypt** ['i:dʒɪpt] *n* l'Égypte *f*.
**eiderdown** ['aɪdədaʊn] *n* édredon *m*.
**eight** [eɪt] *num* huit, → **six**.
**eighteen** [,eɪ'ti:n] *num* dix-huit, → **six**.
**eighteenth** [,eɪ'ti:nθ] *num* dix-huitième, → **sixth**.
**eighth** [eɪtθ] *num* huitième, → **sixth**.
**eightieth** ['eɪtɪɪθ] *num* quatre-vingtième, → **sixth**.
**eighty** ['eɪtɪ] *num* quatre-vingt(s), → **six**.
**Eire** ['eərə] *n* l'Eire *f*, l'Irlande *f*.
**Eisteddfod** [aɪ'stedfəd] *n festival culturel gallois*.

## EISTEDDFOD

La langue et la culture du pays de Galles y sont célébrées chaque année au mois d'août, depuis le XII^e siècle, avec l'«Eisteddfod», grand concours de musique, de poésie, de théâtre et d'art.

---

**either** ['aɪðəʳ, 'iːðəʳ] *adj*: ~ **book will do** n'importe lequel des deux livres fera l'affaire ♦ *pron*: **I'll take ~ (of them)** je prendrai n'importe lequel; **I don't like ~ (of them)** je n'aime ni l'un ni l'autre ♦ *adv*: **I can't ~** je ne peux pas non plus; ~ ... **or** soit ... soit, ou ... ou; **on ~ side** des deux côtés.
**eject** [ɪ'dʒekt] *vt (cassette)* éjecter.
**elaborate** [ɪ'læbrət] *adj* compliqué(-e).
**elastic** [ɪ'læstɪk] *n* élastique *m*.
**elastic band** *n (Br)* élastique *m*.
**elbow** ['elbəʊ] *n (of person)* coude *m*.
**elder** ['eldəʳ] *adj* aîné(-e).
**elderly** ['eldəlɪ] *adj* âgé(-e) ♦ *npl*: **the ~** les personnes *fpl* âgées.
**eldest** ['eldɪst] *adj* aîné(-e).
**elect** [ɪ'lekt] *vt* élire; **to ~ to do sthg** *(fml: choose)* choisir de faire qqch.
**election** [ɪ'lekʃn] *n* élection *f*.
**electric** [ɪ'lektrɪk] *adj* électrique.
**electrical goods** [ɪ'lektrɪkl-] *npl* appareils *mpl* électriques.
**electric blanket** *n* couverture *f* chauffante.
**electric drill** *n* perceuse *f* électrique.
**electric fence** *n* clôture *f* électrifiée.
**electrician** [ˌɪlek'trɪʃn] *n* électricien *m* (-ienne *f*).
**electricity** [ˌɪlek'trɪsətɪ] *n* électricité *f*.
**electric shock** *n* décharge *f* électrique.
**electrocute** [ɪ'lektrəkjuːt] *vt* électrocuter.
**electronic** [ˌɪlek'trɒnɪk] *adj* électronique.
**elegant** ['elɪgənt] *adj* élégant(-e).
**element** ['elɪmənt] *n* élément *m*; *(amount)* part *f*; *(of fire, kettle)* résistance *f*; **the ~s** *(weather)* les éléments.
**elementary** [ˌelɪ'mentərɪ] *adj* élémentaire.
**elephant** ['elɪfənt] *n* éléphant *m*.
**elevator** ['elɪveɪtəʳ] *n (Am)* ascenseur *m*.
**eleven** [ɪ'levn] *num* onze, → **six**.
**eleventh** [ɪ'levnθ] *num* onzième, → **sixth**.
**eligible** ['elɪdʒəbl] *adj* admissible.
**eliminate** [ɪ'lɪmɪneɪt] *vt* éliminer.
**Elizabethan** [ɪˌlɪzə'biːθn] *adj* élisabéthain(-e) *(deuxième moitié du XVI^e siècle)*.
**elm** [elm] *n* orme *m*.
**else** [els] *adv*: **I don't want anything ~** je ne veux rien d'autre; **anything ~?** désirez-vous autre chose?; **everyone ~** tous les autres; **nobody ~** personne d'autre; **nothing ~** rien d'autre; **somebody ~** quelqu'un d'autre; **something ~** autre chose; **somewhere ~** ailleurs; **what ~?** quoi d'autre?; **what ~ is there to do?** qu'est-ce qu'il y a d'autre à faire?; **who ~?** qui d'autre?; **or ~** sinon.
**elsewhere** [els'weəʳ] *adv* ailleurs.
**embankment** [ɪm'bæŋkmənt] *n*

*(next to river)* berge *f*; *(next to road, railway)* talus *m*.

**embark** [ɪm'bɑːk] *vi (board ship)* embarquer.

**embarkation card** [ˌembɑː'keɪʃn-] *n* carte *f* d'embarquement.

**embarrass** [ɪm'bærəs] *vt* embarrasser.

**embarrassed** [ɪm'bærəst] *adj* embarrassé(-e).

**embarrassing** [ɪm'bærəsɪŋ] *adj* embarrassant(-e).

**embarrassment** [ɪm'bærəsmənt] *n* embarras *m*.

**embassy** ['embəsɪ] *n* ambassade *f*.

**emblem** ['embləm] *n* emblème *m*.

**embrace** [ɪm'breɪs] *vt* serrer dans ses bras.

**embroidered** [ɪm'brɔɪdəd] *adj* brodé(-e).

**embroidery** [ɪm'brɔɪdərɪ] *n* broderie *f*.

**emerald** ['emərəld] *n* émeraude *f*.

**emerge** [ɪ'mɜːdʒ] *vi* émerger.

**emergency** [ɪ'mɜːdʒənsɪ] *n* urgence *f* ◆ *adj* d'urgence; **in an ~** en cas d'urgence.

**emergency exit** *n* sortie *f* de secours.

**emergency landing** *n* atterrissage *m* forcé.

**emergency services** *npl* services *mpl* d'urgence.

**emigrate** ['emɪgreɪt] *vi* émigrer.

**emit** [ɪ'mɪt] *vt* émettre.

**emotion** [ɪ'məʊʃn] *n* émotion *f*.

**emotional** [ɪ'məʊʃənl] *adj (situation)* émouvant(-e); *(person)* émotif(-ive).

**emphasis** ['emfəsɪs] (*pl* **-ases** [-əsiːz]) *n* accent *m*.

**emphasize** ['emfəsaɪz] *vt* souligner.

**empire** ['empaɪə<sup>r</sup>] *n* empire *m*.

**employ** [ɪm'plɔɪ] *vt* employer.

**employed** [ɪm'plɔɪd] *adj* employé(-e).

**employee** [ɪm'plɔɪiː] *n* employé *m* (-e *f*).

**employer** [ɪm'plɔɪə<sup>r</sup>] *n* employeur *m* (-euse *f*).

**employment** [ɪm'plɔɪmənt] *n* emploi *m*.

**employment agency** *n* agence *f* de placement.

**empty** ['emptɪ] *adj* vide; *(threat, promise)* vain(-e) ◆ *vt* vider.

**EMU** *n* UEM *f*.

**emulsion (paint)** [ɪ'mʌlʃn-] *n* émulsion *f*.

**enable** [ɪ'neɪbl] *vt*: **to ~ sb to do sthg** permettre à qqn de faire qqch.

**enamel** [ɪ'næml] *n* émail *m*.

**enclose** [ɪn'kləʊz] *vt (surround)* entourer; *(with letter)* joindre.

**enclosed** [ɪn'kləʊzd] *adj (space)* clos(-e).

**encounter** [ɪn'kaʊntə<sup>r</sup>] *vt* rencontrer.

**encourage** [ɪn'kʌrɪdʒ] *vt* encourager; **to ~ sb to do sthg** encourager qqn à faire qqch.

**encouragement** [ɪn'kʌrɪdʒmənt] *n* encouragement *m*.

**encyclopedia** [ɪnˌsaɪklə'piːdjə] *n* encyclopédie *f*.

**end** [end] *n (furthest point)* bout *m*; *(of book, list, year, holiday)* fin *f*; *(purpose)* but *m* ◆ *vt (story, evening, holiday)* finir, terminer; *(war, prac-*

*tice)* mettre fin à ◆ *vi* finir, se terminer; **at the ~ of April** (à la) fin avril; **to come to an ~** se terminer; **to put an ~ to sthg** mettre fin à qqch; **for days on ~** (pendant) des journées entières; **in the ~** finalement; **to make ~s meet** arriver à joindre les deux bouts ❑ **end up** *vi* finir; **to ~ up doing sthg** finir par faire qqch.

**endangered species** [ɪn'deɪndʒəd-] *n* espèce *f* en voie de disparition.

**ending** ['endɪŋ] *n (of story, film, book)* fin *f*; *(GRAMM)* terminaison *f*.

**endive** ['endaɪv] *n (curly)* frisée *f*; *(chicory)* endive *f*.

**endless** ['endlɪs] *adj* sans fin.

**endorsement** [ɪn'dɔ:smənt] *n (of driving licence) contravention indiquée sur le permis de conduire.*

**endurance** [ɪn'djʊərəns] *n* endurance *f*.

**endure** [ɪn'djʊər] *vt* endurer.

**enemy** ['enɪmɪ] *n* ennemi *m* (-e *f*).

**energy** ['enədʒɪ] *n* énergie *f*.

**enforce** [ɪn'fɔ:s] *vt (law)* appliquer.

**engaged** [ɪn'geɪdʒd] *adj (to be married)* fiancé(-e); *(Br: phone)* occupé(-e); *(toilet)* occupé(-e); **to get ~** se fiancer.

**engaged tone** *n (Br)* tonalité *f* «occupé».

**engagement** [ɪn'geɪdʒmənt] *n (to marry)* fiançailles *fpl*; *(appointment)* rendez-vous *m*.

**engagement ring** *n* bague *f* de fiançailles.

**engine** ['endʒɪn] *n (of vehicle)* moteur *m*; *(of train)* locomotive *f*.

**engineer** [,endʒɪ'nɪər] *n* ingénieur *m*.

**engineering** [,endʒɪ'nɪərɪŋ] *n* ingénierie *f*.

**engineering works** *npl (on railway line)* travaux *mpl*.

**England** ['ɪŋglənd] *n* l'Angleterre *f*.

**English** ['ɪŋglɪʃ] *adj* anglais(-e) ◆ *n (language)* anglais *m* ◆ *npl*: **the ~** les Anglais *mpl*.

**English breakfast** *n petit déjeuner anglais traditionnel composé de bacon, d'œufs, de saucisses et de toasts, accompagnés de thé ou de café.*

**English Channel** *n*: **the ~** la Manche.

**Englishman** ['ɪŋglɪʃmən] (*pl* **-men** [-mən]) *n* Anglais *m*.

**Englishwoman** ['ɪŋglɪʃ,wʊmən] (*pl* **-women** [-,wɪmɪn]) *n* Anglaise *f*.

**engrave** [ɪn'greɪv] *vt* graver.

**engraving** [ɪn'greɪvɪŋ] *n* gravure *f*.

**enjoy** [ɪn'dʒɔɪ] *vt* aimer; **to ~ doing sthg** aimer faire qqch; **to ~ o.s.** s'amuser; **~ your meal!** bon appétit!

**enjoyable** [ɪn'dʒɔɪəbl] *adj* agréable.

**enjoyment** [ɪn'dʒɔɪmənt] *n* plaisir *m*.

**enlargement** [ɪn'lɑ:dʒmənt] *n (of photo)* agrandissement *m*.

**enormous** [ɪ'nɔ:məs] *adj* énorme.

**enough** [ɪ'nʌf] *adj* assez de ◆ *pron & adv* assez; **~ time** assez de temps; **is that ~?** ça suffit?; **it's not big ~** ça n'est pas assez gros; **to have had ~ (of)** en avoir assez (de).

**enquire** [ɪn'kwaɪər] *vi* se renseigner.

**enquiry** [ɪn'kwaɪərɪ] *n (investigation)* enquête *f*; **to make an ~** demander un renseignement; **"Enquiries"** «Renseignements».
**enquiry desk** *n* accueil *m*.
**enrol** [ɪn'rəʊl] *vi (Br)* s'inscrire.
**enroll** [ɪn'rəʊl] *(Am)* = **enrol**.
**en suite bathroom** [ɒn'swi:t-] *n* salle *f* de bains particulière.
**ensure** [ɪn'ʃʊə^r] *vt* assurer.
**entail** [ɪn'teɪl] *vt* entraîner.
**enter** ['entə^r] *vt* entrer dans; *(college)* entrer à; *(competition)* s'inscrire à; *(on form)* inscrire ◆ *vi* entrer; *(in competition)* s'inscrire.
**enterprise** ['entəpraɪz] *n* entreprise *f*.
**entertain** [,entə'teɪn] *vt (amuse)* divertir.
**entertainer** [,entə'teɪnə^r] *n* fantaisiste *mf*.
**entertaining** [,entə'teɪnɪŋ] *adj* amusant(-e).
**entertainment** [,entə'teɪnmənt] *n* divertissement *m*.
**enthusiasm** [ɪn'θju:zɪæzm] *n* enthousiasme *m*.
**enthusiast** [ɪn'θju:zɪæst] *n* passionné *m* (-e *f*).
**enthusiastic** [ɪn,θju:zɪ'æstɪk] *adj* enthousiaste.
**entire** [ɪn'taɪə^r] *adj* entier(-ière).
**entirely** [ɪn'taɪəlɪ] *adv* entièrement.
**entitle** [ɪn'taɪtl] *vt*: **to ~ sb to do sthg** autoriser qqn à faire qqch; **this ticket ~s you to a free drink** ce ticket vous donne droit à une consommation gratuite.
**entrance** ['entrəns] *n* entrée *f*.
**entrance fee** *n* entrée *f*.
**entry** ['entrɪ] *n* entrée *f*; *(in competition)* objet *m* soumis; **"no ~"** *(sign on door)* «entrée interdite»; *(road sign)* «sens interdit».
**envelope** ['envələʊp] *n* enveloppe *f*.
**envious** ['envɪəs] *adj* envieux (-ieuse).
**environment** [ɪn'vaɪərənmənt] *n* milieu *m*, cadre *m*; **the ~** l'environnement *m*.
**environmental** [ɪn,vaɪərən'mentl] *adj* de l'environnement.
**environmentally friendly** [ɪn,vaɪərən'mentəlɪ-] *adj* qui préserve l'environnement.
**envy** ['envɪ] *vt* envier.
**epic** ['epɪk] *n* épopée *f*.
**epidemic** [,epɪ'demɪk] *n* épidémie *f*.
**epileptic** [,epɪ'leptɪk] *adj* épileptique; **~ fit** crise *f* d'épilepsie.
**episode** ['epɪsəʊd] *n* épisode *m*.
**equal** ['i:kwəl] *adj* égal(-e) ◆ *vt* égaler; **to be ~ to** être égal à.
**equality** [ɪ'kwɒlətɪ] *n* égalité *f*.
**equalize** ['i:kwəlaɪz] *vi* égaliser.
**equally** ['i:kwəlɪ] *adv (pay, treat)* pareil; *(share)* en parts égales; *(at the same time)* en même temps; **they're ~ good** ils sont aussi bons l'un que l'autre.
**equation** [ɪ'kweɪʒn] *n* équation *f*.
**equator** [ɪ'kweɪtə^r] *n*: **the ~** l'équateur *m*.
**equip** [ɪ'kwɪp] *vt*: **to ~ sb/sthg with** équiper qqn/qqch de.
**equipment** [ɪ'kwɪpmənt] *n* équipement *m*.
**equipped** [ɪ'kwɪpt] *adj*: **to be ~ with** être équipé(-e) de.
**equivalent** [ɪ'kwɪvələnt] *adj*

équivalent(-e) ◆ *n* équivalent *m*.
**erase** [ɪ'reɪz] *vt (letter, word)* effacer, gommer.
**eraser** [ɪ'reɪzəʳ] *n* gomme *f*.
**erect** [ɪ'rekt] *adj (person, posture)* droit(-e) ◆ *vt (tent)* monter; *(monument)* élever.
**ERM** *n* mécanisme *m* de change (du SME).
**erotic** [ɪ'rɒtɪk] *adj* érotique.
**errand** ['erənd] *n* course *f*.
**erratic** [ɪ'rætɪk] *adj* irrégulier (-ière).
**error** ['erəʳ] *n* erreur *f*.
**escalator** ['eskəleɪtəʳ] *n* Escalator® *m*.
**escalope** ['eskəlɒp] *n* escalope *f* panée.
**escape** [ɪ'skeɪp] *n* fuite *f* ◆ *vi* s'échapper; **to ~ from** *(from prison)* s'échapper de; *(from danger)* échapper à.
**escort** [*n* 'eskɔ:t, *vb* ɪ'skɔ:t] *n (guard)* escorte *f* ◆ *vt* escorter.
**espadrilles** ['espə,drɪlz] *npl* espadrilles *fpl*.
**especially** [ɪ'speʃəlɪ] *adv (in particular)* surtout; *(on purpose)* exprès; *(very)* particulièrement.
**esplanade** [,esplə'neɪd] *n* esplanade *f*.
**essay** ['eseɪ] *n (at school, university)* dissertation *f*.
**essential** [ɪ'senʃl] *adj* essentiel(-ielle) ❑ **essentials** *npl*: **the ~s** l'essentiel; **the bare ~s** le strict minimum.
**essentially** [ɪ'senʃəlɪ] *adv* essentiellement.
**establish** [ɪ'stæblɪʃ] *vt* établir.
**establishment** [ɪ'stæblɪʃmənt] *n* établissement *m*.
**estate** [ɪ'steɪt] *n (land in country)* propriété *f*; *(for housing)* lotissement *m*; *(Br: car)* = **estate car**.
**estate agent** *n (Br)* agent *m* immobilier.
**estate car** *n (Br)* break *m*.
**estimate** [*n* 'estɪmət, *vb* 'estɪmeɪt] *n (guess)* estimation *f*; *(from builder, plumber)* devis *m* ◆ *vt* estimer.
**estuary** ['estjʊərɪ] *n* estuaire *m*.
**ethnic minority** ['eθnɪk-] *n* minorité *f* ethnique.
**EU** *n (abbr of European Union)* Union *f* européenne.
**Eurocheque** ['jʊərəʊ,tʃek] *n* eurochèque *m*.
**Europe** ['jʊərəp] *n* l'Europe *f*.
**European** [,jʊərə'pɪən] *adj* européen(-enne) ◆ *n* Européen *m* (-enne *f*).
**European Community** *n* Communauté *f* européenne.
**evacuate** [ɪ'vækjʊeɪt] *vt* évacuer.
**evade** [ɪ'veɪd] *vt (person)* échapper à; *(issue, responsibility)* éviter.
**evaporated milk** [ɪ'væpəreɪtɪd-] *n* lait *m* condensé (non sucré).
**eve** [i:v] *n*: **on the ~ of** à la veille de.
**even** ['i:vn] *adj (uniform, flat)* régulier(-ière); *(equal)* égal(-e); *(number)* pair(-e) ◆ *adv* même; *(in comparisons)* encore; **~ bigger** encore plus grand; **to break ~** rentrer dans ses frais; **~ so** quand même; **~ though** même si.
**evening** ['i:vnɪŋ] *n* soir *m*; *(event, period)* soirée *f*; **good ~!** bonsoir!; **in the ~** le soir.
**evening classes** *npl* cours *mpl* du soir.

**evening dress** *n (formal clothes)* tenue *f* de soirée; *(of woman)* robe *f* du soir.
**evening meal** *n* repas *m* du soir.
**event** [ɪ'vent] *n* événement *m*; *(SPORT)* épreuve *f*; **in the ~ of** *(fml)* dans l'éventualité de.
**eventual** [ɪ'ventʃʊəl] *adj* final(-e).
**eventually** [ɪ'ventʃʊəlɪ] *adv* finalement.
**ever** ['evəʳ] *adv* jamais; **have you ~ been to Wales?** êtes-vous déjà allé au pays de Galles?; **he was ~ so angry** il était vraiment en colère; **for ~** *(eternally)* pour toujours; *(for a long time)* un temps fou; **hardly ~** pratiquement jamais; **~ since** *adv* depuis ◆ *prep* depuis ◆ *conj* depuis que.
**every** ['evrɪ] *adj* chaque; **~ day** tous les jours, chaque jour; **~ other day** un jour sur deux; **one in ~ ten** un sur dix; **we make ~ effort ...** nous faisons tout notre possible ...; **~ so often** de temps en temps.
**everybody** ['evrɪ,bɒdɪ] = **everyone**.
**everyday** ['evrɪdeɪ] *adj* quotidien(-ienne).
**everyone** ['evrɪwʌn] *pron* tout le monde.
**everyplace** ['evrɪ,pleɪs] *(Am)* = everywhere.
**everything** ['evrɪθɪŋ] *pron* tout.
**everywhere** ['evrɪweəʳ] *adv* partout.
**evidence** ['evɪdəns] *n* preuve *f*.
**evident** ['evɪdənt] *adj* évident(-e).
**evidently** ['evɪdəntlɪ] *adv* manifestement.
**evil** ['i:vl] *adj* mauvais(-e) ◆ *n* mal *m*.
**ex** [eks] *n (inf: wife, husband, partner)* ex *mf*.
**exact** [ɪg'zækt] *adj* exact(-e); **"~ fare ready please"** «faites l'appoint».
**exactly** [ɪg'zæktlɪ] *adv & excl* exactement.
**exaggerate** [ɪg'zædʒəreɪt] *vt & vi* exagérer.
**exaggeration** [ɪg,zædʒə'reɪʃn] *n* exagération *f*.
**exam** [ɪg'zæm] *n* examen *m*; **to take an ~** passer un examen.
**examination** [ɪg,zæmɪ'neɪʃn] *n* examen *m*.
**examine** [ɪg'zæmɪn] *vt* examiner.
**example** [ɪg'zɑ:mpl] *n* exemple *m*; **for ~** par exemple.
**exceed** [ɪk'si:d] *vt* dépasser.
**excellent** ['eksələnt] *adj* excellent(-e).
**except** [ɪk'sept] *prep* sauf, à part ◆ *conj* sauf, à part; **~ for** sauf, à part; **"~ for access"** «sauf riverains»; **"~ for loading"** «sauf livraisons».
**exception** [ɪk'sepʃn] *n* exception *f*.
**exceptional** [ɪk'sepʃnəl] *adj* exceptionnel(-elle).
**excerpt** ['eksɜ:pt] *n* extrait *m*.
**excess** [ɪk'ses, *before nouns* 'ekses] *adj* excédentaire ◆ *n* excès *m*.
**excess baggage** *n* excédent *m* de bagages.
**excess fare** *n (Br)* supplément *m*.
**excessive** [ɪk'sesɪv] *adj* exces-

sif(-ive).

**exchange** [ɪks'tʃeɪndʒ] *n (of telephones)* central *m* téléphonique; *(of students)* échange *m* scolaire ◆ *vt* échanger; **to ~ sthg for sthg** échanger qqch contre qqch; **to be on an ~** prendre part à un échange scolaire.

**exchange rate** *n* taux *m* de change.

**excited** [ɪk'saɪtɪd] *adj* excité(-e).

**excitement** [ɪk'saɪtmənt] *n* excitation *f*; *(exciting thing)* animation *f*.

**exciting** [ɪk'saɪtɪŋ] *adj* passionnant(-e).

**exclamation mark** [,eksklə'meɪʃn-] *n (Br)* point *m* d'exclamation.

**exclamation point** [,eksklə'meɪʃn-] *(Am)* = **exclamation mark**.

**exclude** [ɪk'sklu:d] *vt* exclure.

**excluding** [ɪk'sklu:dɪŋ] *prep* sauf, à l'exception de.

**exclusive** [ɪk'sklu:sɪv] *adj (high-class)* chic; *(sole)* exclusif(-ive) ◆ *n* exclusivité *f*; **~ of VAT** TVA non comprise.

**excursion** [ɪk'skɜ:ʃn] *n* excursion *f*.

**excuse** [*n* ɪk'skju:s, *vb* ɪk'skju:z] *n* excuse *f* ◆ *vt (forgive)* excuser; *(let off)* dispenser; **~ me!** excusez-moi!

**ex-directory** *adj (Br)* sur la liste rouge.

**execute** ['eksɪkju:t] *vt (kill)* exécuter.

**executive** [ɪg'zekjʊtɪv] *adj (room)* pour cadres ◆ *n (person)* cadre *m*.

**exempt** [ɪg'zempt] *adj*: **~ from** exempt(-e) de.

**exemption** [ɪg'zempʃn] *n* exemption *f*.

**exercise** ['eksəsaɪz] *n* exercice *m* ◆ *vi* faire de l'exercice; **to do ~s** faire des exercices.

**exercise book** *n* cahier *m*.

**exert** [ɪg'zɜ:t] *vt* exercer.

**exhaust** [ɪg'zɔ:st] *vt* épuiser ◆ *n*: **~ (pipe)** pot *m* d'échappement.

**exhausted** [ɪg'zɔ:stɪd] *adj* épuisé(-e).

**exhibit** [ɪg'zɪbɪt] *n (in museum, gallery)* objet *m* exposé ◆ *vt* exposer.

**exhibition** [,eksɪ'bɪʃn] *n (of art)* exposition *f*.

**exist** [ɪg'zɪst] *vi* exister.

**existence** [ɪg'zɪstəns] *n* existence *f*; **to be in ~** exister.

**existing** [ɪg'zɪstɪŋ] *adj* existant(-e).

**exit** ['eksɪt] *n* sortie *f* ◆ *vi* sortir.

**exotic** [ɪg'zɒtɪk] *adj* exotique.

**expand** [ɪk'spænd] *vi* se développer.

**expect** [ɪk'spekt] *vt* s'attendre à; *(await)* attendre; **to ~ to do sthg** compter faire qqch; **to ~ sb to do sthg** *(require)* attendre de qqn qu'il fasse qqch; **to be ~ing** *(be pregnant)* être enceinte.

**expedition** [,ekspɪ'dɪʃn] *n* expédition *f*.

**expel** [ɪk'spel] *vt (from school)* renvoyer.

**expense** [ɪk'spens] *n* dépense *f*; **at the ~ of** *(fig)* aux dépens de ❑ **expenses** *npl (of business trip)* frais *mpl*.

**expensive** [ɪk'spensɪv] *adj* cher (chère).

**experience** [ɪk'spɪərɪəns] *n*

expérience *f* ◆ *vt* connaître.
**experienced** [ɪk'spɪərɪənst] *adj* expérimenté(-e).
**experiment** [ɪk'sperɪmənt] *n* expérience *f* ◆ *vi* expérimenter.
**expert** ['ekspɜːt] *adj (advice)* d'expert ◆ *n* expert *m*.
**expire** [ɪk'spaɪəʳ] *vi* expirer.
**expiry date** [ɪk'spaɪərɪ-] *n* date *f* d'expiration.
**explain** [ɪk'spleɪn] *vt* expliquer.
**explanation** [,eksplə'neɪʃn] *n* explication *f*.
**explode** [ɪk'spləʊd] *vi* exploser.
**exploit** [ɪk'splɔɪt] *vt* exploiter.
**explore** [ɪk'splɔːʳ] *vt (place)* explorer.
**explosion** [ɪk'spləʊʒn] *n* explosion *f*.
**explosive** [ɪk'spləʊsɪv] *n* explosif *m*.
**export** [*n* 'ekspɔːt, *vb* ɪk'spɔːt] *n* exportation *f* ◆ *vt* exporter.
**exposed** [ɪk'spəʊzd] *adj (place)* exposé(-e).
**exposure** [ɪk'spəʊʒəʳ] *n (photograph)* pose *f*; *(MED)* exposition *f* au froid; *(to heat, radiation)* exposition *f*.
**express** [ɪk'spres] *adj (letter, delivery)* exprès; *(train)* express ◆ *n (train)* express *m* ◆ *vt* exprimer ◆ *adv* en exprès.
**expression** [ɪk'spreʃn] *n* expression *f*.
**expresso** [ɪk'spresəʊ] *n* expresso *m*.
**expressway** [ɪk'spresweɪ] *n (Am)* autoroute *f*.
**extend** [ɪk'stend] *vt* prolonger; *(hand)* tendre ◆ *vi* s'étendre.
**extension** [ɪk'stenʃn] *n (of building)* annexe *f*; *(for phone)* poste *m*; *(for permit, essay)* prolongation *f*.
**extension lead** *n* rallonge *f*.
**extensive** [ɪk'stensɪv] *adj (damage)* important(-e); *(area)* vaste; *(selection)* large.
**extent** [ɪk'stent] *n (of damage, knowledge)* étendue *f*; **to a certain ~** jusqu'à un certain point; **to what ~ ...?** dans quelle mesure ...?
**exterior** [ɪk'stɪərɪəʳ] *adj* extérieur(-e) ◆ *n* extérieur *m*.
**external** [ɪk'stɜːnl] *adj* externe.
**extinct** [ɪk'stɪŋkt] *adj (species)* disparu(-e); *(volcano)* éteint(-e).
**extinction** [ɪk'stɪŋkʃn] *n* extinction *f*.
**extinguish** [ɪk'stɪŋgwɪʃ] *vt* éteindre.
**extinguisher** [ɪk'stɪŋgwɪʃəʳ] *n* extincteur *m*.
**extortionate** [ɪk'stɔːʃnət] *adj* exorbitant(-e).
**extra** ['ekstrə] *adj* supplémentaire ◆ *n (bonus)* plus *m*; *(optional thing)* option *f* ◆ *adv (especially)* encore plus; **to pay ~** payer un supplément; **~ charge** supplément *m*; **~ large** XL ❑ **extras** *npl (in price)* suppléments *mpl*.
**extract** [*n* 'ekstrækt, *vb* ɪk'strækt] *n* extrait *m* ◆ *vt* extraire.
**extractor fan** [ɪk'stræktə-] *n (Br)* ventilateur *m*.
**extraordinary** [ɪk'strɔːdnrɪ] *adj* extraordinaire.
**extravagant** [ɪk'strævəgənt] *adj (wasteful)* dépensier(-ière); *(expensive)* coûteux(-euse).
**extreme** [ɪk'striːm] *adj* extrême ◆ *n* extrême *m*.
**extremely** [ɪk'striːmlɪ] *adv*

extrêmement.

**extrovert** ['ekstrəvɜ:t] *n* extraverti *m* (-e *f*).

**eye** [aɪ] *n* œil *m*; *(of needle)* chas *m* ◆ *vt* lorgner; **to keep an ~ on** surveiller.

**eyebrow** ['aɪbraʊ] *n* sourcil *m*.

**eye drops** *npl* gouttes *fpl* pour les yeux.

**eyeglasses** ['aɪglɑ:sɪz] *npl* lunettes *fpl*.

**eyelash** ['aɪlæʃ] *n* cil *m*.

**eyelid** ['aɪlɪd] *n* paupière *f*.

**eyeliner** ['aɪˌlaɪnəʳ] *n* eye-liner *m*.

**eye shadow** *n* ombre *f* à paupières.

**eyesight** ['aɪsaɪt] *n* vue *f*.

**eye test** *n* examen *m* des yeux.

**eyewitness** [ˌaɪ'wɪtnɪs] *n* témoin *m* oculaire.

# F

**F** *(abbr of Fahrenheit)* F.

**fabric** ['fæbrɪk] *n* tissu *m*.

**fabulous** ['fæbjʊləs] *adj* fabuleux(-euse).

**facade** [fə'sɑ:d] *n* façade *f*.

**face** [feɪs] *n* visage *m*; *(expression)* mine *f*; *(of cliff, mountain)* face *f*; *(of clock, watch)* cadran *m* ◆ *vt* faire face à; *(facts)* regarder en face; **to be ~d with** être confronté à ❑ **face up to** *vt fus* faire face à.

**facecloth** ['feɪsklɒθ] *n* *(Br)* = gant *m* de toilette.

**facial** ['feɪʃl] *n* soins *mpl* du visage.

**facilitate** [fə'sɪlɪteɪt] *vt (fml)* faciliter.

**facilities** [fə'sɪlɪti:z] *npl* équipements *mpl*.

**facsimile** [fæk'sɪmɪlɪ] *n (fax)* fax *m*.

**fact** [fækt] *n* fait *m*; **in ~** en fait.

**factor** ['fæktəʳ] *n* facteur *m*; *(of suntan lotion)* indice *m* (de protection); **~ ten suntan lotion** crème solaire indice dix.

**factory** ['fæktərɪ] *n* usine *f*.

**faculty** ['fæklti] *n (at university)* faculté *f*.

**FA Cup** *n championnat anglais de football dont la finale se joue à Wembley.*

**fade** [feɪd] *vi (light, sound)* baisser; *(flower)* faner; *(jeans, wallpaper)* se décolorer.

**faded** ['feɪdɪd] *adj (jeans)* délavé(-e).

**fag** [fæg] *n (Br: inf: cigarette)* clope *f*.

**Fahrenheit** ['færənhaɪt] *adj* Fahrenheit *(inv)*.

**fail** [feɪl] *vt (exam)* rater, échouer à ◆ *vi* échouer; *(engine)* tomber en panne; **to ~ to do sthg** *(not do)* ne pas faire qqch.

**failing** ['feɪlɪŋ] *n* défaut *m* ◆ *prep*: **~ that** à défaut.

**failure** ['feɪljəʳ] *n* échec *m*; *(person)* raté *m* (-e *f*) ; *(act of neglecting)* manquement *m*.

**faint** [feɪnt] *vi* s'évanouir ◆ *adj (sound)* faible; *(colour)* pâle; *(outline)* vague; **to feel ~** se sentir mal; **I haven't the ~est idea** je n'en ai pas la moindre idée.

**fair** [feəʳ] *n (funfair)* fête *f* foraine; *(trade fair)* foire *f* ◆ *adj (just)* juste; *(quite good)* assez bon (bonne); *(skin)* clair(-e); *(person, hair)* blond(-e); *(weather)* beau (belle); **a ~ number of** un nombre assez important de; **~ enough!** d'accord!

**fairground** ['feəgraʊnd] *n* champ *m* de foire.

**fair-haired** [-'heəd] *adj* blond(-e).

**fairly** ['feəlɪ] *adv (quite)* assez.

**fairy** ['feərɪ] *n* fée *f*.

**fairy tale** *n* conte *m* de fées.

**faith** [feɪθ] *n (confidence)* confiance *f*; *(religious)* foi *f*.

**faithfully** ['feɪθfʊlɪ] *adv*: **Yours ~** = veuillez agréer mes salutations distinguées.

**fake** [feɪk] *n (painting etc)* faux *m* ◆ *vt* imiter.

**fall** [fɔːl] (*pt* **fell**, *pp* **fallen** ['fɔːln]) *vi* tomber; *(decrease)* chuter ◆ *n* chute *f*; *(Am: autumn)* automne *m*; **to ~ asleep** s'endormir; **to ~ ill** tomber malade; **to ~ in love** tomber amoureux ❑ **falls** *npl (waterfall)* chutes *fpl*; **fall behind** *vi (with work, rent)* être en retard; **fall down** *vi* tomber; **fall off** *vi* tomber; **fall out** *vi (hair, teeth)* tomber; *(argue)* se brouiller; **fall over** *vi* tomber; **fall through** *vi* échouer.

**false** [fɔːls] *adj* faux (fausse).

**false alarm** *n* fausse alerte *f*.

**false teeth** *npl* dentier *m*.

**fame** [feɪm] *n* renommée *f*.

**familiar** [fə'mɪljəʳ] *adj* familier(-ière); **to be ~ with** *(know)* connaître.

**family** ['fæmlɪ] *n* famille *f* ◆ *adj (size)* familial(-e); *(film)* tous publics; *(holiday)* en famille.

**family planning clinic** [-'plænɪŋ-] *n* centre *m* de planning familial.

**family room** *n (at hotel)* chambre *f* familiale; *(at pub, airport) salle réservée aux familles avec de jeunes enfants.*

**famine** ['fæmɪn] *n* famine *f*.

**famished** ['fæmɪʃt] *adj (inf)* affamé(-e).

**famous** ['feɪməs] *adj* réputé(-e).

**fan** [fæn] *n (held in hand)* éventail *m*; *(electric)* ventilateur *m*; *(enthusiast)* fana *mf*; *(supporter)* fan *mf*.

**fan belt** *n* courroie *f* de ventilateur.

**fancy** ['fænsɪ] *adj (elaborate)* recherché(-e) ◆ *vt (inf: feel like)* avoir envie de; **I ~ him** il me plaît; **~ (that)!** ça alors!

**fancy dress** *n* déguisement *m*.

**fan heater** *n* radiateur *m* soufflant.

**fanlight** ['fænlaɪt] *n (Br)* imposte *f*.

**fantastic** [fæn'tæstɪk] *adj* fantastique.

**fantasy** ['fæntəsɪ] *n (dream)* fantasme *m*.

**far** [fɑːʳ] (*compar* **further** OR **farther**, *superl* **furthest** OR **farthest**) *adv* loin; *(in degree)* bien, beaucoup ◆ *adj (end, side)* autre; **how ~ is it to Paris?** à combien sommes-nous de Paris?; **as ~ as** *(place)* jusqu'à; **as ~ as I'm concerned** en ce qui me concerne; **as ~ as I know** pour autant que je sache; **~ better** beaucoup mieux; **by ~** de loin; **so ~** *(until now)* jusqu'ici; **to go too ~** *(behave unacceptably)* aller trop loin.

**farce** [fɑːs] *n (ridiculous situation)*

farce *f*.

**fare** [feəʳ] *n (on bus, train etc)* tarif *m*; *(fml: food)* nourriture *f* ◆ *vi* se débrouiller.

**Far East** *n*: **the ~** l'Extrême-Orient *m*.

**fare stage** *n (Br)* section *f*.

**farm** [fɑ:m] *n* ferme *f*.

**farmer** ['fɑ:məʳ] *n* fermier *m* (-ière *f*).

**farmhouse** ['fɑ:mhaʊs, *pl* -haʊzɪz] *n* ferme *f*.

**farming** ['fɑ:mɪŋ] *n* agriculture *f*.

**farmland** ['fɑ:mlænd] *n* terres *fpl* cultivées.

**farmyard** ['fɑ:mjɑ:d] *n* cour *f* de ferme.

**farther** ['fɑ:ðəʳ] *compar* → **far**.

**farthest** ['fɑ:ðəst] *superl* → **far**.

**fascinating** ['fæsɪneɪtɪŋ] *adj* fascinant(-e).

**fascination** [,fæsɪ'neɪʃn] *n* fascination *f*.

**fashion** ['fæʃn] *n (trend, style)* mode *f*; *(manner)* manière *f*; **to be in ~** être à la mode; **to be out of ~** être démodé.

**fashionable** ['fæʃnəbl] *adj* à la mode.

**fashion show** *n* défilé *m* de mode.

**fast** [fɑ:st] *adv (quickly)* vite; *(securely)* solidement ◆ *adj* rapide; **to be ~** *(clock)* avancer; **~ asleep** profondément endormi; **a ~ train** un (train) rapide.

**fasten** ['fɑ:sn] *vt* attacher; *(coat, door)* fermer.

**fastener** ['fɑ:snəʳ] *n (on jewellery)* fermoir *m*; *(zip)* fermeture *f* Éclair®; *(press stud)* bouton-pression *m*.

**fast food** *n* fast-food *m*.

**fat** [fæt] *adj (person)* gros (grosse); *(meat)* gras (grasse) ◆ *n (on body)* graisse *f*; *(on meat)* gras *m*; *(for cooking)* matière *f* grasse; *(chemical substance)* lipides *mpl*.

**fatal** ['feɪtl] *adj (accident, disease)* mortel(-elle).

**father** ['fɑ:ðəʳ] *n* père *m*.

**Father Christmas** *n (Br)* le père Noël.

**father-in-law** *n* beau-père *m*.

**fattening** ['fætnɪŋ] *adj* qui fait grossir.

**fatty** ['fætɪ] *adj* gras (grasse).

**faucet** ['fɔ:sɪt] *n (Am)* robinet *m*.

**fault** [fɔ:lt] *n (responsibility)* faute *f*; *(defect)* défaut *m*; **it's your ~** c'est de ta faute.

**faulty** ['fɔ:ltɪ] *adj* défectueux(-euse).

**favor** ['feɪvər] *(Am)* = **favour**.

**favour** ['feɪvəʳ] *n (Br: kind act)* faveur *f* ◆ *vt (prefer)* préférer; **to be in ~ of** être en faveur de; **to do sb a ~** rendre un service à qqn.

**favourable** ['feɪvrəbl] *adj* favorable.

**favourite** ['feɪvrɪt] *adj* préféré(-e) ◆ *n* préféré *m* (-e *f*).

**fawn** [fɔ:n] *adj* fauve.

**fax** [fæks] *n* fax *m* ◆ *vt (document)* faxer; *(person)* envoyer un fax à.

**fear** [fɪəʳ] *n* peur *f* ◆ *vt (be afraid of)* avoir peur de; **for ~ of** de peur de.

**feast** [fi:st] *n (meal)* festin *m*.

**feather** ['feðəʳ] *n* plume *f*.

**feature** ['fi:tʃəʳ] *n (characteristic)* caractéristique *f*; *(of face)* trait *m*; *(in newspaper)* article *m* de fond; *(on radio, TV)* reportage *m* ◆ *vt*

*(subj: film)*: **"featuring ..."** «avec ...».
**feature film** *n* long métrage *m*.
**Feb** [feb] *(abbr of February)* fév.
**February** ['februəri] *n* février *m*, → **September**.
**fed** [fed] *pt & pp* → **feed**.
**fed up** *adj*: **to be ~** avoir le cafard; **to be ~ with** en avoir assez de.
**fee** [fi:] *n (to doctor)* honoraires *mpl*; *(for membership)* cotisation *f*.
**feeble** ['fi:bəl] *adj* faible.
**feed** [fi:d] *(pt & pp* **fed**) *vt* nourrir; *(insert)* insérer.
**feel** [fi:l] *(pt & pp* **felt**) *vt (touch)* toucher; *(experience)* sentir; *(think)* penser ◆ *n (touch)* toucher *m* ◆ *vi* se sentir; **it ~s cold** il fait froid; **it ~s strange** ça fait drôle; **to ~ hot/cold** avoir chaud/froid; **to ~ like sthg** *(fancy)* avoir envie de qqch; **to ~ up to doing sthg** se sentir le courage de faire qqch.
**feeling** ['fi:lɪŋ] *n (emotion)* sentiment *m*; *(sensation)* sensation *f*; *(belief)* opinion *f*; **to hurt sb's ~s** blesser qqn.
**feet** [fi:t] *pl* → **foot**.
**fell** [fel] *pt* → **fall** ◆ *vt (tree)* abattre.
**fellow** ['feləʊ] *n (man)* homme *m* ◆ *adj*: **~ students** camarades *mpl* de classe.
**felt** [felt] *pt & pp* → **feel** ◆ *n* feutre *m*.
**felt-tip pen** *n* (stylo-)feutre *m*.
**female** ['fi:meɪl] *adj* féminin(-e); *(animal)* femelle ◆ *n (animal)* femelle *f*.
**feminine** ['femɪnɪn] *adj* féminin(-e).
**feminist** ['femɪnɪst] *n* féministe *mf*.
**fence** [fens] *n* barrière *f*.
**fencing** ['fensɪŋ] *n (SPORT)* escrime *f*.
**fend** [fend] *vi*: **to ~ for o.s.** se débrouiller tout seul.
**fender** ['fendəʳ] *n (for fireplace)* pare-feu *m inv*; *(Am: on car)* aile *f*.
**fennel** ['fenl] *n* fenouil *m*.
**fern** [fɜ:n] *n* fougère *f*.
**ferocious** [fə'rəʊʃəs] *adj* féroce.
**ferry** ['ferɪ] *n* ferry *m*.
**fertile** ['fɜ:taɪl] *adj (land)* fertile.
**fertilizer** ['fɜ:tɪlaɪzəʳ] *n* engrais *m*.
**festival** ['festəvl] *n (of music, arts etc)* festival *m*; *(holiday)* fête *f*.
**feta cheese** ['fetə-] *n* feta *f*.
**fetch** [fetʃ] *vt (object)* apporter; *(go and get)* aller chercher; *(be sold for)* rapporter.
**fete** [feɪt] *n* fête *f*.
**fever** ['fi:vəʳ] *n* fièvre *f*; **to have a ~** avoir de la fièvre.
**feverish** ['fi:vərɪʃ] *adj* fiévreux(-euse).
**few** [fju:] *adj* peu de ◆ *pron* peu; **the first ~ times** les premières fois; **a ~** *adj* quelques ◆ *pron* quelques-uns; **quite a ~ of them** pas mal d'entre eux.
**fewer** ['fju:əʳ] *adj* moins de ◆ *pron*: **~ than ten items** moins de dix articles.
**fiancé** [fɪ'ɒnseɪ] *n* fiancé *m*.
**fiancée** [fɪ'ɒnseɪ] *n* fiancée *f*.
**fib** [fɪb] *n (inf)* bobard *m*.
**fiber** ['faɪbər] *(Am)* = **fibre**.
**fibre** ['faɪbəʳ] *n (Br)* fibre *f*; *(in food)* fibres *fpl*.

**fibreglass** ['faɪbəglɑːs] *n* fibre *f* de verre.
**fickle** ['fɪkl] *adj* capricieux(-ieuse).
**fiction** ['fɪkʃn] *n* fiction *f*.
**fiddle** ['fɪdl] *n (violin)* violon *m* ◆ *vi*: **to ~ with sthg** tripoter qqch.
**fidget** ['fɪdʒɪt] *vi* remuer.
**field** [fiːld] *n* champ *m*; *(for sport)* terrain *m*; *(subject)* domaine *m*.
**field glasses** *npl* jumelles *fpl*.
**fierce** [fɪəs] *adj* féroce; *(storm)* violent(-e); *(heat)* torride.
**fifteen** [fɪf'tiːn] *num* quinze, → **six**.
**fifteenth** [ˌfɪf'tiːnθ] *num* quinzième, → **sixth**.
**fifth** [fɪfθ] *num* cinquième, → **sixth**.
**fiftieth** ['fɪftɪəθ] *num* cinquantième, → **sixth**.
**fifty** ['fɪftɪ] *num* cinquante, → **six**.
**fig** [fɪg] *n* figue *f*.
**fight** [faɪt] (*pt & pp* **fought**) *n* bagarre *f*; *(argument)* dispute *f*; *(struggle)* lutte *f* ◆ *vt* se battre avec OR contre; *(combat)* combattre ◆ *vi* se battre; *(quarrel)* se disputer; *(struggle)* lutter; **to have a ~ with sb** se battre avec qqn ❑ **fight back** *vi* riposter; **fight off** *vt sep (attacker)* repousser; *(illness)* lutter contre.
**fighting** ['faɪtɪŋ] *n* bagarre *f*; *(military)* combats *mpl*.
**figure** [*Br* 'fɪgəʳ, *Am* 'fɪgjər] *n (digit, statistic)* chiffre *m*; *(number)* nombre *m*; *(of person)* silhouette *f*; *(diagram)* figure *f* ❑ **figure out** *vt sep* comprendre.
**file** [faɪl] *n* dossier *m*; *(COMPUT)* fichier *m*; *(tool)* lime *f* ◆ *vt (complaint, petition)* déposer; *(nails)* limer; **in single ~** en file indienne.
**filing cabinet** ['faɪlɪŋ-] *n* classeur *m (meuble)*.
**fill** [fɪl] *vt* remplir; *(tooth)* plomber; **to ~ sthg with** remplir qqch de ❑ **fill in** *vt sep (form)* remplir; **fill out** *vt sep* = **fill in**; **fill up** *vt sep* remplir; **~ her up!** *(with petrol)* le plein!
**filled roll** ['fɪld-] *n* petit pain *m* garni.
**fillet** ['fɪlɪt] *n* filet *m*.
**fillet steak** *n* filet *m* de bœuf.
**filling** ['fɪlɪŋ] *n (of cake, sandwich)* garniture *f*; *(in tooth)* plombage *m* ◆ *adj* nourrissant(-e).
**filling station** *n* station-service *f*.
**film** [fɪlm] *n (at cinema)* film *m*; *(for camera)* pellicule *f* ◆ *vt* filmer.
**film star** *n* vedette *f* de cinéma.
**filter** ['fɪltəʳ] *n* filtre *m*.
**filthy** ['fɪlθɪ] *adj* dégoûtant(-e).
**fin** [fɪn] *n (of fish)* nageoire *f*; *(Am: of swimmer)* palme *f*.
**final** ['faɪnl] *adj (last)* dernier(-ière); *(decision, offer)* final(-e) ◆ *n* finale *f*.
**finalist** ['faɪnəlɪst] *n* finaliste *mf*.
**finally** ['faɪnəlɪ] *adv* enfin.
**finance** [*n* 'faɪnæns, *vb* faɪ'næns] *n (money)* financement *m*; *(profession)* finance *f* ◆ *vt* financer ❑ **finances** *npl* finances *fpl*.
**financial** [fɪ'nænʃl] *adj* financier(-ière).
**find** [faɪnd] (*pt & pp* **found**) *vt* trouver; *(find out)* découvrir ◆ *n* trouvaille *f*; **to ~ the time to do sthg** trouver le temps de faire qqch ❑ **find out** *vt sep (fact, truth)*

découvrir ◆ *vi*: **to ~ out about sthg** *(learn)* apprendre qqch; *(get information)* se renseigner sur qqch.

**fine** [faɪn] *adv (thinly)* fin; *(well)* très bien ◆ *n* amende *f* ◆ *vt* donner une amende à ◆ *adj (good)* excellent(-e); *(weather, day)* beau (belle); *(satisfactory)* bien; *(thin)* fin(-e); **to be ~** *(in health)* aller bien.

**fine art** *n* beaux-arts *mpl*.

**finger** [ˈfɪŋgəʳ] *n* doigt *m*.

**fingernail** [ˈfɪŋgəneɪl] *n* ongle *m* (de la main).

**fingertip** [ˈfɪŋgətɪp] *n* bout *m* du doigt.

**finish** [ˈfɪnɪʃ] *n* fin *f*; *(of race)* arrivée *f*; *(on furniture)* fini *m* ◆ *vt* finir, terminer ◆ *vi* finir, se terminer; *(in race)* finir; **to ~ doing sthg** finir de faire qqch ❑ **finish off** *vt sep* finir, terminer; **finish up** *vi* finir, terminer; **to ~ up doing sthg** finir par faire qqch.

**Finland** [ˈfɪnlənd] *n* la Finlande.

**Finn** [fɪn] *n* Finlandais *m* (-e *f*).

**Finnan haddock** [ˈfɪnən-] *n (Scot) type de haddock écossais*.

**Finnish** [ˈfɪnɪʃ] *adj* finlandais(-e) ◆ *n (language)* finnois *m*.

**fir** [fɜːʳ] *n* sapin *m*.

**fire** [ˈfaɪəʳ] *n* feu *m*; *(out of control)* incendie *m*; *(device)* appareil *m* de chauffage ◆ *vt (gun)* décharger; *(bullet)* tirer; *(from job)* renvoyer; **on ~** en feu; **to catch ~** prendre feu; **to make a ~** faire du feu.

**fire alarm** *n* alarme *f* d'incendie.

**fire brigade** *n (Br)* pompiers *mpl*.

**fire department** *(Am)* = **fire brigade**.

**fire engine** *n* voiture *f* de pompiers.

**fire escape** *n* escalier *m* de secours.

**fire exit** *n* issue *f* de secours.

**fire extinguisher** *n* extincteur *m*.

**fire hazard** *n*: **to be a ~** présenter un risque d'incendie.

**fireman** [ˈfaɪəmən] (*pl* **-men** [-mən]) *n* pompier *m*.

**fireplace** [ˈfaɪəpleɪs] *n* cheminée *f*.

**fire regulations** *npl* consignes *fpl* d'incendie.

**fire station** *n* caserne *f* de pompiers.

**firewood** [ˈfaɪəwʊd] *n* bois *m* de chauffage.

**firework display** [ˈfaɪəwɜːk-] *n* feu *m* d'artifice.

**fireworks** [ˈfaɪəwɜːks] *npl (rockets)* feux *mpl* d'artifice.

**firm** [fɜːm] *adj* ferme; *(structure)* solide ◆ *n* société *f*.

**first** [fɜːst] *adj* premier(-ière) ◆ *adv (in order)* en premier; *(at the start)* premièrement, d'abord; *(for the first time)* pour la première fois ◆ *pron* premier *m* (-ière *f*) ◆ *n (event)* première *f*; **~ (gear)** première *f*; **~ thing (in the morning)** à la première heure; **for the ~ time** pour la première fois; **the ~ of January** le premier janvier; **at ~** au début; **~ of all** premièrement, tout d'abord.

**first aid** *n* premiers secours *mpl*.

**first-aid kit** *n* trousse *f* de premiers secours.

**first class** *n (mail)* tarif *m* normal; *(on train, plane, ship)* première classe *f*.

**first-class** *adj (stamp)* au tarif normal; *(ticket)* de première classe; *(very good)* excellent(-e).
**first floor** *n (Br)* premier étage *m*; *(Am)* rez-de-chaussée *m inv*.
**firstly** ['fɜːstlɪ] *adv* premièrement.
**First World War** *n*: **the ~** la Première Guerre mondiale.
**fish** [fɪʃ] *(pl inv) n* poisson *m* ◆ *vi* pêcher.
**fish and chips** *n* poisson *m* frit et frites.

---

### [i] FISH AND CHIPS

Plat à emporter britannique par excellence, le poisson frit accompagné de frites est enveloppé dans du papier d'emballage puis du papier journal et souvent consommé directement, dans la rue. Les «fish and chip shops» que l'on trouve partout en Grande-Bretagne vendent également d'autres produits frits (saucisses, boudin, poulet) et de petits pâtés en croûte.

---

**fishcake** ['fɪʃkeɪk] *n* croquette *f* de poisson.
**fisherman** ['fɪʃəmən] *(pl* **-men** [-mən]) *n* pêcheur *m*.
**fish farm** *n* établissement *m* piscicole.
**fish fingers** *npl (Br)* bâtonnets *mpl* de poisson pané.
**fishing** ['fɪʃɪŋ] *n* pêche *f*; **to go ~** aller à la pêche.
**fishing boat** *n* bâteau *m* de pêche.
**fishing rod** *n* canne *f* à pêche.
**fishmonger's** ['fɪʃˌmʌŋgəz] *n (shop)* poissonnerie *f*.
**fish sticks** *(Am)* = **fish fingers**.
**fish supper** *n (Scot)* poisson *m* frit et frites.
**fist** [fɪst] *n* poing *m*.
**fit** [fɪt] *adj (healthy)* en forme ◆ *vt (subj: clothes, shoes)* aller à; *(a lock, kitchen, bath)* installer; *(insert)* insérer ◆ *vi* aller ◆ *n (of coughing, anger)* crise *f*; *(epileptic)* crise *f* d'épilepsie; **it's a good ~** *(clothes)* c'est la bonne taille; **to be ~ for sthg** *(suitable)* être bon pour qqch; **~ to eat** comestible; **it doesn't ~** *(jacket, skirt)* ça ne va pas; *(object)* ça ne rentre pas; **to get ~** se remettre en forme; **to keep ~** garder la forme ❑ **fit in** *vt sep (find time to do)* caser ◆ *vi (belong)* s'intégrer.
**fitness** ['fɪtnɪs] *n (health)* forme *f*.
**fitted carpet** [ˌfɪtəd-] *n* moquette *f*.
**fitted sheet** [ˌfɪtəd-] *n* drap-housse *m*.
**fitting room** ['fɪtɪŋ-] *n* cabine *f* d'essayage.
**five** [faɪv] *num* cinq, → **six**.
**fiver** ['faɪvər] *n (Br) (inf)* cinq livres *fpl*; *(note)* billet *m* de cinq livres.
**fix** [fɪks] *vt (attach, decide on)* fixer; *(mend)* réparer; *(drink, food)* préparer; *(arrange)* arranger ❑ **fix up** *vt sep*: **to ~ sb up with sthg** obtenir qqch pour qqn.
**fixture** ['fɪkstʃər] *n (SPORT)* rencontre *f*; **~s and fittings** équipements *mpl*.
**fizzy** ['fɪzɪ] *adj* pétillant(-e).
**flag** [flæg] *n* drapeau *m*.
**flake** [fleɪk] *n (of snow)* flocon *m* ◆ *vi* s'écailler.
**flame** [fleɪm] *n* flamme *f*.

**flammable** ['flæməbl] *adj* inflammable.
**flan** [flæn] *n* tarte *f*.
**flannel** ['flænl] *n (material)* flanelle *f*; *(Br: for face)* = gant *m* de toilette ❑ **flannels** *npl* pantalon *m* de flanelle.
**flap** [flæp] *n* rabat *m* ◆ *vt (wings)* battre de.
**flapjack** ['flæpdʒæk] *n (Br) pavé à l'avoine*.
**flare** [fleəʳ] *n (signal)* signal *m* lumineux.
**flared** [fleəd] *adj (trousers)* à pattes d'éléphant; *(skirt)* évasé(-e).
**flash** [flæʃ] *n (of light)* éclair *m*; *(for camera)* flash *m* ◆ *vi (lamp)* clignoter; **a ~ of lightning** un éclair; **to ~ one's headlights** faire un appel de phares.
**flashlight** ['flæʃlaɪt] *n* lampe *f* électrique, torche *f*.
**flask** [flɑːsk] *n (Thermos)* Thermos® *f*; *(hip flask)* flasque *f*.
**flat** [flæt] *adj* plat(-e); *(surface)* plan(-e); *(battery)* à plat; *(drink)* éventé(-e); *(rate, fee)* fixe ◆ *adv* à plat ◆ *n (Br: apartment)* appartement *m*; **a ~ (tyre)** un pneu à plat; **~ out** *(run)* à fond; *(work)* d'arrache-pied.
**flatter** ['flætəʳ] *vt* flatter.
**flavor** ['fleɪvər] *(Am)* = **flavour**.
**flavour** ['fleɪvəʳ] *n (Br)* goût *m*; *(of ice cream)* parfum *m*.
**flavoured** ['fleɪvəd] *adj* aromatisé(-e).
**flavouring** ['fleɪvərɪŋ] *n* arôme *m*.
**flaw** [flɔː] *n* défaut *m*.
**flea** [fliː] *n* puce *f*.
**flea market** *n* marché *m* aux puces.
**fleece** [fliːs] *n (material)* fourrure *f* polaire.
**fleet** [fliːt] *n* flotte *f*.
**Flemish** ['flemɪʃ] *adj* flamand(-e) ◆ *n (language)* flamand *m*.
**flesh** [fleʃ] *n* chair *f*.
**flew** [fluː] *pt* → **fly**.
**flex** [fleks] *n* cordon *m* électrique.
**flexible** ['fleksəbl] *adj* flexible.
**flick** [flɪk] *vt (a switch)* appuyer sur; *(with finger)* donner une chiquenaude à ❑ **flick through** *vt fus* feuilleter.
**flies** [flaɪz] *npl (of trousers)* braguette *f*.
**flight** [flaɪt] *n* vol *m*; **a ~ (of stairs)** une volée de marches.
**flight attendant** *n (female)* hôtesse *f* de l'air; *(male)* steward *m*.
**flimsy** ['flɪmzɪ] *adj (object)* fragile; *(clothes)* léger(-ère).
**fling** [flɪŋ] (*pt & pp* **flung**) *vt* jeter.
**flint** [flɪnt] *n (of lighter)* pierre *f*.
**flip-flop** [flɪp-] *n (Br: shoe)* tong *f*.
**flipper** ['flɪpəʳ] *n (Br: of swimmer)* palme *f*.
**flirt** [flɜːt] *vi*: **to ~ (with sb)** flirter (avec qqn).
**float** [fləʊt] *n (for swimming)* planche *f*; *(for fishing)* bouchon *m*; *(in procession)* char *m*; *(drink) soda avec une boule de glace* ◆ *vi* flotter.
**flock** [flɒk] *n (of sheep)* troupeau *m*; *(of birds)* vol *m* ◆ *vi (people)* affluer.
**flood** [flʌd] *n* inondation *f* ◆ *vt* inonder ◆ *vi* déborder.
**floodlight** ['flʌdlaɪt] *n* projecteur *m*.

**floor** [flɔːʳ] *n (of room)* plancher *m*, sol *m*; *(storey)* étage *m*; *(of nightclub)* piste *f*.
**floorboard** [ˈflɔːbɔːd] *n* latte *f* (de plancher).
**floor show** *n* spectacle *m* de cabaret.
**flop** [flɒp] *n (inf: failure)* fiasco *m*.
**floppy disk** [ˈflɒpɪ-] *n* disquette *f*.
**floral** [ˈflɔːrəl] *adj (pattern)* à fleurs.
**Florida Keys** [ˈflɒrɪdə-] *npl îles au large de la Floride*.

## FLORIDA KEYS

Cet ensemble de petites îles s'étendant sur plus de 150 kilomètres au large de la côte sud de la Floride comprend notamment les très populaires Key West et Key Largo. Un système de routes et de ponts, l'«Overseas Highway», relie les îles entre elles.

**florist's** [ˈflɒrɪsts] *n (shop)* fleuriste *m*.
**flour** [ˈflaʊəʳ] *n* farine *f*.
**flow** [fləʊ] *n* courant *m* ◆ *vi* couler.
**flower** [ˈflaʊəʳ] *n* fleur *f*.
**flowerbed** [ˈflaʊəbed] *n* parterre *m* de fleurs.
**flowerpot** [ˈflaʊəpɒt] *n* pot *m* de fleurs.
**flown** [fləʊn] *pp* → **fly**.
**fl oz** *abbr* = **fluid ounce**.
**flu** [fluː] *n* grippe *f*.
**fluent** [ˈfluːənt] *adj*: **to be ~ in French, to speak ~ French** parler couramment français.
**fluff** [flʌf] *n (on clothes)* peluches *fpl*.
**fluid ounce** [ˈfluːɪd-] *n* = 0,03 litre.
**flume** [fluːm] *n* toboggan *m*.
**flung** [flʌŋ] *pt & pp* → **fling**.
**flunk** [flʌŋk] *vt (Am: inf: exam)* rater.
**fluorescent** [flʊəˈresənt] *adj* fluorescent(-e).
**flush** [flʌʃ] *vt*: **to ~ the toilet** tirer la chasse d'eau.
**flute** [fluːt] *n* flûte *f*.
**fly** [flaɪ] (*pt* **flew**, *pp* **flown**) *n (insect)* mouche *f*; *(of trousers)* braguette *f* ◆ *vt (plane, helicopter)* piloter; *(airline)* voyager avec; *(transport)* transporter (par avion) ◆ *vi* voler; *(passenger)* voyager en avion; *(pilot a plane)* piloter; *(flag)* flotter.
**fly-drive** *n* formule *f* avion plus voiture.
**flying** [ˈflaɪɪŋ] *n* voyages *mpl* en avion.
**flyover** [ˈflaɪˌəʊvəʳ] *n (Br)* saut-de-mouton *m*.
**flypaper** [ˈflaɪˌpeɪpəʳ] *n* papier *m* tue-mouches.
**flysheet** [ˈflaɪʃiːt] *n* auvent *m*.
**FM** *n* FM *f*.
**foal** [fəʊl] *n* poulain *m*.
**foam** [fəʊm] *n* mousse *f*.
**focus** [ˈfəʊkəs] *n (of camera)* mise *f* au point ◆ *vi (with camera, binoculars)* faire la mise au point; **in ~** net; **out of ~** flou.
**fog** [fɒg] *n* brouillard *m*.
**fogbound** [ˈfɒgbaʊnd] *adj* bloqué(-e) par le brouillard.
**foggy** [ˈfɒgɪ] *adj* brumeux(-euse).

**fog lamp** *n* feu *m* de brouillard.
**foil** [fɔɪl] *n (thin metal)* papier *m* aluminium.
**fold** [fəʊld] *n* pli *m* ◆ *vt* plier; *(wrap)* envelopper; **to ~ one's arms** (se) croiser les bras ❑ **fold up** *vi (chair, bed, bicycle)* se plier.
**folder** ['fəʊldəʳ] *n* chemise *f* (cartonnée).
**foliage** ['fəʊlɪɪdʒ] *n* feuillage *m*.
**folk** [fəʊk] *npl (people)* gens *mpl* ◆ *n*: **~ (music)** folk *m* ❑ **folks** *npl (inf: relatives)* famille *f*.
**follow** ['fɒləʊ] *vt & vi* suivre; **~ed by** *(in time)* suivi par OR de; **as ~s** comme suit ❑ **follow on** *vi (come later)* suivre.
**following** ['fɒləʊɪŋ] *adj* suivant(-e) ◆ *prep* après.
**follow on call** *n appel téléphonique permettant d'utiliser la monnaie restante d'un précédent appel.*
**fond** [fɒnd] *adj*: **to be ~ of** aimer beaucoup.
**fondue** ['fɒndu:] *n (with cheese)* fondue *f* (savoyarde); *(with meat)* fondue bourguignonne.
**food** [fu:d] *n* nourriture *f*; *(type of food)* aliment *m*.
**food poisoning** [-,pɔɪznɪŋ] *n* intoxication *f* alimentaire.
**food processor** [-,prəʊsesəʳ] *n* robot *m* ménager.
**foodstuffs** ['fu:dstʌfs] *npl* denrées *fpl* alimentaires.
**fool** [fu:l] *n (idiot)* idiot *m* (-e *f*); *(pudding)* mousse *f* ◆ *vt* tromper.
**foolish** ['fu:lɪʃ] *adj* idiot(-e), bête.
**foot** [fʊt] (*pl* **feet**) *n* pied *m*; *(of animal)* patte *f*; *(measurement)* = 30,48 cm, pied; **by ~** à pied; **on ~** à pied.
**football** ['fʊtbɔ:l] *n (Br: soccer)* football *m*; *(Am: American football)* football *m* américain; *(ball)* ballon *m* de football.
**footballer** ['fʊtbɔ:ləʳ] *n (Br)* footballeur *m* (-euse *f*).
**football pitch** *n (Br)* terrain *m* de football.
**footbridge** ['fʊtbrɪdʒ] *n* passerelle *f*.
**footpath** ['fʊtpɑ:θ, *pl* -pɑ:ðz] *n* sentier *m*.
**footprint** ['fʊtprɪnt] *n* empreinte *f* de pas.
**footstep** ['fʊtstep] *n* pas *m*.
**footwear** ['fʊtweəʳ] *n* chaussures *fpl*.
**for** [fɔ:ʳ] *prep* 1. *(expressing purpose, reason, destination)* pour; **this book is ~ you** ce livre est pour toi; **a ticket ~ Manchester** un billet pour Manchester; **a town famous ~ its wine** une ville réputée pour son vin; **what did you do that ~?** pourquoi as-tu fait ça?; **what's it ~?** ça sert à quoi?; **to go ~ a walk** aller se promener; **"~ sale"** «à vendre».
2. *(during)* pendant; **I've lived here ~ ten years** j'habite ici depuis dix ans, ça fait dix ans que j'habite ici; **we talked ~ hours** on a parlé pendant des heures.
3. *(by, before)* pour; **I'll do it ~ tomorrow** je le ferai pour demain.
4. *(on the occasion of)* pour; **I got socks ~ Christmas** on m'a offert des chaussettes pour Noël; **what's ~ dinner?** qu'est-ce qu'il y a pour OR à dîner?
5. *(on behalf of)* pour; **to do sthg ~ sb** faire qqch pour qqn.
6. *(with time and space)* pour; **there's**

**no room ~ your suitcase** il n'y a pas de place pour ta valise; **it's time ~ dinner** c'est l'heure du dîner; **have you got time ~ a drink?** tu as le temps de prendre un verre?
7. *(expressing distance)* pendant, sur; **road works ~ 20 miles** travaux sur 32 kilomètres.
8. *(expressing price)*: **I bought it ~ five pounds** je l'ai payé cinq livres.
9. *(expressing meaning)*: **what's the French ~ "boy"?** comment dit-on «boy» en français?
10. *(with regard to)* pour; **it's warm ~ November** il fait chaud pour novembre; **it's easy ~ you** c'est facile pour toi; **it's too far ~ us to walk** c'est trop loin pour y aller à pied.

**forbid** [fəˈbɪd] (*pt* **-bade** [-ˈbeɪd], *pp* **-bidden**) *vt* interdire, défendre; **to ~ sb to do sthg** interdire OR défendre à qqn de faire qqch.

**forbidden** [fəˈbɪdn] *adj* interdit(-e), défendu(-e).

**force** [fɔːs] *n* force *f* ◆ *vt (push)* mettre de force; *(lock, door)* forcer; **to ~ sb to do sthg** forcer qqn à faire qqch; **to ~ one's way through** se frayer un chemin; **the ~s** les forces armées.

**ford** [fɔːd] *n* gué *m*.

**forecast** [ˈfɔːkɑːst] *n* prévision *f*.

**forecourt** [ˈfɔːkɔːt] *n* devant *m*.

**forefinger** [ˈfɔːˌfɪŋgəʳ] *n* index *m*.

**foreground** [ˈfɔːgraʊnd] *n* premier plan *m*.

**forehead** [ˈfɔːhed] *n* front *m*.

**foreign** [ˈfɒrən] *adj* étranger(-ère); *(travel, visit)* à l'étranger.

**foreign currency** *n* devises *fpl* (étrangères).

**foreigner** [ˈfɒrənəʳ] *n* étranger *m* (-ère *f*).

**foreign exchange** *n* change *m*.

**Foreign Secretary** *n (Br)* ministre *m* des Affaires étrangères.

**foreman** [ˈfɔːmən] (*pl* **-men** [-mən]) *n (of workers)* contremaître *m*.

**forename** [ˈfɔːneɪm] *n (fml)* prénom *m*.

**foresee** [fɔːˈsiː] (*pt* **-saw** [-ˈsɔː], *pp* **-seen** [-ˈsiːn]) *vt* prévoir.

**forest** [ˈfɒrɪst] *n* forêt *f*.

**forever** [fəˈrevəʳ] *adv (eternally)* (pour) toujours; *(continually)* continuellement.

**forgave** [fəˈgeɪv] *pt* → **forgive**.

**forge** [fɔːdʒ] *vt (copy)* contrefaire.

**forgery** [ˈfɔːdʒərɪ] *n* contrefaçon *f*.

**forget** [fəˈget] (*pt* **-got**, *pp* **-gotten**) *vt & vi* oublier; **to ~ about sthg** oublier qqch; **to ~ how to do sthg** oublier comment faire qqch; **to ~ to do sthg** oublier de faire qqch; **~ it!** laisse tomber!

**forgetful** [fəˈgetfʊl] *adj* distrait(-e).

**forgive** [fəˈgɪv] (*pt* **-gave**, *pp* **-given** [-ˈgɪvn]) *vt* pardonner.

**forgot** [fəˈgɒt] *pt* → **forget**.

**forgotten** [fəˈgɒtn] *pp* → **forget**.

**fork** [fɔːk] *n (for eating with)* fourchette *f*; *(for gardening)* fourche *f*; *(of road, path)* embranchement *m* ❑ **forks** *npl (of bike, motorbike)* fourche *f*.

**form** [fɔːm] *n (type, shape)* forme

*f*; *(piece of paper)* formulaire *m*; *(SCH)* classe *f* ◆ *vt* former ◆ *vi* se former; **off ~** pas en forme; **on ~** en forme; **to ~ part of** faire partie de.

**formal** ['fɔ:ml] *adj (occasion)* officiel(-ielle); *(language, word)* soutenu(-e); *(person)* solennel(-elle); **~ dress** tenue *f* de soirée.

**formality** [fɔ:'mælətɪ] *n* formalité *f*; **it's just a ~** ça n'est qu'une formalité.

**format** ['fɔ:mæt] *n* format *m*.

**former** ['fɔ:mə^r] *adj (previous)* précédent(-e); *(first)* premier(-ière) ◆ *pron*: **the ~** celui-là (celle-là), le premier (la première).

**formerly** ['fɔ:məlɪ] *adv* autrefois.

**formula** ['fɔ:mjʊlə] (*pl* **-as** OR **-ae** [i:]) *n* formule *f*.

**fort** [fɔ:t] *n* fort *m*.

**forthcoming** [fɔ:θ'kʌmɪŋ] *adj (future)* à venir.

**fortieth** ['fɔ:tɪɪθ] *num* quarantième, → **sixth**.

**fortnight** ['fɔ:tnaɪt] *n (Br)* quinzaine *f*, quinze jours *mpl*.

**fortunate** ['fɔ:tʃnət] *adj* chanceux(-euse).

**fortunately** ['fɔ:tʃnətlɪ] *adv* heureusement.

**fortune** ['fɔ:tʃu:n] *n (money)* fortune *f*; *(luck)* chance *f*; **it costs a ~** *(inf)* ça coûte une fortune.

**forty** ['fɔ:tɪ] *num* quarante, → **six**.

**forward** ['fɔ:wəd] *adv* en avant ◆ *n (SPORT)* avant *m* ◆ *vt (letter)* faire suivre; *(goods)* expédier; **to look ~ to sthg** attendre qqch avec impatience; **I'm looking ~ to seeing you** il me tarde de vous voir.

**forwarding address** ['fɔ:wədɪŋ-] *n* adresse *f* de réexpédition.

**fought** [fɔ:t] *pt & pp* → **fight**.

**foul** [faʊl] *adj (unpleasant)* infect(-e) ◆ *n* faute *f*.

**found** [faʊnd] *pt & pp* → **find** ◆ *vt* fonder.

**foundation (cream)** [faʊn'deɪʃn-] *n* fond de teint *m*.

**foundations** [faʊn'deɪʃnz] *npl* fondations *fpl*.

**fountain** ['faʊntɪn] *n* fontaine *f*.

**fountain pen** *n* stylo *m* (à) plume.

**four** [fɔ:^r] *num* quatre, → **six**.

**four-star (petrol)** *n* super *m*.

**fourteen** [,fɔ:'ti:n] *num* quatorze, → **six**.

**fourteenth** [,fɔ:'ti:nθ] *num* quatorzième, → **sixth**.

**fourth** [fɔ:θ] *num* quatrième, → **sixth**.

**four-wheel drive** *n* quatre-quatre *m inv*.

**fowl** [faʊl] *(pl inv)* *n* volaille *f*.

**fox** [fɒks] *n* renard *m*.

**foyer** ['fɔɪeɪ] *n* hall *m*.

**fraction** ['frækʃn] *n* fraction *f*.

**fracture** ['fræktʃə^r] *n* fracture *f* ◆ *vt* fracturer.

**fragile** ['frædʒaɪl] *adj* fragile.

**fragment** ['frægmənt] *n* fragment *m*.

**fragrance** ['freɪgrəns] *n* parfum *m*.

**frail** [freɪl] *adj* fragile.

**frame** [freɪm] *n (of window, door)* encadrement *m*; *(of bicycle, bed, for photo)* cadre *m*; *(of glasses)* monture *f*; *(of tent)* armature *f* ◆ *vt (photo, picture)* encadrer.

**France** [frɑ:ns] *n* la France.
**frank** [fræŋk] *adj* franc (franche).
**frankfurter** ['fræŋkfɜ:tə^r] *n* saucisse *f* de Francfort.
**frankly** ['fræŋklɪ] *adv* franchement.
**frantic** ['fræntɪk] *adj (person)* fou (folle); *(activity, pace)* frénétique.
**fraud** [frɔ:d] *n (crime)* fraude *f*.
**freak** [fri:k] *adj* insolite ◆ *n (inf: fanatic)* fana *mf*.
**freckles** ['freklz] *npl* taches *fpl* de rousseur.
**free** [fri:] *adj* libre; *(costing nothing)* gratuit(-e) ◆ *vt (prisoner)* libérer ◆ *adv (without paying)* gratuitement; **for ~, ~ of charge** gratuitement; **to be ~ to do sthg** être libre de faire qqch.
**freedom** ['fri:dəm] *n* liberté *f*.
**freefone** ['fri:fəʊn] *n (Br)* = numéro *m* vert.
**free gift** *n* cadeau *m*.
**free house** *n (Br) pub non lié à une brasserie particulière.*
**free kick** *n* coup franc *m*.
**freelance** ['fri:lɑ:ns] *adj* indépendant(-e), free-lance *(inv)*.
**freely** ['fri:lɪ] *adv* librement; **~ available** facile à se procurer.
**free period** *n (SCH)* heure *f* libre.
**freepost** ['fri:pəʊst] *n* port *m* payé.
**free-range** *adj (chicken)* fermier(-ière); *(eggs)* de ferme.
**free time** *n* temps *m* libre.
**freeway** ['fri:weɪ] *n (Am)* autoroute *f*.
**freeze** [fri:z] (*pt* **froze**, *pp* **frozen**) *vt (food)* congeler; *(prices)* geler ◆ *vi* geler ◆ *v impers*: **it's freezing** il gèle.
**freezer** ['fri:zə^r] *n (deep freeze)* congélateur *m*; *(part of fridge)* freezer *m*.
**freezing** ['fri:zɪŋ] *adj (temperature, water)* glacial(-e); *(person, hands)* gelé(-e).
**freezing point** *n*: **below ~** au-dessous de zéro.
**freight** [freɪt] *n* fret *m*.
**French** [frentʃ] *adj* français(-e) ◆ *n (language)* français *m* ◆ *npl*: **the ~** les Français *mpl*.
**French bean** *n* haricot *m* vert.
**French bread** *n* baguette *f*.
**French dressing** *n (in UK)* vinaigrette *f*; *(in US) assaisonnement pour salade à base de mayonnaise et de ketchup.*
**French fries** *npl* frites *fpl*.
**Frenchman** ['frentʃmən] (*pl* **-men** [-mən]) *n* Français *m*.
**French toast** *n* pain *m* perdu.
**French windows** *npl* porte-fenêtre *f*.
**Frenchwoman** ['frentʃˌwʊmən] (*pl* **-women** [-ˌwɪmɪn]) *n* Française *f*.
**frequency** ['fri:kwənsɪ] *n* fréquence *f*.
**frequent** ['fri:kwənt] *adj* fréquent(-e).
**frequently** ['fri:kwəntlɪ] *adv* fréquemment.
**fresh** [freʃ] *adj (food, flowers, weather)* frais (fraîche); *(refreshing)* rafraîchissant(-e); *(water)* doux (douce); *(recent)* récent(-e); *(new)* nouveau(-elle); **to get some ~ air** prendre l'air.
**fresh cream** *n* crème *f* fraîche.
**freshen** ['freʃn]: **freshen up** *vi* se rafraîchir.
**freshly** ['freʃlɪ] *adv* fraîchement.

**fresh orange (juice)** *n* jus *m* d'orange.

**Fri** *(abbr of Friday)* ven.

**Friday** ['fraɪdɪ] *n* vendredi, → **Saturday**.

**fridge** [frɪdʒ] *n* réfrigérateur *m*.

**fried egg** [fraɪd-] *n* œuf *m* sur le plat.

**fried rice** [fraɪd-] *n* riz *m* cantonais.

**friend** [frend] *n* ami *m* (-e *f*); **to be ~s with sb** être ami avec qqn; **to make ~s with sb** se lier d'amitié avec qqn.

**friendly** ['frendlɪ] *adj* aimable; **to be ~ with sb** être ami avec qqn.

**friendship** ['frendʃɪp] *n* amitié *f*.

**fries** [fraɪz] = **French fries**.

**fright** [fraɪt] *n* peur *f*; **to give sb a ~** faire peur à qqn.

**frighten** ['fraɪtn] *vt* faire peur à.

**frightened** ['fraɪtnd] *adj (scared)* effrayé(-e); **to be ~ (that)...** *(worried)* avoir peur que... *(+ subjunctive)*; **to be ~ of** avoir peur de.

**frightening** ['fraɪtnɪŋ] *adj* effrayant(-e).

**frightful** ['fraɪtfʊl] *adj (very bad)* horrible.

**frilly** ['frɪlɪ] *adj* à volants.

**fringe** [frɪndʒ] *n* frange *f*.

**frisk** [frɪsk] *vt* fouiller.

**fritter** ['frɪtəʳ] *n* beignet *m*.

**fro** [frəʊ] *adv* → **to**.

**frog** [frɒg] *n* grenouille *f*.

**from** [frɒm] *prep* 1. *(expressing origin, source)* de; **I'm ~ England** je suis anglais; **I bought it ~ a supermarket** je l'ai acheté dans un supermarché; **the train ~ Manchester** le train en provenance de Manchester.
2. *(expressing removal, deduction)* de; **away ~ home** loin de chez soi; **to take sthg (away) ~ sb** prendre qqch à qqn; **10% will be deducted ~ the total** 10 % seront retranchés du total.
3. *(expressing distance)* de; **five miles ~ London** à huit kilomètres de Londres; **it's not far ~ here** ce n'est pas loin (d'ici).
4. *(expressing position)* de; **~ here you can see the valley** d'ici on voit la vallée.
5. *(expressing starting time)* à partir de; **open ~ nine to five** ouvert de neuf heures à dix-sept heures; **~ next year** à partir de l'année prochaine.
6. *(expressing change)* de; **the price has gone up ~ £1 to £2** le prix est passé d'une livre à deux livres.
7. *(expressing range)* de; **tickets are ~ £10** les billets les moins chers commencent à 10 livres; **it could take ~ two to six months** ça peut prendre de deux à six mois.
8. *(as a result of)* de; **I'm tired ~ walking** je suis fatigué d'avoir marché.
9. *(expressing protection)* de; **sheltered ~ the wind** à l'abri du vent.
10. *(in comparisons)*: **different ~** différent de.

**fromage frais** [,frɒmɑːʒ'freɪ] *n* fromage *m* blanc.

**front** [frʌnt] *adj (row, part)* de devant; *(seat, wheel)* avant *(inv)* ◆ *n (of dress, queue)* devant *m*; *(of car, train, plane)* avant *m*; *(of building)* façade *f*; *(of weather)* front *m*; *(by the sea)* front *m* de mer; **in ~** *(further forward)* devant; *(in vehicle)* à l'avant; **in ~ of** devant.

**front door** *n* porte *f* d'entrée.

**frontier** [frʌn'tɪə^r] *n* frontière *f*.
**front page** *n* une *f*.
**front seat** *n* siège *m* avant.
**frost** [frɒst] *n (on ground)* givre *m*; *(cold weather)* gelée *f*.
**frosty** ['frɒstɪ] *adj (morning, weather)* glacial(-e).
**froth** [frɒθ] *n (on beer)* mousse *f*; *(on sea)* écume *f*.
**frown** [fraʊn] *n* froncement *m* de sourcils ◆ *vi* froncer les sourcils.
**froze** [frəʊz] *pt* → **freeze**.
**frozen** [frəʊzn] *pp* → **freeze** ◆ *adj* gelé(-e); *(food)* surgelé(-e).
**fruit** [fru:t] *n (food)* fruits *mpl*; *(variety, single fruit)* fruit *m*; **a piece of ~** un fruit; **~s of the forest** fruits des bois.
**fruit cake** *n* cake *m*.
**fruiterer** ['fru:tərə^r] *n (Br)* marchand *m* (-e *f*) de fruits.
**fruit juice** *n* jus *m* de fruit.
**fruit machine** *n (Br)* machine *f* à sous.
**fruit salad** *n* salade *f* de fruits.
**frustrating** [frʌ'streɪtɪŋ] *adj* frustrant(-e).
**frustration** [frʌ'streɪʃn] *n* frustration *f*.
**fry** [fraɪ] *vt* (faire) frire.
**frying pan** ['fraɪɪŋ-] *n* poêle *f* (à frire).
**ft** *abbr* = **foot, feet**.
**fudge** [fʌdʒ] *n* caramel *m*.
**fuel** [fjʊəl] *n (petrol)* carburant *m*; *(coal, gas)* combustible *m*.
**fuel pump** *n* pompe *f* d'alimentation.
**fulfil** [fʊl'fɪl] *vt (Br)* remplir; *(promise)* tenir; *(instructions)* obéir à.
**fulfill** [fʊl'fɪl] *(Am)* = **fulfil**.
**full** [fʊl] *adj* plein(-e); *(hotel, train, name)* complet(-ète); *(maximum)* maximum; *(week)* chargé(-e); *(flavour)* riche ◆ *adv (directly)* en plein; **I'm ~ (up)** je n'en peux plus; **at ~ speed** à toute vitesse; **in ~** *(pay)* intégralement; *(write)* en toutes lettres.
**full board** *n* pension *f* complète.
**full-cream milk** *n* lait *m* entier.
**full-length** *adj (skirt, dress)* long (longue).
**full moon** *n* pleine lune *f*.
**full stop** *n* point *m*.
**full-time** *adj & adv* à temps plein.
**fully** ['fʊlɪ] *adv* entièrement; *(understand)* tout à fait; **~ booked** complet.
**fully-licensed** *adj habilité à vendre tous types d'alcools.*
**fumble** ['fʌmbl] *vi (search clumsily)* farfouiller; *(in the dark)* tâtonner.
**fun** [fʌn] *n*: **it's good ~** c'est très amusant; **for ~** pour le plaisir; **to have ~** s'amuser; **to make ~ of** se moquer de.
**function** ['fʌŋkʃn] *n (role)* fonction *f*; *(formal event)* réception *f* ◆ *vi* fonctionner.
**fund** [fʌnd] *n (of money)* fonds *m* ◆ *vt* financer ❑ **funds** *npl* fonds *mpl*.
**fundamental** [,fʌndə'mentl] *adj* fondamental(-e).
**funeral** ['fju:nərəl] *n* enterrement *m*.
**funfair** ['fʌnfeə^r] *n* fête *f* foraine.
**funky** ['fʌŋkɪ] *adj (inf)* funky *(inv)*.

**funnel** ['fʌnl] *n (for pouring)* entonnoir *m*; *(on ship)* cheminée *f*.
**funny** ['fʌnɪ] *adj (amusing)* drôle; *(strange)* bizarre; **to feel ~** *(ill)* ne pas être dans son assiette.
**fur** [fɜːʳ] *n* fourrure *f*.
**fur coat** *n* manteau *m* de fourrure.
**furious** ['fjʊərɪəs] *adj* furieux(-ieuse).
**furnished** ['fɜːnɪʃt] *adj* meublé(-e).
**furnishings** ['fɜːnɪʃɪŋz] *npl* mobilier *m*.
**furniture** ['fɜːnɪtʃəʳ] *n* meubles *mpl*; **a piece of ~** un meuble.
**furry** ['fɜːrɪ] *adj (animal)* à fourrure; *(toy)* en peluche; *(material)* pelucheux(-euse).
**further** ['fɜːðəʳ] *compar* → **far** ◆ *adv* plus loin; *(more)* plus ◆ *adj (additional)* autre; **until ~ notice** jusqu'à nouvel ordre.
**furthermore** [,fɜːðə'mɔːʳ] *adv* de plus.
**furthest** ['fɜːðɪst] *superl* → **far** ◆ *adj* le plus éloigné (la plus éloignée) ◆ *adv* le plus loin.
**fuse** [fjuːz] *n (of plug)* fusible *m*; *(on bomb)* détonateur *m* ◆ *vi*: **the plug has ~d** les plombs ont sauté.
**fuse box** *n* boîte *f* à fusibles.
**fuss** [fʌs] *n* histoires *fpl*.
**fussy** ['fʌsɪ] *adj (person)* difficile.
**future** ['fjuːtʃəʳ] *n* avenir *m*; *(GRAMM)* futur *m* ◆ *adj* futur(-e); **in ~** à l'avenir.

# G

**g** *(abbr of gram)* g.
**gable** ['geɪbl] *n* pignon *m*.
**gadget** ['gædʒɪt] *n* gadget *m*.
**Gaelic** ['geɪlɪk] *n* gaélique *m*.
**gag** [gæg] *n (inf: joke)* histoire *f* drôle.
**gain** [geɪn] *vt* gagner; *(weight, speed, confidence)* prendre; *(subj: clock, watch)* avancer de ◆ *vi (benefit)* y gagner ◆ *n* gain *m*.
**gale** [geɪl] *n* grand vent *m*.
**gallery** ['gælərɪ] *n (public)* musée *m*; *(private, at theatre)* galerie *f*.
**gallon** ['gælən] *n (Br)* = 4,546 l, gallon *m*; *(Am)* = 3,79 l, gallon.
**gallop** ['gæləp] *vi* galoper.
**gamble** ['gæmbl] *n* coup *m* de poker ◆ *vi (bet money)* jouer.
**gambling** ['gæmblɪŋ] *n* jeu *m*.
**game** [geɪm] *n* jeu *m*; *(of football, tennis, cricket)* match *m*; *(of chess, cards, snooker)* partie *f*; *(wild animals, meat)* gibier *m* ❑ **games** *n (SCH)* sport *m* ◆ *npl (sporting event)* jeux *mpl*.
**gammon** ['gæmən] *n jambon cuit, salé ou fumé.*
**gang** [gæŋ] *n (of criminals)* gang *m*; *(of friends)* bande *f*.
**gangster** ['gæŋstəʳ] *n* gangster *m*.
**gangway** ['gæŋweɪ] *n (for ship)* passerelle *f*; *(Br: in bus, aeroplane)* couloir *m*; *(Br: in theatre)* allée *f*.
**gaol** [dʒeɪl] *(Br)* = **jail**.

**gap** [gæp] *n (space)* espace *m*; *(crack)* interstice *m*; *(of time)* intervalle *m*; *(difference)* fossé *m*.
**garage** ['gærɑːʒ, 'gærɪdʒ] *n* garage *m*; *(Br: for petrol)* station-service *f*.
**garbage** ['gɑːbɪdʒ] *n (Am: refuse)* ordures *fpl*.
**garbage can** *n (Am)* poubelle *f*.
**garbage truck** *n (Am)* camion-poubelle *m*.
**garden** ['gɑːdn] *n* jardin *m* ◆ *vi* faire du jardinage ❑ **gardens** *npl (public park)* jardin *m* public.
**garden centre** *n* jardinerie *f*.
**gardener** ['gɑːdnəʳ] *n* jardinier *m* (-ière *f*).
**gardening** ['gɑːdnɪŋ] *n* jardinage *m*.
**garden peas** *npl* petits pois *mpl*.
**garlic** ['gɑːlɪk] *n* ail *m*.
**garlic bread** *n pain aillé et beurré servi chaud.*
**garlic butter** *n* beurre *m* d'ail.
**garment** ['gɑːmənt] *n* vêtement *m*.
**garnish** ['gɑːnɪʃ] *n (for decoration)* garniture *f*; *(sauce) sauce servant à relever un plat* ◆ *vt* garnir.
**gas** [gæs] *n* gaz *m inv*; *(Am: petrol)* essence *f*.
**gas cooker** *n (Br)* cuisinière *f* à gaz.
**gas cylinder** *n* bouteille *f* de gaz.
**gas fire** *n (Br)* radiateur *m* à gaz.
**gasket** ['gæskɪt] *n* joint *m* (d'étanchéité).
**gas mask** *n* masque *m* à gaz.
**gasoline** ['gæsəliːn] *n (Am)* essence *f*.
**gasp** [gɑːsp] *vi (in shock)* avoir le souffle coupé.
**gas pedal** *n (Am)* accélérateur *m*.
**gas station** *n (Am)* station-service *f*.
**gas stove** *(Br)* = **gas cooker**.
**gas tank** *n (Am)* réservoir *m* (à essence).
**gasworks** ['gæswɜːks] *(pl inv) n* usine *f* à gaz.
**gate** [geɪt] *n (to garden, at airport)* porte *f*; *(to building)* portail *m*; *(to field)* barrière *f*.
**gâteau** ['gætəʊ] (*pl* **-x** [-z]) *n (Br) gros gâteau à la crème.*
**gateway** ['geɪtweɪ] *n (entrance)* portail *m*.
**gather** ['gæðəʳ] *vt (belongings)* ramasser; *(information)* recueillir; *(speed)* prendre; *(understand)* déduire ◆ *vi* se rassembler.
**gaudy** ['gɔːdɪ] *adj* voyant(-e).
**gauge** [geɪdʒ] *n* jauge *f*; *(of railway track)* écartement *m* ◆ *vt (calculate)* évaluer.
**gauze** [gɔːz] *n* gaze *f*.
**gave** [geɪv] *pt* → **give**.
**gay** [geɪ] *adj (homosexual)* homosexuel(-elle).
**gaze** [geɪz] *vi*: **to ~ at** regarder fixement.
**GB** *(abbr of Great Britain)* G-B.
**GCSE** *n examen de fin de premier cycle.*

Les GCSE ont remplacé en 1986 les «O levels». Il s'agit d'examens destinés aux 15–16 ans en Angleterre et au pays de Galles. Pour pouvoir poursuivre dans le second cycle, il faut réussir au moins cinq de ces épreuves. Contrairement aux «O levels», la notation est fondée aussi bien sur le travail de l'année que sur les résultats finaux.

---

**gear** [gɪəʳ] *n (wheel)* roue *f* dentée; *(speed)* vitesse *f*; *(belongings)* affaires *fpl*; *(equipment)* équipement *m*; *(clothes)* tenue *f*; **in ~** en prise.
**gearbox** ['gɪəbɒks] *n* boîte *f* de vitesses.
**gear lever** *n* levier *m* de vitesse.
**gear shift** *(Am)* = **gear lever**.
**gear stick** *(Br)* = **gear lever**.
**geese** [gi:s] *pl* → **goose**.
**gel** [dʒel] *n* gel *m*.
**gelatine** [ˌdʒelə'ti:n] *n* gélatine *f*.
**gem** [dʒem] *n* pierre *f* précieuse.
**Gemini** ['dʒemɪnaɪ] *n* Gémeaux *mpl*.
**gender** ['dʒendəʳ] *n* genre *m*.
**general** ['dʒenərəl] *adj* général(-e) ◆ *n* général *m*; **in ~** en général.
**general anaesthetic** *n* anesthésie *f* générale.
**general election** *n* élections *fpl* législatives.
**generally** ['dʒenərəlɪ] *adv* généralement.
**general practitioner** [-præk'tɪʃənəʳ] *n* (médecin) généraliste *m*.
**general store** *n* bazar *m*.
**generate** ['dʒenəreɪt] *vt (cause)* susciter; *(electricity)* produire.
**generation** [ˌdʒenə'reɪʃn] *n* génération *f*.
**generator** ['dʒenəreɪtəʳ] *n* générateur *m*.
**generosity** [ˌdʒenə'rɒsətɪ] *n* générosité *f*.
**generous** ['dʒenərəs] *adj* généreux(-euse).
**genitals** ['dʒenɪtlz] *npl* parties *fpl* génitales.
**genius** ['dʒi:njəs] *n* génie *m*.
**gentle** ['dʒentl] *adj* doux (douce); *(movement, breeze)* léger(-ère).
**gentleman** ['dʒentlmən] (*pl* **-men** [-mən]) *n* monsieur *m*; *(with good manners)* gentleman *m*; **"gentlemen"** *(men's toilets)* «messieurs».
**gently** ['dʒentlɪ] *adv (carefully)* doucement.
**gents** [dʒents] *n (Br)* toilettes *fpl* pour hommes.
**genuine** ['dʒenjʊɪn] *adj (authentic)* authentique; *(sincere)* sincère.
**geographical** [dʒɪə'græfɪkl] *adj* géographique.
**geography** [dʒɪ'ɒgrəfɪ] *n* géographie *f*.
**geology** [dʒɪ'ɒlədʒɪ] *n* géologie *f*.
**geometry** [dʒɪ'ɒmətrɪ] *n* géométrie *f*.
**Georgian** ['dʒɔ:dʒən] *adj (architecture etc)* georgien(-ienne) *(du règne des rois George I-IV, 1714-1830)*.
**geranium** [dʒɪ'reɪnjəm] *n* géranium *m*.
**German** ['dʒɜ:mən] *adj* allemand(-e) ◆ *n (person)* Allemand *m* (-e *f*); *(language)* allemand *m*.
**German measles** *n* rubéole *f*.
**Germany** ['dʒɜ:mənɪ] *n* l'Allemagne *f*.
**germs** [dʒɜ:mz] *npl* germes *mpl*.
**gesture** ['dʒestʃəʳ] *n (movement)* geste *m*.
**get** [get] (*pt & pp* **got**, *Am pp* **gotten**) *vt* 1. *(obtain)* obtenir; *(buy)*

acheter; **she got a job** elle a trouvé un travail.
2. *(receive)* recevoir; **I got a book for Christmas** on m'a offert OR j'ai eu un livre pour Noël.
3. *(train, plane, bus etc)* prendre.
4. *(fetch)* aller chercher; **could you ~ me the manager?** *(in shop)* pourriez-vous m'appeler le directeur?; *(on phone)* pourriez-vous me passer le directeur?
5. *(illness)* attraper; **I've got a cold** j'ai un rhume.
6. *(cause to become)*: **to ~ sthg done** faire faire qqch; **can I ~ my car repaired here?** est-ce que je peux faire réparer ma voiture ici?
7. *(ask, tell)*: **to ~ sb to do sthg** faire faire qqch à qqn.
8. *(move)*: **I can't ~ it through the door** je n'arrive pas à le faire passer par la porte.
9. *(understand)* comprendre, saisir.
10. *(time, chance)* avoir; **we didn't ~ the chance to see everything** nous n'avons pas pu tout voir.
11. *(idea, feeling)* avoir.
12. *(phone)* répondre à.
13. *(in phrases)*: **you ~ a lot of rain here in winter** il pleut beaucoup ici en hiver, → **have**.
◆ *vi* 1. *(become)*: **to ~ lost** se perdre; **to ~ ready** se préparer; **it's getting late** il se fait tard; **~ lost!** *(inf)* fiche le camp!
2. *(into particular state, position)*: **to ~ into trouble** s'attirer des ennuis; **how do you ~ to Luton from here?** comment va-t-on à Luton?; **to ~ into the car** monter dans la voiture.
3. *(arrive)* arriver; **when does the train ~ here?** à quelle heure arrive le train?
4. *(in phrases)*: **to ~ to do sthg** avoir l'occasion de faire qqch.
◆ *aux vb*: **to ~ delayed** être retardé; **to ~ killed** se faire tuer.
❑ **get back** *vi (return)* rentrer; **get in** *vi (arrive)* arriver; *(enter)* entrer; **get off** *vi (leave train, bus)* descendre; *(depart)* partir; **get on** *vi (enter train, bus)* monter; *(in relationship)* s'entendre; *(progress)*: **how are you getting on?** comment tu t'en sors?; **get out** *vi (of car, bus, train)* descendre; **get through** *vi (on phone)* obtenir la communication; **get up** *vi* se lever.

**get-together** *n (inf)* réunion *f*.

**ghastly** ['gɑːstlɪ] *adj (inf)* affreux(-euse).

**gherkin** ['gɜːkɪn] *n* cornichon *m*.

**ghetto blaster** ['getəʊˌblɑːstəʳ] *n (inf) grand radiocassette portatif.*

**ghost** [gəʊst] *n* fantôme *m*.

**giant** ['dʒaɪənt] *adj* géant(-e) ◆ *n (in stories)* géant *m* (-e *f*).

**giblets** ['dʒɪblɪts] *npl* abats *mpl* de volaille.

**giddy** ['gɪdɪ] *adj*: **to feel ~** avoir la tête qui tourne.

**gift** [gɪft] *n* cadeau *m*; *(talent)* don *m*.

**gifted** ['gɪftɪd] *adj* doué(-e).

**gift shop** *n* boutique *f* de cadeaux.

**gift voucher** *n (Br)* chèque-cadeau *m*.

**gig** [gɪg] *n (inf: concert)* concert *m*.

**gigantic** [dʒaɪ'gæntɪk] *adj* gigantesque.

**giggle** ['gɪgl] *vi* glousser.

**gill** [dʒɪl] *n (measurement)* = 0,142 l, quart *m* de pinte.

**gimmick** ['gɪmɪk] *n* astuce *f*.
**gin** [dʒɪn] *n* gin *m*; **~ and tonic** gin tonic.
**ginger** ['dʒɪndʒəʳ] *n* gingembre *m* ◆ *adj (colour)* roux (rousse).
**ginger ale** *n boisson gazeuse non alcoolisée au gingembre, souvent utilisée en cocktail.*
**ginger beer** *n boisson gazeuse non alcoolisée au gingembre.*
**gingerbread** ['dʒɪndʒəbred] *n* pain *m* d'épice.
**gipsy** ['dʒɪpsɪ] *n* gitan *m* (-e *f*).
**giraffe** [dʒɪ'rɑːf] *n* girafe *f*.
**girdle** ['gɜːdl] *n* gaine *f*.
**girl** [gɜːl] *n* fille *f*.
**girlfriend** ['gɜːlfrend] *n* copine *f*, amie *f*.
**girl guide** *n (Br)* éclaireuse *f*.
**girl scout** *(Am)* = **girl guide**.
**giro** ['dʒaɪrəʊ] *n (system)* virement *m* bancaire.
**give** [gɪv] (*pt* **gave**, *pp* **given** ['gɪvn]) *vt* donner; *(a smile)* faire; *(a look)* jeter; *(speech)* faire; *(attention, time)* consacrer; **to ~ sb sthg** donner qqch à qqn; *(as present)* offrir qqch à qqn; *(news, message)* transmettre qqch à qqn; **to ~ sthg a push** pousser qqch; **to ~ sb a kiss** embrasser qqn; **~ or take a few days** à quelques jours près; **"~ way"** «cédez le passage» ❑ **give away** *vt sep (get rid of)* donner; *(reveal)* révéler; **give back** *vt sep* rendre; **give in** *vi* céder; **give off** *vt fus (smell)* exhaler; *(gas)* émettre; **give out** *vt sep (distribute)* distribuer; **give up** *vt sep (cigarettes, chocolate)* renoncer à; *(seat)* laisser ◆ *vi (admit defeat)* abandonner; **to ~ up (smoking)** arrêter de fumer.
**glacier** ['glæsjəʳ] *n* glacier *m*.
**glad** [glæd] *adj* content(-e); **to be ~ to do sthg** faire qqch volontiers OR avec plaisir.
**gladly** ['glædlɪ] *adv (willingly)* volontiers, avec plaisir.
**glamorous** ['glæmərəs] *adj (woman)* séduisant(-e); *(job, place)* prestigieux(-ieuse).
**glance** [glɑːns] *n* coup *m* d'œil ◆ *vi*: **to ~ at** jeter un coup d'œil à.
**gland** [glænd] *n* glande *f*.
**glandular fever** ['glændjʊlə-] *n* mononucléose *f* (infectieuse).
**glare** [gleəʳ] *vi (person)* jeter des regards mauvais; *(sun, light)* être éblouissant(-e).
**glass** [glɑːs] *n* verre *m* ◆ *adj* en verre; *(door)* vitré(-e) ❑ **glasses** *npl* lunettes *fpl*.
**glassware** ['glɑːsweəʳ] *n* verrerie *f*.
**glen** [glen] *n (Scot)* vallée *f*.
**glider** ['glaɪdəʳ] *n* planeur *m*.
**glimpse** [glɪmps] *vt* apercevoir.
**glitter** ['glɪtəʳ] *vi* scintiller.
**global warming** [ˌgləʊbl-'wɔːmɪŋ] *n* réchauffement *m* de la planète.
**globe** [gləʊb] *n (with map)* globe *m* (terrestre); **the ~** *(Earth)* le globe.
**gloomy** ['gluːmɪ] *adj (room, day)* lugubre; *(person)* triste.
**glorious** ['glɔːrɪəs] *adj (weather, sight)* splendide; *(victory, history)* glorieux(-ieuse).
**glory** ['glɔːrɪ] *n* gloire *f*.
**gloss** [glɒs] *n (shine)* brillant *m*, lustre *m*; **~ (paint)** peinture *f* brillante.
**glossary** ['glɒsərɪ] *n* glossaire *m*.
**glossy** ['glɒsɪ] *adj* sur papier glacé.

**glove** [glʌv] *n* gant *m*.
**glove compartment** *n* boîte *f* à gants.
**glow** [gləʊ] *n* lueur *f* ◆ *vi* briller.
**glucose** ['glu:kəʊs] *n* glucose *m*.
**glue** [glu:] *n* colle *f* ◆ *vt* coller.
**gnat** [næt] *n* moustique *m*.
**gnaw** [nɔ:] *vt* ronger.
**go** [gəʊ] (*pt* **went**, *pp* **gone**, *pl* **goes**) *vi* 1. (*move, travel*) aller; **to ~ for a walk** aller se promener; **to ~ and do sthg** aller faire qqch; **to ~ home** rentrer chez soi; **to ~ to Spain** aller en Espagne; **to ~ by bus** prendre le bus; **to ~ swimming** aller nager.
2. (*leave*) partir, s'en aller; **when does the bus ~?** quand part le bus?; **~ away!** allez-vous-en!
3. (*become*) devenir; **she went pale** elle a pâli; **the milk has gone sour** le lait a tourné.
4. (*expressing future tense*): **to be going to do sthg** aller faire qqch.
5. (*function*) marcher; **the car won't ~** la voiture ne veut pas démarrer.
6. (*stop working*) tomber en panne; (*break*) se casser; **the fuse has gone** les plombs ont sauté.
7. (*time*) passer.
8. (*progress*) aller, se passer; **to ~ well** aller bien, bien se passer.
9. (*bell, alarm*) se déclencher.
10. (*match*) aller bien ensemble; **to ~ with** aller (bien) avec; **red wine doesn't ~ with fish** le vin rouge ne va pas bien avec le poisson.
11. (*be sold*) se vendre; **"everything must ~"** «tout doit partir».
12. (*fit*) rentrer.
13. (*lead*) aller; **where does this path ~?** où va ce chemin?
14. (*belong*) aller.
15. (*in phrases*): **to let ~ of sthg** (*drop*) lâcher qqch; **to ~** (*Am: to take away*) à emporter; **there are two weeks to ~** il reste deux semaines.
◆ *n* 1. (*turn*) tour *m*; **it's your ~** c'est ton tour, c'est à toi.
2. (*attempt*) coup *m*; **to have a ~ at sthg** essayer qqch; **"50p a ~"** (*for game*) «50p la partie».
❑ **go ahead** *vi* (*begin*) y aller; (*take place*) avoir lieu; **go back** *vi* (*return*) retourner; **go down** *vi* (*decrease*) baisser; (*sun*) se coucher; (*tyre*) se dégonfler; **go down with** *vt fus* (*inf: illness*) attraper; **go in** *vi* entrer; **go off** *vi* (*alarm, bell*) se déclencher; (*food*) se gâter; (*milk*) tourner; (*light, heating*) s'éteindre; **go on** *vi* (*happen*) se passer; (*light, heating*) s'allumer; (*continue*): **to ~ on doing sthg** continuer à faire qqch; **go on!** allez!; **go out** *vi* (*leave house*) sortir; (*light, fire, cigarette*) s'éteindre; (*have relationship*): **to ~ out with sb** sortir avec qqn; **to ~ out for a meal** dîner dehors; **go over** *vt fus* (*check*) vérifier; **go round** *vi* (*revolve*) tourner; **go through** *vt fus* (*experience*) vivre; (*spend*) dépenser; (*search*) fouiller; **go up** *vi* (*increase*) augmenter; **go without** *vt fus* se passer de.
**goal** [gəʊl] *n* but *m*; (*posts*) buts *mpl*.
**goalkeeper** ['gəʊl,ki:pə[r]] *n* gardien *m* (de but).
**goalpost** ['gəʊlpəʊst] *n* poteau *m* (de but).
**goat** [gəʊt] *n* chèvre *f*.
**gob** [gɒb] *n* (*Br: inf: mouth*) gueule *f*.
**god** [gɒd] *n* dieu *m* ❑ **God** *n* Dieu *m*.

**goddaughter** ['gɒd,dɔ:tə$^r$] *n* filleule *f*.

**godfather** ['gɒd,fɑ:ðə$^r$] *n* parrain *m*.

**godmother** ['gɒd,mʌðə$^r$] *n* marraine *f*.

**gods** [gɒdz] *npl*: **the ~** *(Br: inf: in theatre)* le poulailler.

**godson** ['gɒdsʌn] *n* filleul *m*.

**goes** [gəʊz] → **go**.

**goggles** ['gɒglz] *npl (for swimming)* lunettes *fpl* de natation; *(for skiing)* lunettes *fpl* de ski.

**going** ['gəʊɪŋ] *adj (available)* disponible; **the ~ rate** le tarif en vigueur.

**go-kart** [-kɑ:t] *n* kart *m*.

**gold** [gəʊld] *n* or *m* ◆ *adj* en or.

**goldfish** ['gəʊldfɪʃ] *(pl inv) n* poisson *m* rouge.

**gold-plated** [-'pleɪtɪd] *adj* plaqué(-e) or.

**golf** [gɒlf] *n* golf *m*.

**golf ball** *n* balle *f* de golf.

**golf club** *n* club *m* de golf.

**golf course** *n* terrain *m* de golf.

**golfer** ['gɒlfə$^r$] *n* joueur *m* (-euse *f*) de golf.

**gone** [gɒn] *pp* → **go** ◆ *prep (Br: past)*: **it's ~ ten** il est dix heures passées.

**good** [gʊd] *(compar* **better**, *superl* **best**) *adj* bon (bonne); *(kind)* gentil(-ille); *(well-behaved)* sage ◆ *n* bien *m*; **the weather is ~** il fait beau; **to have a ~ time** s'amuser; **to be ~ at sthg** être bon en qqch; **a ~ ten minutes** dix bonnes minutes; **in ~ time** à temps; **to make ~ sthg** *(damage)* payer qqch; *(loss)* compenser qqch; **for ~** pour de bon; **for the ~ of** pour le bien de; **to do sb ~** faire du bien à qqn; **it's no ~** *(there's no point)* ça ne sert à rien; **~ afternoon!** bonjour!; **~ evening!** bonsoir!; **~ morning!** bonjour!; **~ night!** bonne nuit! ❑ **goods** *npl* marchandises *fpl*.

**goodbye** [,gʊd'baɪ] *excl* au revoir!

**Good Friday** *n* le Vendredi saint.

**good-looking** [-'lʊkɪŋ] *adj* beau (belle).

**goods train** [gʊdz-] *n* train *m* de marchandises.

**goose** [gu:s] *(pl* **geese**) *n* oie *f*.

**gooseberry** ['gʊzbərɪ] *n* groseille *f* à maquereau.

**gorge** [gɔ:dʒ] *n* gorge *f*.

**gorgeous** ['gɔ:dʒəs] *adj (day, countryside)* splendide; *(meal)* délicieux(-ieuse); *(inf: good-looking)* canon *(inv)*.

**gorilla** [gə'rɪlə] *n* gorille *m*.

**gossip** ['gɒsɪp] *vi (about someone)* cancaner; *(chat)* bavarder ◆ *n (about someone)* commérages *mpl*; **to have a ~** *(chat)* bavarder.

**gossip column** *n* échos *mpl*.

**got** [gɒt] *pt & pp* → **get**.

**gotten** ['gɒtn] *pp (Am)* → **get**.

**goujons** ['gu:dʒɒnz] *npl fines lamelles de poisson enrobées de pâte à crêpe et frites.*

**goulash** ['gu:læʃ] *n* goulasch *m*.

**gourmet** ['gʊəmeɪ] *n* gourmet *m* ◆ *adj (food, restaurant)* gastronomique.

**govern** ['gʌvən] *vt (country)* gouverner; *(city)* administrer.

**government** ['gʌvnmənt] *n* gouvernement *m*.

**gown** [gaʊn] *n (dress)* robe *f*.

**GP** *abbr* = **general practitioner**.

**grab** [græb] *vt* saisir; *(person)* attraper.

**graceful** ['greɪsful] *adj* gracieux(-ieuse).

**grade** [greɪd] *n (quality)* qualité *f*; *(in exam)* note *f*; *(Am: year at school)* année *f*.

**gradient** ['greɪdjənt] *n* pente *f*.

**gradual** ['grædʒʊəl] *adj* graduel(-elle), progressif(-ive).

**gradually** ['grædʒʊəlɪ] *adv* graduellement, progressivement.

**graduate** [*n* 'grædʒʊət, *vb* 'grædʒʊeɪt] *n (from university)* = licencié *m* (-e *f*); *(Am: from high school)* = bachelier *m* (-ière *f*) ◆ *vi (from university)* = obtenir sa licence; *(Am: from high school)* = obtenir son baccalauréat.

**graduation** [,grædʒʊ'eɪʃn] *n* remise *f* des diplômes.

**graffiti** [grə'fi:tɪ] *n* graffiti *mpl*.

**grain** [greɪn] *n* grain *m*; *(crop)* céréales *fpl*.

**gram** [græm] *n* gramme *m*.

**grammar** ['græməʳ] *n* grammaire *f*.

**grammar school** *n (in UK) école sécondaire publique, plus sélective et plus traditionelle que les autres.*

**gramme** [græm] = **gram**.

**gramophone** ['græməfəʊn] *n* gramophone *m*.

**gran** [græn] *n (Br: inf)* mamie *f*.

**grand** [grænd] *adj (impressive)* grandiose ◆ *n (inf) (£1,000)* mille livres *fpl*; *($1,000)* mille dollars *mpl*.

**grandchild** ['græntʃaɪld] (*pl* **-children** [-,tʃɪldrən]) *n (boy)* petit-fils *m*; *(girl)* petite-fille *f*; **grandchildren** petits-enfants *mpl*.

**granddad** ['grændæd] *n (inf)* papi *m*.

**granddaughter** ['græn,dɔ:təʳ] *n* petite-fille *f*.

**grandfather** ['grænd,fɑ:ðəʳ] *n* grand-père *m*.

**grandma** ['grænmɑ:] *n (inf)* mamie *f*.

**grandmother** ['græn,mʌðəʳ] *n* grand-mère *f*.

**grandpa** ['grænpɑ:] *n (inf)* papi *m*.

**grandparents** ['græn,peərənts] *npl* grands-parents *mpl*.

**grandson** ['grænsʌn] *n* petit-fils *m*.

**granite** ['grænɪt] *n* granit [illegible]

**granny** ['grænɪ] *n (inf)* mamie *f*.

**grant** [grɑ:nt] *n (POL)* subvention *f*; *(for university)* bourse *f* ◆ *vt (fml: give)* accorder; **to take sthg for ~ed** considérer qqch comme un fait acquis; **he takes her for ~ed** il ne se rend pas compte de tout ce qu'elle fait pour lui.

**grape** [greɪp] *n* raisin *m*.

**grapefruit** ['greɪpfru:t] *n* pamplemousse *m*.

**grapefruit juice** *n* jus *m* de pamplemousse.

**graph** [grɑ:f] *n* graphique *m*.

**graph paper** *n* papier *m* millimétré.

**grasp** [grɑ:sp] *vt* saisir.

**grass** [grɑ:s] *n* herbe *f*; **"keep off the ~"** «pelouse interdite».

**grasshopper** ['grɑ:s,hɒpəʳ] *n* sauterelle *f*.

**grate** [greɪt] *n* grille *f* de foyer.

**grated** ['greɪtɪd] *adj* râpé(-e).

**grateful** ['greɪtful] *adj* reconnaissant(-e).

**grater** ['greɪtə^r] *n* râpe *f*.
**gratitude** ['grætɪtjuːd] *n* gratitude *f*.
**gratuity** [grə'tjuːɪtɪ] *n (fml)* pourboire *m*.
**grave**[1] [greɪv] *adj (mistake, news)* grave; *(concern)* sérieux(-ieuse) ♦ *n* tombe *f*.
**grave**[2] [grɑːv] *adj (accent)* grave.
**gravel** ['grævl] *n* gravier *m*; *(smaller)* gravillon *m*.
**graveyard** ['greɪvjɑːd] *n* cimetière *m*.
**gravity** ['grævətɪ] *n* gravité *f*.
**gravy** ['greɪvɪ] *n* jus *m* de viande.
[illegible] [greɪ] *(Am)* = **grey**.
**graze** [greɪz] *vt (injure)* égratigner.
**grease** [griːs] *n* graisse *f*.
**greaseproof paper** ['griːspruːf-] *n (Br)* papier *m* sulfurisé.
**greasy** ['griːsɪ] *adj (tools, clothes)* graisseux(-euse); *(food, skin, hair)* gras (grasse).
**great** [greɪt] *adj* grand(-e); *(very good)* super *(inv)*, génial(-e); **(that's) ~!** (c'est) super OR génial!
**Great Britain** *n* la Grande-Bretagne.

---

**i** **GREAT BRITAIN**

Le terme de «Great Britain», ou simplement «Britain», désigne l'île qui réunit l'Angleterre, l'Écosse et le pays de Galles. À ne pas confondre avec le «United Kingdom», qui inclut l'Irlande du Nord, ou les «British Isles», dont font également partie la République d'Irlande, l'île de Man, les Orcades, les Shetlands et les îles Anglo-Normandes.

---

**great-grandfather** *n* arrière-grand-père *m*.
**great-grandmother** *n* arrière-grand-mère *f*.
**greatly** ['greɪtlɪ] *adv (a lot)* beaucoup; *(very)* très.
**Greece** [griːs] *n* la Grèce.
**greed** [griːd] *n (for food)* gloutonnerie *f*; *(for money)* avidité *f*.
**greedy** ['griːdɪ] *adj (for food)* glouton(-onne); *(for money)* avide.
**Greek** [griːk] *adj* grec (grecque) ♦ *n (person)* Grec *m* (Grecque *f*); *(language)* grec *m*.
**Greek salad** *n salade composée de laitue, tomates, concombre, feta et olives noires.*
**green** [griːn] *adj* vert(-e); *(person, product)* écolo; *(inf: inexperienced)* jeune ♦ *n (colour)* vert *m*; *(in village)* terrain *m* communal; *(on golf course)* green *m* ❑ **greens** *npl (vegetables)* légumes *mpl* verts.
**green beans** *npl* haricots *mpl* verts.
**green card** *n (Br: for car)* carte *f* verte; *(Am: work permit)* carte *f* de séjour.
**green channel** *n dans un port ou un aéroport, sortie réservée aux voyageurs n'ayant rien à déclarer.*
**greengage** ['griːngeɪdʒ] *n* reine-claude *f*.
**greengrocer's** ['griːn,grəʊsəz] *n (shop)* magasin *m* de fruits et de légumes.
**greenhouse** ['griːnhaʊs, *pl* -haʊzɪz] *n* serre *f*.
**greenhouse effect** *n* effet *m* de serre.
**green light** *n* feu *m* vert.
**green pepper** *n* poivron *m*

vert.

**Greens** [gri:nz] *npl*: **the ~** les écologistes *mpl*.

**green salad** *n* salade *f* verte.

**greet** [gri:t] *vt* saluer.

**greeting** ['gri:tɪŋ] *n* salut *m*.

**grenade** [grə'neɪd] *n* grenade *f*.

**grew** [gru:] *pt* → **grow**.

**grey** [greɪ] *adj* gris(-e) ◆ *n* gris *m*; **to go ~** grisonner.

**greyhound** ['greɪhaʊnd] *n* lévrier *m*.

**grid** [grɪd] *n (grating)* grille *f*; *(on map etc)* quadrillage *m*.

**grief** [gri:f] *n* chagrin *m*; **to come to ~** *(person)* échouer.

**grieve** [gri:v] *vi* être en deuil.

**grill** [grɪl] *n (on cooker, over fire)* gril *m*; *(part of restaurant)* grill *m* ◆ *vt* (faire) griller.

**grille** [grɪl] *n* (AUT) calandre *f*.

**grilled** [grɪld] *adj* grillé(-e).

**grim** [grɪm] *adj (expression)* sévère; *(place, news)* sinistre.

**grimace** ['grɪməs] *n* grimace *f*.

**grimy** ['graɪmɪ] *adj* crasseux(-euse).

**grin** [grɪn] *n* grand sourire *m* ◆ *vi* faire un grand sourire.

**grind** [graɪnd] (*pt & pp* **ground**) *vt* *(pepper, coffee)* moudre.

**grip** [grɪp] *n (hold)* prise *f*; *(of tyres)* adhérence *f*; *(handle)* poignée *f*; *(bag)* sac *m* de voyage ◆ *vt (hold)* saisir.

**gristle** ['grɪsl] *n* nerfs *mpl*.

**groan** [grəʊn] *n (of pain)* gémissement *m* ◆ *vi (in pain)* gémir; *(complain)* ronchonner.

**groceries** ['grəʊsərɪz] *npl* épicerie *f*.

**grocer's** ['grəʊsəz] *n (shop)* épicerie *f*.

**grocery** ['grəʊsərɪ] *n (shop)* épicerie *f*.

**groin** [grɔɪn] *n* aine *f*.

**groove** [gru:v] *n* rainure *f*.

**grope** [grəʊp] *vi* tâtonner.

**gross** [grəʊs] *adj (weight, income)* brut(-e).

**grossly** ['grəʊslɪ] *adv (extremely)* extrêmement.

**grotty** ['grɒtɪ] *adj (Br: inf)* minable.

**ground** [graʊnd] *pt & pp* → **grind** ◆ *n (surface of earth)* sol *m*; *(soil)* terre *f*; (SPORT) terrain *m* ◆ *adj (coffee)* moulu(-e) ◆ *vt*: **to be ~ed** *(plane)* être interdit de vol; *(Am: electrical connection)* être relié à la terre; **on the ~** par terre ❑ **grounds** *npl (of building)* terrain *m*; *(of coffee)* marc *m*; *(reason)* motif *m*.

**ground floor** *n* rez-de-chaussée *m*.

**groundsheet** ['graʊndʃi:t] *n* tapis *m* de sol.

**group** [gru:p] *n* groupe *m*.

**grouse** [graʊs] *(pl inv) n (bird)* grouse *f*.

**grovel** ['grɒvl] *vi* ramper.

**grow** [grəʊ] (*pt* **grew**, *pp* **grown**) *vi (person, animal)* grandir; *(plant)* pousser; *(increase)* augmenter; *(become)* devenir ◆ *vt (plant, crop)* cultiver; *(beard)* laisser pousser; **to ~ old** vieillir ❑ **grow up** *vi* grandir.

**growl** [graʊl] *vi (dog)* grogner.

**grown** [grəʊn] *pp* → **grow**.

**grown-up** *adj* adulte ◆ *n* adulte *mf*, grande personne *f*.

**growth** [grəʊθ] *n (increase)* augmentation *f*; (MED) grosseur *f*.

**grub** [grʌb] *n (inf: food)* bouffe *f*.

**grubby** ['grʌbɪ] *adj* pas net (nette).

**grudge** [grʌdʒ] *n* rancune *f* ♦ *vt*: **to ~ sb sthg** envier qqch à qqn.
**grueling** ['grʊəlɪŋ] *(Am)* = **gruelling**.
**gruelling** ['grʊəlɪŋ] *adj (Br)* exténuant(-e).
**gruesome** ['gru:səm] *adj* macabre.
**grumble** ['grʌmbl] *vi (complain)* grommeler.
**grumpy** ['grʌmpɪ] *adj (inf)* grognon(-onne).
**grunt** [grʌnt] *vi (pig)* grogner; *(person)* pousser un grognement.
**guarantee** [,gærən'ti:] *n* garantie *f* ♦ *vt* garantir.
**guard** [gɑ:d] *n (of prisoner)* gardien *m* (-ienne *f*); *(of politician, palace)* garde *m*; *(Br: on train)* chef *m* de train; *(protective cover)* protection *f* ♦ *vt (watch over)* garder; **to be on one's ~** être sur ses gardes.
**guess** [ges] *vt & vi* (essayer de) deviner ♦ *n*: **to have a ~ (at sthg)** (essayer de) deviner (qqch); **I ~ (so)** je suppose (que oui).
**guest** [gest] *n* invité *m* (-e *f*); *(in hotel)* client *m* (-e *f*).
**guesthouse** ['gesthaʊs, *pl* -haʊzɪz] *n* pension *f* de famille.
**guestroom** ['gestrʊm] *n* chambre *f* d'amis.
**guidance** ['gaɪdəns] *n* conseils *mpl*.
**guide** [gaɪd] *n (for tourists)* guide *mf*; *(guidebook)* guide *m* (touristique) ♦ *vt* conduire ❑ **Guide** *n (Br)* = éclaireuse *f*.
**guidebook** ['gaɪdbʊk] *n* guide *m* (touristique).
**guide dog** *n* chien *m* d'aveugle.
**guided tour** ['gaɪdɪd-] *n* visite *f* guidée.
**guidelines** ['gaɪdlaɪnz] *npl* lignes *fpl* directrices.
**guilt** [gɪlt] *n* culpabilité *f*.
**guilty** ['gɪltɪ] *adj* coupable.
**guinea pig** ['gɪnɪ-] *n* cochon *m* d'Inde.
**guitar** [gɪ'tɑ:ʳ] *n* guitare *f*.
**guitarist** [gɪ'tɑ:rɪst] *n* guitariste *mf*.
**gulf** [gʌlf] *n (of sea)* golfe *m*.
**Gulf War** *n*: **the ~** la guerre du Golfe.
**gull** [gʌl] *n* mouette *f*.
**gullible** ['gʌləbl] *adj* crédule.
**gulp** [gʌlp] *n* goulée *f*.
**gum** [gʌm] *n (chewing gum)* chewing-gum *m*; *(bubble gum) chewing-gum avec lequel on peut faire des bulles*; *(adhesive)* gomme *f* ❑ **gums** *npl (in mouth)* gencives *fpl*.
**gun** [gʌn] *n (pistol)* revolver *m*; *(rifle)* fusil *m*; *(cannon)* canon *m*.
**gunfire** ['gʌnfaɪəʳ] *n* coups *mpl* de feu.
**gunshot** ['gʌnʃɒt] *n* coup *m* de feu.
**gust** [gʌst] *n* rafale *f*.
**gut** [gʌt] *n (inf: stomach)* estomac *m* ❑ **guts** *npl (inf) (intestines)* boyaux *mpl*; *(courage)* cran *m*.
**gutter** ['gʌtəʳ] *n (beside road)* rigole *f*; *(of house)* gouttière *f*.
**guy** [gaɪ] *n (inf: man)* type *m* ❑ **guys** *npl (Am: inf: people)*: **you ~s** vous.
**Guy Fawkes Night** [-'fɔ:ks-] *n (Br) le 5 novembre*.

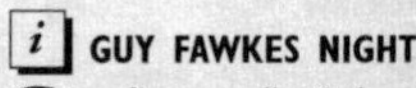


Cette fête annuelle, également appelée «Bonfire Night», marque l'anniversaire de la découverte d'un complot catholique visant à assassiner le roi Jacques Ier en faisant sauter le Parlement britannique (1605). Les enfants ont pour coutume à cette occasion de confectionner des pantins de chiffon à l'effigie de l'un des conspirateurs, Guy Fawkes, et de les exhiber dans la rue en demandant de l'argent. Dans la soirée, on tire des feux d'artifice et les effigies sont brûlées dans de grands feux de joie.

---

**guy rope** *n* corde *f* de tente.

**gym** [dʒɪm] *n* gymnase *m*; *(school lesson)* gym *f*.

**gymnast** ['dʒɪmnæst] *n* gymnaste *mf*.

**gymnastics** [dʒɪm'næstɪks] *n* gymnastique *f*.

**gym shoes** *npl* tennis *mpl* en toile.

**gynaecologist** [,gaɪnə'kɒlədʒɪst] *n* gynécologue *mf*.

**gypsy** ['dʒɪpsɪ] = **gipsy**.

**H** *(abbr of hot)* C; *(abbr of hospital)* H.

**habit** ['hæbɪt] *n* habitude *f*.

**hacksaw** ['hæksɔ:] *n* scie *f* à métaux.

**had** [hæd] *pt & pp* → **have**.

**haddock** ['hædək] *(pl inv)* *n* églefin *m*.

**hadn't** ['hædnt] = **had not**.

**haggis** ['hægɪs] *n plat typique écossais consistant en une panse de brebis farcie, le plus souvent accompagné de pommes de terre et de navets en purée.*

**haggle** ['hægl] *vi* marchander.

**hail** [heɪl] *n* grêle *f* ◆ *v impers* grêler.

**hailstone** ['heɪlstəʊn] *n* grêlon *m*.

**hair** [heəʳ] *n* *(on head)* cheveux *mpl*; *(on skin)* poils *mpl*; *(individual hair on head)* cheveu *m*; *(individual hair on skin, of animal)* poil *m*; **to have one's ~ cut** se faire couper les cheveux.

**hairband** ['heəbænd] *n* bandeau *m*.

**hairbrush** ['heəbrʌʃ] *n* brosse *f* à cheveux.

**hairclip** ['heəklɪp] *n* barrette *f*.

**haircut** ['heəkʌt] *n* *(style)* coupe *f* (de cheveux); **to have a ~** se faire couper les cheveux.

**hairdo** ['heədu:] (*pl* **-s**) *n* coiffure *f*.

**hairdresser** ['heə,dresəʳ] *n* coiffeur *m* (-euse *f*); **~'s** *(salon)* salon *m* de coiffure; **to go to the ~'s** aller chez le coiffeur.

**hairdryer** ['heə,draɪəʳ] *n* sèche-cheveux *m inv*.

**hair gel** *n* gel *m* coiffant.

**hairgrip** ['heəgrɪp] *n* *(Br)* épingle *f* à cheveux.

**hairnet** ['heənet] *n* résille *f*.

**hairpin bend** ['heəpɪn-] *n* virage *m* en épingle à cheveux.

**hair remover** [-rɪ,mu:vəʳ] *n* crème *f* dépilatoire.

**hair rollers** [-'rəʊləz] *npl* bigoudis *mpl*.

**hair slide** *n* barrette *f*.

**hairspray** ['heəspreɪ] *n* laque *f*.

**hairstyle** ['heəstaɪl] *n* coiffure *f*.

**hairy** ['heərɪ] *adj* poilu(-e).

**half** [*Br* hɑ:f, *Am* hæf] (*pl* **halves**) *n* moitié *f*; *(of match)* mi-temps *f inv*; *(half pint)* = demi *m*; *(child's ticket)* demi-tarif *m* ◆ *adv* à moitié ◆ *adj*: ~ **a day** une demi-journée; ~ **of them** la moitié d'entre eux; **four and a** ~ quatre et demi; ~ **past seven** sept heures et demie; ~ **as big as** moitié moins grand que; **an hour and a** ~ une heure et demie; ~ **an hour** une demi-heure; ~ **a dozen** une demi-douzaine.

**half board** *n* demi-pension *f*.

**half-day** *n* demi-journée *f*.

**half fare** *n* demi-tarif *m*.

**half portion** *n* demi-portion *f*.

**half-price** *adj* à moitié prix.

**half term** *n (Br)* vacances *fpl* de mi-trimestre.

**half time** *n* mi-temps *f inv*.

**halfway** [hɑ:f'weɪ] *adv (in space)* à mi-chemin; *(in time)* à la moitié.

**halibut** ['hælɪbət] *(pl inv) n* flétan *m*.

**hall** [hɔ:l] *n (of house)* entrée *f*; *(building, large room)* salle *f*; *(country house)* manoir *m*.

**hallmark** ['hɔ:lmɑ:k] *n (on silver, gold)* poinçon *m*.

**hallo** [hə'ləʊ] = **hello**.

**hall of residence** *n* résidence *f* universitaire.

**Halloween** [,hæləʊ'i:n] *n* Halloween *f*.

---

**i HALLOWEEN**

La nuit du 31 octobre est, selon la coutume, la nuit des fantômes et des sorcières. À cette occasion, les enfants se déguisent et font le tour des maisons du quartier en menaçant leurs voisins de leur jouer des tours s'ils ne leur donnent pas d'argent ou de sucreries (c'est le «trick or treat»). On confectionne des lampes en évidant des citrouilles, en y plaçant une bougie et en y découpant des yeux, un nez et une bouche.

---

**halt** [hɔ:lt] *vi* s'arrêter ◆ *n*: **to come to a** ~ s'arrêter.

**halve** [*Br* hɑ:v, *Am* hæv] *vt (reduce)* réduire de moitié; *(cut)* couper en deux.

**halves** [*Br* hɑ:vz, *Am* hævz] *pl* → **half**.

**ham** [hæm] *n (meat)* jambon *m*.

**hamburger** ['hæmbɜ:gə[r]] *n* steak *m* hâché; *(Am: mince)* viande *f* hachée.

**hamlet** ['hæmlɪt] *n* hameau *m*.

**hammer** ['hæmə[r]] *n* marteau *m* ◆ *vt (nail)* enfoncer à coups de marteau.

**hammock** ['hæmək] *n* hamac *m*.

**hamper** ['hæmpə[r]] *n* panier *m*.

**hamster** ['hæmstə[r]] *n* hamster *m*.

**hamstring** ['hæmstrɪŋ] *n* tendon *m* du jarret.

**hand** [hænd] *n* main *f*; *(of clock, watch, dial)* aiguille *f*; **to give sb a** ~ donner un coup de main à qqn; **to get out of** ~ échapper à tout contrôle; **by** ~ à la main; **in** ~ *(time)* devant soi; **on the one** ~ d'un côté; **on the other** ~ d'un autre côté ❑ **hand in** *vt sep* remettre; **hand out** *vt sep* distribuer; **hand over** *vt sep (give)* remettre.

**handbag** ['hændbæg] *n* sac *m* à main.
**handbasin** ['hændbeɪsn] *n* lavabo *m*.
**handbook** ['hændbʊk] *n* guide *m*.
**handbrake** ['hændbreɪk] *n* frein *m* à main.
**hand cream** *n* crème *f* pour les mains.
**handcuffs** ['hændkʌfs] *npl* menottes *fpl*.
**handful** ['hændfʊl] *n* poignée *f*.
**handicap** ['hændɪkæp] *n* handicap *m*.
**handicapped** ['hændɪkæpt] *adj* handicapé(-e) ◆ *npl*: **the ~** les handicapés *mpl*.
**handkerchief** ['hæŋkətʃɪf] (*pl* **-chiefs** OR **-chieves**) *n* mouchoir *m*.
**handle** ['hændl] *n* (*of door, window, suitcase*) poignée *f*; (*of knife, pan*) manche *m*; (*of cup*) anse *f* ◆ *vt* (*touch*) manipuler; (*deal with*) s'occuper de; (*crisis*) faire face à; **"~ with care"** «fragile».
**handlebars** ['hændlbɑːz] *npl* guidon *m*.
**hand luggage** *n* bagages *mpl* à main.
**handmade** [ˌhænd'meɪd] *adj* fait à la main.
**handout** ['hændaʊt] *n* (*leaflet*) prospectus *m*.
**handrail** ['hændreɪl] *n* rampe *f*.
**handset** ['hændset] *n* combiné *m*; **"please replace the ~"** «raccrochez».
**handshake** ['hændʃeɪk] *n* poignée *f* de main.
**handsome** ['hænsəm] *adj* beau (belle).
**handstand** ['hændstænd] *n* équilibre *m* sur les mains.
**handwriting** ['hændˌraɪtɪŋ] *n* écriture *f*.
**handy** ['hændɪ] *adj* (*useful*) pratique; (*person*) adroit(-e); (*near*) tout près; **to come in ~** (*inf*) être utile.
**hang** [hæŋ] (*pt & pp* **hung**) *vt* suspendre, accrocher; (*execute: pt & pp* **hanged**) pendre ◆ *vi* pendre ◆ *n*: **to get the ~ of sthg** attraper le coup pour faire qqch ❑ **hang about** *vi* (*Br: inf*) traîner; **hang around** (*inf*) = **hang about**; **hang down** *vi* pendre; **hang on** *vi* (*inf: wait*) attendre; **hang out** *vt sep* (*washing*) étendre ◆ *vi* (*inf*) traîner; **hang up** *vi* (*on phone*) raccrocher.
**hangar** ['hæŋə^r] *n* hangar *m* (à avions).
**hanger** ['hæŋə^r] *n* cintre *m*.
**hang gliding** *n* deltaplane *m*.
**hangover** ['hæŋˌəʊvə^r] *n* gueule *f* de bois.
**hankie** ['hæŋkɪ] *n* (*inf*) mouchoir *m*.
**happen** ['hæpən] *vi* arriver; **I happened to be there** je me trouvais là par hasard.
**happily** ['hæpɪlɪ] *adv* (*luckily*) heureusement.
**happiness** ['hæpɪnɪs] *n* bonheur *m*.
**happy** ['hæpɪ] *adj* heureux (-euse); **to be ~ about sthg** être content de qqch; **to be ~ to do sthg** (*willing*) être heureux de faire qqch; **to be ~ with sthg** être content de qqch; **Happy Birthday!** joyeux OR bon anniversaire!; **Happy Christmas!** joyeux Noël!; **Happy New Year!** bonne année!

**happy hour** *n (inf) période, généralement en début de soirée, où les boissons sont moins chères.*

**harassment** ['hærəsmənt] *n* harcèlement *m*.

**harbor** ['hɑːbər] *(Am)* = **harbour**.

**harbour** ['hɑːbəʳ] *n (Br)* port *m*.

**hard** [hɑːd] *adj* dur(-e); *(winter)* rude; *(water)* calcaire ◆ *adv (listen)* avec attention; *(work)* dur; *(hit, rain)* fort; **to try ~** faire de son mieux.

**hardback** ['hɑːdbæk] *n* livre *m* relié.

**hardboard** ['hɑːdbɔːd] *n* panneau *m* de fibres.

**hard-boiled egg** [-bɔɪld-] *n* œuf *m* dur.

**hard disk** *n* disque *m* dur.

**hardly** ['hɑːdlɪ] *adv* à peine; **~ ever** presque jamais.

**hardship** ['hɑːdʃɪp] *n (conditions)* épreuves *fpl*; *(difficult circumstance)* épreuve *f*.

**hard shoulder** *n (Br)* bande *f* d'arrêt d'urgence.

**hard up** *adj (inf)* fauché(-e).

**hardware** ['hɑːdweəʳ] *n (tools, equipment)* quincaillerie *f*; *(COMPUT)* hardware *m*.

**hardwearing** [,hɑːd'weərɪŋ] *adj (Br)* résistant(-e).

**hardworking** [,hɑːd'wɜːkɪŋ] *adj* travailleur(-euse).

**hare** [heəʳ] *n* lièvre *m*.

**harm** [hɑːm] *n* mal *m* ◆ *vt (person)* faire du mal à; *(chances, reputation)* nuire à; *(fabric)* endommager.

**harmful** ['hɑːmfʊl] *adj* nuisible.

**harmless** ['hɑːmlɪs] *adj* inoffensif(-ive).

**harmonica** [hɑː'mɒnɪkə] *n* harmonica *m*.

**harmony** ['hɑːmənɪ] *n* harmonie *f*.

**harness** ['hɑːnɪs] *n* harnais *m*.

**harp** [hɑːp] *n* harpe *f*.

**harsh** [hɑːʃ] *adj (severe)* rude; *(cruel)* dur(-e); *(sound, voice)* discordant(-e).

**harvest** ['hɑːvɪst] *n (time of year, crops)* récolte *f*; *(of wheat)* moisson *f*; *(of grapes)* vendanges *fpl*.

**has** [*weak form* həz, *strong form* hæz] → **have**.

**hash browns** [hæʃ-] *npl (Am)* croquettes *fpl* de pommes de terre aux oignons.

**hasn't** ['hæznt] = **has not**.

**hassle** ['hæsl] *n (inf)* embêtement *m*.

**hastily** ['heɪstɪlɪ] *adv* sans réfléchir.

**hasty** ['heɪstɪ] *adj* hâtif(-ive).

**hat** [hæt] *n* chapeau *m*.

**hatch** [hætʃ] *n (for food)* passe-plat *m inv* ◆ *vi (egg)* éclore.

**hatchback** ['hætʃ,bæk] *n (car)* cinq portes *f*.

**hatchet** ['hætʃɪt] *n* hachette *f*.

**hate** [heɪt] *n* haine *f* ◆ *vt* détester; **to ~ doing sthg** détester faire qqch.

**hatred** ['heɪtrɪd] *n* haine *f*.

**haul** [hɔːl] *vt* traîner ◆ *n*: **a long ~** un long trajet.

**haunted** ['hɔːntɪd] *adj* hanté(-e).

**have** [hæv] (*pt & pp* **had**) *aux vb* 1. *(to form perfect tenses)* avoir/être; **I ~ finished** j'ai terminé; **~ you been there? - No, I haven't** tu y es allé? - Non; **we had already left** nous étions déjà partis.

2. *(must)*: **to ~ (got) to do sthg** devoir faire qqch; **I ~ to go** je dois y aller, il faut que j'y aille; **do you ~ to pay?** est-ce que c'est payant? ◆ *vt* 1. *(possess)*: **to ~ (got)** avoir; **do you ~** OR **~ you got a double room?** avez-vous une chambre double?; **she has (got) brown hair** elle a les cheveux bruns, elle est brune.
2. *(experience)* avoir; **to ~ a cold** avoir un rhume, être enrhumé; **we had a great time** on s'est beaucoup amusés.
3. *(replacing other verbs)*: **to ~ breakfast** prendre le petit déjeuner; **to ~ lunch** déjeuner; **to ~ a drink** boire OR prendre un verre; **to ~ a shower** prendre une douche; **to ~ a swim** nager; **to ~ a walk** faire une promenade.
4. *(feel)* avoir; **I ~ no doubt about it** je n'ai aucun doute là-dessus.
5. *(cause to be)*: **to ~ sthg done** faire faire qqch; **to ~ one's hair cut** se faire couper les cheveux.
6. *(be treated in a certain way)*: **I've had my wallet stolen** on m'a volé mon portefeuille.

**haversack** ['hævəsæk] *n* sac *m* à dos.

**havoc** ['hævək] *n* chaos *m*.

**hawk** [hɔ:k] *n* faucon *m*.

**hawker** ['hɔ:kə^r] *n* démarcheur *m* (-euse *f*).

**hay** [heɪ] *n* foin *m*.

**hay fever** *n* rhume *m* des foins.

**haystack** ['heɪ,stæk] *n* meule *f* de foin.

**hazard** ['hæzəd] *n* risque *m*.

**hazardous** ['hæzədəs] *adj* dangereux(-euse).

**hazard warning lights** *npl (Br)* feux *mpl* de détresse.

**haze** [heɪz] *n* brume *f*.

**hazel** ['heɪzl] *adj* noisette *(inv)*.

**hazelnut** ['heɪzl,nʌt] *n* noisette *f*.

**hazy** ['heɪzɪ] *adj (misty)* brumeux(-euse).

**he** [hi:] *pron* il; **~'s tall** il est grand.

**head** [hed] *n* tête *f*; *(of page)* haut *m*; *(of table)* bout *m*; *(of company, department)* chef *m*; *(head teacher)* directeur *m* (d'école); *(of beer)* mousse *f* ◆ *vt (list)* être en tête de; *(organization)* être à la tête de ◆ *vi* se diriger; **£10 a ~** 10 livres par personne; **~s or tails?** pile ou face?
❑ **head for** *vt fus* se diriger vers.

**headache** ['hedeɪk] *n (pain)* mal *m* de tête; **to have a ~** avoir mal à la tête.

**heading** ['hedɪŋ] *n* titre *m*.

**headlamp** ['hedlæmp] *(Br)* = **headlight**.

**headlight** ['hedlaɪt] *n* phare *m*.

**headline** ['hedlaɪn] *n (in newspaper)* gros titre *m*; *(on TV, radio)* titre *m*.

**headmaster** [,hed'mɑ:stə^r] *n* directeur *m* (d'école).

**headmistress** [,hed'mɪstrɪs] *n* directrice *f* (d'école).

**head of state** *n* chef *m* d'État.

**headphones** ['hedfəʊnz] *npl* casque *m* (à écouteurs).

**headquarters** [,hed'kwɔ:təz] *npl* siège *m*.

**headrest** ['hedrest] *n* appui-tête *m*.

**headroom** ['hedrʊm] *n* hauteur *f*.

**headscarf** ['hedskɑ:f] *(pl* **-scarves** [-skɑ:vz]) *n* foulard *m*.

**head start** *n* longueur *f*

d'avance.

**head teacher** *n* directeur *m* (d'école).

**head waiter** *n* maître *m* d'hôtel.

**heal** [hi:l] *vt (person)* guérir; *(wound)* cicatriser ◆ *vi* cicatriser.

**health** [helθ] *n* santé *f*; **to be in good ~** être en bonne santé; **to be in poor ~** être en mauvaise santé; **your (very) good ~!** à la vôtre!

**health centre** *n* centre *m* médico-social.

**health food** *n* produits *mpl* diététiques.

**health food shop** *n* magasin *m* de produits diététiques.

**health insurance** *n* assurance *f* maladie.

**healthy** ['helθɪ] *adj (person)* en bonne santé; *(skin, food)* sain(-e).

**heap** [hi:p] *n* tas *m*; **~s of** *(inf) (people, objects)* des tas de; *(time, money)* plein de.

**hear** [hɪəʳ] *(pt & pp* **heard** [hɜ:d]) *vt* entendre; *(news)* apprendre ◆ *vi* entendre; **to ~ about sthg** entendre parler de qqch; **to ~ from sb** avoir des nouvelles de qqn; **to have heard of** avoir entendu parler de.

**hearing** ['hɪərɪŋ] *n (sense)* ouïe *f*; *(at court)* audience *f*; **to be hard of ~** être dur d'oreille.

**hearing aid** *n* audiophone *m*.

**heart** [hɑ:t] *n* cœur *m*; **to know sthg (off) by ~** savoir OR connaître qqch par cœur; **to lose ~** perdre courage ❑ **hearts** *npl (in cards)* cœur *m*.

**heart attack** *n* crise *f* cardiaque.

**heartbeat** ['hɑ:tbi:t] *n* battements *mpl* de cœur.

**heartburn** ['hɑ:tbɜ:n] *n* brûlures *fpl* d'estomac.

**heart condition** *n*: **to have a ~** être cardiaque.

**hearth** [hɑ:θ] *n* foyer *m*.

**hearty** ['hɑ:tɪ] *adj (meal)* copieux(-ieuse).

**heat** [hi:t] *n* chaleur *f*; *(of oven)* température *f* ❑ **heat up** *vt sep* réchauffer.

**heater** ['hi:təʳ] *n (for room)* appareil *m* de chauffage; *(for water)* chauffe-eau *m inv*.

**heath** [hi:θ] *n* lande *f*.

**heather** ['heðəʳ] *n* bruyère *f*.

**heating** ['hi:tɪŋ] *n* chauffage *m*.

**heat wave** *n* canicule *f*.

**heave** [hi:v] *vt (push)* pousser avec effort; *(pull)* tirer avec effort.

**Heaven** ['hevn] *n* le paradis.

**heavily** ['hevɪlɪ] *adv (smoke, drink)* beaucoup; *(rain)* à verse.

**heavy** ['hevɪ] *adj* lourd(-e); *(rain)* battant(-e); **how ~ is it?** ça pèse combien?; **to be a ~ smoker** être un grand fumeur.

**heavy cream** *n (Am)* crème *f* fraîche épaisse.

**heavy goods vehicle** *n (Br)* poids lourd *m*.

**heavy industry** *n* industrie *f* lourde.

**heavy metal** *n* heavy metal *m*.

**heckle** ['hekl] *vt* interrompre bruyamment.

**hectic** ['hektɪk] *adj* mouvementé(-e).

**hedge** [hedʒ] *n* haie *f*.

**hedgehog** ['hedʒhɒg] *n* hérisson *m*.

**heel** [hi:l] *n* talon *m*.

**hefty** ['hefti] *adj (person)* costaud; *(fine)* gros (grosse).
**height** [haɪt] *n* hauteur *f*; *(of person)* taille *f*; **at the ~ of the season** en pleine saison; **what ~ is it?** ça fait quelle hauteur?
**heir** [eəʳ] *n* héritier *m*.
**heiress** ['eərɪs] *n* héritière *f*.
**held** [held] *pt & pp* → **hold**.
**helicopter** ['helɪkɒptəʳ] *n* hélicoptère *m*.
**he'll** [hi:l] = **he will**.
**Hell** [hel] *n* l'enfer *m*.
**hello** [hə'ləʊ] *excl (as greeting)* bonjour!; *(on phone)* allô!; *(to attract attention)* ohé!
**helmet** ['helmɪt] *n* casque *m*.
**help** [help] *n* aide *f* ◆ *vt* aider ◆ *vi* être utile ◆ *excl* à l'aide!, au secours!; **I can't ~ it** je ne peux pas m'en empêcher; **to ~ sb (to) do sthg** aider qqn à faire qqch; **to ~ o.s. (to sthg)** se servir (de qqch); **can I ~ you?** *(in shop)* je peux vous aider? ❑ **help out** *vi* aider.
**helper** ['helpəʳ] *n (assistant)* aide *mf*; *(Am: cleaning woman)* femme *f* de ménage; *(Am: cleaning man)* agent *m* d'entretien.
**helpful** ['helpful] *adj (person)* serviable; *(useful)* utile.
**helping** ['helpɪŋ] *n* portion *f*.
**helpless** ['helplɪs] *adj* impuissant(-e).
**hem** [hem] *n* ourlet *m*.
**hemophiliac** [,hi:mə'fɪlɪæk] *n* hémophile *m*.
**hemorrhage** ['hemərɪdʒ] *n* hémorragie *f*.
**hen** [hen] *n* poule *f*.
**hepatitis** [,hepə'taɪtɪs] *n* hépatite *f*.
**her** [hɜ:ʳ] *adj* son (sa), ses *(pl)* ◆ *pron* la; *(after prep)* elle; **I know ~** je la connais; **it's ~** c'est elle; **send it to ~** envoie-le lui; **tell ~** dis-(le) lui; **he's worse than ~** il est pire qu'elle.
**herb** [hɜ:b] *n* herbe *f*; **~s** fines herbes *fpl*.
**herbal tea** ['hɜ:bl-] *n* tisane *f*.
**herd** [hɜ:d] *n* troupeau *m*.
**here** [hɪəʳ] *adv* ici; **~'s your book** voici ton livre; **~ you are** voilà.
**heritage** ['herɪtɪdʒ] *n* patrimoine *m*.
**heritage centre** *n* ecomusée *m*.
**hernia** ['hɜ:njə] *n* hernie *f*.
**hero** ['hɪərəʊ] (*pl* **-es**) *n* héros *m*.
**heroin** ['herəʊɪn] *n* héroïne *f*.
**heroine** ['herəʊɪn] *n* héroïne *f*.
**heron** ['herən] *n* héron *m*.
**herring** ['herɪŋ] *n* hareng *m*.
**hers** [hɜ:z] *pron* le sien (la sienne); **these shoes are ~** ces chaussures sont à elle; **a friend of ~** un ami à elle.
**herself** [hɜ:'self] *pron (reflexive)* se; *(after prep)* elle; **she did it ~** elle l'a fait elle-même.
**hesitant** ['hezɪtənt] *adj* hésitant(-e).
**hesitate** ['hezɪteɪt] *vi* hésiter.
**hesitation** [,hezɪ'teɪʃn] *n* hésitation *f*.
**heterosexual** [,hetərəʊ'sekʃʊəl] *adj* hétérosexuel(-elle) ◆ *n* hétérosexuel *m* (-elle *f*).
**hey** [heɪ] *excl (inf)* hé!
**HGV** *abbr* = **heavy goods vehicle**.
**hi** [haɪ] *excl (inf)* salut!
**hiccup** ['hɪkʌp] *n*: **to have (the)**

~**s** avoir le hoquet.

**hide** [haɪd] (*pt* **hid** [hɪd], *pp* **hidden** [hɪdn]) *vt* cacher ◆ *vi* se cacher ◆ *n (of animal)* peau *f*.

**hideous** [ˈhɪdɪəs] *adj (ugly)* hideux(-euse); *(unpleasant)* atroce.

**hi-fi** [ˈhaɪfaɪ] *n* chaîne *f* (hi-fi).

**high** [haɪ] *adj* haut(-e); *(number, temperature, standard)* élevé(-e); *(speed)* grand(-e); *(risk)* important(-e); *(winds)* fort(-e); *(good)* bon (bonne); *(sound, voice)* aigu(-ë); *(inf: from drugs)* défoncé(-e) ◆ *n (weather front)* anticyclone *m* ◆ *adv* haut; **how ~ is it?** ça fait combien de haut?; **it's 10 metres ~** ça fait 10 mètres de haut OR de hauteur.

**high chair** *n* chaise *f* haute.

**high-class** *adj* de luxe.

**Higher** [ˈhaɪəʳ] *n examen de fin d'études secondaires en Écosse.*

**higher education** *n* enseignement *m* supérieur.

**high heels** *npl* talons *mpl* hauts.

**high jump** *n* saut *m* en hauteur.

**Highland Games** [ˈhaɪlənd-] *npl* jeux *mpl* écossais.

## HIGHLAND GAMES

Ces joutes sportives et musicales trouvent leur origine dans les rassemblements de clans des Highlands. Aujourd'hui elles comprennent des épreuves de course, saut en longueur, saut en hauteur, etc, ainsi que des concours de dances traditionnelles et de cornemuse. L'une des disciplines les plus originales est le «lancer de troncs», où, pour prouver leur force, les concurrents doivent projeter en l'air des troncs de sapin de plus en plus lourds.

**Highlands** [ˈhaɪləndz] *npl*: **the ~** les Highlands *fpl (région montagneuse du nord de l'Écosse).*

**highlight** [ˈhaɪlaɪt] *n (best part)* temps *m* fort ◆ *vt (emphasize)* mettre en relief ❑ **highlights** *npl (of football match etc)* temps *mpl* forts; *(in hair)* mèches *fpl*.

**highly** [ˈhaɪlɪ] *adv (extremely)* extrêmement; *(very well)* très bien; **to think ~ of sb** penser du bien de qqn.

**high-pitched** [-ˈpɪtʃt] *adj* aigu(-ë).

**high-rise** *adj*: **~ block of flats** tour *f*.

**high school** *n établissement d'enseignement sécondaire.*

**high season** *n* haute saison *f*.

**high-speed train** *n* (train) rapide *m*.

**high street** *n (Br)* rue *f* principale.

**high tide** *n* marée *f* haute.

**highway** [ˈhaɪweɪ] *n (Am: between towns)* autoroute *f*; *(Br: any main road)* route *f*.

**Highway Code** *n (Br)* code *m* de la route.

**hijack** [ˈhaɪdʒæk] *vt* détourner.

**hijacker** [ˈhaɪdʒækəʳ] *n (of plane)* pirate *m* de l'air.

**hike** [haɪk] *n* randonnée *f* ◆ *vi* faire une randonnée.

**hiking** [ˈhaɪkɪŋ] *n*: **to go ~** faire de la randonnée.

**hilarious** [hɪˈleərɪəs] *adj* hilarant(-e).

**hill** [hɪl] *n* colline *f*.

**hillwalking** [ˈhɪlwɔːkɪŋ] *n* randonnée *f*.

**hilly** [ˈhɪlɪ] *adj* vallonné(-e).

**him** [hɪm] *pron* le; *(after prep)* lui; **I know ~** je le connais; **it's ~** c'est lui; **send it to ~** envoie-le lui; **tell ~** dis-(le) lui; **she's worse than ~** elle est pire que lui.

**himself** [hɪm'self] *pron (reflexive)* se; *(after prep)* lui; **he did it ~** il l'a fait lui-même.

**hinder** ['hɪndəʳ] *vt* gêner.

**Hindu** ['hɪndu:] (*pl* **-s**) *adj* hindou(-e) ◆ *n (person)* hindou *m* (-e *f*).

**hinge** [hɪndʒ] *n* charnière *f*; *(of door)* gond *m*.

**hint** [hɪnt] *n (indirect suggestion)* allusion *f*; *(piece of advice)* conseil *m*; *(slight amount)* soupçon *m* ◆ *vi*: **to ~ at sthg** faire allusion à qqch.

**hip** [hɪp] *n* hanche *f*.

**hippopotamus** [,hɪpə'pɒtəməs] *n* hippopotame *m*.

**hippy** ['hɪpɪ] *n* hippie *mf*.

**hire** ['haɪəʳ] *vt* louer; **for ~** *(boats)* à louer; *(taxi)* libre ❑ **hire out** *vt sep* louer.

**hire car** *n (Br)* voiture *f* de location.

**hire purchase** *n (Br)* achat *m* à crédit.

**his** [hɪz] *adj* son (sa), ses *(pl)* ◆ *pron* le sien (la sienne); **these shoes are ~** ces chaussures sont à lui; **a friend of ~** un ami à lui.

**historical** [hɪ'stɒrɪkəl] *adj* historique.

**history** ['hɪstərɪ] *n* histoire *f*; *(record)* antécédents *mpl*.

**hit** [hɪt] (*pt & pp* **hit**) *vt* frapper; *(collide with)* heurter; *(bang)* cogner; *(a target)* atteindre ◆ *n (record, play, film)* succès *m*.

**hit-and-run** *adj (accident)* avec délit de fuite.

**hitch** [hɪtʃ] *n (problem)* problème *m* ◆ *vi* faire du stop ◆ *vt*: **to ~ a lift** se faire prendre en stop.

**hitchhike** ['hɪtʃhaɪk] *vi* faire du stop.

**hitchhiker** ['hɪtʃhaɪkəʳ] *n* autostoppeur *m* (-euse *f*).

**hive** [haɪv] *n (of bees)* ruche *f*.

**HIV-positive** *adj* séropositif(-ive).

**hoarding** ['hɔ:dɪŋ] *n (Br: for adverts)* panneau *m* publicitaire.

**hoarse** [hɔ:s] *adj* enroué(-e).

**hoax** [həʊks] *n* canular *m*.

**hob** [hɒb] *n* plaque *f* (chauffante).

**hobby** ['hɒbɪ] *n* passe-temps *m inv*.

**hock** [hɒk] *n (wine) vin blanc sec allemand*.

**hockey** ['hɒkɪ] *n (on grass)* hockey *m* sur gazon; *(Am: ice hockey)* hockey *m* (sur glace).

**hoe** [həʊ] *n* binette *f*.

**hold** [həʊld] (*pt & pp* **held**) *vt* tenir; *(organize)* organiser; *(contain)* contenir; *(possess)* avoir ◆ *vi* *(weather, offer)* se maintenir; *(on telephone)* patienter ◆ *n (grip)* prise *f*; *(of ship, aircraft)* cale *f*; **to ~ sb prisoner** retenir qqn prisonnier; **~ the line, please** ne quittez pas, je vous prie ❑ **hold back** *vt sep (restrain)* retenir; *(keep secret)* cacher; **hold on** *vi (wait)* patienter; **to ~ on to sthg** *(grip)* s'accrocher à qqch; **hold out** *vt sep (hand)* tendre; **hold up** *vt sep (delay)* retarder.

**holdall** ['həʊldɔ:l] *n (Br)* fourre-tout *m inv*.

**holder** ['həʊldəʳ] *n (of passport, licence)* titulaire *mf*.

**holdup** ['həʊldʌp] *n (delay)* retard *m*.

**hole** [həʊl] *n* trou *m*.

**holiday** ['hɒlɪdeɪ] *n (Br: period of time)* vacances *fpl*; *(day)* jour *m* férié ◆ *vi (Br)* passer les vacances; **to be on ~** être en vacances; **to go on ~** partir en vacances.

**holidaymaker** ['hɒlɪdɪ,meɪkə<sup>r</sup>] *n (Br)* vacancier *m* (-ière *f*).

**holiday pay** *n (Br)* congés *mpl* payés.

**Holland** ['hɒlənd] *n* la Hollande.

**hollow** ['hɒləʊ] *adj* creux (creuse).

**holly** ['hɒlɪ] *n* houx *m*.

**Hollywood** ['hɒlɪwʊd] *n* Hollywood *m*.

---

## i HOLLYWOOD

Hollywood est un quartier de Los Angeles devenu depuis 1911 le cœur de l'industrie cinématographique américaine, notamment dans les années 40 et 50. À cette époque, de grands studios tels que la 20th Century Fox, Paramount ou Warner Brothers produisaient chaque année des centaines de films. Hollywood est aujourd'hui l'une des attractions touristiques majeures des États-Unis.

---

**holy** ['həʊlɪ] *adj* saint(-e).

**home** [həʊm] *n* maison *f*; *(own country)* pays *m* natal; *(own town)* ville *f* natale; *(for old people)* maison *f* de retraite ◆ *adv* à la maison, chez soi ◆ *adj (not foreign)* national(-e); *(cooking, life)* familial(-e); **at ~** *(in one's house)* à la maison, chez soi; **to make o.s. at ~** faire comme chez soi; **to go ~** rentrer chez soi; **~ address** adresse *f* personnelle; **~ number** numéro *m* personnel.

**home economics** *n* économie *f* domestique.

**home help** *n (Br)* aide *f* ménagère.

**homeless** ['həʊmlɪs] *npl*: **the ~** les sans-abri *mpl*.

**homemade** [,həʊm'meɪd] *adj (food)* fait à la maison.

**homeopathic** [,həʊmɪəʊ'pæθɪk] *adj* homéopathique.

**Home Secretary** *n ministre de l'Intérieur britannique*.

**homesick** ['həʊmsɪk] *adj* qui a le mal du pays.

**homework** ['həʊmwɜːk] *n* devoirs *mpl*.

**homosexual** [,hɒmə'sekʃʊəl] *adj* homosexuel(-elle) ◆ *n* homosexuel *m* (-elle *f*).

**honest** ['ɒnɪst] *adj* honnête.

**honestly** ['ɒnɪstlɪ] *adv* honnêtement.

**honey** ['hʌnɪ] *n* miel *m*.

**honeymoon** ['hʌnɪmuːn] *n* lune *f* de miel.

**honor** ['ɒnər] *(Am)* = **honour**.

**honour** ['ɒnə<sup>r</sup>] *n (Br)* honneur *m*.

**honourable** ['ɒnrəbl] *adj* honorable.

**hood** [hʊd] *n (of jacket, coat)* capuche *f*; *(on convertible car)* capote *f*; *(Am: car bonnet)* capot *m*.

**hoof** [huːf] *n* sabot *m*.

**hook** [hʊk] *n* crochet *m*; *(for fishing)* hameçon *m*; **off the ~** *(telephone)* décroché.

**hooligan** ['huːlɪgən] *n* vandale *m*.

**hoop** [huːp] *n* cerceau *m*.

**hoot** [huːt] *vi (driver)* klaxonner.

**Hoover®** ['hu:vər] *n (Br)* aspirateur *m*.
**hop** [hɒp] *vi* sauter.
**hope** [həʊp] *n* espoir *m* ◆ *vt* espérer; **to ~ for sthg** espérer qqch; **to ~ to do sthg** espérer faire qqch; **I ~ so** je l'espère.
**hopeful** ['həʊpfʊl] *adj (optimistic)* plein d'espoir.
**hopefully** ['həʊpfəlɪ] *adv (with luck)* avec un peu de chance.
**hopeless** ['həʊplɪs] *adj (inf: useless)* nul (nulle); *(without any hope)* désespéré(-e).
**hops** [hɒps] *npl* houblon *m*.
**horizon** [hə'raɪzn] *n* horizon *m*.
**horizontal** [,hɒrɪ'zɒntl] *adj* horizontal(-e).
**horn** [hɔ:n] *n (of car)* Klaxon® *m*; *(on animal)* corne *f*.
**horoscope** ['hɒrəskəʊp] *n* horoscope *m*.
**horrible** ['hɒrəbl] *adj* horrible.
**horrid** ['hɒrɪd] *adj* affreux(-euse).
**horrific** [hɒ'rɪfɪk] *adj* horrible.
**hors d'oeuvre** [hɔ:'dɜ:vrə] *n* hors-d'œuvre *m inv*.
**horse** [hɔ:s] *n* cheval *m*.
**horseback** ['hɔ:sbæk] *n*: **on ~** à cheval.
**horse chestnut** *n* marron *m* d'Inde.
**horse-drawn carriage** *n* voiture *f* à chevaux.
**horsepower** ['hɔ:s,paʊər] *n* cheval-vapeur *m*.
**horse racing** *n* courses *fpl* (de chevaux).
**horseradish (sauce)** ['hɔ:s-,rædɪʃ-] *n sauce piquante au raifort accompagnant traditionnellement le rosbif*.
**horse riding** *n* équitation *f*.
**horseshoe** ['hɔ:sʃu:] *n* fer *m* à cheval.
**hose** [həʊz] *n* tuyau *m*.
**hosepipe** ['həʊzpaɪp] *n* tuyau *m*.
**hosiery** ['həʊzɪərɪ] *n* bonneterie *f*.
**hospitable** [hɒ'spɪtəbl] *adj* accueillant(-e).
**hospital** ['hɒspɪtl] *n* hôpital *m*; **in ~** à l'hôpital.
**hospitality** [,hɒspɪ'tælətɪ] *n* hospitalité *f*.
**host** [həʊst] *n (of party, event)* hôte *m (qui reçoit)*; *(of show, TV programme)* animateur *m* (-trice *f*).
**hostage** ['hɒstɪdʒ] *n* otage *m*.
**hostel** ['hɒstl] *n (youth hostel)* auberge *f* de jeunesse.
**hostess** ['həʊstes] *n* hôtesse *f*.
**hostile** [*Br* 'hɒstaɪl, *Am* 'hɒstl] *adj* hostile.
**hostility** [hɒ'stɪlətɪ] *n* hostilité *f*.
**hot** [hɒt] *adj* chaud(-e); *(spicy)* épicé(-e); **to be ~** *(person)* avoir chaud; **it's ~** *(weather)* il fait chaud.
**hot chocolate** *n* chocolat *m* chaud.
**hot-cross bun** *n petite brioche aux raisins et aux épices que l'on mange à Pâques*.
**hot dog** *n* hot dog *m*.
**hotel** [həʊ'tel] *n* hôtel *m*.
**hot line** *n ligne directe ouverte vingt-quatre heures sur vingt-quatre*.
**hotplate** ['hɒtpleɪt] *n* plaque *f* chauffante.
**hotpot** ['hɒtpɒt] *n ragoût de viande garni de pommes de terre en lamelles*.
**hot-water bottle** *n* bouillotte *f*.
**hour** ['aʊər] *n* heure *f*; **I've been**

**waiting for ~s** ça fait des heures que j'attends.

**hourly** ['aʊəlɪ] *adv* toutes les heures ◆ *adj*: ~ **flights** un vol toute les heures.

**house** [*n* haʊs, *pl* 'haʊzɪz, *vb* haʊz] *n* maison *f*; *(SCH) au sein d'un lycée, groupe d'élèves affrontant d'autres «houses», notamment dans des compétitions sportives* ◆ *vt (person)* loger.

**household** ['haʊshəʊld] *n* ménage *m*.

**housekeeping** ['haʊs,ki:pɪŋ] *n* ménage *m*.

**House of Commons** *n (Br)* Chambre *f* des communes.

**House of Lords** *n (Br)* Chambre *f* des lords.

**Houses of Parliament** *npl* Parlement *m* britannique.

---

## *i* HOUSES OF PARLIAMENT

Le Palais de Westminster, à Londres, abrite le Parlement britannique, qui comprend la Chambre des communes et la Chambre des lords. Il est situé sur le bord de la Tamise. Les bâtiments actuels furent construits au milieu du XIXe siècle pour remplacer l'ancien palais, endommagé dans un incendie en 1834.

---

**housewife** ['haʊswaɪf] (*pl* **-wives** [-waɪvz]) *n* femme *f* au foyer.

**house wine** *n* = vin *m* en pichet.

**housework** ['haʊswɜ:k] *n* ménage *m*.

**housing** ['haʊzɪŋ] *n* logement *m*.

**housing estate** *n (Br)* cité *f*.

**housing project** *(Am)* = **housing estate**.

**hovercraft** ['hɒvəkrɑ:ft] *n* hovercraft *m*.

**hoverport** ['hɒvəpɔ:t] *n* hoverport *m*.

**how** [haʊ] *adv* 1. *(asking about way or manner)* comment; ~ **do you get there?** comment y va-t-on?; **tell me ~ to do it** dis-moi comment faire.
2. *(asking about health, quality)* comment; ~ **are you?** comment allez-vous?; ~ **are you doing?** comment ça va?; ~ **are things?** comment ça va?; ~ **do you do?** enchanté (de faire votre connaissance); ~ **is your room?** comment est ta chambre?
3. *(asking about degree, amount)*: ~ **far is it?** c'est loin?; ~ **long have you been waiting?** ça fait combien de temps que vous attendez?; ~ **many ...?** combien de ...?; ~ **much is it?** combien est-ce que ça coûte?; ~ **old are you?** quel âge as-tu?
4. *(in phrases)*: ~ **about a drink?** si on prenait un verre?; ~ **lovely!** que c'est joli!

**however** [haʊ'evər] *adv* cependant; ~ **hard I try** malgré tous mes efforts.

**howl** [haʊl] *vi* hurler.

**HP** *abbr* = **hire purchase**.

**HQ** *n (abbr of headquarters)* QG *m*.

**hub airport** [hʌb-] *n* aéroport *m* important.

**hubcap** ['hʌbkæp] *n* enjoliveur *m*.

**hug** [hʌg] *vt* serrer dans ses bras ◆ *n*: **to give sb a ~** serrer qqn dans ses bras.

**huge** [hju:dʒ] *adj* énorme.

**hull** [hʌl] *n* coque *f*.
**hum** [hʌm] *vi (machine)* vrombir; *(bee)* bourdonner; *(person)* chantonner.
**human** ['hju:mən] *adj* humain(-e) ◆ *n*: ~ **(being)** (être) humain *m*.
**humanities** [hju:'mænətɪz] *npl* lettres *fpl* et sciences humaines.
**human rights** *npl* droits *mpl* de l'homme.
**humble** ['hʌmbl] *adj* humble.
**humid** ['hju:mɪd] *adj* humide.
**humidity** [hju:'mɪdətɪ] *n* humidité *f*.
**humiliating** [hju:'mɪlɪeɪtɪŋ] *adj* humiliant(-e).
**humiliation** [hju:,mɪlɪ'eɪʃn] *n* humiliation *f*.
**hummus** ['hʊməs] *n* houmous *m*.
**humor** ['hju:mər] *(Am)* = **humour**.
**humorous** ['hju:mərəs] *adj* humoristique.
**humour** ['hju:məʳ] *n* humour *m*; **a sense of** ~ le sens de l'humour.
**hump** [hʌmp] *n* bosse *f*.
**humpbacked bridge** ['hʌmpbækt-] *n* pont *m* en dos d'âne.
**hunch** [hʌntʃ] *n* intuition *f*.
**hundred** ['hʌndrəd] *num* cent; **a** ~ cent, → **six**.
**hundredth** ['hʌndrətθ] *num* centième, → **sixth**.
**hundredweight** ['hʌndrədweɪt] *n (in UK)* = 50,8 kg; *(in US)* = 45,4 kg.
**hung** [hʌŋ] *pt & pp* → **hang**.
**Hungarian** [hʌŋ'geərɪən] *adj* hongrois(-e) ◆ *n (person)* Hongrois *m* (-e *f*); *(language)* hongrois *m*.
**Hungary** ['hʌŋgərɪ] *n* la Hongrie.
**hunger** ['hʌŋgəʳ] *n* faim *f*.
**hungry** ['hʌŋgrɪ] *adj*: **to be** ~ avoir faim.
**hunt** [hʌnt] *n (Br: for foxes)* chasse *f* au renard ◆ *vt & vi* chasser; **to** ~ **(for sthg)** *(search)* chercher partout (qqch).
**hunting** ['hʌntɪŋ] *n (for wild animals)* chasse *f*; *(Br: for foxes)* chasse *f* au renard.
**hurdle** ['hɜ:dl] *n (SPORT)* haie *f*.
**hurl** [hɜ:l] *vt* lancer violemment.
**hurricane** ['hʌrɪkən] *n* ouragan *m*.
**hurry** ['hʌrɪ] *vt (person)* presser ◆ *vi* se dépêcher ◆ *n*: **to be in a** ~ être pressé; **to do sthg in a** ~ faire qqch à la hâte ❑ **hurry up** *vi* se dépêcher.
**hurt** [hɜ:t] *(pt & pp* **hurt**) *vt* faire mal à; *(emotionally)* blesser ◆ *vi* faire mal; **to** ~ **o.s.** se faire mal; **my head** ~**s** j'ai mal à la tête; **to** ~ **one's leg** se blesser à la jambe.
**husband** ['hʌzbənd] *n* mari *m*.
**hustle** ['hʌsl] *n*: ~ **and bustle** agitation *f*.
**hut** [hʌt] *n* hutte *f*.
**hyacinth** ['haɪəsɪnθ] *n* jacinthe *f*.
**hydrofoil** ['haɪdrəfɔɪl] *n* hydrofoil *m*.
**hygiene** ['haɪdʒi:n] *n* hygiène *f*.
**hygienic** [haɪ'dʒi:nɪk] *adj* hygiénique.
**hymn** [hɪm] *n* hymne *m*.
**hypermarket** ['haɪpə,mɑ:kɪt] *n* hypermarché *m*.
**hyphen** ['haɪfn] *n* trait *m* d'union.
**hypocrite** ['hɪpəkrɪt] *n* hypocrite *mf*.

**hypodermic needle** [ˌhaɪpəˈdɜːmɪk-] *n* aiguille *f* hypodermique.
**hysterical** [hɪsˈterɪkl] *adj (person)* hystérique; *(inf: very funny)* tordant(-e).

# I

**I** [aɪ] *pron* je, j'; *(stressed)* moi; **my friend and I** mon ami et moi.
**ice** [aɪs] *n* glace *f*; *(on road)* verglas *m*.
**iceberg** [ˈaɪsbɜːg] *n* iceberg *m*.
**iceberg lettuce** *n* laitue *f* iceberg.
**icebox** [ˈaɪsbɒks] *n (Am: fridge)* réfrigérateur *m*.
**ice-cold** *adj* glacé(-e).
**ice cream** *n* crème *f* glacée, glace *f*.
**ice cube** *n* glaçon *m*.
**ice hockey** *n* hockey *m* sur glace.
**Iceland** [ˈaɪslənd] *n* l'Islande *f*.
**ice lolly** *n (Br)* sucette *f* glacée.
**ice rink** *n* patinoire *f*.
**ice skates** *npl* patins *mpl* à glace.
**ice-skating** *n* patinage *m* (sur glace); **to go ~** faire du patinage.
**icicle** [ˈaɪsɪkl] *n* glaçon *m*.
**icing** [ˈaɪsɪŋ] *n* glaçage *m*.
**icing sugar** *n* sucre *m* glace.
**icy** [ˈaɪsɪ] *adj (covered with ice)* recouvert(-e) de glace; *(road)* verglacé(-e); *(very cold)* glacé(-e).
**I'd** [aɪd] = **I would, I had**.
**ID** *abbr* = **identification**.
**ID card** *n* carte *f* d'identité.
**IDD code** *n international et indicatif du pays*.
**idea** [aɪˈdɪə] *n* idée *f*; **I've no ~** je n'en ai aucune idée.
**ideal** [aɪˈdɪəl] *adj* idéal(-e) ◆ *n* idéal *m*.
**ideally** [aɪˈdɪəlɪ] *adv* idéalement; *(in an ideal situation)* dans l'idéal.
**identical** [aɪˈdentɪkl] *adj* identique.
**identification** [aɪˌdentɪfɪˈkeɪʃn] *n (document)* pièce *f* d'identité.
**identify** [aɪˈdentɪfaɪ] *vt* identifier.
**identity** [aɪˈdentətɪ] *n* identité *f*.
**idiom** [ˈɪdɪəm] *n* expression *f* idiomatique.
**idiot** [ˈɪdɪət] *n* idiot *m* (-e *f*).
**idle** [ˈaɪdl] *adj (lazy)* paresseux(-euse); *(not working)* désœuvré(-e) ◆ *vi (engine)* tourner au ralenti.
**idol** [ˈaɪdl] *n (person)* idole *f*.
**idyllic** [ɪˈdɪlɪk] *adj* idyllique.
**i.e.** *(abbr of id est)* c-à-d.
**if** [ɪf] *conj* si; **~ I were you** si j'étais toi; **~ not** *(otherwise)* sinon.
**ignition** [ɪgˈnɪʃn] *n* (AUT) allumage *m*.
**ignorant** [ˈɪgnərənt] *adj* ignorant(-e); *(pej: stupid)* idiot(-e).
**ignore** [ɪgˈnɔːʳ] *vt* ignorer.
**ill** [ɪl] *adj* malade; *(bad)* mauvais(-e); **~ luck** malchance *f*.
**I'll** [aɪl] = **I will, I shall**.
**illegal** [ɪˈliːgl] *adj* illégal(-e).
**illegible** [ɪˈledʒəbl] *adj* illisible.
**illegitimate** [ˌɪlɪˈdʒɪtɪmət] *adj* illégitime.

**illiterate** [ɪ'lɪtərət] *adj* illettré(-e).
**illness** ['ɪlnɪs] *n* maladie *f*.
**illuminate** [ɪ'lu:mɪneɪt] *vt* illuminer.
**illusion** [ɪ'lu:ʒn] *n* illusion *f*.
**illustration** [ˌɪlə'streɪʃn] *n* illustration *f*.
**I'm** [aɪm] = **I am**.
**image** ['ɪmɪdʒ] *n* image *f*.
**imaginary** [ɪ'mædʒɪnrɪ] *adj* imaginaire.
**imagination** [ɪˌmædʒɪ'neɪʃn] *n* imagination *f*.
**imagine** [ɪ'mædʒɪn] *vt* imaginer.
**imitate** ['ɪmɪteɪt] *vt* imiter.
**imitation** [ˌɪmɪ'teɪʃn] *n* imitation *f* ◆ *adj*: ~ **leather** Skaï® *m*.
**immaculate** [ɪ'mækjʊlət] *adj* impeccable.
**immature** [ˌɪmə'tjʊə^r] *adj* immature.
**immediate** [ɪ'mi:djət] *adj* immédiat(-e).
**immediately** [ɪ'mi:djətlɪ] *adv (at once)* immédiatement ◆ *conj (Br)* dès que.
**immense** [ɪ'mens] *adj* immense.
**immersion heater** [ɪ'mɜ:ʃn-] *n* chauffe-eau *m inv* électrique.
**immigrant** ['ɪmɪgrənt] *n* immigré *m* (-e *f*).
**immigration** [ˌɪmɪ'greɪʃn] *n* immigration *f*.
**imminent** ['ɪmɪnənt] *adj* imminent(-e).
**immune** [ɪ'mju:n] *adj*: **to be ~ to** *(MED)* être immunisé(-e) contre.
**immunity** [ɪ'mju:nətɪ] *n (MED)* immunité *f*.
**immunize** ['ɪmju:naɪz] *vt* immuniser.
**impact** ['ɪmpækt] *n* impact *m*.
**impair** [ɪm'peə^r] *vt* affaiblir.
**impatient** [ɪm'peɪʃnt] *adj* impatient(-e); **to be ~ to do sthg** être impatient de faire qqch.
**imperative** [ɪm'perətɪv] *n (GRAMM)* impératif *m*.
**imperfect** [ɪm'pɜ:fɪkt] *n (GRAMM)* imparfait *m*.
**impersonate** [ɪm'pɜ:səneɪt] *vt (for amusement)* imiter.
**impertinent** [ɪm'pɜ:tɪnənt] *adj* impertinent(-e).
**implement** [*n* 'ɪmplɪmənt, *vb* 'ɪmplɪment] *n* outil *m* ◆ *vt* mettre en œuvre.
**implication** [ˌɪmplɪ'keɪʃn] *n* implication *f*.
**imply** [ɪm'plaɪ] *vt* sous-entendre.
**impolite** [ˌɪmpə'laɪt] *adj* impoli(-e).
**import** [*n* 'ɪmpɔ:t, *vb* ɪm'pɔ:t] *n* importation *f* ◆ *vt* importer.
**importance** [ɪm'pɔ:tns] *n* importance *f*.
**important** [ɪm'pɔ:tnt] *adj* important(-e).
**impose** [ɪm'pəʊz] *vt* imposer; **to ~ sthg on** imposer qqch à ◆ *vi* abuser.
**impossible** [ɪm'pɒsəbl] *adj* impossible.
**impractical** [ɪm'præktɪkl] *adj* irréaliste.
**impress** [ɪm'pres] *vt* impressionner.
**impression** [ɪm'preʃn] *n* impression *f*.
**impressive** [ɪm'presɪv] *adj* impressionnant(-e).
**improbable** [ɪm'prɒbəbl] *adj* improbable.

**improper** [ɪm'prɒpəʳ] *adj (incorrect)* mauvais(-e); *(illegal)* abusif(-ive); *(rude)* déplacé(-e).

**improve** [ɪm'pru:v] *vt* améliorer ◆ *vi* s'améliorer ❑ **improve on** *vt fus* améliorer.

**improvement** [ɪm'pru:vmənt] *n* amélioration *f*.

**improvise** ['ɪmprəvaɪz] *vi* improviser.

**impulse** ['ɪmpʌls] *n* impulsion *f*; **on ~** sur un coup de tête.

**impulsive** [ɪm'pʌlsɪv] *adj* impulsif(-ive).

**in** [ɪn] *prep* 1. *(expressing place, position)* dans; **it comes ~ a box** c'est présenté dans une boîte; **~ the street** dans la rue; **~ hospital** à l'hôpital; **~ Scotland** en Écosse; **~ Sheffield** à Sheffield; **~ the rain** sous la pluie; **~ the middle** au milieu.

2. *(participating in)* dans; **who's ~ the play?** qui joue dans la pièce?

3. *(expressing arrangement)*: **~ a row/circle** en rang/cercle; **they come ~ packs of three** ils sont vendus par paquets de trois.

4. *(during)*: **~ April** en avril; **~ summer** en été; **~ the morning** le matin; **ten o'clock ~ the morning** dix heures (du matin); **~ 1994** en 1994.

5. *(within)* en; *(after)* dans; **she did it ~ ten minutes** elle l'a fait en dix minutes; **it'll be ready ~ an hour** ce sera prêt dans une heure.

6. *(expressing means)*: **to write ~ ink** écrire à l'encre; **~ writing** par écrit; **they were talking ~ English** ils parlaient (en) anglais.

7. *(wearing)* en.

8. *(expressing state)* en; **~ a hurry** pressé; **to be ~ pain** souffrir; **~ ruins** en ruine.

9. *(with regard to)* de; **a rise ~ prices** une hausse des prix; **to be 50 metres ~ length** faire 50 mètres de long.

10. *(with numbers)*: **one ~ ten** un sur dix.

11. *(expressing age)*: **she's ~ her twenties** elle a une vingtaine d'années.

12. *(with colours)*: **it comes ~ green or blue** nous l'avons en vert ou en bleu.

13. *(with superlatives)* de; **the best ~ the world** le meilleur du monde.

◆ *adv* 1. *(inside)* dedans; **you can go ~ now** vous pouvez entrer maintenant.

2. *(at home, work)* là; **she's not ~** elle n'est pas là.

3. *(train, bus, plane)*: **the train's not ~ yet** le train n'est pas encore arrivé.

4. *(tide)*: **the tide is ~** la marée est haute.

◆ *adj (inf: fashionable)* à la mode.

**inability** [,ɪnə'bɪlətɪ] *n*: **~ (to do sthg)** incapacité *f* (à faire qqch).

**inaccessible** [,ɪnək'sesəbl] *adj* inaccessible.

**inaccurate** [ɪn'ækjʊrət] *adj* inexact(-e).

**inadequate** [ɪn'ædɪkwət] *adj (insufficient)* insuffisant(-e).

**inappropriate** [ɪnə'prəʊprɪət] *adj* inapproprié(-e).

**inauguration** [ɪ,nɔ:gjʊ'reɪʃn] *n* inauguration *f*.

**incapable** [ɪn'keɪpəbl] *adj*: **to be ~ of doing sthg** être incapable de faire qqch.

**incense** ['ɪnsens] *n* encens *m*.

**incentive** [ɪn'sentɪv] *n* motivation *f*.

**inch** [ɪntʃ] *n* = 2,5 cm, pouce *m*.

**incident** [ˈɪnsɪdənt] *n* incident *m*.

**incidentally** [ˌɪnsɪˈdentəlɪ] *adv* à propos.

**incline** [ˈɪnklaɪn] *n* pente *f*.

**inclined** [ɪnˈklaɪnd] *adj* incliné(-e); **to be ~ to do sthg** avoir tendance à faire qqch.

**include** [ɪnˈkluːd] *vt* inclure.

**included** [ɪnˈkluːdɪd] *adj (in price)* compris(-e); **to be ~ in sthg** être compris dans qqch.

**including** [ɪnˈkluːdɪŋ] *prep* y compris.

**inclusive** [ɪnˈkluːsɪv] *adj*: **from the 8th to the 16th ~** du 8 au 16 inclus; **~ of VAT** TVA comprise.

**income** [ˈɪŋkʌm] *n* revenu *m*.

**income support** *n (Br) allocation supplémentaire pour les faibles revenus.*

**income tax** *n* impôt *m* sur le revenu.

**incoming** [ˈɪnˌkʌmɪŋ] *adj (train, plane)* à l'arrivée; *(phone call)* de l'extérieur.

**incompetent** [ɪnˈkɒmpɪtənt] *adj* incompétent(-e).

**incomplete** [ˌɪnkəmˈpliːt] *adj* incomplet(-ète).

**inconsiderate** [ˌɪnkənˈsɪdərət] *adj* qui manque de tact.

**inconsistent** [ˌɪnkənˈsɪstənt] *adj* incohérent(-e).

**incontinent** [ɪnˈkɒntɪnənt] *adj* incontinent(-e).

**inconvenient** [ˌɪnkənˈviːnjənt] *adj (place)* mal situé(-e); *(time)*: **it's ~** ça tombe mal.

**incorporate** [ɪnˈkɔːpəreɪt] *vt* incorporer.

**incorrect** [ˌɪnkəˈrekt] *adj* incorrect(-e).

**increase** [*n* ˈɪnkriːs, *vb* ɪnˈkriːs] *n* augmentation *f* ◆ *vt & vi* augmenter; **an ~ in sthg** une augmentation de qqch.

**increasingly** [ɪnˈkriːsɪŋlɪ] *adv* de plus en plus.

**incredible** [ɪnˈkredəbl] *adj* incroyable.

**incredibly** [ɪnˈkredəblɪ] *adv (very)* incroyablement.

**incur** [ɪnˈkɜːʳ] *vt (expenses)* engager; *(fine)* recevoir.

**indecisive** [ˌɪndɪˈsaɪsɪv] *adj* indécis(-e).

**indeed** [ɪnˈdiːd] *adv (for emphasis)* en effet; *(certainly)* certainement; **very big ~** vraiment très grand.

**indefinite** [ɪnˈdefɪnɪt] *adj (time, number)* indéterminé(-e); *(answer, opinion)* vague.

**indefinitely** [ɪnˈdefɪnətlɪ] *adv (closed, delayed)* indéfiniment.

**independence** [ˌɪndɪˈpendəns] *n* indépendance *f*.

**independent** [ˌɪndɪˈpendənt] *adj* indépendant(-e).

**independently** [ˌɪndɪˈpendəntlɪ] *adv* indépendamment.

**independent school** *n (Br)* école *f* privée.

**index** [ˈɪndeks] *n (of book)* index *m*; *(in library)* fichier *m*.

**index finger** *n* index *m*.

**India** [ˈɪndjə] *n* l'Inde *f*.

**Indian** [ˈɪndjən] *adj* indien(-ienne) ◆ *n* Indien *m* (-ienne *f*); **an ~ restaurant** un restaurant indien.

**Indian Ocean** *n* l'océan *m* Indien.

**indicate** [ˈɪndɪkeɪt] *vi (AUT)* met-

tre son clignotant ◆ *vt* indiquer.
**indicator** ['ɪndɪkeɪtəʳ] *n (AUT)* clignotant *m*.
**indifferent** [ɪn'dɪfrənt] *adj* indifférent(-e).
**indigestion** [,ɪndɪ'dʒestʃn] *n* indigestion *f*.
**indigo** ['ɪndɪgəʊ] *adj* indigo *(inv)*.
**indirect** [,ɪndɪ'rekt] *adj* indirect(-e).
**individual** [,ɪndɪ'vɪdʒʊəl] *adj* individuel(-elle) ◆ *n* individu *m*.
**individually** [,ɪndɪ'vɪdʒʊəlɪ] *adv* individuellement.
**Indonesia** [,ɪndə'ni:zjə] *n* l'Indonésie *f*.
**indoor** ['ɪndɔ:ʳ] *adj (swimming pool)* couvert(-e); *(sports)* en salle.
**indoors** [,ɪn'dɔ:z] *adv* à l'intérieur.
**indulge** [ɪn'dʌldʒ] *vi*: **to ~ in** se permettre.
**industrial** [ɪn'dʌstrɪəl] *adj* industriel(-ielle).
**industrial estate** *n (Br)* zone *f* industrielle.
**industry** ['ɪndəstrɪ] *n* industrie *f*.
**inedible** [ɪn'edɪbl] *adj (unpleasant)* immangeable; *(unsafe)* non comestible.
**inefficient** [,ɪnɪ'fɪʃnt] *adj* inefficace.
**inequality** [,ɪnɪ'kwɒlətɪ] *n* inégalité *f*.
**inevitable** [ɪn'evɪtəbl] *adj* inévitable.
**inevitably** [ɪn'evɪtəblɪ] *adv* inévitablement.
**inexpensive** [,ɪnɪk'spensɪv] *adj* bon marché *(inv)*.
**infamous** ['ɪnfəməs] *adj* notoire.
**infant** ['ɪnfənt] *n (baby)* nourrisson *m*; *(young child)* jeune enfant *m*.
**infant school** *n (Br)* maternelle *f (de 5 à 7 ans)*.
**infatuated** [ɪn'fætjʊeɪtɪd] *adj*: **to be ~ with** être entiché(-e) de.
**infected** [ɪn'fektɪd] *adj* infecté(-e).
**infectious** [ɪn'fekʃəs] *adj* infectieux(-ieuse).
**inferior** [ɪn'fɪərɪəʳ] *adj* inférieur(-e).
**infinite** ['ɪnfɪnət] *adj* infini(-e).
**infinitely** ['ɪnfɪnətlɪ] *adv* infiniment.
**infinitive** [ɪn'fɪnɪtɪv] *n* infinitif *m*.
**infinity** [ɪn'fɪnətɪ] *n* infini *m*.
**infirmary** [ɪn'fɜ:mərɪ] *n (hospital)* hôpital *m*.
**inflamed** [ɪn'fleɪmd] *adj (MED)* enflammé(-e).
**inflammation** [,ɪnflə'meɪʃn] *n (MED)* inflammation *f*.
**inflatable** [ɪn'fleɪtəbl] *adj* gonflable.
**inflate** [ɪn'fleɪt] *vt* gonfler.
**inflation** [ɪn'fleɪʃn] *n (of prices)* inflation *f*.
**inflict** [ɪn'flɪkt] *vt* infliger.
**in-flight** *adj* en vol.
**influence** ['ɪnflʊəns] *vt* influencer ◆ *n*: **~ (on)** influence *f* (sur).
**inform** [ɪn'fɔ:m] *vt* informer.
**informal** [ɪn'fɔ:ml] *adj (occasion, dress)* simple.
**information** [,ɪnfə'meɪʃn] *n* informations *fpl*, renseignements *mpl*; **a piece of ~** une information.
**information desk** *n* bureau *m* des renseignements.
**information office** *n* bureau *m* des renseignements.
**informative** [ɪn'fɔ:mətɪv] *adj*

instructif(-ive).
**infuriating** [ɪnˈfjʊərɪeɪtɪŋ] *adj* exaspérant(-e).
**ingenious** [ɪnˈdʒiːnjəs] *adj* ingénieux(-ieuse).
**ingredient** [ɪnˈgriːdjənt] *n* ingrédient *m*.
**inhabit** [ɪnˈhæbɪt] *vt* habiter.
**inhabitant** [ɪnˈhæbɪtənt] *n* habitant *m* (-e *f*).
**inhale** [ɪnˈheɪl] *vi* inspirer.
**inhaler** [ɪnˈheɪlə^r] *n* inhalateur *m*.
**inherit** [ɪnˈherɪt] *vt* hériter (de).
**inhibition** [ˌɪnhɪˈbɪʃn] *n* inhibition *f*.
**initial** [ɪˈnɪʃl] *adj* initial(-e) ◆ *vt* parapher ❑ **initials** *npl* initiales *fpl*.
**initially** [ɪˈnɪʃəlɪ] *adv* initialement.
**initiative** [ɪˈnɪʃətɪv] *n* initiative *f*.
**injection** [ɪnˈdʒekʃn] *n* injection *f*.
**injure** [ˈɪndʒə^r] *vt* blesser; **to ~ one's arm** se blesser au bras; **to ~ o.s.** se blesser.
**injured** [ˈɪndʒəd] *adj* blessé(-e).
**injury** [ˈɪndʒərɪ] *n* blessure *f*.
**ink** [ɪŋk] *n* encre *f*.
**inland** [*adj* ˈɪnlənd, *adv* ɪnˈlænd] *adj* intérieur(-e) ◆ *adv* vers l'intérieur des terres.
**Inland Revenue** *n (Br)* = fisc *m*.
**inn** [ɪn] *n* auberge *f*.
**inner** [ˈɪnə^r] *adj* intérieur(-e).
**inner city** *n quartiers proches du centre, généralement synonymes de problèmes sociaux.*
**inner tube** *n* chambre *f* à air.
**innocence** [ˈɪnəsəns] *n* innocence *f*.
**innocent** [ˈɪnəsənt] *adj* innocent(-e).
**inoculate** [ɪˈnɒkjʊleɪt] *vt*: **to ~ sb (against sthg)** vacciner qqn (contre qqch).
**inoculation** [ɪˌnɒkjʊˈleɪʃn] *n* vaccination *f*.
**input** [ˈɪnpʊt] *vt (COMPUT)* entrer.
**inquire** [ɪnˈkwaɪə^r] = **enquire**.
**inquiry** [ɪnˈkwaɪərɪ] = **enquiry**.
**insane** [ɪnˈseɪn] *adj* fou (folle).
**insect** [ˈɪnsekt] *n* insecte *m*.
**insect repellent** [-rəˈpelənt] *n* produit *m* anti-insectes.
**insensitive** [ɪnˈsensətɪv] *adj* insensible.
**insert** [ɪnˈsɜːt] *vt* introduire.
**inside** [ɪnˈsaɪd] *prep* à l'intérieur de, dans ◆ *adv* à l'intérieur ◆ *adj (internal)* intérieur(-e) ◆ *n*: **the ~** *(interior)* l'intérieur *m*; *(AUT: in UK)* la gauche; *(AUT: in Europe, US)* la droite; **to go ~** entrer; **~ out** *(clothes)* à l'envers.
**inside lane** *n (AUT) (in UK)* voie *f* de gauche; *(in Europe, US)* voie *f* de droite.
**inside leg** *n* hauteur *f* à l'entrejambe.
**insight** [ˈɪnsaɪt] *n (glimpse)* aperçu *m*.
**insignificant** [ˌɪnsɪgˈnɪfɪkənt] *adj* insignifiant(-e).
**insinuate** [ɪnˈsɪnjʊeɪt] *vt* insinuer.
**insist** [ɪnˈsɪst] *vi* insister; **to ~ on doing sthg** tenir à faire qqch.
**insole** [ˈɪnsəʊl] *n* semelle *f* intérieure.
**insolent** [ˈɪnsələnt] *adj* insolent(-e).
**insomnia** [ɪnˈsɒmnɪə] *n* insom-

nie *f*.

**inspect** [ɪn'spekt] *vt (object)* inspecter; *(ticket, passport)* contrôler.

**inspection** [ɪn'spekʃn] *n (of object)* inspection *f*; *(of ticket, passport)* contrôle *m*.

**inspector** [ɪn'spektəʳ] *n (on bus, train)* contrôleur *m* (-euse *f*); *(in police force)* inspecteur *m* (-trice *f*).

**inspiration** [ˌɪnspə'reɪʃn] *n* inspiration *f*.

**instal** [ɪn'stɔ:l] *(Am)* = **install**.

**install** [ɪn'stɔ:l] *vt (Br)* installer.

**installment** [ɪn'stɔ:lmənt] *(Am)* = **instalment**.

**instalment** [ɪn'stɔ:lmənt] *n (payment)* acompte *m*; *(episode)* épisode *m*.

**instance** ['ɪnstəns] *n* exemple *m*; **for ~** par exemple.

**instant** ['ɪnstənt] *adj (results, success)* immédiat(-e); *(food)* instantané(-e) ◆ *n (moment)* instant *m*.

**instant coffee** *n* café *m* instantané OR soluble.

**instead** [ɪn'sted] *adv* plutôt; **~ of** au lieu de; **~ of sb** à la place de qqn.

**instep** ['ɪnstep] *n* cou-de-pied *m*.

**instinct** ['ɪnstɪŋkt] *n* instinct *m*.

**institute** ['ɪnstɪtju:t] *n* institut *m*.

**institution** [ˌɪnstɪ'tju:ʃn] *n* institution *f*.

**instructions** [ɪn'strʌkʃnz] *npl (for use)* mode *m* d'emploi.

**instructor** [ɪn'strʌktəʳ] *n* moniteur *m* (-trice *f*).

**instrument** ['ɪnstrumənt] *n* instrument *m*.

**insufficient** [ˌɪnsə'fɪʃnt] *adj* insuffisant(-e).

**insulating tape** ['ɪnsjʊleɪtɪŋ-] *n* chatterton *m*.

**insulation** [ˌɪnsjʊ'leɪʃn] *n (material)* isolant *m*.

**insulin** ['ɪnsjʊlɪn] *n* insuline *f*.

**insult** [*n* 'ɪnsʌlt, *vb* ɪn'sʌlt] *n* insulte *f* ◆ *vt* insulter.

**insurance** [ɪn'ʃʊərəns] *n* assurance *f*.

**insurance certificate** *n* attestation *f* d'assurance.

**insurance company** *n* compagnie *f* d'assurance.

**insurance policy** *n* police *f* d'assurance.

**insure** [ɪn'ʃʊəʳ] *vt* assurer.

**insured** [ɪn'ʃʊəd] *adj*: **to be ~** être assuré(-e).

**intact** [ɪn'tækt] *adj* intact(-e).

**intellectual** [ˌɪntə'lektjʊəl] *adj* intellectuel(-elle) ◆ *n* intellectuel *m* (-elle *f*).

**intelligence** [ɪn'telɪdʒəns] *n* intelligence *f*.

**intelligent** [ɪn'telɪdʒənt] *adj* intelligent(-e).

**intend** [ɪn'tend] *vt*: **to ~ to do sthg** avoir l'intention de faire qqch; **to be ~ed to do sthg** être destiné à faire qqch.

**intense** [ɪn'tens] *adj* intense.

**intensity** [ɪn'tensətɪ] *n* intensité *f*.

**intensive** [ɪn'tensɪv] *adj* intensif(-ive).

**intensive care** *n* réanimation *f*.

**intent** [ɪn'tent] *adj*: **to be ~ on doing sthg** être déterminé(-e) à faire qqch.

**intention** [ɪn'tenʃn] *n* intention *f*.

**intentional** [ɪn'tenʃənl] *adj*

intentionnel(-elle).
**intentionally** [ɪn'tenʃənəlɪ] *adv* intentionnellement.
**interchange** ['ɪntətʃeɪndʒ] *n (on motorway)* échangeur *m*.
**Intercity®** [,ɪntə'sɪtɪ] *n (Br) système de trains rapides reliant les grandes villes en Grande-Bretagne.*
**intercom** ['ɪntəkɒm] *n* Interphone® *m*.
**interest** ['ɪntrəst] *n* intérêt *m*; *(pastime)* centre *m* d'intérêt ◆ *vt* intéresser; **to take an ~ in sthg** s'intéresser à qqch.
**interested** ['ɪntrəstɪd] *adj* intéressé(-e); **to be ~ in sthg** être intéressé par qqch.
**interesting** ['ɪntrəstɪŋ] *adj* intéressant(-e).
**interest rate** *n* taux *m* d'intérêt.
**interfere** [,ɪntə'fɪə[r]] *vi (meddle)* se mêler des affaires d'autrui; **to ~ with sthg** *(damage)* toucher à qqch.
**interference** [,ɪntə'fɪərəns] *n (on TV, radio)* parasites *mpl*.
**interior** [ɪn'tɪərɪə[r]] *adj* intérieur(-e) ◆ *n* intérieur *m*.
**intermediate** [,ɪntə'mi:djət] *adj* intermédiaire.
**intermission** [,ɪntə'mɪʃn] *n (at cinema, theatre)* entracte *m*.
**internal** [ɪn'tɜ:nl] *adj (not foreign)* intérieur(-e); *(on the inside)* interne.
**internal flight** *n* vol *m* intérieur.
**international** [,ɪntə'næʃənl] *adj* international(-e).
**international flight** *n* vol *m* international.
**interpret** [ɪn'tɜ:prɪt] *vi* servir d'interprète.
**interpreter** [ɪn'tɜ:prɪtə[r]] *n* interprète *mf*.
**interrogate** [ɪn'terəgeɪt] *vt* interroger.
**interrupt** [,ɪntə'rʌpt] *vt* interrompre.
**intersection** [,ɪntə'sekʃn] *n (of roads)* carrefour *m*, intersection *f*.
**interval** ['ɪntəvl] *n* intervalle *m*; *(Br: at cinema, theatre)* entracte *m*.
**intervene** [,ɪntə'vi:n] *vi (person)* intervenir; *(event)* avoir lieu.
**interview** ['ɪntəvju:] *n (on TV, in magazine)* interview *f*; *(for job)* entretien *m* ◆ *vt (on TV, in magazine)* interviewer; *(for job)* faire passer un entretien à.
**interviewer** ['ɪntəvju:ə[r]] *n (on TV, in magazine)* intervieweur *m* (-euse *f*).
**intestine** [ɪn'testɪn] *n* intestin *m*.
**intimate** ['ɪntɪmət] *adj* intime.
**intimidate** [ɪn'tɪmɪdeɪt] *vt* intimider.
**into** ['ɪntʊ] *prep (inside)* dans; *(against)* dans, contre; *(concerning)* sur; **4 ~ 20 goes 5 (times)** 20 divisé par 4 égale 5; **to translate ~ French** traduire en français; **to change ~ sthg** se transformer en qqch; **to be ~ sthg** *(inf: like)* être un fan de qqch.
**intolerable** [ɪn'tɒlrəbl] *adj* intolérable.
**intransitive** [ɪn'trænzətɪv] *adj* intransitif(-ive).
**intricate** ['ɪntrɪkət] *adj* compliqué(-e).
**intriguing** [ɪn'tri:gɪŋ] *adj* fascinant(-e).
**introduce** [,ɪntrə'dju:s] *vt* présenter; **I'd like to ~ you to Fred**

j'aimerais vous présenter Fred.

**introduction** [ˌɪntrəˈdʌkʃn] *n (to book, programme)* introduction *f*; *(to person)* présentation *f*.

**introverted** [ˈɪntrəˌvɜːtɪd] *adj* introverti(-e).

**intruder** [ɪnˈtruːdər] *n* intrus *m* (-e *f*).

**intuition** [ˌɪntjuːˈɪʃn] *n* intuition *f*.

**invade** [ɪnˈveɪd] *vt* envahir.

**invalid** [*adj* ɪnˈvælɪd, *n* ˈɪnvəlɪd] *adj (ticket, cheque)* non valable ◆ *n* invalide *mf*.

**invaluable** [ɪnˈvæljʊəbl] *adj* inestimable.

**invariably** [ɪnˈveərɪəblɪ] *adv* invariablement.

**invasion** [ɪnˈveɪʒn] *n* invasion *f*.

**invent** [ɪnˈvent] *vt* inventer.

**invention** [ɪnˈvenʃn] *n* invention *f*.

**inventory** [ˈɪnventrɪ] *n (list)* inventaire *m*; *(Am: stock)* stock *m*.

**inverted commas** [ɪnˈvɜːtɪd-] *npl* guillemets *mpl*.

**invest** [ɪnˈvest] *vt* investir ◆ *vi*: **to ~ in sthg** investir dans qqch.

**investigate** [ɪnˈvestɪgeɪt] *vt* enquêter sur.

**investigation** [ɪnˌvestɪˈgeɪʃn] *n* enquête *f*.

**investment** [ɪnˈvestmənt] *n (of money)* investissement *m*.

**invisible** [ɪnˈvɪzɪbl] *adj* invisible.

**invitation** [ˌɪnvɪˈteɪʃn] *n* invitation *f*.

**invite** [ɪnˈvaɪt] *vt* inviter; **to ~ sb to do sthg** *(ask)* inviter qqn à faire qqch; **to ~ sb round** inviter qqn chez soi.

**invoice** [ˈɪnvɔɪs] *n* facture *f*.

**involve** [ɪnˈvɒlv] *vt (entail)* impliquer; **what does it ~?** en quoi est-ce que cela consiste?; **to be ~d in sthg** *(scheme, activity)* prendre part à qqch; *(accident)* être impliqué dans qqch.

**involved** [ɪnˈvɒlvd] *adj*: **what's ~?** qu'est-ce que cela implique?

**inwards** [ˈɪnwədz] *adv* vers l'intérieur.

**IOU** *n* reconnaissance *f* de dette.

**IQ** *n* QI *m*.

**Iran** [ɪˈrɑːn] *n* l'Iran *m*.

**Iraq** [ɪˈrɑːk] *n* l'Iraq *m*.

**Ireland** [ˈaɪələnd] *n* l'Irlande *f*.

**iris** [ˈaɪərɪs] (*pl* **-es**) *n (flower)* iris *m*.

**Irish** [ˈaɪrɪʃ] *adj* irlandais(-e) ◆ *n (language)* irlandais *m* ◆ *npl*: **the ~** les Irlandais *mpl*.

**Irish coffee** *n* irish-coffee *m*.

**Irishman** [ˈaɪrɪʃmən] (*pl* **-men** [-mən]) *n* Irlandais *m*.

**Irish stew** *n ragoût de mouton aux pommes de terre et aux oignons.*

**Irishwoman** [ˈaɪrɪʃˌwʊmən] (*pl* **-women** [-ˌwɪmɪn]) *n* Irlandaise *f*.

**iron** [ˈaɪən] *n* fer *m*; *(for clothes)* fer *m* à repasser ◆ *vt* repasser.

**ironic** [aɪˈrɒnɪk] *adj* ironique.

**ironing board** [ˈaɪənɪŋ-] *n* planche *f* à repasser.

**ironmonger's** [ˈaɪənˌmʌŋgəz] *n (Br)* quincaillier *m*.

**irrelevant** [ɪˈreləvənt] *adj* hors de propos.

**irresistible** [ˌɪrɪˈzɪstəbl] *adj* irrésistible.

**irrespective** [ˌɪrɪˈspektɪv]: **irrespective of** *prep* indépendamment de.

**irresponsible** [ˌɪrɪˈspɒnsəbl] *adj* irresponsable.

**irrigation** [ˌɪrɪ'geɪʃn] *n* irrigation *f*.
**irritable** ['ɪrɪtəbl] *adj* irritable.
**irritate** ['ɪrɪteɪt] *vt* irriter.
**irritating** ['ɪrɪteɪtɪŋ] *adj* irritant(-e).
**IRS** *n (Am)* = fisc *m*.
**is** [ɪz] → **be**.
**Islam** ['ɪzlɑːm] *n* l'islam *m*.
**island** ['aɪlənd] *n* île *f*; *(in road)* refuge *m*.
**isle** [aɪl] *n* île *f*.
**isolated** ['aɪsəleɪtɪd] *adj* isolé(-e).
**Israel** ['ɪzreɪəl] *n* Israël *m*.
**issue** ['ɪʃuː] *n (problem, subject)* problème *m*; *(of newspaper, magazine)* numéro *m* ◆ *vt (statement)* faire; *(passport, document)* délivrer; *(stamps, bank notes)* émettre.
**it** [ɪt] *pron* 1. *(referring to specific thing: subject)* il (elle); *(direct object)* le (la), l'; *(indirect object)* lui; **~'s big** il est grand; **she missed ~** elle l'a manqué; **give ~ to me** donne-le moi; **tell me about ~** parlez-m'en; **we went to ~** nous y sommes allés.
2. *(nonspecific)* ce, c'; **~'s nice here** c'est joli ici; **~'s me** c'est moi; **who is ~?** qui est-ce?
3. *(used impersonally)*: **~'s hot** il fait chaud; **~'s six o'clock** il est six heures; **~'s Sunday** nous sommes dimanche.
**Italian** [ɪ'tæljən] *adj* italien(-ienne) ◆ *n (person)* Italien *m* (-ienne *f*); *(language)* italien *m*; **an ~ restaurant** un restaurant italien.
**Italy** ['ɪtəlɪ] *n* l'Italie *f*.
**itch** [ɪtʃ] *vi*: **my arm ~es** mon bras me démange.
**item** ['aɪtəm] *n (object)* article *m*, objet *m*; *(of news, on agenda)* question *f*, point *m*.
**itemized bill** ['aɪtəmaɪzd-] *n* facture *f* détaillée.
**its** [ɪts] *adj* son (sa), ses *(pl)*.
**it's** [ɪts] = **it is, it has**.
**itself** [ɪt'self] *pron (reflexive)* se; *(after prep)* lui (elle); **the house ~ is fine** la maison elle-même n'a rien.
**I've** [aɪv] = **I have**.
**ivory** ['aɪvərɪ] *n* ivoire *m*.
**ivy** ['aɪvɪ] *n* lierre *m*.

# J

**jab** [dʒæb] *n (Br: inf: injection)* piqûre *f*.
**jack** [dʒæk] *n (for car)* cric *m*; *(playing card)* valet *m*.
**jacket** ['dʒækɪt] *n (garment)* veste *f*; *(of book)* jaquette *f*; *(Am: of record)* pochette *f*; *(of potato)* peau *f*.
**jacket potato** *n* pomme de terre *f* en robe des champs.
**jack-knife** *vi* se mettre en travers de la route.
**Jacuzzi®** [dʒə'kuːzɪ] *n* Jacuzzi® *m*.
**jade** [dʒeɪd] *n* jade *m*.
**jail** [dʒeɪl] *n* prison *f*.
**jam** [dʒæm] *n (food)* confiture *f*; *(of traffic)* embouteillage *m*; *(inf: difficult situation)* pétrin *m* ◆ *vt (pack tightly)* entasser ◆ *vi (get stuck)* se coincer; **the roads are jammed** les

routes sont bouchées.
**jam-packed** [-'pækt] *adj (inf)* bourré(-e) à craquer.
**Jan.** [dʒæn] *(abbr of January)* janv.
**janitor** ['dʒænɪtəʳ] *n (Am & Scot)* concierge *mf*.
**January** ['dʒænjʊərɪ] *n* janvier *m*, → **September**.
**Japan** [dʒə'pæn] *n* le Japon.
**Japanese** [ˌdʒæpə'ni:z] *adj* japonais(-e) ◆ *n (language)* japonais *m* ◆ *npl*: **the ~** les Japonais *mpl*.
**jar** [dʒɑ:ʳ] *n* pot *m*.
**javelin** ['dʒævlɪn] *n* javelot *m*.
**jaw** [dʒɔ:] *n* mâchoire *f*.
**jazz** [dʒæz] *n* jazz *m*.
**jealous** ['dʒeləs] *adj* jaloux (-ouse).
**jeans** [dʒi:nz] *npl* jean *m*.
**Jeep®** [dʒi:p] *n* Jeep® *f*.
**Jello®** ['dʒeləʊ] *n (Am)* gelée *f*.
**jelly** ['dʒelɪ] *n* gelée *f*.
**jellyfish** ['dʒelɪfɪʃ] *(pl inv) n* méduse *f*.
**jeopardize** ['dʒepədaɪz] *vt* mettre en danger.
**jerk** [dʒɜ:k] *n (movement)* secousse *f*; *(inf: idiot)* abruti *m* (-e *f*).
**jersey** ['dʒɜ:zɪ] *(pl* **-s***) n (garment)* pull *m*.
**jet** [dʒet] *n* jet *m*; *(for gas)* brûleur *m*.
**jetfoil** ['dʒetfɔɪl] *n* hydroglisseur *m*.
**jet lag** *n* décalage *m* horaire.
**jet-ski** *n* scooter *m* des mers.
**jetty** ['dʒetɪ] *n* jetée *f*.
**Jew** [dʒu:] *n* Juif *m* (-ive *f*).
**jewel** ['dʒu:əl] *n* joyau *m*, pierre *f* précieuse ❑ **jewels** *npl (jewellery)* bijoux *mpl*.
**jeweler's** ['dʒu:ələz] *(Am)* = **jeweller's**.
**jeweller's** ['dʒu:ələz] *n (Br)* bijouterie *f*.
**jewellery** ['dʒu:əlrɪ] *n (Br)* bijoux *mpl*.
**jewelry** ['dʒu:əlrɪ] *(Am)* = **jewellery**.
**Jewish** ['dʒu:ɪʃ] *adj* juif(-ive).
**jigsaw (puzzle)** ['dʒɪgsɔ:-] *n* puzzle *m*.
**jingle** ['dʒɪŋgl] *n (of advert)* jingle *m*.
**job** [dʒɒb] *n (regular work)* emploi *m*; *(task, function)* travail *m*; **to lose one's ~** perdre son travail.
**job centre** *n (Br)* agence *f* pour l'emploi.
**jockey** ['dʒɒkɪ] *(pl* **-s***) n* jockey *m*.
**jog** [dʒɒg] *vt* pousser ◆ *vi* courir, faire du jogging ◆ *n*: **to go for a ~** faire du jogging.
**jogging** ['dʒɒgɪŋ] *n* jogging *m*; **to go ~** faire du jogging.
**join** [dʒɔɪn] *vt (club, organization)* adhérer à; *(fasten together)* joindre; *(other people)* rejoindre; *(connect)* relier; *(participate in)* participer à; **to ~ a queue** faire la queue ❑ **join in** *vt fus* participer à ◆ *vi* participer.
**joint** [dʒɔɪnt] *adj* commun(-e) ◆ *n (of body)* articulation *f*; *(Br: of meat)* rôti *m*; *(in structure)* joint *m*.
**joke** [dʒəʊk] *n* plaisanterie *f* ◆ *vi* plaisanter.
**joker** ['dʒəʊkəʳ] *n (playing card)* joker *m*.
**jolly** ['dʒɒlɪ] *adj (cheerful)* gai(-e) ◆ *adv (Br: inf: very)* drôlement.
**jolt** [dʒəʊlt] *n* secousse *f*.
**jot** [dʒɒt]: **jot down** *vt sep* noter.

**journal** ['dʒɜ:nl] *n (professional magazine)* revue *f*; *(diary)* journal *m* (intime).
**journalist** ['dʒɜ:nəlɪst] *n* journaliste *mf*.
**journey** ['dʒɜ:nɪ] (*pl* **-s**) *n* voyage *m*.
**joy** [dʒɔɪ] *n* joie *f*.
**joypad** ['dʒɔɪpæd] *n (of video game) boîtier de commandes de jeu vidéo*.
**joyrider** ['dʒɔɪraɪdə<sup>r</sup>] *n personne qui vole une voiture pour aller faire un tour*.
**joystick** ['dʒɔɪstɪk] *n (of video game)* manette *f* (de jeux).
**judge** [dʒʌdʒ] *n* juge *m* ◆ *vt (competition)* arbitrer; *(evaluate)* juger.
**judg(e)ment** ['dʒʌdʒmənt] *n* jugement *m*.
**judo** ['dʒu:dəʊ] *n* judo *m*.
**jug** [dʒʌg] *n (for water)* carafe *f*; *(for milk)* pot *m*.
**juggernaut** ['dʒʌgənɔ:t] *n (Br)* poids *m* lourd.
**juggle** ['dʒʌgl] *vi* jongler.
**juice** [dʒu:s] *n* jus *m*; **(fruit) ~** jus *m* de fruit.
**juicy** ['dʒu:sɪ] *adj (food)* juteux(-euse).
**jukebox** ['dʒu:kbɒks] *n* juke-box *m inv*.
**Jul.** *(abbr of July)* juill.
**July** [dʒu:'laɪ] *n* juillet *m*, → **September**.
**jumble sale** ['dʒʌmbl-] *n (Br)* vente *f* de charité.

---

## *i* JUMBLE SALE

Les «jumble sales» sont des ventes à très bas prix de vêtements, de livres et d'objets ménagers d'occasion, généralement au profit d'une association caritative. Elles se tiennent le plus souvent dans des salles paroissiales ou municipales.

---

**jumbo** ['dʒʌmbəʊ] *adj (inf: big)* énorme.
**jumbo jet** *n* jumbo-jet *m*.
**jump** [dʒʌmp] *n* bond *m* ◆ *vi* sauter; *(with fright)* sursauter; *(increase)* faire un bond ◆ *vt (Am: train, bus)* prendre sans payer; **to ~ the queue** *(Br)* ne pas attendre son tour.
**jumper** ['dʒʌmpə<sup>r</sup>] *n (Br: pullover)* pull-over *m*; *(Am: dress)* robe *f* chasuble.
**jump leads** *npl* câbles *mpl* de démarrage.
**junction** ['dʒʌŋkʃn] *n* embranchement *m*.
**June** [dʒu:n] *n* juin *m*, → **September**.
**jungle** ['dʒʌŋgl] *n* jungle *f*.
**junior** ['dʒu:njə<sup>r</sup>] *adj (of lower rank)* subalterne; *(Am: after name)* junior ◆ *n (younger person)* cadet *m* (-ette *f*).
**junior school** *n (Br)* école *f* primaire.
**junk** [dʒʌŋk] *n (inf: unwanted things)* bric-à-brac *m inv*.
**junk food** *n (inf)* cochonneries *fpl*.
**junkie** ['dʒʌŋkɪ] *n (inf)* drogué *m* (-e *f*).
**junk shop** *n* magasin *m* de brocante.
**jury** ['dʒʊərɪ] *n* jury *m*.
**just** [dʒʌst] *adj & adv* juste; **I'm ~ coming** j'arrive tout de suite; **we were ~ leaving** nous étions sur le

point de partir; **to be ~ about to do sthg** être sur le point de faire qqch; **to have ~ done sthg** venir de faire qqch; **~ as good (as)** tout aussi bien (que); **~ about** *(almost)* pratiquement, presque; **only ~** tout juste; **~ a minute!** une minute!

**justice** ['dʒʌstɪs] *n* justice *f*.

**justify** ['dʒʌstɪfaɪ] *vt* justifier.

**jut** [dʒʌt]: **jut out** *vi* faire saillie.

**juvenile** ['dʒu:vənaɪl] *adj (young)* juvénile; *(childish)* enfantin(-e).

# K

**kangaroo** [ˌkæŋgə'ru:] *n* kangourou *m*.

**karaoke** [ˌkærɪ'əʊkɪ] *n* karaoké *m*.

**karate** [kə'rɑ:tɪ] *n* karaté *m*.

**kebab** [kɪ'bæb] *n*: **(shish) ~** brochette *f* de viande; **(doner) ~** = sandwich *m* grec *(viande de mouton servie en tranches fines dans du pita, avec salade et sauce)*.

**keel** [ki:l] *n* quille *f*.

**keen** [ki:n] *adj (enthusiastic)* passionné(-e); *(hearing)* fin(-e); *(eyesight)* perçant(-e); **to be ~ on** aimer beaucoup; **to be ~ to do sthg** tenir à faire qqch.

**keep** [ki:p] (*pt & pp* **kept**) *vt* garder; *(promise, record, diary)* tenir; *(delay)* retarder ◆ *vi (food)* se conserver; *(remain)* rester; **to ~ (on) doing sthg** *(continuously)* continuer à faire qqch; *(repeatedly)* ne pas arrêter de faire qqch; **to ~ sb from doing sthg** empêcher qqn de faire qqch; **~ back!** n'approchez pas!; **"~ in lane!"** «conservez votre file»; **"~ left"** «serrez à gauche»; **"~ off the grass!"** «pelouse interdite»; **"~ out!"** «entrée interdite»; **"~ your distance!"** «gardez vos distances»; **to ~ clear (of)** ne pas s'approcher (de) ❑ **keep up** *vt sep (maintain)* maintenir; *(continue)* continuer ◆ *vi*: **to ~ up (with)** suivre.

**keep-fit** *n (Br)* gymnastique *f*.

**kennel** ['kenl] *n* niche *f*.

**kept** [kept] *pt & pp* → **keep**.

**kerb** [kɜ:b] *n (Br)* bordure *f* du trottoir.

**kerosene** ['kerəsi:n] *n (Am)* kérosène *m*.

**ketchup** ['ketʃəp] *n* ketchup *m*.

**kettle** ['ketl] *n* bouilloire *f*; **to put the ~ on** mettre la bouilloire à chauffer.

**key** [ki:] *n* clé *f*, clef *f*; *(of piano, typewriter)* touche *f*; *(of map)* légende *f* ◆ *adj* clé, clef.

**keyboard** ['ki:bɔ:d] *n* clavier *m*.

**keyhole** ['ki:həʊl] *n* serrure *f*.

**keypad** ['ki:pæd] *n* pavé *m* numérique.

**key ring** *n* porte-clefs *m inv*, porte-clés *m inv*.

**kg** *(abbr of kilogram)* kg.

**kick** [kɪk] *n (of foot)* coup *m* de pied ◆ *vt (ball)* donner un coup de pied dans; *(person)* donner un coup de pied à.

**kickoff** ['kɪkɒf] *n* coup *m* d'envoi.

**kid** [kɪd] *n (inf)* gamin *m* (-e *f*) ◆ *vi (joke)* blaguer.

**kidnap** ['kɪdnæp] *vt* kidnapper.
**kidnaper** ['kɪdnæpər] *(Am)* = kidnapper.
**kidnapper** ['kɪdnæpəʳ] *n (Br)* kidnappeur *m* (-euse *f*).
**kidney** ['kɪdnɪ] (*pl* **-s**) *n (organ)* rein *m*; *(food)* rognon *m*.
**kidney bean** *n* haricot *m* rouge.
**kill** [kɪl] *vt* tuer; **my feet are ~ing me!** mes pieds me font souffrir le martyre!
**killer** ['kɪləʳ] *n* tueur *m* (-euse *f*).
**kilo** ['ki:ləu] (*pl* **-s**) *n* kilo *m*.
**kilogram** *n* ['kɪlə͵græm] kilogramme *m*.
**kilometre** ['kɪlə͵mi:təʳ] *n* kilomètre *m*.
**kilt** [kɪlt] *n* kilt *m*.
**kind** [kaɪnd] *adj* gentil(-ille) ◆ *n* genre *m*; **~ of** *(Am: inf)* plutôt.
**kindergarten** ['kɪndə͵gɑ:tn] *n* jardin *m* d'enfants.
**kindly** ['kaɪndlɪ] *adv*: **would you ~ ...?** auriez-vous l'amabilité de ...?
**kindness** ['kaɪndnɪs] *n* gentillesse *f*.
**king** [kɪŋ] *n* roi *m*.
**kingfisher** ['kɪŋ͵fɪʃəʳ] *n* martin-pêcheur *m*.
**king prawn** *n* gamba *f*.
**king-size bed** *n* = lit *m* en 160 cm.
**kiosk** ['ki:ɒsk] *n (for newspapers etc)* kiosque *m*; *(Br: phone box)* cabine *f* (téléphonique).
**kipper** ['kɪpəʳ] *n* hareng *m* saur.
**kiss** [kɪs] *n* baiser *m* ◆ *vt* embrasser.
**kiss of life** *n* bouche-à-bouche *m inv*.
**kit** [kɪt] *n (set)* trousse *f*; *(clothes)* tenue *f*; *(for assembly)* kit *m*.
**kitchen** ['kɪtʃɪn] *n* cuisine *f*.
**kitchen unit** *n* élément *m* (de cuisine).
**kite** [kaɪt] *n (toy)* cerf-volant *m*.
**kitten** ['kɪtn] *n* chaton *m*.
**kitty** ['kɪtɪ] *n (of money)* cagnotte *f*.
**kiwi fruit** ['ki:wi:-] *n* kiwi *m*.
**Kleenex®** ['kli:neks] *n* Kleenex® *m*.
**km** *(abbr of kilometre)* km.
**km/h** *(abbr of kilometres per hour)* km/h.
**knack** [næk] *n*: **to have the ~ of doing sthg** avoir le chic pour faire qqch.
**knackered** ['nækəd] *adj (Br: inf)* crevé(-e).
**knapsack** ['næpsæk] *n* sac *m* à dos.
**knee** [ni:] *n* genou *m*.
**kneecap** ['ni:kæp] *n* rotule *f*.
**kneel** [ni:l] (*pt & pp* **knelt** [nelt]) *vi (be on one's knees)* être à genoux; *(go down on one's knees)* s'agenouiller.
**knew** [nju:] *pt* → **know**.
**knickers** ['nɪkəz] *npl (Br: underwear)* culotte *f*.
**knife** [naɪf] (*pl* **knives**) *n* couteau *m*.
**knight** [naɪt] *n (in history)* chevalier *m*; *(in chess)* cavalier *m*.
**knit** [nɪt] *vt* tricoter.
**knitted** ['nɪtɪd] *adj* tricoté(-e).
**knitting** ['nɪtɪŋ] *n* tricot *m*.
**knitting needle** *n* aiguille *f* à tricoter.
**knitwear** ['nɪtweəʳ] *n* lainages *mpl*.

**knives** [naɪvz] *pl* → **knife**.

**knob** [nɒb] *n* bouton *m*.

**knock** [nɒk] *n (at door)* coup *m* ◆ *vt (hit)* cogner ◆ *vi (at door etc)* frapper ❑ **knock down** *vt sep (pedestrian)* renverser; *(building)* démolir; *(price)* baisser; **knock out** *vt sep (make unconscious)* assommer; *(of competition)* éliminer; **knock over** *vt sep* renverser.

**knocker** ['nɒkəʳ] *n (on door)* heurtoir *m*.

**knot** [nɒt] *n* nœud *m*.

**know** [nəʊ] (*pt* **knew**, *pp* **known**) *vt* savoir; *(person, place)* connaître; **to get to ~ sb** faire connaissance avec qqn; **to ~ about sthg** *(understand)* s'y connaître en qqch; *(have heard)* être au courant de qqch; **to ~ how to do sthg** savoir (comment) faire qqch; **to ~ of** connaître; **to be ~n as** être appelé; **to let sb ~ sthg** informer qqn de qqch; **you ~** *(for emphasis)* tu sais.

**knowledge** ['nɒlɪdʒ] *n* connaissance *f*; **to my ~** pour autant que je sache.

**known** [nəʊn] *pp* → **know**.

**knuckle** ['nʌkl] *n (of hand)* articulation *f* du doigt; *(of pork)* jarret *m*.

**Koran** [kɒ'rɑːn] *n*: **the ~** le Coran.

# L

**l** *(abbr of litre)* l.

**L** *(abbr of learner) en Grande-Bretagne, lettre apposée à l'arrière d'une voiture et signalant que le conducteur est en conduite accompagnée.*

**lab** [læb] *n (inf)* labo *m*.

**label** ['leɪbl] *n* étiquette *f*.

**labor** ['leɪbər] *(Am)* = **labour**.

**laboratory** [*Br* lə'bɒrətrɪ, *Am* 'læbrə,tɔːrɪ] *n* laboratoire *m*.

**labour** ['leɪbəʳ] *n (Br)* travail *m*; **in ~** *(MED)* en travail.

**labourer** ['leɪbərəʳ] *n* ouvrier *m* (-ière *f*).

**Labour Party** *n (Br)* parti *m* travailliste.

**labour-saving** *adj* qui fait gagner du temps.

**lace** [leɪs] *n (material)* dentelle *f*; *(for shoe)* lacet *m*.

**lace-ups** *npl* chaussures *fpl* à lacets.

**lack** [læk] *n* manque *m* ◆ *vt* manquer de ◆ *vi*: **to be ~ing** faire défaut.

**lacquer** ['lækəʳ] *n* laque *f*.

**lad** [læd] *n (inf: boy)* gars *m*.

**ladder** ['lædəʳ] *n* échelle *f*; *(Br: in tights)* maille *f* filée.

**ladies** ['leɪdɪz] *n (Br: toilet)* toilettes *fpl* pour dames.

**ladies room** *(Am)* = **ladies**.

**ladieswear** ['leɪdɪz,weəʳ] *n* vêtements *mpl* pour femme.

**ladle** ['leɪdl] *n* louche *f*.

**lady** ['leɪdɪ] *n* dame *f*.

**ladybird** ['leɪdɪbɜːd] *n* coccinelle *f*.

**lag** [læg] *vi* traîner; **to ~ behind** traîner.

**lager** ['lɑːgəʳ] *n* bière *f* blonde.

**lagoon** [lə'guːn] *n* lagune *f*.

**laid** [leɪd] *pt & pp* → **lay**.

**lain** [leɪn] *pp* → **lie**.

**lake** [leɪk] *n* lac *m*.
**Lake District** *n*: **the ~** la région des lacs *(au nord-ouest de l'Angleterre)*.
**lamb** [læm] *n* agneau *m*.
**lamb chop** *n* côtelette *f* d'agneau.
**lame** [leɪm] *adj* boiteux(-euse).
**lamp** [læmp] *n* lampe *f*; *(in street)* réverbère *m*.
**lamppost** ['læmppəʊst] *n* réverbère *m*.
**lampshade** ['læmpʃeɪd] *n* abat-jour *m inv*.
**land** [lænd] *n* terre *f*; *(nation)* pays *m* ◆ *vi* atterrir; *(passengers)* débarquer.
**landing** ['lændɪŋ] *n* *(of plane)* atterrissage *m*; *(on stairs)* palier *m*.
**landlady** ['lænd,leɪdɪ] *n* *(of house)* propriétaire *f*; *(of pub)* patronne *f*.
**landlord** ['lændlɔːd] *n* *(of house)* propriétaire *m*; *(of pub)* patron *m*.
**landmark** ['lændmɑːk] *n* point *m* de repère.
**landscape** ['lændskeɪp] *n* paysage *m*.
**landslide** ['lændslaɪd] *n* glissement *m* de terrain.
**lane** [leɪn] *n* *(in town)* ruelle *f*; *(in country)* chemin *m*; *(on road, motorway)* file *f*, voie *f*; **"get in ~"** *panneau indiquant aux automobilistes de se placer dans la file appropriée*.
**language** ['læŋgwɪdʒ] *n* *(of a people, country)* langue *f*; *(system, words)* langage *m*.
**lap** [læp] *n* *(of person)* genoux *mpl*; *(of race)* tour *m* (de piste).
**lapel** [lə'pel] *n* revers *m*.
**lapse** [læps] *vi* *(passport)* être périmé(-e); *(membership)* prendre fin.
**lard** [lɑːd] *n* saindoux *m*.
**larder** ['lɑːdə^r] *n* garde-manger *m inv*.
**large** [lɑːdʒ] *adj* grand(-e); *(person, problem, sum)* gros (grosse).
**largely** ['lɑːdʒlɪ] *adv* en grande partie.
**large-scale** *adj* à grande échelle.
**lark** [lɑːk] *n* alouette *f*.
**laryngitis** [,lærɪn'dʒaɪtɪs] *n* laryngite *f*.
**lasagne** [lə'zænjə] *n* lasagne(s) *fpl*.
**laser** ['leɪzə^r] *n* laser *m*.
**lass** [læs] *n* *(inf: girl)* nana *f*.
**last** [lɑːst] *adj* dernier(-ière) ◆ *adv* *(most recently)* pour la dernière fois; *(at the end)* en dernier ◆ *pron*: **the ~ to come** le dernier arrivé; **the ~ but one** l'avant-dernier; **the day before ~** avant-hier; **~ year** l'année dernière; **the ~ year** la dernière année; **at ~** enfin.
**lastly** ['lɑːstlɪ] *adv* enfin.
**last-minute** *adj* de dernière minute.
**latch** [lætʃ] *n* loquet *m*; **the door is on the ~** la porte n'est pas fermée à clef.
**late** [leɪt] *adj* *(not on time)* en retard; *(after usual time)* tardif(-ive) ◆ *adv* *(not on time)* en retard; *(after usual time)* tard; **in the ~ afternoon** en fin d'après-midi; **in ~ June** fin juin; **my ~ wife** feue ma femme.
**lately** ['leɪtlɪ] *adv* dernièrement.
**late-night** *adj* *(chemist, supermarket)* ouvert(-e) tard.
**later** ['leɪtə^r] *adj* *(train)* qui part plus tard ◆ *adv*: **~ (on)** plus tard,

ensuite; **at a ~ date** plus tard.
**latest** ['leɪtɪst] *adj*: **the ~** *(in series)* le plus récent (la plus récente); **the ~ fashion** la dernière mode; **at the ~** au plus tard.
**lather** ['lɑ:ðəʳ] *n* mousse *f*.
**Latin** ['lætɪn] *n (language)* latin *m*.
**Latin America** *n* l'Amérique *f* latine.
**Latin American** *adj* latino-américain(-e) ◆ *n* Latino-Américain *m* (-e *f*).
**latitude** ['lætɪtju:d] *n* latitude *f*.
**latter** ['lætəʳ] *n*: **the ~** ce dernier (cette dernière), celui-ci (celle-ci).
**laugh** [lɑ:f] *n* rire *m* ◆ *vi* rire; **to have a ~** *(Br: inf: have fun)* s'éclater, rigoler ❑ **laugh at** *vt fus* se moquer de.
**laughter** ['lɑ:ftəʳ] *n* rires *mpl*.
**launch** [lɔ:ntʃ] *vt (boat)* mettre à la mer; *(new product)* lancer.
**laund(e)rette** [lɔ:n'dret] *n* laverie *f* automatique.
**laundry** ['lɔ:ndrɪ] *n (washing)* lessive *f*; *(shop)* blanchisserie *f*.
**lavatory** ['lævətrɪ] *n* toilettes *fpl*.
**lavender** ['lævəndəʳ] *n* lavande *f*.
**lavish** ['lævɪʃ] *adj (meal)* abondant(-e); *(decoration)* somptueux(-euse).
**law** [lɔ:] *n* loi *f*; *(study)* droit *m*; **to be against the ~** être illégal.
**lawn** [lɔ:n] *n* pelouse *f*, gazon *m*.
**lawnmower** ['lɔ:n,məʊəʳ] *n* tondeuse *f* (à gazon).
**lawyer** ['lɔ:jəʳ] *n (in court)* avocat *m* (-e *f*); *(solicitor)* notaire *m*.
**laxative** ['læksətɪv] *n* laxatif *m*.
**lay** [leɪ] (*pt & pp* **laid**) *pt* → **lie** ◆ *vt (place)* mettre, poser; *(egg)* pondre; **to ~ the table** mettre la table ❑ **lay off** *vt sep (worker)* licencier; **lay on** *vt sep (transport, entertainment)* organiser; *(food)* fournir; **lay out** *vt sep (display)* disposer.
**lay-by** (*pl* **lay-bys**) *n* aire *f* de stationnement.
**layer** ['leɪəʳ] *n* couche *f*.
**layman** ['leɪmən] (*pl* **-men** [-mən]) *n* profane *m*.
**layout** ['leɪaʊt] *n (of building, streets)* disposition *f*.
**lazy** ['leɪzɪ] *adj* paresseux (-euse).
**lb** *abbr* = **pound**.
**lead**[1] [li:d] (*pt & pp* **led**) *vt (take)* conduire; *(team, company)* diriger; *(race, demonstration)* être en tête de ◆ *vi (be winning)* mener ◆ *n (for dog)* laisse *f*; *(cable)* cordon *m*; **to ~ sb to do sthg** amener qqn à faire qqch; **to ~ to** mener à; **to ~ the way** montrer le chemin; **to be in the ~** *(in race, match)* être en tête.
**lead**[2] [led] *n (metal)* plomb *m*; *(for pencil)* mine *f* ◆ *adj* en plomb.
**leaded petrol** ['ledɪd-] *n* essence *f* au plomb.
**leader** ['li:dəʳ] *n (person in charge)* chef *m*; *(in race)* premier *m* (-ière *f*).
**leadership** ['li:dəʃɪp] *n (position)* direction *f*.
**lead-free** [led-] *adj* sans plomb.
**leading** ['li:dɪŋ] *adj (most important)* principal(-e).
**lead singer** [li:d-] *n* chanteur *m* (-euse *f*).
**leaf** [li:f] (*pl* **leaves**) *n* feuille *f*.
**leaflet** ['li:flɪt] *n* dépliant *m*.
**league** [li:g] *n* ligue *f*.
**leak** [li:k] *n* fuite *f* ◆ *vi* fuir.
**lean** [li:n] (*pt & pp* **leant** [lent] OR **-ed**) *adj (meat)* maigre; *(person, ani-*

*mal)* mince ◆ *vi (person)* se pencher; *(object)* être penché ◆ *vt*: **to ~ sthg against sthg** appuyer qqch contre qqch; **to ~ on** s'appuyer sur; **to ~ forward** se pencher en avant; **to ~ over** se pencher.

**leap** [li:p] (*pt & pp* **leapt** [lept] OR **-ed**) *vi (jump)* sauter, bondir.

**leap year** *n* année *f* bissextile.

**learn** [lɜ:n] (*pt & pp* **learnt** OR **-ed**) *vt* apprendre; **to ~ (how) to do sthg** apprendre à faire qqch; **to ~ about sthg** apprendre qqch.

**learner (driver)** ['lɜ:nəʳ-] *n* conducteur *m* débutant (conductrice débutante *f*) *(qui n'a pas encore son permis)*.

**learnt** [lɜ:nt] *pt & pp* → **learn**.

**lease** [li:s] *n* bail *m* ◆ *vt* louer; **to ~ sthg from sb** louer qqch à qqn *(à un propriétaire)*; **to ~ sthg to sb** louer qqch à qqn *(à un locataire)*.

**leash** [li:ʃ] *n* laisse *f*.

**least** [li:st] *adv (with verb)* le moins ◆ *adj* le moins de ◆ *pron*: **(the) ~** le moins; **at ~** au moins; **the ~ expensive** le moins cher (la moins chère).

**leather** ['leðəʳ] *n* cuir *m* ❑ **leathers** *npl (of motorcyclist)* tenue *f* de motard.

**leave** [li:v] (*pt & pp* **left**) *vt* laisser; *(place, person, job)* quitter ◆ *vi* partir ◆ *n (time off work)* congé *m*; **to ~ a message** laisser un message, → **left** ❑ **leave behind** *vt sep* laisser; **leave out** *vt sep* omettre.

**leaves** [li:vz] *pl* → **leaf**.

**Lebanon** ['lebənən] *n* le Liban.

**lecture** ['lektʃəʳ] *n (at conference)* exposé *m*; *(at university)* cours *m* (magistral).

**lecturer** ['lektʃərəʳ] *n* conférencier *m* (-ière *f*).

**lecture theatre** *n* amphithéâtre *m*.

**led** [led] *pt & pp* → **lead**[1].

**ledge** [ledʒ] *n* rebord *m*.

**leek** [li:k] *n* poireau *m*.

**left** [left] *pt & pp* → **leave** ◆ *adj (not right)* gauche ◆ *adv* à gauche ◆ *n* gauche *f*; **on the ~** *(direction)* à gauche; **there are none ~** il n'en reste plus.

**left-hand** *adj (lane)* de gauche; *(side)* gauche.

**left-hand drive** *n* conduite *f* à gauche.

**left-handed** [-'hændɪd] *adj (person)* gaucher(-ère).

**left-luggage locker** *n (Br)* consigne *f* automatique.

**left-luggage office** *n (Br)* consigne *f*.

**left-wing** *adj* de gauche.

**leg** [leg] *n (of person, trousers)* jambe *f*; *(of animal)* patte *f*; *(of table, chair)* pied *m*; **~ of lamb** gigot *m* d'agneau.

**legal** ['li:gl] *adj (procedure, language)* juridique; *(lawful)* légal(-e).

**legal aid** *n* assistance *f* judiciaire.

**legalize** ['li:gəlaɪz] *vt* légaliser.

**legal system** *n* système *m* judiciaire.

**legend** ['ledʒənd] *n* légende *f*.

**leggings** ['legɪŋz] *npl* caleçon *m*.

**legible** ['ledʒɪbl] *adj* lisible.

**legislation** [,ledʒɪs'leɪʃn] *n* législation *f*.

**legitimate** [lɪ'dʒɪtɪmət] *adj* légitime.

**leisure** [*Br* 'leʒəʳ, *Am* 'li:ʒər] *n* loisir *m*.

**leisure centre** *n* centre *m* de

loisirs.
**leisure pool** *n piscine avec toboggans, vagues, etc.*
**lemon** ['lemən] *n* citron *m*.
**lemonade** [,lemə'neɪd] *n* limonade *f*.
**lemon curd** [-kɜːd] *n (Br)* crème *f* au citron.
**lemon juice** *n* jus *m* de citron.
**lemon sole** *n* limande-sole *f*.
**lemon tea** *n* thé *m* au citron.
**lend** [lend] (*pt & pp* **lent**) *vt* prêter; **to ~ sb sthg** prêter qqch à qqn.
**length** [leŋθ] *n* longueur *f*; *(in time)* durée *f*.
**lengthen** ['leŋθən] *vt* allonger.
**lens** [lenz] *n (of camera)* objectif *m*; *(of glasses)* verre *m*; *(contact lens)* lentille *f*.
**lent** [lent] *pt & pp* → **lend**.
**Lent** [lent] *n* le carême.
**lentils** ['lentlz] *npl* lentilles *fpl*.
**leopard** ['lepəd] *n* léopard *m*.
**leopard-skin** *adj* léopard *(inv)*.
**leotard** ['liːətɑːd] *n* justaucorps *m*.
**leper** ['lepəʳ] *n* lépreux *m* (-euse *f*).
**lesbian** ['lezbɪən] *adj* lesbien(-ienne) ◆ *n* lesbienne *f*.
**less** [les] *adj* moins de ◆ *adv & pron* moins; **~ than 20** moins de 20.
**lesson** ['lesn] *n (class)* leçon *f*.
**let** [let] (*pt & pp* **let**) *vt (allow)* laisser; *(rent out)* louer; **to ~ sb do sthg** laisser qqn faire qqch; **to ~ go of sthg** lâcher qqch; **to ~ sb have sthg** donner qqch à qqn; **to ~ sb know sthg** apprendre qqch à qqn; **~'s go!** allons-y!; **"to ~"** *(for rent)* «à louer»
❑ **let in** *vt sep (allow to enter)* faire entrer; **let off** *vt sep (excuse)*: **to ~ sb off sthg** dispenser qqn de qqch; **can you ~ me off at the station?** pouvez-vous me déposer à la gare?; **let out** *vt sep (allow to go out)* laisser sortir.
**letdown** ['letdaʊn] *n (inf)* déception *f*.
**lethargic** [lə'θɑːdʒɪk] *adj* léthargique.
**letter** ['letəʳ] *n* lettre *f*.
**letterbox** ['letəbɒks] *n (Br)* boîte *f* à OR aux lettres.
**lettuce** ['letɪs] *n* laitue *f*.
**leuk(a)emia** [luː'kiːmɪə] *n* leucémie *f*.
**level** ['levl] *adj (horizontal)* horizontal(-e); *(flat)* plat(-e) ◆ *n* niveau *m*; **to be ~ with** être au même niveau que.
**level crossing** *n (Br)* passage *m* à niveau.
**lever** [*Br* 'liːvəʳ, *Am* 'levər] *n* levier *m*.
**liability** [,laɪə'bɪlətɪ] *n* responsabilité *f*.
**liable** ['laɪəbl] *adj*: **to be ~ to do sthg** *(likely)* risquer de faire qqch; **to be ~ for sthg** *(responsible)* être responsable de qqch.
**liaise** [lɪ'eɪz] *vi*: **to ~ with** assurer la liaison avec.
**liar** ['laɪəʳ] *n* menteur *m* (-euse *f*).
**liberal** ['lɪbərəl] *adj* libéral(-e).
**Liberal Democrat Party** *n parti centriste britannique.*
**liberate** ['lɪbəreɪt] *vt* libérer.
**liberty** ['lɪbətɪ] *n* liberté *f*.
**librarian** [laɪ'breərɪən] *n* bibliothécaire *mf*.
**library** ['laɪbrərɪ] *n* biblio-

thèque *f*.

**Libya** ['lɪbɪə] *n* la Libye.

**lice** [laɪs] *npl* poux *mpl*.

**licence** ['laɪsəns] *n (Br: official document)* permis *m*, autorisation *f*; *(for television)* redevance *f* ◆ *vt (Am)* = **license**.

**license** ['laɪsəns] *vt (Br)* autoriser ◆ *n (Am)* = **licence**.

**licensed** ['laɪsənst] *adj (restaurant, bar)* autorisé(-e) à vendre des boissons alcoolisées.

**licensing hours** ['laɪsənsɪŋ-] *npl (Br) heures d'ouverture des pubs.*

**lick** [lɪk] *vt* lécher.

**lid** [lɪd] *n* couvercle *m*.

**lie** [laɪ] (*pt* **lay**, *pp* **lain**, *cont* **lying**) *n* mensonge *m* ◆ *vi (tell lie: pt & pp* **lied**) mentir; *(be horizontal)* être allongé; *(lie down)* s'allonger; *(be situated)* se trouver; **to tell ~s** mentir, dire des mensonges; **to ~ about sthg** mentir sur qqch ❑ **lie down** *vi (on bed, floor)* s'allonger.

**lieutenant** [*Br* lef'tenənt, *Am* lu:'tenənt] *n* lieutenant *m*.

**life** [laɪf] (*pl* **lives**) *n* vie *f*.

**life assurance** *n* assurance-vie *f*.

**life belt** *n* bouée *f* de sauvetage.

**lifeboat** ['laɪfbəʊt] *n* canot *m* de sauvetage.

**lifeguard** ['laɪfgɑ:d] *n* maître *m* nageur.

**life jacket** *n* gilet *m* de sauvetage.

**lifelike** ['laɪflaɪk] *adj* ressemblant(-e).

**life preserver** [-prɪ'zɜ:vər] *n (Am) (life belt)* bouée *f* de sauvetage; *(life jacket)* gilet *m* de sauvetage.

**life-size** *adj* grandeur nature *(inv)*.

**lifespan** ['laɪfspæn] *n* espérance *f* de vie.

**lifestyle** ['laɪfstaɪl] *n* mode *m* de vie.

**lift** [lɪft] *n (Br: elevator)* ascenseur *m* ◆ *vt (raise)* soulever ◆ *vi* se lever; **to give sb a ~** emmener qqn (en voiture); **to ~ one's head** lever la tête ❑ **lift up** *vt sep* soulever.

**light** [laɪt] (*pt & pp* **lit** OR **-ed**) *adj* léger(-ère); *(not dark)* clair(-e); *(traffic)* fluide ◆ *n* lumière *f*; *(of car, bike)* feu *m*; *(headlight)* phare *m*; *(cigarette)* (cigarette) légère *f* ◆ *vt (fire, cigarette)* allumer; *(room, stage)* éclairer; **have you got a ~?** *(for cigarette)* avez-vous du feu?; **to set ~ to sthg** mettre le feu à qqch ❑ **lights** *(traffic lights)* feu *m* rouge; **light up** *vt sep (house, road)* éclairer ◆ *vi (inf: light a cigarette)* allumer une cigarette.

**light bulb** *n* ampoule *f*.

**lighter** ['laɪtə^r] *n (for cigarettes)* briquet *m*.

**light-hearted** [-'hɑ:tɪd] *adj* gai(-e).

**lighthouse** ['laɪthaʊs, *pl* -haʊzɪz] *n* phare *m*.

**lighting** ['laɪtɪŋ] *n* éclairage *m*.

**light meter** *n* posemètre *m*.

**lightning** ['laɪtnɪŋ] *n* foudre *f*; **flash of ~** éclair *m*.

**lightweight** ['laɪtweɪt] *adj (clothes, object)* léger(-ère).

**like** [laɪk] *vt* aimer ◆ *prep* comme; **it's not ~ him** ça ne lui ressemble pas; **to ~ doing sthg** aimer faire qqch; **what's it ~?** c'est comment?; **to look ~ sb/sthg** ressembler à qqn/qqch; **I'd ~ to sit down**

j'aimerais m'asseoir; **I'd ~ a double room** je voudrais une chambre double.

**likelihood** ['laɪklɪhʊd] *n* probabilité *f*.

**likely** ['laɪklɪ] *adj* probable.

**likeness** ['laɪknɪs] *n* ressemblance *f*.

**likewise** ['laɪkwaɪz] *adv* de même.

**lilac** ['laɪlək] *adj* lilas.

**Lilo®** ['laɪləʊ] (*pl* **-s**) *n (Br)* matelas *m* pneumatique.

**lily** ['lɪlɪ] *n* lis *m*.

**lily of the valley** *n* muguet *m*.

**limb** [lɪm] *n* membre *m*.

**lime** [laɪm] *n (fruit)* citron *m* vert; **~ (juice)** jus *m* de citron vert.

**limestone** ['laɪmstəʊn] *n* calcaire *m*.

**limit** ['lɪmɪt] *n* limite *f* ◆ *vt* limiter.

**limited** ['lɪmɪtɪd] *adj (restricted)* limité(-e); *(in company name)* = SARL.

**limp** [lɪmp] *adj* mou (molle) ◆ *vi* boiter.

**line** [laɪn] *n* ligne *f*; *(row)* rangée *f*; *(of vehicles, people)* file *f*; *(Am: queue)* queue *f*; *(of poem, song)* vers *m*; *(rope, string)* corde *f*; *(railway track)* voie *f*; *(of business, work)* domaine *m*; *(type of product)* gamme *f* ◆ *vt (coat, drawers)* doubler; **in ~** *(aligned)* aligné; **it's a bad ~** *(on phone)* la communication est mauvaise; **the ~ is engaged** la ligne est occupée; **to drop sb a ~** *(inf)* écrire un mot à qqn; **to stand in ~** *(Am)* faire la queue ❑ **line up** *vt sep (arrange)* aligner ◆ *vi* s'aligner.

**lined** [laɪnd] *adj (paper)* réglé(-e).

**linen** ['lɪnɪn] *n (cloth)* lin *m*; *(tablecloths, sheets)* linge *m* (de maison).

**liner** ['laɪnə[r]] *n (ship)* paquebot *m*.

**linesman** ['laɪnzmən] (*pl* **-men** [-mən]) *n* juge *m* de touche.

**linger** ['lɪŋgə[r]] *vi* s'attarder.

**lingerie** ['lænʒərɪ] *n* lingerie *f*.

**lining** ['laɪnɪŋ] *n (of coat, jacket)* doublure *f*; *(of brake)* garniture *f*.

**link** [lɪŋk] *n (connection)* lien *m* ◆ *vt* relier; **rail ~** liaison *f* ferroviaire; **road ~** liaison routière.

**lino** ['laɪnəʊ] *n (Br)* lino *m*.

**lion** ['laɪən] *n* lion *m*.

**lioness** ['laɪənes] *n* lionne *f*.

**lip** [lɪp] *n* lèvre *f*.

**lip salve** [-sælv] *n* pommade *f* pour les lèvres.

**lipstick** ['lɪpstɪk] *n* rouge *m* à lèvres.

**liqueur** [lɪ'kjʊə[r]] *n* liqueur *f*.

**liquid** ['lɪkwɪd] *n* liquide *m*.

**liquor** ['lɪkər] *n (Am)* alcool *m*.

**liquorice** ['lɪkərɪs] *n* réglisse *f*.

**lisp** [lɪsp] *n*: **to have a ~** zézayer.

**list** [lɪst] *n* liste *f* ◆ *vt* faire la liste de.

**listen** ['lɪsn] *vi*: **to ~ (to)** écouter.

**listener** ['lɪsnə[r]] *n (to radio)* auditeur *m* (-trice *f*).

**lit** [lɪt] *pt & pp* → **light**.

**liter** ['li:tər] *(Am)* = **litre**.

**literally** ['lɪtərəlɪ] *adv* littéralement.

**literary** ['lɪtərərɪ] *adj* littéraire.

**literature** ['lɪtrətʃə[r]] *n* littérature *f*; *(printed information)* documentation *f*.

**litre** ['li:tə[r]] *n (Br)* litre *m*.

**litter** ['lɪtə[r]] *n (rubbish)* détritus *mpl*.

**litterbin** ['lɪtəbɪn] *n (Br)* poubelle *f*.

**little** ['lɪtl] *adj* petit(-e); *(not much)* peu de ◆ *pron & adv* peu; **as ~ as possible** aussi peu que possible; **~ by ~** petit à petit, peu à peu; **a ~** un peu.

**little finger** *n* petit doigt *m*.

**live**[1] [lɪv] *vi (have home)* habiter; *(be alive, survive)* vivre; **I ~ in Luton** j'habite (à) Luton; **to ~ with sb** vivre avec qqn ❑ **live together** *vi* vivre ensemble.

**live**[2] [laɪv] *adj (alive)* vivant(-e); *(performance)* live *(inv)*; *(programme)* en direct; *(wire)* sous tension ◆ *adv* en direct.

**lively** ['laɪvlɪ] *adj (person)* vif (vive); *(place, atmosphere)* animé(-e).

**liver** ['lɪvəʳ] *n* foie *m*.

**lives** [laɪvz] *pl* → **life**.

**living** ['lɪvɪŋ] *adj* vivant(-e) ◆ *n*: **to earn a ~** gagner sa vie; **what do you do for a ~?** que faites-vous dans la vie?

**living room** *n* salle *f* de séjour.

**lizard** ['lɪzəd] *n* lézard *m*.

**load** [ləʊd] *n* chargement *m* ◆ *vt* charger; **~s of** *(inf)* des tonnes de.

**loaf** [ləʊf] (*pl* **loaves**) *n*: **a ~ (of bread)** un pain.

**loan** [ləʊn] *n (money given)* prêt *m*; *(money borrowed)* emprunt *m* ◆ *vt* prêter.

**loathe** [ləʊð] *vt* détester.

**loaves** [ləʊvz] *pl* → **loaf**.

**lobby** ['lɒbɪ] *n (hall)* hall *m*.

**lobster** ['lɒbstəʳ] *n* homard *m*.

**local** ['ləʊkl] *adj* local(-e) ◆ *n (Br: inf: pub)* bistrot *m* du coin; *(Am: inf: train)* omnibus *m*; *(Am: inf: bus)* bus *m* local; **the ~s** les gens *mpl* du coin.

**local anaesthetic** *n* anesthésie *f* locale.

**local call** *n* communication *f* locale.

**local government** *n* l'administration *f* locale.

**locate** [*Br* ləʊ'keɪt, *Am* 'ləʊkeɪt] *vt (find)* localiser; **to be ~d** se situer.

**location** [ləʊ'keɪʃn] *n* emplacement *m*.

**loch** [lɒk] *n (Scot)* lac *m*.

**lock** [lɒk] *n (on door, drawer)* serrure *f*; *(for bike)* antivol *m*; *(on canal)* écluse *f* ◆ *vt (door, window, car)* verrouiller, fermer à clef; *(keep safely)* enfermer ◆ *vi (become stuck)* se bloquer ❑ **lock in** *vt sep* enfermer; **lock out** *vt sep* enfermer dehors; **lock up** *vt sep (imprison)* enfermer ◆ *vi* fermer à clef.

**locker** ['lɒkəʳ] *n* casier *m*.

**locker room** *n (Am)* vestiaire *m*.

**locket** ['lɒkɪt] *n* médaillon *m*.

**locomotive** [,ləʊkə'məʊtɪv] *n* locomotive *f*.

**locum** ['ləʊkəm] *n (doctor)* remplaçant *m* (-e *f*).

**locust** ['ləʊkəst] *n* criquet *m*.

**lodge** [lɒdʒ] *n (in mountains)* chalet *m* ◆ *vi (stay)* loger; *(get stuck)* se loger.

**lodger** ['lɒdʒəʳ] *n* locataire *mf*.

**lodgings** ['lɒdʒɪŋz] *npl* chambre *f* meublée.

**loft** [lɒft] *n* grenier *m*.

**log** [lɒg] *n (piece of wood)* bûche *f*.

**logic** ['lɒdʒɪk] *n* logique *f*.

**logical** ['lɒdʒɪkl] *adj* logique.

**logo** ['ləʊgəʊ] (*pl* **-s**) *n* logo *m*.

**loin** [lɔɪn] *n* filet *m*.

**loiter** ['lɔɪtəʳ] *vi* traîner.
**lollipop** ['lɒlɪpɒp] *n* sucette *f*.
**lolly** ['lɒlɪ] *n (inf) (lollipop)* sucette *f*; *(Br: ice lolly)* Esquimau® *m*.
**London** ['lʌndən] *n* Londres.
**Londoner** ['lʌndənəʳ] *n* Londonien *m* (-ienne *f*).
**lonely** ['ləʊnlɪ] *adj (person)* solitaire; *(place)* isolé(-e).
**long** [lɒŋ] *adj* long (longue) ◆ *adv* longtemps; **will you be ~?** en as-tu pour longtemps?; **it's 2 metres ~** cela fait 2 mètres de long; **it's two hours ~** ça dure deux heures; **how ~ is it?** *(in length)* ça fait combien de long?; *(journey, film)* ça dure combien?; **a ~ time** longtemps; **all day ~** toute la journée; **as ~ as** du moment que, tant que; **for ~** longtemps; **no ~er** ne … plus; **I can't wait any ~er** je ne peux plus attendre; **so ~!** *(inf)* salut! ❑ **long for** *vt fus* attendre avec impatience.
**long-distance** *adj (phone call)* interurbain(-e).
**long drink** *n* long drink *m*.
**long-haul** *adj* long-courrier.
**longitude** ['lɒndʒɪtju:d] *n* longitude *f*.
**long jump** *n* saut *m* en longueur.
**long-life** *adj (milk, fruit juice)* longue conservation *(inv)*; *(battery)* longue durée *(inv)*.
**longsighted** [,lɒŋ'saɪtɪd] *adj* hypermétrope.
**long-term** *adj* à long terme.
**long wave** *n* grandes ondes *fpl*.
**longwearing** [,lɒŋ'weərɪŋ] *adj (Am)* résistant(-e).
**loo** [lu:] *(pl* **-s***) n (Br: inf)* cabinets *mpl*.
**look** [lʊk] *n (glance)* regard *m*; *(appearance)* apparence *f*, air *m* ◆ *vi* regarder; *(seem)* avoir l'air; **to ~ onto** *(building, room)* donner sur; **to have a ~** regarder; **(good) ~s** beauté *f*; **I'm just ~ing** *(in shop)* je regarde; **~ out!** attention! ❑ **look after** *vt fus* s'occuper de; **look at** *vt fus* regarder; **look for** *vt fus* chercher; **look forward to** *vt fus* attendre avec impatience; **look out for** *vt fus* essayer de repérer; **look round** *vt fus* faire le tour de ◆ *vi* regarder; **look up** *vt sep (in dictionary, phone book)* chercher.
**loony** ['lu:nɪ] *n (inf)* cinglé *m* (-e *f*).
**loop** [lu:p] *n* boucle *f*.
**loose** [lu:s] *adj (joint, screw)* lâche; *(tooth)* qui bouge; *(sheets of paper)* volant(-e); *(sweets)* en vrac; *(clothes)* ample; **to let sb/sthg ~** lâcher qqn/qqch.
**loosen** ['lu:sn] *vt* desserrer.
**lop-sided** [-'saɪdɪd] *adj* de travers.
**lord** [lɔ:d] *n* lord *m*.
**lorry** ['lɒrɪ] *n (Br)* camion *m*.
**lorry driver** *n (Br)* camionneur *m*.
**lose** [lu:z] *(pt & pp* **lost***) vt* perdre; *(subj: watch, clock)* retarder de ◆ *vi* perdre; **to ~ weight** perdre du poids.
**loser** ['lu:zəʳ] *n (in contest)* perdant *m* (-e *f*).
**loss** [lɒs] *n* perte *f*.
**lost** [lɒst] *pt & pp* → **lose** ◆ *adj* perdu(-e); **to get ~** *(lose way)* se perdre.
**lost-and-found office** *(Am)* = **lost property office**.
**lost property office** *n (Br)*

bureau *m* des objets trouvés.
**lot** [lɒt] *n (group)* paquet *m*; *(at auction)* lot *m*; *(Am: car park)* parking *m*; **the ~** *(everything)* tout; **a ~ (of)** beaucoup (de); **~s (of)** beaucoup (de).
**lotion** ['ləʊʃn] *n* lotion *f*.
**lottery** ['lɒtərɪ] *n* loterie *f*.
**loud** [laʊd] *adj (voice, music, noise)* fort(-e); *(colour, clothes)* voyant(-e).
**loudspeaker** [,laʊd'spi:kəʳ] *n* haut-parleur *m*.
**lounge** [laʊndʒ] *n (in house)* salon *m*; *(at airport)* salle *f* d'attente.
**lounge bar** *n (Br) salon dans un pub, plus confortable et plus cher que le «public bar».*
**lousy** ['laʊzɪ] *adj (inf: poor-quality)* minable.
**lout** [laʊt] *n* brute *f*.
**love** [lʌv] *n* amour *m*; *(in tennis)* zéro *m* ◆ *vt* aimer; *(sport, food, film etc)* aimer beaucoup; **to ~ doing sthg** adorer faire qqch; **to be in ~ (with)** être amoureux (de); **(with) ~ from** *(in letter)* affectueusement.
**love affair** *n* liaison *f*.
**lovely** ['lʌvlɪ] *adj (very beautiful)* adorable; *(very nice)* très agréable.
**lover** ['lʌvəʳ] *n (sexual partner)* amant *m* (maîtresse *f*); *(enthusiast)* amoureux *m* (-euse *f*).
**loving** ['lʌvɪŋ] *adj* aimant(-e).
**low** [ləʊ] *adj* bas (basse); *(level, speed, income)* faible; *(standard, quality, opinion)* mauvais(-e); *(depressed)* déprimé(-e) ◆ *n (area of low pressure)* dépression *f*; **we're ~ on petrol** nous sommes à court d'essence.
**low-alcohol** *adj* à faible teneur en alcool.
**low-calorie** *adj* basses calories.
**low-cut** *adj* décolleté(-e).
**lower** ['ləʊəʳ] *adj* inférieur(-e) ◆ *vt* abaisser, baisser.
**lower sixth** *n (Br)* = première *f*.
**low-fat** *adj (crisps, yoghurt)* allégé(-e).
**low tide** *n* marée *f* basse.
**loyal** ['lɔɪəl] *adj* loyal(-e).
**loyalty** ['lɔɪəltɪ] *n* loyauté *f*.
**lozenge** ['lɒzɪndʒ] *n (sweet)* pastille *f*.
**LP** *n* 33 tours *m*.
**L-plate** *n (Br) plaque signalant que le conducteur du véhicule est en conduite accompagnée.*
**Ltd** *(abbr of limited)* = SARL.
**lubricate** ['lu:brɪkeɪt] *vt* lubrifier.
**luck** [lʌk] *n* chance *f*; **bad ~** malchance *f*; **good ~!** bonne chance!; **with ~** avec un peu de chance.
**luckily** ['lʌkɪlɪ] *adv* heureusement.
**lucky** ['lʌkɪ] *adj (person)* chanceux(-euse); *(event, situation, escape)* heureux(-euse); *(number, colour)* porte-bonheur *(inv)*; **to be ~** avoir de la chance.
**ludicrous** ['lu:dɪkrəs] *adj* ridicule.
**lug** [lʌg] *vt (inf)* traîner.
**luggage** ['lʌgɪdʒ] *n* bagages *mpl*.
**luggage compartment** *n* compartiment *m* à bagages.
**luggage locker** *n* casier *m* de consigne automatique.
**luggage rack** *n (on train)* filet *m* à bagages.
**lukewarm** ['lu:kwɔ:m] *adj* tiède.
**lull** [lʌl] *n (in storm)* accalmie *f*; *(in*

*conversation)* pause *f*.
**lullaby** ['lʌləbaɪ] *n* berceuse *f*.
**lumbago** [lʌm'beɪgəʊ] *n* lumbago *m*.
**lumber** ['lʌmbər] *n (Am: timber)* bois *m*.
**luminous** ['lu:mɪnəs] *adj* lumineux(-euse).
**lump** [lʌmp] *n (of mud, butter)* motte *f*; *(of sugar, coal)* morceau *m*; *(on body)* bosse *f*; *(MED)* grosseur *f*.
**lump sum** *n* somme *f* globale.
**lumpy** ['lʌmpɪ] *adj (sauce)* grumeleux(-euse); *(mattress)* défoncé(-e).
**lunatic** ['lu:nətɪk] *n* fou *m* (folle *f*).
**lunch** [lʌntʃ] *n* déjeuner *m*; **to have ~** déjeuner.
**luncheon** ['lʌntʃən] *n (fml)* déjeuner *m*.
**luncheon meat** *n sorte de mortadelle.*
**lunch hour** *n* heure *f* du déjeuner.
**lunchtime** ['lʌntʃtaɪm] *n* heure *f* du déjeuner.
**lung** [lʌŋ] *n* poumon *m*.
**lunge** [lʌndʒ] *vi*: **to ~ at** se précipiter sur.
**lurch** [lɜ:tʃ] *vi (person)* tituber; *(car)* faire une embardée.
**lure** [ljʊər] *vt* attirer.
**lurk** [lɜ:k] *vi (person)* se cacher.
**lush** [lʌʃ] *adj* luxuriant(-e).
**lust** [lʌst] *n* désir *m*.
**Luxembourg** ['lʌksəmbɜ:g] *n* le Luxembourg.
**luxurious** [lʌg'ʒʊərɪəs] *adj* luxueux(-euse).
**luxury** ['lʌkʃərɪ] *adj* de luxe ◆ *n* luxe *m*.
**lying** ['laɪɪŋ] *cont* → **lie**.
**lyrics** ['lɪrɪks] *npl* paroles *fpl*.

**m** *(abbr of metre)* m ◆ *abbr* = **mile**.
**M** *(Br: abbr of motorway)* = A; *(abbr of medium)* M.
**MA** *n (abbr of Master of Arts) (titulaire d'une) maîtrise de lettres.*
**mac** [mæk] *n (Br: inf: coat)* imper *m*.
**macaroni** [,mækə'rəʊnɪ] *n* macaronis *mpl*.
**macaroni cheese** *n* macaronis *mpl* au gratin.
**machine** [mə'ʃi:n] *n* machine *f*.
**machinegun** [mə'ʃi:ngʌn] *n* mitrailleuse *f*.
**machinery** [mə'ʃi:nərɪ] *n* machinerie *f*.
**machine-washable** *adj* lavable en machine.
**mackerel** ['mækrəl] *(pl inv) n* maquereau *m*.
**mackintosh** ['mækɪntɒʃ] *n (Br)* imperméable *m*.
**mad** [mæd] *adj* fou (folle); *(angry)* furieux(-ieuse); **to be ~ about** *(inf)* être fou de; **like ~** comme un fou.
**Madam** ['mædəm] *n (form of address)* Madame.
**made** [meɪd] *pt & pp* → **make**.
**madeira** [mə'dɪərə] *n* madère *m*.
**made-to-measure** *adj* sur mesure *(inv)*.
**madness** ['mædnɪs] *n* folie *f*.

**magazine** [ˌmægəˈziːn] *n* magazine *m*, revue *f*.
**maggot** [ˈmægət] *n* asticot *m*.
**magic** [ˈmædʒɪk] *n* magie *f*.
**magician** [məˈdʒɪʃn] *n (conjurer)* magicien *m* (-ienne *f*).
**magistrate** [ˈmædʒɪstreɪt] *n* magistrat *m*.
**magnet** [ˈmægnɪt] *n* aimant *m*.
**magnetic** [mægˈnetɪk] *adj* magnétique.
**magnificent** [mægˈnɪfɪsənt] *adj (very good)* excellent(-e); *(very beautiful)* magnifique.
**magnifying glass** [ˈmægnɪfaɪɪŋ-] *n* loupe *f*.
**mahogany** [məˈhɒgənɪ] *n* acajou *m*.
**maid** [meɪd] *n* domestique *f*.
**maiden name** [ˈmeɪdn-] *n* nom *m* de jeune fille.
**mail** [meɪl] *n (letters)* courrier *m*; *(system)* poste *f* ◆ *vt (Am: parcel, goods)* envoyer par la poste; *(letter)* poster.
**mailbox** [ˈmeɪlbɒks] *n (Am)* boîte *f* aux OR à lettres.
**mailman** [ˈmeɪlmən] (*pl* **-men** [-mən]) *n (Am)* facteur *m*.
**mail order** *n* vente *f* par correspondance.
**main** [meɪn] *adj* principal(-e).
**main course** *n* plat *m* principal.
**main deck** *n (on ship)* pont *m* principal.
**mainland** [ˈmeɪnlənd] *n*: **the ~** le continent.
**main line** *n (of railway)* grande ligne *f*.
**mainly** [ˈmeɪnlɪ] *adv* principalement.
**main road** *n* grande route *f*.
**mains** [meɪnz] *npl*: **the ~** le secteur.
**main street** *n (Am)* rue *f* principale.
**maintain** [meɪnˈteɪn] *vt (keep)* maintenir; *(car, house)* entretenir.
**maintenance** [ˈmeɪntənəns] *n (of car, machine)* entretien *m*; *(money)* pension *f* alimentaire.
**maisonette** [ˌmeɪzəˈnet] *n (Br)* duplex *m*.
**maize** [meɪz] *n* maïs *m*.
**major** [ˈmeɪdʒəʳ] *adj (important)* majeur(-e); *(most important)* principal(-e) ◆ *n* (MIL) commandant *m* ◆ *vi (Am)*: **to ~ in** se spécialiser en.
**majority** [məˈdʒɒrətɪ] *n* majorité *f*.
**major road** *n* route *f* principale.
**make** [meɪk] (*pt & pp* **made**) *vt* 1. *(produce)* faire; *(manufacture)* fabriquer; **to be made of** être en; **to ~ lunch/supper** préparer le déjeuner/le dîner; **made in Japan** fabriqué en Japon.
2. *(perform, do)* faire; *(decision)* prendre; **to ~ a mistake** faire une erreur, se tromper; **to ~ a phone call** passer un coup de fil.
3. *(cause to be)* rendre; **to ~ sthg better** améliorer qqch; **to ~ sb happy** rendre qqn heureux.
4. *(cause to do, force)* faire; **to ~ sb do sthg** faire faire qqch à qqn; **it made her laugh** ça l'a fait rire.
5. *(amount to, total)* faire; **that ~s £5** ça fait 5 livres.
6. *(calculate)*: **I ~ it £4** d'après mes calculs, ça fait 4 livres; **I ~ it seven o'clock** il est sept heures (à ma

montre).
7. *(money)* gagner; *(profit)* faire.
8. *(inf: arrive in time for)*: **we didn't ~ the 10 o'clock train** nous n'avons pas réussi à avoir le train de 10 heures.
9. *(friend, enemy)* se faire.
10. *(have qualities for)* faire; **this would ~ a lovely bedroom** ça ferait une très jolie chambre.
11. *(bed)* faire.
12. *(in phrases)*: **to ~ do** se débrouiller; **to ~ good** *(damage)* compenser; **to ~ it** *(arrive in time)* arriver à temps; *(be able to go)* se libérer.
◆ *n (of product)* marque *f.*
❑ **make out** *vt sep (cheque, receipt)* établir; *(see, hear)* distinguer; **make up** *vt sep (invent)* inventer; *(comprise)* composer, constituer; *(difference)* apporter; **make up for** *vt fus* compenser.

**makeshift** ['meɪkʃɪft] *adj* de fortune.

**make-up** *n (cosmetics)* maquillage *m.*

**malaria** [mə'leərɪə] *n* malaria *f.*

**Malaysia** [mə'leɪzɪə] *n* la Malaysia.

**male** [meɪl] *adj* mâle ◆ *n* mâle *m.*

**malfunction** [mæl'fʌŋkʃn] *vi (fml)* mal fonctionner.

**malignant** [mə'lɪgnənt] *adj (disease, tumour)* malin(-igne).

**mall** [mɔːl] *n (shopping centre)* centre *m* commercial.

---

## i THE MALL

Le Mall est une succession d'espaces verts au cœur de Washington. Il s'étend du Capitole au Lincoln Memorial en passant par les musées du Smithsonian Institute, la Maison-Blanche, le Washington Memorial et le Jefferson Memorial. Le mur sur lequel sont gravés les noms des soldats tués pendant la guerre du Vietnam se trouve à l'extrémité ouest du Mall.
À Londres, le Mall est une longue avenue bordée d'arbres allant de Buckingham Palace à Trafalgar Square.

---

**mallet** ['mælɪt] *n* maillet *m.*

**malt** [mɔːlt] *n* malt *m.*

**maltreat** [,mæl'triːt] *vt* maltraiter.

**malt whisky** *n* whisky *m* au malt.

**mammal** ['mæml] *n* mammifère *m.*

**man** [mæn] (*pl* **men**) *n* homme *m* ◆ *vt (phones, office)* assurer la permanence de.

**manage** ['mænɪdʒ] *vt (company, business)* diriger; *(task)* arriver à faire ◆ *vi (cope)* y arriver, se débrouiller; **can you ~ Friday?** est-ce que vendredi vous irait?; **to ~ to do sthg** réussir à faire qqch.

**management** ['mænɪdʒmənt] *n* direction *f.*

**manager** ['mænɪdʒə^r] *n (of business, bank, shop)* directeur *m* (-trice *f*); *(of sports team)* manager *m.*

**manageress** [,mænɪdʒə'res] *n (of business, bank, shop)* directrice *f.*

**managing director** ['mænɪdʒɪŋ-] *n* directeur *m* général (directrice générale *f*).

**mandarin** ['mændərɪn] *n* mandarine *f.*

**mane** [meɪn] *n* crinière *f.*

**maneuver** [mə'nu:vər] *(Am)* = manoeuvre.
**mangetout** [,mɒnʒ'tu:] *n* mange-tout *m inv*.
**mangle** ['mæŋgl] *vt* déchiqueter.
**mango** ['mæŋgəʊ] (*pl* **-es** OR **-s**) *n* mangue *f*.
**Manhattan** [mæn'hætən] *n* Manhattan *m*.

---

### i MANHATTAN

L'île de Manhattan, quartier central de New York, se divise en trois parties: Downtown, Midtown et Upper Manhattan. On y trouve des gratte-ciel mondialement connus comme l'Empire State Building ou le Chrysler Building, et des lieux aussi célèbres que Central Park, la cinquième avenue, Broadway et Greenwich Village.

---

**manhole** ['mænhəʊl] *n* regard *m*.
**maniac** ['meɪnɪæk] *n (inf)* fou *m* (folle *f*).
**manicure** ['mænɪkjʊəʳ] *n* soins *mpl* des mains.
**manifold** ['mænɪfəʊld] *n* (AUT) tubulure *f*.
**manipulate** [mə'nɪpjʊleɪt] *vt* manipuler.
**mankind** [,mæn'kaɪnd] *n* hommes *mpl*, humanité *f*.
**manly** ['mænlɪ] *adj* viril(-e).
**man-made** *adj (synthetic)* synthétique.
**manner** ['mænəʳ] *n (way)* manière *f* ❑ **manners** *npl* manières *fpl*.
**manoeuvre** [mə'nu:vəʳ] *n (Br)* manœuvre *f* ◆ *vt (Br)* manœuvrer.
**manor** ['mænəʳ] *n* manoir *m*.
**mansion** ['mænʃn] *n* manoir *m*.
**manslaughter** ['mæn,slɔ:təʳ] *n* homicide *m* involontaire.
**mantelpiece** ['mæntlpi:s] *n* cheminée *f*.
**manual** ['mænjʊəl] *adj* manuel(-elle) ◆ *n (book)* manuel *m*.
**manufacture** [,mænjʊ'fæktʃəʳ] *n* fabrication *f* ◆ *vt* fabriquer.
**manufacturer** [,mænjʊ'fæktʃərəʳ] *n* fabricant *m* (-e *f*).
**manure** [mə'njʊəʳ] *n* fumier *m*.
**many** ['menɪ] (*compar* **more**, *superl* **most**) *adj* beaucoup de ◆ *pron* beaucoup; **there aren't as ~ people this year** il n'y a pas autant de gens cette année; **I don't have ~** je n'en ai pas beaucoup; **how ~?** combien?; **how ~ beds are there?** combien y a-t-il de lits?; **so ~** tant de; **too ~** trop; **there are too ~ people** il y a trop de monde.
**map** [mæp] *n* carte *f*.
**maple syrup** ['meɪpl-] *n* sirop *m* d'érable.
**Mar.** *abbr* = **March**.
**marathon** ['mærəθn] *n* marathon *m*.
**marble** ['mɑ:bl] *n (stone)* marbre *m*; *(glass ball)* bille *f*.
**march** [mɑ:tʃ] *n (demonstration)* marche *f* ◆ *vi (walk quickly)* marcher d'un pas vif.
**March** [mɑ:tʃ] *n* mars *m*, → **September**.
**mare** [meəʳ] *n* jument *f*.
**margarine** [,mɑ:dʒə'ri:n] *n* margarine *f*.
**margin** ['mɑ:dʒɪn] *n* marge *f*.
**marina** [mə'ri:nə] *n* marina *f*.
**marinated** ['mærɪneɪtɪd] *adj*

mariné(-e).

**marital status** ['mærɪtl-] *n* situation *f* de famille.

**mark** [mɑ:k] *n* marque *f*; *(SCH)* note *f* ◆ *vt* marquer; *(correct)* noter; **(gas) ~ five** thermostat cinq.

**marker pen** ['mɑ:kə-] *n* marqueur *m*.

**market** ['mɑ:kɪt] *n* marché *m*.

**marketing** ['mɑ:kɪtɪŋ] *n* marketing *m*.

**marketplace** ['mɑ:kɪtpleɪs] *n* *(place)* place *f* du marché.

**markings** ['mɑ:kɪŋz] *npl* *(on road)* signalisation *f* horizontale.

**marmalade** ['mɑ:məleɪd] *n* confiture *f* d'oranges.

**marquee** [mɑ:'ki:] *n* grande tente *f*.

**marriage** ['mærɪdʒ] *n* mariage *m*.

**married** ['mærɪd] *adj* marié(-e); **to get ~** se marier.

**marrow** ['mærəʊ] *n* *(vegetable)* courge *f*.

**marry** ['mærɪ] *vt* épouser ◆ *vi* se marier.

**marsh** [mɑ:ʃ] *n* marais *m*.

**martial arts** [,mɑ:ʃl-] *npl* arts *mpl* martiaux.

**marvellous** ['mɑ:vələs] *adj* *(Br)* merveilleux(-euse).

**marvelous** ['mɑ:vələs] *(Am)* = marvellous.

**marzipan** ['mɑ:zɪpæn] *n* pâte *f* d'amandes.

**mascara** [mæs'kɑ:rə] *n* mascara *m*.

**masculine** ['mæskjʊlɪn] *adj* masculin(-e).

**mashed potatoes** [mæʃt-] *npl* purée *f* (de pommes de terre).

**mask** [mɑ:sk] *n* masque *m*.

**masonry** ['meɪsnrɪ] *n* maçonnerie *f*.

**mass** [mæs] *n* *(large amount)* masse *f*; *(RELIG)* messe *f*; **~es (of)** *(inf: lots)* des tonnes (de).

**massacre** ['mæsəkə^r] *n* massacre *m*.

**massage** [*Br* 'mæsɑ:ʒ, *Am* mə'sɑ:ʒ] *n* massage *m* ◆ *vt* masser.

**masseur** [mæ'sɜ:^r] *n* masseur *m*.

**masseuse** [mæ'sɜ:z] *n* masseuse *f*.

**massive** ['mæsɪv] *adj* massif(-ive).

**mast** [mɑ:st] *n* mât *m*.

**master** ['mɑ:stə^r] *n* maître *m* ◆ *vt* *(skill, language)* maîtriser.

**masterpiece** ['mɑ:stəpi:s] *n* chef-d'œuvre *m*.

**mat** [mæt] *n* *(small rug)* carpette *f*; *(on table)* set *m* de table.

**match** [mætʃ] *n* *(for lighting)* allumette *f*; *(game)* match *m* ◆ *vt* *(in colour, design)* aller avec; *(be the same as)* correspondre à; *(be as good as)* égaler ◆ *vi* *(in colour, design)* aller ensemble.

**matchbox** ['mætʃbɒks] *n* boîte *f* d'allumettes.

**matching** ['mætʃɪŋ] *adj* assorti(-e).

**mate** [meɪt] *n* *(inf)* *(friend)* pote *m*; *(Br: form of address)* mon vieux ◆ *vi* s'accoupler.

**material** [mə'tɪərɪəl] *n* matériau *m*; *(cloth)* tissu *m* ❑ **materials** *npl* *(equipment)* matériel *m*.

**maternity leave** [mə'tɜ:nətɪ-] *n* congé *m* de maternité.

**maternity ward** [mə'tɜ:nətɪ-] *n* maternité *f*.

**math** [mæθ] *(Am)* = **maths**.

**mathematics** [ˌmæθəˈmætɪks] *n* mathématiques *fpl*.

**maths** [mæθs] *n (Br)* maths *fpl*.

**matinée** [ˈmætɪneɪ] *n* matinée *f*.

**matt** [mæt] *adj* mat(-e).

**matter** [ˈmætəʳ] *n (issue, situation)* affaire *f*; *(physical material)* matière *f* ◆ *vi* importer; **it doesn't ~** ça ne fait rien; **no ~ what happens** quoi qu'il arrive; **there's something the ~ with my car** ma voiture a quelque chose qui cloche; **what's the ~?** qu'est-ce qui se passe?; **as a ~ of course** naturellement; **as a ~ of fact** en fait.

**mattress** [ˈmætrɪs] *n* matelas *m*.

**mature** [məˈtjʊəʳ] *adj (person, behaviour)* mûr(-e); *(cheese)* fait(-e); *(wine)* arrivé(-e) à maturité.

**mauve** [məʊv] *adj* mauve.

**max.** [mæks] *(abbr of maximum)* max.

**maximum** [ˈmæksɪməm] *adj* maximum ◆ *n* maximum *m*.

**may** [meɪ] *aux vb* 1. *(expressing possibility)*: **it ~ be done as follows** on peut procéder comme suit; **it ~ rain** il se peut qu'il pleuve; **they ~ have got lost** ils se sont peut-être perdus.
2. *(expressing permission)* pouvoir; **~ I smoke?** est-ce que je peux fumer?; **you ~ sit, if you wish** vous pouvez vous asseoir, si vous voulez.
3. *(when conceding a point)*: **it ~ be a long walk, but it's worth it** ça fait peut-être loin à pied, mais ça vaut le coup.

**May** [meɪ] *n* mai *m*, → **September**.

**maybe** [ˈmeɪbiː] *adv* peut-être.

**mayonnaise** [ˌmeɪəˈneɪz] *n* mayonnaise *f*.

**mayor** [meəʳ] *n* maire *m*.

**mayoress** [ˈmeərɪs] *n* maire *m*.

**maze** [meɪz] *n* labyrinthe *m*.

**me** [miː] *pron* me; *(after prep)* moi; **she knows ~** elle me connaît; **it's ~** c'est moi; **send it to ~** envoie-le-moi; **tell ~** dis-moi; **he's worse than ~** il est pire que moi.

**meadow** [ˈmedəʊ] *n* pré *m*.

**meal** [miːl] *n* repas *m*.

**mealtime** [ˈmiːltaɪm] *n* heure *f* du repas.

**mean** [miːn] (*pt & pp* **meant**) *adj (miserly, unkind)* mesquin(-e) ◆ *vt (signify, matter)* signifier; *(intend, subj: word)* vouloir dire; **I don't ~ it** je ne le pense pas vraiment; **to ~ to do sthg** avoir l'intention de faire qqch; **to be meant to do sthg** être censé faire qqch; **it's meant to be good** il paraît que c'est bon.

**meaning** [ˈmiːnɪŋ] *n (of word, phrase)* sens *m*.

**meaningless** [ˈmiːnɪŋlɪs] *adj* qui n'a aucun sens.

**means** [miːnz] *(pl inv) n* moyen *m* ◆ *npl (money)* moyens *mpl*; **by all ~!** bien sûr!; **by ~ of** au moyen de.

**meant** [ment] *pt & pp* → **mean**.

**meantime** [ˈmiːnˌtaɪm]: **in the meantime** *adv* pendant ce temps, entre-temps.

**meanwhile** [ˈmiːnˌwaɪl] *adv (at the same time)* pendant ce temps; *(in the time between)* en attendant.

**measles** [ˈmiːzlz] *n* rougeole *f*.

**measure** [ˈmeʒəʳ] *vt* mesurer ◆ *n* mesure *f*; *(of alcohol)* dose *f*; **the room ~s 10 m²** la pièce fait 10 m².

**measurement** [ˈmeʒəmənt] *n*

mesure *f*.
**meat** [miːt] *n* viande *f*; **red ~** viande rouge; **white ~** viande blanche.
**meatball** ['miːtbɔːl] *n* boulette *f* de viande.
**mechanic** [mɪ'kænɪk] *n* mécanicien *m* (-ienne *f*).
**mechanical** [mɪ'kænɪkl] *adj (device)* mécanique.
**mechanism** ['mekənɪzm] *n* mécanisme *m*.
**medal** ['medl] *n* médaille *f*.
**media** ['miːdjə] *n or npl*: **the ~** les médias *mpl*.
**medical** ['medɪkl] *adj* médical(-e) ◆ *n* visite *f* médicale.
**medication** [,medɪ'keɪʃn] *n* médicaments *mpl*.
**medicine** ['medsɪn] *n (substance)* médicament *m*; *(science)* médecine *f*.
**medicine cabinet** *n* armoire *f* à pharmacie.
**medieval** [,medɪ'iːvl] *adj* médiéval(-e).
**mediocre** [,miːdɪ'əʊkəʳ] *adj* médiocre.
**Mediterranean** [,medɪtə'reɪnjən] *n*: **the ~** *(region)* les pays *mpl* méditerranéens; **the ~ (Sea)** la (mer) Méditerranée.
**medium** ['miːdjəm] *adj* moyen(-enne); *(wine)* demi-sec.
**medium-dry** *adj* demi-sec.
**medium-sized** [-saɪzd] *adj* de taille moyenne.
**medley** ['medlɪ] *n*: **~ of seafood** plateau *m* de fruits de mer.
**meet** [miːt] (*pt & pp* **met**) *vt* rencontrer; *(by arrangement)* retrouver; *(go to collect)* aller chercher; *(need, requirement)* répondre à; *(cost, expenses)* prendre en charge ◆ *vi* se rencontrer; *(by arrangement)* se retrouver; *(intersect)* se croiser ❑ **meet up** *vi* se retrouver; **meet with** *vt fus (problems, resistance)* rencontrer; *(Am: by arrangement)* retrouver.
**meeting** ['miːtɪŋ] *n (for business)* réunion *f*.
**meeting point** *n (at airport, station)* point *m* rencontre.
**melody** ['melədɪ] *n* mélodie *f*.
**melon** ['melən] *n* melon *m*.
**melt** [melt] *vi* fondre.
**member** ['membəʳ] *n* membre *m*.
**Member of Congress** [-'kɒŋgres] *n* membre *m* du Congrès.
**Member of Parliament** *n* = député *m*.
**membership** ['membəʃɪp] *n* adhésion *f*; *(members)* membres *mpl*.
**memorial** [mɪ'mɔːrɪəl] *n* mémorial *m*.
**memorize** ['meməraɪz] *vt* mémoriser.
**memory** ['memərɪ] *n* mémoire *f*; *(thing remembered)* souvenir *m*.
**men** [men] *pl* → **man**.
**menacing** ['menəsɪŋ] *adj* menaçant(-e).
**mend** [mend] *vt* réparer.
**menopause** ['menəpɔːz] *n* ménopause *f*.
**men's room** *n (Am)* toilettes *fpl* (pour hommes).
**menstruate** ['menstrueɪt] *vi* avoir ses règles.
**menswear** ['menzweəʳ] *n* vêtements *mpl* pour hommes.

**mental** ['mentl] *adj* mental(-e).
**mental hospital** *n* hôpital *m* psychiatrique.
**mentally handicapped** ['mentəlɪ-] *adj* handicapé(-e) mental(-e) ◆ *npl*: **the ~** les handicapés *mpl* mentaux.
**mentally ill** ['mentəlɪ-] *adj* malade *(mentalement)*.
**mention** ['menʃn] *vt* mentionner; **don't ~ it!** de rien!
**menu** ['menju:] *n* menu *m*; **children's ~** menu enfant.
**merchandise** ['mɜ:tʃəndaɪz] *n* marchandises *fpl*.
**merchant marine** [,mɜ:tʃəntmə'ri:n] *(Am)* = **merchant navy**.
**merchant navy** [,mɜ:tʃənt-] *n (Br)* marine *f* marchande.
**mercury** ['mɜ:kjʊrɪ] *n* mercure *m*.
**mercy** ['mɜ:sɪ] *n* pitié *f*.
**mere** [mɪə^r] *adj* simple; **it costs a ~ £5** ça ne coûte que 5 livres.
**merely** ['mɪəlɪ] *adv* seulement.
**merge** [mɜ:dʒ] *vi (rivers, roads)* se rejoindre; **"merge"** *(Am) panneau indiquant aux automobilistes débouchant d'une bretelle d'accès qu'ils doivent rejoindre la file de droite*.
**merger** ['mɜ:dʒə^r] *n* fusion *f*.
**meringue** [mə'ræŋ] *n (egg white)* meringue *f*; *(cake) petit gâteau meringué*.
**merit** ['merɪt] *n* mérite *m*; *(in exam)* = mention *f* bien.
**merry** ['merɪ] *adj* gai(-e); **Merry Christmas!** joyeux Noël!
**merry-go-round** *n* manège *m*.
**mess** [mes] *n (untidiness)* désordre *m*; *(difficult situation)* pétrin *m*; **in a ~** *(untidy)* en désordre ❑ **mess about** *vi (inf) (have fun)* s'amuser; *(behave foolishly)* faire l'imbécile; **to ~ about with sthg** *(interfere)* tripoter qqch; **mess up** *vt sep (inf: ruin, spoil)* ficher en l'air.
**message** ['mesɪdʒ] *n* message *m*.
**messenger** ['mesɪndʒə^r] *n* messager *m* (-ère *f*).
**messy** ['mesɪ] *adj* en désordre.
**met** [met] *pt & pp* → **meet**.
**metal** ['metl] *adj* en métal ◆ *n* métal *m*.
**metalwork** ['metəlwɜ:k] *n (craft)* ferronnerie *f*.
**meter** ['mi:tə^r] *n (device)* compteur *m*; *(Am)* = **metre**.
**method** ['meθəd] *n* méthode *f*.
**methodical** [mɪ'θɒdɪkl] *adj* méthodique.
**meticulous** [mɪ'tɪkjʊləs] *adj* méticuleux(-euse).
**metre** ['mi:tə^r] *n (Br)* mètre *m*.
**metric** ['metrɪk] *adj* métrique.
**mews** [mju:z] (*pl inv*) *n (Br) ruelle bordée d'anciennes écuries, souvent transformées en appartements de standing*.
**Mexican** ['meksɪkn] *adj* mexicain(-e) ◆ *n* Mexicain *m* (-e *f*).
**Mexico** ['meksɪkəʊ] *n* le Mexique.
**mg** *(abbr of milligram)* mg.
**miaow** [mi:'aʊ] *vi (Br)* miauler.
**mice** [maɪs] *pl* → **mouse**.
**microchip** ['maɪkrəʊtʃɪp] *n* puce *f*.
**microphone** ['mɪkrəfəʊn] *n* microphone *m*, micro *m*.
**microscope** ['maɪkrəskəʊp] *n* microscope *m*.
**microwave (oven)** ['maɪkrə-

weɪv-] *n* four *m* à micro-ondes, micro-ondes *m inv*.

**midday** [ˌmɪdˈdeɪ] *n* midi *m*.

**middle** [ˈmɪdl] *n* milieu *m* ◆ *adj (central)* du milieu; **in the ~ of the road** au milieu de la route; **in the ~ of April** à la mi-avril; **to be in the ~ of doing sthg** être en train de faire qqch.

**middle-aged** *adj* d'âge moyen.

**middle-class** *adj* bourgeois(-e).

**Middle East** *n*: **the ~** le Moyen-Orient.

**middle name** *n* deuxième prénom *m*.

**middle school** *n (in UK) école pour enfants de 8 à 13 ans*.

**midge** [mɪdʒ] *n* moucheron *m*.

**midget** [ˈmɪdʒɪt] *n* nain *m* (naine *f*).

**Midlands** [ˈmɪdləndz] *npl*: **the ~** *les comtés du centre de l'Angleterre*.

**midnight** [ˈmɪdnaɪt] *n (twelve o'clock)* minuit *m*; *(middle of the night)* milieu *m* de la nuit.

**midsummer** [ˈmɪdˈsʌməʳ] *n*: **in ~** en plein été.

**midway** [ˌmɪdˈweɪ] *adv (in space)* à mi-chemin; *(in time)* au milieu.

**midweek** [*adj* ˈmɪdwiːk, *adv* mɪdˈwiːk] *adj* de milieu de semaine ◆ *adv* en milieu de semaine.

**midwife** [ˈmɪdwaɪf] (*pl* **-wives** [-waɪvz]) *n* sage-femme *f*.

**midwinter** [ˈmɪdˈwɪntəʳ] *n*: **in ~** en plein hiver.

**might** [maɪt] *aux vb* 1. *(expressing possibility)*: **they ~ still come** il se peut encore qu'ils viennent; **they ~ have been killed** ils seraient peut-être morts.
2. *(fml: expressing permission)* pouvoir; **~ I have a few words?** puis-je vous parler un instant?
3. *(when conceding a point)*: **it ~ be expensive, but it's good quality** c'est peut-être cher, mais c'est de la bonne qualité.
4. *(would)*: **I hoped you ~ come too** j'espérais que vous viendriez aussi.

**migraine** [ˈmiːgreɪn, ˈmaɪgreɪn] *n* migraine *f*.

**mild** [maɪld] *adj* doux (douce); *(pain, illness)* léger(-ère) ◆ *n (Br: beer) bière moins riche en houblon et plus foncée que la «bitter»*.

**mile** [maɪl] *n* = 1,609 km, mile *m*; **it's ~s away** c'est à des kilomètres.

**mileage** [ˈmaɪlɪdʒ] *n* = kilométrage *m*.

**mileometer** [maɪˈlɒmɪtəʳ] *n* = compteur *m* (kilométrique).

**military** [ˈmɪlɪtrɪ] *adj* militaire.

**milk** [mɪlk] *n* lait *m* ◆ *vt (cow)* traire.

**milk chocolate** *n* chocolat *m* au lait.

**milkman** [ˈmɪlkmən] (*pl* **-men** [-mən]) *n* laitier *m*.

**milk shake** *n* milk-shake *m*.

**milky** [ˈmɪlkɪ] *adj (tea, coffee)* avec beaucoup de lait.

**mill** [mɪl] *n* moulin *m*; *(factory)* usine *f*.

**milligram** [ˈmɪlɪgræm] *n* milligramme *m*.

**millilitre** [ˈmɪlɪˌliːtəʳ] *n* millilitre *m*.

**millimetre** [ˈmɪlɪˌmiːtəʳ] *n* millimètre *m*.

**million** [ˈmɪljən] *n* million *m*; **~s of** *(fig)* des millions de.

**millionaire** [ˌmɪljəˈneəʳ] *n* millionnaire *mf.*
**mime** [maɪm] *vi* faire du mime.
**min.** [mɪn] *(abbr of minute)* min., mn; *(abbr of minimum)* min.
**mince** [mɪns] *n (Br)* viande *f* hachée.
**mincemeat** [ˈmɪnsmiːt] *n (sweet filling) mélange de fruits secs et d'épices utilisé en pâtisserie*; *(Am: mince)* viande *f* hachée.
**mince pie** *n tartelette de Noël, fourrée avec un mélange de fruits secs et d'épices.*
**mind** [maɪnd] *n* esprit *m*; *(memory)* mémoire *f* ◆ *vt (be careful of)* faire attention à; *(look after)* garder ◆ *vi*: **I don't ~** ça m'est égal; **it slipped my ~** ça m'est sorti de l'esprit; **to my ~** à mon avis; **to bear sthg in ~** garder qqch en tête; **to change one's ~** changer d'avis; **to have sthg in ~** avoir qqch en tête; **to have sthg on one's ~** être préoccupé par qqch; **to make one's ~ up** se décider; **do you ~ waiting?** est-ce que ça vous gêne d'attendre?; **do you ~ if ...?** est-ce que ça vous dérange si ...?; **I wouldn't ~ a drink** je boirais bien quelque chose; **"~ the gap!"** *(on underground) annonce indiquant aux usagers du métro de faire attention à l'espace entre le quai et la rame*; **never ~!** *(don't worry)* ça ne fait rien!
**mine**[1] [maɪn] *pron* le mien (la mienne); **these shoes are ~** ces chaussures sont à moi; **a friend of ~** un ami à moi.
**mine**[2] [maɪn] *n (bomb, for coal etc)* mine *f.*
**miner** [ˈmaɪnəʳ] *n* mineur *m.*
**mineral** [ˈmɪnərəl] *n* minéral *m.*
**mineral water** *n* eau *f* minérale.
**minestrone** [ˌmɪnɪˈstrəʊnɪ] *n* minestrone *m.*
**mingle** [ˈmɪŋgl] *vi* se mélanger.
**miniature** [ˈmɪnətʃəʳ] *adj* miniature ◆ *n (bottle)* bouteille *f* miniature.
**minibar** [ˈmɪnɪbɑːʳ] *n* minibar *m.*
**minibus** [ˈmɪnɪbʌs] (*pl* **-es**) *n* minibus *m.*
**minicab** [ˈmɪnɪkæb] *n (Br)* radiotaxi *m.*
**minimal** [ˈmɪnɪml] *adj* minimal(-e).
**minimum** [ˈmɪnɪməm] *adj* minimum ◆ *n* minimum *m.*
**miniskirt** [ˈmɪnɪskɜːt] *n* minijupe *f.*
**minister** [ˈmɪnɪstəʳ] *n (in government)* ministre *m*; *(in church)* pasteur *m.*
**ministry** [ˈmɪnɪstrɪ] *n (of government)* ministère *m.*
**minor** [ˈmaɪnəʳ] *adj* mineur(-e) ◆ *n (fml)* mineur *m* (-e *f*).
**minority** [maɪˈnɒrətɪ] *n* minorité *f.*
**minor road** *n* route *f* secondaire.
**mint** [mɪnt] *n (sweet)* bonbon *m* à la menthe; *(plant)* menthe *f.*
**minus** [ˈmaɪnəs] *prep* moins; **it's ~ 10 (degrees C)** il fait moins 10 (degrés Celsius).
**minuscule** [ˈmɪnəskjuːl] *adj* minuscule.
**minute**[1] [ˈmɪnɪt] *n* minute *f*; **any ~** d'une minute à l'autre; **just a ~!** (une) minute!
**minute**[2] [maɪˈnjuːt] *adj* minuscule.

**minute steak** [ˌmɪnɪt-] *n* entrecôte *f* minute.
**miracle** ['mɪrəkl] *n* miracle *m*.
**miraculous** [mɪ'rækjʊləs] *adj* miraculeux(-euse).
**mirror** ['mɪrə^r] *n* miroir *m*, glace *f*; *(on car)* rétroviseur *m*.
**misbehave** [ˌmɪsbɪ'heɪv] *vi (person)* se conduire mal.
**miscarriage** [ˌmɪs'kærɪdʒ] *n* fausse couche *f*.
**miscellaneous** [ˌmɪsə'leɪnjəs] *adj* divers(-es).
**mischievous** ['mɪstʃɪvəs] *adj* espiègle.
**misconduct** [ˌmɪs'kɒndʌkt] *n* mauvaise conduite *f*.
**miser** ['maɪzə^r] *n* avare *mf*.
**miserable** ['mɪzrəbl] *adj (unhappy)* malheureux(-euse); *(place, news)* sinistre; *(weather)* épouvantable; *(amount)* misérable.
**misery** ['mɪzərɪ] *n (unhappiness)* malheur *m*; *(poor conditions)* misère *f*.
**misfire** [ˌmɪs'faɪə^r] *vi (car)* avoir des ratés.
**misfortune** [mɪs'fɔ:tʃu:n] *n (bad luck)* malchance *f*.
**mishap** ['mɪshæp] *n* mésaventure *f*.
**misjudge** [ˌmɪs'dʒʌdʒ] *vt* mal juger.
**mislay** [ˌmɪs'leɪ] (*pt & pp* **-laid**) *vt* égarer.
**mislead** [ˌmɪs'li:d] (*pt & pp* **-led**) *vt* tromper.
**miss** [mɪs] *vt* rater; *(regret absence of)* regretter ◆ *vi* manquer son but; **I ~ him** il me manque ❑ **miss out** *vt sep (by accident)* oublier; *(deliberately)* omettre ◆ *vi* rater quelque chose.
**Miss** [mɪs] *n* Mademoiselle.
**missile** [*Br* 'mɪsaɪl, *Am* 'mɪsl] *n (weapon)* missile *m*; *(thing thrown)* projectile *m*.
**missing** ['mɪsɪŋ] *adj (lost)* manquant(-e); **there are two ~** il en manque deux.
**missing person** *n* personne *f* disparue.
**mission** ['mɪʃn] *n* mission *f*.
**missionary** ['mɪʃənrɪ] *n* missionnaire *mf*.
**mist** [mɪst] *n* brume *f*.
**mistake** [mɪ'steɪk] (*pt* **-took**, *pp* **-taken**) *n* erreur *f* ◆ *vt (misunderstand)* mal comprendre; **by ~** par erreur; **to make a ~** faire une erreur; **to ~ sb/sthg for** prendre qqn/qqch pour.
**Mister** ['mɪstə^r] *n* Monsieur.
**mistook** [mɪ'stʊk] *pt* → **mistake**.
**mistress** ['mɪstrɪs] *n* maîtresse *f*.
**mistrust** [ˌmɪs'trʌst] *vt* se méfier de.
**misty** ['mɪstɪ] *adj* brumeux(-euse).
**misunderstanding** [ˌmɪsʌndə'stændɪŋ] *n (misinterpretation)* malentendu *m*; *(quarrel)* discussion *f*.
**misuse** [ˌmɪs'ju:s] *n* usage *m* abusif.
**mitten** ['mɪtn] *n* moufle *f*; *(without fingers)* mitaine *f*.
**mix** [mɪks] *vt* mélanger; *(drink)* préparer ◆ *n (for cake, sauce)* préparation *f*; **to ~ sthg with sthg** mélanger qqch avec OR et qqch ❑ **mix up** *vt sep (confuse)* confondre; *(put into disorder)* mélanger.
**mixed** [mɪkst] *adj (school)* mixte.

**mixed grill** *n* mixed grill *m*.
**mixed salad** *n* salade *f* mixte.
**mixed vegetables** *npl* légumes *mpl* variés.
**mixer** ['mɪksəʳ] *n (for food)* mixe(u)r *m*; *(drink) boisson accompagnant les alcools dans la préparation des cocktails*.
**mixture** ['mɪkstʃəʳ] *n* mélange *m*.
**mix-up** *n (inf)* confusion *f*.
**ml** *(abbr of millilitre)* ml.
**mm** *(abbr of millimetre)* mm.
**moan** [məʊn] *vi (in pain, grief)* gémir; *(inf: complain)* rouspéter.
**moat** [məʊt] *n* douves *fpl*.
**mobile** ['məʊbaɪl] *adj* mobile.
**mobile phone** *n* téléphone *m* mobile.
**mock** [mɒk] *adj* faux (fausse) ◆ *vt* se moquer de ◆ *n (Br: exam)* examen *m* blanc.
**mode** [məʊd] *n* mode *m*.
**model** ['mɒdl] *n* modèle *m*; *(small copy)* modèle *m* réduit; *(fashion model)* mannequin *m*.
**moderate** ['mɒdərət] *adj* modéré(-e).
**modern** ['mɒdən] *adj* moderne.
**modernized** ['mɒdənaɪzd] *adj* modernisé(-e).
**modern languages** *npl* langues *fpl* vivantes.
**modest** ['mɒdɪst] *adj* modeste.
**modify** ['mɒdɪfaɪ] *vt* modifier.
**mohair** ['məʊheəʳ] *n* mohair *m*.
**moist** [mɔɪst] *adj* moite; *(cake)* moelleux(-euse).
**moisture** ['mɔɪstʃəʳ] *n* humidité *f*.
**moisturizer** ['mɔɪstʃəraɪzəʳ] *n* crème *f* hydratante.
**molar** ['məʊləʳ] *n* molaire *f*.
**mold** [məʊld] *(Am)* = **mould**.
**mole** [məʊl] *n (animal)* taupe *f*; *(spot)* grain *m* de beauté.
**molest** [mə'lest] *vt (child)* abuser de; *(woman)* agresser.
**mom** [mɒm] *n (Am: inf)* maman *f*.
**moment** ['məʊmənt] *n* moment *m*; **at the ~** en ce moment; **for the ~** pour le moment.
**Mon.** *abbr* = **Monday**.
**monarchy** ['mɒnəkɪ] *n*: **the ~** *(royal family)* la famille royale.
**monastery** ['mɒnəstrɪ] *n* monastère *m*.
**Monday** ['mʌndɪ] *n* lundi *m*, → **Saturday**.
**money** ['mʌnɪ] *n* argent *m*.
**money belt** *n* ceinture *f* portefeuille.
**money order** *n* mandat *m*.
**mongrel** ['mʌŋgrəl] *n* bâtard *m*.
**monitor** ['mɒnɪtəʳ] *n (computer screen)* moniteur *m* ◆ *vt (check, observe)* contrôler.
**monk** [mʌŋk] *n* moine *m*.
**monkey** ['mʌŋkɪ] (*pl* **monkeys**) *n* singe *m*.
**monkfish** ['mʌŋkfɪʃ] *n* lotte *f*.
**monopoly** [mə'nɒpəlɪ] *n* monopole *m*.
**monorail** ['mɒnəʊreɪl] *n* monorail *m*.
**monotonous** [mə'nɒtənəs] *adj* monotone.
**monsoon** [mɒn'su:n] *n* mousson *f*.
**monster** ['mɒnstəʳ] *n* monstre *m*.
**month** [mʌnθ] *n* mois *m*; **every ~** tous les mois; **in a ~'s time** dans

un mois.

**monthly** ['mʌnθlɪ] *adj* mensuel(-elle) ◆ *adv* tous les mois.

**monument** ['mɒnjʊmənt] *n* monument *m*.

**mood** [mu:d] *n* humeur *f*; **to be in a (bad) ~** être de mauvaise humeur; **to be in a good ~** être de bonne humeur.

**moody** ['mu:dɪ] *adj* *(bad-tempered)* de mauvaise humeur; *(changeable)* lunatique.

**moon** [mu:n] *n* lune *f*.

**moonlight** ['mu:nlaɪt] *n* clair *m* de lune.

**moor** [mɔ:ʳ] *n* lande *f* ◆ *vt* amarrer.

**moose** [mu:s] *(pl inv)* *n* orignal *m*.

**mop** [mɒp] *n* *(for floor)* balai *m* à franges ◆ *vt* *(floor)* laver ❑ **mop up** *vt sep* *(clean up)* éponger.

**moped** ['məʊped] *n* Mobylette® *f*.

**moral** ['mɒrəl] *adj* moral(-e) ◆ *n* *(lesson)* morale *f*.

**morality** [mə'rælɪtɪ] *n* moralité *f*.

**more** [mɔ:ʳ] *adj* 1. *(a larger amount of)* plus de, davantage de; **there are ~ tourists than usual** il y a plus de touristes que d'habitude.
2. *(additional)* encore de; **are there any ~ cakes?** est-ce qu'il y a encore des gâteaux?; **I'd like two ~ bottles** je voudrais deux autres bouteilles; **there's no ~ wine** il n'y a plus de vin.
3. *(in phrases)*: **~ and more** de plus en plus de.
◆ *adv* 1. *(in comparatives)* plus; **it's ~ difficult than before** c'est plus difficile qu'avant; **speak ~ clearly** parlez plus clairement.
2. *(to a greater degree)* plus; **we ought to go to the cinema ~** nous devrions aller plus souvent au cinéma.
3. *(in phrases)*: **not ... any ~** ne ... plus; **I don't go there any ~** je n'y vais plus; **once ~** encore une fois, une fois de plus; **~ or less** plus ou moins; **we'd be ~ than happy to help** nous serions enchantés de vous aider.
◆ *pron* 1. *(a larger amount)* plus, davantage; **I've got ~ than you** j'en ai plus que toi; **~ than 20 types of pizza** plus de 20 sortes de pizza.
2. *(an additional amount)* encore; **is there any ~?** est-ce qu'il y en a encore?; **there's no ~** il n'y en a plus.

**moreover** [mɔ:'rəʊvəʳ] *adv* *(fml)* de plus.

**morning** ['mɔ:nɪŋ] *n* matin *m*; *(period)* matinée *f*; **two o'clock in the ~** deux heures du matin; **good ~!** bonjour!; **in the ~** *(early in the day)* le matin; *(tomorrow morning)* demain matin.

**morning-after pill** *n* pilule *f* du lendemain.

**morning sickness** *n* nausées *fpl* matinales.

**Morocco** [mə'rɒkəʊ] *n* le Maroc.

**moron** ['mɔ:rɒn] *n* *(inf: idiot)* abruti *m* (-e *f*).

**Morse (code)** [mɔ:s-] *n* morse *m*.

**mortgage** ['mɔ:gɪdʒ] *n* prêt *m* immobilier.

**mosaic** [mə'zeɪɪk] *n* mosaïque *f*.

**Moslem** ['mɒzləm] = **Muslim**.

**mosque** [mɒsk] *n* mosquée *f*.

**mosquito** [mə'ski:təʊ] *(pl* **-es**) *n* moustique *m*.

**mosquito net** *n* moustiquaire *f.*
**moss** [mɒs] *n* mousse *f.*
**most** [məʊst] *adj* 1. *(the majority of)* la plupart de; **~ people agree** la plupart des gens sont d'accord.
2. *(the largest amount of)* le plus de; **I drank (the) ~ beer** c'est moi qui ai bu le plus de bière.
◆ *adv* 1. *(in superlatives)* le plus (la plus); **the ~ expensive hotel in town** l'hôtel le plus cher de la ville.
2. *(to the greatest degree)* le plus; **I like this one ~** c'est celui-ci que j'aime le plus.
3. *(fml: very)* très; **they were ~ welcoming** ils étaient très accueillants.
◆ *pron* 1. *(the majority)* la plupart; **~ of the villages** la plupart des villages; **~ of the journey** la plus grande partie du voyage.
2. *(the largest amount)* le plus; **she earns (the) ~** c'est elle qui gagne le plus.
3. *(in phrases)*: **at ~** au plus, au maximum; **to make the ~ of sthg** profiter de qqch au maximum.
**mostly** ['məʊstlɪ] *adv* principalement.
**MOT** *n (Br: test)* = contrôle *m* technique *(annuel)*.
**motel** [məʊ'tel] *n* motel *m.*
**moth** [mɒθ] *n* papillon *m* de nuit; *(in clothes)* mite *f.*
**mother** ['mʌðə^r] *n* mère *f.*
**mother-in-law** *n* belle-mère *f.*
**mother-of-pearl** *n* nacre *f.*
**motif** [məʊ'ti:f] *n* motif *m.*
**motion** ['məʊʃn] *n* mouvement *m* ◆ *vi*: **to ~ to sb** faire signe à qqn.
**motionless** ['məʊʃənlɪs] *adj* immobile.
**motivate** ['məʊtɪveɪt] *vt* motiver.
**motive** ['məʊtɪv] *n* motif *m.*
**motor** ['məʊtə^r] *n* moteur *m.*
**Motorail®** ['məʊtəreɪl] *n* train *m* autocouchette(s).
**motorbike** ['məʊtəbaɪk] *n* moto *f.*
**motorboat** ['məʊtəbəʊt] *n* canot *m* à moteur.
**motorcar** ['məʊtəkɑ:^r] *n* automobile *f.*
**motorcycle** ['məʊtə,saɪkl] *n* motocyclette *f.*
**motorcyclist** ['məʊtə,saɪklɪst] *n* motocycliste *mf.*
**motorist** ['məʊtərɪst] *n* automobiliste *mf.*
**motor racing** *n* course *f* automobile.
**motorway** ['məʊtəweɪ] *n (Br)* autoroute *f.*
**motto** ['mɒtəʊ] (*pl* **-s**) *n* devise *f.*
**mould** [məʊld] *n (Br) (shape)* moule *m*; *(substance)* moisissure *f* ◆ *vt (Br)* mouler.
**mouldy** ['məʊldɪ] *adj (Br)* moisi(-e).
**mound** [maʊnd] *n (hill)* butte *f*; *(pile)* tas *m.*
**mount** [maʊnt] *n (for photo)* support *m*; *(mountain)* mont *m* ◆ *vt* monter ◆ *vi (increase)* augmenter.
**mountain** ['maʊntɪn] *n* montagne *f.*
**mountain bike** *n* VTT *m.*
**mountaineer** [,maʊntɪ'nɪə^r] *n* alpiniste *mf.*
**mountaineering** [,maʊntɪ'nɪərɪŋ] *n*: **to go ~** faire de l'alpinisme.
**mountainous** ['maʊntɪnəs] *adj*

montagneux(-euse).
**Mount Rushmore** [-'rʌʃmɔːʳ] *n* le mont Rushmore.

## *i* MOUNT RUSHMORE

Les visages géants de plusieurs présidents des États-Unis (Washington, Jefferson, Lincoln et Théodore Roosevelt) sont sculptés dans la roche sur le mont Rushmore, dans le Dakota du sud. Ce monument national est un site touristique populaire.

**mourning** ['mɔːnɪŋ] *n*: **to be in ~** être en deuil.
**mouse** [maʊs] (*pl* **mice**) *n* souris *f*.
**moussaka** [muː'sɑːkə] *n* moussaka *f*.
**mousse** [muːs] *n* mousse *f*.
**moustache** [mə'stɑːʃ] *n* (*Br*) moustache *f*.
**mouth** [maʊθ] *n* bouche *f*; *(of animal)* gueule *f*; *(of cave, tunnel)* entrée *f*; *(of river)* embouchure *f*.
**mouthful** ['maʊθfʊl] *n* *(of food)* bouchée *f*; *(of drink)* gorgée *f*.
**mouthorgan** ['maʊθ,ɔːgən] *n* harmonica *m*.
**mouthpiece** ['maʊθpiːs] *n* *(of telephone)* microphone *m*; *(of musical instrument)* embouchure *f*.
**mouthwash** ['maʊθwɒʃ] *n* bain *m* de bouche.
**move** [muːv] *n* *(change of house)* déménagement *m*; *(movement)* mouvement *m*; *(in games)* coup *m*; *(turn to play)* tour *m*; *(course of action)* démarche *f* ◆ *vt* *(shift)* déplacer; *(arm, head)* bouger; *(emotionally)* émouvoir ◆ *vi* *(shift)* bouger; *(person)* se déplacer; **to ~ (house)** déménager; **to make a ~** *(leave)* partir, y aller ❑ **move along** *vi* se déplacer; **move in** *vi* *(to house)* emménager; **move off** *vi* *(train, car)* partir; **move on** *vi* *(after stopping)* repartir; **move out** *vi* *(from house)* déménager; **move over** *vi* se pousser; **move up** *vi* se pousser.
**movement** ['muːvmənt] *n* mouvement *m*.
**movie** ['muːvɪ] *n* film *m*.
**movie theater** *n* *(Am)* cinéma *m*.
**moving** ['muːvɪŋ] *adj* *(emotionally)* émouvant(-e).
**mow** [məʊ] *vt*: **to ~ the lawn** tondre la pelouse.
**mozzarella** [,mɒtsə'relə] *n* mozzarelle *f*.
**MP** *n* *(abbr of Member of Parliament)* = député *m*.
**mph** *(abbr of miles per hour) miles à l'heure.*
**Mr** ['mɪstəʳ] *abbr* M.
**Mrs** ['mɪsɪz] *abbr* Mme.
**Ms** [mɪz] *abbr titre que les femmes peuvent utiliser au lieu de madame ou mademoiselle pour éviter la distinction entre femmes mariées et célibataires.*
**MSc** *n* *(abbr of Master of Science) (titulaire d'une) maîtrise de sciences.*
**much** [mʌtʃ] (*compar* **more**, *superl* **most**) *adj* beaucoup de; **I haven't got ~ money** je n'ai pas beaucoup d'argent; **as ~ food as you can eat** autant de nourriture que tu peux en avaler; **how ~ time is left?** combien de temps reste-t-il?; **they have so ~ money** ils ont tant d'argent; **we have too ~ work** nous avons

trop de travail.
◆ *adv* 1. *(to a great extent)* beaucoup, bien; **it's ~ better** c'est bien OR beaucoup mieux; **I like it very ~** j'aime beaucoup ça; **it's not ~ good** *(inf)* ce n'est pas terrible; **thank you very ~** merci beaucoup. 2. *(often)* beaucoup, souvent; **we don't go there ~** nous n'y allons pas souvent.
◆ *pron* beaucoup; **I haven't got ~** je n'en ai pas beaucoup; **as ~ as you like** autant que tu voudras; **how ~ is it?** c'est combien?

**muck** [mʌk] *n (dirt)* boue *f* ❑ **muck about** *vi (Br) (inf) (have fun)* s'amuser; *(behave foolishly)* faire l'imbécile; **muck up** *vt sep (Br: inf)* saloper.

**mud** [mʌd] *n* boue *f*.

**muddle** ['mʌdl] *n*: **to be in a ~** *(confused)* ne plus s'y retrouver; *(in a mess)* être en désordre.

**muddy** ['mʌdɪ] *adj* boueux(-euse).

**mudguard** ['mʌdgɑ:d] *n* garde-boue *m inv*.

**muesli** ['mju:zlɪ] *n* muesli *m*.

**muffin** ['mʌfɪn] *n (roll) petit pain rond; (cake) sorte de grosse madeleine ronde*.

**muffler** ['mʌflə^r] *n (Am: silencer)* silencieux *m*.

**mug** [mʌg] *n (cup)* grande tasse *f* ◆ *vt (attack)* agresser.

**mugging** ['mʌgɪŋ] *n* agression *f*.

**muggy** ['mʌgɪ] *adj* lourd(-e).

**mule** [mju:l] *n* mule *f*.

**multicoloured** ['mʌltɪ,kʌləd] *adj* multicolore.

**multiple** ['mʌltɪpl] *adj* multiple.

**multiplex cinema** ['mʌltɪpleks-] *n* cinéma *m* multisalles.

**multiplication** [,mʌltɪplɪ'keɪʃn] *n* multiplication *f*.

**multiply** ['mʌltɪplaɪ] *vt* multiplier ◆ *vi* se multiplier.

**multistorey (car park)** [,mʌltɪ'stɔ:rɪ-] *n* parking *m* à plusieurs niveaux.

**mum** [mʌm] *n (Br: inf)* maman *f*.

**mummy** ['mʌmɪ] *n (Br: inf: mother)* maman *f*.

**mumps** [mʌmps] *n* oreillons *mpl*.

**munch** [mʌntʃ] *vt* mâcher.

**municipal** [mju:'nɪsɪpl] *adj* municipal(-e).

**mural** ['mju:ərəl] *n* peinture *f* murale.

**murder** ['mɜ:də^r] *n* meurtre *m* ◆ *vt* assassiner.

**murderer** ['mɜ:dərə^r] *n* meurtrier *m* (-ière *f*).

**muscle** ['mʌsl] *n* muscle *m*.

**museum** [mju:'zi:əm] *n* musée *m*.

**mushroom** ['mʌʃrʊm] *n* champignon *m*.

**music** ['mju:zɪk] *n* musique *f*.

**musical** ['mju:zɪkl] *adj* musical(-e); *(person)* musicien(-ienne) ◆ *n* comédie *f* musicale.

**musical instrument** *n* instrument *m* de musique.

**musician** [mju:'zɪʃn] *n* musicien *m* (-ienne *f*).

**Muslim** ['mʊzlɪm] *adj* musulman(-e) ◆ *n* musulman *m* (-e *f*).

**mussels** ['mʌslz] *npl* moules *fpl*.

**must** [mʌst] *aux vb* devoir ◆ *n (inf)*: **it's a ~** c'est un must; **I ~ go** je dois y aller, il faut que j'y aille; **the room ~ be vacated by ten** la chambre doit être libérée avant dix heures; **you ~ have seen it** tu l'as sûrement vu; **you ~ see that film** il faut que tu voies ce film; **you ~ be joking!** tu plaisantes!

**mustache** ['mʌstæʃ] *(Am)* = moustache.

**mustard** ['mʌstəd] *n* moutarde *f*.

**mustn't** ['mʌsənt] = **must not**.

**mutter** ['mʌtəʳ] *vt* marmonner.

**mutton** ['mʌtn] *n* mouton *m*.

**mutual** ['mju:tʃʊəl] *adj (feeling)* mutuel(-elle); *(friend, interest)* commun(-e).

**muzzle** ['mʌzl] *n (for dog)* muselière *f*.

**my** [maɪ] *adj* mon (ma), mes *(pl)*.

**myself** [maɪ'self] *pron (reflexive)* me; *(after prep)* moi; **I washed ~** je me suis lavé; **I did it ~** je l'ai fait moi-même.

**mysterious** [mɪ'stɪərɪəs] *adj* mystérieux(-ieuse).

**mystery** ['mɪstərɪ] *n* mystère *m*.

**myth** [mɪθ] *n* mythe *m*.

# N

**N** *(abbr of North)* N.

**nag** [næg] *vt* harceler.

**nail** [neɪl] *n (of finger, toe)* ongle *m*; *(metal)* clou *m* ◆ *vt (fasten)* clouer.

**nailbrush** ['neɪlbrʌʃ] *n* brosse *f* à ongles.

**nail file** *n* lime *f* à ongles.

**nail scissors** *npl* ciseaux *mpl* à ongles.

**nail varnish** *n* vernis *m* à ongles.

**nail varnish remover** [-rə'mu:vəʳ] *n* dissolvant *m*.

**naive** [naɪ'i:v] *adj* naïf(-ïve).

**naked** ['neɪkɪd] *adj (person)* nu(-e).

**name** [neɪm] *n* nom *m* ◆ *vt* nommer; *(date, price)* fixer; **first ~** prénom *m*; **last ~** nom de famille; **what's your ~?** comment vous appelez-vous?; **my ~ is …** je m'appelle …

**namely** ['neɪmlɪ] *adv* c'est-à-dire.

**nan bread** [næn-] *n pain indien en forme de grande galette ovale, servi tiède.*

**nanny** ['nænɪ] *n (childminder)* nurse *f*; *(inf: grandmother)* mamie *f*.

**nap** [næp] *n*: **to have a ~** faire un petit somme.

**napkin** ['næpkɪn] *n* serviette *f* (de table).

**nappy** ['næpɪ] *n* couche *f*.

**nappy liner** *n* protège-couches *m inv*.

**narcotic** [nɑ:'kɒtɪk] *n* stupéfiant *m*.

**narrow** ['nærəʊ] *adj* étroit(-e) ◆ *vi* se rétrécir.

**narrow-minded** [-'maɪndɪd] *adj* borné(-e).

**nasty** ['nɑ:stɪ] *adj* méchant(-e), mauvais(-e).

**nation** ['neɪʃn] *n* nation *f*.

**national** ['næʃənl] *adj* national(-e) ◆ *n (person)* ressortissant *m* (-e *f*).

**national anthem** *n* hymne *m* national.

**National Health Service** *n* = Sécurité *f* sociale.

**National Insurance** *n (Br)*

cotisations *fpl* sociales.

**nationality** [ˌnæʃəˈnælətɪ] *n* nationalité *f*.

**national park** *n* parc *m* national.

---

## *i* NATIONAL PARK

Les parcs nationaux britanniques et américains sont des sites protégés en raison de leur beauté naturelle. En Grande-Bretagne, on peut citer ceux de Snowdonia, du Lake District et du Peak District. Aux États-Unis, les plus célèbres sont ceux de Yellowstone et Yosemite. Les parcs nationaux sont ouverts au public et offrent des possibilités de camping.

---

**nationwide** [ˈneɪʃənwaɪd] *adj* national(-e).

**native** [ˈneɪtɪv] *adj* local(-e) ◆ *n* natif *m* (-ive *f*); **to be a ~ speaker of English** être anglophone; **my ~ country** mon pays natal.

**NATO** [ˈneɪtəʊ] *n* OTAN *f*.

**natural** [ˈnætʃrəl] *adj* naturel(-elle).

**natural gas** *n* gaz *m* naturel.

**naturally** [ˈnætʃrəlɪ] *adv (of course)* naturellement.

**natural yoghurt** *n* yaourt *m* nature.

**nature** [ˈneɪtʃə^r] *n* nature *f*.

**nature reserve** *n* réserve *f* naturelle.

**naughty** [ˈnɔːtɪ] *adj (child)* vilain(-e).

**nausea** [ˈnɔːzɪə] *n* nausée *f*.

**navigate** [ˈnævɪgeɪt] *vi* naviguer; *(in car)* lire la carte.

**navy** [ˈneɪvɪ] *n* marine *f* ◆ *adj*: **~ (blue)** (bleu) marine *(inv)*.

**NB** *(abbr of nota bene)* NB.

**near** [nɪə^r] *adv* près ◆ *adj* proche ◆ *prep*: **~ (to)** près de; **in the ~ future** dans un proche avenir.

**nearby** [nɪəˈbaɪ] *adv* tout près, à proximité ◆ *adj* proche.

**nearly** [ˈnɪəlɪ] *adv* presque; **I ~ fell over** j'ai failli tomber.

**neat** [niːt] *adj (room)* rangé(-e); *(writing, work)* soigné(-e); *(whisky etc)* pur(-e).

**neatly** [ˈniːtlɪ] *adv* soigneusement.

**necessarily** [ˌnesəˈserɪlɪ, *Br* ˈnesəsrəlɪ] *adv*: **not ~** pas forcément.

**necessary** [ˈnesəsrɪ] *adj* nécessaire; **it is ~ to do sthg** il faut faire qqch.

**necessity** [nɪˈsesətɪ] *n* nécessité *f* ❑ **necessities** *npl* strict minimum *m*.

**neck** [nek] *n* cou *m*; *(of garment)* encolure *f*.

**necklace** [ˈneklɪs] *n* collier *m*.

**nectarine** [ˈnektərɪn] *n* nectarine *f*.

**need** [niːd] *n* besoin *m* ◆ *vt* avoir besoin de; **to ~ to do sthg** avoir besoin de faire qqch; **we ~ to be back by ten** il faut que nous soyons rentrés pour dix heures.

**needle** [ˈniːdl] *n* aiguille *f*; *(for record player)* pointe *f*.

**needlework** [ˈniːdlwɜːk] *n* couture *f*.

**needn't** [ˈniːdənt] = **need not**.

**needy** [ˈniːdɪ] *adj* dans le besoin.

**negative** [ˈnegətɪv] *adj* négatif(-ive) ◆ *n (in photography)* négatif *m*; *(GRAMM)* négation *f*.

**neglect** [nɪ'glekt] *vt* négliger.

**negligence** ['neglɪdʒəns] *n* négligence *f*.

**negotiations** [nɪ,gəʊʃɪ'eɪʃnz] *npl* négociations *fpl*.

**negro** ['ni:grəʊ] (*pl* **-es**) *n* nègre *m* (négresse *f*).

**neighbor** ['neɪbər] (*Am*) = **neighbour**.

**neighbour** ['neɪbəʳ] *n* voisin *m* (-e *f*).

**neighbourhood** ['neɪbəhʊd] *n* (*Br*) voisinage *m*.

**neighbouring** ['neɪbərɪŋ] *adj* voisin(-e).

**neither** ['naɪðəʳ, ni:ðəʳ] *adj*: **~ bag is big enough** aucun des deux sacs n'est assez grand ◆ *pron*: **~ of us** aucun de nous deux ◆ *conj*: **~ do I** moi non plus; **~ ... nor ...** ni ... ni ...

**neon light** ['ni:ɒn-] *n* néon *m*.

**nephew** ['nefju:] *n* neveu *m*.

**nerve** [nɜ:v] *n* nerf *m*; *(courage)* cran *m*; **what a ~!** quel culot!

**nervous** ['nɜ:vəs] *adj* nerveux(-euse).

**nervous breakdown** *n* dépression *f* nerveuse.

**nest** [nest] *n* nid *m*.

**net** [net] *n* filet *m* ◆ *adj* net (nette).

**netball** ['netbɔ:l] *n sport féminin proche du basket-ball*.

**Netherlands** ['neðələndz] *npl*: **the ~** les Pays-Bas *mpl*.

**nettle** ['netl] *n* ortie *f*.

**network** ['netwɜ:k] *n* réseau *m*.

**neurotic** [,njʊə'rɒtɪk] *adj* névrosé(-e).

**neutral** ['nju:trəl] *adj* neutre ◆ *n* *(AUT)*: **in ~** au point mort.

**never** ['nevəʳ] *adv* (ne ...) jamais; **she's ~ late** elle n'est jamais en retard; **~ mind!** ça ne fait rien!

**nevertheless** [,nevəðə'les] *adv* cependant, pourtant.

**new** [nju:] *adj* nouveau(-elle); *(brand new)* neuf (neuve).

**newly** ['nju:lɪ] *adv* récemment.

**new potatoes** *npl* pommes de terre *fpl* nouvelles.

**news** [nju:z] *n* *(information)* nouvelle *f*, nouvelles *fpl*; *(on TV, radio)* informations *fpl*; **a piece of ~** une nouvelle.

**newsagent** ['nju:zeɪdʒənt] *n* marchand *m* de journaux.

**newspaper** ['nju:z,peɪpəʳ] *n* journal *m*.

**New Year** *n* le nouvel an.

### i NEW YEAR

La Saint Sylvestre est l'occasion, en Grande-Bretagne, de soirées entre amis ou de rassemblements publics où il est de coutume de chanter "Auld Lang Syne" aux douze coups de minuit. Cette fête a une importance toute particulière en Écosse, où elle porte le nom de «Hogmanay». Le lendemain, «New Year's Day», est un jour férié dans tout le pays.

**New Year's Day** *n* le jour de l'an.

**New Year's Eve** *n* la Saint-Sylvestre.

**New Zealand** [-'zi:lənd] *n* la Nouvelle-Zélande.

**next** [nekst] *adj* prochain(-e);

*(room, house)* d'à côté ◆ *adv* ensuite, après; *(on next occasion)* la prochaine fois; **when does the ~ bus leave?** quand part le prochain bus?; **the week after ~** dans deux semaines; **the ~ week** la semaine suivante; **~ to** *(by the side of)* à côté de.

**next door** *adv* à côté.

**next of kin** [-kɪn] *n* plus proche parent *m*.

**NHS** *abbr* = **National Health Service**.

**nib** [nɪb] *n* plume *f*.

**nibble** ['nɪbl] *vt* grignoter.

**nice** [naɪs] *adj (pleasant)* bon (bonne); *(pretty)* joli(-e); *(kind)* gentil(-ille); **to have a ~ time** se plaire; **~ to see you!** (je suis) content de te voir!

**nickel** ['nɪkl] *n (metal)* nickel *m*; *(Am: coin)* pièce *f* de cinq cents.

**nickname** ['nɪkneɪm] *n* surnom *m*.

**niece** [ni:s] *n* nièce *f*.

**night** [naɪt] *n* nuit *f*; *(evening)* soir *m*; **at ~** la nuit; *(in evening)* le soir.

**nightclub** ['naɪtklʌb] *n* boîte *f* (de nuit).

**nightdress** ['naɪtdres] *n* chemise *f* de nuit.

**nightie** ['naɪtɪ] *n (inf)* chemise *f* de nuit.

**nightlife** ['naɪtlaɪf] *n* vie *f* nocturne.

**nightly** ['naɪtlɪ] *adv* toutes les nuits; *(every evening)* tous les soirs.

**nightmare** ['naɪtmeəʳ] *n* cauchemar *m*.

**night safe** *n* coffre *m* de nuit.

**night school** *n* cours *mpl* du soir.

**nightshift** ['naɪtʃɪft] *n*: **to be on ~** travailler de nuit.

**nil** [nɪl] *n* zéro *m*.

**Nile** [naɪl] *n*: **the ~** le Nil.

**nine** [naɪn] *num* neuf, → **six**.

**nineteen** [,naɪn'ti:n] *num* dix-neuf; **~ ninety-five** dix-neuf cent quatre-vingt-quinze, → **six**.

**nineteenth** [,naɪn'ti:nθ] *num* dix-neuvième, → **sixth**.

**ninetieth** ['naɪntɪəθ] *num* quatre-vingt-dixième, → **sixth**.

**ninety** ['naɪntɪ] *num* quatre-vingt-dix, → **six**.

**ninth** [naɪnθ] *num* neuvième, → **sixth**.

**nip** [nɪp] *vt (pinch)* pincer.

**nipple** ['nɪpl] *n* mamelon *m*; *(of bottle)* tétine *f*.

**nitrogen** ['naɪtrədʒən] *n* azote *m*.

**no** [nəʊ] *adv* non ◆ *adj* pas de, aucun(-e); **I've got ~ money left** je n'ai plus d'argent.

**noble** ['nəʊbl] *adj* noble.

**nobody** ['nəʊbədɪ] *pron* personne; **there's ~ in** il n'y a personne.

**nod** [nɒd] *vi (in agreement)* faire signe que oui.

**noise** [nɔɪz] *n* bruit *m*.

**noisy** ['nɔɪzɪ] *adj* bruyant(-e).

**nominate** ['nɒmɪneɪt] *vt* nommer.

**nonalcoholic** [,nɒnælkə'hɒlɪk] *adj* non alcoolisé(-e).

**none** [nʌn] *pron* aucun *m* (-e *f*); **~ of us** aucun d'entre nous.

**nonetheless** [,nʌnðə'les] *adv* néanmoins.

**nonfiction** [,nɒn'fɪkʃn] *n* ouvrages *mpl* non romanesques.

**non-iron** *adj*: **"non-iron"** «repassage interdit».

**nonsense** ['nɒnsəns] *n* bêtises *fpl*.
**nonsmoker** [,nɒn'sməʊkəʳ] *n* non-fumeur *m* (-euse *f*).
**nonstick** [,nɒn'stɪk] *adj (saucepan)* antiadhésif(-ive).
**nonstop** [,nɒn'stɒp] *adj (flight)* direct; *(talking, arguing)* continuel(-elle) ◆ *adv (fly, travel)* sans escale; *(rain)* sans arrêt.
**noodles** ['nu:dlz] *npl* nouilles *fpl*.
**noon** [nu:n] *n* midi *m*.
**no one** ['nəʊwʌn] = **nobody**.
**nor** [nɔ:ʳ] *conj* ni; ~ **do I** moi non plus, → **neither**.
**normal** ['nɔ:ml] *adj* normal(-e).
**normally** ['nɔ:məlɪ] *adv* normalement.
**north** [nɔ:θ] *n* nord *m* ◆ *adv (fly, walk)* vers le nord; *(be situated)* au nord; **in the ~ of England** au OR dans le nord de l'Angleterre.
**North America** *n* l'Amérique *f* du Nord.
**northbound** ['nɔ:θbaʊnd] *adj* en direction du nord.
**northeast** [,nɔ:θ'i:st] *n* nord-est *m*.
**northern** ['nɔ:ðən] *adj* du nord.
**Northern Ireland** *n* l'Irlande *f* du Nord.
**North Pole** *n* pôle *m* Nord.
**North Sea** *n* mer *f* du Nord.
**northwards** ['nɔ:θwədz] *adv* vers le nord.
**northwest** [,nɔ:θ'west] *n* nord-ouest *m*.
**Norway** ['nɔ:weɪ] *n* la Norvège.
**Norwegian** [nɔ:'wi:dʒən] *adj* norvégien(-ienne) ◆ *n (person)* Norvégien *m* (-ienne *f*); *(language)* norvégien *m*.
**nose** [nəʊz] *n* nez *m*.
**nosebleed** ['nəʊzbli:d] *n*: **to have a ~** saigner du nez.
**nostril** ['nɒstrəl] *n* narine *f*.
**nosy** ['nəʊzɪ] *adj* (trop) curieux(-ieuse).
**not** [nɒt] *adv* ne ... pas; **she's ~ there** elle n'est pas là; **~ yet** pas encore; **~ at all** *(pleased, interested)* pas du tout; *(in reply to thanks)* je vous en prie.
**notably** ['nəʊtəblɪ] *adv (in particular)* notamment.
**note** [nəʊt] *n (message)* mot *m*; *(in music, comment)* note *f*; *(bank note)* billet *m* ◆ *vt (notice)* remarquer; *(write down)* noter; **to take ~s** prendre des notes.
**notebook** ['nəʊtbʊk] *n* calepin *m*, carnet *m*.
**noted** ['nəʊtɪd] *adj* célèbre, réputé(-e).
**notepaper** ['nəʊtpeɪpəʳ] *n* papier *m* à lettres.
**nothing** ['nʌθɪŋ] *pron* rien; **he did ~** il n'a rien fait; **~ new/interesting** rien de nouveau/d'intéressant; **for ~** pour rien.
**notice** ['nəʊtɪs] *vt* remarquer ◆ *n* avis *m*; **to take ~ of** faire OR prêter attention à; **to hand in one's ~** donner sa démission.
**noticeable** ['nəʊtɪsəbl] *adj* perceptible.
**notice board** *n* panneau *m* d'affichage.
**notion** ['nəʊʃn] *n* notion *f*.
**notorious** [nəʊ'tɔ:rɪəs] *adj* notoire.
**nougat** ['nu:gɑ:] *n* nougat *m*.
**nought** [nɔ:t] *n* zéro *m*.
**noun** [naʊn] *n* nom *m*.

**nourishment** ['nʌrɪʃmənt] *n* nourriture *f*.
**novel** ['nɒvl] *n* roman *m* ◆ *adj* original(-e).
**novelist** ['nɒvəlɪst] *n* romancier *m* (-ière *f*).
**November** [nə'vembəʳ] *n* novembre *m*, → **September**.
**now** [naʊ] *adv (at this time)* maintenant ◆ *conj*: ~ **(that)** maintenant que; **just** ~ en ce moment; **right** ~ *(at the moment)* en ce moment; *(immediately)* tout de suite; **by** ~ déjà, maintenant; **from** ~ **on** dorénavant, à partir de maintenant.
**nowadays** ['naʊədeɪz] *adv* de nos jours.
**nowhere** ['nəʊweəʳ] *adv* nulle part.
**nozzle** ['nɒzl] *n* embout *m*.
**nuclear** ['nju:klɪəʳ] *adj* nucléaire; *(bomb)* atomique.
**nude** [nju:d] *adj* nu(-e).
**nudge** [nʌdʒ] *vt* pousser du coude.
**nuisance** ['nju:sns] *n*: **it's a real ~!** c'est vraiment embêtant!; **he's such a ~!** il est vraiment casse-pieds!
**numb** [nʌm] *adj* engourdi(-e).
**number** ['nʌmbəʳ] *n (numeral)* chiffre *m*; *(of telephone, house)* numéro *m*; *(quantity)* nombre *m* ◆ *vt* numéroter.
**numberplate** ['nʌmbəpleɪt] *n* plaque *f* d'immatriculation.
**numeral** ['nju:mərəl] *n* chiffre *m*.
**numerous** ['nju:mərəs] *adj* nombreux(-euses).
**nun** [nʌn] *n* religieuse *f*.
**nurse** [nɜ:s] *n* infirmière *f* ◆ *vt (look after)* soigner; **male ~** infirmier *m*.
**nursery** ['nɜ:sərɪ] *n (in house)* nursery *f*; *(for plants)* pépinière *f*.
**nursery (school)** *n* école *f* maternelle.
**nursery slope** *n* piste *f* pour débutants, = piste verte.
**nursing** ['nɜ:sɪŋ] *n* métier *m* d'infirmière.
**nut** [nʌt] *n (to eat)* fruit *m* sec *(noix, noisette etc)*; *(of metal)* écrou *m*.
**nutcrackers** ['nʌtˌkrækəz] *npl* casse-noix *m inv*.
**nutmeg** ['nʌtmeg] *n* noix *f* de muscade.
**nylon** ['naɪlɒn] *n* Nylon® *m* ◆ *adj* en Nylon®.

**o'** [ə] *abbr* = **of**.
**O** *n (zero)* zéro *m*.
**oak** [əʊk] *n* chêne *m* ◆ *adj* en chêne.
**OAP** *abbr* = **old age pensioner**.
**oar** [ɔ:ʳ] *n* rame *f*.
**oatcake** ['əʊtkeɪk] *n* galette *f* d'avoine.
**oath** [əʊθ] *n (promise)* serment *m*.
**oatmeal** ['əʊtmi:l] *n* flocons *mpl* d'avoine.
**oats** [əʊts] *npl* avoine *f*.
**obedient** [ə'bi:djənt] *adj* obéissant(-e).
**obey** [ə'beɪ] *vt* obéir à.

**object** [*n* 'ɒbdʒɪkt, *vb* ɒb'dʒekt] *n (thing)* objet *m*; *(purpose)* but *m*; *(GRAMM)* complément *m* d'objet ◆ *vi*: **to ~ (to)** protester (contre).

**objection** [əb'dʒekʃn] *n* objection *f*.

**objective** [əb'dʒektɪv] *n* objectif *m*.

**obligation** [ˌɒblɪ'geɪʃn] *n* obligation *f*.

**obligatory** [ə'blɪgətrɪ] *adj* obligatoire.

**oblige** [ə'blaɪdʒ] *vt*: **to ~ sb to do sthg** obliger qqn à faire qqch.

**oblique** [ə'bli:k] *adj* oblique.

**oblong** ['ɒblɒŋ] *adj* rectangulaire ◆ *n* rectangle *m*.

**obnoxious** [əb'nɒkʃəs] *adj (person)* odieux(-ieuse); *(smell)* infect(-e).

**oboe** ['əʊbəʊ] *n* hautbois *m*.

**obscene** [əb'si:n] *adj* obscène.

**obscure** [əb'skjʊə^r] *adj* obscur(-e).

**observant** [əb'zɜ:vnt] *adj* observateur(-trice).

**observation** [ˌɒbzə'veɪʃn] *n* observation *f*.

**observatory** [əb'zɜ:vətrɪ] *n* observatoire *m*.

**observe** [əb'zɜ:v] *vt (watch, see)* observer.

**obsessed** [əb'sest] *adj* obsédé(-e).

**obsession** [əb'seʃn] *n* obsession *f*.

**obsolete** ['ɒbsəli:t] *adj* obsolète.

**obstacle** ['ɒbstəkl] *n* obstacle *m*.

**obstinate** ['ɒbstənət] *adj* obstiné(-e).

**obstruct** [əb'strʌkt] *vt* obstruer.

**obstruction** [əb'strʌkʃn] *n* obstacle *m*.

**obtain** [əb'teɪn] *vt* obtenir.

**obtainable** [əb'teɪnəbl] *adj* que l'on peut obtenir.

**obvious** ['ɒbvɪəs] *adj* évident(-e).

**obviously** ['ɒbvɪəslɪ] *adv (of course)* évidemment; *(clearly)* manifestement.

**occasion** [ə'keɪʒn] *n (instance, opportunity)* occasion *f*; *(important event)* événement *m*.

**occasional** [ə'keɪʒənl] *adj* occasionnel(-elle).

**occasionally** [ə'keɪʒnəlɪ] *adv* occasionnellement.

**occupant** ['ɒkjʊpənt] *n* occupant *m* (-e *f*).

**occupation** [ˌɒkjʊ'peɪʃn] *n (job)* profession *f*; *(pastime)* occupation *f*.

**occupied** ['ɒkjʊpaɪd] *adj (toilet)* occupé(-e).

**occupy** ['ɒkjʊpaɪ] *vt* occuper.

**occur** [ə'kɜ:^r] *vi (happen)* arriver, avoir lieu; *(exist)* exister.

**occurrence** [ə'kʌrəns] *n* événement *m*.

**ocean** ['əʊʃn] *n* océan *m*; **the ~** *(Am: sea)* la mer.

**o'clock** [ə'klɒk] *adv*: **three ~** trois heures.

**Oct.** *(abbr of October)* oct.

**October** [ɒk'təʊbə^r] *n* octobre *m*, → **September**.

**octopus** ['ɒktəpəs] *n* pieuvre *f*.

**odd** [ɒd] *adj (strange)* étrange, bizarre; *(number)* impair(-e); *(not matching)* dépareillé(-e); **I have the ~ cigarette** je fume de temps en temps; **60 ~ miles** environ 60 miles; **some ~ bits of paper** quelques bouts de papier; **~ jobs**

petits boulots *mpl*.

**odds** [ɒdz] *npl (in betting)* cote *f*; *(chances)* chances *fpl*; **~ and ends** objets *mpl* divers.

**odor** ['əʊdər] *(Am)* = **odour**.

**odour** ['əʊdə^r] *n (Br)* odeur *f*.

**of** [ɒv] *prep* 1. *(gen)* de; **the handle ~ the door** la poignée de la porte; **a group ~ schoolchildren** un groupe d'écoliers; **a love ~ art** la passion de l'art.
2. *(expressing amount)* de; **a piece ~ cake** un morceau de gâteau; **a fall ~ 20%** une baisse de 20%; **a town ~ 50,000 people** une ville de 50 000 habitants.
3. *(made from)* en; **a house ~ stone** une maison en pierre; **it's made ~ wood** c'est en bois.
4. *(referring to time)*: **the summer ~ 1969** l'été 1969; **the 26th ~ August** le 26 août.
5. *(indicating cause)* de; **he died ~ cancer** il est mort d'un cancer.
6. *(on the part of)* : **that's very kind ~ you** c'est très aimable à vous OR de votre part.
7. *(Am: in telling the time)*: **it's ten ~ four** il est quatre heures moins dix.

**off** [ɒf] *adv* 1. *(away)*: **to drive ~** démarrer; **to get ~** *(from bus, train, plane)* descendre; **we're ~ to Austria next week** nous partons pour l'Autriche la semaine prochaine.
2. *(expressing removal)*: **to cut sthg ~** couper qqch; **to take sthg ~** enlever OR ôter qqch.
3. *(so as to stop working)*: **to turn sthg ~** *(TV, radio)* éteindre qqch; *(tap)* fermer; *(engine)* couper.
4. *(expressing distance or time away)*: **it's 10 miles ~** c'est à 16 kilomètres; **it's two months ~** c'est dans deux mois; **it's a long way ~** c'est loin.
5. *(not at work)* en congé; **I'm taking a week ~** je prends une semaine de congé.
◆ *prep* 1. *(away from)* de; **to get ~ sthg** descendre de qqch; **~ the coast** au large de la côte; **just ~ the main road** tout près de la grand-route.
2. *(indicating removal)* de; **take the lid ~ the jar** enlève le couvercle du pot; **they've taken £20 ~ the price** ils ont retranché 20 livres du prix normal.
3. *(absent from)*: **to be ~ work** ne pas travailler.
4. *(inf: from)* à; **I bought it ~ her** je le lui ai acheté.
5. *(inf: no longer liking)*: **I'm ~ my food** je n'ai pas d'appétit.
◆ *adj* 1. *(meat, cheese)* avarié(-e); *(milk)* tourné(-e); *(beer)* éventé(-e).
2. *(not working)* éteint(-e); *(engine)* coupé(-e).
3. *(cancelled)* annulé(-e).
4. *(not available)* pas disponible; **the soup's ~** il n'y a plus de soupe.

**offence** [ə'fens] *n (Br) (crime)* délit *m*; **to cause sb ~** *(upset)* offenser qqn.

**offend** [ə'fend] *vt (upset)* offenser.

**offender** [ə'fendə^r] *n (criminal)* délinquant *m* (-e *f*).

**offense** [ə'fens] *(Am)* = **offence**.

**offensive** [ə'fensɪv] *adj (language, behaviour)* choquant(-e); *(person)* très déplaisant(-e).

**offer** ['ɒfə^r] *n* offre *f* ◆ *vt* offrir; **on ~** *(at reduced price)* en promotion; **to ~ to do sthg** offrir OR proposer de faire qqch; **to ~ sb sthg** offrir qqch à qqn.

**office** ['ɒfɪs] *n (room)* bureau *m*.
**office block** *n* immeuble *m* de bureaux.
**officer** ['ɒfɪsə^r] *n (MIL)* officier *m*; *(policeman)* agent *m*.
**official** [ə'fɪʃl] *adj* officiel(-ielle) ◆ *n* fonctionnaire *mf*.
**officially** [ə'fɪʃəlɪ] *adv* officiellement.
**off-licence** *n (Br) magasin autorisé à vendre des boissons alcoolisées à emporter.*
**off-peak** *adj (train, ticket)* = de période bleue.
**off sales** *npl (Br) vente à emporter de boissons alcoolisées.*
**off-season** *n* basse saison *f*.
**offshore** ['ɒfʃɔː^r] *adj (breeze)* de terre.
**off side** *n (for right-hand drive)* côté *m* droit; *(for left-hand drive)* côté gauche.
**off-the-peg** *adj* de prêt-à-porter.
**often** ['ɒfn, 'ɒftn] *adv* souvent; **how ~ do you go to the cinema?** tu vas souvent au cinéma?; **how ~ do the buses run?** quelle est la fréquence des bus?; **every so ~** de temps en temps.
**oh** [əʊ] *excl* oh!
**oil** [ɔɪl] *n* huile *f*; *(fuel)* pétrole *m*; *(for heating)* mazout *m*.
**oilcan** ['ɔɪlkæn] *n* burette *f* (d'huile).
**oil filter** *n* filtre *m* à huile.
**oil rig** *n* plate-forme *f* pétrolière.
**oily** ['ɔɪlɪ] *adj (cloth, hands)* graisseux(-euse); *(food)* gras (grasse).
**ointment** ['ɔɪntmənt] *n* pommade *f*.
**OK** [,əʊ'keɪ] *adj (inf: of average quality)* pas mal *(inv)* ◆ *adv (inf) (expressing agreement)* d'accord; *(satisfactorily, well)* bien; **is everything ~?** est-ce que tout va bien?; **are you ~?** ça va?
**okay** [,əʊ'keɪ] = **OK**.
**old** [əʊld] *adj* vieux (vieille); *(former)* ancien(-ienne); **how ~ are you?** quel âge as-tu?; **I'm 36 years ~** j'ai 36 ans; **to get ~** vieillir.
**old age** *n* vieillesse *f*.
**old age pensioner** *n* retraité *m* (-e *f*).
**O level** *n examen actuellement remplacé par le «GCSE».*
**olive** ['ɒlɪv] *n* olive *f*.
**olive oil** *n* huile *f* d'olive.
**Olympic Games** [ə'lɪmpɪk-] *npl* jeux *mpl* Olympiques.
**omelette** ['ɒmlɪt] *n* omelette *f*; **mushroom ~** omelette aux champignons.
**ominous** ['ɒmɪnəs] *adj* inquiétant(-e).
**omit** [ə'mɪt] *vt* omettre.
**on** [ɒn] *prep* **1.** *(expressing position, location)* sur; **it's ~ the table** il est sur la table; **~ my right** à OR sur ma droite; **~ the right** à droite; **we stayed ~ a farm** nous avons séjourné dans une ferme; **a hotel ~ the boulevard Saint-Michel** un hôtel (sur le) boulevard Saint-Michel; **the exhaust ~ the car** l'échappement de la voiture.
**2.** *(with forms of transport)*: **~ the train/plane** dans le train/l'avion; **to get ~ a bus** monter dans un bus.
**3.** *(expressing means, method)*: **~ foot** à pied; **~ TV/the radio** à la télé/la radio; **~ the piano** au piano.
**4.** *(using)*: **it runs ~ unleaded petrol** elle marche à l'essence sans

plomb; **to be ~ medication** être sous traitement.
5. *(about)* sur; **a book ~ Germany** un livre sur l'Allemagne.
6. *(expressing time)*: **~ arrival** à mon/leur arrivée; **~ Tuesday** mardi; **~ 25th August** le 25 août.
7. *(with regard to)*: **to spend time ~ sthg** consacrer du temps à qqch; **the effect ~ Britain** l'effet sur la Grande-Bretagne.
8. *(describing activity, state)* en; **~ holiday** en vacances; **~ offer** en réclame; **~ sale** en vente.
9. *(in phrases)*: **do you have any money ~ you?** *(inf)* tu as de l'argent sur toi?; **the drinks are ~ me** c'est ma tournée.
◆ *adv* 1. *(in place, covering)*: **to have sthg ~** *(clothes, hat)* porter qqch; **put the lid ~** mets le couvercle; **to put one's clothes ~** s'habiller, mettre ses vêtements.
2. *(film, play, programme)*: **the news is ~** il y a les informations à la télé; **what's ~ at the cinema?** qu'est-ce qui passe au cinéma?
3. *(with transport)*: **to get ~** monter.
4. *(functioning)*: **to turn sthg ~** *(TV, radio)* allumer; *(tap)* ouvrir; *(engine)* mettre en marche.
5. *(taking place)*: **how long is the festival ~?** combien de temps dure le festival?
6. *(further forward)*: **to drive ~** continuer à rouler.
7. *(in phrases)*: **to have sthg ~** avoir qqch de prévu.
◆ *adj (TV, radio, light)* allumé(-e); *(tap)* ouvert(-e); *(engine)* en marche.

**once** [wʌns] *adv (one time)* une fois; *(in the past)* jadis ◆ *conj* une fois que, dès que; **at ~** *(immediately)* immédiatement; *(at the same time)* en même temps; **for ~** pour une fois; **~ more** une fois de plus.

**oncoming** [ˈɒnˌkʌmɪŋ] *adj (traffic)* venant en sens inverse.

**one** [wʌn] *num (the number 1)* un ◆ *adj (only)* seul(-e) ◆ *pron (object, person)* un (une *f*); *(fml: you)* on; **thirty-~** trente et un; **~ fifth** un cinquième; **I like that ~** j'aime bien celui-là; **I'll take this ~** je prends celui-ci; **which ~?** lequel?; **the ~ I told you about** celui dont je t'ai parlé; **~ of my friends** un de mes amis; **~ day** *(in past, future)* un jour.

**one-piece (swimsuit)** *n* maillot *m* de bain une pièce.

**oneself** [wʌnˈself] *pron (reflexive)* se; *(after prep)* soi.

**one-way** *adj (street)* à sens unique; *(ticket)* aller *(inv)*.

**onion** [ˈʌnjən] *n* oignon *m*.

**onion bhaji** [-ˈbɑːdʒɪ] *n* beignet *m* à l'oignon *(spécialité indienne généralement servie en hors-d'œuvre)*.

**onion rings** *npl rondelles d'oignon en beignets.*

**only** [ˈəʊnlɪ] *adj* seul(-e) ◆ *adv* seulement, ne ... que; **an ~ child** un enfant unique; **the ~ one** le seul (la seule); **I ~ want one** je n'en veux qu'un; **we've ~ just arrived** nous venons juste d'arriver; **there's ~ just enough** il y en a tout juste assez; **"members ~"** «réservé aux membres»; **not ~** non seulement.

**onto** [ˈɒntuː] *prep (with verbs of movement)* sur; **to get ~ sb** *(telephone)* contacter qqn.

**onward** [ˈɒnwəd] *adv* = **onwards** ◆ *adj*: **the ~ journey** la fin du parcours.

**onwards** ['ɒnwədz] *adv (forwards)* en avant; **from now ~** à partir de maintenant, dorénavant; **from October ~** à partir d'octobre.

**opal** ['əupl] *n* opale *f*.

**opaque** [əu'peɪk] *adj* opaque.

**open** ['əupn] *adj* ouvert(-e); *(space)* dégagé(-e); *(honest)* franc (franche) ◆ *vt* ouvrir ◆ *vi (door, window, lock)* s'ouvrir; *(shop, office, bank)* ouvrir; *(start)* commencer; **are you ~ at the weekend?** *(shop)* êtes-vous ouverts le week-end?; **wide ~** grand ouvert; **in the ~ (air)** en plein air ❑ **open onto** *vt fus* donner sur; **open up** *vi* ouvrir.

**open-air** *adj* en plein air.

**opening** ['əupnɪŋ] *n (gap)* ouverture *f*; *(beginning)* début *m*; *(opportunity)* occasion *f*.

**opening hours** *npl* heures *fpl* d'ouverture.

**open-minded** [-'maɪndɪd] *adj* tolérant(-e).

**open-plan** *adj* paysagé(-e).

**open sandwich** *n* canapé *m*.

**opera** ['ɒpərə] *n* opéra *m*.

**opera house** *n* opéra *m*.

**operate** ['ɒpəreɪt] *vt (machine)* faire fonctionner ◆ *vi (work)* fonctionner; **to ~ on sb** opérer qqn.

**operating room** ['ɒpəreɪtɪŋ-] *(Am)* = **operating theatre**.

**operating theatre** ['ɒpəreɪtɪŋ-] *n (Br)* salle *f* d'opération.

**operation** [,ɒpə'reɪʃn] *n* opération *f*; **to be in ~** *(law, system)* être appliqué; **to have an ~** se faire opérer.

**operator** ['ɒpəreɪtə^r] *n (on phone)* opérateur *m* (-trice *f*).

**opinion** [ə'pɪnjən] *n* opinion *f*; **in my ~** à mon avis.

**opponent** [ə'pəunənt] *n* adversaire *mf*.

**opportunity** [,ɒpə'tju:nətɪ] *n* occasion *f*.

**oppose** [ə'pəuz] *vt* s'opposer à.

**opposed** [ə'pəuzd] *adj*: **to be ~ to sthg** être opposé(-e) à qqch.

**opposite** ['ɒpəzɪt] *adj* opposé(-e); *(building)* d'en face ◆ *prep* en face de ◆ *n*: **the ~ (of)** le contraire (de).

**opposition** [,ɒpə'zɪʃn] *n* opposition *f*; *(SPORT)* adversaire *mf*.

**opt** [ɒpt] *vt*: **to ~ to do sthg** choisir de faire qqch.

**optician's** [ɒp'tɪʃns] *n (shop)* opticien *m*.

**optimist** ['ɒptɪmɪst] *n* optimiste *mf*.

**optimistic** [,ɒptɪ'mɪstɪk] *adj* optimiste.

**option** ['ɒpʃn] *n (alternative)* choix *m*; *(optional extra)* option *f*.

**optional** ['ɒpʃənl] *adj* optionnel(-elle).

**or** [ɔ:^r] *conj* ou; *(after negative)* ni.

**oral** ['ɔ:rəl] *adj* oral(-e) ◆ *n (exam)* oral *m*.

**orange** ['ɒrɪndʒ] *adj* orange *(inv)* ◆ *n (fruit)* orange *f*; *(colour)* orange *m*.

**orange juice** *n* jus *m* d'orange.

**orange squash** *n (Br)* orangeade *f*.

**orbit** ['ɔ:bɪt] *n* orbite *f*.

**orbital (motorway)** ['ɔ:bɪtl-] *n (Br)* rocade *f*.

**orchard** ['ɔ:tʃəd] *n* verger *m*.

**orchestra** ['ɔ:kɪstrə] *n* orchestre *m*.

**ordeal** [ɔ:'di:l] *n* épreuve *f*.

**order** ['ɔ:dəʳ] *n* ordre *m*; *(in restaurant, for goods)* commande *f* ◆ *vt (command)* ordonner; *(food, taxi, goods)* commander ◆ *vi (in restaurant)* commander; **in ~ to do sthg** de façon à OR afin de faire qqch; **out of ~** *(not working)* en panne; **in working ~** en état de marche; **to ~ sb to do sthg** ordonner à qqn de faire qqch.

**order form** *n* bon *m* de commande.

**ordinary** ['ɔ:dənrı] *adj* ordinaire.

**ore** [ɔ:ʳ]*n* minerai *m*.

**oregano** [,ɒrı'gɑ:nəʊ] *n* origan *m*.

**organ** ['ɔ:gən] *n (MUS)* orgue *m*; *(in body)* organe *m*.

**organic** [ɔ:'gænık] *adj (food)* biologique.

**organization** [,ɔ:gənaı'zeıʃn] *n* organisation *f*.

**organize** ['ɔ:gənaız] *vt* organiser.

**organizer** ['ɔ:gənaızəʳ] *n (person)* organisateur *m* (-trice *f*); *(diary)* agenda *m*.

**oriental** [,ɔ:rı'entl] *adj* oriental(-e).

**orientate** ['ɔ:rıenteıt] *vt*: **to ~ o.s.** s'orienter.

**origin** ['ɒrıdʒın] *n* origine *f*.

**original** [ə'rıdʒənl] *adj (first)* d'origine; *(novel)* original(-e).

**originally** [ə'rıdʒənəlı] *adv (formerly)* à l'origine.

**originate** [ə'rıdʒəneıt] *vi*: **to ~ from** venir de.

**ornament** ['ɔ:nəmənt] *n (object)* bibelot *m*.

**ornamental** [,ɔ:nə'mentl] *adj* décoratif(-ive).

**ornate** [ɔ:'neıt] *adj* orné(-e).

**orphan** ['ɔ:fn] *n* orphelin *m* (-e *f*).

**orthodox** ['ɔ:θədɒks] *adj* orthodoxe.

**ostentatious** [,ɒstən'teıʃəs] *adj* ostentatoire.

**ostrich** ['ɒstrıtʃ] *n* autruche *f*.

**other** ['ʌðəʳ] *adj* autre ◆ *pron* autre *mf* ◆ *adv*: **~ than** à part; **the ~ (one)** l'autre; **the ~ day** l'autre jour; **one after the ~** l'un après l'autre.

**otherwise** ['ʌðəwaız] *adv (or else)* autrement, sinon; *(apart from that)* à part ça; *(differently)* autrement.

**otter** ['ɒtəʳ] *n* loutre *f*.

**ought** [ɔ:t] *aux vb* devoir; **you ~ to have gone** tu aurais dû y aller; **you ~ to see a doctor** tu devrais voir un médecin; **the car ~ to be ready by Friday** la voiture devrait être prête vendredi.

**ounce** [aʊns] *n (unit of measurement)* = 28,35 g, once *f*.

**our** ['aʊəʳ] *adj* notre, nos *(pl)*.

**ours** ['aʊəz] *pron* le nôtre (la nôtre); **this is ~** c'est à nous; **a friend of ~** un ami à nous.

**ourselves** [aʊə'selvz] *pron (reflexive, after prep)* nous; **we did it ~** nous l'avons fait nous-mêmes.

**out** [aʊt] *adj (light, cigarette)* éteint(-e).

◆ *adv* 1. *(outside)* dehors; **to get ~ (of)** sortir (de); **to go ~ (of)** sortir (de); **it's cold ~** il fait froid dehors.
2. *(not at home, work)* dehors; **to be ~** être sorti; **to go ~** sortir.
3. *(so as to be extinguished)*: **to turn sthg ~** éteindre qqch; **put your cigarette ~** éteignez votre ciga-

rette.
4. *(expressing removal)*: **to fall ~** tomber; **to take sthg ~ (of)** sortir qqch (de); *(money)* retirer qqch (de).
5. *(outwards)*: **to stick ~** dépasser.
6. *(expressing distribution)*: **to hand sthg ~** distribuer qqch.
7. *(wrong)* faux (fausse); **the bill's £10 ~** il y a une erreur de 10 livres dans l'addition.
8. *(in phrases)*: **stay ~ of the sun** évitez le soleil; **made ~ of wood** en bois; **five ~ of ten women** cinq femmes sur dix; **I'm ~ of cigarettes** je n'ai plus de cigarettes.

**outback** ['aʊtbæk] *n*: **the ~** l'arrière-pays *m (en Australie)*.

**outboard (motor)** ['aʊtbɔ:d-] *n* moteur *m* hors-bord.

**outbreak** ['aʊtbreɪk] *n (of disease)* épidémie *f*.

**outburst** ['aʊtbɜ:st] *n* explosion *f*.

**outcome** ['aʊtkʌm] *n* résultat *m*.

**outcrop** ['aʊtkrɒp] *n* affleurement *m*.

**outdated** [,aʊt'deɪtɪd] *adj* démodé(-e).

**outdo** [,aʊt'du:] *vt* surpasser.

**outdoor** ['aʊtdɔ:ʳ] *adj (swimming pool)* en plein air; *(activities)* de plein air.

**outdoors** [aʊt'dɔ:z] *adv* en plein air, dehors; **to go ~** sortir.

**outer** ['aʊtəʳ] *adj* extérieur(-e).

**outer space** *n* l'espace *m*.

**outfit** ['aʊtfɪt] *n (clothes)* tenue *f*.

**outing** ['aʊtɪŋ] *n* sortie *f*.

**outlet** ['aʊtlet] *n (pipe)* sortie *f*; **"no ~"** *(Am)* «voie sans issue».

**outline** ['aʊtlaɪn] *n (shape)* contour *m*; *(description)* grandes lignes *fpl*.

**outlook** ['aʊtlʊk] *n (for future)* perspective *f*; *(of weather)* prévision *f*; *(attitude)* conception *f*.

**out-of-date** *adj (old-fashioned)* démodé(-e); *(passport, licence)* périmé(-e).

**outpatients' (department)** ['aʊt,peɪʃnts-] *n* service *m* des consultations externes.

**output** ['aʊtpʊt] *n (of factory)* production *f*; *(COMPUT: printout)* sortie *f* papier.

**outrage** ['aʊtreɪdʒ] *n* atrocité *f*.

**outrageous** [aʊt'reɪdʒəs] *adj* scandaleux(-euse).

**outright** [,aʊt'raɪt] *adv (tell, deny)* franchement; *(own)* complètement.

**outside** [*adv* ,aʊt'saɪd, *adj, prep & n* 'aʊtsaɪd] *adv* dehors ◆ *prep* en dehors de; *(door)* de l'autre côté de; *(in front of)* devant ◆ *adj* extérieur(-e) ◆ *n*: **the ~** *(of building, car, container)* l'extérieur *m*; *(AUT: in UK)* la droite; *(AUT: in Europe, US)* la gauche; **an ~ line** une ligne extérieure; **~ of** *(Am)* en dehors de.

**outside lane** *n (AUT) (in UK)* voie *f* de droite; *(in Europe, US)* voie *f* de gauche.

**outsize** ['aʊtsaɪz] *adj (clothes)* grande taille *(inv)*.

**outskirts** ['aʊtskɜ:ts] *npl (of town)* périphérie *f*, banlieue *f*.

**outstanding** [,aʊt'stændɪŋ] *adj (remarkable)* remarquable; *(problem)* à régler; *(debt)* impayé(-e).

**outward** ['aʊtwəd] *adj (journey)* aller *(inv)*; *(external)* extérieur(-e).

**outwards** ['aʊtwədz] *adv* vers l'extérieur.

**oval** [ˈəʊvl] *adj* ovale.

**ovation** [əʊˈveɪʃn] *n* ovation *f*.

**oven** [ˈʌvn] *n* four *m*.

**oven glove** *n* gant *m* de cuisine.

**ovenproof** [ˈʌvnpru:f] *adj* qui va au four.

**oven-ready** *adj* prêt(-e) à mettre au four.

**over** [ˈəʊvə^r] *prep* 1. *(above)* au-dessus de; **a bridge ~ the river** un pont sur la rivière.
2. *(across)* par-dessus; **to walk ~ sthg** traverser qqch (à pied); **it's just ~ the road** c'est juste de l'autre côté de la route; **a view ~ the square** une vue sur la place.
3. *(covering)* sur; **put a plaster ~ the wound** mettez un pansement sur la plaie.
4. *(more than)* plus de; **it cost ~ £1,000** ça a coûté plus de 1 000 livres.
5. *(during)* pendant; **~ the past two years** ces deux dernières années.
6. *(with regard to)* sur; **an argument ~ the price** une dispute au sujet du prix.
◆ *adv* 1. *(downwards)*: **to fall ~** tomber; **to lean ~** se pencher.
2. *(referring to position, movement)*: **to fly ~ to Canada** aller au Canada en avion; **~ here** ici; **~ there** là-bas.
3. *(round to other side)*: **to turn sthg ~** retourner qqch.
4. *(more)*: **children aged 12 and ~** les enfants de 12 ans et plus OR au-dessus.
5. *(remaining)*: **how many are there (left) ~?** combien en reste-t-il?
6. *(to one's house)* chez soi; **to come ~** venir à la maison; **to invite sb ~ for dinner** inviter qqn à dîner (chez soi).
7. *(in phrases)*: **all ~** *(finished)* fini(-e), terminé(-e); **all ~ the world/country** dans le monde/pays entier.
◆ *adj (finished)*: **to be ~** être fini(-e), être terminé(-e).

**overall** [*adv* ˌəʊvərˈɔ:l, *n* ˈəʊvərɔ:l] *adv (in general)* en général ◆ *n (Br: coat)* blouse *f*; *(Am: boiler suit)* bleu *m* de travail; **how much does it cost ~?** combien est-ce que ça coûte en tout? ❑ **overalls** *npl (Br: boiler suit)* bleu *m* de travail; *(Am: dungarees)* salopette *f*.

**overboard** [ˈəʊvəbɔ:d] *adv* par-dessus bord.

**overbooked** [ˌəʊvəˈbʊkt] *adj* surréservé(-e).

**overcame** [ˌəʊvəˈkeɪm] *pt* → **overcome**.

**overcast** [ˌəʊvəˈkɑ:st] *adj* couvert(-e).

**overcharge** [ˌəʊvəˈtʃɑ:dʒ] *vt (customer)* faire payer trop cher à.

**overcoat** [ˈəʊvəkəʊt] *n* pardessus *m*.

**overcome** [ˌəʊvəˈkʌm] (*pt* **-came**, *pp* **-come**) *vt* vaincre.

**overcooked** [ˌəʊvəˈkʊkt] *adj* trop cuit(-e).

**overcrowded** [ˌəʊvəˈkraʊdɪd] *adj* bondé(-e).

**overdo** [ˌəʊvəˈdu:] (*pt* **-did**, *pp* **-done**) *vt (exaggerate)* exagérer; **to ~ it** se surmener.

**overdone** [ˌəʊvəˈdʌn] *pp* → **overdo** ◆ *adj (food)* trop cuit(-e).

**overdose** [ˈəʊvədəʊs] *n* overdose *f*.

**overdraft** [ˈəʊvədrɑ:ft] *n* découvert *m*.

**overdue** [ˌəʊvəˈdju:] *adj* en retard.

**over easy** *adj (Am: egg)* cuit(-e)

des deux côtés.

**overexposed** [ˌəʊvənk'spəʊzd] *adj (photograph)* surexposé(-e).

**overflow** [*vb* ˌəʊvə'fləʊ, *n* 'əʊvəfləʊ] *vi* déborder ◆ *n (pipe)* trop-plein *m*.

**overgrown** [ˌəʊvə'grəʊn] *adj (garden, path)* envahi(-e) par les mauvaises herbes.

**overhaul** [ˌəʊvə'hɔ:l] *n* révision *f*.

**overhead** [*adj* 'əʊvəhed, *adv* ˌəʊvə'hed] *adj* aérien(-ienne) ◆ *adv* au-dessus.

**overhead locker** *n (on plane)* compartiment *m* à bagages.

**overhear** [ˌəʊvə'hɪə^r] (*pt & pp* **-heard**) *vt* entendre par hasard.

**overheat** [ˌəʊvə'hi:t] *vi* surchauffer.

**overland** ['əʊvəlænd] *adv* par voie de terre.

**overlap** [ˌəʊvə'læp] *vi* se chevaucher.

**overleaf** [ˌəʊvə'li:f] *adv* au verso, au dos.

**overload** [ˌəʊvə'ləʊd] *vt* surcharger.

**overlook** [*vb* ˌəʊvə'lʊk, *n* 'əʊvəlʊk] *vt (subj: building, room)* donner sur; *(miss)* oublier ◆ *n*: **(scenic) ~** *(Am)* point *m* de vue.

**overnight** [*adv* ˌəʊvə'naɪt *adj* 'əʊvənaɪt] *adv (during the night)* pendant la nuit; *(until next day)* pour la nuit ◆ *adj (train, journey)* de nuit.

**overnight bag** *n* sac *m* de voyage.

**overpass** ['əʊvəpɑ:s] *n* saut-de-mouton *m*.

**overpowering** [ˌəʊvə'paʊərɪŋ] *adj (heat)* accablant(-e); *(smell)* suffocant(-e).

**oversaw** [ˌəʊvə'sɔ:] *pt* → **oversee**.

**overseas** [*adv* ˌəʊvə'si:z, *adj* 'əʊvəsi:z] *adv* à l'étranger ◆ *adj* étranger(-ère); *(holiday)* à l'étranger.

**oversee** [ˌəʊvə'si:] (*pt* **-saw**, *pp* **-seen**) *vt (supervise)* superviser.

**overshoot** [ˌəʊvə'ʃu:t] (*pt & pp* **-shot**) *vt (turning, motorway exit)* manquer.

**oversight** ['əʊvəsaɪt] *n* oubli *m*.

**oversleep** [ˌəʊvə'sli:p] (*pt & pp* **-slept**) *vi* ne pas se réveiller à temps.

**overtake** [ˌəʊvə'teɪk] (*pt* **-took**, *pp* **-taken**) *vt & vi* doubler; **"no overtaking"** «dépassement interdit».

**overtime** ['əʊvətaɪm] *n* heures *fpl* supplémentaires.

**overtook** [ˌəʊvə'tʊk] *pt* → **overtake**.

**overture** ['əʊvəˌtjʊə^r] *n* ouverture *f*.

**overturn** [ˌəʊvə'tɜ:n] *vi* se retourner.

**overweight** [ˌəʊvə'weɪt] *adj* trop gros (grosse).

**overwhelm** [ˌəʊvə'welm] *vt (with joy)* combler; *(with sadness)* accabler.

**owe** [əʊ] *vt* devoir; **to ~ sb sthg** devoir qqch à qqn; **owing to** en raison de.

**owl** [aʊl] *n* chouette *f*.

**own** [əʊn] *adj* propre ◆ *vt* avoir, posséder ◆ *pron*: **a room of my ~** une chambre pour moi tout seul; **on my ~** (tout) seul; **to get one's ~ back** prendre sa revanche ❑ **own up** *vi*: **to ~ up (to sthg)** avouer (qqch).

**owner** ['əʊnə^r] *n* propriétaire *mf*.

**ownership** ['əʊnəʃɪp] *n* propriété *f*.
**ox** [ɒks] (*pl* **oxen** ['ɒksən]) *n* bœuf *m*.
**oxtail soup** ['ɒksteɪl-] *n* soupe *f* à la queue de bœuf.
**oxygen** ['ɒksɪdʒən] *n* oxygène *m*.
**oyster** ['ɔɪstə[r]] *n* huître *f*.
**oz** *abbr* = **ounce.**
**ozone-friendly** ['əʊzəʊn-] *adj* qui préserve la couche d'ozone.

# P

**p** *(abbr of page)* p. ◆ *abbr* = **penny, pence.**
**pace** [peɪs] *n* *(speed)* vitesse *f*, allure *f*; *(step)* pas *m*.
**pacemaker** ['peɪs,meɪkə[r]] *n* *(for heart)* pacemaker *m*.
**Pacific** [pə'sɪfɪk] *n*: **the ~ (Ocean)** le Pacifique, l'océan *m* Pacifique.
**pacifier** ['pæsɪfaɪə[r]] *n* *(Am: for baby)* tétine *f*.
**pacifist** ['pæsɪfɪst] *n* pacifiste *mf*.
**pack** [pæk] *n* *(packet)* paquet *m*; *(Br: of cards)* paquet, jeu *m*; *(rucksack)* sac *m* à dos ◆ *vt* emballer; *(suitcase, bag)* faire ◆ *vi* *(for journey)* faire ses valises; **a ~ of lies** un tissu de mensonges; **to ~ sthg into sthg** entasser qqch dans qqch; **to ~ one's bags** faire ses valises ❑ **pack up** *vi* *(pack suitcase)* faire sa valise; *(tidy up)* ranger; *(Br: inf: machine, car)* tomber en rade.
**package** ['pækɪdʒ] *n* *(parcel)* paquet *m*; *(COMPUT)* progiciel *m* ◆ *vt* emballer.
**package holiday** *n* *voyage à prix forfaitaire incluant transport et hébergement.*
**package tour** *n* voyage *m* organisé.
**packaging** ['pækɪdʒɪŋ] *n* *(material)* emballage *m*.
**packed** [pækt] *adj* *(crowded)* bondé(-e).
**packed lunch** *n* panier-repas *m*.
**packet** ['pækɪt] *n* paquet *m*; **it cost a ~** *(Br: inf)* ça a coûté un paquet.
**packing** ['pækɪŋ] *n* *(material)* emballage *m*; **to do one's ~** *(for journey)* faire ses valises.
**pad** [pæd] *n* *(of paper)* bloc *m*; *(of cloth, cotton wool)* tampon *m*; **knee ~** genouillère *f*.
**padded** ['pædɪd] *adj* *(jacket, seat)* rembourré(-e).
**padded envelope** *n* enveloppe *f* matelassée.
**paddle** ['pædl] *n* *(pole)* pagaie *f* ◆ *vi* *(wade)* barboter; *(in canoe)* pagayer.
**paddling pool** ['pædlɪŋ-] *n* pataugeoire *f*.
**paddock** ['pædək] *n* *(at racecourse)* paddock *m*.
**padlock** ['pædlɒk] *n* cadenas *m*.
**page** [peɪdʒ] *n* page *f* ◆ *vt* *(call)* appeler (par haut-parleur); **"paging Mr Hill"** «on demande M. Hill».
**paid** [peɪd] *pt & pp* → **pay** ◆ *adj* *(holiday, work)* payé(-e).
**pain** [peɪn] *n* douleur *f*; **to be in ~**

*(physical)* souffrir; **he's such a ~!** *(inf)* il est vraiment pénible! ❑ **pains** *npl (trouble)* peine *f*.

**painful** ['peɪnfʊl] *adj* douloureux(-euse).

**painkiller** ['peɪn,kɪlə^r] *n* analgésique *m*.

**paint** [peɪnt] *n* peinture *f* ◆ *vt & vi* peindre; **to ~ one's nails** se mettre du vernis à ongles.

**paintbrush** ['peɪntbrʌʃ] *n* pinceau *m*.

**painter** ['peɪntə^r] *n* peintre *m*.

**painting** ['peɪntɪŋ] *n* peinture *f*.

**pair** [peə^r] *n (of two things)* paire *f*; **in ~s** par deux; **a ~ of pliers** une pince; **a ~ of scissors** une paire de ciseaux; **a ~ of shorts** un short; **a ~ of tights** un collant; **a ~ of trousers** un pantalon.

**pajamas** [pə'dʒɑːməz] *(Am)* = **pyjamas**.

**Pakistan** [*Br* ,pɑːkɪ'stɑːn, *Am* ,pækɪ'stæn] *n* le Pakistan.

**Pakistani** [*Br* ,pɑːkɪ'stɑːnɪ, *Am* ,pækɪ'stænɪ] *adj* pakistanais(-e) ◆ *n (person)* Pakistanais *m* (-e *f*).

**pakora** [pə'kɔːrə] *npl petits beignets de légumes épicés (spécialité indienne généralement servie en hors-d'œuvre avec une sauce elle-même épicée)*.

**pal** [pæl] *n (inf)* pote *m*.

**palace** ['pælɪs] *n* palais *m*.

**palatable** ['pælətəbl] *adj (food, drink)* bon (bonne).

**palate** ['pælət] *n* palais *m*.

**pale** [peɪl] *adj* pâle.

**pale ale** *n* bière *f* blonde légère.

**palm** [pɑːm] *n (of hand)* paume *f*; **~ (tree)** palmier *m*.

**palpitations** [,pælpɪ'teɪʃnz] *npl* palpitations *fpl*.

**pamphlet** ['pæmflɪt] *n* brochure *f*.

**pan** [pæn] *n (saucepan)* casserole *f*; *(frying pan)* poêle *f*.

**pancake** ['pænkeɪk] *n* crêpe *f*.

**pancake roll** *n* rouleau *m* de printemps.

**panda** ['pændə] *n* panda *m*.

**panda car** *n (Br)* voiture *f* de patrouille.

**pane** [peɪn] *n (large)* vitre *f*; *(small)* carreau *m*.

**panel** ['pænl] *n (of wood)* panneau *m*; *(group of experts)* comité *m*; *(on TV, radio)* invités *mpl*.

**paneling** ['pænəlɪŋ] *(Am)* = **panelling**.

**panelling** ['pænəlɪŋ] *n (Br)* lambris *m*.

**panic** ['pænɪk] (*pt & pp* **-ked**, *cont* **-king**) *n* panique *f* ◆ *vi* paniquer.

**panniers** ['pænɪəz] *npl (for bicycle)* sacoches *fpl*.

**panoramic** [,pænə'ræmɪk] *adj* panoramique.

**pant** [pænt] *vi* haleter.

**panties** ['pæntɪz] *npl (inf)* culotte *f*.

**pantomime** ['pæntəmaɪm] *n (Br) spectacle de Noël*.

---

## *i* PANTOMIME

Ces spectacles de Noël s'inspirant généralement de contes traditionnels sont des sortes de comédies musicales comiques destinées aux enfants. Le héros doit selon la tradition être joué par une jeune actrice alors que le rôle comique, celui de la vieille dame, est tenu par un acteur.

---

**pantry** ['pæntrı] *n* garde-manger *m inv*.
**pants** [pænts] *npl (Br: underwear)* slip *m*; *(Am: trousers)* pantalon *m*.
**panty hose** ['pæntı-] *npl (Am)* collant *m*.
**papadum** ['pæpədəm] *n galette indienne très fine et croustillante.*
**paper** ['peıpə^r] *n (material)* papier *m*; *(newspaper)* journal *m*; *(exam)* épreuve *f* ◆ *adj* en papier; *(cup, plate)* en carton ◆ *vt* tapisser; **a piece of ~** *(sheet)* une feuille de papier; *(scrap)* un bout de papier ❑ **papers** *npl (documents)* papiers *mpl*.
**paperback** ['peıpəbæk] *n* livre *m* de poche.
**paper bag** *n* sac *m* en papier.
**paperboy** ['peıpəbɔı] *n* livreur *m* de journaux.
**paper clip** *n* trombone *m*.
**papergirl** ['peıpəgɜ:l] *n* livreuse *f* de journaux.
**paper handkerchief** *n* mouchoir *m* en papier.
**paper shop** *n* marchand *m* de journaux.
**paperweight** ['peıpəweıt] *n* presse-papiers *m inv*.
**paprika** ['pæprıkə] *n* paprika *m*.
**par** [pɑ:^r] *n (in golf)* par *m*.
**paracetamol** [,pærə'si:təmɒl] *n* paracétamol *m*.
**parachute** ['pærəʃu:t] *n* parachute *m*.
**parade** [pə'reıd] *n (procession)* parade *f*; *(of shops)* rangée *f* de magasins.
**paradise** ['pærədaıs] *n* paradis *m*.
**paraffin** ['pærəfın] *n* paraffine *f*.
**paragraph** ['pærəgrɑ:f] *n* paragraphe *m*.
**parallel** ['pærəlel] *adj*: **~ (to)** parallèle (à).
**paralysed** ['pærəlaızd] *adj (Br)* paralysé(-e).
**paralyzed** ['pærəlaızd] *(Am)* = **paralysed**.
**paramedic** [,pærə'medık] *n* aide-soignant *m* (-e *f*).
**paranoid** ['pærənɔıd] *adj* paranoïaque.
**parasite** ['pærəsaıt] *n* parasite *m*.
**parasol** ['pærəsɒl] *n (above table, on beach)* parasol *m*; *(hand-held)* ombrelle *f*.
**parcel** ['pɑ:sl] *n* paquet *m*.
**parcel post** *n*: **to send sthg by ~** envoyer qqch par colis postal.
**pardon** ['pɑ:dn] *excl*: **~?** pardon?; **~ (me)!** pardon!, excusez-moi!; **I beg your ~!** *(apologizing)* je vous demande pardon!; **I beg your ~?** *(asking for repetition)* je vous demande pardon?
**parent** ['peərənt] *n (father)* père *m*; *(mother)* mère *f*; **~s** parents *mpl*.
**parish** ['pærıʃ] *n (of church)* paroisse *f*; *(village area)* commune *f*.
**park** [pɑ:k] *n* parc *m* ◆ *vt (vehicle)* garer ◆ *vi* se garer.
**park and ride** *n système de contrôle de la circulation qui consiste à se garer à l'extérieur des grandes villes, puis à utiliser des navettes pour aller au centre.*

**parking** ['pɑːkɪŋ] *n* stationnement *m*; **"no ~"** «stationnement interdit», «défense de stationner».
**parking brake** *n (Am)* frein *m* à main.
**parking lot** *n (Am)* parking *m*.
**parking meter** *n* parcmètre *m*.
**parking space** *n* place *f* de parking.
**parking ticket** *n* contravention *f (pour stationnement interdit)*.
**parkway** ['pɑːkweɪ] *n (Am) voie principale dont le terre-plein central est planté d'arbres, de fleurs, etc.*
**parliament** ['pɑːləmənt] *n* parlement *m*.
**Parmesan (cheese)** [pɑːmɪ'zæn-] *n* parmesan *m*.
**parrot** ['pærət] *n* perroquet *m*.
**parsley** ['pɑːslɪ] *n* persil *m*.
**parsnip** ['pɑːsnɪp] *n* panais *m*.
**parson** ['pɑːsn] *n* pasteur *m*.
**part** [pɑːt] *n* partie *f*; *(of machine, car)* pièce *f*; *(in play, film)* rôle *m*; *(Am: in hair)* raie *f* ◆ *adv (partly)* en partie ◆ *vi (couple)* se séparer; **in this ~ of France** dans cette partie de la France; **to form ~ of sthg** faire partie de qqch; **to play a ~ in sthg** jouer un rôle dans qqch; **to take ~ in sthg** prendre part à qqch; **for my ~** pour ma part; **for the most ~** dans l'ensemble; **in these ~s** dans cette région.
**partial** ['pɑːʃl] *adj* partiel(-ielle); **to be ~ to sthg** avoir un faible pour qqch.
**participant** [pɑː'tɪsɪpənt] *n* participant *m* (-e *f*).
**participate** [pɑː'tɪsɪpeɪt] *vi*: **to ~ (in)** participer (à).
**particular** [pə'tɪkjʊlə^r] *adj* particulier(-ière); *(fussy)* difficile; **in ~** en particulier; **nothing in ~** rien de particulier ❑ **particulars** *npl (details)* coordonnées *fpl*.
**particularly** [pə'tɪkjʊləlɪ] *adv* particulièrement.
**parting** ['pɑːtɪŋ] *n (Br: in hair)* raie *f*.
**partition** [pɑː'tɪʃn] *n (wall)* cloison *f*.
**partly** ['pɑːtlɪ] *adv* en partie.
**partner** ['pɑːtnə^r] *n (husband, wife)* conjoint *m* (-e *f*); *(lover)* compagnon *m* (compagne *f*); *(in game, dance)* partenaire *mf*; *(COMM)* associé *m* (-e *f*).
**partnership** ['pɑːtnəʃɪp] *n* association *f*.
**partridge** ['pɑːtrɪdʒ] *n* perdrix *f*.
**part-time** *adj & adv* à temps partiel.
**party** ['pɑːtɪ] *n (for fun)* fête *f*; *(POL)* parti *m*; *(group of people)* groupe *m*; **to have a ~** organiser une fête.
**pass** [pɑːs] *vt* passer; *(move past)* passer devant; *(person in street)* croiser; *(test, exam)* réussir; *(overtake)* dépasser, doubler; *(law)* voter ◆ *vi* passer; *(overtake)* dépasser, doubler; *(in test, exam)* réussir ◆ *n (document)* laissez-passer *m inv*; *(in mountain)* col *m*; *(in exam)* mention *f* passable; *(SPORT)* passe *f*; **to ~ sb sthg** passer qqch à qqn ❑ **pass by** *vt fus (building, window etc)* passer devant ◆ *vi* passer; **pass on** *vt sep (message)* faire passer; **pass out** *vi (faint)* s'évanouir; **pass up** *vt sep (opportunity)* laisser passer.
**passable** ['pɑːsəbl] *adj (road)*

praticable; *(satisfactory)* passable.

**passage** ['pæsɪdʒ] *n* passage *m*; *(sea journey)* traversée *f*.

**passageway** ['pæsɪdʒweɪ] *n* passage *m*.

**passenger** ['pæsɪndʒəʳ] *n* passager *m* (-ère *f*).

**passerby** [ˌpɑːsə'baɪ] *n* passant *m* (-e *f*).

**passing place** ['pɑːsɪŋ-] *n* aire *f* de croisement.

**passion** ['pæʃn] *n* passion *f*.

**passionate** ['pæʃənət] *adj* passionné(-e).

**passive** ['pæsɪv] *n* (GRAMM) passif *m*.

**passport** ['pɑːspɔːt] *n* passeport *m*.

**passport control** *n* contrôle *m* des passeports.

**passport photo** *n* photo *f* d'identité.

**password** ['pɑːswɜːd] *n* mot *m* de passe.

**past** [pɑːst] *adj (earlier, finished)* passé(-e); *(last)* dernier(-ière); *(former)* ancien(-ienne) ◆ *prep (further than)* après; *(in front of)* devant ◆ *n (former time)* passé *m* ◆ *adv*: **to go ~** passer devant; **~ (tense)** (GRAMM) passé *m*; **the ~ month** le mois dernier; **the ~ few days** ces derniers jours; **twenty ~ four** quatre heures vingt; **she walked ~ the window** elle est passée devant la fenêtre; **in the ~** autrefois.

**pasta** ['pæstə] *n* pâtes *fpl*.

**paste** [peɪst] *n (spread)* pâte *f*; *(glue)* colle *f*.

**pastel** ['pæstl] *n* pastel *m*.

**pasteurized** ['pɑːstʃəraɪzd] *adj* pasteurisé(-e).

**pastille** ['pæstɪl] *n* pastille *f*.

**pastime** ['pɑːstaɪm] *n* passe-temps *m inv*.

**pastry** ['peɪstrɪ] *n (for pie)* pâte *f*; *(cake)* pâtisserie *f*.

**pasture** ['pɑːstʃəʳ] *n* pâturage *m*.

**pasty** ['pæstɪ] *n (Br)* friand *m*.

**pat** [pæt] *vt* tapoter.

**patch** [pætʃ] *n (for clothes)* pièce *f*; *(of colour, damp)* tache *f*; *(for skin)* pansement *m*; *(for eye)* bandeau *m*; **a bad ~** *(fig)* une mauvaise passe.

**pâté** ['pæteɪ] *n* pâté *m*.

**patent** [*Br* 'peɪtənt, *Am* 'pætənt] *n* brevet *m*.

**path** [pɑːθ] *n (in country)* sentier *m*; *(in garden, park)* allée *f*.

**pathetic** [pə'θetɪk] *adj (pej: useless)* minable.

**patience** ['peɪʃns] *n (quality)* patience *f*; *(Br: card game)* patience *f*, réussite *f*.

**patient** ['peɪʃnt] *adj* patient(-e) ◆ *n* patient *m* (-e *f*).

**patio** ['pætɪəʊ] *n* patio *m*.

**patriotic** [*Br* ˌpætrɪ'ɒtɪk, *Am* ˌpeɪtrɪ'ɒtɪk] *adj (person)* patriote; *(song)* patriotique.

**patrol** [pə'trəʊl] *vt* patrouiller dans ◆ *n (group)* patrouille *f*.

**patrol car** *n* voiture *f* de patrouille.

**patron** ['peɪtrən] *n (fml: customer)* client *m* (-e *f*); **"~s only"** «réservé aux clients».

**patronizing** ['pætrənaɪzɪŋ] *adj* condescendant(-e).

**pattern** ['pætn] *n* dessin *m*; *(for sewing)* patron *m*.

**patterned** ['pætənd] *adj* à motifs.

**pause** [pɔ:z] *n* pause *f* ◆ *vi* faire une pause.

**pavement** ['peɪvmənt] *n* *(Br: beside road)* trottoir *m*; *(Am: roadway)* chaussée *f*.

**pavilion** [pə'vɪljən] *n* pavillon *m*.

**paving stone** ['peɪvɪŋ-] *n* pavé *m*.

**paw** [pɔ:] *n* patte *f*.

**pawn** [pɔ:n] *vt* mettre en gage ◆ *n (in chess)* pion *m*.

**pay** [peɪ] (*pt & pp* **paid**) *vt & vi* payer ◆ *n (salary)* paie *f*; **I paid £30 for these shoes** j'ai payé ces chaussures 30 livres; **to ~ sb for sthg** payer qqn pour qqch; **to ~ money into an account** verser de l'argent sur un compte; **to ~ attention (to)** faire attention (à); **to ~ sb a visit** rendre visite à qqn; **to ~ by credit card** payer OR régler par carte de crédit ❑ **pay back** *vt sep* rembourser; **pay for** *vt fus (purchase)* payer; **pay in** *vt sep (cheque, money)* déposer sur un compte; **pay out** *vt sep (money)* verser; **pay up** *vi* payer.

**payable** ['peɪəbl] *adj* payable; **~ to** *(cheque)* à l'ordre de.

**payment** ['peɪmənt] *n* paiement *m*.

**payphone** ['peɪfəʊn] *n* téléphone *m* public.

**PC** *n (abbr of personal computer)* PC *m* ◆ *abbr (Br)* = **police constable**.

**PE** *n (abbr of physical education)* EPS *f*.

**pea** [pi:] *n* petit pois *m*.

**peace** [pi:s] *n (no anxiety)* tranquillité *f*; *(no war)* paix *f*; **to leave sb in ~** laisser qqn tranquille; **~ and quiet** tranquillité.

**peaceful** ['pi:sfʊl] *adj (place, day)* tranquille; *(demonstration)* pacifique.

**peach** [pi:tʃ] *n* pêche *f*.

**peach melba** [-'melbə] *n* pêche *f* Melba.

**peacock** ['pi:kɒk] *n* paon *m*.

**peak** [pi:k] *n (of mountain)* sommet *m*; *(of hat)* visière *f*; *(fig: highest point)* point *m* culminant.

**peak hours** *npl (of traffic)* heures *fpl* de pointe; *(for telephone, electricity)* période *f* de pointe.

**peak rate** *n* tarif *m* normal.

**peanut** ['pi:nʌt] *n* cacah(o)uète *f*.

**peanut butter** *n* beurre *m* de cacah(o)uète.

**pear** [peə[r]] *n* poire *f*.

**pearl** [pɜ:l] *n* perle *f*.

**peasant** ['peznt] *n* paysan *m* (-anne *f*).

**pebble** ['pebl] *n* galet *m*.

**pecan pie** ['pi:kæn-] *n* tarte *f* aux noix de pécan.

**peck** [pek] *vi* picorer.

**peculiar** [pɪ'kju:ljə[r]] *adj (strange)* bizarre; **to be ~ to** *(exclusive)* être propre à.

**peculiarity** [pɪˌkju:lɪ'ærətɪ] *n (special feature)* particularité *f*.

**pedal** ['pedl] *n* pédale *f* ◆ *vi* pédaler.

**pedal bin** *n* poubelle *f* à pédale.

**pedalo** ['pedələʊ] *n* pédalo *m*.

**pedestrian** [pɪ'destrɪən] *n* piéton *m*.

**pedestrian crossing** *n* passage *m* clouté, passage *m* (pour) piétons.

**pedestrianized** [pɪ'destrɪənaɪzd] *adj* piétonnier(-ière).

**pedestrian precinct** *n (Br)* zone *f* piétonnière.

**pedestrian zone** *(Am)* = **pedestrian precinct.**

**pee** [piː] *vi (inf)* faire pipi ◆ *n*: **to have a ~** *(inf)* faire pipi.

**peel** [piːl] *n (of banana)* peau *f*; *(of apple, onion)* pelure *f*; *(of orange, lemon)* écorce *f* ◆ *vt (fruit, vegetables)* éplucher, peler ◆ *vi (paint)* s'écailler; *(skin)* peler.

**peep** [piːp] *n*: **to have a ~** jeter un coup d'œil.

**peer** [pɪəʳ] *vi* regarder attentivement.

**peg** [peg] *n (for tent)* piquet *m*; *(hook)* patère *f*; *(for washing)* pince *f* à linge.

**pelican crossing** ['pelɪkən-] *n (Br) passage clouté où l'arrêt des véhicules peut être commandé par les piétons en appuyant sur un bouton.*

**pelvis** ['pelvɪs] *n* bassin *m*.

**pen** [pen] *n (ballpoint pen)* stylo *m* (à) bille; *(fountain pen)* stylo *m* (à) plume; *(for animals)* enclos *m*.

**penalty** ['penltɪ] *n (fine)* amende *f*; *(in football)* penalty *m*.

**pence** [pens] *npl* pence *mpl*; **it costs 20 ~** ça coûte 20 pence.

**pencil** ['pensl] *n* crayon *m*.

**pencil case** *n* trousse *f*.

**pencil sharpener** *n* taille-crayon *m*.

**pendant** ['pendənt] *n (on necklace)* pendentif *m*.

**pending** ['pendɪŋ] *prep (fml)* en attendant.

**penetrate** ['penɪtreɪt] *vt* pénétrer dans.

**penfriend** ['penfrend] *n* correspondant *m* (-e *f*).

**penguin** ['peŋgwɪn] *n* pingouin *m*.

**penicillin** [,penɪ'sɪlɪn] *n* pénicilline *f*.

**peninsula** [pə'nɪnsjʊlə] *n* péninsule *f*.

**penis** ['piːnɪs] *n* pénis *m*.

**penknife** ['pennaɪf] (*pl* **-knives**) *n* canif *m*.

**penny** ['penɪ] (*pl* **pennies**) *n (in UK)* penny *m*; *(in US)* cent *m*.

**pension** ['penʃn] *n (for retired people)* retraite *f*; *(for disabled people)* pension *f*.

**pensioner** ['penʃənəʳ] *n* retraité *m* (-e *f*).

**penthouse** ['penthaʊs, *pl* -haʊzɪz] *n appartement de luxe au dernier étage d'un immeuble.*

**penultimate** [pe'nʌltɪmət] *adj* avant-dernier(-ière).

**people** ['piːpl] *npl* personnes *fpl*; *(in general)* gens *mpl* ◆ *n (nation)* peuple *m*; **the ~** *(citizens)* la population; **French ~** les Français *mpl*.

**pepper** ['pepəʳ] *n (spice)* poivre *m*; *(sweet vegetable)* poivron *m*; *(hot vegetable)* piment *m*.

**peppercorn** ['pepəkɔːn] *n* grain *m* de poivre.

**peppermint** ['pepəmɪnt] *adj* à la menthe ◆ *n (sweet)* bonbon *m* à la menthe.

**pepper pot** *n* poivrière *f*.

**pepper steak** *n* steak *m* au poivre.

**Pepsi®** ['pepsɪ] *n* Pepsi® *m*.

**per** [pɜːʳ] *prep* par; **80p ~ kilo** 80 pence le kilo; **~ person** par personne; **three times ~ week** trois fois par semaine; **£20 ~ night** 20 livres la nuit.

**perceive** [pə'si:v] *vt* percevoir.
**per cent** *adv* pour cent.
**percentage** [pə'sentɪdʒ] *n* pourcentage *m*.
**perch** [pɜ:tʃ] *n* perchoir *m*.
**percolator** ['pɜ:kəleɪtəʳ] *n* cafetière *f* à pression.
**perfect** [*adj & n* 'pɜ:fɪkt, *vb* pə'fekt] *adj* parfait(-e) ◆ *vt* perfectionner ◆ *n*: **the ~ (tense)** le parfait.
**perfection** [pə'fekʃn] *n*: **to do sthg to ~** faire qqch à la perfection.
**perfectly** ['pɜ:fɪktlɪ] *adv* parfaitement.
**perform** [pə'fɔ:m] *vt (task, operation)* exécuter; *(play)* jouer; *(concert)* donner ◆ *vi (actor, band)* jouer; *(singer)* chanter.
**performance** [pə'fɔ:məns] *n (of play)* représentation *f*; *(of film)* séance *f*; *(by actor, musician)* interprétation *f*; *(of car)* performances *fpl*.
**performer** [pə'fɔ:məʳ] *n* artiste *mf*.
**perfume** ['pɜ:fju:m] *n* parfum *m*.
**perhaps** [pə'hæps] *adv* peut-être.
**perimeter** [pə'rɪmɪtəʳ] *n* périmètre *m*.
**period** ['pɪərɪəd] *n (of time)* période *f*; *(SCH)* heure *f*; *(menstruation)* règles *fpl*; *(of history)* époque *f*; *(Am: full stop)* point *m* ◆ *adj (costume, furniture)* d'époque; **sunny ~s** éclaircies *fpl*.
**periodic** [,pɪərɪ'ɒdɪk] *adj* périodique.
**period pains** *npl* règles *fpl* douloureuses.
**periphery** [pə'rɪfərɪ] *n* périphérie *f*.
**perishable** ['perɪʃəbl] *adj* périssable.
**perk** [pɜ:k] *n* avantage *m* en nature.
**perm** [pɜ:m] *n* permanente *f* ◆ *vt*: **to have one's hair ~ed** se faire faire une permanente.
**permanent** ['pɜ:mənənt] *adj* permanent(-e).
**permanent address** *n* adresse *f* permanente.
**permanently** ['pɜ:mənəntlɪ] *adv* en permanence.
**permissible** [pə'mɪsəbl] *adj (fml)* autorisé(-e).
**permission** [pə'mɪʃn] *n* permission *f*, autorisation *f*.
**permit** [*vb* pə'mɪt, *n* 'pɜ:mɪt] *vt (allow)* permettre, autoriser ◆ *n* permis *m*; **to ~ sb to do sthg** permettre à qqn de faire qqch, autoriser qqn à faire qqch; **"~ holders only"** *panneau ou inscription sur la chaussée indiquant qu'un parking n'est accessible que sur permis spécial.*
**perpendicular** [,pɜ:pən'dɪkjʊləʳ] *adj* perpendiculaire.
**persevere** [,pɜ:sɪ'vɪəʳ] *vi* persévérer.
**persist** [pə'sɪst] *vi* persister; **to ~ in doing sthg** persister à faire qqch.
**persistent** [pə'sɪstənt] *adj* persistant(-e); *(person)* obstiné(-e).
**person** ['pɜ:sn] (*pl* **people**) *n* personne *f*; **she's an interesting ~** c'est quelqu'un d'intéressant; **in ~** en personne.
**personal** ['pɜ:sənl] *adj* personnel(-elle); *(life)* privé(-e); *(rude)* désobligeant(-e); *(question)* indiscret (-ète); **a ~ friend** un ami intime.

**personal assistant** *n* secrétaire *m* particulier (secrétaire particulière *f*).
**personal belongings** *npl* objets *mpl* personnels.
**personal computer** *n* PC *m*.
**personality** [,pɜːsəˈnælətɪ] *n* personnalité *f*.
**personally** [ˈpɜːsnəlɪ] *adv* personnellement.
**personal property** *n* objets *mpl* personnels.
**personal stereo** *n* baladeur *m*, Walkman® *m*.
**personnel** [,pɜːsəˈnel] *npl* personnel *m*.
**perspective** [pəˈspektɪv] *n (of drawing)* perspective *f*; *(opinion)* point *m* de vue.
**Perspex®** [ˈpɜːspeks] *n (Br)* = Plexiglas® *m*.
**perspiration** [,pɜːspəˈreɪʃn] *n* transpiration *f*.
**persuade** [pəˈsweɪd] *vt*: **to ~ sb (to do sthg)** persuader qqn (de faire qqch); **to ~ sb that ...** persuader qqn que ...
**persuasive** [pəˈsweɪsɪv] *adj* persuasif(-ive).
**pervert** [ˈpɜːvɜːt] *n* pervers *m* (-e *f*).
**pessimist** [ˈpesɪmɪst] *n* pessimiste *mf*.
**pessimistic** [,pesɪˈmɪstɪk] *adj* pessimiste.
**pest** [pest] *n (insect, animal)* nuisible *m*; *(inf: person)* casse-pieds *mf inv*.
**pester** [ˈpestəʳ] *vt* harceler.
**pesticide** [ˈpestɪsaɪd] *n* pesticide *m*.
**pet** [pet] *n* animal *m* (domestique); **the teacher's ~** le chouchou du professeur.
**petal** [ˈpetl] *n* pétale *m*.
**pet food** *n* nourriture *f* pour animaux (domestiques).
**petition** [pɪˈtɪʃn] *n (letter)* pétition *f*.
**petrified** [ˈpetrɪfaɪd] *adj (frightened)* pétrifié(-e) de peur.
**petrol** [ˈpetrəl] *n (Br)* essence *f*.
**petrol can** *n (Br)* bidon *m* à essence.
**petrol cap** *n (Br)* bouchon *m* du réservoir d'essence.
**petrol gauge** *n (Br)* jauge *f* à essence.
**petrol pump** *n (Br)* pompe *f* à essence.
**petrol station** *n (Br)* station-service *f*.
**petrol tank** *n (Br)* réservoir *m* d'essence.
**pet shop** *n* animalerie *f*.
**petticoat** [ˈpetɪkəʊt] *n* jupon *m*.
**petty** [ˈpetɪ] *adj (pej: person, rule)* mesquin(-e).
**petty cash** *n* caisse *f* des dépenses courantes.
**pew** [pjuː] *n* banc *m* (d'église).
**pewter** [ˈpjuːtəʳ] *adj* en étain.
**PG** *(abbr of parental guidance) sigle indiquant qu'un film peut être vu par des enfants sous contrôle de leurs parents.*
**pharmacist** [ˈfɑːməsɪst] *n* pharmacien *m* (-ienne *f*).
**pharmacy** [ˈfɑːməsɪ] *n (shop)* pharmacie *f*.
**phase** [feɪz] *n* phase *f*.
**PhD** *n* doctorat *m* de troisième cycle.
**pheasant** [ˈfeznt] *n* faisan *m*.

**phenomena** [fɪ'nɒmɪnə] *pl* → phenomenon.
**phenomenal** [fɪ'nɒmɪnl] *adj* phénoménal(-e).
**phenomenon** [fɪ'nɒmɪnən] (*pl* **-mena**) *n* phénomène *m*.
**Philippines** ['fɪlɪpi:nz] *npl*: **the ~** les Philippines *fpl*.
**philosophy** [fɪ'lɒsəfɪ] *n* philosophie *f*.
**phlegm** [flem] *n* glaire *f*.
**phone** [fəʊn] *n* téléphone *m* ◆ *vt (Br)* téléphoner à ◆ *vi (Br)* téléphoner; **to be on the ~** *(talking)* être au téléphone; *(connected)* avoir le téléphone ❑ **phone up** *vt sep* téléphoner à ◆ *vi* téléphoner.
**phone book** *n* annuaire *m* (téléphonique).
**phone booth** *n* cabine *f* téléphonique.
**phone box** *n (Br)* cabine *f* téléphonique.
**phone call** *n* coup *m* de téléphone.
**phonecard** ['fəʊnkɑ:d] *n* Télécarte® *f*.
**phone number** *n* numéro *m* de téléphone.
**photo** ['fəʊtəʊ] *n* photo *f*; **to take a ~ of sb/sthg** prendre qqn/qqch en photo.
**photo album** *n* album *m* (de) photos.
**photocopier** [,fəʊtəʊ'kɒpɪəʳ] *n* photocopieuse *f*.
**photocopy** ['fəʊtəʊ,kɒpɪ] *n* photocopie *f* ◆ *vt* photocopier.
**photograph** ['fəʊtəgrɑ:f] *n* photographie *f* ◆ *vt* photographier.
**photographer** [fə'tɒgrəfəʳ] *n* photographe *mf*.
**photography** [fə'tɒgrəfɪ] *n* photographie *f*.
**phrase** [freɪz] *n* expression *f*.
**phrasebook** ['freɪzbʊk] *n* guide *m* de conversation.
**physical** ['fɪzɪkl] *adj* physique ◆ *n* visite *f* médicale.
**physical education** *n* éducation *f* physique.
**physically handicapped** ['fɪzɪklɪ-] *adj* handicapé(-e) physique.
**physics** ['fɪzɪks] *n* physique *f*.
**physiotherapy** [,fɪzɪəʊ'θerəpɪ] *n* kinésithérapie *f*.
**pianist** ['pɪənɪst] *n* pianiste *mf*.
**piano** [pɪ'ænəʊ] (*pl* **-s**) *n* piano *m*.
**pick** [pɪk] *vt (select)* choisir; *(fruit, flowers)* cueillir ◆ *n (pickaxe)* pioche *f*; **to ~ a fight** chercher la bagarre; **to ~ one's nose** se mettre les doigts dans le nez; **to take one's ~** faire son choix ❑ **pick on** *vt fus* s'en prendre à; **pick out** *vt sep (select)* choisir; *(see)* repérer; **pick up** *vt sep (fallen object)* ramasser; *(fallen person)* relever; *(collect)* passer prendre; *(skill, language)* apprendre; *(hitchhiker)* prendre; *(collect in car)* aller chercher; *(inf: woman, man)* draguer ◆ *vi (improve)* reprendre.
**pickaxe** ['pɪkæks] *n* pioche *f*.
**pickle** ['pɪkl] *n (Br: food)* pickles *mpl*; *(Am: gherkin)* cornichon *m*.
**pickled onion** ['pɪkld-] *n* oignon *m* au vinaigre.
**pickpocket** ['pɪk,pɒkɪt] *n* pickpocket *m*.
**pick-up (truck)** *n* pick-up *m inv*.
**picnic** ['pɪknɪk] *n* pique-nique *m*.

**picnic area** *n* aire *f* de pique-nique.

**picture** ['pɪktʃəʳ] *n (painting)* tableau *m*; *(drawing)* dessin *m*; *(photograph)* photo *f*; *(in book, on TV)* image *f*; *(film)* film *m* ❑ **pictures** *npl*: **the ~s** *(Br)* le cinéma.

**picture frame** *n* cadre *m*.

**picturesque** [,pɪktʃə'resk] *adj* pittoresque.

**pie** [paɪ] *n (savoury)* tourte *f*; *(sweet)* tarte *f*.

**piece** [pi:s] *n* morceau *m*; *(component, in chess)* pièce *f*; **a ~ of furniture** un meuble; **a 20p ~** une pièce de 20 pence; **a ~ of advice** un conseil; **to fall to ~s** tomber en morceaux; **in one ~** *(intact)* intact; *(unharmed)* sain et sauf.

**pier** [pɪəʳ] *n* jetée *f*.

**pierce** [pɪəs] *vt* percer; **to have one's ears ~d** se faire percer les oreilles.

**pig** [pɪg] *n* cochon *m*, porc *m*; *(inf: greedy person)* goinfre *mf*.

**pigeon** ['pɪdʒɪn] *n* pigeon *m*.

**pigeonhole** ['pɪdʒɪnhəʊl] *n* casier *m*.

**pigskin** ['pɪgskɪn] *adj* peau *f* de porc.

**pigtail** ['pɪgteɪl] *n* natte *f*.

**pike** [paɪk] *n (fish)* brochet *m*.

**pilau rice** ['pɪlaʊ-] *n* riz *m* pilaf.

**pilchard** ['pɪltʃəd] *n* pilchard *m*.

**pile** [paɪl] *n (heap)* tas *m*; *(neat stack)* pile *f* ◆ *vt* entasser; *(neatly)* empiler; **~s of** *(inf: a lot)* des tas de ❑ **pile up** *vt sep* entasser; *(neatly)* empiler ◆ *vi (accumulate)* s'entasser.

**piles** [paɪlz] *npl* (MED) hémorroïdes *fpl*.

**pileup** ['paɪlʌp] *n* carambolage *m*.

**pill** [pɪl] *n* pilule *f*.

**pillar** ['pɪləʳ] *n* pilier *m*.

**pillar box** *n (Br)* boîte *f* aux lettres.

**pillion** ['pɪljən] *n*: **to ride ~** monter derrière.

**pillow** ['pɪləʊ] *n (for bed)* oreiller *m*; *(Am: on chair, sofa)* coussin *m*.

**pillowcase** ['pɪləʊkeɪs] *n* taie *f* d'oreiller.

**pilot** ['paɪlət] *n* pilote *m*.

**pilot light** *n* veilleuse *f*.

**pimple** ['pɪmpl] *n* bouton *m*.

**pin** [pɪn] *n (for sewing)* épingle *f*; *(drawing pin)* punaise *f*; *(safety pin)* épingle *f* de nourrice; *(Am: brooch)* broche *f*; *(Am: badge)* badge *m* ◆ *vt* épingler; **a two-~ plug** une prise à deux fiches; **to have ~s and needles** avoir des fourmis.

**pinafore** ['pɪnəfɔ:ʳ] *n (apron)* tablier *m*; *(Br: dress)* robe *f* chasuble.

**pinball** ['pɪnbɔ:l] *n* flipper *m*.

**pincers** ['pɪnsəz] *npl (tool)* tenailles *fpl*.

**pinch** [pɪntʃ] *vt (squeeze)* pincer; *(Br: inf: steal)* piquer ◆ *n (of salt)* pincée *f*.

**pine** [paɪn] *n* pin *m* ◆ *adj* en pin.

**pineapple** ['paɪnæpl] *n* ananas *m*.

**pink** [pɪŋk] *adj* rose ◆ *n* rose *m*.

**pinkie** ['pɪŋkɪ] *n (Am)* petit doigt *m*.

**PIN number** *n* code *m* confidentiel.

**pint** [paɪnt] *n (in UK)* = 0,568 l, ≃ demi-litre *m*; *(in US)* = 0,473 l, ≃ demi-litre *m*.

**pip** [pɪp] *n* pépin *m*.
**pipe** [paɪp] *n (for smoking)* pipe *f*; *(for gas, water)* tuyau *m*.
**pipe cleaner** *n* cure-pipe *m*.
**pipeline** ['paɪplaɪn] *n (for gas)* gazoduc *m*; *(for oil)* oléoduc *m*.
**pipe tobacco** *n* tabac *m* pour pipe.
**pirate** ['paɪrət] *n* pirate *m*.
**Pisces** ['paɪsi:z] *n* Poissons *mpl*.
**piss** [pɪs] *vi (vulg)* pisser ◆ *n*: **to have a ~** *(vulg)* pisser; **it's ~ing down** *(vulg)* il pleut comme vache qui pisse.
**pissed** [pɪst] *adj (Br: vulg: drunk)* bourré(-e); *(Am: vulg: angry)* en rogne.
**pissed off** *adj (vulg)*: **to be ~** en avoir ras le bol.
**pistachio** [pɪ'stɑ:ʃɪəʊ] *n* pistache *f* ◆ *adj (flavour)* à la pistache.
**pistol** ['pɪstl] *n* pistolet *m*.
**piston** ['pɪstən] *n* piston *m*.
**pit** [pɪt] *n (hole)* trou *m*; *(coalmine)* mine *f*; *(for orchestra)* fosse *f*; *(Am: in fruit)* noyau *m*.
**pitch** [pɪtʃ] *n (Br:* SPORT*)* terrain *m* ◆ *vt (throw)* jeter; **to ~ a tent** monter une tente.
**pitcher** ['pɪtʃə^r] *n (large jug)* cruche *f*; *(Am: small jug)* pot *m*.
**pitfall** ['pɪtfɔ:l] *n* piège *m*.
**pith** [pɪθ] *n (of orange)* peau *f* blanche.
**pitta (bread)** ['pɪtə-] *n* pita *m*.
**pitted** ['pɪtɪd] *adj (olives)* dénoyauté(-e).
**pity** ['pɪtɪ] *n (compassion)* pitié *f*; **to have ~ on sb** avoir pitié de qqn; **it's a ~ (that) …** c'est dommage que …; **what a ~!** quel dommage!
**pivot** ['pɪvət] *n* pivot *m*.
**pizza** ['pi:tsə] *n* pizza *f*.
**pizzeria** [,pi:tsə'ri:ə] *n* pizzeria *f*.
**Pl.** *(abbr of Place)* Pl.
**placard** ['plækɑ:d] *n* placard *m*.
**place** [pleɪs] *n (location)* endroit *m*; *(house)* maison *f*; *(flat)* appartement *m*; *(seat, position, in race, list)* place *f*; *(at table)* couvert *m* ◆ *vt (put)* placer; *(an order)* passer; **at my ~** *(house, flat)* chez moi; **in the first ~** premièrement; **to take ~** avoir lieu; **to take sb's ~** *(replace)* prendre la place de qqn; **all over the ~** partout; **in ~ of** au lieu de; **to ~ a bet** parier.
**place mat** *n* set *m* (de table).
**placement** ['pleɪsmənt] *n (work experience)* stage *m* (en entreprise).
**place of birth** *n* lieu *m* de naissance.
**plague** [pleɪg] *n* peste *f*.
**plaice** [pleɪs] *n* carrelet *m*.
**plain** [pleɪn] *adj (not decorated)* uni(-e); *(simple)* simple; *(yoghurt)* nature *(inv)*; *(clear)* clair(-e); *(paper)* non réglé(-e); *(pej: not attractive)* quelconque ◆ *n* plaine *f*.
**plain chocolate** *n* chocolat *m* à croquer.
**plainly** ['pleɪnlɪ] *adv (obviously)* manifestement; *(distinctly)* clairement.
**plait** [plæt] *n* natte *f* ◆ *vt* tresser.
**plan** [plæn] *n* plan *m*, projet *m*; *(drawing)* plan ◆ *vt (organize)* organiser; **have you any ~s for tonight?** as-tu quelque chose de prévu pour ce soir?; **according to ~** comme prévu; **to ~ to do sthg, to ~ on doing sthg** avoir l'intention de faire qqch.
**plane** [pleɪn] *n (aeroplane)* avion

*m*; *(tool)* rabot *m*.

**planet** ['plænɪt] *n* planète *f*.

**plank** [plæŋk] *n* planche *f*.

**plant** [plɑ:nt] *n* plante *f*; *(factory)* usine *f* ◆ *vt* planter; **"heavy ~ crossing"** «sortie d'engins».

**plantation** [plæn'teɪʃn] *n* plantation *f*.

**plaque** [plɑ:k] *n* *(plate)* plaque *f*; *(on teeth)* plaque *f* dentaire.

**plaster** ['plɑ:stəʳ] *n* *(Br: for cut)* pansement *m*; *(for walls)* plâtre *m*; **in ~** *(arm, leg)* dans le plâtre.

**plaster cast** *n* plâtre *m*.

**plastic** ['plæstɪk] *n* plastique *m* ◆ *adj* en plastique.

**plastic bag** *n* sac *m* (en) plastique.

**Plasticine**® ['plæstɪsi:n] *n* *(Br)* pâte *f* à modeler.

**plate** [pleɪt] *n* assiette *f*; *(for serving food)* plat *m*; *(of metal, glass)* plaque *f*.

**plateau** ['plætəʊ] *n* plateau *m*.

**plate-glass** *adj* fait(-e) d'une seule vitre.

**platform** ['plætfɔ:m] *n* *(at railway station)* quai *m*; *(raised structure)* plate-forme *f*.

**platinum** ['plætɪnəm] *n* platine *m*.

**platter** ['plætəʳ] *n* *(of food)* plateau *m*.

**play** [pleɪ] *vt* *(sport, game)* jouer à; *(musical instrument)* jouer de; *(piece of music, role)* jouer; *(opponent)* jouer contre; *(CD, tape, record)* passer ◆ *vi* jouer ◆ *n* *(in theatre)* pièce *f* (de théâtre); *(on TV)* dramatique *f*; *(button on CD, tape recorder)* bouton *m* de mise en marche ❑ **play back** *vt sep* repasser; **play up** *vi* *(machine, car)* faire des siennes.

**player** ['pleɪəʳ] *n* joueur *m* (-euse *f*); **piano ~** pianiste *mf*.

**playful** ['pleɪful] *adj* joueur (-euse).

**playground** ['pleɪgraʊnd] *n* *(in school)* cour *f* de récréation; *(in park etc)* aire *f* de jeux.

**playgroup** ['pleɪgru:p] *n* jardin *m* d'enfants.

**playing card** ['pleɪɪŋ-] *n* carte *f* à jouer.

**playing field** ['pleɪɪŋ-] *n* terrain *m* de sport.

**playroom** ['pleɪrʊm] *n* salle *f* de jeux.

**playschool** ['pleɪsku:l] = **playgroup**.

**playtime** ['pleɪtaɪm] *n* récréation *f*.

**playwright** ['pleɪraɪt] *n* auteur *m* dramatique.

**plc** *(Br: abbr of public limited company)* = SARL.

**pleasant** ['pleznt] *adj* agréable.

**please** [pli:z] *adv* s'il te/vous plaît ◆ *vt* faire plaisir à; **yes ~!** oui, s'il te/vous plaît!; **whatever you ~** ce que vous voulez; **"~ shut the door"** «veuillez fermer la porte».

**pleased** [pli:zd] *adj* content(-e); **to be ~ with** être content de; **~ to meet you!** enchanté(-e)!

**pleasure** ['pleʒəʳ] *n* plaisir *m*; **with ~** avec plaisir, volontiers; **it's a ~!** je vous en prie!

**pleat** [pli:t] *n* pli *m*.

**pleated** ['pli:tɪd] *adj* plissé(-e).

**plentiful** ['plentɪful] *adj* abondant(-e).

**plenty** ['plentɪ] *pron*: **there's ~** il y en a largement assez; **~ of** beaucoup de.

**pliers** ['plaɪəz] *npl* pince *f*.

**plimsoll** ['plɪmsəl] *n (Br)* tennis *m (chaussure)*.

**plonk** [plɒŋk] *n (Br: inf: wine)* pinard *m*.

**plot** [plɒt] *n (scheme)* complot *m*; *(of story, film, play)* intrigue *f*; *(of land)* parcelle *f* de terrain.

**plough** [plaʊ] *n (Br)* charrue *f* ◆ *vt (Br)* labourer.

**ploughman's (lunch)** ['plaʊmənz-] *n (Br) assiette composée de fromage et de pickles accompagnés de pain, généralement servie dans les pubs.*

**plow** [plaʊ] *(Am)* = **plough**.

**ploy** [plɔɪ] *n* ruse *f*.

**pluck** [plʌk] *vt (eyebrows)* épiler; *(chicken)* plumer.

**plug** [plʌg] *n (electrical)* prise *f* (de courant); *(for bath, sink)* bonde *f* ❑ **plug in** *vt sep* brancher.

**plughole** ['plʌghəʊl] *n* bonde *f*.

**plum** [plʌm] *n* prune *f*.

**plumber** ['plʌmər] *n* plombier *m*.

**plumbing** ['plʌmɪŋ] *n (pipes)* plomberie *f*.

**plump** [plʌmp] *adj* dodu(-e).

**plunge** [plʌndʒ] *vi (fall, dive)* plonger; *(decrease)* dégringoler.

**plunge pool** *n* petite piscine *f*.

**plunger** ['plʌndʒər] *n (for unblocking pipe)* déboucheur *m* à ventouse.

**pluperfect (tense)** [,plu:'pɜːfɪkt-] *n*: **the ~** le plus-que-parfait.

**plural** ['plʊərəl] *n* pluriel *m*; **in the ~** au pluriel.

**plus** [plʌs] *prep* plus ◆ *adj*: **30 ~** 30 ou plus.

**plush** [plʌʃ] *adj* luxueux(-euse).

**plywood** ['plaɪwʊd] *n* contreplaqué *m*.

**p.m.** *(abbr of post meridiem)*: **3 ~** 15 h.

**PMT** *n (abbr of premenstrual tension)* syndrome *m* prémenstruel.

**pneumatic drill** [nju:'mætɪk-] *n* marteau *m* piqueur.

**pneumonia** [nju:'məʊnjə] *n* pneumonie *f*.

**poached egg** [pəʊtʃt-] *n* œuf *m* poché.

**poached salmon** [pəʊtʃt-] *n* saumon *m* poché.

**poacher** ['pəʊtʃər] *n* braconnier *m*.

**PO Box** *n (abbr of Post Office Box)* BP *f*.

**pocket** [pɒkɪt] *n* poche *f*; *(on car door)* vide-poche *m* ◆ *adj (camera, calculator)* de poche.

**pocketbook** ['pɒkɪtbʊk] *n (notebook)* carnet *m*; *(Am: handbag)* sac *m* à main.

**pocket money** *n (Br)* argent *m* de poche.

**podiatrist** [pə'daɪətrɪst] *n (Am)* pédicure *mf*.

**poem** ['pəʊɪm] *n* poème *m*.

**poet** ['pəʊɪt] *n* poète *m*.

**poetry** ['pəʊɪtrɪ] *n* poésie *f*.

**point** [pɔɪnt] *n* point *m*; *(tip)* pointe *f*; *(place)* endroit *m*; *(moment)* moment *m*; *(purpose)* but *m*; *(Br: for plug)* prise *f* ◆ *vi*: **to ~ to** *(with finger)* montrer du doigt; *(arrow, sign)* pointer vers; **five ~ seven** cinq virgule sept; **what's the ~?** à quoi bon?; **there's no ~** ça ne sert à rien; **to be on the ~ of doing sthg** être sur le point de faire qqch

❑ **points** *npl (Br: on railway)* aiguillage *m*; **point out** *vt sep (object, person)* montrer; *(fact, mistake)* signaler.
**pointed** ['pɔɪntɪd] *adj (in shape)* pointu(-e).
**pointless** ['pɔɪntlɪs] *adj* inutile.
**point of view** *n* point *m* de vue.
**poison** ['pɔɪzn] *n* poison *m* ◆ *vt* empoisonner.
**poisoning** ['pɔɪznɪŋ] *n* empoisonnement *m*.
**poisonous** ['pɔɪznəs] *adj (food, gas, substance)* toxique; *(snake, spider)* venimeux(-euse); *(plant, mushroom)* vénéneux(-euse).
**poke** [pəʊk] *vt* pousser.
**poker** ['pəʊkə^r] *n (card game)* poker *m*.
**Poland** ['pəʊlənd] *n* la Pologne.
**polar bear** ['pəʊlə-] *n* ours *m* blanc OR polaire.
**Polaroid®** ['pəʊlərɔɪd] *n* Polaroid® *m*.
**pole** [pəʊl] *n* poteau *m*.
**Pole** [pəʊl] *n (person)* Polonais *m* (-e *f*).
**police** [pə'li:s] *npl*: **the ~** la police.
**police car** *n* voiture *f* de police.
**police force** *n* police *f*.
**policeman** [pə'li:smən] (*pl* **-men** [-mən]) *n* policier *m*.
**police officer** *n* policier *m*.
**police station** *n* poste *m* de police, commissariat *m*.
**policewoman** [pə'li:s,wʊmən] (*pl* **-women** [-,wɪmɪn]) *n* femme *f* policier.
**policy** ['pɒləsɪ] *n (approach, attitude)* politique *f*; *(for insurance)* police *f*.
**policy-holder** *n* assuré *m* (-e *f*).
**polio** ['pəʊlɪəʊ] *n* polio *f*.
**polish** ['pɒlɪʃ] *n (for shoes)* cirage *m*; *(for floor, furniture)* cire *f* ◆ *vt* cirer.
**Polish** ['pəʊlɪʃ] *adj* polonais(-e) ◆ *n (language)* polonais *m* ◆ *npl*: **the ~** les Polonais *mpl*.
**polite** [pə'laɪt] *adj* poli(-e).
**political** [pə'lɪtɪkl] *adj* politique.
**politician** [,pɒlɪ'tɪʃn] *n* homme *m* politique (femme politique *f*).
**politics** ['pɒlətɪks] *n* politique *f*.
**poll** [pəʊl] *n (survey)* sondage *m*; **the ~s** *(election)* les élections.
**pollen** ['pɒlən] *n* pollen *m*.
**Poll Tax** *n (Br)* ≃ impôts *mpl* locaux.
**pollute** [pə'lu:t] *vt* polluer.
**pollution** [pə'lu:ʃn] *n* pollution *f*.
**polo neck** ['pəʊləʊ-] *n (Br: jumper)* pull *m* à col roulé.
**polyester** [,pɒlɪ'estə^r] *n* polyester *m*.
**polystyrene** [,pɒlɪ'staɪri:n] *n* polystyrène *m*.
**polytechnic** [,pɒlɪ'teknɪk] *n en Grande-Bretagne, établissement supérieur; depuis 1993, la plupart ont acquis le statut d'université.*
**polythene bag** ['pɒlɪθi:n-] *n* sac *m* (en) plastique.
**pomegranate** ['pɒmɪ,grænɪt] *n* grenade *f*.
**pompous** ['pɒmpəs] *adj* prétentieux(-ieuse).
**pond** [pɒnd] *n* mare *f*; *(in park)* bassin *m*.
**pontoon** [pɒn'tu:n] *n (Br: card*

*game)* vingt-et-un *m inv.*

**pony** ['pəʊnɪ] *n* poney *m.*

**ponytail** ['pəʊnɪteɪl] *n* queue-de-cheval *f.*

**pony-trekking** [-ˌtrekɪŋ] *n (Br)* randonnée *f* à dos de poney.

**poodle** ['pu:dl] *n* caniche *m.*

**pool** [pu:l] *n (for swimming)* piscine *f; (of water, blood, milk)* flaque *f; (small pond)* mare *f; (game)* billard *m* américain ❑ **pools** *npl (Br)*: **the ~s** = le loto sportif.

**poor** [pɔ:ʳ] *adj* pauvre; *(bad)* mauvais(-e) ◆ *npl*: **the ~** les pauvres *mpl.*

**poorly** ['pɔ:lɪ] *adj (Br: ill)* malade ◆ *adv* mal.

**pop** [pɒp] *n (music)* pop *f* ◆ *vt (inf: put)* mettre ◆ *vi (balloon)* éclater; **my ears popped** mes oreilles se sont débouchées ❑ **pop in** *vi (Br: visit)* faire un saut.

**popcorn** ['pɒpkɔ:n] *n* pop-corn *m inv.*

**Pope** [pəʊp] *n*: **the ~** le pape.

**pop group** *n* groupe *m* pop.

**poplar (tree)** ['pɒpləʳ-] *n* peuplier *m.*

**pop music** *n* pop *f.*

**popper** ['pɒpəʳ] *n (Br)* bouton-pression *m.*

**poppy** ['pɒpɪ] *n* coquelicot *m.*

**Popsicle®** ['pɒpsɪkl] *n (Am)* sucette *f* glacée.

**pop socks** *npl* mi-bas *mpl.*

**pop star** *n* pop star *f.*

**popular** ['pɒpjʊləʳ] *adj* populaire.

**popularity** [ˌpɒpjʊ'lærətɪ] *n* popularité *f.*

**populated** ['pɒpjʊleɪtɪd] *adj* peuplé(-e).

**population** [ˌpɒpjʊ'leɪʃn] *n* population *f.*

**porcelain** ['pɔ:səlɪn] *n* porcelaine *f.*

**porch** [pɔ:tʃ] *n (entrance)* porche *m; (Am: outside house)* véranda *f.*

**pork** [pɔ:k] *n* porc *m.*

**pork chop** *n* côte *f* de porc.

**pork pie** *n petit pâté de porc en croûte.*

**pornographic** [ˌpɔ:nə'græfɪk] *adj* pornographique.

**porridge** ['pɒrɪdʒ] *n* porridge *m.*

**port** [pɔ:t] *n* port *m; (drink)* porto *m.*

**portable** ['pɔ:təbl] *adj* portable.

**porter** ['pɔ:təʳ] *n (at hotel, museum)* portier *m; (at station, airport)* porteur *m.*

**porthole** ['pɔ:thəʊl] *n* hublot *m.*

**portion** ['pɔ:ʃn] *n* portion *f.*

**portrait** ['pɔ:treɪt] *n* portrait *m.*

**Portugal** ['pɔ:tʃʊgl] *n* le Portugal.

**Portuguese** [ˌpɔ:tʃʊ'gi:z] *adj* portugais(-e) ◆ *n (language)* portugais *m* ◆ *npl*: **the ~** les Portugais *mpl.*

**pose** [pəʊz] *vt (problem)* poser; *(threat)* représenter ◆ *vi (for photo)* poser.

**posh** [pɒʃ] *adj (inf)* chic.

**position** [pə'zɪʃn] *n* position *f; (place, situation, job)* situation *f*; **"~ closed"** *(in bank, post office etc)* «guichet fermé».

**positive** ['pɒzətɪv] *adj* positif(-ive); *(certain, sure)* certain(-e).

**possess** [pə'zes] *vt* posséder.

**possession** [pə'zeʃn] *n* possession *f.*

**possessive** [pə'zesɪv] *adj* possessif(-ive).

**possibility** [ˌpɒsə'bɪlətɪ] *n* possibilité *f*.

**possible** ['pɒsəbl] *adj* possible; **it's ~ that we may be late** il se peut que nous soyons en retard; **would it be ~ ...?** serait-il possible ...?; **as much as ~** autant que possible; **if ~** si possible.

**possibly** ['pɒsəblɪ] *adv (perhaps)* peut-être.

**post** [pəʊst] *n (system)* poste *f*; *(letters and parcels, delivery)* courrier *m*; *(pole)* poteau *m*; *(fml: job)* poste *m* ♦ *vt* poster; **by ~** par la poste.

**postage** ['pəʊstɪdʒ] *n* affranchissement *m*; **~ and packing** frais de port et d'emballage; **~ paid** port payé.

**postage stamp** *n (fml)* timbre-poste *m*.

**postal order** ['pəʊstl-] *n* mandat *m* postal.

**postbox** ['pəʊstbɒks] *n (Br)* boîte *f* aux OR à lettres.

**postcard** ['pəʊstkɑːd] *n* carte *f* postale.

**postcode** ['pəʊstkəʊd] *n (Br)* code *m* postal.

**poster** ['pəʊstə[r]] *n* poster *m*; *(for advertising)* affiche *f*.

**poste restante** [ˌpəʊstres'tɑːnt] *n (Br)* poste *f* restante.

**post-free** *adv* en port payé.

**postgraduate** [ˌpəʊst'grædʒʊət] *n* étudiant *m*, -e *f* de troisième cycle.

**postman** ['pəʊstmən] (*pl* **-men** [-mən]) *n* facteur *m*.

**postmark** ['pəʊstmɑːk] *n* cachet *m* de la poste.

**post office** *n (building)* bureau *m* de poste; **the Post Office** *(Br)* la poste.

**postpone** [ˌpəʊst'pəʊn] *vt* reporter.

**posture** ['pɒstʃə[r]] *n* posture *f*.

**postwoman** ['pəʊstˌwʊmən] (*pl* **-women** [-ˌwɪmɪn]) *n* factrice *f*.

**pot** [pɒt] *n (for cooking)* marmite *f*; *(for jam, paint)* pot *m*; *(for coffee)* cafetière *f*; *(for tea)* théière *f*; *(inf: cannabis)* herbe *f*; **a ~ of tea** une théière.

**potato** [pə'teɪtəʊ] (*pl* **-es**) *n* pomme *f* de terre.

**potato salad** *n* salade *f* de pommes de terre.

**potential** [pə'tenʃl] *adj* potentiel(-ielle) ♦ *n* possibilités *fpl*.

**pothole** ['pɒthəʊl] *n (in road)* nid-de-poule *m*.

**pot plant** *n* plante *f* d'appartement.

**pot scrubber** [-'skrʌbə[r]] *n* tampon *m* à récurer.

**potted** ['pɒtɪd] *adj (meat, fish)* en terrine; *(plant)* en pot.

**pottery** ['pɒtərɪ] *n (clay objects)* poteries *fpl*; *(craft)* poterie *f*.

**potty** ['pɒtɪ] *n* pot *m* (de chambre).

**pouch** [paʊtʃ] *n (for money)* bourse *f*.

**poultry** ['pəʊltrɪ] *n & npl (meat, animals)* volaille *f*.

**pound** [paʊnd] *n (unit of money)* livre *f*; *(unit of weight)* ≃ livre *f*, = 453,6 grammes ♦ *vi (heart)* battre fort.

**pour** [pɔː[r]] *vt* verser ♦ *vi (flow)* couler à flot; **it's ~ing (with rain)** il pleut à verse ❑ **pour out** *vt sep (drink)* verser.

**poverty** ['pɒvətɪ] *n* pauvreté *f*.

**powder** ['paʊdə[r]] *n* poudre *f*.

**power** ['paʊəʳ] *n* pouvoir *m*; *(strength, force)* puissance *f*; *(energy)* énergie *f*; *(electricity)* courant *m* ◆ *vt* faire marcher; **to be in ~** être au pouvoir.

**power cut** *n* coupure *f* de courant.

**power failure** *n* panne *f* de courant.

**powerful** ['paʊəfʊl] *adj* puissant(-e).

**power point** *n* *(Br)* prise *f* de courant.

**power station** *n* centrale *f* électrique.

**power steering** *n* direction *f* assistée.

**practical** ['præktɪkl] *adj* pratique.

**practically** ['præktɪklɪ] *adv* pratiquement.

**practice** ['præktɪs] *n* *(training)* entraînement *m*; *(of doctor)* cabinet *m*; *(of lawyer)* étude *f*; *(regular activity, custom)* pratique *f* ◆ *vt* *(Am)* = **practise**; **to be out of ~** manquer d'entraînement.

**practise** ['præktɪs] *vt* *(sport, technique)* s'entraîner à; *(music)* s'exercer à ◆ *vi* *(train)* s'entraîner; *(of music)* s'exercer; *(doctor, lawyer)* exercer ◆ *n* *(Am)* = **practice**.

**praise** [preɪz] *n* éloge *m* ◆ *vt* louer.

**pram** [præm] *n* *(Br)* landau *m*.

**prank** [præŋk] *n* farce *f*.

**prawn** [prɔ:n] *n* crevette *f* (rose).

**prawn cocktail** *n* *hors-d'œuvre froid à base de crevettes et de mayonnaise au ketchup.*

**prawn cracker** *n* *beignet de crevette.*

**pray** [preɪ] *vi* prier; **to ~ for good weather** prier pour qu'il fasse beau.

**prayer** [preəʳ] *n* prière *f*.

**precarious** [prɪ'keərɪəs] *adj* précaire.

**precaution** [prɪ'kɔ:ʃn] *n* précaution *f*.

**precede** [prɪ'si:d] *vt* *(fml)* précéder.

**preceding** [prɪ'si:dɪŋ] *adj* précédent(-e).

**precinct** ['pri:sɪŋkt] *n* *(Br: for shopping)* quartier *m*; *(Am: area of town)* circonscription *f* administrative.

**precious** ['preʃəs] *adj* précieux(-ieuse).

**precious stone** *n* pierre *f* précieuse.

**precipice** ['presɪpɪs] *n* précipice *m*.

**precise** [prɪ'saɪs] *adj* précis(-e).

**precisely** [prɪ'saɪslɪ] *adv* précisément.

**predecessor** ['pri:dɪsesəʳ] *n* prédécesseur *m*.

**predicament** [prɪ'dɪkəmənt] *n* situation *f* difficile.

**predict** [prɪ'dɪkt] *vt* prédire.

**predictable** [prɪ'dɪktəbl] *adj* prévisible.

**prediction** [prɪ'dɪkʃn] *n* prédiction *f*.

**preface** ['prefɪs] *n* préface *f*.

**prefect** ['pri:fekt] *n* *(Br: at school)* *élève choisi parmi les plus âgés pour prendre en charge la discipline.*

**prefer** [prɪ'fɜ:ʳ] *vt*: **to ~ sthg (to)** préférer qqch (à); **to ~ to do sthg** préférer faire qqch.

**preferable** ['prefrəbl] *adj* préférable.

**preferably** ['prefrəblɪ] *adv* de préférence.

**preference** ['prefərəns] *n* préférence *f*.

**prefix** ['pri:fɪks] *n* préfixe *m*.

**pregnancy** ['pregnənsɪ] *n* grossesse *f*.

**pregnant** ['pregnənt] *adj* enceinte.

**prejudice** ['predʒʊdɪs] *n* préjugé *m*.

**prejudiced** ['predʒʊdɪst] *adj* plein(-e) de préjugés.

**preliminary** [prɪ'lɪmɪnərɪ] *adj* préliminaire.

**premature** ['premə,tjʊəʳ] *adj* prématuré(-e).

**premier** ['premjəʳ] *adj* le plus prestigieux (la plus prestigieuse) ◆ *n* Premier ministre *m*.

**premiere** ['premɪeəʳ] *n* première *f*.

**premises** ['premɪsɪz] *npl* locaux *mpl*.

**premium** ['pri:mjəm] *n (for insurance)* prime *f*.

**premium-quality** *adj (meat)* de première qualité.

**preoccupied** [pri:'ɒkjʊpaɪd] *adj* préoccupé(-e).

**prepacked** [,pri:'pækt] *adj* préemballé(-e).

**prepaid** ['pri:peɪd] *adj (envelope)* pré-timbré(-e).

**preparation** [,prepə'reɪʃn] *n* préparation *f* ❑ **preparations** *npl (arrangements)* préparatifs *mpl*.

**preparatory school** [prɪ'pærətrɪ-] *n (in UK)* école *f* primaire privée; *(in US) école privée qui prépare à l'enseignement supérieur.*

**prepare** [prɪ'peəʳ] *vt* préparer ◆ *vi* se préparer.

**prepared** [prɪ'peəd] *adj* prêt(-e); **to be ~ to do sthg** être prêt à faire qqch.

**preposition** [,prepə'zɪʃn] *n* préposition *f*.

**prep school** [prep-] = **preparatory school**.

**prescribe** [prɪ'skraɪb] *vt* prescrire.

**prescription** [prɪ'skrɪpʃn] *n (paper)* ordonnance *f*; *(medicine)* médicaments *mpl*.

**presence** ['prezns] *n* présence *f*; **in sb's ~** en présence de qqn.

**present** [*adj & n* 'preznt, *vb* prɪ'zent] *adj (in attendance)* présent(-e); *(current)* actuel(-elle) ◆ *n (gift)* cadeau *m* ◆ *vt* présenter; *(give)* remettre; *(problem)* poser; **the ~ (tense)** *(GRAMM)* le présent; **at ~** actuellement; **the ~** le présent; **to ~ sb to sb** présenter qqn à qqn.

**presentable** [prɪ'zentəbl] *adj* présentable.

**presentation** [,prezn'teɪʃn] *n* présentation *f*; *(ceremony)* remise *f*.

**presenter** [prɪ'zentəʳ] *n* présentateur *m* (-trice *f*).

**presently** ['prezəntlɪ] *adv (soon)* bientôt; *(now)* actuellement.

**preservation** [,prezə'veɪʃn] *n* conservation *f*.

**preservative** [prɪ'zɜ:vətɪv] *n* conservateur *m*.

**preserve** [prɪ'zɜ:v] *n (jam)* confiture *f* ◆ *vt* conserver; *(peace, dignity)* préserver.

**president** ['prezɪdənt] *n* président *m*.

**press** [pres] *vt (push)* presser,

appuyer sur; *(iron)* repasser ◆ *n*: **the ~** la presse; **to ~ sb to do sthg** presser qqn de faire qqch.
**press conference** *n* conférence *f* de presse.
**press-stud** *n* bouton-pression *m*.
**press-up** *n* pompe *f*.
**pressure** ['preʃəʳ] *n* pression *f*.
**pressure cooker** *n* Cocotte-Minute® *f*.
**prestigious** [pre'stɪdʒəs] *adj* prestigieux(-ieuse).
**presumably** [prɪ'zju:məblɪ] *adv* vraisemblablement.
**presume** [prɪ'zju:m] *vt (assume)* supposer.
**pretend** [prɪ'tend] *vt*: **to ~ to do sthg** faire semblant de faire qqch.
**pretentious** [prɪ'tenʃəs] *adj* prétentieux(-ieuse).
**pretty** ['prɪtɪ] *adj (attractive)* joli(-e) ◆ *adv (inf) (quite)* assez; *(very)* très.
**prevent** [prɪ'vent] *vt* empêcher; **to ~ sb/sthg from doing sthg** empêcher qqn/qqch de faire qqch.
**prevention** [prɪ'venʃn] *n* prévention *f*.
**preview** ['pri:vju:] *n (of film)* avant-première *f*; *(short description)* aperçu *m*.
**previous** ['pri:vjəs] *adj (earlier)* antérieur(-e); *(preceding)* précédent(-e).
**previously** ['pri:vjəslɪ] *adv* auparavant.
**price** [praɪs] *n* prix *m* ◆ *vt*: **to be ~d at** coûter.
**priceless** ['praɪslɪs] *adj (expensive)* hors de prix; *(valuable)* inestimable.
**price list** *n* tarif *m*.
**pricey** ['praɪsɪ] *adj (inf)* chérot.
**prick** [prɪk] *vt* piquer.
**prickly** ['prɪklɪ] *adj (plant, bush)* épineux(-euse).
**prickly heat** *n* boutons *mpl* de chaleur.
**pride** [praɪd] *n (satisfaction)* fierté *f*; *(self-respect, arrogance)* orgueil *m* ◆ *vt*: **to ~ o.s. on sthg** être fier de qqch.
**priest** [pri:st] *n* prêtre *m*.
**primarily** ['praɪmərɪlɪ] *adv* principalement.
**primary school** ['praɪmərɪ-] *n* école *f* primaire.
**prime** [praɪm] *adj (chief)* principal(-e); *(beef, cut)* de premier choix; **~ quality** qualité supérieure.
**prime minister** *n* Premier ministre *m*.
**primitive** ['prɪmɪtɪv] *adj* primitif(-ive).
**primrose** ['prɪmrəʊz] *n* primevère *f*.
**prince** [prɪns] *n* prince *m*.
**Prince of Wales** *n* Prince *m* de Galles.
**princess** [prɪn'ses] *n* princesse *f*.
**principal** ['prɪnsəpl] *adj* principal(-e) ◆ *n (of school)* directeur *m* (-trice *f*); *(of university)* doyen *m* (-enne *f*).
**principle** ['prɪnsəpl] *n* principe *m*; **in ~** en principe.
**print** [prɪnt] *n (words)* caractères *mpl*; *(photo)* tirage *m*; *(of painting)* reproduction *f*; *(mark)* empreinte *f* ◆ *vt (book, newspaper)* imprimer; *(publish)* publier; *(write)* écrire (en caractères d'imprimerie); *(photo)* tirer; **out of ~** épuisé ❑ **print out**

*vt sep* imprimer.

**printed matter** ['prɪntɪd-] *n* imprimés *mpl*.

**printer** ['prɪntəʳ] *n (machine)* imprimante *f*; *(person)* imprimeur *m*.

**printout** ['prɪntaʊt] *n* sortie *f* papier.

**prior** ['praɪəʳ] *adj (previous)* précédent(-e); **~ to** *(fml)* avant.

**priority** [praɪ'ɒrətɪ] *n* priorité *f*; **to have ~ over** avoir la priorité sur.

**prison** ['prɪzn] *n* prison *f*.

**prisoner** ['prɪznəʳ] *n* prisonnier *m* (-ière *f*).

**prisoner of war** *n* prisonnier *m* de guerre.

**prison officer** *n* gardien *m* de prison.

**privacy** ['prɪvəsɪ] *n* intimité *f*.

**private** ['praɪvɪt] *adj* privé(-e); *(bathroom, lesson)* particulier(-ière); *(confidential)* confidentiel(-ielle); *(place)* tranquille ◆ *n (MIL)* (simple) soldat *m*; **in ~** en privé.

**private health care** *n* assurance-maladie *f* privée.

**private property** *n* propriété *f* privée.

**private school** *n* école *f* privée.

**privilege** ['prɪvɪlɪdʒ] *n* privilège *m*; **it's a ~!** c'est un honneur!

**prize** [praɪz] *n* prix *m*.

**prize-giving** [-gɪvɪŋ] *n* remise *f* des prix.

**pro** [prəʊ] (*pl* **-s**) *n (inf: professional)* pro *mf* ❑ **pros** *npl*: **the ~s and cons** le pour et le contre.

**probability** [,prɒbə'bɪlətɪ] *n* probabilité *f*.

**probable** ['prɒbəbl] *adj* probable.

**probably** ['prɒbəblɪ] *adv* probablement.

**probation officer** [prə'beɪʃn-] *n* ≃ agent *m* de probation.

**problem** ['prɒbləm] *n* problème *m*; **no ~!** *(inf)* pas de problème!

**procedure** [prə'siːdʒəʳ] *n* procédure *f*.

**proceed** [prə'siːd] *vi (fml) (continue)* continuer; *(act)* procéder; *(advance)* avancer; **"~ with caution"** «ralentir».

**proceeds** ['prəʊsiːdz] *npl* recette *f*.

**process** ['prəʊses] *n (series of events)* processus *m*; *(method)* procédé *m*; **to be in the ~ of doing sthg** être en train de faire qqch.

**processed cheese** ['prəʊsest-] *n (for spreading)* fromage *m* à tartiner; *(in slices)* fromage en tranches.

**procession** [prə'seʃn] *n* procession *f*.

**prod** [prɒd] *vt (poke)* pousser.

**produce** [prə'djuːs] *vt* produire; *(cause)* provoquer ◆ *n* produits *mpl* (alimentaires).

**producer** [prə'djuːsəʳ] *n* producteur *m* (-trice *f*).

**product** ['prɒdʌkt] *n* produit *m*.

**production** [prə'dʌkʃn] *n* production *f*.

**productivity** [,prɒdʌk'tɪvətɪ] *n* productivité *f*.

**profession** [prə'feʃn] *n* profession *f*.

**professional** [prə'feʃənl] *adj* professionel(-elle) ◆ *n* professionnel *m* (-elle *f*).

**professor** [prə'fesəʳ] *n (in UK)* professeur *m* (d'université); *(in US)*

= maître *m* de conférences.
**profile** ['prəʊfaɪl] *n (silhouette, outline)* profil *m*; *(description)* portrait *m*.
**profit** ['prɒfɪt] *n* profit *m* ◆ *vi*: **to ~ (from)** profiter (de).
**profitable** ['prɒfɪtəbl] *adj* profitable.
**profiteroles** [prə'fɪtərəʊlz] *npl* profiteroles *fpl*.
**profound** [prə'faʊnd] *adj* profond(-e).
**program** ['prəʊgræm] *n (COMPUT)* programme *m*; *(Am)* = **programme** ◆ *vt (COMPUT)* programmer.
**programme** ['prəʊgræm] *n (Br) (of events, booklet)* programme *m*; *(on TV, radio)* émission *f*.
**progress** [*n* 'prəʊgres, *vb* prə'gres] *n (improvement)* progrès *m*; *(forward movement)* progression *f* ◆ *vi (work, talks, student)* progresser; *(day, meeting)* avancer; **to make ~** *(improve)* faire des progrès; *(in journey)* avancer; **in ~** en progrès.
**progressive** [prə'gresɪv] *adj (forward-looking)* progressiste.
**prohibit** [prə'hɪbɪt] *vt* interdire; **"smoking strictly ~ed"** «défense absolue de fumer».
**project** ['prɒdʒekt] *n* projet *m*.
**projector** [prə'dʒektə^r] *n* projecteur *m*.
**prolong** [prə'lɒŋ] *vt* prolonger.
**prom** [prɒm] *n (Am: dance)* bal *m* (d'étudiants).
**promenade** [,prɒmə'nɑːd] *n (Br: by the sea)* promenade *f*.
**prominent** ['prɒmɪnənt] *adj (person)* important(-e); *(teeth, chin)* proéminent(-e).
**promise** ['prɒmɪs] *n* promesse *f* ◆ *vt & vi* promettre; **to show ~** promettre; **I ~ (that) I'll come** je promets que je viendrai; **to ~ sb sthg** promettre qqch à qqn; **to ~ to do sthg** promettre de faire qqch.
**promising** ['prɒmɪsɪŋ] *adj* prometteur(-euse).
**promote** [prə'məʊt] *vt* promouvoir.
**promotion** [prə'məʊʃn] *n* promotion *f*.
**prompt** [prɒmpt] *adj* rapide ◆ *adv*: **at six o'clock ~** à six heures pile.
**prone** [prəʊn] *adj*: **to be ~ to sthg** être sujet à qqch; **to be ~ to do sthg** avoir tendance à faire qqch.
**prong** [prɒŋ] *n (of fork)* dent *f*.
**pronoun** ['prəʊnaʊn] *n* pronom *m*.
**pronounce** [prə'naʊns] *vt* prononcer.
**pronunciation** [prə,nʌnsɪ'eɪʃn] *n* prononciation *f*.
**proof** [pruːf] *n (evidence)* preuve *f*; **12% ~** 12 degrés.
**prop** [prɒp]: **prop up** *vt sep* soutenir.
**propeller** [prə'pelə^r] *n* hélice *f*.
**proper** ['prɒpə^r] *adj (suitable)* adéquat(-e); *(correct)* bon (bonne); *(behaviour)* correct(-e).
**properly** ['prɒpəlɪ] *adv* correctement.
**property** ['prɒpətɪ] *n* propriété *f*.
**proportion** [prə'pɔːʃn] *n (part, amount)* partie *f*; *(ratio, in art)* proportion *f*.
**proposal** [prə'pəʊzl] *n* proposi-

tion *f*.

**propose** [prə'pəʊz] *vt* proposer ◆ *vi*: **to ~ to sb** demander qqn en mariage.

**proposition** [,prɒpə'zɪʃn] *n* proposition *f*.

**proprietor** [prə'praɪətəʳ] *n (fml)* propriétaire *f*.

**prose** [prəʊz] *n (not poetry)* prose *f*; *(SCH)* thème *m*.

**prosecution** [,prɒsɪ'kju:ʃn] *n (JUR: charge)* accusation *f*.

**prospect** ['prɒspekt] *n (possibility)* possibilité *f*; **I don't relish the ~** cette perspective ne m'enchante guère ❑ **prospects** *npl (for the future)* perspectives *fpl*.

**prospectus** [prə'spektəs] (*pl* **-es**) *n* prospectus *m*.

**prosperous** ['prɒspərəs] *adj* prospère.

**prostitute** ['prɒstɪtju:t] *n* prostituée *f*.

**protect** [prə'tekt] *vt* protéger; **to ~ sb/sthg from** protéger qqn/qqch contre OR de; **to ~ sb/sthg against** protéger qqn/qqch contre OR de.

**protection** [prə'tekʃn] *n* protection *f*.

**protection factor** *n (of suntan lotion)* indice *m* de protection.

**protective** [prə'tektɪv] *adj* protecteur(-trice).

**protein** ['prəʊti:n] *n* protéines *fpl*.

**protest** [*n* 'prəʊtest, *vb* prə'test] *n (complaint)* protestation *f*; *(demonstration)* manifestation *f* ◆ *vt (Am: protest against)* protester contre ◆ *vi*: **to ~ (against)** protester (contre).

**Protestant** ['prɒtɪstənt] *n* protestant *m* (-e *f*).

**protester** [prə'testəʳ] *n* manifestant *m* (-e *f*).

**protractor** [prə'træktəʳ] *n* rapporteur *m*.

**protrude** [prə'tru:d] *vi* dépasser.

**proud** [praʊd] *adj* fier (fière); **to be ~ of** être fier de.

**prove** [pru:v] (*pp* **-d** OR **proven** [pru:vn]) *vt* prouver; *(turn out to be)* se révéler.

**proverb** ['prɒvɜ:b] *n* proverbe *m*.

**provide** [prə'vaɪd] *vt* fournir; **to ~ sb with sthg** *(information, equipment)* fournir qqch à qqn ❑ **provide for** *vt fus (person)* subvenir aux besoins de.

**provided (that)** [prə'vaɪdɪd-] *conj* pourvu que.

**providing (that)** [prə'vaɪdɪŋ-] = **provided (that)**.

**province** ['prɒvɪns] *n* province *f*.

**provisional** [prə'vɪʒənl] *adj* provisoire.

**provisions** [prə'vɪʒnz] *npl* provisions *fpl*.

**provocative** [prə'vɒkətɪv] *adj* provocant(-e).

**provoke** [prə'vəʊk] *vt* provoquer.

**prowl** [praʊl] *vi* rôder.

**prune** [pru:n] *n* pruneau *m* ◆ *vt (tree, bush)* tailler.

**PS** *(abbr of postscript)* P-S.

**psychiatrist** [saɪ'kaɪətrɪst] *n* psychiatre *mf*.

**psychic** ['saɪkɪk] *adj* doué(-e) de seconde vue.

**psychological** [,saɪkə'lɒdʒɪkl] *adj* psychologique.

**psychologist** [saɪ'kɒlədʒɪst] *n* psychologue *mf*.

**psychology** [saɪ'kɒlədʒɪ] *n* psychologie *f*.

**psychotherapist** [ˌsaɪkəʊˈθerəpɪst] *n* psychothérapeute *mf*.

**pt** *abbr* = pint.

**PTO** *(abbr of please turn over)* TSVP.

**pub** [pʌb] *n* pub *m*.

**PUB**

Véritable institution sociale, le pub est au cœur de la vie communautaire dans les villages britanniques. Soumis jusqu'à récemment à une réglementation stricte quant aux heures d'ouverture et aux conditions d'admission, les pubs sont actuellement ouverts, en règle générale, de 11 heures à 23 heures. Ils offrent, en plus des boissons, un choix de plats simples.

**puberty** [ˈpjuːbətɪ] *n* puberté *f*.

**public** [ˈpʌblɪk] *adj* public(-ique) ◆ *n*: **the ~** le public; **in ~** en public.

**publican** [ˈpʌblɪkən] *n (Br)* patron *m* (-onne *f*) de pub.

**publication** [ˌpʌblɪˈkeɪʃn] *n* publication *f*.

**public bar** *n (Br)* bar *m (salle moins confortable et moins chère que le «lounge bar» ou le «saloon bar»).*

**public convenience** *n (Br)* toilettes *fpl* publiques.

**public footpath** *n (Br)* sentier *m* public.

**public holiday** *n* jour *m* férié.

**public house** *n (Br: fml)* pub *m*.

**publicity** [pʌbˈlɪsɪtɪ] *n* publicité *f*.

**public school** *n (in UK)* école *f* privée; *(in US)* école *f* publique.

**public telephone** *n* téléphone *m* public.

**public transport** *n* transports *mpl* en commun.

**publish** [ˈpʌblɪʃ] *vt* publier.

**publisher** [ˈpʌblɪʃəʳ] *n (person)* éditeur *m* (-trice *f*); *(company)* maison *f* d'édition.

**publishing** [ˈpʌblɪʃɪŋ] *n (industry)* édition *f*.

**pub lunch** *n repas de midi servi dans un pub.*

**pudding** [ˈpʊdɪŋ] *n (sweet dish)* pudding *m*; *(Br: course)* dessert *m*.

**puddle** [ˈpʌdl] *n* flaque *f*.

**puff** [pʌf] *vi (breathe heavily)* souffler ◆ *n (of air, smoke)* bouffée *f*; **to ~ at** *(cigarette, pipe)* tirer sur.

**puff pastry** *n* pâte *f* à choux.

**pull** [pʊl] *vt* tirer; *(trigger)* appuyer sur ◆ *vi* tirer ◆ *n*: **to give sthg a ~** tirer sur qqch; **to ~ a face** faire une grimace; **to ~ a muscle** se froisser un muscle; **"pull"** *(on door)* «tirez» ❑ **pull apart** *vt sep (book)* mettre en pièces; *(machine)* démonter; **pull down** *vt sep (blind)* baisser; *(demolish)* démolir; **pull in** *vi (train)* entrer en gare; *(car)* se ranger; **pull out** *vt sep (tooth, cork, plug)* enlever ◆ *vi (train)* partir; *(car)* déboîter; *(withdraw)* se retirer; **pull over** *vi (car)* se ranger; **pull up** *vt sep (socks, trousers, sleeve)* remonter ◆ *vi (stop)* s'arrêter.

**pulley** [ˈpʊlɪ] (*pl* **pulleys**) *n* poulie *f*.

**pull-out** *n (Am: beside road)* aire *f* de stationnement.

**pullover** [ˈpʊlˌəʊvəʳ] *n* pull(-over) *m*.

**pulpit** [ˈpʊlpɪt] *n* chaire *f*.

**pulse** [pʌls] *n (MED)* pouls *m*.

**pump** [pʌmp] *n* pompe *f* ❑ **pumps** *npl (sports shoes)* tennis *mpl*; **pump up** *vt sep* gonfler.

**pumpkin** ['pʌmpkɪn] *n* potiron *m*.

**pun** [pʌn] *n* jeu *m* de mots.

**punch** [pʌntʃ] *n (blow)* coup *m* de poing; *(drink)* punch *m* ◆ *vt (hit)* donner un coup de poing à; *(ticket)* poinçonner.

**Punch and Judy show** [-'dʒu:dɪ-] *n* = guignol *m*.

**punctual** ['pʌŋktʃʊəl] *adj* ponctuel(-elle).

**punctuation** [,pʌŋktʃʊ'eɪʃn] *n* ponctuation *f*.

**puncture** ['pʌnktʃəʳ] *n* crevaison *f* ◆ *vt* crever.

**punish** ['pʌnɪʃ] *vt*: **to ~ sb (for sthg)** punir qqn (de OR pour qqch).

**punishment** ['pʌnɪʃmənt] *n* punition *f*.

**punk** [pʌŋk] *n (person)* punk *mf*; *(music)* punk *m*.

**punnet** ['pʌnɪt] *n (Br)* barquette *f*.

**pupil** ['pju:pl] *n (student)* élève *mf*; *(of eye)* pupille *f*.

**puppet** ['pʌpɪt] *n* marionnette *f*.

**puppy** ['pʌpɪ] *n* chiot *m*.

**purchase** ['pɜ:tʃəs] *vt (fml)* acheter ◆ *n (fml)* achat *m*.

**pure** [pjʊəʳ] *adj* pur(-e).

**puree** ['pjʊəreɪ] *n* purée *f*.

**purely** ['pjʊəlɪ] *adv* purement.

**purity** ['pjʊərətɪ] *n* pureté *f*.

**purple** ['pɜ:pl] *adj* violet(-ette).

**purpose** ['pɜ:pəs] *n (reason)* motif *m*; *(use)* usage *m*; **on ~** exprès.

**purr** [pɜ:ʳ] *vi* ronronner.

**purse** [pɜ:s] *n (Br: for money)* porte-monnaie *m inv*; *(Am: handbag)* sac *m* à main.

**pursue** [pə'sju:] *vt* poursuivre.

**pus** [pʌs] *n* pus *m*.

**push** [pʊʃ] *vt (shove)* pousser; *(button)* appuyer sur, presser; *(product)* promouvoir ◆ *vi* pousser ◆ *n*: **to give sb/sthg a ~** pousser qqn/qqch; **to ~ sb into doing sthg** pousser qqn à faire qqch; **"push"** *(on door)* «poussez» ❑ **push in** *vi (in queue)* se faufiler; **push off** *vi (inf: go away)* dégager.

**push-button telephone** *n* téléphone *m* à touches.

**pushchair** ['pʊʃtʃeəʳ] *n (Br)* poussette *f*.

**pushed** [pʊʃt] *adj (inf)*: **to be ~ (for time)** être pressé(-e).

**push-ups** *npl* pompes *fpl*.

**put** [pʊt] (*pt & pp* **put**) *vt (place)* poser, mettre; *(responsibility)* rejeter; *(express)* exprimer; *(write)* mettre, écrire; *(a question)* poser; *(estimate)* estimer; **to ~ a child to bed** mettre un enfant au lit; **to ~ money into sthg** mettre de l'argent dans qqch ❑ **put aside** *vt sep (money)* mettre de côté; **put away** *vt sep (tidy up)* ranger; **put back** *vt sep (replace)* remettre; *(postpone)* repousser; *(clock, watch)* retarder; **put down** *vt sep (on floor, table)* poser; *(passenger)* déposer; *(Br: animal)* piquer; *(deposit)* verser; **put forward** *vt sep* avancer; **put in** *vt sep (insert)* introduire; *(install)* installer; *(in container, bags)* mettre dedans; **put off** *vt sep (postpone)* reporter; *(distract)* distraire; *(repel)* dégoûter; *(passenger)* déposer; **put on** *vt sep (clothes, make-up, CD)* mettre; *(weight)* prendre; *(television, light, radio)* allumer; *(play, show)* monter; **to ~ on weight** grossir; **to ~ the kettle on** mettre la bouilloire à chauffer; **put out** *vt sep (cigarette, fire, light)* éteindre; *(publish)* publier; *(arm, leg)* étendre; *(hand)* tendre; *(inconvenience)* déranger; **to ~ one's back out** se déplacer une vertèbre; **put together** *vt sep (assemble)* monter; *(combine)* réunir; **put up** *vt sep (building)* construire; *(statue)* ériger; *(tent)* monter; *(umbrella)* ouvrir; *(a notice)* afficher; *(price, rate)* augmenter; *(provide with accommodation)* loger ◆ *vi (Br: in hotel)* descendre; **put up with** *vt fus* supporter.

**putter** ['pʌtə^r] *n (club)* putter *m*.

**putting green** ['pʌtɪŋ-] *n* green *m*.

**putty** ['pʌtɪ] *n* mastic *m*.

**puzzle** ['pʌzl] *n (game)* casse-tête *m inv*; *(jigsaw)* puzzle *m*; *(mystery)* énigme *f* ◆ *vt* rendre perplexe.

**puzzling** ['pʌzlɪŋ] *adj* déconcertant(-e).

**pyjamas** [pə'dʒɑːməz] *npl (Br)* pyjama *m*.

**pylon** ['paɪlən] *n* pylône *m*.

**pyramid** ['pɪrəmɪd] *n* pyramide *f*.

**Pyrenees** [,pɪrə'niːz] *npl*: **the ~** les Pyrénées *fpl*.

**Pyrex**® ['paɪreks] *n* Pyrex® *m*.

# Q

**quail** [kweɪl] *n* caille *f*.

**quail's eggs** *npl* œufs *mpl* de caille.

**quaint** [kweɪnt] *adj* pittoresque.

**qualification** [,kwɒlɪfɪ'keɪʃn] *n (diploma)* diplôme *m*; *(ability)* qualification *f*.

**qualified** ['kwɒlɪfaɪd] *adj* qualifié(-e).

**qualify** ['kwɒlɪfaɪ] *vi (for competition)* se qualifier; *(pass exam)* obtenir un diplôme.

**quality** ['kwɒlətɪ] *n* qualité *f* ◆ *adj* de qualité.

**quarantine** ['kwɒrəntiːn] *n* quarantaine *f*.

**quarrel** ['kwɒrəl] *n* dispute *f* ◆ *vi* se disputer.

**quarry** ['kwɒrɪ] *n* carrière *f*.

**quart** [kwɔːt] *n (in UK)* = 1,136 litres, ≈ litre *m*; *(in US)* = 0,946 litre, ≈ litre.

**quarter** ['kwɔːtə^r] *n (fraction)* quart *m*; *(Am: coin)* pièce *f* de 25 cents; *(4 ounces)* = 0,1134 kg, ≈ quart; *(three months)* trimestre *m*; *(part of town)* quartier *m*; **(a) ~ to five** *(Br)* cinq heures moins le quart; **(a) ~ of five** *(Am)* cinq heures moins le quart; **(a) ~ past five** *(Br)* cinq heures et quart; **(a) ~ after five** *(Am)* cinq heures et quart; **(a) ~ of an hour** un quart d'heure.

**quarterpounder** [,kwɔːtə'paʊndə^r] *n steak haché épais*.

**quartet** [kwɔː'tet] *n (group)* quatuor *m*.

**quartz** [kwɔːts] *adj (watch)* à quartz.

**quay** [kiː] *n* quai *m*.

**queasy** ['kwiːzɪ] *adj (inf)*: **to feel ~** avoir mal au cœur.

**queen** [kwiːn] *n* reine *f*; *(in cards)* dame *f*.

**queer** [kwɪəʳ] *adj (strange)* bizarre; *(inf: ill)* patraque; *(inf: homosexual)* homo.
**quench** [kwentʃ] *vt*: **to ~ one's thirst** étancher sa soif.
**query** [ˈkwɪərɪ] *n* question *f*.
**question** [ˈkwestʃn] *n* question *f* ◆ *vt (person)* interroger; **it's out of the ~** c'est hors de question.
**question mark** *n* point *m* d'interrogation.
**questionnaire** [ˌkwestʃəˈneəʳ] *n* questionnaire *m*.
**queue** [kjuː] *n (Br)* queue *f* ◆ *vi (Br)* faire la queue ❑ **queue up** *vi (Br)* faire la queue.
**quiche** [kiːʃ] *n* quiche *f*.
**quick** [kwɪk] *adj* rapide ◆ *adv* rapidement, vite.
**quickly** [ˈkwɪklɪ] *adv* rapidement, vite.
**quid** [kwɪd] *(pl inv) n (Br: inf: pound)* livre *f*.
**quiet** [ˈkwaɪət] *adj* silencieux(-ieuse); *(calm, peaceful)* tranquille ◆ *n* calme *m*; **in a ~ voice** à voix basse; **keep ~!** chut!, taisez-vous!; **to keep ~** *(not say anything)* se taire; **to keep ~ about sthg** ne pas parler de qqch.
**quieten** [ˈkwaɪətn]: **quieten down** *vi* se calmer.
**quietly** [ˈkwaɪətlɪ] *adv* silencieusement; *(calmly)* tranquillement.
**quilt** [kwɪlt] *n (duvet)* couette *f*; *(eiderdown)* édredon *m*.
**quince** [kwɪns] *n* coing *m*.
**quirk** [kwɜːk] *n* bizarrerie *f*.
**quit** [kwɪt] *(pt & pp* **quit***) vi (resign)* démissionner; *(give up)* abandonner ◆ *vt (Am: school, job)* quitter; **to ~ doing sthg** arrêter de faire qqch.
**quite** [kwaɪt] *adv (fairly)* assez; *(completely)* tout à fait; **not ~** pas tout à fait; **~ a lot (of)** pas mal (de).
**quiz** [kwɪz] *(pl* **-zes***) n* jeu *m (basé sur des questions de culture générale)*.
**quota** [ˈkwəʊtə] *n* quota *m*.
**quotation** [kwəʊˈteɪʃn] *n (phrase)* citation *f*; *(estimate)* devis *m*.
**quotation marks** *npl* guillemets *mpl*.
**quote** [kwəʊt] *vt (phrase, writer)* citer; *(price)* indiquer ◆ *n (phrase)* citation *f*; *(estimate)* devis *m*.

# R

**rabbit** [ˈræbɪt] *n* lapin *m*.
**rabies** [ˈreɪbiːz] *n* rage *f*.
**RAC** *n* = ACF *m*.
**race** [reɪs] *n (competition)* course *f*; *(ethnic group)* race *f* ◆ *vi (compete)* faire la course; *(go fast)* aller à toute vitesse; *(engine)* s'emballer ◆ *vt* faire la course avec.
**racecourse** [ˈreɪskɔːs] *n* champ *m* de courses.
**racehorse** [ˈreɪshɔːs] *n* cheval *m* de course.
**racetrack** [ˈreɪstræk] *n (for horses)* champ *m* de courses.
**racial** [ˈreɪʃl] *adj* racial(-e).
**racing** [ˈreɪsɪŋ] *n*: **(horse) ~** courses *fpl* (de chevaux).
**racing car** *n* voiture *f* de

course.

**racism** ['reɪsɪzm] *n* racisme *m.*

**racist** ['reɪsɪst] *n* raciste *mf.*

**rack** [ræk] *n (for bottles)* casier *m*; *(for coats)* portemanteau *m*; *(for plates)* égouttoir *m*; **(luggage) ~** *(on bike)* porte-bagages *m inv*; *(on car)* galerie *f*; **~ of lamb** carré *m* d'agneau.

**racket** ['rækɪt] *n* raquette *f*; *(noise)* raffut *m.*

**racquet** ['rækɪt] *n* raquette *f.*

**radar** ['reɪdɑːʳ] *n* radar *m.*

**radiation** [,reɪdɪ'eɪʃn] *n* radiations *fpl.*

**radiator** ['reɪdɪeɪtəʳ] *n* radiateur *m.*

**radical** ['rædɪkl] *adj* radical(-e).

**radii** ['reɪdɪaɪ] *pl* → **radius.**

**radio** ['reɪdɪəʊ] (*pl* **-s**) *n* radio *f* ◆ *vt (person)* appeler par radio; **on the ~** à la radio.

**radioactive** [,reɪdɪəʊ'æktɪv] *adj* radioactif(-ive).

**radio alarm** *n* radio-réveil *m.*

**radish** ['rædɪʃ] *n* radis *m.*

**radius** ['reɪdɪəs] (*pl* **radii**) *n* rayon *m.*

**raffle** ['ræfl] *n* tombola *f.*

**raft** [rɑːft] *n (of wood)* radeau *m*; *(inflatable)* canot *m* pneumatique.

**rafter** ['rɑːftəʳ] *n* chevron *m.*

**rag** [ræg] *n (old cloth)* chiffon *m.*

**rage** [reɪdʒ] *n* rage *f.*

**raid** [reɪd] *n (attack)* raid *m*; *(by police)* descente *f*; *(robbery)* hold-up *m inv* ◆ *vt (subj: police)* faire une descente dans; *(subj: thieves)* faire un hold-up dans.

**rail** [reɪl] *n (bar)* barre *f*; *(for curtain)* tringle *f*; *(on stairs)* rampe *f*; *(for train, tram)* rail *m* ◆ *adj (transport, network)* ferroviaire; *(travel)* en train; **by ~** en train.

**railcard** ['reɪlkɑːd] *n (Br) carte de réduction des chemins de fer pour jeunes et retraités.*

**railings** ['reɪlɪŋz] *npl* grille *f.*

**railroad** ['reɪlrəʊd] *(Am)* = **railway.**

**railway** ['reɪlweɪ] *n (system)* chemin *m* de fer; *(track)* voie *f* ferrée.

**railway line** *n (route)* ligne *f* de chemin de fer; *(track)* voie *f* ferrée.

**railway station** *n* gare *f.*

**rain** [reɪn] *n* pluie *f* ◆ *v impers* pleuvoir; **it's ~ing** il pleut.

**rainbow** ['reɪnbəʊ] *n* arc-en-ciel *m.*

**raincoat** ['reɪnkəʊt] *n* imperméable *m.*

**raindrop** ['reɪndrɒp] *n* goutte *f* de pluie.

**rainfall** ['reɪnfɔːl] *n* précipitations *fpl.*

**rainy** ['reɪnɪ] *adj* pluvieux(-ieuse).

**raise** [reɪz] *vt (lift)* lever; *(increase)* augmenter; *(money)* collecter; *(child, animals)* élever; *(question, subject)* soulever ◆ *n (Am: pay increase)* augmentation *f.*

**raisin** ['reɪzn] *n* raisin *m* sec.

**rake** [reɪk] *n* râteau *m.*

**rally** ['rælɪ] *n (public meeting)* rassemblement *m*; *(motor race)* rallye *m*; *(in tennis, badminton, squash)* échange *m.*

**ram** [ræm] *n (sheep)* bélier *m* ◆ *vt* percuter.

**Ramadan** [,ræmə'dæn] *n* Ramadan *m.*

**ramble** ['ræmbl] *n* randonnée *f.*

**ramp** [ræmp] *n (slope)* rampe *f*; *(in road)* ralentisseur *m*; *(Am: to free-*

*way)* bretelle *f* d'accès; **"ramp"** *(Br: bump) panneau annonçant une dénivellation due à des travaux.*
**ramparts** ['ræmpɑːts] *npl* remparts *mpl.*
**ran** [ræn] *pt* → **run**.
**ranch** [rɑːntʃ] *n* ranch *m*.
**ranch dressing** *n (Am) sauce mayonnaise liquide légèrement épicée.*
**rancid** ['rænsɪd] *adj* rance.
**random** ['rændəm] *adj (choice, number)* aléatoire ◆ *n*: **at ~** au hasard.
**rang** [ræŋ] *pt* → **ring**.
**range** [reɪndʒ] *n (of radio, telescope)* portée *f*; *(of prices, temperatures, ages)* éventail *m*; *(of goods, services)* gamme *f*; *(of hills, mountains)* chaîne *f*; *(for shooting)* champ *m* de tir; *(cooker)* fourneau *m* ◆ *vi (vary)* varier.
**ranger** ['reɪndʒəʳ] *n (of park, forest)* garde *m* forestier.
**rank** [ræŋk] *n* grade *m* ◆ *adj (smell, taste)* ignoble.
**ransom** ['rænsəm] *n* rançon *f*.
**rap** [ræp] *n (music)* rap *m*.
**rape** [reɪp] *n* viol *m* ◆ *vt* violer.
**rapid** ['ræpɪd] *adj* rapide ❑ **rapids** *npl* rapides *mpl.*
**rapidly** ['ræpɪdlɪ] *adv* rapidement.
**rapist** ['reɪpɪst] *n* violeur *m*.
**rare** [reəʳ] *adj* rare; *(meat)* saignant(-e).
**rarely** ['reəlɪ] *adv* rarement.
**rash** [ræʃ] *n* éruption *f* cutanée ◆ *adj* imprudent(-e).
**rasher** ['ræʃəʳ] *n* tranche *f*.
**raspberry** ['rɑːzbərɪ] *n* framboise *f*.
**rat** [ræt] *n* rat *m*.
**ratatouille** [rætə'tuːɪ] *n* ratatouille *f*.
**rate** [reɪt] *n (level)* taux *m*; *(charge)* tarif *m*; *(speed)* vitesse *f* ◆ *vt (consider)* considérer; *(deserve)* mériter; **~ of exchange** taux de change; **at any ~** en tout cas; **at this ~** à ce rythme-là.
**rather** ['rɑːðəʳ] *adv* plutôt; **I'd ~ stay in** je préférerais ne pas sortir; **I'd ~ not** j'aimerais mieux pas; **would you ~ ...?** préférerais-tu ...?; **~ a lot of** pas mal de; **~ than** plutôt que.
**ratio** ['reɪʃɪəʊ] (*pl* **-s**) *n* rapport *m*.
**ration** ['ræʃn] *n (share)* ration *f* ❑ **rations** *npl (food)* vivres *mpl.*
**rational** ['ræʃnl] *adj* rationnel(-elle).
**rattle** ['rætl] *n (of baby)* hochet *m* ◆ *vi* faire du bruit.
**rave** [reɪv] *n (party) soirée, soit privée soit dans une boîte de nuit, où l'on danse sur de la musique techno et où l'on consomme souvent de la drogue.*
**raven** ['reɪvn] *n* corbeau *m*.
**ravioli** [ˌrævɪ'əʊlɪ] *n* ravioli(s) *mpl.*
**raw** [rɔː] *adj* cru(-e); *(sugar)* non raffiné(-e); *(silk)* sauvage.
**raw material** *n* matière *f* première.
**ray** [reɪ] *n* rayon *m*.
**razor** ['reɪzəʳ] *n* rasoir *m*.
**razor blade** *n* lame *f* de rasoir.
**Rd** *(abbr of Road)* Rte.
**re** [riː] *prep* concernant.
**RE** *n (abbr of religious education)* instruction *f* religieuse.
**reach** [riːtʃ] *vt* atteindre; *(contact)* joindre; *(agreement, decision)* parvenir à ◆ *n*: **out of ~** hors de portée; **within ~ of the beach** à proximité

de la plage ❑ **reach out** *vi*: **to ~ out (for)** tendre le bras (vers).

**react** [rɪ'ækt] *vi* réagir.

**reaction** [rɪ'ækʃn] *n* réaction *f*.

**read** [ri:d] (*pt & pp* **read** [red]) *vt* lire; *(subj: sign, note)* dire; *(subj: meter, gauge)* indiquer ◆ *vi* lire; **to ~ about sthg** apprendre qqch dans les journaux ❑ **read out** *vt sep* lire à haute voix.

**reader** ['ri:dəʳ] *n* lecteur *m* (-trice *f*).

**readily** ['redɪlɪ] *adv (willingly)* volontiers; *(easily)* facilement.

**reading** ['ri:dɪŋ] *n (of books, papers)* lecture *f*; *(of meter, gauge)* données *fpl*.

**reading matter** *n* lecture *f*.

**ready** ['redɪ] *adj* prêt(-e); **to be ~ for sthg** *(prepared)* être prêt pour qqch; **to be ~ to do sthg** être prêt à faire qqch; **to get ~** se préparer; **to get sthg ~** préparer qqch.

**ready cash** *n* liquide *m*.

**ready-cooked** [-kukt] *adj* précuit(-e).

**ready-to-wear** *adj* de prêt à porter.

**real** ['rɪəl] *adj* vrai(-e); *(world)* réel(-elle) ◆ *adv (Am)* vraiment, très.

**real ale** *n (Br) bière rousse de fabrication traditionnelle, fermentée en fûts.*

**real estate** *n* immobilier *m*.

**realistic** [,rɪə'lɪstɪk] *adj* réaliste.

**reality** [rɪ'ælətɪ] *n* réalité *f*; **in ~** en réalité.

**realize** ['rɪəlaɪz] *vt (become aware of)* se rendre compte de; *(know)* savoir; *(ambition, goal)* réaliser.

**really** ['rɪəlɪ] *adv* vraiment; **not ~** pas vraiment.

**realtor** ['rɪəltər] *n (Am)* agent *m* immobilier.

**rear** [rɪəʳ] *adj* arrière *(inv)* ◆ *n (back)* arrière *m*.

**rearrange** [,ri:ə'reɪndʒ] *vt (room, furniture)* réarranger; *(meeting)* déplacer.

**rearview mirror** ['rɪəvju:-] *n* rétroviseur *m*.

**rear-wheel drive** *n* traction *f* arrière.

**reason** ['ri:zn] *n* raison *f*; **for some ~** pour une raison ou pour une autre.

**reasonable** ['ri:znəbl] *adj* raisonnable.

**reasonably** ['ri:znəblɪ] *adv (quite)* assez.

**reasoning** ['ri:znɪŋ] *n* raisonnement *m*.

**reassure** [,ri:ə'ʃɔ:ʳ] *vt* rassurer.

**reassuring** [,ri:ə'ʃɔ:rɪŋ] *adj* rassurant(-e).

**rebate** ['ri:beɪt] *n* rabais *m*.

**rebel** [rɪ'bel] *n* rebelle *mf* ◆ *vi* se rebeller.

**rebound** [rɪ'baʊnd] *vi (ball etc)* rebondir.

**rebuild** [,ri:'bɪld] (*pt & pp* **rebuilt** [,ri:'bɪlt]) *vt* reconstruire.

**rebuke** [rɪ'bju:k] *vt* réprimander.

**recall** [rɪ'kɔ:l] *vt (remember)* se souvenir de.

**receipt** [rɪ'si:t] *n* reçu *m*; **on ~ of** à réception de.

**receive** [rɪ'si:v] *vt* recevoir.

**receiver** [rɪ'si:vəʳ] *n (of phone)* combiné *m*.

**recent** ['ri:snt] *adj* récent(-e).

**recently** ['ri:sntlɪ] *adv* récemment.

**receptacle** [rɪ'septəkl] *n (fml)* récipient *m*.
**reception** [rɪ'sepʃn] *n* réception *f*; *(welcome)* accueil *m*.
**reception desk** *n* réception *f*.
**receptionist** [rɪ'sepʃənɪst] *n* réceptionniste *mf*.
**recess** ['ri:ses] *n (in wall)* renfoncement *m*; *(Am: SCH)* récréation *f*.
**recession** [rɪ'seʃn] *n* récession *f*.
**recipe** ['resɪpɪ] *n* recette *f*.
**recite** [rɪ'saɪt] *vt (poem)* réciter; *(list)* énumérer.
**reckless** ['reklɪs] *adj* imprudent(-e).
**reckon** ['rekn] *vt (inf: think)* penser ❑ **reckon on** *vt fus* compter sur; **reckon with** *vt fus (expect)* s'attendre à.
**reclaim** [rɪ'kleɪm] *vt (baggage)* récupérer.
**reclining seat** [rɪ'klaɪnɪŋ-] *n* siège *m* inclinable.
**recognition** [,rekəg'nɪʃn] *n* reconnaissance *f*.
**recognize** ['rekəgnaɪz] *vt* reconnaître.
**recollect** [,rekə'lekt] *vt* se rappeler.
**recommend** [,rekə'mend] *vt* recommander; **to ~ sb to do sthg** recommander à qqn de faire qqch.
**recommendation** [,rekəmen'deɪʃn] *n* recommandation *f*.
**reconsider** [,ri:kən'sɪdə^r^] *vt* reconsidérer.
**reconstruct** [,ri:kən'strʌkt] *vt* reconstruire.
**record** [*n* 'rekɔ:d, *vb* rɪ'kɔ:d] *n (MUS)* disque *m*; *(best performance, highest level)* record *m*; *(account)* rapport *m* ◆ *vt* enregistrer.
**recorded delivery** [rɪ'kɔ:dɪd-] *n (Br)*: **to send sthg (by) ~** envoyer qqch en recommandé.
**recorder** [rɪ'kɔ:də^r^] *n (tape recorder)* magnétophone *m*; *(instrument)* flûte *f* à bec.
**recording** [rɪ'kɔ:dɪŋ] *n* enregistrement *m*.
**record player** *n* tourne-disque *m*.
**record shop** *n* disquaire *m*.
**recover** [rɪ'kʌvə^r^] *vt & vi* récupérer.
**recovery** [rɪ'kʌvərɪ] *n (from illness)* guérison *f*.
**recovery vehicle** *n (Br)* dépanneuse *f*.
**recreation** [,rekrɪ'eɪʃn] *n* récréation *f*.
**recreation ground** *n* terrain *m* de jeux.
**recruit** [rɪ'kru:t] *n* recrue *f* ◆ *vt* recruter.
**rectangle** ['rek,tæŋgl] *n* rectangle *m*.
**rectangular** [rek'tæŋgjʊlə^r^] *adj* rectangulaire.
**recycle** [,ri:'saɪkl] *vt* recycler.
**red** [red] *adj* rouge; *(hair)* roux (rousse) ◆ *n (colour)* rouge *m*; **in the ~** *(bank account)* à découvert.
**red cabbage** *n* chou *m* rouge.
**Red Cross** *n* Croix-Rouge *f*.
**redcurrant** ['redkʌrənt] *n* groseille *f*.
**redecorate** [,ri:'dekəreɪt] *vt* refaire.
**redhead** ['redhed] *n* rouquin *m* (-e *f*).
**red-hot** *adj (metal)* chauffé(-e) à blanc.
**redial** [ri:'daɪəl] *vi* recomposer le

numéro.

**redirect** [ˌri:daɪˈrekt] *vt (letter)* réexpédier; *(traffic, plane)* dérouter.

**red pepper** *n* poivron *m* rouge.

**reduce** [rɪˈdju:s] *vt* réduire; *(make cheaper)* solder ◆ *vi (Am: slim)* maigrir.

**reduced price** [rɪˈdju:st-] *n* prix *m* réduit.

**reduction** [rɪˈdʌkʃn] *n* réduction *f*.

**redundancy** [rɪˈdʌndənsɪ] *n (Br)* licenciement *m*.

**redundant** [rɪˈdʌndənt] *adj (Br)*: **to be made ~** être licencié(-e).

**red wine** *n* vin *m* rouge.

**reed** [ri:d] *n (plant)* roseau *m*.

**reef** [ri:f] *n* écueil *m*.

**reek** [ri:k] *vi* puer.

**reel** [ri:l] *n (of thread)* bobine *f*; *(on fishing rod)* moulinet *m*.

**refectory** [rɪˈfektərɪ] *n* réfectoire *m*.

**refer** [rɪˈfɜ:ʳ]: **refer to** *vt fus* faire référence à; *(consult)* se référer à.

**referee** [ˌrefəˈri:] *n (SPORT)* arbitre *m*.

**reference** [ˈrefrəns] *n (mention)* allusion *f*; *(letter for job)* référence *f* ◆ *adj (book)* de référence; **with ~ to** suite à.

**referendum** [ˌrefəˈrendəm] *n* référendum *m*.

**refill** [*n* ˈri:fɪl, *vb* ˌri:ˈfɪl] *n (for pen)* recharge *f*; *(inf: drink)* autre verre *m* ◆ *vt* remplir.

**refinery** [rɪˈfaɪnərɪ] *n* raffinerie *f*.

**reflect** [rɪˈflekt] *vt & vi* réfléchir.

**reflection** [rɪˈflekʃn] *n (image)* reflet *m*.

**reflector** [rɪˈflektəʳ] *n* réflecteur *m*.

**reflex** [ˈri:fleks] *n* réflexe *m*.

**reflexive** [rɪˈfleksɪv] *adj* réfléchi(-e).

**reform** [rɪˈfɔ:m] *n* réforme *f* ◆ *vt* réformer.

**refresh** [rɪˈfreʃ] *vt* rafraîchir.

**refreshing** [rɪˈfreʃɪŋ] *adj* rafraîchissant(-e); *(change)* agréable.

**refreshments** [rɪˈfreʃmənts] *npl* rafraîchissements *mpl*.

**refrigerator** [rɪˈfrɪdʒəreɪtəʳ] *n* réfrigérateur *m*.

**refugee** [ˌrefjʊˈdʒi:] *n* réfugié *m* (-e *f*).

**refund** [*n* ˈri:fʌnd, *vb* rɪˈfʌnd] *n* remboursement *m* ◆ *vt* rembourser.

**refundable** [rɪˈfʌndəbl] *adj* remboursable.

**refusal** [rɪˈfju:zl] *n* refus *m*.

**refuse**[1] [rɪˈfju:z] *vt & vi* refuser; **to ~ to do sthg** refuser de faire qqch.

**refuse**[2] [ˈrefju:s] *n (fml)* ordures *fpl*.

**refuse collection** [ˈrefju:s-] *n (fml)* ramassage *m* des ordures.

**regard** [rɪˈgɑ:d] *vt (consider)* considérer ◆ *n*: **with ~ to** concernant; **as ~s** en ce qui concerne ❑ **regards** *npl (in greetings)* amitiés *fpl*; **give them my ~s** transmettez-leur mes amitiés.

**regarding** [rɪˈgɑ:dɪŋ] *prep* concernant.

**regardless** [rɪˈgɑ:dlɪs] *adv* quand même; **~ of** sans tenir compte de.

**reggae** [ˈregeɪ] *n* reggae *m*.

**regiment** [ˈredʒɪmənt] *n* régiment *m*.

**region** [ˈri:dʒən] *n* région *f*; **in the ~ of** environ.

**regional** ['ri:dʒənl] *adj* régional(-e).
**register** ['redʒɪstəʳ] *n (official list)* registre *m* ◆ *vt (record officially)* enregistrer; *(subj: machine, gauge)* indiquer ◆ *vi (at hotel)* se présenter à la réception; *(put one's name down)* s'inscrire.
**registered** ['redʒɪstəd] *adj (letter, parcel)* recommandé(-e).
**registration** [,redʒɪ'streɪʃn] *n (for course, at conference)* inscription *f*.
**registration (number)** *n (of car)* numéro *m* d'immatriculation.
**registry office** ['redʒɪstrɪ-] *n* bureau *m* de l'état civil.
**regret** [rɪ'gret] *n* regret *m* ◆ *vt* regretter; **to ~ doing sthg** regretter d'avoir fait qqch; **we ~ any inconvenience caused** nous vous prions de nous excuser pour la gêne occasionnée.
**regrettable** [rɪ'gretəbl] *adj* regrettable.
**regular** ['regjʊləʳ] *adj* régulier(-ière); *(normal, in size)* normal(-e) ◆ *n (customer)* habitué *m* (-e *f*).
**regularly** ['regjʊləlɪ] *adv* régulièrement.
**regulate** ['regjʊleɪt] *vt* régler.
**regulation** [,regjʊ'leɪʃn] *n (rule)* réglementation *f*.
**rehearsal** [rɪ'hɜ:sl] *n* répétition *f*.
**rehearse** [rɪ'hɜ:s] *vt* répéter.
**reign** [reɪn] *n* règne *m* ◆ *vi (monarch)* régner.
**reimburse** [,ri:ɪm'bɜ:s] *vt (fml)* rembourser.
**reindeer** ['reɪn,dɪəʳ] *(pl inv) n* renne *m*.
**reinforce** [,ri:ɪn'fɔ:s] *vt* renforcer.
**reinforcements** [,ri:ɪn'fɔ:smənts] *npl* renforts *mpl*.
**reins** ['reɪnz] *npl (for horse)* rênes *mpl*; *(for child)* harnais *m*.
**reject** [rɪ'dʒekt] *vt (proposal, request)* rejeter; *(applicant, coin)* refuser.
**rejection** [rɪ'dʒekʃn] *n (of proposal, request)* rejet *m*; *(of applicant)* refus *m*.
**rejoin** [,ri:'dʒɔɪn] *vt (motorway)* rejoindre.
**relapse** [rɪ'læps] *n* rechute *f*.
**relate** [rɪ'leɪt] *vt (connect)* lier ◆ *vi*: **to ~ to** *(be connected with)* être lié à; *(concern)* concerner.
**related** [rɪ'leɪtɪd] *adj (of same family)* apparenté(-e); *(connected)* lié(-e).
**relation** [rɪ'leɪʃn] *n (member of family)* parent *m* (-e *f*); *(connection)* lien *m*, rapport *m*; **in ~ to** au sujet de ❑ **relations** *npl* rapports *mpl*.
**relationship** [rɪ'leɪʃnʃɪp] *n* relations *fpl*; *(connection)* relation *f*.
**relative** ['relətɪv] *adj* relatif(-ive) ◆ *n* parent *m* (-e *f*).
**relatively** ['relətɪvlɪ] *adv* relativement.
**relax** [rɪ'læks] *vi* se détendre.
**relaxation** [,ri:læk'seɪʃn] *n* détente *f*.
**relaxed** [rɪ'lækst] *adj* détendu(-e).
**relaxing** [rɪ'læksɪŋ] *adj* reposant(-e).
**relay** ['ri:leɪ] *n (race)* relais *m*.
**release** [rɪ'li:s] *vt (set free)* relâcher; *(let go of)* lâcher; *(record, film)* sortir; *(brake, catch)* desserrer ◆ *n*

*(record, film)* nouveauté *f.*

**relegate** ['relɪgeɪt] *vt*: **to be ~d** *(SPORT)* être relégué à la division inférieure.

**relevant** ['reləvənt] *adj (connected)* en rapport; *(important)* important(-e); *(appropriate)* approprié(-e).

**reliable** [rɪ'laɪəbl] *adj (person, machine)* fiable.

**relic** ['relɪk] *n* relique *f.*

**relief** [rɪ'li:f] *n (gladness)* soulagement *m*; *(aid)* assistance *f.*

**relief road** *n* itinéraire *m* de délestage.

**relieve** [rɪ'li:v] *vt (pain, headache)* soulager.

**relieved** [rɪ'li:vd] *adj* soulagé(-e).

**religion** [rɪ'lɪdʒn] *n* religion *f.*

**religious** [rɪ'lɪdʒəs] *adj* religieux(-ieuse).

**relish** ['relɪʃ] *n (sauce)* condiment *m.*

**reluctant** [rɪ'lʌktənt] *adj* réticent(-e).

**rely** [rɪ'laɪ]: **rely on** *vt fus (trust)* compter sur; *(depend on)* dépendre de.

**remain** [rɪ'meɪn] *vi* rester ❑ **remains** *npl* restes *mpl.*

**remainder** [rɪ'meɪndə^r] *n* reste *m.*

**remaining** [rɪ'meɪnɪŋ] *adj* restant(-e); **to be ~** rester.

**remark** [rɪ'mɑ:k] *n* remarque *f* ◆ *vt* faire remarquer.

**remarkable** [rɪ'mɑ:kəbl] *adj* remarquable.

**remedy** ['remədɪ] *n* remède *m.*

**remember** [rɪ'membə^r] *vt* se rappeler, se souvenir de; *(not forget)* ne pas oublier ◆ *vi* se souvenir; **to ~ doing sthg** se rappeler avoir fait qqch; **to ~ to do sthg** penser à faire qqch.

**remind** [rɪ'maɪnd] *vt*: **to ~ sb of sthg** rappeler qqch à qqn; **to ~ sb to do sthg** rappeler à qqn de faire qqch.

**reminder** [rɪ'maɪndə^r] *n* rappel *m.*

**remittance** [rɪ'mɪtns] *n* versement *m.*

**remnant** ['remnənt] *n* reste *m.*

**remote** [rɪ'məʊt] *adj (isolated)* éloigné(-e); *(chance)* faible.

**remote control** *n* télécommande *f.*

**removal** [rɪ'mu:vl] *n* enlèvement *m.*

**removal van** *n* camion *m* de déménagement.

**remove** [rɪ'mu:v] *vt* enlever.

**renew** [rɪ'nju:] *vt (licence, membership)* renouveler; *(library book)* prolonger l'emprunt de.

**renovate** ['renəveɪt] *vt* rénover.

**renowned** [rɪ'naʊnd] *adj* renommé(-e).

**rent** [rent] *n* loyer *m* ◆ *vt* louer.

**rental** ['rentl] *n* location *f.*

**repaid** [ri:'peɪd] *pt & pp* → **repay**.

**repair** [rɪ'peə^r] *vt* réparer ◆ *n*: **in good ~** en bon état ❑ **repairs** *npl* réparations *mpl.*

**repair kit** *n (for bicycle)* trousse *f* à outils.

**repay** [ri:'peɪ] (*pt & pp* **repaid**) *vt (money)* rembourser; *(favour, kindness)* rendre.

**repayment** [ri:'peɪmənt] *n* remboursement *m.*

**repeat** [rɪ'pi:t] *vt* répéter ◆ *n (on

*TV, radio)* rediffusion *f*.

**repetition** [ˌrepɪ'tɪʃn] *n* répétition *f*.

**repetitive** [rɪ'petɪtɪv] *adj* répétitif(-ive).

**replace** [rɪ'pleɪs] *vt* remplacer; *(put back)* replacer.

**replacement** [rɪ'pleɪsmənt] *n* remplacement *m*.

**replay** ['riːpleɪ] *n (rematch)* match *m* rejoué; *(on TV)* ralenti *m*.

**reply** [rɪ'plaɪ] *n* réponse *f* ◆ *vt & vi* répondre.

**report** [rɪ'pɔːt] *n (account)* rapport *m*; *(in newspaper, on TV, radio)* reportage *m*; *(Br: SCH)* bulletin *m* ◆ *vt (announce)* annoncer; *(theft, disappearance)* signaler; *(person)* dénoncer ◆ *vi (give account)* faire un rapport; *(for newspaper, TV, radio)* faire un reportage; **to ~ to sb** *(go to)* se présenter à qqn.

**report card** *n* bulletin *m* scolaire.

**reporter** [rɪ'pɔːtə$^r$] *n* reporter *m*.

**represent** [ˌreprɪ'zent] *vt* représenter.

**representative** [ˌreprɪ'zentətɪv] *n* représentant *m* (-e *f*).

**repress** [rɪ'pres] *vt* réprimer.

**reprieve** [rɪ'priːv] *n (delay)* sursis *m*.

**reprimand** ['reprɪmɑːnd] *vt* réprimander.

**reproach** [rɪ'prəʊtʃ] *vt*: **to ~ sb for sthg** reprocher qqch à qqn.

**reproduction** [ˌriːprə'dʌkʃn] *n* reproduction *f*.

**reptile** ['reptaɪl] *n* reptile *m*.

**republic** [rɪ'pʌblɪk] *n* république *f*.

**Republican** [rɪ'pʌblɪkən] *n* républicain *m* (-e *f*) ◆ *adj* républicain(-e).

**repulsive** [rɪ'pʌlsɪv] *adj* repoussant(-e).

**reputable** ['repjʊtəbl] *adj* qui a bonne réputation.

**reputation** [ˌrepjʊ'teɪʃn] *n* réputation *f*.

**reputedly** [rɪ'pjuːtɪdlɪ] *adv* à ce qu'on dit.

**request** [rɪ'kwest] *n* demande *f* ◆ *vt* demander; **to ~ sb to do sthg** demander à qqn de faire qqch; **available on ~** disponible sur demande.

**request stop** *n (Br)* arrêt *m* facultatif.

**require** [rɪ'kwaɪə$^r$] *vt (subj: person)* avoir besoin de; *(subj: situation)* exiger; **to be ~d to do sthg** être tenu de faire qqch.

**requirement** [rɪ'kwaɪəmənt] *n* besoin *m*.

**resat** [ˌriː'sæt] *pt & pp* → **resit**.

**rescue** ['reskjuː] *vt* secourir.

**research** [ˌrɪ'sɜːtʃ] *n (scientific)* recherche *f*; *(studying)* recherches *fpl*.

**resemblance** [rɪ'zembləns] *n* ressemblance *f*.

**resemble** [rɪ'zembl] *vt* ressembler à.

**resent** [rɪ'zent] *vt* ne pas apprécier.

**reservation** [ˌrezə'veɪʃn] *n (booking)* réservation *f*; *(doubt)* réserve *f*; **to make a ~** réserver.

**reserve** [rɪ'zɜːv] *n (SPORT)* remplaçant *m* (-e *f*); *(for wildlife)* réserve *f* ◆ *vt* réserver.

**reserved** [rɪ'zɜːvd] *adj* réservé(-e).

**reservoir** ['rezəvwɑːʳ] *n* réservoir *m*.
**reset** [ˌriː'set] (*pt & pp* **reset**) *vt* *(meter, device)* remettre à zéro; *(watch)* remettre à l'heure.
**reside** [rɪ'zaɪd] *vi (fml: live)* résider.
**residence** ['rezɪdəns] *n (fml)* résidence *f*; **place of ~** domicile *m*.
**residence permit** *n* permis *m* de séjour.
**resident** ['rezɪdənt] *n (of country)* résident *m* (-e *f*); *(of hotel)* pensionnaire *mf*; *(of area, house)* habitant *m* (-e *f*); **"~s only"** *(for parking)* «réservé aux résidents».
**residential** [ˌrezɪ'denʃl] *adj* résidentiel(-ielle).
**residue** ['rezɪdjuː] *n* restes *mpl*.
**resign** [rɪ'zaɪn] *vi* démissionner ◆ *vt*: **to ~ o.s. to sthg** se résigner à qqch.
**resignation** [ˌrezɪg'neɪʃn] *n (from job)* démission *f*.
**resilient** [rɪ'zɪlɪənt] *adj* résistant(-e).
**resist** [rɪ'zɪst] *vt* résister à; **I can't ~ cream cakes** je ne peux pas résister aux gâteaux à la crème; **to ~ doing sthg** résister à l'envie de faire qqch.
**resistance** [rɪ'zɪstəns] *n* résistance *f*.
**resit** [ˌriː'sɪt] (*pt & pp* **resat**) *vt* repasser.
**resolution** [ˌrezə'luːʃn] *n* résolution *f*.
**resolve** [rɪ'zɒlv] *vt* résoudre.
**resort** [rɪ'zɔːt] *n (for holidays)* station *f*; **as a last ~** en dernier recours ❑ **resort to** *vt fus* recourir à; **to ~ to doing sthg** en venir à faire qqch.
**resource** [rɪ'sɔːs] *n* ressource *f*.
**resourceful** [rɪ'sɔːsfʊl] *adj* ingénieux(-ieuse).
**respect** [rɪ'spekt] *n* respect *m*; *(aspect)* égard *m* ◆ *vt* respecter; **in some ~s** à certains égards; **with ~ to** en ce qui concerne.
**respectable** [rɪ'spektəbl] *adj* respectable.
**respective** [rɪ'spektɪv] *adj* respectif(-ive).
**respond** [rɪ'spɒnd] *vi* répondre.
**response** [rɪ'spɒns] *n* réponse *f*.
**responsibility** [rɪˌspɒnsə'bɪlətɪ] *n* responsabilité *f*.
**responsible** [rɪ'spɒnsəbl] *adj* responsable; **to be ~ for** *(accountable)* être responsable de.
**rest** [rest] *n (relaxation)* repos *m*; *(support)* appui *m* ◆ *vi (relax)* se reposer; **the ~** *(remainder)* le restant, le reste; **to have a ~** se reposer; **to ~ against** reposer contre.
**restaurant** ['restərɒnt] *n* restaurant *m*.
**restaurant car** *n (Br)* wagon-restaurant *m*.
**restful** ['restfʊl] *adj* reposant(-e).
**restless** ['restlɪs] *adj (bored, impatient)* impatient(-e); *(fidgety)* agité(-e).
**restore** [rɪ'stɔːʳ] *vt* restaurer.
**restrain** [rɪ'streɪn] *vt* retenir.
**restrict** [rɪ'strɪkt] *vt* restreindre.
**restricted** [rɪ'strɪktɪd] *adj* restreint(-e).
**restriction** [rɪ'strɪkʃn] *n* limitation *f*.
**rest room** *n (Am)* toilettes *fpl*.
**result** [rɪ'zʌlt] *n* résultat *m* ◆ *vi*: **to ~ in** aboutir à; **as a ~ of** à

cause de.

**resume** [rɪ'zju:m] *vi* reprendre.

**résumé** ['rezju:meɪ] *n (summary)* résumé *m*; *(Am: curriculum vitae)* curriculum vitae *m inv*.

**retail** ['ri:teɪl] *n* détail *m* ◆ *vt (sell)* vendre au détail ◆ *vi*: **to ~ at** se vendre (à).

**retailer** ['ri:teɪləʳ] *n* détaillant *m* (-e *f*).

**retail price** *n* prix *m* de détail.

**retain** [rɪ'teɪn] *vt (fml)* conserver.

**retaliate** [rɪ'tælɪeɪt] *vi* riposter.

**retire** [rɪ'taɪəʳ] *vi (stop working)* prendre sa retraite.

**retired** [rɪ'taɪəd] *adj* retraité(-e).

**retirement** [rɪ'taɪəmənt] *n* retraite *f*.

**retreat** [rɪ'tri:t] *vi* se retirer ◆ *n (place)* retraite *f*.

**retrieve** [rɪ'tri:v] *vt* récupérer.

**return** [rɪ'tɜ:n] *n* retour *m*; *(Br: ticket)* aller-retour *m* ◆ *vt (put back)* remettre; *(give back)* rendre; *(ball, serve)* renvoyer ◆ *vi* revenir; *(go back)* retourner ◆ *adj (journey)* de retour; **to ~ sthg to sb** *(give back)* rendre qqch à qqn; **by ~ of post** *(Br)* par retour du courrier; **many happy ~s!** bon anniversaire!; **in ~ (for)** en échange (de).

**return flight** *n* vol *m* retour.

**return ticket** *n (Br)* billet *m* aller-retour.

**reunite** [,ri:ju:'naɪt] *vt* réunir.

**reveal** [rɪ'vi:l] *vt* révéler.

**revelation** [,revə'leɪʃn] *n* révélation *f*.

**revenge** [rɪ'vendʒ] *n* vengeance *f*.

**reverse** [rɪ'vɜ:s] *adj* inverse ◆ *n* (AUT) marche *f* arrière; *(of document)* verso *m*; *(of coin)* revers *m* ◆ *vt (car)* mettre en marche arrière; *(decision)* annuler ◆ *vi (car, driver)* faire marche arrière; **the ~** *(opposite)* l'inverse; **in ~ order** en ordre inverse; **to ~ the charges** *(Br)* téléphoner en PCV.

**reverse-charge call** *n (Br)* appel *m* en PCV.

**review** [rɪ'vju:] *n (of book, record, film)* critique *f*; *(examination)* examen *m* ◆ *vt (Am: for exam)* réviser.

**revise** [rɪ'vaɪz] *vt & vi* réviser.

**revision** [rɪ'vɪʒn] *n (Br: for exam)* révision *f*.

**revive** [rɪ'vaɪv] *vt (person)* ranimer; *(economy, custom)* relancer.

**revolt** [rɪ'vəʊlt] *n* révolte *f*.

**revolting** [rɪ'vəʊltɪŋ] *adj* dégoûtant(-e).

**revolution** [,revə'lu:ʃn] *n* révolution *f*.

**revolutionary** [revə'lu:ʃnərɪ] *adj* révolutionnaire.

**revolver** [rɪ'vɒlvəʳ] *n* revolver *m*.

**revolving door** [rɪ'vɒlvɪŋ-] *n* porte *f* à tambour.

**revue** [rɪ'vju:] *n* revue *f*.

**reward** [rɪ'wɔ:d] *n* récompense *f* ◆ *vt* récompenser.

**rewind** [,ri:'waɪnd] (*pt & pp* **rewound** [,ri:'waʊnd]) *vt* rembobiner.

**rheumatism** ['ru:mətɪzm] *n* rhumatisme *m*.

**rhinoceros** [raɪ'nɒsərəs] (*pl inv* OR **-es**) *n* rhinocéros *m*.

**rhubarb** ['ru:bɑ:b] *n* rhubarbe *f*.

**rhyme** [raɪm] *n (poem)* poème *m* ◆ *vi* rimer.

**rhythm** ['rɪðm] *n* rythme *m*.

**rib** [rɪb] *n* côte *f*.

**ribbon** ['rɪbən] *n* ruban *m*.

**rice** [raɪs] *n* riz *m*.

**rice pudding** *n* riz *m* au lait.

**rich** [rɪtʃ] *adj* riche ◆ *npl*: **the ~** les riches *mpl*; **to be ~ in sthg** être riche en qqch.

**ricotta cheese** [rɪ'kɒtə-] *n* ricotta *f*.

**rid** [rɪd] *vt*: **to get ~ of** se débarrasser de.

**ridden** ['rɪdn] *pp* → **ride**.

**riddle** ['rɪdl] *n (puzzle)* devinette *f*; *(mystery)* énigme *f*.

**ride** [raɪd] (*pt* **rode**, *pp* **ridden**) *n* promenade *f* ◆ *vt (horse)* monter ◆ *vi (on bike)* aller en OR à vélo; *(on horse)* aller à cheval; *(on bus)* aller en bus; **can you ~ a bike?** est-ce que tu sais faire du vélo?; **to ~ horses** monter à cheval; **can you ~ (a horse)?** est-ce que tu sais monter à cheval?; **to go for a ~** *(in car)* faire un tour en voiture.

**rider** ['raɪdəʳ] *n (on horse)* cavalier *m* (-ière *f*); *(on bike)* cycliste *mf*; *(on motorbike)* motard *m* (-e *f*).

**ridge** [rɪdʒ] *n (of mountain)* crête *f*; *(raised surface)* arête *f*.

**ridiculous** [rɪ'dɪkjʊləs] *adj* ridicule.

**riding** ['raɪdɪŋ] *n* équitation *f*.

**riding school** *n* école *f* d'équitation.

**rifle** ['raɪfl] *n* carabine *f*.

**rig** [rɪg] *n (oilrig at sea)* plateforme *f* pétrolière; *(on land)* derrick *m* ◆ *vt (fix)* truquer.

**right** [raɪt] *adj* 1. *(correct)* bon (bonne); **to be ~** *(person)* avoir raison; **to be ~ to do sthg** avoir raison de faire qqch; **have you got the ~ time?** avez-vous l'heure exacte?; **is this the ~ way?** est-ce que c'est la bonne route?; **that's ~!** c'est exact!
2. *(fair)* juste; **that's not ~!** ce n'est pas juste!
3. *(on the right)* droit(-e); **the ~ side of the road** le côté droit de la route.
◆ *n* 1. *(side)*: **the ~** la droite.
2. *(entitlement)* droit *m*; **to have the ~ to do sthg** avoir le droit de faire qqch.
◆ *adv* 1. *(towards the right)* à droite.
2. *(correctly)* bien, comme il faut; **am I pronouncing it ~?** est-ce que je le prononce bien?
3. *(for emphasis)*: **~ here** ici même; **~ at the top** tout en haut; **I'll be ~ back** je reviens tout de suite; **~ away** immédiatement.

**right angle** *n* angle *m* droit.

**right-hand** *adj (side)* droit(-e); *(lane)* de droite.

**right-hand drive** *n* conduite *f* à droite.

**right-handed** [-'hændɪd] *adj (person)* droitier(-ière); *(implement)* pour droitiers.

**rightly** ['raɪtlɪ] *adv (correctly)* correctement; *(justly)* à juste titre.

**right of way** *n (AUT)* priorité *f*; *(path)* chemin *m* public.

**right-wing** *adj* de droite.

**rigid** ['rɪdʒɪd] *adj* rigide.

**rim** [rɪm] *n (of cup)* bord *m*; *(of glasses)* monture *f*; *(of wheel)* jante *f*.

**rind** [raɪnd] *n (of fruit)* peau *f*; *(of bacon)* couenne *f*; *(of cheese)* croûte *f*.

**ring** [rɪŋ] (*pt* **rang**, *pp* **rung**) *n (for finger, curtain)* anneau *m*; *(with gem)* bague *f*; *(circle)* cercle *m*; *(sound)* sonnerie *f*; *(on cooker)* brûleur *m*; *(electric)* plaque *f*; *(for boxing)* ring *m*; *(in circus)* piste *f* ◆ *vt (Br: make phone call to)* appeler; *(church bell)* sonner ◆ *vi (bell, telephone)* sonner; *(Br: make phone call)* appeler; **to give sb a ~** *(phone call)* appeler; **to ~ the bell** *(of house, office)* sonner ❑ **ring back** *vt sep & vi (Br)* rappeler; **ring off** *vi (Br)* raccrocher; **ring up** *vt sep & vi (Br)* appeler.

**ringing tone** [ˈrɪŋɪŋ-] *n* sonnerie *f*.

**ring road** *n* boulevard *m* périphérique.

**rink** [rɪŋk] *n* patinoire *f*.

**rinse** [rɪns] *vt* rincer ❑ **rinse out** *vt sep* rincer.

**riot** [ˈraɪət] *n* émeute *f*.

**rip** [rɪp] *n* déchirure *f* ◆ *vt* déchirer ◆ *vi* se déchirer ❑ **rip up** *vt sep* déchirer.

**ripe** [raɪp] *adj* mûr(-e); *(cheese)* à point.

**ripen** [ˈraɪpn] *vi* mûrir.

**rip-off** *n (inf)* arnaque *f*.

**rise** [raɪz] (*pt* **rose**, *pp* **risen** [ˈrɪzn]) *vi (move upwards)* s'élever; *(sun, moon, stand up)* se lever; *(increase)* augmenter ◆ *n (increase)* augmentation *f*; *(Br: pay increase)* augmentation (de salaire); *(slope)* montée *f*, côte *f*.

**risk** [rɪsk] *n* risque *m* ◆ *vt* risquer; **to take a ~** prendre un risque; **at your own ~** à vos risques et périls; **to ~ doing sthg** prendre le risque de faire qqch; **to ~ it** tenter le coup.

**risky** [ˈrɪskɪ] *adj* risqué(-e).

**risotto** [rɪˈzɒtəu] (*pl* **-s**) *n* risotto *m*.

**ritual** [ˈrɪtʃuəl] *n* rituel *m*.

**rival** [ˈraɪvl] *adj* rival(-e) ◆ *n* rival *m* (-e *f*).

**river** [ˈrɪvəʳ] *n* rivière *f*; *(flowing into sea)* fleuve *m*.

**river bank** *n* berge *f*.

**riverside** [ˈrɪvəsaɪd] *n* berge *f*.

**Riviera** [ˌrɪvɪˈeərə] *n*: **the (French) ~** la Côte d'Azur.

**roach** [rəutʃ] *n (Am: cockroach)* cafard *m*.

**road** [rəud] *n* route *f*; *(in town)* rue *f*; **by ~** par la route.

**road book** *n* guide *m* routier.

**road map** *n* carte *f* routière.

**road safety** *n* sécurité *f* routière.

**roadside** [ˈrəudsaɪd] *n*: **the ~** le bord de la route.

**road sign** *n* panneau *m* routier.

**road tax** *n* = vignette *f*.

**roadway** [ˈrəudweɪ] *n* chaussée *f*.

**road works** *npl* travaux *mpl*.

**roam** [rəum] *vi* errer.

**roar** [rɔːʳ] *n (of aeroplane)* grondement *m*; *(of crowd)* hurlements *mpl* ◆ *vi (lion)* rugir; *(person)* hurler.

**roast** [rəust] *n* rôti *m* ◆ *vt* faire rôtir ◆ *adj* rôti(-e); **~ beef** rosbif *m*; **~ chicken** poulet *m* rôti; **~ lamb** rôti d'agneau; **~ pork** rôti de porc; **~ potatoes** pommes de terre *fpl* au four.

**rob** [rɒb] *vt (house, bank)* cambrioler; *(person)* voler; **to ~ sb of sthg** voler qqch à qqn.

**robber** [ˈrɒbəʳ] *n* voleur *m* (-euse *f*).

**robbery** [ˈrɒbərɪ] *n* vol *m*.

**robe** [rəub] *n (Am: bathrobe)* peignoir *m*.

**robin** [ˈrɒbɪn] *n* rouge-gorge *m*.

**robot** [ˈrəubɒt] *n* robot *m*.

**rock** [rɒk] *n (boulder)* rocher *m*;

*(Am: stone)* pierre *f*; *(substance)* roche *f*; *(music)* rock *m*; *(Br: sweet)* sucre *m* d'orge ◆ *vt (baby, boat)* bercer; **on the ~s** *(drink)* avec des glaçons.

**rock climbing** *n* varappe *f*; **to go ~** faire de la varappe.

**rocket** ['rɒkɪt] *n (missile)* roquette *f*; *(space rocket, firework)* fusée *f*.

**rocking chair** ['rɒkɪŋ-] *n* rocking-chair *m*.

**rock 'n' roll** [,rɒkən'rəʊl] *n* rock *m*.

**rocky** ['rɒkɪ] *adj* rocheux(-euse).

**rod** [rɒd] *n (pole)* barre *f*; *(for fishing)* canne *f*.

**rode** [rəʊd] *pt* → **ride**.

**roe** [rəʊ] *n* œufs *mpl* de poisson.

**role** [rəʊl] *n* rôle *m*.

**roll** [rəʊl] *n (of bread)* petit pain *m*; *(of film, paper)* rouleau *m* ◆ *vi* rouler ◆ *vt* faire rouler; *(cigarette)* rouler ❑ **roll over** *vi* se retourner; **roll up** *vt sep (map, carpet)* rouler; *(sleeves, trousers)* remonter.

**roller coaster** ['rəʊlə,kəʊstə[r]] *n* montagnes *fpl* russes.

**roller skate** ['rəʊlə-] *n* patin *m* à roulettes.

**roller-skating** ['rəʊlə-] *n* patin *m* à roulettes; **to go ~** faire du patin à roulettes.

**rolling pin** ['rəʊlɪŋ-] *n* rouleau *m* à pâtisserie.

**Roman** ['rəʊmən] *adj* romain(-e) ◆ *n* Romain *m* (-e *f*).

**Roman Catholic** *n* catholique *mf*.

**romance** [rəʊ'mæns] *n (love)* amour *m*; *(love affair)* liaison *f*; *(novel)* roman *m* d'amour.

**Romania** [ru:'meɪnjə] *n* la Roumanie.

**romantic** [rəʊ'mæntɪk] *adj* romantique.

**romper suit** ['rɒmpə-] *n* barboteuse *f*.

**roof** [ru:f] *n* toit *m*; *(of cave, tunnel)* plafond *m*.

**roof rack** *n* galerie *f*.

**room** [ru:m, rʊm] *n (in building)* pièce *f*; *(larger)* salle *f*; *(bedroom, in hotel)* chambre *f*; *(space)* place *f*.

**room number** *n* numéro *m* de chambre.

**room service** *n* service *m* dans les chambres.

**room temperature** *n* température *f* ambiante.

**roomy** ['ru:mɪ] *adj* spacieux (-ieuse).

**root** [ru:t] *n* racine *f*.

**rope** [rəʊp] *n* corde *f* ◆ *vt* attacher avec une corde.

**rose** [rəʊz] *pt* → **rise** ◆ *n (flower)* rose *f*.

**rosé** ['rəʊzeɪ] *n* rosé *m*.

**rosemary** ['rəʊzmərɪ] *n* romarin *m*.

**rot** [rɒt] *vi* pourrir.

**rota** ['rəʊtə] *n* roulement *m*.

**rotate** [rəʊ'teɪt] *vi* tourner.

**rotten** ['rɒtn] *adj* pourri(-e); **I feel ~** *(ill)* je ne me sens pas bien du tout.

**rouge** [ru:ʒ] *n* rouge *m* (à joues).

**rough** [rʌf] *adj (surface, skin, cloth)* rugueux(-euse); *(road, ground)* accidenté(-e); *(sea, crossing)* agité(-e); *(person)* dur(-e); *(approximate)* approximatif(-ive); *(conditions)* rude; *(area, town)* mal fréquenté(-e); *(wine)* ordinaire ◆ *n (on golf course)* rough *m*; **to have a ~ time** en baver.

**roughly** ['rʌflɪ] *adv (approximately)* à peu près; *(push, handle)* rudement.

**roulade** [ru:'lɑ:d] *n* roulade *f.*

**roulette** [ru:'let] *n* roulette *f.*

**round** [raʊnd] *adj* rond(-e)
◆ *n* 1. *(of drinks)* tournée *f*; *(of sandwiches) ensemble de sandwiches au pain de mie.*
2. *(of toast)* tranche *f.*
3. *(of competition)* manche *f.*
4. *(in golf)* partie *f*; *(in boxing)* round *m.*
5. *(of policeman, postman, milkman)* tournée *f.*
◆ *adv* 1. *(in a circle)*: **to go ~** tourner; **to spin ~** pivoter.
2. *(surrounding)*: **all (the way) ~** tout autour.
3. *(near)*: **~ about** aux alentours.
4. *(to someone's house)*: **to ask some friends ~** inviter des amis (chez soi); **we went ~ to her place** nous sommes allés chez elle.
5. *(continuously)*: **all year ~** toute l'année.
◆ *prep* 1. *(surrounding, circling)* autour de; **we walked ~ the lake** nous avons fait le tour du lac à pied; **to go ~ the corner** tourner au coin.
2. *(visiting)*: **to go ~ a museum** visiter un musée; **to show sb ~ sthg** faire visiter qqch à qqn.
3. *(approximately)* environ; **~ (about) 100** environ 100; **~ ten o'clock** vers dix heures.
4. *(near)* aux alentours de; **~ here** par ici.
5. *(in phrases)*: **it's just ~ the corner** *(nearby)* c'est tout près; **~ the clock** 24 heures sur 24.
❑ **round off** *vt sep (meal, day)* terminer.

**roundabout** ['raʊndəbaʊt] *n (Br) (in road)* rond-point *m*; *(in playground)* tourniquet *m*; *(at fairground)* manège *m.*

**rounders** ['raʊndəz] *n (Br) sport proche du base-ball, pratiqué par les enfants.*

**round trip** *n* aller-retour *m.*

**route** [ru:t] *n (way)* route *f*; *(of bus, train, plane)* trajet *m* ◆ *vt (change course of)* détourner.

**routine** [ru:'ti:n] *n (usual behaviour)* habitudes *fpl*; *(pej: drudgery)* routine *f* ◆ *adj* de routine.

**row**[1] [rəʊ] *n* rangée *f* ◆ *vt (boat)* faire avancer à la rame ◆ *vi* ramer; **in a ~** *(in succession)* à la file, de suite.

**row**[2] [raʊ] *n (argument)* dispute *f*; *(inf: noise)* raffut *m*; **to have a ~** se disputer.

**rowboat** ['rəʊbəʊt] *(Am)* = **rowing boat**.

**rowdy** ['raʊdɪ] *adj* chahuteur (-euse).

**rowing** ['rəʊɪŋ] *n* aviron *m.*

**rowing boat** *n (Br)* canot *m* à rames.

**royal** ['rɔɪəl] *adj* royal(-e).

**royal family** *n* famille *f* royale.

## *i* ROYAL FAMILY

La famille royale britannique a actuellement à sa tête la reine Élisabeth. Les autres membres directs sont l'époux de la reine, le prince Philip, duc d'Édimbourg, ses enfants : les princes Charles (prince de Galles), Andrew et Edward, et la princesse Anne, ainsi que la reine mère. On joue l'hymne national lorsqu'ils assistent à une cérémonie officielle, et leur présence dans les résidences royales est signalée par le drapeau britannique.

---

**royalty** ['rɔɪəltɪ] *n* famille *f* royale.

**RRP** *(abbr of recommended retail price)* prix *m* conseillé.

**rub** [rʌb] *vt & vi* frotter; **to ~ one's eyes/arm** se frotter les yeux/le bras; **my shoes are rubbing** mes chaussures me font mal ❑ **rub in** *vt sep (lotion, oil)* faire pénétrer en frottant; **rub out** *vt sep* effacer.

**rubber** ['rʌbə^r] *adj* en caoutchouc ◆ *n (material)* caoutchouc *m*; *(Br: eraser)* gomme *f*; *(Am: inf: condom)* capote *f*.

**rubber band** *n* élastique *m*.

**rubber gloves** *npl* gants *mpl* en caoutchouc.

**rubber ring** *n* bouée *f*.

**rubbish** ['rʌbɪʃ] *n (refuse)* ordures *fpl*; *(inf: worthless thing)* camelote *f*; *(inf: nonsense)* idioties *fpl*.

**rubbish bin** *n (Br)* poubelle *f*.

**rubbish dump** *n (Br)* décharge *f*.

**rubble** ['rʌbl] *n* décombres *mpl*.

**ruby** ['ru:bɪ] *n* rubis *m*.

**rucksack** ['rʌksæk] *n* sac *m* à dos.

**rudder** ['rʌdə^r] *n* gouvernail *m*.

**rude** [ru:d] *adj* grossier(-ière); *(picture)* obscène.

**rug** [rʌg] *n* carpette *f*; *(Br: blanket)* couverture *f*.

**rugby** ['rʌgbɪ] *n* rugby *m*.

**ruin** ['ru:ɪn] *vt* gâcher ❑ **ruins** *npl (of building)* ruines *fpl*.

**ruined** ['ru:ɪnd] *adj (building)* en ruines; *(meal, holiday)* gâché(-e); *(clothes)* abîmé(-e).

**rule** [ru:l] *n* règle *f* ◆ *vt (country)* diriger; **to be the ~** *(normal)* être la règle; **against the ~s** contre les règles; **as a ~** en règle générale ❑ **rule out** *vt sep* exclure.

**ruler** ['ru:lə^r] *n (of country)* dirigeant *m* (-e *f*); *(for measuring)* règle *f*.

**rum** [rʌm] *n* rhum *m*.

**rumor** ['ru:mə^r] *(Am)* = **rumour**.

**rumour** ['ru:mə^r] *n (Br)* rumeur *f*.

**rump steak** [,rʌmp-] *n* rumsteck *m*.

**run** [rʌn] (*pt* **ran**, *pp* **run**) *vi* 1. *(on foot)* courir.
2. *(train, bus)* circuler; **the bus ~s every hour** il y a un bus toutes les heures; **the train is running an hour late** le train a une heure de retard.
3. *(operate)* marcher, fonctionner; **to ~ on sthg** marcher à qqch.
4. *(liquid, tap, nose)* couler.
5. *(river)* couler; **to ~ through** *(river, road)* traverser; **the path ~s along the coast** le sentier longe la côte.
6. *(play)* se jouer; **"now running at the Palladium"** «actuellement au Palladium».
7. *(colour, dye, clothes)* déteindre.
◆ *vt* 1. *(on foot)* courir.
2. *(compete in)*: **to ~ a race** participer à une course.
3. *(business, hotel)* gérer.
4. *(bus, train)*: **they run a shuttle bus service** ils assurent une navette.
5. *(take in car)* conduire; **I'll ~ you home** je vais te ramener (en voiture).
6. *(bath, water)* faire couler.

◆ *n* 1. *(on foot)* course *f*; **to go for a ~** courir.
2. *(in car)* tour *m*; **to go for a ~** aller faire un tour (en voiture).
3. *(for skiing)* piste *f*.
4. *(Am: in tights)* maille *f* filée.
5. *(in phrases)*: **in the long ~** à la longue.
❑ **run away** *vi* s'enfuir; **run down** *vt sep (run over)* écraser; *(criticize)* critiquer ◆ *vi (battery)* se décharger; **run into** *vt fus (meet)* tomber sur; *(hit)* rentrer dans; *(problem, difficulty)* se heurter à; **run out** *vi (supply)* s'épuiser; **run out of** *vt fus* manquer de; **run over** *vt sep (hit)* écraser.

**runaway** ['rʌnəweɪ] *n* fugitif *m* (-ive *f*).

**rung** [rʌŋ] *pp* → **ring** ◆ *n (of ladder)* barreau *m*.

**runner** ['rʌnə^r] *n (person)* coureur *m* (-euse *f*); *(for door, drawer)* glissière *f*; *(for sledge)* patin *m*.

**runner bean** *n* haricot *m* à rames.

**runner-up** (*pl* **runners-up**) *n* second *m* (-e *f*).

**running** ['rʌnɪŋ] *n (SPORT)* course *f*; *(management)* gestion *f* ◆ *adj*: **three days ~** trois jours d'affilée OR de suite; **to go ~** courir.

**running water** *n* eau *f* courante.

**runny** ['rʌnɪ] *adj (omelette)* baveux(-euse); *(sauce)* liquide; *(nose, eye)* qui coule.

**runway** ['rʌnweɪ] *n* piste *f*.

**rural** ['rʊərəl] *adj* rural(-e).

**rush** [rʌʃ] *n (hurry)* précipitation *f*; *(of crowd)* ruée *f* ◆ *vi* se précipiter ◆ *vt (meal, work)* expédier; *(goods)* envoyer d'urgence; *(injured person)* transporter d'urgence; **to be in a ~** être pressé; **there's no ~!** rien ne presse!; **don't ~ me!** ne me bouscule pas!

**rush hour** *n* heure *f* de pointe.

**Russia** ['rʌʃə] *n* la Russie.

**Russian** ['rʌʃn] *adj* russe ◆ *n (person)* Russe *mf*; *(language)* russe *m*.

**rust** [rʌst] *n* rouille *f* ◆ *vi* rouiller.

**rustic** ['rʌstɪk] *adj* rustique.

**rustle** ['rʌsl] *vi* bruire.

**rustproof** ['rʌstpru:f] *adj* inoxydable.

**rusty** ['rʌstɪ] *adj* rouillé(-e).

**RV** *n (Am: abbr of recreational vehicle)* mobile home *m*.

**rye** [raɪ] *n* seigle *m*.

**rye bread** *n* pain *m* de seigle.

# S

**S** *(abbr of south, small)* S.

**saccharin** ['sækərɪn] *n* saccharine *f*.

**sachet** ['sæʃeɪ] *n* sachet *m*.

**sack** [sæk] *n (bag)* sac *m* ◆ *vt* virer; **to get the ~** se faire virer.

**sacrifice** ['sækrɪfaɪs] *n* sacrifice *m*.

**sad** [sæd] *adj* triste.

**saddle** ['sædl] *n* selle *f*.

**saddlebag** ['sædlbæg] *n* sacoche *f*.

**sadly** ['sædlɪ] *adv (unfortunately)* malheureusement; *(unhappily)* tristement.

**sadness** ['sædnɪs] *n* tristesse *f*.

**s.a.e.** *n (Br: abbr of stamped addressed envelope) enveloppe timbrée avec adresse pour la réponse.*

**safari park** [sə'fɑːrɪ-] *n* parc *m* animalier.

**safe** [seɪf] *adj (activity, sport)* sans danger; *(vehicle, structure)* sûr(-e); *(after accident)* sain et sauf (saine et sauve); *(in safe place)* en sécurité ◆ *n (for money, valuables)* coffre-fort *m*; **a ~ place** un endroit sûr; **(have a) ~ journey!** bon voyage!; **~ and sound** sain et sauf.

**safe-deposit box** *n* coffre *m*.

**safely** ['seɪflɪ] *adv (not dangerously)* sans danger; *(arrive)* sans encombre; *(out of harm)* en lieu sûr.

**safety** ['seɪftɪ] *n* sécurité *f*.

**safety belt** *n* ceinture *f* de sécurité.

**safety pin** *n* épingle *f* de nourrice.

**sag** [sæg] *vi* s'affaisser.

**sage** [seɪdʒ] *n (herb)* sauge *f*.

**Sagittarius** [ˌsædʒɪ'teərɪəs] *n* Sagittaire *m*.

**said** [sed] *pt & pp* → **say**.

**sail** [seɪl] *n* voile *f* ◆ *vi* naviguer; *(depart)* prendre la mer ◆ *vt*: **to ~ a boat** piloter un bateau; **to set ~** prendre la mer.

**sailboat** ['seɪlbəʊt] *(Am)* = **sailing boat**.

**sailing** ['seɪlɪŋ] *n* voile *f*; *(departure)* départ *m*; **to go ~** faire de la voile.

**sailing boat** *n* voilier *m*.

**sailor** ['seɪlə<sup>r</sup>] *n* marin *m*.

**saint** [seɪnt] *n* saint *m* (-e *f*).

**sake** [seɪk] *n*: **for my/their ~** pour moi/eux; **for God's ~!** bon sang!

**salad** ['sæləd] *n* salade *f*.

**salad bar** *n (Br: area in restaurant) dans un restaurant, buffet de salades en self-service; (restaurant) restaurant spécialisé dans les salades.*

**salad bowl** *n* saladier *m*.

**salad cream** *n (Br) mayonnaise liquide utilisée en assaisonnement pour salades.*

**salad dressing** *n* vinaigrette *f*.

**salami** [sə'lɑːmɪ] *n* salami *m*.

**salary** ['sælərɪ] *n* salaire *m*.

**sale** [seɪl] *n (selling)* vente *f*; *(at reduced prices)* soldes *mpl*; **"for ~"** «à vendre»; **on ~** en vente ❑ **sales** *npl (COMM)* ventes *fpl*; **the ~s** *(at reduced prices)* les soldes.

**sales assistant** ['seɪlz-] *n* vendeur *m* (-euse *f*).

**salesclerk** ['seɪlzklɜːrk] *(Am)* = **sales assistant**.

**salesman** ['seɪlzmən] (*pl* **-men** [-mən]) *n (in shop)* vendeur *m*; *(rep)* représentant *m*.

**sales rep(resentative)** *n* représentant *m* (-e *f*).

**saleswoman** ['seɪlzˌwʊmən] (*pl* **-women** [-ˌwɪmɪn]) *n* vendeuse *f*.

**saliva** [sə'laɪvə] *n* salive *f*.

**salmon** ['sæmən] *(pl inv) n* saumon *m*.

**salon** ['sælɒn] *n (hairdresser's)* salon *m* de coiffure.

**saloon** [sə'luːn] *n (Br: car)* berline *f*; *(Am: bar)* saloon *m*; **~ (bar)** *(Br)* salon *m (salle de pub, généralement plus confortable et plus chère que le «public bar»).*

**salopettes** [ˌsælə'pets] *npl* combinaison *f* de ski.

**salt** [sɔːlt, sɒlt] *n* sel *m*.

**saltcellar** ['sɔːltˌselə<sup>r</sup>] *n (Br)* salière *f*.

**salted peanuts** ['sɔ:ltɪd-] *npl* cacahuètes *fpl* salées.

**salt shaker** [-,ʃeɪkəʳ] *(Am)* = saltcellar.

**salty** ['sɔ:ltɪ] *adj* salé(-e).

**salute** [sə'lu:t] *n* salut *m* ◆ *vi* saluer.

**same** [seɪm] *adj* même ◆ *pron*: **the ~** *(unchanged)* le même (la même); *(in comparisons)* la même chose, pareil; **they dress the ~** ils s'habillent de la même façon; **I'll have the ~ as her** je prendrai la même chose qu'elle; **you've got the ~ book as me** tu as le même livre que moi; **it's all the ~ to me** ça m'est égal.

**samosa** [sə'məʊsə] *n sorte de beignet triangulaire garni de légumes et/ou de viande épicés (spécialité indienne)*.

**sample** ['sɑ:mpl] *n* échantillon *m* ◆ *vt (food, drink)* goûter.

**sanctions** ['sæŋkʃnz] *npl (POL)* sanctions *fpl*.

**sanctuary** ['sæŋktʃʊərɪ] *n (for birds, animals)* réserve *f*.

**sand** [sænd] *n* sable *m* ◆ *vt (wood)* poncer ❑ **sands** *npl (beach)* plage *f*.

**sandal** ['sændl] *n* sandale *f*.

**sandcastle** ['sænd,kɑ:sl] *n* château *m* de sable.

**sandpaper** ['sænd,peɪpəʳ] *n* papier *m* de verre.

**sandwich** ['sænwɪdʒ] *n* sandwich *m*.

**sandwich bar** *n* = snack(-bar) *m*.

**sandy** ['sændɪ] *adj (beach)* de sable; *(hair)* blond(-e).

**sang** [sæŋ] *pt* → **sing**.

**sanitary** ['sænɪtrɪ] *adj* sanitaire; *(hygienic)* hygiénique.

**sanitary napkin** *(Am)* = **sanitary towel**.

**sanitary towel** *n (Br)* serviette *f* hygiénique.

**sank** [sæŋk] *pt* → **sink**.

**sapphire** ['sæfaɪəʳ] *n* saphir *m*.

**sarcastic** [sɑ:'kæstɪk] *adj* sarcastique.

**sardine** [sɑ:'di:n] *n* sardine *f*.

**SASE** *n (Am: abbr of self-addressed stamped envelope) enveloppe timbrée avec adresse pour la réponse*.

**sat** [sæt] *pt & pp* → **sit**.

**Sat.** *(abbr of Saturday)* sam.

**satchel** ['sætʃəl] *n* cartable *m*.

**satellite** ['sætəlaɪt] *n* satellite *m*.

**satellite dish** *n* antenne *f* parabolique.

**satellite TV** *n* télé *f* par satellite.

**satin** ['sætɪn] *n* satin *m*.

**satisfaction** [,sætɪs'fækʃn] *n* satisfaction *f*.

**satisfactory** [,sætɪs'fæktərɪ] *adj* satisfaisant(-e).

**satisfied** ['sætɪsfaɪd] *adj* satisfait(-e).

**satisfy** ['sætɪsfaɪ] *vt* satisfaire.

**satsuma** [,sæt'su:mə] *n (Br)* mandarine *f*.

**saturate** ['sætʃəreɪt] *vt* tremper.

**Saturday** ['sætədɪ] *n* samedi *m*; **it's ~** on est samedi; **~ morning** samedi matin; **on ~** samedi; **on ~s** le samedi; **last ~** samedi dernier; **this ~** samedi; **next ~** samedi prochain; **~ week, a week on ~** samedi en huit.

**sauce** [sɔ:s] *n* sauce *f*.

**saucepan** ['sɔ:spən] *n* casse-

role *f*.
**saucer** ['sɔːsəʳ] *n* soucoupe *f*.
**Saudi Arabia** [ˌsaʊdɪə'reɪbjə] *n* l'Arabie *f* Saoudite.
**sauna** ['sɔːnə] *n* sauna *m*.
**sausage** ['sɒsɪdʒ] *n* saucisse *f*.
**sausage roll** *n* friand *m* à la saucisse.
**sauté** [*Br* 'səʊteɪ, *Am* səʊ'teɪ] *adj* sauté(-e).
**savage** ['sævɪdʒ] *adj* féroce.
**save** [seɪv] *vt (rescue)* sauver; *(money)* économiser; *(time, space)* gagner; *(reserve)* garder; *(SPORT)* arrêter; *(COMPUT)* sauvegarder ◆ *n* arrêt *m* ❑ **save up** *vi*: **to ~ up (for sthg)** économiser (pour qqch).
**saver** ['seɪvəʳ] *n (Br: ticket)* billet *m* à tarif réduit.
**savings** ['seɪvɪŋz] *npl* économies *fpl*.
**savings and loan association** *n (Am) société d'investissements et de prêts immobiliers.*
**savings bank** *n* caisse *f* d'epargne.
**savory** ['seɪvərɪ] *(Am)* = **savoury**.
**savoury** ['seɪvərɪ] *adj (Br: not sweet)* salé(-e).
**saw** [sɔː] *(Br pt* **-ed**, *pp* **sawn**, *Am pt & pp* **-ed**) *pt* → **see** ◆ *n (tool)* scie *f* ◆ *vt* scier.
**sawdust** ['sɔːdʌst] *n* sciure *f*.
**sawn** [sɔːn] *pp* → **saw**.
**saxophone** ['sæksəfəʊn] *n* saxophone *m*.
**say** [seɪ] *(pt & pp* **said**) *vt* dire; *(subj: clock, sign, meter)* indiquer ◆ *n*: **to have a ~ in sthg** avoir son mot à dire dans qqch; **could you ~ that again?** tu pourrais répéter ça?; **~ we met at nine?** disons qu'on se retrouve à neuf heures?; **what did you ~?** qu'avez-vous dit?
**saying** ['seɪɪŋ] *n* dicton *m*.
**scab** [skæb] *n* croûte *f*.
**scaffolding** ['skæfəldɪŋ] *n* échafaudage *m*.
**scald** [skɔːld] *vt* ébouillanter.
**scale** [skeɪl] *n* échelle *f*; *(MUS)* gamme *f*; *(of fish, snake)* écaille *f*; *(in kettle)* tartre *m* ❑ **scales** *npl (for weighing)* balance *f*.
**scallion** ['skæljən] *n (Am)* oignon *m* blanc.
**scallop** ['skɒləp] *n* coquille *f* Saint-Jacques.
**scalp** [skælp] *n* cuir *m* chevelu.
**scampi** ['skæmpɪ] *n* scampi *mpl*.
**scan** [skæn] *vt (consult quickly)* parcourir ◆ *n (MED)* scanner *m*.
**scandal** ['skændl] *n (disgrace)* scandale *m*; *(gossip)* ragots *mpl*.
**Scandinavia** [ˌskændɪ'neɪvjə] *n* la Scandinavie.
**scar** [skɑːʳ] *n* cicatrice *f*.
**scarce** ['skeəs] *adj* rare.
**scarcely** ['skeəslɪ] *adv (hardly)* à peine.
**scare** [skeəʳ] *vt* effrayer.
**scarecrow** ['skeəkrəʊ] *n* épouvantail *m*.
**scared** ['skeəd] *adj* effrayé(-e).
**scarf** ['skɑːf] *(pl* **scarves**) *n* écharpe *f*; *(silk, cotton)* foulard *m*.
**scarlet** ['skɑːlət] *adj* écarlate.
**scarves** [skɑːvz] *pl* → **scarf**.
**scary** ['skeərɪ] *adj (inf)* effrayant(-e).
**scatter** ['skætəʳ] *vt* éparpiller ◆ *vi* s'éparpiller.
**scene** [siːn] *n (in play, film, book)* scène *f*; *(of crime, accident)* lieux *mpl*; *(view)* vue *f*; **the music ~** le

monde de la musique; **to make a ~** faire une scène.

**scenery** ['si:nərı] *n (countryside)* paysage *m*; *(in theatre)* décor *m*.

**scenic** ['si:nık] *adj* pittoresque.

**scent** [sent] *n* odeur *f*; *(perfume)* parfum *m*.

**sceptical** ['skeptıkl] *adj (Br)* sceptique.

**schedule** [*Br* 'ʃedju:l, *Am* 'skedʒʊl] *n (of work, things to do)* planning *m*; *(timetable)* horaire *m*; *(of prices)* barème *m* ◆ *vt (plan)* planifier; **according to ~** comme prévu; **behind ~** en retard; **on ~** *(at expected time)* à l'heure (prévue); *(on expected day)* à la date prévue.

**scheduled flight** [*Br* 'ʃedju:ld-, *Am* 'skedʒʊld-] *n* vol *m* régulier.

**scheme** [ski:m] *n (plan)* plan *m*; *(pej: dishonest plan)* combine *f*.

**scholarship** ['skɒləʃıp] *n (award)* bourse *f* d'études.

**school** [sku:l] *n* école *f*; *(university department)* faculté *f*; *(Am: university)* université *f* ◆ *adj (age, holiday, report)* scolaire; **at ~** à l'école.

**schoolbag** ['sku:lbæg] *n* cartable *m*.

**schoolbook** ['sku:lbʊk] *n* manuel *m* scolaire.

**schoolboy** ['sku:lbɔı] *n* écolier *m*.

**school bus** *n* car *m* de ramassage scolaire.

**schoolchild** ['sku:ltʃaıld] (*pl* **-children** [-tʃıldrən]) *n* élève *mf*.

**schoolgirl** ['sku:lgɜ:l] *n* écolière *f*.

**schoolmaster** ['sku:l,mɑ:stər] *n (Br)* maître *m* d'école, instituteur *m*.

**schoolmistress** ['sku:l,mıstrıs] *n (Br)* maîtresse *f* d'école, institutrice *f*.

**schoolteacher** ['sku:l,ti:tʃər] *n* instituteur *m* (-trice *f*).

**school uniform** *n* uniforme *m* scolaire.

**science** ['saıəns] *n* science *f*; *(SCH)* sciences *fpl*.

**science fiction** *n* science-fiction *f*.

**scientific** [,saıən'tıfık] *adj* scientifique.

**scientist** ['saıəntıst] *n* scientifique *mf*.

**scissors** ['sızəz] *npl*: **(a pair of) ~** (une paire de) ciseaux *mpl*.

**scold** [skəʊld] *vt* gronder.

**scone** [skɒn] *n petit gâteau rond, souvent aux raisins secs, que l'on mange avec du beurre et de la confiture.*

**scoop** [sku:p] *n (for ice cream)* cuillère *f* à glace; *(of ice cream)* boule *f*; *(in media)* scoop *m*.

**scooter** ['sku:tər] *n (motor vehicle)* scooter *m*.

**scope** [skəʊp] *n (possibility)* possibilités *fpl*; *(range)* étendue *f*.

**scorch** [skɔ:tʃ] *vt* brûler.

**score** [skɔ:r] *n* score *m* ◆ *vt (SPORT)* marquer; *(in test)* obtenir ◆ *vi (SPORT)* marquer.

**scorn** [skɔ:n] *n* mépris *m*.

**Scorpio** ['skɔ:pıəʊ] *n* Scorpion *m*.

**scorpion** ['skɔ:pjən] *n* scorpion *m*.

**Scot** [skɒt] *n* Écossais *m* (-e *f*).

**scotch** [skɒtʃ] *n* scotch *m*.

**Scotch broth** *n potage à base de mouton, de légumes et d'orge.*

**Scotch tape®** *n (Am)* Scotch® *m.*

**Scotland** ['skɒtlənd] *n* l'Écosse *f.*

**Scotsman** ['skɒtsmən] (*pl* **-men** [-mən]) *n* Écossais *m.*

**Scotswoman** ['skɒtswʊmən] (*pl* **-women** [-,wɪmɪn]) *n* Écossaise *f.*

**Scottish** ['skɒtɪʃ] *adj* écossais(-e).

**scout** [skaʊt] *n (boy scout)* scout *m.*

## SCOUTS

Les scouts britanniques sont membres d'une association fondée en 1908 par Lord Baden-Powell pour promouvoir l'esprit d'aventure et le sens des responsabilités chez les jeunes, notamment par l'apprentissage de techniques telles que le secourisme. Supervisés par un adulte, les garçons entre 11 et 16 ans sont organisés en petits groupes ayant chacun son responsable. Les garçons de moins de 11 ans peuvent adhérer aux «Cub Scouts», et il existe des organisations équivalentes pour les filles («Girl Guides» et «Brownies»).

**scowl** [skaʊl] *vi* se renfrogner.

**scrambled eggs** [,skræmbld-] *npl* œufs *mpl* brouillés.

**scrap** [skræp] *n (of paper, cloth)* bout *m*; *(old metal)* ferraille *f.*

**scrapbook** ['skræpbʊk] *n* album *m (pour coupures de journaux, collages, etc).*

**scrape** [skreɪp] *vt (rub)* gratter; *(scratch)* érafler.

**scrap paper** *n (Br)* brouillon *m.*

**scratch** [skrætʃ] *n* éraflure *f* ◆ *vt* érafler; *(rub)* gratter; **to be up to ~** être à la hauteur; **to start from ~** partir de zéro.

**scratch paper** *(Am)* = **scrap paper**.

**scream** [skri:m] *n* cri *m* perçant ◆ *vi (person)* hurler.

**screen** [skri:n] *n* écran *m*; *(hall in cinema)* salle *f* ◆ *vt (film)* projeter; *(TV programme)* diffuser.

**screening** ['skri:nɪŋ] *n (of film)* projection *f.*

**screen wash** *n* liquide *m* lave-glace.

**screw** [skru:] *n* vis *f* ◆ *vt* visser.

**screwdriver** ['skru:,draɪvəʳ] *n* tournevis *m.*

**scribble** ['skrɪbl] *vi* gribouiller.

**script** [skrɪpt] *n (of play, film)* script *m.*

**scrub** [skrʌb] *vt* brosser.

**scruffy** ['skrʌfɪ] *adj* peu soigné(-e).

**scrumpy** ['skrʌmpɪ] *n cidre à fort degré d'alcool typique du sud-ouest de l'Angleterre.*

**scuba diving** ['sku:bə-] *n* plongée *f* (sous-marine).

**sculptor** ['skʌlptəʳ] *n* sculpteur *m.*

**sculpture** ['skʌlptʃəʳ] *n* sculpture *f.*

**sea** [si:] *n* mer *f*; **by ~** par mer; **by the ~** au bord de la mer.

**seafood** ['si:fu:d] *n* poissons *mpl* et crustacés.

**seafront** ['si:frʌnt] *n* front *m* de mer.

**seagull** ['si:gʌl] *n* mouette *f.*

**seal** [si:l] *n (animal)* phoque *m*; *(on bottle, container)* joint *m* d'étanchéité; *(official mark)* cachet *m* ◆ *vt (envelope)* cacheter; *(container)* fermer.

**seam** [siːm] *n (in clothes)* couture *f*.

**search** [sɜːtʃ] *n* recherche *f* ◆ *vt* fouiller ◆ *vi*: **to ~ for** chercher.

**seashell** ['siːʃel] *n* coquillage *m*.

**seashore** ['siːʃɔːʳ] *n* rivage *m*.

**seasick** ['siːsɪk] *adj*: **to be ~** avoir le mal de mer.

**seaside** ['siːsaɪd] *n*: **the ~** le bord de mer.

**seaside resort** *n* station *f* balnéaire.

**season** ['siːzn] *n* saison *f* ◆ *vt (food)* assaisonner; **in ~** *(fruit, vegetables)* de saison; *(holiday)* en saison haute; **out of ~** hors saison.

**seasoning** ['siːznɪŋ] *n* assaisonnement *m*.

**season ticket** *n* abonnement *m*.

**seat** [siːt] *n* siège *m*; *(in theatre, cinema)* fauteuil *m*; *(ticket, place)* place *f* ◆ *vt (subj: building, vehicle)* contenir; **"please wait to be ~ed"** «veuillez patienter et attendre que l'on vous installe».

**seat belt** *n* ceinture *f* de sécurité.

**seaweed** ['siːwiːd] *n* algues *fpl*.

**secluded** [sɪ'kluːdɪd] *adj* retiré(-e).

**second** ['sekənd] *n* seconde *f* ◆ *num* second(-e), deuxième, → **sixth**; **~ gear** seconde *f* ❑ **seconds** *npl (goods)* articles *mpl* de second choix; *(inf: of food)* rab *m*.

**secondary school** ['sekəndrɪ-] *n école secondaire comprenant collège et lycée.*

**second-class** *adj (ticket)* de seconde (classe); *(stamp)* à tarif lent; *(inferior)* de qualité inférieure.

**second-hand** *adj* d'occasion.

**Second World War** *n*: **the ~** la Seconde Guerre mondiale.

**secret** ['siːkrɪt] *adj* secret(-ète) ◆ *n* secret *m*.

**secretary** [*Br* 'sekrətrɪ, *Am* 'sekrə,terɪ] *n* secrétaire *mf*.

**Secretary of State** *n (Am)* ministre *m* des Affaires étrangères; *(Br)* ministre *m*.

**section** ['sekʃn] *n* section *f*.

**sector** ['sektəʳ] *n* secteur *m*.

**secure** [sɪ'kjʊəʳ] *adj (safe)* en sécurité; *(place, building)* sûr(-e); *(firmly fixed)* qui tient bien; *(free from worry)* sécurisé(-e) ◆ *vt (fix)* attacher; *(fml: obtain)* obtenir.

**security** [sɪ'kjʊərətɪ] *n* sécurité *f*.

**security guard** *n* garde *m*.

**sedative** ['sedətɪv] *n* sédatif *m*.

**seduce** [sɪ'djuːs] *vt* séduire.

**see** [siː] (*pt* **saw**, *pp* **seen**) *vt* voir; *(accompany)* raccompagner ◆ *vi* voir; **I ~** *(understand)* je vois; **to ~ if one can do sthg** voir si on peut faire qqch; **to ~ to sthg** *(deal with)* s'occuper de qqch; *(repair)* réparer qqch; **~ you later!** à plus tard!; **~ you (soon)!** à bientôt!; **~ p 14** voir p. 14 ❑ **see off** *vt sep (say goodbye to)* dire au revoir à.

**seed** [siːd] *n* graine *f*.

**seedy** ['siːdɪ] *adj* miteux(-euse).

**seeing (as)** ['siːɪŋ-] *conj* vu que.

**seek** [siːk] (*pt & pp* **sought**) *vt (fml) (look for)* rechercher; *(request)* demander.

**seem** [siːm] *vi* sembler ◆ *v impers*: **it ~s (that)** ... il semble que ...;

she ~s nice elle a l'air sympathique.
**seen** [siːn] *pp* → see.
**seesaw** ['siːsɔː] *n* bascule *f*.
**segment** ['segmənt] *n (of fruit)* quartier *m*.
**seize** [siːz] *vt* saisir ❑ **seize up** *vi (machine)* se gripper; *(leg)* s'ankyloser; *(back)* se bloquer.
**seldom** ['seldəm] *adv* rarement.
**select** [sɪ'lekt] *vt* sélectionner, choisir ◆ *adj* sélect(-e).
**selection** [sɪ'lekʃn] *n* choix *m*.
**self-assured** [,selfə'ʃʊəd] *adj* sûr(-e) de soi.
**self-catering** [,self'keɪtərɪŋ] *adj (flat)* indépendant(-e) *(avec cuisine)*; **a ~ holiday** des vacances *fpl* en location.
**self-confident** [,self-] *adj* sûr(-e) de soi.
**self-conscious** [,self-] *adj* mal à l'aise.
**self-contained** [,selfkən'teɪnd] *adj (flat)* indépendant(-e).
**self-defence** [,self-] *n* autodéfense *f*.
**self-employed** [,self-] *adj* indépendant(-e).
**selfish** ['selfɪʃ] *adj* égoïste.
**self-raising flour** [,self'reɪzɪŋ-] *n (Br)* farine *f* à gâteaux.
**self-rising flour** [,self'raɪzɪŋ-] *(Am)* = **self-raising flour**.
**self-service** [,self-] *adj* en self-service.
**sell** [sel] (*pt & pp* **sold**) *vt* vendre ◆ *vi* se vendre; **it ~s for £20** ça se vend 20 livres; **to ~ sb sthg** vendre qqch à qqn.
**sell-by date** *n* date *f* limite de vente.
**seller** ['seləʳ] *n (person)* vendeur *m* (-euse *f*).
**Sellotape®** ['seləteɪp] *n (Br)* = Scotch® *m*.
**semester** [sɪ'mestəʳ] *n* semestre *m*.
**semicircle** ['semɪ,sɜːkl] *n* demi-cercle *m*.
**semicolon** [,semɪ'kəʊlən] *n* point-virgule *m*.
**semidetached** [,semɪdɪ'tætʃt] *adj (houses)* jumeaux(-elles).
**semifinal** [,semɪ'faɪnl] *n* demi-finale *f*.
**seminar** ['semɪnɑːʳ] *n* séminaire *m*.
**semolina** [,semə'liːnə] *n* semoule *f*.
**send** [send] (*pt & pp* **sent**) *vt* envoyer; **to ~ sthg to sb** envoyer qqch à qqn ❑ **send back** *vt sep* renvoyer; **send off** *vt sep (letter, parcel)* expédier; *(SPORT)* expulser ◆ *vi*: **to ~ off for sthg** commander qqch par correspondance.
**sender** ['sendəʳ] *n* expéditeur *m* (-trice *f*).
**senile** ['siːnaɪl] *adj* sénile.
**senior** ['siːnjəʳ] *adj (high-ranking)* haut placé(-e); *(higher-ranking)* plus haut placé(-e) ◆ *n (Br: SCH)* grand *m* (-e *f*); *(Am: SCH)* = élève *mf* de terminale.
**senior citizen** *n* personne *f* âgée.
**sensation** [sen'seɪʃn] *n* sensation *f*.
**sensational** [sen'seɪʃənl] *adj* sensationnel(-elle).
**sense** [sens] *n* sens *m*; *(common sense)* bon sens; *(usefulness)* utilité *f* ◆ *vt* sentir; **there's no ~ in waiting**

ça ne sert à rien d'attendre; **to make ~** avoir un sens; **~ of direction** sens de l'orientation; **~ of humour** sens de l'humour.

**sensible** ['sensəbl] *adj (person)* sensé(-e); *(clothes, shoes)* pratique.

**sensitive** ['sensɪtɪv] *adj* sensible.

**sent** [sent] *pt & pp* → **send**.

**sentence** ['sentəns] *n (GRAMM)* phrase *f*; *(for crime)* sentence *f* ◆ *vt* condamner.

**sentimental** [,sentɪ'mentl] *adj* sentimental(-e).

**Sep.** *(abbr of September)* sept.

**separate** [*adj* 'seprət, *vb* 'sepəreɪt] *adj* séparé(-e); *(different)* distinct(-e) ◆ *vt* séparer ◆ *vi* se séparer ❑ **separates** *npl (Br)* coordonnés *mpl*.

**separately** ['seprətlɪ] *adv* séparément.

**separation** [,sepə'reɪʃn] *n* séparation *f*.

**September** [sep'tembəʳ] *n* septembre *m*; **at the beginning of ~** début septembre; **at the end of ~** fin septembre; **during ~** en septembre; **every ~** tous les ans en septembre; **in ~** en septembre; **last ~** en septembre (dernier); **next ~** en septembre de l'année prochaine; **this ~** en septembre (prochain); **2 ~ 1994** *(in letters etc)* le 2 septembre 1994.

**septic** ['septɪk] *adj* infecté(-e).

**septic tank** *n* fosse *f* septique.

**sequel** ['si:kwəl] *n (to book, film)* suite *f*.

**sequence** ['si:kwəns] *n (series)* suite *f*; *(order)* ordre *m*.

**sequin** ['si:kwɪn] *n* paillette *f*.

**sergeant** ['sɑ:dʒənt] *n (in police force)* brigadier *m*; *(in army)* sergent *m*.

**serial** ['sɪərɪəl] *n* feuilleton *m*.

**series** ['sɪəri:z] *(pl inv) n* série *f*.

**serious** ['sɪərɪəs] *adj* sérieux(-ieuse); *(illness, injury)* grave.

**seriously** ['sɪərɪəslɪ] *adv* sérieusement; *(wounded, damaged)* gravement.

**sermon** ['sɜ:mən] *n* sermon *m*.

**servant** ['sɜ:vənt] *n* domestique *mf*.

**serve** [sɜ:v] *vt & vi* servir ◆ *n (SPORT)* service *m*; **to ~ as** *(be used for)* servir de; **the town is ~d by two airports** la ville est desservie par deux aéroports; **"~s two"** *(on packaging, menu)* «pour deux personnes»; **it ~s you right** (c'est) bien fait pour toi.

**service** ['sɜ:vɪs] *n* service *m*; *(of car)* révision *f* ◆ *vt (car)* réviser; **"out of ~"** «hors service»; **"~ included"** «service compris»; **"~ not included"** «service non compris»; **to be of ~ to sb** *(fml)* être utile à qqn ❑ **services** *npl (on motorway)* aire *f* de service.

**service area** *n* aire *f* de service.

**service charge** *n* service *m*.

**service department** *n* atelier *m* de réparation.

**service station** *n* station-service *f*.

**serviette** [,sɜ:vɪ'et] *n* serviette *f* (de table).

**serving** ['sɜ:vɪŋ] *n (helping)* part *f*.

**serving spoon** *n* cuillère *f* de service.

**sesame seeds** ['sesəmɪ-] *npl* graines *fpl* de sésame.

**session** ['seʃn] *n* séance *f*.

**set** [set] (*pt & pp* **set**) *adj* 1. *(price, time)* fixe; **a ~ lunch** un menu.
2. *(text, book)* au programme.
3. *(situated)* situé(-e).
◆ *n* 1. *(of keys, tools)* jeu *m*; **a chess ~** un jeu d'échecs.
2. *(TV)*: **a (TV) ~** un poste (de télé), une télé.
3. *(in tennis)* set *m*.
4. *(SCH)* groupe *m* de niveau.
5. *(of play)* décor *m*.
6. *(at hairdresser's)*: **a shampoo and ~** un shampooing et mise en plis.
◆ *vt* 1. *(put)* poser; **to ~ the table** mettre la table OR le couvert.
2. *(cause to be)*: **to ~ a machine going** mettre une machine en marche; **to ~ fire to sthg** mettre le feu à qqch.
3. *(clock, alarm, controls)* régler; **~ the alarm for 7 a.m.** mets le réveil à (sonner pour) 7 h.
4. *(price, time)* fixer.
5. *(a record)* établir.
6. *(homework, essay)* donner.
7. *(play, film, story)*: **to be ~** se passer, se dérouler.
◆ *vi* 1. *(sun)* se coucher.
2. *(glue, jelly)* prendre.
❑ **set down** *vt sep (Br: passengers)* déposer; **set off** *vt sep (alarm)* déclencher ◆ *vi (on journey)* se mettre en route; **set out** *vt sep (arrange)* disposer ◆ *vi (on journey)* se mettre en route; **set up** *vt sep (barrier)* mettre en place; *(equipment)* installer.

**set meal** *n* menu *m*.

**set menu** *n* menu *m*.

**settee** [se'ti:] *n* canapé *m*.

**setting** ['setɪŋ] *n (on machine)* réglage *m*; *(surroundings)* décor *m*.

**settle** ['setl] *vt* régler; *(stomach, nerves)* calmer ◆ *vi (start to live)* s'installer; *(come to rest)* se poser; *(sediment, dust)* se déposer ❑ **settle down** *vi (calm down)* se calmer; *(sit comfortably)* s'installer; **settle up** *vi (pay bill)* régler.

**settlement** ['setlmənt] *n (agreement)* accord *m*; *(place)* colonie *f*.

**seven** ['sevn] *num* sept, → **six**.

**seventeen** [,sevn'ti:n] *num* dix-sept, → **six**.

**seventeenth** [,sevn'ti:nθ] *num* dix-septième, → **sixth**.

**seventh** ['sevnθ] *num* septième, → **sixth**.

**seventieth** ['sevntjəθ] *num* soixante-dixième, → **sixth**.

**seventy** ['sevntɪ] *num* soixante-dix, → **six**.

**several** ['sevrəl] *adj & pron* plusieurs.

**severe** [sɪ'vɪə^r] *adj (conditions, illness)* grave; *(person, punishment)* sévère; *(pain)* aigu(-uë).

**sew** [səʊ] (*pp* **sewn**) *vt & vi* coudre.

**sewage** ['su:ɪdʒ] *n* eaux *fpl* usées.

**sewing** ['səʊɪŋ] *n* couture *f*.

**sewing machine** *n* machine *f* à coudre.

**sewn** [səʊn] *pp* → **sew**.

**sex** [seks] *n (gender)* sexe *m*; *(sexual intercourse)* rapports *mpl* sexuels; **to have ~ with sb** coucher avec qqn.

**sexist** ['seksɪst] *n* sexiste *mf*.

**sexual** ['sekʃʊəl] *adj* sexuel(-elle).

**sexy** ['seksɪ] *adj* sexy *(inv)*.

**shabby** ['ʃæbɪ] *adj (clothes, room)* miteux(-euse); *(person)* pauvrement vêtu(-e).

**shade** [ʃeɪd] *n (shadow)* ombre *f*; *(lampshade)* abat-jour *m inv*; *(of* *colour)* teinte *f* ◆ *vt (protect)* abriter ❑ **shades** *npl (inf: sunglasses)* lunettes *fpl* noires OR de soleil.

**shadow** [ˈʃædəʊ] *n* ombre *f*.

**shady** [ˈʃeɪdɪ] *adj (place)* ombragé(-e); *(inf: person, deal)* louche.

**shaft** [ʃɑːft] *n (of machine)* axe *m*; *(of lift)* cage *f*.

**shake** [ʃeɪk] (*pt* **shook**, *pp* **shaken** [ˈʃeɪkn]) *vt* secouer ◆ *vi* trembler; **to ~ hands (with sb)** échanger une poignée de mains (avec qqn); **to ~ one's head** secouer la tête.

**shall** [*weak form* ʃəl, *strong form* ʃæl] *aux vb* 1. *(expressing future)*: **I ~ be ready soon** je serai bientôt prêt. 2. *(in questions)*: **~ I buy some wine?** j'achète du vin?; **~ we listen to the radio?** si on écoutait la radio?; **where ~ we go?** où est-ce qu'on va?
3. *(fml: expressing order)*: **payment ~ be made within a week** le paiement devra être effectué sous huitaine.

**shallot** [ʃəˈlɒt] *n* échalote *f*.

**shallow** [ˈʃæləʊ] *adj* peu profond(-e).

**shallow end** *n (of swimming pool)* *côté le moins profond*.

**shambles** [ˈʃæmblz] *n* désordre *m*.

**shame** [ʃeɪm] *n* honte *f*; **it's a ~** c'est dommage; **what a ~!** quel dommage!

**shampoo** [ʃæmˈpuː] (*pl* **-s**) *n* shampo(o)ing *m*.

**shandy** [ˈʃændɪ] *n* panaché *m*.

**shape** [ʃeɪp] *n* forme *f*; **to be in good ~** être en forme; **to be in bad ~** ne pas être en forme.

**share** [ʃeəʳ] *n (part)* part *f*; *(in company)* action *f* ◆ *vt* partager ❑ **share out** *vt sep* partager.

**shark** [ʃɑːk] *n* requin *m*.

**sharp** [ʃɑːp] *adj (knife, razor)* aiguisé(-e); *(pointed)* pointu(-e); *(clear)* net (nette); *(quick, intelligent)* vif (vive); *(rise, change, bend)* brusque; *(painful)* aigu(-uë); *(food, taste)* acide ◆ *adv*: **at ten o'clock ~** à dix heures pile.

**sharpen** [ˈʃɑːpn] *vt (pencil)* tailler; *(knife)* aiguiser.

**shatter** [ˈʃætəʳ] *vt (break)* briser ◆ *vi* se fracasser.

**shattered** [ˈʃætəd] *adj (Br: inf: tired)* crevé(-e).

**shave** [ʃeɪv] *vt* raser ◆ *vi* se raser ◆ *n*: **to have a ~** se raser; **to ~ one's legs** se raser les jambes.

**shaver** [ˈʃeɪvəʳ] *n* rasoir *m* électrique.

**shaver point** *n* prise *f* pour rasoirs.

**shaving brush** [ˈʃeɪvɪŋ-] *n* blaireau *m*.

**shaving cream** [ˈʃeɪvɪŋ-] *n* crème *f* à raser.

**shaving foam** [ˈʃeɪvɪŋ-] *n* mousse *f* à raser.

**shawl** [ʃɔːl] *n* châle *m*.

**she** [ʃiː] *pron* elle; **~'s tall** elle est grande.

**sheaf** [ʃiːf] (*pl* **sheaves**) *n (of paper, notes)* liasse *f*.

**shears** [ʃɪəz] *npl* sécateur *m*.

**sheaves** [ʃiːvz] *pl* → **sheaf**.

**shed** [ʃed] (*pt & pp* **shed**) *n* remise *f* ◆ *vt (tears, blood)* verser.

**she'd** [*weak form* ʃɪd, *strong form* ʃiːd] = **she had, she would**.

**sheep** [ʃiːp] *(pl inv)* *n* mouton *m*.

**sheepdog** [ˈʃiːpdɒg] *n* chien *m* de berger.

**sheepskin** ['ʃi:pskɪn] *adj* en peau de mouton.

**sheer** [ʃɪəʳ] *adj (pure, utter)* pur(-e); *(cliff)* abrupt(-e); *(stockings)* fin(-e).

**sheet** [ʃi:t] *n (for bed)* drap *m*; *(of paper)* feuille *f*; *(of glass, metal, wood)* plaque *f*.

**shelf** [ʃelf] (*pl* **shelves**) *n* étagère *f*; *(in shop)* rayon *m*.

**shell** [ʃel] *n (of egg, nut)* coquille *f*; *(on beach)* coquillage *m*; *(of animal)* carapace *f*; *(bomb)* obus *m*.

**she'll** [ʃi:l] = **she will, she shall**.

**shellfish** ['ʃelfɪʃ] *n (food)* fruits *mpl* de mer.

**shell suit** *n (Br)* survêtement *m (en synthétique froissé)*.

**shelter** ['ʃeltəʳ] *n* abri *m* ◆ *vt* abriter ◆ *vi* s'abriter; **to take ~** s'abriter.

**sheltered** ['ʃeltəd] *adj* abrité(-e).

**shelves** [ʃelvz] *pl* → **shelf**.

**shepherd** ['ʃepəd] *n* berger *m*.

**shepherd's pie** ['ʃepədz-] *n* ≃ hachis *m* Parmentier.

**sheriff** ['ʃerɪf] *n (in US)* shérif *m*.

**sherry** ['ʃerɪ] *n* xérès *m*.

**she's** [ʃi:z] = **she is, she has**.

**shield** [ʃi:ld] *n* bouclier *m* ◆ *vt* protéger.

**shift** [ʃɪft] *n (change)* changement *m*; *(period of work)* équipe *f* ◆ *vt* déplacer ◆ *vi (move)* se déplacer; *(change)* changer.

**shin** [ʃɪn] *n* tibia *m*.

**shine** [ʃaɪn] (*pt & pp* **shone**) *vi* briller ◆ *vt (shoes)* astiquer; *(torch)* braquer.

**shiny** ['ʃaɪnɪ] *adj* brillant(-e).

**ship** [ʃɪp] *n* bateau *m*; *(larger)* navire *m*; **by ~** par bateau.

**shipwreck** ['ʃɪprek] *n (accident)* naufrage *m*; *(wrecked ship)* épave *f*.

**shirt** [ʃɜ:t] *n* chemise *f*.

**shit** [ʃɪt] *n (vulg)* merde *f*.

**shiver** ['ʃɪvəʳ] *vi* frissonner.

**shock** [ʃɒk] *n* choc *m* ◆ *vt (surprise)* stupéfier; *(horrify)* choquer; **to be in ~** *(MED)* être en état de choc.

**shock absorber** [-əb,zɔ:bəʳ] *n* amortisseur *m*.

**shocking** ['ʃɒkɪŋ] *adj (very bad)* épouvantable.

**shoe** [ʃu:] *n* chaussure *f*.

**shoelace** ['ʃu:leɪs] *n* lacet *m*.

**shoe polish** *n* cirage *m*.

**shoe repairer's** [-rɪ,peərəz] *n* cordonnerie *f*.

**shoe shop** *n* magasin *m* de chaussures.

**shone** [ʃɒn] *pt & pp* → **shine**.

**shook** [ʃʊk] *pt* → **shake**.

**shoot** [ʃu:t] (*pt & pp* **shot**) *vt (kill)* tuer; *(injure)* blesser; *(gun)* tirer un coup de; *(arrow)* décocher; *(film)* tourner ◆ *n (of plant)* pousse *f* ◆ *vi* tirer; **to ~ past** passer en trombe.

**shop** [ʃɒp] *n* magasin *m*; *(small)* boutique *f* ◆ *vi* faire les courses.

**shop assistant** *n (Br)* vendeur *m* (-euse *f*).

**shop floor** *n* atelier *m*.

**shopkeeper** ['ʃɒp,ki:pəʳ] *n* commerçant *m* (-e *f*).

**shoplifter** ['ʃɒp,lɪftəʳ] *n* voleur *m* (-euse *f*) à l'étalage.

**shopper** ['ʃɒpəʳ] *n* acheteur *m* (-euse *f*).

**shopping** ['ʃɒpɪŋ] *n* courses *fpl*, achats *mpl*; **to do the ~** faire les courses; **to go ~** aller faire des courses.

**shopping bag** *n* sac *m* à provisions.

**shopping basket** *n* panier *m* à provisions.

**shopping centre** *n* centre *m* commercial.

**shopping list** *n* liste *f* des courses.

**shopping mall** *n* centre *m* commercial.

**shop steward** *n* délégué *m* syndical (déléguée syndicale *f*).

**shop window** *n* vitrine *f*.

**shore** [ʃɔːʳ] *n* rivage *m*; **on ~** à terre.

**short** [ʃɔːt] *adj* court(-e); *(not tall)* petit(-e) ◆ *adv (cut)* court ◆ *n (Br: drink)* alcool *m* fort; *(film)* court-métrage *m*; **to be ~ of sthg** *(time, money)* manquer de qqch; **to be ~ for sthg** *(be abbreviation of)* être l'abréviation de qqch; **to be ~ of breath** être hors d'haleine; **in ~** (en) bref ❑ **shorts** *npl (short trousers)* short *m*; *(Am: underpants)* caleçon *m*.

**shortage** [ˈʃɔːtɪdʒ] *n* manque *m*.

**shortbread** [ˈʃɔːtbred] *n* = sablé *m* au beurre.

**short-circuit** *vi* se mettre en court-circuit.

**shortcrust pastry** [ˈʃɔːtkrʌst-] *n* pâte *f* brisée.

**short cut** *n* raccourci *m*.

**shorten** [ˈʃɔːtn] *vt (in time)* écourter; *(in length)* raccourcir.

**shorthand** [ˈʃɔːthænd] *n* sténographie *f*.

**shortly** [ˈʃɔːtlɪ] *adv (soon)* bientôt; **~ before** peu avant.

**shortsighted** [ˌʃɔːtˈsaɪtɪd] *adj* myope.

**short-sleeved** [-ˌsliːvd] *adj* à manches courtes.

**short-stay car park** *n* parking *m* courte durée.

**short story** *n* nouvelle *f*.

**short wave** *n* ondes *fpl* courtes.

**shot** [ʃɒt] *pt & pp* → **shoot** ◆ *n (of gun)* coup *m* de feu; *(in football)* tir *m*; *(in tennis, golf etc)* coup *m*; *(photo)* photo *f*; *(in film)* plan *m*; *(inf: attempt)* essai *m*; *(drink)* petit verre *m*.

**shotgun** [ˈʃɒtgʌn] *n* fusil *m* de chasse.

**should** [ʃʊd] *aux vb* **1.** *(expressing desirability)*: **we ~ leave now** nous devrions OR il faudrait partir maintenant.

**2.** *(asking for advice)*: **~ I go too?** est-ce que je dois y aller aussi?

**3.** *(expressing probability)*: **she ~ be home soon** elle devrait être bientôt rentrée.

**4.** *(ought to)*: **they ~ have won the match** ils auraient dû gagner le match.

**5.** *(fml: in conditionals)*: **~ you need anything, call reception** si vous avez besoin de quoi que ce soit, appelez la réception.

**6.** *(fml: expressing wish)*: **I ~ like to come with you** j'aimerais bien venir avec vous.

**shoulder** [ˈʃəʊldəʳ] *n* épaule *f*; *(Am: of road)* bande *f* d'arrêt d'urgence.

**shoulder pad** *n* épaulette *f*.

**shouldn't** [ˈʃʊdnt] = **should not**.

**should've** [ˈʃʊdəv] = **should have**.

**shout** [ʃaʊt] *n* cri *m* ◆ *vt & vi*

crier ❑ **shout out** *vt sep* crier.

**shove** [ʃʌv] *vt (push)* pousser; *(put carelessly)* flanquer.

**shovel** ['ʃʌvl] *n* pelle *f*.

**show** [ʃəʊ] (*pp* **-ed** OR **shown**) *n (on TV, radio)* émission *f*; *(at theatre)* spectacle *m*; *(exhibition)* exposition *f* ◆ *vt* montrer; *(accompany)* accompagner; *(film, TV programme)* passer ◆ *vi (be visible)* se voir; *(film)* passer, être à l'affiche; **to ~ sthg to sb** montrer qqch à qqn; **to ~ sb how to do sthg** montrer à qqn comment faire qqch ❑ **show off** *vi* faire l'intéressant; **show up** *vi (come along)* arriver; *(be visible)* se voir.

**shower** ['ʃaʊə$^r$] *n (for washing)* douche *f*; *(of rain)* averse *f* ◆ *vi* prendre une douche; **to have a ~** prendre une douche.

**shower gel** *n* gel *m* douche.

**shower unit** *n* cabine *f* de douche.

**showing** ['ʃəʊɪŋ] *n (of film)* séance *f*.

**shown** [ʃəʊn] *pp* → **show**.

**showroom** ['ʃəʊrʊm] *n* salle *f* d'exposition.

**shrank** [ʃræŋk] *pt* → **shrink**.

**shrimp** [ʃrɪmp] *n* crevette *f*.

**shrine** [ʃraɪn] *n* lieu *m* saint.

**shrink** [ʃrɪŋk] (*pt* **shrank**, *pp* **shrunk**) *n (inf: psychoanalyst)* psy *mf* ◆ *vi (clothes)* rapetisser.

**shrub** [ʃrʌb] *n* arbuste *m*.

**shrug** [ʃrʌg] *n* haussement *m* d'épaules ◆ *vi* hausser les épaules.

**shrunk** [ʃrʌŋk] *pp* → **shrink**.

**shuffle** ['ʃʌfl] *vt (cards)* battre ◆ *vi* battre les cartes.

**shut** [ʃʌt] (*pt & pp* **shut**) *adj* fermé(-e) ◆ *vt* fermer ◆ *vi (door, mouth, eyes)* se fermer; *(shop, restaurant)* fermer ❑ **shut down** *vt sep* fermer; **shut up** *vi (inf: stop talking)* la fermer.

**shutter** ['ʃʌtə$^r$] *n (on window)* volet *m*; *(on camera)* obturateur *m*.

**shuttle** ['ʃʌtl] *n* navette *f*.

**shuttlecock** ['ʃʌtlkɒk] *n* volant *m*.

**shy** [ʃaɪ] *adj* timide.

**sick** [sɪk] *adj* malade; **to be ~** *(vomit)* vomir; **to feel ~** avoir mal au cœur; **to be ~ of** *(fed up with)* en avoir assez de.

**sick bag** *n sachet mis à la disposition des passagers malades sur les avions et les bateaux.*

**sickness** ['sɪknɪs] *n* maladie *f*.

**sick pay** *n* indemnité *f* de maladie.

**side** [saɪd] *n* côté *m*; *(of hill)* versant *m*; *(of road, river, pitch)* bord *m*; *(of tape, record)* face *f*; *(team)* camp *m*; *(Br: TV channel)* chaîne *f*; *(page of writing)* page *f* ◆ *adj (door, pocket)* latéral(-e); **at the ~ of** à côté de; *(river, road)* au bord de; **on the other ~** de l'autre côté; **on this ~** de ce côté; **~ by ~** côte à côte.

**sideboard** ['saɪdbɔːd] *n* buffet *m*.

**sidecar** ['saɪdkɑː$^r$] *n* side-car *m*.

**side dish** *n* garniture *f*.

**side effect** *n* effet *m* secondaire.

**sidelight** ['saɪdlaɪt] *n (Br: of car)* feu *m* de position.

**side order** *n* portion *f*.

**side salad** *n salade servie en garniture.*

**side street** *n* petite rue *f*.

**sidewalk** ['saɪdwɔːk] *n (Am)* trottoir *m*.
**sideways** ['saɪdweɪz] *adv* de côté.
**sieve** [sɪv] *n* passoire *f*; *(for flour)* tamis *m*.
**sigh** [saɪ] *n* soupir *m* ◆ *vi* soupirer.
**sight** [saɪt] *n (eyesight)* vision *f*, vue *f*; *(thing seen)* spectacle *m*; **at first ~** à première vue; **to catch ~ of** apercevoir; **in ~** en vue; **to lose ~ of** perdre de vue; **out of ~** hors de vue ❑ **sights** *npl (of city, country)* attractions *fpl* touristiques.
**sightseeing** ['saɪt,siːɪŋ] *n*: **to go ~** faire du tourisme.
**sign** [saɪn] *n (next to road, in shop, station)* panneau *m*; *(symbol, indication)* signe *m*; *(signal)* signal *m* ◆ *vt & vi* signer; **there's no ~ of her** il n'y a aucune trace d'elle ❑ **sign in** *vi (at hotel, club)* signer le registre.
**signal** ['sɪgnl] *n* signal *m*; *(Am: traffic lights)* feux *mpl* de signalisation ◆ *vi (in car)* mettre son clignotant; *(on bike)* tendre le bras.
**signature** ['sɪgnətʃəʳ] *n* signature *f*.
**significant** [sɪg'nɪfɪkənt] *adj* significatif(-ive).
**signpost** ['saɪnpəʊst] *n* poteau *m* indicateur.
**Sikh** [siːk] *n* Sikh *mf*.
**silence** ['saɪləns] *n (quiet)* silence *m*.
**silencer** ['saɪlənsəʳ] *n (Br: AUT)* silencieux *m*.
**silent** ['saɪlənt] *adj* silencieux(-ieuse).
**silk** [sɪlk] *n* soie *f*.
**sill** [sɪl] *n* rebord *m*.
**silly** ['sɪlɪ] *adj* idiot(-e).
**silver** ['sɪlvəʳ] *n* argent *m*; *(coins)* monnaie *f* ◆ *adj* en argent.
**silver foil** *n* papier *m* aluminium.
**silver-plated** [-'pleɪtɪd] *adj* plaqué(-e) argent.
**similar** ['sɪmɪləʳ] *adj* similaire; **to be ~ to** être semblable à.
**similarity** [,sɪmɪ'lærətɪ] *n* similitude *f*.
**simmer** ['sɪməʳ] *vi* mijoter.
**simple** ['sɪmpl] *adj* simple.
**simplify** ['sɪmplɪfaɪ] *vt* simplifier.
**simply** ['sɪmplɪ] *adv* simplement.
**simulate** ['sɪmjʊleɪt] *vt* simuler.
**simultaneous** [*Br* ,sɪməl'teɪnjəs, *Am* ,saɪməl'teɪnjəs] *adj* simultané(-e).
**simultaneously** [*Br* ,sɪməl'teɪnjəslɪ, *Am* ,saɪməl'teɪnjəslɪ] *adv* simultanément.
**sin** [sɪn] *n* péché *m* ◆ *vi* pécher.
**since** [sɪns] *adv & prep* depuis ◆ *conj (in time)* depuis que; *(as)* puisque; **~ we've been here** depuis que nous sommes ici; **ever ~** *prep* depuis ◆ *conj* depuis que.
**sincere** [sɪn'sɪəʳ] *adj* sincère.
**sincerely** [sɪn'sɪəlɪ] *adv* sincèrement; **Yours ~** veuillez agréer, Monsieur/Madame, mes sentiments les meilleurs.
**sing** [sɪŋ] (*pt* **sang**, *pp* **sung**) *vt & vi* chanter.
**singer** ['sɪŋəʳ] *n* chanteur *m* (-euse *f*).
**single** ['sɪŋgl] *adj (just one)* seul(-e); *(not married)* célibataire ◆ *n (Br: ticket)* aller *m* simple; *(record)* 45 tours *m inv*; **every ~** chaque ❑ **singles** *n (SPORT)* simple *m* ◆ *adj (bar, club)* pour célibataires.
**single bed** *n* petit lit *m*, lit *m* à

une place.

**single cream** *n (Br)* crème *f* fraîche liquide.

**single parent** *n (father)* père *m* célibataire; *(mother)* mère *f* célibataire.

**single room** *n* chambre *f* simple.

**single track road** *n* route *f* très étroite.

**singular** ['sɪŋgjʊlə^r] *n* singulier *m*; **in the ~** au singulier.

**sinister** ['sɪnɪstə^r] *adj* sinistre.

**sink** [sɪŋk] (*pt* **sank**, *pp* **sunk**) *n (in kitchen)* évier *m*; *(washbasin)* lavabo *m* ◆ *vi (in water)* couler; *(decrease)* décroître.

**sink unit** *n* bloc-évier *m*.

**sinuses** ['saɪnəsɪz] *npl* sinus *mpl*.

**sip** [sɪp] *n* petite gorgée *f* ◆ *vt* siroter.

**siphon** ['saɪfn] *n* siphon *m* ◆ *vt* siphonner.

**sir** [sɜː^r] *n* Monsieur; **Dear Sir** Cher Monsieur; **Sir Richard Blair** sir Richard Blair.

**siren** ['saɪərən] *n* sirène *f*.

**sirloin steak** [,sɜːlɔɪn-] *n* bifteck *m* d'aloyau.

**sister** ['sɪstə^r] *n* sœur *f*; *(Br: nurse)* infirmière *f* en chef.

**sister-in-law** *n* belle-sœur *f*.

**sit** [sɪt] (*pt & pp* **sat**) *vi* s'asseoir; *(be situated)* être situé ◆ *vt* asseoir; *(Br: exam)* passer; **to be sitting** être assis ❑ **sit down** *vi* s'asseoir; **to be sitting down** être assis; **sit up** *vi (after lying down)* se redresser; *(stay up late)* veiller.

**site** [saɪt] *n* site *m*; *(building site)* chantier *m*.

**sitting room** ['sɪtɪŋ-] *n* salon *m*.

**situated** ['sɪtjʊeɪtɪd] *adj*: **to be ~** être situé(-e).

**situation** [,sɪtjʊ'eɪʃn] *n* situation *f*; **"~s vacant"** «offres d'emploi».

**six** [sɪks] *num adj & n* six; **to be ~ (years old)** avoir six ans; **it's ~ (o'clock)** il est six heures; **a hundred and ~** cent six; **~ Hill St** 6 Hill St; **it's minus ~ (degrees)** il fait moins six.

**sixteen** [sɪks'tiːn] *num* seize, → **six**.

**sixteenth** [sɪks'tiːnθ] *num* seizième, → **sixth**.

**sixth** [sɪksθ] *num adj & adv* sixième ◆ *num pron* sixième *mf* ◆ *num n (fraction)* sixième *m*; **the ~ (of September)** le six (septembre).

**sixth form** *n (Br)* = terminale *f*.

**sixth-form college** *n (Br)* *établissement préparant aux «A levels».*

**sixtieth** ['sɪkstɪəθ] *num* soixantième, → **sixth**.

**sixty** ['sɪkstɪ] *num* soixante, → **six**.

**size** [saɪz] *n* taille *f*; *(of shoes)* pointure *f*; **what ~ do you take?** quelle taille/pointure faites-vous?; **what ~ is this?** c'est quelle taille?

**sizeable** ['saɪzəbl] *adj* assez important(-e).

**skate** [skeɪt] *n* patin *m*; *(fish)* raie *f* ◆ *vi* patiner.

**skateboard** ['skeɪtbɔːd] *n* skateboard *m*.

**skater** ['skeɪtə^r] *n* patineur *m* (-euse *f*).

**skating** ['skeɪtɪŋ] *n*: **to go ~** *(ice-skating)* faire du patin (à glace); *(roller-skating)* faire du patin (à roulettes).

**skeleton** ['skelɪtn] *n* squelette *m*.

**skeptical** ['skeptɪkl] *(Am)* = sceptical.
**sketch** [sketʃ] *n (drawing)* croquis *m*; *(humorous)* sketch *m* ◆ *vt* dessiner.
**skewer** ['skjʊəʳ] *n* brochette *f*.
**ski** [ski:] (*pt & pp* **skied**, *cont* **skiing**) *n* ski *m* ◆ *vi* skier.
**ski boots** *npl* chaussures *fpl* de ski.
**skid** [skɪd] *n* dérapage *m* ◆ *vi* déraper.
**skier** ['ski:əʳ] *n* skieur *m* (-ieuse *f*).
**skiing** ['ski:ɪŋ] *n* ski *m*; **to go ~** faire du ski; **to go on a ~ holiday** partir aux sports d'hiver.
**skilful** ['skɪlfʊl] *adj (Br)* adroit (-e).
**ski lift** *n* remonte-pente *m*.
**skill** [skɪl] *n (ability)* adresse *f*; *(technique)* technique *f*.
**skilled** [skɪld] *adj (worker, job)* qualifié(-e); *(driver, chef)* expérimenté(-e).
**skillful** ['skɪlfʊl] *(Am)* = **skilful**.
**skimmed milk** ['skɪmd-] *n* lait *m* écrémé.
**skin** [skɪn] *n* peau *f*.
**skin freshener** [-,freʃnəʳ] *n* lotion *f* rafraîchissante.
**skinny** ['skɪnɪ] *adj* maigre.
**skip** [skɪp] *vi (with rope)* sauter à la corde; *(jump)* sauter ◆ *vt (omit)* sauter ◆ *n (container)* benne *f*.
**ski pants** *npl* fuseau *m*.
**ski pass** *n* forfait *m*.
**ski pole** *n* bâton *m* de ski.
**skipping rope** ['skɪpɪŋ-] *n* corde *f* à sauter.
**skirt** [skɜ:t] *n* jupe *f*.
**ski slope** *n* piste *f* de ski.
**ski tow** *n* téléski *m*.
**skittles** ['skɪtlz] *n* quilles *fpl*.
**skull** [skʌl] *n* crâne *m*.
**sky** [skaɪ] *n* ciel *m*.
**skylight** ['skaɪlaɪt] *n* lucarne *f*.
**skyscraper** ['skaɪ,skreɪpəʳ] *n* gratte-ciel *m inv*.
**slab** [slæb] *n* dalle *f*.
**slack** [slæk] *adj (rope)* lâche; *(careless)* négligent(-e); *(not busy)* calme.
**slacks** [slæks] *npl* pantalon *m*.
**slam** [slæm] *vt & vi* claquer.
**slander** ['slɑ:ndəʳ] *n* calomnie *f*.
**slang** [slæŋ] *n* argot *m*.
**slant** [slɑ:nt] *n* inclinaison *f* ◆ *vi* pencher.
**slap** [slæp] *n (smack)* claque *f* ◆ *vt (person on face)* gifler.
**slash** [slæʃ] *vt (cut)* entailler; *(fig: prices)* casser ◆ *n (written symbol)* barre *f* oblique.
**slate** [sleɪt] *n* ardoise *f*.
**slaughter** ['slɔ:təʳ] *vt (animal)* abattre; *(people)* massacrer; *(fig: defeat)* battre à plates coutures.
**slave** [sleɪv] *n* esclave *mf*.
**sled** [sled] = **sledge**.
**sledge** [sledʒ] *n (for fun, sport)* luge *f*; *(for transport)* traîneau *m*.
**sleep** [sli:p] (*pt & pp* **slept**) *n* sommeil *m*; *(nap)* somme *m* ◆ *vi* dormir ◆ *vt*: **the house ~s six** la maison permet de coucher six personnes; **did you ~ well?** as-tu bien dormi?; **I couldn't get to ~** je n'arrivais pas à m'endormir; **to go to ~** s'endormir; **to ~ with sb** coucher avec qqn.
**sleeper** ['sli:pəʳ] *n (train)* train-couchettes *m*; *(sleeping car)* wagon-lit *m*; *(Br: on railway track)* traverse *f*; *(Br: earring)* clou *m*.

**sleeping bag** ['sli:pɪŋ-] *n* sac *m* de couchage.

**sleeping car** ['sli:pɪŋ-] *n* wagon-lit *m*.

**sleeping pill** ['sli:pɪŋ-] *n* somnifère *m*.

**sleeping policeman** ['sli:pɪŋ-] *n (Br)* ralentisseur *m*.

**sleepy** ['sli:pɪ] *adj*: **to be ~** avoir sommeil.

**sleet** [sli:t] *n* neige *f* fondue ◆ *v impers*: **it's ~ing** il tombe de la neige fondue.

**sleeve** [sli:v] *n* manche *f*; *(of record)* pochette *f*.

**sleeveless** ['sli:vlɪs] *adj* sans manches.

**slept** [slept] *pt & pp* → **sleep**.

**slice** [slaɪs] *n (of bread, meat)* tranche *f*; *(of cake, pizza)* part *f* ◆ *vt (bread, meat)* couper en tranches; *(cake)* découper; *(vegetables)* couper en rondelles.

**sliced bread** [ˌslaɪst-] *n* pain *m* en tranches.

**slide** [slaɪd] (*pt & pp* **slid** [slɪd]) *n (in playground)* toboggan *m*; *(of photograph)* diapositive *f*; *(Br: hair slide)* barrette *f* ◆ *vi (slip)* glisser.

**sliding door** [ˌslaɪdɪŋ-] *n* porte *f* coulissante.

**slight** [slaɪt] *adj* léger(-ère); **the ~est** le moindre; **not in the ~est** pas le moins du monde.

**slightly** ['slaɪtlɪ] *adv* légèrement.

**slim** [slɪm] *adj* mince ◆ *vi* maigrir.

**slimming** ['slɪmɪŋ] *n* amaigrissement *m*.

**sling** [slɪŋ] (*pt & pp* **slung**) *n* écharpe *f* ◆ *vt (inf: throw)* balancer.

**slip** [slɪp] *vi* glisser ◆ *n (mistake)* erreur *f*; *(form)* coupon *m*; *(petticoat)* jupon *m*; *(from shoulders)* combinaison *f* ❑ **slip up** *vi (make a mistake)* faire une erreur.

**slipper** ['slɪpə^r] *n* chausson *m*.

**slippery** ['slɪpərɪ] *adj* glissant(-e).

**slip road** *n (Br)* bretelle *f* d'accès.

**slit** [slɪt] *n* fente *f*.

**slob** [slɒb] *n (inf) (dirty)* crado *mf*; *(lazy)* flemmard *m* (-e *f*).

**slogan** ['sləʊgən] *n* slogan *m*.

**slope** [sləʊp] *n (incline)* pente *f*; *(hill)* côte *f*; *(for skiing)* piste *f* ◆ *vi* être en pente.

**sloping** ['sləʊpɪŋ] *adj* en pente.

**slot** [slɒt] *n (for coin)* fente *f*; *(groove)* rainure *f*.

**slot machine** *n (vending machine)* distributeur *m*; *(for gambling)* machine *f* à sous.

**Slovakia** [slə'vækɪə] *n* la Slovaquie.

**slow** [sləʊ] *adv* lentement ◆ *adj* lent(-e); *(business)* calme; *(clock, watch)*: **to be ~** retarder; **"slow"** *(sign on road)* «ralentir»; **a ~ train** un omnibus ❑ **slow down** *vt sep & vi* ralentir.

**slowly** ['sləʊlɪ] *adv* lentement.

**slug** [slʌg] *n (animal)* limace *f*.

**slum** [slʌm] *n (building)* taudis *m* ❑ **slums** *npl (district)* quartiers *mpl* défavorisés.

**slung** [slʌŋ] *pt & pp* → **sling**.

**slush** [slʌʃ] *n* neige *f* fondue.

**sly** [slaɪ] *adj (cunning)* malin(-igne); *(deceitful)* sournois(-e).

**smack** [smæk] *n (slap)* claque *f* ◆ *vt* donner une claque à.

**small** [smɔ:l] *adj* petit(-e).

**small change** *n* petite monnaie *f*.

**smallpox** ['smɔ:lpɒks] *n* variole *f*.

**smart** [smɑ:t] *adj (elegant)* élégant(-e); *(clever)* intelligent(-e); *(posh)* chic.

**smart card** *n* carte *f* à puce.

**smash** [smæʃ] *n (SPORT)* smash *m*; *(inf: car crash)* accident *m* ◆ *vt (plate, window)* fracasser ◆ *vi (plate, vase etc)* se fracasser.

**smashing** ['smæʃɪŋ] *adj (Br: inf)* génial(-e).

**smear test** ['smɪə-] *n* frottis *m*.

**smell** [smel] (*pt & pp* **-ed** OR **smelt**) *n* odeur *f* ◆ *vt* sentir ◆ *vi (have odour)* sentir; *(have bad odour)* puer; **it ~s of lavender/burning** ça sent la lavande/le brûlé.

**smelly** ['smelɪ] *adj* qui pue.

**smelt** [smelt] *pt & pp* → **smell**.

**smile** [smaɪl] *n* sourire *m* ◆ *vi* sourire.

**smoke** [sməʊk] *n* fumée *f* ◆ *vt & vi* fumer; **to have a ~** fumer une cigarette.

**smoked** [sməʊkt] *adj* fumé(-e).

**smoked salmon** *n* saumon *m* fumé.

**smoker** ['sməʊkə^r] *n* fumeur *m* (-euse *f*).

**smoking** ['sməʊkɪŋ] *n*: **"no ~"** «défense de fumer».

**smoking area** *n* zone *f* fumeurs.

**smoking compartment** *n* compartiment *m* fumeurs.

**smoky** ['sməʊkɪ] *adj (room)* enfumé(-e).

**smooth** [smu:ð] *adj (surface, skin, road)* lisse; *(takeoff, landing)* en douceur; *(life)* calme; *(journey)* sans incidents; *(mixture, liquid)* onctueux(-euse); *(wine, beer)* moelleux(-euse); *(pej: suave)* doucereux(-euse) ❑ **smooth down** *vt sep* lisser.

**smother** ['smʌðə^r] *vt (cover)* couvrir.

**smudge** [smʌdʒ] *n* tache *f*.

**smuggle** ['smʌgl] *vt* passer clandestinement.

**snack** [snæk] *n* casse-croûte *m inv*.

**snack bar** *n* snack-bar *m*.

**snail** [sneɪl] *n* escargot *m*.

**snake** [sneɪk] *n (animal)* serpent *m*.

**snap** [snæp] *vt (break)* casser net ◆ *vi (break)* se casser net ◆ *n (inf: photo)* photo *f*; *(Br: card game)* = bataille *f*.

**snare** [sneə^r] *n (trap)* piège *m*.

**snatch** [snætʃ] *vt (grab)* saisir; *(steal)* voler.

**sneakers** ['sni:kəz] *npl (Am)* tennis *mpl*.

**sneeze** [sni:z] *n* éternuement *m* ◆ *vi* éternuer.

**sniff** [snɪf] *vt & vi* renifler.

**snip** [snɪp] *vt* couper.

**snob** [snɒb] *n* snob *mf*.

**snog** [snɒg] *vi (Br: inf)* s'embrasser.

**snooker** ['snu:kə^r] *n sorte de billard joué avec 22 boules*.

**snooze** [snu:z] *n* petit somme *m*.

**snore** [snɔ:^r] *vi* ronfler.

**snorkel** ['snɔ:kl] *n* tuba *m*.

**snout** [snaʊt] *n* museau *m*.

**snow** [snəʊ] *n* neige *f* ◆ *v impers*: **it's ~ing** il neige.

**snowball** ['snəʊbɔ:l] *n* boule *f* de neige.

**snowdrift** ['snəʊdrɪft] *n* congère *f*.

**snowflake** ['snəʊfleɪk] *n* flocon *m* de neige.

**snowman** ['snəʊmæn] (*pl* **-men** [-men]) *n* bonhomme *m* de neige.

**snowplough** ['snəʊplaʊ] *n* chasse-neige *m inv*.

**snowstorm** ['snəʊstɔːm] *n* tempête *f* de neige.

**snug** [snʌg] *adj (person)* au chaud; *(place)* douillet(-ette).

**so** [səʊ] *adv* 1. *(emphasizing degree)* si, tellement; **it's ~ difficult (that ...)** c'est si difficile (que ...).
2. *(referring back)*: **I don't think ~** je ne crois pas; **I'm afraid ~** j'en ai bien peur; **if ~** si c'est le cas.
3. *(also)*: **~ do I** moi aussi.
4. *(in this way)* comme ça, ainsi.
5. *(expressing agreement)*: **~ there is** en effet.
6. *(in phrases)*: **or ~** environ; **~ as** afin de, pour; **~ that** afin OR pour que *(+ subjunctive)*.
◆ *conj* 1. *(therefore)* donc, alors; **it might rain ~ take an umbrella** il se pourrait qu'il pleuve, alors prends un parapluie.
2. *(summarizing)* alors; **~ what have you been up to?** alors, qu'est-ce que tu deviens?
3. *(in phrases)*: **~ what?** *(inf)* et alors?, et après?; **~ there!** *(inf)* na!

**soak** [səʊk] *vt (leave in water)* faire tremper; *(make very wet)* tremper ◆ *vi*: **to ~ through sthg** s'infiltrer dans qqch ❑ **soak up** *vt sep* absorber.

**soaked** [səʊkt] *adj* trempé(-e).

**soaking** ['səʊkɪŋ] *adj (very wet)* trempé(-e).

**soap** [səʊp] *n* savon *m*.

**soap opera** *n* soap opera *m*.

**soap powder** *n* lessive *f* en poudre.

**sob** [sɒb] *n* sanglot *m* ◆ *vi* sangloter.

**sober** ['səʊbə^r] *adj (not drunk)* à jeun.

**soccer** ['sɒkə^r] *n* football *m*.

**sociable** ['səʊʃəbl] *adj* sociable.

**social** ['səʊʃl] *adj* social(-e).

**social club** *n* club *m*.

**socialist** ['səʊʃəlɪst] *adj* socialiste ◆ *n* socialiste *mf*.

**social life** *n* vie *f* sociale.

**social security** *n* aide *f* sociale.

**social worker** *n* assistant *m* social (assistante sociale *f*).

**society** [sə'saɪətɪ] *n* société *f*.

**sociology** [ˌsəʊsɪ'ɒlədʒɪ] *n* sociologie *f*.

**sock** [sɒk] *n* chaussette *f*.

**socket** ['sɒkɪt] *n (for plug)* prise *f*; *(for light bulb)* douille *f*.

**sod** [sɒd] *n (Br: vulg)* con *m* (conne *f*).

**soda** ['səʊdə] *n (soda water)* eau *f* de Seltz; *(Am: fizzy drink)* soda *m*.

**soda water** *n* eau *f* de Seltz.

**sofa** ['səʊfə] *n* sofa *m*, canapé *m*.

**sofa bed** *n* canapé-lit *m*.

**soft** [sɒft] *adj (bed, food)* mou (molle); *(skin, fabric, voice)* doux (douce); *(touch, sound)* léger(-ère).

**soft cheese** *n* fromage *m* à pâte molle.

**soft drink** *n* boisson *f* non alcoolisée.

**software** ['sɒftweə^r] *n* logiciel *m*.

**soil** [sɔɪl] *n (earth)* sol *m*.

**solarium** [sə'leərɪəm] *n* solarium *m*.

**solar panel** ['səʊlə-] *n* panneau *m* solaire.

**sold** [səʊld] *pt & pp* → **sell**.

**soldier** ['səʊldʒəʳ] *n* soldat *m*.

**sold out** *adj (product)* épuisé(-e); *(concert, play)* complet(-ète).

**sole** [səʊl] *adj (only)* unique; *(exclusive)* exclusif(-ive) ◆ *n (of shoe)* semelle *f*; *(of foot)* plante *f*; *(fish: pl inv)* sole *f*.

**solemn** ['sɒləm] *adj* solennel(-elle).

**solicitor** [sə'lɪsɪtəʳ] *n (Br)* notaire *m*.

**solid** ['sɒlɪd] *adj* solide; *(not hollow)* plein(-e); *(gold, silver, oak)* massif(-ive).

**solo** ['səʊləʊ] (*pl* **-s**) *n* solo *m*; **"~ m/cs"** *(traffic sign) signalisation sur chaussée indiquant qu'un parking est réservé aux deux-roues*.

**soluble** ['sɒljʊbl] *adj* soluble.

**solution** [sə'lu:ʃn] *n* solution *f*.

**solve** [sɒlv] *vt* résoudre.

**some** [sʌm] *adj* 1. *(certain amount of)*: ~ **meat** de la viande; ~ **milk** du lait; ~ **money** de l'argent; **I had ~ difficulty getting here** j'ai eu quelque mal à arriver jusqu'ici.
2. *(certain number of)* des; ~ **sweets** des bonbons; **I've known him for ~ years** je le connais depuis pas mal d'années.
3. *(not all)* certains (certaines); ~ **jobs are better paid than others** certains emplois sont mieux payés que d'autres.
4. *(in imprecise statements)* quelconque; **she married ~ Italian** elle a épousé un Italien quelconque.
◆ *pron* 1. *(certain amount)*: **can I have ~?** je peux en prendre?; ~ **of the money** une partie de l'argent.
2. *(certain number)* certains (certaines); **can I have ~?** je peux en prendre?; ~ **(of them) left early** quelques-uns (d'entre eux) sont partis tôt.
◆ *adv (approximately)* environ; **there were ~ 7,000 people there** il y avait environ 7 000 personnes.

**somebody** ['sʌmbədɪ] = **someone**.

**somehow** ['sʌmhaʊ] *adv (some way or other)* d'une manière ou d'une autre; *(for some reason)* pour une raison ou pour une autre.

**someone** ['sʌmwʌn] *pron* quelqu'un.

**someplace** ['sʌmpleɪs] *(Am)* = **somewhere**.

**somersault** ['sʌməsɔ:lt] *n* saut *m* périlleux.

**something** ['sʌmθɪŋ] *pron* quelque chose; **it's really ~!** c'est vraiment quelque chose!; **or ~** *(inf)* ou quelque chose comme ça; ~ **like** *(approximately)* quelque chose comme.

**sometime** ['sʌmtaɪm] *adv*: ~ **in May** en mai.

**sometimes** ['sʌmtaɪmz] *adv* quelquefois, parfois.

**somewhere** ['sʌmweəʳ] *adv* quelque part; *(approximately)* environ.

**son** [sʌn] *n* fils *m*.

**song** [sɒŋ] *n* chanson *f*.

**son-in-law** *n* gendre *m*.

**soon** [su:n] *adv* bientôt; *(early)* tôt; **how ~ can you do it?** pour quand pouvez-vous le faire?; **as ~ as I know** dès que je le saurai; **as ~ as possible** dès que possible; ~

after peu après; ~er or later tôt ou tard.

**soot** [sʊt] *n* suie *f*.

**soothe** [su:ð] *vt* calmer.

**sophisticated** [səˈfɪstɪkeɪtɪd] *adj* sophistiqué(-e).

**sorbet** [ˈsɔ:beɪ] *n* sorbet *m*.

**sore** [sɔ:ʳ] *adj (painful)* douloureux(-euse); *(Am: inf: angry)* fâché(-e) ◆ *n* plaie *f*; **to have a ~ throat** avoir mal à la gorge.

**sorry** [ˈsɒrɪ] *adj* désolé(-e); **I'm ~!** désolé!; **I'm ~ I'm late** je suis désolé d'être en retard; **~?** *(asking for repetition)* pardon?; **to feel ~ for sb** plaindre qqn; **to be ~ about sthg** être désolé de qqch.

**sort** [sɔ:t] *n* sorte *f* ◆ *vt* trier; **~ of** plutôt ❑ **sort out** *vt sep (classify)* trier; *(resolve)* résoudre.

**so-so** *adj (inf)* quelconque ◆ *adv (inf)* couci-couça.

**soufflé** [ˈsu:fleɪ] *n* soufflé *m*.

**sought** [sɔ:t] *pt & pp* → **seek**.

**soul** [səʊl] *n (spirit)* âme *f*; *(music)* soul *f*.

**sound** [saʊnd] *n* bruit *m*; *(volume)* son *m* ◆ *vi (alarm, bell)* retentir; *(seem to be)* avoir l'air, sembler ◆ *adj (in good condition)* solide; *(reliable)* valable ◆ *vt*: **to ~ one's horn** klaxonner; **the engine ~s odd** le moteur fait un drôle de bruit; **you ~ cheerful** tu as l'air content; **to ~ like** *(make a noise like)* ressembler à; *(seem to be)* sembler être.

**soundproof** [ˈsaʊndpru:f] *adj* insonorisé(-e).

**soup** [su:p] *n* soupe *f*.

**soup spoon** *n* cuillère *f* à soupe.

**sour** [ˈsaʊəʳ] *adj* aigre; **to go ~** tourner.

**source** [sɔ:s] *n* source *f*.

**sour cream** *n* crème *f* aigre.

**south** [saʊθ] *n* sud *m* ◆ *adj* du sud ◆ *adv (fly, walk)* vers le sud; *(be situated)* au sud; **in the ~ of England** dans le sud de l'Angleterre.

**South Africa** *n* l'Afrique *f* du Sud.

**South America** *n* l'Amérique *f* du Sud.

**southbound** [ˈsaʊθbaʊnd] *adj* en direction du sud.

**southeast** [ˌsaʊθˈi:st] *n* sud-est *m*.

**southern** [ˈsʌðən] *adj* méridional(-e), du sud.

**South Pole** *n* pôle *m* Sud.

**southwards** [ˈsaʊθwədz] *adv* vers le sud.

**southwest** [ˌsaʊθˈwest] *n* sud-ouest *m*.

**souvenir** [ˌsu:vəˈnɪəʳ] *n* souvenir *m (objet)*.

**Soviet Union** [ˌsəʊvɪət-] *n*: **the ~** l'Union *f* soviétique.

**sow**[1] [səʊ] *(pp* **sown** [səʊn]*)* *vt (seeds)* semer.

**sow**[2] [saʊ] *n (pig)* truie *f*.

**soya** [ˈsɔɪə] *n* soja *m*.

**soya bean** *n* graine *f* de soja.

**soy sauce** [ˌsɔɪ-] *n* sauce *f* au soja.

**spa** [spɑ:] *n* station *f* thermale.

**space** [speɪs] *n (room, empty place)* place *f*; *(gap, in astronomy etc)* espace *m*; *(period)* intervalle *m* ◆ *vt* espacer.

**spaceship** [ˈspeɪsʃɪp] *n* vaisseau *m* spatial.

**space shuttle** *n* navette *f* spatiale.

**spacious** [ˈspeɪʃəs] *adj* spacieux(-ieuse).

**spade** [speɪd] *n (tool)* pelle *f* ❑ **spades** *npl (in cards)* pique *m*.

**spaghetti** [spəˈgetɪ] *n* spaghetti(s) *mpl*.

**Spain** [speɪn] *n* l'Espagne *f*.

**span** [spæn] *pt* → **spin** ◆ *n (of time)* durée *f*.

**Spaniard** [ˈspænjəd] *n* Espagnol *m* (-e *f*).

**spaniel** [ˈspænjəl] *n* épagneul *m*.

**Spanish** [ˈspænɪʃ] *adj* espagnol(-e) ◆ *n (language)* espagnol *m*.

**spank** [spæŋk] *vt* donner une fessée à.

**spanner** [ˈspænəʳ] *n* clef *f*.

**spare** [speəʳ] *adj (kept in reserve)* de réserve; *(clothes)* de rechange; *(not in use)* disponible ◆ *n (spare part)* pièce *f* de rechange; *(spare wheel)* roue *f* de secours ◆ *vt*: **to ~ sb sthg** *(money)* donner qqch à qqn; *(time)* consacrer qqch à qqn; **with ten minutes to ~** avec dix minutes d'avance.

**spare part** *n* pièce *f* de rechange.

**spare ribs** *npl* travers *m* de porc.

**spare room** *n* chambre *f* d'amis.

**spare time** *n* temps *m* libre.

**spare wheel** *n* roue *f* de secours.

**spark** [spɑːk] *n* étincelle *f*.

**sparkling** [ˈspɑːklɪŋ-] *adj (mineral water, soft drink)* pétillant(-e).

**sparkling wine** *n* mousseux *m*.

**spark plug** *n* bougie *f*.

**sparrow** [ˈspærəʊ] *n* moineau *m*.

**spat** [spæt] *pt & pp* → **spit**.

**speak** [spiːk] (*pt* **spoke**, *pp* **spoken**) *vt (language)* parler; *(say)* dire ◆ *vi* parler; **who's ~ing?** *(on phone)* qui est à l'appareil?; **can I ~ to Sarah? - ~ing!** *(on phone)* pourrais-je parler à Sarah? - c'est elle-même!; **to ~ to sb about sthg** parler à qqn de qqch ❑ **speak up** *vi (more loudly)* parler plus fort.

**speaker** [ˈspiːkəʳ] *n (in public)* orateur *m* (-trice *f*); *(loudspeaker)* haut-parleur *m*; *(of stereo)* enceinte *f*; **an English ~** un anglophone.

**spear** [spɪəʳ] *n* lance *f*.

**special** [ˈspeʃl] *adj* spécial(-e) ◆ *n (dish)* spécialité *f*; **"today's ~"** «plat du jour».

**special delivery** *n service postal britannique garantissant la distribution du courrier sous 24 heures.*

**special effects** *npl* effets *mpl* spéciaux.

**specialist** [ˈspeʃəlɪst] *n* spécialiste *mf*.

**speciality** [ˌspeʃɪˈælətɪ] *n* spécialité *f*.

**specialize** [ˈspeʃəlaɪz] *vi*: **to ~ (in)** se spécialiser (en).

**specially** [ˈspeʃəlɪ] *adv* spécialement.

**special offer** *n* offre *f* spéciale.

**special school** *n (Br)* établissement *m* scolaire spécialisé.

**specialty** [ˈspeʃltɪ] *(Am)* = **speciality**.

**species** [ˈspiːʃiːz] *n* espèce *f*.

**specific** [spəˈsɪfɪk] *adj (particular)* spécifique; *(exact)* précis(-e).

**specification** [ˌspesɪfɪˈkeɪʃn] *n (of machine, building etc)* cahier *m* des charges.

**specimen** [ˈspesɪmən] *n (MED)* échantillon *m*; *(example)* spécimen *m*.

**specs** [speks] *npl (inf)* lunettes *fpl*.

**spectacle** ['spektəkl] *n* spectacle *m*.

**spectacles** ['spektəklz] *npl* lunettes *fpl*.

**spectacular** [spek'tækjʊləʳ] *adj* spectaculaire.

**spectator** [spek'teɪtəʳ] *n* spectateur *m* (-trice *f*).

**sped** [sped] *pt & pp* → **speed**.

**speech** [spi:tʃ] *n (ability to speak)* parole *f*; *(manner of speaking)* élocution *f*; *(talk)* discours *m*.

**speech impediment** [-ɪm,pedɪmənt] *n* défaut *m* d'élocution.

**speed** [spi:d] (*pt & pp* **-ed** OR **sped**) *n* vitesse *f* ◆ *vi (move quickly)* aller à toute vitesse; *(drive too fast)* faire un excès de vitesse; **"reduce ~ now"** «ralentir» ❑ **speed up** *vi* accélérer.

**speedboat** ['spi:dbəʊt] *n* hors-bord *m inv*.

**speeding** ['spi:dɪŋ] *n* excès *m* de vitesse.

**speed limit** *n* limite *f* de vitesse.

**speedometer** [spɪ'dɒmɪtəʳ] *n* compteur *m* (de vitesse).

**spell** [spel] (*Br pt & pp* **-ed** OR **spelt**, *Am pt & pp* **-ed**) *vt (word, name)* orthographier; *(out loud)* épeler; *(subj: letters)* donner ◆ *n (period)* période *f*; *(magic)* sort *m*; **how do you ~ that?** comment ça s'écrit?; **sunny ~s** éclaircies *fpl*.

**spelling** ['spelɪŋ] *n* orthographe *f*.

**spelt** [spelt] *pt & pp (Br)* → **spell**.

**spend** [spend] (*pt & pp* **spent** [spent]) *vt (money)* dépenser; *(time)* passer.

**sphere** [sfɪəʳ] *n* sphère *f*.

**spice** [spaɪs] *n* épice *f* ◆ *vt* épicer.

**spicy** ['spaɪsɪ] *adj* épicé(-e).

**spider** ['spaɪdəʳ] *n* araignée *f*.

**spider's web** *n* toile *f* d'araignée.

**spike** [spaɪk] *n* pointe *f*.

**spill** [spɪl] (*Br pt & pp* **-ed** OR **spilt**, *Am pt & pp* **-ed**) *vt* renverser ◆ *vi* se renverser.

**spin** [spɪn] (*pt* **span** OR **spun**, *pp* **spun**) *vt (wheel)* faire tourner; *(washing)* essorer ◆ *n (on ball)* effet *m*; **to go for a ~** *(inf: in car)* faire un tour.

**spinach** ['spɪnɪdʒ] *n* épinards *mpl*.

**spine** [spaɪn] *n* colonne *f* vertébrale; *(of book)* dos *m*.

**spinster** ['spɪnstəʳ] *n* célibataire *f*.

**spiral** ['spaɪərəl] *n* spirale *f*.

**spiral staircase** *n* escalier *m* en colimaçon.

**spire** ['spaɪəʳ] *n* flèche *f*.

**spirit** ['spɪrɪt] *n (soul, mood)* esprit *m*; *(energy)* entrain *m*; *(courage)* courage *m* ❑ **spirits** *npl (Br: alcohol)* spiritueux *mpl*.

**spit** [spɪt] (*Br pt & pp* **spat**, *Am pt & pp* **spit**) *vi (person)* cracher; *(fire, food)* grésiller ◆ *n (saliva)* crachat *m*; *(for cooking)* broche *f* ◆ *v impers*: **it's spitting** il pleuvine.

**spite** [spaɪt]: **in spite of** *prep* en dépit de, malgré.

**spiteful** ['spaɪtfʊl] *adj* malveillant(-e).

**splash** [splæʃ] *n (sound)* plouf *m* ◆ *vt* éclabousser.

**splendid** ['splendɪd] *adj (beautiful)* splendide; *(very good)* excellent(-e).

**splint** [splɪnt] *n* attelle *f*.

**splinter** ['splɪntəʳ] *n (of wood)* écharde *f*; *(of glass)* éclat *m*.

**split** [splɪt] (*pt & pp* **split**) *n (tear)* déchirure *f*; *(crack, in skirt)* fente *f* ◆ *vt (wood, stone)* fendre; *(tear)* déchirer; *(bill, cost, profits, work)* partager ◆ *vi (wood, stone)* se fendre; *(tear)* se déchirer ❑ **split up** *vi (group, couple)* se séparer.

**spoil** [spɔɪl] (*pt & pp* **-ed** OR **spoilt**) *vt (ruin)* gâcher; *(child)* gâter.

**spoke** [spəʊk] *pt* → **speak** ◆ *n (of wheel)* rayon *m*.

**spoken** ['spəʊkn] *pp* → **speak**.

**spokesman** ['spəʊksmən] (*pl* **-men** [-mən]) *n* porte-parole *m inv*.

**spokeswoman** ['spəʊks,wʊmən] (*pl* **-women** [-,wɪmɪn]) *n* porte-parole *m inv*.

**sponge** [spʌndʒ] *n (for cleaning, washing)* éponge *f*.

**sponge bag** *n (Br)* trousse *f* de toilette.

**sponge cake** *n* génoise *f*.

**sponsor** ['spɒnsəʳ] *n (of event, TV programme)* sponsor *m*.

**sponsored walk** [,spɒnsəd-] *n marche destinée à rassembler des fonds.*

**spontaneous** [spɒn'teɪnjəs] *adj* spontané(-e).

**spoon** [spu:n] *n* cuillère *f*.

**spoonful** ['spu:nfʊl] *n* cuillerée *f*.

**sport** [spɔ:t] *n* sport *m*.

**sports car** [spɔ:ts-] *n* voiture *f* de sport.

**sports centre** [spɔ:ts-] *n* centre *m* sportif.

**sports jacket** [spɔ:ts-] *n* veste *f* sport.

**sportsman** ['spɔ:tsmən] (*pl* **-men** [-mən]) *n* sportif *m*.

**sports shop** [spɔ:ts-] *n* magasin *m* de sport.

**sportswoman** ['spɔ:ts,wʊmən] (*pl* **-women** [-,wɪmɪn]) *n* sportive *f*.

**spot** [spɒt] *n (dot)* tache *f*; *(on skin)* bouton *m*; *(place)* endroit *m* ◆ *vt* repérer; **on the ~** *(at once)* immédiatement; *(at the scene)* sur place.

**spotless** ['spɒtlɪs] *adj* impeccable.

**spotlight** ['spɒtlaɪt] *n* spot *m*.

**spotty** ['spɒtɪ] *adj* boutonneux(-euse).

**spouse** [spaʊs] *n (fml)* époux *m* (épouse *f*).

**spout** [spaʊt] *n* bec *m* (verseur).

**sprain** [spreɪn] *vt* fouler.

**sprang** [spræŋ] *pt* → **spring**.

**spray** [spreɪ] *n (for aerosol, perfume)* vaporisateur *m*; *(droplets)* gouttelettes *fpl* ◆ *vt (surface)* asperger; *(car)* peindre à la bombe; *(crops)* pulvériser; *(paint, water etc)* vaporiser.

**spread** [spred] (*pt & pp* **spread**) *vt* étaler; *(legs, fingers, arms)* écarter; *(news, disease)* propager ◆ *vi* se propager ◆ *n (food)* pâte *f* à tartiner ❑ **spread out** *vi (disperse)* se disperser.

**spring** [sprɪŋ] (*pt* **sprang**, *pp* **sprung**) *n (season)* printemps *m*; *(coil)* ressort *m*; *(in ground)* source *f* ◆ *vi (leap)* sauter; **in (the) ~** au printemps.

**springboard** ['sprɪŋbɔ:d] *n* tremplin *m*.

**spring-cleaning** [-'kli:nɪŋ] *n* nettoyage *m* de printemps.

**spring onion** *n* oignon *m* blanc.

**spring roll** *n* rouleau *m* de printemps.

**sprinkle** ['sprɪŋkl] *vt*: **to ~ sthg with sugar** saupoudrer qqch de sucre; **to ~ sthg with water** asperger qqch d'eau.

**sprinkler** ['sprɪŋklə[r]] *n (for fire)* sprinkler *m*; *(for grass)* arroseur *m*.

**sprint** [sprɪnt] *n* sprint *m* ◆ *vi (run fast)* sprinter.

**Sprinter®** ['sprɪntə[r]] *n (Br: train) train couvrant de faibles distances.*

**sprout** [spraʊt] *n (vegetable)* chou *m* de Bruxelles.

**spruce** [spru:s] *n* épicéa *m*.

**sprung** [sprʌŋ] *pp* → **spring** ◆ *adj (mattress)* à ressorts.

**spud** [spʌd] *n (inf)* patate *f*.

**spun** [spʌn] *pt & pp* → **spin**.

**spur** [spɜ:[r]] *n (for horse rider)* éperon *m*; **on the ~ of the moment** sur un coup de tête.

**spurt** [spɜ:t] *vi* jaillir.

**spy** [spaɪ] *n* espion *m* (-ionne *f*).

**squall** [skwɔ:l] *n* bourrasque *f*.

**squalor** ['skwɒlə[r]] *n* conditions *fpl* sordides.

**square** [skweə[r]] *adj (in shape)* carré(-e) ◆ *n (shape)* carré *m*; *(in town)* place *f*; *(on chessboard)* case *f*; **2 ~ metres** 2 mètres carrés; **it's 2 metres ~** ça fait 2 mètres sur 2; **we're (all) ~ now** *(not owing money)* nous sommes quittes maintenant.

**squash** [skwɒʃ] *n (game)* squash *m*; *(Br: orange drink)* orangeade *f*; *(Br: lemon drink)* citronnade *f*; *(Am: vegetable)* courge *f* ◆ *vt* écraser.

**squat** [skwɒt] *adj* trapu(-e) ◆ *vi (crouch)* s'accroupir.

**squeak** [skwi:k] *vi* couiner.

**squeeze** [skwi:z] *vt* presser ❑ **squeeze in** *vi* se caser.

**squid** [skwɪd] *n* calamar *m*.

**squint** [skwɪnt] *vi* plisser les yeux ◆ *n*: **to have a ~** loucher.

**squirrel** [*Br* 'skwɪrəl, *Am* 'skwɜ:rəl] *n* écureuil *m*.

**squirt** [skwɜ:t] *vi* gicler.

**St** *(abbr of Street)* r; *(abbr of Saint)* St (Ste).

**stab** [stæb] *vt* poignarder.

**stable** ['steɪbl] *adj* stable ◆ *n* écurie *f*.

**stack** [stæk] *n (pile)* tas *m*; **~s of** *(inf: lots)* des tas de.

**stadium** ['steɪdjəm] *n* stade *m*.

**staff** [stɑ:f] *n (workers)* personnel *m*.

**stage** [steɪdʒ] *n (phase)* stade *m*; *(in theatre)* scène *f*.

**stagger** ['stægə[r]] *vt (arrange in stages)* échelonner ◆ *vi* tituber.

**stagnant** ['stægnənt] *adj* stagnant(-e).

**stain** [steɪn] *n* tache *f* ◆ *vt* tacher.

**stained glass** [,steɪnd-] *n* vitrail *m*.

**stainless steel** ['steɪnlɪs-] *n* acier *m* inoxydable.

**staircase** ['steəkeɪs] *n* escalier *m*.

**stairs** [steəz] *npl* escaliers *mpl*, escalier *m*.

**stairwell** ['steəwel] *n* cage *f* d'escalier.

**stake** [steɪk] *n (share)* intérêt *m*; *(in gambling)* mise *f*, enjeu *m*; *(post)* poteau *m*; **at ~** en jeu.

**stale** [steɪl] *adj* rassis(-e).

**stalk** [stɔ:k] *n (of flower, plant)* tige *f*; *(of fruit, leaf)* queue *f*.

**stall** [stɔːl] *n (in market)* étal *m*; *(at exhibition)* stand *m* ◆ *vi (car, engine)* caler ❑ **stalls** *npl (Br: in theatre)* orchestre *m*.

**stamina** [ˈstæmɪnə] *n* résistance *f*.

**stammer** [ˈstæməʳ] *vi* bégayer.

**stamp** [stæmp] *n (for letter)* timbre *m*; *(in passport, on document)* cachet *m* ◆ *vt (passport, document)* tamponner ◆ *vi*: **to ~ on sthg** marcher sur qqch.

**stamp-collecting** [-kəˌlektɪŋ] *n* philatélie *f*.

**stamp machine** *n* distributeur *m* de timbres.

**stand** [stænd] (*pt & pp* **stood**) *vi (be on feet)* se tenir debout; *(be situated)* se trouver; *(get to one's feet)* se lever ◆ *vt (place)* poser; *(bear)* supporter ◆ *n (stall)* stand *m*; *(for umbrellas)* porte-parapluies *m inv*; *(for coats)* portemanteau *m*; *(at sports stadium)* tribune *f*; *(for bike, motorbike)* béquille *f*; **to be ~ing** être debout; **to ~ sb a drink** offrir un verre à qqn; **"no ~ing"** *(Am: AUT)* «arrêt interdit» ❑ **stand back** *vi* reculer; **stand for** *vt fus (mean)* représenter; *(tolerate)* supporter; **stand in** *vi*: **to ~ in for sb** remplacer qqn; **stand out** *vi* se détacher; **stand up** *vi (be on feet)* être debout; *(get to one's feet)* se lever ◆ *vt sep (inf: boyfriend, girlfriend etc)* poser un lapin à; **stand up for** *vt fus* défendre.

**standard** [ˈstændəd] *adj (normal)* standard, normal(-e) ◆ *n (level)* niveau *m*; *(point of comparison)* norme *f*; **up to ~** de bonne qualité ❑ **standards** *npl (principles)* principes *mpl*.

**standard-class** *adj (Br: on train)* au tarif normal.

**standby** [ˈstændbaɪ] *adj (ticket)* stand-by *(inv)*.

**stank** [stæŋk] *pt* → **stink**.

**staple** [ˈsteɪpl] *n (for paper)* agrafe *f*.

**stapler** [ˈsteɪpləʳ] *n* agrafeuse *f*.

**star** [stɑːʳ] *n* étoile *f*; *(famous person)* star *f* ◆ *vt (subj: film, play etc)*: **"starring ..."** «avec ...» ❑ **stars** *npl (horoscope)* horoscope *m*.

**starboard** [ˈstɑːbəd] *adj* de tribord.

**starch** [ˈstɑːtʃ] *n* amidon *m*.

**stare** [steəʳ] *vi*: **to ~ (at)** regarder fixement.

**starfish** [ˈstɑːfɪʃ] *(pl inv) n* étoile *f* de mer.

**starling** [ˈstɑːlɪŋ] *n* étourneau *m*.

**Stars and Stripes** *n*: **the ~** la bannière étoilée.

---

### i STARS AND STRIPES

Ceci n'est que l'une des nombreuses appellations populaires du drapeau américain, au même titre que «Old Glory» ou «Stars and Bars». Les 50 étoiles représentent les 50 états actuels alors que les rayures rouges et blanches symbolisent les 13 états fondateurs de l'union. Les Américains sont très fiers de leur bannière étoilée et il n'est pas rare de la voir flotter devant des maisons particulières.

---

**start** [stɑːt] *n* début *m*; *(starting place)* départ *m* ◆ *vt* commencer; *(car, engine)* faire démarrer; *(business, club)* monter ◆ *vi* commencer;

*(car, engine)* démarrer; *(begin journey)* partir; **prices ~ at** OR **from £5** les premiers prix sont à 5 livres; **to ~ doing sthg** OR **to do sthg** commencer à faire qqch; **to ~ with** *(in the first place)* d'abord; *(when ordering meal)* en entrée ❑ **start out** *vi (on journey)* partir; **to ~ out as** débuter comme; **start up** *vt sep (car, engine)* mettre en marche; *(business, shop)* monter.

**starter** ['stɑ:təʳ] *n (Br: of meal)* entrée *f*; *(of car)* démarreur *m*; **for ~s** *(in meal)* en entrée.

**starter motor** *n* démarreur *m*.

**starting point** ['stɑ:tɪŋ-] *n* point *m* de départ.

**startle** ['stɑ:tl] *vt* faire sursauter.

**starvation** [stɑ:'veɪʃn] *n* faim *f*.

**starve** [stɑ:v] *vi (have no food)* être affamé; **I'm starving!** je meurs de faim!

**state** [steɪt] *n* état *m* ◆ *vt (declare)* déclarer; *(specify)* indiquer; **the State** l'État; **the States** les États-Unis *mpl*.

**statement** ['steɪtmənt] *n (declaration)* déclaration *f*; *(from bank)* relevé *m* (de compte).

**state school** *n* école *f* publique.

**statesman** ['steɪtsmən] (*pl* **-men** [-mən]) *n* homme *m* d'État.

**static** ['stætɪk] *n (on radio, TV)* parasites *mpl*.

**station** ['steɪʃn] *n (for trains)* gare *f*; *(for underground, on radio)* station *f*; *(for buses)* gare *f* routière.

**stationary** ['steɪʃnərɪ] *adj* à l'arrêt.

**stationer's** ['steɪʃnəz] *n (shop)* papeterie *f*.

**stationery** ['steɪʃnərɪ] *n* papeterie *f*.

**station wagon** *n (Am)* break *m*.

**statistics** [stə'tɪstɪks] *npl* statistiques *fpl*.

**statue** ['stætʃu:] *n* statue *f*.

**Statue of Liberty** *n*: **the ~** la Statue de la Liberté.

---

### i STATUE OF LIBERTY

La Statue de la Liberté, représentant une femme portant un flambeau, se dresse sur une petite île à l'entrée du port de New-York. Elle fut offerte aux États-Unis par la France en 1884 et est ouverte au public.

---

**status** ['steɪtəs] *n* statut *m*; *(prestige)* prestige *m*.

**stay** [steɪ] *n (time spent)* séjour *m* ◆ *vi (remain)* rester; *(as guest, in hotel)* séjourner; *(Scot: reside)* habiter; **to ~ the night** passer la nuit ❑ **stay away** *vi (not attend)* ne pas aller; *(not go near)* ne pas s'approcher; **stay in** *vi* ne pas sortir; **stay out** *vi (from home)* rester dehors; **stay up** *vi* veiller.

**STD code** *n* indicatif *m*.

**steady** ['stedɪ] *adj* stable; *(gradual)* régulier(-ière) ◆ *vt* stabiliser.

**steak** [steɪk] *n* steak *m*; *(of fish)* darne *f*.

**steak and kidney pie** *n tourte à la viande de bœuf et aux rognons.*

**steakhouse** ['steɪkhaus, *pl* -hauzɪz] *n* grill *m*.

**steal** [sti:l] (*pt* **stole**, *pp* **stolen**) *vt*

voler; **to ~ sthg from sb** voler qqch à qqn.

**steam** [sti:m] *n* vapeur *f* ◆ *vt (food)* faire cuire à la vapeur.

**steamboat** ['sti:mbəʊt] *n* bateau *m* à vapeur.

**steam engine** *n* locomotive *f* à vapeur.

**steam iron** *n* fer *m* à vapeur.

**steel** [sti:l] *n* acier *m* ◆ *adj* en acier.

**steep** [sti:p] *adj (hill, path)* raide; *(increase, drop)* fort(-e).

**steeple** ['sti:pl] *n* clocher *m*.

**steer** ['stɪə^r] *vt (car, boat)* manœuvrer.

**steering** ['stɪərɪŋ] *n* direction *f*.

**steering wheel** *n* volant *m*.

**stem** [stem] *n (of plant)* tige *f*; *(of glass)* pied *m*.

**step** [step] *n (of stairs, of step-ladder)* marche *f*; *(of train)* marche-pied *m*; *(pace)* pas *m*; *(measure)* mesure *f*; *(stage)* étape *f* ◆ *vi*: **to ~ on sthg** marcher sur qqch; **"mind the ~"** «attention à la marche» ❑ **steps** *npl (stairs)* escalier *m*, escaliers *mpl*; **step aside** *vi (move aside)* s'écarter; **step back** *vi (move back)* reculer.

**step aerobics** *n* step *m*.

**stepbrother** ['step,brʌðə^r] *n* demi-frère *m*.

**stepdaughter** ['step,dɔ:tə^r] *n* belle-fille *f*.

**stepfather** ['step,fɑ:ðə^r] *n* beau-père *m*.

**stepladder** ['step,lædə^r] *n* escabeau *m*.

**stepmother** ['step,mʌðə^r] *n* belle-mère *f*.

**stepsister** ['step,sɪstə^r] *n* demi-sœur *f*.

**stepson** ['stepsʌn] *n* beau-fils *m*.

**stereo** ['sterɪəʊ] (*pl* **-s**) *adj* stéréo *(inv)* ◆ *n (hi-fi)* chaîne *f* stéréo; *(stereo sound)* stéréo *f*.

**sterile** ['steraɪl] *adj* stérile.

**sterilize** ['sterəlaɪz] *vt* stériliser.

**sterling** ['stɜ:lɪŋ] *adj (pound)* sterling *(inv)* ◆ *n* livres *fpl* sterling.

**sterling silver** *n* argent *m* fin.

**stern** [stɜ:n] *adj (strict)* sévère ◆ *n (of boat)* poupe *f*.

**stew** [stju:] *n* ragoût *m*.

**steward** ['stjʊəd] *n (on plane, ship)* steward *m*; *(at public event)* membre *m* du service d'ordre.

**stewardess** ['stjʊədɪs] *n* hôtesse *f* de l'air.

**stewed** [stju:d] *adj (fruit)* cuit(-e).

**stick** [stɪk] (*pt & pp* **stuck**) *n* bâton *m*; *(for sport)* crosse *f*; *(of celery)* branche *f*; *(walking stick)* canne *f* ◆ *vt (glue)* coller; *(push, insert)* mettre; *(inf: put)* mettre ◆ *vi* coller; *(jam)* se coincer ❑ **stick out** *vi* ressortir; **stick to** *vt fus (decision)* s'en tenir à; *(promise)* tenir; **stick up** *vt sep (poster, notice)* afficher ◆ *vi* dépasser; **stick up for** *vt fus* défendre.

**sticker** ['stɪkə^r] *n* autocollant *m*.

**sticking plaster** ['stɪkɪŋ-] *n* sparadrap *m*.

**stick shift** *n (Am: car)* voiture *f* à vitesses manuelles.

**sticky** ['stɪkɪ] *adj (substance, hands, sweets)* poisseux(-euse); *(label, tape)* adhésif(-ive); *(weather)* humide.

**stiff** [stɪf] *adj (cardboard, material)* rigide; *(brush, door, lock)* dur(-e); *(back, neck)* raide ◆ *adv*: **to be**

**bored** ~ *(inf)* s'ennuyer à mourir; **to feel** ~ avoir des courbatures.
**stile** [staɪl] *n* échalier *m*.
**stiletto heels** [stɪ'letəʊ-] *npl* talons *mpl* aiguilles.
**still** [stɪl] *adv (up to now, then)* toujours, encore; *(possibly, with comparisons)* encore; *(despite that)* pourtant ◆ *adj (motionless)* immobile; *(quiet, calm)* calme; *(not fizzy)* non gazeux(-euse); *(water)* plat(-e); **we've ~ got ten minutes** il nous reste encore dix minutes; **~ more** encore plus; **to stand ~** ne pas bouger.
**Stilton** ['stɪltn] *n* stilton *m (fromage bleu à saveur forte)*.
**stimulate** ['stɪmjʊleɪt] *vt* stimuler.
**sting** [stɪŋ] (*pt & pp* **stung**) *vt & vi* piquer.
**stingy** ['stɪndʒɪ] *adj (inf)* radin(-e).
**stink** [stɪŋk] (*pt* **stank** OR **stunk**, *pp* **stunk**) *vi* puer.
**stipulate** ['stɪpjʊleɪt] *vt* stipuler.
**stir** [stɜːʳ] *vt* remuer.
**stir-fry** *n* sauté *m* ◆ *vt* faire sauter.
**stirrup** ['stɪrəp] *n* étrier *m*.
**stitch** [stɪtʃ] *n (in sewing)* point *m*; *(in knitting)* maille *f*; **to have a ~** *(stomach pain)* avoir un point de côté ❑ **stitches** *npl (for wound)* points *mpl* de suture.
**stock** [stɒk] *n (of shop, supply)* stock *m*; *(FIN)* valeurs *fpl*; *(in cooking)* bouillon *m* ◆ *vt (have in stock)* avoir en stock; **in ~** en stock; **out of ~** épuisé.
**stock cube** *n* bouillon *m* cube.
**Stock Exchange** *n* Bourse *f*.
**stocking** ['stɒkɪŋ] *n* bas *m*.
**stock market** *n* Bourse *f*.
**stodgy** ['stɒdʒɪ] *adj (food)* lourd(-e).
**stole** [stəʊl] *pt* → **steal**.
**stolen** ['stəʊln] *pp* → **steal**.
**stomach** ['stʌmək] *n (organ)* estomac *m*; *(belly)* ventre *m*.
**stomachache** ['stʌməkeɪk] *n* mal *m* au ventre.
**stomach upset** [-'ʌpset] *n* embarras *m* gastrique.
**stone** [stəʊn] *(pl sense 3 inv) n* pierre *f*; *(in fruit)* noyau *m*; *(measurement)* = 6,350 kg ◆ *adj* de OR en pierre.
**stonewashed** ['stəʊnwɒʃt] *adj* délavé(-e).
**stood** [stʊd] *pt & pp* → **stand**.
**stool** [stuːl] *n (for sitting on)* tabouret *m*.
**stop** [stɒp] *n* arrêt *m* ◆ *vt* arrêter ◆ *vi* s'arrêter; *(stay)* rester; **to ~ sb/sthg from doing sthg** empêcher qqn/qqch de faire qqch; **to ~ doing sthg** arrêter de faire qqch; **to put a ~ to sthg** mettre un terme à qqch; **"stop"** *(road sign)* «stop»; **"stopping at ..."** *(train, bus)* «dessert les gares de ...» ❑ **stop off** *vi* s'arrêter.
**stopover** ['stɒp,əʊvəʳ] *n* halte *f*.
**stopper** ['stɒpəʳ] *n* bouchon *m*.
**stopwatch** ['stɒpwɒtʃ] *n* chronomètre *m*.
**storage** ['stɔːrɪdʒ] *n* rangement *m*.
**store** [stɔːʳ] *n (shop)* magasin *m*; *(supply)* réserve *f* ◆ *vt* entreposer.
**storehouse** ['stɔːhaʊs, *pl* -haʊzɪz] *n* entrepôt *m*.
**storeroom** ['stɔːrʊm] *n (in*

*house)* débarras *m*; *(in shop)* réserve *f*.

**storey** ['stɔːrɪ] (*pl* **-s**) *n (Br)* étage *m*.

**stork** [stɔːk] *n* cigogne *f*.

**storm** [stɔːm] *n* orage *m*.

**stormy** ['stɔːmɪ] *adj (weather)* orageux(-euse).

**story** ['stɔːrɪ] *n* histoire *f*; *(news item)* article *m*; *(Am)* = **storey**.

**stout** [staʊt] *adj (fat)* corpulent(-e) ◆ *n (drink)* stout *m (bière brune)*.

**stove** [stəʊv] *n* cuisinière *f*.

**straight** [streɪt] *adj* droit(-e); *(hair)* raide; *(consecutive)* consécutif(-ive); *(drink)* sec (sèche) ◆ *adv* droit; *(without delay)* tout de suite; ~ **ahead** droit devant; ~ **away** immédiatement.

**straightforward** [,streɪt'fɔːwəd] *adj (easy)* facile.

**strain** [streɪn] *n (force)* force *f*; *(nervous stress)* stress *m*; *(tension)* tension *f*; *(injury)* foulure *f* ◆ *vt (eyes)* fatiguer; *(food, tea)* passer; **to ~ one's back** se faire un tour de reins.

**strainer** ['streɪnə^r] *n* passoire *f*.

**strait** [streɪt] *n* détroit *m*.

**strange** [streɪndʒ] *adj (unusual)* étrange; *(unfamiliar)* inconnu(-e).

**stranger** ['streɪndʒə^r] *n (unfamiliar person)* inconnu *m* (-e *f*); *(person from different place)* étranger *m* (-ère *f*).

**strangle** ['stræŋgl] *vt* étrangler.

**strap** [stræp] *n (of bag)* bandoulière *f*; *(of watch)* bracelet *m*; *(of dress)* bretelle *f*; *(of camera)* courroie *f*.

**strapless** ['stræplɪs] *adj* sans bretelles.

**strategy** ['strætɪdʒɪ] *n* stratégie *f*.

**Stratford-upon-Avon** [,strætfədəpɒn'eɪvn] *n* Stratford-upon-Avon.

---

### i STRATFORD-UPON-AVON

Cette ville du comté anglais du Warwickshire est célèbre pour avoir vu naître le poète et dramaturge William Shakespeare (1564–1616). Elle est aujourd'hui au centre du monde théâtral britannique puisque la Royal Shakespeare Company s'y est établie et y joue des œuvres de Shakespeare et d'autres auteurs.

---

**straw** [strɔː] *n* paille *f*.

**strawberry** ['strɔːbərɪ] *n* fraise *f*.

**stray** [streɪ] *adj (animal)* errant(-e) ◆ *vi* errer.

**streak** [striːk] *n (of paint, mud)* traînée *f*; *(period)* période *f*.

**stream** [striːm] *n (river)* ruisseau *m*; *(of traffic, people, blood)* flot *m*.

**street** [striːt] *n* rue *f*.

**streetcar** ['striːtkɑː^r] *n (Am)* tramway *m*.

**street light** *n* réverbère *m*.

**street plan** *n* plan *m* de ville.

**strength** [streŋθ] *n* force *f*; *(of structure)* solidité *f*; *(influence)* puissance *f*; *(strong point)* point *m* fort.

**strengthen** ['streŋθn] *vt* renforcer.

**stress** [stres] *n (tension)* stress *m*;

*(on word, syllable)* accent *m* ◆ *vt (emphasize)* souligner; *(word, syllable)* accentuer.

**stretch** [stretʃ] *n (of land, water)* étendue *f*; *(of time)* période *f* ◆ *vt* étirer ◆ *vi (land, sea)* s'étendre; *(person, animal)* s'étirer; **to ~ one's legs** *(fig)* se dégourdir les jambes ❑ **stretch out** *vt sep (hand)* tendre ◆ *vi (lie down)* s'étendre.

**stretcher** ['stretʃər] *n* civière *f*.

**strict** [strɪkt] *adj* strict(-e).

**strictly** ['strɪktlɪ] *adv* strictement; **~ speaking** à proprement parler.

**stride** [straɪd] *n* enjambée *f*.

**strike** [straɪk] (*pt & pp* **struck**) *n (of employees)* grève *f* ◆ *vt (fml: hit)* frapper; *(fml: collide with)* percuter; *(a match)* gratter ◆ *vi (refuse to work)* faire grève; *(happen suddenly)* frapper; **the clock struck eight** la pendule sonna huit heures.

**striking** ['straɪkɪŋ] *adj (noticeable)* frappant(-e); *(attractive)* d'une beauté frappante.

**string** [strɪŋ] *n* ficelle *f*; *(of pearls, beads)* collier *m*; *(of musical instrument, tennis racket)* corde *f*; *(series)* suite *f*; **a piece of ~** un bout de ficelle.

**strip** [strɪp] *n* bande *f* ◆ *vt (paint)* décaper; *(wallpaper)* décoller ◆ *vi (undress)* se déshabiller.

**stripe** [straɪp] *n* rayure *f*.

**striped** [straɪpt] *adj* rayé(-e).

**strip-search** *vt* fouiller *(en déshabillant)*.

**strip show** *n* strip-tease *m*.

**stroke** [strəʊk] *n (MÉD)* attaque *f*; *(in tennis, golf)* coup *m*; *(swimming style)* nage *f* ◆ *vt* caresser; **a ~ of luck** un coup de chance.

**stroll** [strəʊl] *n* petite promenade *f*.

**stroller** ['strəʊlər] *n (Am: pushchair)* poussette *f*.

**strong** [strɒŋ] *adj* fort(-e); *(structure, bridge, chair)* solide; *(influential)* puissant(-e); *(effect, incentive)* puissant(-e).

**struck** [strʌk] *pt & pp* → **strike**.

**structure** ['strʌktʃər] *n* structure *f*; *(building)* construction *f*.

**struggle** ['strʌgl] *vi (fight)* lutter; *(in order to get free)* se débattre ◆ *n*: **to have a ~ to do sthg** avoir du mal à faire qqch; **to ~ to do sthg** s'efforcer de faire qqch.

**stub** [stʌb] *n (of cigarette)* mégot *m*; *(of cheque, ticket)* talon *m*.

**stubble** ['stʌbl] *n (on face)* barbe *f* de plusieurs jours.

**stubborn** ['stʌbən] *adj (person)* têtu(-e).

**stuck** [stʌk] *pt & pp* → **stick** ◆ *adj* bloqué(-e).

**stud** [stʌd] *n (on boots)* crampon *m*; *(fastener)* bouton-pression *m*; *(earring)* clou *m*.

**student** ['stju:dnt] *n (at university, college)* étudiant *m* (-e *f*); *(at school)* élève *mf*.

**student card** *n* carte *f* d'étudiant.

**students' union** [ˌstju:dnts-] *n (place)* bureau *m* des étudiants.

**studio** ['stju:dɪəʊ] (*pl* **-s**) *n* studio *m*.

**studio apartment** *(Am)* = **studio flat**.

**studio flat** *(Br)* studio *m*.

**study** ['stʌdɪ] *n* étude *f*; *(room)* bureau *m* ◆ *vt & vi* étudier.

**stuff** [stʌf] *n (inf) (substance)* truc

*m*; *(things, possessions)* affaires *fpl* ◆ *vt (put roughly)* fourrer; *(fill)* bourrer.

**stuffed** [stʌft] *adj (food)* farci(-e); *(inf: full-up)* gavé(-e); *(dead animal)* empaillé(-e).

**stuffing** [ˈstʌfɪŋ] *n (food)* farce *f*; *(of pillow, cushion)* rembourrage *m*.

**stuffy** [ˈstʌfɪ] *adj (room, atmosphere)* étouffant(-e).

**stumble** [ˈstʌmbl] *vi* trébucher.

**stump** [stʌmp] *n (of tree)* souche *f*.

**stun** [stʌn] *vt* stupéfier.

**stung** [stʌŋ] *pt & pp* → **sting**.

**stunk** [stʌŋk] *pt & pp* → **stink**.

**stunning** [ˈstʌnɪŋ] *adj (very beautiful)* superbe; *(very surprising)* stupéfiant(-e).

**stupid** [ˈstjuːpɪd] *adj (foolish)* stupide; *(inf: annoying)* fichu(-e).

**sturdy** [ˈstɜːdɪ] *adj* solide.

**stutter** [ˈstʌtəʳ] *vi* bégayer.

**sty** [staɪ] *n* porcherie *f*.

**style** [staɪl] *n* style *m*; *(design)* modèle *m* ◆ *vt (hair)* coiffer.

**stylish** [ˈstaɪlɪʃ] *adj* élégant(-e).

**stylist** [ˈstaɪlɪst] *n (hairdresser)* coiffeur *m* (-euse *f*).

**sub** [sʌb] *n (inf) (substitute)* remplaçant *m* (-e *f*); *(Br: subscription)* cotisation *f*.

**subdued** [səbˈdjuːd] *adj (person)* abattu(-e); *(lighting, colour)* doux (douce).

**subject** [*n* ˈsʌbdʒekt, *vb* səbˈdʒekt] *n* sujet *m*; *(at school, university)* matière *f* ◆ *vt*: **to ~ sb to sthg** soumettre qqn à qqch; **"~ to availability"** «dans la limite des stocks disponibles»; **they are ~ to an additional charge** un supplément sera exigé.

**subjunctive** [səbˈdʒʌŋktɪv] *n* subjonctif *m*.

**submarine** [ˌsʌbməˈriːn] *n* sous-marin *m*.

**submit** [səbˈmɪt] *vt* soumettre ◆ *vi (give in)* se soumettre.

**subordinate** [səˈbɔːdɪnət] *adj* subordonné(-e).

**subscribe** [səbˈskraɪb] *vi* s'abonner.

**subscription** [səbˈskrɪpʃn] *n (to magazine)* abonnement *m*; *(to club)* cotisation *f*.

**subsequent** [ˈsʌbsɪkwənt] *adj* ultérieur(-e).

**subside** [səbˈsaɪd] *vi (ground)* s'affaisser; *(noise, feeling)* disparaître.

**substance** [ˈsʌbstəns] *n* substance *f*.

**substantial** [səbˈstænʃl] *adj* substantiel(-ielle).

**substitute** [ˈsʌbstɪtjuːt] *n (replacement)* substitut *m*; *(SPORT)* remplaçant *m* (-e *f*).

**subtitles** [ˈsʌbˌtaɪtlz] *npl* sous-titres *mpl*.

**subtle** [ˈsʌtl] *adj* subtil(-e).

**subtract** [səbˈtrækt] *vt* soustraire.

**subtraction** [səbˈtrækʃn] *n* soustraction *f*.

**suburb** [ˈsʌbɜːb] *n* banlieue *f*; **the ~s** la banlieue.

**subway** [ˈsʌbweɪ] *n (Br: for pedestrians)* souterrain *m*; *(Am: underground railway)* métro *m*.

**succeed** [səkˈsiːd] *vi (be successful)* réussir ◆ *vt (fml: follow)* succéder à; **to ~ in doing sthg** réussir à faire qqch.

**success** [sək'ses] *n* succès *m*, réussite *f*.

**successful** [sək'sesfʊl] *adj (plan, attempt)* réussi(-e); *(film, book etc)* à succès; *(businessman, politician)* qui a réussi; *(actor)* qui a du succès; **to be ~** *(person)* réussir.

**succulent** ['sʌkjʊlənt] *adj* succulent(-e).

**such** [sʌtʃ] *adj* tel (telle) ◆ *adv*: **~ a lot** tellement; **it's ~ a lovely day!** c'est une si belle journée!; **~ good luck** une telle chance, une chance pareille; **~ a thing should never have happened** une telle chose n'aurait jamais dû se produire; **~ as** tel que.

**suck** [sʌk] *vt* sucer; *(nipple)* téter.

**sudden** ['sʌdn] *adj* soudain(-e); **all of a ~** tout à coup.

**suddenly** ['sʌdnlı] *adv* soudain, tout à coup.

**sue** [su:] *vt* poursuivre en justice.

**suede** [sweıd] *n* daim *m*.

**suffer** ['sʌfə^r] *vt (defeat, injury)* subir ◆ *vi*: **to ~ (from)** souffrir (de).

**suffering** ['sʌfrıŋ] *n* souffrance *f*.

**sufficient** [sə'fıʃnt] *adj (fml)* suffisant(-e).

**sufficiently** [sə'fıʃntlı] *adv (fml)* suffisamment.

**suffix** ['sʌfıks] *n* suffixe *m*.

**suffocate** ['sʌfəkeıt] *vi* suffoquer.

**sugar** ['ʃʊgə^r] *n* sucre *m*.

**suggest** [sə'dʒest] *vt* suggérer; **to ~ doing sthg** proposer de faire qqch.

**suggestion** [sə'dʒestʃn] *n* suggestion *f*; *(hint)* trace *f*.

**suicide** ['suısaıd] *n* suicide *m*; **to commit ~** se suicider.

**suit** [su:t] *n (man's clothes)* costume *m*; *(woman's clothes)* tailleur *m*; *(in cards)* couleur *f*; *(JUR)* procès *m* ◆ *vt (subj: clothes, colour, shoes)* aller bien à; *(be convenient, appropriate for)* convenir à; **to be ~ed to** être adapté à; **pink doesn't ~ me** le rose ne me va pas.

**suitable** ['su:təbl] *adj* adapté(-e); **to be ~ for** être adapté à.

**suitcase** ['su:tkeıs] *n* valise *f*.

**suite** [swi:t] *n (set of rooms)* suite *f*; *(furniture)* ensemble *m* canapé-fauteuils.

**sulk** [sʌlk] *vi* bouder.

**sultana** [səl'tɑ:nə] *n (Br)* raisin *m* de Smyrne.

**sultry** ['sʌltrı] *adj (weather, climate)* lourd(-e).

**sum** [sʌm] *n (in maths)* opération *f*; *(of money)* somme *f* ❑ **sum up** *vt sep* résumer.

**summarize** ['sʌməraız] *vt* résumer.

**summary** ['sʌmərı] *n* résumé *m*.

**summer** ['sʌmə^r] *n* été *m*; **in (the) ~** en été, l'été; **~ holidays** vacances *fpl* d'été, grandes vacances.

**summertime** ['sʌmətaım] *n* été *m*.

**summit** ['sʌmıt] *n* sommet *m*.

**summon** ['sʌmən] *vt* convoquer.

**sumptuous** ['sʌmptʃʊəs] *adj* somptueux(-euse).

**sun** [sʌn] *n* soleil *m* ◆ *vt*: **to ~ o.s.** prendre un bain de soleil; **to catch the ~** prendre un coup de soleil; **in the ~** au soleil; **out of the ~** à l'abri du soleil.

**Sun.** *(abbr of Sunday)* dim.

**sunbathe** ['sʌnbeıð] *vi* prendre

un bain de soleil.
**sunbed** ['sʌnbed] *n* lit *m* à ultraviolets.
**sun block** *n* écran *m* total.
**sunburn** ['sʌnbɜ:n] *n* coup *m* de soleil.
**sunburnt** ['sʌnbɜ:nt] *adj* brûlé(-e) par le soleil.
**sundae** ['sʌndeɪ] *n* coupe *f* glacée à la Chantilly.
**Sunday** ['sʌndɪ] *n* dimanche *m*, → **Saturday**.
**Sunday school** *n* catéchisme *m*.
**sundress** ['sʌndres] *n* robe *f* bain de soleil.
**sundries** ['sʌndrɪz] *npl (on bill)* divers *mpl*.
**sunflower** ['sʌn,flaʊə^r] *n* tournesol *m*.
**sunflower oil** *n* huile *f* de tournesol.
**sung** [sʌŋ] *pt* → **sing**.
**sunglasses** ['sʌn,glɑ:sɪz] *npl* lunettes *fpl* de soleil.
**sunhat** ['sʌnhæt] *n* chapeau *m* de soleil.
**sunk** [sʌŋk] *pp* → **sink**.
**sunlight** ['sʌnlaɪt] *n* lumière *f* du soleil.
**sun lounger** [-,laʊndʒə^r] *n* chaise *f* longue.
**sunny** ['sʌnɪ] *adj* ensoleillé(-e); **it's ~** il y a du soleil.
**sunrise** ['sʌnraɪz] *n* lever *m* de soleil.
**sunroof** ['sʌnru:f] *n* toit *m* ouvrant.
**sunset** ['sʌnset] *n* coucher *m* de soleil.
**sunshine** ['sʌnʃaɪn] *n* soleil *m*; **in the ~** au soleil.
**sunstroke** ['sʌnstrəʊk] *n* insolation *f*.
**suntan** ['sʌntæn] *n* bronzage *m*.
**suntan cream** *n* crème *f* solaire.
**suntan lotion** *n* lait *m* solaire.
**super** ['su:pə^r] *adj* super *(inv)* ◆ *n (petrol)* super *m*.
**superb** [su:'pɜ:b] *adj* superbe.
**superficial** [,su:pə'fɪʃl] *adj* superficiel(-ielle).
**superfluous** [su:'pɜ:flʊəs] *adj* superflu(-e).
**Superglue®** ['su:pəglu:] *n* colle *f* forte.
**superior** [su:'pɪərɪə^r] *adj* supérieur(-e) ◆ *n* supérieur *m* (-e *f*).
**supermarket** ['su:pə,mɑ:kɪt] *n* supermarché *m*.
**supernatural** [,su:pə'nætʃrəl] *adj* surnaturel(-elle).
**Super Saver®** *n (Br: rail ticket) billet de train à tarif réduit, sous certaines conditions*.
**superstitious** [,su:pə'stɪʃəs] *adj* superstitieux(-ieuse).
**superstore** ['su:pəstɔ:^r] *n* hypermarché *m*.
**supervise** ['su:pəvaɪz] *vt* surveiller.
**supervisor** ['su:pəvaɪzə^r] *n (of workers)* chef *m* d'équipe.
**supper** ['sʌpə^r] *n* dîner *m*; **to have ~** dîner.
**supple** ['sʌpl] *adj* souple.
**supplement** [*n* 'sʌplɪmənt, *vb* 'sʌplɪment] *n* supplément *m*; *(of diet)* complément *m* ◆ *vt* compléter.
**supplementary** [,sʌplɪ'mentərɪ] *adj* supplémentaire.
**supply** [sə'plaɪ] *n (store)* réserve *f*; *(providing)* fourniture *f*; *(of gas, elec-*

*tricity)* alimentation *f* ◆ *vt* fournir; **to ~ sb with sthg** fournir qqch à qqn; *(with gas, electricity)* alimenter qqn en qqch ❑ **supplies** *npl* provisions *fpl*.

**support** [sə'pɔ:t] *n (aid, encouragement)* soutien *m*; *(object)* support *m* ◆ *vt (aid, encourage)* soutenir; *(team, object)* supporter; *(financially)* subvenir aux besoins de.

**supporter** [sə'pɔ:tə^r] *n* (SPORT) supporter *m*; *(of cause, political party)* partisan *m*.

**suppose** [sə'pəʊz] *vt (assume)* supposer; *(think)* penser ◆ *conj* = **supposing**; **I ~ so** je suppose que oui; **to be ~d to do sthg** être censé faire qqch.

**supposing** [sə'pəʊzɪŋ] *conj* à supposer que.

**supreme** [sʊ'pri:m] *adj* suprême.

**surcharge** ['sɜ:tʃɑ:dʒ] *n* surcharge *f*.

**sure** [ʃʊə^r] *adv (inf: yes)* bien sûr; *(Am: inf: certainly)* vraiment ◆ *adj* sûr(-e), certain(-e); **they are ~ to win** il est certain qu'ils vont gagner; **to be ~ of o.s.** être sûr de soi; **to make ~ (that) ...** s'assurer que ...; **for ~** c'est certain.

**surely** ['ʃʊəlɪ] *adv* sûrement.

**surf** [sɜ:f] *n* écume *f* ◆ *vi* surfer.

**surface** ['sɜ:fɪs] *n* surface *f*.

**surface area** *n* surface *f*.

**surface mail** *n* courrier *m* par voie de terre.

**surfboard** ['sɜ:fbɔ:d] *n* surf *m*.

**surfing** ['sɜ:fɪŋ] *n* surf *m*; **to go ~** faire du surf.

**surgeon** ['sɜ:dʒən] *n* chirurgien *m* (-ienne *f*).

**surgery** ['sɜ:dʒərɪ] *n (treatment)* chirurgie *f*; *(Br: building)* cabinet *m* médical; *(Br: period)* consultations *fpl*.

**surname** ['sɜ:neɪm] *n* nom *m* (de famille).

**surplus** ['sɜ:pləs] *n* surplus *m*.

**surprise** [sə'praɪz] *n* surprise *f* ◆ *vt* surprendre.

**surprised** [sə'praɪzd] *adj* surpris(-e).

**surprising** [sə'praɪzɪŋ] *adj* surprenant(-e).

**surrender** [sə'rendə^r] *vi* se rendre ◆ *vt (fml: hand over)* remettre.

**surround** [sə'raʊnd] *vt* entourer; *(encircle)* encercler.

**surrounding** [sə'raʊndɪŋ] *adj* environnant(-e) ❑ **surroundings** *npl* environs *mpl*.

**survey** ['sɜ:veɪ] *n (investigation)* enquête *f*; *(poll)* sondage *m*; *(of land)* levé *m*; *(Br: of house)* expertise *f*.

**surveyor** [sə'veɪə^r] *n (Br: of houses)* expert *m*; *(of land)* géomètre *m*.

**survival** [sə'vaɪvl] *n* survie *f*.

**survive** [sə'vaɪv] *vi* survivre ◆ *vt* survivre à.

**survivor** [sə'vaɪvə^r] *n* survivant *m* (-e *f*).

**suspect** [*vb* sə'spekt, *n & adj* 'sʌspekt] *vt (believe)* soupçonner; *(mistrust)* douter de ◆ *n* suspect *m* (-e *f*) ◆ *adj* suspect(-e); **to ~ sb of sthg** soupçonner qqn de qqch.

**suspend** [sə'spend] *vt* suspendre; *(from school)* exclure.

**suspender belt** [sə'spendə-] *n* porte-jarretelles *m inv*.

**suspenders** [sə'spendəz] *npl (Br: for stockings)* jarretelles *fpl*; *(Am: for trousers)* bretelles *fpl*.

**suspense** [sə'spens] *n* suspense *m*.

**suspension** [sə'spenʃn] *n* suspension *f*; *(from school)* renvoi *m* temporaire.

**suspicion** [sə'spɪʃn] *n* soupçon *m*.

**suspicious** [sə'spɪʃəs] *adj (behaviour, situation)* suspect(-e); **to be ~ (of)** *(distrustful)* se méfier (de).

**swallow** ['swɒləʊ] *n (bird)* hirondelle *f* ◆ *vt & vi* avaler.

**swam** [swæm] *pt* → **swim**.

**swamp** [swɒmp] *n* marécage *m*.

**swan** [swɒn] *n* cygne *m*.

**swap** [swɒp] *vt* échanger; **to ~ sthg for sthg** échanger qqch contre qqch.

**swarm** [swɔ:m] *n (of bees)* essaim *m*.

**swear** [sweəʳ] (*pt* **swore**, *pp* **sworn**) *vt & vi* jurer; **to ~ to do sthg** jurer de faire qqch.

**swearword** ['sweəwɜ:d] *n* gros mot *m*.

**sweat** [swet] *n* transpiration *f*, sueur *f* ◆ *vi* transpirer, suer.

**sweater** ['swetəʳ] *n* pull *m*.

**sweatshirt** ['swetʃɜ:t] *n* sweat-shirt *m*.

**swede** [swi:d] *n (Br)* rutabaga *m*.

**Swede** [swi:d] *n* Suédois *m* (-e *f*).

**Sweden** ['swi:dn] *n* la Suède.

**Swedish** ['swi:dɪʃ] *adj* suédois(-e) ◆ *n (language)* suédois *m* ◆ *npl*: **the ~** les Suédois *mpl*.

**sweep** [swi:p] (*pt & pp* **swept**) *vt (with broom)* balayer.

**sweet** [swi:t] *adj (food, drink)* sucré(-e); *(smell)* doux (douce); *(person, nature)* gentil(-ille) ◆ *n (Br) (candy)* bonbon *m*; *(dessert)* dessert *m*.

**sweet-and-sour** *adj* aigre-doux (aigre-douce).

**sweet corn** *n* maïs *m* doux.

**sweetener** ['swi:tnəʳ] *n (for drink)* édulcorant *m*.

**sweet potato** *n* patate *f* douce.

**sweet shop** *n (Br)* confiserie *f*.

**swell** [swel] (*pp* **swollen**) *vi* enfler.

**swelling** ['swelɪŋ] *n* enflure *f*.

**swept** [swept] *pt & pp* → **sweep**.

**swerve** [swɜ:v] *vi (vehicle)* faire une embardée.

**swig** [swɪg] *n (inf)* lampée *f*.

**swim** [swɪm] (*pt* **swam**, *pp* **swum**) *vi* nager ◆ *n*: **to go for a ~** aller nager.

**swimmer** ['swɪməʳ] *n* nageur *m* (-euse *f*).

**swimming** ['swɪmɪŋ] *n* natation *f*; **to go ~** nager, faire de la natation.

**swimming baths** *npl (Br)* piscine *f*.

**swimming cap** *n* bonnet *m* de bain.

**swimming costume** *n (Br)* maillot *m* de bain.

**swimming pool** *n* piscine *f*.

**swimming trunks** *npl* slip *m* de bain.

**swimsuit** ['swɪmsu:t] *n* maillot *m* de bain.

**swindle** ['swɪndl] *n* escroquerie *f*.

**swing** [swɪŋ] (*pt & pp* **swung**) *n (for children)* balançoire *f* ◆ *vt (from side to side)* balancer ◆ *vi (from side to side)* se balancer.

**swipe** [swaɪp] *vt (credit card etc)* passer dans un lecteur de cartes.

**Swiss** [swɪs] *adj* suisse ◆ *n (per-

*son)* Suisse *mf* ◆ *npl*: **the ~** les Suisses *mpl*.
**Swiss cheese** *n* gruyère *m*.
**swiss roll** *n* gâteau *m* roulé.
**switch** [swɪtʃ] *n (for light, power)* interrupteur *m*; *(for television, radio)* bouton *m* ◆ *vi* changer ◆ *vt (exchange)* échanger; **to ~ places** changer de place ❑ **switch off** *vt sep (light, radio)* éteindre; *(engine)* couper; **switch on** *vt sep (light, radio)* allumer; *(engine)* mettre en marche.
**switchboard** ['swɪtʃbɔːd] *n* standard *m*.
**Switzerland** ['swɪtsələnd] *n* la Suisse.
**swivel** ['swɪvl] *vi* pivoter.
**swollen** ['swəʊln] *pp* → **swell** ◆ *adj (ankle, arm etc)* enflé(-e).
**swop** [swɒp] = **swap**.
**sword** [sɔːd] *n* épée *f*.
**swordfish** ['sɔːdfɪʃ] *(pl inv) n* espadon *m*.
**swore** [swɔːʳ] *pt* → **swear**.
**sworn** [swɔːn] *pp* → **swear**.
**swum** [swʌm] *pp* → **swim**.
**swung** [swʌŋ] *pt & pp* → **swing**.
**syllable** ['sɪləbl] *n* syllabe *f*.
**syllabus** ['sɪləbəs] *n* programme *m*.
**symbol** ['sɪmbl] *n* symbole *m*.
**sympathetic** [ˌsɪmpə'θetɪk] *adj (understanding)* compréhensif(-ive).
**sympathize** ['sɪmpəθaɪz] *vi (feel sorry)* compatir; *(understand)* comprendre; **to ~ with sb** *(feel sorry for)* plaindre qqn; *(understand)* comprendre qqn.
**sympathy** ['sɪmpəθɪ] *n (understanding)* compréhension *f*.
**symphony** ['simfənɪ] *n* symphonie *f*.
**symptom** ['sɪmptəm] *n* symptôme *m*.
**synagogue** ['sɪnəgɒg] *n* synagogue *f*.
**synthesizer** ['sɪnθəsaɪzəʳ] *n* synthétiseur *m*.
**synthetic** [sɪn'θetɪk] *adj* synthétique.
**syringe** [sɪ'rɪndʒ] *n* seringue *f*.
**syrup** ['sɪrəp] *n* sirop *m*.
**system** ['sɪstəm] *n* système *m*; *(for gas, heating etc)* installation *f*; *(hi-fi)* chaîne *f*.

# T

**ta** [tɑː] *excl (Br: inf)* merci!
**tab** [tæb] *n (of cloth, paper etc)* étiquette *f*; *(bill)* addition *f*, note *f*; **put it on my ~** mettez-le sur ma note.
**table** ['teɪbl] *n* table *f*; *(of figures etc)* tableau *m*.
**tablecloth** ['teɪblklɒθ] *n* nappe *f*.
**tablemat** ['teɪblmæt] *n* dessous-de-plat *m inv*.
**tablespoon** ['teɪblspuːn] *n* cuillère *f* à soupe.
**tablet** ['tæblɪt] *n (pill)* cachet *m*; *(of chocolate)* tablette *f*; **a ~ of soap** une savonnette.
**table tennis** *n* ping-pong *m*.
**table wine** *n* vin *m* de table.

**tabloid** ['tæblɔɪd] *n* tabloïd(e) *m*.
**tack** [tæk] *n (nail)* clou *m*.
**tackle** ['tækl] *n (in football)* tacle *m*; *(in rugby)* plaquage *m*; *(for fishing)* matériel *m* ◆ *vt (in football)* tacler; *(in rugby)* plaquer; *(deal with)* s'attaquer à.
**tacky** ['tækɪ] *adj (inf)* ringard(-e).
**taco** ['tækəʊ] (*pl* **-s**) *n crêpe de maïs farcie, très fine et croustillante (spécialité mexicaine)*.
**tact** [tækt] *n* tact *m*.
**tactful** ['tæktful] *adj* plein(-e) de tact.
**tactics** ['tæktɪks] *npl* tactique *f*.
**tag** [tæg] *n (label)* étiquette *f*.
**tagliatelle** [,tægljə'telɪ] *n* tagliatelles *fpl*.
**tail** [teɪl] *n* queue *f* ❑ **tails** *n (of coin)* pile *f* ◆ *npl (formal dress)* queue-de-pie *f*.
**tailgate** ['teɪlgeɪt] *n (of car)* hayon *m*.
**tailor** ['teɪlə^r] *n* tailleur *m*.
**Taiwan** [,taɪ'wɑ:n] *n* Taïwan.
**take** [teɪk] (*pt* **took**, *pp* **taken**) *vt* 1. *(gen)* prendre; **to ~ a bath/shower** prendre un bain/une douche; **to ~ an exam** passer un examen; **to ~ a walk** faire une promenade.
2. *(carry)* emporter.
3. *(drive)* emmener.
4. *(time)* prendre; *(patience, work)* demander; **how long will it ~?** combien de temps ça va prendre?
5. *(size in clothes, shoes)* faire; **what size do you ~?** *(clothes)* quelle taille faites-vous?; *(shoes)* quelle pointure faites-vous?
6. *(subtract)* ôter.
7. *(accept)* accepter; **do you ~ traveller's cheques?** acceptez-vous les traveller's checks?; **to ~ sb's advice** suivre les conseils de qqn.
8. *(contain)* contenir.
9. *(tolerate)* supporter.
10. *(assume)*: **I ~ it that ...** je suppose que ...
11. *(rent)* louer.
❑ **take apart** *vt sep (dismantle)* démonter; **take away** *vt sep (remove)* enlever; *(subtract)* ôter; **take back** *vt sep (something borrowed)* rapporter; *(person)* ramener; *(statement)* retirer; **take down** *vt sep (picture, decorations)* enlever; **take in** *vt sep (include)* englober; *(understand)* comprendre; *(deceive)* tromper; *(clothes)* reprendre; **take off** *vi (plane)* décoller ◆ *vt sep (remove)* enlever, ôter; *(as holiday)*: **to ~ a week off** prendre une semaine de congé; **take out** *vt sep* sortir; *(loan, insurance policy)* souscrire; *(go out with)* emmener; **take over** *vi* prendre le relais; **take up** *vt sep (begin)* se mettre à; *(use up)* prendre; *(trousers, dress)* raccourcir.
**takeaway** ['teɪkə,weɪ] *n (Br) (shop) magasin qui vend des plats à emporter*; *(food)* plat *m* à emporter.
**taken** ['teɪkn] *pp* → **take**.
**takeoff** ['teɪkɒf] *n (of plane)* décollage *m*.
**takeout** ['teɪkaʊt] *(Am)* = **takeaway**.
**takings** ['teɪkɪŋz] *npl* recette *f*.
**talcum powder** ['tælkəm-] *n* talc *m*.
**tale** [teɪl] *n (story)* conte *m*; *(account)* récit *m*.
**talent** ['tælənt] *n* talent *m*.
**talk** [tɔ:k] *n (conversation)* conversation *f*; *(speech)* exposé *m* ◆ *vi* parler; **to ~ to sb (about sthg)** parler à qqn (de qqch); **to ~ with sb** parler

avec qqn ❑ **talks** *npl* négociations *fpl*.

**talkative** ['tɔ:kətɪv] *adj* bavard(-e).

**tall** [tɔ:l] *adj* grand(-e); **how ~ are you?** combien mesures-tu?; **I'm five and a half feet ~** je fais 1,65 mètres, je mesure 1,65 mètres.

**tame** [teɪm] *adj (animal)* apprivoisé(-e).

**tampon** ['tæmpɒn] *n* tampon *m*.

**tan** [tæn] *n (suntan)* bronzage *m* ◆ *vi* bronzer ◆ *adj (colour)* brun clair.

**tangerine** [,tændʒə'ri:n] *n* mandarine *f*.

**tank** [tæŋk] *n (container)* réservoir *m*; *(vehicle)* tank *m*.

**tanker** ['tæŋkə^r] *n (truck)* camion-citerne *m*.

**tanned** [tænd] *adj* bronzé(-e).

**tap** [tæp] *n (for water)* robinet *m* ◆ *vt (hit)* tapoter.

**tape** [teɪp] *n (cassette, video)* cassette *f*; *(in cassette)* bande *f*; *(adhesive material)* ruban *m* adhésif; *(strip of material)* ruban *m* ◆ *vt (record)* enregistrer; *(stick)* scotcher.

**tape measure** *n* mètre *m* (ruban).

**tape recorder** *n* magnétophone *m*.

**tapestry** ['tæpɪstrɪ] *n* tapisserie *f*.

**tap water** *n* eau *f* du robinet.

**tar** [tɑ:^r] *n (for roads)* goudron *m*; *(in cigarettes)* goudrons *mpl*.

**target** ['tɑ:gɪt] *n* cible *f*.

**tariff** ['tærɪf] *n (price list)* tarif *m*; *(Br: menu)* menu *m*; *(at customs)* tarif *m* douanier.

**tarmac** ['tɑ:mæk] *n (at airport)* piste *f* ❑ **Tarmac®** *n (on road)* macadam *m*.

**tarpaulin** [tɑ:'pɔ:lɪn] *n* bâche *f*.

**tart** [tɑ:t] *n* tarte *f*.

**tartan** ['tɑ:tn] *n* tartan *m*.

**tartare sauce** [,tɑ:tə-] *n* sauce *f* tartare.

**task** [tɑ:sk] *n* tâche *f*.

**taste** [teɪst] *n* goût *m* ◆ *vt (sample)* goûter; *(detect)* sentir ◆ *vi*: **to ~ of sthg** avoir un goût de qqch; **it ~s bad** ça a mauvais goût; **it ~s good** ça a bon goût; **to have a ~ of sthg** *(food, drink)* goûter (à) qqch; *(fig: experience)* avoir un aperçu de qqch.

**tasteful** ['teɪstfʊl] *adj* de bon goût.

**tasteless** ['teɪstlɪs] *adj (food)* insipide; *(comment, decoration)* de mauvais goût.

**tasty** ['teɪstɪ] *adj* délicieux(-ieuse).

**tattoo** [tə'tu:] (*pl* **-s**) *n (on skin)* tatouage *m*; *(military display)* défilé *m* (militaire).

**taught** [tɔ:t] *pt & pp* → **teach**.

**Taurus** ['tɔ:rəs] *n* Taureau *m*.

**taut** [tɔ:t] *adj* tendu(-e).

**tax** [tæks] *n (on income)* impôts *mpl*; *(on import, goods)* taxe *f* ◆ *vt (goods)* taxer; *(person)* imposer.

**tax disc** *n (Br)* vignette *f* automobile.

**tax-free** *adj* exonéré(-e) d'impôts.

**taxi** ['tæksɪ] *n* taxi *m* ◆ *vi (plane)* rouler.

**taxi driver** *n* chauffeur *m* de taxi.

**taxi rank** *n (Br)* station *f* de taxis.

**taxi stand** *(Am)* = **taxi rank.**
**T-bone steak** *n* steak *m* dans l'aloyau.
**tea** [ti:] *n* thé *m*; *(herbal)* tisane *f*; *(evening meal)* dîner *m*.
**tea bag** *n* sachet *m* de thé.
**teacake** ['ti:keɪk] *n petit pain brioché aux raisins secs.*
**teach** [ti:tʃ] (*pt & pp* **taught**) *vt* *(subject)* enseigner; *(person)* enseigner à ◆ *vi* enseigner; **to ~ sb sthg, to ~ sthg to sb** enseigner qqch à qqn; **to ~ sb (how) to do sthg** apprendre à qqn à faire qqch.
**teacher** ['ti:tʃəʳ] *n* professeur *m*, enseignant *m* (-e *f*).
**teaching** ['ti:tʃɪŋ] *n* enseignement *m*.
**tea cloth** = **tea towel.**
**teacup** ['ti:kʌp] *n* tasse *f* à thé.
**team** [ti:m] *n* équipe *f*.
**teapot** ['ti:pɒt] *n* théière *f*.
**tear**[1] [teəʳ] (*pt* **tore**, *pp* **torn**) *vt* *(rip)* déchirer ◆ *vi* se déchirer ◆ *n* déchirure *f* ❑ **tear up** *vt sep* déchirer.
**tear**[2] [tɪəʳ] *n* larme *f*.
**tearoom** ['ti:rum] *n* salon *m* de thé.
**tease** [ti:z] *vt* taquiner.
**tea set** *n* service *m* à thé.
**teaspoon** ['ti:spu:n] *n* cuillère *f* à café; *(amount)* = **teaspoonful.**
**teaspoonful** ['ti:spu:n,fʊl] *n* cuillerée *f* à café.
**teat** [ti:t] *n* *(animal)* tétine *f*.
**teatime** ['ti:taɪm] *n* heure *f* du thé.
**tea towel** *n* torchon *m*.
**technical** ['teknɪkl] *adj* technique.
**technical drawing** *n* dessin *m* industriel.
**technicality** [,teknɪ'kælətɪ] *n* *(detail)* détail *m* technique.
**technician** [tek'nɪʃn] *n* technicien *m* (-ienne *f*).
**technique** [tek'ni:k] *n* technique *f*.
**technological** [,teknə'lɒdʒɪkl] *adj* technologique.
**technology** [tek'nɒlədʒɪ] *n* technologie *f*.
**teddy (bear)** ['tedɪ-] *n* ours *m* en peluche.
**tedious** ['ti:djəs] *adj* ennuyeux(-euse).
**tee** [ti:] *n* *(peg)* tee *m*; *(area)* point *m* de départ.
**teenager** ['ti:n,eɪdʒəʳ] *n* adolescent *m* (-e *f*).
**teeth** [ti:θ] *pl* → **tooth.**
**teethe** [ti:ð] *vi*: **to be teething** faire ses dents.
**teetotal** [ti:'təʊtl] *adj* qui ne boit jamais.
**telegram** ['telɪgræm] *n* télégramme *m*.
**telegraph** ['telɪgrɑ:f] *n* télégraphe *m* ◆ *vt* télégraphier.
**telegraph pole** *n* poteau *m* télégraphique.
**telephone** ['telɪfəʊn] *n* téléphone *m* ◆ *vt* *(person, place)* téléphoner à ◆ *vi* téléphoner; **to be on the ~** *(talking)* être au téléphone; *(connected)* avoir le téléphone.
**telephone booth** *n* cabine *f* téléphonique.
**telephone box** *n* cabine *f* téléphonique.
**telephone call** *n* appel *m* téléphonique.
**telephone directory** *n* an-

nuaire *m* (téléphonique).

**telephone number** *n* numéro *m* de téléphone.

**telephonist** [tɪ'lefənɪst] *n (Br)* téléphoniste *mf*.

**telephoto lens** [,telɪ'fəutəu-] *n* téléobjectif *m*.

**telescope** ['telɪskəup] *n* télescope *m*.

**television** ['telɪ,vɪʒn] *n* télévision *f*; **on (the) ~** *(broadcast)* à la télévision.

**telex** ['teleks] *n* télex *m*.

**tell** [tel] *(pt & pp* **told***)* *vt (inform)* dire à; *(story, joke)* raconter; *(truth, lie)* dire; *(distinguish)* voir ◆ *vi*: **I can ~** ça se voit; **can you ~ me the time?** pouvez-vous me dire l'heure?; **to ~ sb sthg** dire qqch à qqn; **to ~ sb about sthg** raconter qqch à qqn; **to ~ sb how to do sthg** dire à qqn comment faire qqch; **to ~ sb to do sthg** dire à qqn de faire qqch ❑ **tell off** *vt sep* gronder.

**teller** ['telə^r] *n (in bank)* caissier *m* (-ière *f*).

**telly** ['telɪ] *n (Br: inf)* télé *f*.

**temp** [temp] *n* intérimaire *mf* ◆ *vi* faire de l'intérim.

**temper** ['tempə^r] *n*: **to be in a ~** être de mauvaise humeur; **to lose one's ~** se mettre en colère.

**temperature** ['temprətʃə^r] *n* température *f*; **to have a ~** avoir de la température.

**temple** ['templ] *n (building)* temple *m*; *(of forehead)* tempe *f*.

**temporary** ['tempərərɪ] *adj* temporaire.

**tempt** [tempt] *vt* tenter; **to be ~ed to do sthg** être tenté de faire qqch.

**temptation** [temp'teɪʃn] *n* tentation *f*.

**tempting** ['temptɪŋ] *adj* tentant(-e).

**ten** [ten] *num* dix, → **six**.

**tenant** ['tenənt] *n* locataire *mf*.

**tend** [tend] *vi*: **to ~ to do sthg** avoir tendance à faire qqch.

**tendency** ['tendənsɪ] *n* tendance *f*.

**tender** ['tendə^r] *adj* tendre; *(sore)* douloureux(-euse) ◆ *vt (fml: pay)* présenter.

**tendon** ['tendən] *n* tendon *m*.

**tenement** ['tenəmənt] *n* immeuble *m*.

**tennis** ['tenɪs] *n* tennis *m*.

**tennis ball** *n* balle *f* de tennis.

**tennis court** *n* court *m* de tennis.

**tennis racket** *n* raquette *f* de tennis.

**tenpin bowling** ['tenpɪn-] *n (Br)* bowling *m*.

**tenpins** ['tenpɪnz] *(Am)* = **tenpin bowling**.

**tense** [tens] *adj* tendu(-e) ◆ *n (GRAMM)* temps *m*.

**tension** ['tenʃn] *n* tension *f*.

**tent** [tent] *n* tente *f*.

**tenth** [tenθ] *num* dixième, → **sixth**.

**tent peg** *n* piquet *m* de tente.

**tepid** ['tepɪd] *adj* tiède.

**tequila** [tɪ'ki:lə] *n* tequila *f*.

**term** [tɜ:m] *n (word, expression)* terme *m*; *(at school, university)* trimestre *m*; **in the long ~** à long terme; **in the short ~** à court terme; **in ~s of** du point de vue de; **in business ~s** d'un point de vue commercial ❑ **terms** *npl (of contract)* termes *mpl*; *(price)* conditions *fpl*.

**terminal** ['tɜːmɪnl] *adj (illness)* mortel(-elle) ◆ *n (for buses)* terminus *m*; *(at airport)* terminal *m*, aérogare *f*; *(COMPUT)* terminal.

**terminate** ['tɜːmɪneɪt] *vi (train, bus)* arriver à son terminus.

**terminus** ['tɜːmɪnəs] *n* terminus *m*.

**terrace** ['terəs] *n (patio)* terrasse *f*; **the ~s** *(at football ground)* les gradins *mpl*.

**terraced house** ['terəst-] *n (Br) maison attenante aux maisons voisines*.

**terrible** ['terəbl] *adj* terrible; *(very ill)* très mal.

**terribly** ['terəblɪ] *adv* terriblement; *(very badly)* terriblement mal.

**terrier** ['terɪəʳ] *n* terrier *m*.

**terrific** [tə'rɪfɪk] *adj (inf) (very good)* super *(inv)*; *(very great)* terrible.

**terrified** ['terɪfaɪd] *adj* terrifié(-e).

**territory** ['terətrɪ] *n* territoire *m*.

**terror** ['terəʳ] *n* terreur *f*.

**terrorism** ['terərɪzm] *n* terrorisme *m*.

**terrorist** ['terərɪst] *n* terroriste *mf*.

**terrorize** ['terəraɪz] *vt* terroriser.

**test** [test] *n (exam, medical)* examen *m*; *(at school, on machine, car)* contrôle *m*; *(of intelligence, personality)* test *m*; *(of blood)* analyse *f* ◆ *vt (check)* tester; *(give exam to)* interroger; *(dish, drink)* goûter (à).

**testicles** ['testɪklz] *npl* testicules *mpl*.

**tetanus** ['tetənəs] *n* tétanos *m*.

**text** [tekst] *n* texte *m*.

**textbook** ['tekstbʊk] *n* manuel *m*.

**textile** ['tekstaɪl] *n* textile *m*.

**texture** ['tekstʃəʳ] *n* texture *f*.

**Thai** [taɪ] *adj* thaïlandais(-e).

**Thailand** ['taɪlænd] *n* la Thaïlande.

**Thames** [temz] *n*: **the ~** la Tamise.

**than** [*weak form* ðən, *strong form* ðæn] *prep & conj* que; **you're better ~ me** tu es meilleur que moi; **I'd rather stay in ~ go out** je préférerais rester à la maison (plutôt) que sortir; **more ~ ten** plus de dix.

**thank** [θæŋk] *vt*: **to ~ sb (for sthg)** remercier qqn (de OR pour qqch) ❑ **thanks** *npl* remerciements *mpl* ◆ *excl* merci!; **~s to** grâce à; **many ~s** mille mercis.

**Thanksgiving** ['θæŋks,gɪvɪŋ] *n fête nationale américaine*.

---

### *i* THANKSGIVING

Le quatrième jeudi de novembre, jour férié, les Américains commémorent l'action de grâce rendue en 1621 par les colons britanniques après leur première récolte. Le repas traditionnel de Thanksgiving se compose de dinde rôtie à la sauce aux airelles et de tarte au potiron.

---

**thank you** *excl* merci!; **~ very much!** merci beaucoup!; **no ~!** non merci!

**that** [ðæt, *weak form of pron senses 3, 4, 5 & conj* ðət] (*pl* **those**) *adj* **1.** *(referring to thing, person mentioned)*

ce (cette), cet *(before vowel or mute "h")*, ces *(pl)*; **~ film was very good** ce film était très bien; **those chocolates are delicious** ces chocolats sont délicieux.
2. *(referring to thing, person further away)* ce ...-là (cette ...-là), cet ...-là *(before vowel or mute "h")*, ces ...-là *(pl)*; **I prefer ~ book** je préfère ce livre-là; **I'll have ~ one** je prends celui-là.
◆ *pron* 1. *(referring to thing mentioned)* ce, cela, ça; **what's ~?** qu'est-ce que c'est que ça?; **~'s interesting** c'est intéressant; **who's ~?** qui est-ce?; **is ~ Lucy?** c'est Lucy?
2. *(referring to thing, person further away)* celui-là (celle-là), ceux-là (celles-là) *(pl)*.
3. *(introducing relative clause: subject)* qui; **a shop ~ sells antiques** un magasin qui vend des antiquités.
4. *(introducing relative clause: object)* que; **the film ~ I saw** le film que j'ai vu.
5. *(introducing relative clause: after prep)*: **the person that I bought it for** la personne pour laquelle je l'ai acheté; **the place ~ I'm looking for** l'endroit que je cherche.
◆ *adv* si; **it wasn't ~ bad/good** ce n'était pas si mauvais/bon (que ça).
◆ *conj* que; **tell him ~ I'm going to be late** dis-lui que je vais être en retard.

**thatched** [θætʃt] *adj (roof)* de chaume; *(cottage)* au toit de chaume.

**that's** [ðæts] = **that is**.

**thaw** [θɔː] *vi (snow, ice)* fondre ◆ *vt (frozen food)* décongeler.

**the** [*weak form* ðə, *before vowel* ðɪ, *strong form* ðiː] *definite article* 1. *(gen)* le (la), les *(pl)*; **~ book** le livre; **~ man** l'homme; **~ woman** la femme; **~ girls** les filles; **~ Wilsons** les Wilson.
2. *(with an adjective to form a noun)*: **~ British** les Britanniques; **~ young** les jeunes.
3. *(in dates)*: **~ twelfth** le douze; **~ forties** les années quarante.
4. *(in titles)*: **Elizabeth ~ Second** Élisabeth II.

**theater** ['θɪətə$^r$] *n (Am) (for plays, drama)* = **theatre**; *(for films)* cinéma *m*.

**theatre** ['θɪətə$^r$] *n (Br)* théâtre *m*.

**theft** [θeft] *n* vol *m*.

**their** [ðeə$^r$] *adj* leur, leurs *(pl)*.

**theirs** [ðeəz] *pron* le leur (la leur), les leurs *(pl)*; **a friend of ~** un de leurs amis.

**them** [*weak form* ðəm, *strong form* ðem] *pron (direct)* les; *(indirect)* leur; *(after prep)* eux (elles *f*); **I know ~** je les connais; **it's ~** ce sont OR c'est eux; **send it to ~** envoyez-le-leur; **tell ~** dites-leur; **he's worse than ~** il est pire qu'eux.

**theme** [θiːm] *n* thème *m*.

**theme park** *n* parc *m* à thème.

**themselves** [ðəm'selvz] *pron (reflexive)* se; *(after prep)* eux, eux-mêmes; **they did it ~** ils l'ont fait eux-mêmes.

**then** [ðen] *adv (at time in past, in that case)* alors; *(at time in future)* à ce moment-là; *(next)* puis, ensuite; **from ~ on** depuis ce moment-là; **until ~** jusque-là.

**theory** ['θɪərɪ] *n* théorie *f*; **in ~** en théorie.

**therapist** ['θerəpɪst] *n* thérapeute *mf*.

**therapy** ['θerəpɪ] *n* thérapie *f*.

**there** [ðeə$^r$] *adv* là, là-bas ◆ *pron*:

~ **is** il y a; ~ **are** il y a; **is anyone ~?** il y a quelqu'un?; **is Bob ~, please?** *(on phone)* est-ce que Bob est là, s'il vous plaît?; **we're going ~ tomorrow** nous y allons demain; **over ~** là-bas; **~ you are** *(when giving)* voilà.

**thereabouts** [ˌðeərə'bauts] *adv*: **or ~** environ.

**therefore** ['ðeəfɔːʳ] *adv* donc, par conséquent.

**there's** [ðeəz] = **there is**.

**thermal underwear** [ˌθɜːml-] *n* sous-vêtements *mpl* en thermolactyl.

**thermometer** [θə'mɒmɪtəʳ] *n* thermomètre *m*.

**Thermos (flask)®** ['θɜːməs-] *n* Thermos® *f*.

**thermostat** ['θɜːməstæt] *n* thermostat *m*.

**these** [ðiːz] *pl* → **this**.

**they** [ðeɪ] *pron* ils (elles *f*).

**thick** [θɪk] *adj* épais(-aisse); *(inf: stupid)* bouché(-e); **it's 1 metre ~** ça fait 1 mètre d'épaisseur.

**thicken** ['θɪkn] *vt* épaissir.

**thickness** ['θɪknɪs] *n* épaisseur *f*.

**thief** [θiːf] (*pl* **thieves** [θiːvz]) *n* voleur *m* (-euse *f*).

**thigh** [θaɪ] *n* cuisse *f*.

**thimble** ['θɪmbl] *n* dé *m* à coudre.

**thin** [θɪn] *adj (in size)* fin(-e); *(person)* mince; *(soup, sauce)* peu épais(-aisse).

**thing** [θɪŋ] *n* chose *f*; **the ~ is** le problème, c'est que ❑ **things** *npl (clothes, possessions)* affaires *fpl*; **how are ~s?** *(inf)* comment ça va?

**thingummyjig** ['θɪŋəmɪdʒɪg] *n (inf)* truc *m*.

**think** [θɪŋk] (*pt & pp* **thought**) *vt* penser ◆ *vi* réfléchir; **what do you ~ of this jacket?** qu'est-ce que tu penses de cette veste?; **to ~ that** penser que; **to ~ about** penser à; **to ~ of** penser à; *(remember)* se souvenir de; **to ~ of doing sthg** songer à faire qqch; **I ~ so** je pense (que oui); **I don't ~ so** je ne pense pas; **do you ~ you could ...?** pourrais-tu ...?; **to ~ highly of sb** penser beaucoup de bien de qqn ❑ **think over** *vt sep* réfléchir à; **think up** *vt sep* imaginer.

**third** [θɜːd] *num* troisième, → **sixth**.

**third party insurance** *n* assurance *f* au tiers.

**Third World** *n*: **the ~** le tiers-monde.

**thirst** [θɜːst] *n* soif *f*.

**thirsty** ['θɜːstɪ] *adj*: **to be ~** avoir soif.

**thirteen** [ˌθɜː'tiːn] *num* treize, → **six**.

**thirteenth** [ˌθɜː'tiːnθ] *num* treizième, → **sixth**.

**thirtieth** ['θɜːtɪəθ] *num* trentième, → **sixth**.

**thirty** ['θɜːtɪ] *num* trente, → **six**.

**this** [ðɪs] (*pl* **these**) *adj* 1. *(referring to thing, person mentioned)* ce (cette), cet *(before vowel or mute "h")*, ces *(pl)*; **these chocolates are delicious** ces chocolats sont délicieux; **~ morning** ce matin; **~ week** cette semaine.

2. *(referring to thing, person nearer)* ce ...-ci (cette ...-ci), cet ...-ci *(before vowel or mute "h")*, ces ...-ci *(pl)*; **I prefer ~ book** je préfère ce livre-ci; **I'll have ~ one** je prends celui-ci.

3. *(inf: used when telling a story)*: **there was ~ man ...** il y avait un bonhomme ...

◆ *pron* 1. *(referring to thing mentioned)* ce, ceci; **~ is for you** c'est pour vous; **what are these?** qu'est-ce que c'est?; **~ is David Gregory** *(introducing someone)* je vous présente David Gregory; *(on telephone)* David Gregory à l'appareil.

2. *(referring to thing, person nearer)* celui-ci (celle-ci), ceux-ci (celles-ci) *(pl)*.

◆ *adv*: **it was ~ big** c'était grand comme ça.

**thistle** ['θɪsl] *n* chardon *m*.

**thorn** [θɔ:n] *n* épine *f*.

**thorough** ['θʌrə] *adj* minutieux(-ieuse).

**thoroughly** ['θʌrəlɪ] *adv (check, clean)* à fond.

**those** [ðəʊz] *pl* → **that**.

**though** [ðəʊ] *conj* bien que *(+ subjunctive)* ◆ *adv* pourtant; **even ~** bien que *(+ subjunctive)*.

**thought** [θɔ:t] *pt & pp* → **think** ◆ *n (idea)* idée *f*; *(thinking)* pensées *fpl*; *(careful)* réflexion *f* ❑ **thoughts** *npl (opinion)* avis *m*, opinion *f*.

**thoughtful** ['θɔ:tfʊl] *adj (serious)* pensif(-ive); *(considerate)* prévenant(-e).

**thoughtless** ['θɔ:tlɪs] *adj* indélicat(-e).

**thousand** ['θaʊznd] *num* mille; **a** OR **one ~** mille; **~s of** des milliers de, → **six**.

**thrash** [θræʃ] *vt (inf: defeat)* battre à plate(s) couture(s).

**thread** [θred] *n (of cotton etc)* fil *m* ◆ *vt (needle)* enfiler.

**threadbare** ['θredbeə^r] *adj* usé(-e) jusqu'à la corde.

**threat** [θret] *n* menace *f*.

**threaten** ['θretn] *vt* menacer; **to ~ to do sthg** menacer de faire qqch.

**threatening** ['θretnɪŋ] *adj* menaçant(-e).

**three** [θri:] *num* trois, → **six**.

**three-D** *n*: **in ~** en relief.

**three-piece suite** *n* ensemble *m* canapé-deux fauteuils.

**three-quarters** ['-kwɔ:təz] *n* trois quarts *mpl*; **~ of an hour** trois quarts d'heure.

**threshold** ['θreʃhəʊld] *n (fml)* seuil *m*.

**threw** [θru:] *pt* → **throw**.

**thrifty** ['θrɪftɪ] *adj* économe.

**thrilled** [θrɪld] *adj* ravi(-e).

**thriller** ['θrɪlə^r] *n* thriller *m*.

**thrive** [θraɪv] *vi (plant, animal, person)* s'épanouir; *(business, tourism)* être florissant(-e).

**throat** [θrəʊt] *n* gorge *f*.

**throb** [θrɒb] *vi (noise, engine)* vibrer; **my head is throbbing** j'ai un mal de tête lancinant.

**throne** [θrəʊn] *n* trône *m*.

**throttle** ['θrɒtl] *n (of motorbike)* poignée *f* des gaz.

**through** [θru:] *prep (to other side of)* à travers; *(hole, window)* par; *(by means of)* par; *(because of)* grâce à; *(during)* pendant ◆ *adv (to other side)* à travers ◆ *adj*: **to be ~ (with sthg)** *(finished)* avoir fini (qqch); **you're ~** *(on phone)* vous êtes en ligne; **Monday ~ Thursday** *(Am)* de lundi à jeudi; **to let sb ~** laisser passer qqn; **I slept ~ until nine** j'ai dormi d'une traite jusqu'à neuf heures; **~ traffic** *circulation se dirigeant vers un autre endroit sans* *s'arrêter;* **a ~ train** un train direct; **"no ~ road"** *(Br)* «voie sans issue».

**throughout** [θruːˈaʊt] *prep (day, morning, year)* tout au long de; *(place, country, building)* partout dans ◆ *adv (all the time)* tout le temps; *(everywhere)* partout.

**throw** [θrəʊ] (*pt* **threw**, *pp* **thrown** [θrəʊn]) *vt* jeter, lancer; *(ball, javelin, dice)* lancer; *(person)* projeter; *(a switch)* actionner; **to ~ sthg in the bin** jeter qqch à la poubelle ❑ **throw away** *vt sep (get rid of)* jeter; **throw out** *vt sep (get rid of)* jeter; *(person)* jeter dehors; **throw up** *vi (inf: vomit)* vomir.

**thru** [θruː] *(Am)* = **through**.

**thrush** [θrʌʃ] *n (bird)* grive *f*.

**thud** [θʌd] *n* bruit *m* sourd.

**thug** [θʌg] *n* voyou *m*.

**thumb** [θʌm] *n* pouce *m* ◆ *vt*: **to ~ a lift** faire de l'auto-stop.

**thumbtack** [ˈθʌmtæk] *n (Am)* punaise *f*.

**thump** [θʌmp] *n (punch)* coup *m*; *(sound)* bruit *m* sourd ◆ *vt* cogner.

**thunder** [ˈθʌndəʳ] *n* tonnerre *m*.

**thunderstorm** [ˈθʌndəstɔːm] *n* orage *m*.

**Thurs.** *(abbr of Thursday)* jeu.

**Thursday** [ˈθɜːzdɪ] *n* jeudi *m*, → **Saturday**.

**thyme** [taɪm] *n* thym *m*.

**tick** [tɪk] *n (written mark)* coche *f*; *(insect)* tique *f* ◆ *vt* cocher ◆ *vi (clock, watch)* faire tic-tac ❑ **tick off** *vt sep (mark off)* cocher.

**ticket** [ˈtɪkɪt] *n* billet *m*; *(for bus, underground)* ticket *m*; *(label)* étiquette *f*; *(for speeding, parking)* contravention *f*.

**ticket collector** *n (at barrier)* contrôleur *m* (-euse *f*).

**ticket inspector** *n (on train)* contrôleur *m* (-euse *f*).

**ticket machine** *n* billetterie *f* automatique.

**ticket office** *n* guichet *m*.

**tickle** [ˈtɪkl] *vt & vi* chatouiller.

**ticklish** [ˈtɪklɪʃ] *adj* chatouilleux(-euse).

**tick-tack-toe** *n (Am)* morpion *m*.

**tide** [taɪd] *n* marée *f*.

**tidy** [ˈtaɪdɪ] *adj (room, desk)* rangé(-e); *(person, hair)* soigné(-e) ❑ **tidy up** *vt sep* ranger.

**tie** [taɪ] (*pt & pp* **tied**, *cont* **tying**) *n (around neck)* cravate *f*; *(draw)* match *m* nul; *(Am: on railway track)* traverse *f* ◆ *vt* attacher; *(knot)* faire ◆ *vi (at end of competition)* terminer à égalité; *(at end of match)* faire match nul ❑ **tie up** *vt sep* attacher; *(delay)* retenir.

**tiepin** [ˈtaɪpɪn] *n* épingle *f* de cravate.

**tier** [tɪəʳ] *n (of seats)* gradin *m*.

**tiger** [ˈtaɪgəʳ] *n* tigre *m*.

**tight** [taɪt] *adj* serré(-e); *(drawer, tap)* dur(-e); *(rope, material)* tendu(-e); *(chest)* oppressé(-e); *(inf: drunk)* soûl(-e) ◆ *adv (hold)* bien.

**tighten** [ˈtaɪtn] *vt* serrer, resserrer.

**tightrope** [ˈtaɪtrəʊp] *n* corde *f* raide.

**tights** [taɪts] *npl* collant(s) *m(pl)*; **a pair of ~** un collant, des collants.

**tile** [ˈtaɪl] *n (for roof)* tuile *f*; *(for floor, wall)* carreau *m*.

**till** [tɪl] *n (for money)* caisse *f* ◆ *prep* jusqu'à ◆ *conj* jusqu'à ce que.

**tiller** [ˈtɪləʳ] *n* barre *f*.

**tilt** [tɪlt] *vt* pencher ◆ *vi* se pencher.
**timber** ['tɪmbəʳ] *n (wood)* bois *m*; *(of roof)* poutre *f*.
**time** [taɪm] *n* temps *m*; *(measured by clock)* heure *f*; *(moment)* moment *m*; *(occasion)* fois *f*; *(in history)* époque *f* ◆ *vt (measure)* chronométrer; *(arrange)* prévoir; **I haven't got the ~** je n'ai pas le temps; **it's ~ to go** il est temps OR l'heure de partir; **what's the ~?** quelle heure est-il?; **two ~s two** deux fois deux; **five ~s as much** cinq fois plus; **in a month's ~** dans un mois; **to have a good ~** bien s'amuser; **all the ~** tout le temps; **every ~** chaque fois; **from ~ to ~** de temps en temps; **for the ~ being** pour l'instant; **in ~** *(arrive)* à l'heure; **in good ~** en temps voulu; **last ~** la dernière fois; **most of the ~** la plupart du temps; **on ~** à l'heure; **some of the ~** parfois; **this ~** cette fois.
**time difference** *n* décalage *m* horaire.
**time limit** *n* délai *m*.
**timer** ['taɪməʳ] *n (machine)* minuteur *m*.
**time share** *n* logement *m* en multipropriété.
**timetable** ['taɪm,teɪbl] *n* horaire *m*; *(SCH)* emploi *m* du temps; *(of events)* calendrier *m*.
**time zone** *n* fuseau *m* horaire.
**timid** ['tɪmɪd] *adj* timide.
**tin** [tɪn] *n (metal)* étain *m*; *(container)* boîte *f* ◆ *adj* en étain.
**tinfoil** ['tɪnfɔɪl] *n* papier *m* aluminium.
**tinned food** [tɪnd-] *n (Br)* conserves *fpl*.
**tin opener** [-,əʊpnəʳ] *n (Br)* ouvre-boîtes *m inv*.
**tinsel** ['tɪnsl] *n* guirlandes *fpl* de Noël.
**tint** [tɪnt] *n* teinte *f*.
**tinted glass** [,tɪntɪd-] *n* verre *m* teinté.
**tiny** ['taɪnɪ] *adj* minuscule.
**tip** [tɪp] *n (of pen, needle)* pointe *f*; *(of finger, cigarette)* bout *m*; *(to waiter, taxi driver etc)* pourboire *m*; *(piece of advice)* tuyau *m*; *(rubbish dump)* décharge *f* ◆ *vt (waiter, taxi driver etc)* donner un pourboire à; *(tilt)* incliner; *(pour)* verser ❑ **tip over** *vt sep* renverser ◆ *vi* se renverser.
**tire** ['taɪəʳ] *vi* se fatiguer ◆ *n (Am)* = **tyre**.
**tired** ['taɪəd] *adj* fatigué(-e); **to be ~ of** *(fed up with)* en avoir assez de.
**tired out** *adj* épuisé(-e).
**tiring** ['taɪərɪŋ] *adj* fatigant(-e).
**tissue** ['tɪʃu:] *n (handkerchief)* mouchoir *m* en papier.
**tissue paper** *n* papier *m* de soie.
**tit** [tɪt] *n (vulg: breast)* nichon *m*.
**title** ['taɪtl] *n* titre *m*.
**T-junction** *n* intersection *f* en T.
**to** [*unstressed before consonant* tə, *unstressed before vowel* tʊ, *stressed* tu:] *prep* 1. *(indicating direction)* à; **to go ~ the States** aller aux États-Unis; **to go ~ France** aller en France; **to go ~ school** aller à l'école.
2. *(indicating position)*: **~ one side** sur le côté; **~ the left/right** à gauche/droite.
3. *(expressing indirect object)* à; **to give sthg ~ sb** donner qqch à qqn; **to listen ~ the radio** écouter la radio.
4. *(indicating reaction, effect)* à; **~ my**

**surprise** à ma grande surprise.
5. *(until)* jusqu'à; **to count ~ ten** compter jusqu'à dix; **we work from nine ~ five** nous travaillons de neuf heures à dix-sept heures.
6. *(indicating change of state)*: **to turn ~ sthg** se transformer en qqch; **it could lead ~ trouble** ça pourrait causer des ennuis.
7. *(Br: in expressions of time)*: **it's ten ~ three** il est trois heures moins dix; **at quarter ~ seven** à sept heures moins le quart.
8. *(in ratios, rates)*: **40 miles ~ the gallon** = 7 litres au cent; **there are eight francs to the pound** la livre vaut huit francs.
9. *(of, for)*: **the key ~ the car** la clef de la voiture; **a letter ~ my daughter** une lettre à ma fille.
10. *(indicating attitude)* avec, envers; **to be rude ~ sb** se montrer impoli envers qqn.
◆ *with infinitive* 1. *(forming simple infinitive)*: **~ walk** marcher; **~ laugh** rire.
2. *(following another verb)*: **to begin ~ do sthg** commencer à faire qqch; **to try ~ do sthg** essayer de faire qqch.
3. *(following an adjective)*: **difficult ~ do** difficile à faire; **pleased ~ meet you** enchanté de faire votre connaissance; **ready ~ go** prêt à partir.
4. *(indicating purpose)* pour; **we came here ~ look at the castle** nous sommes venus (pour) voir le château.

**toad** [təʊd] *n* crapaud *m*.

**toadstool** ['təʊdstu:l] *n* champignon *m* vénéneux.

**toast** [təʊst] *n* *(bread)* pain *m* grillé; *(when drinking)* toast *m* ◆ *vt* faire griller; **a piece** OR **slice of ~** un toast, une tranche de pain grillé.

**toasted sandwich** ['təʊstɪd-] *n* sandwich *m* grillé.

**toaster** ['təʊstə^r^] *n* grille-pain *m* *inv*.

**toastie** ['təʊstɪ] = **toasted sandwich**.

**tobacco** [tə'bækəʊ] *n* tabac *m*.

**tobacconist's** [tə'bækənɪsts] *n* bureau *m* de tabac.

**toboggan** [tə'bɒgən] *n* luge *f*.

**today** [tə'deɪ] *n & adv* aujourd'hui.

**toddler** ['tɒdlə^r^] *n* tout-petit *m*.

**toe** [təʊ] *n* doigt *m* de pied, orteil *m*.

**toe clip** *n* cale-pied *m*.

**toenail** ['təʊneɪl] *n* ongle *m* du pied.

**toffee** ['tɒfɪ] *n* caramel *m*.

**together** [tə'geðə^r^] *adv* ensemble; **~ with** ainsi que.

**toilet** ['tɔɪlɪt] *n* *(room)* toilettes *fpl*; *(bowl)* W-C *mpl*; **to go to the ~** aller aux toilettes; **where's the ~?** où sont les toilettes?

**toilet bag** *n* trousse *f* de toilette.

**toilet paper** *n* papier *m* toilette OR hygiénique.

**toiletries** ['tɔɪlɪtrɪz] *npl* articles *mpl* de toilette.

**toilet roll** *n* rouleau *m* de papier toilette.

**toilet water** *n* eau *f* de toilette.

**token** ['təʊkn] *n* *(metal disc)* jeton *m*.

**told** [təʊld] *pt & pp* → **tell**.

**tolerable** ['tɒlərəbl] *adj* tolérable.

**tolerant** ['tɒlərənt] *adj* tolérant(-e).

**tolerate** ['tɒləreɪt] *vt* tolérer.

**toll** [təʊl] *n* *(for road, bridge)*

péage *m*.
**tollbooth** ['təʊlbu:θ] *n* péage *m*.
**toll-free** *adj (Am)*: ~ **number** = numéro *m* vert.
**tomato** [*Br* tə'mɑ:təʊ, *Am* tə'meɪtəʊ] (*pl* **-es**) *n* tomate *f*.
**tomato juice** *n* jus *m* de tomate.
**tomato ketchup** *n* ketchup *m*.
**tomato puree** *n* purée *f* de tomate.
**tomato sauce** *n* sauce *f* tomate.
**tomb** [tu:m] *n* tombe *f*.
**tomorrow** [tə'mɒrəʊ] *n & adv* demain *m*; **the day after** ~ après-demain; ~ **afternoon** demain après-midi; ~ **morning** demain matin; ~ **night** demain soir.
**ton** [tʌn] *n (in UK)* = 1016 kg; *(in US)* = 907,2 kg; *(metric tonne)* tonne *f*; **~s of** *(inf)* des tonnes de.
**tone** [təʊn] *n* ton *m*; *(on phone)* tonalité *f*.
**tongs** [tɒŋz] *npl (for hair)* fer *m* à friser; *(for sugar)* pince *f*.
**tongue** [tʌŋ] *n* langue *f*.
**tonic** ['tɒnɪk] *n (tonic water)* = Schweppes® *m*; *(medicine)* tonique *m*.
**tonic water** *n* = Schweppes® *m*.
**tonight** [tə'naɪt] *n & adv* ce soir; *(later)* cette nuit.
**tonne** [tʌn] *n* tonne *f*.
**tonsillitis** [,tɒnsɪ'laɪtɪs] *n* amygdalite *f*.
**too** [tu:] *adv* trop; *(also)* aussi; **it's not ~ good** ce n'est pas extraordinaire; **it's ~ late to go out** il est trop tard pour sortir; ~ **many** trop de; ~ **much** trop de.
**took** [tʊk] *pt* → **take**.
**tool** [tu:l] *n* outil *m*.
**tool kit** *n* trousse *f* à outils.
**tooth** [tu:θ] (*pl* **teeth**) *n* dent *f*.
**toothache** ['tu:θeɪk] *n* rage *f* de dents.
**toothbrush** ['tu:θbrʌʃ] *n* brosse *f* à dents.
**toothpaste** ['tu:θpeɪst] *n* dentifrice *m*.
**toothpick** ['tu:θpɪk] *n* cure-dents *m inv*.
**top** [tɒp] *adj (highest)* du haut; *(best, most important)* meilleur(-e) ◆ *n (garment, of stairs, page, road)* haut *m*; *(of mountain, tree)* cime *f*; *(of table, head)* dessus *m*; *(of class, league)* premier *m* (-ière *f*); *(of bottle, tube, pen)* bouchon *m*; *(of box, jar)* couvercle *m*; **at the ~ (of)** en haut (de); **on ~ of** sur; *(in addition to)* en plus de; **at ~ speed** à toute vitesse; ~ **gear** = cinquième *f* ❑ **top up** *vt sep (glass)* remplir ◆ *vi (with petrol)* faire le plein.
**top floor** *n* dernier étage *m*.
**topic** ['tɒpɪk] *n* sujet *m*.
**topical** ['tɒpɪkl] *adj* d'actualité.
**topless** ['tɒplɪs] *adj*: **to go ~** faire du monokini.
**topped** [tɒpt] *adj*: ~ **with** *(food)* garni(-e) de.
**topping** ['tɒpɪŋ] *n* garniture *f*.
**torch** [tɔ:tʃ] *n (Br: electric light)* lampe *f* de poche OR électrique.
**tore** [tɔ:ʳ] *pt* → **tear**[1].
**torment** [tɔ:'ment] *vt* tourmenter.
**torn** [tɔ:n] *pp* → **tear**[1] ◆ *adj (ripped)* déchiré(-e).
**tornado** [tɔ:'neɪdəʊ] (*pl* **-es** OR

-s) *n* tornade *f*.

**torrential rain** [tə,renʃl-] *n* pluie *f* torrentielle.

**tortoise** ['tɔːtəs] *n* tortue *f*.

**tortoiseshell** ['tɔːtəʃel] *n* écaille *f* (de tortue).

**torture** ['tɔːtʃəʳ] *n* torture *f* ◆ *vt* torturer.

**Tory** ['tɔːrɪ] *n membre du parti conservateur britannique*.

**toss** [tɒs] *vt (throw)* jeter; *(salad, vegetables)* remuer; **to ~ a coin** jouer à pile ou face.

**total** ['təʊtl] *adj* total(-e) ◆ *n* total *m*; **in ~** au total.

**touch** [tʌtʃ] *n (sense)* toucher *m*; *(detail)* détail *m* ◆ *vt* toucher ◆ *vi* se toucher; **(just) a ~** *(of milk, wine)* (juste) une goutte; *(of sauce, salt)* (juste) un soupçon; **to get in ~ (with sb)** entrer en contact (avec qqn); **to keep in ~ (with sb)** rester en contact (avec qqn) ❑ **touch down** *vi (plane)* atterrir.

**touching** ['tʌtʃɪŋ] *adj* touchant(-e).

**tough** [tʌf] *adj* dur(-e); *(resilient)* résistant(-e).

**tour** [tʊəʳ] *n (journey)* voyage *m*; *(of city, castle etc)* visite *f*; *(of pop group, theatre company)* tournée *f* ◆ *vt* visiter; **cycling ~** randonnée *f* à vélo; **walking ~** randonnée à pied; **on ~** en tournée.

**tourism** ['tʊərɪzm] *n* tourisme *m*.

**tourist** ['tʊərɪst] *n* touriste *mf*.

**tourist class** *n* classe *f* touriste.

**tourist information office** *n* office *m* de tourisme.

**tournament** ['tɔːnəmənt] *n* tournoi *m*.

**tour operator** *n* tour-opérateur *m*.

**tout** [taʊt] *n* revendeur *m* (-euse *f*) de billets *(au marché noir)*.

**tow** [təʊ] *vt* remorquer.

**toward** [tə'wɔːd] *(Am)* = **towards**.

**towards** [tə'wɔːdz] *prep (Br)* vers; *(with regard to)* envers; *(to help pay for)* pour.

**towaway zone** ['təʊəweɪ-] *n (Am) zone de stationnement interdit sous peine de mise à la fourrière*.

**towel** ['taʊəl] *n* serviette *f* (de toilette).

**toweling** ['taʊəlɪŋ] *(Am)* = **towelling**.

**towelling** ['taʊəlɪŋ] *n (Br)* tissu-éponge *m*.

**towel rail** *n* porte-serviettes *m inv*.

**tower** ['taʊəʳ] *n* tour *f*.

**tower block** *n (Br)* tour *f*.

**Tower Bridge** *n* Tower Bridge.

---

## i TOWER BRIDGE

Construit au XIXᵉ siècle sur la Tamise dans le style néogothique, Tower Bridge est un pont basculant qui permet le passage des bateaux les plus hauts.

---

**Tower of London** *n*: **the ~** la Tour de Londres.

---

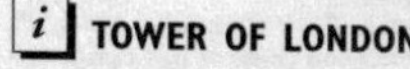

## i TOWER OF LONDON

La Tour de Londres, sur la rive nord de la Tamise, est une forteresse datant du XIe siècle. Palais royal jusqu'au XVIIe siècle, elle est aujourd'hui ouverte au public et abrite un musée.

---

**town** [taʊn] *n* ville *f*.
**town centre** *n* centre-ville *m*.
**town hall** *n* mairie *f*.
**towpath** ['taʊpɑːθ, *pl* -pɑːðz] *n* chemin *m* de halage.
**towrope** ['taʊrəʊp] *n* câble *m* de remorque.
**tow truck** *n (Am)* dépanneuse *f*.
**toxic** ['tɒksɪk] *adj* toxique.
**toy** [tɔɪ] *n* jouet *m*.
**toy shop** *n* magasin *m* de jouets.
**trace** [treɪs] *n* trace *f* ◆ *vt (find)* retrouver.
**tracing paper** ['treɪsɪŋ-] *n* papier-calque *m*.
**track** [træk] *n (path)* chemin *m*; *(of railway)* voie *f*; *(SPORT)* piste *f*; *(song)* plage *f* ❑ **track down** *vt sep* retrouver.
**tracksuit** ['træksuːt] *n* survêtement *m*.
**tractor** ['træktəʳ] *n* tracteur *m*.
**trade** [treɪd] *n (COMM)* commerce *m*; *(job)* métier *m* ◆ *vt* échanger ◆ *vi* faire du commerce.
**trade-in** *n* reprise *f*.
**trademark** ['treɪdmɑːk] *n* marque *f* déposée.
**trader** ['treɪdəʳ] *n* commerçant *m* (-e *f*).
**tradesman** ['treɪdzmən] (*pl* **-men** [-mən]) *n (deliveryman)* livreur *m*; *(shopkeeper)* marchand *m*.
**trade union** *n* syndicat *m*.
**tradition** [trə'dɪʃn] *n* tradition *f*.
**traditional** [trə'dɪʃənl] *adj* traditionnel(-elle).
**traffic** ['træfɪk] (*pt & pp* **-ked**) *n* trafic *m*, circulation *f* ◆ *vi*: **to ~ in** faire le trafic de.
**traffic circle** *n (Am)* rond-point *m*.
**traffic island** *n* refuge *m*.
**traffic jam** *n* embouteillage *m*.
**traffic lights** *npl* feux *mpl* (de signalisation).
**traffic warden** *n (Br)* contractuel *m* (-elle *f*).
**tragedy** ['trædʒədɪ] *n* tragédie *f*.
**tragic** ['trædʒɪk] *adj* tragique.
**trail** [treɪl] *n (path)* sentier *m*; *(marks)* piste *f* ◆ *vi (be losing)* être mené.
**trailer** ['treɪləʳ] *n (for boat, luggage)* remorque *f*; *(Am: caravan)* caravane *f*; *(for film, programme)* bande-annonce *f*.
**train** [treɪn] *n* train *m* ◆ *vt (teach)* former; *(animal)* dresser ◆ *vi (SPORT)* s'entraîner; **by ~** en train.
**train driver** *n* conducteur *m* (-trice *f*) de train.
**trainee** [treɪ'niː] *n* stagiaire *mf*.
**trainer** ['treɪnəʳ] *n (of athlete etc)* entraîneur *m* ❑ **trainers** *npl (Br: shoes)* tennis *mpl*.
**training** ['treɪnɪŋ] *n (instruction)* formation *f*; *(exercises)* entraînement *m*.
**training shoes** *npl (Br)* tennis *mpl*.
**tram** [træm] *n (Br)* tramway *m*.
**tramp** [træmp] *n* clochard *m* (-e *f*).
**trampoline** ['træmpəliːn] *n* trampoline *m*.
**trance** [trɑːns] *n* transe *f*.

**tranquilizer** ['træŋkwɪlaɪzər] *(Am)* = **tranquillizer**.
**tranquillizer** ['træŋkwɪlaɪzə^r^] *n* *(Br)* tranquillisant *m*.
**transaction** [træn'zækʃn] *n* transaction *f*.
**transatlantic** [,trænzət'læntɪk] *adj* transatlantique.
**transfer** [*n* 'trænsfɜː^r^, *vb* træns'fɜː^r^] *n* transfert *m*; *(picture)* décalcomanie *f*; *(Am: ticket) billet donnant droit à la correspondance* ◆ *vt* transférer ◆ *vi* *(change bus, plane etc)* changer; "~s" *(in airport)* «passagers en transit».
**transfer desk** *n* *(in airport)* comptoir *m* de transit.
**transform** [træns'fɔːm] *vt* transformer.
**transfusion** [træns'fjuːʒn] *n* transfusion *f*.
**transistor radio** [træn'zɪstə^r^-] *n* transistor *m*.
**transit** ['trænzɪt]: **in transit** *adv* en transit.
**transitive** ['trænzɪtɪv] *adj* transitif(-ive).
**transit lounge** *n* salle *f* de transit.
**translate** [træns'leɪt] *vt* traduire.
**translation** [træns'leɪʃn] *n* traduction *f*.
**translator** [træns'leɪtə^r^] *n* traducteur *m* (-trice *f*).
**transmission** [trænz'mɪʃn] *n* *(broadcast)* émission *f*.
**transmit** [trænz'mɪt] *vt* transmettre.
**transparent** [træns'pærənt] *adj* transparent(-e).
**transplant** ['trænsplɑːnt] *n* greffe *f*.
**transport** [*n* 'trænspɔːt, *vb* træn'spɔːt] *n* transport *m* ◆ *vt* transporter.
**transportation** [,trænspɔː'teɪʃn] *n* *(Am)* transport *m*.
**trap** [træp] *n* piège *m* ◆ *vt*: **to be trapped** *(stuck)* être coincé.
**trapdoor** [,træp'dɔː^r^] *n* trappe *f*.
**trash** [træʃ] *n* *(Am: waste material)* ordures *fpl*.
**trashcan** ['træʃkæn] *n* *(Am)* poubelle *f*.
**trauma** ['trɔːmə] *n* traumatisme *m*.
**traumatic** [trɔː'mætɪk] *adj* traumatisant(-e).
**travel** ['trævl] *n* voyages *mpl* ◆ *vt* *(distance)* parcourir ◆ *vi* voyager.
**travel agency** *n* agence *f* de voyages.
**travel agent** *n* employé *m* (-e *f*) d'une agence de voyages; ~'s *(shop)* agence *f* de voyages.
**Travelcard** ['trævlkɑːd] *n* *forfait d'une journée sur les transports publics dans Londres et sa région.*
**travel centre** *n* *(in railway, bus station) bureau d'information et de vente de billets.*
**traveler** ['trævlər] *(Am)* = **traveller**.
**travel insurance** *n* assurance-voyage *f*.
**traveller** ['trævlə^r^] *n* *(Br)* voyageur *m* (-euse *f*).
**traveller's cheque** *n* traveller's cheque *m*.
**travelsick** ['trævəlsɪk] *adj*: **to be** ~ avoir le mal des transports.
**trawler** ['trɔːlə^r^] *n* chalutier *m*.
**tray** [treɪ] *n* plateau *m*.
**treacherous** ['tretʃərəs] *adj*

traître.
**treacle** ['tri:kl] *n (Br)* mélasse *f*.
**tread** [tred] (*pt* **trod**, *pp* **trodden**) *n (of tyre)* bande *f* de roulement ◆ *vi*: **to ~ on sthg** marcher sur qqch.
**treasure** ['treʒəʳ] *n* trésor *m*.
**treat** [tri:t] *vt* traiter ◆ *n* gâterie *f*; **to ~ sb to sthg** offrir qqch à qqn.
**treatment** ['tri:tmənt] *n* traitement *m*.
**treble** ['trebl] *adj* triple.
**tree** [tri:] *n* arbre *m*.
**trek** [trek] *n* randonnée *f*.
**tremble** ['trembl] *vi* trembler.
**tremendous** [trɪ'mendəs] *adj (very large)* énorme; *(inf: very good)* formidable.
**trench** [trentʃ] *n* tranchée *f*.
**trend** [trend] *n* tendance *f*.
**trendy** ['trendɪ] *adj (inf)* branché(-e).
**trespasser** ['trespəsəʳ] *n* intrus *m* (-e *f*); **"~s will be prosecuted"** «défense d'entrer sous peine de poursuites».
**trial** ['traɪəl] *n (JUR)* procès *m*; *(test)* essai *m*; **a ~ period** une période d'essai.
**triangle** ['traɪæŋgl] *n* triangle *m*.
**triangular** [traɪ'æŋgjʊləʳ] *adj* triangulaire.
**tribe** [traɪb] *n* tribu *f*.
**tributary** ['trɪbjʊtrɪ] *n* affluent *m*.
**trick** [trɪk] *n* tour *m* ◆ *vt* jouer un tour à.
**trickle** ['trɪkl] *vi (liquid)* couler.
**tricky** ['trɪkɪ] *adj* difficile.
**tricycle** ['traɪsɪkl] *n* tricycle *m*.
**trifle** ['traɪfl] *n (dessert)* = diplomate *m*.
**trigger** ['trɪgəʳ] *n* gâchette *f*.
**trim** [trɪm] *n (haircut)* coupe *f* (de cheveux) ◆ *vt (hair)* couper; *(beard, hedge)* tailler.
**trinket** ['trɪŋkɪt] *n* babiole *f*.
**trio** ['tri:əʊ] (*pl* **-s**) *n* trio *m*.
**trip** [trɪp] *n (journey)* voyage *m*; *(short)* excursion *f* ◆ *vi* trébucher ❑ **trip up** *vi* trébucher.
**triple** ['trɪpl] *adj* triple.
**tripod** ['traɪpɒd] *n* trépied *m*.
**triumph** ['traɪəmf] *n* triomphe *m*.
**trivial** ['trɪvɪəl] *adj (pej)* insignifiant(-e).
**trod** [trɒd] *pt* → **tread**.
**trodden** ['trɒdn] *pp* → **tread**.
**trolley** ['trɒlɪ] (*pl* **-s**) *n (Br: in supermarket, at airport)* chariot *m*; *(Br: for food, drinks)* table *f* roulante; *(Am: tram)* tramway *m*.
**trombone** [trɒm'bəʊn] *n* trombone *m*.
**troops** [tru:ps] *npl* troupes *fpl*.
**trophy** ['trəʊfɪ] *n* trophée *m*.
**tropical** ['trɒpɪkl] *adj* tropical(-e).
**trot** [trɒt] *vi (horse)* trotter ◆ *n*: **on the ~** *(inf)* d'affilée.
**trouble** ['trʌbl] *n* problèmes *mpl*, ennuis *mpl* ◆ *vt (worry)* inquiéter; *(bother)* déranger; **to be in ~** avoir des problèmes OR des ennuis; **to get into ~** s'attirer des ennuis; **to take the ~ to do sthg** prendre la peine de faire qqch; **it's no ~** ça ne me dérange pas; *(in reply to thanks)* je vous en prie.
**trough** [trɒf] *n (for food)* mangeoire *f*; *(for drink)* abreuvoir *m*.
**trouser press** ['traʊzəʳ-] *n* presse *f* à pantalons.
**trousers** ['traʊzəz] *npl* pantalon

*m*; **a pair of ~** un pantalon.
**trout** [traʊt] *(pl inv) n* truite *f*.
**trowel** ['traʊəl] *n (for gardening)* déplantoir *m*.
**truant** ['tru:ənt] *n*: **to play ~** faire l'école buissonnière.
**truce** [tru:s] *n* trêve *f*.
**truck** [trʌk] *n* camion *m*.
**true** [tru:] *adj* vrai(-e); *(genuine, actual)* véritable.
**truly** ['tru:lɪ] *adv*: **yours ~** veuillez agréer l'expression de mes sentiments respectueux.
**trumpet** ['trʌmpɪt] *n* trompette *f*.
**trumps** [trʌmps] *npl* atout *m*.
**truncheon** ['trʌntʃən] *n* matraque *f*.
**trunk** [trʌŋk] *n (of tree)* tronc *m*; *(Am: of car)* coffre *m*; *(case, box)* malle *f*; *(of elephant)* trompe *f*.
**trunk call** *n (Br)* communication *f* interurbaine.
**trunk road** *n (Br)* route *f* nationale.
**trunks** [trʌŋks] *npl (for swimming)* slip *m* de bain.
**trust** [trʌst] *n (confidence)* confiance *f* ◆ *vt (have confidence in)* avoir confiance en; *(fml: hope)* espérer.
**trustworthy** ['trʌst,wɜ:ðɪ] *adj* digne de confiance.
**truth** [tru:θ] *n* vérité *f*.
**truthful** ['tru:θfʊl] *adj (statement, account)* fidèle à la réalité; *(person)* honnête.
**try** [traɪ] *n* essai *m* ◆ *vt* essayer; *(food)* goûter (à); *(JUR)* juger ◆ *vi* essayer; **to have a ~** essayer; **to ~ to do sthg** essayer de faire qqch ❑ **try on** *vt sep (clothes)* essayer; **try out** *vt sep* essayer.
**T-shirt** *n* T-shirt *m*.
**tub** [tʌb] *n (of margarine etc)* barquette *f*; *(small)* pot *m*; *(inf: bath)* baignoire *f*.
**tube** [tju:b] *n* tube *m*; *(Br: inf: underground)* métro *m*; **by ~** en métro.
**tube station** *n (Br: inf)* station *f* de métro.
**tuck** [tʌk]: **tuck in** *vt sep (shirt)* rentrer; *(child, person)* border ◆ *vi (inf: start eating)* attaquer.
**tuck shop** *n (Br) petite boutique qui vend bonbons, gâteaux, etc.*
**Tudor** ['tju:də$^r$] *adj* Tudor *(inv)* *(XVI$^e$ siècle)*.
**Tues.** *(abbr of Tuesday)* mar.
**Tuesday** ['tju:zdɪ] *n* mardi *m*, → **Saturday**.
**tuft** [tʌft] *n* touffe *f*.
**tug** [tʌg] *vt* tirer ◆ *n (boat)* remorqueur *m*.
**tuition** [tju:'ɪʃn] *n* cours *mpl*.
**tulip** ['tju:lɪp] *n* tulipe *f*.
**tumble-dryer** ['tʌmbldraɪə$^r$] *n* sèche-linge *m inv*.
**tumbler** ['tʌmblə$^r$] *n (glass)* verre *m* haut.
**tummy** ['tʌmɪ] *n (inf)* ventre *m*.
**tummy upset** *n (inf)* embarras *m* gastrique.
**tumor** ['tu:mər] *(Am)* = **tumour**.
**tumour** ['tju:mə$^r$] *n (Br)* tumeur *f*.
**tuna (fish)** [*Br* 'tju:nə, *Am* 'tu:nə] *n* thon *m*.
**tuna melt** *n (Am) toast au thon et au fromage fondu.*
**tune** [tju:n] *n* air *m* ◆ *vt (radio, TV, engine)* régler; *(instrument)* accorder; **in ~** juste; **out of ~** faux.

**tunic** ['tju:nɪk] *n* tunique *f*.
**Tunisia** [tju:'nɪzɪə] *n* la Tunisie.
**tunnel** ['tʌnl] *n* tunnel *m*.
**turban** ['tɜ:bən] *n* turban *m*.
**turbo** ['tɜ:bəʊ] (*pl* **-s**) *n* turbo *m*.
**turbulence** ['tɜ:bjʊləns] *n* turbulence *f*.
**turf** [tɜ:f] *n (grass)* gazon *m*.
**Turk** [tɜ:k] *n* Turc *m*, Turque *f*.
**turkey** ['tɜ:kɪ] (*pl* **-s**) *n* dinde *f*.
**Turkey** *n* la Turquie.
**Turkish** ['tɜ:kɪʃ] *adj* turc (turque) ◆ *n (language)* turc *m* ◆ *npl*: **the ~** les Turcs *mpl*.
**Turkish delight** *n* loukoum *m*.
**turn** [tɜ:n] *n (in road)* tournant *m*; *(of knob, key, in game)* tour *m* ◆ *vi* tourner; *(person)* se tourner ◆ *vt* tourner; *(corner, bend)* prendre; *(become)* devenir; **to ~ sthg black** noircir qqch; **to ~ into sthg** *(become)* devenir qqch; **to ~ sthg into sthg** transformer qqch en qqch; **to ~ left/right** tourner à gauche/à droite; **it's your ~** c'est à ton tour; **at the ~ of the century** au début du siècle; **to take it in ~s to do sthg** faire qqch à tour de rôle; **to ~ sthg inside out** retourner qqch ❑ **turn back** *vt sep (person, car)* refouler ◆ *vi* faire demi-tour; **turn down** *vt sep (radio, volume, heating)* baisser; *(offer, request)* refuser; **turn off** *vt sep (light, TV)* éteindre; *(engine)* couper; *(water, gas, tap)* fermer ◆ *vi (leave road)* tourner; **turn on** *vt sep (light, TV)* allumer; *(engine)* mettre en marche; *(water, gas, tap)* ouvrir; **turn out** *vt sep (light, fire)* éteindre ◆ *vi (come)* venir ◆ *vt fus*: **to ~ out to be sthg** se révéler être qqch; **turn over** *vt sep* retourner ◆ *vi (in bed)* se retourner; *(Br: change channels)* changer de chaîne; **turn round** *vt sep (table etc)* tourner ◆ *vi (person)* se retourner; **turn up** *vt sep (radio, volume, heating)* monter ◆ *vi (come)* venir.
**turning** ['tɜ:nɪŋ] *n (off road)* embranchement *m*.
**turnip** ['tɜ:nɪp] *n* navet *m*.
**turn-up** *n (Br: on trousers)* revers *m*.
**turps** [tɜ:ps] *n (Br: inf)* térébenthine *f*.
**turquoise** ['tɜ:kwɔɪz] *adj* turquoise *(inv)*.
**turtle** ['tɜ:tl] *n* tortue *f* (de mer).
**turtleneck** ['tɜ:tlnek] *n* pull *m* à col montant.
**tutor** ['tju:tə^r] *n (teacher)* professeur *m* particulier.
**tuxedo** [tʌk'si:dəʊ] (*pl* **-s**) *n (Am)* smoking *m*.
**TV** *n* télé *f*; **on ~** à la télé.
**tweed** [twi:d] *n* tweed *m*.
**tweezers** ['twi:zəz] *npl* pince *f* à épiler.
**twelfth** [twelfθ] *num* douzième, → **sixth**.
**twelve** [twelv] *num* douze, → **six**.
**twentieth** ['twentɪəθ] *num* vingtième; **the ~ century** le vingtième siècle, → **sixth**.
**twenty** ['twentɪ] *num* vingt, → **six**.
**twice** [twaɪs] *adv* deux fois; **it's ~ as good** c'est deux fois meilleur.
**twig** [twɪg] *n* brindille *f*.
**twilight** ['twaɪlaɪt] *n* crépuscule *m*.
**twin** [twɪn] *n* jumeau *m* (-elle *f*).
**twin beds** *npl* lits *mpl* jumeaux.

**twine** [twaɪn] *n* ficelle *f*.
**twin room** *n* chambre *f* à deux lits.
**twist** [twɪst] *vt* tordre; *(bottle top, lid, knob)* tourner; **to ~ one's ankle** se tordre la cheville.
**twisting** ['twɪstɪŋ] *adj (road, river)* en lacets.
**two** [tu:] *num* deux, → **six**.
**two-piece** *adj (swimsuit, suit)* deux-pièces.
**type** [taɪp] *n (kind)* type *m*, sorte *f* ◆ *vt & vi* taper.
**typewriter** ['taɪp,raɪtəʳ] *n* machine *f* à écrire.
**typhoid** ['taɪfɔɪd] *n* typhoïde *f*.
**typical** ['tɪpɪkl] *adj* typique.
**typist** ['taɪpɪst] *n* dactylo *mf*.
**tyre** ['taɪəʳ] *n (Br)* pneu *m*.

# U

**U** *adj (Br: film)* pour tous.
**UFO** *n (abbr of unidentified flying object)* OVNI *m*.
**ugly** ['ʌglɪ] *adj* laid(-e).
**UHT** *adj (abbr of ultra heat treated)* UHT.
**UK** *n*: **the ~** le Royaume-Uni.
**ulcer** ['ʌlsəʳ] *n* ulcère *m*.
**ultimate** ['ʌltɪmət] *adj (final)* dernier(-ière); *(best, greatest)* idéal(-e).
**ultraviolet** [,ʌltrə'vaɪələt] *adj* ultra-violet(-ette).
**umbrella** [ʌm'brelə] *n* parapluie *m*.
**umpire** ['ʌmpaɪəʳ] *n* arbitre *m*.
**UN** *n (abbr of United Nations)*: **the ~** l'ONU *f*.
**unable** [ʌn'eɪbl] *adj*: **to be ~ to do sthg** ne pas pouvoir faire qqch.
**unacceptable** [,ʌnək'septəbl] *adj* inacceptable.
**unaccustomed** [,ʌnə'kʌstəmd] *adj*: **to be ~ to sthg** ne pas être habitué(-e) à qqch.
**unanimous** [ju:'nænɪməs] *adj* unanime.
**unattended** [,ʌnə'tendɪd] *adj (baggage)* sans surveillance.
**unattractive** [,ʌnə'træktɪv] *adj (person, place)* sans charme; *(idea)* peu attrayant(-e).
**unauthorized** [,ʌn'ɔ:θəraɪzd] *adj* non autorisé(-e).
**unavailable** [,ʌnə'veɪləbl] *adj* non disponible.
**unavoidable** [,ʌnə'vɔɪdəbl] *adj* inévitable.
**unaware** [,ʌnə'weəʳ] *adj*: **to be ~ that** ignorer que; **to be ~ of sthg** être inconscient de qqch; *(facts)* ignorer qqch.
**unbearable** [ʌn'beərəbl] *adj* insupportable.
**unbelievable** [,ʌnbɪ'li:vəbl] *adj* incroyable.
**unbutton** [,ʌn'bʌtn] *vt* déboutonner.
**uncertain** [ʌn'sɜ:tn] *adj* incertain(-e).
**uncertainty** [,ʌn'sɜ:tntɪ] *n* incertitude *f*.
**uncle** ['ʌŋkl] *n* oncle *m*.
**unclean** [,ʌn'kli:n] *adj* sale.
**unclear** [,ʌn'klɪəʳ] *adj* pas clair(-e); *(not sure)* pas sûr(-e).

**uncomfortable** [ˌʌnˈkʌmftəbl] *adj (chair, bed)* inconfortable; **to feel ~** *(person)* se sentir mal à l'aise.

**uncommon** [ʌnˈkɒmən] *adj (rare)* rare.

**unconscious** [ʌnˈkɒnʃəs] *adj* inconscient(-e).

**unconvincing** [ˌʌnkənˈvɪnsɪŋ] *adj* peu convaincant(-e).

**uncooperative** [ˌʌnkəʊˈɒpərətɪv] *adj* peu coopératif(-ive).

**uncork** [ˌʌnˈkɔːk] *vt* déboucher.

**uncouth** [ʌnˈkuːθ] *adj* grossier(-ière).

**uncover** [ʌnˈkʌvəʳ] *vt* découvrir.

**under** [ˈʌndəʳ] *prep (beneath)* sous; *(less than)* moins de; *(according to)* selon; *(in classification)* dans; **children ~ ten** les enfants de moins de dix ans; **~ the circumstances** dans ces circonstances; **~ construction** en construction; **to be ~ pressure** être sous pression.

**underage** [ʌndərˈeɪdʒ] *adj* mineur(-e).

**undercarriage** [ˈʌndəˌkærɪdʒ] *n* train *m* d'atterrissage.

**underdone** [ˌʌndəˈdʌn] *adj (accidentally)* pas assez cuit(-e); *(steak)* saignant(-e).

**underestimate** [ˌʌndərˈestɪmeɪt] *vt* sous-estimer.

**underexposed** [ˌʌndərɪkˈspəʊzd] *adj* sous-exposé(-e).

**undergo** [ˌʌndəˈgəʊ] (*pt* **-went**, *pp* **-gone**) *vt* subir.

**undergraduate** [ˌʌndəˈgrædjʊət] *n* étudiant *m* (-e *f*) *(en licence)*.

**underground** [ˈʌndəgraʊnd] *adj* souterrain(-e); *(secret)* clandestin(-e) ◆ *n (Br: railway)* métro *m*.

**undergrowth** [ˈʌndəgrəʊθ] *n* sous-bois *m*.

**underline** [ˌʌndəˈlaɪn] *vt* souligner.

**underneath** [ˌʌndəˈniːθ] *prep* au-dessous de ◆ *adv* au-dessous ◆ *n* dessous *m*.

**underpants** [ˈʌndəpænts] *npl* slip *m*.

**underpass** [ˈʌndəpɑːs] *n* route *f* en contrebas.

**undershirt** [ˈʌndəʃɜːt] *n (Am)* maillot *m* de corps.

**underskirt** [ˈʌndəskɜːt] *n* jupon *m*.

**understand** [ˌʌndəˈstænd] (*pt & pp* **-stood**) *vt* comprendre; *(believe)* croire ◆ *vi* comprendre; **I don't ~** je ne comprends pas; **to make o.s. understood** se faire comprendre.

**understanding** [ˌʌndəˈstændɪŋ] *adj* compréhensif(-ive) ◆ *n (agreement)* entente *f*; *(knowledge, sympathy)* compréhension *f*; *(interpretation)* interprétation *f*.

**understatement** [ˌʌndəˈsteɪtmənt] *n*: **that's an ~** c'est peu dire.

**understood** [ˌʌndəˈstʊd] *pt & pp* → **understand**.

**undertake** [ˌʌndəˈteɪk] (*pt* **-took**, *pp* **-taken**) *vt* entreprendre; **to ~ to do sthg** s'engager à faire qqch.

**undertaker** [ˈʌndəˌteɪkəʳ] *n* ordonnateur *m* des pompes funèbres.

**undertaking** [ˌʌndəˈteɪkɪŋ] *n (promise)* promesse *f*; *(task)* entreprise *f*.

**undertook** [ˌʌndəˈtʊk] *pt* → **undertake**.

**underwater** [ˌʌndəˈwɔːtəʳ] *adj*

sous-marin(-e) ◆ *adv* sous l'eau.

**underwear** ['ʌndəweəʳ] *n* sous-vêtements *mpl*.

**underwent** [ˌʌndə'went] *pt* → undergo.

**undesirable** [ˌʌndɪ'zaɪərəbl] *adj* indésirable.

**undo** [ˌʌn'du:] (*pt* **-did**, *pp* **-done**) *vt* défaire.

**undone** [ˌʌn'dʌn] *adj* défait(-e).

**undress** [ˌʌn'dres] *vi* se déshabiller ◆ *vt* déshabiller.

**undressed** [ˌʌn'drest] *adj* déshabillé(-e); **to get ~** se déshabiller.

**uneasy** [ʌn'i:zɪ] *adj* mal à l'aise.

**uneducated** [ˌʌn'edjukeɪtɪd] *adj* sans éducation.

**unemployed** [ˌʌnɪm'plɔɪd] *adj* au chômage ◆ *npl*: **the ~** les chômeurs *mpl*.

**unemployment** [ˌʌnɪm'plɔɪmənt] *n* chômage *m*.

**unemployment benefit** *n* allocation *f* de chômage.

**unequal** [ˌʌn'i:kwəl] *adj* inégal(-e).

**uneven** [ˌʌn'i:vn] *adj* inégal(-e); *(speed, beat, share)* irrégulier(-ière).

**uneventful** [ˌʌnɪ'ventful] *adj* sans histoires.

**unexpected** [ˌʌnɪk'spektɪd] *adj* inattendu(-e).

**unexpectedly** [ˌʌnɪk'spektɪdlɪ] *adv* inopinément.

**unfair** [ˌʌn'feəʳ] *adj* injuste.

**unfairly** [ˌʌn'feəlɪ] *adv* injustement.

**unfaithful** [ˌʌn'feɪθful] *adj* infidèle.

**unfamiliar** [ˌʌnfə'mɪljəʳ] *adj* peu familier(-ière); **to be ~ with** mal connaître.

**unfashionable** [ˌʌn'fæʃnəbl] *adj* démodé(-e).

**unfasten** [ˌʌn'fɑ:sn] *vt (seatbelt)* détacher; *(knot, laces, belt)* défaire.

**unfavourable** [ˌʌn'feɪvrəbl] *adj* défavorable.

**unfinished** [ˌʌn'fɪnɪʃt] *adj* inachevé(-e).

**unfit** [ˌʌn'fɪt] *adj (not healthy)* pas en forme; **to be ~ for sthg** *(not suitable)* ne pas être adapté à qqch.

**unfold** [ʌn'fəuld] *vt* déplier.

**unforgettable** [ˌʌnfə'getəbl] *adj* inoubliable.

**unforgivable** [ˌʌnfə'gɪvəbl] *adj* impardonnable.

**unfortunate** [ʌn'fɔ:tʃnət] *adj* *(unlucky)* malchanceux(-euse); *(regrettable)* regrettable.

**unfortunately** [ʌn'fɔ:tʃnətlɪ] *adv* malheureusement.

**unfriendly** [ˌʌn'frendlɪ] *adj* inamical(-e), hostile.

**unfurnished** [ˌʌn'fɜ:nɪʃt] *adj* non meublé(-e).

**ungrateful** [ʌn'greɪtful] *adj* ingrat(-e).

**unhappy** [ʌn'hæpɪ] *adj (sad)* malheureux(-euse), triste; *(not pleased)* mécontent(-e); **to be ~ about sthg** être mécontent de qqch.

**unharmed** [ˌʌn'hɑ:md] *adj* indemne.

**unhealthy** [ʌn'helθɪ] *adj (person)* en mauvaise santé; *(food, smoking)* mauvais(-e) pour la santé.

**unhelpful** [ˌʌn'helpful] *adj (person)* peu serviable; *(advice, instructions)* peu utile.

**unhurt** [ˌʌn'hɜ:t] *adj* indemne.

**unhygienic** [ˌʌnhaɪ'dʒi:nɪk] *adj*

antihygiénique.
**unification** [ˌju:nɪfɪ'keɪʃn] *n* unification *f*.
**uniform** ['junɪfɔ:m] *n* uniforme *m*.
**unimportant** [ˌʌnɪm'pɔ:tənt] *adj* sans importance.
**unintelligent** [ˌʌnɪn'telɪdʒənt] *adj* inintelligent(-e).
**unintentional** [ˌʌnɪn'tenʃənl] *adj* involontaire.
**uninterested** [ˌʌn'ɪntrəstɪd] *adj* indifférent(-e).
**uninteresting** [ˌʌn'ɪntrestɪŋ] *adj* inintéressant(-e).
**union** ['ju:njən] *n (of workers)* syndicat *m*.
**Union Jack** *n*: **the ~** le drapeau britannique.
**unique** [ju:'ni:k] *adj* unique; **to be ~ to** être propre à.
**unisex** ['ju:nɪseks] *adj* unisexe.
**unit** ['ju:nɪt] *n (measurement, group)* unité *f*; *(department)* service *m*; *(of furniture)* élément *m*; *(machine)* appareil *m*.
**unite** [ju:'naɪt] *vt* unir ◆ *vi* s'unir.
**United Kingdom** [ju:'naɪtɪd-] *n*: **the ~** le Royaume-Uni.
**United Nations** [ju:'naɪtɪd-] *npl*: **the ~** les Nations *fpl* Unies.
**United States (of America)** [ju:'naɪtɪd-] *npl*: **the ~** les États-Unis *mpl* (d'Amérique).
**unity** ['ju:nətɪ] *n* unité *f*.
**universal** [ˌju:nɪ'vɜ:sl] *adj* universel(-elle).
**universe** ['ju:nɪvɜ:s] *n* univers *m*.
**university** [ˌju:nɪ'vɜ:sətɪ] *n* université *f*.
**unjust** [ˌʌn'dʒʌst] *adj* injuste.
**unkind** [ʌn'kaɪnd] *adj* méchant(-e).
**unknown** [ˌʌn'nəʊn] *adj* inconnu(-e).
**unleaded (petrol)** [ˌʌn'ledɪd-] *n* sans plomb *m*.
**unless** [ən'les] *conj* à moins que *(+ subjunctive)*; **~ it rains** à moins qu'il (ne) pleuve.
**unlike** [ˌʌn'laɪk] *prep* à la différence de; **that's ~ him** cela ne lui ressemble pas.
**unlikely** [ʌn'laɪklɪ] *adj* peu probable; **we're ~ to arrive before six** il est peu probable que nous arrivions avant six heures.
**unlimited** [ʌn'lɪmɪtɪd] *adj* illimité(-e); **~ mileage** kilométrage illimité.
**unlisted** [ʌn'lɪstɪd] *adj (Am: phone number)* sur la liste rouge.
**unload** [ˌʌn'ləʊd] *vt (goods, vehicle)* décharger.
**unlock** [ˌʌn'lɒk] *vt* déverrouiller.
**unlucky** [ʌn'lʌkɪ] *adj (unfortunate)* malchanceux(-euse); *(bringing bad luck)* qui porte malheur.
**unmarried** [ˌʌn'mærɪd] *adj* célibataire.
**unnatural** [ʌn'nætʃrəl] *adj (unusual)* anormal(-e); *(behaviour, person)* peu naturel(-elle).
**unnecessary** [ʌn'nesəsərɪ] *adj* inutile.
**unobtainable** [ˌʌnəb'teɪnəbl] *adj (product)* non disponible; *(phone number)* pas en service.
**unoccupied** [ˌʌn'ɒkjʊpaɪd] *adj (place, seat)* libre.
**unofficial** [ˌʌnə'fɪʃl] *adj* non officiel(-ielle).
**unpack** [ˌʌn'pæk] *vt* défaire ◆ *vi* défaire ses valises.

**unpleasant** [ʌn'pleznt] *adj* désagréable.
**unplug** [ʌn'plʌg] *vt* débrancher.
**unpopular** [ˌʌn'pɒpjʊlə^r] *adj* impopulaire.
**unpredictable** [ˌʌnprɪ'dɪktəbl] *adj* imprévisible.
**unprepared** [ˌʌnprɪ'peəd] *adj* mal préparé(-e).
**unprotected** [ˌʌnprə'tektɪd] *adj* sans protection.
**unqualified** [ˌʌn'kwɒlɪfaɪd] *adj* *(person)* non qualifié(-e).
**unreal** [ˌʌn'rɪəl] *adj* irréel(-elle).
**unreasonable** [ʌn'ri:znəbl] *adj* déraisonnable.
**unrecognizable** [ˌʌnrekəg'naɪzəbl] *adj* méconnaissable.
**unreliable** [ˌʌnrɪ'laɪəbl] *adj* peu fiable.
**unrest** [ˌʌn'rest] *n* troubles *mpl*.
**unroll** [ˌʌn'rəʊl] *vt* dérouler.
**unsafe** [ˌʌn'seɪf] *adj (dangerous)* dangereux(-euse); *(in danger)* en danger.
**unsatisfactory** [ˌʌnsætɪs'fæktərɪ] *adj* peu satisfaisant(-e).
**unscrew** [ˌʌn'skru:] *vt (lid, top)* dévisser.
**unsightly** [ʌn'saɪtlɪ] *adj* laid(-e).
**unskilled** [ˌʌn'skɪld] *adj (worker)* non qualifié(-e).
**unsociable** [ʌn'səʊʃəbl] *adj* sauvage.
**unsound** [ˌʌn'saʊnd] *adj (building, structure)* peu solide; *(argument)* peu pertinent(-e).
**unspoiled** [ˌʌn'spɔɪlt] *adj (place, beach)* qui n'est pas défiguré(-e).
**unsteady** [ˌʌn'stedɪ] *adj* instable; *(hand)* tremblant(-e).
**unstuck** [ˌʌn'stʌk] *adj*: **to come ~** *(label, poster etc)* se décoller.
**unsuccessful** [ˌʌnsək'sesfʊl] *adj (person)* malchanceux(-euse); *(attempt)* infructueux(-euse).
**unsuitable** [ˌʌn'su:təbl] *adj* inadéquat(-e).
**unsure** [ˌʌn'ʃɔ:^r] *adj*: **to be ~ (about)** ne pas être sûr(e) (de).
**unsweetened** [ˌʌn'swi:tnd] *adj* sans sucre.
**untidy** [ʌn'taɪdɪ] *adj (person)* désordonné(-e); *(room, desk)* en désordre.
**untie** [ˌʌn'taɪ] (*cont* **untying** [ˌʌn'taɪɪŋ]) *vt (person)* détacher; *(knot)* défaire.
**until** [ən'tɪl] *prep* jusqu'à ◆ *conj* jusqu'à ce que *(+ subjunctive)*; **it won't be ready ~ Thursday** ce ne sera pas prêt avant jeudi.
**untrue** [ˌʌn'tru:] *adj* faux (fausse).
**untrustworthy** [ˌʌn'trʌstˌwɜ:ðɪ] *adj* pas digne de confiance.
**unusual** [ʌn'ju:ʒl] *adj* inhabituel(-elle).
**unusually** [ʌn'ju:ʒəlɪ] *adv (more than usual)* exceptionnellement.
**unwell** [ˌʌn'wel] *adj*: **to be ~** ne pas aller très bien; **to feel ~** ne pas se sentir bien.
**unwilling** [ˌʌn'wɪlɪŋ] *adj*: **to be ~ to do sthg** ne pas vouloir faire qqch.
**unwind** [ˌʌn'waɪnd] (*pt & pp* **unwound** [ˌʌn'waʊnd]) *vt* dérouler ◆ *vi (relax)* se détendre.
**unwrap** [ˌʌn'ræp] *vt* déballer.
**unzip** [ˌʌn'zɪp] *vt* défaire la fermeture de.
**up** [ʌp] *adv* **1.** *(towards higher position)* vers le haut; **to go ~** monter; **we walked ~ to the top** nous som-

mes montés jusqu'en haut; **to pick sthg ~** ramasser qqch.
2. *(in higher position)* en haut; **she's ~ in her bedroom** elle est en haut dans sa chambre; **~ there** là-haut.
3. *(into upright position)*: **to stand ~** se lever; **to sit ~** *(from lying position)* s'asseoir; *(sit straight)* se redresser.
4. *(to increased level)*: **prices are going ~** les prix augmentent.
5. *(northwards)*: **~ in Scotland** en Écosse.
6. *(in phrases)*: **to walk ~ and down** faire les cent pas; **to jump ~ and down** sauter; **~ to ten people** jusqu'à dix personnes; **are you ~ to travelling?** tu te sens en état de voyager?; **what are you ~ to?** qu'est-ce que tu mijotes?; **it's ~ to you** (c'est) à vous de voir; **~ until ten o'clock** jusqu'à dix heures.
◆ *prep* 1. *(towards higher position)*: **to walk ~ a hill** grimper sur une colline; **I went ~ the stairs** j'ai monté l'escalier.
2. *(in higher position)* en haut de; **~ a hill** en haut d'une colline; **~ a ladder** sur une échelle.
3. *(at end of)*: **they live ~ the road from us** ils habitent un peu plus haut que nous.
◆ *adj* 1. *(out of bed)* levé(-e).
2. *(at an end)*: **time's ~** c'est l'heure.
3. *(rising)*: **the ~ escalator** l'Escalator® pour monter.
◆ *n*: **~s and downs** des hauts et des bas *mpl*.

**update** [ˌʌp'deɪt] *vt* mettre à jour.

**uphill** [ˌʌp'hɪl] *adv*: **to go ~** monter.

**upholstery** [ʌp'həʊlstərɪ] *n* rembourrage *m*.

**upkeep** ['ʌpkiːp] *n* entretien *m*.

**up-market** *adj* haut de gamme *(inv)*.

**upon** [ə'pɒn] *prep (fml: on)* sur; **~ hearing the news ...** en apprenant la nouvelle ...

**upper** ['ʌpəʳ] *adj* supérieur(-e) ◆ *n (of shoe)* empeigne *f*.

**upper class** *n* haute société *f*.

**uppermost** ['ʌpəməʊst] *adj (highest)* le plus haut (la plus haute).

**upper sixth** *n (Br)* = terminale *f*.

**upright** ['ʌpraɪt] *adj* droit(-e) ◆ *adv* droit.

**upset** [ʌp'set] (*pt & pp* **upset**) *adj (distressed)* peiné(-e) ◆ *vt (distress)* peiner; *(plans)* déranger; *(knock over)* renverser; **to have an ~ stomach** avoir un embarras gastrique.

**upside down** [ˌʌpsaɪd-] *adj & adv* à l'envers.

**upstairs** [ˌʌp'steəz] *adj* du haut ◆ *adv (on a higher floor)* en haut, à l'étage; **to go ~** monter.

**up-to-date** *adj (modern)* moderne; *(well-informed)* au courant.

**upwards** ['ʌpwədz] *adv* vers le haut; **~ of 100 people** plus de 100 personnes.

**urban** ['ɜːbən] *adj* urbain(-e).

**urban clearway** [-'klɪəweɪ] *n (Br)* route *f* à stationnement interdit.

**Urdu** ['ʊəduː] *n* ourdou *m*.

**urge** [ɜːdʒ] *vt*: **to ~ sb to do sthg** presser qqn de faire qqch.

**urgent** ['ɜːdʒənt] *adj* urgent(-e).

**urgently** ['ɜːdʒəntlɪ] *adv (immediately)* d'urgence.

**urinal** [ˌjʊə'raɪnl] *n (fml)* urinoir *m*.

**urinate** ['jʊərɪneɪt] *vi (fml)* uriner.
**urine** ['jʊərɪn] *n* urine *f*.
**us** [ʌs] *pron* nous; **they know ~** ils nous connaissent; **it's ~** c'est nous; **send it to ~** envoyez-le nous; **tell ~** dites-nous; **they're worse than ~** ils sont pires que nous.
**US** *n (abbr of United States)*: **the ~** les USA *mpl*.
**USA** *n (abbr of United States of America)*: **the ~** les USA *mpl*.
**usable** ['ju:zəbl] *adj* utilisable.
**use** [*n* ju:s, *vb* ju:z] *n* utilisation *f*, emploi *m* ◆ *vt* utiliser, se servir de; **to be of ~** être utile; **to have the ~ of sthg** avoir l'usage de qqch; **to make ~ of sthg** utiliser qqch; *(time, opportunity)* mettre qqch à profit; **"out of ~"** «hors service»; **to be in ~** être en usage; **it's no ~** ça ne sert à rien; **what's the ~?** à quoi bon?; **to ~ sthg as sthg** utiliser qqch comme qqch; **"~ before ..."** *(food, drink)* «à consommer avant ...» ❑ **use up** *vt sep* épuiser.
**used** [*adj* ju:zd, *aux vb* ju:st] *adj (towel, glass etc)* sale; *(car)* d'occasion ◆ *aux vb*: **I ~ to live near here** j'habitais près d'ici avant; **I ~ to go there every day** j'y allais tous les jours; **to be ~ to sthg** avoir l'habitude de qqch; **to get ~ to sthg** s'habituer à qqch.
**useful** ['ju:sfʊl] *adj* utile.
**useless** ['ju:slɪs] *adj* inutile; *(inf: very bad)* nul (nulle).
**user** ['ju:zə^r] *n* utilisateur *m* (-trice *f*).
**usher** ['ʌʃə^r] *n (at cinema, theatre)* ouvreur *m*.
**usherette** [,ʌʃə'ret] *n* ouvreuse *f*.
**USSR** *n*: **the (former) ~** l'(ex-)URSS *f*.
**usual** ['ju:ʒəl] *adj* habituel(-elle); **as ~** comme d'habitude.
**usually** ['ju:ʒəlɪ] *adv* d'habitude.
**utensil** [ju:'tensl] *n* ustensile *m*.
**utilize** ['ju:təlaɪz] *vt* utiliser.
**utmost** ['ʌtməʊst] *adj* le plus grand (la plus grande) ◆ *n*: **to do one's ~** faire tout son possible.
**utter** ['ʌtə^r] *adj* total(-e) ◆ *vt* prononcer; *(cry)* pousser.
**utterly** ['ʌtəlɪ] *adv* complètement.
**U-turn** *n (in vehicle)* demi-tour *m*.

**vacancy** ['veɪkənsɪ] *n (job)* offre *f* d'emploi; **"vacancies"** «chambres à louer»; **"no vacancies"** «complet».
**vacant** ['veɪkənt] *adj* libre.
**vacate** [və'keɪt] *vt (fml: room, house)* libérer.
**vacation** [və'keɪʃn] *n (Am)* vacances *fpl* ◆ *vi (Am)* passer les vacances; **to go on ~** partir en vacances.
**vacationer** [və'keɪʃənər] *n (Am)* vacancier *m* (-ière *f*).
**vaccination** [,væksɪ'neɪʃn] *n* vaccination *f*.
**vaccine** [*Br* 'væksi:n, *Am* væk'si:n] *n* vaccin *m*.
**vacuum** ['vækjʊəm] *vt* passer

l'aspirateur dans.

**vacuum cleaner** *n* aspirateur *m*.

**vague** [veɪg] *adj* vague.

**vain** [veɪn] *adj (pej: conceited)* vaniteux(-euse); **in ~** en vain.

**Valentine card** ['væləntaɪn-] *n* carte *f* de la Saint-Valentin.

**Valentine's Day** ['væləntaɪnz-] *n* la Saint-Valentin.

**valet** ['væleɪ, 'vælɪt] *n (in hotel)* valet *m* de chambre.

**valet service** *n (in hotel)* pressing *m*; *(for car)* nettoyage *m* complet.

**valid** ['vælɪd] *adj (ticket, passport)* valide.

**validate** ['vælɪdeɪt] *vt (ticket)* valider.

**Valium®** ['vælɪəm] *n* Valium® *m*.

**valley** ['vælɪ] *n* vallée *f*.

**valuable** ['væljʊəbl] *adj (jewellery, object)* de valeur; *(advice, help)* précieux(-ieuse) ❑ **valuables** *npl* objets *mpl* de valeur.

**value** ['vælju:] *n* valeur *f*; *(usefulness)* intérêt *m*; **a ~ pack** un paquet économique; **to be good ~ (for money)** être d'un bon rapport qualité-prix.

**valve** [vælv] *n* soupape *f*; *(of tyre)* valve *f*.

**van** [væn] *n* camionnette *f*.

**vandal** ['vændl] *n* vandale *m*.

**vandalize** ['vændəlaɪz] *vt* saccager.

**vanilla** [və'nɪlə] *n* vanille *f*.

**vanish** ['vænɪʃ] *vi* disparaître.

**vapor** ['veɪpər] *(Am)* = **vapour**.

**vapour** ['veɪpə^r] *n* vapeur *f*.

**variable** ['veərɪəbl] *adj* variable.

**varicose veins** ['værɪkəʊs-] *npl* varices *fpl*.

**varied** ['veərɪd] *adj* varié(-e).

**variety** [və'raɪətɪ] *n* variété *f*.

**various** ['veərɪəs] *adj* divers(-es).

**varnish** ['vɑ:nɪʃ] *n* vernis *m* ◆ *vt* vernir.

**vary** ['veərɪ] *vi* varier ◆ *vt* (faire) varier; **to ~ from sthg to sthg** varier de qqch à qqch; **"prices ~"** «prix variables».

**vase** [*Br* vɑ:z, *Am* veɪz] *n* vase *m*.

**Vaseline®** ['væsəli:n] *n* vaseline *f*.

**vast** [vɑ:st] *adj* vaste.

**vat** [væt] *n* cuve *f*.

**VAT** [væt, vi:eɪ'ti:] *n (abbr of value added tax)* TVA *f*.

**vault** [vɔ:lt] *n (in bank)* salle *f* des coffres; *(in church)* caveau *m*.

**VCR** *n (abbr of video cassette recorder)* magnétoscope *m*.

**VDU** *n (abbr of visual display unit)* moniteur *m*.

**veal** [vi:l] *n* veau *m*.

**veg** [vedʒ] *abbr* = **vegetable**.

**vegan** ['vi:gən] *adj* végétalien(-ienne) ◆ *n* végétalien *m* (-ienne *f*).

**vegetable** ['vedʒtəbl] *n* légume *m*.

**vegetable oil** *n* huile *f* végétale.

**vegetarian** [,vedʒɪ'teərɪən] *adj* végétarien(-ienne) ◆ *n* végétarien *m* (-ienne *f*).

**vegetation** [,vedʒɪ'teɪʃn] *n* végétation *f*.

**vehicle** ['vi:əkl] *n* véhicule *m*.

**veil** [veɪl] *n* voile *m*.

**vein** [veɪn] *n* veine *f*.

**Velcro®** ['velkrəʊ] *n* Velcro® *m*.

**velvet** ['velvɪt] *n* velours *m*.

**vending machine** ['vendɪŋ-] *n* distributeur *m* (automatique).
**venetian blind** [vɪ,ni:ʃn-] *n* store *m* vénitien.
**venison** ['venɪzn] *n* chevreuil *m*.
**vent** [vent] *n (for air, smoke etc)* grille *f* d'aération.
**ventilation** [,ventɪ'leɪʃn] *n* ventilation *f*.
**ventilator** ['ventɪleɪtəʳ] *n* ventilateur *m*.
**venture** ['ventʃəʳ] *n* entreprise *f* ◆ *vi (go)* s'aventurer.
**venue** ['venju:] *n (for show)* salle *f* (de spectacle); *(for sport)* stade *m*.
**veranda** [və'rændə] *n* véranda *f*.
**verb** [vɜ:b] *n* verbe *m*.
**verdict** ['vɜ:dɪkt] *n* verdict *m*.
**verge** [vɜ:dʒ] *n (of road, lawn)* bord *m*; **"soft ~s"** «accotements non stabilisés».
**verify** ['verɪfaɪ] *vt* vérifier.
**vermin** ['vɜ:mɪn] *n* vermine *f*.
**vermouth** ['vɜ:məθ] *n* vermouth *m*.
**versa** → **vice versa**.
**versatile** ['vɜ:sətaɪl] *adj* polyvalent(-e).
**verse** [vɜ:s] *n (of poem)* strophe *f*; *(of song)* couplet *m*; *(poetry)* vers *mpl*.
**version** ['vɜ:ʃn] *n* version *f*.
**versus** ['vɜ:səs] *prep* contre.
**vertical** ['vɜ:tɪkl] *adj* vertical(-e).
**vertigo** ['vɜ:tɪgəʊ] *n* vertige *m*.
**very** ['verɪ] *adv* très ◆ *adj*: **at the ~ bottom** tout au fond; **~ much** beaucoup; **not ~** pas très; **my ~ own room** ma propre chambre; **it's the ~ thing I need** c'est juste ce dont j'ai besoin.
**vessel** ['vesl] *n (fml: ship)* vaisseau *m*.
**vest** [vest] *n (Br: underwear)* maillot *m* de corps; *(Am: waistcoat)* gilet *m* (sans manches).
**vet** [vet] *n (Br)* vétérinaire *mf*.
**veteran** ['vetrən] *n (of war)* ancien combattant *m*.
**veterinarian** [,vetərɪ'neərɪən] *(Am)* = **vet**.
**veterinary surgeon** ['vetərɪnrɪ-] *(Br: fml)* = **vet**.
**VHF** *n (abbr of very high frequency)* VHF *f*.
**VHS** *n (abbr of video home system)* VHS *m*.
**via** ['vaɪə] *prep (place)* en passant par; *(by means of)* par.
**viaduct** ['vaɪədʌkt] *n* viaduc *m*.
**vibrate** [vaɪ'breɪt] *vi* vibrer.
**vibration** [vaɪ'breɪʃn] *n* vibration *f*.
**vicar** ['vɪkəʳ] *n* pasteur *m*.
**vicarage** ['vɪkərɪdʒ] *n* ≃ presbytère *m*.
**vice** [vaɪs] *n (fault)* vice *m*.
**vice-president** *n* vice-président *m* (-e *f*).
**vice versa** [,vaɪsɪ'vɜ:sə] *adv* vice versa.
**vicinity** [vɪ'sɪnətɪ] *n*: **in the ~** dans les environs.
**vicious** ['vɪʃəs] *adj (attack)* violent(-e); *(animal, comment)* méchant(-e).
**victim** ['vɪktɪm] *n* victime *f*.
**Victorian** [vɪk'tɔ:rɪən] *adj* victorien(-ienne) *(deuxième moitié du XIXᵉ siècle)*.
**victory** ['vɪktərɪ] *n* victoire *f*.
**video** ['vɪdɪəʊ] (*pl* **-s**) *n* vidéo *f*; *(video recorder)* magnétoscope *m* ◆ *vt (using video recorder)* magnéto-

scoper; *(using camera)* filmer; **on ~** en vidéo.
**video camera** *n* caméra *f* vidéo.
**video game** *n* jeu *m* vidéo.
**video recorder** *n* magnétoscope *m*.
**video shop** *n* vidéoclub *m*.
**videotape** ['vɪdɪəʊteɪp] *n* cassette *f* vidéo.
**Vietnam** [*Br* ˌvjet'næm, *Am* ˌvjet'nɑ:m] *n* le Vietnam.
**view** [vju:] *n* vue *f*; *(opinion)* opinion *f*; *(attitude)* vision *f* ◆ *vt (look at)* visionner; **in my ~** à mon avis; **in ~ of** *(considering)* étant donné; **to come into ~** apparaître.
**viewer** ['vju:ə^r] *n (of TV)* téléspectateur *m* (-trice *f*).
**viewfinder** ['vju:ˌfaɪndə^r] *n* viseur *m*.
**viewpoint** ['vju:pɔɪnt] *n* point de vue *m*.
**vigilant** ['vɪdʒɪlənt] *adj (fml)* vigilant(-e).
**villa** ['vɪlə] *n (in countryside, by sea)* villa *f*; *(Br: in town)* pavillon *m*.
**village** ['vɪlɪdʒ] *n* village *m*.
**villager** ['vɪlɪdʒə^r] *n* villageois *m* (-e *f*).
**villain** ['vɪlən] *n (of book, film)* méchant *m* (-e *f*); *(criminal)* bandit *m*.
**vinaigrette** [ˌvɪnɪ'gret] *n* vinaigrette *f*.
**vine** [vaɪn] *n* vigne *f*.
**vinegar** ['vɪnɪgə^r] *n* vinaigre *m*.
**vineyard** ['vɪnjəd] *n* vignoble *m*.
**vintage** ['vɪntɪdʒ] *adj (wine)* de grand cru ◆ *n (year)* millésime *m*.
**vinyl** ['vaɪnɪl] *n* vinyle *m*.
**viola** [vɪ'əʊlə] *n* alto *m*.
**violence** ['vaɪələns] *n* violence *f*.
**violent** ['vaɪələnt] *adj* violent(-e).
**violet** ['vaɪələt] *adj* violet(-ette) ◆ *n (flower)* violette *f*.
**violin** [ˌvaɪə'lɪn] *n* violon *m*.
**VIP** *n (abbr of very important person)* personnalité *f*.
**virgin** ['vɜ:dʒɪn] *n*: **to be a ~** être vierge.
**Virgo** ['vɜ:gəʊ] (*pl* **-s**) *n* Vierge *f*.
**virtually** ['vɜ:tʃʊəlɪ] *adv* pratiquement.
**virtual reality** ['vɜ:tʃʊəl-] *n* réalité *f* virtuelle.
**virus** ['vaɪrəs] *n* virus *m*.
**visa** ['vi:zə] *n* visa *m*.
**viscose** ['vɪskəʊs] *n* viscose *f*.
**visibility** [ˌvɪzɪ'bɪlətɪ] *n* visibilité *f*.
**visible** ['vɪzəbl] *adj* visible.
**visit** ['vɪzɪt] *vt (person)* rendre visite à; *(place)* visiter ◆ *n* visite *f*.
**visiting hours** ['vɪzɪtɪŋ-] *npl* heures *fpl* de visite.
**visitor** ['vɪzɪtə^r] *n* visiteur *m* (-euse *f*).
**visitor centre** *n* centre *m* d'information touristique.
**visitors' book** *n* livre *m* d'or.
**visitor's passport** *n (Br)* passeport *m* temporaire.
**visor** ['vaɪzə^r] *n* visière *f*.
**vital** ['vaɪtl] *adj* vital(-e).
**vitamin** [*Br* 'vɪtəmɪn, *Am* 'vaɪtəmɪn] *n* vitamine *f*.
**vivid** ['vɪvɪd] *adj (colour)* vif (vive); *(description)* vivant(-e); *(memory)* précis(-e).
**V-neck** *n (design)* col *m* en V.
**vocabulary** [və'kæbjʊlərɪ] *n* vocabulaire *m*.
**vodka** ['vɒdkə] *n* vodka *f*.

**voice** [vɔɪs] *n* voix *f*.

**volcano** [vɒl'keɪnəʊ] (*pl* **-es** OR **-s**) *n* volcan *m*.

**volleyball** ['vɒlɪbɔ:l] *n* volley(-ball) *m*.

**volt** [vəʊlt] *n* volt *m*.

**voltage** ['vəʊltɪdʒ] *n* voltage *m*.

**volume** ['vɒlju:m] *n* volume *m*.

**voluntary** ['vɒləntrɪ] *adj* volontaire; *(work)* bénévole.

**volunteer** [,vɒlən'tɪəʳ] *n* volontaire *mf* ◆ *vt*: **to ~ to do sthg** se porter volontaire pour faire qqch.

**vomit** ['vɒmɪt] *n* vomi *m* ◆ *vi* vomir.

**vote** [vəʊt] *n (choice)* voix *f*; *(process)* vote *m* ◆ *vi*: **to ~ (for)** voter (pour).

**voter** ['vəʊtəʳ] *n* électeur *m* (-trice *f*).

**voucher** ['vaʊtʃəʳ] *n* bon *m*.

**vowel** ['vaʊəl] *n* voyelle *f*.

**voyage** ['vɔɪɪdʒ] *n* voyage *m*.

**vulgar** ['vʌlgəʳ] *adj* vulgaire.

**vulture** ['vʌltʃəʳ] *n* vautour *m*.

# W

**W** *(abbr of west)* O.

**wad** [wɒd] *n (of paper, bank notes)* liasse *f*; *(of cotton)* tampon *m*.

**waddle** ['wɒdl] *vi* se dandiner.

**wade** [weɪd] *vi* patauger.

**wading pool** ['weɪdɪŋ-] *n (Am)* pataugeoire *f*.

**wafer** ['weɪfəʳ] *n* gaufrette *f*.

**waffle** ['wɒfl] *n (to eat)* gaufre *f* ◆ *vi (inf)* parler pour ne rien dire.

**wag** [wæg] *vt* remuer.

**wage** [weɪdʒ] *n* salaire *m* ❑ **wages** *npl* salaire *m*.

**wagon** ['wægən] *n (vehicle)* chariot *m*; *(Br: of train)* wagon *m*.

**waist** [weɪst] *n* taille *f*.

**waistcoat** ['weɪskəʊt] *n* gilet *m (sans manches)*.

**wait** [weɪt] *n* attente *f* ◆ *vi* attendre; **to ~ for sb to do sthg** attendre que qqn fasse qqch; **I can't ~ to get there!** il me tarde d'arriver! ❑ **wait for** *vt fus* attendre.

**waiter** ['weɪtəʳ] *n* serveur *m*, garçon *m*.

**waiting room** ['weɪtɪŋ-] *n* salle *f* d'attente.

**waitress** ['weɪtrɪs] *n* serveuse *f*.

**wake** [weɪk] (*pt* **woke**, *pp* **woken**) *vt* réveiller ◆ *vi* se réveiller ❑ **wake up** *vt sep* réveiller ◆ *vi* se réveiller.

**Waldorf salad** ['wɔ:ldɔ:f-] *n* salade *f* Waldorf *(pommes, céleri et noix avec mayonnaise légère)*.

**Wales** [weɪlz] *n* le pays de Galles.

**walk** [wɔ:k] *n (hike)* marche *f*; *(stroll)* promenade *f*; *(path)* chemin *m* ◆ *vi* marcher; *(stroll)* se promener; *(as hobby)* faire de la marche ◆ *vt (distance)* faire à pied; *(dog)* promener; **to go for a ~** aller se promener; *(hike)* faire de la marche; **it's a short ~** ça n'est pas loin à pied; **to take the dog for a ~** sortir le chien; **"walk"** *(Am) message lumineux indiquant aux piétons qu'ils peuvent traverser*; **"don't ~"** *(Am) message lumineux indiquant aux piétons qu'ils ne doivent pas traverser* ❑ **walk away** *vi* partir; **walk in** *vi* entrer; **walk out** *vi* partir.

**walker** [ˈwɔːkəʳ] *n* promeneur *m* (-euse *f*); *(hiker)* marcheur *m* (-euse *f*).

**walking boots** [ˈwɔːkɪŋ-] *npl* chaussures *fpl* de marche.

**walking stick** [ˈwɔːkɪŋ-] *n* canne *f*.

**Walkman®** [ˈwɔːkmən] *n* baladeur *m*, Walkman® *m*.

**wall** [wɔːl] *n* mur *m*; *(of tunnel, cave)* paroi *f*.

**wallet** [ˈwɒlɪt] *n* portefeuille *m*.

**wallpaper** [ˈwɔːlˌpeɪpəʳ] *n* papier *m* peint.

**wally** [ˈwɒlɪ] *n (Br: inf)* andouille *f*.

**walnut** [ˈwɔːlnʌt] *n* noix *f*.

**waltz** [wɔːls] *n* valse *f*.

**wander** [ˈwɒndəʳ] *vi* errer.

**want** [wɒnt] *vt* vouloir; *(need)* avoir besoin de; **to ~ to do sthg** vouloir faire qqch; **to ~ sb to do sthg** vouloir que qqn fasse qqch.

**war** [wɔːʳ] *n* guerre *f*.

**ward** [wɔːd] *n (in hospital)* salle *f*.

**warden** [ˈwɔːdn] *n (of park)* gardien *m* (-ienne *f*); *(of youth hostel)* directeur *m* (-trice *f*).

**wardrobe** [ˈwɔːdrəʊb] *n* penderie *f*.

**warehouse** [ˈweəhaʊs, *pl* -haʊzɪz] *n* entrepôt *m*.

**warm** [wɔːm] *adj* chaud(-e); *(friendly)* chaleureux(-euse) ◆ *vt* chauffer; **to be ~** avoir chaud; **it's ~** il fait chaud ❑ **warm up** *vt sep* réchauffer ◆ *vi* se réchauffer; *(do exercises)* s'échauffer; *(machine, engine)* chauffer.

**war memorial** *n* monument *m* aux morts.

**warmth** [wɔːmθ] *n* chaleur *f*.

**warn** [wɔːn] *vt* avertir; **to ~ sb about sthg** avertir qqn de qqch; **to ~ sb not to do sthg** déconseiller à qqn de faire qqch.

**warning** [ˈwɔːnɪŋ] *n (of danger)* avertissement *m*; **to give sb ~** prévenir qqn.

**warranty** [ˈwɒrəntɪ] *n (fml)* garantie *f*.

**warship** [ˈwɔːʃɪp] *n* navire *m* de guerre.

**wart** [wɔːt] *n* verrue *f*.

**was** [wɒz] *pt* → **be**.

**wash** [wɒʃ] *vt* laver ◆ *vi* se laver ◆ *n*: **to give sthg a ~** laver qqch; **to have a ~** se laver; **to ~ one's hands** se laver les mains ❑ **wash up** *vi (Br: do washing-up)* faire la vaisselle; *(Am: clean o.s.)* se laver.

**washable** [ˈwɒʃəbl] *adj* lavable.

**washbasin** [ˈwɒʃˌbeɪsn] *n* lavabo *m*.

**washbowl** [ˈwɒʃbəʊl] *n (Am)* lavabo *m*.

**washer** [ˈwɒʃəʳ] *n (for bolt, screw)* rondelle *f*; *(of tap)* joint *m*.

**washing** [ˈwɒʃɪŋ] *n* lessive *f*.

**washing line** *n* corde *f* à linge.

**washing machine** *n* machine *f* à laver.

**washing powder** *n* lessive *f*.

**washing-up** *n (Br)*: **to do the ~** faire la vaisselle.

**washing-up bowl** *n (Br) bassine dans laquelle on fait la vaisselle.*

**washing-up liquid** *n (Br)* liquide *m* vaisselle.

**washroom** [ˈwɒʃrʊm] *n (Am)* toilettes *fpl*.

**wasn't** [wɒznt] = **was not**.

**wasp** [wɒsp] *n* guêpe *f*.

**waste** [weɪst] *n (rubbish)* déchets

*mpl* ◆ *vt (money, energy)* gaspiller; *(time)* perdre; **a ~ of money** de l'argent gaspillé; **a ~ of time** une perte de temps.

**wastebin** ['weɪstbɪn] *n* poubelle *f*.

**waste ground** *n* terrain *m* vague.

**wastepaper basket** [ˌweɪst'peɪpəʳ-] *n* corbeille *f* à papier.

**watch** [wɒtʃ] *n (wristwatch)* montre *f* ◆ *vt* regarder; *(spy on)* observer; *(be careful with)* faire attention à ❑ **watch out** *vi (be careful)* faire attention; **to ~ out for** *(look for)* guetter.

**watchstrap** ['wɒtʃstræp] *n* bracelet *m* de montre.

**water** ['wɔːtəʳ] *n* eau *f* ◆ *vt (plants, garden)* arroser ◆ *vi (eyes)* pleurer; **to make sb's mouth ~** mettre l'eau à la bouche de qqn.

**water bottle** *n* gourde *f*.

**watercolour** ['wɔːtəˌkʌləʳ] *n* aquarelle *f*.

**watercress** ['wɔːtəkres] *n* cresson *m*.

**waterfall** ['wɔːtəfɔːl] *n* chutes *fpl* d'eau, cascade *f*.

**watering can** ['wɔːtərɪŋ-] *n* arrosoir *m*.

**watermelon** ['wɔːtəˌmelən] *n* pastèque *f*.

**waterproof** ['wɔːtəpruːf] *adj (clothes)* imperméable; *(watch)* étanche.

**water purification tablets** [-pjʊərɪfɪ'keɪʃn-] *npl* pastilles *fpl* pour la clarification de l'eau.

**water skiing** *n* ski *m* nautique.

**watersports** ['wɔːtəspɔːts] *npl* sports *mpl* nautiques.

**water tank** *n* citerne *f* d'eau.

**watertight** ['wɔːtətaɪt] *adj* étanche.

**watt** [wɒt] *n* watt *m*; **a 60-~ bulb** une ampoule 60 watts.

**wave** [weɪv] *n* vague *f*; *(in hair)* ondulation *f*; *(of light, sound etc)* onde *f* ◆ *vt* agiter ◆ *vi (with hand)* faire signe (de la main).

**wavelength** ['weɪvleŋθ] *n* longueur *f* d'onde.

**wavy** ['weɪvɪ] *adj (hair)* ondulé(-e).

**wax** [wæks] *n* cire *f*; *(in ears)* cérumen *m*.

**way** [weɪ] *n (manner)* façon *f*, manière *f*; *(means)* moyen *m*; *(route)* route *f*, chemin *m*; *(distance)* trajet *m*; **which ~ is the station?** dans quelle direction est la gare?; **the town is out of our ~** la ville n'est pas sur notre chemin; **to be in the ~** gêner; **to be on the ~** *(coming)* être en route; **to get out of the ~** s'écarter; **to get under ~** démarrer; **a long ~ (away)** loin; **to lose one's ~** se perdre; **on the ~ back** sur le chemin du retour; **on the ~ there** pendant le trajet; **that ~** *(like that)* comme ça; *(in that direction)* par là; **this ~** *(like this)* comme ceci; *(in this direction)* par ici; **"give ~"** «cédez le passage»; **"~ in"** «entrée»; **"~ out"** «sortie»; **no ~!** *(inf)* pas question!

**WC** *n (abbr of water closet)* W-C *mpl*.

**we** [wiː] *pron* nous.

**weak** [wiːk] *adj* faible; *(structure)* fragile; *(drink, soup)* léger(-ère).

**weaken** ['wiːkn] *vt* affaiblir.

**weakness** ['wiːknɪs] *n* faiblesse *f*.

**wealth** [welθ] *n* richesse *f*.

**wealthy** ['welθɪ] *adj* riche.

**weapon** ['wepən] *n* arme *f*.

**wear** [weəʳ] (*pt* **wore**, *pp* **worn**) *vt* porter ◆ *n (clothes)* vêtements *mpl*; ~ **and tear** usure *f* ❑ **wear off** *vi* disparaître; **wear out** *vi* s'user.

**weary** ['wɪərɪ] *adj* fatigué(-e).

**weasel** ['wi:zl] *n* belette *f*.

**weather** ['weðəʳ] *n* temps *m*; **what's the ~ like?** quel temps fait-il?; **to be under the ~** *(inf)* être patraque.

**weather forecast** *n* prévisions *fpl* météo.

**weather forecaster** [-fɔ:-kɑ:stəʳ] *n* météorologiste *mf*.

**weather report** *n* bulletin *m* météo.

**weather vane** [-veɪn] *n* girouette *f*.

**weave** [wi:v] (*pt* **wove**, *pp* **woven**) *vt* tisser.

**web** [web] *n (of spider)* toile *f* (d'araignée).

**Wed.** *(abbr of Wednesday)* mer.

**wedding** ['wedɪŋ] *n* mariage *m*.

**wedding anniversary** *n* anniversaire *m* de mariage.

**wedding dress** *n* robe *f* de mariée.

**wedding ring** *n* alliance *f*.

**wedge** [wedʒ] *n (of cake)* part *f*; *(of wood etc)* coin *m*.

**Wednesday** ['wenzdɪ] *n* mercredi *m*, → **Saturday**.

**wee** [wi:] *adj (Scot)* petit(-e) ◆ *n (inf)* pipi *m*.

**weed** [wi:d] *n* mauvaise herbe *f*.

**week** [wi:k] *n* semaine *f*; **a ~ today** dans une semaine; **in a ~'s time** dans une semaine.

**weekday** ['wi:kdeɪ] *n* jour *m* de (la) semaine.

**weekend** [,wi:k'end] *n* week-end *m*.

**weekly** ['wi:klɪ] *adj* hebdomadaire ◆ *adv* chaque semaine ◆ *n* hebdomadaire *m*.

**weep** [wi:p] (*pt & pp* **wept**) *vi* pleurer.

**weigh** [weɪ] *vt* peser; **how much does it ~?** combien ça pèse?

**weight** [weɪt] *n* poids *m*; **to lose ~** maigrir; **to put on ~** grossir.

**weightlifting** ['weɪt,lɪftɪŋ] *n* haltérophilie *f*.

**weight training** *n* musculation *f*.

**weir** [wɪəʳ] *n* barrage *m*.

**weird** [wɪəd] *adj* bizarre.

**welcome** ['welkəm] *n* accueil *m* ◆ *vt* accueillir; *(opportunity)* se réjouir de ◆ *excl* bienvenue! ◆ *adj* bienvenu(-e); **you're ~ to help yourself** n'hésitez pas à vous servir; **to make sb feel ~** mettre qqn à l'aise; **you're ~!** il n'y a pas de quoi!

**weld** [weld] *vt* souder.

**welfare** ['welfeəʳ] *n* bien-être *m*; *(Am: money)* aide *f* sociale.

**well** [wel] (*compar* **better**, *superl* **best**) *adj (healthy)* en forme *(inv)* ◆ *adv* bien ◆ *n (for water)* puits *m*; **to get ~** se remettre; **to go ~** aller bien; **~ done!** bien joué!; **it may ~ happen** ça pourrait très bien arriver; **it's ~ worth it** ça en vaut bien la peine; **as ~** *(in addition)* aussi; **as ~ as** *(in addition to)* ainsi que.

**we'll** [wi:l] = **we shall, we will**.

**well-behaved** [-bɪ'heɪvd] *adj* bien élevé(-e).

**well-built** *adj* bien bâti(-e).

**well-done** *adj (meat)* bien cuit(-e).

**well-dressed** [-'drest] *adj* bien habillé(-e).

**wellington (boot)** ['welɪŋtən-] *n* botte *f* en caoutchouc.

**well-known** *adj* célèbre.

**well-off** *adj (rich)* aisé(-e).

**well-paid** *adj* bien payé(-e).

**welly** ['welɪ] *n (Br: inf)* botte *f* en caoutchouc.

**Welsh** [welʃ] *adj* gallois(-e) ◆ *n (language)* gallois *m* ◆ *npl*: **the ~** les Gallois *mpl*.

**Welshman** ['welʃmən] (*pl* **-men** [-mən]) *n* Gallois *m*.

**Welsh rarebit** [-'reəbɪt] *n* toast *m* au fromage fondu.

**Welshwoman** ['welʃ,wʊmən] (*pl* **-women** [-,wɪmɪn]) *n* Galloise *f*.

**went** [went] *pt* → **go**.

**wept** [wept] *pt & pp* → **weep**.

**were** [wɜːʳ] *pt* → **be**.

**we're** [wɪəʳ] = **we are**.

**weren't** [wɜːnt] = **were not**.

**west** [west] *n* ouest *m* ◆ *adj* occidental(-e), ouest *(inv)* ◆ *adv (fly, walk)* vers l'ouest; *(be situated)* à l'ouest; **in the ~ of England** à OR dans l'ouest de l'Angleterre.

**westbound** ['westbaʊnd] *adj* en direction de l'ouest.

**West Country** *n*: **the ~** *le sud-ouest de l'Angleterre, comprenant les comtés de Cornouailles, Devon et Somerset.*

**West End** *n*: **the ~** *quartier des grands magasins et des théâtres à Londres.*

**western** ['westən] *adj* occidental(-e) ◆ *n (film)* western *m*.

**West Indies** [-'ɪndiːz] *npl* Antilles *fpl*.

**Westminster** ['westmɪnstəʳ] *n* *quartier du centre de Londres.*

---

### i WESTMINSTER

Le quartier londonien de Westminster, près de la Tamise, abrite les bâtiments du Parlement britannique et l'abbaye de Westminster. Le terme désigne également, par extension, le Parlement lui-même.

---

**Westminster Abbey** *n* l'abbaye *f* de Westminster.

---

### i WESTMINSTER ABBEY

C'est dans l'abbaye de Westminster, dans le quartier londonien du même nom, qu'a lieu la cérémonie de couronnement du souverain britannique. Plusieurs personnages célèbres y sont enterrés et une partie de l'église, le «Poets' Corner» («coin des poètes»), abrite les tombes de grands poètes et écrivains tels que Chaucer, Dickens ou Hardy.

---

**westwards** ['westwədz] *adv* vers l'ouest.

**wet** [wet] (*pt & pp* **wet** OR **-ted**) *adj* mouillé(-e); *(rainy)* pluvieux(-ieuse) ◆ *vt* mouiller; **to get ~** se mouiller; **"~ paint"** «peinture fraîche».

**wet suit** *n* combinaison *f* de plongée.

**we've** [wiːv] = **we have**.

**whale** [weɪl] *n* baleine *f*.

**wharf** [wɔ:f] (*pl* **-s** OR **wharves** [wɔ:vz]) *n* quai *m*.

**what** [wɒt] *adj* **1.** *(in questions)* quel (quelle); **~ colour is it?** c'est de quelle couleur?; **he asked me ~ colour it was** il m'a demandé de quelle couleur c'était.
**2.** *(in exclamations)*: **~ a surprise!** quelle surprise!; **~ a beautiful day!** quelle belle journée!
◆ *pron* **1.** *(in direct questions: subject)* qu'est-ce qui; **~ is going on?** qu'est-ce qui se passe?
**2.** *(in direct questions: object)* qu'est-ce que, que; **~ are they doing?** qu'est-ce qu'ils font?, que font-ils?; **~ is that?** qu'est-ce que c'est?; **~ is it called?** comment ça s'appelle?
**3.** *(in direct questions: after prep)* quoi; **~ are they talking about?** de quoi parlent-ils?; **~ is it for?** à quoi ça sert?
**4.** *(in indirect questions, relative clauses: subject)* ce qui; **she asked me ~ had happened** elle m'a demandé ce qui s'était passé; **I don't know ~'s wrong** je ne sais pas ce qui ne va pas.
**5.** *(in indirect questions, relative clauses: object)* ce que; **she asked me ~ I had seen** elle m'a demandé ce que j'avais vu; **I didn't hear ~ she said** je n'ai pas entendu ce qu'elle a dit.
**6.** *(in indirect questions: after prep)* quoi; **she asked me ~ I was thinking about** elle m'a demandé à quoi je pensais.
**7.** *(in phrases)*: **~ for?** pour quoi faire?; **~ about going out for a meal?** si on allait manger au restaurant?
◆ *excl* quoi!

**whatever** [wɒt'evəʳ] *pron*: **take ~ you want** prends ce que tu veux; **~ I do, I'll lose** quoi que je fasse, je perdrai.

**wheat** [wi:t] *n* blé *m*.

**wheel** [wi:l] *n* roue *f*; *(steering wheel)* volant *m*.

**wheelbarrow** ['wi:l,bærəʊ] *n* brouette *f*.

**wheelchair** ['wi:l,tʃeəʳ] *n* fauteuil *m* roulant.

**wheelclamp** [,wi:l'klæmp] *n* sabot *m* de Denver.

**wheezy** ['wi:zɪ] *adj*: **to be ~** avoir la respiration sifflante.

**when** [wen] *adv* quand ◆ *conj* quand, lorsque; *(although, seeing as)* alors que; **~ it's ready** quand ce sera prêt; **~ I've finished** quand j'aurai terminé.

**whenever** [wen'evəʳ] *conj* quand.

**where** [weəʳ] *adv & conj* où; **this is ~ you will be sleeping** c'est ici que vous dormirez.

**whereabouts** ['weərəbaʊts] *adv* où ◆ *npl*: **his ~ are unknown** personne ne sait où il se trouve.

**whereas** [weər'æz] *conj* alors que.

**wherever** [weər'evəʳ] *conj* où que *(+ subjunctive)*; **go ~ you like** va où tu veux.

**whether** ['weðəʳ] *conj* si; **~ you like it or not** que ça te plaise ou non.

**which** [wɪtʃ] *adj (in questions)* quel (quelle); **~ room do you want?** quelle chambre voulez-vous?; **~ one?** lequel (laquelle)?; **she asked me ~ room I wanted** elle m'a demandé quelle chambre je voulais.
◆ *pron* **1.** *(in direct, indirect questions)*

lequel (laquelle *f*); ~ **is the cheapest?** lequel est le moins cher?; ~ **do you prefer?** lequel préférez-vous?; **he asked me ~ was the best** il m'a demandé lequel était le meilleur; **he asked me ~ I preferred** il m'a demandé lequel je préférais; **he asked me ~ I was talking about** il m'a demandé duquel je parlais.
2. *(introducing relative clause: subject)* qui; **the house ~ is on the corner** la maison qui est au coin de la rue.
3. *(introducing relative clause: object)* que; **the television ~ I bought** le téléviseur que j'ai acheté.
4. *(introducing relative clause: after prep)* lequel (laquelle *f*); **the settee on ~ I'm sitting** le canapé sur lequel je suis assis; **the book about ~ we were talking** le livre dont nous parlions.
5. *(referring back: subject)* ce qui; **he's late, ~ annoys me** il est en retard, ce qui m'ennuie.
7. *(referring back: object)* ce que; **he's always late, ~ I don't like** il est toujours en retard, ce que je n'aime pas.

**whichever** [wɪtʃ'evəʳ] *pron* celui que (celle que *f*) ◆ *adj*: ~ **seat you prefer** la place que tu préfères; ~ **way you do it** quelle que soit la façon dont tu t'y prennes.

**while** [waɪl] *conj* pendant que; *(although)* bien que *(+ subjunctive)*; *(whereas)* alors que ◆ *n*: **a ~** un moment; **for a ~** pendant un moment; **in a ~** dans un moment.

**whim** [wɪm] *n* caprice *m*.

**whine** [waɪn] *vi* gémir; *(complain)* pleurnicher.

**whip** [wɪp] *n* fouet *m* ◆ *vt* fouetter.

**whipped cream** [wɪpt-] *n* crème *f* fouettée.

**whirlpool** ['wɜːlpuːl] *n (Jacuzzi)* bain *m* à remous.

**whisk** [wɪsk] *n (utensil)* fouet *m* ◆ *vt (eggs, cream)* battre.

**whiskers** ['wɪskəz] *npl (of person)* favoris *mpl*; *(of animal)* moustaches *fpl*.

**whiskey** ['wɪskɪ] (*pl* **-s**) *n* whisky *m*.

**whisky** ['wɪskɪ] *n* whisky *m*.

---

## WHISKY

La boisson nationale écossaise est obtenue à partir d'orge et de malt et vieillie en fûts de bois. Les caractéristiques de chaque whisky dépendent des méthodes d'élaboration et du type d'eau utilisé. Le whisky pur malt, habituellement produit par de petites distilleries régionales, est jugé supérieur aux variétés «blended» (coupées), qui sont aussi moins chères.

---

**whisper** ['wɪspəʳ] *vt & vi* chuchoter.

**whistle** ['wɪsl] *n (instrument)* sifflet *m*; *(sound)* sifflement *m* ◆ *vi* siffler.

**white** [waɪt] *adj* blanc (blanche); *(coffee, tea)* au lait ◆ *n* blanc *m*; *(person)* Blanc *m* (Blanche *f*).

**white bread** *n* pain *m* blanc.

**White House** *n*: **the ~** la Maison-Blanche.

**white sauce** *n* sauce *f* béchamel.

**white spirit** *n* white-spirit *m*.

**whitewash** ['waɪtwɒʃ] *vt* blanchir à la chaux.

**white wine** *n* vin *m* blanc.
**whiting** ['waɪtɪŋ] *(pl inv)* *n* merlan *m*.
**Whitsun** ['wɪtsn] *n* la Pentecôte.
**who** [hu:] *pron* qui.
**whoever** [hu:'evəʳ] *pron (whichever person)* quiconque; **~ it is** qui que ce soit.
**whole** [həʊl] *adj* entier(-ière); *(undamaged)* intact(-e) ◆ *n*: **the ~ of the journey** tout le trajet; **on the ~** dans l'ensemble; **the ~ day** toute la journée; **the ~ time** tout le temps.
**wholefoods** ['həʊlfu:dz] *npl* aliments *mpl* complets.
**wholemeal bread** ['həʊlmi:l-] *n (Br)* pain *m* complet.
**wholesale** ['həʊlseɪl] *adv* (COMM) en gros.
**wholewheat bread** ['həʊl,wi:t-] *(Am)* = **wholemeal bread**.
**whom** [hu:m] *pron (fml: in questions)* qui; *(in relative clauses)* que; **to ~** à qui.
**whooping cough** ['hu:pɪŋ-] *n* coqueluche *f*.
**whose** [hu:z] *adj & pron*: **~ jumper is this?** à qui est ce pull?; **she asked ~ bag it was** elle a demandé à qui était le sac; **the woman ~ daughter I know** la femme dont je connais la fille; **~ is this?** à qui est-ce?
**why** [waɪ] *adv & conj* pourquoi; **~ don't we go swimming?** si on allait nager?; **~ not?** pourquoi pas?; **~ not have a rest?** pourquoi ne pas te reposer?
**wick** [wɪk] *n (of candle, lighter)* mèche *f*.
**wicked** ['wɪkɪd] *adj (evil)* mauvais(-e); *(mischievous)* malicieux(-ieuse).
**wicker** ['wɪkəʳ] *adj* en osier.
**wide** [waɪd] *adj* large ◆ *adv*: **to open sthg ~** ouvrir qqch en grand; **how ~ is the road?** quelle est la largeur de la route?; **it's 12 metres ~** ça fait 12 mètres de large; **~ open** grand ouvert.
**widely** ['waɪdlɪ] *adv (known, found)* généralement; *(travel)* beaucoup.
**widen** ['waɪdn] *vt* élargir ◆ *vi* s'élargir.
**widespread** ['waɪdspred] *adj* répandu(-e).
**widow** ['wɪdəʊ] *n* veuve *f*.
**widower** ['wɪdəʊəʳ] *n* veuf *m*.
**width** [wɪdθ] *n* largeur *f*.
**wife** [waɪf] (*pl* **wives**) *n* femme *f*.
**wig** [wɪg] *n* perruque *f*.
**wild** [waɪld] *adj* sauvage; *(crazy)* fou (folle); **to be ~ about** *(inf)* être dingue de.
**wild flower** *n* fleur *f* des champs.
**wildlife** ['waɪldlaɪf] *n* la faune et la flore.
**will**[1] [wɪl] *aux vb* 1. *(expressing future tense)*: **I ~ go next week** j'irai la semaine prochaine; **~ you be here next Friday?** est-ce que tu seras là vendredi prochain?; **yes I ~** oui; **no I won't** non.
2. *(expressing willingness)*: **I won't do it** je refuse de le faire.
3. *(expressing polite question)*: **~ you have some more tea?** prendrez-vous un peu plus de thé?
4. *(in commands, requests)*: **~ you please be quiet!** veux-tu te taire!; **close that window, ~ you?** ferme cette fenêtre, veux-tu?
**will**[2] [wɪl] *n (document)* testament

*m*; **against my ~** contre ma volonté.

**willing** ['wɪlɪŋ] *adj*: **to be ~ to do sthg** être disposé(-e) à faire qqch.

**willingly** ['wɪlɪŋlɪ] *adv* volontiers.

**willow** ['wɪləʊ] *n* saule *m*.

**win** [wɪn] (*pt & pp* **won**) *n* victoire *f* ◆ *vt* gagner ◆ *vi* gagner; *(be ahead)* être en tête.

**wind**[1] [wɪnd] *n* vent *m*; *(in stomach)* gaz *mpl*.

**wind**[2] [waɪnd] (*pt & pp* **wound**) *vi (road, river)* serpenter ◆ *vt*: **to ~ sthg round sthg** enrouler qqch autour de qqch ❑ **wind up** *vt sep (Br: inf: annoy)* faire marcher; *(car window, clock, watch)* remonter.

**windbreak** ['wɪndbreɪk] *n* écran *m* coupe-vent.

**windmill** ['wɪndmɪl] *n* moulin *m* à vent.

**window** ['wɪndəʊ] *n* fenêtre *f*; *(of car)* vitre *f*; *(of shop)* vitrine *f*.

**window box** *n* jardinière *f*.

**window cleaner** *n* laveur *m* (-euse *f*) de carreaux.

**windowpane** ['wɪndəʊ,peɪn] *n* vitre *f*.

**window seat** *n* siège *m* côté fenêtre.

**window-shopping** *n* lèche-vitrines *m*.

**windowsill** ['wɪndəʊsɪl] *n* appui *m* de (la) fenêtre.

**windscreen** ['wɪndskri:n] *n (Br)* pare-brise *m inv*.

**windscreen wipers** *npl (Br)* essuie-glaces *mpl*.

**windshield** ['wɪndʃi:ld] *n (Am)* pare-brise *m inv*.

**Windsor Castle** ['wɪnzə-] *n* le château de Windsor.

## *i* WINDSOR CASTLE

Le château de Windsor est situé dans la ville du même nom, dans le comté anglais du Berkshire. Sa construction fut entamée au XIe siècle par Guillaume le Conquérant. C'est aujourd'hui l'une des résidences officielles du souverain britannique; une partie du château est néanmoins ouverte au public.

**windsurfing** ['wɪnd,sɜ:fɪŋ] *n* planche *f* à voile; **to go ~** faire de la planche à voile.

**windy** ['wɪndɪ] *adj* venteux(-euse); **it's ~** il y a du vent.

**wine** [waɪn] *n* vin *m*.

**wine bar** *n (Br)* bar *m* à vin.

**wineglass** ['waɪnglɑ:s] *n* verre *m* à vin.

**wine list** *n* carte *f* des vins.

**wine tasting** [-'teɪstɪŋ] *n* dégustation *f* de vins.

**wine waiter** *n* sommelier *m*.

**wing** [wɪŋ] *n* aile *f* ❑ **wings** *npl*: **the ~s** *(in theatre)* les coulisses *fpl*.

**wink** [wɪŋk] *vi* faire un clin d'œil.

**winner** ['wɪnə[r]] *n* gagnant *m* (-e *f*).

**winning** ['wɪnɪŋ] *adj* gagnant(-e).

**winter** ['wɪntə[r]] *n* hiver *m*; **in (the) ~** en hiver.

**wintertime** ['wɪntətaɪm] *n* hiver *m*.

**wipe** [waɪp] *vt* essuyer; **to ~ one's hands/feet** s'essuyer les mains/pieds ❑ **wipe up** *vt sep (liquid, dirt)* essuyer ◆ *vi (dry the dishes)* essuyer la vaisselle.

**wiper** ['waɪpəʳ] *n (AUT)* essuie-glace *m*.

**wire** ['waɪəʳ] *n* fil *m* de fer; *(electrical wire)* fil *m* électrique ◆ *vt (plug)* connecter les fils de.

**wireless** ['waɪəlɪs] *n* TSF *f*.

**wiring** ['waɪərɪŋ] *n* installation *f* électrique.

**wisdom tooth** ['wɪzdəm-] *n* dent *f* de sagesse.

**wise** [waɪz] *adj* sage.

**wish** [wɪʃ] *n* souhait *m* ◆ *vt* souhaiter; **best ~es** meilleurs vœux; **I ~ it was sunny!** si seulement il faisait beau!; **I ~ I hadn't done that** je regrette d'avoir fait ça; **I ~ he would hurry up** j'aimerais bien qu'il se dépêche; **to ~ for sthg** souhaiter qqch; **to ~ to do sthg** *(fml)* souhaiter faire qqch; **to ~ sb luck/happy birthday** souhaiter bonne chance/bon anniversaire à qqn; **if you ~** *(fml)* si vous le désirez.

**witch** [wɪtʃ] *n* sorcière *f*.

**with** [wɪð] *prep* 1. *(gen)* avec; **come ~ me** venez avec moi; **a man ~ a beard** un barbu; **a room ~ a bathroom** une chambre avec salle de bains; **to argue ~ sb** se disputer avec qqn.
2. *(at house of)* chez; **we stayed ~ friends** nous avons séjourné chez des amis.
3. *(indicating emotion)* de; **to tremble ~ fear** trembler de peur.
4. *(indicating covering, contents)* de; **to fill sthg ~ sthg** remplir qqch de qqch; **topped ~ cream** nappé de crème.

**withdraw** [wɪð'drɔː] (*pt* **-drew**, *pp* **-drawn**) *vt* retirer ◆ *vi* se retirer.

**withdrawal** [wɪð'drɔːəl] *n* retrait *m*.

**withdrawn** [wɪð'drɔːn] *pp* → **withdraw**.

**withdrew** [wɪð'druː] *pt* → **withdraw**.

**wither** ['wɪðəʳ] *vi* se faner.

**within** [wɪ'ðɪn] *prep (inside)* à l'intérieur de; *(not exceeding)* dans les limites de ◆ *adv* à l'intérieur; **~ 10 miles of ...** à moins de 15 kilomètres de ...; **the beach is ~ walking distance** on peut aller à la plage à pied; **it arrived ~ a week** c'est arrivé en l'espace d'une semaine; **~ the next week** au cours de la semaine prochaine.

**without** [wɪð'aʊt] *prep* sans; **~ doing sthg** sans faire qqch.

**withstand** [wɪð'stænd] (*pt & pp* **-stood**) *vt* résister à.

**witness** ['wɪtnɪs] *n* témoin *m* ◆ *vt (see)* être témoin de.

**witty** ['wɪtɪ] *adj* spirituel(-elle).

**wives** [waɪvz] *pl* → **wife**.

**wobbly** ['wɒblɪ] *adj (table, chair)* branlant(-e).

**wok** [wɒk] *n poêle à bords hauts utilisée dans la cuisine chinoise*.

**woke** [wəʊk] *pt* → **wake**.

**woken** ['wəʊkn] *pp* → **wake**.

**wolf** [wʊlf] (*pl* **wolves** [wʊlvz]) *n* loup *m*.

**woman** ['wʊmən] (*pl* **women**) *n* femme *f*.

**womb** [wuːm] *n* utérus *m*.

**women** ['wɪmɪn] *pl* → **woman**.

**won** [wʌn] *pt & pp* → **win**.

**wonder** ['wʌndəʳ] *vi (ask o.s.)* se demander ◆ *n (amazement)* émerveillement *m*; **I ~ if I could ask you a favour?** cela vous ennuierait-il de me rendre un service?

**wonderful** ['wʌndəful] *adj* merveilleux(-euse).

**won't** [wəunt] = **will not**.

**wood** [wud] *n* bois *m*.

**wooden** ['wudn] *adj* en bois.

**woodland** ['wudlənd] *n* forêt *f*.

**woodpecker** ['wud,pekəʳ] *n* pic-vert *m*.

**woodwork** ['wudwɜ:k] *n (SCH)* travail *m* du bois.

**wool** [wul] *n* laine *f*.

**woolen** ['wulən] *(Am)* = **woollen**.

**woollen** ['wulən] *adj (Br)* en laine.

**woolly** ['wulı] *adj* en laine.

**wooly** ['wulı] *(Am)* = **woolly**.

**Worcester sauce** ['wustəʳ-] *n sauce très relevée.*

**word** [wɜ:d] *n* mot *m*; *(promise)* parole *f*; **in other ~s** en d'autres termes; **to have a ~ with sb** parler à qqn.

**wording** ['wɜ:dıŋ] *n* termes *mpl.*

**word processing** [-'prəusesıŋ] *n* traitement *m* de texte.

**word processor** [-'prəusesəʳ] *n* machine *f* à traitement de texte.

**wore** [wɔ:ʳ] *pt* → **wear**.

**work** [wɜ:k] *n* travail *m*; *(painting, novel etc)* œuvre *f* ◆ *vi* travailler; *(operate, have desired effect)* marcher; *(take effect)* faire effet ◆ *vt (machine, controls)* faire marcher; **out of ~** sans emploi; **to be at ~** être au travail; **to be off ~** *(on holiday)* être en congé; *(ill)* être en congé-maladie; **the ~s** *(inf: everything)* tout le tralala; **how does it ~?** comment ça marche?; **it's not ~ing** ça ne marche pas ❑ **work out** *vt sep (price, total)* calculer; *(solution, plan)* trouver; *(understand)* comprendre ◆ *vi (result, be successful)* marcher; *(do exercise)* faire de l'exercice; **it ~s out at £20 each** *(bill, total)* ça revient à 20 livres chacun.

**worker** ['wɜ:kəʳ] *n* travailleur *m* (-euse *f*).

**working class** ['wɜ:kıŋ-] *n*: **the ~** la classe ouvrière.

**working hours** ['wɜ:kıŋ-] *npl* heures *fpl* de travail.

**workman** ['wɜ:kmən] *(pl* **-men** [-mən]) *n* ouvrier *m*.

**work of art** *n* œuvre *f* d'art.

**workout** ['wɜ:kaut] *n* série *f* d'exercices.

**work permit** *n* permis *m* de travail.

**workplace** ['wɜ:kpleıs] *n* lieu *m* de travail.

**workshop** ['wɜ:kʃɒp] *n (for repairs)* atelier *m*.

**work surface** *n* plan *m* de travail.

**world** [wɜ:ld] *n* monde *m* ◆ *adj* mondial(-e); **the best in the ~** le meilleur du monde.

**worldwide** [,wɜ:ld'waıd] *adv* dans le monde entier.

**worm** [wɜ:m] *n* ver *m*.

**worn** [wɔ:n] *pp* → **wear** ◆ *adj (clothes, carpet)* usé(-e).

**worn-out** *adj (clothes, shoes etc)* usé(-e); *(tired)* épuisé(-e).

**worried** ['wʌrıd] *adj* inquiet(-iète).

**worry** ['wʌrı] *n* souci *m* ◆ *vt* inquiéter ◆ *vi*: **to ~ (about)** s'inquiéter (pour).

**worrying** ['wʌrııŋ] *adj* inquiétant(-e).

**worse** [wɜːs] *adj* pire; *(more ill)* plus mal ◆ *adv* pire; **to get ~** empirer; *(more ill)* aller plus mal; **~ off** *(in worse position)* en plus mauvaise posture; *(poorer)* plus pauvre.

**worsen** [ˈwɜːsn] *vi* empirer.

**worship** [ˈwɜːʃɪp] *n (church service)* office *m* ◆ *vt* adorer.

**worst** [wɜːst] *adj* pire ◆ *adv* le plus mal ◆ *n*: **the ~** le pire (la pire).

**worth** [wɜːθ] *prep*: **how much is it ~?** combien ça vaut?; **it's ~ £50** ça vaut 50 livres; **it's ~ seeing** ça vaut la peine d'être vu; **it's not ~ it** ça ne vaut pas la peine; **£50 ~ of traveller's cheques** des chèques de voyage pour une valeur de 50 livres.

**worthless** [ˈwɜːθlɪs] *adj* sans valeur.

**worthwhile** [ˌwɜːθˈwaɪl] *adj* qui vaut la peine.

**worthy** [ˈwɜːðɪ] *adj (cause)* juste; **to be a ~ winner** mériter de gagner; **to be ~ of sthg** être digne de qqch.

**would** [wʊd] *aux vb* 1. *(in reported speech)*: **she said she ~ come** elle a dit qu'elle viendrait.
2. *(indicating condition)*: **what ~ you do?** qu'est-ce que tu ferais?; **what ~ you have done?** qu'est-ce que tu aurais fait?; **I ~ be most grateful** je vous en serais très reconnaissant.
3. *(indicating willingness)*: **she ~n't go** elle refusait d'y aller; **he ~ do anything for her** il ferait n'importe quoi pour elle.
4. *(in polite questions)*: **~ you like a drink?** voulez-vous boire quelque chose?; **~ you mind closing the window?** cela vous ennuierait de fermer la fenêtre?
5. *(indicating inevitability)*: **he ~ say that** ça ne m'étonne pas qu'il ait dit ça.
6. *(giving advice)*: **I ~ report it if I were you** si j'étais vous, je le signalerais.
7. *(expressing opinions)*: **I ~ prefer** je préférerais; **I ~ have thought (that)** ... j'aurais pensé que ...

**wound**[1] [wuːnd] *n* blessure *f* ◆ *vt* blesser.

**wound**[2] [waʊnd] *pt & pp* → **wind**[2].

**wove** [wəʊv] *pt* → **weave**.

**woven** [ˈwəʊvn] *pp* → **weave**.

**wrap** [ræp] *vt (package)* emballer; **to ~ sthg round sthg** enrouler qqch autour de qqch ❑ **wrap up** *vt sep (package)* emballer ◆ *vi (dress warmly)* s'emmitoufler.

**wrapper** [ˈræpəʳ] *n (for sweet)* papier *m*.

**wrapping** [ˈræpɪŋ] *n (material)* emballage *m*.

**wrapping paper** *n* papier *m* d'emballage.

**wreath** [riːθ] *n* couronne *f*.

**wreck** [rek] *n* épave *f*; *(Am: crash)* accident *m* ◆ *vt (destroy)* détruire; *(spoil)* gâcher; **to be ~ed** *(ship)* faire naufrage.

**wreckage** [ˈrekɪdʒ] *n (of plane, car)* débris *mpl*; *(of building)* décombres *mpl*.

**wrench** [rentʃ] *n (Br: monkey wrench)* clé *f* anglaise; *(Am: spanner)* clé *f*.

**wrestler** [ˈresləʳ] *n* lutteur *m* (-euse *f*).

**wrestling** [ˈreslɪŋ] *n* lutte *f*.

**wretched** [ˈretʃɪd] *adj (miserable)* misérable; *(very bad)* affreux

(-euse).
**wring** [rɪŋ] (*pt & pp* **wrung**) *vt* *(clothes, cloth)* essorer.
**wrinkle** ['rɪŋkl] *n* ride *f*.
**wrist** [rɪst] *n* poignet *m*.
**wristwatch** ['rɪstwɒtʃ] *n* montre-bracelet *f*.
**write** [raɪt] (*pt* **wrote**, *pp* **written**) *vt* écrire; *(cheque, prescription)* faire; *(Am: send letter to)* écrire à ◆ *vi* écrire; **to ~ to sb** *(Br)* écrire à qqn ❑ **write back** *vi* répondre; **write down** *vt sep* noter; **write off** *vt sep* *(Br: inf: car)* bousiller ◆ *vi*: **to ~ off for sthg** écrire pour demander qqch; **write out** *vt sep (list, essay)* rédiger; *(cheque, receipt)* faire.
**write-off** *n (vehicle)* épave *f*.
**writer** ['raɪtəʳ] *n (author)* écrivain *m*.
**writing** ['raɪtɪŋ] *n* écriture *f*; *(written words)* écrit *m*.
**writing desk** *n* secrétaire *m*.
**writing pad** *n* bloc-notes *m*.
**writing paper** *n* papier *m* à lettres.
**written** ['rɪtn] *pp* → **write**.
**wrong** [rɒŋ] *adj* mauvais(-e); *(bad, immoral)* mal *(inv)* ◆ *adv* mal; **to be ~** *(person)* avoir tort; **what's ~?** qu'est-ce qui ne va pas?; **something's ~ with the car** la voiture a un problème; **to be in the ~** être dans son tort; **to get sthg ~** se tromper sur qqch; **to go ~** *(machine)* se détraquer; **"~ way"** *(Am)* *panneau indiquant un sens unique.*
**wrongly** ['rɒŋlɪ] *adv* mal.
**wrong number** *n* faux numéro *m*.
**wrote** [rəut] *pt* → **write**.
**wrought iron** [rɔ:t] *n* fer *m* forgé.
**wrung** [rʌŋ] *pt & pp* → **wring**.

**xing** *(Am: abbr of crossing)*: **"ped ~"** *panneau signalant un passage clouté.*
**XL** *(abbr of extra-large)* XL.
**Xmas** ['eksməs] *n (inf)* Noël *m*.
**X-ray** *n (picture)* radio(graphie) *f* ◆ *vt* radiographier; **to have an ~** passer une radio.

**yacht** [jɒt] *n (for pleasure)* yacht *m*; *(for racing)* voilier *m*.
**yard** [jɑ:d] *n (unit of measurement)* = 91,44 cm, yard *m*; *(enclosed area)* cour *f*; *(Am: behind house)* jardin *m*.
**yard sale** *n (Am) vente d'objets d'occasion par un particulier devant sa maison.*
**yarn** [jɑ:n] *n (thread)* fil *m*.
**yawn** [jɔ:n] *vi (person)* bâiller.
**yd** *abbr* = **yard**.
**yeah** [jeə] *adv (inf)* ouais.
**year** [jɪəʳ] *n* an *m*, année *f*; *(at school)* année; **next ~** l'année prochaine; **this ~** cette année; **I'm 15**

**~s old** j'ai 15 ans; **I haven't seen her for ~s** *(inf)* ça fait des années que je ne l'ai pas vue.

**yearly** ['jɪəlɪ] *adj* annuel(-elle).

**yeast** [ji:st] *n* levure *f*.

**yell** [jel] *vi* hurler.

**yellow** ['jeləʊ] *adj* jaune ◆ *n* jaune *m*.

**yellow lines** *npl* bandes *fpl* jaunes.

## YELLOW LINES

En Grande-Bretagne, des bandes jaunes, simples ou doubles, peintes sur le bord de la chaussée, indiquent que le stationnement à cet endroit est réglementé : stationnement interdit de 8 h à 18 h 30 les jours ouvrables si c'est une bande simple, stationnement totalement interdit si c'est une bande double.

**Yellow Pages®** *n*: **the ~** les Pages *fpl* Jaunes.

**yes** [jes] *adv* oui.

**yesterday** ['jestədɪ] *n & adv* hier; **the day before ~** avant-hier; **~ afternoon** hier après-midi; **~ morning** hier matin.

**yet** [jet] *adv* encore ◆ *conj* pourtant; **have they arrived ~?** est-ce qu'ils sont déjà arrivés?; **not ~** pas encore; **I've ~ to do it** je ne l'ai pas encore fait; **~ again** encore une fois; **~ another drink** encore un autre verre.

**yew** [ju:] *n* if *m*.

**yield** [ji:ld] *vt (profit, interest)* rapporter ◆ *vi (break, give way)* céder; **"yield"** *(Am: AUT)* «cédez le passage».

**YMCA** *n association chrétienne de jeunes gens (proposant notamment des services d'hébergement)*.

**yob** [jɒb] *n (Br: inf)* loubard *m*.

**yoga** ['jəʊgə] *n* yoga *m*.

**yoghurt** ['jɒgət] *n* yaourt *m*.

**yolk** [jəʊk] *n* jaune *m* d'œuf.

**York Minster** [jɔ:k'mɪnstə^r] *n* la cathédrale de York.

## YORK MINSTER

La cathédrale de la cité romaine fortifiée de York, dans le nord de l'Angleterre, date du XII^e siècle. Elle est célèbre pour sa pierre de couleur claire et sa rosace. Elle a été restaurée après avoir été gravement endommagée par la foudre en 1984.

**Yorkshire pudding** ['jɔ:kʃə-] *n petit soufflé en pâte à crêpe servi avec le rosbif*.

**you** [ju:] *pron* **1.** *(subject: singular)* tu; *(subject: polite form, plural)* vous; **~ French** vous autres Français.
**2.** *(object: singular)* te; *(object: polite form, plural)* vous.
**3.** *(after prep: singular)* toi; *(after prep: polite form, plural)* vous; **I'm shorter than ~** je suis plus petit que toi/vous.
**4.** *(indefinite use: subject)* on; *(indefinite use: object)* te, vous; **~ never know** on ne sait jamais.

**young** [jʌŋ] *adj* jeune ◆ *npl*: **the ~** les jeunes *mpl*.

**younger** ['jʌŋgə^r] *adj* plus jeune.

**youngest** ['jʌŋgəst] *adj* le plus jeune (la plus jeune).

**youngster** ['jʌŋstə^r] *n* jeune *mf*.

**your** [jɔ:^r] *adj* **1.** *(singular subject)*

ton (ta), tes *(pl)*; *(singular subject: polite form)* votre, vos *(pl)*; *(plural subject)* votre, vos *(pl)*; ~ **dog** ton/votre chien; ~ **house** ta/votre maison; ~ **children** tes/vos enfants.

2. *(indefinite subject)*: **it's good for ~ health** c'est bon pour la santé.

**yours** [jɔ:z] *pron (singular subject)* le tien (la tienne *f*); *(plural subject, polite form)* le vôtre (la vôtre *f*); **a friend of ~** un ami à toi, un de tes amis; **are these ~?** ils sont à toi/vous?

**yourself** [jɔ:'self] (*pl* **-selves**) *pron* 1. *(reflexive: singular)* te; *(reflexive: plural, polite form)* vous.

2. *(after prep: singular)* toi; *(after prep: plural, polite form)* vous; **did you do it ~?** *(singular)* tu l'as fait toi-même?; *(polite form)* vous l'avez fait vous-même?; **did you do it yourselves?** vous l'avez fait vous-mêmes?

**youth** [ju:θ] *n* jeunesse *f*; *(young man)* jeune *m*.

**youth club** *n* = maison *f* des jeunes.

**youth hostel** *n* auberge *f* de jeunesse.

**Yugoslavia** [,ju:gəʊ'slɑ:vɪə] *n* la Yougoslavie.

**yuppie** ['jʌpɪ] *n* yuppie *mf*.

**YWCA** *n association chrétienne de jeunes filles (proposant notamment des services d'hébergement)*.

# Z

**zebra** [*Br* 'zebrə, *Am* 'zi:brə] *n* zèbre *m*.

**zebra crossing** *n (Br)* passage *m* pour piétons.

**zero** ['zɪərəʊ] (*pl* **-es**) *n* zéro *m*; **five degrees below ~** cinq degrés au-dessous de zéro.

**zest** [zest] *n (of lemon, orange)* zeste *m*.

**zigzag** ['zɪgzæg] *vi* zigzaguer.

**zinc** [zɪŋk] *n* zinc *m*.

**zip** [zɪp] *n (Br)* fermeture *f* Éclair® ◆ *vt* fermer ❑ **zip up** *vt sep* fermer.

**zip code** *n (Am)* code *m* postal.

**zipper** ['zɪpər] *n (Am)* fermeture *f* Éclair®.

**zit** [zɪt] *n (inf)* bouton *m*.

**zodiac** ['zəʊdɪæk] *n* zodiaque *m*.

**zone** [zəʊn] *n* zone *f*.

**zoo** [zu:] (*pl* **-s**) *n* zoo *m*.

**zoom (lens)** [zu:m-] *n* zoom *m*.

**zucchini** [zu:'ki:nɪ] *(pl inv) n (Am)* courgette *f*.

Dépôt légal: Décembre 1997
Imprimé en Grande-Bretagne par
Caledonian International Book Manufacturing